노무사 합격을 위한
해커스 법아카데미
합격 시스템

해커스 법아카데미 인강

취약 부분 즉시 해결!
**질문 게시판
운영**

무제한 수강 가능+
**PC 및 모바일
다운로드 수강**

합격을 만드는
**필수 학습자료
제공**

* 인강 시스템 중 무제한 수강, PC 및 모바일 다운로드 무료 혜택은 일부 종합반/패스/환급반 상품에 한함

해커스 법아카데미 학원

학습상담&스터디
교수님 직접관리

교수님
대면 첨삭·피드백

매일 꾸준한
**학습 밀착
출결/성적 관리**

* 학원 시스템은 모집 시기별로 변경 가능성 있음

해커스노무사

김춘환
민사소송법 단문·사례연습

해커스 공인노무사

PREFACE

민사소송법은 국가가 법원이라는 재판기관을 설치하고 국가의 공권력에 의하여 민사분쟁을 강제로 해결하는 절차법이다. 따라서 민사소송법 공부는 그 흐름을 이해하고, 그와 관계된 논점에 대한 숙지가 기본이 된다. 이는 공인노무사, 변리사, 법무사, 법원행시 등 2차 민사소송법에서도 마찬가지이다. 특히 공인노무사 민사소송법의 제1문은 Case 출제, 제2문은 중요 단문 출제라는 형식을 명심해서 그에 대비할 필요가 있다. 이를 위해 <해커스노무사 김춘환 민사소송법 단문·사례연습>은 다음과 같은 특징으로 구성되어 있다.

1. 공인노무사 2차 시험에서 출제될 수 있는 중요 단문들을 정리하였다. 초보 수험생은 단문 주제들을 당연히 이해·숙지하여야 할 것이고, 경험 있는 수험생들은 키워드 위주로 따로 정리한 부분에 대한 숙지가 필요할 것이다.

2. 중요 판례, 관련 판례 등을 최신 판례 위주로 충분히 정리하였다. 1차 시험도 그러하지만, 특히 2차 시험에서 출제문제에 대한 판례 서술은 "판례=현찰"이라는 말이 있듯이 점수 득점의 측면에서 상당히 중요하므로 이를 고려하여야 한다.

3. 기존에 출제된 공인노무사 기출 사례들은 모두 풀이하여 해설하였다. 기출지문들을 이해하는 것은 2차 시험에서 가장 기본이 되기 때문이다.

4. 시험에서 출제가 유력한 사례를 정리하였다. 이 사례들은 2차 민사소송법에서 가장 기본적이고도 중요한 사례 문제들이므로, 시간이 급한 수험생은 이 사례들만 보아도 2차 시험의 사례 문제는 어느 정도 풀 수 있을 것이다.

5. 되도록 간결한 서술을 추구하였다. 어차피 2차 시험은 답안지에 표현되지 않으면 의미가 없으므로, 이해·암기하여 바로 서술이 가능하도록 하기 위함이다.

감사를 드릴 분들이 있다. 법학박사과정(Ph.D.)을 수료한 중앙대학교 대학원의 지도교수님이신 이규호 교수님(법학박사[S.J.D], 변호사·변리사·공인노무사시험 출제·채점위원)과 학문하는 자세를 항상 일깨워 주시는 동 대학원의 김상용 교수님(법학박사[Ph.D.], 변호사시험 출제위원)께 감사의 마음을 전한다. 그리고 하늘에 계시는 아버지께 부끄럽지 않은 삶을 살 것을 스스로 약속하면서, 이 책으로 공부하는 모든 분들이 합격의 영광을 안고, 건강한 삶을 영위하기를 간절히 기원해 본다.

시흥동 우거에서
김춘환 드림

목차

제3편 | 제1심의 소송절차

목차

제1편

총론

01 소송과 비송

CONTENTS

I. 서설

  1. 의의

    법원의 관할에 속하는 민사사건 중 소송절차로 처리하지 않는 사건. 즉, 형식적으로는 비송사건절차법에 정해진 사건과 그 총칙규정의 적용 또는 준용을 받는 사건

  2. 소송과 비송의 구별기준

    (1) 학설

      ① 목적설: 소송사건은 사법질서의 유지·확정 목적, 비송사건은 사법질서의 형성을 목적

      ② 대상설: 소송사건은 법적 분쟁을 대상, 비송사건은 국가에 의한 사인간의 생활관계에의 후견적 개입

      ③ 실체법설: 비송사건에 대한 개념정의를 포기, 입법자가 비송사건으로 명시적으로 지정한 것은 비송사건, 그 밖의 사건은 소송사건

    (2) 판례

    비송사건인 회사정리절차 개시신청에 대한 법원의 개시결정에 대한 사안에서 "이 결정을 함에 있어서는 법원의 합목적적 재량을 필요로 하고, 또 경제사정을 감안하여 유효적절한 조치를 강구하지 않으면 안 되므로, 절차의 간이신속성이 요구된다."고 판시

    (3) 검토

      ① 실체법설: 독일과는 다른 법제

      ② 목적설: 형성소송 설명 못 함

      ∴ 대상설 타당

II. 소송과 비송의 특징

III. 과거의 부양료 청구의 가부

  1. 문제점

    과거의 부양료청구에 대한 적합한 담당법원이 어디인가 그 성질에 따라 문제

2. 판례

판례의 다수의견·보충의견은 "가정법원이 자의 연령 및 부모의 재산상황 등 기타 사정을 참작하여 심판으로 정하여야 할 것이지 지방법원이 민사소송절차에 따라 판정할 것은 아니기 때문이다."고 하여 과거의 부양료청구를 비송사건으로 판시

3. 학설

  ① 판례의 보충의견에 찬성하는 견해(김주수)

  ② 가사소송사건으로 처리하자고 주장하여 반대의견에 찬성하는 견해(이시윤)

  ③ 법원이 당해 권리의 존부에 한해서만은 당사자에게 변론을 요구하여, 그에 따라 권리의 존부를 명확히 한 다음(소송적 성격), 그 금액을 비송으로 정하자고 주장하는 절충인 견해[김상수, 신민사소송법판례연습(2002) 법우사, 6면]가 있음

4. 검토

과거의 양육비 청구는 가정법원이 자의 연령, 부모의 재산상황 등 제반사정을 종합하여 판단해야 하는 것이므로 이는 가정법원이 판단하는 비송사건으로 보는 다수의견이 타당

5. 관련문제 - 과거의 양육비를 가정법원에 소송사건으로 청구하는 경우 가정법원은 어떻게 판단해야 하는지

반대의견에 따르면 이는 적법하므로 심리를 계속 진행하면 되나, 다수의견에 의하면 관할위반의 문제가 발생한다. 이 경우 판례(비송사건인 법인의 임시이사의 해임을 소송사건으로 청구한 사안)는 부적법각하해야 한다는 것을 명백히 하였다(대판 1956.1.12. 4288민상126; 대판 1963.12.12. 63다449). 하지만 학설은 비송사건도 통상의 민사법원의 재판권에 속하는 것이므로 이 경우에 재판권 흠결의 문제가 생길 수는 없고, 따라서 직분관할 위반의 경우를 유추하여 민사소송법 제34조에 의하여 이송하여야 한다고 보고 있다.

▌소송과 비송

Ⅰ. 서설

1. 의의

비송사건이란 법원의 관할에 속하는 민사사건 중 소송절차로 처리하지 않는 사건을 이른다. 즉, 형식적으로는 비송사건절차법에 정해진 사건과 그 총칙규정의 적용 또는 준용을 받는 사건을 말한다.

2. 소송과 비송의 구별기준

(1) 학설

  1) 목적설은 소송사건은 사법질서의 유지와 확정을 목적으로 하는데 비해, 비송사건은 사법질서의 형성을 목적으로 한다고 본다.

  2) 대상설은 원고의 피고에 대한 권리주장, 즉 법적 분쟁을 대상으로 하는 것이 소송사건임에 대해, 국가에 의한 사인 간의 생활관계에의 후견적 개입을 대상으로 하는 것이 비송사건이라고 한다.

  3) 실체법설은 비송사건에 대한 개념정의를 포기하고 입법자가 비송사건으로 명시적으로 지정한 것은 비송사건이고, 그 밖의 사건은 소송사건으로 볼 것이라 한다.

(2) 판례

판례는 비송사건인 회사정리절차 개시신청에 대한 법원의 개시결정에 대한 사안에서 "이 결정을 함에 있어서는 법원의 합목적적 재량을 필요로 하고, 또 경제사정을 감안하여 유효적절한 조치를 강구하지 않으면 안 되므로, 절차의 간이신속성이 요구된다."고 하여 비송사건으로 보는 근거를 다수의 이익을 위해 법원의 합목적적 재량에 의한 신속한 처리가 요구되는 것에서 찾고 있다.

(3) 검토

우리나라는 독일처럼 법규로 명확히 규정하여 소송사건과 비송사건의 구별이 별로 논란될 바 없게 되어 있는 법제가 아니므로 실체법설은 문제가 있고, 비송사건에도 기존의 법률관계를 확정하는 데 그치는 것이 있는가 하면(예 가사비송사건 중 유아인도청구), 소송사건에도 법률관계를 발생·변경·소멸을 목적으로 하는 것(예 형성의 소)이 있으므로 목적설에도 문제가 있다. 따라서 대상설이 합당하지만, 사법과 행정의 구별자체가 명확한 것이 아니고, 비송사건에도 속하는 것들의 성질이 다양하여 각 사건마다 특색이 있으므로 구체적 사건에서는 이를 고려하여 판단하여야 할 것이다(이시윤, 14면).

Ⅱ. 소송과 비송의 특징

소송	비송
이당사자 대립구조	편면적 구조
처분권주의(불이익변경금지의 원칙) ○	처분권주의(불이익변경금지의 원칙) ×
변론주의	직권탐지주의
대리인자격의 제한	대리인자격의 무제한
필수적 변론의 원칙	필수적 변론의 원칙 배제와 심문
공개주의	비공개주의
원칙적 검사 참여 ×	검사의 참여
조서의 작성	조서의 재량 작성
판결의 형식에 의한 재판	결정의 형식에 의한 재판
불복방법 – 항소, 상고	불복방법 – 항고, 재항고
기판력 ○	기판력 × – 취소 · 변경의 자유
절차권 보장이 강함	절차권 보장이 약함

Ⅲ. 과거의 부양료 청구

1. 문제점

양육비는 이혼 후 양육비 청구시까지의 과거의 양육비와 그 이후의 장래의 양육비로 나눌 수 있는데 후자에 대해서는 민법 제837조, 가사소송법 제2조 제1항 나목 (2) 마류 제3호에 의해 비송사건으로 되어 있으나, 전자의 과거의 양육비 청구에 대해서는 명확한 규정이 없어 비송사건인지가 문제된다.

2. 판례

(1) 다수의견

"이행청구 이후의 양육비와 동일한 기준에서 정할 필요는 없고, 부모 중 한쪽이 자녀를 양육하게 된 경위와 그에 소요된 비용의 액수, 그 상대방이 부양의무를 인식한 건인지 여부와 그 시기, 그것이 양육에 소요된 통상의 생활비인지 아니면 이례적이고 불가피하게 소요된 다액의 특별한 비용(예 치료비 등)인지 여부와 당사자들의 재산상황이나 경제적 능력과 부담의 형평성 등 여러 사정을 고려하여 적절하다고 인정되는 분담의 범위를 정할 수 있다."고 하여 비송사건으로 판단하였다.

(2) 반대의견

"이혼한 당사자의 아이의 양육에 관하여 가정법원이 비송사건으로서 행하는 심판은 어디까지나 아이의 현재와 장래의 양육에 관한 사항을 정하거나 이미 정하여진 사항을 변경하는 절차이지, 지나간 과거에 마땅히 이행되었어야 할 부양에 관한 사항을 다시 정하거나 이미 지출된 비용의 분담에 관한 사항을 결정하는 절차가 아니기 때문이다."고 하여 소송사건으로 판단하였다.

(3) 보충의견

"가정법원이 자의 연령 및 부모의 재산상황 등 기타 사정을 참작하여 심판으로 정하여야 할 것이지 지방법원이 민사소송절차에 따라 판정할 것은 아니라고 해석함이 상당하다."고 하여 비송사건으로 판단하였다.

3. 학설

(1) 판례의 보충의견에 찬성하는 견해는 이를 비송사건으로 보면서 부양의무에 관한 가장 적합한 판단기관인 가정법원에서 통일적으로 사건처리를 해야 한다고 한다고 본다(김주수).

(2) 판례의 반대의견에 찬성하는 견해는 가사소송사건 중 마류사건은 쟁송성이 강하고 소송사건적 성격을 띠고 있으므로 함부로 확대해석할 것은 아니라는 이유에서 엄격한 형식과 상세한 당사자권의 인정으로 절차보장이 되는 가사소송사건으로 처리하자고 주장한다(이시윤).

(3) 절충적 견해는 소송과 비송을 명확히 구분할 수 없는 경우가 있다면 양자의 중간적인 처리방법도 고안할 수 있다고 하면서, 법원이 당해 권리의 존부에 한해서만은 당사자에게 변론을 요구하여, 그에 따라 권리의 존부를 명확히 한 다음(소송적 성격), 그 금액을 비송으로 정하자고 주장한다(김상수, 민사소송법판례백선, 법우사, 3면 참고).

4. 검토

과거의 양육비 청구는 가정법원이 자의 연령, 부모의 재산상황 등 제반사정을 종합하여 판단해야 하는 것이므로 이는 가정법원이 판단하는 비송사건으로 보는 (1)의 견해가 타당하다고 본다.

> **시험에 이렇게 나온다!**
>
> 과거의 양육비를 가정법원에 소송사건으로 청구하는 경우 가정법원은 어떻게 판단해야 하는가?
>
> 해설
> 반대의견에 따르면 이는 적법하므로 심리를 계속 진행하면 되나, 다수의견에 의하면 관할위반의 문제가 발생한다. 이 경우 판례(비송사건인 법인의 임시이사의 해임을 소송사건으로 청구한 사안)는 부적법각하해야 한다는 것을 명백히 하였다(대판 1956.1.12. 4288민상126; 대판 1963.12.12. 63다449). 그러나 최근 판례는 "비송사건절차법에 규정된 비송사건을 민사소송의 방법으로 청구하는 것은 허용되지 않는다. 그러나 소송사건과 비송사건의 구별이 항상 명확한 것은 아니고, 비송사건절차법이나 다른 법령에 비송사건임이 명확히 규정되어 있지 않은 경우 당사자로서는 비송사건임을 알기 어렵다. 이러한 경우 수소법원은 당사자에게 석명을 구하여 당사자의 소제기에 사건을 소송절차로만 처리해 달라는 것이 아니라 비송사건으로 처리해 주기를 바라는 의사도 포함되어 있음이 확인된다면, 당사자의 소제기를 비송사건 신청으로 보아 재배당 등을 거쳐 비송사건으로 심리·판단하여야 하고 그 비송사건에 대한 토지관할을 가지고 있지 않을 때에는 관할법원에 이송하는 것이 타당하다(대판 2023.9.14. 2020다238622)."고 하였다. 또한 제34조를 유추하여 비송사건과 소송사건의 한계 모호함에서 오는 당사자의 위험부담을 줄이는 관점에서 이러한 경우에도 이송을 인정하는 것이 통설이다.

02 민사소송의 4대 이상

CONTENTS

Ⅰ. 적정

1. 의의
올바르고 잘못이 없는 진실발견의 재판

2. 구현제도
(1) 변호사대리의 원칙(제78조), 구술주의(제134조), 직접주의(제204조), 석명권행사(제136조), 직권증거조사(제292조), 교호신문제도(제327조)와 3심제도, 재심제도 등의 불복신청제도 등이 있으며, 법관의 자격제한과 신분보장제도 등이 예

(2) 재판도 헌법소원의 대상으로 삼고 있는 나라에서는 판결의 내용이 현저히 부당한 때에 하는 헌법소원도 그 예

3. 한계
(1) 처분권주의(제203조)와 변론주의의 원칙에 의하여 반드시 모든 사람에게 보편타당한 정의의 구현이 아니라, 당사자 사이에만 타당한 분쟁의 상대적 해결로 만족해야 하는 것임을 유의

(2) 당사자가 자백하는 경우에 사실의 진실 여부를 가리지 않고, 법원은 그대로 사실을 확정해야 하는 것(제288조)

(3) 실체적 진실을 찾아 무제한 심리를 반복할 수는 없음. 진실은 시간이 갈수록 희석이 되는 것이고 진실규명에 들이는 시간·노력·비용도 고려하여야 하기 때문

Ⅱ. 공평

1. 의의
(1) "한쪽말만 듣고 송사하지 못한다."는 말대로 재판의 적정을 위해서는 당사자의 한쪽에 치우쳐서는 안 되며 양쪽 당사자를 공평하게 취급. ∴ 법관은 '중립적 제3자'의 위치에서 어느 쪽에도 편파 됨이 없이 양쪽 당사자가 진술을 경청하는 도량을 가져야 하며, 각자 자기의 이익을 주장할 수 있는 기회를 부여해야 함(절차보장)

(2) 즉, 양쪽 당사자에게 쟁점이 될 소송자료 및 법률적 견해를 제출할 기회를 동등하게 부여(제136조 제4항, 규칙 제28조 제2항), 상대방의 방어권을 봉쇄한 채 당사자 한쪽의 주장·증명만으로 불의의 타격을 가하는 일을 피하여야 함

(3) 법원의 의무, 당사자는 권리로서 이를 요구할 수 있음. 헌법재판소도 "정정보도청구의 소에서 사실증명에 관해서 증명 아닌 간이한 소명으로 대체함은 당사자인 언론사의 공정한 재판을 받을 권리를 침해한다(헌재 2006.6.29. 2005헌마165·314 등)."고 하면서 공정한 재판을 권리를 인정

2. 구현제도
심리의 공개, 법관의 제척·기피·회피제도(제41조), 쌍방심리주의[1], 소송절차의 중단·중지제도(제233조), 대리인제도, 준비서면에 예고하지 않은 사실의 진술금지제도(제276조)가 있음

3. 효과
이를 위반한 경우 확정 전에는 상소(제424조 제1항 제4호), 확정 후에는 재심이 가능(제451조 제1항 제3호)

Ⅲ. 신속

1. 의의
'권리보호의 지연은 권리보호의 거절과 같은 것'이고, '지연되는 정의는 정의가 아니다'라는 법언이 있음. 소송촉진은 아무리 강조하여도 지나친 것이라 할 수 없는 것으로서, 법원의 의무인 동시에 우리 헌법 제27조 제3항 전문에서 보장하고 있는 기본권의 하나(신속한 재판을 받을 권리)

---

1) 특히 이를 위반한 경우 확정 전에는 상소(제424조 제1항 제4호), 확정 후에는 재심이 가능하다(제451조 제1항 제3호)

2. 구현제도

(1) ① 독촉절차(제462조) · 제소 전 화해절차(제385조) · 소액사건심판절차(소액사건심판법) 등 특수절차, ② 변론준비절차(제279조), ③ 기일연기의 제한(제165조), ④ 적시제출주의(제146조), ⑤ 재정기간을 지키지 아니한 경우 실권효(제147조), 실기한 공격방어방법에 대한 각하(제149조), 기일불출석에 대한 제재인 자백간주(제150조) · 취하간주(제268조), ⑥ 선고기간의 법정(제207조), 상하급심 간의 기록송부기간(제400조, 제425조), ⑦ 소송지휘권에 의한 절차의 직권진행(제135조 이하) 등

(2) 피고의 소송지연에 대한 방지책으로 연 12%의 지연손해금(소송촉진등에 관한 특례법), 원칙적 변론기일의 지정(제258조), 소송지연을 목적으로 한 제척 · 기피신청에 대한 간이각하(제45조), 원칙적 가집행선고(제213조), 원심재판장의 상소장심사제도(제399조, 제425조), 소액사건심판법상의 이행권고결정제, 변론종결 후의 즉시 판결의 선고, 판결서의 이유기재의 생략(제208조), 상고의 제한(제423조 이하), 상고심절차에 관한 특례법의 심리불속행제도 등으로 소송의 촉진을 구현. 쟁점정리 뒤의 집중증인신문 등으로 심리를 마치도록 한 집중심리제도

3. 구제방법

신속한 재판을 받을 권리를 침해한 경우는 헌법소원(제68조)에 의한 구제의 길이 열려 있으며, 국가배상청구 가능

Ⅳ. 경제

1. 의의

(1) 소송수행에 있어서 법원이나 당사자가 과다한 비용과 노력을 소모하게 하면 안 됨.

(2) 이러한 저비용 · 고효율의 신법운용도 법원의 의무인 동시에 당사자의 권리로서 당사자는 그 보장을 요구할 수 있는 것

2. 구현제도

(1) ① 구술신청제, ② 소액사건에서의 구술에 의한 소제기와 상고제한, ③ 소의 병합, ④ 소송구조와 소송이송, ⑤ 추인이나 이의권(제151조)의 상실에 의한 절차상의 흠의 치유제, ⑥ 현실성 있는 변호사보수의 소송비용산입제, ⑦ 지급보증위탁계약서 이른바 보증서에 의한 담보의 제공 제도, ⑧ 현행법상의 답변서제출의무(제256조)와 무변론판결제도(제257조) 등.

(2) 일부 보험회사 차원에서 시도되는 소송보험제도의 확립이 바람직하다는 견해가 유력(이시윤, 24면)

▌민사소송의 4대 이상

> **민사소송법 제1조2)(민사소송의 이상과 신의성실의 원칙)** ① 법원은 소송절차가 공정하고 신속하며 경제적으로 진행되도록 노력하여야 한다.
> ② 당사자와 소송관계인은 신의에 따라 성실하게 소송을 수행하여야 한다.

---

2) 2002년 개정 전 민소법 제1조는 '신의성실의 원칙'이라는 표제하에 '법원은 소송절차가 공정,신속하고 경제적으로 진행되도록 노력하여야 하며, 당사자와 관계인은 신의에 좇아 성실하게 이에 협력하여야 한다'고 규정하고 있었다. 하지만 제1조의 내용이 반드시 신의칙만이 아니므로 제목을 '민사소송의 이상과 신의성실의 원칙'으로 변경하여야 하고, 구법 제1조 후단의 '협력하여야 한다'라는 표현은 근래 독일에서의 '협동주의(Kooperationsmaxime)'라는 급진적인 주장을 받아들이는 인상을 줄 우려가 있다는 비판이 유력하였다[호문혁, 민사소송법연구(Ⅰ), 박영사, 97-98면 참고]. 이런 비판을 받아들여 2002년 개정법은 제목을 위와 같이 변경하고, 전단의 책무와 후단의 신의칙을 종전 같이 병렬적으로 구성하지 아니하고 제1항과 제2항으로 분리해서 규정하면서 문구도 변경하였다.

Ⅰ. 적정

1. 의의

올바르고 잘못이 없는 진실발견의 재판은 소송의 가장 중요한 요청이다. 즉, 법관은 올바르게 사실을 확정하고, 이 확정된 사실에 법을 올바르게 적용하여 재판을 통해 사회정의를 구현하여야 한다. 이는 법원의 의무인 것이므로 당사자로서는 권리로서 요구할 수 있다(이시윤, 22면).

2. 구현제도

(1) 변호사대리의 원칙(제78조), 구술주의(제134조), 직접주의(제204조), 석명권행사(제136조), 직권증거조사(제292조), 교호신문제도(제327조)와 3심제도(제248조, 제390조, 제422조), 재심제도(제451조) 등의 불복신청제도 등이 있으며, 법관의 자격제한과 신분보장제도 등도 이의 예이다.

(2) 재판도 헌법소원의 대상으로 삼고 있는 나라에서는 판결의 내용이 현저히 부당한 때에 하는 헌법소원도 그 예가 된다.

3. 한계

(1) 하지만 민사소송의 심리에 있어서는 처분권주의(제203조)와 변론주의의 원칙에 의하여 반드시 모든 사람에게 보편타당한 정의의 구현이 아니라 당사자 사이에만 타당한 분쟁의 상대적 해결로 만족해야 하는 것임을 유의해야 한다.

(2) 당사자가 자백하는 경우에 사실의 진실 여부를 가리지 않고, 법원은 그대로 사실을 확정해야 하는 것(제288조)을 예로 들 수 있다.

(3) 실체적 진실을 찾아 무제한 심리를 반복할 수는 없다고 하겠다. 진실은 시간이 갈수록 희석이 되는 것이고 진실규명에 들이는 시간·노력·비용도 고려하여야 하기 때문이다.

Ⅱ. 공평

1. 의의

(1) "한쪽말만 듣고 송사하지 못한다."는 말대로 재판의 적정을 위해서는 당사자의 한쪽에 치우쳐서는 안 되며 양쪽 당사자를 공평하게 취급하여야 한다. 따라서 법관은 '중립적 제3자'의 위치에서 어느 쪽에도 편파 됨이 없이 양쪽 당사자가 진술을 경청하는 도량을 가져야 하며, 각자 자기의 이익을 주장할 수 있는 기회를 부여하여야 한다(절차보장).

(2) 즉 양쪽 당사자에게 쟁점이 될 소송자료 및 법률적 견해를 제출할 기회를 동등하게 부여하여야 하며(제136조 제4항, 규칙 제28조 제2항), 상대방의 방어권을 봉쇄한 채 당사자 한쪽의 주장·입증만으로 불의의 타격을 가하는 일을 피하여야 한다. 법관의 중립성이나 무기평등의 원칙을 강조하는 이유도 여기에 있는 것이다.

(3) 이는 법원의 의무이기도 하지만, 당사자는 권리로서 이를 요구할 수 있다. 특히 최근 헌법재판소도 "정정보도청구의 소에서 사실증명에 관해서 증명 아닌 간이한 소명으로 대체함은 당사자인 언론사의 공정한 재판을 받을 권리를 침해한다(헌재 2006.6.29. 2005헌마165·314 등)."고 하면서 공정한 재판을 권리를 인정하고 있다.

2. 구현제도

구현제도로는 심리의 공개, 법관의 제척·기피·회피제도(제41조), 쌍방심리주의, 소송절차의 중단·중지제도(제233조), 대리인제도, 준비서면에 예고하지 않은 사실의 진술금지제도(제276조)가 있다.

3. 효과

이를 위반한 경우 확정 전에는 상소(제424조 제1항 제4호), 확정 후에는 재심이 가능하다(제451조 제1항 제3호).

Ⅲ. 신속

1. 의의

'권리보호의 지연은 권리보호의 거절과 같은 것'이고, '지연되는 정의는 정의가 아니다'라는 법언이 있다. 소송촉진은 아무리 강조하여도 지나친 것이라 할 수 없는 것으로서, 법원의 의무인 동시에 우리 헌법 제27조 제3항 전문에서 보장하고 있는 기본권의 하나이다(신속한 재판을 받을 권리).

2. 구현제도

(1) ① 독촉절차(제462조)·제소 전 화해절차(제385조)·소액사건심판절차[소액사건심판법(이하 "소심법"이라고 한다)] 등 특수절차, ② 변론준비절차(제279조), ③ 기일연기의 제한(규칙 제41조), ④ 적시제출주의(제146조), ⑤ 재정기간을 지키지 아니한 경우 실권효(제147조), 실기한 공격방어방법에 대한 각하(제149조), 기일불출석에 대한 제재인 자백간주(제150조)·취하간주(제268조), ⑥ 선고기간의 법정(제207조), 상하급심 간의 기록송부기간(제400조, 제438조), ⑦ 소송지휘권에 의한 절차의 직권진행(제135조) 등이 있다.

(2) 피고의 소송지연에 대한 방지책으로 연 12%의 지연손해금[소송촉진 등에 관한 특례법(이하 "소촉법"이라 한다) 제3조], 바로 변론기일의 지정(제258조), 소송지연을 목적으로 한 제척·기피신청에 대한 간이각하(제45조), 원칙적 가집행선고(제213조), 원심재판장의 상소장심사제도(제399조, 제425조), 소액사건심판법상의 이행권고결정제(소심법 제5조의3 제1항), 변론종결후의 즉시 판결의 선고(제207조), 판결서의 이유기재의 생략(제208조), 상고의 제한(제423조, 제424조), 상고심절차에 관한 특례법의 심리불속행제도 등으로 소송의 촉진을 구현하고 있다. 그리고 쟁점정리 뒤의 집중증인신문(제293조) 등으로 심리를 마치도록 한 집중심리제도도 예가 된다.

3. 구제방법

신속한 재판을 받을 권리를 침해한 경우는 헌법소원(헌법재판소법 제68조)에 의한 구제의 길이 열려 있으며, 국가배상청구의 여지가 있다.

Ⅳ. 경제

1. 의의

(1) 소송수행에 있어서 법원이나 당사자가 과다한 비용과 노력을 소모하게 된다면 승소확정판결을 받아도 큰 실익이 없고 민사소송은 무용한 제도로 전락할 수밖에 없으므로, 이에 소요되는 비용과 노력은 최소한으로 그쳐야 한다.

(2) 이러한 저비용·고효율의 법운용도 법원의 의무인 동시에 당사자의 권리로서 당사자는 그 보장을 요구할 수 있는 것이라 하겠다.

2. 구현제도

(1) ① 구술신청제(제161조), ② 소액사건에서의 구술제소(소심법 제4조)와 상고제한(동법 제3조), ③ 소의 병합(제253조), ④ 소송구조(제128조)와 소송이송(제34조), ⑤ 추인이나 이의권의 상실에 의한 절차상의 흠의 치유제(제151조), ⑥ 현실성 있는 변호사보수의 소송비용산입제, ⑦ 지급보증위탁계약서 이른바 보증서에 의한 담보의 제공 제도, ⑧ 현행법상의 답변서제출의무(제256조)와 무변론판결제도(제257조) 등이 그 예이다.

(2) 일부 보험회사 차원에서 시도되는 소송보험제도의 확립이 바람직하다는 견해가 유력하다(이시윤).

03 신의성실의 원칙

CONTENTS

(2) 구체적 예

　　기간의 정함이 없는 항소권, 통상항고, 이의, 판결경정신청 등의 각종의 신청, 형성소권

(3) 실효인정 여부

　　1) 학설은 ① 소제기의 권능 자체가 실효한다는 견해(실효긍정설, 이시윤), ② 소권 자체는 공권 내지는 기본권이므로 실효하지 않고 소권남용의 문제로 보면 된다는 견해(실효부정설, 정동윤·유병현, 강현중), ③ 거기까지 갈 필요 없이 실체법상 권리의 실효로 보면 된다는 견해(실체법상 문제로 보는 설, 호문혁)

　　2) 판례는 주권 발행 전에 자금난으로 주식양도를 하고 나서 무려 7, 8년이 지난 후에 그 무효를 주장한 경우 "신의성실의 원칙에 위배한 소권의 행사이어서 부적법하여 각하할 것"이라고 하고 있다(대판 1983.4.26. 80다580).

　　3) 구체적 실익은 실효긍정설·실효부정설에 의하면 소 각하판결, 실체법상 문제로 보는 설에 의하면 청구기각판결

4. 소권의 남용

(1) 겉으로는 법률상 인정된 소송상 권한을 인정한 것으로 보이나 실제로는 소송 외적 목적의 추구를 위한 소송상 권능의 행사

(2) 구체적 예

　　① 소 아닌 보다 간편한 방법으로 목적을 달성할 수 있는 경우나 통상의 소 이외에 특별절차를 마련해 놓고 있는 경우인데 소를 제기하는 경우, ② 소권의 행사가 법의 목적에 반하는 때 무익한 소권의 행사, ③ 소송지연이나 사법기능의 혼란, 마비를 조성하는 소권의 행사, ④ 재산상의 이득이나 탈법 따위를 목적으로 하는 소권의 행사 등

III. 신의칙 위반의 효과

1. 신의칙위반의 조사 여부

　　① 원용설: 당사자 간에서는 상대방의 원용을 기다려 참작할 것이라는 견해

　　② 직권판단사항: 직권으로 판단하는 직권판단사항이지 직권조사사항은 아니라는 견해

　　③ 직권조사사항: 법원이 직권으로 조사하여 판단해야 한다는 직권조사사항이라는 견해(다수설)가 신의칙은 소송요건이라는 면에서 타당

2. 신의칙에 반하여 제기된 소의 처리 여부

　　① 청구기각판결: 청구가 실체법상 이유가 없는 것

　　② 소각하판결: 소의 이익이 없어 부적법각하(다수설, 판례)

3. 신의칙에 반하는 소송행위의 처리 여부

　　무효가 됨

4. 신의칙위반을 간과하고 한 판결

　　확정 전에는 상소로 취소할 수 있고, 확정 후에는 재심사유에 해당하지 않는 한 당연무효의 판결은 아님(유효 판결). 판결이 집행된 뒤에는 손해배상의 문제가 생기게 된다(이는 부당판결에 대한 구제책과 연결)

▌신의성실의 원칙 변리사 34회, 노무사 5회

Ⅰ. 신의칙의 의의 및 보충적 적용 여부

1. 의의

신의칙이란 모든 사람은 사회공동생활의 일원으로서 서로 상대방의 신뢰를 헛되이 하지 않도록 성실하게 행동하여야 한다는 원칙을 말한다.

2. 보충적 적용 여부

(1) 학설

1) 보충적 적용설

민사소송법 제1조는 민법 제2조의 주의적 규정이라는 보는 전제에서, 신의칙은 민사소송의 이상을 달성하기 위한 수단이지 그 자체가 이상은 아니라고 하면서 소송법이 투쟁법이라는 성격을 부인할 수는 없으므로, 실체법에 있어서보다 신의칙을 더 신중하게 적용할 것이라고 한다(호문혁, 전병서).

2) 선택적 적용설

민사소송법 제1조는 민법 제2조에 대한 특별규정이라고 보는 전제에서 건전한 소송윤리의 확립, 법의 형식적 적용에 의해 생기는 양식 · 통념에 반하는 결과의 조정을 위하여 이의 활용을 등한히 해서는 안 될 것이라고 한다(이시윤, 정동윤 등 다수설).

(2) 판례

판례도 소취하계약에 반해 소를 유지한 사안에서 계약해석이나 소의 이익으로 해결할 수 있음에도 "신의칙에 반한다."고 각하하여 선택적 적용설의 입장으로 볼 수 있다(대판 1993.5.14. 92다21760; 정동윤 · 유병현, 29면).

(3) 검토

원래 신의칙이란 총칙규정 · 제왕규정이므로, 실체법에서와 같이 최후적 · 보충적으로 적용되어야 한다는 견해도 충분히 수긍은 간다. 하지만 소송법은 실체법만큼 모든 경우를 규율하는 것이 쉽지 않다는 점, 소송법에서 개별규정 · 해석론이 적용되는 경우와 신의칙이 적용되는 경우를 구별하기가 용이하지 않다는 점을 고려할 때, 신의칙이 선택적으로 적용될 수 있다는 선택적 적용설[3]의 입장이 타당하다.

Ⅱ. 발현형태

1. 소송상태의 부당형성

(1) 의의

이는 당사자 일방이 부당한 방법으로 자기에게 유리한 소송상태나 상대방에게 불리한 상태를 만들어 놓고 이를 이용하는 행위를 하는 것을 말한다.

(2) 구체적 예

학설들이 들고 있는 이의 구체적 예를 보면 ① 국내에 재판적이 없는 자에 대해 재산을 국내에 만들어 소송하는 재판적의 부당형성, ② 고액채권을 소액채권으로 세분하여 일부청구를 하는 경우, ③ 주소 있는 자를 주소불명의 행방불명자인 것처럼 해놓고 공시송달을 하게 하는 공시송달의 남용, ④ 권리자가 소송에서 제3자로서 증인으로 나서기 위해 타인에게 권리를 양도하는 외관을 갖추고 그 권리자를 증인으로 신청하는 행위 등을 예로 든다.

---

3) 특히 수험생의 입장에서는 기존의 학설들이 논하고 있는 예가 거의 개별규정이나 법해석에 의해서도 설명되는 예라는 점을 고려할 때, 신의칙 부분을 풍부하게 논하기 위해서는 기존 다수설, 판례의 입장을 따르는 것이 좋을 것이라고 생각한다.

(3) 보충적 적용설의 입장

특히 위 ②의 경우는 소액사건심판법 제5조의2에서 판결로 소를 각하하도록 하고 있으므로 보충적 적용설의 입장에서 보면 동법 제5조의2 위반일 뿐이지 신의칙 위반의 예로 거론할 필요는 없다. 그리고 ③의 경우에도 민소법 제451조 제1항 제3호, 제11호의 사유나 제173조(추후보완상소)에 해당하는 경우이지 굳이 신의칙 위반을 언급할 필요는 없다.

(4) 검토 – 선택적 적용설

하지만 선택적 적용설의 입장에서 다른 제도로 해결이 가능해도 신의칙 위반인 소송상태의 부당형성의 문제로 들 수 있다고 본다.

2. 선행행위와 모순되는 거동

(1) 의의

이는 당사자의 일방이 과거 일정한 태도를 취하여 상대방이 이를 신뢰하고 자기의 소송상의 지위를 형성하였는데 이러한 신뢰에 반하여 종전의 태도와 모순되는 거동을 하는 경우를 말한다.

(2) 구체적 예

① 부제소특약에 반하는 소의 제기, ② 소취하 계약에 반하는 소송의 유지, ③ 일부청구임을 명시하지 않은 경우에 판결확정 후 하는 잔부청구(일부청구의 허부에 관한 명시설과 일부청구부정설에 따를 경우), ④ 어느 사실의 존재를 계속해서 주장, 증명한 자가 그 사실에 기해 소를 제기당한 경우 태도를 바꾸어 이 사실을 부인하는 경우[4] 등을 예로 든다.

(3) 보충적 적용설의 입장

①, ②의 경우는 계약해석의 문제[5]나 소의 이익(항변권발생설) 문제로 보면 충분하다고 한다. 다만, ③의 경우에 이를 실체법상의 신의칙 위반의 문제, 즉 민법 제2조가 적용될 수 있는 문제이지 민사소송법 제1조가 적용될 사항이 아니라는 견해[6]가 있으나, 보충적 적용설에 의한다고 해도 이는 기판력의 문제로 보고 이를 해결하면 된다고 하는 견해[7]가 타당하다고 본다. 그리고 ④의 문제는 소위 증명력설[8]의 입장으로 해결하면 된다고 한다.

---

4) 예를 들어, 매수인 甲이 매도인 乙을 상대로 매매계약이 유효하다고 주장하며 목적물반환청구를 하여 승소확정판결을 받자, 후소로 매도인 乙이 매매계약이 유효임을 이유로 대금인도청구를 한 경우에, 매수인 甲이 태도를 바꾸어 매도인 乙을 상대로 매매계약이 무효라고 주장하는 경우이다.

5) 호문혁, 51면

6) 호문혁, 48면

7) 정영환, 민사소송에 있어 신의성실의 원칙(上), 고시계 2005/3, 22면

8) 증명력설(증거효설)은 당사자가 같고 분쟁의 기초사실이 같은 경우 전소의 판단이 후소에서 유력한 증거자료로서의 효력, 즉 증거효가 생긴다는 견해인데, 이는 판결이유에 대한 구속력이론과 관계된 견해이다.

(4) 검토 – 선택적 적용설의 입장

하지만 선택적 적용설의 입장으로 보면 다른 제도의 문제로 해결이 가능해도 신의칙 위반의 문제로 볼 수 있다.

(5) 한계

다만, 뒤의 행위가 진실이고 모순의 정도나 상대방의 불이익의 정도가 크지 않은 경우와 가사소송과 같이 객관적 진실을 우선 시켜야 하는 경우에는 신의칙의 적용이 제한되어야 할 것이다.

3. 소권(소송상 권능)의 실효

(1) 의의

당사자의 일방이 소송상의 권능을 장기간에 걸쳐 행사하지 않아 행사하지 않으리라는 정당한 기대가 상대방에게 생기고, 상대방이 그에 기하여 행동한 때에는 그 소송상의 권능은 실효된다는 것을 말한다.

(2) 구체적 예

기간의 정함이 없는 항소권[9], 통상항고, 이의, 판결경정신청 등의 각종의 신청, 형성소권 등에 적용된다.

(3) 소송상 권능(소권)의 실효 인정 여부

1) 문제점

소권, 즉 소송상 권능이 실효된다는 것을 인정할 수 있는지 학설의 입장이 대립한다.

2) 학설

① 소제기의 권능 자체가 실효한다는 견해[10](소권실효긍정설), ② 소권 자체는 공권 내지는 기본권이므로 실효하지 않고, 소권남용의 문제로 다루어야 한다는 견해[11](소권실효부정설)가 있는 반면, ③ 소권실효의 문제로 다룰 필요 없이 실체법상 권리의 실효로 보면 된다는 견해[12](실체법상의 문제로 보는 설)가 있다.

3) 판례(대판 1996.7.30. 94다51840)

① 사실관계

아버지가 사위판결을 받아 소유권을 넘겨간 것을 알고도 4년간 아무런 법적 조치를 위하지 않던 아들이 아버지의 그 부동산 처분 사실을 듣고 항소를 제기한 경우인데, 원심은 아들의 항소권이 실효된 것으로 보았으나, 대법원은 원심의 판단을 부정하고 이를 파기한 사안이다.

---

9) 피고의 허위주소로 소장부본, 소송서류, 판결정본 등이 송달된 경우, 소장부본 등의 소송서류 송달의 흠은 이의권의 포기·상실(제151조)로 유효하게 되어 피고의 답변서 부제출로 인한 원고무변론승소판결(편취판결, 사위판결)이 선고되고(제256조, 제257조), 이 판결정본이 다시 피고의 허위주소로 송달된 경우에, 판례는 판결정본 송달이 무효라고 보아, 여전히 피고는 항소가 가능하다는 입장이다(항소설).

10) 이시윤, 29면

11) 정동윤·유병현, 32면

12) 호문혁, 49면

② 판시사항

실효의 원칙이라 함은 권리자가 장기간에 걸쳐 그 권리를 행사하지 아니함에 따라 그 의무자인 상대방이 더 이상 권리자가 권리를 행사하지 아니할 것으로 신뢰할 만한 정당한 기대를 가지게 된 경우에 새삼스럽게 권리자가 그 권리를 행사하는 것은 법질서 전체를 지배하는 신의성실의 원칙에 위반되어 허용되지 아니한다는 것을 의미하고, 항소권과 같은 소송법상의 권리에 대하여도 이러한 원칙은 적용될 수 있다고 할 것이다. 피고(항소인, 아들)는 이 사건 제1심판결이 있음을 알게 된 당시 원고(피항소인, 아버지)에게 이의를 제기하고 법률사무소에 그 구제방법을 문의하였으나 소송비용도 없고 다른 사람도 아닌 아버지인 원고의 이름으로 해 두었으니 설마 다른 사람에게 팔겠느냐 하는 생각에서 별다른 조치 없이 일단 피고가 살고 있는 미국으로 출국하였다는 것으로, 그 후 4년 남짓 동안 이 사건 제1심판결에 대한 항소나 원고에 대한 형사고소 등을 거론한 바 없었다 하여 원고의 입장에서 피고가 더 이상 위 판결에 대한 항소권을 행사하지 않으리라는 정당한 기대를 가지게 되었다고 단정할 수는 없고, 원고 보조참가인이 원고를 이 사건 부동산의 진정한 권리자라고 믿고 원고로부터 이를 매수한 사정이 인정된다 하여 달리 보기는 어렵다고 할 것이다.

③ 평가

이에 대해 학설은 보통 판례는 원칙적으로 소권실효긍정설의 입장에 있는 것으로 평가[13]한다.

4) 검토

소권실효이론은 독일판례가 취하던 입장을 Siebert가 이를 수정·보완 시킨 개념[14]이다. 특히 소권실효부정설은 소권실효의 개념을 소권을 완전히 부정한다는 개념으로 이를 받아들이는 것으로 보인다. 하지만 소권실효는 특별한 이유 없이 이를 장기간 행사하지 않았고, 그것이 상대방에게 정당한 신뢰를 준 경우에는 소권을 일시적으로 상실시켜 법원이라는 재판제도를 이용하는 것을 제한한다는 개념으로 이를 받아들인다면 크게 문제될 것이 없다고 본다.[15] 그리고 이를 실체법상의 문제로 보는 견해는 소송법상 실효의 원칙과 실체법상의 권리실효를 구별하려고 시도한 것은 상당한 타당성을 가지지만, 소송법상 문제되는 거의 모든 경우를 실체법상 문제로 보는 문제가 있어 타당하지 못한 측면이 있다. 따라서 소권실효를 인정하는 견해를 취해도 무방하다고 본다.

4. 소권(소송상 권능)의 남용

민사소송법 제219조의2(소권 남용에 대한 제재) 원고가 소권(항소권을 포함한다)을 남용하여 청구가 이유 없음이 명백한 소를 반복적으로 제기한 경우에는 법원은 결정으로 500만원 이하의 과태료에 처한다. [시행 2023.10.19] [법률 제19354호, 2023.4.18, 일부개정]

---

13) 이시윤 29면; 호문혁, 49면

14) 호문혁, 47면

15) 정영환, 앞의 논문, 26면 참고

(1) 의의

겉으로는 법률상 인정된 소송상 권한을 인정한 것으로 보이나 실제로는 소송 외적 목적의 추구를 위한 소송상의 권능의 행사를 하는 경우를 말한다.

(2) 구체적 예

보통 학설은 ① 소 아닌 보다 간편한 방법으로 목적을 달성할 수 있는 경우나 통상의 소 이외에 특별절차를 마련해 놓고 있는 경우인데 소를 제기하는 경우, ② 소권의 행사가 법의 목적에 반하는 때 무익한 소권의 행사[16], ③ 소송지연이나 사법기능의 혼란, 마비를 조성하는 소권의 행사[17], ④ 재산상의 이득이나 탈법 따위를 목적으로 하는 소권의 행사[18] 등을 예로 든다.

(3) 보충적 적용설

1) 보충적 적용설에 의하면 ①은 권리보호이익의 문제로, ③의 경우는 기판력 문제로 볼 수 있으므로, 굳이 신의칙을 언급할 필요가 없다고 한다.

2) 특히 ①과 관련하여 판례는 일부판결의 위법[19]을 상소로 다툴 수 있음에도 불구하고 다투지 아니하고 다시 소를 제기하는 것은 소의 이익(권리보호요건)의 흠으로 부적법하다고 하였다(대판 2002.9.4. 98다17145). 이에 대해 보충적 적용설을 따르는 견해는 판례가 권리보호이익을 부당하게 확대적용한 것으로 보아 별소가 가능하다[20]고 한다.

(4) 검토 – 선택적 적용설

하지만 선택적 적용설의 입장에서 보면 위 예들은 신의칙 위반의 경우로 언급하는 것은 가능하다고 할 것이다.

---

16) 예를 들어, 3인의 공동상속인 중 1인만이 무자력자인데, 그가 상속재산(공유물)보전을 위한 소를 제기하고, 그가 소송구조신청을 하는 경우를 들 수 있다(이시윤, 29면).

17) 예를 들어, 대법원에서 같은 이유로 계속 되풀이하는 재심청구(대판 1997.12.23. 96재다226)를 들 수 있다.

18) 예를 들어, 학교법인의 경영권을 타인에게 양도하기로 결의함에 따라 이사직을 사임하고, 현재의 이사진이 학교법인을 인수·경영하는데 아무런 이의를 하지 않고 있다가 다소의 금원을 지급받을 목적으로만 이사회결의부존재확인의 소를 제기한 경우(대판 1974.9.24. 74다767)를 들 수 있다.

19) 주위적 청구를 기각하고 예비적 청구에 대해 아무런 판단을 하지 않은 경우에, 당사자가 상소를 제기할 수 있었음에도 상소를 제기하지 않아 이를 확정시킨 사안이다.

20) 하지만 이 경우는 당사자에게 간편하게 이용할 수 있는 상소심절차가 있음에도 불구하고 별소의 제기를 허용할 수는 없다고 보는 견해(정동윤·유병현)가 타당하다.

III. 신의칙 위반의 효과

1. 신의칙위반의 조사 여부

학설은 이에 대해 ① 당사자 간에서는 상대방의 원용을 기다려 참작할 것이라는 견해[21](원용설), ② 직권으로 판단하는 직권판단사항[22]이지 직권조사사항은 아니라는 견해(호문혁)도 있으나, ③ 법원이 직권으로 조사하여 판단해야 한다는 직권조사사항[23]이라는 견해(다수설)가 신의칙은 소송요건이라는 면에서 타당하다고 본다.

2. 신의칙에 반하여 제기된 소의 처리 여부

학설은 이에 대해 ① 청구가 실체법상 이유가 없는 것이 되어 청구기각판결을 해야 한다는 견해가 있으나, ② 소의 이익이 없어 부적법각하 해야 한다는 견해(다수설, 판례)가 소송요건으로 보아야 한다는 면에서 타당하다고 본다.

3. 신의칙에 반하는 소송행위의 처리 여부

신의칙에 반하는 소송행위는 무효가 된다.[24]

4. 신의칙위반을 간과하고 한 판결

이에 대해서는 확정 전에는 상소로 취소할 수 있고, 확정 후에는 재심사유에 해당하지 않는 한 당연무효의 판결이라고 할 수 없다. 판결이 집행된 뒤에는 손해배상의 문제가 생기게 된다(이는 부당판결에 대한 구제책과 연결될 수 있다).

---

21) 정확히는 당사자와 법원사이에서는 법원의 직권조사사항이나, 당사자들 사이에서는 상대방의 원용을 기다려 참작하면 충분할 것이라고 한다(정동윤·유병현 34면).

22) 이 견해는 "직권판단사항이란 당사자의 주장이나 항변과 관계없이 법원이 스스로 판단해야 할 사항을 말하는 것으로, 사실문제가 아닌 법률의 해석이나 적용에 관한 사항이 여기에 해당한다. 즉, 당사자의 주장, 입증으로 확정한 사실관계에 대하여 법원이 어떠한 법규정을 적용할 것인지, 그 사건에 적용할 구체적 법규정을 어떻게 해석할 것인지, 당사자의 주장이나 행위를 법적으로 어떻게 평가할 것인지는 법원이 직권으로 판단한다. 이러한 법률문제는 당사자가 처분할 사항이 아니기 때문이다. 따라서 여기에는 변론주의가 적용되지 않는다. 판례는 신의칙이나 권리남용 등 강행규정 위반, 과실상계, 가집행선고, 사실인 관습 등의 경우에 법원이 직권으로 판단해야 한다고 판시하고 있다(호문혁, 321~322면)."고 한다.

23) 특히 이시윤 교수는 위 견해에 대해 "우리 소송법에 직권조사사항과 달리 직권판단사항이 있는 것인지도 모호하거니와, 법률의 해석·적용문제도 일반 소송요건과 같은 차원에서 직권조사사항이라 보는 것이 일반적인 것 같다."고 하고 있다(이시윤).

24) 소송행위의 종류를 나누어 보지 않는 견해(이시윤)도 있으나, 이를 나누어 여효적 소송행위가 신의칙에 반하는 경우에는 무효(유효성의 문제)로 되고 취효적 소송행위가 신의칙에 위반될 때에는 부적법(적법성의 문제)하게 되므로 법원에 의해 배척된다고 보는 견해도 있다(정동윤·유병현·김경욱). ⇨ 주지하듯이 여효적 소송행위란 재판을 통하지 아니하고 직접적으로 소송법상의 효과가 발생하는 행위를 이르고, 취효적 소송행위란 법원에 일정한 내용의 재판을 구하는 행위 및 재판의 기초가 될 자료제공행위를 이른다.

사례연습 CASE 1 민사소송법에서 소권의 실효

> 2014년 공인노무사

甲은 乙 회사로부터 해고처분을 받고 임금과 퇴직금을 아무런 조건 없이 모두 수령하였다. 甲이 제기하는 데에 특별한 장애사유가 없었음에도 3년여가 경과한 뒤 乙 회사의 해고처분이 부당하다고 주장하면서 해고일부터 정년시까지의 임금의 지급을 구하는 소를 제기한 경우에 소권의 실효 여부에 관하여 설명하시오. (25점)

목차

I. 문제의 소재(2점)

먼저 민사소송법의 신의칙에 대하여 살펴보고, 사안에서 소권의 실효 여부를 인정할 수 있는지가 문제가 되므로, 이를 논하기로 한다(제1조 제2항).

II. 민사소송법의 신의칙(5점)

1. 의의 및 보충적 적용 여부

(1) 신의칙이란 모든 사람은 사회공동생활의 일원으로서 서로 상대방의 신뢰를 헛되이 하지 않도록 성실하게 행동하여야 한다는 원칙을 말한다.

(2) 신의칙이 민법의 신의칙에서와 같이 보충적으로 적용되어야 한다는 보충적 적용설이 있으나, 민사소송법 제1조는 민법 제2조에 대한 특별규정이라고 보는 전제에서 민사소송법의 신의칙은 선택적으로 적용이 가능하다는 선택적 적용설이 타당하다. 판례도 소취하계약에 반해 소를 유지한 사안에서 계약해석이나 소의 이익으로 해결할 수 있음에도 "신의칙에 반한다."고 각하하여 선택적 적용설의 입장으로 볼 수 있다(대판 1993.5.14. 92다21760).

2. 발현형태

신의칙은 ① 소송상태의 부당형성, ② 선행행위와 모순되는 거동, ③ 소권의 실효, ④ 소권의 남용 등의 형태가 있다.

3. 사안의 경우

사안에서는 소권의 실효 여부가 문제된다.

Ⅲ. 소권의 실효(16점)

1. 의의

당사자의 일방이 소송상의 권능을 장기간에 걸쳐 행사하지 않아 행사하지 않으리라는 정당한 기대가 상대방에게 생기고, 상대방이 그에 기하여 행동한 때에는 그 소송상의 권능은 실효된다는 것을 말한다.

2. 구체적 예

기간의 정함이 없는 항소권, 통상항고, 이의, 판결경정신청 등의 각종의 신청, 형성소권 등에 적용된다.

3. 소송상 권능(소권)의 실효 인정 여부

(1) 문제점

소권, 즉 소송상 권능이 실효된다는 것을 인정할 수 있는지 학설의 입장이 대립한다.

(2) 학설

① 소제기의 권능 자체가 실효한다는 견해(소권실효긍정설), ② 소권 자체는 공권 내지는 기본권이므로 실효하지 않고, 소권남용의 문제로 다루어야 한다는 견해(소권실효부정설)가 있는 반면, ③ 소권실효의 문제로 다룰 필요 없이 실체법상 권리의 실효로 보면 된다는 견해(실체법상의 문제로 보는 설)가 있다.

(3) 판례

1) 허위주소 송달

아버지가 사위판결을 받아 소유권을 넘겨간 것을 알고도 4년간 아무런 법적 조치를 위하지 않던 아들이 아버지의 그 부동산 처분 사실을 듣고 항소를 제기한 경우인데, 원심은 아들의 항소권이 실효된 것으로 보았으나, 대법원은 원심의 판단을 부정하고 이를 파기한 사안에서 "항소권과 같은 소송법상의 권리에 대하여도 이러한 원칙은 적용될 수 있다고 할 것이다(대판 1996.7.30. 94다51840)."라고 판시하여, 소권실효긍정설의 입장에 있는 것으로 보인다.

2) 근로관계

특히 판례는 노사 간의 고용관계에 관한 분쟁에 있어서 신속한 분쟁해결의 요청 때문에 실효의 원칙을 적극적으로 적용할 필요성이 있다고 강조하고 있다(이시윤). 즉, "동일한 사유로 의원면직된 다른 자가 그 무효확인의 소를 제기하여 대법원의 승소확정판결을 받음으로써 의원면직처분이 무효임을 안 자가 그 후 2년 6월, 사직원 제출 후 12년이 지난 뒤에 제기한 해고무효소송은 인정되지 않는다(대판 1992.1.21. 91다30118)."고 하고, "근로자가 사직원의 작성·제출이 자신이 아닌 그의 형에 의하여 이루어졌음을 이유로 의원면직의 무효확인을 구하는 사안에서, 근로자의 형이 사직원을 제출하게 된 경위 및 근로자가 아무런 이의 없이 퇴직금을 수령한 점 등 제반 사정에 비추어 볼 때 의원면직일로부터 5년이 넘게 경과한 후에 위와 같은 소송을 제기한 것은 신의칙에 반하는 것이다(대판 2005.10.28. 2005다45827)."라고 하여 소권실효를 긍정하고 있는 것으로 보인다.

(4) 검토

견해 대립의 구체적 실익은 소권실효긍정설이나 소권실효부정설에 의하면 소나 항소를 각하하지만, 실체법상 문제로 보는 설에 의하면 청구를 기각한다는 데에 있다. 소권실효이론은 독일판례가 취하던 입장을 Siebert가 이를 수정 · 보완시킨 개념[25]이다. 특히 소권실효부정설은 소권실효의 개념을 소권을 완전히 부정한다는 개념으로 이를 받아들이는 것으로 보인다. 하지만 소권실효는 특별한 이유 없이 이를 장기간 행사하지 않았고, 그것이 상대방에게 정당한 신뢰를 준 경우에는 소권을 일시적으로 상실시켜 법원이라는 재판제도를 이용하는 것을 제한한다는 개념으로 이를 받아들인다면 크게 문제될 것이 없다고 본다.[26] 그리고 이를 실체법상의 문제로 보는 견해는 소송법상 실효의 원칙과 실체법상의 권리실효를 구별하려고 시도한 것은 상당한 타당성을 가지지만, 소송법상 문제되는 거의 모든 경우를 실체법상 문제로 보는 문제가 있어 타당하지 못한 측면이 있다. 따라서 소권실효긍정설이 타당하다.

4. 사안의 경우

甲은 乙 회사로부터 해고처분을 받고 임금과 퇴직금을 아무런 조건 없이 모두 수령하여, 해고처분이 정당하다는 신뢰를 乙회사에게 주었고, 특별한 장애사유가 없었음에도 3년 여가 경과한 뒤 乙 회사의 해고처분이 부당하다고 주장하면서 해고일부터 정년시까지의 임금의 지급을 구하는 소를 제기한 경우이므로, 3년이라는 장기간에 걸쳐 소권을 행사하지 아니하였다. 따라서 소권실효긍정설에 따라 甲의 소권은 실효되었다고 본다. 따라서 甲의 소는 부적법하므로 법원은 소를 판결로 각하해야 한다. 다만, 소권실효부정설에 의하면 소권은 실효되지 않고, 실체법상 문제로 보는 설에 의하면 소권실효가 아니라, 실체법상 권리의 실효로 보게 될 것이다. 따라서 소권실효부정설에 의하면 이를 소권의 남용이라고 보아 소를 각하할 것이다. 그리고 실체법상의 문제로 보는 설에 의하면 甲의 청구를 기각해야 할 것이다.

Ⅳ. 사안의 해결(2점)

민사소송법에서 소권실효를 긍정할 수 있으므로(소권실효긍정설), 사안의 甲이 乙 회사의 해고처분이 부당하다고 주장하면서 해고일부터 정년시까지의 임금의 지급을 구하는 소권은 실효되었다고 본다(제1조 제2항). 따라서 甲의 소는 부적법하므로 법원은 소를 판결로 각하해야 한다.

---

25) 호문혁, 47면
26) 정영환, 앞의 논문, 26면 참고

연습문제

甲은 乙로부터 A부동산을 매수하였다고 주장하면서 매매로 인한 지분소유권이전등기청구의 소를 제기하여 1심에서 원고승소판결을 받았다. 이 판결정본은 乙의 주소지로 송달되었으나 乙이 경영하는 삼일상회의 종업원이자 동서인 丙이 乙의 주소지에 일시 방문차 들렀다가 위 판결정본을 수령하였고, 일주일이 지나서 乙에게 전달하였다. 丙으로부터 판결정본을 수령한 乙은 그로부터 일주일이 경과한 후 제1심 판결정본의 송달이 부적법하다고 주장하면서 추후보완항소를 제기하였고, 항소심은 이를 적법하다고 받아들여 본안에 관해 심리를 진행하였다. 이때 항소심에서 甲은 A토지거래에 대하여 관할관청에 대한 토지거래허가 신청절차의 이행을 구하는 취지로 청구의 교환적 변경을 하였고 乙이 이에 대하여 이의를 제기하지 아니한 채 2주가 지나갔다. 그 뒤 항소법원은 본안에 대해 심리를 한 후 새로운 甲의 청구를 인용하여 청구를 기각하였다. 이에 乙은 자기가 제기한 추후보완항소자체가 부적법하다는 이유로 상고를 제기하였다. 이 경우 다음의 물음에 답하시오. (각 물음은 상호 독립적이다) (50점)

물음 1) 丙이 판결정본을 수령한 송달은 유효한가? (15점)

물음 2) 피고 乙이 제1심판결에 대하여 제기한 추후보완항소는 적법한가? (8점)

물음 3) 항소심에서 원고 甲이 청구의 교환적 변경을 한 것은 적법한가? (15점)

물음 4) 항소심 판결 뒤 피고 乙이 자기의 추후보완항소 자체가 부적법하다는 이유로 상고이유를 주장한 것은 적법한가? (12점)

목차

Ⅰ. 송달의 적법 여부 - 물음 1)에 대하여 (15점)

1. 의의

(1) 송달은 소송상 서류의 내용을 당사자 그 밖의 이해관계인에게 알리기 위하여 법정의 방식에 의하여 서류를 교부하는 행위이다. 이는 재판권의 한 작용으로, 직권으로 하는 것이 원칙이다(제174조).

(2) 송달은 법원의 권한 내지 책임이지만, 송달사무는 법원사무관 등이 처리한다(송달담당기관). 그리고 송달의 실시는 집행관 또는 우편집배원에 의하거나 그 밖에 대법원규칙이 정하는 사람에 의하여 한다(송달실시기관).

2. 송달실시의 방법

(1) 교부송달의 원칙 및 송달할 장소

1) 교부송달의 원칙

송달은 원칙적으로 송달받을 사람에게 교부하는 방법으로 한다(제178조).

2) 송달할 장소

사안의 경우도 원칙적으로 피고 乙에게 교부하는 방법으로 송달함이 원칙이다. 이 경우 교부해서 송달할 장소는 송달받을 사람의 주소 · 거소 · 영업소 또는 사무소 등인데, 사안의 경우에는 乙이 아닌 丙이 판결정본을 송달받았으므로, 丙이 송달수령권자인지가 문제된다.

(2) 보충송달

1) 법 규정

근무장소 "외"의 송달할 장소에서 송달받을 사람을 만나지 못한 때에는 그 사무원, 피용자, 동거인으로서 사리를 분별할 지능이 있는 사람에게 서류를 교부할 수 있다(제186조 제1항).

2) 동거인의 의미

특히 판례는 동거인의 의미에 대해 송달받을 사람과 같은 세대에 속하여 생활을 같이 하는 사람을 말한다고 한다. 특히 동거하는 식모는 수령권한이 있으나(대결 1970.6.5. 70마325), 같은 송달장소에 거주하더라도 세대를 달리하는 집주인(대판 1978.2.28. 77다2029)이나 가옥임차인의 식모(대판 1981.4.14. 80다1662)에게는 수령권한이 없다는 것이 판례이다.

3) 사리를 분별할 지능이 있는 사람의 의미

사리를 분별할 지능이 있는 사람이란 송달의 의의를 이해하고 송달을 받을 사람에게 교부를 기대할 수 있을 정도의 능력을 갖춘 사람을 말하기 때문에, 반드시 성년자임을 요하지 않는다. 판례는 초등학교 3학년 재학의 만 8세 10개월의 학생(대결 1968.5.7. 68마336), 15세 7개월의 가정부도 포함된다고 했다.

4) 사안의 경우

사안의 丙은 영업소(삼일상회)에서는 종업원이어서 피용자가 되므로 송달수령권자가 되지만, 乙의 주소에서는 사무원, 피용자에 해당하지 않는다. 다만, 乙의 동서이므로 동거인이 문제되지만 일반적으로 동서는 세대를 같이하고 생계를 같이하는 것으로 볼 수 없으므로 동거인에도 해당하지 않는다. 따라서 일단 판결정본 송달은 부적법한 송달이다.

3. 이의권의 포기·상실 여부

(1) 강행규정

사안의 乙은 즉시 이의를 하였다는 사정이 없어 이의권의 포기·상실이 문제지만, 다른 소송서류의 송달의 하자와는 달리 판결정본송달의 하자는 항소기간이라는 불변기간의 기산점이 되므로(제396조) 이는 강행규정이 되어, 이의권의 포기·상실의 대상이 되지 않는다는 것이 통설·판례이다.

(2) 사안의 경우

따라서 사안의 경우도 이의권의 포기·상실로 송달의 흠이 치유되지 아니한다(제151조).

4. 소결

따라서 丙은 삼일상회의 종업원으로서 영업소에서는 적법하게 송달받을 수 있는 사람이나, 일시 방문한 乙의 주소지에서는 적법하게 송달받을 사람이 아니다. 그리고 이는 이의권의 포기, 상실의 대상이 되지도 않으므로, 위 판결정본의 송달은 무효이다.

Ⅱ. 추후보완항소의 적법 여부 - 물음 2)에 대하여(8점)

1. 소송행위의 추후보완의 의의 및 취지

(1) 의의

당사자가 책임질 수 없는 사유로 불변기간을 준수하지 못한 경우에는 그 사유가 종료된 뒤에 소송행위를 추후보완할 수 있다(제173조 제1항).

(2) 취지

통상기간과는 달리 불변기간을 준수하지 못하면 원칙적으로 보정이 불가능하여 당사자에게 치명적인 불이익이 발생한다. 그러나 당사자가 책임질 수 없는 사유로 기간을 준수할 수 없었던 경우에도 이를 구제하지 아니하면 당사자에게 가혹한 결과가 되므로 그 사유가 종료된 뒤 2주 이내에 게을리한 소송행위를 하면 본래의 기간 내에 한 것과 같은 효과를 부여하는 것이다.

2. 적용범위

(1) 불변기간

불변기간에 적용된다. 즉, 추후보완의 대상이 되는 기간은 법률로 항소기간, 상고기간 등 불변기간으로 정해 놓은 것에 한하며, 그 외의 기간에 대해서는 추후보완의 대상이 되지 않음이 원칙이다.

(2) 상고이유서 · 재항고이유서 제출기간

다만 법률로 명정된 불변기간은 아니지만, 상고이유서 · 재항고이유서제출기간은 그 해태의 효과가 상고기간의 해태의 효과와 실질적인 차이가 없으므로 유추적용이 필요하다(다수설). 그러나 판례는 "상고이유서 제출기간은 불변기간이 아니므로 제173조의 적용이 없다(대판 1970.1.27. 67다774)."고 하여 반대의 입장이다.

(3) 판결정본 송달의 경우

그리고 판결정본 송달이 무효인 경우 판례는 제1심판결정본 송달의 하자로 송달이 당연무효인 경우에는 판결이 확정되지 않아 항소기간이 진행되지 않기 때문에 언제든지 항소를 제기할 수 있다고 한다(항소설).

3. 당사자가 책임질 수 없는 사유

(1) 유책사유가 없는 경우

당사자가 해당 소송행위를 하기 위한 일반적 주의를 다하였어도 그 기간을 준수할 수 없는 사유를 말하므로(대결 1991.3.15. 91마1), 천재지변과 같은 불가항력에 한하지 않는다. 따라서 과실 없이 판결의 송달을 몰랐던 경우가 이에 속하고(대판 1976.4.27. 76다170), 공시송달의 방법에 의하여 판결정본이 송달되어 불변기간인 상소기간이 도과된 경우에는 특단의 사정이 없는 한 상소기간을 준수치 못한 것은 그 상대방이 책임질 수 없는 때에 해당한다(대판 1985.10.8. 85므40).

(2) 유책사유가 있는 경우

그러나 질병치료를 위한 출타(대결 1966.6.24. 66마594), 교도소의 재소중(대결 1966.11.29. 66마958), 가스중독으로 인한 항고기간의 도과(대판 1967.8.20. 67다1285), 지방출장으로 인하 부재(대결 1968.7.5. 68마458), 소송대리인이 판결정본을 송달받고도 당사자에게 그 사실을 알려주지 아니한 경우(대판 1984.6.14. 84다카744) 등은 당사자가 책임질 수 없는 사유에 해당하지 않는다.

4. 사안의 경우

(1) 사안에서 丙이 송달수령권자가 된다면 그 때부터 2주를 도과하여 乙은 추후보완항소를 한 것이고, 이는 당사자인 乙이 과실 없이 판결의 송달을 몰랐던 경우이므로, 당사자가 책임질 수 없는 사유에 해당하여 乙의 추후보완항소는 적법하다고 할 것이다.

(2) 하지만 사안의 경우 丙은 송달수령권자가 되지 못하므로, 2주간의 항소기간은 진행되지 않는다(제396조 참고). 따라서 丙이 乙에게 판결정본을 전달했을 때 항소기간은 진행하고, 그 때부터 1주일 후에 제기한 추후보완항소는 추후보완항소가 아니라 일반항소로서 적법한 것으로 보아야 한다. 그러므로 乙의 항소는 추후보완항소로서는 부적법하지만 일반항소로서는 적법하다.[27]

Ⅲ. 청구변경의 적법 여부 - 물음 3)에 대하여(15점)

1. 의의 및 법적 성질

(1) 의의

소송계속 중 원고가 원래 신청한 소송물을 새로운 소송물로 바꾸거나, 기존의 소송물에 새로운 소송물을 추가함으로써 소송상 청구를 변경하는 것이다(제262조). 청구취지 자체를 변경하는 경우에는 원칙적으로 청구의 변경이 된다.

(2) 법적 성질

특히 청구의 교환적 변경은 원래의 청구의 소송계속을 종료시키고 그에 대신하여 새로운 청구에 대하여 판결을 구하는 것으로서, 새 청구의 추가적 병합과 원래 청구의 취하가 결합된 행위이다(결합설, 통설·판례). 다만, 이에 대해서는 결합된 행위가 아니라 심판대상이 변경된 것에 불과하다는 견해도 유력하다(고유의 소변경설, 독자제도설, 호문혁).

---

27) 乙의 항소가 추후보완항소가 아닌 일반항소로서 적법하다고 한다면 乙이 추후보완항소를 한 것은 부적법한 것인가? 엄밀히 말하면 그러하다. 하지만 乙이 이를 상고심에서 상고이유로 주장한 것이 문제이다. 즉, 상고심은 법률심이고 판결주문에 영향이 있어야 상고이유가 있는 것(법 제423조, 상대적 상고이유)인 바, 일반항소로 적법하든 추후보완항소로 적법하든 원고가 항소기각당한데 대해 판결주문에는 영향이 없는 것이므로 상고는 이유가 없는 것이다. 주의를 요한다. 참고로 추후보완행위을 하는 데 있어서는 추후보완을 하는 사람(당사자, 소송대리인, 보조참가인 등)이 해태한 소송행위를 그 방식에 쫓아서 하는 것으로 족하고 따로 추후보완의 신청 같은 것은 필요 없다. 다만, 실무에서는 "추후보완항소장"임을 명기하는 것이 관례이며 또 그렇게 하는 것이 편리하다고 하겠다[법원실무제요, 민사소송(Ⅱ), 법원행정처, 2005, 219면].

2. 전부승소한 자의 항소심에서 청구의 교환적 변경의 가부

(1) 원래 1심에서 전부 승소한 원고가 청구의 변경만을 목적으로 항소하는 것은 항소의 이익이 없어서 허용되지 않지만, 상대방의 항소로 사건이 항소심에 이심된 경우에는 교환적 변경이 부대항소로 의제되어 항소의 이익을 요하지 않으므로(비항소설), 원고도 청구의 변경을 할 수 있다.

(2) 따라서 사안의 경우도 1심에서 전부승소한 뿌은 일단 항소심에서 청구의 교환적 변경을 하는 것은 가능하다.

3. 교환적 변경의 요건

(1) 사실심의 변론종결 전일 것

1) 청구의 변경은 제1심에서는 물론 속심제를 취하는 항소심에서도 변론종결 전이면 가능하다. 즉, 청구의 변경에 관하여 항소심에 특별한 규정이 없으므로 제408조에 따라 제262조의 요건을 갖추면 항소심에서도 청구의 변경을 할 수 있다(대판 1984.2.14. 83다카514).

2) 따라서 사안의 경우 항소심에서 청구의 교환적 변경을 하는 것은 가능하다.

(2) 청구의 기초가 바뀌지 않을 것

1) 원칙적으로 청구의 변경은 청구의 기초가 같은 경우에 허용된다.

2) 이에 대해 학설은 소송상 청구를 구성하는 법률요건사실의 기초로 되는 전법률적 이익분쟁관계가 동일한 경우(이익설) 또는 사실의 동일인식을 표시하는 기본적 사실이 같거나, 새 청구와 원래 청구의 사실자료 사이에 심리의 계속적 시행을 정당화할 정도의 공통성이 있는 경우(사실설)라고 하는 견해들이 있다.

3) 판례는 동일한 생활사실 또는 동일한 경제적 이익에 관한 분쟁에 있어서 그 해결방법에 차이가 있는 것에 지나지 않는 경우에 청구기초의 동일성이 있는 경우라고 본다(대판 1990.1.12. 88다카24622).

4) 다만, 청구기초의 동일성이 없어도 피고가 동의하면 청구의 변경이 인정되고, 피고가 변론준비절차 또는 변론에서 이의를 하지 않으면 청구의 변경이 허용된다(사익적 요건설).

5) 사안의 경우

매매로 인한 지분소유권이전등기청구와 관할관청에 대한 토지거래허가신청절차의 이행을 구하는 청구는 어느 견해에 의하든 청구기초의 동일성이 인정되며, 설사 청구기초의 동일성이 부정된다고 해도 이의 없이 2주를 도과하였으므로, 청구의 변경이 허용된다고 보아야 한다.

(3) 소송절차를 현저하게 지연시키지 않을 것

1) 청구의 기초에 변경이 없어도 원래 청구에 대한 심리를 마치고, 새 청구에 대하여 다시 변론이나 증거조사를 하여야 하기 때문에 오히려 별소를 제기하도록 하는 것이 적당한 경우에는 청구의 변경이 허용되지 않는다. 특히 기존 청구의 소송자료를 신청구의 심리를 위해서 이용할 수 있는 경우에는 소송절차를 현저히 지연시키지 않는다고 할 것이다.

2) 사안의 경우 매매로 인한 지분소유권이전등기청구의 소송자료를 신청구인 토지거래허가신청절차의 이행을 구하는 청구의 심리를 위해 이용할 수 있으므로, 사안의 청구의 교환적 변경은 소송절차를 현저하게 지연시키지 않는다 할 것이다.

4. 소결

따라서 사안의 청구의 교환적 변경은 제 요건을 갖추어 적법하다.

Ⅳ. 상고이유 주장의 타당 여부 – 신의칙 위반 여부(12점)

1. 신의칙의 의의 및 보충적 적용 여부

(1) 신의성실의 원칙(제2조)은 우선 사법 특히, 채권법 분야에서 주장되다가 이후 공·사법을 불문하고 모든 법 영역에서 타당한 고차원적인 법이념으로 넓게 승인되기에 이르러 판례도 이를 수용하고 있는 실정이고, 더 나아가 현행 민사소송법 제1조 제2항에서 이를 명백하게 하고 있다. 신의성실의 원칙은 당사자와 소송관계인은 신의에 따라 성실하게 소송을 수행하여야 한다는 원칙으로서 민사소송법을 관류하는 대원칙이다.

(2) 특히 이의 보충적 적용 여부에 대해 ① 투쟁적 소송관을 바탕으로 민사소송법 제1조를 민법 제2조에 대한 주의규정으로 보아, 보충성을 긍정하는 보충적 적용설이 있으나, ② 협동적 소송관을 바탕으로 신의칙이 다른 제도에 대해 선택적으로 적용될 수 있다는 선택적 적용설이, 민사소송법 제1조를 민법 제2조에 대해 특별규정으로 보아야 한다는 면에서 타당하다고 본다.

(3) 판례도 소취하계약에 반해 소를 유지한 사안에서 계약해석이나 소의 이익으로 해결할 수 있음에도 "신의칙에 반한다."고 각하하여 선택적 적용설의 입장으로 볼 수 있다(대판 1993.5.14. 92다21760; 정동윤·유병현, 29면).

2. 발현형태

이의 발현형태로는 ① 소송상태의 부당형성, ② 선행행위와 모순되는 거동, ③ 소송상권능의 실효, ④ 소송상권능의 남용이 있는데, 사안의 경우는 ②와 관련된다.

3. 선행행위와 모순되는 거동 – 금반언

(1) 금반언의 원칙의 의의

소송의 당사자 일방이 일정한 태도를 취하다가 상대방이 이를 신뢰하고 자기의 소송상 지위를 구축하자 그 태도를 바꾸어 종래와 모순되는 행위를 하는 경우에 후행의 거동은 신의칙상 허용되지 않는다는 원칙이다.

(2) 적용요건

1) 대법원은 "…당사자 일방이 과거에 일정 방향의 태도를 취하여 상대방이 이를 신뢰하고 자기의 소송 상의 지위를 구축하였는데, 그 신뢰를 저버리고 종전의 태도와 지극히 모순되는 소송행위를 하는 것은 신의칙상 허용되지 않는다(대판 1995.1.24. 93다25875)."고 판시하여, 금반언의 원칙 및 그에 대한 일 정한 조건의 구비를 요구하고 있다. 왜냐하면, 매우 가볍게 모순행위의 효력을 부정하는 것은 역으 로 전후별개의 소송에서 소송물 또는 공격방어방법에 관한 당사자의 자유로운 소송활동을 저해하는 것으로 연결되고, 당해 당사자의 이익을 부당하게 해하는 것으로 될지도 모르기 때문이다.

2) 따라서 이는 ① 당사자가 소송상 또는 소송 외에서 일정한 태도를 취하고, 후에 이것과 모순된 소송 상 행위를 할 것(행위모순), ② 상대방이 선행적 태도를 신뢰하고 그것에 따라 이미 자기의 법적 지위 를 결정하였을 것(상대방의 신뢰), ③ 모순된 후행행위의 효력을 그대로 인정하는 경우에는 선행행위를 신뢰한 상대방의 이익을 부당하게 해하는 결과로 될 것(상대방의 불이익)을 요건으로 한다고 할 것이다.

4. 사안의 경우

(1) 사안의 乙은 ① 추후보완항소가 적법하다면서, 추후보완항소를 하여놓고 상고이유에서 이의 부적법을 주장하고 있고(행위 모순), ② 甲은 추후보완항소의 적법성에 대해 신뢰하고 항소심에서 본안에 관해서만 다투었으며(상대방의 신뢰), ③ 乙의 부적법 주장을 인정하는 경우 적법성을 신뢰한 甲의 이익을 부당하게 해하는 결과(상대방의 불이익)가 되므로, 乙의 주장은 금반언의 원칙에 반하여 부적법하다고 보아야 한다.

(2) 판례도 이와 유사한 사안에서 "당사자 일방이 과거에 일정방향의 태도를 취하여 상대방이 이를 신뢰하고 자기의 소송상의 지위를 구축하였는데, 그 신뢰를 저버리고 종전의 태도와 지극히 모순되는 소송행위를 하는 것은 신의법칙상 허용되지 않는다고 할 것이고, 따라서 추완항소를 신청했던 피고 자신이 그 부적 법을 스스로 주장하는 것은 허용될 수 없다 할 것(대판 1995.1.24. 93다25875)"이라고 하여 같은 입장이다.

04 민사소송규정의 해석과 종류

CONTENTS

Ⅰ. 해석

1. 소송법의 해석

소송법의 해석도 대체로 법의 해석에 관한 일반론에 따르므로, 법규의 의미에 충실하고(문리적 해석), 다른 법규와 의미관련성을 고려하고(논리적 해석), 전체와의 관련에서 법규의 의미와 목적을 명확히 하여야 함(목적론적 해석). 그리고 유추해석과 반대해석이 인정되는 것도 실체법을 해석할 때와 동일. 소송법은 적정·공평·신속·경제를 그 이상으로 하므로 이를 달성할 수 있도록 합목적적으로 해석하여야 하고, 민사소송절차는 헌법상의 요청에서 유래하는 여러 원칙들에 의하여 지배되므로 이들을 고려하여 합헌적 해석을 해야 함

2. 절차안정 및 획일적 처리의 요청

소송법은 법원과 당사자의 행위의 연쇄에 의하여 진행되는 절차를 규율하므로, 대체로 선행행위의 효력을 부인하면 후행행위의 효력은 의미가 없게 됨

∴ 될 수 있으면 이미 진행한 절차를 존중하려는 해석을 하게 됨(절차안정의 요청). 법원은 다수의 사건을 가능한 한 신속히 처리하여야 하므로, 개개의 사건의 개성을 고려할 수 없고 이들을 집단적·획일적으로 처리할 수밖에 없음(획일적 처리의 요청)

3. 표시주의, 외관주의

이러한 절차의 안정성 및 획일적 요청 때문에 소송법규를 해석할 때에는 실체법에 비하여 표시주의, 외관주의 적 경향이 강하게 나타남. but 최근에는 신당사자주의의 입장에서 각 당사자의 이익을 고려하여 해석하여야 한다는 주장도 유력하게 등장

Ⅱ. 종류

1. 효력규정과 훈시규정

(1) 의의

효력규정이란 이에 위반하면 그 행위나 절차의 효력에 영향을 미치는 규정이고, 훈시규정은 이에 위반해도 그 행위나 절차의 효력에 영향을 미치지 않는 규정

(2) 구체적 예

소송법규는 대부분 효력규정이지만, 직무를 정한 규정 중에는 훈시규정이 적지 않음. 이런 훈시규정의 예로는 판결 선고의 기간(제199조), 판결 선고의 기일(제207조 제1항), 판결송달의 기간(제210조), 변론기일의 지정(제258조), 항소기록의 송부기간(제400조), 상고이유서·답변서의 송달기간(제428조 제2항) 등을 들 수 있음. 판례도 "당사자는 법원 또는 상대방의 소송행위가 소송절차에 관한 규정을 위반한 경우 민사소송법 제151조에 의하여 그 소송행위의 무효를 주장하는 이의신청을 할 수 있고 법원이 당사자의 이의를 이유 있다고 인정할 때에는 그 소송행위를 무효로 하고 이에 상응하는 조치를 취하여야 하지만, 소송절차에 관한 규정 중 단순한 훈시적 규정을 위반한 경우에는 무효를 주장할 수 없다. 민사소송법 제199조, 제207조 등은 모두 훈시규정이므로 법원이 종국판결 선고기간 5월을 도과하거나 변론종결일로부터 2주 이내 선고하지 아니하였다 하더라도 이를 이유로 무효를 주장할 수는 없다(대판 2008.2.1. 2007다9009; 김명호 교수 재임용거부 사건)."고 하였음

(3) 효력 규정

효력규정은 다시 강행규정과 임의규정으로 나뉨

2. 강행규정과 임의규정

(1) 강행규정

1) 의의

강행규정은 법원과 당사자의 의사나 태도에 의하여 그 구속을 배제할 수 없는 규정

∴ 이에 위반한 행위나 절차는 무효이며, 법원은 직권으로 그 위반 여부를 조사하지 않으면 안 됨

2) 공익적 규정

고도의 공익적 요청에 기한 규정이 이에 해당하는데, 예를 들어, 법원의 구성(제424조 제1항 제1호, 제451조 제1항 제1호), 법관의 제척(제41조), 전속관할(제31조, 제424조 제1항 제3호), 심판의 공개(제424조 제1항 제5호), 불변기간(제173조), 당사자능력(제51조, 제52조), 소송능력(제51조) 등에 관한 규정 등

3) 위반의 주장 시기

강행규정 위반의 행위나 절차가 무효라고 하여도 이를 주장할 수 있는 시기나 방법은 다시 고려. 즉, 소송법은 절차안정의 요청이 강하게 요청되는 소송절차를 규율하고 있으므로, 시기나 방법을 고려하지 않고 이를 인정하면 절차의 혼란이 나타날 염려가 크기 때문

∴ 판결전의 강행법규 위반은 독립하여 무효로 보아 배척할 것이지만, 일단 판결이 선고되면 판결 자체의 당연무효의 주장은 허용되지 아니하므로, 그 이전의 위반은 상소의 이유가 될 뿐이고, 판결 확정 후에는 재심사유에 해당하는 경우 외에는 강행법규 위반을 주장할 수 없다고 보는 것이 일반적 견해

(2) 임의규정

1) 의의

임의규정은 당사자의 의사나 태도에 의해 그 구속을 어느 정도 완화·배척할 수 있는 규정. 주로 사익적 규정이 이에 해당하지만 소송법에서는 절차의 획일성, 안정성이 요청되므로 임의규정이라고 하여도 사법상의 임의규정과는 그 성격이 다름

2) 사법(私法)의 임의규정과의 차이

① 계약자유의 원칙의 적용 여부

사법에서는 임의규정과 다른 당사자의 합의를 하면 그 합의가 임의규정에 우선하여 적용되지만, 소송법에서는 절차의 안정이 중요하므로 당사자의 합의에 의하여 임의로 소송절차를 변경하는 것은 원칙적으로 허용되지 아니함. 이를 임의소송금지의 원칙 내지 편의소송금지의 원칙이라고 함

∴ 소송법상으로는 계약자유의 원칙은 인정되지 않으며, 다만 법이 허용되는 범위 내에서만 임의규정과는 달리 당사자의 합의를 할 수 있음. 이 경우 법이 명문으로 인정하는 예로는 관할의 합의(제29조), 불항소의 합의(제390조 제1항 단서) 등이 있고, 명문의 규정이 없는 예로는 부제소의 합의, 소취하의 합의, 부집행의 합의, 증거계약의 일부가 이에 해당

② 이의권의 포기·상실

소송법규의 위반이 있더라도 이로 인하여 불이익을 받는 자가 이의를 하지 않으면 그 흠이 치유되도록 하는 것(소송절차에 관한 이의권의 포기·상실, 제151조). 이는 적극적으로 임의규정과는 다른 합의를 하는 소송상의 합의와는 달리, 소극적으로 임의규정 위반 행위에 대해 이를 이의하지 않으면 그 위반을 문제 삼지 않도록 한 것

∴ 이 경우 법원은 직권으로 그 위반 여부를 조사할 필요가 없고, 당사자가 이의를 제기한 경우에 한하여 그 위반을 고려하면 됨. 예를 들어, 당사자의 소송행위의 방식, 법원의 기일통지서·출석요구서·소송서류의 송달·증거조사의 방식 등에 관한 규정이 이에 속함

▌민사소송규정의 해석과 종류

I. 해석

1. 소송법의 해석

소송법의 해석도 대체로 법의 해석에 관한 일반론에 따르므로, 법규의 의미에 충실하고(문리적 해석), 다른 법규와 의미관련성을 고려하고(논리적 해석), 전체와의 관련에서 법규의 의미와 목적을 명확히 하여야 한다(목적론적 해석). 그리고 유추해석과 반대해석이 인정되는 것도 실체법을 해석할 때와 동일하다. 그리고 소송법은 적정·공평·신속·경제를 그 이상으로 하므로 이를 달성할 수 있도록 합목적적으로 해석하여야 하고, 민사소송절차는 헌법상의 요청에서 유래하는 여러 원칙들에 의하여 지배되므로 이들을 고려하여 합헌적 해석을 해야 한다. 따라서 강제동원 위자료청구권이 청구권협정의 적용대상에 포함되었다고 볼 수 없으므로, 甲 등이 주장하는 신일철주금에 대한 손해배상청구권은 청구권협정의 적용대상에 포함되지 않는다(대판 2018.10.30. 2013다61381 전합). 또한 계약당사자가 채무불이행으로 인한 전보배상에 관하여 손해배상액을 예정한 경우에 채권자가 채무불이행을 이유로 계약을 해제하거나 해지하더라도 원칙적으로 손해배상액의 예정은 실효되지 않고, 전보배상에 관하여 특별한 사정이 없는 한 손해배상액의 예정에 따라 그 배상액을 정해야 한다(대판 2022.4.14. 2019다292736·292743).

2. 절차안정의 요청 및 획일적 처리의 요청

소송법은 법원과 당사자의 행위의 연쇄에 의하여 진행되는 절차를 규율하므로, 대체로 선행행위의 효력을 부인하면 후행행위의 효력은 의미가 없게 된다. 따라서 될 수 있으면 이미 진행한 절차를 존중하려는 해석을 하게 된다(절차안정의 요청). 그리고 법원은 다수의 사건을 가능한 한 신속히 처리하여야 하므로, 개개의 사건의 개성을 고려할 수 없고 이들을 집단적·획일적으로 처리할 수밖에 없다(획일적 처리의 요청).

3. 표시주의, 외관주의

이러한 절차의 안정성 및 획일적 요청 때문에 소송법규를 해석할 때에는 실체법에 비하여 표시주의, 외관주의적 경향이 강하게 나타난다.

Ⅱ. 종류

1. 효력규정과 훈시규정

(1) 의의

효력규정이란 이에 위반하면 그 행위나 절차의 효력에 영향을 미치는 규정이고, 훈시규정[28]은 이에 위반해도 그 행위나 절차의 효력에 영향을 미치지 않는 규정을 말한다.

(2) 구체적 예

소송규정은 대부분 효력규정이지만, 직무를 정한 규정 중에는 훈시규정이 적지 않다. 이런 훈시규정의 예로는 판결 선고의 기간(제199조), 판결 선고의 기일(제207조 제1항), 판결송달의 기간(제210조), 변론기일의 지정(제258조), 항소기록의 송부기간(제400조), 상고이유서·답변서의 송달기간(제428조 제2항) 등을 들 수 있다.

(3) 효력규정

효력규정은 다시 강행규정과 임의규정으로 나뉜다.

2. 강행규정과 임의규정

(1) 강행규정

1) 의의

강행규정은 법원과 당사자의 의사나 태도에 의하여 그 구속을 배제할 수 없는 규정을 말한다. 따라서 이에 위반한 행위나 절차는 무효이며, 법원은 직권으로 그 위반 여부를 조사하지 않으면 안 된다.

2) 공익적 규정

고도의 공익적 요청에 기한 규정이 이에 해당하는데, 예를 들어, 법원의 구성(제424조 제1항 제1호, 제451조 제1항 제1호), 법관의 제척(제41조), 전속관할(제31조, 제424조 제1항 제3호), 심판의 공개(제424조 제1항 제5호), 불변기간(제173조), 당사자능력(제51조, 제52조), 소송능력(제51조) 등에 관한 규정 등이 있다.

3) 위반의 주장시기

강행규정 위반의 행위나 절차가 무효라고 하여도 이를 주장할 수 있는 시기나 방법은 다시 고려해 보아야 한다. 즉, 소송법은 절차안정의 요청이 강하게 요청되는 소송절차를 규율하고 있으므로, 시기나 방법을 고려하지 않고 이를 인정하면 절차의 혼란이 나타날 염려가 크기 때문이다. 따라서 판결 전의 강행규정 위반은 독립하여 무효로 보아 배척할 것이지만, 일단 판결이 선고되면 판결 자체의 당연무효의 주장은 허용되지 아니하므로, 그 이전의 위반은 상소의 이유가 될 뿐이고, 판결 확정 후에는 재심사유에 해당하는 경우 외에는 강행규정 위반을 주장할 수 없다.

---

28) 당사자는 법원 또는 상대방의 소송행위가 소송절차에 관한 규정을 위반한 경우 민사소송법 제151조에 의하여 그 소송행위의 무효를 주장하는 이의신청을 할 수 있고 법원이 당사자의 이의를 이유 있다고 인정할 때에는 그 소송행위를 무효로 하고 이에 상응하는 조치를 취하여야 하지만, 소송절차에 관한 규정 중 단순한 훈시적 규정을 위반한 경우에는 무효를 주장할 수 없다. 민사소송법 제199조, 제207조 등은 모두 훈시규정이므로 법원이 종국판결 선고기간 5월을 도과하거나 변론종결일로부터 2주 이내 선고하지 아니하였다 하더라도 이를 이유로 무효를 주장할 수는 없다(대판 2008.2.1. 2007다9009, 김명호 교수 재임용거부 사건).

(2) 임의규정

1) 의의

임의규정은 당사자의 의사나 태도에 의해 그 구속을 어느 정도 완화·배척할 수 있는 규정을 말한다. 주로 사익적 규정이 이에 해당하지만, 소송법에서는 절차의 획일성, 안정성이 요청되므로 임의규정이라고 하여도 사법상의 임의규정과는 그 성격이 다르다.

2) 사법(私法)의 임의규정과의 차이

① 임의소송금지의 원칙

사법(私法)에서는 임의규정과 다른 당사자의 합의를 하면 그 합의가 임의규정에 우선하여 적용되지만, 소송법에서는 절차의 안정이 중요하므로 당사자의 합의에 의하여 임의로 소송절차를 변경하는 것은 원칙적으로 허용되지 아니한다. 이를 임의소송금지의 원칙 내지 편의소송금지의 원칙이라고 한다. 따라서 소송법상으로는 계약자유의 원칙은 인정되지 않으며, 다만 법이 허용되는 범위 내에서만 임의규정과는 달리 당사자의 합의를 할 수 있다. 이 경우 법이 명문으로 인정하는 예로는 관할의 합의(제29조), 불항소의 합의(제390조 제1항 단서) 등이 있고, 명문의 규정이 없는 예로는 부제소의 합의, 소취하의 합의, 부집행의 합의, 증거계약의 일부가 이에 해당된다.

② 이의권의 포기·상실

임의규정의 위반이 있더라도 이로 인하여 불이익을 받는 자가 이의를 하지 않으면 그 흠이 치유되도록 하는 것이다(소송절차에 관한 이의권의 포기·상실, 제151조). 이는 적극적으로 임의규정과는 다른 합의를 하는 소송상의 합의와는 달리, 소극적으로 임의규정 위반 행위에 대해 이를 이의하지 않으면 그 위반을 문제 삼지 않도록 한 것이다. 따라서 이 경우 법원은 직권으로 그 위반 여부를 조사할 필요가 없고, 당사자가 이의를 제기한 경우에 한하여 그 위반을 고려하면 된다. 예를 들어, 당사자의 소송행위의 방식, 법원의 기일통지서·출석요구서·소송서류의 송달[29]·증거조사의 방식 등에 관한 규정이 이에 속한다.

---

29) 다만, 판결정본 송달은 상소제기기간의 기산점이 되므로(제396조), 이는 강행규정에 속한다(통설·판례)

해커스 법아카데미
law.Hackers.com

제2편

소송의 주체

제1장
법원

05 민사재판권

CONTENTS

Ⅰ. 민사재판권의 의의 및 범위
1. 의의
   (1) 민사재판권은 민사사건에 대한 재판할 수 있는 국가의 권능
      ① 민사본안재판권, ② 비송재판권 등
   (2) 민사본안재판권
      민사분쟁을 처리하기 위하여 판결, 강제집행, 가압류, 가처분 등을 행하는 국가의 권능
2. 범위
   ① 누구에게(대인적 제약), ② 어떠한 사건에(대물적 제약), ③ 어느 장소에서 행사할 수 있는가(장소적 제약)가 문제, 질문(1)은 ① 대인적 제약에 관한 문제이고 질문(2)는 ② 대물적 제약에 관한 문제

Ⅱ. 민사재판권의 대인적 제약과 국가에 대한 재판권면제
1. 문제점
   (1) 민사재판권은 국가의 영토고권 때문에 국적을 불문하고 국내에 있는 모든 자에게 미치는 것이 원칙, 치외법권자에게는 예외적으로 미치지 않음
   (2) 치외법권자
      ① 외교사절단의 구성원과 그 가족 ② 영사관원과 그 사무직원 ③ 외국의 원수·수행원 및 그 가족 ④ 외국국가 ⑤ 주한미군, 질문에서는 ④ 외국국가에 대한 재판권면제가 문제

2. 절대적 면제주의와 상대적 면제주의
   19세기에는 특별한 예외를 제외하고는 외국국가에 대한 재판권면제가 인정(절대적 면제주의), 20세기 이후에 들어와서는 국가가 사적분쟁의 당사자가 되는 경우가 증가한 관계로 국가에 대한 재판권이 면제되지 않는 것(상대적 면제주의[1])이 국제적 관습
3. 판례
   (1) 과거 판례
      본래 국가는 국제관례상 외국의 재판권에 복종하지 않게 되어 있으므로 특히 조약에 의하여 예외로 된 경우나 스스로 외교상의 특권을 포기하는 경우를 제외하고는 외국국가를 피고로 하여 우리나라가 재판권을 행사할 수는 없는 것이라 할 것이다(대결 1975.5.23. 74마281; 절대적 면제주의).
   (2) 현재 판례[2]
      외국의 사법적 행위가 주권적 활동에 속하거나 이와 밀접한 관련이 있어 이에 대한 재판권 행사가 외국의 주권적 활동에 대한 부당한 간섭이 될 우려가 있다는 등의 특별한 사정이 없는 한, 외국의 사법적 행위에 대하여는 당해 국가를 피고로 하여 우리나라의 법원이 재판권을 행사할 수 있다(대판 1998.12.17. 97다39216 전합; 상대적 면제주의).

---

1) 상대적 면제주의는 국가기관이 공인격의 지위에서 행하였는지 사인격의 지위에서 행하였는지에 따라 그 범위를 정하여야 한다는 견해(기관성격기준설), 그 행위가 국가만이 할 수 있는 행위인지 사인도 할 수 있는 행위인지에 따라 정하여야 한다는 견해(기관능력기준설), 그 행위가 주권적 활동에 속하는 것인지 단순한 사법적 행위에 불과한 것인지에 따라 정하여야 한다는 견해(행위성질기준설), 그 행위가 상사적 활동인지 비상사적 활동인지에 따라 정하여야 한다는 견해(상사활동기준설) 등이 있다[주석신민사소송법(Ⅰ), 110면; 김홍엽, 33면].

2) 이 사건은 원고가 미합중국 산하의 비세출자금기관인 '육군 및 공군 교역처'(The United States Army and Air Force Exchange Service)에 고용되어 미군 2사단 소재 캠프 케이시(Camp Cacey)에서 근무하다가 1992.11.8. 정당한 이유 없이 해고되었다고 주장하면서 미합중국을 피고로 하여 위 해고의 무효확인과 위 해고된 날로부터 원고를 복직시킬 때까지의 임금의 지급을 구한 사안이다.

III. 국제재판관할권

1. 문제점 - 국제재판관할권의 의미

(1) 의의

국제적 사건을 우리나라에서 재판할 지, 그 외국에서 재판할 지의 문제를 국제재판관할권[3]이라 함

(2) 의미[4]

통설적 입장은 국제재판관할권이란 하나의 국제적 사건에 대해 우리나라 법원뿐만 아니라 외국의 법원도 당해 사건에 대해 관할권을 갖는 경우, 어느 법원이 재판권을 가지는가의 문제라고 설명함

2. 국제사법의 규정

(1) 국제사법 제2조에서 "① 법원은 당사자 또는 분쟁이 된 사안이 대한민국과 실질적 관련이 있는 경우에 국제재판관할권을 가진다. 이 경우 법원은 실질적 관련의 유무를 판단함에 있어 국제재판관할 배분의 이념에 부합하는 합리적인 원칙에 따라야 한다. ② 법원은 국내법의 관할 규정을 참작하여 국제재판관할권의 유무를 판단하되, 제1항의 규정의 취지에 비추어 국제재판관할의 특수성을 충분히 고려하여야 한다."고 규정

(2) 실질적 관련성의 의미

우리나라 법원이 재판관할권을 행사하는 것을 정당화할 수 있을 정도로 당사자 또는 분쟁대상이 우리나라와 관련성을 갖는 것을 의미하며, 그 구체적인 인정 여부는 법원이 개별 사건마다 종합적인 사정을 고려하여 판단하게 될 것이다[법무부 국제사법해설, 2001, 24면 이하].

3. 개정 전의 견해 대립

(1) 문제점

현재는 국제사법 제2조로 국제재판관할권의 결정기준이 정해지는 것, 이 경우에도 국제재판관할과 토지관할의 관계가 모호하고, 이 규정이 단순히 대법원의 판례를 반영하는데 그치고 있어, 현재도 종전의 견해 대립이 재현되는 면[5]이 있음

(2) 학설

1) 역추지설(토지관할규정유추설)은 당해 사건에 대해 우리 민사소송법의 규정상 토지관할권이 있으면 이를 역으로 파악해 재판권이 있는 것으로 보자고 하는 견해.

2) 조리설(관할배분설)은 국제재판관할권의 문제는 재판의 적정, 당사자 간의 공평, 소송의 신속이라는 민사소송의 이념을 고려하여 조리에 의해 결정

3) 수정역추지설(특단의 사정설, 절충설)은 국내의 토지관할규정도 적정, 공평, 신속이라는 민사소송의 이상을 무시한 것은 아니므로 원칙적으로는 역추지설에 의하되, 이로 인해 심히 부당한 특단의 사정이 있는 경우 조리설에 의해 결정

IV. 장소적 범위 및 재판권 없을 때의 효과

1. 장소적 범위

(1) 영토주권의 원칙에 의해 국내재판권은 자국 내에만 미치고 외국에까지 확대될 수 없음.

(2) 외국과의 사법공조협정 등이 있는 경우에는 외국 주재 대사·공사 또는 영사 혹은 외국법원에 송달을 촉탁하거나 증거조사를 촉탁할 수 있음

---

3) 구체적으로 국제재판관할권은 그 국가의 입장에서 보면 자국이 재판권을 행사하는 전제로서 관할권을 갖느냐는 문제인 직접적 일반관할권과 외국의 재판을 자국에서 승인·집행할 요건으로서 타국에 관할권이 있느냐는 문제인 간접적 일반관할권의 문제로 나눌 수 있다(강현중, 811면 참고).

4) 이시윤, 61면; 정동윤·유병현, 102면; 김홍규·강태원, 37면 등; 다만, 최근의 견해는 자국민과 외국인이 동시에 연관된 국제적 법률관계에 대해 각국이 재판권의 문제로 접근하게 되면, 결국 주권의 충돌문제로 되어 타협의 여지가 없어지게 되는 현실적인 불합리함도 발생하게 된다고 하면서, 국제재판관할은 재판권을 전제로 한 하위개념으로서 국제적인 민·상사 법률관계에 대한 국가 간의 관할권 유무를 정하는 문제로 된다고 하여, 재판권의 문제로 보는 것을 반대한다.

5) 김용진, 실체법을 통하여 본 민사소송법(제5판), 42면

2. 재판권 없을 때의 효과
　(1) 소송요건, 직권조사사항
　　　재판권은 소송요건, 직권조사사항.
　　　∴ 재판권이 없으면 소 각하 판결
　(2) 재판권 없음이 명백한 경우
　　　재판권 없음이 명백하면 소장부본을 송달할
　　　수 없는 경우에 해당하므로 재판장의 명령으
　　　로 소장을 각하[6](이시윤, 정동윤)
　(3) 재판권 없음이 명백하지 않은 경우
　　　재판권 없음이 명백하지 않으면 변론을 열어
　　　야 하므로 법원은 소장부본 송달. 변론의 결과
　　　재판권의 부존재가 판명되면 판결로써 소를
　　　각하
　(4) 재판권 없음을 간과한 판결
　　　재판권 없음을 간과하고 본안판결을 한 경우
　　　에는 확정 전(前)에 상소 가능, 확정 後에는
　　　재심청구를 할 수 없음. 판결이 확정되어도
　　　무효의 판결

3. 치외법권자의 경우
　(1) 원칙
　　　치외법권자는 보전처분·소송·강제집행의
　　　상대방이 되지 않으며, 증인능력·감정인능
　　　력 없음
　(2) 예외
　　　치외법권자가 그 특권을 명시적으로 포기하
　　　면 피고 내지 상대방이 될 수 있음. 예를 들어,
　　　치외법권자가 원고로서 소제기를 하거나, 집
　　　행채권자 내지 담보권자로서 경매신청 등을
　　　하는 것은 허용. 치외법권자가 증인으로 임의
　　　출석하여 증언하면 증언거부권을 포기한 것
　　　이 되므로, 증언은 효력 있음. 치외법권자라도
　　　먼저 원고로서 제기한 소송에서 방어소송(반
　　　소) 내지 부수소송(재심의 소, 청구에 관한 이
　　　의의 소, 제3자이의의 소 등)의 피고가 될 수
　　　있음

▌ 민사재판권

Ⅰ. 민사재판권 의의 및 범위

1. 의의

민사재판권은 민사사건에 대해 재판할 수 있는 국가의 권능을 이르고 여기에는 ① 민사본안재판권, ② 비송
재판권이 있다. 특히 민사본안재판권은 민사 분쟁을 처리하기 위하여 판결, 강제집행, 가압류, 가처분 등을
행하는 국가의 권능을 이른다.

2. 범위

① 누구에게(대인적 제약), ② 어떠한 사건에(대물적 제약), ③ 어느 장소에서 행사할 수 있는가(장소적 제약)가 문제
된다.

---

6) 다만, 이 경우 기일을 지정하지 아니하고 사실상 소장부본을 송달하여 알리고 재판권 없음이 명확해지면 소각하 판
　결을 해야 한다는 견해(정영환), 재판장이 소장각하명령(제254조 제2항)을 해서는 아니 되며, 법원이 소장부본의 송
　달(제255조 제1항)과 기일통지(제167조 제1항)를 하여야 한다는 견해(김홍엽) 등이 있다.

Ⅱ. 민사재판권의 대인적 제약과 국가에 대한 재판권면제

1. 문제점

민사재판권은 국가의 영토고권 때문에 국적을 불문하고 국내에 있는 모든 자에게 미치는 것이 원칙이나 치외법권자에게는 예외적으로 미치지 않는다. 치외법권자에는 ① 외교사절단의 구성원과 그 가족, ② 영사관원과 그 사무직원, ③ 외국의 원수·수행원 및 그 가족, ④ 외국국가, ⑤ 주한미군이 있는바, ④ 외국국가에 대한 재판권면제가 특히 문제된다.

2. 절대적 면제주의와 상대적 면제주의

19세기에는 특별한 예외를 제외하고는 외국국가에 대한 재판권면제가 인정되었지만(절대적 면제주의), 20세기 이후에 들어와서는 국가가 사적분쟁의 당사자가 되는 경우가 증가한 관계로 국가에 대한 재판권이 면제되지 않는 것(상대적 면제주의[7])이 국제적 관습이라고 할 수 있다.

3. 판례

(1) 과거 판례

"본래 국가는 국제관례상 외국의 재판권에 복종하지 않게 되어 있으므로 특히 조약에 의하여 예외로 된 경우나 스스로 외교상의 특권을 포기하는 경우를 제외하고는 외국국가를 피고로 하여 우리나라가 재판권을 행사할 수는 없는 것이라 할 것이다(대결 1975.5.23. 74마281)"고 하여 절대적 면제주의의 입장이었다.

(2) 현재 판례[8]

"외국의 사법적 행위가 주권적 활동에 속하거나 이와 관련이 있어 이에 대한 재판권 행사가 외국의 주권적 활동에 대한 부당한 간섭이 될 우려가 있다는 등의 특별한 사정이 없는 한, 외국의 사법적 행위에 대하여는 당해 국가를 피고로 하여 우리나라의 법원이 재판권을 행사할 수 있다(대판 1998.12.17. 97다39216 전합)."고 하여 상대적 면제주의로 입장을 변경하였다.

---

7) 상대적 면제주의는 국가기관이 공인격의 지위에서 행하였는지 사인격의 지위에서 행하였는지에 따라 그 범위를 정하여야 한다는 견해(기관성격기준설), 그 행위가 국가만이 할 수 있는 행위인지 사인도 할 수 있는 행위인지에 따라 정하여야 한다는 견해(기관능력기준설), 그 행위가 주권적 활동에 속하는 것인지 단순한 사법적 행위에 불과한 것인지에 따라 정하여야 한다는 견해(행위성질기준설), 그 행위가 상사적 활동인지 비상사적 활동인지에 따라 정하여야 한다는 견해(상사활동기준설) 등이 있다[주석신민사소송법(Ⅰ), 110면; 김홍엽, 33면].

8) 이 사건은 원고가 미합중국 산하의 비세출자금기관인 '육군 및 공군 교역처'(The United States Army and Air Force Exchange Service)에 고용되어 미군 2사단 소재 캠프 케이시(Camp Cacey)에서 근무하다가 1992.11.8. 정당한 이유 없이 해고되었다고 주장하면서 미합중국을 피고로 하여 위 해고의 무효확인과 위 해고된 날로부터 원고를 복직시킬 때까지의 임금의 지급을 구한 사안이다.

Ⅲ. 국제재판관할권

1. 국제재판관할권의 의미

(1) 문제점

우리나라 사람이나 기업이 외국과 수출입을 하다보면, 손해배상 등의 민사사건 등이 생기기 마련이다. 이 경우 그 사건을 우리나라에서 재판할지, 그 외국에서 재판할지의 문제가 생기는데 이를 국제재판관할권[9]이라고 한다.

(2) 의미

통설적 입장은 국제재판관할권이란 하나의 국제적 사건에 대해 우리나라 법원뿐만 아니라 외국의 법원도 당해 사건에 대해 관할권을 갖는 경우, 어느 법원이 재판권을 가지는가의 문제라고 설명한다.

2. 국제사법의 규정

(1) 법 규정

종래에는 국제재판관할권에 대해 성문규정이 없었으나, 현재는 섭외사법을 대체한 국제사법 제2조에서 "① 법원은 당사자 또는 분쟁이 된 사안이 대한민국과 실질적 관련이 있는 경우에 국제재판관할권을 가진다. 이 경우 법원은 실질적 관련의 유무를 판단함에 있어 국제재판관할 배분의 이념에 부합하는 합리적인 원칙에 따라야 한다. ② 법원은 국내법의 관할 규정을 참작하여 국제재판관할권의 유무를 판단하되, 제1항의 규정의 취지에 비추어 국제재판관할의 특수성을 충분히 고려하여야 한다."고 규정하고 있다.

(2) 실질적 관련성의 의미

이에 대해 법무부 국제사법해설(2001), 24면 이하는 "우리나라 법원이 재판관할권을 행사하는 것을 정당화할 수 있을 정도로 당사자 또는 분쟁 대상이 우리나라와 관련성을 갖는 것을 의미하며, 그 구체적인 인정 여부는 법원이 개별 사건마다 종합적인 사정을 고려하여 판단하게 될 것이다."고 하고 있다.

3. 개정 전의 견해 대립

(1) 문제점

현재는 위 국제사법 제2조로 국제재판관할권의 결정기준이 정해지는 것이지만, 이 경우에도 국제재판관할과 토지관할의 관계가 모호하고, 이 규정이 단순히 대법원의 판례를 반영하는데 그치고 있어, 현재도 종전의 견해 대립이 재현되는 면[10]이 있어 이를 살펴보기로 한다.

---

9) 구체적으로 국제재판관할권은 그 국가의 입장에서 보면 자국이 재판권을 행사하는 전제로서 관할권을 갖느냐는 문제인 직접적 일반관할권과 외국의 재판을 자국에서 승인·집행할 요건으로서 타국에 관할권이 있느냐는 문제인 간접적 일반관할권의 문제로 나눌 수 있다(강현중).

10) 김용진, 실체법을 통하여 본 민사소송법(제5판), 42면

(2) 학설

1) 역추지설(토지관할규정유추설)은 당해 사건에 대해 우리 민사소송법의 규정상 토지관할권이 있으면 이를 역으로 파악해 재판권이 있는 것으로 보자는 견해이다.

2) 조리설(관할배분설)은 국제재판관할권의 문제는 재판의 적정, 당사자 간의 공평, 소송의 신속이라는 민사소송의 이념을 고려하여 조리에 의해 결정하자고 한다.

3) 수정역추지설(절충설, 특단의 사정설)은 국내의 토지관할규정도 적정, 공평, 신속이라는 민사소송의 이상을 무시한 것은 아니므로 원칙적으로는 역추지설에 의하되, 이로 인해 심히 부당한 특단의 사정이 있는 경우 조리설에 의하여도 좋다고 한다.

(3) 판례

1) 중국민항기 사건

법원이 국제재판관할권의 유무를 판단함에 있어서 당사자 간의 공평, 재판의 적정, 신속 및 경제를 기한다는 기본이념에 따라 국제재판관할을 결정하여야 하고, 구체적으로는 소송당사자들의 공평, 편의 그리고 예측가능성과 같은 개인적인 이익뿐만 아니라 재판의 적정, 신속, 효율 및 판결의 실효성 등과 같은 법원 내지 국가의 이익도 함께 고려하여야 하며, 이러한 다양한 이익 중 어떠한 이익을 보호할 필요가 있을지 여부는 개별 사건에서 법정지와 당사자의 실질적 관련성 및 법정지와 분쟁이 된 사안과의 실질적 관련성을 객관적인 기준으로 삼아 합리적으로 판단하여야 한다. 2002년 김해공항 인근에서 발생한 중국 항공기 추락사고로 사망한 중국인 승무원의 유가족이 중국 항공사를 상대로 대한민국 법원에 손해배상청구소송을 제기한 사안에서, 민사소송법상 토지관할권, 소송당사자들의 개인적인 이익, 법원의 이익, 다른 피해유가족들과의 형평성 등에 비추어 위 소송은 대한민국과 실질적 관련이 있다고 보기에 충분하므로, 대한민국 법원의 국제재판관할권을 인정한다(대판 2010.7.15. 2010다18355). 특히 피해자 · 가해자 모두 중국 국적이라는 점이나 준거법(중국법)은 국제재판관할권 인정에 방해가 되지 않는다고 판시하였다.

2) 중국인이 중국에서 체결된 대여금채권에 대하여 대한민국에 재산이 있는 중국인에게 소를 제기한 사건

① 국제사법 제2조 제1항은 "법원은 당사자 또는 분쟁이 된 사안이 대한민국과 실질적 관련이 있는 경우에 국제재판관할권을 가진다. 이 경우 법원은 실질적 관련의 유무를 판단함에 있어 국제재판관할 배분의 이념에 부합하는 합리적인 원칙에 따라야 한다."라고 정하고 있다. 여기에서 '실질적 관련'은 대한민국 법원이 재판관할권을 행사하는 것을 정당화할 정도로 당사자 또는 분쟁이 된 사안과 관련성이 있는 것을 뜻한다. 이를 판단할 때에는 당사자의 공평, 재판의 적정, 신속과 경제 등 국제재판관할 배분의 이념에 부합하는 합리적인 원칙에 따라야 한다. 구체적으로는 당사자의 공평, 편의, 예측가능성과 같은 개인적인 이익뿐만 아니라, 재판의 적정, 신속, 효율, 판결의 실효성과 같은 법원이나 국가의 이익도 함께 고려하여야 한다. 이처럼 다양한 국재재판관할의 이익 중 어떠한 이익을 보호할 필요가 있을지는 개별 사건에서 실질적 관련성 유무를 합리적으로 판단하여 결정하여야 한다. 국제사법 제2조 제2항은 "법원은 국내법의 관할 규정을 참작하여 국제재판관할권의 유무를 판단하되, 제1항의 규정의 취지에 비추어 국제재판관할의 특수성을 충분히 고려하여야 한다."라고 정하여 제1항에서 정한 실질적 관련성을 판단하는 구체적 기준 또는 방법으로 국내법의 관할 규정을 제시한다. 따라서 민사소송법 관할 규정은 국제재판관할권을 판단

하는 데 가장 중요한 판단기준으로 작용한다. 다만, 이러한 관할 규정은 국내적 관점에서 마련된 재판적에 관한 규정이므로 국제재판관할권을 판단할 때에는 국제재판관할의 특수성을 고려하여 국제재판관할 배분의 이념에 부합하도록 수정하여 적용해야 하는 경우도 있다.

② 민사소송법 제3조 본문은 "사람의 보통재판적은 그의 주소에 따라 정한다."라고 정한다. 따라서 당사자의 생활 근거가 되는 곳, 즉 생활관계의 중심적 장소가 토지관할권의 가장 일반적·보편적 발생근거라고 할 수 있다. 민사소송법 제2조는 "소는 피고의 보통재판적이 있는 곳의 법원이 관할한다."라고 정하고 있는데, 원고에게 피고의 주소지 법원에 소를 제기하도록 하는 것이 관할 배분에서 당사자의 공평에 부합하기 때문이다. 국제재판관할에서도 피고의 주소지는 생활관계의 중심적 장소로서 중요한 고려요소이다. 국제재판관할에서 특별관할을 고려하는 것은 분쟁이 된 사안과 실질적 관련이 있는 국가의 관할권을 인정하기 위한 것이다. 민사소송법 제11조는 "대한민국에 주소가 없는 사람 또는 주소를 알 수 없는 사람에 대하여 재산권에 관한 소를 제기하는 경우에는 청구의 목적 또는 담보의 목적이나 압류할 수 있는 피고의 재산이 있는 곳의 법원에 제기할 수 있다."라고 정한다. 원고가 소를 제기할 당시 피고의 재산이 대한민국에 있는 경우 대한민국 법원에 피고를 상대로 소를 제기하여 승소판결을 얻으면 바로 집행하여 재판의 실효를 거둘 수 있다. 이와 같이 피고의 재산이 대한민국에 있다면 당사자의 권리구제나 판결의 실효성 측면에서 대한민국 법원의 국제재판관할권을 인정할 수 있다. 그러나 그 재산이 우연히 대한민국에 있는 경우까지 무조건 국제재판관할권을 인정하는 것은 피고에게 현저한 불이익이 발생할 수 있다. 따라서 원고의 청구가 피고의 재산과 직접적인 관련이 없는 경우에는 그 재산이 대한민국에 있게 된 경위, 재산의 가액, 원고의 권리구제 필요성과 판결의 실효성 등을 고려하여 국제재판관할권을 판단해야 한다. 나아가 예측가능성은 피고와 법정지 사이에 상당한 관련이 있어서 법정지 법원에 소가 제기되는 것에 대하여 합리적으로 예견할 수 있었는지를 기준으로 판단해야 한다. 피고가 대한민국에서 생활 기반을 가지고 있거나 재산을 취득하여 경제활동을 할 때에는 대한민국 법원에 피고를 상대로 재산에 관한 소가 제기되리라는 점을 쉽게 예측할 수 있다.

③ 국제재판관할권은 배타적인 것이 아니라 병존할 수도 있다. 지리, 언어, 통신의 편의 측면에서 다른 나라 법원이 대한민국 법원보다 더 편리하다는 것만으로 대한민국 법원의 재판관할권을 쉽게 부정할 수는 없다(대판 2019.6.13. 2016다33752).

4. 구체적 기준 – 역추지설의 예외 및 긴급관할

(1) 역추지설의 예외

민사소송법의 토지관할규정에 의하여 국내 법원에 관할권이 생겨도, 다음은 국내법원의 국제재판관할권이 인정되지 않는다.

① 외국에 있는 부동산소송 – 부동산은 영토를 구성하므로 그 나라에 전속적이다.

② 외국의 권리나 그 이해에만 관계되는 소송 – 외국의 특허권·상표권에 관한 소송, 미국의 국적확인 소송 등이 그 예이다.

③ 외국인 상호 간의 이혼사건은 피고의 주소가 국내에 없는 한 원칙적으로 재판관할권이 없다는 것이 판례이다(피고 주소지주의).

(2) 긴급관할(보충관할)

반대로 국내에 토지관할권이 없어도 예외적으로 국내법원에 국제재판관할을 인정하는 경우가 있는데 이를 긴급 또는 보충관할이라고 한다. 즉, 외국의 어느 법원에서도 사법적 구제를 받기 어렵고 외국에서 집행할 수 없을 때 우리나라의 국제재판관할을 인정할 것이다. 판례도 사안과 가장 실질적 관련성이 있는 중국법원이 당사자 간의 소를 각하하였고 이제 와서 우리나라 법원의 국제재판관할권을 부인한다면 당사자의 권리구제를 도외시하는 결과가 야기될 수 있다는 점 등을 고려하여 우리나라 법원에 국제재판관할권을 인정한 사안이 있다(대판 2008.5.29. 2006다71908 · 71915).[11]

Ⅳ. 장소적 범위 및 재판권 없을 때의 효과

1. 장소적 범위

(1) 영토주권의 원칙에 의해 국내재판권은 자국 내에만 미치고 외국에까지 확대될 수 없다.

(2) 다만, 외국과의 사법공조협정 등이 있는 경우에는 외국 주재 대사 · 공사 또는 영사 혹은 외국법원에 송달을 촉탁하거나 증거조사를 촉탁할 수 있다.

2. 재판권 없을 때의 효과

(1) 소송요건, 직권조사사항

재판권은 소송요건이며 직권조사사항이다. 따라서 재판권이 없으면 소를 각하하는 것이 원칙이다.

(2) 재판권 없음이 명백한 경우

재판권 없음이 명백하면 소장부본을 송달할 수 없는 경우에 해당하므로 재판장의 명령으로 소장을 각하하여야 한다(이시윤, 정동윤). 다만, 이 경우 기일을 지정하지 아니하고 사실상 소장부본을 송달하여 알리고 재판권 없음이 명확해지면 소각하 판결을 해야 한다는 견해(정영환), 재판장이 소장각하명령(제254조 제2항)을 해서는 아니 되며, 법원이 소장부본의 송달(제255조 제1항)과 기일통지(제167조 제1항)를 하여야 한다는 견해(김홍엽)가 있다.

(3) 재판권 없음이 명백하지 않은 경우

재판권 없음이 명백하지 않으면 변론을 열어야 하므로 법원은 소장부본을 송달하여야 한다. 변론의 결과 재판권의 부존재가 판명되면 판결로써 소를 각하하여야 한다.

(4) 재판권 없음을 간과한 판결

재판권 없음을 간과하고 본안판결을 한 경우에는 확정 전에 상소가 가능하지만, 확정 후에는 재심청구를 할 수 없다. 판결이 확정되어도 무효의 판결이 된다.

---

11) 대한민국 회사가 일본 회사에게 러시아에서 선적한 냉동청어를 중국에서 인도하기로 하고 그 대금은 선적 당시의 임시 검품 결과에 따라 임시로 정하여 지급하되 인도지에서 최종 검품을 하여 최종가격을 정한 후 위 임시가격과의 차액을 정산하기로 한 매매계약에서, 그 차액 정산에 관한 분쟁은 최종 검품 여부 및 그 결과가 주로 문제되므로 인도지인 중국 법원이 분쟁이 된 사안과 가장 실질적 관련이 있는 법원이나, 대한민국 법원에도 당사자 또는 분쟁이 된 사안과 실질적 관련이 있어 국제재판관할권을 인정할 수 있다(대판 2008.5.29. 2006다71908, 청어알 사건).

3. 치외법권자의 경우

(1) 원칙

치외법권자는 보전처분·소송·강제집행의 상대방이 되지 않으며, 증인능력·감정인능력이 없다.

(2) 예외

치외법권자가 그 특권을 명시적으로 포기하면 피고 내지 상대방이 될 수 있다. 예를 들어, 치외법권자가 원고로서 소제기를 하거나, 집행채권자 내지 담보권자로서 경매신청 등을 하는 것은 허용된다. 그리고 치외법권자가 증인으로 임의출석하여 증언하면 증언거부권을 포기한 것이 되므로, 증언은 효력이 있다. 치외법권자라도 먼저 원고로서 제기한 소송에서 방어소송(반소) 내지 부수소송(재심의 소, 청구에 관한 이의의 소, 제3자이의의 소 등)의 피고가 될 수는 있다.

┌─────────────────────────────┐
│   연습문제   │
└─────────────────────────────┘

A(일본인, 주소지: 일본 동경)는 2019년 7월 4일 C(일본인, 주소지: 일본 동경)에게 일본 통화 3,000,000엔을 이자 약정 없이 변제기를 2019.9.12.로 정하여 대여하였고(이하 "이 사건 대여금채권"이라고 한다), B(일본인, 주소지: 일본 동경)는 C의 위 대여금채무를 연대보증하였다. B와 C는 위 차용 당시 A에게, 차용인란에 C의 이름, 차주 및 연대보증인란에 B, C의 일본 내 주소를 한자로 기재한 후 서명·날인한 금전차용증서를 작성하여 교부하였는데, 위 금전차용증서는 일본의 문구점에서 그 내용의 대부분이 인쇄된 상태로 판매되고 있는 것이었다. 그 차용증서에는 '만일 본건에 관하여 분쟁이 생긴 때에는 채권자의 주소지 법원을 제1심 관할법원으로 하기로 합의한다'는 취지가 부동문자로 인쇄되어 있었으며, A는 위 금전차용증서의 원금란에 삼백만, 일자란에 평성 삼십일년 칠월 사일이라고 직접 기재하였다. A는 2023년 3월 27일 D(한국인, 주소: 대한민국 서울특별시 서초구)에게 이 사건 대여금채권을 양도하였다(이때 차용증서도 같이 양도하였다). 2023년 4월 1일 A는 B와 C에게 위 채권양도 사실을 내용증명우편으로 통지하였으며, 위 각 통지는 2023년 4월 20일 전후로 B와 C에게 도달되었다. 그런데 2023년 7월 1일 D는 B와 C를 상대로 이 사건 대여금채권을 이유로 양수금지급청구의 소를 서울중앙지방법원에 제기하였다. 서울중앙지방법원은 이 사건에 대해 국제재판관할이 존재하지 아니한다고 보아 소를 각하하였다. 이 경우 국제재판관할의 부존재를 이유로 한 서울중앙지방법원의 소각하판결은 타당한가? (25점)

Ⅰ. 문제의 소재(2점)

본 설문에서는 관할합의가 전속적 관할합의에 해당하는지 여부 및 채권양도 등의 사유로 외국적 요소가 있는 법률관계에 해당하게 된 경우에는 전속적 관할합의의 효력이 채권양수인에게 미치는지 여부가 문제된다.

Ⅱ. 전속적 국제재판관할합의의 유효요건

1. 판례(3점)

판례[12]에 의하면, 전속적 국제재판관할합의가 유효하기 위해서는 다음의 요건을 구비하여야 한다.

① 국내재판권에 전속하지 않는 사건일 것

② 합의한 외국법원이 당해사건에 국제재판관할권을 가질 것

③ 당해 사건이 그 외국법원에 대하여 합리적 관련성이 있을 것

④ 전속적 합의가 현저히 불합리하고 불공정한 경우가 아닐 것

2. 사안의 경우(2점)

(1) 본 설문의 사안은 관할합의 당시에 국제재판관할합의를 전제로 하지 아니한다. 즉, 관할 합의 당시에는 일본 동경에 거주하는 일본인 A와 일본 동경에 거주하는 일본인 B와 C 사이의 소비대차계약상 관할합의가 문제되었기 때문에 전속적 합의관할인지 아니면 부가적 합의관할인지 여부만이 문제되었다. 일본 판례에서도 법정관할법원 가운데 하나의 법원을 관할법원으로 특정하는 것은 전속적 합의관할로 해석하고 있으므로 본 설문에서도 이 관할합의를 전속적 합의관할로 보아야 할 것이다.

(2) 판례에서도 "처분문서가 진정하게 성립한 것으로 인정되는 이상 법원은 그 기재 내용을 부인할 만한 분명하고도 수긍할 수 있는 반증이 없는 한 그 기재된 문언대로 의사표시의 존재와 내용을 인정할 것이지만, 처분문서의 기재 내용이 부동문자로 인쇄되어 있는 경우에는 그 기재가 인쇄된 예문에 지나지 아니하여 이를 합의의 내용으로 볼 수 없는 경우도 있으므로, 처분문서의 기재라 하여 곧바로 당사자의 합의의 내용이라고 단정할 수는 없고 구체적 사안에 따라 당사자의 의사를 고려하여 그 계약 내용의 의미를 파악하고 그것이 예문에 불과한 것인지 아닌지를 판단하여야 한다."고 하면서 "일본국에 거주하던 채권자와 채무자가 일본국에서 일본국 통화를 대차하면서 작성한 차용증에 채무자들의 일본 내 주소를 기재하고 차용금액 등을 기재하였는데, 위 증서는 당시 문구점에서 판매하던 것으로서 분쟁 발생 시 채권자의 주소지 법원을 제1심 관할법원으로 한다는 문구가 부동문자로 인쇄되어 있던 사안에서, 위 문구는 예문이 아니고 법정 관할법원 중 하나인 일본국 내 채권자 주소지 법원을 관할법원으로 하기로 하는 전속적 관할합의에 해당한다(대판 2008.3.13. 2006다68209)."고 보았다. 사안에서 중요한 쟁점은 이 일본 국내의 전속적 합의관할이 채권양도 등으로 외국적 요소를 가진 법률관계가 된 경우에 그 합의의 효력이 채권양수인에게 미치는지 여부다.

---

12) 대판 2004.3.25. 2001다53349

Ⅲ. 전속적 합의관할의 효력이 채권양수인에게 미치는지 여부(합의 효력의 주관적 범위)

1. 학설(2점)

상속인과 같은 일반승계인뿐만 아니라 특정승계인 중에서도 채권의 경우에는 그 합의의 효력이 양수인에게 미치나, 물권의 경우에는 당사자가 그 내용을 대세적으로 변경할 수 없고 그 합의내용을 등기부상 공시할 수도 없으므로 그 합의의 효력이 물권의 양수인에게 미치지 않는다고 보는 것이 통설적 견해이다.[13]

2. 판례(4점)

판례[14]는 채권양수인과 관련하여 "관할의 합의는 소송법상의 행위로서 합의 당사자 및 그 일반승계인을 제외한 제3자에게 그 효력이 미치지 않는 것이 원칙이지만, 관할에 관한 당사자의 합의로 관할이 변경된다는 것을 실체법적으로 보면, 권리행사의 조건으로서 그 권리관계에 불가분적으로 부착된 실체적 이행의 변경이라 할 수 있으므로, 지명채권과 같이 그 권리관계의 내용을 당사자가 자유롭게 정할 수 있는 경우에는, 당해 권리관계의 특정승계인은 그와 같이 변경된 권리관계를 승계한 것이라고 할 것이어서, 관할합의의 효력은 특정승계인에게도 미친다."라고 하여 소송물을 이루는 권리관계가 채권인 경우에는 양수인도 그 변경된 내용의 권리를 양수받았다고 볼 수 있으므로 합의의 효력이 미친다.

하지만, 판례[15]는 채권양도 등으로 외국적 요소가 있는 법률관계가 된 경우에는 달리 판시하고 있다. 즉, 우리나라 대법원은 "당사자들이 법정 관할법원에 속하는 여러 관할법원 중 어느 하나를 관할법원으로 하기로 약정한 경우, 그와 같은 약정은 그 약정이 이루어진 국가 내에서 재판이 이루어질 경우를 예상하여 그 국가 내에서의 전속적 관할법원을 정하는 취지의 합의라고 해석될 수 있지만, 특별한 사정이 없는 한 다른 국가의 재판관할권을 완전히 배제하거나 다른 국가에서의 전속적인 관할법원까지 정하는 합의를 한 것으로 볼 수는 없다. 따라서 채권양도 등의 사유로 외국적 요소가 있는 법률관계에 해당하게 된 때에는 다른 국가의 재판관할권이 성립할 수 있고, 이 경우에는 위 약정의 효력이 미치지 아니하므로 관할법원은 그 국가의 소송법에 따라 정하여진다고 봄이 상당하다."고 하고 있다.

3. 사안의 경우(2점)

일본국에 거주하던 A와 C가 체결한 소비대차계약상 합의관할은 전속적 합의관할로서 일본 국내에 있어 전속적 합의관할이다. 그런데 일본인 A의 이 사건 대여금채권이 한국인 D에게 양수되어 외국적 요소가 있는 법률관계가 된 경우에는 A와 C 간의 전속적 합의관할의 효력은 D에게는 미치지 아니하므로 대한민국 법원에 국제재판관할권이 존재하는지가 문제된다.

---

13) 이시윤, 신민사소송법, 박영사, 2012년, 106면
14) 대결 2006.3.2. 2005마902
15) 대판 2008.3.13. 2006다68209

Ⅳ. 대한민국 법원에 국제재판관할권이 존재하는지 여부

1. 국제사법의 규정(2점)

종래에는 국제재판관할권에 대해 성문규정이 없었으나, 현재는 섭외사법을 대체한 국제사법 제2조에서 "① 법원은 당사자 또는 분쟁이 된 사안이 대한민국과 실질적 관련이 있는 경우에 국제재판관할권을 가진다. 이 경우 법원은 실질적 관련의 유무를 판단함에 있어 국제재판관할 배분의 이념에 부합하는 합리적인 원칙에 따라야 한다. ② 법원은 국내법의 관할 규정을 참작하여 국제재판관할권의 유무를 판단하되, 제1항의 규정의 취지에 비추어 국제재판관할의 특수성을 충분히 고려하여야 한다."고 규정하고 있다.

2. 국제사법 규정 전의 견해 대립(3점)

(1) 문제점

현재는 위 국제사법 제2조로 국제재판관할권의 결정기준이 정해지는 것이지만, 이 경우에도 국제재판관할과 토지관할의 관계가 모호하고, 이 규정이 단순히 대법원의 판례를 반영하는데 그치고 있어, 현재도 종전의 견해 대립이 재현되는 면[16]이 있어 이를 살펴보기로 한다.

(2) 학설

1) 역추지설(토지관할규정유추설)은 당해 사건에 대해 우리 민사소송법의 규정상 토지관할권이 있으면 이를 역으로 파악해 재판권이 있는 것으로 보자는 하는 견해이다.

2) 조리설(관할배분설)은 국제재판관할권의 문제는 재판의 적정, 당사자 간의 공평, 소송의 신속이라는 민사소송의 이념을 고려하여 조리에 의해 결정하자고 한다.

3) 수정역추설(특단의 사정설, 절충설)은 국내의 토지관할규정도 적정, 공평, 신속이라는 민사소송의 이상을 무시한 것은 아니므로 원칙적으로는 역추지설에 의하되, 이로 인해 심히 부당한 특단의 사정이 있는 경우 조리설에 의하여도 좋다는 견해이다.

(3) 판례

1) 국외에 소재하는 甲, 乙이라는 외국회사 사이의 물품대금채권에 대해 채권자 甲이 乙의 선박이 우리 나라에 있음을 이유로 물품대금지급을 청구한 사안 등에서 기본적으로는 역추지설의 입장이었다(대판 1988.10.25. 87다카1728).

2) 乙이 甲에게 수년간 무선전화기를 판매하다 甲이 제조자 乙의 불법행위로 인한 제조물책임소송을 제기한 사안에서는 피고회사와 플로리다주와의 사이에 실질적 관련성이 있다고 보기 어렵다 하여 플로리다주 법원에 대한 국제재판관할권을 부정하여 관할배분설의 입장도 있었다(대판 1995.11.21. 93다39607).

---

16) 김용진, 실체법을 통하여 본 민사소송법(제5판), 42면

3) 그리고 최근에는 외국법인을 상대로 한 소송이 그 법인의 대한민국지점의 영업에 관한 것이 아닌 경우에도 제5조 제1항·제2항을 근거로 우리 법원의 재판관할권을 인정한 사안이 있다(대판 2000.6.9. 98다35037).

(4) 검토

개정 전에는 국내의 토지관할규정도 적정, 공평, 신속이라는 민사소송의 이상을 무시한 것은 아니므로 원칙적으로는 역추지설에 의하되, 이로 인해 심히 부당한 특단의 사정이 있는 경우 조리설에 의하여도 좋다는 수정역추지설(절충설, 특단의 사정설)이 유력하게 주장되었고, 현재는 국제사법에서 이를 입법적으로 해결하였다.

3. 국제재판관할권의 존재 여부(4점)

(1) 토지관할규정의 참작(국제사법 제2조 제2항)

피고 B, C의 주소가 일본 동경이므로, 일단 일본국 동경지방법원(재판소)에 국제재판관할권이 인정된다(민사소송법 제2조, 제3조). 하지만 채권양수인 D는 대한민국 서울 서초구가 주소이고, 이 채권의 의무이행지는 원고의 주소지가 되므로(지참채무의 원칙), 대한민국 서울중앙지법도 국제재판관할권을 가지게 된다(민사소송법 제8조).

(2) 실질적 관련성 유무(국제사법 제2조 제1항)

이 경우 대한민국법원에 국제재판관할권을 인정하는 것이 실질적 관련성이 없어 부당하지 않은지가 문제되지만, D가 채권양도를 받을 당시 대항요건을 구비하였고, 차용증서도 대한민국에 존재하고 있으므로, 대한민국에서 재판 받는 것이 소송의 적정, 공평, 신속에 어긋난다고 볼 수 없다. 따라서 대한민국 서울중앙지법은 국제재판관할권을 갖는다고 보아야 한다.

(3) 판례

판례도 위 사안에서 "일본국에 거주하던 채권자와 채무자가 돈을 대차하면서 채권자 주소지 법원을 제1심 관할법원으로 하는 전속적 관할합의를 하였는데, 그 후 위 채권이 국내에 주소를 둔 내국인에게 양도되어 외국적 요소가 있는 법률관계가 된 경우, 위 관할합의의 효력이 이에 미치지 아니하여 대한민국 법원에 재판관할권이 있다."고 판시하였다.

Ⅴ. 결론(1점)

따라서 국제재판관할권의 부존재를 이유로 소를 각하한 서울중앙지방법원의 판결은 타당하지 아니하다.

06 법관의 중립성 - 제척·기피·회피

CONTENTS

법관이 중립성 - 제척·기피·회피

I. 제도의 의의와 적용범위

1. 제도의 의의

재판의 공정성을 유지하기 위하여 법관이 자기가 담당하는 구체적 사건과 인적으로나 물적으로 특수한 관계에 있는 경우에 그 사건의 직무집행에서 배제되는 제도를 법관의 제척·기피·회피라고 한다.

2. 적용범위

법관 이외에도 법원사무관 등과 통역관에게도 준용된다(제50조). 법관 이외의 자는 제41조 제5호의 전심관여를 원인으로 제척될 수는 없다. 감정인에게도 기피제도가 있으며, 집행관에 대해서도 따로 제척의 규정을 두고 있다.

II. 법관의 제척

1. 제척이유

(1) 의의

제척이란 법관이 구체적인 사건에 대하여 법률에서 정한 특수한 관계가 있는 때에 법률에 의하여 당연히 그 사건에 관한 직무집행을 못하게 되는 경우를 법관의 제척이라고 한다(제41조).

(2) 사유

1) 법관 또는 그 배우자나 배우자이었던 사람이 사건의 당사자가 되거나, 사건의 당사자와 공동권리자·공동의무자 또는 상환의무자의 관계에 있는 때

① 배우자

법률혼을 의미하고 사실혼 등은 이에 해당하지 않는다. 그리고 이 때 사건은 현재 계속 중인 사건을 가리킨다(대판 1965.8.31. 65다1102).

② 공동권리자·공동의무자

공유자, 연대채무자 또는 주채무자와 보증인 같이 그 사건에서 다투어지는 법률관계에 법률상의 이해관계가 있는 것을 말하며, 단순히 사실적·경제적·간접적 영향을 받는 경우(예 법관이 당사자인 법인의 주주 또는 채권자인 경우)는 여기에 포함되지 않는다. 판례는 "민사소송법 제41조 제1호에서 "법관 또는 그 배우자나 배우자이었던 사람이 사건의 당사자가 되거나, 사건의 당사자와 공동권리자·공동의무자 또는 상환의무자의 관계에 있는 때"를 제척사유의 하나로 규정하고 있다. 여기서 말하는 사건의 당사자와 공동권리자·공동의무자의 관계라 함은 소송의 목적이 된 권리관계에 관하여 공통되는 법률상 이해관계가 있어 재판의 공정성을 의심할 만한 사정이 존재하는 지위에 있는 관계를 의미하는 것으로 해석할 것이다. 한편, 종중은 종중 소유 재산의 관리방법과 종중 대표자를 비롯한 임원의 선임, 기타 목적사업의 수행을 위하여 성문의 종중 규약을 제정할 수 있고, 종중에 종중 규약이 존재하는 경우에 종중원의 총유로 귀속되는 종중 소유 재산의 사용수익은 종중 규약에 따르고 그 관리·처분도 종중 규약 내지 종중 규약이 정하는 바에 따라 개최된

종중 총회의 결의에 의하며, 종중 임원의 선임권 등 신분상 권리의무 관계에 대하여도 종중 규약에서 정하는 바에 따르게 된다. 따라서 <u>종중의 종중원들은 종중원의 재산상·신분상 권리의무 관계에 직접적인 영향을 미치는 종중 규약을 개정한 종중 총회 결의의 효력 유무에 관하여 공통되는 법률상 이해관계가 있다고 할 것이다</u>(대판 2010.5.13. 2009다102254)."고 본다.

③ 상환의무자

어음법·수표법에 의한 상환의무자 및 재상환의무자를 말한다.

2) 법관이 당사자와 친족의 관계에 있거나 그러한 관계에 있었을 때

친족의 범위와 가족의 개념은 민법의 규정에 따른다.

3) 법관이 사건에 관하여 증언이나 감정을 하였을 때

4) 법관이 사건당사자의 대리인이었거나 대리인이 된 때

5) 법관이 불복사건의 "이전심급"의 재판에 "관여"하였을 때

① '이전심급[전심(前審)]'의 의미

이전심급[전심(前審)]이란 그 불복사건의 하급심 재판으로서 상급심의 판단을 받을 중간적 재판, 상고심에서 간접적으로 불복대상이 된 제1심판결 등도 포함된다. 다만, ㉠ 환송이나 이송되기 전의 원심판결(단, 이 경우는 제436조 제3항에 의해 관여할 수 없다), ㉡ 재심소송에 있어서 재심의 대상이 된 확정판결, ㉢ 청구에 관한 이의의 소에 있어서 그 대상이 된 확정판결, ㉣ 본안소송에 관한 관계에서 가압류·가처분에 관한 재판 등은 전심재판에 해당하지 않는다. 그리고 ㉤ 소송상 화해에 관여한 법관이 그 화해내용에 따른 목적물에 대한 인도청구소송 등에 관여하는 것도 전심재판에 해당하지 않는다. 다만, 이러한 경우에도 기피사유에 해당할 수는 있다.

② '관여'의 의미

전심 '관여'란 판결의 기본이 되는 최종변론, 실질적으로 사건에 관한 판단을 하는 판결의 합의(평의)나 판결의 작성에 관여한 경우를 말하므로, 단지 최종변론전의 변론, 준비절차, 증거조사 또는 판결의 선고에만 관여하는 것은 제척사유가 되지 않는다.

2. 제척의 재판

(1) 확인적 의미

제척의 효과는 재판 유무에 관계없이 법률상 당연히 발생하므로 제척의 재판은 <u>확인적(선언적) 의미</u>를 갖는다(제42조).

(2) 소송절차 정지 및 예외

당사자로부터 제척신청이 있는 경우 그에 관한 재판이 확정될 때까지 그 소송절차를 정지하여야 한다(제48조). 다만, 제척신청이 각하되거나 종국판결의 선고와 긴급을 요하는 행위(멸실될 염려가 있는 증거신청·가압류·가처분 등)는 예외적으로 허용된다(제48조 단서).

3. 제척의 효과

(1) 당연배제

제척사유에 해당하면 법관은 법률상 당연히 그 사건에 관하여 직무를 집행할 수 없다.

(2) 제척사유를 간과하고 판결한 경우

제척사유를 간과하고 종국판결에 이른 경우, 판결확정 전이면 절대적 상고이유(제424조 제1항 제2호)가 되고, 판결확정 후에는 재심사유(제451조 제1항 제2호)가 된다.

Ⅲ. 법관의 기피

1. 서설

(1) 의의

기피란 법률상 정해진 제척이유 이외의 재판의 공정을 기대하기 어려운 사정이 있는 경우에 당사자의 신청을 기다려 재판에 의하여 비로소 법관이 직무집행에서 배제되는 것을 이르는 것으로, 적정하고 공평한 재판과 재판의 독립을 목적으로 규정한 제도이다(제43조).

(2) 제척, 회피와의 구별

민사소송법 제41조상의 이유에 의해 법관이 당연히 사건에서 제외되는 제척과 법관 스스로가 특정 사건의 직무집행을 피하는 회피(제49조)와는 구별된다.

(3) 기피이유

1) 법관에게 공정한 재판을 기대하기 어려운 사정(제43조 제1항)

판례는 "통상인의 판단으로서 법관과 사건과의 관계에서 편파적이고 불공평한 재판을 하지 않을까 하는 염려를 일으킬 객관적 사정을 가리킨다(대결 1966.4.4. 66마830)."고 한다. 따라서 당사자 측에서 품는 불공정한 재판을 받을지도 모른다는 주관적인 의혹만으로는 해당되지 않는다(대결 1966.4.4. 64마830).

2) 당사자와 법관과의 관계

법관이 약혼·사실혼 관계 등 애정관계, 친밀한 우정관계, 친척관계(단, 민법상 친족에 해당하면 제척사유, 제41조 제2호), 정치적·종교적 대립관계를 비롯한 원한관계, 당사자가 법인인 경우 법관이 그 주주 등 구성원, 재판 외에서 당사자와 법률상담을 한 경우 등이 이에 해당한다.

3) 소송대리인과 법관과의 관계

법관이 소송대리인과 혼인관계, 민법 소정의 친족관계, 특별한 친근 관계, 불화관계가 있을 때에는 당사자와의 관계만큼 엄격한 기준에 의할 것은 아니라도 연고와 의리의 풍토에서 법조의 정화를 위해서나 제41조 제2호와의 균형상 기피사유에 해당한다(긍정설, 이시윤, 87면). 특히 '전관예우' 문제가 심각한 우리나라의 현실에서는 더욱 문제가 있다.

(4) 구체적 예

1) 긍정례

법관이 당사자의 한쪽과 약혼중인 경우, 사건의 승패에 경제적으로 특별한 이해관계를 가지는 경우, 당사자의 한쪽과 친구이거나 원수인 경우, 소송대리인이 법관의 장인인 경우(이시윤, 정동윤·유병현) 등을 예로 들 수 있다. 그리고 판례는 원고와 친밀한 관계에 있는 자와 당해 사건의 2심 재판장이 문자를 주고받은 경우(대결 2019.1.4. 2018스563)에 기피사유를 인정하였다. 특히 평균적 일반인으로서의 당사자의 관점에서 의심을 가질 만한 객관적인 사정이 있는 때에는 실제로 법관에게 편파성이 존재하지 아니하거나 헌법과 법률이 정한 바에 따라 공정한 재판을 할 수 있는 경우에도 기피가 인정될 수 있다(대결 2019.1.4. 2018스563).

2) 부정례

기일 연기신청을 각하하거나 자기의 증거신청을 각하하는 등 소송지휘에 불만이 있는 경우, 재판장의 변경에 따라 당사자 한쪽이 소송대리인을 교체하는 경우(대결 1992.12.30. 92마783), 같은 종류의 사건에 관하여 판결을 한 일이 있는 경우(대결 1993.6.22. 93재누97), 법률의 해석에 관한 견해를 발표한 일이 있는 경우(대결 1982.11.5. 82마637) 등을 예로 들 수 있다.

2. 기피신청

(1) 신청법원 및 신청권자

합의부의 법관에 대한 제척 또는 기피는 그 합의부에, 수명법관·수탁판사 또는 단독판사에 대한 제척 또는 기피는 그 법관에게 이유를 밝혀 신청하여야 한다(제44조 제1항). 기피신청은 당사자(또는 보조참가인)만이 할 수 있고, 소송대리인은 그 고유의 권한으로서 기피권이 없으며, 단지 당사자의 대리인으로서 할 수 있을 뿐이다(이시윤).

(2) 신청방식

신청의 방식은 서면이든 말이든 무방하다(제161조). 다만, 제척 또는 기피하는 이유와 소명방법은 신청한 날부터 3일 이내에 서면으로 제출하여야 한다(제44조 제2항). 자의적인 기피신청권의 행사를 방지하는 것이 취지이다. 3일 이내의 소명기간은 유예기간[17]이므로 방식 위배로 신청이 각하되기 전까지만 소명하면 된다. 소명방법을 서면에 한정하였으므로 서증을 제출하여야 하며, 보증금의 공탁이나 선서로써 소명에 갈음할 수 없다(제299조). 다만, 기피사유가 본안사건의 기록상 명백한 사항일 때에는 기피이유를 소명할 필요는 없다[18](대결 1978.10.23. 78마255).

---

17) 당사자, 그 밖의 소송관계인의 이익을 보호할 목적으로 어느 행위를 할 것인가에 관하여 고려와 준비를 위하여 일정 기간의 유예를 두는 것으로서 중간기간이라고도 한다(숙려기간).

18) 증인신문신청의 각하를 기피원인 사실로 삼고 있을 때와 같이 본안사건의 기록상 기피원인 사실이 명백한 사항일 경우에는 기피신청인은 그 사실을 달리 소명할 필요가 없다(대결 1978.10.23. 78마255).

(3) 신청권의 행사시기와 상실

기피신청은 기피사유가 있음을 알고 있다면 지체 없이 행사하여야 한다. 즉, 당사자가 법관을 기피할 이유가 있다는 것을 알면서도 본안에 관하여 변론하거나 변론준비기일에서 진술을 한 경우에는 기피신청권을 상실한다(제43조 제2항). 이 점이 절차의 어느 단계에서나 직권조사를 요하는 제척이유와 다르다. 그리고 기피신청 후 사건이 다른 재판부로 재배당되는 등 기피당한 법관이 그 사건에 관하여 직무를 집행할 수 없게 된 경우는 신청의 이익이 없다[19](대결 1992.9.28. 92두25).

3. 기피신청에 대한 재판

(1) 간이각하

제척 또는 기피신청이 제44조의 규정에 어긋나거나 소송의 지연을 목적으로 하는 것이 분명한 경우에는 신청을 받은 법원 또는 법관은 결정으로 이를 각하한다(제45조 제1항). 제척 또는 기피를 당한 법관은 제1항의 경우를 제외하고는 바로 제척 또는 기피신청에 대한 의견서를 제출하여야 한다(제45조 제2항).

(2) 기피신청에 대한 재판

기피신청에 대한 재판은 그 신청을 받은 법관의 소속 법원 합의부에서 결정으로 하여야 하고, 기피신청을 받은 법관은 위 합의부의 결정에 관여하지 못하지만, 의견을 진술할 수는 있다. 기피신청을 받은 법관의 소속 법원이 합의부를 구성하지 못하는 경우에는 바로 위의 상급법원이 결정하여야 한다(제46조).

(3) 당사자의 불복방법

기피신청에 대해서는 제46조에 의해 그 신청을 받은 법관의 소속법원 합의부에서 결정으로 심판하지만, 법원이 기피신청을 받았음에도 소송절차를 정지하지 아니하고 변론을 종결하여 판결 선고기일을 지정하였다면 당사자는 어떻게 불복할 수 있는가에 대해 판례는 "법원이 기피신청을 받았음에도 소송절차를 정지하지 아니하고 변론을 종결하여 판결 선고기일을 지정하였다고 하더라도 종국판결에 대한 불복절차에 의하여 그 당부를 다툴 수 있을 뿐 이에 대하여 별도로 항고로써 불복을 할 수 없다(대결 2000.4.15. 2000그20)."고 하고 있다.

4. 기피신청의 효과(본안소송절차의 정지)

(1) 원칙 및 예외

1) 법원은 제척 또는 기피신청이 있는 경우에는 그 재판이 확정될 때까지 소송절차를 정지하여야 한다.

2) 다만, ① 제척 또는 기피신청이 각하된 경우 또는, ② 종국판결을 선고하거나, ③ 긴급을 요하는 행위를 하는 경우에는 소송절차를 진행할 수 있다(제48조).

---

19) 법관에 대한 기피신청제도는 당사자의 법관에 대한 불신감을 제거하고 재판의 공정을 보장하기 위하여 법관이 어떤 특정한 사건을 재판함에 있어서 공정을 기대하기 어려운 사정이 있는 경우에는 그 법관을 그 사건의 재판에 관하여 직무집행을 하지 못하게 하는 제도이므로 어떤 이유이든 기피당한 법관이 그 사건에 관하여 직무를 집행할 수 없게 되었을 때에는 기피신청은 그 목적을 잃게 되어 이를 유지할 이익이 없게 되었다고 보아야 한다(대결 1992.9.28. 92두25).

(2) 하자치유 여부

1) 문제점

법원이 예외사유에 해당하지 않는데, 기피신청이 있는데도 절차를 정지하지 않고, 증거조사 등을 시행하여 판결을 하는 것은 제48조 위반으로 위법하지만, 나중에 기피신청이 기각(각하)된 경우에 그 위법의 하자가 치유되는지 논란이 있다.

2) 학설

① 적극설

기피신청이 있은 후에 긴급을 요하지 않는 행위를 하면 위법이 되지만 뒤에 기피신청이 이유 없다고 하는 재판이 확정되면 그 위법이 치유된다는 견해로서, 기피신청을 당한 법관이 그 기피신청에 대한 재판이 확정되기 전에 한 판결은 위법한 것이라 하더라도 그 후 그 기피신청이 이유 없는 것으로서 배척되고 그 결정이 확정되는 때에는 유효한 것으로 된다는 판결(대판 1978.10.31. 78다 1242)을 들고 있다(강현중).

② 소극설

민사소송법 제48조 명문의 규정에 따르면 기피이유가 있는지 여부에 관계없이 긴급을 요하는 행위 등 예외가 아닌 이상, 소송절차를 그대로 진행하는 것은 위법하고, 또한 정지하여야 함에도 절차를 진행하는 것은 대부분 기피신청을 당한 법관 자신이 기피신청이 이유 없다고 믿고 있는 경우일 것이므로 적극설과 같이 그 흠이 치유되어 유효하다고 한다면 당연한 결과로 기피신청이 있어도 그대로 소송절차를 진행할 것이고, 그렇다면 소송절차의 정지를 규정하고 있는 법의 취지에 어긋나는 결과가 된다. 따라서 그 흠이 치유되는 것은 아니라고 한다(전병서).

③ 절충설

기피신청한 사람은 정지 중에는 절차에 관여할 것을 강요당하지 않으며, 관여하지 않은 것에 대하여 불이익을 주는 것은 부당하므로 무조건으로 흠이 치유된다고 풀이할 것은 아니고, 기피신청한 사람의 소송상 이익을 해치지 않은 때에는 흠이 치유된다고 한다(이시윤 등). 즉, 모든 경우가 아니라 기피신청인이 충분한 소송활동을 하여 소송상 불이익을 입지 않은 경우에만 흠이 치유된다고 본다.

3) 판례

① 판결이 선고된 경우 – 하자 치유 긍정

원심의 원판결 선고가 민사소송법 제48조 단서의 경우에 해당하지 아니하여 위법한 것이라 하더라도 기피신청을 당한 법관이 그 기피신청에 대한 재판이 확정되기 전에 한 판결은 그 후 그 기피신청이 이유 없는 것으로 배척되고 그 결정이 확정되는 때에는 유효한 것으로 된다(대판 1978. 10.31. 78다1242).

② 쌍불취하의 경우 – 하자 치유 부정

기피신청에 대한 각하결정 전에 이루어진 변론기일의 진행 및 위 각하결정이 당사자에게 고지되기 전에 이루어진 변론기일의 진행은 모두 민사소송법 제48조의 규정을 위반하여 쌍방불출석의 효과를 발생시킨 절차상 흠결이 있고, 특별한 사정이 없는 이상, 그 후 위 기피신청을 각하하는 결정이 확정되었다는 사정만으로 민사소송법 제48조의 규정을 위반하여 쌍방불출석의 효과를 발생시킨 절차 위반의 흠결이 치유된다고 할 수 없다[20](대판 2010.2.11. 2009다78467·78474).

4) 검토

적정, 공평한 재판이라는 기피제도의 취지상 법 제48조에 반하는 행위는 위법하나, 소송경제, 신속이라는 다른 민사소송 이상과의 조화상 기피신청자의 소송상 이익을 해하지 않는 때에는 하자가 치유되어 유효하다는 절충설이 타당하다.

Ⅳ. 법관의 회피

1. 의의

법관이 스스로 제척 또는 기피 이유가 있다고 인정하여 자발적으로 직무집행을 피하는 것을 말한다(제49조). 이 경우 별도의 재판을 요하지 않으며, 감독권 있는 법원(법관 소속의 법원장, 지원장)의 허가를 받으면 된다.

2. 회피의 근거

회피의 경우에도 제척이나 기피이유를 근거로 하여야 한다. 회피의 허가는 재판이 아니기 때문에 허가를 받은 뒤에 그대로 그 사건에 관여하였다고 하더라도 그 행위의 효력에는 영향이 없다. 제척이나 기피의 신청이 있을 때, 그 재판 전에 법관이 회피하면 그 신청은 목적을 달성하게 되므로 그에 대한 재판은 필요하지 않게 된다. 실무에서는 법관이 정식의 절차보다 다른 재판부로 재배당신청을 하여 사실상 회피의 목적을 달성하는 경우가 많다.

---

20) 이 사건 대상판결이 판시에서 "특별한 사정이 없는 이상, 그 후 위 기피신청을 각하하는 결정이 확정되었다는 사정만으로 민사소송법 제48조의 규정을 위반하여 쌍방불출석의 효과를 발생시킨 절차 위반의 흠결이 치유된다고 할 수 없다."고 하여, 기피신청 각하결정이 확정되는 사정 이외에 다른 사정이 있으면(가령 기피신청인이 충분한 소송활동을 하여 불이익을 입지 않은 경우) 흠결이 치유되는 경우도 있을 수 있다는 취지로 볼 수 있어 우리나라의 다수설인 위 절충설을 따른 판결이라고 할 수 있다(오상현, 법관기피신청과 소송절차의 정지, 법조 통권 670호 (2012.7.); 김홍엽 유사).

연습문제

근로자 甲은 乙회사(법인, 대표자 A)에서 근무를 하고 있다. 乙회사는 최근의 어려운 경제 사정 때문인지, 甲에게 임금 5천만 원을 제대로 지급하지 못하고 있다. (각 설문은 서로 독립적임) (30점)

【문제 1】 甲은 밀린 임금 5천만 원에 대한 지급청구의 소를 제기하였다. 甲은 乙회사의 대표자인 A를 피고로 표시하여 소를 제기하였다가, 제1심에 소송계속 중이다. 甲은 위 소송의 피고를 A에서 乙회사로 변경해야 하는가? 변경해야 한다면 그 방법은 무엇인가? (15점)

【문제 2】 이 소송에서 단독판사 X법관이 담당 재판부가 되었다. 이 때 X법관은 甲과 친밀한 관계에 있는 B와 문자를 주고받았음이 드러났다. (15점)

물음 1) 이에 乙은 X법관에 대하여 기피신청을 하였다. 이 경우 기피사유가 되는가? (7점)

물음 2) 이와는 달리 법관의 소송지휘에 대한 불만으로 기피신청이 있었지만, 재판부는 예외사유가 아님에도 소송절차를 정지하지 않고 그대로 심리를 진행하여 甲청구인용판결을 하였다. 나중에 기피신청이 이유 없다고 하는 재판이 확정된 경우에 위 청구인용판결은 유효한가? (8점)

Ⅰ. 【문제 1】에 대하여 - 당사자표시정정과 피고의 경정

1. 문제점

먼저 소장의 피고를 乙회사가 아닌 A로 기재한 것이 적법한지가 문제되며, 부적법하다면 소장의 피고를 A에서 乙회사로 바꿀 수 있는 방법이 무엇인지 논해 보고자 한다(제51조, 제260조).

2. 정당한 피고가 누구인지 여부

(1) 당사자능력과 당사자적격

당사자능력이란 일반적으로 당사자가 될 수 있는 소송법상의 능력, 즉 소송법상의 모든 효과의 귀속주체가 될 수 있는 능력을 말한다. 원고나 피고가 될 수 있는 능력으로, 민법상의 권리능력에 대응하는 개념이다(제51조). 이에 반하여 당사자적격이란 어떤 특정한 권리나 법률관계(소송물)에 관하여 원고나 피고로서 소송을 수행하여 본안판결을 구할 수 있는 자격을 말한다. 즉, 당사자적격은 구체적 소송에 있어서 어떤 사람들을 당사자로 하여야 분쟁해결이 유효적절할 것인가 하는 관점에서 인정되며 이를 소송수행권(= 민법상의 관리처분권)이라고도 하고, 그 사람만이 정당하게 당사자로서 기능을 할 수 있다는 뜻에서 정당한 당사자라고도 한다.

(2) 사안의 경우

사안에서 A는 자연인이므로 당사자능력은 있다(제51조, 민법 제3조). 그러나 甲은 乙회사에 근무하고 있으므로, 정당한 임금채무자, 즉 당사자적격자는 대표자 A가 아니라, 회사 乙이라고 보아야 한다(그리고 乙회사는 법인이므로, 당사자능력이 있음은 명백하다, 제51조, 민법 제34조). 따라서 甲은 피고를 A에서 乙회사로 변경하여야 한다.

3. 당사자표시정정의 가능 여부

(1) 의의

당사자표시정정[21]은 동일성이 있는 한도[22]에서 소장의 당사자란을 변경하는 것을 말한다. 이는 동일성이 없는 경우 당사자를 변경하는 임의적당사자변경(피고경정)과는 다르다.

---

[21] 원고가 당사자를 정확히 표시하지 못하고 당사자능력이나 당사자적격이 없는 자를 당사자로 잘못 표시하였다면 법원은 당사자를 소장의 표시만에 의할 것이 아니고 청구의 내용과 원인사실을 종합하여 확정한 후 확정된 당사자가 소장의 표시와 다르거나 소장의 표시만으로 분명하지 아니한 때에는 당사자의 표시를 정정보충시키는 조치를 취하여야 하고 이러한 조치를 취함이 없이 단지 원고에게 막연히 보정명령만을 명한 후 소를 각하하는 것은 위법하다(대판 2013.8.22. 2012다68279).

[22] 소송당사자인 종중의 법적 성격에 관한 당사자의 법적 주장이 무엇이든 실체에 관하여 당사자가 주장하는 사실관계의 기본적 동일성이 유지되고 있다면 법적 주장의 추이를 가지고 당사자변경에 해당한다고 할 것은 아니다. 그 경우에 법원은 직권으로 조사한 사실관계에 기초하여 당사자가 주장하는 단체의 실질이 고유한 의미의 종중인지 혹은 종중 유사의 단체인지, 공동선조는 누구인지 등을 확정한 다음 법적 성격을 달리 평가할 수 있고, 이를 기초로 당사자능력 등 소의 적법 여부를 판단하여야 한다(대판 2016.7.7. 2013다76871).

(2) 판례

당사자표시정정은 원칙적으로 당사자의 동일성이 인정되는 범위에서만 허용되는 것이므로 회사의 대표이사였던 사람이 개인 명의로 제기한 소송에서 그 개인을 회사로 당사자표시정정을 하는 것은 부적법하다(대판 2008.6.12. 2008다11276).[23)]

(3) 사안의 경우

위 판례 사안은 원고 측이 잘못된 경우이기는 하지만, 피고 측이 잘못된 경우에도 동일하다고 보아야 한다. 따라서 사안의 대표자 A를 乙회사로 바꾸는 것은 동일성이 인정되지 않으므로, 당사자표시정정의 한계를 일탈한다고 보아야 한다.

4. 임의적 당사자변경(피고경정)의 허용 여부

(1) 의의

피고의 경정이란 소송계속 중 피고적격자를 오인하여 소제기 하였음이 명백한 경우 원고의 경정신청과 법원의 허가결정으로 피고를 교체하는 것을 말한다(제260조).

(2) 요건

1) 원고가 피고를 잘못 지정한 것이 명백할 것

판례는 원고가 공사도급계약상의 수급인은 그 계약 명의인인 피고라고 하여 피고를 상대로 소송을 제기하였다가 심리 도중 변론에서 피고 측 답변이나 증거에 따라 이를 번복하여 수급인이 피고보조참가인이라고 하면서 피고경정을 구한 사안에서 "원고가 법률을 잘 알지 못하여 피고가 잘못된 것이 분명하거나 법인격 유무에 관하여 착오를 일으킨 것이 분명한 때를 말하는 것이고, 뒤에 증거조사결과 판명된 사실관계로 미루어 피고의 지정이 잘못된 경우는 포함되지 않는다(대결 1997.10.17. 97마632)."고 한다. 예를 들어, 회사를 피고로 하여야 하는데 대표이사 개인을 피고로 한 경우[24)] 등을 말한다고 한다. 하지만 학설은 판례처럼 피고경정의 요건을 좁히는 것은 소송경제라는 제도의 취지를 몰각시키고, 피고 경정의 이용의 폭을 지나치게 좁히는 것이라고 하여 판례에 반대하는 견해가 유력하다(이시윤, 정동윤).

---

23) 제1심법원이 제1차 변론준비기일에서 부적법한 당사자표시정정신청을 받아들이고 피고도 이에 명시적으로 동의하여 제1심 제1차 변론기일부터 정정된 원고인 회사와 피고 사이에 본안에 관한 변론이 진행된 다음 제1심 및 원심에서 본안판결이 선고되었다면, 당사자표시정정신청이 부적법하다고 하여 그 후에 진행된 변론과 그에 터잡은 판결을 모두 부적법하거나 무효라고 하는 것은 소송절차의 안정을 해칠 뿐만 아니라 그 후에 새삼스럽게 이를 문제삼는 것은 소송경제나 신의칙 등에 비추어 허용될 수 없다.

24) 학설 중에는 상속인을 피고로 하여야 하는데 사망자를 피고로 한 경우, 단체 또는 학교법인 등을 피고로 하여야 하는데 단체의 내부기관 또는 학교 등과 같이 당사자능력이 없는 사람을 피고로 한 경우를 예로 들고 있는 견해도 있다(정동윤 · 유병현). 하지만 판례는 이 경우는 당사자표시정정으로 처리할 것이라고 한다.

2) 제1심에 계속 중이고 변론종결 전일 것

이는 새로 가입하는 당사자의 심급의 이익을 위한 것이다. 다만, 이에 대해서는 신·구 양 당사자의 동의를 얻으면 항소심에서도 변경을 허용할 것이라는 견해[25]가 유력하다(이시윤).

3) 교체 전후 소송물이 동일할 것

4) 피고가 본안에 관하여 변론한 때에는 피고의 동의가 있을 것을 요하며, 피고가 경정신청서를 송달받은 날로부터 2주일 내에 이의하지 않으면 동의한 것으로 본다(제260조 제4항).

(3) 절차

1) 원고가 서면으로 신청하여야 하며(제260조 제2항), 피고에게 소장부본이 송달된 후에는 경정신청서도 송달하여야 한다(제260조 제3항).

2) 경정 전후를 통해 소송물이 동일할 것을 요하므로 구소장의 인지를 유용해도 무방하다.

3) 법원은 신청에 대해 허부결정을 할 수 있으며(제261조 제1항) 허가한 경우에는 새로운 피고에게 결정서 정본과 함께 소장부본의 송달을 요한다(제261조 제2항).

4) 기각결정에는 통상항고만 할 수 있으나, 허가결정에 대해서 종전 피고는 부동의를 이유로 즉시항고 할 수 있다(제261조 제3항).

(4) 효과

경정허가결정이 있으면 구피고에 대한 소는 취하된 것으로 본다. 신피고에 대하여는 소의 제기이므로 이에 의한 시효중단·기간준수의 효과는 경정신청서의 제출 시에 발생한다(제265조). 이에 대하여는 필수적 공동소송인의 추가와의 균형상 구소제기의 시점으로 그 효과를 소급시키는 것이 타당하다는 입법론이 있다(이시윤). 신당사자가 경정에 동의하거나 구당사자의 소송수행이 신당사자의 그것과 동일시될 때를 제외하고는 신당사자의 원용이 없는 한, 종전의 피고가 행한 소송수행의 결과는 신당사자에게 효력이 없다.

(5) 사안의 경우

甲은 회사 乙을 상대로 하여 소를 제기하여야 하는데, 대표자 A를 상대로 한 것은 피고가 잘못 지정된 것이 명백하고, 제1심에 소송이 계속 중이고, 소송물이 동일하며, A가 본안 변론한 경우 원래 피고 A의 동의가 있다면, 피고 경정의 요건을 충족한다. 따라서 <u>甲은 A를 회사 乙로 변경하는 것은 피고 경정의 방법으로 변경할 수 있다.</u>

---

25) 이 견해는 가사소송법 제15조 제1항이 '사실심의 변론종결시'까지 필수적 공동소송인의 추가 또는 피고의 경정이 가능하다록 하고 있고, 행정소송에서도 판례가 사실심의 변론종결시까지 피고의 경정이 된다고 하고 있으므로(대판 1996.1.13. 95누1378), 민사소송에서만 제1심에 한정하는 것은 균형이 맞지 아니한다고 한다.

Ⅱ. 【문제 2】에 대하여 - 기피신청과 하자치유 여부

1. 기피사유에 해당하는지 여부

(1) 의의

기피란 법률상 정해진 제척이유 이외의 재판의 공정을 기대하기 어려운 사정이 있는 경우에 당사자의 신청을 기다려 재판에 의하여 비로소 법관이 직무집행에서 배제되는 것을 이르는 것으로, 적정하고 공평한 재판과 재판의 독립을 목적으로 규정한 제도이다.

(2) 제척, 회피와의 구별

이는 민사소송법 제41조상의 이유에 의해 법관이 당연히 사건에서 제외되는 제척과 법관 스스로가 특정 사건의 직무집행을 피하는 회피(제49조)와는 구별된다.

(3) 기피이유

1) 법관에게 공정한 재판을 기대하기 어려운 사정(제43조 제1항)

판례는 "통상인의 판단으로서 법관과 사건과의 관계에서 편파적이고 불공평한 재판을 하지 않을까 하는 염려를 일으킬 객관적 사정을 가리킨다(대결 1966.4.4. 66마830)."고 한다. 따라서 당사자 측에서 품는 불공정한 재판을 받을지도 모른다는 주관적인 의혹만으로는 해당되지 않는다(대결 1966.4.4. 64마830).

2) 당사자와 법관과의 관계

법관이 약혼·사실혼 관계 등 애정관계, 친밀한 우정관계, 친척관계(단, 민법상 친족에 해당하면 제척사유, 제41조 제2호), 정치적·종교적 대립관계를 비롯한 원한관계, 당사자가 법인인 경우 법관이 그 주주 등 구성원, 재판 외에서 당사자와 법률상담을 한 경우 등이 이에 해당한다.

3) 소송대리인과 법관과의 관계

법관이 소송대리인과 혼인관계, 민법 소정의 친족관계, 특별한 친근 관계, 불화관계가 있을 때에는 당사자와의 관계만큼 엄격한 기준에 의할 것은 아니라도 연고와 의리의 풍토에서 법조의 정화를 위해서나 제41조 제2호와의 균형상 기피사유에 해당한다(긍정설; 이시윤, 87면). 특히 '전관예우' 문제가 심각한 우리나라의 현실에서는 더욱 문제가 있다.

(4) 구체적 예

1) 긍정례

법관이 당사자의 한쪽과 약혼중인 경우, 사건의 승패에 경제적으로 특별한 이해관계를 가지는 경우, 당사자의 한쪽과 친구이거나 원수인 경우, 소송대리인이 법관의 장인인 경우(이시윤, 정동윤·유병현) 등을 예로 들 수 있다. 최근 판례는 <u>원고와 친밀한 관계에 있는 자와 당해 사건의 2심 재판장이 문자를 주고받은 경우</u>(대결 2019.1.4. 2018스563)[26]에 기피사유를 인정하였다.

2) 부정례

기일 연기신청을 각하하거나 자기의 증거신청을 각하하는 등 소송지휘에 불만이 있는 경우, 재판장의 변경에 따라 당사자 한쪽이 소송대리인을 교체하는 경우(대결 1992.12.30. 92마783), 같은 종류의 사건에 관하여 판결을 한 일이 있는 경우(대결 1993.6.22. 93재누97), 법률의 해석에 관한 견해를 발표한 일이 있는 경우(대결 1982.11.5. 82마637) 등을 예로 들 수 있다.

(5) 사안의 경우

평균적 일반인으로서의 당사자의 관점에서 의심을 가질 만한 객관적인 사정이 있는 때에는 실제로 법관에게 편파성이 존재하지 아니하거나 헌법과 법률이 정한 바에 따라 공정한 재판을 할 수 있는 경우에도 기피가 인정될 수 있다(대결 2019.1.4. 2018스563). 따라서 사안의 경우에는 원고와 친밀한 B가 X법관과 문자를 주고받는 관계라면 평균적 일반인으로서 공정한 재판을 하지 못한다는 객관적 의심을 가지기에 충분하다. 그러므로 기피사유가 인정된다고 본다.

---

26) 헌법은 법관의 자격을 법률로 정하도록 하고 법관의 신분을 보장한다. 또한 법관은 헌법과 법률에 의하여 그 양심에 따라 독립하여 심판할 것을 규정함과 동시에 재판의 심리와 판결은 공개하도록 규정하고 있다(헌법 제101조, 제103조, 제106조, 제109조). 이처럼 헌법은 국민의 공정한 재판을 받을 권리를 보장하고 있고, 모든 법관은 헌법과 법률이 정한 바에 따라 공정하게 심판할 것으로 기대된다. 그러나 개별·구체적 재판의 공정성 및 공정성에 대한 신뢰를 제대로 담보하기 어려운 사정이 있을 수 있다. 이러한 경우 법관과 개별 사건과의 관계로 인하여 발생할 수 있는 재판의 불공정성에 대한 의심을 해소하여 당사자로 하여금 재판이 편파적이지 않고 공정하게 진행되리라는 신뢰를 갖게 함으로써 구체적인 재판의 공정성을 보장할 필요가 있다. 이를 위하여 민사소송법은 제척 제도 외에도 기피 제도를 마련하여 제43조 제1항에서 "당사자는 법관에게 공정한 재판을 기대하기 어려운 사정이 있는 때에는 기피신청을 할 수 있다."라고 규정하고 있다. 기피 제도의 위와 같은 목적과 관련 규정의 내용에 비추어 보면, '<u>법관에게 공정한 재판을 기대하기 어려운 사정이 있는 때</u>'라 함은 우리 사회의 평균적인 일반인의 관점에서 볼 때, 법관과 사건과의 관계, 즉 법관과 당사자 사이의 특수한 사적 관계 또는 법관과 해당 사건 사이의 특별한 이해관계 등으로 인하여 법관이 불공정한 재판을 할 수 있다는 의심을 할 만한 객관적인 사정이 있고, 그러한 의심이 단순한 주관적 우려나 추측을 넘어 합리적인 것이라고 인정될 만한 때를 말한다. 그러므로 평균적 일반인으로서의 당사자의 관점에서 위와 같은 의심을 가질 만한 객관적인 사정이 있는 때에는 실제로 법관에게 편파성이 존재하지 아니하거나 헌법과 법률이 정한 바에 따라 공정한 재판을 할 수 있는 경우에도 기피가 인정될 수 있다(대결 2019.1.4. 2018스563).

2. 법관에 대한 기피신청과 본안절차정지에 관한 하자치유

(1) 학설

① 가능한 절차의 무위를 줄여야 한다는 소송경제의 입장에서 본래 재판의 공정을 위하여 행하여진 절차의 정지이므로 기피에 관한 재판의 결과 공정을 저해할 사정이 없는 것이 명백하게 된 이상, 실질적으로 보아 부당한 점이 없는 절차를 일부러 바로 잡을 필요는 없다고 할 것이고, 따라서 흠이 치유되어 유효로 된다는 적극설, ② 정지하여야 함에도 절차를 진행하는 것은 대부분 기피신청을 당한 법관 자신이 기피신청이 이유 없다고 믿고 있는 경우일 것이므로 적극설과 같이 그 흠이 치유되어 유효하다고 한다면 당연한 결과로 기피신청이 있어도 그대로 소송절차를 진행할 것이고, 그렇다면 소송절차의 정지를 규정하고 있는 법의 취지에 어긋나는 결과가 되므로 치유를 부정하는 소극설, ③ 기피신청한 사람은 정지 중에는 절차에 관여할 것을 강요당하지 않으며, 관여하지 않은 것에 대하여 불이익을 주는 것은 부당하므로 무조건으로 흠이 치유된다고 풀이할 것은 아니고, 기피신청한 사람의 소송상 이익을 해치지 않은 때에는 흠이 치유된다는 절충설이 있다.

(2) 판례

1) 판결이 선고된 경우 - 하자 치유 긍정

판례는 특별한 이유 없이 "원심의 원판결 선고가 민사소송법 제48조 단서의 경우에 해당하지 아니하여 위법한 것이라 하더라도 기피신청을 당한 법관이 그 기피신청에 대한 재판이 확정되기 전에 한 판결은 그 후 그 기피신청이 이유 없는 것으로 배척되고 그 결정이 확정되는 때에는 유효한 것으로 된다(대판 1978.10.31. 78다1242)."고 하여 적극설의 입장이다.

2) 쌍불취하의 경우 - 하자 치유 부정

최근에는 "기피신청에 대한 각하결정 전에 이루어진 변론기일의 진행 및 위 각하결정이 당사자에게 고지되기 전에 이루어진 변론기일의 진행은 모두 민사소송법 제48조의 규정을 위반하여 쌍방불출석의 효과를 발생시킨 절차상 흠결이 있고, 특별한 사정이 없는 이상, 그 후 위 기피신청을 각하하는 결정이 확정되었다는 사정만으로 민사소송법 제48조의 규정을 위반하여 쌍방불출석의 효과를 발생시킨 절차 위반의 흠결이 치유된다고 할 수 없다(대판 2010.2.11. 2009다78467·78474)."고 판시하고 있다.[27]

---

27) 이 사건 대상판결이 판시에서 "특별한 사정이 없는 이상, 그 후 위 기피신청을 각하하는 결정이 확정되었다는 사정만으로 민사소송법 제48조의 규정을 위반하여 쌍방불출석의 효과를 발생시킨 절차 위반의 흠결이 치유된다고 할 수 없다."고 하여, 기피신청 각하결정이 확정되는 사정 이외에 다른 사정이 있으면(가령 기피신청인이 충분한 소송활동을 하여 불이익을 입지 않은 경우) 흠결이 치유되는 경우도 있을 수 있다는 취지로 볼 수 있어 우리나라의 다수설인 위 절충설을 따른 판결이라고 할 수 있다(오상현, 법관기피신청과 소송절차의 정지, 법조 통권 670호 (2012.7.); 김홍엽 유사).

(3) 검토

적정, 공평한 재판이라는 기피제도의 취지상 법 제48조에 반하는 행위는 위법하나 소송경제, 신속이라는 다른 민사소송의 이상과의 조화상 기피신청자의 소송상 이익을 해하지 않는 때에는 하자가 치유되어 유효하다는 절충설이 타당하다고 본다.

(4) 사안의 경우

사안에서 乙이 충분한 소송활동을 하지 못하여 소송상의 이익을 침해 받았는지는 분명하지 않다. 만약 乙이 그런 침해를 받았다면, 청구인용판결은 하자가 치유되지 않아 무효가 된다. 소극설은 흠이 치유되지 않는다고 보므로, 무효인 판결이 된다. 다만, 적극설에 의하면 하자가 치유되어 유효하게 될 것이다.

07 사물관할

CONTENTS

▌ **사물관할** 사시 12회, 변리사 3회, 법무사 10회, 노무사 6회

Ⅰ. 서설

1. 의의

사물관할이란 제1심 사건을 다루는 지방법원 단독판사(시군법원)와 지방법원 합의부 사이에서 사건의 경중을 표준으로 재판권의 분담관계를 정해 놓은 것을 말한다.

2. 지법단독판사와 합의부

지법 단독판사와 지법 합의부는 같은 지방법원 내의 재판기관이기 때문에 조직상 별개의 법원은 아니지만, 우리나라에서는 소송상으로 별개의 법원으로 보므로, 양자의 재판권의 분담관계는 사무분담의 문제가 아니라 관할의 문제가 된다.

Ⅱ. 합의부의 관할

1. 재정합의사건(법원조직법 제32조 제1항 제1호)

단독판사의 법정관할에 속하는 사건이라도 그 내용이 복잡하고 중요하면 재정합의부의 결정으로 합의재판으로 할 수 있다(법원조직법 제31조 제2항·제3항)

2. 소송목적의 값이 5억 원을 초과하는 민사사건

지방법원 및 지방법원지원의 합의부는 소송목적의 값이 5억 원을 초과하는 민사사건 및 민사소송등인지법 제2조 제4항의 규정에 해당하는 민사사건을 제1심으로 심판한다.

3. 민사소송 등 인지법 제2조 제4항 소정의 민사사건

(1) 비재산권상의 소

경제적 이익을 목적으로 하지 않는 권리관계에 관한 소를 말한다. 이와 같은 소송은 소가를 산정할 수 없는 경우에 해당한다(제26조 제2항). 성명권·초상권 그 밖의 인격권에 관한 소송이나 유골인도청구소송, 비영리법인의 사원권확인, 해고무효확인, 상법의 규정에 의한 회사관계소송, 회사 이외의 단체에 관한 소가 이에 속한다. 다만, 인격권 등에 바탕을 두어도 경제적 이익을 내용으로 하고 있는 청구(명예훼손[28]에 의한 손해배상청구)는 재산권상의 소에 속한다.

(2) 재산권상의 소로서 소가를 산출할 수 없는 경우

예를 들어, 상호사용금지의 소, 주주대표소송[29] 또는 유지청구의 소, 무체재산권에 관한 소, 낙찰자지위확인의 소[30] 등이 이에 속한다.

4. 관련청구

본소가 합의부의 관할에 속하는 경우에는 이에 병합 제기하는 반소(제269조), 중간확인의 소(제264조), 독립당사자참가(제79조)등의 관련청구는 그 소가에 관계없이 본소와 함께 합의부의 관할에 속한다.

---

28) 동규칙 제14조(명예회복을 위한 처분 청구의 소) "민법" 제764조의 규정에 의한 명예회복을 위한 적당한 처분을 구하는 소는 그 처분에 통상 소요되는 비용을 산출할 수 있는 경우에는 그 비용을 소가로 하고, 그 비용을 산출하기 어려운 경우에는 비재산권상의 소로 본다.

29) 동규칙 제15조(회사등 관계소송 등) ① 주주의 대표소송, 이사의 위법행위유지청구의 소 및 회사에 대한 신주발행유지청구의 소는 소가를 산출할 수 없는 소송으로 본다.

30) 낙찰자의 지위는 계약상대자로 결정되어 계약을 체결할 수 있는 지위에 불과하고 계약을 체결하여 계약상의 권리의무가 발생한 계약당사자의 지위와는 다르다고 보여 지므로, 최초입찰에 있어서 낙찰자지위확인을 구하는 소에서 원고가 승소하더라도 원고는 계약당사자와 같이 공사대금의 청구 등 계약상의 권리를 취득하게 되는 것이 아니라 단순히 원고가 유효한 낙찰자의 지위에 있음을 확인받아 그에 따른 계약을 체결하여 줄 것을 청구할 수 있는 권리를 취득하는 것이고 이는 결국 금전으로 가액을 산출하기 어려운 경제적 이익을 얻는 데 불과하므로 낙찰자지위확인을 구하는 소는 재산권상의 소로서 그 소가를 산출할 수 없는 경우에 해당한다(대판 1994.12.2. 94다41454).

Ⅲ. 단독판사의 관할

1. 소송목적의 값이 5억 원 이하인 사건

소액단독사건은 소가 1원~3천만 원 이하, 중액단독사건은 소가 3천만 원 초과~2억 원 이하, 고액단독사건은 2억 원 초과~5억 원 이하이다. 소액·중액단독사건은 항소심이 지방법원 항소부, 고액단독사건은 항소심이 고등법원이 된다(2022.3.1. 시행).

2. 수표금·어음금 청구사건

사안이 일반적으로 단순하다는 점과 유통증권인 점에 비추어 권리의 신속한 실현이 요청되기 때문이다.

3. 금융기관이 원고인 대여금 등의 청구사건

은행·농업협동조합·수산업협동조합·축산업협동조합·산림조합·신용협동조합·신용보증기금·기술신용보증기금·지역신용보증재단·새마을금고·상호저축은행·종합금융회사·시설대여회사·보험회사·신탁회사·증권회사·신용카드회사·할부금융회사 또는 신기술사업금융회사가 원고인 대여금·구상금·보증금 청구사건이 있다.

4. 자동차손해배상보장법 및 근로자의 업무상 재해로 인한 사건

자동차손해배상보장법에서 정한 자동차·원동기장치자전거·철도차량의 운행 및 근로자의 업무상재해로 인한 손해배상 청구사건과 이에 관한 채무부존재확인사건이 있다.

5. 재정단독사건

단독판사가 심판할 것으로 합의부가 결정한 사건을 말한다. 합의부의 법정관할에 속해도 사건이 단순하면 재량으로 단독재판으로 돌릴 수 있다.

6. 관련청구

본소가 단독판사의 관할일 때에 이에 병합하여 제기하는 독립당사자참가(제79조), 청구의 변경(제262조), 반소(제269조 제2항의 경우는 합의부이송), 중간확인의 소(제264조) 등의 관련청구(합산의 원칙 배제)는 단독판사의 관할로 된다.

Ⅳ. 소송목적의 값(소가)

1. 소송목적의 값의 의의 및 기능

(1) 의의

소송목적의 값(소가)이란 소송물, 즉 원고가 소로써 달성하려는 목적이 갖는 경제적 이익을 화폐단위로 평가한 금액을 말한다. 제26조 제1항의 '소로써 주장하는 이익'이 이에 해당된다. 법문상 소송목적의 가액 또는 소송물의 가액이라고 한다(민사소송 등 인지법 제2조).

(2) 기능

소가는 ① 사물관할을 정하는 기준이 되고, ② 소장 등을 제출할 때 납부할 인지액을 정하는 표준이 되며, ③ 변호사보수액의 기준이 된다.

2. 소가의 산정방법

(1) 객관적 평가

원고가 청구취지로써 구하는 범위 내에서 원고가 전부 승소할 경우에 직접 받는 경제적 이익을 기준으로, 객관적으로 평가 산정하여야 한다.

(2) 상환이행청구, 일부청구

상환이행청구 등의 경우에도 반대급부를 공제할 필요가 없고, 일부청구 시는 그 청구취지로 구하는 일부만이 소가산정의 기준이 된다.

(3) 소가 산정의 기준

소가 산정의 기준에 관하여서는 대법원규칙인 민사소송 등 인지규칙[31]으로 정해 놓고 있다.

3. 산정의 표준시기

(1) 원칙

소가는 소를 제기한 때(법률의 규정에 의하여 소의 제기가 의제되는 경우에는 그 소를 제기한 것으로 되는 때)를 기준으로 하여 산정한다(민사소송 등 인지규칙 제7조). 따라서 소제기시를 표준으로 하여 산정된 소가에 의하여 사물관할이 정해지기 때문에(제33조, 관할의 항정), 소제기 후 목적물의 훼손, 가격의 변동 등 사정변경이 있어도 관할에 영향을 줄 수 없다.

(2) 예외

예외적으로 단독판사에 계속 중 청구취지의 확장에 의하여 합의부사건이 된 경우에는 관할위반의 문제가 생기므로, 변론관할이 생기지 아니하였다면 합의부로 이송하여야 한다(제34조 제1항). 그러나 합의부에 계속 중 소의 일부취하나 청구취지의 감축에 의하여 단독사건이 된 경우에는 오히려 이송이 소송경제에 반하고 합의부에서의 계속심리가 당사자에게 불리하지 않기 때문에 단독판사로 이송할 필요가 없다.

---

31) **제19조(합산의 원칙)** 1개의 소로써 수개의 청구를 하는 경우에 그 수개의 청구의 경제적 이익이 독립한 별개의 것인 때에는 합산하여 소가를 산정한다.
제20조(중복청구의 흡수) 1개의 소로써 주장하는 수개의 청구의 경제적 이익이 동일하거나 중복되는 때에는 중복되는 범위 내에서 흡수되고, 그중 가장 다액인 청구의 가액을 소가로 한다.
제21조(수단인 청구의 흡수) 1개의 청구가 다른 청구의 수단에 지나지 않을 때에는 특별한 규정이 있는 경우를 제외하고, 그 가액은 소가에 산입하지 아니한다. 다만, 수단인 청구의 가액이 주된 청구의 가액보다 다액인 경우에는 그 다액을 소가로 한다.
제22조(비재산권상의 청구의 병합) 1개의 소로써 수개의 비재산권을 목적으로 하는 청구를 병합한 때에는 각 청구의 소가를 합산한다. 다만, 청구의 목적이 1개의 법률관계인 때에는 1개의 소로 본다.

4. 청구병합의 경우의 소송목적의 값

(1) 합산의 원칙

1개의 소로써 수개의 청구를 하는 때에는 그 가액을 합산하여 그에 의하여 사물관할을 정한다(제27조 제1항). 원고가 제기한 청구의 병합이 객관적이든, 주관적이든, 후발적이든 불문하나 수개의 청구의 경제적 이익이 독립한 별개일 것을 요한다. 그리고 1개의 부동산에 경료 된 수개의 저당권에 대하여 등기원인의 무효를 이유로 말소를 구하는 경우에는 말소의 원인이 동일하더라도 경제적 이익이 공통되지 않으므로 합산의 법칙을 적용하되 목적물건의 가액을 한도로 한다.

(2) 예외

1) 중복청구의 흡수

청구의 선택적·예비적 병합, 수인의 연대채무자에 대한 청구, 대상청구의 병합 등의 경우 중복되는 범위 내에서 흡수되고 그 중 다액인 청구가액을 소가로 한다(동규칙 제20조). 그리고 동일한 권원에 기하여 확인 및 이행청구를 병합한 경우 가장 다액의 청구를 소송목적의 값으로 한다[실무제요(Ⅰ), 115면]. 그리고 원고가 소유권보존등기, 이에 터잡은 근저당권설정등기, 소유권이전등기의 각 등기명의인을 공동피고로 하여 위 각 등기의 말소소송을 제기하여 원고 전부승소판결이 선고된 후, 그 등기명의인들이 상소할 경우 인지첩부액은 경제적 이익이 동일하거나 중복되는 때에 해당하므로 중복되는 범위 내에서 흡수된다고 할 것이어서 제1심에서 산정된 소가를 기준으로 하여 항소장 또는 상고장에 인지를 첩부하면 된다.

2) 수단인 청구의 흡수

건물철거청구와 함께 대지의 인도청구를 구하는 경우처럼 1개의 청구(건물철거청구)가 다른 청구(토지인도)의 수단에 지나지 않을 때에는 그 가액은 소가에 산입하지 않는다(동규칙 제21조). 다만, 수단청구인 건물철거청구의 값이 대지인도청구의 값보다 다액이면 건물철거청구에 관한 소송목적의 값에 따라 인지액을 계산하여야 한다(동조 단서). 그리고 수익자에 대한 사해행위취소 및 원상회복청구와 채무자에 대한 금전지급청구가 병합된 경우에는 수익자에 대한 청구의 소송목적의 값은 산입하지 아니하지만, 그 소송목적의 값이 채무자에 대한 소송목적의 값보다 다액인 경우에는 이를 소송목적의 값으로 한다.

3) 부대청구의 불산입(제27조 제2항)

주된 청구와 그 부대목적인 과실, 손해배상금, 위약금, 비용의 청구는 별개의 소송물이나, 이 두 가지를 한 개의 소로써 청구하는 때에는 계산의 번잡을 피하려는 취지에서 부대청구의 가액은 소가에 산입하지 않는다. 그러나 과실·손해배상 등의 청구만을 독립하여 청구하는 경우에는 그 자체만을 별도로 소송목적의 값으로 정할 수밖에 없다. 즉, 청구취지에서 특정된 금액에 부대청구가 포함되어 있지 아니한 경우에는 그 특정된 금액을 소송목적의 값으로 하고, 청구취지에서 특정된 금액에 부대청구가 포함되어 있는 경우에는 위 특정된 금액에서 부대청구에 해당하는 금액을 뺀 나머지 금액을 소송목적의 값으로 하며, 부대청구가 독립하여 이루어진 경우에는 그 청구금액을 소송목적의 값으로 한다[실무제요(Ⅰ), 140면]. 그리고 부동산의 인도와 그 부동산에 관한 임료 내지 임료 상당의 손해배상금 또는 부당이득금을 병합하여 청구하는 경우, 임료 등은 부동산의 인도소송에 부대목적이 되므로 소송목적의 값에 산입하지 않는다.

08 토지관할

CONTENTS

▌ 토지관할 노무사 11회

Ⅰ. 의의와 종류

1. 의의

소재지를 달리하는 동종의 법원 사이에 재판권(특히 제1심 사건)의 분담관계를 정해 놓은 것을 토지관할이라고 한다. 그리고 이 토지관할의 결정표준 내지 발생원인이 되는 관련지점을 재판적이라고 한다.

2. 종류

(1) 보통재판적과 특별재판적

보통재판적은 모든 소송사건에 대하여 일반적으로 적용되는 재판적임에 대하여(제2조 이하), 특별재판적은 특수한 종류·내용의 사건에 대하여 한정적으로 적용되는 재판적이다(제7조 이하). 특별재판적에는 다른 사건과 관련 없이 인정되는 독립재판적과 다른 사건과 관련하여 비로소 인정되는 관련재판적이 있다. 보통재판적은 언제나 독립재판적이다.

(2) 인적 재판적과 물적 재판적

인적 재판적이란 당사자 특히 피고와 관계되어 인정되는 재판적을 말하고, 물적 재판적은 소송물과 관계되어 있는 재판적을 말한다. 보통재판적은 언제나 인적 재판적이다.

3. 재판적의 경합

하나의 사건에 대하여 수개의 재판적이 경합하는 경우 원고는 그 가운데 하나를 임의로 선택하여 소제기할 수 있으며, 특별재판적이 보통재판적보다 우선하는 것이 아니다. 이 경우 한 법원에 대한 소제기가 타법원의 관할권 소멸을 가져오는 것은 아니며 중복소송이 될 뿐이다(제259조).

Ⅱ. 보통재판적

1. 의의

모든 사건에 공통적으로 적용되는 재판적을 보통재판적이라고 한다(제2조). 이는 피고와 관계있는 곳을 기준으로 정해 놓고 있다(일반관할). 소제기 당시에 원고의 청구가 이유 있는지 알 수 없으므로, 응소하는 피고의 편의와 경제를 고려한 것이다.

2. 자연인 – 피고주소지주의 원칙

피고가 자연인이면 보통재판적은 1차적으로 그 주소에 의한다(제3조). 다만, 피고가 대한민국에 주소가 없거나 주소를 알 수 없는 경우에는 2차적으로 거소에 따라 정하고, 거소가 일정하지 아니하거나 거소도 알 수 없으면 3차적으로 마지막 주소에 따라 정한다.

3. 법인 기타의 사단 또는 재단 – 본점소재지주의

피고가 법인 등이면 1차적으로 그 주된 사무소나 영업소가 있는 곳에 따라 정하고, 사무소와 영업소가 없는 경우에는 2차적으로 주된 업무담당자의 주소에 따라 정한다(제5조). 외국법인·단체의 경우에는 한국에 있는 사무소·영업소에 의하고, 그것이 없으면 한국에 있는 업무담당자의 주소에 의한다.

4. 국가

피고가 국가인 경우에는 법무부 소재지(수원지법 안양지원) 또는 대법원 소재지(서울중앙지법)에 의한다(제6조).

Ⅲ. 특별재판적

1. 종류

특정사건에 관하여 특별히 인정되는 특별재판적은 ① 보통재판적과의 경합 여부에 따라 경합이 인정되는 것(독립재판적; 민소법 제7조 ~ 제23조)과 경합이 부정되는 것(전속관할; 민사집행법 제21조, 제278조, 제303조)으로 분류하거나, ② 다른 사건과의 관련성 여부에 따라 관련성이 부정되는 독립재판적과 인정되는 관련재판적으로 분류가 가능하다. 특히 독립재판적은 보통재판적과 경합이 가능하므로 피고주소지주의의 원칙이 형해화 될 염려가 있어, 민소법은 원고가 임의로 선택하여 소제기한 법원에 응소하는 것이 피고에게 현저한 손해가 있게 되는 경우 법원의 직권 또는 피고의 신청으로 소송을 이송할 수 있도록 하고 있다(제35조).

2. 개별적 고찰

(1) 의무이행지

1) 입법론상 문제점

재산권에 관한 소를 제기하는 경우에는 거소지 또는 의무이행지의 법원에 제기할 수 있다(제8조). 민법은 특정물의 인도를 제외하고는 지참채무의 원칙[32]에 따라 채무자의 이행지를 채권자의 현주소지로 정하고 있는 관계(민법 제467조 제2항[33])로, 채권자라고 주장하는 사람의 주소지에 독립재판적을 인정한 것이 된다. 따라서 사실상 피고주소지주의 원칙의 취지가 대부분 몰각될 수밖에 없다. 이에 대해서는 '손해나 지연을 피하기 위한 소송의 이송' 규정(제35조)을 적극 활용하여 당사자 사이의 형평을 꾀해야 한다는 견해가 유력하다(정동윤 · 유병현).

2) 해설

계약상의 의무뿐 아니라 법률의 규정에 의하여 발생하는 불법행위 · 부당이득 · 사무관리에 기한 청구도 여기에 해당된다. 또 계약에 관한 의무이행지가 존재하면 계약관계나 채권관계의 확인청구, 계약불이행으로 인한 손해배상, 계약해제로 인한 원상회복청구도 의무이행지 법원에 제기할 수 있다.

3) 사해행위취소소송과 의무이행지

판례는 "채권자가 사해행위의 취소와 함께 수익자 또는 전득자로부터 책임재산의 회복을 구하는 사해행위취소의 소를 제기한 경우 그 취소의 효과는 채권자와 수익자 또는 전득자 사이의 관계에서만 생기는 것이므로, 수익자 또는 전득자가 사해행위의 취소로 인한 원상회복 또는 이에 갈음하는 가액배상을 하여야 할 의무를 부담한다고 하더라도 이는 채권자에 대한 관계에서 생기는 법률효과에 불과하고 채무자와 사이에서 그 취소로 인한 법률관계가 형성되는 것은 아닐 뿐만 아니라, 이 경우 채권자의 주된 목적은 사해행위의 취소 그 자체보다는 일탈한 책임재산의 회복에 있는 것이므로, 사해행위취소의 소에 있어서의 의무이행지는 '취소의 대상인 법률행위의 의무이행지'가 아니라 '취소로 인하여 형성되는 법률관계에 있어서의 의무이행지'라고 보아야 한다. 부동산등기의 신청에 협조할 의무의 이행지는 성질상 등기지의 특별재판적에 관한 민사소송법 제21조에 규정된 '등기할 공무소 소재지'라고 할 것이므로, 원고가 사해행위취소의 소의 채권자라고 하더라도 사해행위취소에 따른 원상회복으로서의 소유권이전등기 말소등기의무의 이행지는 그 등기관서 소재지라고 볼 것이지, 원고의 주소지를 그 의무이행지로 볼 수는 없다(대결 2002.5.10. 2002마156)."고 한다. 이에 대해서는 등기소 소재지와 채권자주소지 모두 포함된다는 견해가 있다(이시윤).

---

[32] 독일의 경우에도 우리와 같이 의무이행지의 특별재판적이 규정되어 있으나(독일 민사소송법 제29조 제2항), 독일 민법이 추심채무(독일 민법 제269조) 또는 송부채무(동법 제270조)의 원칙을 취하고 있어 채무자의 주소지가 독립재판적으로 되기 때문에 우리와 같은 문제는 없다.

[33] **제467조(변제의 장소)** ① 채무의 성질 또는 당사자의 의사표시로 변제장소를 정하지 아니한 때에는 특정물의 인도는 채권성립당시에 그 물건이 있던 장소에서 하여야 한다.
② 전항의 경우에 특정물인도 이외의 채무변제는 채권자의 현주소에서 하여야 한다. 그러나 영업에 관한 채무의 변제는 채권자의 현영업소에서 하여야 한다.

(2) 어음·수표 지급지

어음 수표에 관한 소는 어음채무자와 소구의무자를 상대로 그 지급지의 법원에 제기할 수 있다(제9조). 채권자의 주소지가 아님을 주의해야 한다. 판례도 "민법 제467조 제2항의 법의는 불특정물의 급부를 목적으로 하는 채무는 그 채무의 성질 또는 당사자의 별단의 의사표시에 의하여 채무이행 장소가 정하여 지지 않는 한 통상 지참채무로 본다는 뜻이므로 <u>약속어음은 그 성질상 그 어음상에 표시된 지급지가 의무이행지라 할 것이며</u> 그리고 소송이 어음금청구인 이상 지급기일에 지급장소에서 어음이 제시되어 지급거절이 된 경우에도 그 의무이행지에 무슨 변동이 생기는 것도 아니다. 그러므로 <u>이 약속어음금 청구사건에 대한 관할법원은 채권자의 주소지를 관할하는 서울민사지방법원이 아니고 그 지급지의 소재지를 관할하는 부산지방법원 마산지원임이 뚜렷하므로</u> … (대결 1973.11.26. 73마910; 대결 1980.7.22. 80마208)." 라고 판시한다.

(3) 선원·군인·군무원

선원에 대하여 재산권에 관한 소를 제기하는 경우에는 선적이 있는 곳의 법원에 제기할 수 있다(제10조 제1항). 군인·군무원에 대하여 재산권에 관한 소를 제기하는 경우에는 군사용 청사가 있는 곳 또는 군용 선박의 선적이 있는 곳의 법원에 제기할 수 있다(제10조 제2항). 거소지의 특별재판적(제8조 전단)에 관한 특별규정이다. 선원은 그 선박이 그 거소지라고 볼 수 있는데, 선박은 언제나 장소를 옮기게 마련이고 기껏해야 그 선적지에서나 조금 오래 주재하는 것이 예사일 것이므로 선적지를 거소에 맞먹는 것으로 본 것이다. 군인·군무원의 경우에는 그들의 상주지가 군사용 청사소재지나 군함선(그 선적 소재지)이 대부분이므로, 이를 거소지에 맞먹는 것으로 본 것이다[주석 민사소송법(Ⅰ), 180면].

(4) 재산이 있는 곳

1) 취지

주소가 없는 사람도 재산을 가지고 있으면 강제집행이 용이하므로, 이를 규정하고 있다.

2) 내용

<u>대한민국에 주소가 없는 사람 또는 주소를 알 수 없는 사람에 대하여 재산권에 관한 소를 제기하는 경우에는 청구의 목적 또는 담보의 목적이나 압류할 수 있는 피고의 재산이 있는 곳의 법원에 제기할 수 있다</u>(제11조). 피고가 국내에 주소가 없는 경우에만 적용된다. 주로 외국인이 해당되지만, 한국 국적의 해외거주 교포도 국내에 주소가 없으면 적용된다. 피고 재산소재지의 법원이 관할권을 갖는 것이므로 피고의 재산이 유체물인 경우에는 그 소재지, 채권인 경우에는 제3채무자의 주소·영업소 또는 그 채권에 대한 책임재산이 있는 곳 등이 관할법원이 된다.

(5) 사무소·영업소

1) 취지

<u>사무소 또는 영업소가 있는 사람에 대하여 그 사무소 또는 영업소의 업무와 관련이 있는 소를 제기하는 경우에는 그 사무소 또는 영업소가 있는 곳의 법원에 제기할 수 있다</u>(제12조). 이에 따라 지점을 거느리는 대기업회사·외국회사를 피고로 할 경우에 본점까지 갈 필요 없이 가까운 지점소재지에 소제기를 할 수 있다. 다만, 영업소가 있는 자가 원고일 경우에는 적용되지 않는다.

2) 내용

여기의 업무는 광의의 개념으로 영업 등 사익적 사업에 한하지 않고, 공익적 사업이나 행정사무도 포함된다. 사무소나 영업소는 업무의 전부·일부를 총괄경영 하는 장소를 말하며, 주된 사무소·본점 뿐 아니라 지점도 포함된다(대판 1992.7.28. 91다41897). 다만, 업무의 성질상 본점만이 취급할 수 있는 것인 때에는 지점에 재판적이 없다(대결 1967.9.20. 67마560).

(6) 불법행위지

1) 내용

불법행위에 관한 소를 제기하는 경우에는 행위지의 법원에 제기할 수 있다. 선박 또는 항공기의 충돌이나 그 밖의 사고로 말미암은 손해배상에 관한 소를 제기하는 경우에는 <u>사고선박 또는 항공기가 맨 처음 도착한 곳의 법원</u>에 제기할 수 있다(제18조).

2) 취지 및 적용

피해자에게 즉시 소제기 할 수 있는 권리를 도모하는 동시에 증거들이 모두 가까운 곳에 있어 그 수집이 용이하기 때문에 규정이다. 불법행위지에 가해자인 피고가 거주하거나 책임재산이 있거나 관계가 없다.[34) 물적 재판적이므로 외국인이 가해자인 경우도 적용한다. 피해자가 제기하는 불법행위로 인한 손해배상의 적극적 청구뿐 아니라, 가해자가 제기하는 손해배상책임부존재확인의 소에도 적용된다[주석 민사소송법(Ⅰ), 194면]. 불법행위에 관한 소는 금전배상원칙(민법 제394조, 제763조)에 의하여 손해배상청구를 주된 내용으로 하지만, 원상회복청구도 명예회복청구(민법 제764조), 광해배상(광업법 제93조) 등과 같이 법률이 인정하는 경우에는 포함한다.

3) 불법행위

① 불법행위의 의미

일반불법행위뿐만 아니라 무과실책임[35)을 지는 특수불법행위도 포함한다. 민법상의 불법행위[36)와 국가배상법·자동차손해배상보장법 등의 특별법에 의한 불법행위도 포함한다.

② 불법행위에 채무불이행의 경우가 포함되는지 여부

채무불이행의 경우도 광의의 위법행위에 속하는 것 및 증거자료 수집의 편의 등의 고려는 불법행위와 마찬가지라고 할 것이므로 본조의 불법행위에 포함한다(적극설, 통설).[37) 다만, 소극설은 단순히 채무불이행이 문제되는 사건에서는 본조를 원용할 수 없고, 다만 본조의 재판적에 의하여 불법행위지의 법원에 제소되었을 때 마침 채무불이행에 기한 손해배상청구도 문제된다면 제25조 관련재판적에 의하여 관할권을 가질 수 있다고 한다(이시윤).

---

34) 불법행위에 관한 소는 그 행위지의 법원에 제기할 수 있으므로 본건 재항고인(피고)의 주소가 제주도라 하더라도 불법행위지가 서울이므로 서울민사지방법원에 관할이 있다(대결 1973.9.26. 73마815).
35) 가집행채권자의 배상책임(민사소송법 제215조 제2항), 무권대리인 책임(민법 제135조), 광업법상 광해배상책임(광업법 제91조), 우편법상 배상책임(우편법 제38조) 등
36) 법인의 불법행위책임(민법 제35조), 사용자 책임(민법 제756조) 등
37) 제25조의 "여러 개의 청구"라는 법조문에 비추어 신소송물이론에 있어서 하나의 청구에 관한 문제인 위 경우를 적용하는 것은 결국 구소송물이론을 인정하는 자가당착이 될 수 있으므로, 적극설이 타당하다(김용진).

4) 행위지

행위자의 가해행위지와 손해발생지가 다르면 가해행위지와 손해발생지에 각각 재판적이 생겨 관할이 경합한다(통설). 예를 들어, 乙이 甲의 지식재산권을 침해하여 물건을 제주에서 만들어 대구에서 팔았다면 제주지법(가해행위지)와 대구지법(손해발생지)에 관할권이 생긴다.

(7) 부동산이 있는 곳

<u>부동산에 관한 소를 제기하는 경우</u>에는 부동산이 있는 곳의 법원에 제기할 수 있다(제20조). 부동산에 관한 권리를 목적으로 하는 소를 말하는데 부동산에 대한 물권에 관한 소(소유권 등 물권에 관한 확인소송, 물권적 청구권에 기한 소송 등)와 채권에 관한 소(계약에 기한 부동산의 이전등기, 인도 등을 구하는 소)가 포함된다. 하지만 계약에 기한 매매대금, 임대료 등의 지급을 구하는 소는 포함되지 않는다(통설).

(8) 등기·등록지

<u>등기·등록에 관한 소를 제기하는 경우</u>에는 등기 또는 등록할 공공기관이 있는 곳의 법원에 제기할 수 있다(제21조). 등기·등록 "자체"에 대한 소를 제기하는 경우를 이른다. 따라서 예를 들어, 특허권 침해로 인한 손해배상을 구하는 소를 제기하는 경우 특허권 자체의 등록에 관한 소가 아니므로 특허청 소재지인 대전지방법원에 관할권이 있다고 볼 수는 없다.

(9) 지식재산권

> **구 민사소송법 제24조(지식재산권 등에 관한 특별재판적)** 지식재산권과 국제거래에 관한 소를 제기하는 경우에는 제2조 내지 제23조의 규정에 따른 관할법원 소재지를 관할하는 "고등법원이 있는 곳"의 "지방법원"에 제기할 수 있다.
>
> **신 민사소송법 제24조(지식재산권 등에 관한 특별재판적)** ① 특허권, 실용신안권, 디자인권, 상표권, 품종보호권(이하 "특허권등"이라 한다)을 제외한 지식재산권과 국제거래에 관한 소를 제기하는 경우에는 제2조 내지 제23조의 규정에 따른 관할법원 소재지를 관할하는 고등법원이 있는 곳의 지방법원에 제기할 수 있다. 다만, 서울고등법원이 있는 곳의 지방법원은 서울중앙지방법원으로 한정한다. <개정 2011.5.19., 2015.12.1.>
> ② 특허권 등의 지식재산권에 관한 소를 제기하는 경우에는 제2조부터 제23조까지의 규정에 따른 관할법원 소재지를 관할하는 고등법원이 있는 곳의 지방법원의 전속관할로 한다. 다만, 서울고등법원이 있는 곳의 지방법원은 서울중앙지방법원으로 한정한다. <신설 2015.12.1.>
> ③ 제2항에도 불구하고 당사자는 서울중앙지방법원에 특허권 등의 지식재산권에 관한 소를 제기할 수 있다. <신설 2015.12.1.> [제목개정 2011.5.19.] [시행일: 2016.1.1.]

지식재산권 분쟁해결에 관한 전문성 제고를 위하여 지식재산권 분쟁에 관한 소를 '특허권 등의 지식재산권'과 '특허권 등을 제외한 지식재산권'으로 구분하여 규정하였다. '특허권 등을 제외한 지식재산권'과 국제거래에 관한 소를 제기하는 경우에는 현재와 같이 제2조부터 제23조까지의 규정에 따른 관할법원 소재지를 관할하는 고등법원이 있는 곳의 지방법원에 제기할 수 있도록 규정하였다. '특허권 등을 제외한 지식재산권'과 국제거래에 관한 소를 서울고등법원이 있는 곳의 지방법원에 제기하는 경우에는 서울중앙지방법원에 한정하여 제기할 수 있도록 하였다. '특허권 등의 지식재산권'에 관한 소를 제기하는 경우[38]에는 제2조부터 제23조까지의 규정에 따른 관할법원 소재지를 관할하는 고등법원이 있는 곳의 지방법원의 전속관할로 하는 규정을 신설하여 특허권 등에 관한 소송의 전문성 및 효율성을 제고하였다(제24조 제2항). 전속관할의 경우에도 당사자의 선택으로 특허권 등의 지식재산권에 관한 소를 서울중앙지방법원에도 제기할 수 있도록 중복관할에 관한 규정을 신설하였다(제24조 제3항 신설). 소송당사자가 서울중앙지방법원이 축적해 온 특허권 등의 지식재산권 소송의 전문성을 활용하고자 하는 경우 전속관할법원 외에 서울중앙지방법원에 소송을 제기할 수 있도록 한 것이다.

Ⅳ. 관련재판적(병합청구의 재판적) – 한 청구의 재판적이 있는 곳

> **민사소송법 제25조(관련재판적)** ① 하나의 소로 "여러 개"의 청구를 하는 경우에는 제2조 내지 제24조의 규정에 따라 그 여러 개 가운데 하나의 청구에 대한 관할권이 있는 법원에 소를 제기할 수 있다.
> ② 소송목적이 되는 권리나 의무가 여러 사람에게 공통되거나 사실상 또는 법률상 같은 원인으로 말미암아 그 여러 사람이 공동소송인으로서 당사자가 되는 경우에는 제1항의 규정을 준용한다.

1. 의의 및 취지

(1) 의의

관련재판적이란 원고가 하나의 소로써 수 개의 청구를 하는 경우에 그 중 1개의 청구에 관하여 관할권이 있으면 본래 그 법원에 법정관할권이 없는 나머지 청구에 대하여도 그 법원에 관할권이 생기는 것[39]을 말한다(제25조).

---

38) 甲 연구소가 구 민·군겸용기술사업촉진법(2004.9.23. 법률 제7217호로 개정되기 전의 것)에서 정한 민·군겸용기술개발사업의 하나로 乙 주식회사와 후·박막공정을 이용한 저 자가방전 초소형 전지 개발을 위한 민·군겸용기술개발과제 협약(응용연구단계)을 체결한 후, 乙 회사를 상대로 위 협약에 기한 특허권 지분의 귀속의무 불이행을 원인으로 하는 손해배상을 구한 사안에서, 위 협약에 따른 특허권 지분의 귀속의무 불이행에 따른 손해배상청구권의 존부 및 범위는 민사법률관계에 해당하므로 이를 소송물로 다투는 소송은 민사소송에 해당하는 것으로 보아야 하고, 위 소송에 대한 심리·판단은 특허권 등의 지식재산권에 관한 전문적인 지식이나 기술에 대한 이해가 필요한 소송으로 민사소송법 제24조 제2항이 규정하는 특허권 등의 지식재산권에 관한 소로 보아야 하므로, 2015.12.1. 법률 제13522호로 개정된 법원조직법 시행일 전에 소가 제기되어 시행일 이후에 제1심판결이 선고된 위 사건에 대한 항소사건은 특허법원의 전속관할에 속한다(대결 2019.4.10. 2017마6337). 그리고 특허권, 상표권 등의 침해금지를 구하지 않고 손해배상만 청구한 사건의 제1심을 지방법원 단독판사가 담당한 경우에도 그 항소심은 지방법원 합의부 관할이 아닌 특허법원의 전속관할에 속하게 된다(대판 2020.2.27. 2019다284186).
39) 예를 들어, 甲이 乙을 상대로 약속어음금 청구와 매매대금청구를 위 어음의 지급지를 관할하는 A법원에 제기한 경우에, A법원은 본래 관할권이 없는 매매대금청구에 대하여도 관할권을 갖게 되는 경우를 말한다.

(2) 취지

원고는 병합청구가 용이해지고, 피고로서도 응소할 바에야 한 군데 법원에서 재판을 받는 이점이 있으며, 법원으로서도 분쟁을 통일적으로 해결할 수 있어 유리한 점이 있다.

2. 적용범위

(1) 토지관할에 적용

제25조는 토지관할권에 적용되고, 청구를 병합제기하는 경우의 사물관할에 관하여는 적용이 없다(제27조에 의해 합산된 소가에 의해 사물관할이 정해질 뿐이다).

(2) 규정의 해석

제25조의 법문에는 제2조 내지 제24조의 규정이라고 하고 있으나 반드시 이에 한할 필요는 없다(즉, 제29조의 합의관할 등으로 관할권을 갖는 경우에도 적용된다). 다만, 다른 법원의 전속관할에 속하는 청구는 적용이 배제된다(제31조).

3. 관련재판적과 공동소송

(1) 문제점

1990년 개정법 전에는 소의 주관적 병합, 즉 공동소송[40]의 경우에도 관련재판적이 인정될 수 있느냐에 대해 견해 대립이 있었다.

(2) 견해의 대립

① 제25조의 문리상 제한이 없고, 피고가 입을 불이익은 이송규정으로 해결하면 됨을 근거로 공동소송에 전면적으로 적용된다는 적극설, ② 주관적 병합의 경우 명문의 규정이 없고, 다른 피고들의 관할규정상의 이익을 해치게 됨을 근거로 공동소송에는 적용이 없다는 소극설(판례), ③ 제65조 전문의 경우에만 적용되고, 후문의 경우에는 적용되지 않는다는 절충설이 그것이다.

(3) 검토

1990년 개정법은 입법으로 절충설을 채택하였고, 제65조 전문의 경우에는 서로가 실질적 관련성이 있는 관계이므로 관련재판적을 인정한 것은 타당한 입법이다.

---

40) 예를 들어, 채권자가 연대채무자 甲, 乙을 상대로 A법원에 공동소송을 제기한 경우 A법원이 피고 甲에 대해서는 관할권이 있지만 피고 乙에 대해서는 관할권이 없을 때에 피고 甲에 대한 관할권으로 인하여 피고 乙에 대해서도 관할권이 생기는가가 문제되는 것이다.

4. 판례 – 관할선택권의 남용

민사소송의 당사자와 소송관계인은 신의에 따라 성실하게 소송을 수행하여야 하고(민사소송법 제1조 제2항), 민사소송의 일방 당사자가 다른 청구에 관하여 관할만을 발생시킬 목적으로 본래 제소할 의사 없는 청구를 병합한 것이 명백한 경우에는 관할선택권의 남용으로서 신의칙에 위배되어 허용될 수 없으므로, 그와 같은 경우에는 관련재판적에 관한 민사소송법 제25조의 규정을 적용할 수 없다. 변호사 甲과 乙사찰이, 소송위임계약으로 인하여 생기는 일체 소송은 전주지방법원을 관할 법원으로 하기로 합의하였는데, 甲이 乙 사찰을 상대로 소송위임계약에 따른 성공보수금 지급 청구 소송을 제기하면서 乙 사찰의 대표단체인 丙 재단을 공동피고로 추가하여 丙 재단의 주소지를 관할하는 서울중앙지방법원에 소를 제기한 사안에서, 乙 사찰은 종단에 등록을 마친 사찰로서 독자적인 권리능력과 당사자능력을 가지고, 乙 사찰의 甲에 대한 소송위임약정에 따른 성공보수금 채무에 관하여 丙 재단이 당연히 연대채무를 부담하게 되는 것은 아니며, 법률전문가인 甲으로서는 이러한 점을 잘 알고 있었다고 보아야 할 것인데, 甲이 위 소송을 제기하면서 丙 재단을 공동피고로 추가한 것은 실제로는 丙 재단을 상대로 성공보수금을 청구할 의도는 없으면서도 단지 丙 재단의 주소지를 관할하는 서울중앙지방법원에 관할권을 생기게 하기 위함이라고 할 것이고, 따라서 甲의 위와 같은 행위는 관할선택권의 남용으로서 신의칙에 위반하여 허용될 수 없으므로 관련재판적에 관한 민사소송법 제25조는 적용이 배제되어 서울중앙지방법원에는 甲의 乙 사찰에 대한 청구에 관하여 관할권이 인정되지 않는다(대결 2011.9.29. 2011마62).

09 합의관할

CONTENTS

▮ 합의관할 사시 12회, 변리사 3회, 법무사 10회, 노무사 10회

I. 서설

1. 의의

합의관할이란 법정관할과 다른 관할을 정하는 당사자 간의 합의에 의하여 정하여지는 관할로서 임의관할의 일종이다(제29조).

2. 인정이유

공익적 요청에 의한 전속관할을 제외한 임의관할에 관한 규정은 주로 당사자 간의 공평 및 소송수행의 편의를 위하여 인정된 것이므로, 당사자 쌍방이 다른 관할을 원하는 경우 이를 부정할 이유는 없으므로 전속관할이 아닌 임의관할의 경우에 한해 이를 인정하게 된 것이다.

II. 법적 성질

1. 소송계약

관할의 합의는 그 요건과 효과가 민사소송법에 의하여 규율되는 소송행위로서 소송계약의 일종이다. 따라서 관할의 합의에는 소송능력이 필요하며, 사법상의 행위와 구별되어 사법상의 계약이 무효, 취소 또는 해제되어도 원칙적으로 합의관할의 효력에는 영향이 없다(무인성).

2. 합의의 흠

관할의 합의는 소송행위이기는 하지만 소송 외에서 법원의 관여 없이 당사자 간에 체결되는 것이므로 합의에 민법상의 흠(하자)에 관한 규정(민법 제103조, 제104조, 제107조, 제108조, 제109조, 제110조 등)이 유추적용될 수 있다는 것이 통설의 견해이다.

III. 요건

1. 소송능력이 있는 당사자 간의 합의일 것

관할의 합의는 소송행위이므로 소송능력이 필요하다. 즉, 미성년자가 법정대리인의 동의를 얻어 사법상 계약을 체결하면서 이와 함께 한 관할의 합의는 법정대리인의 추인이 없는 한 무효가 된다.

2. 제1심 관할 법원의 임의관할에 관하여 할 것

관할의 합의는 제1심 토지관할과 사물관할 등 임의관할에 한하여 할 수 있고, 공익적 요청에 의한 전속관할이 있을 경우에는 할 수 없다(제31조).

3. 일정한 법률관계에 기인한 소에 관한 합의일 것

소송의 대상이 되는 법률관계를 특정하여 합의하여야 하며, 포괄적 합의는 예측가능성이 없어 피고의 관할이익을 침해할 우려가 있으므로 무효가 된다.

4. 서면에 의한 합의일 것

관할의 합의는 당사자의 의사를 명확히 하여 후일의 분쟁을 미연에 방지하기 위하여 서면에 의하여야 한다. 이 경우 반드시 동일서면일 필요는 없으며, 별개의 서면이나 때를 달리하여도 무방하다.

5. 합의의 시기

합의의 시기는 소제기 전후를 불문하나, 소제기 후의 합의에 의하여 관할이 변경되는 것은 아니므로 소제기 후의 합의는 소송이송(제35조)의 전제로서 의미가 있을 뿐이다.

6. 관할법원이 특정되었을 것

수개의 법원을 지정하여도 무방하지만, 전국의 모든 법원을 관할법원으로 하거나 모든 법원의 관할을 배제하는 합의(다만, 부제소특약으로는 해석이 가능하다) 또는 지정권을 원고에게만 일임하는 합의는 피고의 관할에 대한 이익을 박탈하기 때문에 무효이다. 따라서 당사자 중 "일방이 지정하는 법원을 관할 법원으로 한다."는 내용의 관할에 관한 합의는 피소자의 권리를 부당하게 침해하고 공평의 원칙에 어긋나는 결과가 되어 무효이다(대결 1977.11.9. 77마284).

Ⅳ. 합의의 모습

1. 부가적 합의와 전속적 합의

(1) 의의

법정관할 외에 1개 또는 수개의 법원을 부가하는 부가적 합의와 특정의 법원에만 관할권을 인정하고 그 밖의 법원의 관할을 배제하는 전속적 합의, 두 가지가 있다.

(2) 구별기준

양자는 현저한 손해를 이유로 재량이송이 가능한가 여부에서 차이가 있다. 당사자의 합의가 어떤 것인지는 당사자의 의사에 따를 것이지만 의사가 불분명한 경우에 문제가 된다. 원칙적으로는 석명을 하여야 하지만(제136조), 그에 따르지 않을 경우에 어떻게 볼 것인지가 문제된다.

2. 관할의 합의가 불명한 경우의 구별기준

(1) 학설

1) 통설은 경합하는 법정관할법원 가운데 어느 하나를 특정하거나 또는 그 가운데 어떤 것을 배제하는 합의는 전속적이고, 그렇지 않으면 부가적이라고 해석한다(이시윤, 강현중 등).

2) 전속적이라고 해석하는 입장은 일부러 관할의 합의를 한 당사자의 의사는 지정한 법원에서의 소송수행을 당연한 전제로 하고, 그 밖의 법원에서의 소송수행은 예정하고 있지 않다고 보는 것이 합리적이므로 특정한 법원을 지정한 이상, 그것이 법정관할법원인지 여부를 불구하고 특히 부가적이라고 해석할 만한 특별한 사정이 없는 한 전속적이라고 해석하여야 하고, 다만 보통거래약관 등에 의하여 부합계약의 일부로서 합의하는 경우에는 약관작성자가 부당하게 유리하게 되는 것을 피하기 위하여 통설과 같이 풀이할 수 있다고 한다(정동윤·유병현).

3) 부가적으로 해석하는 입장은 전속적 합의인 것을 특별히 명시하여 두었다는 등의 특별한 사정이 없는 한, 오히려 관할의 합의가 당사자의 편의를 위하여 인정되는 것임을 고려하여 부가적 합의로 풀이한다(송상현).

(2) 판례

판례는 동경에 사는 甲이 동경에 사는 乙, 丙에게 대여금 청구의 소를 제기한 사안에서 "당사자들이 법정관할법원에 속하는 여러 관할법원 중 어느 하나를 관할법원으로 하기로 약정한 경우, 그와 같은 약정은 그 약정이 이루어진 국가 내에서 재판이 이루어질 경우를 예상하여 그 국가 내에서의 "전속적 관할법원을 정하는 취지의 합의"라고 해석될 수 있지만, 특별한 사정이 없는 한 다른 국가의 재판관할권을 완전히 배제하거나 다른 국가에서의 전속적인 관할법원까지 정하는 합의를 한 것으로 볼 수는 없다. 따라서 채권양도 등의 사유로 외국적 요소가 있는 법률관계에 해당하게 된 때에는 다른 국가의 재판관할권이 성립할 수 있고, 이 경우에는 위 약정의 효력이 미치지 아니하므로 관할법원은 그 국가의 소송법에 따라 정하여진다고 봄이 상당하다(대판 2008.3.13. 2006다68209)."고 하여 통설의 입장에 있다(유병현).

(3) 검토

경합하는 법정관할 가운데 하나를 정한 경우에는 당사자의 의사가 전속적이라고 볼 수 있으나, 그렇지 않은 경우에는 법정관할을 배제하려는 의사라고는 볼 수 없으므로 이는 부가적이라고 보는 통설이 타당하다.

3. 국제재판관할의 합의

(1) 문제점

국내법원 외에 외국법원을 관할법원으로 하는 부가적 합의와 외국법원만을 배타적으로 관할법원으로 하는 전속적 합의가 있는데, 전자는 별문제가 없지만 후자는 우리나라의 재판권을 배제하는 것이 때문에 문제가 있다(이시윤).

(2) 판례

① 국내(대한민국)재판권에 전속하지 않는 사건일 것, ② 합의한 외국법원이 당해 사건에 국제재판관할권을 가질 것, ③ 당해 사건이 그 외국법원에 대하여 합리적 관련성이 있을 것, ④ 전속적 합의가 현저히 불합리하고 불공정하지 않을 것, 즉 공서양속에 반하지 않을 것 등의 요건을 갖추었을 때 유효한 전속적 합의로 본다(대판 1997.9.9. 96다20093). 이에 대해서는 대법원이 ③의 합리적 관련성이 있을 것의 요건을 요구하는데 대해 비판적 견해가 있다. 즉, 이 견해는 대등한 지위에 있는 합의 당사자들이 이러한 불편과 고비용을 감수하더라도 제3국의 법원을 선택하고자 하면 그 선택은 존중되어야 하고, 합리적 요건을 강조하게 되면 결국은 원·피고의 주소지나 상거소에서 재판을 받을 수밖에 없게 되며 결국 국제재판관할합의는 그 효용성이 반감될 것이라고 하여 판례에 반대하고 있다(한충수).

(3) 국제사법의 특례

동법 제27조, 제28조에서는 소비자계약에 관한 소와 근로계약 관한 소에 있어서 국제재판관할의 합의를 함에 있어서는 다음의 요건을 갖추면 유효하도록 하였다. 즉, ① 서면합의일 것, ② 이미 분쟁이 발생한 뒤인 사후적 합의일 것, ③ 제27조, 제28조의 법정관할법원에 추가한 합의일 것 등이다.

V. 합의의 효력

1. 관할의 변동

(1) 원칙

합의내용에 따라 관할이 변동되지만, 합의관할은 전속적 합의관할의 경우에도 그 성질상 임의관할이며 법정의 전속관할이 아니다. 따라서 원고가 합의를 무시한 채 다른 법정관할법원에 소를 제기하여도 피고가 이의 없이 본안변론을 하면 변론관할(제30조)이 생긴다.

(2) 재량이송의 문제(제35조)

전속적 합의의 경우에도 현저한 지연을 피한다는 공익상의 필요가 있을 때에는 합의의 대상이 될 수 없었으므로, 다른 법정관할법원에 이송할 수 있다는 견해가 통설이다.

2. 효력의 주관적 범위

(1) 문제점

관할의 합의가 일반승계인에게 미치는 것은 의문이 없으나, 특정승계인에게도 미치는지가 문제된다.

(2) 소송물성질과의 관계

소송물을 이루는 권리관계가 채권인 경우에는 양수인도 변경된 내용의 권리를 양수 받았다고 볼 수 있기 때문에 그 효력이 미친다고 할 것이나(민법 제451조 제2항), 그 내용이 물권인 경우에는 물권법정주의(민법 제185조)와 등기부상 합의된 바를 공시할 수 없음을 고려할 때 합의에 구속된다고 할 수 없다(대결 1994.5.26. 94마536).

(3) 일반 제3자와의 관계

합의가 일반 제3자를 구속할 수 없음은 물론이다. 따라서 채권자와 주채무자 간의 합의, 채권자와 연대채무자 중의 1인 간의 합의는 각각 보증채무자나 다른 연대채무자에게는 미치지 않는다(대판 1988.10.25. 87다카1728). 다만, 합의관할의 효력이 미치지는 아니하나 보증채무자나 다른 연대채무자에게 관련재판적으로(제25조 제2항) 관할권이 미칠 수는 있다.

Ⅵ. 약관에 의한 관할의 합의

1. 문제점

관할의 합의는 보통 기본이 되는 사법상의 계약과 함께 체결되고, 특히 보통거래약관 속에 관할합의조항이 포함되어 남용되는 경우가 많아 그 규제가 요구된다.

2. 입법적 규제

약관의 규제에 관한 법률 제14조는 약관상의 관할의 합의조항이 고객에게 부당하게 불리할 때에는 무효로 규정하고 있다.

3. 부당하게 불리한지 여부의 결정기준

동법 제14조의 적용대상이 되는 "부당하게 불리"한 경우인지 여부는 ① 관할합의의 성질, ② 전속적 합의관할의 경우 그 필요성의 합리적 근거와 일반 고객의 불이익을 비교하여 결정하여야 한다.

4. 판례

(1) 사업자의 영업소를 관할하는 지방법원으로 전속적 관할합의를 하는 약관조항이 무효라고 보기 위한 요건 및 판단 기준(대결 2008.12.16. 2007마1328)

사업자와 고객 사이에서 사업자의 영업소를 관할하는 지방법원으로 전속적 관할합의를 하는 내용의 약관조항이 고객에 대하여 부당하게 불리하다는 이유로 무효라고 보기 위해서는 그 약관조항이 고객에게 다소 불이익하다는 점만으로는 부족하고, 사업자가 그 거래상의 지위를 남용하여 이러한 약관조항을 작성·사용함으로써 건전한 거래질서를 훼손하는 등 고객에게 부당하게 불이익을 주었다는 점이 인정되어야 한다. 그리고 전속적 관할합의 약관조항이 고객에게 부당한 불이익을 주는 행위인지 여부는, 그 약관조항에 의하여 고객에게 생길 수 있는 불이익의 내용과 불이익 발생의 개연성, 당사자들 사이의 거래과정에 미치는 영향, 관계 법령의 규정 등 제반 사정을 종합하여 판단하여야 한다.

(2) 전속적 합의관할과 약관조항(대결 2009.11.13. 2009마1482)

1) 사실관계

甲은 주택보증보험 주식회사 乙과 주택분양보증계약 체결 당시에는 관할지점은 부산지점이었으나, 피고 乙 회사의 내부적인 업무조정으로 대구지점으로 관할지점이 변경되었다. 이 경우 주택분양보증약관에서 '乙 주식회사의 관할 영업점 소재지 법원'을 전속적 합의관할 법원으로 정한 경우, 전속적 합의관할 법원이 부산지점에서 대구지점으로 변경되는지가 문제된 사안이다.

2) 판결요지

위 회사의 내부적인 업무조정에 따라 위 약관조항에 의한 전속적 합의관할이 변경된다고 볼 경우에는 당사자 중 일방이 지정하는 법원에 관할권을 인정한다는 관할합의조항과 다를 바 없고, 사업자가 그 거래상의 지위를 남용하여 사업자의 영업소를 관할하는 지방법원을 전속적 관할로 하는 약관조항을 작성하여 고객과 계약을 체결함으로써 건전한 거래질서를 훼손하는 등 고객에게 부당하게 불이익을 주는 것으로서 무효인 약관조항이라고 볼 수밖에 없으므로, 위 약관조항에서 말하는 '위 회사의 관할 영업점 소재지 법원'은 주택분양보증계약이 체결될 당시 이를 관할하던 위 회사의 영업점 소재지 법원을 의미한다.

2023년 법무사

丙은 2022.1.1. 丁에게 1억 원을 변제기를 2022.12.31.까지로 정하여 대여하는 계약을 체결하면서, "대여금청구소송은 丁의 보통재판적 소재지 법원인 서울중앙지방법원의 관할로 한다."라고 계약서상 약정하였다. (이하 "이 사건 계약"이라 한다)

위 기본적 사실관계를 토대로 아래 각 문항에 답하시오. (아래 각 문항은 특별한 언급이 없는 한 상호 독립적이고, 견해의 대립이 있는 경우 대법원 판례에 따름) (20점)

물음 1) 丙은 2023.1.10. 자신의 보통재판적 소재지 법원인 서울남부지방법원에 丁을 상대로 1억 원의 지급을 구하는 소를 제기하였다. 丁은 이 사건 계약상 서울중앙지방법원에 전속적 관할합의가 있다고 주장하면서 이송을 신청하였다. 丁의 주장이 타당한지 여부를 논하시오. (10점)

물음 2) 만약 丙이 대여금채권을 戊에게 양도하였고(채권양도의 효력에는 다툼이 없다), 戊가 丁을 상대로 양수금청구의 소를 제기하면서 戊의 보통재판적 소재지인 서울북부지방법원에 소를 제기하였다면, 이 경우 위 1문항의 결론이 달라지는지 및 그 이유를 논하시오. (10점)

Ⅰ. 물음 1)에 대하여

1. 결론

丁의 주장은 타당하다.

2. 이유

(1) 문제점

합의관할이란 법정관할과 다른 관할을 정하는 당사자 간의 합의에 의하여 정하여지는 관할로서 임의관할의 일종이다(제29조). 丁의 주장이 타당한지와 관련하여 먼저 丙과 丁의 합의가 제29조 합의관할의 요건을 충족하는지가 문제 되며, 충족된다면 '전속적' 합의관할에 해당하는지가 문제가 된다.

(2) 합의관할에 해당하는지 여부

합의관할에 해당하려면 ① 소송능력이 있는 당사자 간의 합의일 것, ② 제1심 관할법원의 임의관할에 관하여 할 것, ③ 일정한 법률관계에 기인한 소에 관한 합의일 것, ④ 서면에 의한 합의일 것, ⑤ 합의의 시기는 소제기 전후를 불문하고, ⑥ 관할법원이 특정되었을 것을 요한다.

사안에서는 ① 丙과 丁의 합의가 있고, ② 제1심 관할법원에 대한 것이고, ③ 대여금청구소송이라는 일정한 법률관계에 기인한 소에 관한 합의이고, ④ 계약서라는 서면에 의한 합의이고, ⑤ 소제기 전에 합의가 되었고, ⑥ 서울중앙지방법원이라는 관할법원이 특정되었으므로, 합의관할의 요건을 충족한다.

(3) 부가적 합의와 전속적 합의

1) 의의

법정관할 외에 1개 또는 수개의 법원을 부가하는 부가적 합의와 특정의 법원에만 관할권을 인정하고 그 밖의 법원의 관할을 배제하는 전속적 합의 두 가지가 있다.

2) 구별기준

양자는 현저한 손해를 이유로 재량이송이 가능한가 여부에서 차이가 있다. 당사자의 합의가 어떤 것인지는 당사자의 의사에 따를 것이지만 의사가 불분명한 경우에 문제가 된다. 원칙적으로는 석명을 하여야 하지만(제136조), 그에 따르지 않을 경우에 어떻게 볼 것인지가 문제 된다.

(4) 전속적 합의관할에 해당하는지 여부

1) 판례

판례는 "당사자들이 법정 관할법원에 속하는 여러 관할법원 중 어느 하나를 관할법원으로 하기로 약정한 경우, 그와 같은 약정은 그 약정이 이루어진 국가 내에서 재판이 이루어질 경우를 예상하여 그 국가 내에서의 "전속적 관할법원을 정하는 취지의 합의"라고 해석된다(대판 2008.3.13. 2006다68209)."고 하여 통설의 입장에 있다(유병현).

2) 사안의 경우

丙과 丁은 丁의 보통재판적 소재지 법원인 서울중앙지방법원으로 관할합의를 하였으므로, 경합하는 법정관할법원 중 피고의 주소지를 관할하는 법원을 정한 것이 되어 전속적 합의를 한 것으로 보아야 한다(제2조, 제29조).

(5) 丁 주장의 타당성

따라서 丁이 이 사건 계약상 서울중앙지방법원에 전속적 관할합의가 있다고 주장한 것은 타당하다.

Ⅱ. 물음 2)에 대하여

1. 결론

결론이 달라지지는 않는다.

2. 이유

(1) 문제점

관할의 합의가 일반승계인에게 미치는 것은 의문이 없으나, 특정승계인에게도 미치는지가 문제된다.

(2) 소송물성질과의 관계

소송물을 이루는 권리관계가 채권인 경우에는 양수인도 변경된 내용의 권리를 양수받았다고 볼 수 있기 때문에 그 효력이 미친다고 할 것이나(민법 제451조 제2항), 그 내용이 물권인 경우에는 물권법정주의(민법 제185조)와 등기부상 합의된 바를 공시할 수 없음을 고려할 때 합의에 구속된다고 할 수 없다(대결 1994.5.26. 94마536). 따라서 근저당권설정자와 근저당권자 사이의 관할합의의 효력이 근저당권설정자로부터 부동산을 양수한 자에게 미치지는 않는다.[41]

(3) 사안의 경우

지명채권양도의 대항요건 때문에 채무자 丁은 양도인 丙에 대한 사유로서 양수인 戊에게 대항할 수 있다(민법 제451조 제2항). 따라서 丙과 丁은 서울중앙지방법원에 전속적 합의를 한 것이고, 이는 양수인 戊에게 승계가 된다. 그러므로 戊가 보통재판적 소재지인 서울북부지방법원에 소를 제기한 것은 부적법하여, 여전히 丁의 주장은 타당하므로, 결론이 달라지지 않는다.

---

[41] 관할의 합의의 효력은 부동산에 관한 물권의 특정승계인에게는 미치지 않는다고 새겨야 할 것인바, 부동산 양수인이 근저당권 부담부의 소유권을 취득한 특정승계인에 불과하다면(근저당권 부담부의 부동산의 취득자가 그 근저당권의 채무자 또는 근저당권설정자의 지위를 당연히 승계한다고 볼 수는 없다), 근저당권설정자와 근저당권자 사이에 이루어진 관할합의의 효력은 부동산 양수인에게 미치지 않는다(대결 1994.5.26. 94마536).

10 변론관할

CONTENTS

---

42) 다만, 학설은 이 경우 진술간주 규정에 따라 변론관할이 발생한다고 하여 판례에 대하여 비판적이다(이시윤, 368면).

▌변론관할 법무사 4회

Ⅰ. 서설

1. 의의

원고가 관할권이 없는 법원에 소제기 하였는데, 피고가 관할위반의 항변을 제출하지 아니하고 본안에 관하여 변론을 하거나 변론준비기일에서 진술하는 경우에 그 법원에 생기는 관할을 말한다(제30조).

2. 인정이유

원고가 관할권 없는 법원에 소제기 하여도 피고가 문제 삼지 않고 변론한 때에는 일부러 관할법원에 이송할 필요까지는 없고, 오히려 합의관할에 준하여(묵시적 합의관할) 그 법원에 관할을 인정하는 것이 당사자의 이익, 소송촉진에 도움이 되기 때문에 인정되는 것이다.

3. 구별개념

변론관할도 당사자의 거동에 의해 생긴다는 점에서는 합의관할과 동일하나, 합의관할은 소제기 전후에 관계없이 인정됨에 반하여 변론관할은 소제기 후에 문제된다.

Ⅱ. 요건

1. 소가 관할권 없는 제1심법원에 제기되었을 것

관할권을 어긴 경우라도 제1심의 토지관할과 사물관할 등 임의관할을 어긴 경우에 인정되는 것이지, 전속관할 위반의 경우에는 변론관할이 생기지 않는다(제31조). 소제기 당시에는 관할권이 있었으나 그 뒤 청구취지의 확장, 반소 등의 제기에 의하여 관할위반이 된 경우라도 이에 대하여 상대방이 변론하면 변론관할이 생긴다(제269조 제2항).

2. 피고가 이의 없이 본안변론을 구술로 하였을 것

(1) '본안'에 관한 변론 또는 진술

이는 피고 측에서 원고의 청구의 당부에 관하여 사실상, 법률상의 진술을 하는 것을 말한다. 따라서 실체사항이 아닌 절차사항인 기피신청, 기일변경신청, 소각하판결의 신청 등은 본안에 관한 진술이 아니다.

(2) 피고가 청구기각의 판결만을 구하고, 청구의 원인에 관한 답변을 뒤로 미루는 경우에 변론관할이 생기는지 여부

통설은 청구기각의 신청만으로도 원고의 청구가 이유 없다 하여 그 청구를 배척하여 달라는 취지인 것이므로 이 경우에도 본안에 관한 변론에 들어간 것으로 보아 변론관할이 생긴다고 하였고, 유력설은 피고의 관할이익을 침해한다고 하여 변론관할이 생기는 것을 반대하였다(김홍규). 그러나 현행법은 피고의 답변서의 기재가 구체적일 것을 요구하므로(제256조, 민소규칙 제65조), 이와 같이 답변을 뒤로 미루는 일이 어려워졌기 때문에 논쟁의 실익이 거의 없다(이시윤).

(3) 구술로 변론할 것

본안에 관한 '변론'은 관할위반임을 알고 할 필요는 없으나, 변론기일에 출석하여 구술로 현실적으로 하여야 한다. 따라서 본안에 관한 진술을 기재한 준비서면을 제출하였더라도 피고가 변론기일에 불출석하거나 출석하여도 무변론인 경우에는 변론관할이 발생하지 않는다. 또한 비록 본안의 변론을 위하여 준비서면만 제출하고 불출석한 때 진술간주(제148조, 제286조)가 되어도 변론관할이 발생하지 않는다[43] (대결 1980.9.26. 80마403). 피고가 관할위반의 법원에 출석할 의무가 없기 때문이다.

3. 피고의 관할위반의 항변이 없을 것

관할위반의 항변은 반드시 명시적이어야 하는 것은 아니고, 묵시적이라도 무방하다. 피고가 그 법원에 일응 관할권이 있는 것을 조건으로 본안에 관한 변론을 하는 때에는 관할위반의 항변이 있는 것으로 보아야 한다.

III. 효과

1. 관할의 창설

피고가 관할위반의 항변을 하지 않고 본안에 관하여 진술하는 때에는 그 시점에서 변론관할이 생긴다. 따라서 그 이후 피고의 관할위반의 항변은 허용되지 않는다.

2. 취소불가

피고가 이의 없이 본안에 관하여 변론한 것에 대해서 뒤에 의사의 흠결이라는 이유로 취소할 수 없다.

3. 효력의 범위

변론관할은 당해 사건에 한해 발생하기 때문에 소의 취하 또는 각하 후에 제기하는 소제기까지는 그 효력이 미치지 않는다.

---

43) 다만, 학설은 이 경우 진술간주 규정에 따라 변론관할이 발생한다고 하여 판례에 대하여 비판적이다(이시윤, 368면).

사례연습 CASE 1 토지관할, 변론관할

2020년 공인노무사

甲(수원에 주소를 두고 살고 있음)은 대전에 소재한 자기 토지를 乙(대구에 주소를 두고 살고 있음)에게 매도하고 매매잔대금 1억 원을 받지 못하여, 그 지급을 구하는 소를 대전지방법원에 제기하였다. 이후에 甲은 乙이 소제기 이전에 사망하였다는 사실과 乙의 유일한 상속인인 丙(대구에 주소를 두고 살고 있음)이 있다는 사실을 알게 되었다. 甲은 피고를 丙으로 바꾸는 신청을 하였고 법원은 당사자표시정정하여 피고를 丙으로 바꾸었다. 다음 물음에 답하시오. (단, 아래의 각 물음은 상호 독립적임) (50점)

물음 1) 丙은 변론기일에 출석하여 위 매매대금은 모두 지급되었으므로 甲의 이 사건 소에 대하여 청구기각을 구한다는 진술을 하였다. 위 법원에 관할권이 인정되는지를 논하시오. (25점)

목차

Ⅰ. 문제의 소재

1. 먼저 사안에서 대전지방법원의 토지관할이 인정되는지가 문제 된다. 즉, 甲의 乙에 대한 매매잔대금 1억 원의 지급을 구하는 소에 대한 재판적을 살펴보기로 한다(제2조, 제3조, 제8조, 제20조).

2. 그리고 대전지방법원의 토지관할이 인정되지 않는다면 丙은 변론기일에 출석하여 매매대금은 변제가 되었다는 진술을 하였으므로, 변론관할이 인정되는지가 문제가 된다.

Ⅱ. 관할의 의의 및 종류

1. 의의

관할이란 재판권의 분담관계를 정해 놓은 것으로서 당사자의 편의 및 공평, 그리고 재판권의 원활한 행사를 위하여 규정된 것이다.

2. 종류

관할은 법정관할, 지정관할, 당사자 거동에 의한 관할로 나뉘고, 법정관할은 다시 직분관할, 사물관할, 토지관할로, 당사자 거동에 의한 관할은 합의관할, 변론관할로 나뉜다.

3. 사안의 경우

사안에서는 직분관할, 사물관할은 문제가 없어 보이므로, 토지관할과 당사자거동에 의한 관할(변론관할)을 중심으로 대전지방법원에 관할권이 생기는 경우를 살펴보기로 한다.

Ⅲ. 토지관할의 인정 여부

1. 의의

소재지를 달리하는 동종의 법원 사이에 재판권(특히, 제1심 사건)의 분담관계를 정해 놓은 것을 토지관할이라고
한다. 그리고 이 토지관할의 결정표준 내지 발생원인이 되는 관련지점을 재판적이라고 한다.

2. 보통재판적

(1) 의의

모든 사건에 공통적으로 적용되는 재판적을 보통재판적이라고 한다(피고 주소지주의). 이는 피고와 관계있
는 곳을 기준으로 정해 놓고 있다(일반관할). 소제기 당시에 원고의 청구가 이유 있는지 알 수 없으므로,
응소하는 피고의 편의와 경제를 고려한 것이다(제2조). 그리고 피고가 자연인이면 보통재판적은 1차적으
로 그 주소에 의한다. 다만, 피고가 대한민국에 주소가 없거나 주소를 알 수 없는 경우에는 2차적으로
거소에 따라 정하고, 거소가 일정하지 아니하거나 거소도 알 수 없으면 3차적으로 마지막 주소에 따라
정한다(제3조).

(2) 사안의 경우

사안에서는 피고 乙의 주소지인 대구에 보통재판적이 인정된다.

3. 특별재판적

(1) 의의

특정사건에 관하여 특별히 인정되는 특별재판적은 ① 보통재판적과의 경합 여부에 따라 경합이 인정되
는 것(독립재판적, 법 제7조 ~ 제23조)과 경합이 부정되는 것(전속관할, 민사집행법 제21조, 제278조, 제303조)으로 분류
하거나, ② 다른 사건과의 관련성 여부에 따라 관련성이 부정되는 독립재판적과 인정되는 관련재판적
으로 분류가 가능하다. 사안에서는 제20조와 제8조가 문제가 된다.

(2) 부동산소재지의 특별재판적

부동산에 관한 권리를 목적으로 하는 소를 말하는데 부동산에 대한 물권에 관한 소(소유권 등 물권에 관한
확인소송, 물권적 청구권에 기한 소송 등)와 채권에 관한 소(계약에 기한 부동산의 이전등기, 인도 등을 구하는 소)가 포함
된다(제20조). 하지만 계약에 기한 매매대금, 임대료 등의 지급을 구하는 소는 포함되지 않는다(통설). 따라
서 사안에서는 매매잔대금 1억 원의 지급을 구하는 소이고, 이는 제20조의 재판적에 포함되지 않는다.
그러므로 부동산소재지인 대전지방법원에 관할권은 인정되지 아니한다.

(3) 의무이행지의 특별재판적

민법은 특정물의 인도를 제외하고는 지참채무의 원칙에 따라 채무자의 이행지를 채권자의 현주소지로 정하고 있는 관계(민법 제467조 제2항)로, 채권자라고 주장하는 사람의 주소지에 독립재판적을 인정한 것이 된다(제8조). 따라서 사안의 甲의 乙에 대한 매매잔대금의 지급을 구하는 소는 금전채권에 기한 소이므로, 채권자 甲의 주소지인 수원에 관할권이 인정되어 대전지방법원은 관할권이 없다.[44]

IV. 변론관할의 인정 여부

1. 의의 및 인정이유

원고가 관할권이 없는 법원에 소를 제기하였는데, 피고가 관할위반의 항변을 제출하지 아니하고 본안에 관하여 변론을 하거나 변론준비기일에서 진술하는 경우에 그 법원에 생기는 관할을 말한다(제30조). 원고가 관할권 없는 법원에 소를 제기하여도 피고가 문제 삼지 않고 변론한 때에는 일부러 관할법원에 이송할 필요까지는 없고, 오히려 합의관할에 준하여(소위 묵시적 합의관할) 그 법원에 관할을 인정하는 것이 당사자의 이익, 소송촉진에 도움이 되기 때문에 인정되는 것이다.

2. 구별개념

변론관할도 당사자의 거동에 의해 생긴다는 점에서는 합의관할과 동일하나, 합의관할은 소제기 전후에 관계없이 인정됨에 반하여 변론관할은 소제기 후에 문제된다.

3. 요건

(1) 소가 관할권 없는 제1심법원에 제기되었을 것

관할권을 어긴 경우라도 제1심의 토지관할과 사물관할 등 임의관할을 어긴 경우에 인정되는 것이지, 전속관할 위반의 경우에는 변론관할이 생기지 않는다.

(2) 피고가 이의 없이 본안변론을 구술로 하였을 것

'본안'에 관한 변론 또는 진술이라 함은 피고 측에서 원고의 청구의 당부에 관하여 사실상, 법률상의 진술을 하는 것을 말한다. 따라서 실체사항이 아닌 절차사항인 기피신청, 기일변경신청, 소각하판결의 신청 등은 본안에 관한 진술이 아니다.

---

44) 민법은 매매의 목적물을 인도함과 동시에 대금을 지급할 경우에는 채권자의 현재 주소가 아니라 그 인도장소에서 대금을 지급해야 하는 것으로 하고 있다(민법 제586조). 따라서 사안에서도 甲은 자신의 부동산을 乙에게 인도함과 동시에 乙은 甲에게 잔대금을 지급하여야 한다면, 그 인도장소인 대전이 변제장소가 되어, 제8조에 의하여 대전에 관할권이 인정될 여지가 있다.

(3) 피고의 관할위반의 항변이 없을 것

관할위반의 항변은 반드시 명시적이어야 하는 것은 아니고, 묵시적이라도 무방하다. 피고가 그 법원에 일응 관할권이 있는 것을 조건으로 본안에 관한 변론을 하는 때에는 관할위반의 항변이 있는 것으로 보아야 한다.

4. 효과

피고가 관할위반의 항변을 하지 않고 본안에 관하여 진술하는 때에는 그 시점에서 변론관할이 생긴다. 따라서 그 이후 피고의 관할위반의 항변은 허용되지 않는다.

5. 사안의 경우

① 사안에서 대전지방법원은 토지관할권이 없는 경우이고, ② 丙은 변론기일에 출석하여 위 매매대금은 모두 지급되었으므로 甲의 이 사건 소에 대하여 청구기각을 구한다는 진술을 하였으므로, 본안에 관한 진술을 구술로 하였으며, ③ 丙은 관할위반의 항변을 하지 아니하였으므로, 변론관할의 요건을 충족한다. 따라서 대전지방법원은 관할권이 인정된다.

V. 사안의 해결

1. 토지관할은 乙의 주소지인 대구와 甲의 주소지인 수원에 인정되므로, 대전지방법원의 토지관할권은 인정되지 아니한다(제2조, 제3조, 제8조, 제20조).

2. 그러나 대전지방법원은 변론관할권이 인정되어, 대전지방법원은 관할권이 인정된다(제30조).

연습문제

A토지에 관하여 甲으로부터 乙 앞으로 2023.3.10. 매매를 원인으로 한 소유권이전등기가 마쳐져 있다(현재 등기부상 명의는 乙로 되어 있다). 甲은 乙, 丙이 서로 공모하여 등기관련 서류를 위조하여 위 등기를 이전 하였다고 주장하면서, 乙을 상대로 소유권이전등기 말소등기청구의 소를 제기하였다. (다음 각 설문은 상호 독립적임) (50점)

물음 1) 甲의 주소지는 서울이고, 乙의 주소지는 부산이다. 만일 甲이 수원지방법원에 소를 제기한 경우, 이곳에 관할권이 생기는 경우를 설명하라. (15점)

물음 2) 乙은 소제기 전에 이미 사망하였고, 상속인으로 丙이 있다. 甲은 소송계속 중 이러한 사실을 알게 되었다. 이 경우 丙을 상대로 소송을 진행하기 위하여 甲은 어떠한 조치를 취하여야 하는가? (15점)

물음 3) 만약 甲이 乙과 丙을 상대로 이전등기의 말소를 구하는 소를 제기하면, 법원은 丙에 대해서 어떻게 판결해야 하는가? (10점)

물음 4) 丁은 위 甲으로부터 2023.2.10. A토지를 증여받았다고 주장하면서, 甲을 대위하여 乙을 상대로 이전등기의 말소를 구하는 소를 제기하였다. 이 때 법원이 丁과 甲 사이의 2023.2.10.자 증여 사실을 인정할 수 없다고 심증이 든 경우, 법원은 어떠한 판결을 하여야 하는가? (10점)

I. 물음 1)에 대하여 - 관할

1. 문제점 - 관할의 의의 및 종류

(1) 의의

관할이란 재판권의 분담관계를 정해놓은 것으로서 당사자의 편의 및 공평 그리고 재판권의 원활한 행사를 위하여 규정된 것이다.

(2) 종류

관할은 법정관할, 지정관할, 당사자 거동에 의한 관할로 나뉘고, 법정관할은 다시 직분관할, 사물관할, 토지관할로, 당사자 거동에 의한 관할은 합의관할, 변론관할로 나뉜다.

(3) 사안의 경우

사안에서는 직분관할, 사물관할은 문제가 없어 보이므로, 토지관할과 당사자 거동에 의한 관할을 중심으로 수원지방법원에 관할권이 생기는 경우를 살펴보기로 한다.

2. 토지관할

(1) 의의

소재지를 달리하는 동종의 법원 사이에 재판권(특히, 제1심 사건)의 분담관계를 정해 놓은 것을 토지관할이라고 하고, 이 토지관할의 결정표준 내지 발생원인이 되는 관련지점을 재판적이라고 한다.

(2) 보통재판적 - 피고주소지주의

민사소송법 제2조 내지 제6조가 정하고 있는 보통재판적은 피고의 응소와 편의를 위하여 피고와 관계있는 지점을 기준으로 하고 있는바, 사안에서는 제2조와 제3조에 의하여 부산지방법원이 관할권을 갖는다.

(3) 특별재판적

1) 의의

법은 제7조 내지 제24조에서 원고의 소송수행의 편의뿐 아니라, 당사자가 공평을 도모하기 위하여 특별재판적 규정을 두고 있다.

2) 채권자 주소지가 의무이행지가 되는지 여부

① 판례

"부동산등기의 신청에 협조할 의무의 이행지는 성질상 등기지의 특별재판적에 관한 민사소송법 제21조에 규정된 '등기할 공무소 소재지'라고 할 것이므로, 원고가 사해행위취소의 소의 채권자라고 하더라도 사해행위취소에 따른 원상회복으로서의 소유권이전등기 말소등기의무의 이행지는 그 등기관서 소재지라고 볼 것이지, 원고의 주소지를 그 의무이행지로 볼 수는 없다(대결 2002.5.10. 2002마1156)."고 하여 이를 부정한다. 이에 대해서는 채권자의 주소지도 의무이행지가 된다는 견해도 있다(이시윤).

② 검토

말소등기는 공동신청이 원칙이므로, 그 의무이행지는 원고의 주소지가 아니라 등기소 소재지가 타당하다고 보아야 한다. 따라서 甲의 주소지인 서울은 관할권이 없다고 보아야 한다.

3) 사안의 경우 – 제20조, 제21조

사안의 경우 부동산에 관한 소로서 만약 A토지가 수원지방법원의 관할 지역에 위치하는 경우라면 제20조에 의하여, 그리고 A토지의 등기소가 수원에 있다면 등기에 관한 소로서 제21조에 의하여 수원지방법원이 관할권을 가질 수 있다.[45]

3. 합의관할

(1) 의의

전속관할이 아닌 한, 주로 당사자 간의 공평 및 소송수행의 편의를 고려하여 당사자의 합의로 다른 관할을 정할 수 있는 것을 말한다(제29조).

(2) 요건

① 소송능력 있는 당사자 간의 합의일 것, ② 제1심 관할법원의 임의관할에 한할 것, ③ 일정한 법률관계에 한할 것, ④ 서면으로 할 것 등이 요구된다.

(3) 사안의 경우

사안은 제1심법원의 임의관할에 관한 것으로서, 만약 불법행위에 대하여 혹은 불법행위 후에 소송능력을 갖추어 서면으로 수원지방법원을 관할법원으로 하는 합의를 하였다면 수원지방법원이 관할권을 가질 수 있을 것이다.

4. 변론관할

(1) 의의

원고가 관할권 없는 법원에 소를 제기한 경우, 피고가 이의 없이 변론함으로써 생기는 관할로서 당사자의 이익과 소송촉진을 위한 제도이다(제30조).

(2) 요건

① 소가 관할권 없는 법원에 제기되고, ② 피고가 이의 없이 본안에 관해 변론을 하여야 하고, ③ 피고가 관할위반의 항변이 없어야 한다.

---

45) 그리고 사안의 경우 위조라는 불법행위를 원인으로 乙에게 손해배상청구를 하는 경우라고 가정한다면, 위조지가 수원일 경우에는 제18조에 의하여도 관할권을 가질 수 있으나, 사안은 이전등기말소청구이므로 이에 해당되지 않을 것이다.

(3) 사안의 경우

만약 토지관할이나 합의관할에 있어서 수원지방법원에 관할권이 없었으나, 甲이 수원지방법원에 소를 제기하였고, 피고 乙이 이의 없이 본안에 관하여 변론하거나 변론준비기일에서 진술한 경우라면 수원지방법원은 제30조의 규정으로 인하여 관할권을 가질 수 있다.

Ⅱ. 물음 2)에 대하여 - 소제기 전 사망에 대한 원고의 조치

1. 이당사자대립구조와 당사자의 확정

법정투쟁인 소송에 있어서는 그 기본구조로 두 당사자가 반드시 맞서 대립해 있지 않으면 안 된다. 이를 이당사자대립주의라고 하는데, 소송의 적정과 공평을 기하기 위한 것이다. 따라서 사안과 같이 죽은 자 乙을 피고로 표시한 경우라면, 과연 이당사자대립구조를 갖추었는지가 당사자확정과 관련하여 문제되므로 이를 살펴보기로 한다.

2. 당사자확정의 문제

(1) 문제점

학설은 소송의 목적인 권리관계의 주체인 자를 당사자로 보려는 권리주체설(실체법설)도 있으나, 이는 형식적당사자개념(제52조), 제3자 소송담당 등의 개념 등을 설명할 수 없어 현재는 주장되지 않으므로, 소송현상을 기준으로 당사자를 확정하려는 소송현상설(소송법설)을 중심으로 이를 살펴본다.

(2) 학설

이 경우 소송법설은 ① 원고나 법원이 당사자로 삼으려는 자가 당사자 된다는 의사설, ② 소송상 당사자로 취급되거나 또는 당사자로 행동하는 자가 당사자라고 하는 행동설, ③ 소송이 개시되는 때에는 표시설에 의하되, 소송진행 뒤에는 누가 당사자로서 행동하였는가, 누가 분쟁주체로서 절차보장을 받았는가를 기준으로 당사자를 확정해야 한다는 규범분류설도 있으나, ④ 소장에 나타난 당사자의 표시를 원칙으로 청구의 취지, 원인, 그 밖의 일체의 기재사항 등 소장의 전체를 기준으로 합리적으로 해석, 판단해야 한다는 표시설 내지 실질적 표시설이 통설이다.

(3) 판례

1) 원칙

판례는 "제3자가 피고를 참칭, 모용하여 소송을 진행한 끝에 판결이 선고되었다면 피모용자인 피고는 그 소송에 있어서 적법히 대리되지 않는 타인에 의하여 소송절차가 진행됨으로 말미암아 결국 소송관여의 기회를 얻지 못하였다 할 것이니 피고는 상소 또는 재심의 소를 제기하여 그 판결의 취소를 구할 수 있다(대판 1964.11.17. 64다328 등)."고 하여 실질적 표시설의 입장이다.

2) 예외

다만, "원고가 이미 사망한 당사자를 그 사망사실을 모르고 피고로 표시하여 소를 제기하였을 경우에 사실상의 피고는 사망자의 상속인이고, 다만 그 표시를 그릇한 것에 불과하다고 해석함이 타당하므로 사망자를 피고로 하였다가 그 후 그 상속인들로 당사자표시를 정정하는 신청은 적법하다(대판 1983.12.27. 82다146 등)."고 하여 의사설을 부분적으로 따르고 있다.[46]

(4) 검토 및 사안의 경우

1) 검토

의사설은 원고의 의사에 의해 당사자를 확정하면 원고의 확정이 곤란하고 법원의 의사에 의한다면 처분권주의에 반한다는 문제점이 있고, 행위설도 어떠한 행위가 당사자로서의 행위인지가 불명확하다. 따라서 통설인 실질적 표시설의 입장이 타당하다고 본다.

2) 사안의 경우

표시설에 의하면 소장에 표시된 乙이 당사자라고 볼 수 있다. 따라서 이당사자대립구조가 실질적으로 흠결된 경우로 보아야 한다. 다만, 판례에 따르면 이 경우에는 예외적으로 丙이 피고가 된다.

3. 보정의 방법 – 甲의 조치

(1) 문제점 – 당사자표시정정과 임의적 당사자변경

1) 판례는 당사자의 동일성을 해하는 임의적 당사자변경은 법에 규정이 없다면 허용하지 않으며, 동일성이 유지되는 표시정정만을 허용하고 있다.

2) 이 경우 표시설을 따르면, 甲이 피고를 乙에서 상속인 丙으로 바꾸려는 신청은 임의적 당사자변경을 신청하는 것이 된다. 다만, 판례와 같이 예외적으로 의사설을 취하면 피고가 상속인 丙이므로, 당사자표시정정으로 피고를 바꿀 수 있을 것이다.

(2) 피고경정의 허용 여부

1) 원래 임의적 당사자변경은 이를 인정하지 않았으나, 1990년 개정법으로 피고경정(제260조), 필수적공동소송인의 추가(제68조) 등을 인정하고 있다. 다만, 판례는 제260조의 피고경정을 엄격히 해석하여 청구취지나 청구원인의 기재내용 자체로 보아 법률적 평가를 그르친 경우나 법인격유무에 관해 착오를 일으킨 것이 명백한 경우 등에 한하여 피고경정을 인정하고 있으며, 사안과 같은 경우에는 예외적으로 의사설을 취하여 당사자표시정정으로 해결하고 있다.

---

46) 이시윤, 정동윤 등. 다만, 판례는 실질적 표시설의 입장에서 소장 전체의 취지를 상당히 신축적이고 탄력적으로 해석하여 당사자표시정정제도를 운용하고 있으므로, 판례가 사망한 사람을 당사자로 하는 소송의 경우에만 의사설을 부분적으로 채택하고 있는 것으로 이해할 이유가 없다는 견해도 있다(김홍엽).

2) 사안의 경우

하지만 소송의 명확성·안정성 면에서 표시설이 타당하므로, 피고경정의 요건인 원고가 피고를 잘못 지정한 것이 분명한 경우에 해당한다고 보아, 甲은 피고를 乙에서 丙으로 변경하기 위하여 피고경정을 신청하는 것이 타당하다고 본다(제260조). 판례와 같이 예외적으로 의사설을 취하면 피고가 상속인 丙이므로, 당사자표시정정으로 피고를 바꿀 수 있을 것이다.

Ⅲ. 물음 3)에 대하여 – 이행의 소에서 당사자적격

1. 문제점

사안의 경우에는 등기부상 명의가 乙로 되어 있는데도, 등기부상 명의자가 아닌 丙에게도 이전등기의 말소를 구하는 소를 제기한 경우이므로, 피고(본안)적격을 갖추지 못한 자에게 소를 제기한 경우에 법원의 판결이 문제되는 경우이다.

2. 이행의 소에서 당사자적격 구비 여부

(1) 원칙

1) 원래 이행의 소에서는 자기가 이행청구권자임을 주장하는 자가 원고적격을 가지고 그로부터 이행의 무자로 주장된 자가 피고적격을 가지는 것으로서, 원고의 주장 자체에 의하여 당사자적격 유무가 판가름되며, 원고·피고가 실제로 이행청구권자이거나 이행의무자임을 요하는 것은 아니다(대판 1994.6.14. 94다14797). 그러한 이행청구권이나 이행의무의 존부는 본안에서 판단할 사항인 것이다[법원실무제요, 민사소송(Ⅰ), 법원행정처, 2005, 264면].

2) 다만, 등기소송에 있어서도 그러한 것인가에 대해서는 견해가 대립되므로 이를 살펴본다.

(2) 예외 – 이전등기말소청구의 경우

1) 판례는 예외적으로 "등기의무자, 즉 등기부상의 형식상 그 등기에 의하여 권리를 상실하거나 기타 불이익을 받을 자가 아닌 자를 상대로 한 등기의 말소절차이행을 구하는 소는 당사자적격이 없는 자를 상대로 한 부적법한 소(대판 1994.2.25. 93다39225 등)"라고 하고, 특히 "부기등기에 의하여 이전된 근저당권 또는 가등기 등의 말소등기청구는 양수인만을 상대로 하면 족하고 양도인은 그 말소등기청구에 있어서 피고적격이 없다(대판 2000.4.11. 2000다5640 등)."고 하여 이런 경우 소를 각하해야 한다고 본다(소각하설).[47]

---

47) 그리고 판례는 "채권에 대한 압류 및 추심명령이 있으면 제3채무자에 대한 이행의 소는 추심채권자만이 제기할 수 있고 채무자는 피압류채권에 대한 이행소송을 제기할 당사자적격을 상실한다고 하여야 할 것이다(대판 2000. 4.11. 99다23888)."라고 본다(소각하설).

2) 이 경우 학설은 청구권 내지 의무가 존재하는가에 대하여는 법원이 실체관계를 심리한 후 결정되는 것(독일에서의 본안적격)이므로 정당한 원고가 반드시 실체법상의 권리자이고 정당한 피고가 반드시 실체법상의 의무자는 아니라고 하여(본안적격과 당사자적격의 구별) 이런 경우 청구를 기각해야 한다고 본다(청구기각설).[48]

3) 검토 및 사안의 경우

① 이행의 소에 있어 당사자적격은 주장만으로 판단하는 것이고, 본안적격과 당사자적격은 구별해야 하므로 학설의 입장이 타당하다.

② 따라서 법원은 甲의 丙에 대한 등기말소청구를 기각해야 한다. 다만, 판례에 의하면 피고적격이 없는 자를 상대로 한 것이므로, 소를 각하해야 한다.

Ⅳ. 물음 4)에 대하여 - 채권자대위소송

1. 문제점

丁이 채권자 대위소송을 제기한 경우, 丁과 甲 사이의 매매계약체결 사실은 민법 제404조 제1항의 피보전채권에 해당한다. 이 경우 피보전채권의 법적 성질과 관련하여 채권자대위소송이 법정소송담당인지가 문제가 되므로, 이를 살펴보기로 한다.

2. 채권자대위소송의 성질

(1) 학설

1) 고유의 대위권설

이를 민법 제404조에 규정된 자신의 실체법상 권리를 재판상 행사한다고 보아 이는 법정소송담당이 아니라 고유의 독자적 소송이라는 견해(호문혁)로 유력설이다.

2) 법정소송담당설

이는 엄연히 동법 제404조가 채권자가 자기 채권을 보전할 수 있도록 채무자인 타인의 권리에 관하여 소송수행권을 부여한 전형적인 법정소송담당으로 보아야 한다고 보는 법정소송담당설이 타당하다고 보며 통설의 태도이기도 하다.

---

48) 학설은 청구권 내지 의무가 존재하는가에 대하여는 법원이 실체관계를 심리한 후 결정되는 것(독일에서의 본안적격)이므로 정당한 원고가 반드시 실체법상의 권리자이고 정당한 피고가 반드시 실체법상의 의무자는 아니라고 하여(본안적격과 당사자적격의 구별) 이런 경우 청구를 기각해야 한다고 본다(청구기각설). 그러나 이행의 소의 경우 원고가 실제 청구권자이며 피고가 이행의무자인지는 본안심리에서 가릴 본안의 문제라고 하더라도, 원고가 주장하는 사실관계만으로도 원고 또는 피고가 당사자적격이 없다고 판단된다면 본안심리에 들어갈 필요가 없으므로, 이러한 경우에 한하여 소를 각하함이 상당하므로, 판례의 태도는 충분히 수긍할 수 있다는 견해도 있다(김홍엽, 제8판, 2019, 153면).

(2) 판례

"채권자가 채권자 대위권을 행사하는 방법으로 제3채무자를 상대로 소송을 제기하여 판결을 받은 경우
에 어떠한 사유로 인하였던 간에 채무자가 채권자 대위권에 의한 소송이 제기된 사실을 알았을 경우에
는 그 확정판결의 효력은 채무자에게도 미친다(대판 1975.5.13. 74다1664 전합)."고 하여 법정소송담당설의 입
장이다.

(3) 검토

만일 유력설과 같은 입장에 선다면 1회적 채무를 질뿐인 제3채무자가 여러 채권자들이 있을 때에 그들
에 의하여 두 번, 세 번 소제기를 당하게 되는 등 파상공격의 시달림을 피할 수 없게 되므로 긍정하는
통설·판례가 타당하다.

3. 법원의 판결

(1) 피보전채권(대위채권)**의 성질 - 당사자적격**

법정소송담당을 긍정하는 통설·판례에 의할 때 ① 대위채권의 존재, ② 채권자가 권리를 행사하지 않
을 것, ③ 채권보전의 필요성은 당사자적격, ④ 피대위채권은 소송물이 된다. 하지만 유력설에 의하면
①, ②, ③, ④ 모두 본안판단사항이 된다.

(2) 판결의 형식

따라서 사안과 같이 丁과 甲 사이의 피보전채권(대위채권)이 부존재할 경우에는 법원은 당사자적격 흠결
로 소를 각하해야 한다(통설·판례). 다만, 유력설에 의하면 청구기각판결을 해야 한다.

11 소송의 이송

소송의 이송 _{사시 41회}

Ⅰ. 의의, 취지 및 구별개념

1. 의의

관할의 이송이란 어느 법원에 계속된 소송을 그 법원의 재판에 의하여 다른 법원에 이전하는 것을 말한다.

2. 취지

(1) 관할위반의 경우 소를 각하하기보다 이송함으로써 다시 소제기에 들이는 시간, 노력, 비용 등을 절감케 하고, 소제기에 의한 시효중단의 효력 및 제척기간 준수의 효력을 유지시켜 소송경제에 도움이 된다.

(2) 관할위반이 아닌 경우 소송촉진과 소송경제의 견지에서 보다 편리한 법원으로 옮겨 심판하게 하려는데 그 제도적 의의가 있다.

3. 구별개념

(1) 이부, 변론의 병합

이부란 사물관할을 같이 하는 단독판사 상호 간, 합의부 상호 간에 사건을 송부하는 사법행정의 조치라는 점에서, 변론의 병합이란 동일한 재판부에서 다른 사건을 같은 기회에 심리하는 것을 의미하는 점에서, 소송의 이송과는 구별된다.

(2) 소송기록의 송부

이송결정을 하는 것이 아니라 기록송부라는 사실행위만이 있는 경우로 소송의 이송과는 구별된다. 실무적으로는 대법원에 특별항고(제449조)만 허용되는 재판에 대해 항고장을 제출하면서 특별항고장이라는 표시와 대법원이라는 표시를 하지 아니한 채 고등법원에 일반항고를 하였을 때 고등법원은 이송결정 없이도 대법원에 소송기록을 넘기는 경우가 있다(대결 2011.2.21. 2010마1689).

Ⅱ. 이송의 원인_(이송요건)

1. 관할위반에 의한 이송_(제34조 제1항)

(1) 의의 및 취지

소송의 이송이라 함은 어느 법원에 일단 계속된 소송을 그 법원이 재판에 의하여 다른 법원에 이전하는 것을 말한다. 이와 같은 소송의 이송이 이루어지는 원인은 관할위반으로 인한 경우(제34조 제1항)와 심판의 편의에 의한 경우(제35조), 그리고 반소제기에 의한 경우(제269조 제2항)가 있다. 관할위반을 이유로 한 이송을 인정하는 이유는 이를 이유로 소를 각하하기 보다는 관할권이 있는 법원에 이송함으로써 소제기에 들이는 시간, 노력, 비용을 절감케 하고, 소제기에 의한 시효중단, 제척기간준수에 효력을 유지시켜 소송경제에 도움이 되게 하려는 데 있다.

(2) 적용범위

1) 문제점

관할위반으로 인한 이송에서 관할위반은 전속관할에 한하지 않으며 사물관할이든 토지관할이든 가리지 않는다. 이와 관련하여 관할위반으로 인한 이송규정이 제1심 법원 사이에 적용됨을 넘어 다른 절차에서도 유추적용이 될 수 있는지 문제가 된다.

2) 소제기 법원의 심급을 오해한 경우

① 심급을 오해하여 상급심법원에 소를 제기한 경우

이 경우 당사자가 다른 법원의 재판을 받을 의사를 명확히 한 때에는 바로 소를 각하할 것이라는 견해도 있으나, 심급관할의 문제는 공익적인 것이기 때문에 당사자 의사를 고려함이 없이 관할법원으로 이송함이 타당할 것이다. 판례도 이러한 경우에 원심법원의 즉시항고장각하결정에 대하여 불복하면서 재항고장이라고 기재되었다 하여도 이는 즉시항고로 보아야 한다는 이유로 대법원이 항고법원에 이송한 예(대결 1995.5.15. 94마1059·1060)가 있다.

② 상급법원에 제기해야 할 사건을 하급법원에 소제기한 경우

이 경우 항소심법원에 제기해야 할 재심의 소를 제1심법원에 제기한 경우 항소법원으로 이송해야 한다(제453조, 제451조 제3항). 따라서 이송은 소급효가 있으므로, 제1심법원에 제기된 때가 기준이 된다(제40조 제1항). 판례도 "항소심에서 본안판결을 한 경우에는 제1심판결에 대하여 재심의 소를 제기하지 못하므로 그 경우 항소심판결이 아닌 제1심 판결에 대하여 제1심법원에 제기된 재심의 소는 재심대상이 아닌 판결을 대상으로 한 것으로서 재심의 소송요건을 결여한 부적합한 소송이며 단순히 재심의 관할을 위반한 소송이라고 볼 수는 없으나, 항소심에서 본안판결을 한 사건에 관하여 제기된 재심의 소가 제1심판결을 대상으로 한 것인가 또는 항소심판결을 대상으로 한 것인가의 여부는 재심소장에 기재된 재심을 할 판결의 표시만 가지고 판단할 것이 아니라 재심의 이유에 기재된 주장내용(재심사유가 항소심 판결에 관한 것인지 여부)을 살펴보고 재심을 제기한 당사자의 의사를 참작하여 판단할 것이다. (따라서) 재심의 소가 재심제기기간 내에 제1심법원에 제기되었으나 재심사유 등에 비추어 항소심판결을 대상으로 한 것이라 인정되어 위 소를 항소심법원에 이송한 경우에 있어서 재심제기기간의 준수 여부는 민사소송법 제40조 제1항의 규정에 비추어 제1심법원에 제기된 때를 기준으로 할 것이지 항소법원에 이송된 때를 기준으로 할 것은 아니다(대판 1984.2.28. 83다카1981 전합)."고 한다.

③ 상소법원을 혼동하여 상소를 제기한 경우[49]

이 경우 관할위반을 이유로 이송을 할 수 있는가도 문제가 되는데 이를 부정하는 견해도 있으나, 민사소송법 제34조는 상소심에서도 적용될 수 있는 총칙규정인 점과 각하하면 상소기간준수의 이익을 잃게 되는 점을 고려하면 이송을 긍정하여야 할 것이다.

---

49) 비재산권에 대한 1심 판결에 대해 고등법원이 아닌 지법 항소부에 항소한 경우

3) 민사소송사항으로 혼동하여 소제기한 경우

① 문제점

이러한 경우는 이른바 구제절차를 혼동한 경우이다.

② 가사소송사건을 일반민사법원에 제기한 경우

판례, 통설은 가정법원에 이송을 인정 한다(대결 1980.11.25. 80마445). 즉, 서울가정법원의 전속관할인 청구이의의 소를 서울지방법원에 제기하였다면 이는 전속관할위반이지만 가정법원에서도 가사소송법 제12조에 의하여 그 성질에 반하지 아니하는 한도 내에서는 민사소송법의 규정을 준용하도록 되어 있으므로 위 법원은 위 소를 각하할 것이 아니라 민사소송법 제34조 제1항에 의하여 서울가정법원으로 이송하여야 한다(대결 1980.11.25. 80마445).

③ 행정사건을 민사법원에 제기한 경우

이 경우는 민사법원에 동시에 관할권이 있으면 심리할 것이고, 그렇지 않으면 관할법원으로 이송해야 한다(행정소송법 제7조).[50] 다만, 그 소가 이송된 후에 부적법각하 될 것이 명백하다면 이송하여서는 아니 된다.

④ 민사사건을 행정사건으로 제기한 경우

행정사건이 아닌 민사사건은 지방법원의 전속관할에 속하지 않으므로 이 사건 원심 역시 관할위반의 잘못은 없다. 당사자는 항소심에서 전속관할이 아닌 제1심법원의 관할위반을 주장하지 못한다(민사소송법 제411조). 나아가 행정사건의 심리절차는 행정소송의 특수성을 감안하여 행정소송법이 정하고 있는 특칙이 적용될 수 있는 점을 제외하면 심리절차 면에서 민사소송 절차와 큰 차이가 없으므로, 특별한 사정이 없는 한 민사사건을 행정소송 절차로 진행한 것 자체가 위법하다고 볼 수도 없다(대판 2018.2.13. 2014두11328).[51]

⑤ 비송사건을 소송사건으로 제기한 경우

판례는 비송사건인 법인의 임시이사해임을 소송사건으로 구한 사안에서 부적법각하 하였다(대판 1956.1.12. 4288민상126). 그러나 최근 판례는 "비송사건절차법에 규정된 비송사건을 민사소송의 방법으로 청구하는 것은 허용되지 않는다. 그러나 소송사건과 비송사건의 구별이 항상 명확한 것은 아니고, 비송사건절차법이나 다른 법령에 비송사건임이 명확히 규정되어 있지 않은 경우 당사자로서는 비송사건임을 알기 어렵다.

---

50) 수신료 부과행위의 법적 성질(= 공권력 행사) 및 수신료 징수권한 여부를 다투는 소송의 성격(= 공법상 당사자소송) 및 행정사건을 민사사건으로 오해하여 민사소송을 제기한 경우, 수소법원이 취하여야 할 조치: 원고가 고의 또는 중대한 과실 없이 행정소송으로 제기하여야 할 사건을 민사소송으로 잘못 제기한 경우, 수소법원으로서는 그 행정소송에 대한 관할을 가지고 있지 아니하다면 당해 소송이 이미 행정소송으로서의 전심절차 및 제소기간을 도과하였거나 행정소송의 대상이 되는 처분 등이 존재하지도 아니한 상태에 있는 등 행정소송으로서의 소송요건을 결하고 있음이 명백하여 행정소송으로 제기되었더라도 어차피 부적법하게 되는 경우가 아닌 이상 이를 부적법한 소라고 하여 각하할 것이 아니라 관할 법원에 이송하여야 한다(대판 2008.7.24. 2007다25261).

51) 이 사건 최초계약과 변경계약은 피고가 원고들에게 음식물류 폐기물의 수집·운반, 가로 청소, 재활용품의 수집·운반 업무의 대행을 위탁하고 그에 대한 대행료를 지급하는 것을 내용으로 하는 용역계약으로서 이 사건 변경계약에 따른 대행료 정산의무의 존부는 민사 법률관계에 해당하므로 이를 소송물로 다투는 소송은 민사소송에 해당하는 것으로 보아야 한다. … 또한 이 사건에서 피고는 상고이유로 원심이 민사소송인 이 사건을 행정소송법상의 당사자소송이라고 판단한 잘못만을 지적하고 있을 뿐 구체적인 심리절차상의 위법 사유를 주장하고 있지 않다. 따라서 이 사건 소송이 공법상 당사자소송에 해당한다고 판단한 원심판결에는 당사자소송에 관한 법리를 오해한 잘못이 있으나, 원심의 위와 같은 잘못은 판결 결과에 영향을 미쳤다고 보기 어렵다. 피고의 이 부분 상고이유 주장은 이유 없다.

이러한 경우 수소법원은 당사자에게 석명을 구하여 당사자의 소제기에 사건을 소송절차로만 처리해 달라는 것이 아니라 비송사건으로 처리해 주기를 바라는 의사도 포함되어 있음이 확인된다면, 당사자의 소제기를 비송사건 신청으로 보아 재배당 등을 거쳐 비송사건으로 심리·판단하여야 하고 그 비송사건에 대한 토지관할을 가지고 있지 않을 때에는 관할법원에 이송하는 것이 타당하다(대판 2023.9.14. 2020다238622)."고 하였다. 또한 제34조를 유추하여 비송사건과 소송사건의 한계 모호함에서 오는 당사자의 위험부담을 줄이는 관점에서 이러한 경우에도 이송을 인정하는 것이 통설이다.

⑥ 법원과 다른 국가기관 사이의 이송

제34조 제1항의 규정은 법원 간의 이송을 전제로 하므로, 특허법원이 행정기관인 특허심판원으로 이송하는 것은 허용되지 않는다(대판 1994.10.21. 94재후57). 헌법재판소와 일반법원 사이도 이송은 허용되지 않는다(이시윤).

(3) 직권이송

1) 직권이송의 원칙

관할위반을 이유로 한 이송은 다른 경우와는 달리 직권으로 이송하지 않으면 안 된다. 이 점에서 다른 사유를 원인으로 한 이송과는 차이가 있다.

2) 당사자의 이송신청권

① 판례

판례는 관할위반의 경우에 당사자에게 이송신청권이 없으므로 당사자의 이송신청은 법원의 직권발동을 촉구하는 의미 이상은 없고, 따라서 이송신청에 대해 재판을 필요로 하지 않으며, 이송신청각하결정을 하여도 즉시항고(제39조)가 허용될 수 없다고 한다. 나아가서 대법원에 특별항고(제449조)도 허용되지 않는다고 한다(대결 1993.12.6. 93마524 전합). 이에 대하여 제34조 제1항이 관할위반의 경우에 법원이 직권으로 소송의 이송을 하도록 규정한 것은 피고의 관할이익을 보호하여야 할 법원의 책무를 규정한 것이지 피고의 이송신청권을 부정한 것이라고 볼 수는 없다는 반대의견이 있다.

② 학설

다른 조문(제34조 제2항·제3항, 제35조)과 비교하여 볼 때, 당사자의 신청권이 당연히 인정된다고 보아서 이송신청기각결정에 대해 즉시항고가 가능하다고 본다.

③ 검토

제34조 제1항이 관할위반의 경우에 법원이 직권으로 소송의 이송을 하도록 규정한 것은 피고의 관할이익을 보호하여야 할 법원의 책무를 규정한 것이지 피고의 이송신청권을 부정한 것이라고 볼 수는 없다(위 결정의 반대의견). 따라서 당사자의 이송신청권을 인정하는 통설이 타당하다.

(4) 이송절차(형식)

1) 원칙 – 결정

이송의 재판은 결정으로 한다(제34조).

2) 예외 - 판결

상소심에서 원판결을 취소 또는 파기하고 이송하는 때에는 예외적으로 판결의 형식으로 한다(제419조, 제425조, 제436조).

3) 변론 여부

이송재판은 결정의 형식으로 하는 이상 반드시 변론을 거칠 필요는 없다(제134조 제1항 단서).

(5) 이송의 효과

1) 구속력 - 전속관할의 경우

이송결정이 확정되면 이송을 받은 법원을 구속한다(제38조). 이와 관련하여 전속관할에 관한 규정에 위반하여 이송이 된 경우에도 이러한 구속력을 인정할 것인가가 문제되는데 이에 대해서는 견해가 나뉘지만, 판례는 "전속관할위반의 이송의 경우에도 원칙적으로 구속력이 있으나, 심급관할위배의 이송의 경우는 당사자의 심급의 이익박탈 등을 이유로 기속력이 상급심법원에는 미치지 않는다(상급심불구속설; 대결 1995.5.15. 94마1059·1060)."고 하였다.

2) 소급효

이송판결이 확정되었을 때에는 소송은 처음부터 이송을 받은 법원에 계속된 것으로 본다(제40조). 따라서 소제기에 의한 시효중단이나 기간준수의 효력은 그대로 지속된다. 이와 관련하여 이송 전에 행한 소송행위가 이송 후에도 그 효력이 있는가의 문제가 있는데 이에 대하여 견해가 나뉘나, 관할 위반에 의한 이송의 경우에는 소송계속의 일체성이 인정되는 이상 이를 긍정하여야 할 것이다.

2. 심판의 편의에 의한 이송(재량이송)

(1) 현저한 손해, 지연을 피하기 위한 이송

1) 현저한 손해

주로 피고에게 응소에 부당하게 많은 부담이 되어 소송불경제가 된다는 의미로서, 사익적 규정이다. 다만, 판례는 현저한 손해에 대하여 피고 측의 소송수행상의 부담을 주로 의미하는 것이기는 하나 손해를 판단함에 있어서 원고 측의 손해도 도외시하여서는 아니 된다고 하면서 피고 측이 소송수행을 하는데 많은 비용과 시간이 소요된다는 사정만으로는 제35조의 이송사유가 되지 아니한다고 하였다(대결 1998.8.14. 98마1301). 그리고 대전교도소 사건에서 "행정적 부담까지 법 제35조의 손해에 포함된다고 볼 수는 없고, 위 법리에 비추어 원심이 들고 있는 나머지 사정들만으로는 법 제35조에서 말하는 현저한 손해 또는 소송의 지연을 가져올 사유가 된다고 볼 수 없다(대결 2010.3.22. 2010마215).[52]"고 하였다.

---

52) 판례는 "원심이 들고 있는 '수형자의 민사소송 수행을 위한 장거리 호송에 소요되는 상당한 인적·물적 비용'은 대한민국이 소송 상대방(피고)으로서 부담하는 것이 아니라 제1심 법원에 적극적으로 소를 제기한 수형자인 재항고인(원고)의 관리주체로서 부담하는 것이라 할 것인데, 이러한 행정적 부담까지 법 제35조의 손해에 포함된다고 볼 수는 없고, 위 법리에 비추어 원심이 들고 있는 나머지 사정들만으로는 법 제35조에서 말하는 현저한 손해 또는 소송의 지연을 가져올 사유가 된다고 볼 수 없으며, 그밖에 달리 제1심법원(대전지법)에서 광주지방법원 목포지원으로 본안사건을 이송하여 심리하도록 하는 것이 소송수행상 현저한 손해나 지연을 피할 수 있다고 인정할 만한 사정을 기록상 찾아볼 수 없다. 더욱이 기록에 의하면 재항고인이 원심결정 전인 2009.10.21. 안동교도소로 수형장소가 변경되었다는 내용의 보정서를 제출한 사실도 알 수 있다(대결 2010.3.22. 2010마215)."고 하여 여전히 제35조에 의한 소송이송에 대해 부정적이다(대전교도소 사건).

2) 지연

법원이 증거조사 등으로 소송의 완결이 지연되어 소송의 촉진이 저해된다는 취지로서 공익적 규정이다.

3) 전속적 합의관할[53]의 경우에 적용 여부

현저한 손해는 사익적 요소이므로 당사자가 처분이 가능하지만, 현저한 지연은 공익적 요소여서 처분이 불가능하므로 전속적 합의의 효력을 인정할 수 없기 때문에 현저한 지연의 경우에는 전속적 합의가 있는 경우에도 이송이 가능하다(통설). 다만, 약관에 의한 합의관할에 있어서는 그 불공평을 시정하기 위하여 현저한 손해라는 사익적 측면의 고려에 적극적이어야 한다고 본다(전병서).[54]

(2) 지법단독판사로부터 지법합의부로의 이송

지법 단독판사는 자신의 관할에 속하는 소송이라도 상당하다고 인정하면 지법 합의부로 이송할 수 있다(제34조 제2항). 상당성 유무는 판사의 자유재량에 속하는 것이나 사안의 난이도·복잡성, 관련사건의 합의부 계속 등 여러 가지 사정을 고려하여 판단해야 한다(대결 1966.8.30. 66마324). 이송은 신청 또는 직권으로 한다. 시군법원 관할의 소액사건도 본 조항에 따라 지법 합의부로 이송할 수 있다(대결 1974.8.1. 74마71).

(3) 지식재산권 등에 관한 소송의 이송

구 민사소송법 제36조(지식재산권 등에 관한 소송의 이송) ① 법원은 지식재산권과 국제거래에 관한 소가 제기된 경우 직권 또는 당사자의 신청에 따른 결정으로 그 소송의 전부 또는 일부를 제24조의 규정에 따른 관할법원에 이송할 수 있다. 다만, 이로 인하여 소송절차를 현저하게 지연시키는 경우에는 그러하지 아니하다.
② 전속관할이 정하여져 있는 소의 경우에는 제1항의 규정을 적용하지 아니한다.

신 제36조(지식재산권 등에 관한 소송의 이송) ① 법원은 특허권 등을 제외한 지식재산권과 국제거래에 관한 소가 제기된 경우 직권 또는 당사자의 신청에 따른 "결정"으로 그 소송의 전부 또는 일부를 제24조 제1항에 따른 관할법원에 이송할 수 있다. 다만, 이로 인하여 소송절차를 현저하게 지연시키는 경우에는 그러하지 아니하다. <개정 2011.5.19., 2015.12.1.>
② 제1항은 전속관할이 정하여져 있는 소의 경우에는 적용하지 아니한다. <개정 2015.12.1.>
③ 제24조 제2항 또는 제3항에 따라 특허권 등의 지식재산권에 관한 소를 관할하는 법원은 현저한 손해 또는 지연을 피하기 위하여 필요한 때에는 직권 또는 당사자의 신청에 따른 "결정"으로 소송의 전부 또는 일부를 제2조부터 제23조까지의 규정에 따른 지방법원으로 이송할 수 있다. <신설 2015.12.1.> [제목개정 2011.5.19.] [시행일: 2016.1.1.]

---

[53] 다만, 전속관할이 정해져 있을 경우에는 이송할 수 없다(제35조 단서).

[54] 예를 들어, 약관에 있어서 합의관할조항이 있더라도 일반적으로 관할의 합의를 부가적 합의로 해석한다면 상대방(예를 들어, 거대기업의 상대방인 소비자)은 제35조에 의하여 다른 관할법원에 이송신청을 하는 것에 의하여 어느 정도 불이익을 면할 수 있고, 전속적 합의라고 보는 경우에도 제35조를 탄력적 또는 확장적으로 해석하는 것에 의하여 이송을 인정하여 구제할 수 있다. 따라서 제35조의 이송이 최근 활발하게 논의되고 있는 배경에는 합의관할조항의 문제점에서 비롯되는 측면이 있다(전병서).

전속관할이 정하여진 특허권 등 지식재산권에 관한 소이더라도 현저한 손해 또는 지연을 피하기 위해 필요한 경우에는 법원의 직권 또는 당사자의 신청에 따른 결정으로 그 소송의 전부 또는 일부를 이송할 수 있는 규정을 신설하였다(제36조 제3항 신설). 즉, 특허권 등에 관한 지식재산권 소송이 전속관할로 됨에 따라 소송 과정에서의 소송당사자 피해를 방지하고 사법 접근성을 보장하기 위하여 이송 규정을 신설한 것이다. 그리고 관할법원은 소송에 의한 현저한 손해 또는 지연을 피하기 위해 필요하다고 인정되면 직권 또는 당사자의 신청에 따른 결정으로 그 소송의 전부 또는 일부를 제2조부터 제23조까지의 규정에 따른 지방법원에 이송할 수 있다.

3. 반소제기에 의한 이송

본소가 단독사건인 경우에 피고가 지방법원 합의부의 사물관할에 속하는 반대청구를 한 경우[55]에 원고가 반소청구에 대하여 합의부에서 심리를 받는 이익을 박탈하지 않기 위해, 직권 또는 당사자의 신청에 의하여 본소와 반소를 일괄하여 합의부로 이송하여야 한다(제269조 제2항). 그러나 단독사건에 대한 항소사건을 심판하는 도중에 지방법원합의부 관할에 속하는 반소가 제기되어도 이미 정하여진 항소심관할에 영향이 없어 이송의 여지가 없다(대결 2011.7.14. 2011그65).[56] 2002년 개정법은 반소에 관하여 원고가 본안변론을 하면 변론관할이 생겨 이송할 필요가 없다는 규정을 신설하였다.

4. 상소심에서 환송에 갈음하는 이송

원래 이송은 '결정'의 형식으로 하는 것이지만, '판결'의 형식으로 하는 경우가 있다. 관할위반으로 말미암은 이송의 경우(제419조, 제425조), 대법원의 파기환송의 경우에는 '판결'의 형식으로 한다. 관할위반이라고 규정하였으나, 임의관할 위반은 항소심에서 주장할 수 없으므로 이때의 관할위반은 전속관할 위반을 의미한다. 항소법원이 제1심판결에 전속관할권이 없다고 인정한 때에는 반드시 원판결을 취소하여야 한다(제424조 제1항 제3호). 이 경우 원법원에 환송하고 원법원이 다시 전속관할법원에 이송하는 것(제34조 제1항)은 소송경제 반하므로, 절차의 간소화하기 위하여 직접 제1심의 전속관할법원에 이송하도록 한 것이다. 항소심이 제1심판결을 취소하고 전속관할법원에 이송하는 판결을 한 경우도 환송판결과 마찬가지로 상고를 할 수 있다고 보아야 한다[주석 민사소송법(VI), 222면].[57] 원판결을 취소한 경우에는 종전의 제1심법원에서 한 소송절차는 모두 취소된 것이므로, 그 소송행위는 효력이 없다. 따라서 이송 받은 법원은 처음부터 절차를 새로 개시하여야 한다. 그리고 이송 받은 법원은 그 사건에 대하여 전속관할이 없다고 하여도 사건을 다시 다른 법원에 이송할 수 없다(제38조).

---

55) 본소의 소가가 1억 원인 단독사건인데, 반소의 소가가 2억 5천만 원의 합의부사건인 경우

56) 본소 피고가 항소 후 지방법원 합의부의 관할에 속하는 반소를 제기하면서 이송신청을 하였는데, 원심이 민사소송법 제34조, 제35조를 들어 이송결정을 한 사안에서, 본소에 대하여 제1심법원의 토지관할 및 변론관할이 인정되어 위 소송의 항소심은 제1심법원의 항소사건을 담당하는 원심법원의 관할에 속하며, 지방법원 합의부가 지방법원 단독판사의 판결에 대한 항소사건을 제2심으로 심판하는 도중에 지방법원 합의부의 관할에 속하는 반소가 제기되었더라도 이미 정하여진 항소심 관할에는 영향이 없고, 민사소송법 제35조는 전속관할인 심급관할에는 적용되지 않고 손해나 지연을 피하기 위한 이송의 여지도 없다는 이유로 원심결정을 파기한 사례(대결 2011.7.14. 2011그65).

57) 다만, 판례는 "제419조에 의한 항소심판결을 중간판결로 보아 상고할 수 없다(대판 1979.10.10. 78므39)."고 한 것이 있으나, 이 판례는 '이를 종국판결로 보아 상고의 대상'이 된다고 본 대판 1981.9.8. 80다3271에 반한다.

Ⅲ. 이송절차

1. 직권 또는 신청

(1) 이송신청권

다른 원인에 의한 이송의 경우인 제34조 제2항, 제35조, 제36조, 제269조 제2항의 경우와 비교하여 관할위반에 의한 이송(제34조 제1항)의 경우에도 이송신청권이 인정되는지가 문제된다. 판례는 관할위반에 의한 이송의 경우에는 이송신청권을 부정한다.

(2) 신청의 방식

소송의 이송신청을 하는 때에는 신청의 이유를 밝혀야 한다. 이송신청은 기일에 출석하여 하는 경우가 아니면 서면으로 하여야 한다(규칙 제10조).

2. 이송의 재판

이송의 재판은 결정으로 한다(제34조 제1항). 다만, 상소심에서 원판결을 취소 또는 파기하고 이송하는 때에는 예외적으로 판결의 형식으로 한다(제419조, 제425조, 제436조). 이송재판은 결정의 형식으로 하는 이상 반드시 변론을 거칠 필요는 없다.

3. 즉시항고

(1) 이송결정의 경우

이송결정이라 함은 소송의 전부 또는 일부를 다른 법원에 이송하는 결정을 말한다. 여기에는 제34조 제1항에 규정된 직권에 의한 이송결정과 제34조 제2항 및 제35조에 규정된 직권 또는 당사자의 신청에 의한 이송결정이 있다. 따라서 이론상으로는 본소와 반소를 합의부에 이송한 경우에도 불복이 가능하다[제34조 제2항·제3항 참조; 주석 민사소송법(Ⅰ), 271면]. 즉, 관할 위반을 이유로 한 이송신청에 대한 기각결정은 판례에 따라 즉시항고가 불가하지만, 이송결정에 대해서는 제39조에 따라 즉시항고가 가능하다. 판례도 "수소법원의 재판관할권 유무는 법원의 직권조사사항으로서 법원이 그 관할에 속하지 아니함을 인정한 때에는 민사소송법 제34조 제1항에 의하여 직권으로 이송결정을 하는 것이고, 소송당사자에게 관할위반을 이유로 하는 이송신청권이 있는 것은 아니다. 따라서 당사자가 관할위반을 이유로 한 이송신청을 한 경우에도 이는 단지 법원의 직권발동을 촉구하는 의미밖에 없다. 한편 법원이 당사자의 신청에 따른 직권발동으로 이송결정을 한 경우에는 즉시항고가 허용되지만(민사소송법 제39조), 위와 같이 당사자에게 이송신청권이 인정되지 않는 이상 항고심에서 당초의 이송결정이 취소되었다 하더라도 이에 대한 신청인의 재항고는 허용되지 않는다(대결 2018.1.19. 2017마1332)."고 한다.

(2) 이송신청의 기각(각하)결정의 경우

1) 문제점

관할위반 이외의 사유에 기한 이송의 경우에는 당사자에게 이송신청권이 인정되므로 문제가 없으나, 관할위반에 의한 이송의 경우(제34조 제1항)에 문제가 있다.

2) 판례

판례는 조문상 이송신청권이 없으므로, 당사자가 이를 신청해도 직권발동을 촉구하는 의미 밖에 없고, 따라서 이송신청각하결정에 대해 즉시항고도 불가하다고 한다. 나아가서 대법원에 특별항고(제449조)도 허용되지 않는다고 한다(대결 1993.12.6. 93마524 전합).

IV. 이송의 효과

1. 구속력

(1) 문제점

제38조에 의한 이송결정의 구속력은 관할에 관한 조사의 반복을 피하여 소송의 신속, 경제를 실현하자는 취지이므로 이는 이송 받은 법원을 구속한다. 다만, 전속관할의 경우에는 공익과 관련되므로 이 경우에도 이송결정의 구속력이 있는지 문제된다.

(2) 학설

1) 구속력이 없다는 견해

① 이송의 목적은 절차촉진과 비용절감에 있는 것이지 관할 있는 재판권의 최종적 결정을 위한 것이 아니라는 점, ② 관할위반주장이 항소심에서는 금지되지만 전속관할위반의 경우에는 그러하지 아니한 점(제411조), ③ 전속관할위반은 절대적 상고이유가 되는 점(제424조 제1호)에 비추어 전속관할의 경우에는 구속력을 인정할 수 없다고 한다(송상현).

2) 구속력이 있다는 견해

① 법문이 전속관할의 경우를 배제하고 있지 않고, ② 이송의 반복에 의한 소송지연을 피하여야 할 공익적 요청은 전속관할이라도 예외일 수 없다는 점에 비추어 전속관할의 경우에도 구속력을 인정하는 것이 타당하다고 한다(통설). 따라서 이 경우 제411조 단서, 제424조 제1항 제3호의 적용은 없게 된다.

(3) 판례

1) 원칙

판례는 "민사소송법 제34조 제1항·제2항의 규정에 의하면 이송결정은 이송을 받은 법원을 기속하여 이송을 받은 법원은 다시 사건을 다른 법원에 이송하지 못하도록 되어 있다. 이와 같은 이송결정의 기속력은 당사자에게 이송결정에 대한 불복방법으로 즉시항고가 마련되어 있는 점이나 이송의 반복에 의한 소송지연을 피하여야 할 공익적 요청은 전속관할을 위배하여 이송한 경우라고 하여도 예외일 수 없는 점에 비추어 볼 때 당사자가 이송결정에 대하여 즉시항고를 하지 아니하여 확정된 이상 원칙적으로 전속관할의 규정을 위배하여 이송한 경우에도 미친다고 할 것이다.

2) 예외

그러나 심급관할을 위배하여 이송한 경우에도 이송결정의 기속력이 이송 받은 상급심 법원에도 미친다고 한다면 당사자의 심급의 이익을 박탈하여 부당할 뿐만 아니라, 이송을 받은 법원이 법률심인 대법원인 경우에는 직권조사사항을 제외하고는 새로운 소송자료의 수집과 사실확정이 불가능한 관계로 당사자의 사실에 관한 주장, 입증의 기회가 박탈되는 불합리가 생긴다고 할 것이므로 심급관할을 위배한 이송결정의 기속력이 이송 받은 상급심 법원에는 미치지 않는다고 보아야 할 것이다. 한편 심급관할을 위배한 이송결정의 기속력이 이송 받은 하급심 법원에는 미치지 않는다고 한다면 사건이 하급심과 상급심 법원 간에 반복하여 전전이송 되는 불합리한 결과를 초래하게 될 가능성이 있어 이송결정의 기속력을 인정한 취지에 반하는 것일 뿐더러 민사소송의 심급의 구조상 상급심의 이송결정은 특별한 사정이 없는 한 하급심을 구속하게 되는 바, 이와 같은 법리에도 반하게 되므로 심급관할을 위배한 이송결정의 기속력은 이송 받은 하급심 법원에는 미친다고 보아야 할 것이다. 결국 심급관할을 위배한 이송결정의 기속력은 이송 받은 같은 심급의 법원과 하급심 법원에만 미치고, 상급심 법원에는 미치지 않는다고 해석함이 타당하다고 할 것이다(대결 1995.5.15. 94마1059·1060)."라고 판시하고 있다(상급심 불구속설).

(4) 검토

1) 소송의 지연방지라는 이송의 공익적 취지를 생각할 때 전속관할에도 이송결정의 구속력이 미친다고 보는 통설·판례가 타당하다. 그리고 당사자의 심급의 이익을 고려할 때 상급심에는 구속력이 미치지 않는다는 판례가 타당하다고 본다.

2) 다만, 심급관할의 경우에는 판례에 문제를 제기하는 견해가 있다. 즉, 이 견해는 심급관할위반의 문제는 당사자의 심급의 이익을 박탈하거나 불필요한 심급을 더 거치는 중대한 불이익을 초래하고, 후자의 경우는 바로 공익에 속하는 소송지연과 직결되므로 심급관할에 위반한 이송결정은 상급심뿐만 아니라 하급심에도 구속력이 없다고 한다(호문혁 집필부분, "90년대 주요민사판례평석", 443면; 조관행, 민사재판의 제문제(下), 84면~86면 참고).

3) 그러나 이 견해에 대해서는 4심제가 강요될 수 있다는 점(또한 상급심이 잘못하여 하급심으로 이송하는 경우)이나 상급심으로부터 이송을 받은 하급심이 다시 이송을 반복한다는 현상은 모두 발생가능성이 희박한 것이라는 점, 일반적인 원칙, 즉 상급심의 판단은 하급심을 구속한다는 것을 존중할 필요가 있다는 점에서 위 견해를 비판하면서 대법원의 입장에 찬성하는 견해가 있다(김상수).

📖 시험에 이렇게 나온다!

집행법원이 채권자 甲에 의한 채권압류 및 전부명령을 인용하자, 채무자 乙은 이에 불복하여 즉시항고를 하였으나 집행법원은 항고기간이 도과되었다고 하여 항고장각하명령을 하였다. 이에 乙은 항고장각하명령에 대해 불복하여 광주지방법원을 항고법원으로 표시하여 즉시항고를 하였고, 광주지방법원은 乙의 즉시항고를 재항고에 해당한다고 보아 대법원에 이송하였다. 이 경우 대법원은 어떻게 조치해야 하는가?

해설
위 설문은 대법원 결정(대결 1995.5.15. 94마1059·1060·1060)의 사실관계를 재구성한 것이다. 이 경우 판례는 집행법원의 항고장각하명령을 제1차적 처분으로 보아 이에 대한 乙의 즉시항고를 재항고가 아닌 최초의 항고라고 보고 있다. 따라서 항고의 관할법원은 2심(제443조, 제439조 참고)이므로 광주지방법원 항고법원이 관할법원이 되는 것이 옳다. 그런데 광주지법은 대법원에 이를 이송하였으므로, 이송결정에 대해 기속력이 인정된다면, 대법원은 다시 광주지법으로 이송하지 못한다. 그러나 판례는 이 경우 이송결정의 기속력은 원칙적으로 전속관할 위반에도 미친다고 하면서도 심급관할위반 중 상급심에는 미치지 않는다고 하고 있다. 따라서 이 경우 대법원은 다시 광주지방법원으로 乙의 즉시항고를 이송할 수 있다.

---

2. 소송계속의 이전 – 이송결정 이전에 이송법원이 행한 소송행위의 효력이 이송 뒤에도 존속하는지 여부

제40조 제1항이 관할위반에 의한 이송의 경우에도 소송계속의 일체성을 인정하고 있고, 더욱이 제37조가 이송결정 확정 후에도 이송법원이 긴급한 처분을 할 수 있도록 한 점에 비추어 이송결정 이전에 이송법원이 행한 소송행위의 효력이 이송 뒤에도 존속한다(이시윤, 정동윤·유병현, 김홍규, 독일의 통설).[58]

따라서 원고가 행정소송법상 항고소송으로 제기하여야 할 사건을 민사소송으로 잘못 제기한 경우에 수소법원이 그 항고소송에 대한 관할을 가지고 있지 아니하여 관할법원에 이송하는 결정을 하였고, 그 이송결정이 확정된 후 원고가 항고소송으로 소 변경을 하였다면, 그 항고소송에 대한 제소기간의 준수 여부는 원칙적으로 처음에 소를 제기한 때를 기준으로 판단하여야 한다(대판 2022.11.17. 2021두44425).[59]

---

58) 다만, 소수설은 관할위반에 의한 이송과 그 이외의 이송을 구별하여, 전자의 경우에는 이송결정에 의하여 이송전의 소송행위가 취소된 것으로 보고, 후자의 경우에는 이송법원이 본래 관할권이 있었으므로 이송전의 소송행위의 효력이 그대로 지속된다고 한다[이영섭, 신도(新堂)].

59) 행정소송법 제8조 제2항은 "행정소송에 관하여 이 법에 특별한 규정이 없는 사항에 대하여는 법원조직법과 민사소송법 및 민사집행법의 규정을 준용한다."라고 규정하고 있고, 민사소송법 제40조 제1항은 "이송결정이 확정된 때에는 소송은 처음부터 이송 받은 법원에 계속된 것으로 본다."라고 규정하고 있다. 한편 행정소송법 제21조 제1항, 제4항, 제37조, 제42조, 제14조 제4항은 행정소송 사이의 소 변경이 있는 경우 처음 소를 제기한 때에 변경된 청구에 관한 소송이 제기된 것으로 보도록 규정하고 있다. 이러한 규정 내용 및 취지 등에 비추어 보면, 원고가 행정소송법상 항고소송으로 제기하여야 할 사건을 민사소송으로 잘못 제기한 경우에 수소법원이 그 항고소송에 대한 관할을 가지고 있지 아니하여 관할법원에 이송하는 결정을 하였고, 그 이송결정이 확정된 후 원고가 항고소송으로 소 변경을 하였다면, 그 항고소송에 대한 제소기간의 준수 여부는 원칙적으로 처음에 소를 제기한 때를 기준으로 판단하여야 한다(대판 2022.11.17. 2021두44425).

3. 소송기록의 송부

이송결정이 확정되면 사실상의 조치로서 그 결정의 정본을 소송기록에 붙여 이송 받을 법원 등에게 보내야 한다(제40조 제2항). 다만, 소송기록이 이송법원에 있는 동안만은 급박한 사정이 있을 때에는 직권·당사자의 신청에 의하여 증거조사나 가압류·가처분 등의 필요한 처분을 할 수 있다(제37조).

제2장
당사자

12 당사자표시정정과 임의적 당사자변경

CONTENTS

▌당사자표시정정과 임의적 당사자변경

Ⅰ. 의의 및 비교개념

당사자표시정정[61]은 동일성이 있는 한도[62]에서 소장의 당사자란을 변경하는 것을 말한다. 동일성이 없는 경우 당사자를 변경하는 임의적 당사자변경(피고경정)과는 다르다. 따라서 당사자는 소장에 기재한 표시만에 의할 것이고 청구의 내용과 원인사실을 종합하여 확정하여야 하는 것이고 당사자 정정신청을 하는 경우에도 실질적으로 당사자가 변경되는 것은 허용할 수 없는 것이므로, 원고 주식회사 전주백화점 대표자 甲을 甲으로 하는 정정신청은 당사자인 원고를 변경하는 것으로 허용될 수 없다(대판 1986.9.23. 85누953).

---

60) 법원실무제요 민사소송(Ⅰ), 2014, 255면

61) 원고가 당사자를 정확히 표시하지 못하고 당사자능력이나 당사자적격이 없는 자를 당사자로 잘못 표시하였다면 법원은 당사자를 소장의 표시만에 의할 것이 아니고 청구의 내용과 원인사실을 종합하여 확정한 후 확정된 당사자가 소장의 표시와 다르거나 소장의 표시만으로 분명하지 아니한 때에는 당사자의 표시를 정정보충시키는 조치를 취하여야 하고 이러한 조치를 취함이 없이 단지 원고에게 막연히 보정명령만을 명한 후 소를 각하하는 것은 위법하다(대판 2013.8.22. 2012다68279).

62) 소송당사자인 종중의 법적 성격에 관한 당사자의 법적 주장이 무엇이든 실체에 관하여 당사자가 주장하는 사실관계의 기본적 동일성이 유지되고 있다면 법적 주장의 추이를 가지고 당사자변경에 해당한다고 할 것은 아니다. 그 경우에 법원은 직권으로 조사한 사실관계에 기초하여 당사자가 주장하는 단체의 실질이 고유한 의미의 종중인지 혹은 종중 유사의 단체인지, 공동선조는 누구인지 등을 확정한 다음 법적 성격을 달리 평가할 수 있고, 이를 기초로 당사자능력 등 소의 적법 여부를 판단하여야 한다(대판 2016.7.7. 2013다76871).

Ⅱ. 표시정정의 요건

1. 명백히 잘못된 기재

가족관계등록부, 주민등록표, 법인등기부·부동산등기부 등 공부상의 기재에 비추어 당사자의 이름에 잘못 기재나 누락이 있음이 명백한 경우 당사자표시정정을 허용해야 한다. 예를 들어, 원고의 이름을 박종선(朴鐘宜)으로 기재하여야 하는데 박종의(朴鐘宜)로 잘못 기재한 경우 표시정정이 허용된다(대판 2011.10.27. 2008다27615).

2. 당사자능력 없는 자를 당사자로 한 것이 명백한 경우

당사자는 소장에 기재된 표시 및 청구의 내용과 원인 사실 등 소장 전체의 취지를 합리적으로 해석하여 확정하여야 하며, 소장에 표시된 원고에게 당사자능력이 인정되지 않는 경우에는 소장 전체의 취지를 합리적으로 해석한 결과 인정되는 올바른 당사자능력자로 그 표시를 정정하는 것은 허용된다(대판 1999.11.26. 98다19950). 예를 들어, 소장의 당사자란에 학교법인 대신에 학교, 대한민국 대신에 관계행정관청, 본점 대신에 지점, 점포주인 대신에 점포명 등을 당사자로 표시한 경우에 당사자란을 변경하는 방법이 문제된다. 통설·판례는 이를 명백한 오기로 보고 학교법인 등의 당사자능력자로 당사자를 확정하여 당사자표시정정이 가능하다고 본다. 하지만 유력설[63]은 피고경정(제260조)으로 가능하다고 한다.

3. 당사자능력(적격)이 없는 자를 당사자로 잘못 표시한 경우

원고가 당사자를 정확히 표시하지 못하고 당사자능력이나 당사자적격이 없는 자를 당사자로 잘못 표시하였다면 법원은 당사자를 소장의 표시만에 의할 것이 아니고 청구의 내용과 원인사실을 종합하여 확정한 후 확정된 당사자가 소장의 표시와 다르거나 소장의 표시만으로 분명하지 아니한 때에는 당사자의 표시를 정정 보충시키는 조치를 취하여야 하고 이러한 조치를 취함이 없이 단지 원고에게 막연히 보정명령만을 명한 후 소를 각하하는 것은 위법하다(대판 2013.8.22. 2012다68279).[64] 이에 대하여 판례의 표시정정이론의 진화인 듯하지만, 표시정정제도를 비대화시켜 실질적인 피고의 경정과 같아지는 것을 경계할 일이라는 견해가 있다(이시윤).

---

63) 즉, 유병현 교수는 "당사자능력이 없는 자를 있는 자로 변경하는 경우도 당사자 적격이 있는 자를 잘못 안 경우이다. 당사자 적격이란 "구체적인 소송에서 특정한 자를 위하여 법원이 절차를 진행하여 줄 필요가 있는가"의 문제이다. 사망자 또는 그밖에 당사자능력이 없는 자를 위하여 법원이 절차를 진행하여 줄 필요가 없음은 물론이다. 당사자능력이 없는 자를 당사자로 정한 경우에는 직접적으로 "그 자는 당사자능력이 없다."고 말하지만 그 사건에 관한 한 "당사자 적격자를 오인한 경우이다."라고 말할 수도 있는 것이다. 따라서 당사자능력이 없는 자를 있는 자로 바꾸는 그러한 경우도 곧바로 민사소송법 제260조의 적용대상이 되는 것이다."라고 하여 피고경정의 방법으로 당사자를 바꾸는 것이 타당하다고 한다(피고경정설).

64) 甲에 대하여 회생절차를 개시하면서 관리인을 선임하지 아니하고 甲을 관리인으로 본다는 내용의 회생절차개시결정이 있은 후 乙 주식회사가 甲을 상대로 사해행위 취소의 소를 제기한 사안에서, 원심으로서는 乙 회사에, 甲을 채무자 본인으로 본 것인지 아니면 관리인으로 본 것인지에 관하여 석명할 필요 없이 관리인의 지위에 있는 甲을 상대로 소를 제기한 것으로 보고 관리인으로서 甲의 지위를 표시하라는 취지로 당사자표시 정정의 보정명령을 내렸어야 하는데도, 그와 같은 조치를 취하지 않고 甲이 당사자적격이 없다는 이유로 소를 각하한 원심판결에 법리오해 등의 잘못이 있다.

III. 절차[65)]

1. 당사자표시정정 신청이 있는 경우

이 경우 문건으로 전산입력하고, 법원으로서는 당사자를 확정한 연후에 원고가 정정신청한 당사자 표시가 확정된 당사자의 올바른 표시이며 동일성이 인정되는지의 여부를 살피고, 그 확정된 당사자로 피고의 표시를 정정하도록 하는 조치를 취하여야 한다(대판 1996.10.11. 96다3852). 따라서 소장에 표시된 당사자가 잘못된 경우에 정당한 당사자능력이 있는 사람으로 당사자표시를 정정하게 하는 조치를 취함이 없이 바로 소를 각하할 수는 없다(대판 2002.3.29. 2001다83258).

2. 표시정정을 허용할 경우

이 경우는 별도의 명시적인 결정을 할 필요 없이 이후의 소송절차(기일통지, 조서작성, 판결서 작성 등)에서 정정신청된 바에 따라 당사자의 표시를 해 줌으로써 족하다. 그러나 당사자표시정정은 당사자의 신청이 있을 때에 한하여 허용되고, 이는 소장에서의 필수적 기재사항인 당사자 표시를 정정하는 것이므로 소변경신청서에 준하여 당사자에게 송달하고 변론(준비)기일에 이를 진술하는 것이 실무례이다.

3. 정정신청을 불허할 경우

이 경우에는 반드시 즉시 불허의 결정을 하여야 한다(이후의 소송절차에서는 종전대로 표시를 하게 될 것이다). 정정신청이 불허될 경우란 주로 당사자가 변경되는 결과가 생기는 경우일 터인데, 만약 즉시 불허의 결정을 하지 아니한 채 만연히 새로운 당사자를 대상으로 하여 이후의 절차를 진행하였다가 종국판결 단계에서 정정신청을 불허하게 된다면 판결절차가 위법하게 되는 결과가 될 수 있어 부당하기 때문이다.

IV. 임의적 당사자변경과의 비교

1. 명문의 규정

피고의 경정은 민사소송법 제260조의 명문 규정이 있으나, 당사자표시정정은 법전에는 없지만 판례법으로 확립된 제도이다(이시윤).

2. 구피고의 동의

임의적 당사자변경, 즉 피고경정은 구피고의 동의를 필요로 하지만(제260조 제1항), 당사자표시정정은 구피고의 동의가 필요 없다.

---

65) 법원실무제요 민사소송(I), 2014, 255면

3. 상급심에서 허용 여부

피고경정은 항소심에서는 허용되지 않지만(제260조 제1항), 당사자표시정정은 당사자의 심급의 이익을 박탈하는 것이 아니므로, 항소심에서도 허용된다. 그리고 표시정정은 심급의 제한 없이 허용된다는 것이 일반적인 입장이지만, 최근 판례는 "민사소송에서 소송당사자의 존재나 당사자능력은 소송요건에 해당하고, 이미 사망한 자를 상대로 한 소와 제기는 소송요건을 갖추지 않은 것으로서 부적법하며, 상고심에 이르러서는 당사자표시정정의 방법으로 그 흠결을 보정할 수 없다(대판 2012.6.14. 2010다105310)."고 한 것이 있다.

4. 원고 변경의 경우

임의적 당사자변경 중 원고경정은 명문의 규정이 없어서 허용되지 않지만, 당사자표시정정은 동일성이 인정되는 한도 내에서 변경하는 것이므로, 명문의 규정이 없어도 원고표시정정이 허용된다.

5. 시효중단효 등

피고의 경정은 시효중단 등의 효력이 소급하지 않으나(제265조 참고), 당사자표시정정은 시효중단 등의 효력이 최초의 소장제출 시로 소급[66]한다.

Ⅴ. 당사자표시정정을 임의적 당사자변경으로 오해한 경우

제1심에서의 당사자표시 변경이 당사자표시정정에 해당하는 것으로서, 제1심이 소송당사자를 제대로 확정하여 판결하였음에도 불구하고, 항소심이 제1심에서의 당사자표시 변경이 임의적 당사자의 변경에 해당하여 허용될 수 없는 것이라고 잘못 판단하여 소송당사자 아닌 자를 소송당사자로 취급하여 변론을 진행시키고 판결을 선고한 경우, 진정한 소송당사자는 상고를 제기하여 이를 다툴 수 없다(대판 1996.12.20. 95다26773).[67]

---

[66] 채무자 甲의 乙 은행에 대한 채무를 대위변제한 보증인 丙이 채무자 甲의 사망사실을 알면서도 그를 피고로 기재하여 소를 제기한 사안에서, 채무자 甲의 상속인이 실질적인 피고이고, 다만 소장의 표시에 잘못이 있었던 것에 불과하므로, 보증인 丙은 채무자 甲의 상속인으로 피고의 표시를 정정할 수 있고, 따라서 당초 소장을 제출한 때에 소멸시효중단의 효력이 생긴다(대판 2011.3.10. 2010다99040).

[67] 이 사건 소는 김철호 등 83명이 김철호를 선정당사자로 선정하여 제기한 것으로 보아야 할 것이고, 제1심이 이 사건 원고의 표시를 '대한예수교장로회 순천순광교회 대표자 담임목사 김철호'에서 '원고(선정당사자) 김철호'로 변경한 것은 당사자의 동일성이 인정되는 범위 내에서의 당사자 표시정정에 지나지 않는다고 할 것임에도 불구하고 원심이 이 사건의 원고를 '대한예수교장로회 순천순광교회'로 보고 '선정당사자 김철호'로 변경하는 것은 임의적 당사자변경에 해당하여 허용될 수 없다는 전제 아래 '대한예수교장로회 순천순광교회'에게 항소장부본을 송달한 후 그를 원고로 취급하여 변론을 진행하여 판결을 선고한 것은 소송당사자 아닌 자를 소송당사자로 보고 소송을 진행하여 판결을 한 것이므로 이 사건 원고에 대하여는 항소심 판결이 아직 선고되지 않았다고 할 것이고, 원고와 사이의 이 사건은 아직 원심에서 변론도 진행되지 않은 채 계속 중이라고 할 것이므로 원고는 상고를 제기할 것이 아니라 원심에 이 사건에 대한 변론기일지정신청을 하여 소송을 다시 진행함이 상당하다고 할 것이며, 원심이 선고한 판결은 원고에 대한 관계에 있어서는 적법한 상고대상이 되지 아니한다.

연습문제

甲은 대한예수교장로회 A교회(신도는 83명이다) 담임목사이다. A교회는 乙에게 1억 원에 달하는 손해배상 채권이 있다. 그래서 甲은 원고를 '대한예수교장로회 A교회 대표자 담임목사 甲'으로 하여 乙을 상대로 1억 원 손해배상을 구하는 소를 법원에 제기하였다. 1심 법원에 소송계속 중 甲은 원고를 '대한예수교장로회 A교회 대표자 담임목사 甲'에서 '선정당사자 甲'으로 당사자표시정정을 신청하였고, 1심법원은 이를 받아들여 원고를 '선정당사자 甲'으로 소송을 진행하였다. 1심법원은 원고의 청구를 인용하는 판결을 선고하였고, 乙은 이에 대하여 항소를 하였다. 항소심법원은 항소장을 심사 중 원고를 '대한예수교장로회 A교회 대표자 담임목사 甲'에서 '선정당사자 甲'으로 변경하는 것은 동일성을 해하는 것으로 판단하여 부적법한 당사자표시정정으로 보았다. 그래서 항소심은 원고를 '대한예수교장로회 A교회 대표자 담임목사 甲'으로 보고 항소장부본을 송달하였고, 항소심은 소송을 진행하여 乙의 항소를 인용하는 판결을 선고하였다. 이 판결에 대하여 '선정당사자 甲'은 상고를 제기하였다. 대법원은 이 상고에 대하여 어떻게 판단하여야 하는지 그리고 '선정당사자 甲'은 어떠한 조치를 취하여야 하는지 서술하시오. (견해 대립이 있는 경우 대법원 판례의 입장에 따라 판단하시오) (10점)

Ⅰ. 문제점

'대한예수교장로회 A교회 대표자 담임목사 甲'에서 '선정당사자 甲'으로 변경하는 당사자표시정정신청이 적법한지가 문제가 되며, 적법하다면 '선정당사자 甲'의 상고는 적법한 것인지가 '선정당사자 甲'은 조치와 관련하여 문제가 되므로, 이를 살펴보기로 한다.

Ⅱ. 당사자표시정정의 의의, 비교개념

당사자표시정정[68]은 동일성이 있는 한도[69]에서 소장의 당사자란을 변경하는 것을 말한다. 이는 동일성이 없는 경우 당사자를 변경하는 임의적 당사자변경(피고경정)과는 다르다.

Ⅲ. 사안의 당사자표시정정의 적법 여부

항소심은 '대한예수교장로회 A교회 대표자 담임목사 甲'에서 '선정당사자 甲'으로 변경하는 것이 동일성을 해하는 것이라고 보았으나, 대법원은 "원고의 표시를 '대한예수교장로회 순천순광교회 대표자 담임목사 김철호'에서 '원고(선정당사자) 김철호'로 변경한 것은 당사자의 동일성이 인정되는 범위 내에서의 당사자표시정정에 지나지 않는다."고 보았다. 따라서 사안의 당사자표시정정은 적법하다.

Ⅳ. '선정당사자 甲'의 상고의 적법 여부

상고는 항소심법원이 '선고'한 종국판결에 대하여 하여야 한다(제422조). 그러나 '선정당사자 甲'의 소송은 항소심법원이 선고한 적이 없고, 그 소송은 항소심에 변론기일도 열리지 않은 채 소송이 계속 중이다. 따라서 '선정당사자 甲'의 상고는 상고의 대상이 없어 부적법하다.

Ⅴ. '선정당사자 甲'의 조치

'선정당사자 甲'의 소송은 항소심에 소송계속 중이므로, '선정당사자 甲'은 항소심에 기일지정신청을 하면 된다(제165조 제1항).

---

68) 원고가 당사자를 정확히 표시하지 못하고 당사자능력이나 당사자적격이 없는 자를 당사자로 잘못 표시하였다면 법원은 당사자를 소장의 표시만에 의할 것이 아니고 청구의 내용과 원인사실을 종합하여 확정한 후 확정된 당사자가 소장의 표시와 다르거나 소장의 표시만으로 분명하지 아니한 때에는 당사자의 표시를 정정보충시키는 조치를 취하여야 하고 이러한 조치를 취함이 없이 단지 원고에게 막연히 보정명령만을 명한 후 소를 각하하는 것은 위법하다(대판 2013.8.22. 2012다68279).

69) 소송당사자인 종중의 법적 성격에 관한 당사자의 법적 주장이 무엇이든 실체에 관하여 당사자가 주장하는 사실관계의 기본적 동일성이 유지되고 있다면 법적 주장의 추이를 가지고 당사자변경에 해당한다고 할 것은 아니다. 그 경우에 법원은 직권으로 조사한 사실관계에 기초하여 당사자가 주장하는 단체의 실질이 고유한 의미의 종중인지 혹은 종중 유사의 단체인지, 공동선조는 누구인지 등을 확정한 다음 법적 성격을 달리 평가할 수 있고, 이를 기초로 당사자능력 등 소의 적법 여부를 판단하여야 한다(대판 2016.7.7. 2013다76871).

연습문제

甲은 乙에게 불법행위를 당하여, 2023.2.20. 甲은 변호사 X에게 사건을 위임하였으나, 甲은 2023.3.1. 사망하였다. 이 경우 소송대리인 X는 원고 甲을 대리하여 피고 乙을 상대로, 2023.3.3. 손해배상청구의 소를 제기하였다. 원고 甲의 상속인으로는 A, B가 있다. (25점)

물음 1) 이 때 甲의 乙에 대한 소제기가 상속인에게 효력이 있는지 논하고, 원고 甲의 명의를 상속인 A, B로 고칠 수 있는 방법을 논하시오. (12점)

물음 2) 위 사안과는 달리, 甲은 사망하지 않았다. 그래서 소송대리인 X는 원고 甲을 대리하여 피고 乙을 상대로, 2023.3.3. 손해배상청구의 소를 제기하였고, 그 소장부본은 2023.3.15. 乙에게 송달되었다. 그러나 乙은 2023.3.10. 사망한 상태였고, 상속인으로 丙이 있다. 그러나 법원은 乙이 사망한 것을 간과하고 甲의 청구를 인용하는 판결을 하였다. 이 경우 상속인 丙은 이 판결에 대해서 항소나 소송수계신청이 가능한지 논하시오. (13점)

Ⅰ. 물음 1)에 대하여(12점)

1. 문제점

乙의 주장이 타당한지를 논하기 위해서는 소송대리인 X의 소송대리권이 소멸하는지가 문제가 되며, 소멸하지 않는다면 이 소제기의 효력이 상속인 A, B에게 효력을 발생하는지, 그리고 상속인 A, B가 소송수계신청이 가능한지가 문제가 된다(민사소송법 제95조, 제233조).

2. 소송대리인 X의 소송대리권 소멸 여부

(1) 제95조 제1호

소송대리권은 본인의 사망으로 소멸하지 않는다(제95조 제1호). 이 규정은 수권자인 당사자·법정대리인의 사망 등의 사정 때문에 소송대리인의 대리권에 영향이 없다는 것을 뜻한다. 이 점이 민법과 다른 것으로, 민법의 위임은 개인적 신뢰관계를 바탕으로 하므로 신뢰가 파괴되는 사정, 즉 본인 사망 등의 경우 대리권은 소멸하지만(민법 제127조, 제128조, 제690조), 소송위임에서 있어서는 소송절차의 신속·안정화, 위임의 명확화(제90조 제2항, 제91조) 그리고 수임자가 변호사임이 원칙임에 비추어 신뢰관계를 저버릴 가능성이 거의 없다는 점을 근거로 소멸하지 않게 한 것이다.

(2) 사안의 경우

따라서 사안의 X의 소송대리권도 본인 甲의 사망으로 소멸하지 않는다고 보아야 한다.

3. 甲의 乙에 대한 소제기가 상속인에게 효력이 있는지 여부

(1) 소송대리인 X의 지위

소송대리권은 본인의 사망으로 인하여 소멸하지 않으므로, 소송대리인 X는 본인 甲의 포괄승계인 A, B를 위해 그 대리인으로 소송을 수행 할 수 있다.

(2) 사안의 경우

소송대리인 X는 상속인 A, B의 소송대리인이 되므로, 甲의 乙에 대한 소제기는 상속인 A, B에게 효력이 있다.

4. 원고 甲의 명의를 상속인 A, B로 고칠 수 있는 방법

(1) 판례

판례는 "당사자가 사망하더라도 소송대리인의 소송대리권은 소멸하지 아니하므로(민사소송법 제95조 제1호), 당사자가 소송대리인에게 소송위임을 한 다음 소제기 전에 사망하였는데 소송대리인이 당사자가 사망한 것을 모르고 당사자를 원고로 표시하여 소를 제기하였다면 소의 제기는 적법하고, 시효중단 등 소제기의 효력은 상속인들에게 귀속된다. 이 경우 민사소송법 제233조 제1항이 유추적용되어 사망한 사람의 상속인들은 소송절차를 수계하여야 한다(대판 2016.4.29. 2014다210449)."고 한다.

(2) 사안의 경우

이 경우는 소제기의 사망이므로, 소송계속 중의 사망의 경우는 아니다. 그러나 소장 원고 명의는 죽은 甲의 명의로 되어 있으므로, 상속인 A, B로 명의를 고쳐야 한다. 이 경우 제233조 제1항을 유추하여 상속인 A, B로 명의로 수계신청을 하면 된다.

5. 사안의 해결

소송대리인 X의 소송대리권은 본인 甲의 사망으로 소멸하지 아니하므로, X는 상속인 A, B의 소송대리인이 된다. 따라서 甲의 乙에 대한 소제기는 상속인 A, B에 대하여 효력이 있다. 그리고 원고 甲의 명의를 상속인 A, B로 고칠 수 있는 방법은 제233조 제1항이 유추적용되어 수계신청을 하면 된다.

II. 물음 2)에 대하여(13점)

1. 문제점

사안은 소장제출 후 부본송달 전에 사망한 경우인데, 이를 소제기 전 사망과 동일하게 취급할 것인지, 아니면 소송계속 중의 사망과 동일하게 취급할 것인지가 사안의 판결에 대한 항소나 소송수계신청과 관련되므로, 이를 살펴보기로 한다.

2. 견해의 대립

(1) 학설

당사자가 소송대리인에게 소송을 의뢰한 후 사망하거나 법원에 소장 발송 후 당사자가 사망한 경우에는 실질적으로 소송계속 후 변론종결 전에 당사자가 사망한 경우와 비슷하므로 제233조의 규정을 유추하여 상속인에게 소송수계를 인정해야 한다는 견해(이시윤), 이 경우는 아직 이당사자대립구조가 발현된 것이 아니므로 이러한 경우도 소제기 전 사망의 경우와 동일하게 당사자확정의 문제로 취급하면 된다는 견해(정동윤, 전병서)가 있다.

(2) 판례

판례는 "사망자를 피고로 하는 소제기는 원고와 피고의 대립당사자 구조를 요구하는 민사소송법상의 기본원칙이 무시된 부적법한 것으로서 실질적 소송관계가 이루어질 수 없으므로, 그와 같은 상태에서 제1심판결이 선고되었다 할지라도 판결은 당연무효이며, 판결에 대한 사망자인 피고의 상속인들에 의한 항소나 소송수계신청은 부적법하다. 이러한 법리는 소제기 후 소장부본이 송달되기 전에 피고가 사망한 경우에도 마찬가지로 적용된다(대판 2015.1.29. 2014다34041).[70]"고 본다.

---

70) (따라서) 사망자를 채무자로 하여 지급명령을 신청하거나 지급명령 신청 후 정본이 송달되기 전에 채무자가 사망한 경우에는 지급명령은 효력이 없다. 설령 지급명령이 상속인에게 송달되는 등으로 형식적으로 확정된 것 같은 외형이 생겼다고 하더라도 사망자를 상대로 한 지급명령이 상속인에 대하여 유효하게 된다고 할 수는 없다. 그리고 회생절차폐지결정이 확정되어 효력이 발생하면 관리인의 권한은 소멸하므로, 관리인을 채무자로 한 지급명령의 발령 후 정본의 송달 전에 회생절차폐지결정이 확정된 경우에도 채무자가 사망한 경우와 마찬가지로 보아야 한다(대판 2017.5.17. 2016다274188).

(3) 검토

피고 乙에 대한 소장부본 송달 전에 乙이 사망하였다면 이는 민사소송의 이당사자대립구조를 갖추지 못한 것이다. 따라서 이의 취급은 소제기 전 사망의 경우와 동일하게 취급하는 것이 타당하다. 따라서 乙의 사망을 간과하고 한 판결은 무효가 된다고 보아야 한다.

3. 무효판결에 대한 소송상 취급

(1) 무효판결의 효력과 내용

무효판결은 일단 판결로서 성립은 한 것이므로 형식적 확정력은 있어 당해 심급을 완결시키며 당해 법원을 구속하는 기속력은 있다. 하지만 그 효력이 생기지 않으므로 그 내용상 효력인 기판력, 집행력, 형성력은 생기지 아니한다. 무효인 판결은 법원의 판결의 실효성이라는 공익과 관련되므로 직권조사사항이며, 그 내용상 효력도 없으므로 재심의 대상도 되지 아니하며[이시윤; 재심대상이 된다는 견해(정동윤·유병현)], 이에 기한 강제집행도 무효가 된다.

(2) 상소의 대상 여부

학설의 다수 견해는 무효인 판결은 형식적 확정력은 있으므로 확정되기 전에는 상소의 대상이 되어 상소심에서 그 판결을 취소하고 소를 각하해야 한다고 한다. 그러나 판례는 사망자를 당사자로 한 소송에서 "당사자가 소제기 이전에 이미 사망하여 주민등록이 말소된 사실을 간과한 채 본안 판단에 나아간 원심판결은 당연무효라고 할 것이나, 민사소송이 당사자의 대립을 그 본질적 형태로 하는 것임에 비추어 사망한자를 상대로 한 상고는 허용될 수 없다 할 것이므로, 이미 사망한 자를 상대방으로 하여 제기한 상고는 부적법하다(대판 2000.10.27. 2000다33775)."고 하여 상소의 대상적격을 부정한다.

4. 사안의 해결 - 丙의 항소 및 소송수계신청 여부

일단 소송수계신청은 중단 및 소송계속 중임을 전제로 하는 것이므로, 이는 부적법하여 가능하지 않다. 그리고 항소는 학설에 의하면 가능하겠지만, 판례에 의하면 상소의 대상이 될 수 없으므로, 항소도 가능하지 않게 된다.

| | 연습문제 | |

대한민국은 사단법인 부산컨트리클럽(이하 "乙"이라고 한다, 주소: 부산광역시 연제구 연산동)으로부터 부산광역시 연제구 연산동 소재의 X부동산을 2021.5.10. 10억 원에 매수하는 계약을 체결하였다. 관계규정에 의하면 고속국도에 관한 관리청은 건설부장관으로 하되 권한의 일부를 독립법인인 한국도로공사(이하 "甲"이라고 한다)로 하여금 대행할 수 있게 하고, 甲이 건설부장관을 대행하는 범위 내에서는 당해 고속국도의 관리청으로 보도록 규정되어 있다. 이 경우 甲은 乙을 상대로 위 매매계약을 해제하고 그 매매대금의 반환을 구하는 이행의 소를 부산지방법원 본원에 제기하였다. 이 때 부산지방법원은 고속국도의 관리청에 불과한 원고 甲으로서는 법률에 특별한 규정이 없는 이상 그와 같은 지위에서 곧바로 대한민국을 배제하고 자기의 이름으로 민사소송을 제기할 수는 없는 것이므로 甲으로서는 이 사건 소송을 제기할 당사자적격이 없는 것이라 하여 소를 각하하였다. 부산지방법원의 판단은 적법한지 논하시오. (15점)

각급 법원의 설치와 관할구역에 관한 법률 별표

부산	본원	부산광역시 중구·동구·영도구·부산진구·동래구·연제구·금정구

한국도로공사법 제2조(법인격) 한국도로공사(이하 "공사"라 한다)는 법인으로 한다. [전문개정 2009.1.30]

I. 문제점

소는 법원, 당사자, 청구로 이루어지므로, 소가 적법하려면 이에 대한 소송요건이 적법하여야 한다(민사소송법 제248조). 이 경우 부산지방법원은 피고의 보통재판적이 되어 관할권이 있으므로, 법원에 대한 부분은 문제가 없다(제2조). 그리고 청구와 관련하여 甲은 乙에게 현재이행의 소를 제기하는 것이므로, 소의 이익의 문제도 없어 보인다. 다만, 독립법인인 甲이 乙에게 소를 제기한 것이 적법한지 당사자에 관한 요건과 관련하여 문제가 있다.

II. 당사자에 관한 소송요건

1. 당사자능력 구비 여부

(1) 의의

당사자능력이란 일반적으로 당사자가 될 수 있는 소송법상의 능력, 즉 소송법상의 모든 효과의 귀속주체가 될 수 있는 능력을 말한다. 즉, 원고나 피고가 될 수 있는 능력이다. 법인은 공법인, 사법인, 영리법인, 비영리법인을 막론하고 모두 당사자능력이 인정된다(민법 제34조, 민사소송법 제51조).

(2) 사안의 경우

사안에서 甲은 독립법인인 한국도로공사이므로, 당사자능력을 충족한다(민사소송법 제51조, 한국도로공사법 제2조), 乙도 사단법인이므로 당사자능력을 충족한다(민사소송법 제51조, 민법 제34조). 따라서 당사자능력에 관한 소송요건은 문제가 없다.

2. 당사자적격 구비 여부

(1) 의의

당사자적격이란 어떤 특정한 권리나 법률관계(소송물)에 관하여 원고나 피고로서 소송을 수행하여 본안판결을 구할 수 있는 자격을 말한다. 즉, 당사자적격은 구체적 소송에 있어서 어떤 사람들을 당사자로하여야 분쟁해결이 유효적절할 것인가 하는 관점에서 인정되며 이를 소송수행권(= 민법상의 관리처분권)이라고도 하고, 그 사람만이 정당하게 당사자로서 기능을 할 수 있다는 뜻에서 정당한 당사자라고도 한다.

(2) 사안의 경우

사안은 매매계약 해제에 의한 매매대금반환의 이행의 소를 제기한 경우이다. 이행의 소의 경우에 당사자적격을 어떻게 판단하여야 하는지 문제가 되므로, 이를 살펴보기로 한다.

Ⅲ. 이행의 소의 당사자적격

원래 이행의 소에서는 자기가 이행청구권자임을 주장하는 자가 원고적격을 가지고 그로부터 이행의무자로 주장된 자가 피고적격을 가지는 것으로서, 원고의 주장 자체에 의하여 당사자적격 유무가 판가름되며, 원고·피고가 실제로 이행청구권자이거나 이행의무자임을 요하는 것은 아니다(대판 1994.6.14. 94다14797). 그러한 이행청구권이나 이행의무의 존부는 본안에서 판단할 사항인 것이다.

Ⅳ. 사안의 해결

사안은 甲은 乙을 상대로 위 매매계약을 해제하고 그 매매대금의 반환을 구하는 이행의 소이다. 따라서 이행의 소에서는 자기가 이행청구권자임을 주장하는 자가 원고적격을 가지고 그로부터 이행의무자로 주장된 자가 피고적격을 가지는 것으로서, 원고의 주장 자체에 의하여 당사자적격 유무가 판가름되며, 원고·피고가 실제로 이행청구권자이거나 이행의무자임을 요하는 것은 아니다. 그러므로 甲의 乙에 대한 소를 각하할 것이 아니라, 본안에 들어가서 판단을 해야 한다. 즉, 甲은 매매계약의 당사자가 아니라 대한민국이 당사자이므로, 甲은 권리자가 아니어서 甲의 乙에 대한 청구는 기각되어야 한다. 따라서 부산지방법원의 판단은 부적법하다. 판례도 "이 사건 청구는 원고가 피고에게 원판시 매매계약을 해제하고 그 매매대금의 반환을 구하는 급부의 소임이 명백하므로, 원심으로서는 본안에 들어가 심리판단 했어야 할 것이고, 이 사건 소는 소송을 제기할 적격이 없는 자에 의하여 제기된 것으로서 부적법하다 하여 이를 각하한 조치는 당사자적격에 관한 법리를 오해한 위법이 있다(대판 1994.6.14. 94다14797)."고 하였다.

13 성명모용소송, 법인격부인론

CONTENTS

▌ 성명모용소송, 법인격부인론

Ⅰ. 성명모용소송 - 당사자 동일성의 조사 변리사 46회

1. 의의 및 문제점

(1) 의의

성명모용소송이란 무단히 타인 명의로 소를 제기하여 소송을 수행하거나(원고 측 모용), 타인에 대한 소송에 무단히 타인명의로 응소하는 경우(피고 측 모용)와 같이 소장에 표시된 성명에는 아무런 잘못이 없는데 제3자가 타인의 성명을 모용하여 소송을 수행하는 것을 말한다.

(2) 문제점

이 경우 당사자가 누구인지, 소송에 관여한 바 없는 피모용자에게 판결의 효력이 미치는지, 만약 미친다면 피모용자를 소송법상 어떻게 구제할 것인지가 문제 된다.

2. 확정의 기준

(1) 문제점

학설은 소송의 목적인 권리관계의 주체인 자를 당사자로 보려는 권리주체설(실체법설)도 있으나, 이는 형식적 당사자개념(제52조), 제3자 소송담당 등의 개념 등을 설명할 수 없어 현재는 주장되지 않으므로, 소송현상을 기준으로 당사자를 확정하려는 소송현상설(소송법설)을 중심으로 이를 살펴본다.

(2) 학설

이 경우 소송법설은 ① 원고나 법원이 당사자로 삼으려는 자가 당사자가 된다는 의사설, ② 소송상 당사자로 취급되거나 또는 당사자로 행동하는 자가 당사자라고 하는 행위설(행동설), ③ 소송이 개시되는 때에는 표시설에 의하되, 소송진행 뒤에는 누가 당사자로서 행동하였는가, 누가 분쟁주체로서 절차보장을 받았는가를 기준으로 당사자를 확정해야 한다는 규범분류설도 있으나, ④ 소장에 나타난 당사자의 표시를 원칙으로 청구의 취지, 원인 그 밖의 일체의 기재사항 등 소장의 전체를 기준으로 합리적으로 해석, 판단해야 한다는 표시설 내지 실질적 표시설이 통설이다.

(3) 판례

1) 원칙

판례는 "제3자가 피고를 참칭, 모용 하여 소송을 진행한 끝에 판결이 선고되었다면 피모용자인 피고는 그 소송에 있어서 적법히 대리되지 않는 타인에 의하여 소송절차가 진행됨으로 말미암아 결국 소송관여의 기회를 얻지 못하였다 할 것이니 피고는 상소 또는 재심의 소를 제기하여 그 판결의 취소를 구할 수 있다(대판 1964.11.17. 64다328 등)."고 하여 실질적 표시설의 입장이다.

2) 예외

사망자임을 모르고 그를 피고로 하여 소제기한 경우에는 "원고가 이미 사망한 당사자를 그 사망사실을 모르고 피고로 표시하여 소를 제기하였을 경우에 사실상의 피고는 사망자의 상속인이고, 다만 그 표시를 그릇한 것에 불과하다고 해석함이 타당하므로 사자를 피고로 하였다가 그 후 그 상속인들로 당사자 표시를 정정하는 신청은 적법하다(대판 1983.12.27. 82다146 등)."고 하여 의사설을 부분적으로 따르고 있다.

(4) 검토

의사설은 원고의 의사에 의해 당사자를 확정하면 원고의 확정이 곤란하고 법원의 의사에 의한다면 처분권주의에 반한다는 문제점이 있고, 행위설도 어떠한 행위가 당사자로서의 행위인지가 불명확하다. 그리고 규범분류설도 행위설의 문제점을 가지고 있다고 할 것이므로 통설·판례인 실질적 표시설의 입장이 타당하다.

3. 성명모용사실 발견시의 법원의 조치

(1) 원고 측 모용의 경우

피모용자가 추인하지 않는 한 소를 각하하여야 하고, 소송비용은 모용자가 부담하게 된다(제108조, 제107조 제2항).

(2) 피고 측 모용의 경우

모용자의 소송관여를 배척하고 진정한 피고에게 기일통지를 하여야 한다.

4. 간과하고 본안판결시의 결론

(1) 판결의 효력이 미치는지 여부

① 행위설에 의하면 모용자가 당사자가 되므로 피모용자에게 판결의 효력이 미치지 아니하나, ② 의사설[71]에 의하면 피고 측 모용의 경우 피모용자가 당사자가 되어 그에게 판결의 효력이 미친다. ③ 표시설에 의하면 피모용자가 당사자가 되므로 판결의 효력이 피모용자에게 미치게 된다.

(2) 판결의 효력이 미칠 경우 피모용자 구제수단

피모용자는 무권대리인이 대리권을 행사한 경우 같이 판결 확정전이면 상소(제424조 제1항 제4호), 판결 확정 후이면 재심(제451조 제1항 제3호)을 제기하여 판결의 효력을 배제할 수 있다. 판례도 "당사자의 이름을 모용하고 이루어진 결정이 확정된 경우에는 적법하게 소송관계의 기회가 부여되지 아니한 것이 될 것으로서 본조 제1항 제3호에서 소송대리권의 흠결을 사유로 하여 재심의 소를 제기할 수 있다(대판 1964.3.31. 63다656)."고 하였다.

Ⅱ. 법인격부인과 당사자의 표시정정

1. 법인격부인론의 의의

회사의 독립된 법인격 그 자체는 인정하면서 특정한 법률관계에 한하여 회사의 법인격을 무시하고 그 배후에 있는 실체를 포착하여 구체적으로 타당한 해결을 추구하는 이론을 말한다.

2. 문제점

① 이 사건의 피고는 누구인지, ② 소송물은 몇 개인지, ③ 판결의 효력은 누구에게 미치는지 등의 여러 가지 문제가 제기되는데, 피고 변경의 방법에 대해 살펴본다.

---

71) 이 경우 원고 측 모용의 경우, 모용자의 의사에 따라 피모용자가 당사자가 된다는 견해가 있다(정동윤·유병현).

3. 당사자변경의 방법

(1) 학설

임의적 당사자변경설은 법인격부인이라 하여 법인의 존재 자체를 부인하는 것은 아니므로 일반적인 경우는 당사자의 변경이라고 한다(이시윤, 강현중, 전병서). 소송승계설은 부인되는 권리주체와 그 배후자가 형식적으로는 별개의 법인격이지만 실질적으로는 일체성을 가지고 있어 이를 조정할 필요가 있는 점, 절차의 안정성과 명확성을 꾀하여야 한다는 점을 고려하여 소송승계에 준하여 회사로부터 배후자로 참가(제81조)·인수승계(제82조)의 방법을 이용해야 한다고 본다(정동윤·유병현·김경욱).

(2) 판례

1) 소송법적 측면

판례는 구회사에 대한 승소확정판결의 효력이 새로 설립된 신회사에게 미치는가가 문제된 사안에서 "권리관계의 공권적인 확정 및 그 신속, 확실한 실현을 도모하기 위하여 절차의 명확·안정을 중시하는 소송절차 및 강제집행절차에 있어서는 그 절차의 성격상 구회사에 대한 판결의 기판력 및 집행력의 범위를 신회사에까지 확장하는 것은 허용되지 아니한다고 할 것이다(대결 1995.5.12. 93마44531)."라고 판시하였다.

2) 실체법적 측면

① 회사가 외형적으로는 법인의 형식을 갖추고 있으나 법인의 형태를 빌리고 있는데 지나지 않고, ② 실질적으로는 그 배후인 타인의 개인기업에 불과한 경우 그 배후인에 대하여도 회사의 행위책임을 추궁하는 것이 가능하다(대판 2008.9.11. 2007다90982). 기존회사가 채무를 면탈할 목적으로 기업의 형태·내용이 실질적으로 동일한 신설회사를 설립하였다면, 신설회사 설립은 기존회사의 채무면탈이라는 위법한 목적달성을 위하여 회사제도를 남용한 것이므로, 기존회사의 채권자에게 위 두 회사가 별개의 법인격을 갖고 있음을 주장하는 것은 신의성실 원칙상 허용될 수 없다 할 것이어서 기존회사의 채권자는 위 두 회사 어느 쪽에 대하여서도 채무 이행을 청구할 수 있다(대판 2011.5.13. 2010다94472; 대판 2013.2.15. 2011다103984).

3) 역적용

회사와 개인이 별개의 인격체임을 내세워 회사 설립 전 개인의 채무 부담행위에 대한 회사의 책임을 부인하는 것이 심히 정의와 형평에 반한다고 인정되는 때에는 회사에 대하여 회사 설립 전에 개인이 부담한 채무의 이행을 청구하는 것도 가능하다고 보아야 한다. 위와 같이 개인의 채무 부담행위에 대한 회사의 책임을 부인하는 것이 심히 정의와 형평에 반한다고 인정되어 회사에 대하여 개인이 부담한 채무의 이행을 청구하는 법리는 채무면탈을 목적으로 회사가 새로 설립된 경우뿐 아니라 같은 목적으로 기존 회사의 법인격이 이용되는 경우에도 적용된다(대판 2023.2.2. 2022다276703).

(3) 검토

일반적으로 구회사와 신회사는 다른 법인격을 가진 것이므로 제260조 등에 의한 당사자변경의 절차에 의할 것, 예외적으로 상대방에 대한 채무면탈을 목적으로 구회사와 인적구성이나 영업목적이 실질적으로 같은 신회사를 설립한 경우에 한하여 소송법상 동일성을 인정하여 당사자표시정정절차에 의해 소장의 피고 당사자란을 정정가능하다(수정임의적당사자변경설).

연습문제

서울특별시 관악구 대학동에 사는 甲은 시가 10억 원인 금으로 된 불상을 갖고 있는데, 이를 알게 된 개인 사찰 금불사(金佛寺, 부산광역시 금정구 장전동 소재) 주지 乙(주소지는 금불사와 동일)이 그 금불상은 자기가 소유권자이므로 인도하라고 요구하였다. 그러자 甲은 금불사를 피고로 하여 부산지방법원에 금불상의 소유권이 자기에게 있다는 소유권확인의 소를 제기하였다. (다음 설문은 각 독립적임)

물음 1) 甲의 소제기는 적법한가? 적법하지 않다면 이를 고치기 위해 법원과 당사자는 무엇을 해야 하는지를 설명하시오.

물음 2) 위와 사안과는 달리 甲은 주지 乙을 상대로 소유권확인의 소를 제기하였다. 법원이 乙의 주소지로 소장부본을 송달하였는데, 丙이 마치 자기가 乙인양 수령하였고 乙의 명의로 소송을 수행하였다. 이 경우 피고는 누구인지 논하고, 만약 법원이 이러한 사실을 모르고 청구를 인용하는 판결을 한 경우 乙이 취할 수 있는 소송상의 구제수단은 무엇인지 논하시오.

물음 3) 위 사안과는 달리 甲은 주지 乙의 대리인 丙과 금불상에 대해 10억 원을 대금으로 하는 매매계약을 체결하였으나, 대금을 지급받지 못하였다. 그래서 甲은 乙을 상대로 10억 원의 매매대금을 지급하라는 소를 제기하였다. 이에 乙은, 丙에게 위 매매계약에 관한 대리권을 수여한 바 없어 위 매매계약은 자신과 무관하고 따라서 이 사건 소는 의무 없는 자에 대하여 제기된 부적법한 것이라고 주장하였다. 이에 대하여 법원은 어떤 판단을 하여야 하는가?

I. 물음 1)에 대하여

1. 문제점

먼저 소가 적법하려면 소는 법원, 당사자, 청구로 이루어지므로, 이에 대한 소송요건이 적법하여야 한다(민사소송법 제248조). 이 경우 부산지방법원은 관할권이 있으므로, 법원에 대한 부분은 문제가 없다(제2조). 그리고 청구와 관련하여 주지 乙이 甲의 소유권을 다투고 있으므로 甲의 소는 확인의 이익도 있다(제250조). 그러나 당사자에 대한 소송요건과 관련하여 개인 사찰에 불과한 금불사가 적법한 당사자인지가 문제되고, 적법한 당사자가 아니라면 적법한 당사자인 주지 乙로 피고를 고치기 위해서 법원, 당사자가 하여야 하는 조치를 논해 보아야 한다(제51조, 제52조, 제136조).

2. 금불사가 적법한 당사자인지 여부

(1) 당사자능력의 의의

당사자능력이란 일반적으로 당사자가 될 수 있는 소송법상의 능력, 즉 소송법상의 모든 효과의 귀속주체가 될 수 있는 능력을 말한다. 원고나 피고가 될 수 있는 능력으로, 민법상의 권리능력에 대응하는 개념이다(제51조).

(2) 개인 사찰 금불사의 당사자능력

甲은 자연인이므로 당사자능력이 있지만(제51조), 개인 사찰 금불사는 문제가 있다. 통상 교회, 사찰 등 종교단체는 비법인사단(非法人社團)이다. 그것은 교회나 사찰의 명의로 다수인이 조직적인 활동을 하고 대표자가 있기 때문이다. 비법인사단은 민사소송법 제52조에 의하여 당사자능력이 있다(형식적 당사자개념). 그러나 개인 사찰에 불과한 금불사는 건물에 불과하고 비법인사단이 아니다. 따라서 금불사는 당사자능력이 없어 적법한 당사자가 아니다.

3. 당사자능력의 보정방법 – 고치는 방법

(1) 적법한 당사자

여기서는 금불사 주지인 개인 乙이 甲의 소유권을 다투고 있으므로 乙을 피고로 삼아야 할 것이다. 乙은 자연인이므로 당사자능력에 문제가 없기 때문이다(제51조).

(2) 고치는 방법

예를 들어 소장의 당사자란에 학교법인 대신에 학교, 대한민국 대신에 관계행정관청, 본점 대신에 지점, 점포주인 대신에 점포명 등을 당사자로 표시한 경우에 당사자란을 변경하는 방법이 문제된다. ① 통설·판례는 이를 명백한 오기로 보고 학교법인 등의 당사자능력자로 당사자를 확정하여 당사자표시정정이 가능하다고 본다(당사자표시정정설). 하지만 ② 유력설[72]은 피고경정(제260조)으로 가능하다고 한다(피고경정설).

(3) 검토

통설·판례가 소송의 심리순서에 반하는 문제점이 있기는 하지만, 제260조 피고의 경정은 제1심에서만 허용되고 요건이 엄격한 면이 있으므로, 심급의 제한 없이 허용되고 피고의 동의도 불필요한 당사자표시정정의 방식을 취하는 것이 소송경제상 타당하다.

4. 법원 및 당사자의 조치

(1) 법원의 조치

소장에 표시된 당사자가 잘못된 경우에 정당한 당사자능력이 있는 사람으로 당사자표시를 정정하게 하는 조치를 취함이 없이 바로 소를 각하할 수는 없다(대판 2002.3.29. 2001다83258). 따라서 부산지방법원은 정당한 당사자능력이 있는 주지 乙로 피고의 표시를 정정하게 하는 조치를 취해야 한다(석명권 행사; 제136조).

(2) 당사자의 조치

원고 甲은 피고의 경정이 아닌 당사자표시정정 신청을 하여 피고를 금불사에서 주지 乙로 고치면 된다.

Ⅱ. 물음 2)에 대하여

1. 성명모용소송의 의의 및 문제점

(1) 의의

성명모용소송이란 무단히 타인 명의로 소를 제기하여 소송을 수행하거나(원고 측 모용), 타인에 대한 소송에 무단히 타인명의로 응소하는 경우(피고 측 모용)와 같이 소장에 표시된 성명에는 아무런 잘못이 없는데 제3자가 타인의 성명을 모용하여 소송을 수행하는 것을 말한다.

---

[72] 즉, 유병현 교수는 "당사자능력이 없는 자를 있는 자로 변경하는 경우도 당사자 적격이 있는 자를 잘못 안 경우이다. 당사자 적격이란 "구체적인 소송에서 특정한 자를 위하여 법원이 절차를 진행하여 줄 필요가 있는가"의 문제이다. 사망자 또는 그밖에 당사자능력이 없는 자를 위하여 법원이 절차를 진행하여 줄 필요가 없음은 물론이다. 당사자능력이 없는 자를 당사자로 정한 경우에는 직접적으로 "그 자는 당사자능력이 없다."고 말하지만 그 사건에 관한 한 "당사자 적격자를 오인한 경우이다."라고 말할 수도 있는 것이다. 따라서 당사자능력이 없는 자를 있는 자로 바꾸는 그러한 경우도 곧바로 민사소송법 제260조의 적용대상이 되는 것이다."라고 하여 피고경정의 방법으로 당사자를 바꾸는 것이 타당하다고 한다(피고경정설).

(2) 문제점

이 경우 소장에 적혀 있는 乙(피모용자)이 당사자인지, 乙의 성명을 모용한 丙(모용자)이 당사자인지가 당사자 확정의 문제와 관련하여 문제되므로 이를 살펴본다. 그리고 판결의 효력이 乙에게 미칠 경우 乙의 소송법상 구제수단을 논하기로 한다.

2. 당사자 확정의 문제

(1) 문제점

학설은 소송의 목적인 권리관계의 주체인 자를 당사자로 보려는 권리주체설(실체법설)도 있으나, 이는 형식적당사자개념(제52조), 제3자 소송담당 등의 개념 등을 설명할 수 없어 현재는 주장되지 않으므로, 소송현상을 기준으로 당사자를 확정하려는 소송현상설(소송법설)을 중심으로 이를 살펴본다.

(2) 학설

이 경우 소송법설은 원고나 법원이 당사자로 삼으려는 자가 당사자 된다는 의사설, 소송상 당사자로 취급되거나 또는 당사자로 행동하는 자가 당사자라고 하는 행동설도 있으나, 소장에 나타난 당사자의 표시를 원칙으로 청구의 취지, 원인 그 밖의 일체의 기재사항 등 소장의 전체를 기준으로 합리적으로 해석, 판단해야 한다는 표시설 내지 실질적 표시설이 통설이다.

(3) 판례

1) 원칙

"피고명의를 모용하여 소송을 수행한 경우 마치 소송대리권 없는 자가 피고의 소송대리인으로 소송수행한 것과 차이가 없으며, 피모용자에게 판결의 효력이 미친다."고 하여 (실질적)표시설의 입장이다.

2) 예외

다만, "원고가 이미 사망한 피상속인을 피고로 표시하여 소를 제기한 경우에 있어서는 사실상의 피고는 사망자의 상속인이고, 상속인으로 표시정정이 허용된다."고 하여 의사설을 부분적으로 따르고 있다.

(4) 검토 및 사안의 경우

1) 검토

의사설은 원고의 의사에 의해 당사자를 확정하면 원고의 확정이 곤란하고 법원의 의사에 의한다면 처분권주의에 반한다는 문제점이 있고, 행위설도 어떠한 행위가 당사자로서의 행위인지가 불명확하다. 따라서 통설·판례인 실질적 표시설의 입장이 타당하다고 본다.

2) 사안의 경우

따라서 표시설에 의하면 소장에 적혀 있는 피모용자 乙이 당사자이다. 다만, 의사설은 甲의 의사에 따라 乙이 당사자가 되며, 행동설에 의하면 당사자로 행동하고 있는 丙이 당사자가 된다.

3. 乙의 소송상 구제수단

(1) 판결의 효력이 미치는지 여부

① 행위설에 의하면 모용자 丙이 당사자가 되므로 피모용자 乙에게 판결의 효력이 미치지 아니하나, ② 의사설에 의하면 피고 측 모용의 경우 피모용자 乙이 당사자가 되어 그에게 판결의 효력이 미친다. 그리고 ③ 표시설에 의하면 피모용자 乙이 당사자가 되므로 판결의 효력이 피모용자 乙에게 미치게 된다.

(2) 판결의 효력이 미칠 경우 피모용자 乙의 소송상의 구제수단

피모용자 乙은 무권대리인이 대리권을 행사한 경우 같이 판결 확정 전이면 상소(제424조 제1항 제4호), 판결 확정 후이면 재심(제451조 제1항 제3호)을 제기하여 판결의 효력을 배제할 수 있다(통설·판례).

Ⅲ. 물음 3)에 대하여

1. 문제점

사안의 경우에는 이행의 소의 경우에 피고 乙이 丙이 무권대리임을 주장하여 자신에게 의무가 없다고 주장하고 있는 경우이다. 따라서 乙의 주장이 정당하다면 피고(본안)적격을 갖추지 못한 자에게 소를 제기한 경우이므로, 이때 법원의 판단이 문제된다.

2. 이행의 소에서 당사자적격 구비 여부

원래 이행의 소에서는 자기가 이행청구권자임을 주장하는 자가 원고적격을 가지고 그로부터 이행의무자로 주장된 자가 피고적격을 가지는 것으로서, 원고의 주장 자체에 의하여 당사자적격 유무가 판가름되며, 원고·피고가 실제로 이행청구권자이거나 이행의무자임을 요하는 것은 아니다(대판 1994.6.14. 94다4797). 그러한 이행청구권이나 이행의무의 존부는 본안에서 판단할 사항인 것이다(법원실무제요, 민사소송(Ⅰ), 법원행정처, 2005, 264면).

3. 사안의 경우

다만, 사안의 경우는 매매대금지급을 구하는 이행의 소이므로, 甲의 乙에 대한 소는 당사자적격을 갖추어 일단 적법하고, 본안에서 乙의 주장을 심리해야 한다(당사자적격과 본안적격의 구별). 따라서 법원은 甲의 소는 의무 없는 자에 대하여 제기된 부적법한 것이라는 乙의 주장을 배척하고, 본안심리에 나아가서 판단하면 된다. 그리고 만약 乙의 주장이 정당하여 丙이 무권대리인이라면 법원은 甲의 청구를 기각해야 한다(통설·판례).

14 사망자당사자소송

CONTENTS

▌ 사망자당사자소송 노무사 8·11회

I. 서설

1. 소송은 비송사건과는 달리 이당사자대립구조를 취한다. 이러한 구조하에서 대립당사자의 존재는 소송요 건이자 법원의 직권조사사항이며 당사자능력의 전제가 된다. 이러한 이당사자대립구조를 관철한다면 일 방당사자 사망시, 소는 소송요건 흠결로 각하되어야 할 것이나, 이러한 결과는 피상속인 사망시 상속인 이 피상속인의 권리·의무를 포괄승계한다는 점과 소송경제의 관점에서 볼 때 불합리한 점이 있다.

2. 따라서 민사소송법은 소송계속 중의 당사자 일방의 사망은 소송절차의 중단·수계(제233조)나 소송승계(제 218조) 등의 문제로 대처하고 있다. 그러나 소제기 당시 이미 일방이 사망한 경우에 대하여는 규정이 없는 데, 이 경우 상속인과 피상속인 중 누구를 당사자로 볼 것인가(당사자확정)의 문제가 생긴다.

3. 그러므로 소송절차의 진행단계에 따라 당사자의 사망이 소송에 미치는 영향을 검토할 필요가 있다.

II. 소제기 전 사망의 경우의 문제(당사자확정의 문제)

1. 당사자확정의 기준

(1) 문제점

누가 당사자인지가 확정되어야 그 자가 당사자능력이 있는지, 당사자적격이 있는지 등을 판정할 수 있 으므로 이는 소송요건에 있어 항상 선행해야 하는 문제이다. 이는 민법상의 법률행위에 있어 당사자를 확정하는 것과 유사한 평면의 문제이다.

(2) 학설

1) 학설은 소송의 목적인 권리관계의 주체인 자를 당사자로 보려는 권리주체설(실체법설)도 있으나 이는 형식적 당사자개념(제52조), 제3자 소송담당 등의 개념 등을 설명할 수 없어 현재는 주장되지 않으므 로, 소송현상을 기준으로 당사자를 확정하려는 소송현상설(소송법설)을 중심으로 이를 살펴본다.

2) 이 경우 소송법설은 ① 원고나 법원이 당사자로 삼으려는 자가 당사자 된다는 의사설, ② 소송상 당사자로 취급되거나 또는 당사자로 행동하는 자가 당사자라고 하는 행동설(행위설), ③ 소송이 개시 되는 때에는 표시설에 의하되, 소송진행 뒤에는 누가 당사자로서 행동하였는가, 누가 분쟁주체로서 절차보장을 받았는가를 기준으로 당사자를 확정해야 한다는 규범분류설도 있으나, ④ 소장에 나타 난 당사자의 표시를 원칙으로 청구의 취지, 원인 그 밖의 일체의 기재사항 등 소장의 전체를 기준으 로 합리적으로 해석, 판단해야 한다는 표시설 내지 실질적 표시설이 통설이다.

(3) 판례

1) 원칙

판례는 "제3자가 피고를 참칭, 모용하여 소송을 진행한 끝에 판결이 선고되었다면 피모용자인 피고 는 그 소송에 있어서 적법히 대리되지 않는 타인에 의하여 소송절차가 진행됨으로 말미암아 결국 소송관여의 기회를 얻지 못하였다 할 것이니 피고는 상소 또는 재심의 소를 제기하여 그 판결의 취소를 구할 수 있다(대판 1964.11.17. 64다328 등)."고 하여 실질적 표시설의 입장이다.

2) 예외

사망자임을 모르고 그를 피고로 하여 소제기한 경우에는 "원고가 이미 사망한 당사자를 그 사망사실을 모르고 피고로 표시하여 소를 제기하였을 경우에 사실상의 피고는 사망자의 상속인이고, 다만 그 표시를 그릇한 것에 불과하다고 해석함이 타당하므로 사자를 피고로 하였다가 그 후 그 상속인들로 당사자표시를 정정하는 신청은 적법하다(대판 1983.12.27. 82다146 등)."고 하여 의사설을 부분적으로 따르고 있다.[73]

(4) 검토

의사설은 원고의 의사에 의해 당사자를 확정하면 원고의 확정이 곤란하고 법원의 의사에 의한다면 처분권주의에 반한다는 문제점이 있고, 행위설도 어떠한 행위가 당사자로서의 행위인지가 불명확하다. 그리고 규범분류설도 행위설의 문제점을 가지고 있다고 할 것이므로 통설·판례인 실질적 표시설의 입장이 타당하다고 본다.

2. 효과

(1) 소송요건 · 직권조사사항, 소각하 판결

당사자가 실재하는 것은 소송요건의 하나이므로, 당사자가 사망하였는지 여부는 법원이 직권으로 문제삼아 판단하여야 한다. 특히, 표시설에 의하면 사망자가 당사자이기 때문에 당사자가 실재하지 않는 소송이 되어 부적법하게 되며, 법원은 판결로 소를 각하하여야 한다.

(2) 소제기 전 사망을 간과한 판결의 효력

소제기 전 사망을 간과하고 판결한 경우 그 판결은 당연무효이다. 이 경우 그 판결이 상속인에게 송달되는 등으로 형식적으로 확정된 것 같은 외형이 생겼다고 하더라도 사망자를 상대로 한 판결이 상속인에 대하여 유효하게 된다고 할 수는 없다(대판 2017.5.17. 2016다274188). 다만, 심문절차 내지 변론절차를 거치지 않는 가압류·가처분신청에 대한 결정에 대해서는 ① 신청 전에 이미 사망한 경우에 그 결정은 무효가 되지만(대판 1982.10.26. 82다카884; 대결 1991.3.29. 89그9), ② 신청 후에 사망하였다면 이러한 결정은 유효가 된다(대판 1993.7.27. 92다48017).[74]

(3) 누락한 상속인에 대한 추가

사망자를 피고로 하여 제소한 제1심에서 원고가 상속인으로 당사자표시정정을 함에 있어서 일부상속인을 누락시킨 탓으로 그 누락된 상속인이 피고로 되지 않은 채 제1심판결이 선고된 경우에 원고는 항소심에서 그 누락된 상속인을 다시 피고로 정정·추가 할 수 없다(대판 1974.7.16. 73다1190).

---

73) 이시윤, 정동윤 등. 다만, 판례는 실질적 표시설의 입장에서 소장 전체의 취지를 상당히 신축적이고 탄력적으로 해석하여 당사자표시정정제도를 운용하고 있으므로, 판례가 사망한 사람을 당사자로 하는 소송의 경우에만 의사설을 부분적으로 채택하고 있는 것으로 이해할 이유가 없다는 견해도 있다(김홍엽).

74) 당사자 쌍방을 소환하여 심문절차를 거치거나 변론절차를 거침이 없이 채권자 일방만의 신청에 의하여 바로 내려진 처분금지가처분결정은 신청 당시 채무자가 생존하고 있었던 이상 그 결정 직전에 채무자가 사망함으로 인하여 사망한 자를 채무자로 하여 내려졌다고 하더라도 이를 당연무효라고 할 수 없다(대판 1993.7.27. 92다48017).

(4) 당연무효 판결에 대한 상소

당사자가 소제기 이전에 이미 사망하여 주민등록이 말소된 사실을 간과한 채 본안 판단에 나아간 원심 판결은 당연무효라 할 것이나, 민사소송이 당사자의 대립을 그 본질적 형태로 하는 것임에 비추어 사망한 자를 상대로 한 상고는 허용될 수 없다 할 것이므로, 이미 사망한 자를 상대방으로 하여 제기한 상고는 부적법하다(대판 2000.10.27. 2000다33775). 그러나 그 외관[75]을 제거하기 위한 상소는 유효하다. 즉, 무효인 가처분결정에 의하여 생긴 외관을 제거하기 위한 방편으로 가처분결정에 대한 이의신청으로써 그 취소를 구할 수 있다(대판 2002.4.26. 2000다30578).[76] 이 경우 상속인은 언제든지 상소를 할 수 있다.[77] 그리고 죽은 사람의 이름으로 항고를 제기하였더라도 실지 항고를 제기한 행위가 그의 상속인이었다면 항고장에 항고인의 표시를 잘못한 것으로 보고 이를 정정하게 하여야 한다(대결 1971.4.22. 71마279).

(5) 당연무효 판결에 대한 재심

원래 재심의 소는 종국판결의 확정력을 제거함을 그 목적으로 하는 것으로 확정된 판결에 대하여서만 제기할 수 있는 것이므로 소송수계 또는 당사자표시 정정 등 절차를 밟지 아니하고 사망한 사람을 당사자로 하여 선고된 판결은 당연무효로서 확정력이 없어 이에 대한 재심의 소는 부적법하다(대판 1994.12.9. 94다16564).

(6) 소제기 전 사망자 상대 소송의 판결이 상속인에게 미치는지 여부

표시설을 엄격하게 적용할 경우 당사자는 사망한 피상속인이지 상속인이 아니므로 그 판결의 효력이 상속인에게 미치지 않는다. 다만, 이 경우 피고가 사망자임을 모르고 소제기 하고 상속인이 현실적으로 소송에 관여하여 소송을 수행함으로써 상속인과 실질적인 소송관계가 성립된 경우라면 <u>신의칙상</u> 상속인에게 그 소송수행의 결과나 판결의 효력을 미치게 할 수 있다고 본다(통설).

Ⅲ. 소제기 후 소장부본 송달 전의 경우

1. 학설

당사자가 소송대리인에게 소송을 의뢰한 후 사망하거나 법원에 소장 발송 후 당사자가 사망한 경우에는 실질적으로 소송계속 후 변론종결 전에 당사자가 사망한 경우와 비슷하므로 제233조의 규정을 유추하여 상속인에게 소송수계를 인정해야 한다는 견해(이시윤), 이 경우는 아직 이당사자대립구조가 발현된 것이 아니므로 이러한 경우도 제소 전 사망의 경우와 동일하게 당사자확정의 문제로 취급하면 된다는 견해(정동윤·전병서)가 있다.

---

75) 외관의 의미에 대해서 ① 유효한 판결처럼 보이는 외관을 의미한다고 보는 견해(이시윤, 정동윤)가 있으나, ② 무효인 판결에 의해서 생긴 외관, 즉 무효인 판결에 의하여 경료된 등기·등록 등을 말한다고 이해하는 견해가 유력하다(김홍엽).

76) 이미 사망한 자를 채무자로 한 처분금지가처분신청은 부적법하고 그 신청에 따른 처분금지가처분결정이 있었다고 하여도 그 결정은 당연무효로서 그 효력이 상속인에게 미치지 않는다고 할 것이므로, 채무자의 상속인은 일반승계인으로서 무효인 그 가처분결정에 의하여 생긴 외관을 제거하기 위한 방편으로 가처분결정에 대한 이의신청으로써 그 취소를 구할 수 있다.

77) 소제기 전 사망을 간과한 판결은 당연무효이고, 상속인에 대한 송달도 무효이므로 상소기간이 진행되지 않는다고 보아야 한다.

2. 판례

(1) 소장 제출 후 소장부본 송달 전에 사망한 경우

사망자를 피고로 하는 소제기는 원고와 피고의 대립당사자 구조를 요구하는 민사소송법상의 기본원칙이 무시된 부적법한 것으로서 실질적 소송관계가 이루어질 수 없으므로, 그와 같은 상태에서 제1심판결이 선고되었다 할지라도 판결은 당연무효이며, 판결에 대한 사망자인 피고의 상속인들에 의한 항소나 소송수계신청은 부적법하다. 이러한 법리는 소제기 후 소장부본이 송달되기 전에 피고가 사망한 경우에도 마찬가지로 적용 된다(대판 2015.1.29. 2014다34041). (따라서) 사망자를 채무자로 하여 지급명령을 신청하거나 지급명령 신청 후 정본이 송달되기 전에 채무자가 사망한 경우에는 지급명령은 효력이 없다. 설령 지급명령이 상속인에게 송달되는 등으로 형식적으로 확정된 것 같은 외형이 생겼다고 하더라도 사망자를 상대로 한 지급명령이 상속인에 대하여 유효하게 된다고 할 수는 없다. 그리고 회생절차폐지결정이 확정되어 효력이 발생하면 관리인의 권한은 소멸하므로, 관리인을 채무자로 한 지급명령의 발령 후 정본의 송달 전에 회생절차폐지결정이 확정된 경우에도 채무자가 사망한 경우와 마찬가지로 보아야 한다(대판 2017.5.17. 2016다274188).

(2) 소송대리인에게 소송의뢰 후 사망한 경우

당사자가 사망하더라도 소송대리인의 소송대리권은 소멸하지 아니하므로(민사소송법 제95조 제1호), 당사자가 소송대리인에게 소송위임을 한 다음 소제기 전에 사망하였는데 소송대리인이 당사자가 사망한 것을 모르고 당사자를 원고로 표시하여 소를 제기하였다면 소의 제기는 적법하고, 시효중단 등 소제기의 효력은 상속인들에게 귀속된다. 이 경우 민사소송법 제233조 제1항이 유추적용되어 사망한 사람의 상속인들은 소송절차를 수계하여야 한다(대판 2016.4.29. 2014다210449).

Ⅳ. 소송계속 후 변론종결 전의 사망의 경우의 문제

1. 문제점

이 경우는 당연승계를 전제로 한 소송중단, 상속인에게로 수계사유가 될 뿐 당사자의 확정과는 무관하다. 따라서 이 경우 소송절차 중단과 관련하여 당연승계의 개념과 소송수계절차를 살펴볼 필요가 있다.

2. 중단요건

소송절차가 중단이 되기 위해서는 ① 소송계속 중 당사자사망, ② 상속인의 존재, ③ 소송물인 권리의무가 상속의 대상이 되어야 한다(제233조). 그리고 피상속인의 사망 전에 선임된 ④ 소송대리인이 없어야 한다(제238조).

3. 당연승계의 개념인정 여부와 소송수계절차와의 비교

(1) 의의

당연승계란 실체법상 사망 등의 포괄승계의 원인이 있으면 소송법상으로도 당사자의 지위는 포괄승계인에게 그대로 이전한다는 것을 말한다.

(2) 판례

"당사자가 사망하여 실재하지 아니한 자를 당사자로 하여 소가 제기된 경우는 당초부터 원고와 피고의 대립당사자 구조를 요구하는 민사소송법상의 기본원칙이 무시된 것이므로, 그와 같은 상태 하에서의 판결은 당연무효라고 할 것이지만 일응 대립당사자 구조를 갖추고 적법히 소가 제기되었다가 소송도중 어느 일방의 당사자가 사망함으로 인해서 그 당사자로서의 자격을 상실하게 된 때에는 그 대립당사자 구조가 없어져 버린 것이 아니고, 그때부터 그 소송은 그의 지위를 당연히 이어 받게 되는 상속인들과의 관계에서 대립당사자 구조를 형성하여 존재하게 되는 것이고 … (대판 1995.5.23. 94다28444 전합)."라고 하여 긍정하는 입장이다.

(3) 소송의 당연승계와 소송절차의 수계

소송의 당연승계는 당사자가 사망한 경우 실체법상 피상속인의 권리의무가 상속인에게 승계되고 그것에 대응하여 소송법상 상속인이 피상속인에 대신하여 즉시 당연히 당사자의 지위에 서게 되는 것을 이른다. 이때 소송절차에 참여할 상속인의 이익보호를 위해 절차가 일시중단되고(제233조), 상속인은 당사자로서 소송을 속행하기 위하여 절차를 수계하게 된다. 바로 이것이 소송절차의 수계의 개념이다. 즉, 상속인은 수계하는 것에 의하여 당사자로 되는 것(이렇게 보는 입장이 최근의 당연승계부정설의 입장이다)이 아니고, 상속으로 말미암아 당사자로 되는 것에 의해 수계하지 않으면 안 되는 것이다(전병서). 소송의 승계와 소송절차의 수계는 이렇듯 표현은 유사하지만 당연승계의 경우에 개념적으로 확실히 구별해야 할 개념이다.

4. 중단의 해소

(1) 의의

수계신청이란 당사자 측에서 중단된 절차가 계속 진행되도록 속행을 구하는 신청을 말한다.

(2) 수계신청권자

소송절차의 중단은 수계신청이나 법원의 속행명령에 의하여 해소된다. 수계신청권자는 상속인, 상속재산관리인, 유언집행자 또는 수증자들이고(제233조), 상대방도 수계신청을 할 수 있다(제241조).

(3) 수계신청법원

종국판결이 송달된 뒤에 중단된 경우에 수계신청을 어디에 내어야 하는지 문제된다. 통설은 제243조 제2항과 제397조(상소장의 원법원제출주의)를 근거로 원법원에 해야 한다는 원심법원설이지만, 원법원 또는 상소법원에 수계신청을 할 수 있다는 선택설(판례: 대판 1996.2.9. 94다61649)이 당사자의 절차권 보장을 위해 타당하다고 본다.

(4) 수계신청절차

1) 형식

수계신청은 신수행자가 수계의 의사를 명시하여 서면 또는 말로 할 수 있다(제161조). 다만, 상대방에게 이를 통지하여야 하므로(제242조) 서면으로 하는 것이 보통이다[주석 민사소송법(Ⅲ), 507면]. 그 신청에 있어서 새로운 수행자는 절차속행의 의사를 표명하는 외에 직권조사에 대비하기 위하여 새로운 수행자의 자격이나 권한을 증명하는 자료, 예를 들면 가족관계증명서, 상업등기부등본, 파산법원의 증명서 등도 제출하여야 한다. 수계신청에는 소정의 인지를 붙여야 한다(민사소송등인지법 제10조).

2) 실질적 판단

수계신청인가의 여부는 명칭에 구애됨이 없이 실질적으로 판단하여야 한다. 따라서 기일지정신청 또는 당사자표시정정신청도 경우에 따라 수계신청으로 볼 수 있다(수계신청도 당사자표시정정으로 선해할 수 있다)는 것이 판례이다(대판 1980.10.14. 80다623 · 624). 묵시의 수계도 가능하다(대판 1955.7.7. 4288민상53).

3) 통지

소송절차의 수계신청이 있는 때에는 법원은 상대방에게 이를 통지하여야 한다(제242조).

(5) 수계에 관한 재판

1) 소송절차의 수계신청은 법원이 직권으로 조사하여 이유가 없다고 인정한 때에는 결정으로 기각하여야 한다(제243조 제1항). 이 결정에 대해서는 통상항고를 할 수 있다. 기각이 되면 중단은 해소되지 않기 때문에 새로운 수계신청이 필요하다. 진정한 수계인이 아닌 참칭수계인임에도 이를 간과한 채 받아들여 본안판결을 하였을 때에는 진정한 수계인에 대한 관계에서는 소송은 중단 상태에 있지만, 참칭수계인에 대해서는 기판력이 미친다(대판 1981.3.10. 80다1895).

2) 재판이 송달된 뒤에 중단된 소송절차의 수계에 대하여는 그 재판을 한 법원이 결정하여야 한다(동조 제2항). 판례는 "소송수계신청의 적법 여부는 법원의 직권조사사항으로서 조사결과 수계가 이유 없다고 인정한 경우에는 이를 기각하여야 하나 이유 있을 때에는 별도의 재판을 할 필요 없이 그대로 소송절차를 진행할 수 있는 것이다(대판 1984.6.12. 83다카1409)."고 한다.

(6) 법원의 속행명령

법원은 당사자가 소송절차를 수계하지 아니하는 경우에 직권으로 소송절차를 계속하여 진행하도록 명할 수 있다(제244조).

5. 당사자사망을 간과하고 한 판결의 효력

(1) 문제점

소송계속 중에 당사자가 사망하면 소송은 중단의 예외사유가 없는 한, 소송절차는 중단되어야 하지만 이를 간과하고 판결을 한 경우에 유효한 판결인지가 문제된다.[78]

---

78) 학설은 ① 당연승계부정설을 근거로 상속인에 의한 수계가 행해지지 않는 한 이는 당사자가 실재하지 아니한 소송으로서 무효가 된다는 무효설(호문혁)도 있으나, ② 당연승계를 긍정하는 전제에서 이 경우 상속인은 즉시 당연히 소송법상 당사자가 되는 것이므로 이당사자대립구조가 무너진 것이 아니고 쌍방심리주의를 보장한다는 소송절차의 중단을 간과한 것에 불과하므로 위법하기는 하지만 일응 유효한 판결이라는 위법설(= 유효설)이 통설이다.

(2) 판결의 효력

과거에는 "항소심 소송계속중 당사자가 사망하여 소송이 중단되었으나 소송수계 등 절차를 밟음이 없이 그대로 소송이 진행되어 판결이 선고된 경우 이는 사망한 사람을 당사자로 하여 한 판결로서 당연무효라 할 것이다(대판 1992.6.12. 92다13394 등)."라고 하여 상고의 대상적격도 부정하였다. 그러나 변경된 판례는 "소송계속 중 어느 일방 당사자의 사망에 의한 소송절차 중단을 간과하고 변론이 종결되어 판결이 선고된 경우에는 그 판결은 소송에 관여할 수 있는 적법한 수계인의 권한을 배제한 결과가 되는 절차상 위법은 있지만 그 판결이 당연무효라 할 수는 없고, 다만 그 판결은 대리인에 의하여 적법하게 대리되지 않았던 경우와 마찬가지로 보아 대리권흠결을 이유로 상소 또는 재심에 의하여 그 취소를 구할 수 있을 뿐이므로, 판결이 선고된 후 적법한 상속인들이 수계신청을 하여 판결을 송달받아 상고하거나 또는 사실상 송달을 받아 상고장을 제출하고 상고심에서 수계절차를 밟은 경우에도 그 수계와 상고는 적법한 것이라고 보아야 하고, 그 상고를 판결이 없는 상태에서 이루어진 상고로 보아 부적법한 것이라고 각하해야 할 것은 아니다(대판 1995.5.23. 94다28444 전합)."라고 하여 위법설(= 유효설)의 입장을 취하고 있다.

(3) 위법한 판결의 추인

소송절차의 중단을 간과한 판결이 반드시 수계인 등 당사자에게 불리한 것은 아니므로, 위법설에 의하면 당사자는 이를 추인할 수 있고, 추인되면 상소사유 또는 재심사유가 소멸한다(대판 2003.11.14. 2003다 34038).[79] 추인은 상고심에서도 할 수 있다. 당사자의 추인은 명시적 또는 묵시적으로 할 수 있다(대판 1995.5.23. 94다28444 전합).

(4) 판결의 형식적 확정

판결은 선고로 효력이 생긴다(제205조). 그러나 형식적 확정은 상고심 판결의 경우에는 선고와 동시에 생기므로 그 시기가 문제되지 않지만, 제1심판결 및 항소심판결의 경우에는 원칙적으로 상소기간 내에 상소를 제기하지 않은 경우에 생긴다(제498조). 따라서 소송절차 중단 중에 판결정본 송달은 무효이고, 소송절차 중단 중에는 상소기간의 진행도 정지되므로(제247조 제2항), 절차 중단이 해소되기 전까지는 그 판결의 형식적 확정은 이루어질 수 없다. 그러므로 판결이 형식적으로 확정되기 위해서는 먼저 중단 사유가 발생한 당사자나 상대방의 적법한 수계신청 또는 법원의 속행명령에 의하여 소송절차 중단이 해소된 다음 판결서 송달부터 하여야 한다[주석 민사소송법(Ⅲ), 531면].

---

79) 소송 계속중 어느 일방 당사자의 사망에 의한 소송절차 중단을 간과하고 변론이 종결되어 판결이 선고된 경우에는 그 판결은 소송에 관여할 수 있는 적법한 수계인의 권한을 배제한 결과가 되는 절차상 위법은 있지만 그 판결이 당연무효라 할 수는 없고, 다만 그 판결은 대리인에 의하여 적법하게 대리되지 않았던 경우와 마찬가지로 보아 대리권흠결을 이유로 상소 또는 재심에 의하여 그 취소를 구할 수 있을 뿐이므로, 판결이 선고된 후 적법한 상속인들이 수계신청을 하여 판결을 송달받아 상고하거나 또는 사실상 송달을 받아 상고장을 제출하고 상고심에서 수계절차를 밟은 경우에도 그 수계와 상고는 적법한 것이라고 보아야 하고, 그 상고를 판결이 없는 상태에서 이루어진 상고로 보아 부적법한 것이라고 각하해야 할 것은 아니고, 민사소송법 제424조 제2항을 유추하여 볼 때 당사자가 판결 후 명시적 또는 묵시적으로 원심의 절차를 적법한 것으로 추인하면 위와 같은 상소사유 또는 재심사유는 소멸한다고 보아야 한다.

(5) 판결의 집행

1) 문제점

소송계속 중의 사망을 간과하고 판결이 선고되어 형식적으로 확정된 경우, 확정되지 아니한 가집행선고부판결의 경우, 이미 사망한 자가 당사자로 표시된 판결에 기하여 승계인이 강제집행을 하거나 승계인에 대하여 강제집행을 하기 위해서는 소송상 지위를 당연승계한 상속인의 이름으로 집행문을 부여 받아야 하는데, 그 방법이 문제된다.

2) 집행문 부여 방법

판결문상 당사자 표시가 실질적 당사자와 달리 표시된 것이므로 우선 제211조에 의한 판결경정결정에 의하여 판결문상 당사자표시를 승계인으로 시정한 후 승계인 명의로 통상의 집행문을 부여받아야 한다는 판결경정설(조관행)과 민사집행법 제31조를 유추적용하거나 준용하여 승계집행문을 부여받아야 한다는 승계집행문설(유병현)이 있다. 판례는 "소송계속 중 어느 일방 당사자의 사망에 의한 소송절차 중단을 간과하고 변론이 종결되어 판결이 선고된 경우에는 그 판결은 소송에 관여할 수 있는 적법한 수계인의 권한을 배제한 결과가 되는 절차상 위법은 있지만 그 판결이 당연 무효라 할 수는 없고, 다만 그 판결은 대리인에 의하여 적법하게 대리되지 않았던 경우와 마찬가지로 보아 대리권 흠결을 이유로 상소 또는 재심에 의하여 그 취소를 구할 수 있을 뿐이므로, 이와 같이 사망한 자가 당사자로 표시된 판결에 기하여 사망자의 승계인을 위한 또는 사망자의 승계인에 대한 강제집행을 실시하기 위하여는 민사소송법 제481조(현 민사집행법 제31조)를 준용하여 승계집행문을 부여함이 상당하다(대결 1998.5.30. 98그7)."고 하여 승계집행문설의 입장이다.

V. 변론종결 뒤의 사망

1. 변론종결 뒤, 판결 선고 전에 사망한 경우

이 경우 법원은 판결을 선고할 수도 있다(제247조 제1항). 변론이 종결된 이상 당사자가 관여할 소송행위가 없는 것이 보통이고, 신속히 판결을 선고하는 것이 적당하기 때문이다. 판결 선고가 적법하기 위해서는 중단 전에 선고기일이 지정되어 유효한 고지가 있어야 한다.[80] 중단 후에는 기일지정을 할 수 없기 때문이다. 중단 중에 적법하게 선고된 판결이라고 하더라도 중단 중에 이를 송달하는 행위는 효력이 없으므로[81], 그 송달은 중단 해소 후에 하여야 한다.

---

80) 판결의 선고는 당사자가 재정하지 아니하는 경우에도 할 수 있는 것이므로 법원이 적법하게 변론을 진행한 후 이를 종결하고 판결선고기일을 고지한 때에는 재정하지 아니한 당사자에게도 그 효력이 있는 것이고, 그 당사자에 대하여 판결선고기일 통지서를 송달하지 아니하였다 하여도 이를 위법이라고 할 수 없다(대판 2003.4.25. 2002다72514).

81) 피고가 변론종결 후에 사망한 상태에서 판결이 선고된 경우, 망인에 대한 판결정본의 공시송달은 무효이고, 상속인이 소송절차를 수계하여 판결정본을 송달받기 전까지는 그에 대한 항소제기 기간이 진행될 수도 없다(대판 2007.12.14. 2007다52997).

2. 판결 선고 후, 판결 확정 전에 사망한 경우

이 경우는 판결문 송달의 문제가 생기는데 소송수계를 한 승계인에게 송달되어야 한다. 그리고 소송대리인이 있어 절차가 중단되지 않는 경우에는 소송대리인에게 송달이 행해져야 할 것이나, 판례는 본인(상속인)에게 송달이 되어도 위법한 것은 아니라고 한다(대결 1964.5.12. 63아37).

3. 판결이 확정된 후에 사망한 경우

이 경우 판결의 기판력은 변론 종결 뒤의 승계인인 상속인에게 당연히 미친다(제218조). 그리고 이 판결을 집행하기 위해서는 승계집행문을 부여받아야 한다(민사집행법 제31조; 유병현). 다만, 판결의 경정(제211조)이 가능하다고 보는 견해도 있다(조관행).

VI. 기타문제

1. 공동소송의 경우

통상공동소송의 경우 당해 사망자와 그 상대방 사이에서만 중단되나(제66조), 필수적 공동소송의 경우 전원에 대하여 중단의 효과가 발생한다(제67조).

2. 보조참가의 경우

보조참가인이 사망한 경우 보조참가인은 당사자가 아니므로, 본소송은 중단되지 않는다. 다만, 공동소송적 보조참가인의 경우에는 소송절차가 중단된다(제78조).

3. 선정당사자의 경우

선정당사자의 일부가 사망한 경우에는 중단되지 않으며, 다른 선정당사자가 소송을 속행한다(제54조). 선정당사자의 전원이 사망한 경우에는 선정당사자 전원 또는 새로운 선정당사자가 소송을 수계할 때까지 중단된다(제237조 제2항). 선정자가 사망한 경우에는 선정당사자의 자격에 영향을 미치지 않는다.

4. 태아가 당사자인 경우

태아의 당사자능력을 인정하는 학설 중 해제조건설에 의하면, 소송계속 중에 사산되면 당사자능력 흠결로서 소를 각하할 것이고, 판결 확정 후 사산되는 경우에는 무효 판결이 된다.

| 2020년 공인노무사 |

甲(수원에 주소를 두고 살고 있음)은 대전에 소재한 자기 토지를 乙(대구에 주소를 두고 살고 있음)에게 매도하고 매매잔대금 1억 원을 받지 못하여, 그 지급을 구하는 소를 대전지방법원에 제기하였다. 이후에 甲은 乙이 소제기 이전에 사망하였다는 사실과 乙의 유일한 상속인인 丙(대구에 주소를 두고 살고 있음)이 있다는 사실을 알게 되었다. 甲은 피고를 丙으로 바꾸는 신청을 하였고 법원은 당사자표시정정하여 피고를 丙으로 바꾸었다. 다음 물음에 답하시오.

丙은 이 사건 법원의 당사자표시정정은 부적법하다고 주장하였다. 丙의 이 주장이 타당한지를 논하시오. (25점)

Ⅰ. 문제의 소재

丙은 이 사건 법원의 당사자표시정정은 부적법하다고 주장을 타당성을 논하기 위해서는 사안의 피고가 乙인지, 丙인지, 즉 당사자의 확정과 관련이 있다. 왜냐하면 당사자가 乙로 확정되어 있다면 상속인 丙으로 고치는 것은 동일성이 없는 것이므로 피고의 경정으로 고쳐야 하지만, 丙으로 확정되어 동일성이 있다면 당사자표시정정은 적법하게 되기 때문이다. 따라서 이하에서는 당사자확정의 기준을 살펴보고 이에 따라 丙의 주장의 타당성을 논하여 보기로 한다.

Ⅱ. 당사자 확정의 문제

1. 문제점

학설은 소송의 목적인 권리관계의 주체인 자를 당사자로 보려는 권리주체설(실체법설)도 있으나, 이는 형식적 당사자개념(제52조), 제3자 소송담당 등의 개념 등을 설명할 수 없어 현재는 주장되지 않으므로, 소송현상을 기준으로 당사자를 확정하려는 소송현상설(소송법설)을 중심으로 이를 살펴본다.

2. 학설

이 경우 소송법설은 ① 원고나 법원이 당사자로 삼으려는 자가 당사자 된다는 의사설, ② 소송상 당사자로 취급되거나 또는 당사자로 행동하는 자가 당사자라고 하는 행위설도 있으나, ③ 소장에 나타난 당사자의 표시를 원칙으로 청구의 취지, 원인 그 밖의 일체의 기재사항 등 소장의 전체를 기준으로 합리적으로 해석, 판단해야 한다는 표시설 내지 실질적 표시설이 통설이다.

3. 판례

(1) 원칙

판례는 "제3자가 피고를 참칭, 모용하여 소송을 진행한 끝에 판결이 선고되었다면 피모용자인 피고는 그 소송에 있어서 적법히 대리되지 않는 타인에 의하여 소송절차가 진행됨으로 말미암아 결국 소송관여의 기회를 얻지 못하였다 할 것이니 피고는 상소 또는 재심의 소를 제기하여 그 판결의 취소를 구할 수 있다(대판 1964.11.17. 64다328 등)."고 하여 실질적 표시설의 입장이다.

(2) 예외

다만, 사망자임을 모르고 그를 피고로 하여 소제기 한 경우에는 "원고가 이미 사망한 당사자를 그 사망사실을 모르고 피고로 표시하여 소를 제기하였을 경우에 사실상의 피고는 사망자의 상속인이고, 다만 그 표시를 그릇한 것에 불과하다고 해석함이 타당하므로 사망자를 피고로 하였다가 그 후 그 상속인들로 당사자표시를 정정하는 신청은 적법하다(대판 1983.12.27. 82다146 등)."고 하여 의사설을 부분적으로 따르고 있다.[82]

4. 검토 및 사안의 경우

(1) 검토

의사설은 원고의 의사에 의해 당사자를 확정하면 원고의 확정이 곤란하고 법원의 의사에 의한다면 처분권주의에 반한다는 문제점이 있고, 행위설도 어떠한 행위가 당사자로서의 행위인지가 불명확하다. 따라서 일반적으로는 통설인 실질적 표시설의 입장이 타당하다고 본다. 그러나 사안과 같이 소제기 전 사망의 경우에는 소송경제상 예외적으로 의사설을 취하여 당사자표시정정의 방법을 취하는 판례가 타당하다고 본다.

(2) 사안의 경우

표시설에 의하면 소장에 표시된 乙이 당사자가 된다. 하지만 판례가 타당하므로, 판례에 의하면 예외적으로 丙이 피고가 된다.

---

82) 이시윤, 정동윤 등. 다만, 판례는 실질적 표시설의 입장에서 소장 전체의 취지를 상당히 신축적이고 탄력적으로 해석하여 당사자표시정정제도를 운용하고 있으므로, 판례가 사망한 사람을 당사자로 하는 소송의 경우에만 의사설을 부분적으로 채택하고 있는 것으로 이해할 이유가 없다는 견해도 있다(김홍엽).

Ⅲ. 丙 주장의 타당성 – 보정의 방법

1. 당사자표시정정과 임의적 당사자변경

(1) 의의

당사자표시정정은 동일성이 있는 한도에서 소장의 당사자란을 변경하는 것을 말한다. 동일성이 없는 경우 당사자를 변경하는 임의적 당사자변경(피고경정)과는 다르다. 특히 판례는 당사자의 동일성을 해하는 임의적 당사자변경은 법에 규정이 없다면 허용하지 않으며, 동일성이 유지되는 표시정정만을 허용하고 있다.

(2) 사안의 경우

표시설을 따르면, 甲이 피고를 乙에서 상속인 丙으로 바꾸려는 신청은 임의적 변경, 즉 피고의 경정을 신청하는 것이 된다. 다만, 판례와 같이 예외적으로 의사설을 취하면 피고가 상속인 丙으로 확정되므로, 당사자표시정정으로 피고를 바꿀 수 있을 것이다.

2. 丙의 당사자표시정정이 부적법하다는 주장의 타당성

표시설을 일관하다면 사안의 경우에도 乙이 당사자로 확정되어, 피고 乙을 丙으로 고치는 방법은 임의적 당사자변경, 즉 피고경정의 방법을 취해야 한다. 그러나 판례에 의하면 상속인 丙으로 당사자가 확정되므로, 피고 乙을 丙으로 고치는 방법은 당사자표시정정이 된다. 따라서 당사자표시정정은 적법하므로, 丙의 주장은 타당하지 못하다.

Ⅳ. 사안의 해결

1. 소제기 전 사망의 경우는 당사자확정의 문제가 되며, 이 경우에는 판례에 따라 소장에 표시된 乙이 아니라 상속인 丙으로 확정된다. 따라서 피상속인 乙을 상속인 丙으로 고치는 방법은 피고의 경정이 아닌 당사자표시정정의 방법을 취하면 된다.

2. 그러므로 丙의 당사자표시정정이 부적법하다는 주장은 타당하지 못하다.

乙 회사의 근로자 丙이 업무상 운전하던 차량이 보행자 甲을 충격하여 부상을 입혔다. 甲이 乙 회사를 피고로 하여 제기한 교통사고로 인한 손해배상청구의 소(전소)에서 丙이 乙 회사 측에 보조참가하여 소송이 진행되었고, 법원은 丙의 운전상의 과실을 인정하여 甲 청구인용판결을 선고하여 이 판결이 확정되었다. 그 후 乙 회사가 丙을 피고로 위 손해배상에 대한 구상금을 청구하는 소(후소)를 제기하였다. 다음 물음에 답하시오.

물음 1)   후소에서 丙은 소송대리인을 선임하지 않고 소송을 수행하던 중 사망하였다. 법원은 丙의 사망 사실을 간과하고 변론을 진행한 후 乙 회사 청구인용판결을 선고하였다. 이 판결은 丙의 상속인에게 효력이 미치는지 설명하시오. (15점)

목차

Ⅰ. 문제의 소재

먼저 소송계속 중 丙이 사망한 경우, 소송절차가 중단 되는지가 문제되며, 중단된다면 중단을 간과하고 판결을 한 경우, 그 판결이 유효인지, 무효인지가 丙의 상속인에게 효력이 미치는지와 관련하여 문제가 된다(제233조, 제238조).

Ⅱ. 소송절차 중단의 의의, 취지

1. 의의

중단이라 함은 당사자나 소송행위자에게 소송수행 할 수 없는 사유가 발생하였을 경우에 새로운 소송수행자가 나타나 소송에 관여 할 수 있을 때까지 법률상 당연히 절차의 진행이 정지되는 것을 이른다(제233조 등).

2. 취지

이는 쌍방심리주의를 관철시켜 당사자권 침해를 방지하여 소송의 적정, 공평을 실현하자는 것이 그 취지이다.

Ⅲ. 중단의 요건

1. 요건

소송당사자의 사망으로 소송절차가 중단되는 것은(제233조 제1항), ① 사망시기가 소송계속 후이고, ② 소제기 후에 사망하여도 소송물인 권리의무가 상속의 대상이 되고, ③ 상속인이 존재할 때에 한한다. 즉, 소제기 전에 당사자가 사망한 경우에는 당사자확정의 문제가 될 뿐이고, 소송물인 권리의무가 그 당사자의 사망으로 소멸하거나 혹은 그 성질이 일신전속적인 것인 때에는 소송절차는 중단되는 것이 아니고 종료되는 것이다. 단, ④ 예외적으로 중단사유가 생긴 당사자 측에 소송대리인이 있으면 소송절차는 중단되지 않는다(제238조). 하지만 심급대리의 원칙상 당해 심급의 판결이 당사자에게 송달되면서 소송절차는 중단된다는 것이 판례이다(대판 1983.10.25. 83다카850).

2. 사안의 경우

사안의 경우는 ① 피고 丙이 소송계속 중 사망하였고, ② 소송물인 구상금지급채무는 상속의 대상이 되며, ③ 상속인이 존재하고, ④ 소송대리인도 없으므로, 소송절차는 중단된다.

Ⅳ. 당연승계의 개념인정 여부 및 당사자사망을 간과하고 한 판결의 효력

1. 당연승계의 의의 및 인정 여부

(1) 의의

당연승계란 실체법상 사망 등의 포괄승계의 원인이 있으면 소송법상으로도 당사자의 지위는 포괄승계인에게 그대로 이전한다는 것을 말한다.

(2) 인정 여부

부정설은 민사소송법상 형식적 당사자개념(제52조)과 불일치한다는 이유로 부정하는 견해(호문혁)이다. 긍정설은 포괄승계는 그 원인이 있으면 피상속인의 지위(즉, 권리·의무)는 상속인에게 당연히 이전된다는 면에서 소송상의 지위도 피상속인의 지위인 이상 이 지위도 당연히 이전된다고 보아야 한다는 견해로 통설·판례의 태도이다.

(3) 검토

수계신청은 상대방도 할 수 있다는 점(제241조), 중단의 해소는 당사자의 수계신청 뿐 아니라 법원의 속행명령에 의해 해소될 수도 있다(제244조)는 점을 고려한다면 수계신청에 창설적 효력을 인정하기는 힘들다는 점, 제238조는 당연승계를 전제로 한 것이라는 점에 비추어 이를 긍정하는 통설·판례가 타당하다.

2. 당사자사망을 간과하고 한 판결의 효력

(1) 문제점

소송계속 중에 당사자가 사망하면 소송은 중단의 예외사유가 없는 한, 소송절차는 중단되어야 하지만 이를 간과하고 판결을 한 경우에 유효한 판결인지가 문제된다.

(2) 학설

① 당연승계부정설을 근거로 상속인에 의한 수계가 행해지지 않는 한 이는 당사자가 실재하지 아니한 소송으로서 무효가 된다는 무효설(호문혁)도 있으나, ② 당연승계를 긍정하는 전제에서 이 경우 상속인은 즉시 당연히 소송법상 당사자가 되는 것이므로 이당사자대립구조가 무너진 것이 아니고 쌍방심리주의를 보장한다는 소송절차의 중단을 간과한 것에 불과하므로 위법하기는 하지만 일응 유효한 판결이라는 위법설(= 유효설)이 통설이다.

(3) 판례

1) 판례는 과거에는 "항소심 소송계속중 당사자가 사망하여 소송이 중단되었으나 소송수계등 절차를 밟음이 없이 그대로 소송이 진행되어 판결이 선고된 경우 이는 사망한 사람을 당사자로 하여 한 판결로서 당연무효라 할 것이다(대판 1992.6.12. 92다13394 등)."라고 하여 상고의 대상적격도 부정하였다.

2) 그러나 변경된 판례는 "소송계속 중 어느 일방 당사자의 사망에 의한 소송절차 중단을 간과하고 변론이 종결되어 판결이 선고된 경우에는 그 판결은 소송에 관여할 수 있는 적법한 수계인의 권한을 배제한 결과가 되는 절차상 위법은 있지만 그 판결이 당연무효라 할 수는 없고, 다만 그 판결은 대리인에 의하여 적법하게 대리되지 않았던 경우와 마찬가지로 보아 대리권흠결을 이유로 상소 또는 재심에 의하여 그 취소를 구할 수 있을 뿐이므로, 판결이 선고된 후 적법한 상속인들이 수계신청을 하여 판결을 송달받아 상고하거나 또는 사실상 송달을 받아 상고장을 제출하고 상고심에서 수계절차를 밟은 경우에도 그 수계와 상고는 적법한 것이라고 보아야 하고, 그 상고를 판결이 없는 상태에서 이루어진 상고로 보아 부적법한 것이라고 각하해야 할 것은 아니다(대판 1995.5.23. 94다28444 전합)."고 하여 위법설[83](= 유효설)의 입장을 취하고 있다.

3) 그리고 최근에는 사안과는 달리 소제기 전 사망 사안이지만 "당사자가 사망하더라도 소송대리인의 소송대리권은 소멸하지 아니하므로(민사소송법 제95조 제1호), 당사자가 소송대리인에게 소송위임을 한 다음 소제기 전에 사망하였는데 소송대리인이 당사자가 사망한 것을 모르고 당사자를 원고로 표시하여 소를 제기하였다면 소의 제기는 적법하고, 시효중단 등 소제기의 효력은 상속인들에게 귀속된다. 이 경우 민사소송법 제233조 제1항 이 유추적용 되어 사망한 사람의 상속인들은 소송절차를 수계하여야 한다(대판 2016.4.29. 2014다210449)."고 한 판시와 "사망자를 피고로 하는 소제기는 원고와 피고의 대립당사자 구조를 요구하는 민사소송법상의 기본원칙이 무시된 부적법한 것으로서 실질적 소송관계가 이루어질 수 없으므로, 그와 같은 상태에서 제1심판결이 선고되었다 할지라도 판결은 당연무효이며, 판결에 대한 사망자인 피고의 상속인들에 의한 항소나 소송수계신청은 부적법하다. 이러한 법리는 소제기 후 소장부본이 송달되기 전에 피고가 사망한 경우에도 마찬가지로 적용된다(대판 2015.1.29. 2014다34041)."고 한 판시가 있다.

---

83) 회사합병의 경우에도 "소송계속 중 회사인 일방 당사자의 합병에 의한 소멸로 인하여 소송절차 중단 사유가 발생하였음에도 이를 간과하고 변론이 종결되어 판결이 선고된 경우에는 그 판결은 소송에 관여할 수 있는 적법한 수계인의 권한을 배제한 결과가 되는 절차상 위법은 있지만 그 판결이 당연무효라 할 수는 없고, 다만 그 판결은 대리인에 의하여 적법하게 대리되지 않았던 경우와 마찬가지로 보아 대리권 흠결을 이유로 상소 또는 재심에 의하여 그 취소를 구할 수 있을 뿐이나, 소송대리인이 선임되어 있는 경우에는 민사소송법 제95조에 의하여 그 소송대리권은 당사자인 법인의 합병에 의한 소멸로 인하여 소멸되지 않고 그 대리인은 새로운 소송수행권자로부터 종전과 같은 내용의 위임을 받은 것과 같은 대리권을 가지는 것으로 볼 수 있으므로, 법원으로서는 당사자의 변경을 간과하여 판결에 구 당사자를 표시하여 선고한 때에는 소송수계인을 당사자로 경정하면 될 뿐, 구 당사자 명의로 선고된 판결을 대리권 흠결을 이유로 상소 또는 재심에 의하여 취소할 수는 없다(대판 2002.9.24. 2000다49374)."고 한다.

(4) 검토

소제기 전에 당사자가 사망한 경우는 대립당사자구조가 성립조차 하지 아니한 경우이지만, 소제기 후에 사망한 경우는 일단 대립당사자구조가 성립한 것이므로 양자 사이에 차이가 없다는 무효설의 주장은 수긍하기 어렵다. 또한 당사자의 절차보장의 측면에서도 당사자가 사망하여 당연히 그 승계인이 신당사자로 되었는데 그의 소송수계가 없는 변론을 진행한 경우와 대리인의 흠결상태에서 변론이 이루어진 경우가 큰 차이가 있다고 보이지는 않는다. 따라서 대리권의 흠결이 제424조 제1항 제4호에 절대적 상고사유로, 제451조 제1항 제3호에 재심사유로 규정되어 있고, 이는 판결은 유효하나 상소나 재심으로 취소를 구할 수 있다는 의미이므로, 당사자의 사망으로 소송이 중단된 가운데 실시된 변론에 기초한 판결의 하자도 같이 볼 수 있을 것이다. 즉, 위법설(= 유효설)의 입장이 타당하다.

3. 사안의 경우

따라서 위법설(= 유효설)에 따라 乙 청구인용판결은 위법하지만 유효한 판결이 된다. 따라서 乙 회사 청구인용판결의 효력은 丙의 상속인에게 효력이 미친다. 그러므로 丙의 상속인은 확정 전(前)이면 상소(제424조 제1항 제4호)로, 확정 후(後)라면 재심(제451조 제1항 제3호)으로 다툴 수 있다. 다만, 무효설에 의하면 위법하고 무효인 판결이 되므로, 상속인에게 효력이 미치지 않는다.

V. 사안의 해결

위법설(= 유효설)에 따라 乙 회사 청구인용판결의 효력은 丙의 상속인에게 효력이 미친다. 그러나 무효설에 의하면 위법하고 무효인 판결이 되므로, 상속인에게 효력이 미치지 않는다.

15 당사자능력

▌당사자능력

Ⅰ. 의의

당사자능력이란 일반적으로 당사자가 될 수 있는 소송법상의 능력, 즉 소송법상의 모든 효과의 귀속 주체가 될 수 있는 능력을 말한다. 이는 원고나 피고가 될 수 있는 능력이다.

Ⅱ. 당사자능력자

1. 권리능력자

(1) 자연인

1) 자연인은 모두 민사소송에 있어서의 당사자능력자이다(민사소송법 제51조). 외국인은 외국 국적자와 무국적자를 포함하는데 내국인과 같은 당사자능력이 인정된다. 치외법권자도 우리나라의 재판권에 복종하지 아니할 뿐 당사자능력이 있다. 따라서 원고로서 스스로 제소할 수 있고 치외법권을 포기하면 피고로 될 수 있다.

2) 태아의 경우에는 자연인의 권리능력이 출생으로부터 시작되므로 당사자능력도 출생으로부터 시작된다. 그러므로 태아는 당사자능력이 없음이 원칙이다. 그런데 민법은 태아에 관하여 개별적 보호주의를 취하여, 불법행위로 인한 손해배상청구, 재산상속, 대습상속, 유증 등의 경우에는 이미 출생한 것으로 보아 태아에게도 자연인과 동일한 권리능력이 있는 것으로 본다. 이것을 소송법상 어떻게 해석하느냐의 문제는 있다(정지조건설, 해제조건설의 대립).

(2) 법인

1) 법인은 공법인, 사법인, 영리법인, 비영리법인을 막론하고 모두 당사자능력이 인정된다(민법 제34조, 민사소송법 제51조). 법인은 해산 또는 파산하더라도 청산이나 파산의 목적의 범위 내에서 존속하므로 당사자능력이 있다. 청산이 종료되면 당사자능력을 상실하는 것이 원칙이지만 청산종결등기를 하였더라도 채권이 있다면 그 한도에서 청산이 종료된 것은 아니므로 청산법인은 당사자능력을 보유한다. 소송계속 중 법인이 합병을 하여 법인격이 소멸되면 당사자능력이 없게 되고 이때에는 합병 후 신설회사나 합병 후 존속회사가 소송을 승계한다. 또한 법인의 지점이나 분회 등에는 당사자능력이 인정되지 않는다.

2) 국가나 지방자치단체는 사법상의 거래관계에 관하여 권리주체가 되므로 당사자능력이 있다(민사소송법 제6조). 국가의 기관임에 그치는 행정청은 행정소송에서는 피고능력이 인정되지만 일반민사소송의 당사자능력은 인정되지 않는다.

2. 법인 아닌 사단·재단(형식적 당사자능력자)

(1) 제52조의 취지

법인 아닌 사단이나 재단에 대하여 실체법과 같이 소송법에서도 그 주체성을 부정한다면, 그 단체를 상대로 소를 제기하려는 자는 그 단체의 구성원 전원을 피고로 하지 않으면 안 되어 소송경제에 반하게 된다. 또한 단체 측에서도 단체의 이름으로 소송을 수행하는 것이 편리한 경우가 적지 않기 때문에, 제52조는 법인 아닌 사단이나 재단으로서 대표자 또는 관리인이 있으면 그 이름으로 당사자가 될 수 있도록 한 것이다.

(2) 법인 아닌 사단

1) 의의

사단이란 일정한 목적 하에 이루어진 다수인의 결합체로서, 그 구성원의 가입·탈퇴에 관계없이 존속하며, 대내적으로 그 결합체의 의사를 결정하고 업무를 집행할 기관에 관한 정함이 있고, 대외적으로 그 결합체를 대표할 대표자나 관리인의 정함이 있는 것을 말한다.

2) 구체적 예

학회, 동창회, 설립중의 회사, 노동조합, 정당, 동민회, 자연부락, 직장주택조합(직장청산위원회), 교회(천주교회는 제외), 사찰, 불교신도회, 문중, 종중, 아파트입주자대표회의, 소비자단체, 상가번영회 등이 이에 해당한다. 다만, 법인격 없는 사단 자체가 당사자능력을 갖는 것이므로, 그 내부기관(예 대한불교조계종의 총무원 등)은 당사자능력이 인정되지 않는다.

(3) 법인 아닌 재단

1) 의의

재단이란 일정한 목적을 위하여 결합된 재산의 집단으로서 출연자 자신으로부터 독립하여 존재하며 관리, 운영되는 것을 말한다. 즉, 제52조에 의하여 당사자로 인정되는 것은 재단의 실질을 갖고 있으나 주무관청의 허가가 없어 법인격을 취득하지 못한 것이다.

2) 구체적 예

사회사업을 위해 모집한 기부재산, 육영회, 대학교장학회, 유치원 등이 있다.

3) 학교

판례는 공립·사립·각종 학교 등 어느 것을 막론하고 교육을 위한 시설(영조물)에 불과하다고 하여 학교의 당사자능력을 부인하고 있다. 즉, 학교의 경우에는 ① 공립학교의 경우에는 자치단체가, ② 사립학교의 경우에는 학교법인이, ③ 각종 학교의 경우에는 설립자 등 운영주체가 당사자가 된다.

(4) 소송상 취급

1) 원칙

법인 아닌 사단이나 재단이 원고 또는 피고가 된 경우에는 법인이 당사자일 때와 마찬가지의 소송상 취급을 한다.

2) 당사자

법인 아닌 사단·재단 그 자체가 당사자가 되며, 사단 또는 재단의 대표자·관리인은 법정대리인에 준해 취급된다(제64조). 사단의 구성원 또는 재단의 출연자는 당사자가 아니다. 인적 재판적이나 법관의 제척·기피의 원인은 그 사단·재단 자체를 표준으로 하여 결정된다.

3) 판결의 효력

판결의 기판력이나 형성력은 당사자인 사단이나 재단에 대해서만 미치고 사단의 구성원이나 재단의 출연자는 그 효력을 받지 아니한다(대판 1978.11.1. 78다1206).

4) 강제집행의 대상

강제집행의 대상은 사단이나 재단의 고유재산뿐이며, 사단·재단 자체가 집행당사자(채권자·채무자)로서 취급된다.

3. 조합의 경우 – 조합의 당사자능력인정 여부(법 제52조 유추적용 여부)

(1) 비법인사단과 조합의 구별

판례는 "이의 구별에 대해서는 일반적으로 그 단체성의 강약을 기준으로 판단하여야 하는 바, 민법상 조합의 명칭을 가지고 있는 단체라 하더라도 고유의 목적을 가지고 사단적 성격을 가지는 규약을 만들어 이에 근거하여 의사결정기관 및 집행기관인 대표자를 두는 등의 조직을 갖추고 있고, 기관의 의결이나 업무집행방법이 다수결의 원칙에 의하여 행해지며, 구성원의 가입, 탈퇴 등으로 인한 변경에 관계없이 단체 그 자체가 존속하고, 그 조직에 의하여 대표의 방법, 총회나 이사회 등의 운영, 자본의 구성, 재산의 관리 기타 단체로서의 주요사항이 확정되어 있는 경우에는 비법인사단으로서의 실체를 가진다고 할 것이다(대판 1992.7.10. 92다2431)."라고 판시하고 있다.

(2) 제52조(형식적 당사자개념)의 조합에 대한 유추적용 여부

1) 학설

① 부정설

민법 제703조와 같이 조합은 공동의 사업목적을 위한 조합원간의 계약적 기속관계에 불과하므로 사단과 명백히 구별되는 것이고, 민법 제712조가 조합의 채무에 대하여 조합재산 외에 조합원 개인도 분담하여 각자의 재산으로 무한책임을 지게하고 있는 것에 비추어 볼 때, 조합의 당사자능력을 인정하는 경우 조합 자체에 대한 판결로써 그 구성원인 조합원에 대한 분할책임을 추구할 수 있을 것인가 하는 문제가 발생하므로 부정함이 타당하다는 견해이다.

② 긍정설

민법상 조합도 비록 약하기는 하나 단체성이 인정되는 점, 부정 시 조합과 사단의 구별의 상대성에 의하여 절차의 안정 및 명확성의 이념에 반하는 문제가 있는 점, 조합에 대한 소송 시 누가 조합원인지 조사하여야 하고 전원을 피고로 하여 소송을 제기하여야 하는 불편이 있는 점에 비추어 민법상 조합의 소송능력을 인정함이 타당하다는 견해이다.

2) 판례

판례는 "구성원의 직업재활과 자립정착의 달성 등을 목적으로 하여 설립된 원호대상자광주목공조합은 조합에 가입하려면 전조합원의 동의를 얻어야 하고, 탈퇴하려면 조합원 3분의 2 이상의 동의를 얻어야 하며, 조합자산은 원칙적으로 균일지분에 의하여 조합원에게 합유적으로 귀속되어 조합원이 단독으로 그 분할청구를 하지 못하도록 되어 있는 사실에 비추어 보면 민법상의 조합의 실체를 가지고 있으므로 소송상 당사자능력이 없다(대판 1991.6.25. 88다카6358)."하고 최근에는 "채권자 137명이 정관이나 규약을 작성하지는 아니한 채, 다만 소외 甲, 乙, 丙 등 10인을 대표자로 선임하여 '주식회사 A의 채권단'을 구성한 사안에서 위 채권단이 비법인사단으로서의 실체를 갖추지 못하였다는 이유로 당사자능력을 부정(대판 1999.4.23. 99다4504)"하여 부정설의 입장이다. 그리고 '건설공동수급체[84]', '번호계[85]'도 당사자능력이 없다.

3) 검토

조합의 당사자능력을 인정하는 경우, 원고로서 소를 수행하는 때에 유용할 것이 분명하나, 피고로서 소송을 받는 경우에는 조합명의의 판결문에 의하여 조합원 개인의 책임을 추구할 수 없는 문제가 있는 바, 이는 민법 제712조 규정을 사문화시키므로 부정설이 타당하다.

(3) 소송수행방법의 간명화 수단의 고찰

1) 문제점

조합의 경우 공동소유형태가 합유여서 민법상 관리처분권이 공동으로 귀속하는 관계이므로, 고유필수적공동소송관계가 되어 소송관계가 복잡해지고 소송이 지연될 수 있는 문제가 있는 바, 간명화 수단의 강구가 필요하다. 공통의 소송대리인을 선임하여 소송을 수행하는 방법도 소송을 간명하게 수행하는 방법이기는 하나, 이 경우 소송대리인은 변호사이어야 하고(법 제87조), 조합원 개개인마다 소송요건의 존부에 대한 심리를 하여야 하므로 보다 효율적인 방법이 필요하다.

2) 업무집행조합원이 당사자가 되는 경우

① 선정당사자제도의 활용

조합원 간은 필수적 공동소송관계에 있거나 권리·의무가 동일한 사실상·법률상 원인에 의하여 발생한 관계에 있으므로, 제53조의 공동의 이해관계가 있는 공동소송에 해당하는 바, 선정당사자를 선정하여 그로 하여금 소송을 수행케 함으로써 소송관계를 간명히 할 수 있다. 선정당사자가 받은 판결은 제218조 제3항에 의해 당연히 선정자에게 미치나, 선정당사자명의의 판결로써 선정자에게 집행하기 위해서는 승계집행문을 부여받아야 한다.

---

84) 공동이행방식의 공동수급체는 기본적으로 민법상 조합의 성질을 가지는 것이므로, 공동수급체가 공사를 시행함으로 인하여 도급인에 대하여 가지는 채권은 원칙적으로 공동수급체 구성원에게 합유적으로 귀속하는 것이어서 특별한 사정이 없는 한 구성원 중 1인이 임의로 도급인에 대하여 출자지분 비율에 따른 급부를 청구할 수 없고, 구성원 중 1인에 대한 채권으로써 그 구성원 개인을 집행채무자로 하여 공동수급체의 도급인에 대한 채권에 대하여 강제집행을 할 수 없다. 그러나 공동이행방식의 공동수급체와 도급인이 공사도급계약에서 발생한 채권과 관련하여 공동수급체가 아닌 개별 구성원으로 하여금 지분비율에 따라 직접 도급인에 대하여 권리를 취득하게 하는 약정을 하는 경우와 같이 공사도급계약의 내용에 따라서는 공사도급계약과 관련하여 도급인에 대하여 가지는 채권이 공동수급체 구성원 각자에게 지분비율에 따라 구분하여 귀속될 수도 있고, 위와 같은 약정은 명시적으로는 물론 묵시적으로도 이루어질 수 있다(대판 2012.5.17. 2009다105406 전합).

85) 집행판결을 청구하는 소도 소의 일종이므로 통상의 소송에서와 마찬가지로 당사자능력 등 소송요건을 갖추어야 한다. 따라서 원고는 번호계로서 법인 아닌 사단으로서의 실체를 가지지 못하여 당사자능력이 없으므로 집행판결을 청구하는 원고의 이 사건 소는 부적법하다고 판단한 것은 정당하다(대판 2015.2.26. 2013다87055).

② 임의적 소송담당의 인정 여부

ㄱ 문제점

원칙적으로 소송신탁금지(신탁법 제7조)와 변호사대리의 원칙(법 제87조)을 잠탈할 우려가 있기 때문에 선정당사자제도와 같이 명문의 규정이 있는 경우를 제외하고는 임의적 소송담당은 허용되지 않는다.

ㄴ 학설

그러나 우리나라의 학설은 모두 일정한 경우에 예외적으로 임의적 소송담당을 허용해야 한다고 하고 있다. 다만, 그 허용 기준에 대해 ⓐ 소송담당자 자신이 타인의 권리에 관한 정당한 업무상의 관리권을 가지며 그 정당한 업무집행의 필요에서 소송을 수행하는 경우라고 하는 견해, ⓑ 소송담당자가 타인의 권리에 관한 소송의 결과에 관하여 실체적 이익을 가지고 있는 경우라는 견해, ⓒ 변호사대리의 원칙과 소송신탁의 금지를 회피·잠탈할 우려가 없고, 또 이를 인정할 합리적 필요성이 있을 때 이를 허용해야 한다는 견해로 나뉘고 있다.

ㄷ 판례

판례는 민법상의 조합에 있어서 조합규약이나 조합결의에 의하여 자기의 이름으로 조합재산을 관리하고 대외적 업무를 집행할 권한을 수여받은 업무집행조합원이 조합재산에 관한 소송에 관하여 조합원으로부터 임의적 소송신탁을 받아 자기의 이름으로 소송을 수행하는 것은 허용된다고 하여, 임의적 소송담당을 예외적으로 인정하고 있다(대판 1984.2.14. 83다카1815).

3) 업무집행 조합원이 소송대리인이 되는 경우

① 업무집행조합원을 법령상 대리인으로 인정하는 방법

ㄱ 조합의 경우 업무집행조합원을 법령상 대리인으로 인정하는 경우보다 소송을 간명하게 수행할 수 있다.

ㄴ 학설

학설은 이에 대해 ⓐ 민법 제709조의 해석상 포괄적 대리권이 있으므로 소송행위 대리권도 포함된다는 긍정설과, ⓑ 민법 제709조에는 소송상 대리권은 포함이 안 되고, 민법상 대리는 개별대리원칙이고 상법과는 차이가 있으므로, 업무집행조합원은 법령상 대리인이 될 수 없다는 부정설로 나뉘고 있다.

ㄷ 검토

간명한 소송수행과 소송경제 관점에서 긍정설이 타당하다.

② 소송위임에 의한 소송대리인

제88조 제1항은 단독사건의 경우 법원의 허가를 얻으면 비변호사도 소송대리인으로 선임을 할 수 있게 하고 있다. 조합의 업무집행조합원이 비변호사인 경우 기타 특별한 관계에 있는 자라고 할 수 있으므로 제88조 제1항에 따라 법원의 허가를 얻어 소송대리인이 될 수 있다.

Ⅲ. 당사자능력의 조사와 그 능력 없을 때의 효과

1. 직권조사사항

(1) 당사자능력이 없는 자의 이름으로는 재판을 할 수 없는 것이므로 당사자능력의 존부는 본안판결을 하기 위한 전제요건이고 소송요건이므로, 직권조사사항이다. 따라서 비법인사단의 하부기관이 당사자능력을 가지는지에 관한 사항은 직권조사사항이다(대판 2022.8.11. 2022다227688). 직권조사사항에 대하여 법원은 당사자의 자백에 구속되지 않는다. 다만, 법원이 그 판단의 기초자료인 사실과 증거를 직권으로 탐지하여야 하는 것은 아니며, 직권조사사항이라고 하더라도 법원이 그 사항에 관하여 의문을 갖지 아니하는 경우에는 특별히 석명을 하거나 기타 조사를 할 필요도 없다.

(2) 피고로부터 당사자능력 흠결의 항변이 있으나 조사결과 당사자능력이 있는 것으로 드러나면 중간 판결이나 종국판결의 이유에서 이를 판단한다.

2. 당사자능력에 흠이 있는 경우

(1) 조사결과 당사자능력이 없을 때에는 종국판결로써 소를 각하하고(민사소송법 제219조), 원고에게 당사자능력이 없는 때에는 사실상 소를 제기한 자에게, 그리고 피고에게 당사자능력이 없는 때에는 원고에게 각각 소송비용의 부담을 명하여야 할 것이다.

(2) 그러나 소장의 기재로 보아 당사자가 당사자능력이 없어도 소장의 전취지를 합리적으로 해석하여 당사자능력자로 보정할 수 있는 경우, 예를 들어 처분행정청을 국가로 보정할 수 있는 경우에는 민사소송법 제59조(소송능력 흠결의 보정)를 유추적용하여 당사자표시정정의 형태로 보정을 명하고 각하할 것이 아니다. 당사자능력이 없다고 하여 소각하한 판결에 대하여는 상소로써 그 취소를 구할 수 있고 이 경우에는 상소한 무능력자를 상소제기의 한도 내에서 능력자로 취급한다.

3. 소송계속 중 당사자능력의 상실

소송계속 중에 사망, 합병 등의 사유로 인하여 당사자능력이 상실된 경우에는 승계인이 수계할 때까지 소송절차가 중단됨이 원칙이다(제233조).

4. 당사자능력의 흠을 간과한 판결

(1) 당사자능력이 없음을 간과하였거나 능력이 없음에도 불구하고 있는 것으로 오인하여 판결이 선고된 경우, 이는 법적 평가를 그르친 것으로서 당사자가 사자이거나 비실재인인 경우와 같이 당사자라는 실체가 전혀 부존재하여 당연무효가 되는 경우와는 다르기 때문에 당연무효가 되는 것은 아니고, 따라서 상소에 의하여 취소를 구할 수 있다.

(2) 다만, 이러한 판결이 확정된 경우에는 무효설(호문혁), 재심설(정동윤)이 있으나 무효설은 당사자부존재일 경우와는 다르다는 점, 재심설은 당사자능력의 흠은 재심사유로 규정되어 있지 않다는 점에서 타당하지 못하다. 특히 전혀 존재하지 않는 자에 의한 소송의 경우와는 달리 일응 사회생활단위로서 소송상 행동하여 판결을 받은 것이므로 재심의 소로써 다툴 이익은 없을 것이다. 따라서 간과한 판결이 확정된 경우는 당해 사건에 한하여는 당사자능력이 있는 것으로 취급할 것이어서, 반드시 집행불능의 문제가 생길 수 없으므로 다수설인 유효설이 타당하다(이시윤).

2014년 공인노무사

근로자 甲은 해고를 당한 후 사용자인 乙 회사를 상대로 해고무효확인의 소를 제기하고자 한다. 그런데 乙 회사는 명칭만 회사일 뿐 A, B, C 3인이 공동으로 출자해서 설립한 민법상 조합에 불과하다. 다음 물음에 답하시오. (다만, 아래 각 지문은 상호 무관함) (50점)

물음 1) 甲은 乙 회사를 피고로 해서 해고무효확인의 소를 제기할 수 있는지 논하시오. (25점)

물음 2) 甲이 적법하게 제기한 해고무효확인의 소에서 제1심 법원이 甲이 청구하지도 않은 해고처분 이후 미지급한 임금의 지급을 명하는 판결을 하였다면 동 임금지급판결은 적법한지 여부에 대해 논하시오. (25점)

목차

Ⅰ. 물음 1)에 대하여 – 민법상 조합의 당사자능력

1. 문제점

설문에서 乙 회사는 명칭만 회사일 뿐 민법상 조합이라고 하였으므로, 조합의 당사자능력이 인정되어야만 甲의 乙 회사에 대한 해고무효확인의 소가 적법하므로, 이를 살펴보기로 한다(민사소송법 제51조, 제52조, 민법 제703조).

2. 당사자능력에 대하여

(1) 의의

당사자능력이란 일반적으로 당사자가 될 수 있는 소송법상의 능력, 즉 소송법상의 모든 효과의 귀속주체가 될 수 있는 능력을 말한다. 원고나 피고가 될 수 있는 능력으로, 민법상의 권리능력에 대응하는 개념이다(제51조).

(2) 권리능력자(실체적 당사자개념)

당사자능력에 대해 민법 규정을 따른다고 하였으므로, 민법상 권리능력자인 자연인과 법인은 민사소송법상 당사자능력자이다(제51조).

(3) 비법인사단·재단(형식적 당사자개념)

법인 아닌 사단이나 재단에 대하여 실체법과 같이 소송법에서도 그 주체성을 부정한다면, 그 단체를 상대로 소를 제기하려는 자는 그 단체의 구성원 전원을 피고로 하지 않으면 안 되어 소송경제에 반하게 된다. 또한 단체 측에서도 단체의 이름으로 소송을 수행하는 것이 편리한 경우가 적지 않기 때문에, 제52조는 법인 아닌 사단이나 재단으로서 대표자 또는 관리인이 있으면 그 이름으로 당사자가 될 수 있도록 한 것이다.

(4) 조합의 경우

사안 같이 민법상 조합의 경우 민사소송법상 당사자능력을 인정하는 명문의 규정이 없으므로, 조합의 당사자능력을 인정할 것인지가 제52조 유추적용 여부와 관련하여 문제된다.

3. 조합의 당사자능력 – 제52조(형식적 당사자개념)의 조합에 대한 유추적용 여부

(1) 학설

1) 부정설

민법 제703조와 같이 조합은 공동의 사업목적을 위한 조합원 간의 계약적 기속관계에 불과하므로 사단과 명백히 구별되는 것이고, 민법 제712조가 조합의 채무에 대하여 조합재산 외에 조합원 개인도 분담하여 각자의 재산으로 무한책임을 지게하고 있는 것에 비추어 볼 때, 조합의 당사자능력을 인정하는 경우 조합 자체에 대한 판결로써 그 구성원인 조합원에 대한 분할책임을 추구할 수 있을 것인가 하는 문제가 발생하므로 부정함이 타당하다는 견해이다.

2) 긍정설

민법상 조합도 비록 약하기는 하나 단체성이 인정되는 점, 부정 시 조합과 사단의 구별의 상대성에 의하여 절차의 안정 및 명확성의 이념에 반하는 문제가 있는 점, 조합에 대한 소송 시 누가 조합원인지 조사하여야 하고 전원을 피고로 하여 소송을 제기하여야 하는 불편이 있는 점에 비추어 민법상 조합의 당사자능력을 인정함이 타당하다는 견해이다.

(2) 판례

판례(대판 1991.6.25. 88다카6358)는 한국원호복지공단법 부칙 제8조 제2항에 의하여 설립된 원호대상자광주목공조합은 민법상의 조합의 실체를 가지고 있으므로 소송상 당사자능력이 없다고 하였다. 그리고 최근에는 "채권자 137명이 정관이나 규약을 작성하지는 아니한 채, 다만 소외 甲, 乙, 丙 등 10인을 대표자로 선임하여 '주식회사 A의 채권단'을 구성한 사안에서 위 채권단이 비법인사단으로서의 실체를 갖추지 못하였다는 이유로 당사자능력을 부정(대판 1999.4.23. 99다4504)"하여 부정설의 입장이다. 그리고 '건설공동수급체', '번호계'도 당사자능력이 없다.

(3) 검토

조합의 당사자능력을 인정하는 경우, 원고로서 소를 수행하는 때에 유용할 것이 분명하나, 피고로서 소송을 받는 경우에는 조합명의 판결문에 의하여 조합원 개인의 책임을 추구할 수 없는 문제가 있는바, 이는 민법 제712조 규정을 사문화시키므로 부정설이 타당하다.

4. 사안의 경우

(1) 따라서 긍정설에 의하면 조합인 乙 회사에 대한 소를 적법하지만, 부정설이 타당하므로 甲의 乙 회사에 대한 해고무효확인의 소는 부적법하다. 그러므로 <u>甲은 乙 회사를 피고로 해서 해고무효확인의 소를 제기할 수 없다.</u>

(2) 다만, 민법의 규정상 조합의 소유관계는 합유에 해당하는바(민법 제271조), 합유재산의 관리·처분은 합유자 전원이 공동으로 행하여야 한다. 즉, 관리처분권이 수인에게 귀속되는 때에 해당하므로 필수적 공동소송으로 소송을 수행하여야 한다. 따라서 사안에서 甲은 A, B, C 3인을 상대로 고유필수적 공동소송으로 소송을 수행해야 하는 불편함이 따르게 된다.

(3) 이 경우 소송의 간명화 수단으로 사안에서 업무집행조합원이 있다고 가정한다면 ① 업무집행조합원이 당사자가 되는 경우로서 선정당사자(제53조)제도의 활용, 명문의 규정이 없는 임의적 소송담당을 인정하는 방법이 있고, ② 업무집행조합원이 소송대리인이 되는 경우로서 법률상 대리인으로 취급하는 방법, 소송위임에 의한 소송대리인(제88조) 제도를 활용하는 방법이 있다.

Ⅱ. 물음 2)에 대하여 - 처분권주의 위반 여부

1. 처분권주의의 의의 및 기능

처분권주의란 절차의 개시, 심판의 대상과 범위, 절차의 종료를 법원이 아닌 당사자에게 맡기는 입장으로, 사적 자치의 소송법적 측면이라고 할 수 있다(제203조). 원고에게는 소송물을 한정시키고, 피고에게는 방어의 최종목표를 정해줌으로써 사적 자치의 소송법적인 측면, 즉 사적 자치의 구현을 보장한다.

2. 심판의 대상과 범위 - 질적 동일

법원은 당사자가 신청하지 아니한 사항에 대하여는 판결하지 못한다(처분권주의; 민사소송법 제203조). 즉, 제203조의 신청한 사항이란 좁게는 소송물을 뜻하므로, 원고가 심판을 구한 소송물과 별개의 소송물에 대한 판단을 해서는 안 된다. 따라서 사안의 경우 선결적 법률관계 내지 선결문제의 관계에 있는 해고무효확인청구와 미지급한 임금의 지급을 명하는 청구가 소송물이 동일한 지가 문제된다.

3. 소송물이론[86]

(1) 문제점

소송물이란 강학상의 표현으로, 보통 민사소송법에서는 주문(제216조 제1항), 사건(제259조), 소(제267조 제2항), 청구(제262조)로 표현되어 있다. 이의 식별기준에 대해서 민사소송법상 명문의 규정이 없어 견해가 대립되므로, 이를 살펴본다.

---

[86] 다만, 사안은 청구취지가 달라 어느 이론에 의해도 소송물이 다른 경우이므로 실전에서는 간단히 논해주면 족하다고 본다.

(2) 학설

1) 구소송물이론(구실체법설)

원고가 소송에서 주장하고 있는 실체법상의 권리 그 자체를 소송물로 파악한다. 즉, 이 견해는 소장의 청구취지뿐만 아니라 청구원인상의 주장하는 권리까지도 고려하여 소송물을 식별해야 한다는 견해이다.

2) 신소송물이론(소송법설)

소송물을 실체법상 권리에 구애받지 않고 소송법 독자의 관점에서 파악하고자 하는 견해로서 다시 ① 신청과 사실관계[87][88](Sachverhalt; 우리 법의 청구원인의 사실관계)라는 두 가지 요소에 기해 소송물을 식별하는 이지설(이원설; Leo Rosenberg), ② 소송물을 오로지 신청(Antrag; 우리 법의 청구취지)이라는 소송법적 요소로만 식별하여 청구원인에서 판단되는 실체법상 권리를 법적 관점 내지는 공격방어방법으로 보는 일지설(일원설; 다만, 이 설도 금전·대체물청구소송 같은 경우는 동일당사자 사이에 복수의 채권이 존재할 가능성이 있으므로 이 경우에는 청구원인의 사실관계까지 고려한다; Karl Heinz Schwab)로 나뉜다.

(3) 판례

1) 보통파 종자를 옥파 종자로 속여 판 사안에서 "불법행위를 원인으로 손해배상청구에 대하여 채무불이행을 원인으로 한 손해배상을 명하는 것은 당사자가 신청하지 아니한 사항을 판결한 것이므로 처분권주의에 반하여 위법하다(대판 1963.7.25. 63다241; 대판 1989.11.28. 88다카9982 등)."고 하여 구소송물이론의 입장이다.

2) 그리고 재소금지와 관련한 사안이지만, 대학교수가 학교법인을 상대로 면직처분무효확인의 소를 제기하였다가 패소판결을 당하고 항소심에서 소를 취하한 후 면직처분이 당연무효임을 전제로 면직 이후의 봉급액지급을 구한 사안에서 "당사자와 소송물이 동일하더라도 재소의 이익이 다른 경우에는 동일한 소라고 할 수 없는 반면, 후소가 전소의 소송물을 선결적 법률관계 내지 전제로 하는 것일 때에는 비록 소송물은 다르지만 본안의 종국판결 후에 전소를 취하한 자는 전소의 목적이었던 권리 내지 법률관계의 존부에 대하여는 다시 법원의 판단을 구할 수 없는 관계상 위 제도의 취지와 목적에 비추어 후소에 대하여도 동일한 소로서 판결을 구할 수는 없다고 풀이함이 상당하다(대판 1989.10.10. 88다카18023)."고 판시한 경우가 있다.

---

87) 이 경우 사실관계를 어떻게 파악하느냐가 문제인데, 이 설에서는 실체법상의 권리 또는 법률관계를 발생 또는 구성하는데 필요한 사실을 뜻하는 것으로 좁게 풀이하지 않고, 이보다 훨씬 넓게 사회적·역사적으로 볼 때 하나라고 할 수 있는 일련의 사실관계를 뜻하는 것으로 풀이하는데 그 안에서 다시 ① 역사적 개별현상설과, ② 전체로서의 생활관계설이 대립하고 있다(정동윤·유병현, 231면 참고).

88) 특히 이분지설은 이 사실관계의 모호함으로 인해 비판 받고 있으나, Habscheid는 '생활상의 , 자연스럽게 내용적으로 결정된 권리요구에 비추어 하나의 단위를 구성하는 사실의 전체로서의 생활사실관계라는 개념이 그 윤곽이 명확하지 못하기 때문에 모든 문제를 100%해결할 수 없다는 점은 나도 인정한다. 그러나 이런 점은 실체법도 마찬가지이다. 손해배상청구권에서 인과관계의 적합성에 관하여도 구체적 문제에 있어서는 다툼이 있을 수 있다. 어떻든 사람들이 더 좋은 기준을 찾아내지 않는 한 나는 이 입장을 견지할 것이다.'라고 하면서 이분지설을 지지하고 있다[호문혁, 민사소송법연구(Ⅰ), 391면 참고].

(4) 검토

소송물이론에 관하여 어떠한 견해를 취할 것인가의 문제는 궁극적으로는 법정책적인 평가문제로 귀착되는 것이라고 본다. 즉, 구실체법설은 분쟁을 너무 작게 분단하여 분쟁의 일회적 해결이라는 공익에 반하며, 일지설은 소송물을 너무 넓게 파악하여 기판력의 범위가 넓어지게 되는 결과 원고의 사익에 반할 염려가 있다. 따라서 양 법익을 적절히 조화할 수 있는 이지설의 입장이 타당하다고 보이는데, 이는 소장에 반드시 청구취지와 청구원인을 적도록 한 법 제249조 제1항과 청구의 변경은 청구취지 또는 청구원인의 변경이라고 규정한 제262조가 이러한 해석을 뒷받침한다고 하겠다(정동윤·유병현, 238면).

4. 선결적 법률관계의 경우

(1) 최근의 논의

학설에 따라서는 중복소제기의 금지, 재소금지, 기판력의 경우에 기존 소송물의 범위보다 소송물의 범위를 넓게 이해하여 ① 양소에 있어서 사실관계 내지 그 자료가 공통하여 청구의 기초에 동일성이 있다고 인정되는 경우, ② 두 개의 사건의 쟁점이 공통인 경우에는 동일사건으로 보자는 견해가 유력하게 주장되고 있다. 특히 중복소제기의 금지와 관련하여 최근 EU재판소는 핵심에 있어서 같은 생활사실관계를 바탕으로 한 같은 분쟁의 경우 서로 모순되는 재판의 방지를 위해 같은 소송물로 보아 중복소송문제로 보자는 핵심점이론(Kernpunkt)을 취하고 있다. 즉, 이행의 소와 확인의 소, 이행의 소와 선결적 법률관계의 확인의 소는 소제기 전후 순서에 불구하고, 소송물이 같다는 견해이다(Rosenberg, Schwab, Gottwald).

(2) 처분권주의에서의 소송물

하지만 처분권주의에서 심판대상과 관련하여서는 심판대상의 명확, 피고의 방어권 차원에서 기존의 소송물논의를 적용하는 것이 타당하다고 본다. 특히 사안 같이 해고무효확인청구에서 파생되는 임금지급청구는 선결적 법률관계에 해당할 뿐, 청구취지 자체가 다르므로 소송물이 다르다고 보아야 한다.

5. 사안의 경우 – 처분권주의 위반의 효과

(1) 사안 같이 해고무효확인청구와 그것을 전제로 한 임금지급청구는 청구취지가 다르므로, 어느 소송물이론에 의하든 소송물이 다르다고 본다. 판례에서도 선결적 법률관계에 서는 경우는 소송물은 다르다고 판시하였다. 따라서 甲이 제1심에서 청구하지도 않은 해고 무효를 전제로 한 이후의 임금의 지급을 명하는 판결은 처분권주의를 위반한 위법한 판결이다.

(2) 그리고 처분권주의에 위배된 판결은 확정 전에는 상소로 다툴 수 있고, 당연무효는 아니다(확정 후에는 재심사유에 해당하지 않으므로 재심은 불가하다). 처분권주의 위배는 판결의 내용에 관한 것이고 절차에 관한 것이 아니므로, 이의권의 대상이 아니다(제151조 참고).

16 당사자적격

CONTENTS

(5) 제3자의 소송담당과 기판력
    1) 제218조 제3항의 적용
    2) 제3자가 권리주체와 함께 소송수행권을 가지는 경우(병행형) 제218조 제3항의 적용 여부
      ① 기판력부정설
      ② 기판력긍정설(판례의 반대의견)
      ③ 절차보장설(판례의 다수의견)
      ④ 검토

Ⅲ. 당사자적격 없을 때의 효과
  1. 직권조사사항
  2. 소송계속 중 당사자적격의 상실
    소송절차중단(제237조), 수계
  3. 당사자적격의 흠을 간과한 판결
    무효(통설, 진정한 당사자에게 판결이 효력이 미치지 않는다는 의미)

▌당사자적격 사시 10회, 변리사 11·34회, 노무사 1회

Ⅰ. 서설

1. 의의

당사자적격이란 어떤 특정한 권리나 법률관계(소송물)에 관하여 원고나 피고로서 소송을 수행하여 본안판결을 구할 수 있는 자격을 말한다. 즉, 당사자적격은 구체적 소송에 있어서 어떤 사람들을 당사자로 하여야 분쟁해결이 유효적절할 것인가 하는 관점에서 인정되며 이를 소송수행권이라고도 하고 그 사람만이 정당하게 당사자로서 기능을 할 수 있다는 뜻에서 정당한 당사자라고도 한다.

2. 구별개념

당사자적격은 언제나 특정소송과의 관계에서 정하여지는 것이므로 어떤 소송에 관하여 당사자적격이 있다고 하여 다른 소송에서도 당연히 당사자적격이 있는 것은 아니다. 이러한 점에서 개개의 사건과 관계없이 일반적으로 민사소송의 당사자가 될 수 있는 추상적 자격을 가리키는 당사자능력과 구별되고, 현재 계속 중의 소송에서 누가 당사자인가를 가려내는 문제인 당사자확정의 문제와도 구별된다.

Ⅱ. 당사자적격을 갖는 자(정당한 당사자)

1. 일반적인 경우(각종의 소에 있어 당사자적격)

(1) 이행의 소

  1) 원칙

    원래 이행의 소에서는 자기가 이행청구권자임을 주장하는 자가 원고적격을 가지고 그로부터 이행의무자로 주장된 자가 피고적격을 가지는 것으로서, 원고의 주장 자체에 의하여 당사자적격 유무가 판가름되며, 원고·피고가 실제로 이행청구권자이거나 이행의무자임을 요하는 것은 아니다(대판 1994.6.14. 94다14797). 그러한 이행청구권이나 이행의무의 존부는 본안에서 판단할 사항인 것이다[실무제요(Ⅰ), 332면].

2) 예외

① 판례 – 이전등기말소청구, 근저당권설정등기말소청구, 추심명령의 경우

판례는 예외적으로 "등기의무자, 즉 등기부상의 형식상 그 등기에 의하여 권리를 상실하거나 기타 불이익을 받을 자가 아닌 자를 상대로 한 등기의 말소절차이행을 구하는 소는 당사자적격이 없는 자를 상대로 한 부적법한 소(대판 1994.2.25. 93다39225 등)."라고 하고, "부기등기에 의하여 이전된 근저당권 또는 가등기 등의 말소등기청구는 양수인만을 상대로 하면 족하고 양도인은 그 말소등기청구에 있어서 피고적격이 없다(대판 2000.4.11. 2000다5640 등)."고 하여 이런 경우 소를 각하해야 한다고 본다(소각하설). 그리고 "채권에 대한 압류 및 추심명령이 있으면 제3채무자에 대한 이행의 소는 추심채권자만이 제기할 수 있고 채무자는 피압류채권에 대한 이행소송을 제기할 당사자적격을 상실한다고 하여야 할 것이다(대판 2000.4.11. 99다23888)."라고 본다(소각하설).

② 학설

학설은 청구권 내지 의무가 존재하는가에 대하여는 법원이 실체관계를 심리한 후 결정되는 것(독일에서의 본안적격)이므로 정당한 원고가 반드시 실체법상의 권리자이고 정당한 피고가 반드시 실체법상의 의무자는 아니라고 하여(본안적격과 당사자적격의 구별) 이런 경우 청구를 기각해야 한다고 본다(청구기각설). 그러나 이행의 소의 경우 원고가 실제 청구권자이며 피고가 이행의무자인지는 본안심리에서 가릴 본안의 문제라고 하더라도, 원고가 주장하는 사실관계만으로도 원고 또는 피고가 당사자적격이 없다고 판단된다면 본안심리에 들어갈 필요가 없으므로, 이러한 경우에 한하여 소를 각하함이 상당하여, 판례의 태도는 충분히 수긍할 수 있다는 견해도 있다(김홍엽, 제8판, 2019, 153면).

③ 검토

당사자적격과 본안적격은 구분하여야 하는 것이지만, 원고의 주장 자체만으로 당사자적격이 없다고 판단된다면 소를 각하함이 소송의 신속, 경제에 부합한다고 보아 판례의 태도가 타당하다.

(2) 확인의 소

1) 내용

청구에 대하여 확인의 이익을 가지는 자가 원고로서의 적격이 있고, 이러한 자와 반대의 이해관계를 가지고 있는 자에게 피고적격이 있다. 즉, 확인의 소에 있어서는 권리보호요건으로서 확인의 이익이 있어야 하고 그 확인의 이익은 원고의 권리 또는 법률상의 지위에 현존하는 불안, 위험이 있고 그 불안, 위험을 제거함에는 피고를 상대로 확인판결을 받는 것이 가장 유효적절한 수단일 때에만 인정된다. 그리고 확인의 소의 피고는 원고의 권리 또는 법률관계를 다툼으로써 원고의 법률적 지위에 불안을 초래할 염려가 있는 자, 다시 말하면 원고의 보호법익과 대립 저촉되는 이익을 주장하고 있는 자이어야 하고 그와 같은 피고를 상대로 하여야 확인의 이익이 있게 된다(대판 2013.2.15. 2012다67399). 따라서 확인의 소에 있어서 당사자적격의 문제는 확인의 이익의 문제로 흡수된다.

2) 단체소송에서 피고적격

① 학설

대표적인 이행관계인은 문제의 결의에 의하여 선출된 대표자이기 때문에 그 사람을 상대방으로 하여 소송케 함이 옳다는 견해(대표자피고설), 단체와 당해 대표자 모두를 피고로 하여야 한다는 견해(필수적 공동소송설)도 있으나, 단체의 내부적인 분쟁은 그 단체를 상대방으로 하여야 한다는 견해가 타당하다(단체피고설).

② 판례

단체의 내부분쟁의 일종인 단체의 대표자선출결의의 무효·부존재확인의 소에서 피고를 단체로 하지 않고 문제된 결의에 의하여 선출된 대표자 개인을 피고로 함은 확인의 이익이 없다고 했다(단체피고설). 즉, 판례는 "주식회사의 이사회결의는 회사의 의사결정이고 회사는 그 결의의 효력에 관한 분쟁의 실질적인 주체라 할 것이므로 그 효력을 다투는 사람이 <u>회사를 상대로 하여 그 결의의 무효 확인을 소구할 수 있다</u> 할 것이나 그 이사회결의에 참여한 이사들은 그 이사회의 구성원에 불과하므로 특별한 사정이 없는 한 <u>이사 개인을 상대로 하여 그 결의의 무효 확인을 소구할 이익은 없다</u>(대판 1982.9.14. 80다2425 전합)."고 한다. 그리고 판례는 "임시의 지위를 정하기 위한 가처분은 그 가처분의 성질상 그 주장 자체에 의하여 다툼이 있는 권리관계에 관한 정당한 이익이 있는 자가 그 가처분의 신청을 할 수 있으며, 그 경우 그 주장 자체에 의하여 신청인과 저촉되는 지위에 있는 자를 피신청인으로 하여야 한다(대판 1997.7.25. 96다15916)."고 한다.

(3) 형성의 소

형성의 효과를 받는 데 관하여 이익이 있는 자에게 원고적격이, 그와 반대의 이해관계를 갖는 자에게 피고적격이 있다. 형성의 소는 형성권을 일방적인 의사표시가 아닌 소의 형식으로만 행사하도록 법률에 정해 놓은 경우에 문제되는데 그 법규에서 당사자 적격자가 누구인가를 명시하고 있다. 예를 들어, 상법 제376조는 "① 총회의 소집절차 또는 결의방법이 법령 또는 정관에 위반하거나 현저하게 불공정한 때 또는 그 결의의 내용이 정관에 위반한 때에는 주주·이사 또는 감사는 결의의 날로부터 2월 내에 결의취소의 소를 제기할 수 있다."고 하여 원고적격을 주주, 이사, 감사에 한정하고 있다. 그리고 채권자취소소송은 수익자 또는 전득자에게만 피고적격이 있고, 채무자에게는 피고적격이 없다(대판 2009.1.15. 2008다72394). 또한 채권자가 수익자와 전득자를 공동피고 삼아 채권자취소의 소를 제기하면서 청구취지로 '채무자와 수익자 사이의 사해행위취소 청구'를 구하는 취지임을 명시한 경우 전득자에 대한 관계에서 채무자와 수익자 사이의 사해행위를 취소하면서 채권자취소권을 행사한 것으로 보아야 한다. 사해행위취소를 구하는 취지를 수익자에 대한 청구취지와 전득자에 대한 청구취지로 분리하여 각각 기재하지 않았다고 하더라도 취소를 구하는 취지가 수익자에 대한 청구에 한정된 것이라고 볼 수는 없다(대판 2021.2.4. 2018다271909).

(4) 고유필수적 공동소송

소송의 목적이 여러 당사자에 대하여 합일적으로 확정되어야 하는 고유필수적 공동소송의 경우에는 그들 모두가 공동으로 하여야만 당사자적격이 있으므로, 그 전원이 공동으로 소제기하거나 소제기 당하지 않으면 당사자적격을 흠결한 것으로서 부적법 각하된다.

2. 제3자의 소송담당 사시 21회, 변리사 22회, 노무사 1·3·4·7회

법정소송담당	담당자를 위한 소송담당	병행형	① 채권자대위소송의 채권자 ② 주주대표소송의 주주 ③ 채권질의 질권자 ④ 공유자전원을 위해 보존행위를 하는 공유자
		갈음형	① 파산관재인 ② 회생회사 관리인 ③ 채권추심명령을 받은 압류채권자 ④ 상속재산관리인 ⑤ 유언에 관한 소송에서 유언집행자 ⑥ 주한미국인에 대한 손해배상청구소송에서 미군 측을 위해 나서는 국가
	직무상의 당사자 (피담당자를 위한 소송담당)		① 가사소송에서 피고적격자가 사망한 뒤의 검사 ② 해양사고구조료청구에서의 선장
임의적 소송담당	명문 ○		① 선정당사자(제53조) ② 추심위임배서에 의한 피배서인(어음법 제18조) ③ 금융기관의 연체대출금의 회수위임을 맡은 한국자산관리공사
	명문 ×		① 원칙: × ② 예외: 변호사대리원칙, 신탁법 취지에 반하지 않는 경우 – 업무집행 조합원(판례)
법원허가에 의한 소송담당			① 증권관련 집단소송법에서의 대표당사자(동법 제2조 1항) ② 소비자단체소송에서의 소비자단체(소비자기본법 제70조)

(1) 의의 및 유형

권리관계의 주체 이외의 제3자가 타인의 권리관계에 관하여 당사자적격을 갖는 경우를 말하는데, 민사소송법이 형식적 당사자개념을 채택하고 있으므로 인정되는 개념이다. 제3자의 소송담당은 발생원인에 따라 법정소송담당, 임의적 소송담당, 법원허가에 의한 소송담당으로 나뉜다.

(2) 법정소송담당

1) 담당자를 위한 소송담당

① 권리관계의 주체와 함께 소송수행권을 갖는 경우(병행형)

㉠ 구체적 예

채권자대위소송의 채권자, 회사대표소송의 주주, 채권질의 질권자, 공유자전원을 위해 보존행위를 하는 공유자 등이 이에 속한다.

㉡ 문제점

채권자대위소송의 채권자가 법정소송담당에 속하는지가 문제된다.

> **민법 제404조(채권자대위권)** ① 채권자는 자기의 채권을 보전하기 위하여 채무자의 권리를 행사할 수 있다. 그러나 일신에 전속한 권리는 그러하지 아니하다.
> ② 채권자는 그 채권의 기한이 도래하기 전에는 법원의 허가 없이 전항의 권리를 행사하지 못한다. 그러나 보전행위는 그러하지 아니하다.

> **제405조(채권자대위권행사의 통지)** ① 채권자가 전조 제1항의 규정에 의하여 보전행위 이외의 권리를 행사한 때에는 채무자에게 통지하여야 한다.
> ② 채무자가 전항의 통지를 받은 후에는 그 권리를 처분하여도 이로써 채권자에게 대항하지 못한다.

ⓒ 학설

고유의 대위권설은 이를 민법 제404조에 규정된 자신의 실체법상 권리를 재판상 행사한다고 보아 이는 법정소송담당이 아니라 고유의 독자적 소송이라는 견해이다(호문혁, 이동률). 법정소송담당설은 엄연히 민법 제404조가 채권자가 자기 채권을 보전할 수 있도록 채무자인 타인의 권리에 관하여 소송수행권을 부여한 전형적인 법정소송담당으로 보아야 한다고 보고, 통설의 태도이기도 하다.

ⓔ 판례

판례는 채권자대위소송이 법정소송담당임을 부정[89]하다가, 1975년 전원합의체로 "채권자가 채권자 대위권을 행사하는 방법으로 제3채무자를 상대로 소송을 제기하여 판결을 받은 경우에 어떠한 사유로 인하였던 간에 채무자가 채권자 대위권에 의한 소송이 제기된 사실을 알았을 경우에는 그 확정판결의 효력은 채무자에게도 미친다(대판 1975.5.13. 74다1664 전합)."고 하여 법정소송담당설로 입장을 변경하였다.

ⓜ 검토

만일 유력설과 같은 입장에 선다면 1회적 채무를 질뿐인 제3채무자가 여러 채권자들이 있을 때에 그들에 의하여 두 번, 세 번 소제기를 당하게 되는 등 파상공격의 시달림을 피할 수 없게 되므로 긍정하는 통설·판례가 타당하다.

ⓗ 구조

통설·판례에 의할 때 대위채권(피보전채권)의 존재, 채무자가 권리를 행사하지 않을 것, 채권보전의 필요성은 당사자적격, 피대위채권은 소송물이 된다(다만, 유력설에 의하면 모두 본안판단사항이 된다).

ⓢ 판결의 형식

대위채권이 부존재할 경우 통설·판례는 당사자적격 흠결로 소각하판결을 해야 한다(고유의 대위권설에 의하면 청구기각판결을 해야 한다). 즉, 채권자대위소송에서 대위에 의하여 보전될 채권자의 채무자에 대한 권리가 인정되지 아니할 경우에는 채권자가 스스로 원고가 되어 채무자의 제3채무자에 대한 권리를 행사할 당사자적격이 없게 되므로 그 대위소송은 부적법하여 각하할 것이므로, 피대위자인 채무자가 실존인물이 아니거나 사망한 사람인 경우 역시 피보전채권인 채권자의 채무자에 대한 권리를 인정할 수 없는 경우에 해당하므로 그러한 채권자대위소송은 당사자적격이 없어 부적법하다(대판 2021.7.21. 2020다300893).

---

89) 과거 판례는 채권자가 대위권 행사로 제3자에게 제기한 소송은 "채권자가 자기의 채권을 보전하기 위하여 자기의 이름으로, 또한 자기의 권리로 행사한 것"이라 하면서, "채권자가 채권자대위권을 행사하는 방법으로 제3채무자게 대하여 소송을 제기하고 판결을 받은 경우에 그 확정판결의 효력은 당사자 아닌 채무자에게 미치지 않는다(대판 1967.3.28. 67다212)."라고 하였다. 또한 1975년 대법원 전원합의체 판결이유에서 그 이전의 채권자대위소송의 법적 성격에 관하여 "종전의 판례나 통설이 채권자대위소송에 있어서 법이론적인 면에서 채권자가 자기 이름으로 당사자가 되는 점에 착안하여 판결의 효력은 당사자 간에 국한된다."며, 채권자대위소송이 법정소송담당이라는 것을 부인하였다(이동률, 민사소송의 당사자론, 삼우사, 156면 이하).

② 제3자가 권리관계의 주체인 자에 갈음하여 소송수행권을 갖는 경우(갈음형)

유언소송에 있어서의 유언집행자, 파산재단소송에서의 파산관재인, 정리회사의 재산에 관한 소송에서 관리인, 채권추심명령을 받은 압류채권자, 주한미군에 대한 손해배상청구소송에서 미군 측을 위해 나서는 국가 등을 예로 들 수 있다. 당사자적격이 없는 권리주체인 자는 공동소송적 보조참가로서 자기 이익을 보호받을 수 있다. 특히 추심명령과 관련하여, 판례는 "추심채권자의 제3채무자에 대한 추심소송 계속 중에 채권압류 및 추심명령이 취소되어 추심채권자가 추심권능을 상실하게 되면 추심소송을 제기할 당사자적격도 상실한다. 이러한 사정은 직권조사사항으로서 당사자가 주장하지 않더라도 법원이 직권으로 조사하여 판단하여야 하고, 사실심 변론종결 이후에 당사자적격 등 소송요건이 흠결되거나 그 흠결이 치유된 경우 상고심에서도 이를 참작하여야 한다(대판 2021.9.15. 2020다297843)."고 한다.

2) 직무상의 당사자(피담당자를 위한 소송담당)

타인(권리의무의 주체)의 이익을 위하여 일정한 직무에 있는 자에게는 법률이 자기와 개인적으로 아무런 관계없는 소송에 관하여도 소송수행권을 부여하는데, 이러한 자를 직무상의 당사자라고 한다. 가사소송에 있어서 적격자 사망 후의 검사(민법 제849조, 제864조), 해난구조료청구에 있어서의 선장(상법 제894조 제2항), 피성년후견인의 친생부인의 소에서 성년후견인(민법 제848조 제1항) 등이 그 예이다.

(3) 임의적 소송담당 노무사 1회

1) 의의

권리관계의 주체인 자 본인이 그의 의사로 제3자에게 자기의 권리에 대하여 소송수행권을 수여하는 경우이다.

2) 법률에 명문의 규정이 있는 경우

① 선정당사자(제53조), 추심위임배서의 피배서인[90](어음법 제18조), 금융기관의 연체대출금의 회수위임을 맡은 한국자산관리공사(금융기관부실자산 등의 효율적 처리 및 한국자산관리공사의 설립에 관한 법률 제26조 제1항) 등이 그 예이다.

② 판례는 "약속어음의 (숨은) 추심위임배서가 실체법상의 관리처분권의 이전 없이 오로지 소송수행권의 부여만을 그 주된 목적으로 하는 경우에는 신탁법 제6조에 위반하는 권리이전행위이므로 무효이다(대판 1982.3.23. 81다540)."라고 한다.

3) 한계(명문의 규정이 없는 경우)

① 원칙적 불허

명문으로 인정한 경우 이외에는 임의적 소송담당은 원칙적으로 허용되지 않는다는 것이 통설·판례이다. 이를 무제한 허용한다면 변호사대리의 원칙(제87조)과 소송신탁금지의 취지(신탁법 제6조[91])에 반할 염려가 있기 때문이다.

---

90) 피배서인은 어음·수표로부터 발생하는 일체의 권리를 재판상·재판 외 행사할 수 있는 포괄적 대리권을 가지는 법률상 대리인으로 봄이 상당하는 견해도 있다(송상현·박익환, 호문혁, 한충수). 이의 구별실익은 임의적 소송담당으로 보면 배서인은 피배서인에게 공동소송적 보조참가를 할 수 있으나, 법률상 대리인으로 보면 소송참가를 할 수 없게 되는 점에 있다.

91) 신탁법 제6조(소송을 목적으로 하는 신탁의 금지) 수탁자로 하여금 소송행위를 하게 하는 것을 주된 목적으로 하는 신탁은 무효로 한다.

② 예외적 허용

변호사대리의 원칙과 소송신탁의 금지를 회피·잠탈할 우려가 없고, 또 이를 인정할 합리적 필요성이 있을 경우에는 허용된다고 보는 것이 통설이다. 이러한 경우로는 담당자에게 추탈소송의 우려가 있는 경우(예 담보책임을 지는 경우)와 같이 소송수행에 자기고유의 이익이 있는 경우와 광범위한 관리처분권이 부여되어 그 지위와 이익을 지킬 정당한 업무에 터잡아 권리귀속주체와 동등한 정도의 소송수행을 기대할 수 있는 경우(예 조합의 업무집행조합원)가 이에 해당한다.

③ 구체적 예

노동조합 등 단체의 대표자, 계금채권·채무에 관한 소송에 있어서의 계주 등이 그 예이며, 최근에는 근로기준법 위반의 해고자와 같은 영세근로자가 그 소속 노동조합에, 집단적 피해자가 그 소속단체에 그 소송수행권을 신탁하여 노동조합이나 단체를 내세워 소송하는 경우를 인정하는 견해[92]도 있다(이시윤). 판례는 소위 동백홍농 계 사안에서 민법상의 조합에 있어서 조합규약이나 조합결의에 의하여 자기의 이름으로 조합재산을 관리하고 대외적 업무를 집행할 권한을 수여받은 업무집행조합원이 조합재산에 관한 소송에 관하여 조합원으로부터 임의적 소송신탁을 받아 자기의 이름으로 소송을 수행하는 것은 허용된다고 하여, 임의적 소송담당을 예외적으로 인정하고 있다(대판 1984.2.14. 83다카1815). 그리고 관리단으로부터 집합건물의 관리업무를 위임받은 위탁관리회사도 특별한 사정이 없는 한 구분소유자 등을 상대로 자기 이름으로 소를 제기하여 관리비를 청구할 당사자적격이 있다(대판 2016.12.15. 2014다87885). 또한 집합건물의 관리단이 입주자대표회의에 공용부분 변경에 관한 업무를 포괄적으로 위임한 경우에는, 입주자대표회의가 공용부분 변경에 관한 업무를 수행하는 과정에서 체납된 비용을 추심하기 위하여 직접 자기 이름으로 비용에 관한 재판상 청구를 하는 것은 임의적 소송신탁에 해당한다(대판 2017.3.16. 2015다3570). 그러나 한국음악저작권협회가 위 음악저작물 일부에 관하여는 공연권 등의 저작재산권자로부터 국내에서 공연을 허락할 권리를 부여받았을 뿐 공연권까지 신탁받지는 않았고, 권리주체가 아닌 협회에 위 음악저작물 일부에 대한 소송에 관하여 임의적 소송신탁을 받아 자기의 이름으로 소송을 수행할 합리적 필요가 있다고 볼 만한 특별한 사정이 없으므로, 협회는 위 음악저작물 일부에 대한 침해금지청구의 소를 제기할 당사자적격이 없다[93](대판 2012.5.10. 2010다87474).

---

92) 이외에도 계원의 담보책임자인 계주에게 자기의 계금청구에 관한 소송수행권을 수여하는 경우를 예로 드는 견해도 있다(김홍규·강태원). 다만, 이에 대해서는 법률의 규정이 없는 경우 임의적 소송담당을 확대할 것인지 신중한 검토가 필요하다는 견해가 있고(김홍엽), 법률의 규정이 없다면 실체법상 관리처분권이 아닌 소송수행권만의 수권이 되므로, 변호사대리원칙이나 소송신탁금지원칙에 정면으로 위배될 가능성이 있다는 견해가 있다(이동률).

93) 재산권상의 청구에 관하여는 소송물인 권리 또는 법률관계에 관하여 관리처분권을 갖는 권리주체에게 당사자적격이 있음이 원칙이다. 다만, 제3자라고 하더라도 법률이 정하는 바에 따라 일정한 권리나 법률관계에 관하여 당사자적격이 부여되거나 본래의 권리주체로부터 그의 의사에 따라 소송수행권을 수여받음으로써 당사자적격이 인정되는 경우가 있으나, 이러한 임의적 소송신탁은 민사소송법 제87조가 정한 변호사대리의 원칙이나 신탁법 제6조가 정한 소송신탁의 금지를 잠탈하는 등의 탈법적 방법에 의하지 않은 것으로서 이를 인정할 합리적 필요가 있다고 인정되는 경우에 한하여 제한적으로만 허용된다.

(4) 법원허가에 의한 소송담당

1) 당사자적격은 분쟁의 개별적 해결원칙에 의하여 소송물에 관한 관리처분권을 가진 실체적 권리주체 또는 법률에 의하여 소송수행권을 갖게 된 자에게만 인정됨이 대원칙이다. 그러나 오늘날에는 환경소송, 소비자소송 등 분쟁이 크고 반복적으로 발생하므로 이를 집단적으로 한 번에 해결해야 할 필요성이 높아졌다. 이를 해결하기 위한 방법으로 논의되는 것이 집단소송과 단체소송이다. 영미법상의 집단소송(Class Action)은 당사자적격의 개념을 다소 완화하여 평균적 피해자에게 대표당사자로서의 적격을 부여하는 방식이고, 독일의 단체소송(Verbandsklage)은 단체 자체에 당사자적격을 부여하는 방식인데 이 두 가지 방식은 분쟁의 개별적 해결이라는 원칙을 다소 완화하는 것을 전제로 한다.

2) 증권관련 집단소송법에서는 영미의 Class Action과 같이 법원의 허가에 의하여 수권된 대표당사자가 소송수행에 나서도록 하였고(동법 제2조 제1항), 2008년부터 시행되고 있는 소비자단체소송에서도 소비자단체가 법원의 허가를 얻어 소송수행권을 갖도록 했다(소비자기본법 제70조). 개인정보 소송도 동일하다(개인정보 보호법 제54조, 제55조). 남소의 방지를 목적으로 한 것이다.

3. 제3자의 소송담당과 기판력

(1) 제218조 제3항의 적용

소송담당자에 대한 판결의 효력은 피담당자에게도 미친다.

> 민사소송법 제218조(기판력의 주관적 범위) ③ 다른 사람을 위하여 원고나 피고가 된 사람에 대한 확정판결은 그 다른 사람에 대하여도 효력이 미친다.

(2) 제3자가 권리주체와 함께 소송수행권을 가지는 경우(병행형) 제218조 제3항의 적용 여부

1) **병행형의 법정소송담당과 제218조 제3항의 적용**

제3자 소송담당과 기판력에 관한 제218조 제3항은 임의적 소송담당이나 법정소송담당 중 갈음형의 경우에는 전면적으로 적용된다. 병행형의 법정소송담당의 경우에도 제218조 제3항을 전면적으로 적용하면, 담당자의 불성실한 소송수행으로 피담당자의 후소가 기판력에 저촉되게 되어 피담당자에게 지나치게 가혹한 측면이 있으므로, 이를 제한할 필요가 생기게 된다.

2) **채권자대위소송과 기판력**

① 학설

㉠ 소극설은 대위소송이 법정소송담당임을 부정하는 전제에서 채무자와 채권자는 동일한 당사자가 아니고, 소송물도 다르다고 하여 기판력이 미치지 않는다고 한다(호문혁).

㉡ 적극설은 대위소송을 한 채권자를 법 제218조 제3항의 다른 사람을 위하여 원고로 된 자로 보아 채무자에게 기판력이 무조건 미친다고 한다(곽윤직).

㉢ 절충설은 채무자가 고지 등을 받아서 대위소송이 제기된 사실을 알아 참가 등을 통한 절차보장이 되었을 때 채무자에게 기판력이 미친다고 본다(이시윤 등 다수설).

② 판례

　　㉠ 과거 판례는 채권자 대위소송의 법적 성격을 법정소송담당으로 보지 않아 피담당자에게 기판력이 미치는 것을 부정하는 소극설의 입장(대판 1967.3.28. 67다212)이었다.

　　㉡ 하지만 현재 1975년 전원합의체로 입장을 변경하여 법정소송담당으로 보고 있다. 즉, 다수의견은 "채권자가 채권자 대위권을 행사하는 방법으로 제3채무자를 상대로 소송을 제기하여 판결을 받은 경우에 어떠한 사유로 인하였던 간에 채무자가 채권자 대위권에 의한 소송이 제기된 사실을 알았을 경우에는 그 확정판결의 효력은 채무자에게도 미친다(대판 1975.5.13. 74다1664 전합)."고 하여 절차보장설의 입장이다. 그러나 반대의견은 기판력의 주관적 범위를 규정한 민사소송법 제218조 제3항의 규정에 의하면 타인을 위하여 원고가 된 자에 대한 확정판결은 그 타인에 대하여도 효력이 있다고 되어 있다는 것을 근거로 "이 채권자가 한 대위소송을 채무자가 알든 모르든(지·부지 간에) 이에 대하여 모든 경우에 그 기판력이 있다고 해석하여야 한다."고 하여 적극설의 입장이다.

③ 검토

　　먼저 소극설은 법정소송담당을 부정하는 입장이므로 타당하지 않고, 적극설도 대위소송이 확정판결이 나서 기판력이 생긴 경우에는 소송계속중인 경우와는 달리 채무자의 참가기회가 없으므로 일률적으로 기판력이 미친다는 것은 채무자에게 너무 가혹하다. 따라서 채무자가 대위소송이 계속 중임을 알게 되어 절차보장이 되었을 때 기판력이 미친다는 절충설(절차보장설)[94]이 타당하다고 본다.

(3) 기타의 경우

증권관련집단소송에서는 대표당사자가 받은 판결은 제외신청을 하지 아니한 구성원에게 기판력이 미치는 특칙이 있다(동법 제37조). 소비자단체소송에서도 단체가 패소판결을 받았을 때에 원칙적으로 동일한 단체에 그 판결의 효력이 미친다(소비자기본법 제75조).

Ⅲ. 당사자적격 없을 때의 효과

1. 직권조사사항

당사자적격은 당사자에게 소송수행권이 있는지 여부에 관한 문제인 동시에 본안판결을 하기 위한 전제요건, 즉 소송요건이므로 법원의 직권조사사항이다. 따라서 당사자적격이 흠결된 경우 소는 부적법 각하된다. 특히, 채권자대위소송을 하는 원고가 채권자라고 주장하여도 실제로 아닌 것으로 판명되면 소송담당자인 제3자로서 당사자적격이 없게 되어 소 각하하여야 한다. 즉, 자신의 권리에 관하여 이행의 소를 제기하는 경우에 한하여 당사자적격은 주장 자체로 판가름하게 되어 있는 것이고, 그 나머지의 경우, 예를 들어 채권자대위소송의 경우처럼 제3자 소송담당의 경우에는 주장 자체로 당사자적격을 가리는 것은 아니다(이시윤).

---

94) 절차보장설은 법적 안정성을 위하여 인정된 기판력이 미치는지 여부가 채무자의 주관적 사정에 따라 좌우된다는 문제가 있다. 하지만 민법 제405조 제1항에 의해 채권자대위권을 행사하는 채권자는 이를 채무자에게 통지하도록 되어 있으므로, 대부분의 경우 채무자가 대위소송의 제기사실을 알 것이기 때문에 실제로는 대부분 기판력이 채무자에게 미칠 것이어서 큰 문제는 없다고 본다. 따라서 권리주체인 제3자 보호의 측면과 소송상대방의 이익보호를 고려하는 절차보장설이 타당하다.

2. 소송계속 중 당사자적격의 상실

소송 진행 중에 당사자적격을 상실하면 그 당사자 사이의 판결은 의미가 없으므로 절차는 중단된다(제237조 제1항). 다만, 그 승계인이 있는 경우에는 소송승계의 문제가 발생한다. 당연승계의 경우라면 당연승계 규정에 따라 승계인이 절차를 승계하여야 하며(제53조 제2항, 제54조, 제233조 내지 제236조), 특정승계의 경우에는 새로운 적격자가 소송참가 또는 인수의 방법으로 승계할 수 있다(제81조, 제82조).

3. 당사자적격의 흠을 간과한 판결

당사자적격의 흠을 간과하고 내려진 판결은 상소로써 다툴 수 있으나, 확정 후에는 재심사유가 되지 아니한다. 그러나 이러한 판결이 확정되더라도 본래 정당한 당사자로 될 자에 대하여 효력이 미치지 않으며, 실제로 소송에 참여한 당사자적격 없는 자에 대하여도 그 내용에 따른 효과를 발생하지 않으므로 그런 의미에서 판결은 무효이다(통설).

사례연습 CASE 1 임의적 소송담당, 소송대리권의 부활 여부

2016년 공인노무사

乙 회사의 근로자인 甲이 업무 중 상해를 입어 乙 회사를 상대로 손해배상청구의 소를 제기하고자 한다. 다음 물음에 답하시오. (아래 각 설문은 상호 무관함) (50점)

물음 1)　甲이 소속하고 있는 노동조합 丙이 원고로서 사용자인 乙 회사를 상대로 甲을 위하여 소송을 수행할 경우, 丙 노동조합에 당사자적격이 있는지를 설명하시오. (35점)

물음 2)　위와는 달리, 甲이 乙 회사를 상대로 손해배상청구의 소를 제기하였다. 그 소송의 항소심에서 변호사 丁이 甲의 소송대리인이었는데, 대법원의 파기환송판결에 의하여 사건이 항소심에 다시 계속되게 되었다면 위 丁의 소송대리권은 어떻게 되는지를 설명하시오. (15점)

목차

Ⅰ. 물음 1)에 대하여 - 임의적 소송담당 인정 여부

1. 문제점

노동조합이 丙이 甲의 乙에 대한 손해배상청구권을 대신 행사할 수 있는 당사자적격이 있는지[95], 즉 丙이 甲의 乙에 대한 손해배상청구권에 관한 제3자 소송담당자가 될 수 있는 지가 문제가 된다. 아래에서는 丙이 제3자 소송담당자가 될 수 있는 경우를 법정소송담당, 임의적 소송담당, 법원허가에 의한 소송담당으로 나누어서 이를 살펴보기로 한다.

2. 당사자적격의 의의 및 구별개념

(1) 의의

당사자적격이란 어떤 특정한 권리나 법률관계(소송물)에 관하여 원고나 피고로서 소송을 수행하여 본안판결을 구할 수 있는 자격을 말한다. 즉, 당사자적격은 구체적 소송에 있어서 어떤 사람들을 당사자로 하여야 분쟁해결이 유효적절할 것인가 하는 관점에서 인정되며 이를 소송수행권(= 민법상의 관리처분권)이라고도 하고, 그 사람만이 정당하게 당사자로서 기능을 할 수 있다는 뜻에서 정당한 당사자라고도 한다.

---

95) 먼저 노동조합의 당사자능력이 문제가 되지만, 통상 노동조합은 비법인사단이고, 등록·등기를 하였다면 법인이 되므로, 당사자능력은 문제가 되지 않는다고 보는 것이 출제의도에 부합한다고 본다.

(2) 구별개념

당사자적격은 언제나 특정소송과의 관계에서 정하여지는 것이므로 어떤 소송에 관하여 당사자적격이 있다고 하여 다른 소송에서도 당연히 당사자적격이 있는 것은 아니다. 이러한 점에서 개개의 사건과 관계없이 일반적으로 민사소송의 당사자가 될 수 있는 추상적 자격을 가리키는 당사자능력과 구별되고, 현재 계속 중의 소송에서 누가 당사자인가를 가려내는 문제인 당사자확정의 문제와도 구별된다.

3. 제3자 소송담당 및 법정소송담당

(1) 의의 및 유형

1) 권리관계의 주체 이외의 제3자가 타인의 권리관계에 관하여 당사자적격을 갖는 경우를 말하는데, 민사소송법이 형식적 당사자개념(제52조)을 채택하고 있으므로 인정되는 개념이다.

2) 제3자의 소송담당은 발생원인에 따라 법정소송담당, 임의적 소송담당, 법원허가에 의한 소송담당으로 나뉜다.

(2) 법정소송담당 일반

1) 담당자를 위한 소송담당

① 권리관계의 주체와 함께 소송수행권을 갖는 경우(병행형)

채권자대위소송의 채권자, 회사대표소송의 주주, 채권질의 질권자, 공유자전원을 위해 보존행위를 하는 공유자 등이 이에 속한다.

② 제3자가 권리관계의 주체인 자에 갈음하여 소송수행권을 갖는 경우(갈음형)

유언소송에 있어서의 유언집행자, 파산재단소송에서의 파산관재인, 정리회사의 재산에 관한 소송에서 관리인, 채권추심명령을 받은 압류채권자, 주한미군에 대한 손해배상청구소송에서 미군 측을 위해 나서는 국가 등을 예로 들 수 있다. 당사자적격이 없는 권리주체인 자는 공동소송적 보조참가로서 자기이익을 보호받을 수 있다.

2) 직무상의 당사자(피담당자를 위한 소송담당)

타인(권리의무의 주체)의 이익을 위하여 일정한 직무에 있는 자에게는 법률이 자기와 개인적으로 아무런 관계없는 소송에 관하여도 소송수행권을 부여하는데, 이러한 자를 직무상의 당사자라고 한다. 가사소송에 있어서 적격자 사망 후의 검사나 해난구조료 청구에 있어서의 선장 등이 그 예이다.

3) 사안의 경우

만약 노동조합 丙이 甲에게 어떤 권리를 가지고 있다면 甲의 乙에 대한 손해배상청구권을 대위행사할 수 있어 채권자대위소송이 가능하므로(민법 제404조), 당사자적격이 있다. 그러나 사안에서 丙이 甲에게 어떤 권리를 가지고 있다는 말이 없으므로, 법정소송담당으로 당사자적격을 갖는 것은 아니다.

4. 임의적 소송담당

(1) 의의

권리관계의 주체인 자 본인이 그의 의사로 제3자에게 자기의 권리에 대하여 소송수행권을 수여하는 경우이다.

(2) 법률에 명문의 규정이 있는 경우

1) 구체적 예

선정당사자(제53조), 추심위임배서의 피배서인(어음법 제18조), 금융기관의 연체대출금의 회수위임을 맡은 한국자산관리공사 등이 그 예이다.

2) 판례

판례는 "약속어음의 추심위임배서가 실체법상의 관리처분권의 이전 없이 오로지 소송수행권의 부여만을 그 주된 목적으로 하는 경우에는 신탁법 제6조에 위반하는 권리이전행위이므로 무효이다(대판 1982.3.23. 81다540)."라고 한다.

3) 사안의 경우

사안의 노동조합 丙은 위 어느 경우에도 속하지 않으므로, 명문의 규정이 있는 임의적 소송담당자는 될 수 없다. 따라서 명문의 규정이 없는 경우 임의적 소송담당을 인정할 수 있는지가 문제된다.

(3) 한계(명문의 규정이 없는 경우)

1) 원칙적 불허

명문으로 인정한 경우 이외에는 임의적 소송담당은 원칙적으로 허용되지 않는다는 것이 통설·판례이다. 이를 무제한 허용한다면 변호사대리의 원칙(제87조)과 소송신탁금지의 취지(신탁법 제6조)에 반할 염려가 있기 때문이다.

2) 예외적 허용

변호사대리의 원칙과 소송신탁의 금지를 회피·잠탈 할 우려가 없고, 또 이를 인정할 합리적 필요성이 있을 경우에는 허용된다고 보는 것이 통설·판례이다. 이러한 경우로는 담당자에게 ① 추탈소송의 우려가 있는 경우(예 담보책임을 지는 경우)와 같이 소송수행에 자기고유의 이익이 있는 경우와, ② 광범위한 관리처분권이 부여되어 그 지위와 이익을 지킬 정당한 업무에 터 잡아 권리귀속주체와 동등한 정도의 소송수행을 기대할 수 있는 경우(예 조합의 업무집행조합원)가 이에 해당한다.

3) 구체적 예

① 학설

노동조합 등 단체의 대표자, 계금채권·채무에 관한 소송에 있어서의 계주 등이 그 예이며, 최근에는 근로기준법 위반의 해고자와 같은 영세근로자가 그 소속 노동조합에, 집단적 피해자가 그 소속단체에 그 소송수행권을 신탁하여 노동조합이나 단체를 내세워 소송하는 경우를 인정하는 견해도 있다(이시윤, 제9판, 154면).

② 판례

판례는 소위 동백계 사안에서 민법상의 조합에 있어서 조합규약이나 조합결의에 의하여 자기의 이름으로 조합재산을 관리하고 대외적 업무를 집행할 권한을 수여받은 업무집행조합원이 조합재산에 관한 소송에 관하여 조합원으로부터 임의적 소송신탁을 받아 자기의 이름으로 소송을 수행하는 것은 허용된다고 하여, 임의적 소송담당을 예외적으로 인정하고 있다(대판 1984.2.14. 83다카1815). 그러나 한국음악저작권협회가 위 음악저작물 일부에 관하여는 공연권 등의 저작재산권자로부터 국내에서 공연을 허락할 권리를 부여받았을 뿐 공연권까지 신탁 받지는 않았고, 권리주체가 아닌 협회에 위 음악저작물 일부에 대한 소송에 관하여 임의적 소송신탁을 받아 자기의 이름으로 소송을 수행할 합리적 필요가 있다고 볼 만한 특별한 사정이 없으므로, 협회는 위 음악저작물 일부에 대한 침해금지청구의 소를 제기할 당사자적격이 없다(대판 2012.5.10. 2010다87474).

4) 사안의 경우

노동조합 丙은 그 조합원 甲에 대해 그 지위와 이익을 지켜야 하는 단체이다. 따라서 광범위한 관리처분권이 부여되어 그 지위와 이익을 지킬 정당한 업무에 터 잡아 권리귀속주체와 동등한 정도의 소송수행을 기대할 수 있는 경우에 해당한다고 본다.[96] 그러므로 민사소송법 제87조가 정한 변호사대리의 원칙이나 신탁법 제6조가 정한 소송신탁의 금지를 잠탈하는 등의 탈법적 방법에 의하지 않은 것으로서 이를 인정할 합리적 필요가 있다고 인정되는 경우에 해당한다고 보이므로, 노동조합 丙은 그 근로자 甲의 소송신탁을 받아 사용자 乙에게 갖는 손해배상청구권을 대신하여 행사할 수 있는 임의적 소송담당(소송신탁)자가 되는 것이 가능하다고 본다. 따라서 丙 노동조합에 당사자적격이 있다.

5. 법원 허가에 의한 소송담당

(1) 내용

1) 당사자적격은 분쟁의 개별적 해결원칙에 의하여 소송물에 관한 관리처분권을 가진 실체적 권리주체 또는 법률에 의하여 소송수행권을 갖게 된 자에게만 인정됨이 대원칙이다. 그러나 오늘날에는 환경소송, 소비자소송 등 분쟁이 크고 반복적으로 발생하므로 이를 집단적으로 한 번에 해결해야 할 필요성이 높아졌다. 이를 해결하기 위한 방법으로 논의되는 것이 집단소송과 단체소송이다. 영미법상의 집단소송(Class Action)은 당사자적격의 개념을 다소 완화하여 평균적 피해자에게 대표당사자로서의 적격을 부여하는 방식이고, 독일의 단체소송(Verbandsklage)은 단체 자체에 당사자적격을 부여하는 방식인데 이 두 가지 방식은 분쟁의 개별적 해결이라는 원칙을 다소 완화하는 것을 전제로 한다.

---

96) 다만, 이를 엄격하게 해석하여 노동조합 丙은 이 경우에 해당하지 않는다는 포섭도 가능하다고 본다. 예를 들어, 공동주택의 입주자대표회의가 아파트 입주민들의 공동이익을 위하여 각종 소송을 할 수 있는 방법이 필요하지만, 판례는 입주자대표회의에 대하여 입주자들을 위한 소송수행권을 인정하지 않고 있다(대판 2003.6.24. 2003다17774). 이는 가치관의 차이이므로, 실제 답안에서는 명문의 규정이 없는 경우 임의적 소송담당을 긍정할 수 있는 요건 등을 서술하는 것이 중요하다고 본다.

2) 2005년부터 시행되고 있는 증권관련 집단소송법에서는 영미의 Class Action과 같이 법원의 허가에 의하여 수권된 대표당사자가 소송수행에 나서도록 하였고(동법 제2조 제1항), 2008년부터 시행되고 있는 소비자단체소송에서도 소비자단체가 법원의 허가를 얻어 소송수행권을 갖도록 했다(소비자기본법 제70조). 남소의 방지를 목적으로 한 것이다.

(2) 사안의 경우

다만, 근로자 甲이 사용자 乙에게 갖는 손해배상청구권이 증권관련 손해배상청구권도 아니고, 소비자기본법상의 손해배상청구권도 아니므로, 이에는 해당하지 않는다고 본다.

6. 사안의 해결

따라서 노동조합 丙은 그 소속 근로자 甲의 사용자 乙에 대한 손해배상청구권에 대하여 임의적 소송담당자로서 당사자적격이 있다.

Ⅱ. 물음 2)에 대하여 – 소송대리권의 당연부활 여부

1. 문제점

이 사안은 소송대리인의 특별수권사항과 관련된 문제로서, 먼저 제90조 제2항 제3호의 상소의 제기에 '상소에 대한 응소'가 포함되는지가 문제되고, 포함이 되어 심급대리원칙을 긍정한다면 과연 파기환송심의 항소심에서 원래의 소송대리인 丁의 소송대리권이 당연부활 하는지가 파기환송판결의 법적 성질과 관련하여 문제가 된다(제436조, 제198조, 제201조).

2. 심급대리의 원칙[97] – 제3호 상소의 제기에 상소에 대한 응소가 포함되는지 여부

(1) 심급대리원칙 긍정설

다수설, 판례는 해석상 당연히 상소에 대한 응소가 포함된다고 한다. 이렇게 조문을 해석하면 본인을 대리해서 상소를 제기하든 상대방의 상소에 대해 응소를 하든 본인으로부터 특별수권을 받아야 하는 것이므로, 소송대리인의 원래 권한은 판결정본을 송달받을 때까지 소송대리인으로서 권한이 유지되게 되어, 소위 심급대리의 원칙을 인정하게 된다.

---

97) 소송대리권의 범위는 원칙적으로 당해 심급에 한정되지만, 소송대리인이 상소제기에 관한 특별한 권한을 따로 받았다면 특별한 사정이 없는 한 상소장을 제출할 권한과 의무가 있으므로, 상소장에 인지를 붙이지 아니한 흠이 있다면 소송대리인은 이를 보정할 수 있고 원심재판장도 소송대리인에게 인지의 보정을 명할 수 있다(대결 2013.7.31. 2013마670).

(2) 심급대리원칙 부정설

유력설(이시윤, 전병서)은 법문상 응소가 포함되지 않는다고 한다(심급대리 원칙 부정). 구 민소법은 "상소(항소·상고)"라고 하고 있어 상소의 제기든 상소에 대한 응소든 모두 특별수권사항이라 해석할 수 있었지만, 현행 민소법은 "상소의 제기"라고만 하고 있으므로, "상소에 대한 응소"는 포함되지 않는다고 한다. 이렇게 조문을 해석하면 소송대리인은 피고의 항소에 대한 응소를 본인 甲의 특별수권이 없어도 할 수 있게 되므로, 심급대리의 원칙을 부정하게 된다.

(3) 검토

현행 민사소송법은 구 일본 민사소송법과는 달리 "상소의 제기"라고만 하고 있어 심급대리원칙을 부정하는 견해도 일견 타당한 면이 있다. 하지만 소송대리인을 선임하는 당사자의 의사는 일단 제1심에 한해서만 소송대리인을 선임하는 의사라고 보는 것이 합리적이고, 따라서 소송대리권은 특별한 의사표시가 없는 이상 당해 심급에 한한다고 보는 다수설이 타당하다. 특히 판례도 소송대리권의 범위는 특별한 사정이 없는 한 당해 심급에 한정되어, 소송대리인의 소송대리권의 범위는 수임한 소송사무가 종료하는 시기인 당해 심급의 판결을 송달받은 때까지라고 보고 있다(대판 1994.3.8. 93다52105 등).

3. 파기환송판결의 법적 성질

(1) 종전 판례

판례는 사건 전체의 입장에서 보면 환송판결에 대하여 사건이 종결되는 것이 아니라는 이유로 이를 중간판결로 보았다.

(2) 현재 판례

판례는 "종국판결이란 소 또는 상소에 의하여 계속 중인 사건의 전부 또는 일부에 대하여 심판을 마치고 그 심급을 이탈시키는 판결이라고 할 것"이라고 하여 종국판결이라고 하고 있다. 따라서 항소심의 취소환송판결에 대하여 독립하여 항소를 제기할 수 있다(대판 1981.9.8. 80다3271 전합). 다만, 대법원의 파기환송판결은 종국판결이지만 중간판결적 성질을 가진 종국판결이므로 재심의 대상은 아니라고 한다(대판 1995.2.14. 93재다27 전합).

4. 환송 전 항소심 소송대리인의 대리권이 상급심의 파기환송에 의하여 환송된 항소심에서 당연히 부활하는지 여부

(1) 학설

1) 긍정설은 ① 환송 뒤라도 항소심이며, ② 처음 1차 항소심대리인은 사실관계에 정통하고, ③ 본인은 언제든지 소송대리인 해임이 가능하므로 이를 긍정한다(강현중).

2) 부정설은 ① 심급대리원칙 하에서 환송판결은 종국판결이며, ② 환송 후 항소심은 원래 항소심보다 사실관계가 더 복잡하고, ③ 본인과 신뢰관계가 없으므로 부정하는 것이 타당하다고 한다(이시윤, 정동윤, 호문혁).

(2) 판례

1) 상급심에서 원판결이 파기환송 되었을 경우에는 환송 전 원심의 상태로 환원되었으므로 환송 전의 과거 소송대리인의 대리권이 당연부활하는 것으로 본다(대판 1985.5.28. 84후102[98]) 등).

2) 다만, 파기환송 후 항소심에서 다시 상고되었을 경우 환송 전의 상고심에서 소송대리인의 대리권이 당연부활하는 것은 아니라고 한다(대결 1996.4.4. 96마148).

(3) 검토

판례의 태도는 ① 파기환송판결이 항소심의 중요쟁점을 정리하여 종국적인 해결에 도움을 주는 중간판결이 아니라, 심급의 이동이 있는 종국판결이라는 판례 자신의 입장과 모순되며, ② 한 심급이 끝나면 소송대리인의 권한이 소멸한다는 심급대리의 원칙과도 맞지 않고, ③ 소송대리인과 본인은 신뢰관계가 없으므로, 당연부활하지 않는다는 부정설이 타당하다.

5. 사안의 해결

따라서 파기환송 되어 돌아온 항소심에서 소송대리인 丁의 소송대리권은 당연부활하지 않는다고 보아야 한다. 그러나 판례에 의하면 원판결이 파기환송 되었을 경우에는 환송 전 원심의 상태로 환원되었으므로 환송 전의 과거 소송대리인 丁의 대리권이 당연부활한다.

---

98) 소송대리인(甲)이 대법원의 파기환송전 항고심의 소송대리인이었고, 대법원의 파기환송판결에 의하여 사건이 동 항고심에 다시 계속하게 되었다면 위(甲)에게 한 특허청장 명의의 환송번호 및 심판관지정통지서의 송달은 적법하다.

2022년 법원사무관승진

甲은 乙에 대하여 1억 원의 대여금 채권을 가지고 있다. (아래 각 사안은 상호 무관하고, 견해의 대립이 있으면 대법원 판례에 따를 것) (40점)

물음 1) 甲의 채권자인 丙은 甲이 乙에게 가지는 1억 원의 대여금 채권에 관하여 채권압류 및 전부명령을 받았고 그 무렵 乙에게 송달되어 확정되었다. 이후 甲이 乙을 상대로 1억 원의 대여금 청구의 소를 제기하였다면, 甲의 청구에 대한 법원의 판단(각하, 인용, 기각) 및 이유를 논하시오. (10점)

물음 2) 甲의 채권자인 丙은 甲이 乙에게 가지는 1억 원의 대여금 채권에 관하여 채권압류 및 추심명령을 받았고 그 무렵 乙에게 송달되었다. 이후 甲이 乙을 상대로 1억 원의 대여금 청구의 소를 제기하였다면, 甲의 청구에 대한 법원의 판단(각하, 인용, 기각) 및 이유를 논하시오. (10점)

물음 3) 甲의 채권자 丙은 甲이 乙에게 가지는 1억 원의 대여금 채권에 관하여 채권압류 및 추심명령을 받아 乙을 상대로 추심금 청구의 소를 제기하였다가 항소심에서 소를 취하하였다. 그 후 甲의 다른 채권자 丁이 위 1억 원의 대여금 채권에 관하여 다시 채권압류 및 추심명령을 받아 乙을 상대로 추심금 청구의 소를 제기하였다. 丁의 청구에 대한 법원의 판단(각하, 인용, 기각) 및 이유를 논하시오. (20점)

Ⅰ. 물음 1)에 대하여

1. 법원의 판단

청구기각을 하여야 한다.

2. 이유

(1) 요건심리

일단 甲은 乙에게 채권자라고 주장하며 1억 원의 대여금 청구의 소를 제기한 것이어서 당사자적격은 있으므로, 소는 적법하다(이행의 소의 당사자적격). 즉, 원래 이행의 소에서는 자기가 이행청구권자임을 주장하는 자가 원고적격을 가지고 그로부터 이행의무자로 주장된 자가 피고적격을 가지는 것으로서, 원고의 주장 자체에 의하여 당사자적격 유무가 판가름되며, 원고·피고가 실제로 이행청구권자이거나 이행의 무자임을 요하는 것은 아니다(대판 1994.6.14. 94다14797). 그러한 이행청구권이나 이행의무의 존부는 본안에서 판단할 사항인 것이다[실무제요(Ⅰ), 332면].

(2) 본안심리

민사집행법 제231조 본문은 "전부명령이 확정된 경우에는 전부명령이 제3채무자에게 송달된 때에 채무자가 채무를 변제한 것으로 본다."고 규정하고 있는 바, 이는 집행채권자가 전부명령에 의하여 피전부채권에 대하여 독점적인 권리를 취득하는 것에 상응하여 전부명령으로 집행채권이 변제되는 것과 동일한 효과가 발생한다는 취지를 정하고 있는 것으로 해석된다(대판 2009.2.12. 2006다88234). 따라서 甲은 丙에게 자신의 丙에 대한 1억 원 대여금 채무를 변제한 것으로 간주되는 것이므로, 더 이상 甲은 乙에 대한 1억 원 대여금 채권자가 아니다. 그러므로 채권자가 아닌 甲이 乙에게 1억 원의 대여금 청구의 소를 제기하였다면, 甲의 청구를 기각하여야 한다.

Ⅱ. 물음 2)에 대하여

1. 법원의 판단

소각하를 하여야 한다.

2. 이유

(1) 이행의 소의 당사자적격

채권에 대한 압류 및 추심명령이 있으면 제3채무자에 대한 이행의 소는 추심채권자만이 제기할 수 있고 채무자는 피압류채권에 대한 이행소송을 제기할 당사자적격을 상실한다고 하여야 할 것이다(대판 2000.4.11. 99다23888).

(2) 사안의 경우

乙에 대한 이행의 소는 丙만 제기할 수 있게 되므로, 甲의 乙에 대한 1억 원의 대여금 청구의 소는 당사자적격이 없어 부적법하므로, 甲의 乙에 대한 소는 각하되어야 한다.

III. 물음 3)에 대하여

1. 법원의 판단

인용을 하여야 한다.

2. 이유

(1) 재소금지의 의의 및 취지

재소금지란 본안에 관한 종국판결이 있은 뒤에는 이미 취하한 소와 같은 소를 제기하지 못하는 것을 이른다(제267조 제2항). 이는 법원의 종국판결에 대한 농락을 방지하자는 것이 그 취지[99]이다.

(2) 요건

재소금지의 요건은 당사자동일, 소송물동일, 본안의 종국판결후의 소취하, 권리보호이익의 동일이 있다. 사안에서는 甲의 채권자 丙과 甲의 다른 채권자 丁은 동일한 1억 원의 채권에 대하여 추심금 청구의 소를 제기하고 있으므로, 당사자와 소송물이 동일하다. 그리고 丙은 전소의 항소심에서 소를 취하하였으므로, 본안의 종국판결[100] 후의 소취하에 해당한다. 다만, 丁의 후소가 丙의 전소와 권리보호이익이 동일한 것인지가 문제가 된다.

(3) 권리보호이익의 동일

1) 취지

정당한 이유 없이 소를 취하한 경우 재소를 하는 남소는 금지하여야 하지만, 전소와 권리보호이익을 달리하는 경우에는 소권이 부당하게 박탈되지 않게 하기 위하여 재소금지에 해당하지 않는다. 이는 조문상으로는 표현되어 있지 않은 요건이다. 판례도 "민사소송법 제267조 제2항은 "본안에 대한 종국판결이 있은 뒤에 소를 취하한 사람은 같은 소를 제기하지 못한다."라고 규정하고 있는데, 이는 소취하로 인하여 그동안 판결에 들인 법원의 노력이 무용화되고 종국판결이 당사자에 의하여 농락당하는 것을 방지하기 위한 제재적 취지의 규정이므로, 본안에 대한 종국판결이 있은 후 소를 취하한 자라 할지라도 <u>이러한 규정의 취지에 반하지 아니하고 소제기를 필요로 하는 정당한 사정이 있다</u>면 다시 소를 제기할 수 있다(대판 2009.6.25. 2009다22037)."고 한다.

---

99) 판결의 농락 방지는 권위적인 표현이고, 정확하게 말하면 소취하권 내지 재소권의 남용방지라고 해야 할 것이라는 견해도 있다(호문혁, 민사소송법 제3판, 2004, 655면).

100) 다만, 사안에서 전소인 丙의 추심금청구의 소가 1심에서 본안판결이 난 것인지가 확실하게 표현되어 있지 않아, 출제에 아쉬움이 있다.

2) 판례

판례는 전소취하의 전제조건인 약정사항을 지키지 아니함으로써 위 약정이 해제 또는 실효되는 사정변경이 발생한 경우(대판 1993.8.24. 93다22074), 소유권이전등기절차이행의 소를 제기하여 승소판결을 받은 뒤, 항소심에서 토지거래허가를 받지 않은 것이 문제되자 소를 취하하였는데, 그 뒤 토지거래허가를 받고 다시 동일한 소를 제기한 경우(대판 1997.12.23. 97다45341), 피고가 소유권침해를 중지하여 소를 취하하였는데 다시 침해하는 경우(대판 1981.7.14. 81다64) 등에는 당사자와 소송물이 서로 동일하다고 하더라도 소의 제기를 필요로 하는 사정이 같지 아니하여, 권리보호의 이익이 다르므로 재소금지의 적용이 없다고 한다. 그리고 甲 주식회사가 乙 등에 대하여 가지는 정산금 채권에 대하여 甲 회사의 채권자 丙이 채권압류 및 추심명령을 받아 乙 등을 상대로 추심금 청구의 소를 제기하였다가 항소심에서 소를 취하하였는데, 그 후 甲 회사의 다른 채권자 丁 등이 위 정산금 채권에 대하여 다시 채권압류 및 추심명령을 받아 乙 등을 상대로 추심금 청구의 소를 제기하면, 새로운 권리보호이익이 발생한 것으로 볼 수 있어 재소금지 규정에 반하지 않는다(대판 2021.5.7. 2018다259213).

(4) 사안의 경우

丙의 추심금청구의 소에 대해 丁의 추심금청구의 소는 새로운 권리보호이익이 발생하였다고 볼 수 있다. 따라서 丁의 후소는 재소금지에 해당하지 않아 적법하므로, 丁의 주장이 이유가 있다면 丁의 청구에 대하여 인용하는 판결을 하여야 한다.

2022년 법원사무관승진

甲은 차용금 채무 담보를 위해 자신 소유 토지에 관하여 乙에게 근저당권설정등기를 마쳐주었다. (아래 각 사안은 상호 무관하고, 견해의 대립이 있으면 대법원 판례에 따를 것) (30점)

물음 1) 乙은 丙에게 위 차용금 채권을 양도하고 근저당권이전의 부기등기를 마쳐주었다. 甲은 이후 차용금 채무를 모두 변제하여 근저당권을 말소하고자 한다면, 누구를 상대로 어떠한 소를 제기하여야 하는지 논하시오. (15점)

물음 2) 甲은 위 토지를 丙에게 매도하고 소유권이전등기를 마쳐 주었다. 이제 소유권자가 아닌 甲은 차용금 채무를 모두 변제한 다음 乙을 상대로 피담보채무 소멸을 이유로 근저당권설정등기의 말소를 청구하였다. 심리결과 피담보채무가 모두 소멸되었음이 판명되었다면 甲의 청구에 대한 법원의 판단(각하, 인용, 기각) 및 이유를 논하시오. (15점)

Ⅰ. 물음 1)에 대하여

1. 결론

양수인 丙을 상대로, 주등기인 근저당권설정등기의 말소를 구하는 소를 제기하면 된다.

2. 이유

(1) 판례

근저당권 이전의 부기등기는 기존의 주등기인 근저당권설정등기에 종속되어 주등기와 일체를 이루는 것이어서, 피담보채무가 소멸된 경우 또는 근저당권설정등기가 당초 원인무효인 경우 주등기인 근저당권설정등기의 말소만 구하면 되고 그 부기등기는 별도로 말소를 구하지 않더라도 주등기의 말소에 따라 직권으로 말소되는 것이며, 근저당권 양도의 부기등기는 기존의 근저당권설정등기에 의한 권리의 승계를 등기부상 명시하는 것뿐으로, 그 등기에 의하여 새로운 권리가 생기는 것이 아닌 만큼 근저당권설정등기의 말소등기청구는 양수인만을 상대로 하면 족하고 양도인은 그 말소등기청구에 있어서 피고적격이 없으며, 근저당권의 이전이 전부명령 확정에 따라 이루어졌다고 하여 이와 달리 보아야 하는 것은 아니다(대판 2000.4.11. 2000다5640).

(2) 사안의 경우

양도인 乙이 아닌 양수인 丙을 상대로 하여, 주등기인 근저당권설정등기말소를 구하는 소를 제기하면 되고, 근저당권이전의 부기등기의 말소를 구할 필요는 없다.

Ⅱ. 물음 2)에 대하여

1. 법원의 판단

인용을 하여야 한다.

2. 이유

(1) 판례

근저당권이 설정된 후에 그 부동산의 소유권이 제3자에게 이전된 경우에는 현재의 소유자가 자신의 소유권에 기하여 피담보채무의 소멸을 원인으로 그 근저당권설정등기의 말소를 청구할 수 있음은 물론이지만, 근저당권설정자인 종전의 소유자도 근저당권설정계약의 당사자로서 근저당권소멸에 따른 원상회복으로 근저당권자에게 근저당권설정등기의 말소를 구할 수 있는 계약상 권리가 있으므로 이러한 계약상 권리에 터잡아 근저당권자에게 피담보채무의 소멸을 이유로 하여 그 근저당권설정등기의 말소를 청구할 수 있다고 봄이 상당하고, 목적물의 소유권을 상실하였다는 이유만으로 그러한 권리를 행사할 수 없다고 볼 것은 아니다(대판 1994.1.25. 93다16338 전합).

(2) 사안의 경우

근저당권설정자인 종전의 소유자 甲도 근저당권설정계약의 당사자로서, 근저당권설정등기의 말소를 구할 수 있는 계약상 권리가 있으므로, 이러한 권리에 터잡아 피담보채무의 소멸을 이유로 근저당권설정등기의 말소를 청구할 수 있다(민법 제369조).

17 소송능력

CONTENTS

▌ 소송능력 사시 4·32회, 변리사 15회

Ⅰ. 의의 및 취지

1. 의의
소송능력이란 당사자(또는 보조참가인)로서 유효하게 소송행위를 하거나 소송행위를 받기 위하여 갖추어야 할 능력을 말한다.

2. 취지
(1) 소송능력은 민법상의 행위능력에 대응하는 것으로서 소송상 자기의 권익을 주장·옹호할 수 없는 소송무능력자를 보호해주기 위한 제도이다.

(2) 소송절차내의 소송행위는 물론 소송개시 전의 행위나 소송대리권 수여와 같은 소송외의 행위도 소송절차에 영향을 주기 때문에 소송능력이 필요하다. 그러나 증거조사의 대상이 되는 경우(제372조 단서)에는 예외적으로 허용된다. 다른 사람의 대리인으로서 소송행위를 할 경우 소송능력자일 필요가 없다는 견해도 있으나(이시윤, 구판: 민법 제117조 참고), 소송무능력자인 대리인의 개입에 의하여 피해를 입어서는 안 되기 때문에, 대리위임을 받은 변호사는 소송능력이 있어야 한다(이시윤). 소송능력이 없는 자는 법정대리인은 될 수 없다(민법 제937조).

Ⅱ. 소송능력자

1. 민법상의 행위능력자(제51조)
제51조는 소송능력에 관하여는 민사소송법에 특별한 규정이 없으면 민법 기타의 법률에 의한다고 하므로, 민법상의 행위능력자는 소송능력을 갖는 것이 원칙이다.

2. 법인의 소송능력
법인이 행위능력 내지 소송능력을 갖느냐의 여부는 이론상 법인의 본질에 관하여 실재설을 따르느냐 의제설을 따르느냐에 달려 있다. 그러나 민사소송법 제64조에서는 법인이나 법인 아닌 사단·재단에 대하여 소송무능력자임을 전제로 그 대표자·관리인을 소송무능력자의 법정대리인에 준하여 취급하고 있다.

3. 외국인의 소송능력
외국인의 경우에는 행위능력과 마찬가지로 소송능력도 본국법에 의하여 정한다. 다만 외국인을 내국인 이상으로 보호할 필요는 없기 때문에 본국법상 소송무능력자라 하여도 대한민국법에 의하면 소송능력자일 때에는 소송능력자로 본다(제57조).

4. 당사자적격을 상실한 자
민법상의 행위능력자이면 어느 누구나 소송능력자이므로, 자기의 재산에 관하여 관리처분권을 상실하여 당사자적격을 잃은 자라 하여도 소송능력은 상실되지 않는다.

Ⅲ. 소송무능력자

1. 의사능력이 없는 자

의사능력이 없는 자의 소송행위는 무효이다. 다만, 의사능력은 행위능력과 달리 개별적으로 판정하여야 하므로, 예를 들어, 성년후견개시심판을 받지 않은 성년자라도 지능이 12, 13세 정도 밖에 되지 않는 자, 치매환자 등이 한 소송행위(항소취하)는 무효가 된다(이시윤). 다만, 개정법 제62조의2는 종래 판례를 반영하여 의사무능력자를 위한 특별대리인 제도를 신설하였다.

2. 제한능력자

민법에서 장애, 노령 등의 성인에게 도움이 필요한 경우 후견인이 재산 관리 및 일상생활을 지원하는 성년후견, 한정후견 제도가 2013.7.1.부터 시행 되었다. 이에 맞추어 민사소송법도 2016.2.3. 개정되어 2017.2.4.부터 새 제도가 시행되고 있다. 피성년후견인은 원칙적으로 법정대리인의 대리에 의해서만 소송행위를 할 수 있다(제55조 제1항 본문). 다만, 취소할 수 없는 법률행위의 한도 내에서는 행위능력이 있으므로(민법 제10조 제2항·제4항), 소송능력을 인정하였다. 피한정후견인은 원칙적으로 민법상 행위능력자이므로, 소송능력이 인정되는 것이 원칙이다. 다만, 피한정후견인은 한정후견인의 동의가 필요한 행위(민법 제13조 제1항·제4항)에 관하여는 행위능력이 없어 그 범위 내에서는 소송능력이 없으므로, 대리권 있는 한정후견인에 의해서만 소송행위를 할 수 있다(제55조 제2항).

3. 미성년자

(1) 원칙

미성년자는 민법상 행위능력이 없으므로, 소송무능력자가 되는 것이 원칙이다. 따라서 미성년자는 법정대리인에 의해서만 소송행위를 하여야 한다(제55조 제1항 본문). 그리고 민법상 단독으로 법률행위가 허용되는 동의(민법 제5조), 처분을 허락한 재산(민법 제6조)에 대해서도 동의 유무나 처분이 허락된 재산의 범위를 탐색하는 것이 번잡하고 소송절차의 안정을 해할 우려가 있어, 소송능력이 부정된다.

(2) 예외

① 미성년자가 혼인한 때에는 완전하게 소송능력을 가지며(민법 제826조의2), ② 미성년자는 피성년후견인의 경우와 달리 독립하여 법률행위를 할 수 있는 경우[[예] 법정대리인의 허락을 얻어 영업에 관한 법률행위를 하는 경우(민법 제8조), 회사의 무한책임사원이 될 것이 허락된 경우(상법 제7조)]에 그 범위 내에서는 소송능력이 인정된다(제51조 단서). ③ 미성년자는 근로계약의 체결, 임금의 청구를 스스로 할 수 있기 때문에(근로기준법 제67조, 제68조), 그 범위의 소송에 대해서는 소송능력이 인정된다.[101] 그리고 ④ 미성년자가 법정대리인 상대의 입양무효의 소를 제기할 경우 후견감독인(과거 친족회)의 동의를 얻으면 된다(대결 1969.11.25. 69므25).

---

101) 미성년자는 원칙적으로 법정대리인에 의하여서만 소송행위를 할 수 있으나 미성년자 자신의 노무제공에 따른 임금의 청구는 근로기준법 제68조의 규정에 의하여 미성년자가 독자적으로 할 수 있다(대판 1981.8.25. 80다3149).

Ⅳ. 소송능력의 소송법상 효과

1. 소송행위의 유효요건

(1) 소송능력은 개개의 소송행위의 유효요건이다. 따라서 소송무능력자의 소송행위나 무능력자에 대한 소송행위는 무효이다. 민법상 무능력자의 행위에 대하여 취소를 할 수 있게 한 것과 달리 소송절차의 안정을 위해서 무효로 한 것이다. 예를 들어, 소송무능력자에 의한 소송대리인의 신임, 청구의 포기·인낙은 무효로 된다(단, 상소의 취하·포기는 예외).

(2) 기일에 무능력자가 출석하여 변론을 하면 그 자의 소송관여를 배척하고 기일불출석으로 취급한다.

(3) 통지나 송달도 무능력자에게 하면 무효로 되며, 특히 판결정본의 경우 소송무능력자에게 송달된 경우에도 법적 안정성을 위해 송달이 유효한 것으로 보자는 견해도 있으나(강현중, 제424조 제1항 제4호, 제451조 제1항 제3호 참고), 무능력자 보호의 취지에서 볼 때 무능력자에게만 송달되고 법정대리인에게는 송달되지 않았으면 상소기간은 진행하지 않고 판결은 확정되지 않는다고 보는 것이 타당하다(이시윤, 제179조 참고). 무능력자의 행위가 소의 제기와 같은 것일 때에는 당연무효로 방치할 것이 아니라 각하의 재판으로 명확히 응답하여야 한다.

(4) 무능력자의 행위가 소의 제기와 같은 것일 때에는 당연무효로 방치할 것이 아니라 각하의 재판으로 명확히 응답하여야 할 것이다.

2. 추인

(1) 의의 및 취지

소송무능력자의 소송행위나 그에 대한 소송행위라도 절대무효는 아니며, 이른바 유동적 무효이다. 따라서 법정대리인(또는 능력을 취득한 본인)이 추인하면 그 행위시에 소급하여 유효로 된다(제60조). 왜냐하면 무능력자의 소송행위라도 본인에게 반드시 불리한 것은 아니므로 그 소송행위를 되살릴 여지를 남기는 것이 좋고, 또 같은 소송행위를 반복하지 않음으로써 소송경제에도 합치되기 때문이다.

(2) 추인의 방법

추인은 법원 또는 상대방에 대하여 명시·묵시의 의사표시로 할 수 있다. 즉, ① 미성년자가 직접 선임한 변호사의 제1심의 소송수행에 대해 제2심에서 법정대리인에 의하여 선임된 소송대리인이 아무런 이의가 없으면 묵시의 추인이 된다(대판 1980.4.22. 80다308). 미성년자가 스스로 소송행위를 하거나 소송대리인의 선임행위를 하였다고 하더라도, 그 뒤 성년이 되었으면 묵시적으로 추인하였다고 볼 것이다(대판 1970.12.22. 70다2297).

(3) 추인의 시기

추인의 시기에 관하여는 아무런 제한이 없으므로, 상급심에서도 소송무능력자가 한 하급심의 소송행위를 추인할 수 있다.

(4) 추인의 범위

추인은 원칙적으로 소송행위 전체에 대하여 하여야 하며, 일부추인은 허용되지 않는다. 그러나 소의 취하를 제외한 나머지 소송행위만을 추인하는 경우와 같이 소송의 혼란을 야기할 염려가 없고, 소송경제상으로도 적절하다고 인정될 때에는 예외적으로 일부추인도 유효하다고 할 것이다(대판 1973.7.24. 69다60).

3. 소송능력의 조사와 보정

(1) 소송능력의 조사와 보정

소송능력의 유무는 법원이 절차의 어느 단계에서도 조사하여야 할 직권조사사항이다. 조사의 결과 능력흠결일 때에는 법원은 소를 각하해야 하나, 추인의 여지를 고려하여 기간을 정하여 그 보정을 명하여야 한다(제59조 전단). 보정을 기다리자면 지연으로 인하여 손해가 생길 염려가 있는 때에는(급히 해야 할 증거조사, 집행정지 따위), 법원은 보정을 조건으로 일시적인 소송행위를 하게 할 수 있다(제59조 후단).

(2) 소송능력의 유무와 법원의 조치

1) 소송능력이 있다고 판단되는 경우

법원의 조사결과 소송능력이 있다고 판단되는 경우 중간판결(제201조 제1항)이나 종국판결의 이유에서 판단한다.

2) 소송능력이 없다고 판단되는 경우

소제기 시에 소송능력에 흠결이 있는 경우에는 소가 부적법하게 되므로, 소를 각하하여야 한다.[102] 다만, 법정대리인의 추인이나 소송무능력자가 능력자가 된 후의 추인으로 흠결을 보정할 수 있다. 그리고 소제기 후에 소송능력에 흠결이 생긴 경우에는 소가 부적법한 것이 아니므로, 소를 각하하여서는 안 된다. 이 경우에는 법정대리인이 수계할 때까지 소송절차가 중단된다(제235조). 다만, 소송대리인이 있는 경우에는 소송절차가 중단되지 아니 한다(제238조).

3) 소송능력을 다투기 위한 소송행위의 효력 여부

소송능력을 다투기 위하여 소송행위를 하는 경우에는 그 범위 내에서는 유효한 소송행위로 취급한다. 예를 들어, 소송능력 흠결을 이유로 원고 甲의 소를 각하한 경우에 甲이 소송능력이 있음을 이유로 항소를 제기하는 경우 그 항소제기는 유효하다(즉, 그 판결이 甲에게 송달이 된 경우는 유효하고 상소기간도 진행되는 것이다). 그리고 소송능력이 없는 사람이 소를 취하한 경우에는 원래는 무효가 되어야 하는 것이지만, 부적법한 소송을 종료시키는 것은 절차안정의 원칙상 허용된다고 보아야 하므로, 유효하다고 해석된다.

---

102) 다만, 원고의 경우와는 달리, 피고가 소송무능력자인 경우에는 원고의 소가 부적법한 것이 아니라는 견해가 있다(호문혁). 즉, 피고 측의 무능력은 원고의 소제기의 유·무효, 적법·부적법과 관계가 없기 때문이라고 한다.

(3) 소송능력을 간과한 판결의 효력

1) 소송무능력자가 패소한 경우

소송무능력자가 패소한 경우에 소송능력을 간과한 판결은 당연무효는 아니지만, 위법하다. 즉, 판결 확정 전이면 상고(제424조 제1항 제4호), 판결 확정 후에는 재심이 허용된다(제451조 제1항 제3호). 다만, 판결 선고 후 또는 판결 확정 후에 법정대리인이 또는 보정이 된 당사자가 이를 추인하면 상고나 재심은 허용되지 아니한다(제424조 제2항, 제451조 제1항 제3호).

2) 소송무능력자가 승소한 경우

소송무능력자가 승소한 경우에는 패소한 상대방은 승소한 당사자의 소송능력 흠결을 주장하여 상소나 재심의 소를 제기할 수 없다. 소송능력제도는 소송무능력자 본인을 보호하기 위한 제도이기 때문이다.

Plus 보충 소송무능력을 간과한 판결의 효력과 상소의 경우에 상소심의 조치

1. 1심이 원고나 피고가 소송능력이 없다는 이유로 소각하의 판결을 하였는데, 이에 불복하는 당사자가 소송능력이 있다며 항소를 한 경우에 소송능력을 다투는 범위에서는 소송능력이 있는 것으로 보므로 항소를 각하할 수는 없고, 항소심은 소송능력이 있다고 판단되면 항소를 인용하여 1심판결을 취소(제416조)하고 당사자의 심급의 이익 때문에 필수적 환송을 하여야 한다(제418조).

2. 1심이 소송무능력자에게 불리한 판결을 한 경우(예 원고가 소송무능력자인데 청구기각판결을 한 경우)에 소송무능력자가 소송무능력을 이유로 항소를 한 경우, 항소심은 ① 소송능력이 있다고 판단되면 항소를 기각(제414조)하고, ② 소송능력이 없다고 판단되면 항소를 인용하여 1심을 취소(제416조)하고 소각하의 자판을 하면 된다.

3. 1심이 소송무능력자에게 유리한 판결을 한 경우(예 원고가 소송무능력자인데 청구인용판결을 한 경우)에는 항소를 각하해야 한다. 즉, 소송무력자는 전부승소를 한 경우이므로 항소의 이익이 없고(형식적 불복설), 상대방도 무능력자 보호의 취지나 신의칙상 항소의 이익이 없기 때문이다.

연습문제

乙(18세)은 컴퓨터 판매업자인 甲으로부터 컴퓨터 1대를 외상으로 구입하였으나, 甲에게 그 대금을 지급하지 않고 있다. 그리하여 甲은 乙을 상대로 물품대급의 지급을 구하는 소를 제기하였다. (각 설문은 독립적이다) (15점)

물음 1) 소송 진행 중 소장심사단계에서 피고 乙이 미성년자임이 밝혀진 경우, 보정방법은 무엇인지, 결론과 이유를 설명하시오. (5점)

물음 2) 소장부본이 피고 乙에게 송달된 이후에 비로소 피고 乙이 미성년자임이 밝혀진 경우, 법원의 ① 원고 甲에 대한 조치와 ② 피고 乙에 대한 조치로 나누어서, 결론과 이유를 설명하시오. (10점)

Ⅰ. 물음 1)에 대하여

1. 결론

재판장 등은 상당한 기간을 정하고 그 기간 내에 흠을 보정할 것을 명하여야 한다(재판장등의 보정명령, 제254조 제1항).

2. 이유

사안과 같이 소장 자체에서 피고가 소송무능력자임이 판명된 경우는 소장의 필수적 기재사항(제249조 제1항)의 하나인 법정대리인의 기재가 흠결된 경우에 해당하고, 재판장은 상당한 기간을 정하고 그 기간 내에 흠을 보정할 것을 명하여야 한다(제254조 제1항). 원고가 보정기간을 넘겨도 흠을 보정하지 아니하면 재판장은 명령으로 소장을 각하하여야 한다(제254조 제2항).

Ⅱ. 물음 2)에 대하여

1. 결론

(1) 원고 甲에 대한 조치

소장은 미성년자 乙의 명의만 있을 것이므로, 원고 甲에게 소장에 대한 보정명령을 하여야 한다(제254조 제1항). 다만, 원고 甲이 보정명령에 따르지 않을 경우에, 소장각하명령을 할 수 있으나, 소장부본이 송달이 된 이후에는 소장각하명령은 가능하지 않고, 소 각하 판결을 하여야 한다.

(2) 피고 乙에 대한 조치

법원은 피고에 대하여 보정명령(제59조)을 할 수 있다.

2. 이유

(1) 원고 甲에 대한 조치

1) 소장에 대한 보정명령

이 경우 소장은 미성년자 乙의 명의만 있을 것이므로, 원고 甲에게 소장에 대한 보정명령을 하여야 한다(제254조 제1항). 특히 소장에 대한 보정명령의 행사시기는 언제든지 가능하므로, 원고 甲에게 보정명령을 하면 된다. 다만, 원고 甲이 보정명령에 따르지 않을 경우에, 이 시점에서 소장각하명령을 할 수 있는지가 문제가 된다.

2) 소장각하명령의 행사시기

소장각하명령을 내릴 수 있는 시기가 언제까지인가에 관하여 ① 소장심사의 취지와 소송경제를 고려하여 변론종결시까지 소장각하명령을 내릴 수 있다고 보는 견해(변론개시시설, 판례[103])가 있으나, ② 소송이 법원에 계속되는 중의 효과로 원·피고 양쪽이 관여하는 소송절차로 발전한다는 점에서 소장부본 송달 시, 즉 소송계속 시까지 소장각하명령을 내릴 수 있고 소장부본 송달에 의하여야 한다는 견해(소장부본송달시설, 실무[104])가 타당하다. 최근 판례도 "항소심재판장은 항소장 부본을 송달할 수 없는 경우 항소인에게 상당한 기간을 정하여 그 기간 이내에 흠을 보정하도록 명해야 하고, 항소인이 이를 보정하지 않으면 항소장 각하명령을 해야 한다(민사소송법 제402조 제1항·제2항 참조). 이러한 항소심재판장의 항소장 각하명령은 항소장 송달 전까지만 가능하다. 따라서 항소장이 피항소인에게 송달되어 항소심법원과 당사자들 사이의 소송관계가 성립하면 항소심재판장은 더 이상 단독으로 항소장 각하명령을 할 수 없다(대결 2020.1.30. 2019마5599 · 5600)."고 하여 소장부본송달시설의 입장이다. 따라서 소장부본이 송달이 된 이후에는 소장각하명령은 가능하지 않고, 소 각하 판결을 하여야 한다.

(2) 피고 乙에 대한 조치 – 소송능력흠결에 대한 보정(제59조)

재판장의 소장심사를 거쳐 피고에게 소장이 송달된 후 비로소 미성년자임이 판명된 경우, 법원은 피고에 대하여 보정명령(제59조)을 할 수 있다. 소송능력을 회복한 본인이나 법정대리인의 추인이 있는 경우 그 효력은 행위 시에 소급한다(제60조). 이러한 보정을 인정하는 취지는 소송무능력자의 소송행위라도 반드시 그에게 불리한 것만은 아니고 소송경제에도 합치되기 때문이다.

---

103) 판례는 항소심에 관한 것이기는 하나 "민사소송법 제402조의 취지는 항소심재판장은 항소심변론에 들어가기전에 먼저 항소장을 심사하여 그 흠결을 발견하면 그 보정을 명하고 이에 불응할 때 명령으로 항소장을 각하하라는 것이니 … (대결 1973.10.26. 73마641)."라고 하여 변론개시시설의 입장이 있다.

104) 법원실무제요(Ⅱ), 43면은 "소장각하명령은 소장이 부적법하다(정확히는 부적식이 옳은 표현임, 저자 주) 하여 수리할 수 없다는 취지의 재판이므로 소장을 수리한 후 소가 부적법하다 하여 각하하는 소각하판결과는 다르다. 피고에게 소장을 송달한 후에는 소송계속이 이루어져 당사자 쌍방 대립관계의 절차가 개시되기 때문에 명령에 의한 소장각하를 할 수 없고, 종국판결로 소를 부적법각하하여야 한다. 즉, 소장심사단계에서 흠이 간과된 채 소장부본이 피고에게 송달되어 버린 때에는 이로써 재판장의 소장각하명령권은 소멸하고 그 후에는 법원이 판결로써 소를 각하하여야 한다. 일단 소장이 송달되면 소송계속의 효과로 원고, 피고 쌍방이 관여하는 소송절차로 발전하기 때문에 그 때는 소장각하명령의 고지만으로 소송을 종료시킬 수 없다."고 한다.

18 변론능력

CONTENTS

▌변론능력

Ⅰ. 서설

1. 의의

법원에 출석하여 법원에 대한 관계에서 유효하게 소송행위를 하기 위해 요구되는 능력을 변론능력이라고 한다.

2. 구별개념

소송능력은 일반적으로 당사자를 보호하려는 제도를 말하는데 반해, 변론능력은 소송의 원활, 신속을 위한 제도이다. 변론능력은 상당한 법률적 소양을 필요로 하므로 소송능력자라고 하여도 모두 변론능력을 구비한다고 할 수 없다. 그러나 우리나라는 변호사강제주의를 채택하지 아니하고 본인소송을 허용하기 때문에 소송능력이 있으면 변론능력이 인정되는 관계상 큰 의미는 없다.

Ⅱ. 변론무능력자

1. 진술금지의 재판 및 변호사선임명령

(1) 진술금지의 재판

당사자 또는 대리인[105]이 소송관계를 분명하게 하기 위한 진술을 하지 못하는 경우에 법원은 진술금지의 재판을 할 수 있다(제144조 제1항). 이러한 재판을 받은 자는 변론능력을 상실하게 되는데, 그 효력은 당해 변론기일에만 한정하는 것이 아니라 그 심급 이후의 변론 전부에 미친다.[106] 그리고 진술이 금지되는 대리인 중 변호사인 대리인이 포함되는지 문제가 있다.[107]

(2) 변호사선임명령

진술금지재판의 경우 법원은 변호사의 선임을 명할 수 있다(동조 제2항). 대리인에게 진술을 금지하거나 변호사의 선임을 명했을 때는 그 취지를 본인[108]에게 통지하여야 한다(동조 제3항).

---

105) 이 경우 대리인은 변호사 아닌 대리인(비변호사 대리인, 즉 법률상 대리인이거나 변호사 아닌 소송위임에 의한 소송대리인)을 말한다는 견해가 있다(김홍엽). 따라서 법정대리인 또는 법인 등의 대표자는 당사자 본인으로 취급된다고 한다. 그 이유는 동조 제3항에서 대리인에게 진술금지를 하거나 변호사선임을 명하는 경우 그 취지를 본인에게 통지하도록 하고 있는데, 법정대리인이나 대표자를 동조 제1항의 대리인으로 보는 경우, 본인에 대한 통지를 법정대리인이나 대표자에게 하게 되는 결과가 되기 때문이라고 한다.

106) 진술금지를 명한 기일에만 한정된다는 설도 있다[주석 민사소송법(Ⅱ), 420면].

107) 일본의 구민사소송법은 제127조에서 변호사에 대하여는 진술을 금지할 수 없다는 취지를 명시하였으나, 일본의 현행 민소법과 우리 민소법은 이러한 규정을 두지 않고 있다. 이 경우 변호사인 대리인은 포함되지 않는다는 견해(김홍엽), 변호사라 하더라도 진술능력을 결하는 경우도 있을 것이므로 포함된다는 견해[주석 민사소송법(Ⅱ), 419면]가 있다.

108) [1] 민사소송법 제144조 제1항, 제2항, 제4항의 각 규정에 의하면 당사자 또는 대리인이 법원의 변호사선임명령을 받고도 신기일까지 변호사를 선임하지 아니한 때에는 소가 각하될 수 있고, 그러한 경우 당사자는 경제적·시간적으로 많은 불이익을 입게 되므로 이러한 점을 고려하여 같은 조 제3항의 규정에 의하면 특별히 당사자 본인이 아닌 대리인에게 진술을 금하고 변호사의 선임을 명하였을 때에는 실질적으로 변호사선임권한을 가진 본인에게 그 취지를 통지하여 그로 하여금 변호사선임 여부를 결정할 수 있는 기회를 부여하도록 하고 있다고 보여지므로 그러한 통지가 없는 경우에는 변호사를 선임하지 아니하였다 하여도 소를 각하할 수는 없다.
[2] 선정당사자는 비록 그 소송의 당사자이기는 하지만 선정행위의 본질이 임의적 소송신탁에 불과하여 다른 선정자들과의 내부적 관계에서는 소송수행권을 위임받은 소송대리인과 유사한 측면이 있고, 나아가 선정당사자가 법원의 선임명령에 따라 변호사를 선임하기 위하여는 선정자들의 의견을 고려하지 않을 수 없는 현실적 사정을 감안하면, 선정당사자에게 변론을 금함과 아울러 변호사 선임명령을 한 경우에도 민사소송법 제144조 제3항의 규정을 유추하여 실질적으로 변호사 선임권한을 가진 선정자들에게 법원이 그 취지를 통지하거나 다른 적당한 방법으로 이를 알려주어야 하고, 그러한 조치 없이는 변호사의 선임이 이루어지지 아니하였다 하여 곧바로 소를 각하할 수는 없다고 봄이 상당하다(대결 2000.10.18. 2000마2999).

2. 변호사대리의 원칙

변호사대리의 원칙을 소송대리인의 변론능력제한의 일종이라고 보는 것이 다수설이지만, 변호사대리의 원칙은 당사자의 보호를 목적으로 하는 제도이기 때문에 변론능력과는 별개라는 견해도 있다(호문혁, 전병서). 판례는 변리사들이 상표권침해의 민사소송에서 소송대리인으로서 상고장을 작성·제출한 사안에서 변호사가 아니어서 재판상 행위를 할 수 없는 사람이 대리인으로서 상고제기를 한 것으로 변호사대리의 원칙 제87조에 위배되어 부적법하다고 하였다(대판 2012.10.25. 2010다108104).

3. 듣거나 말하는데 장애가 있는 자 등(제143조 제1항)

통역인을 붙이는데, 변론무능력자로 보는 견해가 있다.

4. 진술보조인

질병, 장애, 연령 등 정신적·신체적 제약으로 소송에서 필요한 진술을 하기 어려운 당사자들을 위해 법원의 허가를 조건으로 법정에서 그들의 의사소통을 도와줄 수 있도록 진술보조인 제도를 신설하였다. 실질적 당사자 평등 원칙을 실현하기 위해서는 소송능력은 있으나 법정에서 제대로 된 진술을 하기 힘들거나, 소송대리인에게 소송을 맡길 경제적 능력이 없는 사람들을 위한 소송수행 지원책을 마련할 필요가 있다. 법률 서비스 사각지대에 있는 사회적 약자의 소송수행능력을 보완해 주는 각종 제도적 장치를 마련함으로써, 그들의 사법접근권을 보장함과 아울러 실질적 당사자 평등을 실현하여 사법복지 증진에 크게 기여할 것으로 기대된다.

5. 발언금지명령

재판장은 소송지휘권의 행사로 발언을 허가하거나, 그의 명령에 따르지 아니하는 사람의 발언을 금지하는 명령을 할 수 있다(제135조 제2항). 진술금지재판과 변호사선임명령은 법원의 권한으로 결정의 형식이지만, 발언금지명령은 재판장의 권한으로 명령의 형식이다. 발언금지명령을 받은 사람은 해당 기일에만 변론능력이 없다.

Ⅲ. 변론능력 흠결의 효과

1. 소송행위의 무효

변론능력은 소송행위의 유효요건이므로, 변론무능력자의 소송행위는 무효이며, 소급적 추인은 안 된다. 법원은 변론무능력자의 소송관여를 배척하고 그에 의한 소송행위를 무시할 수 있다. 즉, 변론무능력자는 출석해도 불출석으로 취급되어 기일해태의 불이익을 받게 된다. 이 점은 변호사 아닌 자가 대리인이 된 경우에 거듭 출석한 경우에도 같다. 변호사 아닌 자의 소송대리는 본인의 수권 없는 대리처럼 무권대리라고 본 판례도 있으나, 대리권은 있으나 변론능력이 없는 것으로 부적법하다고 보는 것이 타당하다(이시윤).

2. 소, 상소의 각하[109]

진술금지의 재판과 함께 변호사선임명령을 받은 사람이 새 기일까지 변호사를 선임하지 아니한 때 법원은 결정으로 소 또는 상소를 각하할 수 있다.[110] 이 결정에 대해서는 즉시항고 할 수 있다(제144조 제4항, 제5항). 이는 변호사선임명령에 대한 간접강제방안이다. 그리고 변호사선임명령을 받고도 이에 응하지 않아 소각하 될 수 있다면, 변론능력도 임의적 소송요건이 될 수 있다(이시윤). 다만, 판례는 선정당사자가 진술금지와 함께 변호사선임명령을 받은 경우에는 이 사실을 선정자에게 통지하지 않은 경우에는 변호사 불선임을 이유로 소각하 할 수 없다고 한다(대결 2000.10.18. 2000마2999).

3. 변론능력을 간과한 판결의 효력

법원이 변론능력의 흠결을 간과한 판결은 당연유효가 된다. 왜냐하면 소송의 원활, 신속을 목적으로 하는 변론능력제도의 취지에 비추어 법원이 변론무능력자의 소송관여 배척이나 소각하 결정 등을 문제 삼지 않았으면 그 하자는 일응 치유된 것으로 볼 수 있기 때문이다.

---

109) 이 제도는 문제점이 있다. 즉, ① 보통 변호사선임명령을 받는 자는 법률적·경제적 약자일 경우가 많으므로, 함부로 이를 적용시키면 국민의 재판청구권(헌법 제27조)을 침해하게 되므로, 신중한 운영을 하여야 한다. 그리고 ② 피고 등 소극적 당사자가 같은 선임명령을 받은 경우에는 아무런 제재가 없다. 따라서 파행적이며 헌법상 평등의 원칙에 반한다(헌법 제11조)는 점이 있다.

110) 변호사강제주의인 소비자단체소송에서 원고가 변호사선임명령을 받고 불응하는 때에도 소를 각하한다(소비자단체소송규칙 제14조).

19 법정대리인과 소송대리인의 비교

CONTENTS

(5) 소송절차 중단

법정대리인이 사망하거나 대리권이 상실되면 소송수행을 할 수 있는 자가 없어지므로 소송절차가 중단 됨(제235조), 소송대리인의 사망 또는 대리권소멸의 경우에도 본인 스스로 소송행위를 할 수 있으므로 소송절차는 중단 ×(제238조)

(6) 경정권

법정대리인에 대해 본인의 경정권 ×, but 소송대리인의 경우는 본인이 스스로 소송행위를 할 수 있을 뿐 아니라 소송대리인의 사실상의 진술에 관해 경정권을 가짐(제94조)

---

1 법정대리인과 임의대리인의 비교 사시 6·13·40회

시험에 이렇게 나온다! 사시 40회

미성년자 X의 아버지 甲은 X를 대리하여 Y를 상대로 소유권이전등기청구의 소를 제기하면서 변호사 乙을 대리하여 선임하였다. 甲과 乙의 지위는 소송법상 어떻게 다른가? (50점)

Ⅰ. 법정대리인과 소송대리인

1. 의의

(1) 소송상의 대리인이라 함은 당사자를 대리하여 본인의 이름으로 소송행위를 하거나 상대방 또는 법원의 소송행위를 받는 자를 말하며, 대리권이 당사자의 의사에 기하여 수여되었는가에 따라 법정대리인과 임의대리인으로 나뉜다.

(2) 법정대리인에는 실체법상의 법정대리인과 소송상의 특별대리인의 두 가지가 있으며, 임의대리인 중 본인의 의사에 의하여 포괄적인 수권을 하는 경우를 소송대리인이라 한다.

2. 기본적 차이

소송대리인과 법정대리인은 대리인이라는 점에서 본질적으로 동일하나. 소송대리인은 본인이 소송수행을 할 수 있음에도 불구하고 이를 대리함에 지나지 아니하여 그 소송에 대하여는 제3자에 불과하지만, 법정대리인은 본인이 무능력 등의 이유로 스스로는 소송행위가 불가능한 경우에 이를 전면적으로 대리하는 것이므로 본인의 대역적 요소를 갖는다는 점에서 차이가 있다.

Ⅱ. 대리권의 범위

1. 법정대리인

(1) 대리권의 범위

대리권의 범위는 소송법에 특별한 규정이 없으면 민법 기타 법률에 의한다(제51조). 따라서 친권자는 일체의 소송행위를 할 수 있다(제56조 참고).

(2) 소멸원인

소멸원인도 민법 기타의 법령에 의한다. 본인 또는 법정대리인의 사망, 법정대리인이 성년후견개시 또는 파산선고를 받거나 본인이 소송능력을 갖게 되면 소멸한다(민법 제127조).

2. 소송위임에 의한 소송대리인

(1) 대리권의 범위

그 대리권의 범위는 포괄적으로 법정되어 있으며 이것을 제한할 수는 없다(제91조). 그리하여 소송위임에 의한 소송대리인은 위임을 받은 사건의 소송수행을 위하여 필요한 일체의 소송행위를 할 수 있다. 그러나 민사소송법 제90조 제2항에 정해진 사항에 대해서는 본인이 특별수권이 필요하다.

(2) 소멸원인

소송대리인의 대리권은 위임사무의 완료, 대리인의 사망 및 성년후견개시와 파산, 위임계약해지 또는 본인의 파산 등 기본관계소멸과 동시에 대리권도 소멸하는 경우에 소멸한다(민법 제127조, 제128조). 그러나 민법의 경우와는 달리 당사자의 사망, 소송능력의 상실 등의 경우에는 소멸하지 않는다(제95조).

Ⅲ. 소송수행상의 지위

1. 공통점

법정대리인이라 하더라도 당사자 본인이 아니기 때문에 법관의 제척, 재판적의 판정기준이 되지 아니하며 기판력과 집행력 등 판결의 효력을 받지 않는다. 이는 소송대리인의 경우도 동일하다. 또한 소송수행에 있어서의 고의, 과실과 같은 사유가 소송법상의 효과에 영향을 미칠 때에는 모두 대리인을 표준으로 결정한다(민법 제116조, 제51조).

2. 차이점

(1) 대리인의 표시

법정대리인의 표시는 소장이나 판결의 필수적 기재사항이다(제208조 제1항 제1호, 제249조). 그러나 소송대리인의 표시는 필수적 기재사항이 아니다.

(2) 대리방법

1) 법정대리인

법정대리인이 수인인 경우에 상대방이 하는 소송행위의 수령은 단독으로 할 수 있다. 그러나 소, 상소의 제기와 취하, 화해, 청구의 포기·인낙, 소송탈퇴 등 제52조 제2항의 소송행위를 함에 있어서는 명시적으로 공동으로 하지 않으면 무효로 된다(제52조 제2항; 유추설).

2) 소송대리인

소송대리인이 수인인 경우에 대리인 각자가 당사자를 대리하며, 당사자가 다른 약정을 하더라도 효력이 없다(제93조). 수인의 소송대리인 간에 모순되는 행위가 동시에 행해진 경우에는 어느 것도 효력이 발생하지 않는다. 그러나 이시에 행해진 경우에는 선행행위가 철회될 수 있는 것이면 후행행위에 의해 철회된 것으로 보고, 철회할 수 없는 행위이면 후행행위가 효력을 상실한다.

(3) 증인능력

법정대리인은 참가인, 증인능력이 없으며 신문은 당사자본인신문의 방식에 의한다(제372조). 소송대리인은 당해 소송에 있어서 증인이나 감정인이 될 수 있다.

(4) 송달

법정대리의 경우에 송달은 반드시 법정대리인에게 하여야 하고 본인에게 하여서는 안 되나(제179조), 소송대리의 경우에는 본인은 자기 자신의 소송수행권을 상실하지 않으므로 법원은 본인 명의의 기일통지서나 소송서류를 본인에게 송달할 수 있으며, 소송대리인이 있어도 본인에게 출석을 명하여 진술을 청취할 수 있다.

(5) 소송절차 중단

법정대리인이 사망하거나 대리권이 상실되면 소송수행을 할 수 있는 자가 없어지므로 소송절차가 중단되지만(제235조), 소송대리인의 사망 또는 대리권소멸의 경우에도 본인이 스스로 소송행위를 할 수 있으므로 소송절차는 중단되지 않는다(제238조).

(6) 경정권

법정대리인은 당사자 본인이 출석하여야 하는 경우에 본인에 갈음하여 출석하지만, 소송대리인의 경우에는 본인이 스스로 소송행위를 할 수 있을 뿐 아니라 소송대리인의 사실상의 진술에 관해 경정권을 갖는다(제94조).

2 임의대리인

I. 개념과 종류

1. 법정대리인과 임의대리인

(1) 법정대리인이란 본인의 의사에 관계없이 법률의 규정 또는 법원의 재판에 의하여 정해지는 대리인을 말한다.

(2) 이에 반해 임의대리인이란 본인의 의사에 기해 대리권이 수권된 대리인을 말하는데, 이는 개별적 대리인과 포괄적 대리인으로 나뉜다. 특히 포괄적인 임의대리인을 소송대리인이라고 한다.

(3) 특히 소송대리인은 법률(령)상의 소송대리인과 소송위임에 의한 소송대리인으로 나뉘는데, 이하에서는 법률상의 대리인에 대해 살펴보기로 한다.

2. 법률상 대리인의 의의 및 예

법률상 본인을 위해 일정한 범위의 업무에 관하여 일체의 재판상의 행위를 할 수 있는 것으로 인정된 자를 말하며, 지배인(상법 제11조), 선장(상법 제765조), 국가소송수행자(국가를 당사자로 하는 소송에 관한 법률 제3조), 조합의 업무집행조합원(민법 제709조; 통설) 등이 이에 해당한다. 특히 지배인이란 영업주에 갈음하여 그 영업에 관한 재판상 또는 재판 외의 모든 행위를 할 수 있는 대리권을 가진 상법사용인을 말한다. 지배인으로 선임되기 위해서는 특별한 자격이 요구되는 것도 아니기 때문에 실무상으로는 회사 등의 법인이 변호사대리의 원칙을 피하는 편법으로 이용되는 경향이 있다.

3. 문제되는 경우

(1) 조합의 업무집행조합원의 경우

1) 학설은 ① 민법 제709조의 해석상 포괄적 대리권이 있으므로 소송행위 대리권도 포함된다는 긍정설, ② 민법 제709조에는 소송상 대리권은 포함이 안 되고, 민법상 대리는 개별대리원칙이고 상법과는 차이가 있으므로 업무집행조합원은 법령상 대리인이 될 수 없다는 부정설이 있다.

2) 판례는 "조합의 어음행위는 전(全)조합원의 어음상의 서명에 의한 것은 물론 대표조합원이 그 대표자격을 밝히고 조합원 전원을 대리하여 서명 경우에도 유효하다(대판 1970.8.31. 70다1360)."고 한다. 이 경우 학설은 업무집행조합원이 법률상 대리인으로서 본인의 이름을 나타내는 현명의 방법으로 모든 조합원이 아니라 조합 자체를 내세울 수 있다면 상대방이 모든 조합원을 조사하여야 하는 불편을 제거할 수 있다고 한다(이시윤, 정동윤·유병현).

3) 민법 제709조는 그에게 업무집행의 대리권이 있는 것으로 추정하는 바이고, 그 범위는 업무에 관한 포괄적 대리자일 수밖에 없으므로 법률상 대리인으로 보아야 할 것이다(통설).

(2) 국가소송수행자의 경우

1) 국가를 당사자로 하는 소송에 한정하고 지방자치단체를 당사자로 하는 소송에는 그 법률의 적용이 없다.

2) 변호사의 자격이 없어도 지정될 수 있다(단, 지방자치단체 소송에서는 그 산하 공무원은 안 되고 변호사이어야 함).

3) 복대리인의 선임을 제외하고 일체의 소송행위를 대리할 수 있다(국가를 당사자로 하는 소송에 관한 법률 제7조). 예를 들어, 甲이 국가를 상대로 소유권이전등기청구를 한 경우에 국가 측 소송수행자인 기획재정부 직원 乙이 법무부장관의 승인 없이 청구를 인낙해도 유효하다(이시윤).

4. 특징 및 규정

(1) 법률상 대리인은 본인이 그 의사로 정하고 상실하게 할 수 있으므로, 성질상 임의대리인이다. 하지만 본인에 갈음해서 당연히 일체의 행위를 할 수 있고, 소송위임에 의해 변호사에게 소송수행을 시킬 수 있다는 점에서 법정대리인과 유사한 면이 있다.

(2) 법률상 대리인의 권한은 각 법령에서 정해 놓고 있으며, 재판상 행위를 할 수 있음이 원칙이다. 특히 대리인의 법정권한은 제한 할 수 없으며(제92조), 이를 제한하여도 효력이 없다.

(3) 법원은 법률상 대리인의 자격 또는 권한을 심사할 수 있고, 그 심사에 필요한 때에는 소송대리인·당사자본인 또는 참고인을 심문하거나 관련 자료를 제출하게 할 수 있다(규칙 제16조 제1항).

5. 소송위임에 의한 소송대리인

소송위임에 의한 소송대리인은 변호사인 소송대리인과 비변호사인 소송대리인이 있다.

Ⅱ. 소송대리인의 자격 - 변호사대리의 원칙

> 📖 **시험에 이렇게 나온다!** **2018년 공인노무사**
>
> 甲은 乙 노동조합의 조합원이다. 甲은 乙에 대하여 5천만 원의 위로금 지급을 구하는 소를 제기하였다. 甲(제한능력자 아님)의 배우자(공인노무사로 제한능력자가 아님)가 위 소송을 대리할 수 있는가? (20점)

1. 변호사대리의 원칙

(1) 의의

현행 민사소송법은 변호사강제주의를 취하지 아니하므로, 본인이 소송행위를 할 수 있다. 그러나 대리인에 의하여 소송행위를 하는 경우에는 법률에 따라 재판상 행위를 할 수 있는 대리인 이외에는 원칙적으로 변호사가 아니면 소송대리인이 될 수 없는데(제87조), 이를 변호사대리의 원칙이라 한다.

(2) 취지

소송대리에 있어서 변호사대리를 원칙으로 한 것은 당사자 본인의 보호와 복잡한 사안의 효율적 심리를 위해서이다.

(3) 기능

1) 명문의 규정 없는 임의적 소송담당의 불허

명문의 규정이 없는 경우 임의적 소송담당을 허용하는 것은 변호사대리의 원칙을 잠탈할 염려가 있으므로 원칙적으로 금지된다.

2) 선정당사자의 선정요건

선정당사자는 공동의 이해관계 있는 사람 중에서 선정해야 하는데, 이는 만일 이해관계 없는 제3자도 선정할 수 있게 하면 변호사대리의 원칙을 잠탈할 염려가 있기 때문이다.

3) 보조참가이유의 소명

보조참가이유의 유무에 대해서는 당사자의 이의가 있는 경우에 조사함이 원칙이나(제73조 제1항), 개정법은 당사자의 이의신청이 없는 경우라도 필요하다면 직권으로 참가이유를 소명하도록 명할 수 있게 하였다(제73조 제2항). 이는 참가이유도 없이 사실상 소송대리의 목적으로 보조참가 신청하는 등 변호사대리 원칙을 잠탈하는 것을 방지하기 위함이다.

2. 변호사대리의 원칙의 예외

(1) 단독사건에서의 소송대리의 효과

1) 문제점

단독판사가 심리하는 사건 가운데 소송목적의 값이 일정한 금액 이하인 사건에서는 친족관계나 고용 등 일정한 관계에 있는 사람이 법원의 허가를 받은 때에는 변호사가 아니라도 소송대리인이 될 수 있다(제88조 제1항). 2002년 개정법은 변호사대리의 원칙의 예외를 종전과 같이 단독사건 전부가 아니라 일정금액 이하의 사건으로 제한하는 동시에, 법원의 허가를 받을 사건의 범위·대리인자격 등에 대하여 대법원규칙으로 정할 수 있게 했다(제88조 제2항). 그동안 재정단독사건이 꾸준히 증가하였을 뿐 아니라, 이제 단독사건의 사물관할이 크게 확대되어 복잡하고 전문적인 단독사건이 늘어날 것에 대처하기 위함이다. 이를 위해 민사소송규칙은 다음과 같은 제한 하에서 법원의 허가를 받을 수 있도록 하였다.

2) 비변호사대리가 허용되는 사건

① '민사 및 가사소송의 사물관할에 관한 규칙' 제2조 단서 각 호의 어느 하나에 해당하는 사건

수표·어음금 청구 사건, 금융기관이 원고인 대여금 등의 사건, 자동차손해배상보장법상 손해배상사건 및 근로자의업무상 재해로 인한 손해배상 사건과 이에 관한 채무부존재확인 사건, 재정단독사건 등은 소가가 5억 원을 초과하여도 여전히 단독사건이므로 비변호사 대리가 가능하다.

② 소송목적의 값이 소제기 당시 또는 청구취지 확장(변론의 병합 포함) 당시 1억 원을 넘지 않는 소송사건 및 이를 본안으로 하는 신청사건 및 이에 부수하는 신청사건

소가 5억 원 이하의 단독사건 중 소가 1억 원을 초과하지 아니하는 사건까지 비변호사대리가 허용된다. 즉, 1억 원 이하 사건까지 비변호사대리가 허용된다.

3) 자격

당사자의 배우자 또는 4촌 이내의 친족으로서 당사자와의 생활관계에 비추어 상당하다고 인정되는 자 또는 당사자와 고용관계 등 계약관계를 맺고 그 사건에 관한 통상업무를 처리·보조하는 자로서 그 담당사무 등에 비추어 상당하다고 인정되는 자라야 한다(규칙 제15조 제2항).

4) 법원의 허가

위 요건을 구비한 자는 서면 신청 하여 법원으로부터 선임허가를 받아야 한다[111](규칙 제15조 제3항). 법원이 변호사 아닌 자의 대리인선임을 허가하였더라도 어느 때나 취소할 수 있다(제88조 제3항).

---

111) 따라서 법원의 허가가 있기 전에 변호사가 아닌 대리인에게 한 송달은 부적법하다(대판 1982.7.27. 82다68).

(2) 배상신청

형사공판절차 내에서의 배상명령신청의 경우에는 피해자가 법원의 허가를 얻어서 그 배우자, 직계혈족, 형제자매로 하여금 그 소송행위를 대리하게 할 수 있다(특례법 제27조 제1항).

(3) 소액사건

소가 3,000만 원 이하의 소액사건의 1심에 있어서는 당사자의 배우자, 직계혈족, 형제자매는 따로 법원의 허가가 없이도 소송대리인이 될 수 있다(소액사건심판법 제8조).

(4) 가사소송사건

가사소송사건은 합의사건이라도 본인출석주의이며, 특별한 사정이 있을 때 대리인을 출석하게 할 수 있는데, 이 경우에 비변호사가 대리인이 되기 위해서는 법원의 허가를 요한다(가사소송법 제7조 제1항·제2항).

(5) 산업재산권에 관한 소송

변리사는 특허심결 등 취소소송의 소송대리인이 될 수 있다(변리사법 제8조). 변리사의 소송대리권을 특허침해소송의 경우로까지 확대할 것인가에 대해서는 논란[112]이 있으나 당사자의 전문적인 지식과 경험을 갖춘 변리사를 통하여 권리구제를 받을 수 있도록 허용하여야 할 것이다.

(6) 비송사건

소송능력자이면 소송대리인이 될 수 있다(비송사건절차법 제6조).

3. 변호사대리 원칙위반의 효과

(1) 징계에 의한 업무정지 중의 변호사

법원은 무자격자의 소송관여를 배척해야 한다. 간과하고 배척하지 않은 경우 의뢰자, 상대방의 불측의 손해방지와 절차안정·소송경제의 관점에서 그 소송행위는 유효로 보아야 한다.

---

112) [1] 민사소송법 제87조는 "법률에 따라 재판상 행위를 할 수 있는 대리인 외에는 변호사가 아니면 소송대리인이 될 수 없다."라고 정하여 이른바 변호사 소송대리의 원칙을 선언하고 있다. 한편 변리사법 제2조는 "변리사는 특허청 또는 법원에 대하여 특허, 실용신안, 디자인 또는 상표에 관한 사항을 대리하고 그 사항에 관한 감정과 그 밖의 사무를 수행하는 것을 업으로 한다."고 정하는데, 여기서 '특허, 실용신안, 디자인 또는 상표에 관한 사항'이란 특허·실용신안·디자인 또는 상표(이하 "특허 등"이라고 줄여 부른다)의 출원·등록, 특허 등에 관한 특허심판원의 각종 심판 및 특허심판원의 심결에 대한 심결취소소송을 의미한다. 따라서 "변리사는 특허, 실용신안, 디자인 또는 상표에 관한 사항의 소송대리인이 될 수 있다."고 정하는 변리사법 제8조에 의하여 변리사에게 허용되는 소송대리의 범위 역시 특허심판원의 심결에 대한 심결취소소송으로 한정되고, 현행법상 특허 등의 침해를 청구원인으로 하는 침해금지청구 또는 손해배상청구 등과 같은 민사사건에서 변리사의 소송대리는 허용되지 아니한다.
[2] 甲 등 변리사들이 상표권 침해를 청구원인으로 하는 민사소송에서 원고의 소송대리인 자격으로 상고장을 작성·제출한 사안에서, 위 상고는 변호사가 아니면서 재판상 행위를 대리할 수 없는 사람이 대리인으로 제기한 것으로 민사소송법 제87조에 위배되어 부적법하다(대판 2012.10.25. 2010다108104).

(2) 변호사 아닌 자의 소송행위

소송행위를 대리하는 경우 무효이나, 추인이 가능하다. 다만, 이익을 받을 목적 또는 직업으로 타인의 소송행위를 대리하는 경우에는 변호사법 제109조를 정면으로 위배한 경우로 추인할 수 없다고 보아야 한다. 그리고 소송수행을 전담시킬 목적으로 비변호사를 지배인으로 선임하여 법령상의 소송대리인으로 소송수행을 하게 하는 것도 동규정 위반으로 볼 수 있는 한 역시 무효이다.

4. 관련문제 - 변호사강제주의

변호사강제주의는 승소 가망이 없는 사건을 사전에 거를 수 있고, 능률적인 사법운영을 기할 수 있을 뿐 아니라, 법정의 부당한 권위의식을 막을 수 있으며, 선진적 사법제도를 확립하는데 크게 기여할 것이다. 특히 신민사소송절차를 효율적으로 운영하기 위하여는 변호사강제주의의 도입이 필요하다. 그러나 변호사강제주의를 채택하기 위해서는 소송구조제도의 완비, 유사자격증의 통폐합, 변호사 보수의 법정화가 선행되어야 할 것이다.

5. 결어

민사소송법은 변호사대리의 원칙을 인정하면서도 사건내용이 비교적 단순하고 비변호사대리를 인정하더라도 집중심리방식에 의한 절차진행이나 실체적 진실발견에 장애가 없는 일정사건에 대하여 예외를 인정하고 있다. 그러나 비변호사대리는 소송브로커의 부당한 개입 등의 폐해 또한 못지않게 발생할 수 있으므로 장차 소액사건에 국한하여야 할 것이다.

Ⅲ. 소송대리권의 수여

1. 단독행위

대리권을 주는 수권행위는 소송대리권의 발생이라는 소송법상의 효과를 목적으로 하는 소송행위이고, 또 대리인으로 되는 자의 승낙을 요하지 않는 단독행위이다. 수권행위는 취소할 수 있으나, 소급효는 없다. 대리권 수여의 기본관계는 본인과 대리인간에 위임계약을 체결하는 것이 통례(약정서 작성)이며, 소송대리권의 보수청구권과 성실의무는 내부관계인 위임계약에 의하여 생기지만, 대외적 효력이 생기는 대리권 수여 자체(위임장을 써 주는 것)는 이와 별개의 단독적 소송행위이다.

2. 소송능력

본인이 소송위임을 함에 있어서는 소송능력이 있어야 한다. 법정대리인이나 법률상대리인도 소송위임을 할 수 있다. 본인으로부터 소송위임에 관한 대리권을 수여받은 자도 소송대리인을 선임할 수 있으나, 자기소송대리인의 선임을 상대방당사자에게 위임해 주는 것은 금지된다.

3. 대리권수여의 방식

대리권 수여의 방식은 자유이므로, 서면 또는 말로 할 수 있다. 그러나 대리권의 존재와 범위는 서면으로 증명하여야 하므로(제89조 제1항), 서면으로 하는 것이 실무이다. 소송위임에 의한 소송대리인의 경우는 당사자 본인이 써 주는 소송위임장을 제출하며, 지배인 등의 법률상 대리인의 경우에는 상업등기부초본을 제출할 것이나 법원이 관계 자료의 제출을 요구할 수 있다(규칙 제16조). 서면이 소송위임장과 같이 사문서이면 법원은 공증인 그 밖의 공증업무를 보는 사람의 인증을 받도록 명할 수 있다(제89조 제2항). 인증명령을 할 것인지 여부는 법원의 자유재량에 속한다. 다만, 당사자가 말로 소송대리인을 선임하고, 법원사무관 등이 조서에 그 진술을 적어 놓은 경우는 서면증명이 필요 없다. 그리고 민사소송법 제89조 제1항에 의하면, 소송대리인의 권한은 서면으로 증명하여야 하는 것이지만, 소송대리인이 소송대리위임장을 법원에 제출한 이상 소송대리권이 있다고 할 것이고, 법원의 잘못 등으로 그 소송대리위임장이 기록에 편철되지 아니하거나 다른 기록에 편철되었다고 하여 소송대리인의 소송대리행위가 무효가 되는 것은 아니다(대판 2005.12.8. 2005다36298).

Ⅳ. 소송대리권의 범위

1. 원칙적 권한

(1) 제90조 제1항

소송대리인은 위임을 받은 사건에 대하여 반소·참가·강제집행·가압류·가처분에 관한 소송행위 등 일체의 소송행위와 <u>변제의 영수</u>를 할 수 있다. 즉, 이는 본인의 특별수권 여부와는 관계없이 원래 소송대리인이 할 수 있는 원칙적 권한이다.

(2) "반소"의 의미

여기에서 반소는 제90조 제2항의 "반소의 제기"와의 관계에서 "반소에 대한 응소"를 의미한다(통설). 따라서 사안에서 피고 乙이 甲을 상대로 반소를 제기한다면 소송대리인 A는 본인 甲의 특별수권이 없어도 반소에 대해 응소 할 수 있다.

(3) '변제의 영수'의 의미

이는 예시적인 것으로 소송대리인은 본인의 취소권, 해제권, 상계권 등의 사법상의 권리를 행사할 수 있다(통설). 따라서 사안에서 소송대리인 A는 본인 甲의 취소권, 해제권, 상계권 등의 사법상의 권리를 행사할 수 있다.

(4) 가압류·가처분의 경우

가압류·가처분 등 보전소송사건을 수임받은 소송대리인의 소송대리권은 수임받은 사건에 관하여 포괄적으로 미친다고 할 것이므로 가압류사건을 수임받은 변호사의 소송대리권은 그 가압류신청사건에 관한 소송행위뿐만 아니라 본안의 제소명령을 신청하거나, 상대방의 신청으로 발하여진 제소명령결정을 송달받을 권한에까지 미친다(대결 2003.3.31. 2003마324).

2. 특별수권 사항[113]

(1) 제90조 제2항

소송대리인은 ① 반소의 제기, ② 소의 취하, 화해, 청구의 포기·인낙 또는 제80조의 규정에 따른 탈퇴, ③ 상소의 제기 또는 취하(이에는 불상소합의, 상소권의 포기도 포함된다), ④ 대리인의 선임에 대해서는 본인으로 부터 특별한 권한을 따로 받아야 한다. 다만, 소송상 화해나 청구의 포기에 관한 특별수권이 되어 있다면, 특별한 사정이 없는 한 그러한 소송행위에 대한 수권만이 아니라 그러한 소송행위의 전제가 되는 당해 소송물인 권리의 처분이나 포기에 대한 권한도 수여되어 있다고 봄이 상당하다(대결 2000.1.31. 99마6205). 그리고 소취하에 대한 소송대리인의 동의는 민사소송법 제90조 제2항 소정의 특별수권사항이 아닐 뿐 아니라, 소송대리인에 대하여 특별수권사항인 소취하를 할 수 있는 대리권을 부여한 경우에도 상대방의 소취하에 대한 동의권도 포함되어 있다고 봄이 상당하므로 그같은 소송대리인이 한 소취하의 동의는 소송대리권의 범위내의 사항으로서 본인에게 그 효력이 미친다(대판 1984.3.13. 82므40).

(2) 법정대리인과의 비교

원래 대리권의 범위는 소송법에 특별한 규정이 없으면 민법 기타 법률에 의한다(제51조). 따라서 친권자인 법정대리인은 일체의 소송행위를 할 수 있다(제56조 참고). 다만, 후견인의 경우에는 소의 취하, 화해, 청구의 포기·인낙 또는 제80조의 규정에 따른 탈퇴를 하기 위해서는 특별한 권한을 받아야 한다(제56조 제2항). 이와 비교하여 소송대리인은 그 외에도 반소의 제기, 상소의 제기 또는 취하, 대리인의 선임에 있어서 본인의 특별수권이 필요하므로, 법정대리인 보다 제한되는 범위가 더 크다고 할 수 있다.

3. 특별수권사항과 관련된 문제점

(1) 심급대리의 원칙[114] - 제3호 상소의 제기에 상소에 대한 응소가 포함되는지 여부

다수설, 판례는 해석상 당연히 상소에 대한 응소가 포함된다고 한다(심급대리원칙 긍정). 이렇게 조문을 해석하면 본인을 대리해서 상소를 제기하든 상대방의 상소에 대해 응소를 하든 본인 甲으로부터 특별수권을 받아야 하는 것이므로, 소송대리인 A의 원래 권한은 판결정본을 송달받을 때까지 소송대리인으로서 권한이 유지되게 되어, 소위 심급대리의 원칙을 인정하게 된다.

---

113) 예전의 실무는 변호사가 고객인 당사자로부터 소송위임을 받을 때 4가지의 특별수권사항을 전부 기재(상소의 제기는 제외)하여 미리 인쇄하여 두는 소송위임장이라는 용지에 도장을 찍게 하여 포괄적으로 권한을 받아두는 방식이었다. 그러나 이런 방식은 특별수권사항의 취지를 무색하게 만들므로, 공정거래위원회는 위임장에 의뢰당사자가 각 특별수권사항에 대리권부여 여부를 OX로 선택할 수 있게 하고, 특별수권사항의 의미와 효과도 위임장에 적시하여 이를 정확히 파악할 수 있도록 하였다.

114) 유력설(이시윤, 전병서)은 법문 상 응소가 포함되지 않는다고 한다(심급대리 원칙 부정). 구 민소법은 "상소(항소·상고)"라고 하고 있어 상소의 제기든 상소에 대한 응소든 모두 특별수권사항이라 해석할 수 있었지만, 현행 민소법은 "상소의 제기"라고만 하고 있으므로, "상소에 대한 응소"는 포함되지 않는다고 한다. 이렇게 조문을 해석하면 소송대리인 A는 피고 乙의 항소에 대한 응소를 본인 甲의 특별수권이 없어도 할 수 있게 되므로, 심급대리의 원칙을 부정하게 된다.

판례도 "소송대리권의 범위는 원칙적으로 당해 심급에 한정되지만, 소송대리인이 상소제기에 관한 특별한 권한을 따로 받았다면 특별한 사정이 없는 한 상소장을 제출할 권한과 의무가 있으므로, 상소장에 인지를 붙이지 아니한 흠이 있다면 소송대리인은 이를 보정할 수 있고 원심재판장도 소송대리인에게 인지의 보정을 명할 수 있다(대결 2013.7.31. 2013마670)."고 하고, "소송대리권의 범위는 특별한 사정이 없는 한 당해 심급에 한정되어, 소송대리인의 소송대리권의 범위는 수임한 소송사무가 종료하는 시기인 당해 심급의 판결을 송달받은 때까지라고 보고 있다(대판 1994.3.8. 93다52105 등).[115]"고 한다.

(2) 환송 전 항소심 소송대리인의 대리권이 상급심의 파기환송에 의하여 환송된 항소심에서 당연히 부활하는지 여부

1) 학설

① 긍정설은 ㉠ 환송 뒤라도 항소심이며, ㉡ 처음 1차 항소심대리인은 사실관계에 정통하고 ㉢ 본인은 언제든지 소송대리인 해임이 가능하므로 이를 긍정한다(강현중).

② 부정설은 ㉠ 심급대리원칙 하에서 환송판결은 종국판결이며, ㉡ 환송후 항소심은 원래 항소심보다 사실관계가 더 복잡하고, ㉢ 본인과 신뢰관계가 없으므로 부정하는 것이 타당하다고 한다(이시윤, 정동윤, 호문혁).

2) 판례

① 판례는 상급심에서 원판결이 파기환송 되었을 경우에는 환송 전 원심의 상태로 환원되었으므로 환송 전의 과거 소송대리인의 대리권이 당연 부활하는 것으로 본다(대판 1985.5.28. 84후102[116] 등).

② 다만, 파기환송 후 항소심에서 다시 상고되었을 경우 환송 전의 상고심에서 소송대리인의 대리권이 당연 부활하는 것은 아니라고 한다(대결 1996.4.4. 96마48).

3) 검토

판례의 태도는 파기환송판결이 항소심의 중요쟁점을 정리하여 종국적인 해결에 도움을 주는 중간판결이 아니라, 심급의 이동이 있는 종국판결이라는 판례 자신의 입장과 모순되며, 한 심급이 끝나면 소송대리인의 권한이 소멸한다는 심급대리의 원칙과도 맞지 않고, 소송대리인과 본인은 신뢰관계가 없으므로, 당연 부활하지 않는다는 부정설이 타당하다.[117]

---

115) 수임인은 위임사무를 완료하여야 보수를 청구할 수 있는 것이 원칙이다(민법 제686조 제2항 참조). 항소심 사건의 소송대리인인 변호사 또는 법무법인, 법무법인(유한), 법무조합(이하 "변호사 등"이라 한다)의 위임사무는 특별한 약정이 없는 한 항소심판결이 송달된 때에 종료되므로, 변호사 등은 항소심판결이 송달되어 위임사무가 종료되면 원칙적으로 그에 따른 보수를 청구할 수 있다. 그러나 항소심판결이 상고심에서 파기되고 사건이 환송되는 경우에는 사건을 환송받은 항소심법원이 환송 전의 절차를 속행하여야 하고 환송 전 항소심에서의 소송대리인인 변호사 등의 소송대리권이 부활하므로, 환송 후 사건을 위임사무의 범위에서 제외하기로 약정하였다는 등의 특별한 사정이 없는 한 변호사 등은 환송 후 항소심 사건의 소송사무까지 처리하여야만 비로소 위임사무의 종료에 따른 보수를 청구할 수 있다(대판 2016.7.7. 2014다1447).

116) 소송대리인(甲)이 대법원의 파기환송전 항고심의 소송대리인이었고, 대법원의 파기환송판결에 의하여 사건이 동 항고심에 다시 계속하게 되었다면 위(甲)에게 한 특허청장 명의의 환송번호 및 심판관지정통지서의 송달은 적법하다.

117) 긍정설에 의한 검토: 판례는 파기환송판결의 법적 성격을 '중간판결적 성질'을 가지는 종국판결로 보고 있으므로, 파기환송된 뒤에 항소심에서 소송대리권은 당연부활한다고 봄이 타당하다.

4. 소송대리권의 범위와 위임계약상 의무와의 관계

통상 소송위임장이라는 것은 민사소송법 제89조 제1항에 따른 소송대리인의 권한을 증명하는 전형적인 서면이라고 할 것인데, 여기에서의 소송위임(수권행위)은 소송대리권의 발생이라는 소송법상의 효과를 목적으로 하는 단독 소송행위로서 그 기초관계인 의뢰인과 변호사 사이의 사법상의 위임계약과는 성격을 달리하는 것이고, 의뢰인과 변호사 사이의 권리의무는 수권행위가 아닌 위임계약에 의하여 발생한다. 민사소송법 제90조의 규정은 소송절차의 원활·확실을 도모하기 위하여 소송법상 소송대리권을 정형적·포괄적으로 법정한 것에 불과하고 변호사와 의뢰인 사이의 사법상의 위임계약의 내용까지 법정한 것은 아니므로, 본안소송을 수임한 변호사가 그 소송을 수행함에 있어 강제집행이나 보전처분에 관한 소송행위를 할 수 있는 소송대리권을 가진다고 하여 의뢰인에 대한 관계에서 당연히 그 권한에 상응한 위임계약상의 의무를 부담한다고 할 수는 없고, 변호사가 처리의무를 부담하는 사무의 범위는 변호사와 의뢰인 사이의 위임계약의 내용에 의하여 정하여진다(대판 1997.12.12. 95다20775).[118]

V. 소송대리인의 지위

1. 제3자인 지위

소송대리인의 행위는 본인 자신이 한 것과 효과가 동일한 것으로 당연히 본인에게 그 효력이 미치며 대리인에게 미치지 않는다. 따라서 소송대리인이 소송수행한 판결의 기판력 등은 본인에게만 미친다. 이런 의미에서 소송대리인은 제3자이며, 증인·감정인능력이 있는 것이다.

2. 소송수행자로서의 지위

소송대리인의 지·부지, 고의·과실은 대리인을 표준으로 한다. 그리고 당사자본인은 고의·과실이 있고, 대리인은 없는 경우라고 해도 당사자는 대리인의 고의·과실 없었음을 주장할 수 없다(민법 제116조).

3. 본인의 지위(당사자의 경정권)

경정권은 본인 또는 법정대리인이 갖는데(제94조), 경정의 대상은 자백 등의 사실상의 진술에 한하므로, ① 신청, ② 소송물을 처분하는 행위, ③ 법률상의 진술·경험법칙은 포함되지 않는다. 지체 없이 경정하지 않으면 대리인의 행위는 본인이 한 것과 동일한 효력을 갖는다. 다만, 이 경우 본인이 취소 또는 경정을 하기 위하여는 소송대리인과 함께 변론기일에 출석해 있어야 한다[대판 1962.10.18. 62다548; 법원실무제요(Ⅰ), 356면].

---

118) 소유권이전등기 청구소송을 수임한 변호사가 소송 계속 중인 그 수임시로부터 6개월이 지난 시점에 그 소송의 상대방 9인 중의 1인이 계쟁 토지에 관하여 협의분할에 의한 재산상속을 원인으로 단독 명의로 소유권이전등기를 마친 사실을 등기부등본을 열람한 결과 알게 되자 상대방이 그 토지를 제3자에게 처분할 염려가 있다고 판단하여 소송대리인의 권한으로써 그 토지에 대한 처분금지가처분신청을 하였으나 그 담보 제공에 따른 가처분기입등기가 마쳐지기 전에 상대방이 제3자에게 근저당권설정등기를 경료해 준 사안에서, 소송의 수임 당시 변호사가 의뢰인에게 그 토지에 대한 소유권이전등기청구권을 보전할 필요성 및 처분금지가처분절차에 관하여 충분히 설명을 하였어야 할 구체적 사정이 존재하였다고 보기는 어렵다는 이유로, 변호사의 의뢰인에 대한 선량한 관리자로서의 주의의무 위반으로 인한 손해배상책임을 인정한 원심판결을 파기한 사례

4. 개별대리의 원칙

소송대리인이 수인인 경우에 대리인 각자가 당사자를 대리하며, 당사자가 다른 약정을 하더라도 효력이 없다(제93조). 수인의 소송대리인 간에 모순되는 행위가 동시에 행해진 경우에는 어느 것도 효력이 발생하지 않는다. 그러나 이시에 행해진 경우에는 선행행위가 철회될 수 있는 것이면 후행행위에 의해 철회된 것으로 보고, 철회할 수 없는 행위이면 후행행위가 효력을 상실한다.

VI. 소송대리권의 소멸

1. 불소멸사유

소송대리권은 당사자의 사망 등으로 소멸하지 않는다(제95조). 이는 수권자인 당사자·법정대리인의 사망 등의 사정 때문에 소송대리인의 대리권에 영향이 없다는 것을 뜻한다. 이 점이 민법과 다른 것으로, 민법의 위임은 개인적 신뢰관계를 바탕으로 하므로 신뢰가 파괴되는 사정, 즉 본인 사망 등의 경우 대리권은 소멸하지만(민법 제127조, 제128조, 제690조), 소송위임에서 있어서는 소송절차의 신속·안정화, 위임의 명확화(제90조 제2항, 제91조) 그리고 수임자가 변호사임이 원칙임에 비추어 신뢰관계를 저버릴 가능성이 희박하다는 점을 근거로 소멸하지 않게 한 것이다. 원래 위의 사유는 소송절차의 중단사유로 되지만(제233조~제237조), 소송대리인이 있는 한 소송은 중단되지 않으며(제238조), 소송대리인은 위임자의 승계인을 위해 대리인으로 소송을 수행할 수 있다. 판례도 "당사자가 사망하더라도 소송대리인의 소송대리권은 소멸하지 아니하므로(민사소송법 제95조 제1호), 당사자가 소송대리인에게 소송위임을 한 다음 소제기 전에 사망하였는데 소송대리인이 당사자가 사망한 것을 모르고 당사자를 원고로 표시하여 소를 제기하였다면 소의 제기는 적법하고, 시효중단 등 소제기의 효력은 상속인들에게 귀속 된다. 이 경우 민사소송법 제233조 제1항이 유추적용 되어 사망한 사람의 상속인들은 소송절차를 수계하여야 한다(대판 2016.4.29. 2014다210449)."고 한다.

2. 소멸사유

(1) 대리인[119]의 사망·성년후견개시 또는 파산

다만 변호사의 자격상실·정직처분은 변론능력의 소멸원인이 됨에 그치고, 대리권 자체의 소멸원인으로 되지 아니한다고 할 것이나(이시윤), 변호사자격을 대리권의 발생·존속요건으로 보는 설(정동윤·유병현, 호문혁)에서는 소멸원인이 된다고 본다.

(2) 위임사건의 종료

심급대리의 원칙을 유지하는 한 당해 심급의 판결정본의 송달에 의하여 대리사무가 종료된다(대판 1983.10.25. 83다카850). 단, 상소기간을 알려주거나 상소기간의 준수의무는 있다.

(3) 기본관계의 소멸

소송위임계약의 해지(민법 제689조), 본인의 파산(민법 제690조)에 의하여 대리인의 대리권도 소멸하지만, 이 경우에 그 뜻을 상대방에게 통지하지 않는 한 소멸의 효력이 생기지 않는다(제97조, 제63조).

---

119) 변호사의 자격상실이나 정직처분은 변론능력의 소멸원인이 됨에 그치고, 대리권 그 자체의 소멸원인으로 되지 아니한다고 볼 것이나(이시윤), 변호사자격을 대리권의 발생·존속요건으로 보는 설에서는 대리권의 소멸원인으로 본다(정동윤·유병현, 호문혁).

3. 상대방에 대한 통지

소송대리인이 사임서를 법원에 제출하여도 상대방에게 그 사실을 통지하지 않은 이상 그 대리인의 대리권은 존속한다(제97조, 제63조).

3 무권대리인

Ⅰ. 의의

대리권이 없는 대리인을 무권대리인이라고 한다.

Ⅱ. 소송상의 취급

1. 소송행위의 유효요건

대리권의 존재는 소송행위의 유효요건이므로 무권대리인에 의한 또는 그에 대한 소송행위는 무효이다.[120]. 이 경우 확정적 무효는 아니므로 본인이나 정당한 대리인이 추인하면 소급하여 유효하게 된다. 그리고 추인의 시기는 제한이 없으므로, 상고심에서도 가능하다. 그리고 무권대리인이 행한 소송행위의 추인은 특별한 사정이 없는 한 소송행위의 전체를 대상으로 하여야 하고, 그 중 일부의 소송행위만을 추인하는 것은 허용되지 아니한다(대판 2008.8.21. 2007다79480).[121] 따라서 무권대리인의 행위 중 상고제기행위만을 추인하는 것은 허용될 수 없다.

---

120) 공정증서가 집행권원으로서 집행력을 가질 수 있도록 하는 집행인낙의 표시는 공증인에 대한 소송행위이므로, 무권대리인의 촉탁에 의하여 공정증서가 작성된 때에는 집행권원으로서의 효력이 없고, 이러한 공정증서에 기초하여 채권압류 및 전부명령이 발령되어 확정되었더라도 채권압류 및 전부명령은 무효인 집행권원에 기초한 것으로서 강제집행의 요건을 갖추지 못하여 실체법상 효력이 없다. 따라서 제3채무자는 채권자의 전부금 지급청구에 대하여 그러한 실체법상의 무효를 들어 항변할 수 있다(대판 2016.12.29. 2016다22837).

121) 무권대리인의 소송행위는 무효인데, 사후에 추인하면 처음에 소급하여 유효로 될 수 있는 유동적 무효이다. 그런데 이러한 추인은 소송절차의 안정성의 요청상 전체의 행위를 추인하여야 한다. 따라서 무권대리인의 소송행위 중 상고제기행위만을 추인하는 것은 허용될 수 없다는 것이다. 또한 이미 추인을 거절한 경우에는 재추인은 추인의 대상이 없어서 불가능하다는 입장이다. 다만, 종래의 판례에 따르면 소의 취하행위만을 제외하고 추인하는 경우와 같이 소송절차의 안정과 무관한 경우에는 예외적으로 일부의 소송행위에 대한 추인도 유효하다는 입장이다(대판 1973.7.24. 69다60; 유병현, 고시계 2009/2, 33면)

2. 직권조사사항

흠결 발견 시 대리인의 소송관여를 배척할 것이지만, 보정의 가능성이 있으면 기일을 정하여 보정을 명해야 하며, 보정되지 않는 한 법원은 종국판결로서 소를 각하하여야 한다.

3. 추인

(1) 시기

추인의 시기는 제한이 없다. 따라서 권한 없는 대표자가 한 소송행위의 추인은 상고심에서도 할 수 있다. 환송 후 원심으로서는 상고심에서 제출된 추인서까지 포함하여 소송요건을 갖춘 것인지 여부를 심리·판단할 필요가 있다(대판 2022.4.14. 2021다276973).

(2) 방식

공정증서가 채무명의로서 집행력을 가질 수 있도록 하는 집행인낙의 표시는 공증인에 대한 소송행위이므로, 무권대리인의 촉탁에 의하여 공정증서가 작성된 때에는 집행권원으로서의 효력이 없다. 공정증서 상의 집행인낙의 의사표시는 공증인가 합동법률사무소 또는 공증인에 대한 채무자의 단독 의사표시로서 성규의 방식에 따라 작성된 증서에 의한 소송행위이어서, 대리권 흠결이 있는 공정증서 중 집행인낙에 대한 추인의 의사표시 또한 당해 공정증서를 작성한 공증인가 합동법률사무소 또는 공증인에 대하여 그 의사표시를 공증하는 방식으로 하여야 하므로, 그러한 방식에 의하지 아니한 추인행위가 있다한들 그 추인행위에 의하여는 채무자가 실체법상의 채무를 부담하게 됨은 별론으로 하고 무효의 집행권원이 유효하게 될 수는 없다(대판 2006.3.24. 2006다2803).

4. 대리권 흠결을 간과한 판결

흠결을 간과하고 판결한 경우, 확정 전(前)이면 상소(제424조 제1항 제4호), 확정 후(後)이면 재심(제451조 제1항 제3호)에 의해 구제받을 수 있다. 그러나 취소·파기 전의 판결은 당연무효는 아니며 당사자 본인에 대하여 효력이 생긴다. 다만, 민사소송법에서 법정대리권 등의 흠결을 재심사유로 규정한 취지는 원래 그러한 대표권의 흠결이 있는 당사자 측을 보호하려는 데에 있으므로, 그 상대방이 이를 재심사유로 삼기 위하여는 그러한 사유를 주장함으로써 이익을 받을 수 있는 경우에 한하고, 여기서 이익을 받을 수 있는 경우란 위와 같은 대표권 흠결 이외의 사유로도 종전의 판결이 종국적으로 상대방의 이익으로 변경될 수 있는 경우를 가리킨다(대판 1967.2.28. 66다2569; 대판 1983.2.8. 80사50 등 참고).

Ⅲ. 쌍방대리의 금지 - 변호사법 제31조 위반의 대리행위의 효력

1. 문제점

변호사법 제31조는 변호사의 직무의 공정성 확보, 품위유지 및 당사자의 보호를 위하여 쌍방대리의 금지를 규정하고 있는데, 이를 위반하면 변호사법상의 징계사유가 되는 것은 물론이지만, 그에 위반한 소송행위의 효력은 어떠한지에 대립이 있다.

2. 학설

학설은 ① 단순한 직무규정에 불과하므로 이는 유효하다는 직무규정설, ② 이는 강행법규위반이므로 절대적으로 무효라는 절대무효설, ③ 일단 무효이긴 하지만 당사자가 추인하면 유효하다는 추인설도 있으나, 소송대리인의 본인의 상대방이 이의를 주장하면(제151조) 비로소 법원이 이를 고려하여 무효로 판단할 것이라는 이의설이 통설적 견해이다.

3. 판례

(1) 주류적 입장

"원고 소송복대리인으로서 변론기일에 출석하여 소송행위를 하였던 변호사가 피고 소송복대리인으로도 출석하여 변론한 경우라도, 당사자가 그에 대하여 아무런 이의를 제기하지 않았다면 그 소송행위는 소송법상 완전한 효력이 생긴다(대판 1995.7.28. 94다44903 등 다수)."고 하고, "변호사법 제31조 제1호의 규정에 위반한 변호사의 소송행위에 대하여는 상대방 당사자가 법원에 대하여 이의를 제기하는 경우 그 소송행위는 무효이고 그러한 이의를 받은 법원으로서는 그러한 변호사의 소송관여를 더 이상 허용하여서는 아니 될 것이지만, 다만 상대방 당사자가 그와 같은 사실을 알았거나 알 수 있었음에도 불구하고 사실심 변론종결시까지 아무런 이의를 제기하지 아니하였다면 그 소송행위는 소송법상 완전한 효력이 생긴다(대판 2003.5.30. 2003다15556)."고 하여 이의설의 입장이다.

(2) 예외적 입장

"소송행위가 구변호사법 제16조에 의하여 무권대리행위라 하여도 추인하면 그 효력이 있다(대판 1970.6.30. 70다809 등)."고 하여 추인설을 따른 예도 있다.

(3) 적용 범위

판례는 "형사사건에서 피고인의 변호인으로 선임된 법무법인의 업무담당변호사 A가 그 법무법인이 해산된 이후 변호사 개인의 지위에서 위 형사사건의 피해자에 해당하는 상대방 당사자를 위하여 실질적으로 동일한 쟁점을 포함하고 있는 민사사건의 소송대리를 하는 것도 변호사법 제31조 위반(대판 2003.5.30. 2003다15556)."이라고 하였다.

4. 검토

변호사법 제31조는 그러한 변호사를 이용하여 선임한 본인보다는 주로 상대방당사자의 보호를 목적으로 한다고 할 것이므로 통설인 이의설이 가장 타당하다고 본다. 다만, 이의의 시기에 대해서는 이러한 이의를 소송절차에 관한 이의권(제151조)의 일종으로 보아 즉시 이의하지 아니하면 이의권을 상실한다고 주장하는 견해가 있다. 이에 반해 즉시 이의하지 아니하면 그 이의권을 상실하게 하는 것은 당사자의 보호, 절차의 안정성을 감안하면 부당하므로 사실심 변론종결시까지 이의권을 행사할 수 있도록 하는 것이 타당하다는 견해가 있다.

Ⅳ. 소송행위와 표현대리

1. 문제점

민법, 상법 등의 실체법에서는 외관법리라 하여 본인에게 귀책사유가 있고 상대방에게 신뢰가 존재하는 경우에는 표현대리, 표현대표이사 등의 법리를 적용하여 상대방을 보호하는데, 소송법에서도 대표권, 대리권 등이 없는 자가 행위하여 상대방의 신뢰 등의 요건이 구비된 경우에 실체법과 같은 표현법리를 유추적용할 수 있는지가 문제된다.

2. 학설

(1) 긍정설

① 소송도 거래관계의 연장이고, 법 제63조가 법정대리권의 소멸은 상대방에게 통지하지 않으면 효력이 생기지 않는다고 규정하고 있듯이 소송에서도 절차의 안정을 도모하고 있으며, ② 등기를 게을리한 법인의 재판을 받을 권리의 보장을 위하여, 등기를 신뢰한 상대방을 희생하는 것은 공평에 반하고, ③ 부정설과 같이 전체의 절차를 다시 진행해야 한다고 하는 것은 소송경제에 반하고, 상대방으로서도 등기부 이외에 대표자를 일일이 확실히 조사할 방법은 없다는 근거를 들어 유추적용을 인정할 수 있다고 한다.

(2) 부정설

① 표현대리는 거래의 안전을 도모하기 위한 것이고, 상법 제14조 제1항 단서에서 재판상 행위에 대해서는 표현지배인의 법리를 제외시키고 있고, ② 법인의 진실한 대표자에 의하여 재판을 받을 권리는 헌법 제27조에 의해 보장되고 있고, 대표권에 흠이 있는 때에는 절대적 상고이유, 재심사유인 것과 같이 침해하기 어려운 기본적인 권리이고, ③ 표현대리의 적용을 인정하면 상대방의 선의, 악의에 따라 취급이 별개로 되어 혼란이 발생된다는 등의 근거를 들어 적용을 부정한다.

(3) 절충설

법인에 있어서 절차보장, 즉 진정한 법인대표자에 의하여 재판을 받을 권리(헌법 제27조)를 존중하는 의미에서 소극설이 일반적으로는 타당하되, 부실등기의 원인이 법인 자신의 태만에 기인하는 경우에는 표현대리를 적용하여도 좋다고 한다.

3. 판례

"이행지체가 있으면 즉시 강제집행을 하여도 이의가 없다는 강제집행수락 의사표시는 소송행위라 할 것이고 이러한 소송행위는 민법상의 표현대리규정을 적용 또는 유추적용될 수가 없는 것이므로 … (대판 1994.2.22. 81다카621)."라고 하여 부정설의 입장이다.

4. 검토

절차의 안정성, 명확성 등이 지배하는 소송행위에 있어서 실체법상의 표현대리규정을 일반적으로 적용하는 것은 타당하지 못하지만, 등기를 고치지 않는 등의 법인의 직무태만이 있는 경우에는 실질적 타당성을 위해 표현대리규정의 적용을 인정하는 절충설이 타당하다고 본다.

V. 비변호사의 대리행위

1. 징계에 의한 업무정지 중의 변호사

법원은 무자격자의 소송관여를 배척해야 한다. 간과하고 배척하지 않은 경우 의뢰자, 상대방의 불측의 손해 방지와 절차안정·소송경제의 관점에서 그 소송행위는 유효로 보아야 한다.

2. 변호사 아닌 자의 소송행위

소송행위를 대리하는 경우 무효이나, 추인이 가능하다. 다만, 이익을 받을 목적 또는 영업으로서 타인의 소송행위를 대리하는 경우에는 변호사법 제109조를 정면으로 위배한 경우로 추인할 수 없다. 나아가 소송수행을 전담하게 할 목적으로 비변호사를 지배인으로 선임하여 법령상의 소송대리인으로 소송수행을 하게 하는 것도 동규정의 위반으로 볼 수 있는 한 무효이다.

2013년 공인노무사

乙과 丙은 도급계약에 따라 함께 사업을 수행하고 있고, 임금지급에 대하여 연대책임 관계에 있다. 그런데 수급인인 丙은 소속 근로자인 甲에게 임금을 지급하지 못하고 있다. 이에 甲은 乙과 丙을 공동피고로 하여 임금청구의 소를 제기하였다. 이때 다음 물음에 대하여 각각 논하시오. (50점)

물음 1) 위 소송에서 甲이 변호사 A를 소송대리인으로 선임한 경우 소송대리인 A의 대리권의 범위는? 그리고 甲의 청구는 인용되었고 乙은 항소하였다. 乙의 항소에 대해 A는 당연히 응소할 수 있는가? (20점)

물음 2) 위 소송계속 중에 乙이 丙을 선정당사자로 선정할 수 있는가? 그리고 丙이 선정당사자로서 소송을 수행하여 판결이 확정될 경우 丙이 받은 판결의 효력은 乙에게도 미치는가? (30점)

목차

Ⅰ. 물음 1)에 대하여 - 소송대리인 A의 대리권의 범위, 심급대리의 원칙

1. 소송대리인의 의의

(1) 소송상의 대리인이라 함은 당사자를 대리하여 본인의 이름으로 소송행위를 하거나 상대방 또는 법원의 소송행위를 받는 자를 말하며, 대리권이 당사자의 의사에 기하여 수여되었는가에 따라 법정대리인과 임의대리인으로 나뉜다.

(2) 임의대리인 중 특히 포괄적인 소송수행을 위하여 본인의 의사에 의하여 위임하는 경우를 소송위임에 의한 소송대리인이라 하고, 법정대리인에는 실체법상의 법정대리인과 소송상의 특별대리인의 두 가지가 있다.

2. 원칙적 권한

(1) 제90조 제1항

소송대리인은 위임을 받은 사건에 대하여 반소 · 참가 · 강제집행 · 가압류 · 가처분에 관한 소송행위 등 일체의 소송행위와 변제의 영수를 할 수 있다. 즉, 이는 본인의 특별수권 여부와는 관계없이 원래 소송대리인이 할 수 있는 원칙적 권한이다.

(2) "반소"의 의미

여기에서 반소는 제90조 제2항의 "반소의 제기"와의 관계에서 "반소에 대한 응소"를 의미한다(통설). 따라서 사안에서 피고 乙, 丙이 甲을 상대로 반소를 제기한다면 소송대리인 A는 본인 甲의 특별수권이 없어도 반소에 대해 응소 할 수 있다.

(3) '변제의 영수'의 의미

이는 예시적인 것으로 소송대리인은 본인의 취소권, 해제권, 상계권 등의 사법상의 권리를 행사할 수 있다(통설). 따라서 사안에서 소송대리인 A는 본인 甲의 취소권, 해제권, 상계권 등의 사법상의 권리를 행사할 수 있다.

3. 특별수권 사항

(1) 제90조 제2항

소송대리인은 ① 반소의 제기, ② 소의 취하, 화해, 청구의 포기·인낙 또는 제80조의 규정에 따른 탈퇴, ③ 상소의 제기 또는 취하(이에는 불상소합의, 상소권의 포기도 포함된다), ④ 대리인의 선임에 대해서는 본인으로 부터 특별한 권한을 따로 받아야 한다.

(2) 법정대리인과의 비교

1) 원래 대리권의 범위는 소송법에 특별한 규정이 없으면 민법 기타 법률에 의한다(제51조). 따라서 친권자인 법정대리인은 일체의 소송행위를 할 수 있다(제56조 참고). 다만, 후견인의 경우에는 소의 취하, 화해, 청구의 포기·인낙 또는 제80조의 규정에 따른 탈퇴를 하기 위해서는 특별한 권한을 받아야 한다(제56조 제2항).

2) 이와 비교하여 소송대리인은 그 외에도 반소의 제기, 상소의 제기 또는 취하, 대리인의 선임에 있어서 본인의 특별수권이 필요하므로, 법정대리인 보다 제한되는 범위가 더 크다고 할 수 있다.

4. 심급대리의 원칙 – 제3호 상소의 제기에 상소에 대한 응소가 포함되는지 여부

(1) 심급대리원칙 긍정설

다수설, 판례는 해석상 당연히 상소에 대한 응소가 포함된다고 한다. 이렇게 조문을 해석하면 본인을 대리해서 상소를 제기하든 상대방의 상소에 대해 응소를 하든 본인 甲으로부터 특별수권을 받아야 하는 것이므로, 소송대리인 A의 원래 권한은 판결정본을 송달받을 때까지 소송대리인으로서 권한이 유지되게 되어, 소위 심급대리의 원칙을 인정하게 된다.

(2) 심급대리원칙 부정설

유력설(이시윤, 전병서)은 법문상 응소가 포함되지 않는다고 한다(심급대리 원칙 부정). 구 민소법은 "상소(항소·상고)"라고 하고 있어 상소의 제기든 상소에 대한 응소든 모두 특별수권사항이라 해석할 수 있었지만, 현행 민소법은 "상소의 제기"라고만 하고 있으므로, "상소에 대한 응소"는 포함되지 않는다고 한다. 이렇게 조문을 해석하면 소송대리인 A는 피고 乙, 丙의 항소에 대한 응소를 본인 甲의 특별수권이 없어도 할 수 있게 되므로, 심급대리의 원칙을 부정하게 된다.

(3) 검토

현행 민소법은 구 일본 민소법과는 달리 "상소의 제기"라고만 하고 있어 심급대리원칙을 부정하는 견해
도 일견 타당한 면이 있다. 하지만 소송대리인을 선임하는 당사자의 의사는 일단 제1심에 한해서만 소
송대리인을 선임하는 의사라고 보는 것이 합리적이고, 따라서 소송대리권은 특별한 의사표시가 없는
이상 당해 심급에 한한다고 보는 다수설이 타당하다. 특히 판례도 소송대리권의 범위는 특별한 사정이
없는 한 당해 심급에 한정되어, 소송대리인의 소송대리권의 범위는 수임한 소송사무가 종료하는 시기인
당해 심급의 판결을 송달받은 때까지라고 보고 있다(대판 1994.3.8. 93다52105 등).

5. 사안의 경우

심급대리원칙을 긍정하는 견해에 따라 乙의 항소에 대해 소송대리인 A는 당연히 응소할 수 없다. 그러나
심급대원칙을 부정하는 견해에 의하면 乙의 항소에 대해 소송대리인 A는 당연히 응소할 수 있다.

Ⅱ. 물음 2)에 대하여 - 선정의 적법 여부 및 판결의 효력 여부

1. 선정당사자의 의의, 취지, 법률상의 지위

(1) 의의

선정당사자란 공동의 이해관계에 있는 다수의 사람이 공동소송인이 되어 소송을 하여야 할 경우에, 총
원을 위하여 소송을 수행할 당사자로 선출된 자를 말한다(제53조).

(2) 취지

다수당사자소송을 단순화하여 소송촉진과 소송경제를 도모하고자 마련된 제도이나, 선정절차가 번거롭
고 이 제도의 이용 여부에 대해 법원이 강제할 수 없기 때문에 실효성이 반감될 우려가 있다.

(3) 법률상의 지위

선정당사자와 선정자의 관계는 대리관계가 아니라, 선정자의 소송수행권을 선정당사자에게 신탁시킨
신탁관계로서 임의적 소송담당의 일종이다.

2. 乙이 丙을 선정당사자로 선정할 수 있는지 여부 - 선정의 적법 여부

(1) 공동소송을 할 다수자가 있을 것

1) 다수자는 원고 측이거나 피고 측이거나 2인 이상이면 될 것이다. 다수자가 사단을 구성하고 있을
  때에는 사단 자체가 당사자가 되므로 선정의 여지가 없다. 그러나 판례는 권리능력 없는 사단도 구
  성원 전원이 공동소송인으로서 당사자가 될 수 있다고 함으로써 선정당사자를 인정한 바 있다.

2) 사안의 경우
  乙, 丙은 공동피고로서 공동소송을 하고 있는 다수자이므로, 이의 요건을 충족한다.

(2) 공동의 이해관계가 있을 것

1) 학설

① 통설은 공동의 이해관계의 의미는 다수자 상호 간에 공동소송인이 될 관계에 있고 또 주요한 공격방어방법을 공통으로 하는 경우를 말한다고 하면서, 법 제65조 전문의 '소송목적이 되는 권리나 의무가 여러 사람에게 공통되거나 사실상 또는 법률상 같은 원인으로 말미암아 생긴 경우'가 이에 해당하고, 동조 후문의 '소송의 목적이 되는 권리나 의무가 같은 종류의 것이고, 사실상 또는 법률상 같은 종류의 원인으로 말미암은 것'인 경우는 이에 해당하지 않는다고 한다(이시윤 등).

② 유력설은 기본적으로는 통설의 입장을 수긍하면서도 이를 일률적으로 판단할 수는 없다고 하면서, 법 제65조 후문의 경우에도 구체적으로 보아 주요한 공격방어방법이 공통으로 되는 것이 예상된다고 한다면, 제65조 후문의 경우에도 선정당사자제도를 이용할 수 있는 여지를 남기는 것이 타당하다고 한다(전병서).

2) 판례

① "공동의 이해관계가 있는 다수자는 선정당사자를 선정할 수 있는 것인바, 이 경우 공동의 이해관계란 다수자 상호 간에 공동소송인이 될 관계에 있고, 또 주요한 공격방어방법을 공통으로 하는 것을 의미한다고 할 것이므로 다수자의 권리·의무가 동종이며 그 발생원인이 동종인 관계에 있는 것만으로는 공동의 이해관계가 있는 경우라고 할 수 없을 것이어서 선정당사자의 선정을 허용할 것은 아니다(대판 1997.7.25. 97다362)."고 하여 기본적으로는 통설적 입장에 있다.

② 하지만 최근의 대판 1999.8.24. 99다15474 판결은 위 판례를 인용하면서도 "임차인들이 甲을 임대차계약상의 임대인이라고 주장하면서 甲에게 그 각 보증금의 전부 내지 일부의 반환을 청구하는 경우, 그 사건의 쟁점은 甲이 임대차계약상의 임대인으로서 계약당사자인지 여부에 있으므로, 그 임차인들은 상호 간에 공동소송인이 될 관계가 있을 뿐 아니라 주요한 공격방어 방법을 공통으로 하는 경우에 해당함이 분명하다고 할 것이어서, 민사소송법 제49조 소정의 공동의 이해관계가 있어 선정당사자를 선정할 수 있다."고 하였다. 이에 대해 학설 중에는 이 판례는 제65조 전문의 경우라고 하기보다는 후문의 경우에도 공동의 이해관계를 인정한 것이라는 견해(전병서)가 있다.

3) 검토

비록 제65조 후문의 경우라고 하더라도 주요한 공격방어방법이 공통되는 경우도 있을 수 있으므로 이를 일률적으로 판단해서는 안 된다고 본다. 즉, 이 경우에도 공동의 이해관계를 인정하면 선정당사자 제도에 의하여 소송절차의 단순화가 도모될 것이고 한편 그 소송의 승패에 의하여 받을 이해가 어느 정도 공통하고 있는 사람 가운데에서 당사자가 선정되므로 변호사대리의 원칙의 잠탈을 강조할 필요도 없을 것이다. 따라서 유력설의 입장이 타당하다(전병서, 160~161면).

4) 사안의 경우

乙, 丙은 임금지급에 대하여 연대책임[122] 관계에 있으므로, 이는 제65조 전문의 권리·의무 공통의 관계에 있다. 따라서 乙, 丙은 어느 견해에 의해도 공동의 이해관계가 있으므로, 이의 요건도 충족한다.

---

122) 정확히는 연대채무라고 쓰는 것이 옳을 것이다. 연대책임이란 말은 민법전 어디에서도 쓰는 용어가 아니기 때문이다.

(3) 공동의 이해관계 있는 자 중에서 선정할 것

만일 공동의 이해관계를 가지지 않는 제3자도 선정당사자가 될 수 있다면 변호사대리의 원칙이 잠탈될 수 있는 우려가 있으므로, 공동관계인 이외의 자를 당사자로 선임하는 행위는 무효로 된다.

(4) 기타 요건

선정의 시기는 소송계속 전·후를 불문한다. 소송계속 후 선정하면 선정자는 당연히 소송에서 탈퇴하게 되고(제53조 제2항), 선정당사자가 그 지위를 수계하게 된다. 그리고 선정은 선정자가 개별적으로 하여야 하며, 다수결로 정할 수는 없다. 또한 선정당사자의 자격은 대리인의 경우와 같이 서면증명이 필요하기 때문에 선정서를 작성·제출하며, 이를 소송기록에 붙여야 한다(제58조).

(5) 사안의 경우

乙, 丙은 공동의 이해관계가 있고, 乙은 丙을 선정당사자로 선정하였고, 이 경우 선정서가 작성·제출되었다면, 乙이 丙을 선정당사자로 선정한 것은 적법하다. 따라서 乙은 丙을 선정당사자로 선정할 수 있다.

3. 丙이 받은 판결의 효력이 乙에게도 미치는지 여부

(1) 제218조 제3항의 해석

1) 다른 사람을 위하여 원고나 피고가 된 사람에 대한 확정판결은 그 다른 사람에 대하여도 효력이 미친다. 즉, 소송담당자에 대한 판결의 효력은 피담당자에게도 미친다.

2) 특히 제3자 소송담당과 기판력에 관한 제218조 제3항은 임의적 소송담당이나 법정소송담당 중 갈음형의 경우에는 전면적으로 적용된다. 하지만 병행형의 법정소송담당의 경우에도 제218조 제3항을 전면적으로 적용하면, 담당자의 불성실한 소송수행으로 피담당자의 후소가 기판력에 저촉되게 되어 피담당자에게 지나치게 가혹한 측면이 있으므로, 이를 제한할 필요가 생기게 된다. 즉, 판례는 채권자대위소송에서 "채권자가 채권자 대위권을 행사하는 방법으로 제3채무자를 상대로 소송을 제기하여 판결을 받은 경우에 어떠한 사유로 인하였던 간에 채무자가 채권자 대위권에 의한 소송이 제기된 사실을 알았을 경우에는 그 확정판결의 효력은 채무자에게도 미친다(대판 1975.5.13. 74다1664 전합)."고 하여 절차보장설의 입장을 취하고 있다.

(2) 사안의 경우

丙은 선정당사자이고, 이는 임의적 소송담당 중 명문의 규정이 있는 경우에 해당하므로, 제218조 제3항은 전면적으로 적용된다. 따라서 선정당사자 丙이 받은 판결의 효력은 선정자 乙에게 제한 없이 미치게 된다.

2010년 변리사

종중 A의 대표자 甲은 종중총회의 결의 없이 종중소유의 재산인 부동산의 처분권한을 乙에게 수여하였는바, 乙은 동 부동산을 임의로 丙에게 처분하여 이전등기를 경료해 주고 그 대금을 착복하였다. 이에 종중대표자 甲은 종중결의를 통해 종중 A를 원고로 하여 丙을 상대로 이전등기말소청구의 소를 제기하였다. 소송진행 중 종중대표자 甲이 乙과 공모하여 종중재산을 착복하려 했다는 것을 알게 된 종중 A의 종중원들은 甲을 해임하고 丁을 종중의 새로운 대표자로 선출하였다. 甲은 대표권이 상실된 사실을 소송상대방인 丙에게 통지하지 아니하고 변론기일에 출석하여 이 사건 소를 취하한다고 진술하였고 상대방인 피고 丙 역시 소취하에 동의하였다. 종중 A의 새로운 대표자 丁은 종전 대표자 甲의 소취하가 무효라고 주장하면서 그 효력을 다투고자 한다. 적절한 방법은 무엇인지 논하고 아울러 丁의 주장이 인용될 수 있는지 여부에 대하여 논하시오. (20점)

Ⅰ. 문제점(3점)

1. 먼저 종중 A의 새로운 대표자 丁이 종전 대표자 甲의 소취하가 무효라고 주장하기 위해서 소취하무효확인청구가 가능한지 문제 되고, 가능하지 않다면 소취하가 무효임을 이유로 기일지정신청이 가능한지(민사소송규칙 제67조), 가능하다면 丁주장의 인용 여부와 관련하여 대표권소멸통지 제도가 문제가 되므로 이를 살펴보기로 한다(민사소송법 제64조, 제63조).

2. 그리고 사안에서 만약 피고 丙이 소취하 무효에 대해 표현대리를 주장하였다고 가정한다면, 표현대리의 적용 여부와 관련하여 丁 주장의 인용 여부를 간단히 살펴보기로 한다.

Ⅱ. 소취하무효확인청구의 가부(3점)

1. 본안판단의 전제문제로서 판단되어야 할 절차문제

이 경우는 당해 소송 내에서 확인하면 충분하므로 별소로 확인할 이익은 없다. 예컨대, 소취하무효확인 등은 당해 절차 내에서 그 종국판결의 이유나 중간판결에서 판단하면 충분하므로 별소로 확인을 구할 이익은 없다.

2. 사안의 경우

특히 소취하의 무효를 다투는 절차에 대해, 민사소송규칙 제67조에서 따로 기일지정신청이라는 제도를 두고 있으므로, 소취하무효확인청구 자체는 확인의 이익이 없다. 따라서 이는 소취하무효를 주장하기 위한 적절한 방법은 아니다.

Ⅲ. 기일지정신청과 丁 주장의 인용 여부 - 대표권 소멸통지(14점)

1. 기일지정신청

(1) 규칙 제67조에서 소취하 무효를 주장하기 위해서는 법원에 기일지정신청을 하도록 하고 있으므로, 사안의 종중 A의 새로운 대표자 丁이 소취하 무효를 주장하기 위해서 가장 적절한 방법은 기일지정신청이라고 할 것이다.

(2) 다만, 기일지정신청이 인용될 수 있는지와 관련하여 종중 A는 피고 丙에게 대표자가 甲에서 丁으로 변경된 사실을 통지하지 않았으므로, 여전히 丙에 대한 관계에서는 유권대표로 취급되는 것이 아닌지가 대표권소멸통지제도와 관련되므로 이를 살펴본다.

2. 대표권 소멸통지

(1) 의의 및 규정

소송절차가 진행되는 중에 법정대리권이 소멸한 경우에는 본인 또는 대리인이 상대방에게 소멸된 사실을 통지하지 아니하면 소멸의 효력을 주장하지 못하는데, 이를 대리권소멸통지라고 하고, 법인이나 비법인사단의 대표자에게 준용된다(제63조, 제64조).

(2) 판례 – 배신적 소취하 사안

판례는 "법인의 대표자가 변경된 사실이 법원에 알려진 경우에도 그 사실이 상대방에게 통지되기 전에는 구 대표자가 여전히 대표권을 가지는 것으로 취급되므로, 대표권 상실사실이 상대방에게 통지되지 아니한 틈을 이용하여 구 대표자가 상대방과 통모하여 본인에게 손해를 입힐 의도로 소를 취하하는 등의 소송행위를 한 경우에도 이를 유효한 것으로 볼 수밖에 없다(대판 1998.2.19. 95다52710 전합)."고 판시하여 규정상 문제가 있었다.

(3) 제63조 단서의 신설

단, 위 결론은 본인에게 지나치게 가혹한 면이 있어, 2002년 전면개정법은 제63조 단서를 신설하여 대리권 등의 소멸사실이 법원에 명확한 이상, 소취하 등의 처분행위를 금지하였다(민사소송법 개정내용 해설, 21~22면).

(4) 사안의 경우

사안에서 원고인 종중 A가 대표자가 甲에서 丁으로 변경되어 甲의 대표권이 소멸된 사실을 피고 丙에게 통지 하였다는 사정이 보이지 않고, 제63조 단서 같이 법원이 이를 알았다는 사정도 보이지 않는다. 따라서 종중 A의 대표자 丁은 피고 丙에게 소취하가 무효임을 주장할 수 없으므로, 丁의 주장은 인용될 수 없을 것이다.

3. 소송종료선언

따라서 丁의 소취하 무효 주장은 타당하지 않으므로, 법원은 기일지정신청이 이유가 없어, 판결로 소송의 종료를 선언해야 한다.

Ⅳ. 소송행위에 대한 표현대리의 적용 여부[123](+3점)

1. 학설 및 판례

학설은 ① 제63조의 취지상 이를 인정하는 적극설, ② 상법 제14조를 근거로 이를 부정하는 소극설, ③ 법인의 부실등기에 의한 태만 등의 사정이 있는 경우에 이를 인정하는 절충설이 있고, 판례는 "이행지체가 있으면 즉시 강제집행을 하여도 이의가 없다는 강제집행수락 의사표시는 소송행위라 할 것이고 이러한 소송행위는 민법상의 표현대리규정을 적용 또는 유추적용될 수가 없는 것이므로 … (대판 1994.2.22. 81다카621)."라고 하여 소극설의 입장이다.

2. 사안의 경우

사안의 경우 피고 丙이 표현대리를 주장했다는 사정은 없다. 다만, 丙이 표현대리를 주장하였다고 가정한다면, 종중 대표자 丁은 소극설을 주장하여 소취하가 무효임을 주장할 수 있을 것이다. 다만, 적극설에 의하면 소취하는 여전히 유효하므로, 丁의 주장은 인용될 수 없을 것이다.

---

[123] 다만, 이는 사안을 가정해서 논점을 써 본 것이므로, 언급하지 않아도 무방하다고 생각된다. 다만, 이를 논한다면 가점은 가능할 것이라고 생각한다.

제3편

제1심의 소송절차

제1장
소송의 개시

20 소의 이익

▌ 소의 이익(권리보호의 자격) 노무사 8회

Ⅰ. 소의 이익의 의의, 당사자적격

1. 의의

소의 이익이란 소송상의 청구에 관하여 본안판결을 구하는 것을 정당화시킬 수 있는 현실적 이익 또는 필요를 말한다. 즉, 청구의 내용이 본안판결을 받기에 적합한 일반적 자격이 있어야 하고(권리보호의 자격 또는 원고적격), 그러한 자격 있는 청구에 대하여 판결을 구할 현실적 이익 또는 필요(권리보호의 이익 내지 현실적인 필요성)가 있어야 한다는 의미이다.

2. 당사자적격과의 구별

두 가지 요건은 "객관적으로" 청구내용 자체에 관하여 본안판결의 필요성과 실효성을 따진다는 점에서, "주관적으로" 특정된 당사자에 대하여 본안판결을 할 필요성 및 실효성이 있는지를 문제로 삼는 당사자적격과 구별된다.

II. 권리보호의 자격(공통된 소의 이익)

1. 청구가 소구할 수 있는 구체적 권리 또는 법률관계일 것

(1) 청구가 재판상 청구할 수 있는 것이라야 한다.

자연채무에 대한 청구 또는 소로써만 행사할 수 있는 형성권을 제외한 나머지 형성권[1]을 행사하기 위한 형성의 소의 제기는 소의 이익이 없다.[2] 약혼의 강제이행(민법 제803조)이나 입법을 해 달라는 청구는 허용되지 않는다.

(2) 청구가 구체적인 권리관계의 주장일 것을 요한다.

1) 법률상 쟁송이어야 한다.

① 원칙

판례는 ㉠ 임야·토지·건축물대장[3]상의 명의말소청구·변경청구 또는 주소기입청구(대판 1979.2.28. 78다913 등), ㉡ 지적도의 경계오류정정청구(대판 1965.12.28. 65다2172), ㉢ 족보에 등재금지·변경청구(대판 1992.10.27. 92다756), ㉣ 제사주재자 등에 관한 제사주재자 지위 확인청구(대판 2012.9.13. 2010다88699), ㉤ 통일교가 기독교종교단체인지에 관한 청구(대판 1980.1.29. 79다1124), ㉥ 어떤 사찰이 특정 종파에 속한다는 확인청구(대판 1984.10.17. 83다325) 등에 대해 권리관계주장이 아니라고 함으로써 소의 이익을 부인하였다.

② 예외

행정상 편의 또는 사업상 목적을 위하여 행정관청 또는 기업이 작성·비치한 장부라고 하여도 그 행정관청 또는 기업이 이에 등재된 사람의 명의변경을 허용하고, 그 사람을 일정한 권리자로 인정하는 경우(예 무허가건물대장상 건물주명의변경의 경우 철거보상금을 지급받을 수 있는 보상청구권[4], 시영아파트를 특별 분양 받을 수 있는 시영아파트분양권 등)에는 권리관계의 양수인이 양도인을 상대로 그 지위의 양도를 구하는 대신 위 장부상 명의변경을 소로써 청구하여 권리양수의 목적을 달성할 수 있다 (김홍엽, 민사소송법 제8판, 262면).

---

1) 해제권, 해지권, 상계권, 취소권 등의 당사자 일방의 의사표시에 의해 행사할 수 있는 것
2) 예를 들어, "甲·乙 간의 계약을 해제한다."는 내용의 소는 불가하다.
3) 무허가건물대장은 행정관청이 무허가건물 정비에 관한 행정상 사무처리의 편의를 위하여 직권으로 무허가건물의 현황을 조사하고 필요 사항을 기재하여 비치한 대장으로서 건물의 물권 변동을 공시하는 법률상의 등록원부가 아니며 무허가건물대장에 건물주로 등재된다고 하여 소유권을 취득하는 것이 아닐 뿐만 아니라 권리자로 추정되는 효력도 없는 것이므로, 참칭상속인 또는 그로부터 무허가건물을 양수한 자가 무허가건물대장에 건물주로 기재되어 있다고 하여 이를 상속회복청구의 소에 있어 상속권이 참칭상속인에 의하여 침해된 때에 해당한다고 볼 수 없다(대판 1998. 6.26. 97다48937).
4) 건축공사가 완료되고 소유권보존등기까지 마쳐진 건물의 경우에는 이미 허가된 내용에 따른 건축이 더 이상 있을 수 없어 건축주명의변경이 필요 없을 뿐 아니라, 건축허가서는 허가된 건물에 관한 실체적 권리의 득실변경의 공시방법이 아니며 추정력도 없어 건축주명의를 변경한다고 하더라도 그 건물의 실체적 권리관계에 아무런 영향을 미치는 것이 아니므로 위와 같은 건물에 관해서는 건축주명의의 변경을 청구할 소의 이익이 없다고 할 것이나, 건축허가에 관한 건축주명의의 변경은 미완성의 건물에 대하여 건축공사를 계속하거나 건축공사를 완료한 후 부동산등기법 등에 따른 소유권보존등기를 하는 데에 필요한 것이므로 건축 중인 건물을 양수한 자가 양도인을 상대로 건축주명의변경절차의 이행을 구하는 소는 소의 이익이 있다고 할 것이다(대판 2007.12.27. 2006다60229).

구분	대장	등기
관리 주체	행정부 (토지대장, 임야대장 ⇨ 국가) (건축물대장 ⇨ 지방자치단체)	법원
목적	조세징수 등	권리관계의 공시
기재 내용	토지, 임야, 건축물의 현황 등 사실관계	권리관계
소의 이익	소의 이익 ×	소의 이익 ○

2) '쟁송', 즉 사건성이 있어야 한다.

법률문제라도 하여도 구체적 이익분쟁과 관계없는 추상적인 법령의 해석이나 해석의견을 다투는 소송은 허용되지 않는다. 즉, 법률·명령 자체의 합헌성 여부(대판 1992.3.10. 91누12639), 정관 등의 무효 여부(대판 1992.8.18. 92다13875), '집회 또는 시위를 자유로이 할 수 있는 공법상의 권리 확인' 등의 추상적인 권리의 존부확인청구(대판 1961.9.28. 4294민상50)는 소의 대상이 되지 않는다. 추상적인 권리만 규정하여 놓고 그 권리의 구체적 내용·한도를 정함에 필요한 법률상 규정이 아직 정해지지 않은 경우에도 소의 대상이 아니다(대판 1970.11.20. 70다1376).

3) 법원의 권한에 속하는 법률상 쟁송이 아닌 것은 청구적격이 없다.

통치행위, 부분사회의 내부분쟁[5] 등은 원칙적으로 청구적격이 없다. 다만, 처분 자체가 현저히 불공정하고 내부의 절차규정에 위배되는 경우와 단체의 재산인도 등 시민법 질서와 관련된 것은 법률상의 쟁송으로 보아야 한다. 그리고 통치행위라고 해도 국민의 기본권에 영향을 주는 경우(헌재 1996.2.29. 93헌마186), 기본권보장규정과 충돌하는 경우(대판 2010.12.16. 2010도5986 전합)에는 사법적 심사의 대상이 되는 것으로 본다.

2. 법률상·계약상의 소제기금지사유가 없을 것

(1) 법률상 사유

중복소제기의 금지(제259조), 재소금지(제267조 제2항) 등의 사유가 있다.

---

5) 종교활동은 헌법상 종교의 자유와 정교분리의 원칙에 의하여 국가의 간섭으로부터 그 자유가 보장되어 있으므로, 국가기관인 법원은 종교단체 내부관계에 관한 사항에 대하여는 그것이 일반 국민으로서의 권리의무나 법률관계를 규율하는 것이 아닌 이상 원칙적으로 그 실체적인 심리판단을 하지 아니함으로써 당해 종교단체의 자율권을 최대한 보장하여야 한다. 따라서 일반 국민으로서의 특정한 권리의무나 법률관계와 관련된 분쟁에 관한 것이 아닌 이상 종교단체의 내부관계에 관한 사항은 원칙적으로 법원에 의한 사법심사의 대상이 되지 않는다(대판 2015.4.23. 2013다20311).

(2) 계약상 사유

1) 부제소특약(합의[6])

① 의의

어떠한 분쟁이 발생하였을 때 당사자 사이에 타협을 한 후 장래에 민·형사상 일체의 소송을 제기하지 않겠다는 합의를 말한다(합의각서, 소제기금지 조항, 기한부 합의도 있음).

② 유효성

특정한 권리나 법률관계에 관하여 분쟁이 있어도 제소하지 아니하기로 합의한 경우 이에 위반하여 제기한 소는 권리보호의 이익이 없다(대판 1993.5.14. 92다21760; 유효설). 다만, 행정소송에 있어서 소권은 개인의 국가에 대한 공권이므로 당사자의 합의로써 이를 포기할 수 없다(대판 1995.9.15. 94누4455).

③ 직권조사사항

특정한 권리나 법률관계에 관하여 분쟁이 있어도 제소하지 아니하기로 합의(이하 "부제소 합의"라고 한다)한 경우 이에 위배되어 제기된 소는 권리보호의 이익이 없고, 또한 당사자와 소송관계인은 신의에 따라 성실하게 소송을 수행하여야 한다는 신의성실의 원칙(민사소송법 제1조 제2항)에도 어긋나는 것이므로, 소가 부제소 합의에 위배되어 제기된 경우 법원은 직권으로 소의 적법 여부를 판단할 수 있으나, 당사자들의 부제소합의에 대한 다툼이 없는데도, 법원이 직권으로 부제소합의의 위배를 이유로 소를 각하하는 것은 석명의무 위반이 될 수 있다(대판 2013.11.28. 2011다80449).

④ 사해행위취소청구의 피보전채권에 대한 부제소합의

甲 주식회사가 乙 주식회사에 대한 물품대금채권에 관하여 민·형사상 법적 절차를 취하지 않겠다는 취지의 합의각서를 작성하였는데, 그 후 위 채권을 피보전채권으로 하여 丙 주식회사를 상대로 사해행위취소의 소를 제기한 사안에서, 丙 회사가 합의각서로 인하여 甲 회사가 乙 회사에 대한 물품대금채권을 소송상 행사할 수 없다고 주장하였음에도, 이를 판단하지 않은 원심판결에 위법이 있다(대판 2012.3.29. 2011다81541).

2) 중재계약

① 부제소합의에 준함

전속적 중재계약이라면 중재합의가 있음에도 법원에 소를 제기한 경우 소의 이익이 없다.

② 범위

장래의 분쟁을 중재에 의하여 해결하겠다는 중재합의가 있는 것으로 인정되는 경우, 중재합의의 대상인 분쟁의 범위를 명확하게 특정하여 한정하였다는 등의 특별한 사정이 없는 한 당사자들 사이의 특정한 법률관계에서 비롯되는 모든 분쟁을 중재에 의하여 해결하기로 정한 것으로 봄이 상당하다(대판 2011.12.22. 2010다76573).

---

6) 부제소합의는 소송당사자에게 헌법상 보장된 재판청구권의 포기와 같은 중대한 소송법상의 효과를 발생시키는 것이다. 이와 같이 그 합의의 존부 판단에 따라 당사자들 사이에 이해관계가 극명하게 갈리게 되는 소송행위에 관한 당사자의 의사를 해석 할 때는 표시된 문언의 내용이 불분명하여 당사자의 의사해석에 관한 주장이 대립할 소지가 있고 나아가 당사자의 의사를 참작한 객관적·합리적 의사해석과 외부로 표시된 행위에 의하여 추단되는 당사자의 의사조차도 불분명하다면, 가급적 소극적 입장에서 그러한 합의의 존재를 부정할 수밖에 없다. 그리고 권리의무의 주체인 당사자 간에 서의 부제소합의라도 그 당사자가 처분할 수 있는 특정된 법률관계에 관한 것으로서 그 합의 당시 각 당사자가 예상할 수 있는 상황에 관한 것이어야 유효하게 된다(대판 2019.8.14. 2017다217151).

3. 소제기장애사유가 없을 것

법률이 통상의 소 이외의 간이하고 특별한 구제절차를 마련해 놓고 있는 경우에는 그에 의하는 것이 국가제도의 합리적·능률적 운영이 되기 때문에 소제기 장애사유[7]가 된다. 최근 판례는 "재심무죄판결이 확정된 경우에 채권자로서는 민사상 손해배상청구에 앞서, 그보다 간이한 절차라고 할 수 있는 '형사보상 및 명예회복에 관한 법률'(이하 "형사보상법"이라 한다)에 따른 형사보상을 먼저 청구할 수 있다(대판 2013.12.12. 2013다201844)."고 하였으나, "국가는 무단점유자를 상대로 변상금 부과·징수권의 행사와 별도로 국유재산의 소유자로서 민사상 부당이득반환청구의 소를 제기할 수 있다(대판 2014.7.16. 2011다76402 전합)."고 하였다.

4. 원고가 동일청구에 대하여 승소확정의 판결을 받은 경우가 아닐 것[8]

원고가 이미 승소확정판결을 받아 놓았기 때문에 즉시 강제집행을 할 수 있을 때에는 동일청구에 대한 신소의 제기는 원칙적으로 소의 이익이 없다.[9] 다만, 예외적으로 ① 판결원본의 멸실, ② 시효중단의 필요[10], ③ 판결내용의 불특정 등 특별한 사정이 있을 때에는 소의 이익이 인정된다.

Plus 보충 시효중단 관련 중요 판례

1. 시효중단과 소의 이익

확정된 승소판결에는 기판력이 있으므로, 승소 확정판결을 받은 당사자가 그 상대방을 상대로 다시 승소 확정판결의 전소(前訴)와 동일한 청구의 소를 제기하는 경우 그 후소(後訴)는 권리보호의 이익이 없어 부적법하다. 하지만 예외적으로 확정판결에 의한 채권의 소멸시효기간인 10년의 경과가 임박한 경우에는 그 시효중단을 위한 소는 소의 이익이 있다. 이러한 법리는 현재에도 여전히 타당하다(대판 2018.7.19. 2018다22008 전합).

---

7) 판례는 주위적 청구가 확정된 경우에 누락한 예비적 청구에 대해 별소를 제기한 사안에서 "판결이 확정되면 판단하지 아니한 청구부분에 관하여는 기판력은 생기지 아니하나, 그 흠을 상소심절차를 이용하여 시정할 수 있었으므로, 그렇지 아니하고 별소를 제기하는 것은 권리보호의 이익이 없어 부적법하다(대판 2002.9.4. 98다17145)"고 하였다. 이에 대해 학설은 ① 이는 권리보호이익을 부당하게 확대적용하는 것이므로 별소를 허용해야 한다는 견해(호문혁) ② 예비적 병합청구의 경우에 일부에 대한 판단을 누락한 것을 판단누락에 준하는 것으로 보아 그 흠을 상소로써만 고칠 수 있다고 본다면, 판례의 입장이 논리일관된 것으로 보인다는 견해(유병현, 고시계 2004/4, 272면; 정동윤·유병현, 857면)가 있다.

8) 승소확정판결의 존재가 소의 이익의 흠이 되는 것은 기판력의 본질에 관한 모순금지설의 입장이며, 반복금지설에 의하면 그 존재는 독자적 소송요건이 되지만, 편의상 모순금지설의 입장처럼 설명한다(이시윤).

9) 법원에 계속되어 있는 사건에 대하여 당사자는 다시 소를 제기하지 못한다(민사소송법 제259조). 따라서 당사자와 소송물이 동일한 소송이 시간을 달리하여 제기된 경우 전소(前訴)가 후소(後訴)의 변론종결시까지 취하·각하 등에 의하여 소송계속이 소멸되지 않으면 후소는 중복제소금지에 위반하여 제기된 소송으로서 부적법하다. 한편 확정된 승소판결에는 기판력이 있으므로 승소 확정판결을 받은 당사자가 전소의 상대방을 상대로 다시 승소 확정판결의 전소와 동일한 청구의 소를 제기하는 경우, 특별한 사정이 없는 한 후소는 권리보호의 이익이 없어 부적법하다(대판 2017.11.14. 2017다23066).

10) 시효중단 등 특별한 사정이 있어 예외적으로 확정된 승소판결과 동일한 소송물에 기한 신소가 허용되는 경우라 하더라도 신소의 판결이 전소의 승소 확정판결의 내용에 저촉되어서는 아니 되므로, 후소 법원으로서는 그 확정된 권리를 주장할 수 있는 요건이 구비되어 있는지에 관하여 다시 심리할 수 없다. 따라서 피고가 후소에서 전소의 확정된 권리관계를 다투기 위하여는 먼저 전소의 승소 확정판결에 대하여 적법한 추완항소를 제기함으로써 그 기판력을 소멸시켜야 할 것인데, 이는 전소의 소장부본과 판결정본 등이 공시송달의 방법에 의하여 송달되어 피고가 그 책임질 수 없는 사유로 전소에 응소할 수 없었던 경우라고 하여 달리 볼 것이 아니다(대판 2013.4.11. 2012다111340; 대판 2018.4.24. 2017다293858).

즉, 확정된 승소판결에는 기판력이 있으므로, 승소 확정판결을 받은 당사자가 그 상대방을 상대로 다시 승소 확정판결의 전소(前訴)와 동일한 청구의 소를 제기하는 경우 그 후소(後訴)는 권리보호의 이익이 없어 부적법하다. 하지만 예외적으로 확정판결에 의한 채권의 소멸시효기간인 10년의 경과가 임박한 경우에는 그 시효중단을 위한 소는 소의 이익이 있다 (대판 1987.11.10. 87다카1761; 대판 2006.4.14. 2005다74764 등 참조). 이러한 법리는 현재에도 여전히 타당하다. 다른 시효중단사유인 압류, 가압류나 승인 등의 경우 이를 1회로 제한하고 있지 않음에도 유독 재판상 청구의 경우만 1회로 제한되어야 한다고 보아야 할 합리적인 근거가 없다. 또한 확정판결에 의한 채무라 하더라도 채무자가 파산이나 회생제도를 통해 이로부터 전부 또는 일부 벗어날 수 있는 이상, 채권자에게는 시효중단을 위한 재소를 허용하는 것이 균형에 맞다.

2. 소송의 형태

위와 같은 종래 실무의 문제점을 해결하기 위해서, 시효중단을 위한 후소로서 이행소송 외에 전소 판결로 확정된 채권의 시효를 중단시키기 위한 조치, 즉 '재판상의 청구'가 있다는 점에 대하여만 확인을 구하는 형태의 '새로운 방식의 확인소송'이 허용되고, 채권자는 두 가지 형태의 소송 중 자신의 상황과 필요에 보다 적합한 것을 선택하여 제기할 수 있다고 보아야 한다(대판 2018.10.18. 2015다232316 전합).[11]

3. 시효기간이 지난 경우의 법원 판단

시효중단을 위한 후소를 심리하는 법원으로서는 전소 판결이 확정된 후 소멸시효가 중단된 적이 있어 그 중단사유가 종료한 때로부터 새로이 진행된 소멸시효기간의 경과가 임박하지 않아 시효중단을 위한 재소(再訴)의 이익을 인정할 수 없다는 등의 특별한 사정이 없는 한, 후소가 전소 판결이 확정된 후 10년이 지나 제기되었다 하더라도 곧바로 소의 이익이 없다고 하여 소를 각하해서는 아니 되고, 채무자인 피고의 항변에 따라 원고의 채권이 소멸시효 완성으로 소멸하였는지에 관한 본안판단을 하여야 한다(대판 2019.1.17. 2018다24349).[12] 즉, 시효중단을 위한 후소의 판결은 전소의 승소 확정판결의 내용에 저촉되어서는 아니 되므로, 후소 법원으로서는 그 확정된 권리를 주장할 수 있는 모든 요건이 구비되어 있는지에 관하여 다시 심리할 수 없으나(위 2018다22008 전원합의체 판결 등 참조), 위 후소 판결의 기판력은 후소의 변론종결시를 기준으로 발생하므로, 전소의 변론종결 후에 발생한 변제, 상계, 면제 등과 같은 채권소멸사유는 후소의 심리대상이 된다. 따라서 채무자인 피고는 후소 절차에서 위와 같은 사유를 들어 항변할 수 있고 심리결과 그 주장이 인정되면 법원은 원고의 청구를 기각하여야 한다. 이는 채권의 소멸사유 중 하나인 소멸시효 완성의 경우에도 마찬가지이다. 이처럼 판결이 확정된 채권의 소멸시효기간의 경과가 임박하였는지 여부에 따라 시효중단을 위한 후소의 권리보호이익을 달리 보는 취지와 채권의 소멸시효 완성이 갖는 효과 등을 고려해 보면 … .

5. 신의칙 위반의 소제기가 아닐 것[13]

신의칙에 반하는 소제기는 권리보호의 가치가 없는 소송으로 소의 이익이 부인된다. 판례는 "학교법인의 경영권을 타에 양도하기로 결의함에 따라 그 법인 이사직을 사임한 사람이 현 이사로부터 지급받은 금원에 대한 분배금을 받지 못하자 학교법인의 이사로서의 직무수행의사는 없으면서 오로지 학교법인이나 현 이사들로부터 다소의 금원을 지급받을 목적만으로 학교법인의 이사회결의부존재확인을 구하는 것은 권리보호의 자격 내지 소의 이익이 없는 부적법한 것이다(대판 1974.9.24. 74다767)."고 한다. 이 판례에 대해서는 신의칙에 대한 대표 케이스(Leading Case)의 하나라고 하는 견해도 있다(이시윤).

---

11) 앞으로 실무에서 새로운 방식의 확인소송이 시효중단을 위한 후소의 원칙적인 모습이 되는 것이 바람직하다는 취지의 대법관 이기택의 다수의견에 대한 보충의견이 있음

12) 시효중단을 위한 후소가 전소 판결 확정 후 10년이 지나 제기되더라도 곧바로 소의 이익이 없다고 하여 각하해서는 아니 되고, 채무자인 피고의 항변에 따라 원고의 채권이 소멸시효 완성으로 소멸하였는지에 관한 본안판단을 하여야 한다는 이유로, 직권으로 소를 각하한 1심을 유지한 원심은 잘못이나, 피고의 소멸시효 완성 주장에 따라 원고의 청구는 결과적으로 기각될 것이 분명하여 불이익변경금지의 원칙에 따라 상고를 기각한 사례

13) 신의칙위반의 소제기가 권리보호의 가치가 없어 소의 이익이 없는 것이 된다는 것이 통설·판례이다. 다만, 이에 대해서는 이는 실체법상의 문제이며 권리보호자격과는 무관하다는 반대설이 유력하다(호문혁).

III. 권리보호의 이익 또는 필요(각종의 소에 특수한 소의 이익)

1. 이행의 소

(1) 현재이행의 소

현재이행의 소란 현재 이행기가 도래하였으나 이행되지 않은 이행청구권의 존재를 주장하는 것으로 원칙적으로 권리보호의 이익이 인정되지만, 다음 몇 가지가 문제된다.

1) 집행이 불가능하거나 현저하게 곤란한 경우

통상의 소에 있어서 이행판결을 받아도 이행 또는 집행불능이거나 현저하게 곤란한 사유가 있는 경우에는 소의 이익이 문제된다(예 채무자가 무자력자인 경우의 금전지급청구). 다만, <u>판결절차는 분쟁의 관념적 해결절차로서 사실적인 해결방법인 강제집행절차와는 별도로 독자적인 존재의의를 갖고 있는 것이고, 집행권원의 보유는 피고에 대한 심리적 압박이 되기 때문에 소의 이익을 긍정하여야 할 것</u>[14]이다. 판례도 ① 원고 甲이 乙 ⇨ 丙 ⇨ 丁 순차로 마친 소유권이전등기의 각 말소를 청구하는 소송에서 후순위 등기명의자인 피고 丁에 대하여 이미 패소판결이 확정되었다 해도 선순위 등기명의자인 피고 乙·丙 명의의 등기에 대해 말소를 구할 이익이 있다고 했고(대판 1995.10.12. 94다47483), ② 乙의 丙에 대한 채권이 甲에 의하여 가압류·가처분 된 경우에 채무자인 乙이 제3채무자인 丙에 대한 이행의 소를 제기할 수 있다고 하였다. 즉, 이 경우 제3채무자 丙에 대하여 강제집행을 할 수 없을 뿐이고 언젠가는 강제집행을 할 수 있는 집행권원을 얻는 것까지 금할 것은 아니라고 하여 무조건의 이행판결을 구할 수 있다는 것[15]이다(대판 2002.4.26. 2001다59033). 그리고 소유권이전등기청구권에 대한 가압류가 되어 있는 경우, 채무자가 제3채무자를 상대로 그 이행을 구하는 소송을 제기할 수 있고, 법원은 '가압류의 집행해제를 조건'으로 판결을 선고하여야 한다(대판 1992.11.10. 92다4680 전합).[16]

---

14) 판결절차는 분쟁의 관념적 해결절차로서 강제집행절차와는 별도로 독자적인 존재 의의를 갖는 것이므로 집행이 가능한지는 이행의 소의 이익을 부정하는 절대적인 사유가 될 수 없더라도, 이행을 구하는 아무런 실익이 없어 법률상 이익이 부정되는 경우까지 소의 이익이 인정된다고 볼 수는 없다. 특히 의사의 진술을 명하는 판결은 확정과 동시에 그러한 의사를 진술한 것으로 간주되므로(민사집행법 제263조 제1항), 의사의 진술이 간주됨으로써 어떤 법적 효과를 가지는 경우에는 소로써 구할 이익이 있지만 그러한 의사의 진술이 있더라도 아무런 법적 효과가 발생하지 아니할 경우에는 소로써 청구할 법률상 이익이 있다고 할 수 없다(대판 2016.9.30. 2016다200552).

15) 원고의 대여금청구에 대해 피고(제3채무자)는 대여금채권이 압류·전부 또는 압류·추심 되었다고 항변할 수 있다. 즉, 압류·전부된 경우에는 피고(제3채무자)에게 전부명령 송달 시에 소급하여 당연히 전부채권자에게 집행채권이 이전하고 동시에 집행채권 소멸의 효력이 발생하므로 이는 본안에 관한 항변사유이고, 압류·추심된 경우에는 피고(제3채무자)에 대한 이행의 소는 추심채권자만이 제기 할 수 있고, 원고(채무자)는 피압류채권에 채권에 대한 이행의 소를 제기할 당사자적격을 상실하게 되므로, 이는 소각하의 본안전 항변사유이다. 하지만 대여금채권이 단순히 압류·가압류 되었음을 들어 항변할 수는 없다(대판 2000.4.11. 99다23888).

16) 일반적으로 채권에 대한 가압류가 있더라도 이는 채무자가 제3채무자로부터 현실로 급부를 추심하는 것만을 금지하는 것이므로 채무자는 제3채무자를 상대로 그 이행을 구하는 소송을 제기할 수 있고, 법원은 가압류가 되어 있음을 이유로 이를 배척할 수 없는 것이 원칙이나, <u>소유권이전등기를 명하는 판결은 의사의 진술을 명하는 판결로서 이것이 확정되면 채무자는 일방적으로 이전등기를 신청할 수 있고 제3채무자는 이를 저지할 방법이 없으므로 이와 같은 경우에는 가압류의 해제를 조건으로 하지 아니하는 한 법원은 이를 인용하여서는 안 되고,</u> 제3채무자가 임의로 이전등기의무를 이행하고자 한다면 민사소송법 제577조(현 민사집행법 제244조)에 의하여 정하여진 보관인에게 권리이전을 하여야 할 것이고, 이 경우 보관인은 채무자의 법정대리인의 지위에서 이를 수령하여 채무자 명의로 소유권이전등기를 마치면 된다(대판 1992.11.10. 92다4680 전합).

2) 목적의 실현·실익이 없는 경우

판례는 저당권설정등기말소소송의 계속 중에 그 저당권이 실행되어 저당권설정등기가 말소되었을 때(대판 2003.1.10. 2002다57904), 원고의 소유권이전등기청구소송 중에 다른 원인에 의하여 원고 앞으로 소유권이전등기된 경우(대판 1996.10.15. 96다11785), 건물이 전부멸실 된 경우(대판 1976.9.14. 75다399)에 그 건물에 대한 등기청구 등의 경우에는 소의 이익이 없다고 한다. 다만, 종전의 건물을 헐어내고 새 건물을 신축한 경우에 종전건물에 대한 이전등기 말소의 경우에는 소의 이익이 있다고 한다(대판 1992.3.31. 91다39184).

3) 일부청구의 경우

다액의 채권을 소액사건심판법의 적용을 받을 목적으로 분할하여 구하는 일부청구는 소권의 남용으로 되어 판결로 소를 각하하여야 한다(소액사건심판법 제5조의2). 그러나 그 밖의 경우에는 소권의 남용임이 뚜렷하지 않는 한 소의 이익을 긍정하여야 할 것이다. 소송경제나 현실적 필요성이 있기 때문이다.

(2) 장래이행의 소

※ "21. 장래이행의 소" 참고

2. 확인의 소

※ "22. 확인의 이익" 참고

3. 형성의 소[17]

(1) 원칙

원칙적으로 특별한 규정을 두고 있는 경우에 한하여 제기할 수 있으며, 법률의 규정에 따라 제기한 경우에는 원칙적으로 소의 이익이 인정된다. 그러나 법률의 규정에 따라 형성의 소를 제기하여도 예외적으로 권리보호의 이익이 부인되는 경우가 있다.

---

17) 토지경계확정의 소는 인접한 토지의 경계가 사실상 불분명하여 다툼이 있는 경우에 재판에 의하여 그 경계를 확정하여 줄 것을 구하는 소송으로서, 토지소유권의 범위의 확인을 목적으로 하는 소와는 달리, 인접한 토지의 경계가 불분명하여 그 소유자들 사이에 다툼이 있다는 것만으로 권리보호의 필요가 인정된다. 토지경계확정의 소에 있어서 법원으로서는 원·피고 소유의 토지들 내의 일정한 지점을 기초점으로 선택하고 이를 기준으로 방향과 거리 등에 따라 위치를 특정하는 등의 방법으로 지적도상의 경계가 현실의 어느 부분에 해당하는지를 명확하게 표시할 필요가 있고, 당사자가 쌍방이 주장하는 경계선에 기속되지 아니하고 스스로 진실하다고 인정하는 바에 따라 경계를 확정하여야 한다(대판 1993.11.23. 93다41792).

(2) 예외

1) 사정변경의 경우

소송 전 또는 소송 중 사정변경에 의해 형성의 필요가 없게 된 경우 권리보호의 필요가 없게 된 경우인데, 이를 살펴본다. 먼저 형성판결에 소급효가 인정되지 않고 장래효만 있는 경우에는 형성의 대상이 소멸하면 권리보호의 필요가 소멸한다. 이의 예로는 이혼소송 중에 협의이혼이 성립하거나 부부 한쪽이 사망하는 경우를 들 수 있다. 그러나 형성판결이 소급효를 가지는 경우에는 형성의 대상이 소멸해도 권리보호의 필요가 소멸되지 않는다. 예를 들어, 협의이혼으로 혼인관계가 해소된 경우에도 (혼인무효확인청구를 형성소송으로 본다면) 혼인무효확인청구는 권리보호이익이 있다. 주주총회결의의 형식적 흠을 원인으로 결의취소의 소를 제기한 경우에도 회사에서 흠이 없는 새로운 결의를 하면 결의취소의 소의 권리보호이익이 소멸한다(대판 1995.2.24. 94다50427). 그리고 채권자가 채무자의 부동산에 관한 사해행위를 이유로 수익자를 상대로 그 사해행위의 취소 및 원상회복을 구하는 소송을 제기하여 그 소송계속 중 위 사해행위가 해제 또는 해지되고 채권자가 그 사해행위의 취소에 의해 복귀를 구하는 재산이 벌써 채무자에게 복귀한 경우에는, 특별한 사정이 없는 한, 그 채권자취소소송은 이미 그 목적이 실현되어 더 이상 그 소에 의해 확보할 권리보호의 이익이 없어지는 것이고, 이는 그 목적재산인 부동산의 복귀가 그 이전등기의 말소 형식이 아니라 소유권이전등기의 형식을 취하였다고 하여 달라지는 것은 아니다(대판 2008.3.27. 2007다85157).

2) 다른 권리구제절차가 있는 경우

형성의 소에 의하지 않고 더 간편한 방법이나 다른 권리구제절차가 있는 경우에는 형성의 소는 권리보호이익이 없다. 예를 들어, 지상물철거와 이를 불이행하는 경우 대집행한다는 내용의 계고처분을 한 경우에 그에 따라 대집행이 완료되었다면, 철거명령의 위법을 이유로 국가배상청구를 하여야 하는 것이지, 계고처분취소청구는 권리보호이익이 없다(대판 1993.6.8. 93누6164).

Ⅳ. 소송상의 취급

소의 이익은 소송요건의 일종으로 직권조사사항이고, 본안판결의 요건이다. 따라서 이의 흠결이 있을 때에는 소를 부적법 각하판결 하여야 한다는 것이 통설·판례이다.[18]

---

18) 다만, 권리보호청구권설에서는 이를 원고승소판결요건으로 보아 그 흠결이 있는 경우 청구기각판결을 해야 한다고 본다(호문혁).

2017년 공인노무사

甲은 乙 노동조합의 조합원이다. 乙은 조합규약에 근거하여 자체적으로 만든 신분보장대책기금규정(이하 "관리규정"이라 한다)상의 위로금 지급을 둘러싼 乙과 조합원 간의 분쟁에 관하여 乙을 상대로 일절 소송을 제기할 수 없다는 규정을 두고 있다. 그 후 甲이 乙에 대하여 위 관리규정에 따른 위로금의 지급을 요구하였으나 乙이 이를 거절하였다. 이에 甲은 乙을 피고로 하여 위 관리규정에 따른 위로금지급을 구하는 소를 법원에 제기하였다. 위 소송에서 乙은 甲이 위 관리규정상의 소제기 금지규정에 위반하여 소를 제기한 것이므로 위 소는 소의 이익이 없다고 주장하고 있다. 乙의 주장은 타당한가? (30점)

I. 문제의 소재

1. 사안의 '관리규정'은 위로금 지급을 둘러싼 乙과 조합원 간의 분쟁에 관하여 乙을 상대로 일절 소송을 제기할 수 없다는 규정은 부제소합의에 해당한다.

2. 이 경우 부제소합의가 유효하다면 소의 이익이 없다는 을의 주장은 타당하겠으나, 무효에 해당하면 을의 주장은 타당하지 못하다. 따라서 이하에서는 소의 이익의 의미에 대하여 논하여 보고, 사안의 부제소합의가 유효한지를 논하여 보기로 한다(헌법 제27조, 민사소송법 제248조).

II. 권리보호자격의 자격 – 공통적인 소의 이익

1. 의의

소의 이익이란 소송상의 청구에 관하여 본안판결을 구하는 것을 정당화시킬 수 있는 현실적 이익 또는 필요를 말한다. 즉, 청구의 내용이 본안판결을 받기에 적합한 일반적 자격이 있어야 하고(권리보호의 자격 또는 원고적격), 그러한 자격 있는 청구에 대하여 판결을 구할 현실적 이익 또는 필요(권리보호의 이익 내지 현실적인 필요성)가 있어야 한다는 의미이다.

2. 내용

(1) 이는 청구가 소구할 수 있는 구체적 권리 또는 법률관계에 관한 것이어야 하고, 법률상·계약상 소송금지사유가 없어야 하고, 소송장애사유가 없어야 하고, 승소확정판결이 없어야 하며, 신의칙에 위반한 소제기가 아니어야 한다.

(2) 이 경우 부제소합의는 계약상 소송금지사유에 해당하는데, 사안의 관리규정이 과연 유효한지가 문제가 된다.

III. 부제소합의의 유효성

1. 부제소합의의 의의

어떠한 분쟁이 발생하였을 때 당사자 사이에 타협을 한 후 장래에 민·형사상 일체의 소송을 제기하지 않겠다는 합의를 말한다(합의각서, 소제기금지 조항, 기한부 합의도 있음).

2. 유효성

특정한 권리나 법률관계에 관하여 분쟁이 있어도 제소하지 아니하기로 합의한 경우 이에 위반하여 제기한 소는 권리보호의 이익이 없다(대판 1993.5.14. 92다21760; 유효설). 다만, 행정소송에 있어서 소권은 개인의 국가에 대한 공권이므로 당사자의 합의로써 이를 포기할 수 없다(대판 1995.9.15. 94누4455).

3. 유효요건

소제기의 자유를 박탈하는 것으로 합의 당사자에게 불측의 손해를 입힐 수 있으므로 ① 특정한 권리관계에 관한 것일 것, ② 당사자가 자유로이 처분할 수 있는 권리관계, 즉 처분권주의에 의하는 경우일 것, ③ 법효과의 의미를 명확히 예견할 수 있을 것, ④ 불공정한 방법으로 이루어진 것이 아닐 것(대판 1979.4.10. 78다2457) 등을 요건으로 한다. 따라서 당사자 간에 앞으로 민사상의 일체의 소송을 제기하지 않는다는 포괄적 합의조항은 헌법상 보장된 재판을 받을 권리를 일률적으로 박탈하는 것이 되어 무효가 된다(대판 2002.2.22. 2000다65086).

4. 사안의 관리규정의 유효성

(1) 원심의 입장

이러한 규약과 규정은 노동자들의 자주적·민주적 조직체인 노동조합이 조합원들의 의사에 의하여 자율적으로 제정한 자치규범으로서 대내적으로 조합원들을 구속하는 효력이 있으므로 이에 위반하여 제기된 이 사건 소는 권리보호의 요건을 갖추지 못한 것이어서 부적법하다고 보아 소를 각하하였다.

(2) 대법원의 입장

이 사건 신분보장대책기금관리규정에 기한 위로금의 지급을 둘러싼 피고 조합과 조합원 간의 분쟁에 관하여 피고 조합을 상대로 일절 소송을 제기할 수 없도록 정한 피고 조합의 신분보장대책기금관리규정 제11조는 조합원의 재산권에 속하는 위로금의 지급을 둘러싸고 생기게 될 조합원과 피고 조합 간의 법률상의 쟁송에 관하여 헌법상 보장된 조합원의 재판을 받을 권리를 구체적 분쟁이 생기기 전에 미리 일률적으로 박탈한 것으로서 국민의 재판을 받을 권리를 보장한 위의 헌법 및 법원조직법의 규정과 부제소 합의 제도의 취지에 위반되어 무효라고 할 것이다(대판 2002.2.22. 2000다65086).

(3) 검토

노동조합은 근로자들이 자신들의 이익을 옹호하기 위하여 자주적으로 결성한 임의단체로서 그 내부의 운영에 있어 조합규약 등에 의한 자치가 보장되므로 노동조합이 조합규약에 근거하여 자체적으로 만든 신분보장대책기금관리규정은 조합규약과 마찬가지로 일종의 자치적 법규범으로서 소속조합원에 대하여 법적 효력을 가진다고 할 것이지만, 그러한 자치적 법규범의 제정에 있어서도 헌법이 보장하고 있는 조합원 개개인의 기본적 인권을 필요하고 합리적인 범위를 벗어나 과도하게 침해 내지 제한하여서는 아니 되며 또한 그의 내용이 강행법규에 위반되어서는 아니 되는 등의 제한이 따르는 터이므로 그 제한에 위반된 자치적 법규범의 규정은 무효라고 보아야 한다. 특히 사안과 같이 노동조합원 甲은 구체적 분쟁이 생기기도 전에 일률적으로 헌법 제27조 재판청구권이 박탈되는 결과가 되므로, 무효가 된다고 보아야 한다.

5. 乙 주장의 타당성

따라서 사안의 관리규정은 무효에 해당하므로, 소의 이익이 없다는 乙의 주장은 타당하지 못하다. 다만, 유효하다는 원심의 입장을 따른다면 乙의 주장은 타당하게 될 것이다.

Ⅳ. 사안의 해결

1. 사안의 신분보장대책기금규정은 부제소합의에 해당하고, 조합원 甲의 헌법상 재판청구권을 부당하게 박탈하므로, 무효라고 보아야 한다.

2. 따라서 甲의 위로금지급을 구하는 소는 소의 이익이 없다는 乙의 주장은 타당하지 못하다(헌법 제27조, 민사소송법 제248조).

21 장래이행의 소

CONTENTS

▌장래이행의 소 사시 48회, 법무사 14회, 노무사 14회

Ⅰ. 서설

1. 의의 및 취지

(1) 의의

장래이행의 소란 변론종결시를 표준으로 이행기가 장래에 도래하는 이행청구권을 주장하는 소를 말한다(민사소송법 제251조).

(2) 취지

채무자의 임의이행거부를 대비하기 위한 것이고, 강제집행의 곤란에 대비하기 위한 것이 아니므로 집행이 곤란해질 사유가 있으면 가압류·가처분의 사유가 될 뿐이다.

2. 현재이행의 소와의 구별

장래이행의 소는 변론종결시를 기준으로 하여 이행기가 아직 도래하지 않았다는 점에서 이미 이행기가 도래한 현재이행의 소와 구별된다. 소제기 시에는 이행기가 도래하지 않았지만 변론종결시에 이행기가 도래하면 현재이행의 소이다.

Ⅱ. 장래이행의 소에 있어서 소의 이익

1. 청구적격(대상적격)

(1) 기한부 청구권·정지조건부 청구권·장래 발생할 청구권

① 이미 그 기초관계가 성립되고, ② 그 계속이 확실한 경우에는 장래이행의 소의 대상이 된다.

(2) 정지조건부 청구권의 경우

이 경우 조건성취의 개연성[20]이 인정되는 경우에 청구적격을 갖는다. 판례도 행정관청의 허가를 조건으로 하는 청구[21](대판 1994.7.29. 94다9986)에 대하여 청구적격을 인정하고 있다.

---

19) 변경의 소의 소송물에 대해 통설·판례는 변경의 소의 대상이 된 정기금판결의 소송물과 동일하다고 보지만(소송물동일설), 유력설은 변경판결청구권이라는 다른 소송물로 본다(호문혁).

20) 제권판결 불복의 소와 같은 형성의 소는 그 판결이 확정됨으로써 비로소 권리변동의 효력이 발생하게 되므로 이에 의하여 형성되는 법률관계를 전제로 하는 이행소송 등을 병합하여 제기할 수 없는 것이 원칙이다. 또한 제권판결에 대한 취소판결의 확정 여부가 불확실한 상황에서 그 확정을 조건으로 한 수표금 청구는 장래이행의 소의 요건을 갖추었다고 보기 어려울 뿐만 아니라, 제권판결 불복의 소의 결과에 따라서는 수표금 청구소송의 심리가 무위에 그칠 우려가 있고, 제권판결 불복의 소가 인용될 경우를 대비하여 방어하여야 하는 수표금 청구소송의 피고에게도 지나친 부담을 지우게 된다는 점에서 이를 쉽사리 허용할 수 없다(대판 2013.9.13. 2012다36661).

21) 농지개혁법 제19조 제2항 소정의 소재지 관서의 증명이 없어도 농지매매 당사자 사이에 채권계약으로서의 효력이 발생하지 않는 것은 아니고 단지 매매로 인한 소유권이전의 효과가 발생하지 않는 것뿐이므로, 농지를 매수한 자는 매도인에 대하여, 그 필요가 있는 한 농지매매증명이 발급되는 것을 조건으로 미리 농지에 관한 소유권이전등기절차의 이행을 청구할 수 있다(대판 1994.7.29. 94다9986).

다만, 공유물분할판결이 확정될 것을 조건으로 하는 이전등기청구[22](대판 1969.12.29. 68다2425)나 토지거래허가를 조건으로 하는 소유권이전등기청구[23](대판 1991.12.24. 90다12243 전합)에 대하여는 청구적격을 부정하고 있다.

(3) 장래 발생할 청구권[24]

판례는 일반적으로 물건의 불법점유로 인한 차임상당의 손해배상청구를 하는 경우에 이와 병합하여 앞으로 그 물건을 인도할 때까지의 기간에 관하여 손해배상금의 지급을 구하는 것을 인정하고 있다. 그리고 판례는 한 때 장래의 임료상당의 부당이득의 반환청구를 성질상 허용되지 않는다고 하여 부정하였으나, 현재는 "부당이득은 현재의 부당이득뿐만 아니라 장래의 부당이득도 그 이행기에 지급을 기대할 수 없어 미리 청구할 필요가 있으면 미리 청구할 수 있다(대판 1975.4.22. 74다1184 전합)."고 하여 이를 허용하고 있다.

(4) 선이행의 청구

선이행 청구의 경우는 원고나 제3자의 선이행이 있어야 비로소 장래 이행청구권이 발생하므로 원칙적으로 허용되지 않는다. 그러나 예외적으로 판례는 "양도담보나 가등기담보의 경우에 채권자가 담보의 목적이 아님을 다툰다든가 피담보채무의 액수를 다투기 때문에 채무자가 변제하여도 이전된 등기의 말소에 즉시 협력을 기대할 수 없으면 미리 청구할 필요가 인정되어 청구적격이 인정된다(대판 1992.1.21. 91다35175)."고 한다.

---

22) 공유물 분할청구의 소는 공유자 사이의 기존의 공유관계를 폐기하고 각자의 단독 소유권을 취득하게 하는 형성의 소로서 공유자 사이의 권리관계를 정하는 창설적 판결을 구하는 것이므로 그 판결 전에는 공유물은 아직 분할되지 않고 따라서 분할물의 급부를 청구할 권리는 발생하지 않으며 분할판결의 확정으로 각자의 취득부분에 대하여 비로소 단독소유권이 창설되는 것이므로 미리 그 부분에 대한 소유권 확인의 청구도 할 수 없다 할 것이다(대판 1969. 12.29. 68다2425).

23) 규제지역 내에 있는 토지에 대하여 체결된 매매계약이 처음부터 허가를 배제하거나 잠탈하는 내용의 계약이 아니라 허가를 전제로 한 계약이라고 보여 지므로 원심이 원고의 청구 중 피고에 대하여 토지거래허가신청절차의 이행을 구하는 부분을 인용한 것은 정당하지만, 허가가 있을 것을 조건으로 하여 소유권이전등기절차의 이행을 구하는 부분에 있어서는 위 "가"항의 법리와 같이 허가받기 전의 상태에서는 아무런 효력이 없어 권리의 이전 또는 설정에 관한 어떠한 이행청구도 할 수 없는 것이므로 원심이 이 부분 청구까지도 인용한 것은 같은 법상의 토지거래허가와 거래계약의 효력에 관한 법리를 오해하여 판결에 영향을 미친 위법을 저지른 것이라 하여 이를 파기한 사례(대판 1991.12.24. 90다12243 전합).

24) 이혼한 부부 중 일방이 미성년자의 자녀에 대한 양육자 지정청구와 함께 장래의 이행을 청구하는 소로서 양육비 지급을 동시에 청구할 수 있고, 위와 같은 청구에 따라 장래의 양육비 지급을 명한 확정판결이나 이와 동일한 효력이 있는 조정조서나 화해권고결정 등에서 사건본인이 성년에 이르는 전날까지 양육비 지급을 명한 경우 재판의 확정 후 사건본인이 성년에 도달하기 전에 법률의 개정으로 성년에 이르는 연령이 변경되었다면 변경된 성년 연령이 양육비를 지급하는 종료 기준시점이 된다. 따라서 2011.3.7. 법률 제10429호로 개정되어 2013.7.1.부터 시행된 민법 제4조에 의하여 성년에 이르는 연령이 종전 20세에서 19세로 변경되었으므로 법 시행 이전에 장래의 양육비 지급을 명하는 재판이 확정되었더라도 법 시행 당시 사건본인이 아직 성년에 도달하지 아니한 이상 양육비 종료 시점은 개정된 민법 규정에 따라 사건본인이 19세에 이르기 전날까지로 봄이 타당하다(대결 2016.4.22. 2016으2).

2. 미리 청구할 필요

(1) 의무자의 태도

이 경우로는 ① 이행기에 즉시 이행을 기대할 수 없는 경우로, ② 계속적·반복적 이행청구의 경우, ③ 이행기 미도래의 부작위청구의 경우, ④ 계속적 불법행위에 의한 장래의 손해배상 또는 부당이득 반환청구의 경우를 들 수 있다. 특히 ④의 경우에 판례는 채무의 이행기가 장래에 도래하고 그 불이행 사유가 계속하여 존속될 것이 변론종결시에 확정적으로 예정할 수 있어야 한다고 판시한다. 이러한 취지에서 지방자치단체가 사유지를 도로로 무단점유·사용한 사례에서 "시가 위 토지를 매수할 때까지"로 기간을 정한 장래의 차임 상당 부당이득반환청구는 허용되지 않는다(대판 1991.10.8. 91다17139)고 하였으나, "도로의 폐쇄에 의한 피고의 점유 종료일 또는 원고의 이 사건 도로에 대한 소유권상실일까지"의 이행기 도래분에 대한 장래 부당이득반환청구는 긍정(대판 1993.3.9. 91다46717)하고 있다. 다만, 최근에는 "사실심의 재판 실무에서 장래의 부당이득금의 계속적·반복적 지급을 명하는 판결의 주문에 '원고의 소유권 상실일까지'라는 표시가 광범위하게 사용되고 있다. 그러나 '원고의 소유권 상실일까지'라는 기재는 이행판결의 주문 표시로서 바람직하지 않다."는 판례가 있다(대판 2019.2.14. 2015다244432).[25]

(2) 의무이행의 성질

① 이행이 제때 이루어지지 아니하면 채무본지의 이행이 되지 아니하는 경우(= 정기행위)나, ② 이행을 지체하면 회복할 수 없는 손해가 발생하는 경우(= 부양료청구)의 경우에는 미리 청구할 필요가 있다.

3. 현재이행의 소와 병합하여 제기하는 장래이행의 소

(1) 원금청구와 함께 원금완제 시까지의 지연이자청구, 가옥명도와 함께 명도시까지의 임료상당의 손해배상청구를 하는 경우가 대표적인 예이다.

(2) 목적물의 인도청구와 병합하여 장래의 집행불능에 대비한 대상청구를 하는 것은 집행불능을 대비하기 위한 것이므로 허용되지 않는다고 볼 수도 있으나, 이를 불허하면 소송불경제가 되므로 예외적으로 허용된다고 하는 것이 통설·판례의 태도이다(다만, 이에 대해서는 의무자의 태도에 따라 미리 청구할 필요가 인정되는 예라고 하는 견해도 있다 – 김홍규, 250면). 그리고 이의 병합형태는 단순병합이다. 다만, 목적물의 인도청구와 이행불능에 대비한 대상청구의 병합은 예비적 병합이 된다.

---

25) 그 이유는 다음과 같다. ① '원고의 소유권 상실일까지'라는 기재는 집행문 부여기관, 집행문 부여 명령권자, 집행기관의 조사·판단에 맡길 수 없고, 수소법원이 판단해야 할 사항인 소유권 변동 여부를 수소법원이 아닌 다른 기관의 판단에 맡기는 형태의 주문이다. ② '원고의 소유권 상실일까지'라는 기재는 확정된 이행판결의 집행력에 영향을 미칠 수 없는 무의미한 기재이다. ③ '원고의 소유권 상실일'은 장래의 부당이득반환의무의 '임의 이행' 여부와는 직접적인 관련이 없으므로, 이를 기재하지 않더라도 장래의 이행을 명하는 판결에 관한 법리에 어긋나지 않는다.

Ⅲ. 심판절차

1. 원칙 - 처분권주의

장래이행의 소도 이행의 소이므로 원칙적으로 현재이행의 소와 심판절차가 동일하다. 다만, 미리 청구할 필요가 없으면 소가 각하되고, 심리 도중에 이행기가 도래하면 현재이행의 소로 취급된다.

2. 판례

판례는 "원고가 피담보채무의 소멸을 이유로 저당권설정등기말소나 소유권이전등기말소청구를 한 경우에, 심리 결과 원고에게 아직 채무가 남아 있는 것으로 밝혀졌을 때, 위 청구 중에는 특별한 사정이 없으면 장래의 이행청구로서 남은 채무의 변제를 조건으로 등기말소를 구하는 취지도 포함되었다고 보아 남은 채무의 선이행을 조건으로 청구를 인용하여야 할 것이다(대판 1996.11.12. 96다33938)."고 한다.

Ⅳ. 장래이행판결의 집행

1. 집행개시요건

먼저 확정기한의 도래나 집행 불능에 대비한 대상청구 같이 집행관이 쉽게 판정 가능한 것은 "집행개시요건"이 된다.

2. 집행문부여의 요건

그러나 불확정기한의 도래나 선이행의무제공과 같이 성질상 쉽게 판단이 되지 않는 것은 "집행문부여의 요건"이 되고 집행법원이 판단한다.

Ⅴ. 장래이행의 소와 사정변경

1. 문제점

장래이행의 소를 인용하는 판결은 애초에 장래 변동의 가능성을 어느 정도 염두에 두고 하게 되는데, 장래이행판결 당시 판단의 기초가 된 사정이 현저히 변경된 경우 구체적 타당성을 고려하여 변동분에 대한 새로운 이행소송이 가능한지가 문제된다.

2. 종래의 논의

(1) 종전 판례는 이를 부정하였으나, 대법원 전원합의체 판결(대판 1993.12.21. 92다46226 전합)의 다수의견은 전소의 청구를 명시적 일부청구로 보아 차액부분을 추가청구할 수 있다고 판시하였다(유보된 일부청구의제이론). 다만, 별개의견은 이러한 사정은 전소의 변론종결 이후의 사유로 보아 추가청구가 가능하다고 한다(기판력의 시적한계론). 그리고 학설 중에는 후유증에 관한 판례의 태도와 같이 후소를 전소와는 별개의 소송물로 보아 허용된다고 하는 견해(별개의 소송물론)도 있다.

(2) 하지만 다수의견은 임대료가 현저히 하락한 경우에는 별다른 기여를 하지 못하며, 별개의견도 장래이행의 소 자체가 장래 변동의 가능성을 어느 정도는 염두에 둔다는 면에서 완벽한 이론구성은 아니라고 본다. 그리고 별개의 소송물론도 소송물이 동일하다는 면에서 타당하지 못하다.

(3) 이런 문제점을 인식하여 2002년 개정 민사소송법은 변경의 소를 도입하였다.

3. 변경의 소 신설

(1) 적법요건

1) 현행법 제252조는 정기금의 지급을 명한 판결이 확정된 뒤에 그 액수 산정의 기초가 된 사정이 현저하게 바뀜으로써 당사자 사이의 형평을 크게 침해할 특별한 사정이 생긴 때에는 그 판결의 당사자는 장차 지급할 정기금 액수를 바꾸어 달라고 하는 소를 제기할 수 있다고 규정하고 있다.

2) 이 경우 정기금의 지급을 명한 판결이면 되므로, 정기금배상판결만이 아니라 정기금 방식의 연금·임금·이자지급판결 등도 그 소송의 대상이 된다. 그리고 변론종결 전에 발생한 손해에 대한 정기금 판결에서만 변경의 소를 한정한 일본과는 달리, 장래 발생할 손해에 대한 정기금지급을 명한 판결[26]도 변경의 소의 대상이 된다.

3) 변경의 소는 전의 소송물에 대한 판결에서 정기금 산정의 기초가 된 사정이 현저히 바뀐 것을 반영시키는 것이므로 전소의 소송물과 동일하다(소송물동일설; 통설). 다만, 이에 대해서는 변경판결청구권이라는 다른 소송물로 보는 견해도 유력하다(호문혁).

4) 확정판결에 대해 제기하여야 한다. 미확정판결이라면 상소로 취소하면 충분하기 때문이다. 그리고 확정판결과 동일한 효력을 가지는 청구인낙조서, 화해, 조정조서 나아가 화해권고결정도 변경의 소가 유추된다(이시윤).

(2) 이유구비요건

1) 정기금지급의 확정판결의 표준시 이후에 액수산정의 기초가 된 사정이 현저히 바뀌어, 당사자 사이의 형평을 침해할 특별한 사정이 있어야 한다. 이 사정은 전소판결시에 예상할 수 없던 사정이어야 한다.

2) 정기금액수 산정의 기초가 된 사정은 주로 사실적 상황일 것이나 법률개정과 같은 법률적 상황도 포함된다(이호원).

3) 그리고 당사자 사이의 형평을 침해할 특별한 사정이란 산정 시에 예상했던 후유장애가 크게 호전되는 변화, 임금·생필품가격 등 물가의 폭등, 공과금 부담의 증감, 한화의 큰 평가절차 등 경제사정의 변동 등을 들 수 있는데, 그와 같은 사실을 참작했다면 당초의 법원이 다른 판결에 이르렀을 사정이 이에 해당한다(이시윤).

4) 이에 대한 증명책임은 사정변경을 주장하는 원고에게 있다.

(3) 관할법원

제1심 판결법원의 전속관할로 한다(동법 동조 제2항).

---

[26] 건물명도에 이르기까지 매월 100만 원의 임대료상당 손해금이나 부당이득금을 지급하라는 판결이 그 예이다.

(4) 집행정지

재심 또는 상소의 추후보완으로 인한 집행정지 규정을 준용하여 집행정지를 할 수 있다(제501조, 제500조).

4. 변경의 소와 다른 절차와의 관계

(1) 잔부청구 및 추가청구

1) 장래의 예상치 못한 후유증이 발생한 사안에서 종래 판례는 별개의 소송물설을 취하여 소송물이 다르므로 후유증에 대한 손해배상청구가 가능하다고 하고 있다. 그런데 이 경우가 신법상의 변경의 소 사안인가에 대해 견해가 대립되고 있다.

2) 학설[27]은 ① 변경의 소에 의한 추가청구도 어차피 소송물이 다르므로(변경판결청구권) 이들을 구별할 필요가 없어 변경의 소가 가능하다는 견해도 있으나(호문혁), ② 변경의 소는 전소확정판결의 기판력이 후소에 미치는 것을 전제로 한 것인데, 이 경우에는 전소와 후소의 소송물이 별개여서 기판력이 미치지 않으므로 변경의 소가 아니라 일반적인 추가청구를 해야 한다는 견해가 타당하다고 본다(이시윤, 전병서).

(2) 청구에 관한 이의의 소

1) 변경의 소는 사후에 청구원인이 되는 사실관계가 변경된 경우에, 청구에 관한 이의의 소는 사후에 발생한 권리소멸항변이나 권리불발생항변을 할 상황이 생긴 경우에 이용하는 것이므로 개념상으로는 명백히 구분된다.

2) 하지만 예를 들어, 정기금채무자의 채무액을 예기치 않게 반으로 감액할 필요가 생긴 경우, 사실관계의 변경과 채무의 일부소멸을 동시에 주장할 수 있기 때문에 그 구별이 반드시 쉽지는 않다. 그렇기 때문에 독일 판례는 공통된 관할 법원이 있으면 이들을 예비적으로 병합하는 것을 인정한다. 두 원인이 각기 인정될 때는 단순병합도 인정된다(호문혁).

VI. 소송상 취급

1. 직권조사사항과 법원의 판결

장래이행의 소의 이익은 소송요건이므로 수소법원의 직권조사사항이라 할 것이다. 따라서 이를 흠결하였을 경우 소를 각하하여야 한다.

2. 불복방법

장래이행의 소의 요건을 갖추지 못했음에도 법원이 간과하고 판결이 선고된 경우 확정 전에는 상소가 가능하나, 확정 후에는 재심사유는 아니므로 재심은 불가하다 할 것이다(법 제423조, 제451조).

---

27) 변경의 소의 소송물에 대해 통설·판례는 변경의 소의 대상이 된 정기금판결의 소송물과 동일하다고 보지만(소송물동일설), 유력설은 변경판결청구권이라는 다른 소송물로 본다(호문혁).

22 확인의 이익

CONTENTS

▌ 확인의 이익 _{사시 3회}

Ⅰ. 서설

1. 의의

확인의 소에 있어서는 논리적으로 확인의 대상자체가 무제한하기 때문에 확인의 소에 의해 정당화시킬 일정한 이익이 다른 어느 소보다 더 요구되는데, 이를 확인의 소에 있어 확인의 이익이라 한다. 즉, 확인의 소에 있어서는 권리보호요건으로서 확인의 이익이 있어야 하고 그 확인의 이익은 원고의 권리 또는 법률상의 지위에 현존하는 불안, 위험이 있고 그 불안, 위험을 제거함에는 피고를 상대로 확인판결을 받는 것이 가장 유효적절한 수단일 때에만 인정된다. 그리고 확인의 소의 피고는 원고의 권리 또는 법률관계를 다툼으로써 원고의 법률적 지위에 불안을 초래할 염려가 있는 자, 다시 말하면 원고의 보호법익과 대립 저촉되는 이익을 주장하고 있는 자이어야 하고 그와 같은 피고를 상대로 하여야 확인의 이익이 있게 된다(대판 2013.2.15. 2012다67399).

2. 요건

이는 구체적으로 ① 대상적격과, ② 즉시확정의 이익을 요건으로 한다.

Ⅱ. 대상적격

1. 의의

확인의 소는 ① 현재의, ② 권리·법률관계를 대상으로 한다. 즉, 민사소송은 법률상의 쟁송을 목적으로 하는 것이므로 확인의 대상이 될 수 있는 것도 현재의 권리·법률관계에 한정하는 것이 원칙이기 때문이다.

2. 원칙

(1) 일단 권리·법률관계여야 하므로 '단군이 우리 국조임'을 확인을 구하는 등의 역사적 사실이나 불법행위에서 '과실 여부확인'을 구하는 등의 법률요건사실 등의 확인 등은 부적법하게 된다. 우리 판례도 '甲이 학교법인의 설립자임을 확인', '어느 대지가 어느 건물의 부지가 아니라는 확인' 등을 구하는 것은 사실관계의 확인이라 하여 부적법하다고 하였다. 다만, 이 예외가 증서의 진정 여부를 확인하는 소(법 제250조)이다.

(2) 그리고 현재의 권리·법률관계여야 하므로 과거의 법률관계의 확인은 부정된다. 원칙적으로 과거의 법률관계는 현재의 법률관계의 문제를 해결하는데 유효, 적절한 수단이 되지 못하기 때문이다. 최근의 판례도 대학교수가 직위해제나 면직처분의 무효를 구하는 확인청구는 과거의 법률관계를 구하는 것이라 하여 부적법하다고 하였다(대판 2000.5.8. 95재다199 전합).

3. 예외

(1) 그렇다면 과거의 법률관계도 현재의 분쟁에 유효, 적절한 수단이 된다면 확인의 이익이 인정된다는 것인데, 판례는 특히 예외를 인정하고 있다.

(2) 즉, ① "비록 매매계약무효확인의 소는 이를 과거의 법률관계의 확인을 구하는 것이 아니라 현재 매매계약에 기한 채권채무가 존재하지 않는다는 확인을 구하는 취지를 간결하게 표현한 것으로 선해해야 한다."고 한다(대판 1966.3.15. 66다17 등). ② 그리고 "과거의 포괄적 법률관계의 확인(신분관계, 사단관계, 행정소송관계 등)이라 할지라도 현재의 권리 또는 법률관계의 기초를 이루는 것이어서 현재의 권리 또는 법률상의 지위에 대한 위험이나 불안의 근원이 되고 그리하여 과거의 기본적 법률관계를 확정하는 것이 이를 전제로 하는 일체의 지분적 분쟁을 직접적이고 발본적으로 해결하는 유효적절한 수단이 되는 경우에는 그 법률관계에 대한 확인을 구할 수 있다(대판 1995.3.28. 94므1447 등)."고 하여 예외를 인정하고 있다.

Ⅲ. 즉시확정의 이익

1. 의의

즉시 확정의 이익이란 권리 또는 법률상의 지위에 현존하는 불안·위험이 있고, 그 불안·위험을 제거함에는 확인판결을 받는 것이 가장 유효적절한 수단인 경우에 인정된다.

2. 법률상의 이익

판결에 의하여 불안을 제거함으로써 원고의 법률상의 지위에 영향을 줄 수 있는 경우이어야 한다. 특히 납세의무자가 무자력이거나 그 소재가 불명하여 압류의 집행에도 착수할 수 없는 등 특별한 사정이 있는 경우에는 조세징수권의 소멸시효 중단을 위하여 납세의무자를 상대로 조세채권 존재확인의 소를 제기할 수 있으며, 과세주체가 소멸시효 중단을 위하여 납세의무자를 상대로 제기한 조세채권확인의 소는 공법상 당사자소송에 해당한다(대판 2020.3.2. 2017두41771).

3. 법적 불안 또는 위험의 존재

다툼이 있는 경우이어야 한다. 다만, ① 소멸시효완성 단계, ② 공부상 기재 때문에 권리가 위협, 방해를 받는 경우에는 다툼이 없어도 법적 불안이 있는 것으로 본다. 그리고 법률관계, 특히 권리 또는 의무의 발생, 변경, 소멸이라는 법률효과는 원인 되는 법률요건이 충족될 경우에 그 결과로서 생기므로, 당사자가 주장하는 법률효과가 동일하다고 하더라도 주장하는 법률요건이 다를 때에는 당사자 사이에 법률관계에 관한 다툼이 없다고 볼 수 없다(대판 2017.3.9. 2016다256968).[28]

---

28) 법률관계, 특히 권리 또는 의무의 발생, 변경, 소멸이라는 법률효과는 원인 되는 법률요건이 충족될 경우에 그 결과로서 생긴다. 따라서 당사자가 주장하는 법률효과가 동일하다고 하더라도 주장하는 법률요건이 다를 때에는 당사자 사이에 법률관계에 관한 다툼이 없다고 볼 수 없다. 甲이 乙 주식회사의 계약 위반을 이유로 전속계약을 해지하였다고 주장하면서 전속계약의 효력이 존재하지 아니함의 확인을 구하는 소를 제기하자, 乙 회사가 소송 중 준비서면의 송달로써 甲의 계약 위반을 이유로 전속계약을 해지한다고 통지한 사안에서, 甲의 주장은 乙 회사의 계약 위반을 이유로 한 전속계약 해지를 전제로 전속계약의 효력이 존재하지 않는다는 것인데 비하여, 乙 회사는 자신의 계약 위반을 부인하며 오히려 甲의 계약 위반을 주장하고 있으므로, 甲과 乙 사이에 전속계약의 효력이 존재하지 않게 되었다는 데에 다툼이 없다고 할 수 없다(대판 2017.3.9. 2016다256968).

4. 불안제거에 유효적절한 수단일 것(방법선택의 적절)

(1) 적극적 확인청구와 소극적 확인청구의 경우

이 경우에는 분쟁의 발본적 해결의 관점에서 원칙적으로 적극적 확인청구에 의해야 한다. 하지만 이도 절대적인 것은 아니다. 즉, 예를 들어, 원고에게 내세울 소유권이 없고 반면 피고의 소유권이 부정됨으로써 원고의 법적 지위에 불안이 제거되어 분쟁이 해결될 수 있는 경우에는 피고의 소유권에 대한 소극적 확인 등을 구할 수 있다(대판 1984.3.27. 83다카2337 등).

(2) 본안판단의 전제문제로서 판단되어야 할 절차문제

이 경우는 당해 소송 내에서 확인하면 충분하므로 별소로 확인할 이익은 없다. 예를 들어, 소취하무효확인 등은 당해 절차 내에서 기일지정신청에 따라 그 종국판결의 이유나 중간판결에서 판단하면 충분하므로, 별소로 확인을 구할 이익은 없다(민사소송규칙 제67조 참고).

5. 확인의 소의 보충성

(1) 의의

이는 해결방법의 적절성으로서, 이행의 소를 제기할 수 있는데 확인의 소를 제기하는 것은 근본적인 해결책이 되지 못하므로, 즉시 확정의 이익이 없다는 것을 말한다.

(2) 예외

다만, ① 현재 손해액수의 불명확, ② 확인판결이 나면 피고의 임의이행이 기대될 때(특히 피고가 국가 또는 공공단체인 경우), ③ 기본이 되는 포괄적 법률관계로부터 파생하는 청구권을 주장하여 이행의 소가 가능한 경우라도, 당해 기본적 권리관계 자체의 확인을 구하는 것은 즉시확정의 필요가 있는 이상 확인의 이익이 있다. 그러나 판례의 주류는 확인의 이익이 없는 것으로 본다. 예를 들어, 저당권설정계약에 의한 피담보채무의 부존재확인청구와 함께 그 저당권설정등기의 말소청구를 한 경우에 피담보채무의 부존재를 이유로 그 등기말소청구를 하면 되고 별도로 그 채무부존재확인의 청구는 확인의 이익이 없고(대판 2000.4.11. 2000다5640), 매도인이 매수인의 미등기건물을 매수하였을 때 매도인은 매수인에게 소유권이전등기의 이행을 구하면 되고 그 건물에 대한 사용·수익·처분권이 자신에게 있다는 확인청구는 확인의 이익 없다(대판 2008.7.10. 2005다41153).

6. 행정소송법상의 무효확인청구

판례는 "행정처분의 근거 법률에 의하여 보호되는 직접적이고 구체적인 이익이 있는 경우에는 행정소송법 제35조에 규정된 '무효확인을 구할 법률상 이익'이 있다고 보아야 하고, 이와 별도로 무효확인소송의 보충성이 요구되는 것은 아니므로 행정처분의 무효를 전제로 한 이행소송 등과 같은 직접적인 구제수단이 있는지 여부를 따질 필요가 없다(대판 2008.3.20. 2007두6342 전합)."고 판시하고 있다.

7. 국가를 상대로 한 토지소유권확인청구(대판 2009.10.15. 2009다48633)

국가를 상대로 한 토지소유권확인청구는 그 토지가 미등기이고 토지대장이나 임야대장상에 등록명의자가 없거나 등록명의자가 누구인지 알 수 없을 때와 그 밖에 국가가 등기 또는 등록명의자인 제3자의 소유를 부인하면서 계속 국가소유를 주장하는 등 특별한 사정이 있는 경우에 한하여 그 확인의 이익이 있다.

Ⅳ. 소송상의 취급

1. 통설 – 소송요건, 부적법각하

확인의 이익은 소송요건의 일종으로 직권조사사항이고, 본안판결의 요건이다. 따라서 이의 흠결이 있을 때에는 소를 부적법각하 판결을 하여야 한다는 것이 통설·판례이다.

2. 유력설

다만, 권리보호청구권설에서는 이를 원고승소판결요건으로 보아 그 흠결이 있는 경우 청구기각판결을 해야 한다고 본다(호문혁).

Ⅴ. 증서의 진정 여부를 확인하는 소

1. 증서의 진정 여부를 구하는 소의 의의

민사소송법이 예외적으로 (보조)사실관계의 확인을 구하는 구하는 소를 인정하는 경우이다(제250조).

2. 요건

(1) 법률관계를 증명하는 서면

'법률관계를 증명하는 서면'이란 그 기재 내용으로부터 직접 일정한 현재의 법률관계의 존부가 증명될 수 있는 서면을 말한다(대판 1967.3.21. 66다2154 등). 예를 들어, 어음·수표 등의 유가증권, 정관·매매계약서·차용증서·각종 각서 등을 말한다. 판례는 대차대조표나 회사결산보고서는 사실관계의 보고문서에 지나지 않는다고 하여 그 대상이 아니라고 하였고(대판 1967.3.21. 66다2154), 당사자신문조서도 대상이 아니라고 하였다(대판 1974.11.23. 74다24). 그리고 세금계산서도 재화·용역을 공급한 과거의 사실을 증명하기 위한 보고문서라 하여 대상이 되지 않는다고 하였다(대판 2001.12.24. 2001다53714). 임대차보증금의 영수증도 직접 임대차관계의 존부를 증명하는 서면이 아니라고 하여 그 대상이 되지 않는다고 했다(대판 2007.6.14. 2005다29270).

(2) 진정 여부

서면이 그 작성명의자에 의해 작성된 것인가 아니면 위조·변조되었는가를 말하는 것이지, 내용의 진정을 뜻하는 것이 아니다(대판 1991.12.10. 91다15317).

(3) 확인의 이익

원고의 권리 또는 법적 지위의 위험·불안을 제거함에 문서의 진정 여부 확인이 필요하고 적절한 수단이 되어야 함을 이른다. 따라서 서면에 의하여 증명되는 법률관계에 대하여 당사자 간에 다툼이 없거나 법률관계가 소멸되면 확인의 이익이 없다(대판 1967.10.25. 66다2489). 그리고 서면에 의하여 증명되어야 할 법률관계를 둘러싸고 이미 소가 제기되어 있는 경우에는 그 소송에서 분쟁을 해결하면 되므로 그와 별도로 임대차계약서의 진정 여부를 확인하는 소를 제기하는 것은 확인의 이익이 없어 부적법하지만, 소가 제기되기 전이라면 임대차계약서의 진정 여부의 확인을 구하는 소는 확인의 이익이 있어 적법하다(대판 2007.6.14. 2005다29290·29306).

3. 효과

법률관계를 증명하는 서면이 아니어서 대상적격이 없거나, 확인의 이익이 없는 경우에는 소를 각하하여야 한다.

23 소송물이론

CONTENTS

Ⅲ. 판례 입장의 유형화

1. 이행의 소

(1) 원칙적 입장 - 구이론

(2) 점유권소송과 본권소송

동일물의 반환청구를 소유권에 기한 경우와 점유권에 기한 경우가 별개의 소송물에 관한 청구임을 전제로, 전자의 청구임이 명백하면 후자의 청구인가에 대해 석명할 의무가 없다고 함(대판 1996.6.14. 94다53006).

(3) 상사소송

어음채권에 기한 청구와 원인채권에 기한 청구도 별개의 소송물임을 전제로 이를 동시에 주장하면 청구병합이 되고, 어음채권에 기한 청구에서 원인채권에 기한 청구로 다르게 주장하는 것은 청구의 변경이 됨(대판 1961.11.2. 4293민상325 등).

(4) 등기소송

이전등기청구사건에 있어서 등기원인을 전소에서는 매매(또는 대물변제)를 후소에서는 취득시효완성을 주장하면서 청구하는 경우, 공격방어방법의 차이가 아니라 등기청구권의 발생원인의 차이라 하여 소송물이 별개라는 전제에서 전소의 기판력은 후소에 미치지 ×. but 말소등기소송의 소송물은 등기원인무효를 주장하는 것이면 어느 경우나 막론하고 하나의 소송물로 보아야 하고, 그 원인을 달리 구성한다고 해도 공격방법의 차이에 불과

(5) 인명사고 소송

이 경우 소송물은 적극적 손해(치료비), 소극적 손해(일실이익), 정신적 손해(위자료)의 3가지로 소송물을 구성하는 손해3분설

(6) 처분권주의

피고가 보통파종자를 옥파종자로 판매하여 원고가 손해를 입어 손해배상을 청구한 사안에서 당사자가 불법행위로 인한 손해배상금으로 주장하였음에도 채무불이행으로 보아 청구를 인용한 경우 등은 처분권주의에 위반됨

(7) 기타

2. 확인의 소

(1) 주주총회결의 관련소송

회사의 총회결의에 대하여 결의무효확인을 구하고 있다 하여도 이는 결의부존재확인을 구하는 의미로 부존재확인을 구하는 것으로 풀이할 수 있음(대판 1983.3.22. 82다카1810 전합)

(2) 과세처분무효확인소송

과세처분무효확인소송의 경우에 청구취지만으로 소송물의 동일성이 특정된다고 할 것이고, 당사자가 청구원인에서 무효사유로 내세운 개개의 주장은 공격방법에 불과(대판 1992. 2.25. 91누6108)

3. 형성의 소

(1) 이혼소송 및 재심소송

이혼소송에서는 각 이혼사유마다 소송물이 별개(대판 1963.1.31. 62다812), 재심의 소의 소송물은 각 재심사유마다 별개(대판 1970.1.27. 69다1888)

(2) 주주총회결의취소소송

결의취소의 소와 결의부존재확인의 소는 소송물을 공통으로 한다는 전제하에 결의부존재확인의 소가 상법 제376조의 제소기간 내에 제기되었으면 동일 결의에 대하여 2개월의 제소기간 경과 후에 그 취소소송으로 변경·추가되어도 제소기간을 준수한 것(대판 2003.7.11. 2001다45584)

(3) 행정처분취소소송과 무효확인소송

양자는 형식적으로 별개의 소송물로 보이지만 행정처분에 의하여 조성된 위법상태를 배제를 목적으로 한다는 점에서 소송물을 공통으로 한 것으로 본다(이시윤, 227면). 특히 과세처분취소청구를 기각하는 판결이 확정되면 그 처분이 적법하다는 점에 관하여 기판력이 생기고 그 후 원고는 그 무효확인을 소구할 수 없음(대판 1996.6.25. 95누18880)

▮ 소송물의 식별기준 사시 28·41·51회

Ⅰ. 서설

1. 의의 및 규정

(1) 이는 강학상의 표현으로 일반적으로 소송의 객체, 소송상의 청구, 심판의 대상으로 표현된다(민사집행법 제309조 참고).

(2) 민사소송법에는 사건(제259조), 소(제267조 제2항), 주문(제216조 제1항), 청구(제262조, 제253조)로 규정되어 있다.

2. 비교개념

(1) 처분권주의에서 소송물은 원고가 특정할 책임이다. 피고의 방어방법은 아무런 관계가 없다(단 소극적 확인의 소는 예외).

(2) 청구의 목적물(= 계쟁물)과는 구별하여야 한다.

(3) 소송에 이르게 된 사실관계 자체는 소송물 아니다.

Ⅱ. 민사소송에 있어 소송물[29][30] 식별기준에 대한 견해 대립

1. 학설

(1) 구소송물이론(구실체법설)

원고가 소송에서 주장하고 있는 실체법상의 권리 그 자체를 소송물로 파악한다. 즉, 이 견해는 소장의 청구취지뿐만 아니라 청구원인상의 주장하는 권리까지도 고려하여 소송물을 식별해야 한다는 견해이다.

---

[29] 소송물에 대한 논의는 1925년 로젠베르크(Leo Rosenberg)가 이를 문제로 삼은 이래 오늘날까지 계속되고 있는데, 이 논쟁의 테마는 다음 세 가지로 요약된다. 첫째로, 소송물의 정의 또는 방향에 관한 것인데 이는 소송물은 피고에 대한 권리주장인가(권리주장설), 법원에 대한 특정한 판결의 요구인가(요구설)라는 문제이다. 하지만 청구(소송물)는 권리주장이라는 면에서 상대방에 대한 주장임과 동시에, 법원에 대한 심판요구라는 면에서 법원에 대한 주장이라는 양면을 모두 가지므로 논쟁의 실익이 없어 소송물 논쟁의 관심 밖에 있다. 둘째로, 소송물의 단복·이동에 관한 식별기준이 무엇인가에 대한 논의인데 이것이 현재 소송물 논쟁의 핵심을 이루고 있다. 이는 구실체법설, 소송법설 및 신실체법설이 대립하고 있고, 소송법설은 다시 이지설과 일지설로 나뉜다. 셋째로, 소송물개념의 상대성에 관한 것이다. 이것은 소송물의 개념을 소송절차의 지배원리,소의 종류 및 소송물의 기능국면을 불문하고 통일적으로 구성할 것이냐 아니면 위 각 요소를 고려하여 개별적으로 구성할 것이냐의 문제이다. 물론 소송물의 상대성을 강조하는 견해는 소송물의 개념이 소송절차의 각 국면에서 수행하는 역할 을 명백히 한 공적이 있으나 모든 경우에 통용되는 통일적인 소송물 개념이 가능하다면 그편이 나을 것이므로, 통일적 소송물개념을 취하는 것이 타당하다고 생각된다(정동윤·유병현, 239-240면 참고).

[30] 다만, 소송물이론에 대해서는 주의할 것이 있다. 즉, "신청과 청구취지, 청구원인과 사실관계는 그 개념의 범위가 일치하는 것이 아니라는 것이다. 일반적으로 신청은 청구취지에서 사실관계는 청구원인에서 찾아낼 수 있을 뿐이다. 일지설은 청구취지에서 나타난 신청만을 이지설은 청구취지에서 나타난 신청과 청구원인상의 사실관계로 소송물을 구성하려는 것이며, 실체법설은 청구취지와 청구원인으로 파악되는 실체법상의 권리관계로 소송물을 구성하려는 견해이다. 변론주의의 원칙상 법원은 당사자가 주장한 사실만을 재판의 기초로 삼을 수 있으므로, 일지설의 소송물 개념은 이와 어울리지 아니하는 문제점이 있다. 그리하여 실제로 독일과 우리나라의 일지설은 기판력에 관한 한 제출된 사실관계에 한하여 인정하여, 이 점에 관한 한 결과적으로 이지설과 같아지게 된다. 신소송물이론에 의하면 구실체법설에서 소송물의 구성요소가 되는 것이 법적 관점의 지위로 되나, 이에 관한 당사자가 받을 수 있는 불의의 타격은 지적의무(법 제136조 제4항)에 의하여 방지될 수 있다."고 한다(유병현, 고시계 2005/3, 264면 이하).

(2) 신소송물이론(소송법설)

소송물을 실체법상 권리에 구애받지 않고 소송법 독자의 관점에서 파악하고자 하는 견해로서 다시
① 신청과 사실관계[31][32](Sachverhalt; 우리 법의 청구원인의 사실관계)라는 두 가지 요소에 기해 소송물을 식별
하는 이지설(이원설; Leo Rosenberg), ② 소송물을 오로지 신청(Antrag; 우리 법의 청구취지)이라는 소송법적 요소
로만 식별하여 청구원인에서 판단되는 실체법상 권리를 법적 관점 내지는 공격방어방법으로 보는 일지
설(일원설; 다만, 이 설도 금전·대체물청구소송 같은 경우는 동일당사자 사이에 복수의 채권이 존재할 가능성이 있으므로 이 경
우에는 청구원인의 사실관계까지 고려한다 - Karl Heinz Schwab)로 나뉜다.

2. 판례[33]

판례는 보통파 종자를 옥파 종자로 속여 판 사안에서 "불법행위를 원인으로 손해배상청구에 대하여 채무불
이행을 원인으로 한 손배배상을 명하는 것은 당사자가 신청하지 아니한 사항을 판결한 것이므로 처분권주
의에 반하여 위법하다(대판 1963.7.25. 63다241 등)."고 하여 구소송물이론의 입장이다.

3. 검토[34]

변호사소송이 아닌 당사자소송이 다수인 현실에서는 기판력의 범위를 좁혀 원고의 이익보호에 유리한 구소
송물이론이 기본적으로 타당하다.

---

31) 이 경우 사실관계를 어떻게 파악하느냐가 문제인데, 이 설에서는 실체법상의 권리 또는 법률관계를 발생 또는 구성
하는데 필요한 사실을 뜻하는 것으로 좁게 풀이하지 않고, 이보다 훨씬 넓게 사회적·역사적으로 볼 때 하나라고
할 수 있는 일련의 사실관계를 뜻하는 것으로 풀이하는데 그 안에서 다시 ① 역사적 개별현상설과, ② 전체로서의
생활관계설이 대립하고 있다(정동윤·유병현, 231면 참고).

32) 이분지설은 이 사실관계의 모호함으로 인해 비판 받고 있으나, Habscheid는 "생활상의, 자연스럽게 내용적으로 결
정된 권리요구에 비추어 하나의 단위를 구성하는 사실의 전체로서의 생활사실관계라는 개념이 그 윤곽이 명확하지
못하기 때문에 모든 문제를 100% 해결할 수 없다는 점은 나도 인정한다. 그러나 이런 점은 실체법도 마찬가지이다.
손해배상청구권에서 인과관계의 적합성에 관하여도 구체적 문제에 있어서는 다툼이 있을 수 있다. 어떻든 사람들이
더 좋은 기준을 찾아내지 않는 한 나는 이 입장을 견지할 것이다."라고 하면서 이분지설을 지지하고 있다[호문혁;
민사소송법연구(Ⅰ), 391면 참고].

33) 저작인격권이나 저작재산권을 이루는 개별적인 권리들은 저작인격권이나 저작재산권이라는 동일한 권리의 한 내용
에 불과한 것이 아니라 각 독립적인 권리로 파악하여야 하므로 위 각 권리에 기한 청구는 별개의 소송물이 된다(대
판 2013.7.12. 2013다22775).

34) 이지설에 의한 검토: 소송물이론에 관하여 어떠한 견해를 취할 것인가의 문제는 궁극적으로는 법정책적인 평가문제
로 귀착되는 것이라고 본다. 즉, 구실체법설은 분쟁을 너무 작게 분단하여 분쟁의 일회적 해결이라는 공익에 반하
며, 일지설은 소송물을 너무 넓게 파악하여 기판력의 범위가 넓어지게 되는 결과 원고의 사익에 반할 염려가 있다.
따라서 양 법익을 적절히 조화할 수 있는 이지설의 입장이 타당하다고 보이는데, 이는 소장에 반드시 청구취지와
청구원인을 적도록 한 법 제249조 제1항과 청구의 변경은 청구취지 또는 청구원인의 변경이라고 규정한 제262조가
이러한 해석을 뒷받침한다고 하겠다(정동윤·유병현·김경욱). 다만, 이상의 경우와는 달리 확인의 소에서의 소송물
에 대해서는 다른 논의가 있다.

Ⅲ. 확인의 소에 있어서 소송물의 식별

1. 학설

(1) 통설

확인을 구하는 권리관계는 청구취지에 기재하는 것이 통례이므로, 청구취지만으로 소송물의 동일성이 식별되며, 따로 청구원인에 의한 보충이 필요 없다고 하여 청구취지만이 소송물이고 청구원인에서 주장되는 사실관계는 공격·방어방법에 불과하다고 한다.

> (TIP) 이행의 소에서의 구소송물이론은 이 결론을 취하고, 특히 신소송물이론 중 이 결론을 취하는 경우 청구취지만에 의해 특정된다는 면에서 이를 일원설이라고도 한다. 그리고 이지설 중에서 확인의 소에 있어서만은 이 입장을 취할 경우는 예외를 이루므로 예외설이 된다.

(2) 유력설

확인의 소에 있어서도 이지설을 일관하여 청구취지뿐 아니라 청구원인의 사실관계까지 고려하여 소송물을 식별해야 한다고 한다.

> (TIP) 사실관계까지 고려한다는 면에서 이원설이라고도 하고, 이분지설 중에서 이 입장을 취할 경우에는 일관하는 태도를 보이므로 일관설이 된다.

2. 판례

판례는 전소의 피고가 토지에 대한 소유권확인의 소의 패소확정판결을 받고 나서, 다시 변론종결 전의 사유인 매매나 취득시효의 완성을 주장한 사안에서 "특정한 토지에 대한 소유권확인의 본안판결이 확정되면 그에 대한 권리 또는 법률관계가 그대로 확정되는 것이므로 그 사건의 변론종결 전에 그 확인원인이 되는 다른 사실이 있었다 하더라도 그 확정판결의 기판력은 거기까지 미친다(대판 1987.3.10. 84다카2132)."고 하여 통설의 입장이다.

3. 검토

확인의 소는 그 청구하는 권리관계 자체가 청구취지에서 분명하게 드러나므로[35] 청구취지만으로 식별이 가능하다는 통설·판례의 입장이 타당하다(정동윤·유병현·김경욱).

---

35) 정동윤·유병현 245면은 "먼저 ① 청구권 확인의 경우 '○년 ○월 ○일 체결된 원·피고 사이의 소비대차에 기한 금 ○만 원의 대여금채권은 존재하지 아니함을 확인한다.'라고 청구취지를 적고 있어서 청구취지에 청구권의 발생원인사실까지 표시되는 것이 보통이므로, 청구취지 외에 따로 청구원인의 도움 없이도 소송물이 특정된다. 그리고 ② 절대권 확인의 경우, '○○토지는 원고의 소유임을 확인한다'라는 소유권의 확인은 청구취지만으로 특정된다. 이 경우에는 일물일권주의에 의하여 특정물과 그에 대한 권리를 기재하면 충분하고, 청구원인의 기재는 불필요하다. 청구원인에는 매매·취득시효등 소유권의 취득원인이 기재되는데, 이는 확인하려는 권리(소유권)의 성질에 아무 영향을 주지 못한다. 왜냐하면 그 토지를 매수한 경우의 소유권과 이를 시효취득한 경우의 소유권이 달라지는 것은 아니기 때문이다. 이러한 해석은 일견 이지설의 입장과 배치되는 듯 하지만, 절대권 확인의 경우에는 절대권의 속성에서 나오는 것이고, 상대권의 경우에는 청구취지 안에 청구원인에 기재할 사항이 포함되어 있기 때문이며, 확인의 소에 한하여 소송물을 달리 구성하는 것이 아님을 주의해야 한다."고 서술하고 있다.

Ⅳ. 판례 입장의 유형화

1. 이행의 소

(1) 원칙적 입장

판례의 주류는 구이론의 입장에서 청구원인에 의하여 특정되는 실체법상의 권리관계를 소송물로 보며, 청구원인에 의하여 동일성이 식별되는 것으로 본다. 따라서 <u>부당이득반환청구권과 불법행위로 인한 손해배상청구권은 서로 실체법상 별개의 청구권으로 존재하고 그 각 청구권에 기초하여 이행을 구하는 소는 소송법적으로도 소송물을 달리한다</u>(대판 2013.9.13. 2013다45457).[36]

(2) 점유권소송과 본권소송

동일물의 반환청구를 소유권에 기한 경우와 점유권에 기한 경우가 별개의 소송물에 관한 청구이므로, 전자의 청구임이 명백하면 후자의 청구인가에 대해 석명할 의무가 없다(대판 1996.6.14. 94다53006).

(3) 상사소송

상법 제148조에 의한 손해배상청구권과 불법행위에 기한 손해배상청구권은 소송물이 다르다고 하였고(대판 1962.6.21. 62다102), 수치인이 목적물을 멸실함으로써 계약상 반환의무의 불이행과 불법행위에 의한 손해배상을 주장하면 청구의 병합이 된다(대판 1983.3.22. 82다카1533 전합)고 하여 소송물을 다르게 본다. 어음 채권에 기한 청구와 원인채권에 기한 청구도 별개의 소송물임을 전제로 이를 동시에 주장하면 청구병 합이 되고, 어음채권에 기한 청구에서 원인채권에 기한 청구로 다르게 주장하는 것은 청구의 변경이 된다고 한다(대판 1961.11.2. 4293민상325 등).

---

36) 부당이득반환청구권과 불법행위로 인한 손해배상청구권은 서로 실체법상 별개의 청구권으로 존재하고 그 각 청구 권에 기초하여 이행을 구하는 소는 소송법적으로도 소송물을 달리하므로, 채권자로서는 어느 하나의 청구권에 관한 소를 제기하여 승소 확정판결을 받았다고 하더라도 아직 채권의 만족을 얻지 못한 경우에는 다른 나머지 청구권에 관한 이행판결을 얻기 위하여 그에 관한 이행의 소를 제기할 수 있다. 그리고 채권자가 먼저 부당이득반환청구의 소를 제기하였을 경우 특별한 사정이 없는 한 손해 전부에 대하여 승소판결을 얻을 수 있었을 것임에도 우연히 손해배상청구의 소를 먼저 제기하는 바람에 과실상계 또는 공평의 원칙에 기한 책임제한 등의 법리에 따라 그 승소 액이 제한되었다고 하여 그로써 제한된 금액에 대한 부당이득반환청구권의 행사가 허용되지 않는 것도 아니다(대 판 2013.9.13. 2013다45457).

(4) 등기소송

이전등기청구사건에 있어서 등기원인을 전소에서는 매매(또는 대물변제)를 후소에서는 취득시효완성을 주장하면서 청구하는 경우, 공격방어방법의 차이가 아니라 등기청구권의 발생원인의 차이라 하여 소송물이 별개라는 전제[37]에서 전소의 기판력은 후소에 미치지 않는다고 본다[38](대판 1996.8.23. 94다49922). 이에 반해 말소등기소송의 소송물은 등기원인무효를 주장하는 것이면 어느 경우나 막론하고 하나의 소송물로 보아야 하고, 그 원인을 달리 구성한다고 해도 공격방법의 차이에 지나지 않는다[39]고 본다. 다만, 근저당권말소등기청구권의 발생원인인 등기원인의 무효를 들어 말소등기청구를 하는 것과 계약상 권리에 기하여 원상회복으로서 근저당권말소등기청구를 하는 것은 별개의 소송물이다[40](대판 1986.9.23. 85다353).

(5) 인명사고 소송

불법행위로 말미암아 신체의 상해를 입었기 때문에 가해자에게 대하여 손해배상을 청구할 경우에 있어서는 그 소송물인 손해는 통상의 치료비 따위와 같은 적극적 재산상 손해와 일실수익상실에 따르는 소극적 재산상 손해 및 정신적 고통에 따르는 정신적 손해(위자료)의 3가지로 나누어진다고 볼 수 있고 일실수익상실로 인한 소극적 재산상 손해로서는 예를 들면 일실 노임 일실상여금 또는 후급적 노임의 성질을 띤 일실퇴직금 따위가 모두 여기에 포함된다(대판 1976.10.12. 76다1313).

---

37) 소유권이전등기청구사건에 있어서 등기원인을 달리하는 경우에는 그것이 단순히 공격·방어방법의 차이에 불과한 것이 아니고 등기원인별로 별개의 소송물로 인정 된다(대판 1996.8.23. 94다49922).

38) 대물변제예약에 기한 소유권이전등기청구권과 매매계약에 기한 소유권이전등기청구권은 그 소송물이 서로 다르므로 동일한 계약관계에 대하여 그 계약의 법적 성질을 대물변제의 예약이라고 하면서도 새로운 매매계약이 성립되었음을 인정하여 매매를 원인으로 한 소유권이전등기 절차를 이행할 의무가 있다고 하는 것은 위법하다(대판 1997. 4.25. 96다32133).

39) 말소등기청구사건의 소송물은 당해 등기의 말소등기청구권이고 그 동일성 식별의 표준이 되는 청구원인, 즉 말소등기청구권의 발생원인은 당해 등기원인의 무효라 할 것으로서 등기원인의 무효를 뒷받침하는 개개의 사유는 독립된 공격방어방법에 불과하여 별개의 청구원인을 구성하는 것이 아니라 할 것이므로 전소에서 원고가 주장한 사유나 후소에서 주장하는 사유들은 모두 등기의 원인무효를 뒷받침하는 공격방법에 불과할 것일 뿐 그 주장들이 자체로서 별개의 청구원인을 구성한다고 볼 수 없고 모두 전소의 변론종결 전에 발생한 사유라면 전소와 후소는 그 소송물이 동일하여 후소에서의 주장사유들은 전소의 확정판결의 기판력에 저촉되어 허용될 수 없는 것이다(대판 1993.6.29. 93다11050). 다만, 최근에는 "원고의 피상속인이 후행 보존등기가 중복등기에 해당하여 무효임을 주장하지 않고, 자신이 진정한 상속인이고 후행 보존등기로부터 상속을 원인으로 이루어진 소유권이전등기의 명의인은 진정한 상속인이 아니므로 그 소유권이전등기는 무효이고 그에 이어 이루어진 소유권이전등기도 무효라고 주장하여 소유권말소등기의 소를 제기하였다가 그 소가 상속회복청구의 소에 해당하고 제척기간이 경과하였다는 이유로 패소 판결이 확정되었다고 하더라도, 후행 보존등기가 중복등기에 해당하여 무효라는 이유로 말소등기를 구하는 원고의 후소는 패소 판결이 확정된 전소와 청구원인을 달리하는 것이어서 전소의 기판력에 저촉되지 않는다(대판 2011.7.14. 2010다107064)."고 한 것이 있다.

40) 원고가 제1심에서 사기에 의한 의사표시취소를 원인으로 한 근저당권설정등기의 말소청구와 함께 피담보채무의 부존재를 원인으로 한 근저당권설정등기의 말소청구를 하였다가 청구기각의 본안판결을 받은 후 항소심에서 위 기망을 원인으로 한 말소청구부분만을 유지하고 피담보채무의 부존재를 원인으로 한 말소청구는 철회하여 적법히 취하한 후 다시 같은 청구를 추가한 경우, 위 청구들은 각 그 청구원인을 달리하는 별개의 독립된 소송물로서 선택적 병합관계에 있다고 볼 것이고 동일한 소송물로서 그 공격방법만을 달리하는 것은 아니므로 위 피담보채무의 부존재를 원인으로 한 말소청구는 종국판결인 제1심판결의 선고후 취하되었다가 다시 제기된 것이어서 재소금지의 원칙에 어긋나는 부적법한 소라 할 것이므로 주문에서 이 부분 소를 각하하는 판결을 하여야 한다(대판 1986.9.23. 85다353).

2. 확인의 소

(1) 주주총회결의 관련소송

회사의 총회결의에 대하여 결의무효확인을 구하고 있다 하여도 이는 결의부존재확인을 구하는 의미로서 부존재확인을 구하는 것으로 풀이할 수 있다고 하였다(대판 1983.3.22. 82다카1810 전합).

(2) 과세처분무효확인소송

과세처분무효확인소송의 경우에 청구취지만으로 소송물의 동일성이 특정된다고 할 것이고, 당사자가 청구원인에서 무효사유로 내세운 개개의 주장은 공격방법에 불과하다고 하였다(대판 1992.2.25. 91누6108). 이에 대해서는 판례가 이 한도에서 청구취지 일분지설을 정면으로 받아들였다고 하는 견해가 있다(이시윤).

3. 형성의 소

(1) 이혼소송 및 재심소송

이혼소송에서는 각 이혼사유마다 소송물이 별개이며(대판 1963.1.31. 62다812), 재심의 소의 소송물은 각 재심사유마다 별개가 된다(대판 1970.1.2. 69다1888)는 입장이다. 특히 재심사유는 그 하나하나의 사유가 별개의 청구원인을 이루는 것이므로, 여러 개의 유죄판결이 재심대상판결의 기초가 되었는데 이후 각 유죄판결이 재심을 통하여 효력을 잃고 무죄판결이 확정된 경우, 어느 한 유죄판결이 효력을 잃고 무죄판결이 확정되었다는 사정은 특별한 사정이 없는 한 별개의 독립된 재심사유라고 보아야 한다. 재심대상판결의 기초가 된 각 유죄판결에 대하여 형사재심에서 인정된 재심사유가 공통된다거나 무죄판결의 이유가 동일하다고 하더라도 달리 볼 수 없다(대판 2019.10.17. 2018다300470).[41]

(2) 주주총회결의취소소송

결의취소의 소와 결의부존재확인의 소는 소송물을 공통으로 한다는 전제하에 결의부존재확인의 소가 상법 제376조의 제소기간 내에 제기되었으면 동일 결의에 대하여 2개월의 제소기간 경과 후에 그 취소소송으로 변경·추가되어도 제소기간을 준수한 것으로 보아야 한다고 본다(대판 2003.7.11. 2001다45584). 다만, 주주총회결의 취소의 소는 상법 제376조 제1항에 따라 그 결의의 날로부터 2개월 내에 제기하여야 하고, 이 기간이 지난 후에 제기된 소는 부적법하다. 그리고 주주총회에서 여러 개의 안건이 상정되어 각기 결의가 행하여진 경우 위 제소기간의 준수 여부는 각 안건에 대한 결의마다 별도로 판단되어야 한다(대판 2010.3.11. 2007다51505).[42]

---

41) 이른바 '구로동 분배농지 사건'에서 수분배자들의 분배농지에 관한 소유권이전등기청구를 기각한 재심대상판결에 대하여, 재심대상판결의 기초가 된 복수의 유죄판결들 중 일부가 형사재심을 통해 변경되자 이를 민사소송법 제451조 제1항 제8호의 재심사유("판결의 기초가 된 민사나 형사의 판결, 그 밖의 재판 또는 행정처분이 다른 재판이나 행정처분에 따라 바뀐 때")로 주장했던 원고들의 1차 재심청구가 재심제기기간 도과로 각하되었으나, 나머지 유죄판결들 역시 형사재심을 통해 변경되자, 원고들이 이를 다시 민사소송법 제451조 제1항 제8호의 재심사유로 주장하며 2차 재심을 청구한 사건에서, 위 유죄판결들 중 어느 한 유죄판결이 변경된 사정은 다른 유죄판결이 변경된 사정과 별개로 독립하여 민사소송법 제451조 제1항 제8호의 재심사유가 된다고 보아, 원고들의 2차 재심청구를 받아들인 원심에 대한 피고의 상고를 모두 기각한 사례

42) 임시주주총회에서 이루어진 여러 안건에 대한 결의 중 이사선임결의에 대하여 그 결의의 날로부터 2개월 내에 주주총회결의 무효확인의 소를 제기한 뒤, 위 임시주주총회에서 이루어진 정관변경결의 및 감사선임결의에 대하여 그 결의의 날로부터 2개월이 지난 후 주주총회결의 무효확인의 소를 각각 추가적으로 병합한 후, 위 각 결의에 대한 주주총회결의 무효확인의 소를 주주총회결의 취소의 소로 변경한 경우, 위 정관변경결의 및 감사선임결의 취소에 관한 부분은 위 각 주주총회결의 무효확인의 소가 추가적으로 병합될 때에 주주총회결의 취소의 소가 제기된 것으로 볼 수 있으나, 위 추가적 병합 당시 이미 2개월의 제소기간이 도과되었으므로 부적법하다(대판 2010.3.11. 2007다51505).

(3) 행정처분취소소송과 무효확인소송

양자는 형식적으로 별개의 소송물로 보이지만 행정처분에 의하여 조성된 위법상태를 배제를 목적으로 한다는 점에서 소송물을 공통으로 한 것으로 본다(이시윤). 특히 과세처분취소청구를 기각하는 판결이 확정되면 그 처분이 적법하다는 점에 관하여 기판력이 생기고 그 후 원고는 그 무효확인을 소구할 수 없다고 한다(대판 1996.6.25. 95누18880).

Plus 보충 후유증과 소송물

1. 문제점
불법행위에 의한 전소에서 예측하지 못한 후유증에 의한 확대손해의 경우가 있는 경우에 피해자를 구제해주어야 할 것은 분명한데, 이를 어떤 이론구성에 의해 가능할 것인지가 문제된다.

2. 학설
학설은 ① 전소의 청구를 일부청구로 의제하여 후소의 청구가 가능하다는 일부청구의제이론, ② 후유증은 전소에서 예상하지 못하고, 전소와 무관계한 사실관계에 의한 변론종결후의 사유이므로 이는 기판력의 시적 한계를 벗어나 청구가 가능하다는 기판력의 시적한계론, ③ 후유증에 대한 후소는 전소와 다른 별개의 소송물이라는 별개의 소송물설이 있다.

3. 판례
판례는 "불법행위로 인한 적극적 손해의 배상을 명한 전소송의 변론종결 후에 새로운 적극적 손해가 발생한 경우에 그 소송의 변론종결 당시 그 손해의 발생을 예견할 수 없었고 또 그 부분 청구를 포기하였다고 볼 수 없는 등 특별한 사정이 있다면 전소송에서 그 부분에 관한 청구가 유보되어 있지 않다고 하더라도 이는 전소송의 소송물과는 별개의 소송물이므로 전소송의 기판력에 저촉되는 것이 아니다(대판 1980.11.25. 80다1671).[43]"고 하여 별개의 소송물설의 입장이다.

4. 검토
①설은 명시설에 의할 때 명시하지 않았는데 일부청구가 된다는 문제점이 있고, ②설은 비록 예상하지 못했다고 하여도 후유증은 변론종결 전의 사유에 기인한다는 면에서 또한 문제가 있으므로, ③설인 후유증에 대한 후소는 전소와 다른 별개의 소송물이라는 별개의 소송물설이 타당하다.

참조판례 확정지연손해금에 대한 지연손해금채권

판결이 확정된 채권자가 시효중단을 위한 신소를 제기하면서 확정판결에 따른 원금과 함께 원금에 대한 확정 지연손해금 및 이에 대한 지연손해금을 청구하는 경우, 확정 지연손해금에 대한 지연손해금채권은 채권자가 신소로써 확정 지연손해금을 청구함에 따라 비로소 발생하는 채권으로서 전소의 소송물인 원금채권이나 확정 지연손해금채권과는 별개의 소송물이므로, 채무자는 확정 지연손해금에 대하여도 이행청구를 받은 다음 날부터 지연손해금을 별도로 지급하여야 하되 그 이율은 신소에 적용되는 법률이 정한 이율을 적용하여야 한다. 그리고 금전채무의 지연손해금채무는 금전채무의 이행지체로 인한 손해배상채무로서 이행기의 정함이 없는 채무에 해당하므로, 채무자는 확정된 지연손해금채무에 대하여 채권자로부터 이행청구를 받은 때부터 지체책임을 부담하게 된다. 한편 원금채권과 금전채무불이행의 경우에 발생하는 지연손해금채권은 별개의 소송물이다(대판 2022.4.14. 2020다268760).

---

43) 의사가 선량한 관리자의 주의의무를 다하지 아니한 탓으로 오히려 환자의 신체기능이 회복불가능하게 손상되었고, 또 손상 이후에는 후유증세의 치유 또는 더 이상의 악화를 방지하는 정도의 치료만이 계속되어 온 것뿐이라면 의사의 치료행위는 진료채무의 본지에 따른 것이 되지 못하거나 손해전보의 일환으로 행하여진 것에 불과하여 병원 측으로서는 환자에 대하여 수술비와 치료비의 지급을 청구할 수 없다. 이러한 법리는 환자가 특정 시점 이후에 지출될 것으로 예상되는 향후치료비를 종전 소송에서 충분히 청구할 수 있었고 실제로 이를 청구하였더라면 적극적 손해의 일부로서 당연히 받아들여졌을 것임에도 환자가 종전 소송에서 해당 향후 치료비 청구를 누락한 결과, 환자가 이를 별도의 소송에서 청구하는 것이 종전 소송 확정판결의 기판력에 저촉되어 소송법상 허용되지 않는 경우에도 환자가 종전 소송에서 해당 청구를 누락한 것이 청구권을 포기한 것이라고 평가할 수 있는 등의 특별한 사정이 없는 한 마찬가지로 적용된다(대판 2018.4.26. 2017다288115).

V. 일부청구의 소송물

1. 학설

① 일부청구임을 명시한 바 없어도 잔부와의 관계에서 청구한 일부분만 소송물이 된다는 일부청구긍정설, ② 이행기의 차이나 담보권이 설정 여부 등으로 특정되어 있지 않는 한 전부청구가 소송물이 되는 것이며 일부청구는 단지 인용한도액을 확정한 것에 그친다는 일부청구부정설, ③ 원고가 일부청구임을 명시한 것이라면 그 일부만 소송물이 되지만 명시하지 않은 경우에는 전부의 청구가 소송물이 된다는 명시적 일부청구설(절충설)이 있다.

2. 판례

판례는 "전(前) 소송에서 불법행위를 원인으로 치료비청구를 하면서 일부만을 특정하여 청구하고 그 밖의 부분은 별도소송으로 청구하겠다는 취지를 명시적으로 유보한 때에는 그 전 소송의 소송물은 그 청구한 일부의 치료비에 한정하는 것이라고 보아야 한다(대판 1985.4.9. 84다552)."라고 하여 명시적 일부청구설의 입장이다.

3. 검토

일부청구긍정설은 원고의 분할청구의 자유를 존중하는 입장이고 일부청구부정설은 분쟁의 일회적 해결을 강조하는 입장이라고 한다면 이 양자를 조화하는 명시적 일부청구긍정설이 소송의 적정, 공평, 신속, 경제라는 민사소송의 이상에 부합한다고 보아 타당하다고 본다.

VI. 채권자취소소송 정리

1. 법적 성질

(1) 형성권설

채권자취소권은 사행행위의취소를 내용으로 하는 형성권이라고 풀이한다.

(2) 청구권설

채권자취소권을 채무자로부터 일탈한 재산을 반환시키는 것을 목적으로 하는 청구권이라고 본다.

(3) 절충설(병합설)

채권자취소권은 사해행위의 취소와 일탈재산의 회복의 양쪽을 목적으로 하는 권리라고 풀이한다. 즉, 이는 사해행위의 취소를 구하는 형성의 소와 일탈재산의 반환을 구하는 이행의 소가 병합된 것으로 본다.

(4) 책임설

채권자취소권을 일탈재산에 대한 집행가능성을 회복하는 권리 내지 책임법적 무효의 효과를 가져오는 권리라고 본다. 즉, 이는 책임법적 무효의 효과를 발생시키는 형성의 소와 일탈재산에 대한 강제집행의 수인을 구하는 이행의 소가 결합된 것으로 본다.

(5) 검토

판례는 병합설(절충설)입장으로 보는 것이 일반적이다.

2. 판결의 효력, 소의 피고, 청구취지와 판결주문의 내용

구분	형성권설	청구권설	병합설	책임설
판결의 효력	절대적 무효	법률행위 효력에 영향 없음	취소의 효과는 악의의 수익자나 전득자에 대한 관계에서만 발생(상대적 무효)	취소는 책임법적으로만 효과가 있어 일탈재산에 대한 집행가능성의 회복을 가져올 뿐, 사해행위 효력 자체를 취소하는 것이 아님
소의 피고	채무자와 수익자(악의의 전득자 포함) 양자	수익자 또는 전득자만 피고	수익자 또는 전득자만 피고	수익자 또는 전득자만 피고
청구취지와 판결주문	반드시 사해행위의 취소를 적어야 함	사행행위 취소는 적을 필요 없고, 일탈재산의 반환을 구해야함	원칙적으로 취소와 반환(원상회복)의 양쪽을 구해야 함(채무면제 등의 경우에는 취소만으로 족함)	책임법적 취소와 강제집행의 수인을 구해야 함

3. 반드시 소에 의하여 행사되어야 하는지 여부

(1) 민법학자

민법 제406조가 "··· 그 취소 및 원상회복을 법원에 청구할 수 있다."라고 규정한 것을 근거로, 채권자취소권은 반드시 소에 의해야 한다고 본다.

(2) 소송법학자

채권자취소권과 같은 성질을 가지는 파산절차상의 부인권이 항변에 의하여 행사될 수 있는 점(파산법 제396조)을 근거로, 채권자취소권을 반드시 소에 의하여 행사하여야 하는 것은 아니고 항변으로써도 주장할 수 있다고 본다[신도(新堂), 강현중].

(3) 검토

판례는 반드시 소에 의해야 한다고 하고, 법문상 판례의 태도가 타당하다(유병현).

4. 채권자취소소송의 소송물 = 사해행위취소권 + 원상회복청구권

(1) 사해행위취소권(대판 2005.3.25. 2004다10985·10992)

채권자가 채무자의 어떤 금원지급행위가 사해행위에 해당된다고 하여 그 취소를 청구하면서, 다만 그 금원지급행위의 법률적 평가와 관련하여 "증여" 또는 "변제"로 달리 주장하는 것은 그 "사해행위취소권"(소송물)을 이유 있게 하는 공격방법에 관한 주장을 달리하는 것일 뿐이지 소송물 또는 청구 자체를 달리하는 것으로 볼 수 없다.

(2) 원상회복청구권(대판 2006.12.7. 2004다54978)

사해행위 후 그 목적물에 관하여 제3자가 저당권이나 지상권 등의 권리를 취득한 경우에는 수익자가 목적물을 저당권 등의 제한이 없는 상태로 회복하여 이전하여 줄 수 있다는 등의 특별한 사정이 없는 한 채권자는 수익자를 상대로 원물반환 대신 그 가액 상당의 배상을 구할 수 있지만, 그렇다고 하여 채권자가 스스로 위험이나 불이익을 감수하면서 원물반환을 구하는 것까지 허용되지 아니하는 것으로 볼 것은 아니며, 채권자는 원상회복 방법으로 가액배상 대신 수익자를 상대로 채무자 앞으로 직접 소유권이전등기절차를 이행할 것을 구할 수도 있다. 이 경우 원상회복청구권(소송물)은 사실심 변론종결 당시의 채권자의 선택에 따라 원물반환과 가액배상 중 어느 하나로 확정되며, 채권자가 일단 사해행위 취소 및 원상회복으로서 원물반환 청구를 하여 승소 판결이 확정되었다면, 그 후 어떠한 사유로 원물반환의 목적을 달성할 수 없게 되었다고 하더라도 다시 원상회복청구권을 행사하여 가액배상을 청구할 수는 없으므로 그 청구는 권리보호의 이익이 없어 허용되지 않는다(모순금지설)고 할 것이다.

(3) 사행행위취소권 + 원상회복청구권(대판 2012.7.5. 2010다80503)

채권자가 사해행위취소 및 원상회복청구를 하면서 보전하고자 하는 채권을 추가하거나 교환하는 것은 사해행위취소권과 원상회복청구권을 이유 있게 하는 공격방법에 관한 주장을 변경하는 것일 뿐이지 소송물 또는 청구 자체를 변경하는 것이 아니므로, 채권자가 보전하고자 하는 채권을 달리하여 동일한 법률행위의 취소 및 원상회복을 구하는 채권자취소의 소를 이중으로 제기하는 경우 전소와 후소는 소송물이 동일하다고 보아야 하고, 이는 전소나 후소 중 어느 하나가 승계참가신청에 의하여 이루어진 경우에도 마찬가지이다.

24 재판장의 소장심사권

CONTENTS

▌ 재판장의 소장심사권 사시 19·25회

Ⅰ. 서설

1. 의의

원고가 제출한 소장이 법원에 접수되면 합의부의 경우에는 재판장이, 단독사건의 경우에는 단독판사가 소장이 적식인가의 여부를 심사하는 권한을 말한다.

2. 취지

이를 인정한 것은 판단이 비교적 용이하고 수소법원이 변론에 들어가기 전에 소장의 명백한 하자를 재판장이 미리 시정함으로써 법원이나 피고의 소송경제를 도모함에 있다. 특히 민사소송법은 제254조에서 제1심 재판장의 소장심사권을, 제402조 및 제425조에서 항소심 및 상고심 재판장의 상소심심사권을 각각 규정하여 소송의 전과정을 통해 이러한 취지를 관철하고 있다.

3. 순서(소장심사의 선순위성)

소장의 심사는 원칙적으로 소송요건의 존부나 청구의 당부보다 먼저 심사하는 것이 원칙이나, 보정불능인 소송요건의 흠결이 있어 어차피 소각하판결하여야 할 경우에는 소장심사에 앞서 소각하판결을 할 수 있다고 본다.

Ⅱ. 심사의 대상

1. 필수적 기재사항의 기재 여부 및 첨부 여부

제249조 제1항 소정의 당사자, 법정대리인, 청구취지와 청구원인은 소장에 반드시 기재하여야 할 사항으로서 이 중 한 가지라도 기재가 흠결되어 있으면 소송으로서 성립할 수 없고, 원고로서는 국가의 소송제도를 이용하는 대가로서 소정의 인지를 붙여야 하므로 이 두 가지가 심사의 대상이 된다. 다만, <u>소장에 대표자표시가 되어 있는 이상 그 표시에 잘못이 있는 경우도 보정명령을 하고 그 불응을 이유로 소장각하를 할 수 없다</u>(대결 2013.9.9. 2013마273).[44]

2. 증거방법의 기재 여부 등

법 제254조 제4항에 의하면 청구하는 이유에 대응하는 증거방법의 기재, 소장에서 인용된 서증의 등본·사본을 붙였는지가 심사의 대상이 된다. 소송의 초기단계에서부터 주장에 따른 구체적인 입증을 하여야만 집중심리를 이룰 수 있기 때문이다. 다만, 이를 불이행하여도 소장각하를 할 수 없다는 점을 유의하여야 한다.

---

44) 민사소송법 제254조에 의한 재판장의 소장심사권은 소장이 같은 법 제249조 제1항의 규정에 어긋나거나 소장에 법률의 규정에 따른 인지를 붙이지 아니하였을 경우에 재판장이 원고에 대하여 상당한 기간을 정하여 그 흠결의 보정을 명할 수 있고, 원고가 그 기간 내에 이를 보정하지 않을 때에 명령으로써 그 소장을 각하한다는 것일 뿐이므로, <u>소장에 일응 대표자의 표시가 되어 있는 이상 설령 그 표시에 잘못이 있다고 하더라도 이를 정정 표시하라는 보정명령을 하고 그에 대한 불응을 이유로 소장을 각하하는 것은 허용되지 아니한다.</u> 이러한 경우에는 오로지 판결로써 소를 각하할 수 있을 뿐이다(대결 2013.9.9. 2013마273).

Ⅲ. 보정명령

1. 의의

소장에 흠결이 있는 때에는 재판장은 원고에게 상당한 기간을 정하여 보정을 명하여야 한다.[45] 따라서 보정 명령서에 보정기한이 공란으로 되어있어 보정기간이 언제까지라고 지정된 바 없다면 이는 적법한 보정명령 이라고 할 수 없다(대결 1980.6.12. 80마160). 그리고 상소인이 인지의 보정명령에 따라 인지액에 해당하는 현금을 수납은행에 납부하면서 잘못하여 인지로 납부하지 않고 송달료로 납부한 경우에는 인지가 납부되었다고 할 수 없어 인지 보정의 효과가 발생하지 않으나, 그 경우에도 인지액에 해당하는 현금을 송달료로 잘못 납부한 상소인에게는 다시 인지를 보정할 수 있는 기회를 부여함이 타당하다. 이러한 보정의 기회를 부여하지 않은 채 상소장을 각하하는 것은 석명의무를 다하지 않아 심리를 제대로 하지 않은 것으로 위법하다(대결 2021.3.11. 2020마7755). 다만, 개정법은 실무의 입장을 반영하여 재판장이 법원사무관 등으로 하여금 보정명령을 할 수 있게 하였다. 그리고 보정명령에 정한 보정기간 경과 후일지라도 각하의 재판을 하지 않고 있는 사이에 보정을 하면 신청 등을 각하할 수 없다. 그러나 인지보정명령에 대하여 소정기간 내에 보정을 하지 아니하여 소장각하명령이 있은 경우에는 이에 대하여 즉시항고를 하고 인지를 보정하였을 경우라 하더라도 재판을 경정할 수 없다(대결 1968.7.29. 68사49 전합). 소장·상소장 각하의 경우뿐 아니라 기타 신청서의 각하에 있어서도 마찬가지로 해석할 것이다[실무제요(Ⅰ), 163면].

2. 보정 효력의 발생 시기

(1) 학설

학설은 ① 보정 시에 소제기의 효과가 발생한다는 보정시설(비소급설), ② 소장제출 시로 소제기의 효과 가 소급한다는 소장제출시설(소급설), ③ 부족인지의 보정은 소장제출 시로 소급하지만 청구취지와 청구 원인의 흠결의 보정은 보정 시에 소제기의 효력이 발생한다는 절충설이 대립한다.

---

45) 인지와 송달료는 납부절차, 관리주체, 납부금액의 처리방법 등에 차이가 있는 점 등을 고려하면, 신청인이 인지의 보정명령에 따라 인지액 상당의 현금을 수납은행에 납부하면서 잘못하여 인지로 납부하지 아니하고 송달료납부서 에 의하여 송달료로 납부한 경우에는 인지가 납부되었다고 할 수 없어 인지 보정의 효과가 발생되지 아니한다. 그러 나 이 경우 신청인은 인지의 보정명령을 이행하기 위하여 인지액 상당의 현금을 수납은행에 납부한 것이고, 그 결과 인지 보정과 유사한 외관이 남게 되어 이를 객관적으로 인식할 수 있는 점, 인지와 송달료의 납부기관이 수납은행으 로 동일하여 납부 과정에서 혼동이 생길 수 있는 점, 신청인에게 인지 납부 과정의 착오를 시정할 수 있는 기회를 제공함이 정의관념에 부합하는 것으로 보이는 점 등을 고려하면, 인지액 상당의 현금을 송달료로 잘못 납부한 신청 인에게는 다시 인지를 보정할 수 있는 기회를 부여함이 타당하다. 따라서 소장 등을 심사하는 재판장으로서는 인지 보정명령 이후 수납은행의 영수필확인서 및 영수필통지서가 보정기간 내에 제출되지 아니하였다 하더라도 곧바로 소장이나 상소장을 각하하여서는 아니 되고, 인지액 상당의 현금이 송달료로 납부된 사실이 있는지를 관리은행 또 는 수납은행에 전산 기타 적당한 방법으로 확인한 후, 만일 그러한 사실이 확인되는 경우라면 신청인에게 인지를 보정하는 취지로 송달료를 납부한 것인지에 관하여 석명을 구하고 다시 인지를 보정할 수 있는 기회를 부여하여야 한다. 이러한 보정의 기회를 부여하지 아니한 채 소장이나 상소장을 각하하는 것은 석명의무를 다하지 아니하여 심리를 제대로 하지 아니한 것으로서 위법하다(대결 2014.4.30. 2014마76).

(2) 판례

판례는 "인지 등 보정명령에 따른 인지 등 상당액의 현금 납부에 관하여는 송달료규칙 제3조에 정한 송달료 수납은행에 현금을 납부한 때에 인지 등 보정의 효과가 발생되는 것(대결 2007.3.30. 2007마80)."이라고 하여 보정시설의 입장으로 보인다.

(3) 검토

보정시설은 원고에게 지나치게 불리하고, 소장제출시설은 소송물이 특정되지 않은 경우에도 소제기의 실체법상의 효과를 제소시점으로 본다면 원고의 방만한 소제기를 초래하게 되고 이는 결국 피고의 방어권행사의 곤란으로 이어진다는 점에서 부당하다 할 것이므로, 절충설이 타당하다.

3. 불복신청

재판장의 보정명령에 대해서는 독립하여 이의신청이나 항고를 할 수 없다. 이 점에서 소장각하명령과 구별된다. 그리고 특별항고도 허용되지 아니한다.[46]

IV. 소장각하명령

1. 소장각하명령의 효력

(1) 원고가 소장의 하자를 보정하지 않을 경우 재판장은 명령으로서 소장을 각하하여야 한다(제254조 제2항). 이로써 소송이 종료되는 점에서 소각하판결과 동일한 효력을 가진다.

(2) 이 경우 소장을 각하할 때에는 소장원본을 각하할 것이고, 그 부본을 각하할 것이 아니다. 다만, 판례는 소장부본을 각하해도 되고, 따라서 소장원본을 반환하지 않아도 된다고 한다(대판 1975.9.23. 75다1109).

2. 행사시기

(1) 학설

학설은 ① 소장부본이 피고에게 송달되면 이로써 소송 계속이라는 효과가 발생하는바 그 이후에 각하명령이라는 간이한 절차만으로 함부로 소송계속의 효과를 소멸시킬 수는 없고 소송요건의 흠결을 이유로 소각하판결에 의하여야 한다는 소장부본송달시설, ② 소장심사제도의 취지는 합의부원이나 당사자 전원이 관여하여야 하는 변론절차를 열기 전에 명백한 소장의 하자를 간단하게 처리해 소송경제를 도모하자는 것으로 파악하여야 할 것이므로 변론개시 전까지는 명령에 의해 각하명령을 내릴 수 있다고 하는 변론개시시설이 있다.

---

46) 소장 또는 상소장에 관한 재판장의 인지보정명령은 민사소송법에서 일반적으로 항고의 대상으로 삼고 있는 같은 법 제439조 소정의 '소송절차에 관한 신청을 기각한 결정이나 명령'에 해당하지 아니하고, 또 이에 대하여 불복할 수 있음을 정하는 별도의 규정도 없으므로, 그 명령에 대하여는 이의신청이나 항고를 할 수 없다. 뿐만 아니라 인지 보정명령에 따른 인지를 보정하지 아니하여 소장이나 상소장이 각하되면 이 각하명령에 대하여 즉시항고로 다툴 수 있으므로, 인지보정명령은 소장 또는 상소장의 각하명령과 함께 상소심의 심판을 받는 중간적 재판의 성질을 가지는 것으로서 민사소송법 제449조에서 특별항고의 대상으로 정하고 있는 '불복할 수 없는 명령'에도 해당하지 않는다. 따라서 이 사건 특별항고는 특별항고의 대상이 될 수 없는 재판에 대한 것으로서 부적법하다(대결 2015.3.3. 2014그352).

(2) 판례

판례는 변론개시시설의 입장[47]이다. 그러나 현재 소송실무[48]는 소장부본송달시설의 입장이다. 소장심사의 단계에서 흠을 간과하고 소장부본이 피고에게 송달된 경우에는 재판장의 소장각하명령권은 소멸하고, 법원은 판결로 소를 각하하여야 한다(소장부본송달시설). 그리고 최근 판례도 "항소심재판장은 항소장 부본을 송달할 수 없는 경우 항소인에게 상당한 기간을 정하여 그 기간 이내에 흠을 보정하도록 명해야 하고, 항소인이 이를 보정하지 않으면 항소장 각하명령을 해야 한다(민사소송법 제402조 제1항·제2항 참조). 이러한 항소심재판장의 항소장 각하명령은 항소장 송달 전까지만 가능하다. 따라서 항소장이 피항소인에게 송달되어 항소심법원과 당사자들 사이의 소송관계가 성립하면 항소심재판장은 더 이상 단독으로 항소장 각하명령을 할 수 없다(대결 2020.1.30. 2019마5599·5600).[49]"고 하여 소장부본송달시설의 입장이다.

(3) 검토

일단 소장이 송달되면 소송계속의 효과로 원고, 피고 쌍방이 관여하는 소송절차로 발전하기 때문에 그때는 소장각하명령의 고지만으로 소송을 종료시킬 수 없으므로, 소장부본송달시설이 타당하다.

3. 소장각하명령의 방식

소장각하명령은 원고에게만 고지하는데, 보통은 명령의 정본을 송달하는 방법에 의하여 고지한다. 소장각하명령의 방식은 "전산양식 A1135"와 같다[민사소송(II), 2017, 640면].

---

47) 항소심에 관한 것이기는 하나 "민사소송법 제402조의 취지는 항소심재판장은 항소심변론에 들어가기 전에 먼저 항소장을 심사하여 그 흠결을 발견하면 그 보정을 명하고 이에 불응할 때 명령으로 항소장을 각하하라는 것이니 … (대결 1973.10.26. 73마641; 대결 1981.11.26. 81마275; 대판 1995.5.3. 95마337)."라고 한다. 다만, 김홍규, 339면은 이 판례를 소송계속시설의 입장으로 보는 듯하다.

48) 즉, 민사소송(II), 2017, 640면은 "소장각하명령은 소장이 부적법하다하여 수리할 수 없다는 취지의 재판이므로 소장을 수리한 후 소가 부적법하다 하여 각하하는 소각하판결과는 다르다. 피고에게 소장을 송달한 후에는 소송계속이 이루어져 당사자 쌍방 대립관계의 절차가 개시되기 때문에 명령에 의한 소장각하를 할 수 없고, 종국판결로 소를 부적법각하하여야 한다. 즉, 소장심사단계에서 흠이 간과된 채 소장부본이 피고에게 송달되어 버린 때에는 이로써 재판장의 소장각하명령권은 소멸하고 그 후에는 법원이 판결로써 소를 각하하여야 한다. 일단 소장이 송달되면 소송계속의 효과로 원고, 피고 쌍방이 관여하는 소송절차로 발전하기 때문에 그 때는 소장각하명령의 고지만으로 소송을 종료시킬 수 없다."고 한다.

49) 민사소송법 제79조에 의한 독립당사자참가소송은 동일한 권리관계에 관하여 원고, 피고, 참가인 사이의 다툼을 하나의 소송절차로 한꺼번에 모순 없이 해결하는 소송형태이므로, 위 세 당사자들에 대해서는 하나의 종국판결을 선고하여 합일적으로 확정될 결론을 내려야 하고, 이러한 본안판결에 대해 일방이 항소한 경우 제1심판결 전체의 확정이 차단되고 사건 전부에 관하여 이심의 효력이 생긴다. 이처럼 항소심재판장이 단독으로 하는 항소장 각하명령에는 시기적 한계가 있고 독립당사자참가소송의 세 당사자들에 대하여는 합일적으로 확정될 결론을 내려야 하므로, 독립당사자참가소송의 제1심 본안판결에 대해 일방이 항소하고 피항소인 중 1명에게 항소장이 적법하게 송달되어 항소심법원과 당사자들 사이의 소송관계가 일부라도 성립한 것으로 볼 수 있다면, 항소심재판장은 더 이상 단독으로 항소장 각하명령을 할 수 없다(대결 2020.1.30. 2019마5599·5600).

V. 즉시항고

1. 법 규정

재판장의 소장각하명령에 대해서는 즉시항고 할 수 있다(제254조 제3항).

2. 판례

판례는 소장의 적법 여부는 각하명령을 한 때를 기준으로 할 것이고 뒤에 즉시항고를 제기하고 항고심 계속 중에 흠을 보정하였다고 하여 그 흠이 보정되는 것은 아니라고 하면서, 이 경우 각하명령을 한 재판장은 제446조의 재도(再度)의 고안에 의한 각하명령을 취소할 수도 없다고 한다(대결 1968.7.30. 68마756).

3. 비판

다만, 이에 대해서는 각하명령을 한 재판장이 스스로 재도의 고안에 의해 스스로의 결정을 취소하는 것마저 부정하는 것은 국민의 권익을 고려치 아니한 해석으로서 문제가 있다는 견해가 유력하다.

VI. 형식에 어긋나는 재판(위식의 재판)

1. 문제점

소장각하명령에 대해서는 즉시항고로, 소각하판결에 대해서는 항소로 불복해야 하는데, 소장각하명령을 해야 할 것을 소각하판결을 한 경우와 같이 형식에 어긋나는 재판을 할 경우에 어떻게 불복해야 하는지가 문제된다.

2. 견해의 대립

이에 대해서는 ① 재판의 현재 취한 형식에 따라 불복방법의 종류를 정할 것이라는 주관설[50](판례), ② 본래 하여야 할 재판의 형식에 따라 불복방법의 종류를 정할 것이라는 객관설이 있으나, ③ 당사자에게 법관보다 더 자세한 법률지식을 요구할 수 없음을 고려할 때 선택설(절충설)이 타당하다고 본다.

---

[50] 제440조에서 "결정이나 명령으로 재판할 수 없는 사항에 대하여 결정 또는 명령을 한 때에는 항고할 수 있다."고 규정하여 주관설을 부분적으로 따랐다(이시윤).

25 무변론판결

CONTENTS

▌무변론판결

> 📖 **시험에 이렇게 나온다!**
>
> 乙은 甲의 재산을 관리하던 중 관리비용을 받지 못하자 甲의 아파트를 관리비용으로 생각하고 무단으로 자신에게로 소유권이전등기를 하였다. 후에 甲은 소유권이전등기말소소송을 제기하자 소장부본을 송달받은 乙은 집에서 "甲의 승낙 없이 소유권이전등기를 한 것은 사실이다. 이전등기를 말소하라면 말소해 주겠다."는 취지만을 기재한 답변서를 작성하여 바로 동네 우체통에 넣었고 이 답변서는 법원에 접수되었다. 乙은 그 이후 아무런 소송행위를 하지 아니하였다. 법원은 이 사건을 바로 이 상태에서 종결할 수 있는가?

I . 문제점

변론기일을 열기 전에 판결하여 소송절차를 종결할 수 있는 방법이 무엇인지, 피고의 답변 취지를 어떻게 해석해야 하는지, 법원은 어떠한 판결을 할 수 있는지 문제된다.

Ⅱ. 무변론판결의 의의 및 취지

1. 의의

민사소송법은 필수적 변론주의의 원칙을 채택하고 있다(제134조). 이와 함께 법은 변론 없이 판결할 수 있는 경우 또는 변론주의의 원칙을 보충하는 제도를 인정한다. 상소법원의 판결(제430조 제1항), 담보제공의무불이행에 대한 소각하판결(제124조), 흠을 보정할 수 없는 부적법한 소에 대한 소각하판결(제291조) 등은 변론 없이 판결할 수 있는 예이고, 당사자가 변론에 출석하지 아니하더라도 대석판결주의에 따라 진술간주 또는 자백간주하는 것은 변론주의를 보충하는 기능을 한다. 또한 민사소송법은 소장의 적식성과 관련하여 재판장에게 소장각하명령제도를 인정하는데 이에 의하여 소송절차는 변론기일 전에 종결될 수 있다(제254조). 나아가 현행법은 이외에도 필수적 변론주의에 대한 중대한 예외를 인정하는 무변론판결제도에 관한 규정을 신설하였다(제257조).

2. 취지

다툼이 없는 사건을 조기에 걸러내어 쟁점이 복잡한 사건에 심리집중을 기하기 위한 것이다. 법 개정 이전에는 피고가 다툴 의사가 없는 경우에도 소장부본이 송달됨과 동시에 당사자에게 변론기일을 통지하여 절차를 진행함으로써 심리의 지연을 초래하였다. 이에 집중심리를 위한 정지작업의 일환으로 무변론판결제도를 도입하게 된 것이다.

Ⅲ. 무변론판결을 할 수 있는 경우

1. 규정

피고가 답변서기간 내에 답변서를 제출하지 아니한 경우(제257조 제1항 본문)와 답변서를 제출하였지만 청구원인 된 사실 모두를 자백하는 취지의 답변서를 제출하고 따로 항변하지 아니한 경우(동조 제2항)가 있다.

2. 피고 답변서의 취지에 대한 해석

"甲의 승낙 없이 소유권이전등기를 한 것은 사실이다."는 내용의 답변서는 피고가 원고의 청구원인을 모두 자백하는 취지로 해석하여야 할 것이고, "이전등기를 말소하라면 말소해주겠다."는 내용으로부터는 청구를 인낙하는 취지의 답변서라고 해석된다.

3. 청구인낙취지의 답변서에 대해서도 무변론판결을 할 수 있는지 여부

(1) 문제점

인낙취지는 전부자백 취지보다 더 강한 방어의사의 포기이기 때문에 민사소송법 제257조 제2항이 정하는 경우에 해당한다거나 또는 유추적용 할 수 있는지 문제된다. 제257조 제2항은 청구원인 된 사실에 대한 자백에 대해 규정하고 있으며, 개정법에서는 준비서면의 청구인낙의 의사표시가 적혀있는 경우 공증사무소의 인증을 받도록 한 점에 비추어 제257조 제2항의 자백에 청구인낙도 포함된다고 볼 것인가의 문제가 있다.

(2) 견해 대립

피고에게는 자백보다 더 불리한 청구인낙에 대해서 제257조 제2항의 요건을 넓게 인정하여 무변론청구 인용판결을 허용하는 것은 부당하다는 견해와 다른 한편으로는 청구인낙 취지의 답변서의 경우에도 무변론판결을 할 수 있다고 하는 것이 인증요건을 부과하여 제도의 취지가 크게 퇴색된 서면에 의한 청구인낙 제도를 대신할 수 있어 바람직하다는 견해가 있다.

Ⅳ. 무변론판결을 할 수 없는 경우

1. 민사소송법 규정

공시송달의 방법에 의해 송달된 때(제256조 제1항 단서), 직권조사사항이 있는 때, 판결 선고 시까지 피고가 원고의 청구를 다투는 취지의 답변서를 제출하는 때(제257조 제1항 단서)에는 무변론 판결을 할 수 없으나, 사안은 이 경우에 해당하지 아니한다.

2. 소액사건 및 지급명령에 대한 이의신청의 경우

(1) 소액사건의 경우에는 무변론판결에 관한 민사소송법의 규정이 배제되는 것은 아니지만, 소액사건심판법(이하 "소액법"이라 한다)은 소가 제기되면 법원은 원칙적으로 이행권고결정을 하도록 하고 있으며 이행권고결정에 대하여 피고가 이의신청을 한 때에는 법원은 바로 변론기일을 지정하여야 하고 이때에는 원고가 주장한 사실을 다툰 것으로 보게 되므로(소액법 제5조의4), 이행권고결정절차에 회부된 소액사건은 무변론판결의 대상이 될 여지가 없다. 또 이행권고결정절차를 밟지 아니하는 소액사건의 경우에도 30일간의 답변서제출기한을 반드시 거치도록 하는 것은 소액사건의 특성에 비추어 적합하지 아니하므로(소액법 제7조 참조), 실무운영상 소액사건에서 무변론판결을 활용할 여지는 거의 없게 된다[법원실무제요(Ⅱ), 438면].

(2) 지급명령에 대하여 채무자가 이의신청을 한 사건의 경우에는, 이의신청을 한 채무자가 지급명령을 송달받은 날로 소급하여 그 때부터 30일 안에 답변서를 제출할 의무를 부담한다고 볼 것인지 여부에 관하여 해석상 이론이 있을 수 있는 점, 이행권고결정에 대하여 피고가 이의신청을 한 경우에는 원고가 주장한 사실을 다툰 것으로 보고 있는 점 등을 고려할 때, 무변론판결에 적합하지 아니하다고 할 것이다[법원실무제요(Ⅱ), 365면].

Ⅴ. 무변론판결의 내용

소는 적법하므로 청구의 정당성이 문제된다. 사안에서는 주장 자체로 원고의 청구가 이유 없다고 볼만한 사유가 존재하지 않으므로 법원은 청구인용판결을 할 수 있다.

Ⅵ. 소송절차의 종결방법

무변론판결의 요건이 충족되어 법원은 원고청구를 인용하는 판결로써 소송절차를 종결시킬 수 있을 것이다.

법원이 이 소송의 변론기일을 지정하여 乙에게 기일통지서를 보냈음에도 乙이 불출석하였다면 법원은 乙이 甲의 청구를 인낙하였다고 보아 사건을 종결할 수 있는가?

해설

1. 문제점

(1) 위의 문제가 변론기일지정 전의 문제라면, 이 문제는 법원이 무변론판결을 하지 않고 변론기일을 지정한 후의 문제이다. 무변론판결의 문제가 필수적 변론의 원칙과 그 예외에 대한 문제라면 이 문제는 구술변론주의의 원칙과 그 예외에 관한 문제가 주요쟁점이 된다.

(2) 당사자의 결석, 즉 기일의 해태란 당사자가 적법한 기일통지를 받고도 필수적 변론기일에 불출석하거나 출석하여도 변론하지 않은 경우를 말한다. 한쪽 당사자가 기일에 결석하는 경우 우리 법은 그가 답변서·준비서면을 제출하였는가에 따라 그 효과로서 진술간주 또는 자백간주로 처리하는 대석판결주의를 택했다.

2. 청구인낙의 성립 여부

(1) 서면인낙

인낙의 경우에도 서면에 의한 진술간주를 인정할 수 있는지에 대해 종래 견해의 대립이 있었으나 개정법 제148조에서는 공증사무소의 인증을 받은 서면에 의한 포기·인낙, 화해를 인정했다. 서면에 의한 청구인낙제도는 소송수행의 의사가 없는 당사자에게 기일출석의 번거로움을 덜어주고 소송경제를 도모하기 위하여 2002년 개정법에 신설한 제도이다. 다만, 공증사무소의 인증을 그 요건으로 함으로써 피고가 경솔한 의사표시에 의하여 가혹한 불이익을 받는 것에 대비하고 소송경제를 함께 고려하고자 하였다.

(2) 사안의 경우

사안에서 乙이 제출한 甲의 청구를 인낙하는 청구인낙의 의사표시라 할 수 있다. 그러나 사안의 경우 직접 우체통에 넣었다고 하였고 인증은 없으므로 결국 서면에 의한 청구인낙은 인정될 수 없다.

3. 진술간주에 의한 재판상 자백 인정 여부와 소송종결가부

乙이 자백한 부분에 대해서 재판상 자백에 의한 원고의 청구를 인정할 수 있는지 문제된다. 이를 제150조에 의한 자백간주에 의하여 소송을 종결시킬 수 있다는 견해(자백간주설)가 있으나, 제148조 제1항에 따라 진술간주로 보아 재판상 자백을 인정하여야 할 것(제288조, 재판상 자백설)이다. 판례도 "민사소송법 제288조의 규정에 의하여 구속력을 갖는 자백은 재판상의 자백에 한하는 것이고, 재판상 자백이란 변론기일 또는 변론준비기일에서 당사자가 하는 상대방의 주장과 일치하는 자기에게 불리한 사실의 진술을 말하는 것으로서, 법원에 제출되어 상대방에게 송달된 답변서나 준비서면에 자백에 해당하는 내용이 기재되어 있는 경우라도 그것이 변론기일이나 변론준비기일에서 진술 또는 진술간주 되어야 재판상 자백이 성립한다(대판 2015.2.12. 2014다229870)."고 하여 재판상 자백설의 입장이다. 설문에서는 자백의 요건을 갖추었으므로, 재판상 자백에 의한 원고의 청구를 인용하여 소송을 종결할 수 있다.

甲은 乙을 상대로 대여금 1억 원의 지급을 구하는 소를 제기하였다. 乙은 위 소장부본을 송달받고 40일이 지난 후, 이미 甲의 채무를 모두 변제하였으므로 甲의 청구를 기각하여 달라는 취지의 답변서를 제출하였다. 그런데 법원은 그 후 甲의 청구를 전부 인용하는 무변론판결을 선고하였다. (견해의 대립이 있으면 대법원 판례에 따를 것)

물음 1) 법원의 위 무변론판결 선고의 당부 및 그 이유를 논하시오. (15점)

물음 2) 乙은 제1심 판결에 항소하면서 위 변제항변 외에 제1심 판결 절차에 위법이 있다는 주장도 하였다. 항소심은 변론절차를 진행하였으나 乙의 변제항변은 이유 없는 것으로 판명되었다. 그렇다면 항소심은 ① 제1심 판결 취소 및 원고 청구인용, ② 항소기각 중 어떠한 판결을 하여야 하고 그 이유는 무엇인지 논하시오. (환송판결은 하지 않는다고 가정) (15점)

Ⅰ. 물음 1)에 대하여

1. 무변론판결 선고의 당부

무변론판결을 선고할 수 없다.

2. 이유

제1심법원이 피고에게 소장의 부본을 송달하였을 때 피고가 원고의 청구를 다투는 경우에는 소장의 부본을 송달받은 날부터 30일 이내에 답변서를 제출하여야 하고(민사소송법 제256조 제1항), 법원은 피고가 답변서를 제출하지 아니한 때에는 청구의 원인이 된 사실을 자백한 것으로 보고 변론 없이 판결할 수 있으나, 판결이 선고되기까지 피고가 원고의 청구를 다투는 취지의 답변서를 제출한 경우에는 무변론판결을 할 수 없다(같은 법 제257조 제1항). 따라서 제1심법원이 피고의 답변서 제출을 간과한 채 민사소송법 제257조 제1항에 따라 무변론판결을 선고하였다면, 이러한 제1심판결의 절차는 법률에 어긋난 경우에 해당한다(대판 2020.12.10. 2020다 255085).

Ⅱ. 물음 2)에 대하여

1. 결론

항소기각을 하여야 한다.

2. 이유

(1) 판례

항소법원은 제1심판결의 절차가 법률에 어긋날 때에 제1심판결을 취소하여야 한다(같은 법 제417조). 따라서 제1심법원이 피고의 답변서 제출을 간과한 채 민사소송법 제257조 제1항에 따라 무변론판결을 선고함으로써 제1심판결 절차가 법률에 어긋난 경우 항소법원은 민사소송법 제417조에 의하여 제1심판결을 취소하여야 한다. 다만, 항소법원이 제1심판결을 취소하는 경우 반드시 사건을 제1심법원에 환송하여야 하는 것은 아니므로, 사건을 환송하지 않고 직접 다시 판결할 수 있다(대판 2020.12.10. 2020다255085).

(2) 사안의 경우

따라서 항소심 법원은 1심 판결을 취소하는 경우에 반드시 사건을 1심법원에 환송하여야 하는 것은 아니므로, 자판(自判)을 할 수 있다. 그러므로 사안에서 乙의 변제 항변은 이유 없는 것으로 판명되었으므로, 乙의 항소를 기각할 수 있다(제414조 제2항).

26 중복된 소제기의 금지

CONTENTS

소송상 상계의 주장이 허용되지 않는다고 볼 수는 없다(대판 2001.4.27. 2000다4050)."고 하고 있음
4) 검토
반소유도설
(4) 단일청구에 대한 확인청구와 이행청구
1) 문제점
2) 학설
① 제1설 - 동일사건 ×
② 제2설(제한적 부정설)은 이행의 소가 먼저 제기된 경우에는 동일사건, 확인의 소가 먼저 제기되고 이행의 소가 제기되는 경우에는 보다 큰 요구인 집행력 있는 판결은 바라는 것이므로 동일사건 ×
∴ 중복소송 ×
③ 제3설(긍정설)은 확인청구를 하다가 이행청구를 하는 것도 동일절차 내에서 청구취지확장으로 가능하므로 이는 동일사건이고 중복소송에 해당
④ 제4설은 소의 이익의 문제로 보아 확인의 소는 순서를 막론하고 권리보호이익이 없어 각하해야 한다는 견해(호문혁)
3) 판례
① 판례는 동일한 원고가 반복해서 소를 제기하는 사안은 아니지만, 채권자가 채무인수자를 상대로 제기한 채무이행청구소송(前訴) 중에 채무인수자가 채권자를 상대로 별소로 채무부존재확인소송을 제기한(後訴) 사안 - 확인의 이익 ×
② 하지만 원고가 제기한 손해배상채무부존재확인의 소에 대해 반소로 피고가 그 채무이행을 구하는 소를 제기한 사안 - 확인의 이익 ○
4) 검토
제2설(제한적 부정설)이 원칙적으로 타당. 이 때에 전소인 확인의 소를 어떻게 처리할 것인지 문제이지만 이미 확인의 소가 본안판단을 하기에 성숙하였으면 본안판결로 종결할 것(이시윤)
(5) 일부청구와 중복소제기의 금지
1) 학설
① 긍정설, ② 명시적 일부청구설, ③ 단일절차병합설(이시윤)

※ 최근에는 단일절차병합설이 잔부청구가 남소로 부적법하다고 보면서 변론병합 등을 해야 한다는 것은 모순이라고 하면서 이를 적법하다고 보고 이부, 이송, 변론병합 등의 단일절차를 시도해야 한다는 견해(호문혁)도 ○
2) 판례
명시적 일부청구설의 입장
3) 검토
중복소송긍정설은 상고심에서 청구취지확장이 불가능하므로 문제가 있고, 판례인 명시적 일부청구설도 일부청구임을 명시했다는 이유로 무조건 중복소송이 아니라는 입장이어서 분쟁의 일회적 해결에 반함. 따라서 중복소송에는 해당하지 않지만 남소로서 절차의 단일화를 시도해야 한다는 단일절차병합설이 타당
3. 전소계속중의 후소제기
(1) 전, 후 양소가 동일한 사건이면 전소와 같은 법원에 제기되었든 다른 법원에 제기되었든 상관 없음. 후소가 단일한 독립의 소일 것에 한하지 않으며, 다른 청구와 병합되어 있든지 다른 소송에서 소의 변경, 반소 또는 소송참가의 방법으로 제기되었든지 문제되지 ×
(2) 이 경우 전소는 소송요건을 구비하지 못한 부적법한 소라도 무방하나, 후소의 제소당시에 전소가 계속되어 있어도 후소의 변론종결시까지 취하, 각하 등에 의하여 그 계속에 소멸되면 중복소송에 해당하지 ×

Ⅲ. 효과
1. 소극적 소송요건이고 직권조사사항이므로, 이에 해당하면 판결로써 후소를 각하
2. 중복소송에 해당하는 후소에 대한 본안판결은 위법하므로 상소로 다툴 수 있고, 후소의 판결이 전소보다 먼저 확정된 경우에는 후소의 기판력이 전소를 구속함
3. 그리고 전후 양소가 모두 확정된 경우에는, 기판력이 서로 모순·저촉되었을 때 어느 것이 먼저 제소되었는지와 관계없이 먼저 확정된 판결이 효력이 있고 뒤에 확정된 판결이 재심의 소에 의하여 취소됨(제451조 제1항 제10호)

4. 다만, 재심판결에 의해 취소되기까지는 뒤의 판결도 당연무효 ×. 이 경우 어느 판결이 우선하는지가 문제되는데, 전소판결이 우선한다는 견해와 후소판결이 우선한다는 견해(이시윤)가 대립

Ⅳ. 국제적 중복소제기(국제소송의 경합)
1. 문제점
제259조의 '법원'에 외국법원을 포함하는지가 핵심

2. 학설
(1) 제259조 부적용설(규제소극설)
(2) 제259조 적용설
(3) 승인예측설
(4) 비교형량설(조리설)
3. 검토
승인예측설이 타당(강현중)

소제기의 효과 변리사 21회

Ⅰ. 소송계속

1. 의의

특정한 청구에 대하여 법원에 판결절차가 현실적으로 존재하는 상태, 즉 법원이 판결하는데 필요한 행위를 할 수 있는 상태를 소송계속이라고 한다.

2. 발생시기

(1) 독일과 달리 우리나라는 이에 관한 명문의 규정은 없다.

(2) 소장제출시설이 있으나, 소송법률관계가 법원·원고·피고 사이의 삼면적 법률관계라고 본다면, 이와 같은 소송법률관계는 피고에게 소장부본이 송달됨으로써 성립되기 때문에, 소송계속의 발생시기는 소장부본의 송달시로 볼 것이다(소장부본송달시설; 통설·판례).

3. 효과

소송계속의 효과로는 중복소제기의 금지(제259조), 소송참가(제71조, 제82조, 제83조), 소송고지(제84조)의 기회가 생기게 되고, 관련청구의 재판적이 인정된다(제79조, 제264조, 제269조).

4. 종료

(1) 소송계속은 소장의 각하, 판결의 확정, 화해조서, 청구의 포기·인낙조서의 작성 또는 소의 취하·취하간주 등에 의하여 소멸된다.

(2) 선택적 병합이나 예비적 병합의 경우에 어느 한 청구를 인용한 판결이나 주위적 청구를 인용한 판결이 확정되면 심판을 받지 않는 다른 청구나 예비적 청구는 소급적으로 소송계속이 소멸된다.

(3) 소송계속종료의 효력을 다투어 기일지정신청을 한 경우 그 이유가 없거나 소송계속의 종료를 간과한 채 심리를 진행한 경우에는 판결로써 소송종료선언을 해야 한다(민사소송규칙 제67조).

Ⅱ. 중복된 소제기의 금지 사시 17·22회, 변리사 30·34회, 노무사 5회

1. 의의 및 취지

(1) 중복소제기의 금지는 법원에 계속되어 있는 사건에 대하여 당사자는 다시 소를 제기하지 못한다는 것을 이른다(제259조). 보전처분에도 준용이 된다(대결 2018.10.4. 2017마6308).[51]

(2) 이 제도의 취지는 기판력 있는 판결의 모순, 저촉을 방지함으로서 소송경제를 실현하는데 있다(제451조 제1항 제10호).

2. 해당요건

(1) 당사자의 동일

1) 당사자가 동일해도 원고와 피고가 전소와 후소에서 서로 바뀌어도 무방하다. 예를 들어, 전소에서의 원고가 후소에서는 피고가 되어도 된다.[52] 다만, 당사자가 동일하여도 소송물이 다르면, 전소와 후소가 동일사건이라고 할 수 없다. 예를 들어, 원고와 피고가 서로 상대방에 대하여 자기의 소유권의 확인을 구하는 소를 제기하는 것은 동일한 사건이 아니다(다수설).[53]

2) 기판력이 확장되는 경우

전·후소의 당사자가 같지 아니하여도, 후소의 당사자가 기판력의 확장으로 전소 판결의 효력을 받는 경우에는 동일한 당사자이다. 예를 들어, 선정당사자가 소를 제기한 뒤에 선정자가 별소를 제기한 경우에는 동일한 당사자가 되어 중복소송에 해당한다. 이 경우 법정소송담당 중에서 병행형인 채권자대위소송이 문제된다.

3) 채권자대위소송과 중복소제기의 금지

① 중복소제기의 금지(법 제259조)

㉠ 전소의 소송계속 중 후소제기, ㉡ 당사자 동일, ㉢ 소송물 동일이라는 요건이 필요한 바, 채권자대위소송은 특히 ㉡ 당사자 동일의 요건에서 채무자와 채권자가 동일한 당사자인지 문제된다. 경우를 나누어 살펴본다.

---

51) 보전처분 신청에 관하여도 중복된 소제기에 관한 민사소송법 제259조의 규정이 준용되어 중복신청이 금지된다. 이 경우 보전처분 신청이 중복신청에 해당하는지 여부는 후행 보전처분 신청의 심리종결 시를 기준으로 판단하여야 하고, 보전명령에 대한 이의신청이 제기된 경우에는 이의소송의 심리종결 시가 기준이 된다.

52) 예를 들어, 甲이 乙 상대의 소유권확인청구에 乙이 甲 상대의 소유권부존재확인청구를 하는 경우를 말한다.

53) 전소의 기각판결은 전소의 원고의 권리를 부인하는 것일 뿐 전소의 피고의 권리를 확인하는 것은 아니기 때문이라는 것을 그 논거로 한다. 그러나 이에 대하여는 중복소제기금지의 원칙은 기판력의 모순·저촉을 방지하는 데 주요한 취지가 있다고 보고, <u>원고가 피고를 상대로 물건에 대한 소유권확인소송을 제기하였는데 피고도 별소로 원고를 상대로 동일물에 관하여 소유권확인소송을 제기한 경우에는 전·후 양소가 모순관계에 있으므로 중복소제기금지의 원칙을 적용하여야 할 것</u>이라는 견해도 있다. 생각건대 동일성문제는 제2의 소송의 판결과 제1의 소송의 판결이 동일한 기판력 작용을 가지는가, 또한 원고가 소로서 얻고자 하는 권리보호도 동일한가 라는 관점에서 조사하여야 한다고 본다. 다시 말하면 전소의 판결이 후소의 판결을 무익하게 만들 경우에 대하여만 동일 사건으로 판정할 수 있다. 따라서 중복소송이 아니라고 하는 다수설의 입장이 타당하다. 그러나 <u>법원은 이부, 이송 또는 변론의 병합에 의하여 단일 소송절차로 병합심리하려고 노력함이 판결의 모순, 저촉을 막을 수 있는 한 방법이 될 것</u>이다.

② 채권자대위소송 계속 중에 채무자가 제3채무자에게 소를 제기한 경우

　㉠ 학설

　　ⓐ 채권자대위소송이 법정소송담당이 아니라는 유력설을 전제로 이는 당사자가 동일한 소가 아니므로 중복소송에 해당하지 않는다는 부정설(호문혁), ⓑ 법정소송담당설을 전제로 기판력은 법정안정성이 취지이나 중복소제기의 금지는 판결의 모순·저촉 방지가 취지여서 이 둘은 취지가 다르므로, 기판력의 경우와는 달리 채무자가 대위소송의 계속을 알든 모르든 중복소송에 해당한다는 긍정설(정동윤, 강현중), ⓒ 법정소송담당설을 전제로 하면서도 기판력의 경우와 일치하려면 채무자가 대위소송의 계속을 아는 경우에 한해 중복소송에 해당하고, 알지 못하는 경우에는 대위소송의 계속 중임을 알려 그 소송에 참가의 기회를 제공하고 채무자의 소를 각하해야 한다는 한정적 긍정설이 있다.

　㉡ 판례

　　"채권자가 채무자를 대위하여 제3채무자를 상대로 제기한 채권자대위소송이 법원에 계속 중 채무자와 제3채무자 사이에 채권자대위소송과 소송물을 같이하는 내용의 소송이 제기된 경우, 양 소송은 동일소송이므로 후소는 중복소제기의 금지 원칙에 위배되어 제기된 부적법한 소송이라 할 것이나, 이 경우 전소, 후소의 판별기준은 소송계속의 발생시기의 선후에 의할 것이다."라고 하여 긍정설의 입장이다.

　㉢ 검토

　　법정소송담당을 부정하는 부정설은 타당하지 못하고, 한정적 긍정설도 채권자대위소송의 계속 중인 경우에는 채무자의 소를 각하하여도 채무자는 대위소송에 참가할 수 있어 채무자의 절차보장에 문제가 없고, 기판력과 중복소제기금지의 취지는 다르므로 타당하지 못하다. 따라서 긍정설이 타당하다.

③ 채무자의 제3채무자에 대한 소송이 계속 중인데 채권자대위소송이 제기된 경우

　㉠ 학설

　　ⓐ 법정소송담당을 부정하는 유력설을 전제로 이 경우는 대위요건 중 '권리자의 권리불행사'의 요건이 미비된 경우이므로 대위소송을 기각해야 한다는 견해(호문혁)도 있으나, ⓑ 법정소송담당설의 입장에서 이는 당사자가 동일한 경우이므로 중복소송에 해당한다는 견해가 통설이다.

　㉡ 판례

　　"채권자가 채무자를 상대로 제기한 소송이 계속 중 제3자가 채권자를 대위하여 같은 채무자를 상대로 청구취지 및 원인을 같이하는 내용의 소송을 제기한 경우에는 양 소송은 동일소송이므로 후소는 중복제소금지 규정에 저촉된다(대판 1981.7.7. 80다2751)."고 하여 통설의 입장이다. 다만, "채권자대위권은 채무자가 제3채무자에 대한 권리를 행사하지 아니하는 경우에 한하여 채권자가 자기의 채권을 보전하기 위하여 행사할 수 있는 것이기 때문에 채권자가 대위권을 행사할 당시 이미 채무자가 그 권리를 재판상 행사하였을 때에는 설사 패소의 확정판결을 받았더라도 채권자는 채무자를 대위하여 채무자의 권리를 행사할 당사자적격이 없다(대판 2009.3.12. 2008다65839; 대판 1993.3.26. 92다32876)."고 하여 당사자적격 흠결로 보아 각하하는 경향이다(이시윤).

ⓒ 검토

법정소송담당을 긍정한다면 이 경우에도 당사자 동일의 요건이 충족되므로 중복소송에 해당한다는 통설·판례가 타당하다.

④ 채권자대위소송이 계속 중인데 또 다른 채권자가 채권자대위소송을 제기한 경우

㉠ 학설

ⓐ 법정소송담당을 부정하는 견해를 전제로 이 경우는 채권자 사이에 기판력이 미치는 사이가 아니라 채권자 상호 간에 반사적 효력이 미치므로 중복소송이라 하여 각하하는 것보다 오히려 변론을 병합하여 유사필수적 공동소송으로 처리하는 것이 논리에 맞고 소송경제에도 부합한다고 하는 견해(호문혁), ⓑ 중복소제기 금지의 취지는 판결의 모순·저촉 방지에 있으므로 채무자의 지·부지를 불문하고 다른 채권자의 대위소송을 각하해야 한다는 긍정설, ⓒ 채무자가 채권자대위소송을 하는 것을 알았을 때에 다시 다른 채권자가 제기한 대위소송은 중복소송이 된다는 한정적 긍정설이 있다.

㉡ 판례

"채권자대위소송의 계속 중 다른 채권자가 같은 채무자를 대위하여 같은 제3채무자를 상대로 법원에 출소한 경우 두개 소송의 소송물이 같다면 후소는 중복제소금지의 원칙에 위배하여 제기된 부적법한 소송으로서 각하를 면할 수 없다(대판 1989.4.11. 87다카3155)."고 하여 긍정설의 입장이다.

ⓒ 검토

법정소송담당을 부정하는 부정설은 타당하지 못하고, 채무자의 지·부지를 불문하고 각하하여도, 다른 채권자는 채권자대위소송에 참가할 수 있어 절차보장에 문제가 없으므로, 한정적 긍정설도 타당하지 못하다. 따라서 긍정설이 타당하다.

(2) 사건의 동일

1) 이 경우는 소송물이론에 따라 다르다. 예를 들어, 채무불이행을 이유로 1억 원의 손해배상청구의 소를 제기하여 소송계속 중 불법행위를 이유로 같은 1억 원의 손해배상청구의 소를 제기한 경우에 구이론은 소송물이 다르므로 중복소송이 되지 않는다고 하지만, 신이론은 소송물이 동일하므로 중복소송에 해당한다고 본다.

2) 특히 소송물은 아니지만 상계항변, 확인소송 계속 중 이행의 소를 제기한 경우 등이 중복소송에 해당하는지가 문제된다.

3) 상계의 항변

① 문제점

소송상의 상계의 항변은 공격방어방법이면서도 출혈적인 예비적 항변의 성질을 가진다는 점, ㉡ 기판력이 생긴다는 점(법 제216조 제2항)에서 소제기의 성질을 가진다. 따라서 보통의 항변과는 달리 상계항변을 하면서 별소로써 그 채권의 청구를 하는 경우 또는 반대의 경우에, 중복소송에 걸리지 않고 별소가 허용되느냐가 판결의 모순·저촉 방지라는 중복소제기금지의 취지와 관련해 문제된다.

TIP 특히, 최근에는 상계항변을 먼저 한 경우를 상계선행형이라 하고, 먼저 별소를 제기하고 있는 경우를 별소선행형이라고 부르는 견해가 있다(전병서).

② 학설

㉠ 적극설(중복소송부정설)은 비록 상계의 항변이 기판력이 생기는 등 소제기의 성질도 있으나 엄연히 소송물이 아닌 공격방어방법이므로 별소가 허용된다고 한다(송상현, 김홍규).

㉡ 소극설(중복소송긍정설)은 상계의 항변이 기판력이 생긴다는 점에서 이는 중간확인의 반소의 성질을 지니며 적극적으로 풀이할 때 하나의 채권에 대해 심리의 중복·기판력 있는 판결의 모순저촉의 염려가 생기므로 허용될 수 없다고 하거나, 중복제소의 금지를 준용할 수 있다고 한다(강현중).

㉢ 반소병합설은 상계의 항변은 예비적 항변의 성질 때문에 법원의 판단이 날지 안 날지 불확실하므로 피고의 권리보호를 위해 원칙적으로 소제기는 허용되나, 이미 계속 중인 소송에서 상계항변으로 제공된 반대채권에 대해서는 별도의 소제기를 금하고 기왕의 소송에서 반소를 제기하도록 유도해야 한다고 한다. 다만, 피고가 별도의 소를 제기했을 경우에는 바로 소를 각하할 것이 아니라 별소를 소송의 이부, 이송 또는 변론의 병합에 의해 기왕의 소송에 몰아서 그 절차의 반소로 병합되도록 노력해야 한다고 한다는 견해이다(이시윤, 정동윤).

㉣ 상계항변의 성격으로 구분하는 설은 이부, 이송 등으로 병합하여 심리하도록 하되, 그것이 불가능하면 경우를 나누어 전소의 상계항변이 예비적이면 후소를 적법한 소로 허용하고, 무조건적인 것이면 중복소송으로 처리하는 것이 가장 부작용이 없다는 견해이다(호문혁).

㉤ 변론을 중지하자는 설은 어느 한쪽의 변론을 중지하여 자동채권에 대한 이중의 심판을 방지하고자 하는 견해로 독일 민사소송법(ZPO §148)의 입장이다(방순원).

③ 판례

원고가 피고에게 별소로 손해배상청구가 계속 중이었으나 다른 소에서 그 별소로 계속 중인 손해배상채권에 기해 상계의 항변을 한 사안에서 "별소로 계속 중인 채권을 자동채권으로 하는 소송상 상계의 주장은 허용된다(대판 1965.12.1. 63다848)."고 하고, "상계의 항변을 제출할 당시 이미 자동채권과 동일한 채권에 기한 소송을 별도로 제기하여 계속 중인 경우, 사실심의 담당재판부로서는 전소와 후소를 같은 기회에 심리·판단하기 위하여 이부, 이송 또는 변론병합 등을 시도함으로써 기판력의 저촉·모순을 방지함과 아울러 소송경제를 도모함이 바람직하였다고 할 것이나, 그렇다고 하여 특별한 사정이 없는 한 별소로 계속 중인 채권을 자동채권으로 하는 소송상 상계의 주장이 허용되지 않는다고 볼 수는 없다(대판 2001.4.27. 2000다4050)."고 하여 중복소송부정설의 입장이다.

④ 검토

상계의 항변이 소제기의 실질을 가진다는 점은 부정할 수 없으나 ㉠ 판단의 불확실성, ㉡ 엄밀하게는 공격·방어방법이라는 점을 중시하여 소제기가 허용되지만(원칙적으로 적극설에 찬성) 법원의 입장에서는 소송경제를 위해 기왕의 소송에서 반소로 유도함이 타당하다고 보여진다. 그리고 별소로 제기되었을 때에도 바로 각하할 것이 아니라 소송의 이부, 이송, 변론의 병합 등으로 그 절차의 반소로 병합되도록 노력함이 타당하다고 본다(반소병합설).

4) 채권자취소소송과 중복소제기의 금지

① 통설

채권자취소권은 채권자 고유의 권리이므로, 채권자취소소송의 경합은 중복소송이 아니라고 한다.

② 판례

㉠ 판례는 "채권자취소권의 요건을 갖춘 각 채권자는 <u>고유의 권리로서</u> 채무자의 재산처분 행위를 취소하고 그 원상회복을 구할 수 있는 것이므로 각 채권자가 동시 또는 이시에 채권자취소 및 원상회복소송을 제기한 경우 <u>이들 소송이 중복제소에 해당하는 것이 아니다.</u> 어느 한 채권자가 동일한 사해행위에 관하여 채권자취소 및 원상회복청구를 하여 승소판결을 받아 그 판결이 확정되었다는 것만으로 그 후에 제기된 다른 채권자의 동일한 청구가 권리보호의 이익이 없어지게 되는 것은 아니고, 그에 기하여 재산이나 가액의 회복을 마친 경우에 비로소 다른 채권자의 채권자취소 및 원상회복청구는 <u>그와 중첩되는 범위 내에서 권리보호의 이익이 없게 된다</u>(대판 2003.7.11. 2003다19558)."고 판시한다. 채권자취소소송을 하는 채권자는 채권자대위소송의 경우처럼 소송담당자는 아니기 때문에 양자 간의 구별은 당연하며, 따라서 판례의 입장은 옳다(이시윤).

㉡ 그리고 최근에는 "채권자가 사해행위취소 및 원상회복청구를 하면서 보전하고자 하는 채권을 추가하거나 교환하는 것은 사해행위취소권과 원상회복청구권을 이유 있게 하는 공격방법에 관한 주장을 변경하는 것일 뿐이지 소송물 또는 청구 자체를 변경하는 것이 아니므로, <u>채권자가 보전하고자 하는 채권을 달리하여 동일한 법률행위의 취소 및 원상회복을 구하는 채권자취소의 소를 이중으로 제기하는 경우 전소와 후소는 소송물이 동일하다고 보아야 하고,</u> 이는 전소나 후소 중 어느 하나가 승계참가신청에 의하여 이루어진 경우에도 마찬가지이다(대판 2012.7.5. 2010다80503)."고 판시한다.

5) 단일청구에 대한 확인청구와 이행청구

① 문제점

원칙적으로 청구취지가 다르면 신·구소송물이론을 가리지 않고 소송물이 다르므로, 이는 중복제소에 해당하지 않지만 심리의 중복과 판결의 모순, 저촉 방지라는 중복소제기 금지의 취지상 그 기초를 이루는 권리관계가 동일한 경우에 중복소송이냐가 문제된다.

② 학설

㉠ 제1설은 이행의 소에 대한 청구기각이 반드시 청구권의 부존재에 기한 것은 아니므로(예 기한미도래로 현재의 이행청구가 기각되는 경우), 어느 소송이 선행하더라도 중복소송에 있어서 동일사건이 아니라고 한다.

㉡ 제2설(제한적 부정설)은 이행의 소가 먼저 제기된 경우에는 동일사건이지만 확인의 소가 먼저 제기되고 이행의 소가 제기되는 경우에는 보다 큰 요구인 집행력 있는 판결은 바라는 것이므로 동일사건이 아니어서 중복소송이 아니라고 한다.

㉢ 제3설(긍정설)은 확인청구를 하다가 이행청구를 하는 것도 동일절차 내에서 청구취지확장으로 가능하므로 이는 동일사건이고 중복소송에 해당한다고 한다.

㉣ 제4설은 청구취지가 다르므로 이를 중복소송의 문제가 아니라 소의 이익의 문제로 보아 확인의 소는 순서를 막론하고 권리보호이익이 없어 각하해야 한다는 견해(호문혁)이다.

③ 판례

　㉠ 판례는 동일한 원고가 반복해서 소를 제기하는 사안은 아니지만, 채권자가 채무인수자를 상대로 제기한 채무이행청구소송[전소(前訴)] 중에 채무인수자가 채권자를 상대로 별소로 채무부존재확인소송을 제기한[후소(後訴)] 사안에서 "전소와 후소는 청구취지와 청구원인이 서로 다르므로 중복소송에 해당되지 않지만, 후소인 채무부존재확인소송은 소의 이익이 없어 각하 해야한다(대판 2001.7.24. 2001다22246)."고 판시하였다.

　㉡ 하지만 원고가 제기한 손해배상채무부존재확인의 소에 대해 반소로 피고가 그 채무이행을 구하는 소를 제기한 사안에서는 "소송요건을 구비하여 적법하게 제기된 본소가 그 후에 상대방이 제기한 반소로 인하여 소송요건에 흠결이 생겨 다시 부적법하게 되는 것은 아니므로, 원고가 피고들에 대하여 위 교통사고와 관련한 손해배상채무의 부존재확인을 구할 이익이 있어 본소로 그 확인을 구하였다면, 피고가 그 후에 그 손해배상채무의 이행을 구하는 반소를 제기하였다 하더라도 그러한 사정만으로 본소청구에 대한 확인의 이익이 소멸하여 본소가 부적법하게 된다고 볼 수는 없다(대판 1999.6.8. 99다17401 · 17418)."고 하고 있다.

　㉢ 최근에는 "반소청구에 본소청구의 기각을 구하는 것 이상의 적극적 내용이 포함되어 있지 않다면 반소청구로서의 이익이 없고, 어떤 채권에 기한 이행의 소에 대하여 동일 채권에 관한 채무부존재확인의 반소를 제기하는 것은 그 청구의 내용이 실질적으로 본소청구의 기각을 구하는 데 그치는 것이므로 부적법하다(대판 2007.4.13. 2005다40709 · 40716)."고 하였다.

　㉣ 그리고 "민사소송법 제271조는 본소가 취하된 때에는 피고는 원고의 동의 없이 반소를 취하할 수 있다고 규정하고 있고, 이에 따라 원고가 반소가 제기되었다는 이유로 본소를 취하한 경우 피고가 일방적으로 반소를 취하함으로써 원고가 당초 추구한 기판력을 취득할 수 없는 사태가 발생할 수 있는 점을 고려하면, 위 법리와 같이 반소가 제기되었다는 사정만으로 본소청구에 대한 확인의 이익이 소멸한다고는 볼 수 없고, 달리 판례변경의 필요가 있다고 보이지 아니한다(대판 2010.7.15. 2010다2428 · 2435)."고 한다.

④ 검토

　중복소송이 아니라는 제1설은 사실상 심판의 모순 · 저촉을 가져올 수 있어 중복소송금지의 취지에 어긋나고, 제3설도 상고심에서는 청구취지의 확장이 불가능하므로 타당하지 못하다. 그리고 제4설도 기초적 권리관계가 동일한 경우 이는 동일사건의 문제로 보는 것이 타당하다. 따라서 제2설(제한적 부정설)이 원칙적으로 타당하다. 이때에 전소인 확인의 소를 어떻게 처리할 것인지 문제이지만 이미 확인의 소가 본안판단을 하기에 성숙하였으면 본안판결로 종결할 것이다(이시윤).

6) 일부청구와 중복소제기의 금지

① 학설

학설은 ㉠ 일부청구의 계속 중 잔부청구를 하는 것은 동일소송절차에서 청구취지의 변경으로 가능하다고 하여 중복소송이 된다는 긍정설, ㉡ 소송물에 관한 절충설을 전제로 일부청구임을 명시한 경우에 별소로 잔부를 청구하는 것은 중복소송이 아니지만 명시하지 않은 경우에는 중복소송이 된다는 명시적 일부청구설, ㉢ 이는 원칙적으로 중복소송이 되지 않지만 사실심에서 청구취지확장이 가능한데도 별소로 잔부를 청구하는 것은 남소이므로 이를 이부, 이송, 변론의 병합에 의해 절차의 단일화를 시도해 보고, 그것이 잘 안 될 때에는 후소를 각하해야 한다는 단일절차병합설(이시윤)이 있다.

> ⓣⓘⓟ 최근에는 단일절차병합설이 잔부청구가 남소로 부적법하다고 보면서 변론병합 등을 해야 한다는 것은 모순이라고 하면서 이를 적법하다고 보고 이부, 이송, 변론병합 등의 단일절차를 시도해야 한다는 견해(호문혁)도 있다.

② 판례

판례는 "전 소송에서 불법행위를 원인으로 치료비청구를 하면서 일부만을 특정하여 청구하고 그 이외의 부분은 별도소송으로 청구하겠다는 취지를 명시적으로 유보한 때에는 그 전소송의 소송물은 그 청구한 일부의 치료비에 한정되는 것이고 전 소송에서 한 판결의 기판력은 유보한 나머지 부분의 치료비에까지는 미치지 아니한다 할 것이므로 전 소송의 계속 중에 동일한 불법행위를 원인으로 유보한 나머지 치료비청구를 별도소송으로 제기하였다 하더라도 중복제소에 해당하지 아니한다(대판 1985.4.9. 84다552)."고 하여 명시적 일부청구설의 입장이다.

③ 검토

중복소송긍정설은 상고심에서 청구취지확장이 불가능하므로 문제가 있고, 판례인 명시적 일부청구설도 일부청구임을 명시했다는 이유로 무조건 중복소송이 아니라는 입장이어서 분쟁의 일회적 해결에 반한다. 따라서 중복소송에는 해당하지 않지만 남소로서 절차의 단일화를 시도해야 한다는 단일절차병합설이 타당하다고 본다.

7) 중복된 소제기금지의 확대시도

① 내용

기존의 통설·판례는 중복소송의 범위, 즉 사건의 의미를 소송물의 의미로 이해하고 있으나, 최근에는 사건의 의미를 소송물의 범위 보다 넓게 이해하여 ㉠ 양소에 있어서 사실관계 내지 그 자료가 공통하여 청구의 기초에 동일성이 있다고 인정되는 경우, ㉡ 두 개의 사건의 쟁점이 공통인 경우에는 동일사건으로 보자는 견해가 유력하게 주장되고 있다. 즉, 이 경우에는 청구취지확장이나 반소를 제기해야 한다고 본다. 예를 들어, ㉠ 매매의 효력이 주요쟁점으로 된 경우에 매수인이 목적물인도청구를 하고 있는데 매도인은 이전등기말소청구를 별소로 청구하는 경우, ㉡ 소유권에 기한 등기말소청구소송이 계속 중인데 동일부동산에 대한 소유권확인청구를 별소로 제기한 경우 등이 이에 해당한다.

② 최근 논의

최근 EU재판소는 핵심에 있어서 같은 생활사실관계를 바탕으로 한 같은 분쟁의 경우 서로 모순되는 재판의 방지를 위해 같은 소송물로 보아 중복소송문제로 보자는 핵심점이론(Kernpunkt)을 취하고 있다. 즉, 이행의 소와 확인의 소, 이행의 소와 선결적 법률관계의 확인의 소는 소제기 전후 순서에 불구하고, 소송물이 같다는 견해이다(Rosenberg; Schwab; Gottwald).

(3) 전소계속중의 후소제기

1) 전, 후 양소가 동일한 사건이면 전소와 같은 법원에 제기되었든 다른 법원에 제기되었든 가리지 않는다. 후소가 단일한 독립의 소일 것에 한하지 않으며, 다른 청구와 병합되어 있든지 다른 소송에서 소의 변경, 반소 또는 소송참가의 방법으로 제기되었든지 문제되지 않는다.

2) 이 경우 전소는 소송요건을 구비하지 못한 부적법한 소라도 무방하나 후소의 소제기 당시에 전소가 계속되어 있어도 후소의 변론종결시까지 취하, 각하 등에 의하여 그 계속에 소멸되면 중복소송에 해당하지 않는다.[54] 따라서 당사자와 소송물이 동일한 소송이 시간을 달리하여 제기된 경우 전소가 후소의 변론종결시까지 취하·각하 등에 의하여 소송계속이 소멸되지 않으면 후소는 중복제소금지에 위반하여 제기된 소송으로서 부적법하다(대판 2017.11.14. 2017다23066).

3) 추심의 소제기와 중복소송(대판 2013.12.18. 2013다202120 전합)

채무자가 제3채무자를 상대로 제기한 이행의 소가 이미 법원에 계속되어 있는 상태에서 압류채권자가 제3채무자를 상대로 제기한 추심의 소의 본안에 관하여 심리·판단한다고 하여, 제3채무자에게 불합리하게 과도한 이중 응소의 부담을 지우고 본안 심리가 중복되어 당사자와 법원의 소송경제에 반한다거나 판결의 모순·저촉의 위험이 크다고 볼 수 없다. 압류채권자는 채무자가 제3채무자를 상대로 제기한 이행의 소에 민사소송법 제81조, 제79조에 따라 참가할 수도 있으나, 채무자의 이행의 소가 상고심에 계속 중인 경우에는 승계인의 소송참가가 허용되지 아니하므로 압류채권자의 소송참가가 언제나 가능하지는 않으며, 압류채권자가 채무자가 제기한 이행의 소에 참가할 의무가 있는 것도 아니다. 채무자가 제3채무자를 상대로 제기한 이행의 소가 법원에 계속되어 있는 경우에도 압류채권자는 제3채무자를 상대로 압류된 채권의 이행을 청구하는 추심의 소[55]를 제기할 수 있고, 제3채무자를 상대로 압류채권자가 제기한 추심의 소는 채무자가 제기한 이행의 소에 대한 관계에서 민사소송법 제259조가 금지하는 중복된 소제기에 해당하지 않는다고 봄이 타당하다.[56]

---

54) 특허심판원에 계속 중인 심판(이하 "전심판"이라 한다)에 대하여 동일한 당사자가 동일한 심판을 다시 청구한 경우(이하 "후심판"이라 한다), 후심판의 심결 시를 기준으로 한 전심판의 심판계속 여부에 따라 후심판의 적법 여부를 판단하여야 한다(대판 2020.4.29. 2016후2317).

55) 집행채권의 부존재나 소멸은 집행채무자가 청구이의 소에서 주장할 사유이지 추심의 소에서 제3채무자인 피고가 이를 항변으로 주장하여 채무의 변제를 거절할 수 있는 것이 아니다(대판 1996.9.24. 96다13781).

56) 반대의견은 "채무자가 제3채무자를 상대로 먼저 제기한 이행의 소와 압류채권자가 제3채무자를 상대로 나중에 제기한 추심의 소는 비록 당사자는 다를지라도 실질적으로 동일한 사건으로서 후소는 중복된 소에 해당한다."고 본다. 즉, 전소가 소송요건을 갖추지 못한 부적법한 소라고 하더라도 전소의 소송 계속이 소멸하지 않는 한 그 소송 계속 중에 다시 제기된 후소는 중복된 소제기의 금지에 저촉되는 부적법한 소로서 각하를 면할 수 없다는 것이 그 이유이다.

3. 효과

(1) 소극적 소송요건, 직권조사사항

소극적 소송요건이고 직권조사사항이므로, 이에 해당하면 판결로써 후소를 각하한다.

(2) 전소계속 중 후소가 제기된 경우

중복소송에 해당하는 후소에 대한 본안판결은 위법하므로 상소로 다툴 수 있고, 후소의 판결이 전소보다 먼저 확정된 경우에는 후소의 기판력이 전소를 구속한다.

(3) 양소가 모두 확정된 경우

전후 양소가 모두 확정된 경우에는, 기판력이 서로 모순·저촉되었을 때 어느 것이 먼저 소제기 되었는지와 관계없이 먼저 확정된 판결이 효력이 있고 뒤에 확정된 판결이 재심의 소에 의하여 취소된다(제451조 제1항 제10호). 즉, 기판력 있는 전소판결과 저촉되는 후소판결이 그대로 확정된 경우에도 전소판결의 기판력이 실효되는 것이 아니고 재심의 소에 의하여 후소판결이 취소될 때까지 전소판결과 후소판결은 저촉되는 상태 그대로 기판력을 갖는 것이고 또한 후소판결의 기판력이 전소판결의 기판력을 복멸시킬 수 있는 것도 아니어서, 기판력 있는 전소판결의 변론종결 후에 이와 저촉되는 후소판결이 확정되었다는 사정은 변론종결 후에 발생한 새로운 사유에 해당되지 않으므로, 그와 같은 사유를 들어 전소판결의 기판력이 미치는 자 사이에서 전소판결의 기판력이 미치지 않게 되었다고 할 수 없다(대판 1997.1.24. 96다32706).

(4) 판결의 우선 여부

다만, 재심판결에 의해 취소되기까지는 뒤의 판결도 당연무효는 아니다. 이 경우 어느 판결이 우선하는지가 문제되는데, 전소판결이 우선한다는 견해(정동윤·유병현·김경욱)와 후소판결이 우선한다는 견해(이시윤)가 대립한다.

4. 국제적 중복소제기(국제소송의 경합)

(1) 문제점

동일사건에 대하여 외국법원에 소송계속 중임에도 국내법원에 다시 제소하는 경우나 그 반대의 경우가 중복소송에 해당하는 지가 문제된다. 이는 제259조의 '법원'에 외국법원을 포함하는지가 핵심이 된다.

(2) 학설

학설은 ① 제259조의 법원에 외국법원은 포함하지 않는다는 제259조 부적용설(규제소극설), ② 국제적 사건과 국내사건을 동일하게 취급하여 제259조의 법원에 외국법원도 포함한다는 제259조 적용설, ③ 외국법원의 판결이 장래 제217조에 의하여 우리나라에서 승인받을 가능성이 예측되는 경우에는 중복소송에 해당한다는 승인예측설, ④ 사안별로 어느 나라의 법정이 적절한 법정지인지를 비교형량하여 결정할 것으로, 만일 외국법원이 보다 적절한 법정지인에도 국내법원에 제소하면 중복소송에 해당한다는 비교형량설(조리설)이 있다.

(3) 판례

일제강점기하에 일본 정부에 의하여 강제징용 되어 일본국 내 기업에서 강제노동에 종사한 대한민국 국민이 위 기업을 상대로 불법행위로 인한 손해배상청구를 한 사안에서 "외국법원의 확정판결은 민사소송법 제217조 각 호의 요건을 모두 충족하면 우리나라에서 그 효력이 인정되고, 외국법원의 확정판결이 위 승인요건을 구비하는 경우에는 이와 동일한 소송을 우리나라 법원에 다시 제기하는 것은 외국법원의 확정판결의 기판력에 저촉되어 허용되지 않으므로, 외국법원에 소가 제기되어 있는 경우 그 외국법원의 판결이 장차 민사소송법 제217조에 의하여 승인받을 가능성이 예측되는 때에는 민사소송법 제259조에서 정한 소송계속으로 보아야 할 것이므로, 이와 동일한 사건에 대하여 우리나라 법원에 제소한다면 중복제소에 해당하여 부적법하다(부산지법 2007.2.2. 2000가합7960)."고 하였고, "일본판결 이유는 일제강점기의 강제동원 자체를 불법이라고 보고 있는 대한민국 헌법의 핵심적 가치와 정면으로 충돌하는 것이어서 이러한 판결 이유가 담긴 일본판결을 그대로 승인하는 결과는 그 자체로 대한민국의 선량한 풍속이나 그 밖의 사회질서에 어긋나는 것임이 분명하므로 우리나라에서 일본판결을 승인하여 효력을 인정할 수 없다(대판 2012.5.24. 2009다22549)."고 하여 승인예측설의 입장[57]이다.

(4) 검토

규제소극설(제259조 부적용설)은 국제화 시대에 문제가 있고, 제259조 적용설은 외국판결과 국내판결의 집행의 요건이 다르다는 점을 간과한 점에 문제가 있으며, 비교형량설은 법관의 주관적 재량에 지나치게 의존한다는 점에 문제가 있다. 따라서 비록 소송의 진행 중에 승인의 가능성을 완전히 예측하기는 곤란하다는 문제점이 있기는 하나, 기판력의 모순·저촉을 판결의 확정전의 단계에서 미리 방지한다는 중복소제기금지의 취지에 합당한 승인예측설이 타당하다(강현중).

---

[57] 민사소송법 제217조 제3호는 외국법원의 확정판결의 효력을 인정하는 것이 대한민국의 선량한 풍속이나 그 밖의 사회질서에 어긋나지 아니하여야 한다는 점을 외국판결 승인요건의 하나로 규정하고 있는데, 여기서 외국판결의 효력을 인정하는 것, 즉 외국판결을 승인한 결과가 대한민국의 선량한 풍속이나 그 밖의 사회질서에 어긋나는지는 그 승인 여부를 판단하는 시점에서 외국판결의 승인이 대한민국의 국내법 질서가 보호하려는 기본적인 도덕적 신념과 사회질서에 미치는 영향을 외국판결이 다룬 사안과 대한민국과의 관련성의 정도에 비추어 판단하여야 하고, 이때 그 외국판결의 주문뿐 아니라 이유 및 외국판결을 승인할 경우 발생할 결과까지 종합하여 검토하여야 한다. 일제강점기에 국민징용령에 의하여 강제징용되어 일본국 회사인 미쓰비시중공업 주식회사(이하 "구 미쓰비시"라고 한다)에서 강제노동에 종사한 대한민국 국민 甲 등이 구 미쓰비시가 해산된 후 새로이 설립된 미쓰비시중공업 주식회사(이하 "미쓰비시"라고 한다)를 상대로 국제법 위반 및 불법행위를 이유로 한 손해배상과 미지급 임금의 지급을 구한 사안에서, 甲 등이 미쓰비시를 상대로 동일한 청구원인으로 일본국에서 제기한 소송의 패소확정판결(이하 "일본판결"이라고 한다) 이유에는 일본의 한반도와 한국인에 대한 식민지배가 합법적이라는 규범적 인식을 전제로 하여 일제의 국가총동원법과 국민징용령을 한반도와 甲 등에게 적용하는 것이 유효하다고 평가한 부분이 포함되어 있는데, 대한민국 헌법 규정에 비추어 볼 때 일제강점기 일본의 한반도 지배는 규범적인 관점에서 불법적인 강점에 지나지 않고, 일본의 불법적인 지배로 인한 법률관계 중 대한민국의 헌법정신과 양립할 수 없는 것은 그 효력이 배제된다고 보아야 하므로, 일본판결 이유는 일제강점기의 강제동원 자체를 불법이라고 보고 있는 대한민국 헌법의 핵심적 가치와 정면으로 충돌하는 것이어서 이러한 판결 이유가 담긴 일본판결을 그대로 승인하는 결과는 그 자체로 대한민국의 선량한 풍속이나 그 밖의 사회질서에 어긋나는 것임이 분명하므로 우리나라에서 일본판결을 승인하여 효력을 인정할 수 없는데도, 이와 달리 본 원심판결에 법리오해의 위법이 있다(대판 2012.5.24. 2009다22549).

Ⅲ. 실체법상의 효과

1. 총설

소제기의 실체법상 효과로서 주된 것은 시효중단과 법률상의 기간(제척기간)준수의 효과(제265조), 연 12%의 소송이자의 발생이지만, 그 밖에 선의점유자의 악의의 의제(민법 제197조 제2항), 어음법상의 상환청구권의 소멸시효기간의 개시(어음법 제70조) 등의 효과가 따른다.

2. 시효의 중단

(1) 소제기에 의한 시효중단의 근거

① 권리관계의 존재 여부가 판결로 확정됨으로써, 계속된 사실상태가 법적으로 부정되는 점에 근거를 찾는 권리확정설도 있으나, ② 권리자가 권리 위에 잠자고 있지 않으며, 확고하게 권리를 행사하는 점에 근거를 구하는 권리행사설이 권리불행사에 대한 제재라는 시효제도의 취지상 타당하다고 보며, 통설 · 판례의 태도이기도 하다. 문제는 시효중단의 대상은 그 주장하는 권리관계인 소송물인 것이 원칙인데 소송에서 주장하는 공격방어방법도 이에 해당하는가이다.

(2) 응소행위가 시효중단에 포함되는지 여부

판례는 종래에는 공격방법으로 주장된 권리와는 달리 피고가 주장하는 방어방법에 대해서는 시효중단 효를 인정하지 않다가, 대법원 전원합의체 판결(대판 1993.12.21. 92다47861 전합)에서 "민법 제168조 제1호, 제170조 제1항에서 시효중단사유의 하나로 규정하고 있는 재판상의 청구라 함은, 통상적으로는 권리자가 원고로서 시효를 주장하는 자를 피고로 하여 소송물인 권리를 소의 형식으로 주장하는 경우를 가리키지만, 이와 반대로 시효를 주장하는 자가 원고가 되어 소를 제기한 데 대하여 피고로서 응소하여 그 소송에서 적극적으로 권리를 주장하고 그것이 받아들여진 경우도 마찬가지로 이에 포함되는 것으로 해석함이 타당하다."고 하여 이를 긍정하고 있다.[58] 다만, 민법 제168조 제1호에서 말하는 청구라 함은 권리자가 의무자를 상대로 청구하는 경우를 말하므로, 물상보증인이 그 피담보채무의 부존재 또는 소멸을 이유로 제기한 저당권설정등기 말소등기절차이행청구소송에서 채권자 겸 저당권자가 청구기각의 판결을 구하고 피담보채권의 존재를 주장하였다고 하더라도 이로써 직접 채무자에 대하여 재판상 청구를 한 경우로 볼 수는 없으므로 피담보채권의 소멸시효에 관하여 규정한 민법 제168조 제1호 소정의 '청구'에 해당하지 아니 한다(대판 2004.1.16. 2003다30890).

---

58) 시효를 주장하는 자가 원고가 되어 소를 제기한 경우에 있어서, 피고가 응소행위를 하였다고 하여 바로 시효중단의 효과가 발생하는 것은 아니고, 변론주의 원칙상 시효중단의 효과를 원하는 피고로서는 당해 소송 또는 다른 소송에서의 응소행위로서 시효가 중단되었다고 주장하지 않으면 아니 되고, 피고가 변론에서 시효중단의 주장 또는 이러한 취지가 포함되었다고 볼 만한 주장을 하지 아니하는 한, 피고의 응소행위가 있었다는 사정만으로 당연히 시효중단의 효력이 발생한다고 할 수는 없는 것이나, 응소행위로 인한 시효중단의 주장은 취득시효가 완성된 후라도 사실심 변론종결 전에는 언제든지 할 수 있다(대판 2003.6.13. 2003다17927 · 17934).

(3) 일부청구와 시효중단

판례는 과거에는 명시 여부를 불문하고 시효중단의 효력은 청구한 일부에만 미친다고 하다가(대판 1970. 4.14. 69다597; 대판 1975.2.25. 74다1557 등), ① "한 개의 채권 중 일부에 관하여만 판결을 구한다는 취지를 명백히 하여 소송을 제기한 경우에는 소제기에 의한 소멸시효중단의 효력이 그 일부에 관하여만 발생하고, 나머지 부분에는 발생하지 아니한다."고 하면서도, ② "비록 그중 일부만을 청구한 경우에도 그 취지로 보아 채권 전부에 관하여 판결을 구하는 것으로 해석된다면 그 청구액을 소송물인 채권의 전부로 보아야 하고, 이러한 경우에는 그 채권의 동일성의 범위 내에서 그 전부에 관하여 시효중단의 효력이 발생한다고 해석함이 상당하다(대판 1992.4.10. 91다43695)."고 한다. 그리고 "청구의 대상으로 삼은 채권 중 일부만을 청구한 경우에도 그 취지로 보아 채권 전부에 관하여 판결을 구하는 것으로 해석되는 경우에는 그 동일성의 범위 내에서 그 전부에 관하여 시효중단의 효력이 발생하고, 이러한 법리는 특정 불법행위로 인한 손해배상채권에 대한 지연손해금청구의 경우에도 마찬가지로 적용된다(대판 2001.9.28. 99다72521)."고 한다.

> **참조판례** **전소에서 부당이득금 중 일부만을 청구한 다음 후소에서 나머지를 청구하는 사건**
>
> 하나의 채권 중 일부에 관하여만 판결을 구한다는 취지를 명백히 하여 소송을 제기한 경우에는 소제기에 의한 소멸시효중단의 효력이 그 일부에 관하여만 발생하고, 나머지 부분에는 발생하지 아니하나, 소장에서 청구의 대상으로 삼은 채권 중 일부만을 청구하면서 소송의 진행경과에 따라 장차 청구금액을 확장할 뜻을 표시하고 당해 소송이 종료될 때까지 실제로 청구금액을 확장한 경우에는 소제기 당시부터 채권 전부에 관하여 판결을 구한 것으로 해석되므로, 이러한 경우에는 소제기 당시부터 채권 전부에 관하여 재판상 청구로 인한 시효중단의 효력이 발생한다. 소장에서 청구의 대상으로 삼은 채권 중 일부만을 청구하면서 소송의 진행경과에 따라 장차 청구금액을 확장할 뜻을 표시하였으나 당해 소송이 종료될 때까지 실제로 청구금액을 확장하지 않은 경우에는 소송의 경과에 비추어 볼 때 채권 전부에 관하여 판결을 구한 것으로 볼 수 없으므로, 나머지 부분에 대하여는 재판상 청구로 인한 시효중단의 효력이 발생하지 아니한다. 그러나 이와 같은 경우에도 소를 제기하면서 장차 청구금액을 확장할 뜻을 표시한 채권자로서는 장래에 나머지 부분을 청구할 의사를 가지고 있는 것이 일반적이라고 할 것이므로, 다른 특별한 사정이 없는 한 당해 소송이 계속 중인 동안에는 나머지 부분에 대하여 권리를 행사하겠다는 의사가 표명되어 최고에 의해 권리를 행사하고 있는 상태가 지속되고 있는 것으로 보아야 하고, 채권자는 당해 소송이 종료된 때부터 6월내에 민법 제174조에서 정한 조치를 취함으로써 나머지 부분에 대한 소멸시효를 중단시킬 수 있다. 한편 대법원은, 보통의 최고와는 달리 법원의 행위를 통해 이루어지는 소송고지로 인한 최고에 대하여는 당해 소송이 계속 중인 동안 최고에 의해 권리를 행사하고 있는 상태가 지속되는 것으로 보아 당해 소송이 종료된 때부터 6월 내에 민법 제174조에 정한 조치를 취함으로써 소멸시효를 중단시킬 수 있다는 점을 밝혀 왔다(대판 2020.2.6. 2019다223723).[59]

---

59) 선행소송의 소장에 '일부청구'라는 제목 하에 소송의 진행경과에 따라 장차 청구금액을 확장할 뜻을 표시하면서 우선 2,000,000원 및 이에 대한 지연손해금만을 청구하였으나, 선행소송이 종료될 때까지 청구금액을 확장하지 아니한 이상 나머지 부분에 대하여는 재판상 청구로 인한 시효중단의 효력이 발생하지 아니하고, 선행소송이 종료된 때로부터 6월이 지난 이후에야 나머지 부분의 지급을 구하는 이 사건 소송을 제기한 이상 나머지 부분에 대하여는 소멸시효가 완성되었다고 본 원심의 판단을 수긍한 사례

(4) 어음채권과 원인채권

원인채권의 지급을 확보하기 위한 방법으로 어음이 수수된 경우에 원인채권과 어음채권은 별개로서 채권자는 그 선택에 따라 권리를 행사할 수 있고, <u>원인채권에 기하여 청구를 한 것만으로는 어음채권 그 자체를 행사한 것으로 볼 수 없어 어음채권의 소멸시효를 중단시키지 못한다</u>. 원인채권의 지급을 확보하기 위한 방법으로 어음이 수수된 경우, 이러한 어음은 경제적으로 동일한 급부를 위하여 원인채권의 지급수단으로 수수된 것으로서 그 어음채권의 행사는 원인채권을 실현하기 위한 것일 뿐만 아니라, 원인채권의 소멸시효는 어음금 청구소송에 있어서 채무자의 인적항변 사유에 해당하는 관계로 채권자가 어음채권의 소멸시효를 중단하여 두어도 채무자의 인적항변에 따라 그 권리를 실현할 수 없게 되는 불합리한 결과가 발생하게 되므로, <u>채권자가 원인채권에 기하여 청구를 한 것이 아니라 어음채권에 기하여 청구를 하는 반대의 경우에는 원인채권의 소멸시효를 중단시키는 효력이 있다</u>고 봄이 상당하고, 이러한 법리는 채권자가 어음채권을 피보전권리로 하여 채무자의 재산을 가압류함으로써 그 권리를 행사한 경우에도 마찬가지로 적용된다(대판 1999.6.11. 99다16378).

3. 법률상의 기간준수

(1) 법률상의 기간이란 출소기간 그 밖의 청구를 위한 제척기간 등 권리나 법률상태를 보존하기 위하여 일정한 기간 안에 소를 제기하지 않으면 안 되며, 그것이 지나면 권리 등이 없어지게 되는 기간을 말한다. 민법상의 점유소송의 제소기간[60], 채권자취소소송[61], 상속회복소송[62]에 있어서 소제기 기간 등이 그 예이다.

(2) 제척기간준수의 범위도 시효중단의 범위와 마찬가지로 소송물인 권리관계와 일치하는 것이 원칙이다. 예를 들어, 제척기간 내에 명시적 일부청구를 한 채권에 터잡아 잔부를 확장하여도, 제척 기간 내에 청구한 수액을 초과한 부분의 청구는 제척기간의 도과로 소멸되었다고 할 것이다(명시설).

4. 효력발생 및 소멸시기

(1) 시효중단·법률상의 기간준수의 효력은 소의 제기시, 즉 소장을 법원에 제출한 때에 발생한다(제265조 전단). 특히 소송계속효과와는 달리 소장제출시에 발생하게 한 것은 법원이 피고에 대한 소장부본의 송달을 지연시킴으로써 소장부본의 송달 전에 시효완성이나 출소기간이 도과해버리는 원고의 불이익을 막자는데 있다.

(2) 다만, 시효중단, 기간준수의 효력은 소의 취하, 각하로 소급하여 소멸한다(민법 제170조 제1항). 그리고 민법 제168조 제1호, 제170조 제1항에서 시효중단사유의 하나로 규정하고 있는 재판상의 청구라 함은, 통상적으로는 권리자가 원고로서 시효를 주장하는 자를 피고로 하여 소송물인 권리를 소의 형식으로 주장하는 경우를 가리키지만, 이와 반대로 시효를 주장하는 자가 원고가 되어 소를 제기한 데 대하여 피고로서 응소하여 그 소송에서 적극적으로 권리를 주장하고 그것이 받아들여진 경우도 이에 포함되고, 위와 같은 응소행위로 인한 시효중단의 효력은 피고가 현실적으로 권리를 행사하여 응소한 때에 발생한다.

---

60) 민법 제204조 제3항, 제205조 제2항·제3항, 제206조 제2항

61) 민법 제406조 제2항

62) 민법 제999조

한편, 권리자인 피고가 응소하여 권리를 주장하였으나 그 소가 각하되거나 취하되는 등의 사유로 본안에서 그 권리주장에 관한 판단 없이 소송이 종료된 경우에도 민법 제170조 제2항을 유추적용하여 그때부터 6월 이내에 재판상의 청구 등 다른 시효중단조치를 취하면 응소시에 소급하여 시효중단의 효력이 있는 것으로 봄이 상당하다[63](대판 2010.8.26. 2008다42416 · 42423). 또한 민법 제170조 제1항에 규정하고 있는 '재판상의 청구'란 종국판결을 받기 위한 '소의 제기'에 한정되지 않고, 권리자가 이행의 소를 대신하여 재판기관의 공권적인 법률판단을 구하는 지급명령 신청도 포함된다고 보는 것이 타당하다. 그리고 민법 제170조의 재판상 청구에 지급명령 신청이 포함되는 것으로 보는 이상 특별한 사정이 없는 한, 지급명령 신청이 각하된 경우라도 6개월 이내 다시 소를 제기한 경우라면 민법 제170조 제2항에 의하여 시효는 당초 지급명령 신청이 있었던 때에 중단되었다고 보아야 한다(대판 2011.11.10. 2011다54686).

5. 관련 판례

(1) 채권자대위소송과 시효중단

원고가 채권자대위권에 기해 청구를 하다가 당해 피대위채권 자체를 양수하여 양수금청구로 소를 변경한 사안에서 "이는 청구원인의 교환적 변경으로서 채권자대위권에 기한 구 청구는 취하된 것으로 보아야 하나, 그 채권자대위소송의 소송물은 채무자의 제3채무자에 대한 계약금반환청구권인데 위 양수금청구는 원고가 위 계약금반환청구권 자체를 양수하였다는 것이어서 양 청구는 동일한 소송물에 관한 권리의무의 특정승계가 있을 뿐 그 소송물은 동일한 점, 시효중단의 효력은 특정승계인에게도 미치는 점, 계속 중인 소송에 소송목적인 권리 또는 의무의 전부나 일부를 승계한 특정승계인이 소송참가하거나 소송인수한 경우에는 소송이 법원에 처음 계속된 때에 소급하여 시효중단의 효력이 생기는 점, 원고는 위 계약금반환채권을 채권자대위권에 기해 행사하다 다시 이를 양수받아 직접 행사한 것이어서 위 계약금반환채권과 관련하여 원고를 '권리 위에 잠자는 자'로 볼 수 없는 점 등에 비추어 볼 때, 당초의 채권자대위소송으로 인한 시효중단의 효력이 소멸하지 않는다(대판 2010.6.24. 2010다17284).

(2) 소송고지와 시효중단

소송고지의 요건이 갖추어진 경우에 소송고지서에 고지자가 피고지자에 대하여 채무의 이행을 청구하는 의사가 표명되어 있으면 민법 제174조에 정한 시효중단사유로서의 최고의 효력이 인정된다. 나아가 시효중단제도는 제도의 취지에 비추어 볼 때 기산점이나 만료점을 원권리자를 위하여 너그럽게 해석하는 것이 바람직하고, 소송고지에 의한 최고는 보통의 최고와는 달리 법원의 행위를 통하여 이루어지는 것이므로 만일 법원이 소송고지서의 송달사무를 우연한 사정으로 지체하는 바람에 소송고지서의 송달 전에 시효가 완성된다면 고지자가 예상치 못한 불이익을 입게 된다는 점 등을 고려하면, 소송고지에 의한 최고의 경우에는 민사소송법 제265조를 유추 적용하여 당사자가 소송고지서를 법원에 제출한 때에 시효중단의 효력이 발생한다(대판 2015.5.14. 2014다16494).

---

[63] 응소행위에 대하여 소멸시효중단의 효력을 인정하는 것은 그것이 권리 위에 잠자는 것이 아님을 표명한 것에 다름 아닐 뿐만 아니라 계속된 사실상태와 상용할 수 없는 다른 사정이 발생한 때로 보아야 한다는 것에 기인한 것이므로, 채무자가 반드시 소멸시효완성을 원인으로 한 소송을 제기한 경우이거나 당해 소송이 아닌 전 소송 또는 다른 소송에서 그와 같은 권리주장을 한 경우이어야 할 필요는 없고, 나아가 변론주의 원칙상 피고가 응소행위를 하였다고 하여 바로 시효중단의 효과가 발생하는 것은 아니고 시효중단의 주장을 하여야 그 효력이 생기는 것이지만, 시효중단의 주장은 반드시 응소시에 할 필요는 없고 소멸시효기간이 만료된 후라도 사실심 변론종결 전에는 언제든지 할 수 있다.

(3) 지급명령과 시효중단

민사소송법 제472조 제2항은 "채무자가 지급명령에 대하여 적법한 이의신청을 한 경우에는 지급명령을 신청한 때에 이의신청된 청구목적의 값에 관하여 소가 제기된 것으로 본다."라고 규정하고 있는바, 지급명령 사건이 채무자의 이의신청으로 소송으로 이행되는 경우에 지급명령에 의한 시효중단의 효과는 소송으로 이행된 때가 아니라 지급명령을 신청한 때에 발생한다(대판 2015.2.12. 2014다228440).

(4) 소제기 전 사망을 간과한 판결과 시효중단

민법 제170조 제1항은 재판상 청구가 민법 제168조에 의하여 시효중단사유가 됨을 전제로 "재판상의 청구는 소송의 각하, 기각 또는 취하의 경우에는 시효중단의 효력이 없다."고 규정하고, 같은 조 제2항은 "전항의 경우에 6월내에 재판상의 청구, 파산절차참가, 압류 또는 가압류, 가처분을 한 때에는 시효는 최초의 재판상 청구로 인하여 중단된 것으로 본다."고 규정함으로써 최초의 재판상 청구에 소송요건의 결여 등의 흠이 있는 경우 일정기간 내에 새로운 재판상 청구 등이 이루어지면 최초의 제소 시로 시효중단의 소급을 인정하고 있다. 그런데 이미 사망한 자를 피고로 하여 제기된 소는 부적법하여 이를 간과한 채 본안 판단에 나아간 판결은 당연무효로서 그 효력이 상속인에게 미치지 않고, 채권자의 이러한 제소는 권리자의 의무자에 대한 권리행사에 해당하지 않으므로, 상속인을 피고로 하는 당사자표시정정이 이루어진 경우와 같은 특별한 사정이 없는 한, 거기에는 애초부터 시효중단 효력이 없어 민법 제170조 제2항이 적용되지 않는다고 봄이 타당하고, 법원이 이를 간과하여 본안에 나아가 판결을 내린 경우에도 마찬가지라고 보아야 한다(대판 2014.2.27. 2013다94312).

(5) 가압류와 시효중단

민법 제168조 제2호에서 가압류를 시효중단사유로 정하고 있지만, 가압류로 인한 시효중단의 효력이 언제 발생하는지에 관해서는 명시적으로 규정되어 있지 않다. 민사소송법 제265조에 의하면, 시효중단사유 중 하나인 '재판상의 청구'(민법 제168조 제1호, 제170조)는 소를 제기한 때 시효중단의 효력이 발생한다. 이는 소장 송달 등으로 채무자가 소제기 사실을 알기 전에 시효중단의 효력을 인정한 것이다. 가압류에 관해서도 위 민사소송법 규정을 유추적용하여 '재판상의 청구'와 유사하게 가압류를 신청한 때 시효중단의 효력이 생긴다고 보아야 한다. '가압류'는 법원의 가압류명령을 얻기 위한 재판절차와 가압류명령의 집행절차를 포함하는데, 가압류도 재판상의 청구와 마찬가지로 법원에 신청을 함으로써 이루어지고(민사집행법 제279조), 가압류명령에 따른 집행이나 가압류명령의 송달을 통해서 채무자에게 고지가 이루어지기 때문이다. 가압류를 시효중단사유로 규정한 이유는 가압류에 의하여 채권자가 권리를 행사하였다고 할 수 있기 때문이다. 가압류채권자의 권리행사는 가압류를 신청한 때에 시작되므로, 이 점에서도 가압류에 의한 시효중단의 효력은 가압류신청을 한 때에 소급한다(대판 2017.4.7. 2016다35451).

(6) 사망자에 대한 가압류신청

사망한 사람을 피신청인으로 한 가압류신청은 부적법하고 그 신청에 따른 가압류결정이 내려졌다고 하여도 그 결정은 당연 무효로서 그 효력이 상속인에게 미치지 않으며, 이러한 당연 무효의 가압류는 민법 제168조 제1호에 정한 소멸시효의 중단사유에 해당하지 않는다(대판 2006.8.24. 2004다26287).

(7) 가압류 취소와 시효중단

압류, 가압류 및 가처분은 권리자의 청구에 의하여 또는 법률의 규정에 따르지 아니함으로 인하여 취소된 때에는 시효중단의 효력이 없다(민법 제175조). 즉, 금전채권의 보전을 위하여 채무자의 금전채권에 대하여 가압류가 행하여진 경우에 그 후 채권자의 신청에 의하여 그 집행이 취소되었다면, 다른 특별한 사정이 없는 한 가압류에 의한 소멸시효 중단의 효과는 소급적으로 소멸된다. 민법 제175조는 가압류가 '권리자의 청구에 의하여 취소된 때에는' 소멸시효 중단의 효력이 없다고 정한다. 가압류의 집행 후에 행하여진 채권자의 집행취소 또는 집행해제의 신청은 실질적으로 집행신청의 취하에 해당하고, 이는 다른 특별한 사정이 없는 한 가압류 자체의 신청을 취하하는 것과 마찬가지로 그에게 권리행사의 의사가 없음을 객관적으로 표명하는 행위로서 위 법 규정에 의하여 시효중단의 효력이 소멸한다고 봄이 상당하다. 이러한 점은 위와 같은 집행취소의 경우 그 취소의 효력이 단지 장래에 대하여만 발생한다는 것에 의하여 달라지지 아니한다(대판 2010.10.14. 2010다53273).

(8) 추심의 소와 시효중단

채무자의 제3채무자에 대한 금전채권에 대하여 압류 및 추심명령이 있더라도, 이는 추심채권자에게 피압류채권을 추심할 권능만을 부여하는 것이고, 이로 인하여 채무자가 제3채무자에게 가지는 채권이 추심채권자에게 이전되거나 귀속되는 것은 아니다. 따라서 채무자가 제3채무자를 상대로 금전채권의 이행을 구하는 소를 제기한 후 채권자가 위 금전채권에 대하여 압류 및 추심명령을 받아 제3채무자를 상대로 추심의 소를 제기한 경우, 채무자가 권리주체의 지위에서 한 시효중단의 효력은 집행법원의 수권에 따라 피압류채권에 대한 추심권능을 부여받아 일종의 추심기관으로서 그 채권을 추심하는 추심채권자에게도 미친다. 한편, 재판상의 청구는 소송의 각하, 기각 또는 취하의 경우에는 시효중단의 효력이 없지만, 그 경우 6개월 내에 재판상의 청구, 파산절차참가, 압류 또는 가압류, 가처분을 한때에는 시효는 최초의 재판상 청구로 인하여 중단된 것으로 본다(민법 제170조). 그러므로 채무자가 제3채무자를 상대로 제기한 금전채권의 이행소송이 압류 및 추심명령으로 인한 당사자적격의 상실로 각하되더라도, 위 이행소송의 계속 중에 피압류채권에 대하여 채무자에 갈음하여 당사자적격을 취득한 추심채권자가 위 각하판결이 확정된 날로부터 6개월 내에 제3채무자를 상대로 추심의 소를 제기하였다면, 채무자가 제기한 재판상 청구로 인하여 발생한 시효중단의 효력은 추심채권자의 추심소송에서도 그대로 유지된다고 보는 것이 타당하다(대판 2019.7.25. 2019다212945).

6. 지연손해금의 법정이율의 인상(소송이자의 발생)

소송촉진 등에 의한 특례법 제3조는 금전채무의 이행을 명하는 판결 선고 시에 소송송달 다음 날부터는 지연손해금의 법정이율을 5% 또는 6%가 아니라 대통령령으로 정하는 인상된 이율에 의하도록 하였다. 대통령령에서는 당초에 연 2할 5푼으로 하였으나, 2003.4.24. 헌법재판소의 위헌결정으로 연 20%로 낮추었다. 다만, 채무자가 그 이행의무의 존부나 범위에 관하여 항쟁함이 상당하다고 인정한 때[64]에는 그 적용을 배제한다. 그리고 2015.9.25 개정으로 연 15%로 되었다가, 현재는 연 12%가 되었다.[65][66]

---

64) '소송촉진 등에 관한 특례법'(이하 "소송촉진법"이라고 한다) 제3조 제2항은 "채무자에게 그 이행의무가 있음을 선언하는 사실심 판결이 선고되기 전까지 채무자가 그 이행의무의 존재 여부나 범위에 관하여 항쟁하는 것이 타당하다고 인정되는 경우에는 그 타당한 범위에서 제1항을 적용하지 아니한다."고 규정하고 있는데, 채무자가 이행의무의 존부와 범위를 다투어 제1심에서 그 주장이 받아들여졌다면 비록 항소심에서 그 주장이 배척되더라도 그 주장은 상당한 근거가 있다고 할 것이다. 그러므로 그러한 경우에는 항소심판결 선고 시까지는 같은 조 제1항의 지연손해금 이율을 적용할 수 없다(대판 2016.4.15. 2015다251645).

65) '소송촉진 등에 관한 특례법' 제3조 제1항 본문에서 "대통령령으로 정하는 이율"이란 연 100분의 12를 말한다. <개정 2019.5.21.>

부칙 <제29768호, 2019.5.21.> 제1조(시행일) 이 영은 2019년 6월 1일부터 시행한다.

제2조(경과조치) ① 이 영 시행 당시 법원에 계속 중인 사건으로서 제1심의 변론이 종결된 사건에 대한 법정이율은 이 영의 개정규정에도 불구하고 종전의 규정에 따른다.

② 이 영 시행 당시 법원에 계속 중인 사건으로서 제1심의 변론이 종결되지 아니한 사건에 대한 법정이율은 2019년 5월 31일까지 발생한 분에 대해서는 종전의 규정에 따르고, 2019년 6월 1일 이후 발생하는 분에 대해서는 이 영의 개정규정에 따른다.

66) 승소판결이 확정된 후 소송촉진 등에 관한 특례법의 변경으로 소송촉진법에서 정한 지연손해금 이율이 달라졌다고 하더라도 그로 인하여 선행 승소확정판결의 효력이 달라지는 것은 아니고, 확정된 선행판결과 달리 변경 된 소송촉진법상의 이율을 적용하여 선행판결과 다른 금액을 원고의 채권액으로 인정 할 수 있는 것도 아니다(대판 2019.8.29. 2019다215272).

연습문제

2023.1.10. 사용자 乙(주소지: 서울시 관악구 대학동)은 근로자 甲(주소지: 부산시 연제구 연산동)에 대하여 1억 원 상당의 임금을 체불하고 있었다. 채무초과 상태에 있던 乙은 2023.2.1. 그 소유의 유일한 재산인 A토지를 丙에게 1억 원에 매도하는 내용의 매매계약을 체결하였다. 한편, 사용자 乙은 근로자 丁에 대하여도 1억 원의 임금을 체불하고 있다. 그리고 위 매매계약에 기하여 A토지에 관하여 乙로부터 丙 앞으로 소유권이전등기가 마쳐졌다. 이에 甲은 2023.3.3. 자신의 乙에 대한 임금채권을 보전하기 위하여 丙을 상대로 이 사건 매매계약이 사해행위에 해당한다는 이유로 사해행위취소 및 원상회복청구의 소를 제기하였다. (각 설문은 독립적이다) (50점)

물음 1) 2023.2.20. 丁이 乙에 대한 1억 원의 임금채권을 보전하기 위하여 丙을 상대로 이 사건 매매계약이 사해행위에 해당한다는 이유로 사해행위취소 및 원상회복청구의 소를 제기하여 진행 중인 사실이 소송 계속 중 밝혀졌다면, 甲의 丙에 대한 사해행위취소 및 원상회복청구의 소가 적법한지 논하시오. 그리고 만약 丁이 승소판결을 받아 확정되고 그에 따라 A토지에 관한 丙 명의의 소유권이전등기가 말소된 후에 甲이 사해행위취소 및 원상회복청구의 소를 제기한 것이라면 법원은 어떠한 판결을 선고하여야 하는지 논하시오. (15점)

물음 2) 만약 甲이 乙에 대한 임금채권과는 별개의 대여금 채권을 가지고 있다고 주장하면서 해당 대여금 채권을 보전하기 위하여 2023.4.3. 丙을 상대로 이 사건 매매계약이 사해행위에 해당한다는 이유로 새로운 사해행위취소 및 원상회복청구의 소를 제기하였다면 이 소송은 적법한지 논하시오. (5점)

물음 3) (위와는 달리) 乙은 별다른 재산은 없고, 戊에 대한 1억 원 상당의 대여금채권이 있을 뿐이다. 그래서 甲은 乙에 대한 임금채권을 보전하기 위하여 2023.3.3. 戊에 대하여 채권자대위의 소를 제기하여 소장부본이 2023.3.10. 송달되었다. 이 경우 甲은 乙에게 소송고지를 하였다. 그리고 2023.4.3. 乙은 戊에게 대여금이행청구의 소를 제기하여 소장부본이 2023.4.10. 송달되었다. 乙의 戊에 대한 대여금이행청구의 소는 적법한지 논하시오. (20점)

물음 4) (위와는 달리) 甲은 乙에게 1억 원 상당의 채무불이행에 의한 손해배상채권이 있었다(이 채권은 乙의 과실에 의한 것이다). 甲은 乙에 대하여 2023.1.20. 1억 원 손해배상청구의 소를 서울중앙지방법원에 제기하였다. 그래서 乙은 甲에 대한 1억 원의 대출금채권이 있다고 주장하면서, 상계하겠다고 주장을 하였다. 乙이 이 주장을 한 직후, 乙은 甲에게 대출금 이행을 구하는 소를 부산지방법원에 제기하였다면, 이 소는 적법한지 논하시오. (10점)

I. 물음 1)에 대하여

1. 중복된 소제기금지의 의의 및 취지, 요건

(1) 의의 및 취지

법원에 계속되어 있는 사건에 대하여 당사자는 다시 소를 제기하지 못한다는 것을 이른다(제259조). 보전처분에도 준용이 된다(대결 2018.10.4. 2017마6308). 이는 기판력 있는 판결의 모순, 저촉을 방지함으로서 소송경제를 실현하는데 있다(제451조 제1항 제10호).

(2) 요건 및 문제점

① 당사자 동일, ② 사건(소송물)의 동일, ③ 전소계속 중의 후소제기가 그 요건인데, 사안에서는 당사자 동일에 해당하는지가 문제가 된다. 즉, 丁의 丙에 대한 사해행위취소 및 원상회복청구 계속 중에 甲의 丙에 대한 사해행위취소 및 원상회복청구가 중복소송에 해당하는지가 문제가 되는 것이다.

2. 채권자취소소송과 중복소송

(1) 판례

판례는 "채권자취소권의 요건을 갖춘 각 채권자는 고유의 권리로서 채무자의 재산처분 행위를 취소하고 그 원상회복을 구할 수 있는 것이므로 각 채권자가 동시 또는 이시에 채권자취소 및 원상회복소송을 제기한 경우 이들 소송이 중복제소에 해당하는 것이 아니다(대판 2003.7.11. 2003다19558)."고 한다.

(2) 사안의 경우

甲의 丙에 대한 채권자취소소송은 甲의 고유한 권리이고, 丁의 丙에 대한 채권자취소소송은 丁의 고유한 권리이다(민법 제406조). 따라서 중복된 소제기에 있어서 당사자동일 요건을 충족하지 못한다. 그러므로 2023.3.3. 제기한 甲의 丙에 대한 사해행위취소 및 원상회복청구는 중복소송에 해당하지 아니하므로, 이 소는 적법하다.

3. 채권자취소소송과 소의 이익

(1) 판례

어느 한 채권자가 동일한 사해행위에 관하여 채권자취소 및 원상회복청구를 하여 승소판결을 받아 그 판결이 확정되었다는 것만으로 그 후에 제기된 다른 채권자의 동일한 청구가 권리보호의 이익이 없어지게 되는 것은 아니고, 그에 기하여 재산이나 가액의 회복을 마친 경우에 비로소 다른 채권자의 채권자취소 및 원상회복청구는 그와 중첩되는 범위 내에서 권리보호의 이익이 없게 된다(대판 2003.7.11. 2003다19558).

(2) 사안의 경우

丁이 승소판결을 받아 확정되고 그에 따라 A토지에 관한 丙 명의의 소유권이전등기가 말소된 후에 甲이 이 사건 소송을 제기한 것은 권리보호이익이 없게 된다. 따라서 甲의 丙에 대한 후소는 권리보호이익, 즉 소의 이익이 없으므로, 법원은 소를 각하하는 판결을 하여야 한다.

Ⅱ. 물음 2)에 대하여

1. 채권자취소소송의 소송물

판례는 "채권자가 사해행위취소 및 원상회복청구를 하면서 보전하고자 하는 채권을 추가하거나 교환하는 것은 사해행위취소권과 원상회복청구권을 이유 있게 하는 공격방법에 관한 주장을 변경하는 것일 뿐이지 소송물 또는 청구 자체를 변경하는 것이 아니므로, <u>채권자가 보전하고자 하는 채권을 달리하여 동일한 법률행위의 취소 및 원상회복을 구하는 채권자취소의 소를 이중으로 제기하는 경우 전소와 후소는 소송물이 동일하다고 보아야 하고, 이는 전소나 후소 중 어느 하나가 승계참가신청에 의하여 이루어진 경우에도 마찬가지이다</u>(대판 2012.7.5. 2010다80503)."고 한다.

2. 사안의 경우

채권자취소소송의 소송물은 사해행위취소권과 원상회복청구권이므로, 피보전채권을 임금채권에서 그와는 별개의 대여금채권으로 변경한 것은 공격방법에 관한 주장을 변경한 것일 뿐이다. 따라서 2023.3.3. 甲이 丙에게 제기한 채권자취소소송과 2023.4.3. 甲이 丙에게 제기한 채권자취소소송은 동일한 사해행위에 대한 취소와 원상회복을 구하고 있는 것이므로, 소송물이 동일하다. 그러므로 甲의 丙에 대한 새로운 사해행위취소 및 원상회복청구 소송은 중복소송에 해당하여 부적법하다.

Ⅲ. 물음 3)에 대하여

1. 채권자대위소송의 법적 성질

(1) 견해의 대립

1) 학설

① 통설·판례는 민법 제404조가 채권자가 자기 채권을 보전할 수 있도록 채무자인 타인의 권리에 관하여 소송수행권을 부여한 전형적인 법정소송담당으로 보는 법정소송담당설의 입장이나, ② 유력설은 민법 제404조에 규정된 자신의 실체법상 권리를 재판상 행사한다고 보아 이는 법정소송담당이 아니라 고유의 독자적 소송이라고 보는 고유의 대위권설의 입장이다.

2) 검토

만일 유력설과 같은 입장에 선다면 1회적 채무를 질 뿐인 제3채무자가 여러 채권자들이 있을 때에 그들에 의하여 두 번, 세 번 소제기를 당하게 되는 등 파상공격의 시달림을 피할 수 없게 되므로 긍정하는 통설·판례가 타당하다.

(2) 채권자대위소송의 요건

법정소송담당을 긍정하는 통설 · 판례에 의할 때 ① 대위채권(피보전채권)의 존재, ② 채무자가 권리를 행사하지 않을 것, ③ 채권보전의 필요성은 당사자적격, ④ 피대위채권은 소송물이 된다. 채권자대위소송을 법정소송담당으로 볼 경우, 丙의 대위소송과 甲의 乙에 대한 소는 동일한 소송물을 대상으로 하므로, 중복소송으로 볼 여지가 생긴다. 따라서 이하에서는 중복소제기금지의 요건에 해당하는지를 검토하기로 한다.

(3) 중복소제기 금지의 의의 및 취지

중복소제기의 금지는 법원에 계속되어 있는 사건에 대하여 당사자는 다시 소를 제기하지 못한다는 것을 이른다(제259조). 특히 이의 취지는 기판력 있는 판결의 모순, 저촉을 방지함으로서 소송경제를 실현하는데 있다(제451조 제1항 제10호). 이의 요건으로는 당사자동일, 소송물 동일, 전소계속중의 후소제기가 문제되는데, 소송물동일은 문제가 되지 않으므로, 다른 요건을 충족하는지 여부를 살펴보기로 한다.

(4) 전소계속 중의 후소제기 - 전, 후소의 판단기준

소장제출시설이 있으나, 소송부본이 송달되었을 때(제255조) 피고가 소가 제기된 것을 인식하게 되므로 소송부본이 송달되었을 때 소송계속이 된다고 보는 소장부본송달시설이 타당하며, 통설 · 판례의 태도이기도 하다. 사안에서 甲의 戊에 대한 소의 소장부본이 2023.3.10. 송달되었고, 乙의 戊에 대한 소의 소장부본이 2023.4.10. 송달되었다. 따라서 甲의 戊에 대한 소가 전소가 되고, 乙의 戊에 대한 소가 후소가 된다.

(5) 당사자동일

1) 학설

① 채권자대위소송이 법정소송담당이 아니라는 유력설을 전제로 이는 당사자가 동일한 소가 아니므로 중복소송에 해당하지 않는다는 부정설(호문혁), ② 법정소송담당설을 전제로 기판력은 법정안정성이 취지이나 중복소제기의 금지는 판결의 모순 · 저촉 방지가 취지여서 이 둘은 취지가 다르므로, 기판력의 경우와는 달리 채무자가 대위소송의 계속을 알든 모르든 중복소송에 해당한다는 긍정설(정동윤, 강현중), ③ 법정소송담당설을 전제로 하면서도 기판력의 경우와 일치하려면 채무자가 대위소송의 계속을 아는 경우에 한해 중복소송에 해당하고, 알지 못하는 경우에는 대위소송의 계속 중임을 알려 그 소송에 참가의 기회를 제공하고 채무자의 소를 각하해야 한다는 한정적 긍정설(이시윤)이 있다.

2) 판례

판례는 "채권자가 채무자를 대위하여 제3채무자를 상대로 제기한 채권자대위소송이 법원에 계속 중 채무자와 제3채무자 사이에 채권자대위소송과 소송물을 같이하는 내용의 소송이 제기된 경우, 양 소송은 동일소송이므로 후소는 중복소제기의 금지 원칙에 위배되어 제기된 부적법한 소송이라 할 것이나, 이 경우 전소, 후소의 판별기준은 소송계속의 발생시기의 선후에 의할 것이다(대판 1994.11.25. 94다12517 · 12524)."라고 하여 긍정설의 입장이다.

3) 검토

일단 법정소송담당을 부정하는 부정설은 타당하지 못하고, 한정적 긍정설은 기판력에 관한 판례에 태도와 중복소송에 대한 판례의 태도를 일치시키려고 하는 것이지만, 기판력은 확정판결이 있는 경우이므로 채무자의 절차보장이 필요한 반면, 중복소송에서는 채무자의 소를 무조건 각하해도 참가의 기회가 있으므로 채무자의 절차보장 면에서 이상이 없다.

2. 사안의 경우

판례가 타당하므로, 乙이 대위소송 계속 중임을 알든 모르든 채무자 乙의 丙에 대한 소는 중복소송에 해당하여 부적법하다. 다만, 한정적 긍정설에 따른다고 해도 사안의 甲은 乙에게 소송고지를 하여, 乙이 소송계속을 알고 있는 경우이므로, 乙의 丙에 대한 소는 당사자 동일 요건을 충족하여 乙의 丙에 대한 소는 부적법하다. 다만, 부정설에 의하면 당사자가 동일하지 않으므로, 乙의 丙에 대한 소는 적법하다.

Ⅳ. 물음 4)에 대하여

1. 부산지방법원이 관할권이 있는지 여부

토지관할이란 법원의 소재지에 따른 재판권의 분담을 말한다. 이 경우 그 법원과 당사자를 연결하여 주는 연결점을 재판적이라 한다. 재판적은 특정인에 대한 일체의 소송사건에 대하여 인정되는 보통재판적과 일정한 사건에 관하여만 인정되는 특별재판적이 있다. 민사소송법은 자연인의 보통재판적은 원칙적으로 피고의 주소에 의한다(제2조, 제3조). 사안에서 甲의 주소지는 부산이므로, 乙이 甲에게 대출금 이행을 구하는 소를 부산지방법원에 제기한 것은 적법하다. 따라서 관할권은 문제가 없다.

2. 乙의 상계항변의 적법성 여부

(1) 민법 제496조

채무가 고의의 불법행위로 인한 것인 때에는 그 채무자는 상계로 채권자에게 대항하지 못한다(민법 제496조). 이 규정은 고의의 불법행위로 인한 손해배상채권을 수동채권으로 한 상계에 관한 것이고 고의의 채무불이행으로 인한 손해배상채권에는 적용되지 않는다. 다만, 고의에 의한 행위가 불법행위를 구성함과 동시에 채무불이행을 구성하여 불법행위로 인한 손해배상채권과 채무불이행으로 인한 손해배상채권이 경합하는 경우에는 이 규정을 유추적용 할 필요가 있다(대판 2017.2.15. 2014다19776 · 19783).

(2) 사안의 경우

甲의 乙에 대한 채권은 채무불이행에 의한 손해배상채권은 불법행위에 의한 손해배상채권이 아니므로, 민법 제496조는 적용되지 않는다. 그리고 이 채권이 불법행위채권과 경합하는 경우라고 하여도 乙의 과실에 의한 경우이므로, 민법 제496조는 적용되지 않는다. 따라서 乙의 상계항변은 적법하다.

3. 乙의 상계항변과 중복소송

(1) 문제점

乙은 甲을 상대로 상계의 주장을 한 직후, 甲을 상대로 상계에 제공된 자동채권(반대채권)의 지급을 구하는 소를 제기한 경우이므로, 만약 상계의 주장이 제259조의 "전소"의 요건을 충족할 수 있는지가 문제된다. 즉, 소송상 상계의 항변은 공격방어방법이면서도 ① 예비적 항변의 성질을 가진다는 점, ② 기판력이 생긴다는 점(제216조 제2항)에서 소제기의 실질을 가진다. 따라서 사안과 같이 상계항변을 하면서 별소로써 그 채권의 청구를 하는 경우 판결의 모순·저촉이 생길 수 있으므로, 乙의 甲에 대한 손해배상을 구하는 소가 중복소송에 해당하는지가 문제되는 것이다.

(2) 학설

1) 적극설

비록 상계의 항변이 기판력이 생기는 등 소제기의 성질도 있으나 엄연히 소송물이 아닌 공격방어방법이므로 별소가 허용된다고 한다(송상현, 김홍규).

2) 소극설

상계의 항변이 기판력이 생긴다는 점에서 이는 중간확인의 반소의 성질을 지니며 적극적으로 풀이할 때 하나의 채권에 대해 심리의 중복·기판력 있는 판결의 모순저촉의 염려가 생기므로 허용될 수 없다고 하거나, 중복소제기의 금지를 준용할 수 있다고 한다(강현중).

3) 절충설

① 상계의 항변은 예비적 항변의 성질 때문에 법원의 판단이 날지, 안 날지 불확실하므로 피고의 권리보호를 위해 원칙적으로 소제기는 허용되나, 이미 계속중인 소송에서 상계항변으로 제공된 반대채권에 대해서는 별도의 소제기를 금하고 기왕의 소송에서 반소를 제기하도록 유도해야 한다고 한다. 다만, 피고가 별도의 소를 제기했을 경우에는 바로 소를 각하할 것이 아니라 별소를 소송의 이부, 이송 또는 변론의 병합에 의해 기왕의 소송에 몰아서 그 절차의 반소로 병합되도록 노력해야 한다고 한다는 견해(반소유도설, 이시윤, 정동윤)와, ② 이부, 이송 등으로 병합하여 심리하도록 하되, 그것이 불가능하면 경우를 나누어 전소의 상계항변이 예비적이면 후소를 적법한 소로 허용하고, 무조건적인 것이면 중복소송으로 처리하는 것이 가장 부작용이 없다는 견해가 있다(호문혁).

4) 변론을 중지하자는 설

어느 한쪽의 변론을 중지하여 자동채권에 대한 이중의 심판을 방지하고자 하는 견해로 독일 민사소송법(ZPO §148)의 입장이다(방순원).

(3) 판례

판례는 원고가 피고에게 별소로 손해배상청구가 계속 중이었으나 다른 소에서 그 별소로 계속중인 손해배상채권에 기해 상계의 항변을 한 사안에서 "별소로 계속중인 채권을 자동채권으로 하는 소송상 상계의 주장은 허용된다(대판 1965.12.1. 63다848)."고 하여 원칙적으로는 적극설의 입장이다. 그리고 "상계의 항변을 제출할 당시 이미 자동채권과 동일한 채권에 기한 소송을 별도로 제기하여 계속 중인 경우, 사실심의 담당재판부로서는 전소와 후소를 같은 기회에 심리·판단하기 위하여 이부, 이송 또는 변론병합 등을 시도함으로써 기판력의 저촉·모순을 방지함과 아울러 소송경제를 도모함이 바람직하였다고 할 것이나, 그렇다고 하여 특별한 사정이 없는 한 별소로 계속 중인 채권을 자동채권으로 하는 소송상 상계의 주장이 허용되지 않는다고 볼 수는 없다(대판 2001.4.27. 2000다4050)."고 하여 소송경제를 강조하고 있다.

(4) 검토

상계의 항변이 소제기의 실질을 가진다는 점은 부정할 수 없으나, ① 판단의 불확실성, ② 엄밀하게는 공격·방어방법이라는 점을 중시하여 소제기가 허용되지만(원칙적으로 적극설에 찬성) 법원의 입장에서는 소송경제를 위해 기왕의 소송에서 반소를 유도함이 타당하다고 보여진다. 그리고 별소로 제기되었을 때에도 바로 각하할 것이 아니라 소송의 이부, 이송, 변론의 병합 등으로 그 절차의 반소로 병합되도록 노력함이 타당하다(반소병합설).

(5) 사안의 경우

따라서 적극설에 따라 乙의 甲에 대한 1억 원 대여금이행청구의 소는 적법하다. 다만, 법원의 입장에서는 소송경제를 위해 기왕의 甲의 乙에 대한 1억 원 임급지급청구의 소에 반소로서 병합되도록 유도함이 타당하다고 본다(반소병합설).

2023년 공인노무사

甲은 乙을 피고로 매매대금채권 5천만 원의 지급을 구하는 소(이하 "A소"라 한다)를 제기하였다. 이 소송에서 乙은 甲에 대하여 갖고 있는 대여금채권 6천만 원(이하 "이 사건 대여금채권"이라 한다)을 자동채권으로 하는 상계의 항변을 주장하였다. 다음 물음에 답하시오. (다만, 아래의 각 물음은 독립적임) (50점)

물음 1)   ① 상계의 항변을 주장한 乙은 A소 계속 중 이 사건 대여금채권을 소구채권으로 하여 甲을 피고로 하는 대여금반환을 구하는 소(이하 "B소"라 한다)를 제기하였다. 乙이 제기한 B소는 적법한가? ② 만일 甲이 제기한 A소 계속 전에 乙이 이 사건 대여금채권의 반환을 구하는 소(이하 "C소"라 한다)를 제기하였다면, 乙은 그 후 제기된 甲의 A소에서 이 사건 대여금채권을 자동채권으로 하는 상계의 항변을 주장할 수 있는가? (20점)

목차

Ⅰ. 문제의 소재

1. 상계의 항변이 민사소송법 제259조의 "소"에 해당하는지가 문제가 된다. 소에 해당한다면 전소에 해당하든(①번, 항변선행형), 후소에 해당할 것이므로(②번, 별소선행형) 중복소송에 해당하여 후소에 해당하는 부분은 부적법 하기 때문이다.

2. 따라서 사안에서 乙의 甲에 대한 상계의 항변이 "소에 해당하는지를 검토하여 보기로 한다.

Ⅱ. 중복된 소제기의 금지에 대하여

1. 의의, 취지

(1) 중복소제기의 금지는 법원에 계속되어 있는 사건에 대하여 당사자는 다시 소를 제기하지 못한다는 것을 이른다(제259조).

(2) 이 제도의 취지는 기판력 있는 판결의 모순, 저촉을 방지함으로서 소송경제를 실현하는데 있다(제451조 제1항 제10호).

2. 요건

중복된 소제기의 금지는 ① 당사자동일, ② 사건의 동일, ③ 전소계속 중의 후소제기 등이 요건이 되는데, 사안에서는 상계의 항변이 사건의 동일에 해당하는지, 즉 "소"에 해당하는지가 문제가 되므로, 이를 살펴보기로 한다.

Ⅲ. 상계항변과 중복소송

1. 문제점

소송상의 상계의 항변은 공격방어방법이면서도 ① 출혈적인 예비적 항변의 성질을 가진다는 점, ② 기판력이 생긴다는 점(제216조 제2항)에서 소제기의 성질을 가진다.

따라서 보통의 항변과는 달리 상계항변을 하면서 별소로써 그 채권의 청구를 하는 경우 또는 반대의 경우에, 중복소송에 걸리지 않고 별소가 허용되느냐가 판결의 모순·저촉 방지라는 중복소제기금지의 취지와 관련해 문제가 된다. 특히 최근에는 상계항변을 먼저 한 경우를 상계선행형이라 하고, 먼저 별소를 제기하고 있는 경우를 별소선행형이라고 부르는 견해가 있다(전병서).

2. 학설

(1) 적극설(중복소송부정설)은 비록 상계의 항변이 기판력이 생기는 등 소제기의 성질도 있으나 엄연히 소송물이 아닌 공격방어방법이므로 별소가 허용된다고 한다(송상현, 김홍규).

(2) 소극설(중복소송긍정설)은 상계의 항변이 기판력이 생긴다는 점에서 이는 중간확인의 반소의 성질을 지니며 적극적으로 풀이할 때 하나의 채권에 대해 심리의 중복·기판력 있는 판결의 모순저촉의 염려가 생기므로 허용될 수 없다고 하거나, 중복제소의 금지를 준용할 수 있다고 한다(강현중).

(3) 반소병합설은 상계의 항변은 예비적 항변의 성질 때문에 법원의 판단이 날지 안 날지 불확실하므로 피고의 권리보호를 위해 원칙적으로 소제기는 허용되나, 이미 계속 중인 소송에서 상계항변으로 제공된 반대채권에 대해서는 별도의 소제기를 금하고 기왕의 소송에서 반소를 제기하도록 유도해야 한다고 한다. 다만, 피고가 별도의 소를 제기했을 경우에는 바로 소를 각하할 것이 아니라 별소를 소송의 이부, 이송 또는 변론의 병합에 의해 기왕의 소송에 몰아서 그 절차의 반소로 병합되도록 노력해야 한다고 한다는 견해이다(이시윤, 정동윤).

(4) 상계항변의 성격으로 구분하는 설은 이부, 이송 등으로 병합하여 심리하도록 하되, 그것이 불가능하면 경우를 나누어 전소의 상계항변이 예비적이면 후소를 적법한 소로 허용하고, 무조건적인 것이면 중복소송으로 처리하는 것이 가장 부작용이 없다는 견해이다(호문혁).

(5) 변론을 중지하자는 설은 어느 한쪽의 변론을 중지하여 자동채권에 대한 이중의 심판을 방지하고자 하는 견해로 독일 민사소송법(ZPO §148)의 입장이다(방순원).

3. 판례

원고가 피고에게 별소로 손해배상청구가 계속 중이었으나 다른 소에서 그 별소로 계속 중인 손해배상채권에 기해 상계의 항변을 한 사안에서 "별소로 계속 중인 채권을 자동채권으로 하는 소송상 상계의 주장은 허용된다(대판 1965.12.1. 63다848)."고 하고, "상계의 항변을 제출할 당시 이미 자동채권과 동일한 채권에 기한 소송을 별도로 제기하여 계속 중인 경우, 사실심의 담당재판부로서는 전소와 후소를 같은 기회에 심리·판단하기 위하여 이부, 이송 또는 변론병합 등을 시도함으로써 기판력의 저촉·모순을 방지함과 아울러 소송경제를 도모함이 바람직하였다고 할 것이나, 그렇다고 하여 특별한 사정이 없는 한 별소로 계속 중인 채권을 자동채권으로 하는 소송상 상계의 주장이 허용되지 않는다고 볼 수는 없다(대판 2001.4.27. 2000다4050)."고 하여 중복소송부정설의 입장이다.

4. 검토

상계의 항변이 소제기의 실질을 가진다는 점은 부정할 수 없으나, ① 판단의 불확실성, ② 엄밀하게는 공격·방어방법이라는 점을 중시하여 소제기가 허용되지만(원칙적으로 적극설에 찬성) 법원의 입장에서는 소송경제를 위해 기왕의 소송에서 반소로 유도함이 타당하다고 보여진다. 그리고 별소로 제기되었을 때에도 바로 각하할 것이 아니라 소송의 이부, 이송, 변론의 병합 등으로 그 절차의 반소로 병합되도록 노력함이 타당하다고 본다(반소병합설).

5. 사안의 경우

반소병합설에 따라 ① 상계선행형의 경우에는 상계의 항변을 주장한 乙은 A소 계속 중 'B소'를 제기하는 것은 허용이 되지만, 되도록 A소의 절차에 반소로서 유도하는 것이 바람직하며, ② 별소선행형의 경우에는 소송의 이부, 이송, 변론의 병합 등으로 그 절차의 반소로 병합되도록 노력함이 타당할 것이지만, 그렇다고 하여 乙은 그 후 제기된 甲의 A소에서 이 사건 대여금채권을 자동채권으로 하는 상계의 항변을 주장할 수 없다고는 할 수 없다. 즉, 상계의 주장은 허용된다고 본다. 그리고 소극설(중복소송긍정설)에 의하면 어느 경우이든 상계의 항변은 "소"에 해당하므로, ① 상계항변 중에 'B소'를 제기하는 것은 허용되지 않으며, ② 별소선행형의 경우에도 상계의 항변은 후소에 해당하므로, 상계의 항변을 주장할 수는 없다고 본다. 그리고 상계항변으로 구분하는 견해는 사안은 무조건적인 상계의 항변을 하고 있으므로, 소에 해당되어 소극설과 동일한 결론에 해당한다. 그리고 변론을 중지하자는 견해는 한쪽의 변론의 중지하게 될 것이다.

Ⅳ. 사안의 해결

반소병합설에 따라 ① 상계선행형의 경우에는 상계의 항변을 주장한 乙은 A소 계속 중 'B소'를 제기하는 것은 허용이 되고 ② 별소선행형의 경우에도 乙은 그 후 제기된 甲의 A소에서 이 사건 대여금채권을 자동채권으로 하는 상계의 항변을 주장할 수 없다고는 할 수 없다. 즉, 상계의 주장은 허용된다고 본다.

제2장
변론(심리)

27 처분권주의

CONTENTS

채무의 존재가 확인되는 경우에는 특단의 사정이 없는 한 법원은 그 청구의 전부를 기각할 것이 아니라 존재하는 채무부분에 대하여 일부패소의 판결을 하여야 한다(대판 1994.1.25. 93다9422)."고 판시하여 일부인용판결 가능하다고 봄
   3) 이자청구의 경우
    판례는 이 경우 소송물은 원금, 이율, 기간 등 3개의 인자에 의해 정해진다고 보고, 비록 원고의 이자청구액을 초과하지 않았지만 3개의 기준 중 어느 것에서나 원고 주장의 기준보다 넘어서면 처분권주의에 반한다고 함(대판 1960.9.29. 4293민상18, 구소송물이론)
   4) 일부청구와 과실상계
    ① 학설: 외측설, 안분설, 내측설
    ② 판례: "전액에서 과실비율에 의한 감액을 하고 그 잔액이 청구액을 초과하지 않을 경우에는 그 잔액을 인용할 것…(대판 1976.6.22. 75다819)"라고 판시하여 외측설
    ③ 검토: 일부청구라도 채권전부에 대해 심리하는 것이 통상적이고, 당사자는 자신의 과실을 자인하여 일부청구를 하는 경우가 보통이라는 점에서 일응 외측설이 타당
  (2) 일부인용
   1) 분량적인 일부인용은 처분권주의에 반하지 ×
    예를 들어, 금 1억 원 청구 중 금 6천만 원이 인정되어 금 6천만 원의 지급을 명하는 판결이나 분량적으로 가분인 채무부존재확인의 소에서 일부인용의 판결이 가능

2) 단순이행청구의 경우에 상환이행의 판결
① 예를 들어, 원고가 단순이행청구를 하고 있는데 피고의 동시이행의 항변 또는 유치권항변이 이유 있을 때에 원고가 반대의 의사표시를 하지 않는 한 원고청구기각이 아니라, 원고의 채무이행을 받음과 상환으로 피고의 채무이행을 명하는 판결을 하여야 함
② 특히 대지임대인 甲이 그 임차인 乙을 상대로 건물철거와 그 대지인도를 청구하는 소송에서 乙이 적법하게 건물매수청구권을 행사하였을 때에 피고는 원고로부터 건물대금을 지급받음과 동시에(상환으로) 건물을 인도하라는 판결을 허용할 것인가에 대해, 판례는 포함 여부는 부정하지만, 계속된 설시에서 건물명도청구로의 청구취지 변경에 대한 석명의무를 긍정하면서, 이러한 경우에도 법원에게 위와 같은 점을 석명하여 심리하지 아니한 것이 위법이 아니라는 취지의 종전의 판결들을 폐기(대판 1995.7.11. 94다34265 전합)
3) 채권자취소소송에서 인도청구의 경우에 가액배상판결
판례는 채권자취소소송에서 사해행위의 전부취소와 원상회복청구의 주장에는 사해행위의 일부취소와 가액배상청구의 주장도 포함되어 있으므로, 원상회복으로 물건인도만 구하여도 가액배상을 명할 수 있음(대판 2001.9.4. 2000다66416)
4) 현재의 이행의 소의 경우에 장래의 이행판결
① 현재의 이행의 소에서 심리결과 원고에게 청구권은 있는데 이행기의 미도래, 이행조건의 미성취일 때 바로 기각할 것이 아니라, 장래이행의 소로서 '미리 청구할 필요'가 있고 원고의 의사에 반하지 않으면 장래의 이행판결을 하여도 좋을 것(통설·판례)
② 특히 판례는 "원고가 피담보채무의 소멸을 이유로 저당권설정등기말소나 소유권이전등기말소청구를 한 경우에, 심리 결과 원고에게 아직 채무가 남아 있는 것으로 밝혀졌을 때, 위 청구 중에는 특별한 사정이 없으면 장래의 이행청구로서 남은 채무의 변제를 조건으로 등기말소를 구하는 취지도 포함되었다고 보아 남은 채무의 선이행을 조건으로 청구를 인용하여야 할 것이다(대판 1996.11.12. 96다33938)."라고 판시

IV. 절차의 종료
1. 당사자행위에 의한 종료
당사자는 어느 때나 청구의 포기·재판상 화해(제220조), 소취하(제266조)에 의하여 절차종료가 가능. 또 상소의 취하(제393조, 제425조), 불상소의 합의(제390조 단서), 상소권의 포기(제394조)도 인정
2. 직권탐지주의의 경우
통상의 절차와는 달리 직권탐지주의에 의하는 절차에서는 처분권주의가 제한됨. 예를 들어, 가사소송, 행정소송 등. 다만, 이러한 절차에서도 절차의 개시, 소송물의 특정은 당사자의 의사에 의하며, 원고의 소취하도 허용됨. 다만, 성질상 허용될 수 없는 청구의 포기·인낙, 재판상 화해는 허용될 수 없을 것
3. 회사관계소송의 경우
다만 회사관계소송에서는 문제이지만, 원고패소 확정판결과 동일한 청구의 포기는 별론, 승소확정판결과 같은 효력이 있는 청구의 인낙이나 화해는 허용될 수 없을 것

V. 처분권주의 위배의 효과
1. 구제방법
처분권주의에 위배된 판결은 확정전에는 상소 可, 당연무효는 ×(확정 후에는 재심사유에 해당하지 않으므로 재심은 不可) 처분권주의 위배는 판결의 내용에 관한 것이고 절차에 관한 것이 아니므로, 이의권의 대상도 ×
2. 흠의 치유
그러나 처분권주의에 위배된 경우라도 피고가 항소한 경우에, 원고가 제1심에서 신청하지 아니한 사항에 대하여 항소심에서 새로 신청하면 그 흠이 치유됨

▌처분권주의 _{변리사 24회}

Ⅰ. 서설

1. 의의

처분권주의란 절차의 개시, 심판의 대상과 범위, 절차의 종료를 법원이 아닌 당사자에게 맡기는 입장으로, 사적 자치의 소송법적 측면이라고 할 수 있다.

2. 기능

원고에게는 소송물을 한정시키고, 피고에게는 방어의 최종목표를 정해줌으로써 사적 자치의 소송법적인 측면, 즉 사적 자치의 구현을 보장한다.

3. 변론주의와의 구별

처분권주의에 의하여 정해진 심판의 대상에 대한 소송자료수집의 권능과 책임을 누구에게 지울 것인가의 영역에서 당사자주의가 현재화되면 그것을 변론주의라고 한다. 따라서 처분권주의는 당사자의 소송물에 대한 처분자유를 의미하고 변론주의는 소송자료의 수집책임을 당사자에게 부과시키는 것으로서 양자는 구별된다.

Ⅱ. 절차의 개시

1. 원칙 및 예외

당사자의 소제기에 의하여 민사소송절차는 개시된다(제248조). 다만, 예외적으로 판결의 경정(제211조), 소송비용의 재판(제104조), 가집행선고(제213조), 배상명령(소송촉진 등에 관한 특례법 제25조), 재판의 누락(탈루; 제212조), 소송구조(제128조) 등은 당사자의 신청 없이 직권으로 재판할 수 있다. 그리고 소송비용담보제공도 직권으로 명할 수 있다(제117조 제2항).

2. 법원의 허가

그리고 증권관련집단소송과 소비자단체소송에서는 소의 제기에 법원에 허가신청을 내어 허가받았을 때 소송절차가 본격적으로 개시되게 하였다.

Ⅲ. 심판의 대상과 범위

1. 질적 동일

(1) 소송물

   1) 제203조의 신청한 사항이란 좁게는 소송물을 뜻하므로, 원고가 심판을 구한 소송물과 별개의 소송물에 대한 판단을 해서는 안 된다. 문제되는 것은 소송물이론이다.

2) 구소송물이론에 의하는 판례[67]는 보통파 종자를 옥파 종자로 속여 판 사안에서 "불법행위를 원인으로 손해배상청구에 대하여 채무불이행을 원인으로 한 손해배상을 명하는 것은 당사자가 신청하지 아니한 사항을 판결한 것이므로 처분권주의에 반하여 위법하다(대판 1963.7.25. 63다241 등)."고 한다. 또한 이혼청구에 있어서도 이혼사유마다 소송물이 별개로 된다고 보므로, 민법 제840조 제1호의 부정행위에 의한 이혼청구를 동 제6호의 혼인을 계속하기 어려운 중대사유로 평가하여 이혼청구를 인용할 수는 없다(대판 1963.1.31. 62다812). 그리고 원고가 매매를 원인으로 한 소유권이전등기청구를 하였는데, 법원이 양도담보약정을 원인으로 소유권이전등기를 명하는 판결을 하는 것도 처분권주의에 위배된다(대판 1992.3.27. 91다40696).[68] 또한 甲이 乙에게 돈을 대여하였다고 주장하면서 그 반환을 구한 사안에서, 甲이 위 돈이 투자금이 아니라고 일관되게 주장하고 있음에도 甲의 청구에 투자금반환청구 또는 정산금청구가 포함되어 있다고 본 원심판결은 甲이 신청하지 아니한 사항에 대하여 판결한 것으로서

---

67) [1] [다수의견] 소유자가 자신의 소유권에 기하여 실체관계에 부합하지 아니하는 등기의 명의인을 상대로 그 등기말소나 진정명의회복 등을 청구하는 경우에, 그 권리는 물권적 청구권으로서의 방해배제청구권(민법 제214조)의 성질을 가진다. 그러므로 소유자가 그 후에 소유권을 상실함으로써 이제 등기말소 등을 청구할 수 없게 되었다면, 이를 위와 같은 청구권의 실현이 객관적으로 불능이 되었다고 파악하여 등기말소 등 의무자에 대하여 그 권리의 이행불능을 이유로 민법 제390조상의 손해배상청구권을 가진다고 말할 수 없다. 위 법 규정에서 정하는 채무불이행을 이유로 하는 손해배상청구권은 계약 또는 법률에 기하여 이미 성립하여 있는 채권관계에서 본래의 채권이 동일성을 유지하면서 그 내용이 확장되거나 변경된 것으로서 발생한다. 그러나 위와 같은 등기말소청구권 등의 물권적 청구권은 그 권리자인 소유자가 소유권을 상실하면 이제 그 발생의 기반이 아예 없게 되어 더 이상 그 존재 자체가 인정되지 아니하는 것이다. 이러한 법리는 선행소송에서 소유권보존등기의 말소등기청구가 확정되었다고 하더라도 그 청구권의 법적 성질이 채권적 청구권으로 바뀌지 아니하므로 마찬가지이다.
[대법원장 양승태, 대법관 이상훈, 대법관 김용덕의 별개의견] 청구권이 발생한 기초가 되는 권리가 채권인지 아니면 물권인지와 무관하게 이미 성립한 청구권에 대하여는 그 이행불능으로 인한 전보배상을 인정하는 것이 법리적으로 불가능하지 아니하며, 이를 허용할 것인지는 법률 정책적인 결단이므로, 이미 대법원에서 이를 허용하여 채권에 못지않게 물권을 보호하는 견해를 취한 것은 구체적 타당성 면에서 옳고, 확정판결을 거쳐 기판력이 발생되어 있는 경우에는 더욱 그러하다고 보이며, 장기간 이와 같은 견해를 유지하여 온 판례들을 뒤집어 물권 내지는 물권자의 보호에서 후퇴하여야 할 이론적·실무적인 필요성이 없다. 따라서 선행소송에서 본래적 급부의무인 소유권보존등기 말소등기절차를 이행할 의무가 현존함이 확정된 경우, 그 이행불능 또는 집행불능에 따른 전보배상책임을 인정하는 것이 가능하다.
[2] 국가 명의로 소유권보존등기가 경료 된 토지의 일부 지분에 관하여 甲 등 명의의 소유권이전등기가 경료되었는데, 乙이 등기말소를 구하는 소를 제기하여 국가는 乙에게 원인무효인 등기의 말소등기절차를 이행할 의무가 있고 甲 등 명의의 소유권이전등기는 등기부취득시효 완성을 이유로 유효하다는 취지의 판결이 확정되자, 乙이 국가를 상대로 손해배상을 구한 사안에서, 甲 등의 등기부취득시효 완성으로 토지에 관한 소유권을 상실한 乙이 불법행위를 이유로 소유권 상실로 인한 손해배상을 청구할 수 있음은 별론으로 하고, 애초 국가의 등기말소의무 이행불능으로 인한 채무불이행책임을 논할 여지는 없고, 또한 토지의 소유권 상실로 인한 손해배상을 구하는 乙의 청구에 대하여 당사자가 주장하지 아니한 소유권보존등기 말소등기절차 이행의무의 이행불능으로 인한 손해배상책임을 인정할 수 없음에도, 이와 달리 손해배상책임을 인정한 원심판결에 법리오해와 처분권주의 위반의 위법이 있다(대판 2012.5.17. 2010다28604 전합).
68) 원고가 매매를 원인으로 한 소유권이전등기를 청구한 데 대하여 원심이 양도담보약정을 원인으로 한 소유권이전등기를 명하였다면 판결주문 상으로는 원고가 전부 승소한 것으로 보이기는 하나, 매매를 원인으로 한 소유권이전등기청구와 양도담보약정을 원인으로 한 소유권이전등기청구와는 청구원인사실이 달라 동일한 청구라 할 수 없음에 비추어, 원심은 원고가 주장하지도 아니한 양도담보약정을 원인으로 한 소유권이전등기청구에 관하여 심판하였을 뿐, 정작 원고가 주장한 매매를 원인으로 한 소유권이전등기청구에 관하여는 심판을 한 것으로 볼 수 없어 결국 원고의 청구는 실질적으로 인용한 것이 아니어서 판결의 결과가 불이익하게 되었으므로 원심판결에 처분권주의를 위반한 위법이 있고 따라서 그에 대한 원고의 상소의 이익이 인정된다(대판 1992.3.27. 91다40696).

민사소송법 제203조에서 정한 처분권주의를 위반하였다[69](대판 2013.5.23. 2013다10482). 그러나 자동차손해배상보장법 제3조는 불법행위에 관한 민법 규정의 특별 규정이라고 할 것이므로 자동차 사고로 인하여 손해를 입은 자가 자동차손해배상보장법에 의하여 손해배상을 주장하지 않았다고 하더라도 법원은 민법에 우선하여 자동차손해배상보장법을 적용하여야 한다(대판 1997.11.28. 95다29390; 대판 2020.1.30. 2016다267890).

3) 하지만 신소송물이론에 의하면 원고 주장의 실체법상의 권리는 공격방법 내지 법률적 관점이고 소송물의 요소가 아니기 때문에 원고 주장과는 다른 실체법상의 권리에 기하여 판단하여도 원고 주장과 같은 취지의 판결이면 다른 소송물에 대한 판단이 아니므로 제203조에 위배되지 않는다(변론주의 위반; 이시윤).

(2) 소의 종류 · 순서

1) 제203조의 신청사항에는 넓게는 원고가 구하는 소의 종류 · 순서가 포함되기 때문에, 법원은 이행 · 확인 · 형성 등 원고가 특정한 소의 종류에 구속이 된다. 따라서 원고가 확인청구를 한 경우에 같은 금액의 이행판결을 할 수 없다.

2) 당사자의 권리구제의 순서에도 법원은 구속된다. 예비적 병합에서 순서대로 주위적 청구에 대하여 먼저 심판을 하지 않고 예비적 청구를 받아들이는 판결을 하는 것은 제203조에 위반된다. 예비적 공동소송에서도 마찬가지이다.

(3) 제203조의 예외 – 형식적 형성의 소

> **민법 제269조(분할의 방법)** ① 분할의 방법에 관하여 협의가 성립되지 아니한 때에는 공유자는 법원에 그 분할을 청구할 수 있다.
> ② 현물로 분할할 수 없거나 분할로 인하여 현저히 그 가액이 감손될 염려가 있는 때에는 법원은 물건의 경매를 명할 수 있다.
> **제366조(법정지상권)** 저당물의 경매로 인하여 토지와 그 지상건물이 다른 소유자에 속한 경우에는 토지소유자는 건물소유자에 대하여 지상권을 설정한 것으로 본다. 그러나 지료는 당사자의 청구에 의하여 법원이 이를 정한다.
> **제845조(법원에 의한 부의 결정)** 재혼한 여자가 해산한 경우에 제844조의 규정에 의하여 그 자의 부를 정할 수 없는 때에는 법원이 당사자의 청구에 의하여 이를 정한다. <개정 2005.3.31.>

---

69) 민사소송법은 '처분권주의'라는 제목으로 "법원은 당사자가 신청하지 아니한 사항에 대하여는 판결하지 못한다."라고 정하고 있다. 민사소송에서 심판 대상은 원고의 의사에 따라 특정되고, 법원은 당사자가 신청한 사항에 대하여 신청 범위 내에서만 판단하여야 한다. 선행판결이나 약정에 따른 의무 위반을 원인으로 하는 금지 및 손해배상청구는 부정경쟁방지 및 영업비밀보호에 관한 법률상 영업비밀침해를 원인으로 하는 금지 및 손해배상청구와는 그 요건과 증명책임을 달리하는 전혀 별개의 소송물이다. 따라서 원고와 피고가 비록 영업비밀성에 관한 공방을 하였다고 하더라도 원고의 주위적 청구에 부정경쟁방지법상 영업비밀침해를 원인으로 하는 청구가 포함되어 있다고 보기는 어렵다(대판 2020.1.30. 2015다49422).

1) 의의 및 예

형식적 형성의 소란 형식은 소송사건이지만 실질은 비송사건인 경우를 이르는데, 구체적으로 어떠한 내용의 권리관계를 형성할 것인가를 법관의 자유재량에 일임하고 있는 형성의 소이다. 예를 들어, 토지경계확정의 소, 부를 정하는 소(민법 제845조), 공유물분할청구(민법 제269조), 법정지상권의 지료결정청구, 경계확정소송 등이 있다.

2) 심리방법

① 처분권주의의 예외

이 경우 법원은 당사자주장의 범위나 내용에 구속받지 않고 재량대로 판단할 수 있어 제203조상의 처분권주의 예외를 이루어 처분권주의가 배제되며, 불이익변경금지의 원칙도 적용되지 아니한다.

② 심리의 특징

어떠한 형식으로라도 판결을 하여야 하므로 원고의 청구를 기각할 수도 없다. 예를 들어, 경계확정의 소에 있어서 원고의 "A·B 두 토지의 경계를 구한다."는 신청에는 구속되나, "A·B 두 토지의 경계선은 X선이다."라는 신청에는 구속되지 아니하며 그 경계선을 Y선 또는 Z선 등으로 자유로이 정할 수 있다(대판 1993.11.23. 93다41729·41808). 또 공유물분할청구의 소에서도 분할방법에 대한 당사자의 신청은 법원을 구속할 수 없다. 원고가 현물분할을 청구하여도 경매에 의한 가격분할을 명할 수 있는 것이다[70](대판 1993.12.7. 93다27819 등).

3) 일반 형성의 소와의 비교

① 일반적 형성의 소의 경우

일반적으로 형성의 소에서는 형성요건을 법률에 규정하여 놓고 그 요건에 해당하는 사실이 있으면 법원이 법률의 규정에 따라 형성판결을 하는 것이므로, 법원의 판단작업은 이행의 소, 확인의 소의 경우와 마찬가지로 법의 적용 작용으로서의 성격을 가진다.

---

70) 공유는 물건에 대한 공동소유의 한 형태로서 물건에 대한 1개의 소유권이 분량적으로 분할되어 여러 사람에게 속하는 것이므로, 특별한 사정이 없는 한 각 공유자는 일방적으로 공유물의 분할을 청구하여 기존의 공유관계를 폐지하고 각 공유자 간에 공유물을 분배하는 법률 관계를 실현할 권리가 있다. 나아가 그 분할의 방법에 있어, 당사자 사이에 협의가 이루어지는 경우에는 그 방법을 임의로 선택할 수 있으나, 협의가 이루어지지 아니하여 재판에 의하여 공유물을 분할하는 경우에는 법원은 현물로 분할하는 것이 원칙이고, 현물로 분할할 수 없거나 현물로 분할을 하게 되면 현저히 그 가액이 감손될 염려가 있는 때에 비로소 물건의 경매를 명할 수 있으므로, 그러한 사정이 없는 한 법원은 각 공유자의 지분비율에 따라 공유물을 현물 그대로 수개의 물건으로 분할하고, 분할된 물건에 대하여 각 공유자의 단독소유권을 인정하는 판결을 하여야 한다. 한편 공유물분할청구의 소는 형성의 소로서 법원은 공유물분할을 청구하는 원고가 구하는 방법에 구애받지 않고 재량에 따라 합리적 방법으로 분할을 명할 수 있으므로, 여러 사람이 공유하는 물건을 현물분할 하는 경우에는 분할청구자의 지분 한도 안에서 현물분할을 하고 분할을 원하지 않는 나머지 공유자는 공유로 남게 하는 방법도 허용되지만, 그렇다고 하더라도 공유물분할을 청구한 공유자의 지분한도 안에서는 공유물을 현물 또는 경매·분할함으로써 공유관계를 해소하고 단독소유권을 인정하여야지, 그 분할청구자 지분의 일부에 대하여만 공유물 분할을 명하고 일부 지분에 대하여는 이를 분할하지 아니하거나, 공유물의 지분비율만을 조정하는 등의 방법으로 공유관계를 유지하도록 하는 것은 허용될 수 없다(대판 2011.3.10. 2010다92506).

② 형식적 형성의 소의 경우

형식적 형성의 소의 경우에는 형성요건을 법률에 구체적으로 규정하지 않고, 구체적으로 어떠한 내용의 권리관계를 형성할 것인가를 법관의 자유재량에 맡기고 있다. 이것은 현장의 법관을 신뢰하고 그가 일체의 사정을 고려하여 가장 합리적이라고 판단하는 바에 따라 권리관계를 형성하도록 하는 것이 타당하다고 생각하였기 때문이다. 그러므로 여기에서의 법관의 작업은 법의 적용작용이라기 보다는 합목적적 처분행위의 성격이 강하다. 그러나 이들 사건에서도 당사자들 사이의 이해관계가 예리하게 대립하므로, 법은 당사자에게 대등하게 변론할 수 있는 기회를 부여하기 위하여 이것을 소송사건의 형식으로 다루도록 한 것이다. 이런 점을 고려하면 실체법상 및 소송법상의 형성의 소를 구속적 형성의 소, 형식적 형성의 소를 재량적 형성의 소라고 부를 수 있을 것이다(정동윤·유병현).

③ 형식적 형성의 소의 확대경향

복지국가를 지향하는 오늘날에는 개인의 사생활관계에 대해 국가의 후견적 관여의 정도가 높아가고 '소송의 비송화' 경향이 두드러짐에 따라 형식적 형성의 소는 증가되어 나가는 추세임을 의식할 필요가 있다.

2. 양적동일

(1) 양적 상한

1) 인명사고에 의한 손해배상청구

① 문제점

인명사고 소송에서의 소송물의 식별기준에 대해 소송물이 전체로서 한 개인지, 피해법익마다 달라지는지, 아니면 몇 개의 그룹으로 나눌 것인가에 대해 정설이 있는 것은 아니다. 하지만 위에서 본 소송물이론과 관련하여 이를 논하는 견해도 있고(이시윤), 소송물이론에 관한 신·구이론과 논리필연적·일의적인 관련은 없다고 하는 견해도 있다(정동윤·유병현).

② 학설

㉠ 구이론

손해3개설은 법원은 각 항목의 손해액에 구속되어 각 항목의 청구액을 초과하여 인용하는 것은 허용되지 아니하며, 비록 초과하여 인용하였지만 청구총액을 벗어나지 않은 경우도 처분권주의위배로 본다. 이는 주로 구이론을 취하는 입장에서 주장된다.

㉡ 신이론

손해1개설은 청구총액에 구속되어 이를 초과하지만 않는다면 항목별 청구액을 초과하여도 처분권주의에 위배되지 않게 된다(이시윤). 그리고 재산적 손해(적극적 손해, 소극적 손해)와 정신적 손해(위자료)로 손해를 2분하는 손해2개설도 유력하게 주장되고 있다(호문혁). 이는 주로 신이론을 취하는 입장에서 주장된다.

③ 판례

　ⓐ 판례는 이 경우 소송물은 적극적 손해(치료비), 소극적 손해(일실이익), 정신적 손해(위자료)의 3가지로 소송물을 구성하는 손해3개설을 취한다.

　ⓑ 다만, "불법행위로 인한 손해배상에 있어 재산상 손해나 위자료는 단일한 원인에 근거한 것인데 편의상 이를 별개의 소송물로 분류하고 있는 것에 지나지 아니한 것이므로 이를 실질적으로 파악하여, 항소심에서 위자료는 물론이고 재산상 손해(소극적 손해)에 관하여도 청구의 확장을 허용하는 것이 상당하다(대판 1994.6.28. 94다3063)."고 하여 3가지의 구별을 완화한 것도 있다(정동윤·유병현).

④ 검토

　변호사소송이 아닌 당사자소송이 다수인 현실에서는 기판력의 범위를 좁혀 원고의 이익보호에 유리한 구소송물이론을 따른다면, 손해3개설이 타당하다.

📖 시험에 이렇게 나온다!

甲은 친구인 乙을 동승시킨 채 자신의 소유 차량을 운전하던 중 丙이 운전하던 차량에 의해 추돌 당함으로써, 甲과 乙 모두 두 달간의 입원치료를 요하는 중상을 입게 되었다. 이에 甲은 丙을 상대로 손해배상청구소송을 제기하였으나, 같은 사고의 피해자인 乙은 나중에 소를 제기하겠다는 생각에 甲의 소송에 동참하지 않았다. 甲은 도합 금 8천만 원의 손해배상을 구함에 있어 일실수익 금 3천만 원, 치료비 금 2천만 원, 위자료 금 3천만 원 등으로 손해항목을 나누어 청구하였다.

물음 1) 1심 법원은 심리결과 피고에게 합계 금 6천만 원의 손해배상(일실수익 금 4천만 원, 치료비 금 1천만 원, 위자료 금 1천만 원)을 명하는 판결을 하였다. 이 판결의 적법성 여부에 대해 검토하시오.

물음 2) 1심 법원이 판결을 선고함에 있어 원고 甲의 청구 중 위자료 청구 부분에 대해서는 아무런 판단을 하지 않은 채, 일실수익과 치료비 청구 중 일부에 대해서만 인용하는 판결을 하였다고 하자. 이 때 원고 甲이 이 판결에 대해 전부 불복하는 항소를 제기한 경우, 원고 甲의 위자료 청구 부분에 대한 항소가 적법한 것인지를 검토하시오.

해설
물음 1) 손해배상청구소송의 소송물에 따른 처분권주의 위반 여부에 관한 문제이다. 손해1개설에 의하면 이 경우 소송물은 8천만 원이 소송물이 되므로 6천만 원을 명하는 판결은 처분권주의의 양적상한에 위배되지 않으므로 적법하다. 그러나 판례의 견해인 손해3개설에 의할 경우 적극적 손해인 치료비 1천만 원, 정신적 손해인 위자료 1천만 원은 각각 2천만 원, 3천만 원의 범위 내이므로 처분권주의에 반하지 않으나, 소극적 손해인 일실수익 4천만 원 부분은 소송물인 3천만 원의 범위를 초과하므로 처분권주의에 반하게 된다. 그리고 손해2개설에 의할 경우 정신적 손해인 위자료 1천만 원 부분은 3천만 원 범위 내이므로 적법하고, 재산적 손해인 5천만 원도(일실수익 4천만 원과 치료비 1천만 원의 합) 소송물인 5천만 원(일실수익 3천만 원과 치료비 2천만 원의 합) 범위 내이므로 적법하다고 보아야 한다.

물음 2) 항소는 제1심법원이 "선고"한 종국"판결"에 대하여 할 수 있다(법 제390조). 즉, 이는 현실적인 판단의 대상이 되었어야 하며, 하나의 소송물에 대해서 하여야 한다. 따라서 손해1개설에 의한다면 위자료부분에 대하여 판단하지 않은 것은 하나의 소송물의 일부에 대해 판단하지 않은 판단누락에 불과하므로, 甲이 전부불복한 것은 하나의 판결에 대해 항소하는 것이 되고 이는 항소의 이익이 있어(형식적 불복설) 적법하다. 손해3개설이나 손해2개설에 의할 경우 위자료 부분은 별개의 소송물이 되어, 이는 판단누락이 아닌 판결의 누락이 된다. 따라서 이는 1심법원의 추가판결의 대상이 될 뿐 항소의 대상이 되지 아니하여 부적법하다 할 것이다.

2) 이자청구의 경우

판례는 이 경우 소송물은 원금, 이율, 기간 등 3개의 인자에 의해 정해진다고 보고, 비록 원고의 이자청구액을 초과하지 않았지만 3개의 기준 중 어느 것에서나 원고 주장의 기준보다 넘어서면 처분권주의에 반한다고 한다(대판 1960.9.29. 4293민상18; 구소송물이론).

3) 일부청구와 과실상계

① 학설

학설은 우선 전부 청구액를 산정하여 그로부터 과실상계를 하고 난 뒤에 남은 잔액이 일부청구액을 초과한 때에는 일부청구의 한도 내에서 인용할 것이고 그 잔액이 청구액에 미달하면 잔액대로 인용하여야 한다는 외측설, 전부청구액에서 과실상계를 할 것이 아니라 현실적으로 청구한 일부청구액 자체에서 과실상계를 하여야 한다는 안분설, 후일 잔액청구가 행해지는 것을 전제로 하여, 잔부청구부분에 대해 과실상계가 행해지지 않을 가능성이 있으므로, 청구액이 과실상계액을 넘지 않는 한 청구는 인용되지 않는다는 내측설이 있다.

② 판례

판례는 "전액에서 과실비율에 의한 감액을 하고 그 잔액이 청구액을 초과하지 않을 경우에는 그 잔액을 인용할 것이고, 그 잔액이 청구액을 초과할 경우에는 청구의 전액을 인용하는 것으로 해석하는 것이 일부청구를 하는 당사자의 통상적 의사라 할 것이고, 이에 따라 원고의 청구를 인용하였다고 하여도 처분권주의에 위반되는 것은 아니다(대판 1976.6.22. 75다819)."라고 판시하여 일관해서 외측설을 따르고 있다.

③ 검토

일부청구라도 채권전부에 대해 심리하는 것이 통상적이고, 당사자는 자신의 과실을 자인하여 일부청구를 하는 경우가 보통이라는 점에서 일응 외측설이 타당하다. 다만, 명시적으로 일부청구를 하여 잔부를 유보하여 둔 경우까지 외측설을 관철함은 무리라는 견해가 있다(이시윤, 호문혁).[71] 이에 대해서는 명시적 일부청구라도 과실을 고려하려 일부청구를 하는 경우가 얼마든지 있을 수 있으며, 잔부를 유보하여 둔 경우라도 반드시 청구를 한다는 것을 보장할 수는 없으므로 과실상계 등을 전체적으로 하는 것이 바람직하며, 명시적 일부청구를 하더라도 과실상계를 고려하여 전소에서 청구취지를 확장할 수 있는 점 등을 고려하면 명시적 일부청구의 경우에도 외측설을 취하는 판례의 태도가 타당하다는 견해도 유력하다(김홍엽, 제8판, 406면).

---

71) 왜냐하면 일부청구긍정설에 의하면 심판대상인 소송물은 일부청구 자체에 한정되므로 그 일부에 대해서 과실상계를 하는 안분설이 논리적으로 타당하지만, 일부청구부정설에 의하면 그 전체가 소송물이 되므로 외측설을 취하는 것이 타당하기 때문이다. 즉, 이 경우 명시설을 취하면 명시하지 않은 경우에는 외측설이 타당하나, 명시한 경우에는 일부만 소송물이 되므로 오히려 안분설이 논리적으로 타당하게 된다고 한다.

(2) 일부인용

1) 분량적인 일부인용은 처분권주의에 반하지 않는다.

예를 들어, 금 1억 원 청구 중 금 6천만 원이 인정되어 금 6천만 원의 지급을 명하는 판결이나 분량적으로 가분인 채무부존재확인의 소에서 일부인용의 판결이 가능한 것이다. 전부의 소유권확인청구에는 지분에 대한 소유권확인의 취지가 포함되어 있으므로 그 범위에서 원고청구를 일부인용[72] 할 수 있으며, 피고들에게 부진정연대의 관계에서 청구한 경우에 진정연대의 관계에서 인용하는 것도 일부인용에 해당한다. 다만, 피고들의 손해배상채무가 부진정연대로 주장되지도 않았는데 진정연대로 판단하는 것은 안 된다(대판 2013.5.9. 2011다61646). 그리고 연차적으로 발생할 손해에 대하여 당사자가 치료비 등을 일시적으로 청구한 경우 법원이 그 연차적 지급(정기금 지급)을 명했다고 해도 손해배상의 범위와 한계에 관한 법리를 위반했다거나 당사자가 청구하지 아니한 사항에 대하여 판결한 위법이 있다고 할 수 없다(대판 1970.7.24. 70다621). 또한 주위토지통행권이 있음을 주장하여 확인을 구하는 특정의 통로 부분이 민법 제219조에 정한 요건을 충족하지 못할 경우에는 다른 토지 부분에 주위토지통행권이 인정된다고 할지라도 원칙적으로 청구를 기각할 수밖에 없으나, 통행권의 확인을 구하는 특정의 통로 부분 중 일부분이 민법 제219조에 정한 요건을 충족하거나 특정의 통로 부분에 대하여 일정한 시기나 횟수를 제한하여 주위토지통행권을 인정하는 것이 가능한 경우라면, 그와 같이 한정된 범위에서만 통행권의 확인을 구할 의사는 없음이 명백한 경우가 아닌 한 청구를 전부 기각할 것이 아니라, 그렇게 제한된 범위에서 청구를 인용함이 타당하다(대판 2017.1.12. 2016다39422).[73]

2) 채무부존재확인청구의 경우

① 먼저 소장의 청구취지(신청)에 채무상한(기본되는 채무)을 명시하지 않은 경우가 문제가 되는데, 이 경우 소장의 적식성 문제로 이를 이해하여 채무상한을 청구취지에 명시하지 않으면 부적식하다고 보는 견해[74]도 있으나(이시윤), 다수의 견해는 소장 자체는 적식한 것으로 본다[75].

---

72) 부동산을 단독으로 상속하기로 분할협의하였다는 이유로 그 부동산 전부가 자기 소유임의 확인을 구하는 청구에는 그와 같은 사실이 인정되지 아니하는 경우 자신의 상속받은 지분에 대한 소유권의 확인을 구하는 취지가 포함되어 있다고 보아야 하므로, 이러한 경우 법원은 특단의 사정이 없는 한 그 청구의 전부를 기각할 것이 아니라 그 소유로 인정되는 지분에 관하여 일부 승소의 판결을 하여야 한다(대판 1995.9.29. 95다22849).

73) 주위토지통행권의 확인을 구하기 위해서는 통행의 장소와 방법을 특정하여 청구취지로써 이를 명시하여야 하고, 민법 제219조에 정한 요건을 주장·증명하여야 한다.

74) 이 같은 채무의 일부부존재확인청구의 경우, "원고의 피고에 대한 대여금채무 금 1,000만 원 중 금 300만 원을 넘어서는 존재하지 아니함을 확인한다."는 식으로 그 기본되는 채무를 명시할 것을 요하며, 그렇지 않으면 어떠한 채무 중 일부인지 분명치 않게 된다고 하여 소장의 적식성(소장의 기재사항)과 관련하여 이해하는 견해도 있다(이시윤). 이 견해에 의하면 채무상한을 명시하지 않으면 재판장의 보정명령과 소장각하명령의 대상이 된다고 할 것이다(제254조).

75) 채무의 상한이 정해져 있지 않은 경우에 단순한 청구기각판결은 1천만 원을 초과한 채무가 존재한다는 것을 확정함에 불과하고 수액을 확정하지는 않기 때문에 甲으로서는 수액을 다툴 여지가 남게 된다. 따라서 일부인용판결보다는 청구기각판결이 오히려 甲의 의사에 부합할지도 모른다. 그러나 수액에 관한 다툼을 남기는 판결은 바람직하지 않고 이미 수액에 관한 심리가 상당 정도 진행되었을 경우에는 이를 무용하게 만든다는 문제가 있다. 따라서 신청(= 청구취지) 중에 채무의 상한이 나타나 있지 않은 경우라 하더라도 청구원인 등에는 3천만 원이라는 상한이 주장되었던 것이므로 이를 신청 중에 상한이 나타난 경우와 동일하게 취급하는 것이 타당하다.

② 다만, 이 경우 청구한 채무보다 다액의 채무가 인정된다고 했을 때 일부인용판결이 가능한가에 대해, 판례는 "원고가 상한을 표시하지 않고 일정액을 초과하는 채무의 부존재의 확인을 청구하는 사건에 있어서 일정액을 초과하는 채무의 존재가 확인되는 경우에는 특단의 사정이 없는 한 법원은 그 청구의 전부를 기각할 것이 아니라 존재하는 채무부분에 대하여 일부패소의 판결을 하여야 한다(대판 1994.1.25. 93다9422)."고 판시하여 일부인용판결이 가능하다고 본다. 이 경우 주문은 "원고의 채무는 ○○원을 초과하여서는 존재하지 않음을 확인한다. 원고의 나머지 청구를 기각한다."는 것이 된다.

📖 시험에 이렇게 나온다! 일본사시 1986년 기출문제

"甲"은 乙로부터 3천만 원의 차용금채무의 잔액이 1천만 원이라고 주장하고 乙에 대하여 위 차용금채무는 1천만 원을 초과해서는 존재하지 않는다는 확인을 구하는 소를 제기하였다. 법원이 심리한 결과 다음과 같은 판결을 내렸다고 할 때 그 판결에 대하여 논하라.

물음 1) 甲의 乙에 대한 채무의 잔액이 2천만 원임을 인정하고 "원고의 청구를 기각한다."고 선고한 판결

물음 2) 甲의 乙에 대한 채무의 잔액이 8백만 원임을 인정하고 "차용금채무는 8백만 원을 초과하여서는 존재하지 않음을 확인한다."고 선고한 판결

해설

물음 1) 甲이 신청 중에 3천만 원이라는 채무의 상한을 정했든 정하지 않았든 간에 법원은 전부기각판결을 할 것이 아니라 "원고의 채무는 2천만 원을 초과하여서는 존재하지 않음을 확인한다. 원고의 나머지 청구를 기각한다."는 일부인용판결을 했어야 한다. 따라서 물음 1)의 판결은 위법하다.

물음 2) 甲은 1천만 원의 채무의 존재에 대하여 스스로 인정하고 있는데, 법원은 甲이 구하고 있는 이상을 인용하였으므로 처분권주의에 반하며, 이 판결은 상소에 의해 다툴 수 있지만 그대로 확정되면 기판력이 생기고 재심은 인정되지 않는다.

---

3) 단순이행청구의 경우에 상환이행의 판결

① 원칙

원고가 단순이행청구를 하고 있는데 피고의 동시이행의 항변 또는 유치권항변[76])이 이유 있을 때에 원고가 반대의 의사표시를 하지 않는 한[77)] 원고청구기각이 아니라, 원고의 채무이행을 받음과 상환으로 피고의 채무이행을 명하는 판결을 하는 것은 처분권주의에 반하지 아니한다.

---

76) 물건의 인도를 청구하는 소송에 있어서 피고의 유치권 항변이 인용되는 경우에는 그 물건에 관하여 생긴 채권의 변제와 상환으로 그 물건의 인도를 명하여야 한다(대판 1969.11.25. 69다1592).

77) 매수인이 단순히 소유권이전등기청구만을 하고 매도인이 동시이행의 항변을 한 경우 법원이 대금수령과 상환으로 소유권이전등기절차를 이행할 것을 명하는 것은 그 청구중에 대금지급과 상환으로 소유권이전등기를 받겠다는 취지가 포함된 경우에 한하므로 그 청구가 반대급부 의무가 없다는 취지임이 분명한 경우에는 청구를 기각하여야 한다(대판 1980.2.26. 80다56).

② 건물매수청구권의 행사와 상환이행판결

대지임대인 甲이 그 임차인 乙을 상대로 건물철거와 그 대지인도를 청구하는 소송에서 乙이 적법하게 건물매수청구권[78]을 행사하였을 때에 피고는 원고로부터 건물대금을 지급받음과 동시에 (상환으로) 건물을 인도하라는 판결을 허용할 것인가에 대해, 판례는 "이 사건에서와 같은 원고의 건물철거와 그 부지 인도청구에는 건물매수대금지급과 동시에 건물 명도를 구하는 청구가 포함되어 있다고 볼 수는 없다."고 포함 여부는 부정하지만, 계속된 설시에서 "법원으로서는 임대인이 종전의 청구를 계속 유지할 것인지, 아니면 대금지급과 상환으로 지상물의 명도를 청구할 의사가 있는 것인지(예비적으로라도)를 석명하고 임대인이 그 석명에 응하여 소를 변경한 때에는 지상물 명도의 판결을 함으로써 분쟁의 1회적 해결을 꾀하여야 한다."고 하여 건물명도청구로의 청구취지 변경에 대한 석명의무를 긍정하면서, 이러한 경우에도 법원에게 위와 같은 점을 석명하여 심리하지 아니한 것이 위법이 아니라는 취지의 종전의 판결들을 폐기하였다(대판 1995.7.11. 94다34265 전합).

4) 채권자취소소송에서 인도청구의 경우에 가액배상판결

판례는 채권자취소소송에서 사해행위의 전부취소와 원상회복청구의 주장에는 사해행위의 일부취소와 가액배상청구의 주장도 포함되어 있으므로, 원상회복으로 물건인도만 구하여도 가액배상을 명할 수 있다고 했다(대판 2001.9.4. 2000다66416).

5) 현재의 이행의 소의 경우에 장래의 이행판결

현재의 이행의 소에서 심리결과 원고에게 청구권은 있는데 이행기의 미도래, 이행조건의 미성취일 때 바로 기각할 것이 아니라, 장래이행의 소로서 '미리 청구할 필요'가 있고 원고의 의사에 반하지 않으면 장래의 이행판결을 하여도 좋을 것이다(통설·판례). 그러므로 원고가 피담보채무의 소멸을 이유로 저당권설정등기말소나 소유권이전등기말소청구를 한 경우에, 심리 결과 원고에게 아직 채무가 남아 있는 것으로 밝혀졌을 때, 위 청구 중에는 특별한 사정이 없으면 장래의 이행청구로서 남은 채무의 변제를 조건으로 등기말소를 구하는 취지도 포함되었다고 보아 남은 채무의 선이행을 조건으로 청구를 인용하여야 할 것이다(대판 1996.11.12. 96다33938). 하지만 원고가 피담보채무가 발생하지도 않음을 전제로 등기말소를 구하는 경우에는 채무이행을 조건으로 등기말소를 구하는 취지가 포함되어 있지 않다고 한다(대판 1991.4.23. 91다6009).

---

78) 민법 제643조(임차인의 갱신청구권, 매수청구권) 건물 기타 공작물의 소유 또는 식목, 채염, 목축을 목적으로 한 토지임대차의 기간이 만료한 경우에 건물, 수목 기타 지상시설이 현존한 때에는 제283조의 규정을 준용한다.
제283조(지상권자의 갱신청구권, 매수청구권) ① 지상권이 소멸한 경우에 건물 기타 공작물이나 수목이 현존한 때에는 지상권자는 계약의 갱신을 청구할 수 있다.
② 지상권설정자가 계약의 갱신을 원하지 아니하는 때에는 지상권자는 상당한 가액으로 전항의 공작물이나 수목의 매수를 청구할 수 있다.

IV. 절차의 종료

1. 당사자행위에 의한 종료

당사자는 어느 때나 청구의 포기·재판상 화해(제220조), 소취하(제266조)에 의하여 절차종료가 가능하다. 또 상소의 취하(제393조), 불상소의 합의(제390조 제1항 단서), 상소권의 포기(제394조)도 인정된다.

2. 직권탐지주의의 경우

통상의 절차와는 달리 직권탐지주의에 의하는 절차에서는 처분권주의가 제한을 받는다. 예를 들어, 가사소송, 행정소송 등이다. 다만, 이러한 절차에서도 절차의 개시, 소송물의 특정은 당사자의 의사에 의하며, 원고의 소취하도 허용된다. 다만, 성질상 허용될 수 없는 청구의 포기·인낙, 재판상 화해는 허용될 수 없을 것이다.

3. 회사관계소송의 경우

회사관계소송에서는 문제이지만, 원고패소확정판결과 동일한 청구의 포기는 별론, 승소확정판결과 같은 효력이 있는 청구의 인낙이나 화해는 허용될 수 없을 것[79]이다.

V. 처분권주의 위배의 효과

1. 구제방법

처분권주의에 위배된 판결은 확정 전에는 상소로 다툴 수 있고, 당연무효는 아니다(확정 후에는 재심사유에 해당하지 않으므로 재심은 불가하다). 처분권주의 위배는 판결의 내용에 관한 것이고 절차에 관한 것이 아니므로, 이의권의 대상이 아니다(제151조 참고).

2. 흠의 치유

그러나 처분권주의에 위배된 경우라도 피고가 항소한 경우에, 원고가 제1심에서 신청하지 아니한 사항에 대하여 항소심에서 새로 신청[80]하면 그 흠이 치유된다.

---

79) 주주총회결의의 부존재·무효를 확인하거나 결의를 취소하는 판결이 확정되면 당사자 이외의 제3자에게도 그 효력이 미쳐 제3자도 이를 다툴 수 없게 되므로, 주주총회결의의 하자를 다투는 소에 있어서 청구의 인낙이나 그 결의의 부존재·무효를 확인하는 내용의 화해·조정은 할 수 없고, 가사 이러한 내용의 청구인낙 또는 화해·조정이 이루어졌다 하여도 그 인낙조서나 화해·조정조서는 효력이 없다(대판 2004.9.24. 2004다28047).

80) 청구취지의 확장, 즉 부대항소의 실질을 가진다.

2011년 공인노무사

교통사고 피해자인 甲은 가해자인 乙을 상대로 손해배상청구의 소를 제기하면서 적극적 손해, 소극적 손해, 위자료 각 1,000만 원씩 합계 3,000만 원을 청구하였다. 그런데 법원은 피고에 대하여 적극적 손해 1,500만 원, 소극적 손해 1,000만 원, 위자료 500만 원 합계 3,000만 원을 이행하라는 판결을 선고하였다. 이 판결의 적법성 여부에 대하여 논하시오. (50점)

목차

Ⅰ. 문제의 소재

1. 법원은 당사자가 신청하지 아니한 사항에 대하여는 판결하지 못한다(처분권주의, 민사소송법 제203조).

2. 사안의 경우 각 손해에 대한 합계의 면에서 보면 3,000만 원을 청구하여, 3,000만 원에 대한 전부인용판결이 선고되었으므로 문제가 없지만, 적극적 손해의 측면에서 보면 1,000만 원을 청구하였는데, 그것을 초과한 1,500만 원을 인용한 판결을 하였으므로, 처분권주의에 반하지 않는지가 문제된다.

3. 이와 관련하여 제203조에서 말하는 신청한 사항이란 소송물을 말하는 것이므로, 먼저 인명사고로 인한 손해배상청구의 소송물의 구성이 문제되고, 이를 바탕으로 판결의 적법성 여부를 논하기로 한다.

Ⅱ. 처분권주의 위배 여부

1. 처분권주의의 의의, 기능 및 구별개념

(1) 의의

처분권주의란 절차의 개시, 심판의 대상과 범위, 절차의 종료를 법원이 아닌 당사자에게 맡기는 입장으로, 사적 자치의 소송법적 측면이라고 할 수 있다.

(2) 기능

원고에게는 소송물을 한정시키고, 피고에게는 방어의 최종목표를 정해줌으로써 사적 자치의 소송법적인 측면, 즉 사적 자치의 구현을 보장한다.

(3) 변론주의와의 구별

처분권주의에 의하여 정해진 심판의 대상에 대한 소송자료수집의 권능과 책임을 누구에게 지울 것인가의 영역에서 당사자주의가 현재화되면 그것을 변론주의라고 한다. 따라서 처분권주의는 당사자의 소송물에 대한 처분자유를 의미하고 변론주의는 소송자료의 수집책임을 당사자에게 부과시키는 것으로서 양자는 구별된다.

2. 심판의 대상과 범위

처분권주의는 당사자가 신청한 사항 안에서 심리하여야 한다. 그런데 사안에서 당사자가 신청한 사안이 3,000만 원 총액인지, 아니면 적극적 손해 1,500만 원, 소극적 손해 1,000만 원, 위자료 500만 원인지가 소송물논의와 관련되므로 이를 검토하여 보기로 한다.

Ⅲ. 인명사고소송에서의 소송물 논의

1. 문제점

인명사고 소송에서의 소송물의 식별기준에 대해 소송물이 전체로서 한 개인지, 피해법익마다 달라지는지, 아니면 몇 개의 그룹으로 나눌 것인가에 대해 정설이 있는 것은 아니다. 하지만 위에서 본 소송물이론과 관련하여 이를 논하는 견해도 있고(이시윤), 소송물이론에 관한 신·구이론과 논리필연적·일의적인 관련은 없다고 하는 견해도 있다(정동윤·유병현·김경욱).

2. 학설

(1) 손해3개설은 법원은 각 항목의 손해액에 구속되어 각 항목의 청구액을 초과하여 인용하는 것은 허용되지 아니하며, 비록 초과하여 인용하였지만 청구총액을 벗어나지 않은 경우도 처분권주의위배로 본다. 이는 주로 구이론을 취하는 입장에서 주장된다.

(2) 손해1개설은 청구총액에 구속되어 이를 초과하지만 않는다면 항목별 청구액을 초과하여도 처분권주의에 위배되지 않게 된다(이시윤). 그리고 재산적 손해(적극적 손해, 소극적 손해)와 정신적 손해(위자료)로 손해를 2분하는 손해2개설도 유력하게 주장되고 있다(호문혁). 이는 주로 신이론을 취하는 입장에서 주장된다.

3. 판례

(1) 판례는 이 경우 소송물은 적극적 손해(치료비), 소극적 손해(일실이익), 정신적 손해(위자료)의 3가지로 소송물을 구성하는 손해3개설을 취한다.

(2) 다만, 최근에는 "불법행위로 인한 손해배상에 있어 재산상 손해나 위자료는 단일한 원인에 근거한 것인데 편의상 이를 별개의 소송물로 분류하고 있는 것에 지나지 아니한 것이므로 이를 실질적으로 파악하여, 항소심에서 위자료는 물론이고 재산상 손해(소극적 손해)에 관하여도 청구의 확장을 허용하는 것이 상당하다(대판 1994.6.28. 94다3063)."고 하여 3가지의 구별을 완화한 것도 있다(정동윤·유병현·김경욱).

4. 검토

변호사소송이 아닌 당사자소송이 다수인 현실에서는 기판력의 범위를 좁혀 원고의 이익보호에 유리한 구소송물이론을 따른다면, 손해3개설이 타당하다.

5. 사안의 경우

(1) 손해1개설에 의하면 소송물은 적극적 손해, 소극적 손해, 정신적 손해의 합인 3,000만 원이고, 법원이 3,000만 원을 인용한 것은 신청한 사항의 범위 내에서 판결한 것이므로, 이는 처분권주의를 위반하지 않은 적법한 판결이다.

(2) 하지만 손해2개설에 의하면 적극적 손해 1,000만 원과 소극적 손해 1,000만 원의 합인 재산상 손해 2,000만 원이 소송물이 되므로, 적극적 손해 1,500만 원과 소극적 손해 1,000만 원을 인용한 것은 그 합이 2,500만 원이 되어, 당사자가 신청한 사항을 초과하여 처분권주의를 위반한 판결이다.

(3) 그리고 판례인 손해3개설에 의하면 적극적 손해, 소극적 손해, 정신적 손해 각각의 손해가 별개의 소송물이 되므로, 甲이 신청한 적극적 손해 1,000만 원을 초과하여 1,500만 원을 인용한 것은 양적 상한에 반하여 처분권주의를 위반한 위법한 판결이 된다.

Ⅳ. 사안의 해결

1. 사안의 경우 손해1개설에 의하면 적법한 판결이고, 손해2개설이나 판례인 손해3개설에 의하면 처분권주의에 반하는 위법한 판결이다(제203조).

2. 따라서 손해2개설이나 손해3개설에 의하면 처분권주의에 위반한 판결이므로, 확정 전에는 처분권주의 위반을 이유로 乙은 상소를 제기하여 판결을 취소·파기 할 수 있다(제416조, 제436조). 다만, 처분권주의는 판결의 내용에 관한 것이므로, 이의권의 대상은 되지 않는다(제151조). 그리고 판결의 확정 후에는 별도의 재심사유가 없는 한, 재심은 불가하다(제451조).

28 변론주의

CONTENTS

III. 변론주의의 한계와 제한
1. 한계
법률해석적용이나 증거의 가치평가는 이에 관한 당사자의 의견이 있어도 법원이 구속될 필요가 없음(대판 1980.12.9. 80다532)
2. 제한
(1) 직권탐지주의
(2) 직권조사사항
판례는 소송계속의 유무, 과실상계, 위자료의 액수 및 신의칙 등을 직권조사사항으로 보고 있음(이시윤, 295면)

IV. 변론주의의 수정
1. 주장책임의 수정
(1) 소송자료와 증거자료의 준별완화
(2) 법규기준설의 수정
2. 자백의 구속력의 제한
현저한 사실에 반하는 자백, 경험법칙에 반하는 자백은 구속력 ×
3. 증거신청주의의 보완
제292조. 다만, 소액사건에서는 보충성이 완화되어 필요하다고 인정할 때에는 직권으로 증거조사 可(소액사건심판법 제10조 제1항). 조사의 촉탁(제294조), 당사자본인신문(제367조) 및 감정의 촉탁(제341조) 등에서도 직권증거조사 可

V. 변론주의의 보완책 - 석명권
1. 의의 및 기능
(1) 의의 - 법 제136조
(2) 기능
2. 석명권의 범위(한계)
(1) 소극적 석명 - 무제한(통설)
(2) 적극적 석명
　1) 의의
　2) 인정 여부
　　① 학설: ㉠ 소극설, ㉡ 제한적 적극설
　　② 판례: 원칙적으로는 적극적 석명을 부정, but 토지임차인의 지상물매수청구권 행사로 인한 소변경과 법원의 석명의무에 대한 판결에서 석명의무 긍정하여 예외적으로 적극적 석명을 인정
　　③ 검토: 제한적 적극설
　3) 적극적 석명의무의 기준
　　판결의 승패개연성, 당사자 신청의 법적 구성의 난이도, 종전 소송자료와의 합리적 관련성, 당사자의 공평한 취급, 일회적인 분쟁의 발본적인 해결 등이 기준이 됨

3. 석명의 대상
(1) 청구취지의 석명
　1) 소극적 석명 ○: 청구의 변경에 있어서 그 형태가 교환적인지 추가적인지 불명한 때(대판 1995.5.12. 94다6802), 확인의 소에 있어서 목적물이 특정되지 아니한 때(대판 1971.11.15. 71다1934) 可
　2) 적극적 석명
　　① 원칙: ×
　　② 예외: 토지임차인의 매수청구권 행사로 인한 소변경과 법원의 석명의무에 관한 판결
(2) 주장사실의 석명
　1) 불명료를 바로 잡기 위한 석명
　　① 주장이 불명료한 경우
　　② 주장, 증거자료의 전후모순
　　③ 법률상 정리되지 않은 주장을 하는 경우
　2) 소송자료 보충을 위한 석명
　　어떠한 법률효과를 주장하면서 그 요건사실을 누락했을 때 이의 보충을 위한 석명이 필요(대판 1995.2.28. 94누4325)
　3) 신소송자료 제출을 위한 석명
　　① 원칙
　　② 판례: 변제항변을 하지 않는 경우에 변제항변에 대해서, 시효완성의 항변을 하지 않는 경우에 시효항변에 대해서, 채권자의 수령지체주장에 상계항변이 포함되어 있는지에 대해서 법원은 석명의무가 없다고 함
(3) 증명촉구
　1) 판례는 증명촉구의 석명은 증명책임을 지는 당사자의 주의를 환기시키는 것이며, 법원은 구체적으로 증명방법까지 지시하면서 증거신청을 종용할 필요는 없다고 함(대판 1964.11.10. 64다325)
　2) 그리고 판례는 변제의 항변이 있는 경우에 증명촉구를 하지 않고 판결을 선고하는 것은 위법, 불법행위로 인한 손해배상청구에서 배상액의 증명이 없는 경우 바로 청구기각 할 것이 아니라 적극적으로 석명권을 발동하여 증명을 촉구할 의무가 있다(대판 1993.12.28. 93다30471 등, 채무불이행책임이 인정되는 경우에도 동일)고 함
(4) 지적의무(시사의무, 제136조 제4항)
　지적의무의 법적성격

4. 석명권의 행사
  (1) 주체
  (2) 행사방법
  (3) 석명권 행사의 한계(석명권행사에 대한 불복)
      이의(제138조), 법관에 대한 기피신청(제43조)
  (4) 석명불응에 대한 조치
5. 석명처분
  (1) 의의 및 증거조사와의 차이
      1) 제140조
      2) 변론전체의 취지로서 참작. but 당사자가
         이를 증거로 원용하면 증거자료로 될 수
         있음(이시윤)
  (2) 내용
      1) 당사자 본인의 출석명령
         소송대리인이 있어도 직접 본인으로부터
         사건을 청취하는 것이 적당한 경우에는 본
         인 또는 법정대리인의 출석을 명할 수 있다.
      2) 문서 기타 물건의 제출명령
      3) 문서 기타 물건의 유치명령
      4) 검증·감정
      5) 조사촉탁
6. 석명권의 불행사와 상고(석명권에 대한 권한과
   의무의 상관관계)
  (1) 문제점
  (2) 학설

1) 적극설: 석명권한 = 석명의무
2) 소극설: 석명권한 ≠ 석명의무
3) 절충설: 석명권한 > 석명의무
(3) 검토
   절충설이 타당(다수설)

VI. 기타 보완책

1. 변호사대리의 원칙과 대리인의 선임명령
  (1) 변호사대리의 원칙 - 제87조
  (2) 대리인의 선임명령 - 제144조 제1항·제2항
2. 진실의무
3. 현대형 소송의 경우
  (1) 문제점
      현대형 소송 ⇨ 당사자의 실질적 공평과 재판
      의 적정성을 해할 우려 ○
  (2) ∴ 실질적 무기평등의 원칙을 보장하고 증거
      수집제도의 확충을 위하여 입증의 공평분담
      을 위하여 일응의 추정과 간접반증이론 이외
      에 증거개시제도의 도입, 모색적 증명, 증명책
      임 없는 당사자의 사안해명의무의 제한적 인
      정 등을 고려할 필요 ○. 신법에서는 증거수
      집제도 확충 위해 문서제출명령에 따른 제출
      의무를 일반적 의무로 확장(제344조 제2항)
      인정

▌변론주의 사시 9·26회, 변리사 33회

I. 서설

1. 의의 및 규정

(1) 의의

재판의 기초가 되는 소송자료, 즉 사실자료와 증거자료의 수집 및 제출을 당사자의 책임 및 권능으로
하고, 당사자가 주장하여 변론에서 제출한 소송자료만을 재판의 기초로 삼아야 하는 입장을 말한다. 이
에 반하여 그와 같은 자료의 수집을 법원의 책임과 권능으로 하는 원칙을 직권탐지주의라고 한다.

(2) 규정

변론주의는 민사소송을 관류하는 대원칙임에도 불구하고 이에 관한 직접규정을 두고 있지 아니하나, 특수소송에서 이와 대립하는 직권탐지주의(행정소송법 제26조, 가사소송법 제12조, 제17조)를 규정함으로써 간접적으로 추단케 하고 있다. 다만, 민사소송규칙 제69조의2(당사자의 조사의무)[81]에서 사실관계와 증거에 관한 사전조사 의무를 부과한 것은 변론주의를 전제한 것이라 하겠다.

2. 근거

이에는 본질설, 수단설, 절차보장설, 다원설 등이 대립하지만 사적 자치의 반영, 진실발견의 수단, 절차보장 및 공평한 재판에 대한 신뢰확보 등 다원적으로 파악함이 타당하다(다원설).

Ⅱ. 변론주의의 내용

1. 사실의 주장책임

(1) 변론주의에서 사실의 주장책임과 소송자료(= 사실자료)와 증거자료의 구별

1) 주장책임과 주장공통의 원칙

주요사실은 당사자가 변론에서 주장하여야 하며, 당사자에 의하여 주장되지 않은 사실은 판결의 기초로 삼을 수 없다. 따라서 당사자는 자기에게 유리한 사실을 주장하지 아니하였으면 그 사실은 없는 것으로 취급되어 불이익한 판단을 받게 되는데, 이를 주장책임이라고 한다. 특히 변론주의는 법원과 당사자 사이의 역할분담문제이므로 그 사실이 주장되기만 하면 주장책임을 지는 당사자가 주장을 하였는가를 묻지 않고, 판결의 기초로 삼을 수 있다(대판 1990.6.26. 89다카15359). 이를 주장공통의 원칙이라고 한다. 따라서 어느 당사자가 자발적으로 자기에게 불리한 사실을 진술한 경우(선행자백)에는 이 사실에 기하여 그에게 불리한 판결을 해도 무방하다.

2) 변론주의에서 사실의 주장책임과 소송자료(= 사실자료)와 증거자료의 구별

① 변론주의에서 사실의 주장은 주요사실을 이르고, 그 주요사실은 소송자료, 즉 사실자료에서 나타나야 하므로 증언, 문서의 기재내용 등의 증거자료에 의해서는 사실이 주장된 것이 아니므로, 설사 법원이 증거자료에 의해 주요사실을 알았다고 하여도 이를 당사자에 의해 주장된 것으로 볼 수는 없다. 따라서 이는 원칙적으로 변론주의 위반이 되어 위법하다.

② 이상의 내용을 소송자료(= 협의의 소송자료, 사실자료)와 증거자료는 구별(준별)된다고 표현하는데, 다만 이를 철저히 관철하면 증거자료에 의하면 당연히 승소할 수 있는 당사자가 사실자료를 주장하지 아니하였다고 하여 패소 당하는 경우도 생길 수 있는 바 이는 민사소송의 이상인 적정, 공평에 반할 염려가 있다. 따라서 이런 문제의식 하에 나온 것이 소위 간접적 주장인데 이의 인정 여부가 문제된다.

---

81) 민사소송규칙 제69조의2(당사자의 조사의무) 당사자는 주장과 입증을 충실히 할 수 있도록 사전에 사실관계와 증거를 상세히 조사하여야 한다.

3) 간접적 주장의 인정 여부

① 학설

긍정설(소송자료와 증거자료의 구별 완화)은 ㉠ 변론주의의 엄격한 적용으로 인한 부당한 결과를 시정하고, ㉡ 상대방에게 불의타를 주지 않는 한도에서 불공평하지 않다고 하여 이를 제한적으로 인정하려 한다. 부정설(소송자료와 증거자료의 구별 엄격)은 ㉠ 심판의 범위의 불명확, ㉡ 법원의 심리부담의 가중, ㉢ 상대방 당사자의 방어권 침해의 염려 등을 근거로 이를 부정하고, 다만 부당한 결과의 시정은 석명권(제136조)의 행사에 의해 직접적 주장을 유도함으로서 해결할 것이라고 한다(이시윤).

② 판례

판례는 상속인의 대리인에 의한 계약체결사실을 입증하고자 증인신청 한 사안에서 "명백한 주장을 한 바가 없다 하더라도 위 증인신청으로서 이에 대한 간접적인 주장이 있었다고 볼 여지가 없지 아니할 뿐 아니라, 그렇지 않다고 하더라도 법원으로서는 적어도 원고가 이를 주장하는 취지인지를 석명을 구하여 당사자의 진의를 밝힘으로써 소송관계를 명확하게 하였어야 옳을 것이다(대판 1993.3.9 92다54517 등)."라고 하여 긍정설의 입장이다. 그리고 서증을 제출하여 그 입증취지를 진술하여 서증기재사실을 주장한 때(대판 1994.10.11. 94다42626), 감정서나 서증을 이익으로 원용한 때(대판 1996.12.19. 94다22927)는 주요사실의 주장이 있는 것으로 볼 수 있다고 하였다. 그리고 "금원을 변제공탁 하였다는 취지의 공탁서를 증거로 제출하면서 그 금액 상당의 변제 주장을 명시적으로 하지 않은 경우, 비록 당사자가 공탁서를 제출하였을 뿐 그에 기재된 금액 상당에 대한 변제 주장을 명시적으로 하지 않았다고 하더라도 공탁서를 증거로 제출한 것은 그 금액에 해당하는 만큼 변제되었음을 주장하는 취지임이 명백하므로, 법원으로서는 그와 같은 주장이 있는 것으로 보고 그 당부를 판단하거나 아니면 그렇게 주장하는 취지인지 석명을 구하여 당사자의 진의를 밝히고 그에 대한 판단을 하여야 한다(대판 2002.5.31. 2001다42080)."고 본다.

③ 검토[82]

실무상 당사자본인 소송이 대부분인 현실에서 소송의 적정, 공평을 위해서는 사실자료와 증거자료의 구별을 완화하는 긍정설이 타당하다. 다만, 소송자료와 증거자료의 구별을 완화하여 간접적 주장을 인정한다고 하더라도, 당사자의 변론을 전체적으로 관찰하여(변론전체의 취지) 명백히 간접적으로 주장한 것으로 볼 수 있어서 상대방의 방어권행사의 기회가 충분히 보장된 경우에는 석명권을 행사할 필요 없이 이를 판결의 기초로 삼을 수 있으나, 그렇지 아니한 경우에는 이에 관하여 석명권을 행사하여 주장사실을 명확히 한 다음, 이를 판결의 기초로 삼는 것이 변론주의의 원칙상 타당하다고 할 것이다(정동윤·유병현).

---

82) 부정설에 따른 검토: 이는 민사소송의 이상인 적정, 공평을 달성하는데 대한 방법상 차이로 보이는바, 원칙적으로 간접적 주장은 변론주의의 틀을 벗어나므로 이를 허용해서는 안 된다고 본다. 다만, 본인소송이 많은 우리나라의 현실에서 부당한 경우가 있을 수는 있는데, 이는 법원이 제136조상의 석명권을 적절히 발동하여 직접적 주장을 유도하는 것이 타당하다. 특히 이러한 간접적 주장 방식은 민사소송규칙 제28조의 변론방식과도 맞지 않다(이시윤).

(2) 주요사실과 간접사실의 구별

1) 변론주의에서 사실의 주장책임의 대상

① 변론주의에서 사실의 주장책임의 대상은 주요사실[83]에 한하고, 간접사실[84], 보조사실은 이에 해당하지 아니한다는 것이 통설·판례이다.

② 왜냐하면 주요사실의 판단을 추인시키는 간접사실은 증거와 마찬가지의 역할을 하므로(예를 들어, 자금난에 허덕이다가 갑자기 자금사정이 좋아졌다는 간접사실은 대여라는 주요사실의 증거인 차용증과 그 역할이 유사하다는 점을 상기하라), 증거의 평가에 있어 작용하는 자유심증주의가 간접사실의 존부에 대한 판단에 있어서도 타당하기 때문에 법원은 간접사실을 당사자의 주장을 기다리지 않고 자유로이 인정하여도 무방하다고 할 수 있기 때문이다.

2) 법규기준설

민사소송절차에서 권리의 발생·변경·소멸이라는 법률효과를 판단하는 요건이 되는 주요사실에 대한 주장·증명에는 변론주의의 원칙이 적용된다(대판 2021.1.14. 2020다261776). 법규기준설은 법규를 발생시키는 요건사실이 주요사실이고, 그 이외의 사실은 간접사실이라고 본다. 예를 들어, 민법 제598조상의 소비대차계약의 주요사실은 "甲은 乙에게 2023년 5월 10일에 금 1억 원을, 변제기를 동년 10월 10일로 정하여 대여하였다."는 사실이 된다. 왜냐하면 소비대차계약은 낙성계약이고 그 법률효과를 발생시키는 사실은 계약일, 변제기가 될 것이기 때문이다. 즉, 주요사실(직접사실)은 법률효과를 발생시키는 법규의 요건사실에 해당하는 사실을 말하고, 간접사실은 주요사실의 존재를 경험칙에 의하여 추인하는데 쓰이는 사실을 말한다(배경, 교섭의 경과와 동기, 내역, 목적 등에 의한 사실이다).

Plus 보충 일반조항 내지 불확정조항인 경우에 주요사실과 간접사실의 구별기준

1. 학설 대립

법규기준설 외에도 여러 견해가 있는데, 이는 일반조항 내지 불확정조항인 경우에 대하여 견해가 대립 되는 것이다. 즉, 중요사실주장설은 법규기준설을 버리고 소송의 승패에 영향을 미칠 중요한 사실에서 기준을 찾아, 당사자로서는 공격, 방어의 목표가 되고 법원으로서는 심리활동의 지침을 이루는 사실을 주요사실로 보고, 그 밖의 사실을 간접사실로 보자는 견해이다. 준주요사실설은 일반적으로는 법규기준설이 타당하나, '과실', '인과관계', '권리남용', '신의성실' 등을 요건으로 한 일반규정의 경우만은 일반규정의 요건사실 자체를 변론주의의 적용을 받는 주요사실로 볼 것이 아니라, 요건사실을 구성(추인)하는 개개의 구체적 사실이 재판에서 중요한 역할을 함에 비추어, 주요사실에 준해서 변론주의의 적용을 받게 하자는 견해이다(이시윤). 요건사실과 주요사실을 구분하는 설은 과실, 소유권, 채권과 같이 사실에 대한 법적 평가나 권리 그 자체는 요건사실이기는 하지만 변론주의가 적용되는 주요사실은 아니라고 하여 이를 구별한다(호문혁).

---

83) 판례는 소멸시효완성의 항변(대판 1991.7.26. 91다5631), 이행불능의 항변(대판 1996.2.27. 95다43044), 동시이행의 항변(대판 1990.11.27. 90다카25222) 등은 모두 주요사실에 관한 항변으로 당사자의 주장이 없는데 이를 기초로 청구를 배척하여서는 안 된다고 본다. 그리고 신체사상으로 인한 손해배상사건에서 소극적 재산상 손해로서 일실이익을 계산할 때에, 계산의 기초인 월수입, 월생활비, 가동연한 등은 주요사실이다.

84) 부동산을 매수하게 된 경위(대판 1977.1.11. 76다2038), 교통사고의 경위(대판 1979.7.24. 79다879)에 관한 사실은 간접사실이므로 당사자의 주장과 다르거나 주장이 없더라도 법원이 증거에 의하여 이를 인정할 수 있다. 과실상계에서 피해자의 과실은 당사자의 주장이 없더라도 법원이 직권으로 참작할 수 있는 간접사실이다(대판 1987.11.10. 87다카473). 그리고 소극적 손해의 현가산정(現價計算)방식인 호프만식 또는 라이프니쯔식은 간접사실이므로, 법원은 호프만식으로 계산할 것을 주장하는 경우에도 라이프니쯔식으로 계산할 수 있다고 본다(대판 1983.6.28. 83다191).

2. 검토

중요사실주장설은 기준이 모호하다고 보이고, 일반적으로 요건사실은 주요사실과 같은 의미로 쓰인다. 따라서 일반적으로는 법규를 기준으로 주요사실과 간접사실을 구분하는 법규기준설이 타당하지만, 과실, 권리남용 등의 일반규정의 경우에는 그 자체보다 그것을 추인하는 간접사실 등이 실제의 소송에서는 주요사실의 역할을 하게 됨에 비추어 이를 준주요사실이라고 하여 변론주의의 적용을 받게 하는 준주요사실설이 타당하다.

3) 소멸시효 기산점과 취득시효 기산점

판례도 "소멸시효의 기산일은 채무의 소멸이라고 하는 법률효과 발생의 요건에 해당하는 소멸시효기간 계산의 시발점으로서 소멸시효항변의 법률요건을 구성하는 구체적인 사실에 해당하므로 이는 변론주의의 적용대상이라고 할 것[85]이고 … (대판 1995.8.25. 94다35886)."라고 하여 기본적으로 법규기준설의 입장이다. 다만, "어떤 권리의 소멸시효기간이 얼마나 되는지에 관한 주장은 단순한 법률상의 주장에 불과하므로 변론주의의 적용대상이 되지 않고 법원이 직권으로 판단할 수 있다(대판 2013.2.15. 2012다68217).[86]"고 본다. 그러나 "취득시효기간을 계산할 때에, 점유기간 중에 해당 부동산의 소유권자가 변동된 경우에는 취득시효를 주장하는 자가 임의로 기산점을 선택하거나 소급하여 20년 이상 점유한 사실만 내세워 시효완성을 주장할 수 없으며, 법원이 당사자의 주장에 구애됨이 없이 소송자료에 의하여 인정되는 바에 따라 진정한 점유의 개시시기를 인정하고, 그에 터 잡아 취득시효 주장의 당부를 판단하여야 한다(대판 2015.3.20. 2012다17479)."고 하여 취득시효 기산점[87]은 간접사실로 본다. 따라서 부동산의 시효취득에 있어서 점유기간의 산정기준이 되는 점유개시의 시기는 취득시효의 요건사실인 점유기간을 판단하는 데 간접적이고 수단적인 구실을 하는 간접사실에 불과하므로 이에 대한 자백은 법원이나 당사자를 구속하지 않는 것이다(대판 1994.11.4. 94다37868).

---

85) 소멸시효의 기산일은 채무의 소멸이라고 하는 법률효과 발생의 요건에 해당하는 소멸시효 기간 계산의 시발점으로서 소멸시효 항변의 법률요건을 구성하는 구체적인 사실에 해당하므로 이는 변론주의의 적용 대상이고, 따라서 본래의 소멸시효 기산일과 당사자가 주장하는 기산일이 서로 다른 경우에는 변론주의의 원칙상 법원은 당사자가 주장하는 기산일을 기준으로 소멸시효를 계산하여야 하는데, 이는 당사자가 본래의 기산일보다 뒤의 날짜를 기산일로 하여 주장하는 경우는 물론이고 특별한 사정이 없는 한 그 반대의 경우에 있어서도 마찬가지이다(대판 1995.8.25. 94다35886).

86) 민사소송절차에서 변론주의 원칙은 권리의 발생·변경·소멸이라는 법률효과 판단의 요건이 되는 주요사실에 관한 주장·증명에 적용된다. 따라서 권리를 소멸시키는 소멸시효 항변은 변론주의 원칙에 따라 당사자의 주장이 있어야만 법원의 판단대상이 된다. 그러나 이 경우 어떤 시효기간이 적용되는지에 관한 주장은 권리의 소멸이라는 법률효과를 발생시키는 요건을 구성하는 사실에 관한 주장이 아니라 단순히 법률의 해석이나 적용에 관한 의견을 표명한 것이다. 이러한 주장에는 변론주의가 적용되지 않으므로 법원이 당사자의 주장에 구속되지 않고 직권으로 판단할 수 있다. 당사자가 민법에 따른 소멸시효기간을 주장한 경우에도 법원은 직권으로 상법에 따른 소멸시효기간을 적용할 수 있다(대판 2017.3.22. 2016다258124). 어떤 권리의 소멸시효기간이 얼마나 되는지에 관한 주장은 단순한 법률상의 주장에 불과하므로 변론주의의 적용대상이 되지 않고 법원이 직권으로 판단할 수 있다 할 것이다. 이 점에 관하여 원고가 민법에 의한 10년의 소멸시효완성을 주장하였는데 원심이 구 예산회계법에 의한 5년의 소멸시효를 적용한 것이 변론주의를 위반한 것이라는 피고 1의 상고이유 주장은 받아들일 수 없다(대판 2008.3.27. 2006다70929·70936).

87) 점유취득시효의 개시일이 주요사실인가가 문제되는데, 통설·판례인 법규기준설에 의할 경우 ① 소멸시효의 기산점(민법 제166조)과 달리 민법 제245조에서 점유취득시효의 기산일을 규정하고 있지 아니하며, ② 점유취득시효는 기산점을 어떻게 잡느냐에 따라 제3자의 이익과 관련이 있게 되므로 이는 법원이 직권으로 판단할 수 있는 간접사실로 보는 것이 타당하다(통설·판례). 다만, 이에 대해서는 ① 당사자 간에 있어서도 언제 취득시효가 완성하느냐는 중요한 쟁점이고, ② 당사자가 생각하는 시점에 의해 소유자의 여부가 갈리기 때문에 당사자가 주장하지 않은 기산일을 인정하는 것은 불의의 타격이 되므로 이를 주요사실로 보는 견해도 유력하다(김상수, 호문혁 교수도 "판례가 소멸시효의 기산점은 주요사실로 보면서 취득시효의 기산점을 간접사실로 보는 것은 이론적으로 납득하기 어렵다."고 한다).

4) 기본사실에 대한 경위, 내역

변론주의는 주요사실에 대하여만 적용되고 그 경위, 내역 등 간접사실에 대하여는 적용이 없는 것이므로 甲이 중도금을 乙에게 직접 지급하였느냐 또는 그 수령권한 수임자로 인정되는 자를 통하여 지급하였느냐는 결국 변제사실에 대한 간접사실에 지나지 않는 것이어서 반드시 당사자의 구체적인 주장을 요하는 것은 아니다(대판 1993.9.14. 93다28379). 다만, 예외적으로 경위 자체가 기본사실이라면 주요사실로 보아야 한다.[88]

5) 일실수익의 산정

신체사상으로 인한 손해배상사건에서 소극적 재산상 손해로서 일실이익을 계산할 때에, 계산의 기초인 월수입, 월생활비, 가동연한 등은 주요사실이다. 즉, 불법행위로 인한 일실수익의 현가산정에 있어서 기초사실인 수입, 가동연한, 공제할 생활비 등은 사실상의 주장이지만, 현가 산정방식에 관한 주장(호프만식에 의할 것이냐 또는 라이프니쯔식에 의할 것이냐에 관한 주장)은 당사자의 평가에 지나지 않는 것이므로 당사자의 주장에 불구하고 법원은 자유로운 판단에 따라 채용할 수 있고 이를 변론주의에 반한 것이라 할 수 없다(대판 1983.6.28. 83다191).

6) 유권대리주장 속에 표현대리주장이 포함되는지 여부

① 주요사실 여부

대리행위에 의한 계약체결사실은 실체법상 법률행위의 특별유효요건으로서 권리발생사실이므로 이는 주요사실이다(통설·판례). 특히 당사자가 유권대리사실을 주장하는 경우에 표현대리주장사실이 이에 포함되는지가 문제된다.

② 포함 여부

판례는 유권대리 주장에 표현대리주장이 포함되는지가 문제된 사안에서 "변론에서 당사자가 주장한 주요사실만이 심판의 대상이 되는 것으로서 여기에서 주요사실이라 함은 법률효과를 발생시키는 실체법상의 구성요건 해당사실을 말하는 것인바, 대리권에 기한 대리의 경우나 표현대리의 경우나 모두 제3자가 행한 대리행위의 효과가 본인에게 귀속된다는 점에서는 차이가 없으나 유권대리에 있어서는 본인이 대리인에게 수여한 대리권의 효력에 의하여 위와 같은 법률효과가 발생하는 반면 표현대리에 있어서는 대리권이 없음에도 불구하고 법률이 특히 거래상대방 보호와 거래안전 유지를 위하여 본래 무효인 무권대리행위의 효과를 본인에게 미치게 한 것으로서 표현대리가 성립된다고 하여 무권대리의 성질이 유권대리로 전환되는 것은 아니므로, 양자의 구성요건 해당사실, 즉 주요사실은 서로 다르다고 볼 수밖에 없다. 그러므로 유권대리에 관한 "주장" 가운데 무권대리에 속하는 표현대리의 "주장"이 포함되어 있다고 볼 수 없으며, 따로이 표현대리에 관한 주장이 없는 한 법원은 나아가 표현대리의 성립 여부를 심리 판단할 필요가 없다고 할 것이다(대판 1983.12.13. 83다카1489 전합)."라고 판시하여 포함 여부를 부정한다(불포함설).

---

88) 어느 재산이 종중재산임을 주장하는 당사자는 그 재산이 종중재산으로 설정된 경위에 관하여 주장·입증을 하여야 할 것이나 이는 반드시 명시적임을 요하지 아니하며 어느 재산이 종중재산이라는 주장·입증 속에 그 설정 경위에 관한 사실이 포함되어 있다고 볼 수 있으면 족하고 그 설정 경위의 입증은 간접 사실 등을 주장·입증함으로써 그 요건 사실을 추정할 수 있으면 족하다(대판 1997.10.10. 95다44283).

7) 각종 주장에 대한 포함 여부

① 포함되어 있는 경우

<u>변론 속에서의 주장은 반드시 명시적이어야 하는 것은 아니고 주장취지상 포함되어 있으면 된다.</u> 판례는 "피고가 본안전(前)항변으로 채권양도사실을 내세워 당사자적격이 없다고 주장하는 경우 그와 같은 주장 속에는 원고가 채권을 양도하였기 때문에 채권자임을 전제로 한 청구는 이유가 없는 것이라는 취지의 본안에 관한 항변이 포함되어 있다고 볼 수 있다(대판 1992.10.27. 92다18597)."고 한다. 주요사실에 대한 주장은 당사자가 이를 직접적으로 명백히 한 경우뿐만 아니라 당사자의 변론을 전체적으로 관찰하여 그 주장을 한 것으로 볼 수 있는 경우에도 주요사실의 주장이 있다고 보아야 한다. 또한 청구원인에 관한 주장이 불분명한 경우에 그 주장이 무엇인지에 관하여 석명을 구하면서 이에 대하여 가정적으로 항변한 경우에도 주요사실에 대한 주장이 있다고 볼 수 있다. 이러한 경우 항변이 있다고 볼 수 있는지는 당사자들이 진술한 내용이나 취지뿐만 아니라 상대방이 당사자의 진술을 어떻게 이해하였는지도 함께 고려해서 합리적으로 판단하여야 한다(대판 2017.9.12. 2017다865).[89]

② 포함되어 있지 않은 경우

판례는 채무불이행으로 인한 손해배상청구권의 소멸시효의 항변에 불법행위로 인한 손해배상청구권의 소멸시효 항변(대판 1998.5.29. 96다51110), 강박에 의한 의사표시이므로 당연무효라는 주장 속에 취소한다는 주장(대판 1996.12.23. 95다40038), 변제 주장 속에 상계 주장(대판 2009.10.29. 2008다51359) 등은 포함되어 있지 않다고 본다. 그리고 어떠한 채권에 대한 항변인지 특정한 항변에는 청구원인을 달리하는 채권에 대한 소멸시효의 항변까지는 포함된다고 할 수 없다(대판 2013.2.15. 2012다68217). 또한 증여를 원인으로 한 부동산소유권이전등기청구에 대하여 피고가 시효취득을 주장하였다고 하여도 그 주장 속에 원고의 위 이전등기청구권이 시효소멸 하였다는 주장까지 포함되었다고 할 수 없다(대판 1982.2.9. 81다534). 그리고 소멸시효 중단사유로서의 채무승인은 시효이익을 받는 당사자인 채무자가 소멸시효의 완성으로 채권을 상실하게 될 자에 대하여 상대방의 권리 또는 자신의 채무가 있음을 알고 있다는 뜻을 표시함으로써 성립하는 이른바 관념의 통지로 여기에 어떠한 효과의 사가 필요하지 않다. 이에 반하여 시효완성 후 시효이익의 포기가 인정되려면 시효이익을 받는 채무자가 시효의 완성으로 인한 법적인 이익을 받지 않겠다는 효과의사가 필요하기 때문에 시효완성 후 소멸시효 중단사유에 해당하는 채무의 승인이 있었다 하더라도 그것만으로는 곧바로 소멸시효 이익의 포기라는 의사표시가 있었다고 단정할 수 없다(대판 2017.7.11. 2014다32458).

---

89) 甲 주식회사가 乙을 상대로 제기한 부당이득금반환 등 소송에서 乙이 원심 변론기일에 "만약 甲 회사의 주장대로 乙이 甲 회사를 기망하여 돈을 편취하였다면, 甲 회사는 乙에게 불법행위를 원인으로 손해배상을 청구해야 하는데도 甲 회사가 乙에게 부당이득을 청구하고 있는 것은 아마도 甲 회사가 乙에게 불법행위를 원인으로 손해배상을 청구할 경우, 이미 소멸시효 기간이 완료한 점을 고려한 것으로 보인다."고 주장하면서 甲 회사의 청구원인이 무엇인지 재판부에 석명을 요청하였고, 이에 甲 회사가 乙에 대한 청구가 불법행위에 따른 손해배상청구, 차용금반환청구, 부당이득반환 청구의 성격을 모두 가진다고 하면서 '이 중 乙의 소멸시효 완성의 항변에 관해서는 관련 사건의 판결을 제시함으로써 乙의 주장이 타당하지 않음을 밝힌다.'고 주장한 사안에서, 乙이 甲 회사의 청구원인이 불법행위에 기한 손해배상청구라면 소멸시효가 완성되었다고 가정적으로 항변하고, 甲 회사도 乙의 주장을 소멸시효 항변으로 이해하고 재항변까지 하였으므로, 乙은 소멸시효 항변을 한 것으로 볼 수 있고, 乙의 소멸시효 항변이 배척될 것이 명백하다고 볼 수도 없는데도, 乙의 불법행위책임을 인정하면서도 乙의 소멸시효 항변 등에 관하여 아무런 판단을 하지 않은 원심판결에 판단누락의 잘못이 있다(대판 2017.9.12. 2017다865).

2. 자백의 구속력

(1) 의의 및 규정

당사자 간에 다툼이 없는 사실은(주요사실에 한함) 증거조사를 할 필요 없이 그대로 판결의 기초로 하지 않으면 안 된다. 이 경우 다툼이 없는 사실이란 당사자가 자백한 사실(제288조)과 자백간주(제150조)된 사실을 말한다.

(2) 내용

이 경우 증거에 의한 인정을 필요로 하지 않으며(불요증사실), 반대심증을 얻었다고 하여도 자백에 반하는 사실인정을 하여서는 아니 된다(대판 1976.5.11. 75다1427). 다만, 현저한 사실에 반하는 자백은 자백으로서 구속력이 없다(대판 1959.7.30. 4291민상551).

3. 증거의 제출책임(직권증거조사의 금지)

변론주의 하에서는 증거도 당사자가 세우는 것이 원칙이므로, 직권증거조사는 당사자가 신청한 증거에 의하여 심증을 얻을 수 없을 때 보충적으로 가능할 뿐이다(제292조).

Ⅲ. 변론주의의 한계와 제한

1. 한계

변론주의의 지배는 사실과 증거방법에만 국한되고 그 주장된 사실관계에 관한 법적 판단과 제출된 증거의 가치평가는 법원의 직책에 속한다. 따라서 법률해석적용이나 증거의 가치평가는 이에 관한 당사자의 의견이 있어도 법원이 구속될 필요가 없다(대판 1980.12.9. 80다532).

2. 제한

(1) 직권탐지주의

재판권의 존재, 재심사유[90], 객관적 진실발견이 중시되는 가사·행정·선거소송에서의 공익적 사항에 대하여는 법원이 직권으로 소송자료를 수집하여야 한다. 이에 대해서는 변론주의의 적용이 배제되어 사실의 직권탐지, 직권증거조사, 자백의 구속력배제, 공격방어방법의 제출시기의 무제한 및 처분권주의의 제한 등이 가능하다. 다만, 직권탐지주의에서도 뜻밖의 재판을 막기 위하여 의견진술의 기회를 부여하여 당사자의 절차권 보장에 힘써야 한다.

---

90) 재심의 소는 확정판결에 대하여 그 판결의 효력을 인정할 수 없는 흠결이 있는 경우에 구체적 정의를 위하여 법적 안정성을 희생시키면서 확정판결의 취소를 허용하는 비상수단으로서, 소송제도의 기본목적인 분쟁해결의 실효성과 정의실현과의 조화를 도모하여야 하는 것이므로 재심사유의 존부에 관하여는 당사자의 처분권을 인정할 수 없고, 재심법원은 직권으로 당사자가 주장하는 재심사유 해당사실의 존부에 관한 자료를 탐지하여 판단할 필요가 있고, 따라서 재심사유에 대하여는 당사자의 자백이 허용되지 아니하며 자백간주에 관한 민사소송법 제150조 제1항은 적용되지 아니한다고 할 것이다(대판 1992.7.24. 91다45691).

(2) 직권조사사항

직권조사사항이라 함은 당사자의 신청 또는 이의 유무와 관계없이 법원이 직권으로 조사하여 판단을 하여야 하는 사항을 말한다. 직권탐지주의와 마찬가지로 소송요건과 같이 공익적 사항을 그 대상으로 하는데 판례는 제척기간(대판 2013.4.11. 2012다64116), 당사자의 확정(대판 2011.3.10. 2010다99040), 소송계속의 유무와 전소확정판결의 유무(대판 2011.5.13. 2009다94384), 과실상계[91](대판 2011.7.14. 2011다21143), 손익상계(대판 2002.5.10. 2000다37296), 위자료의 액수(대판 2009.12.24. 2008다3527), 배상액경감사유(대판 2013.3.28. 2009다78214), 신의칙 또는 권리남용(대판 2013.11.25. 2011다80449) 등을 직권조사사항으로 보고 있다.

Ⅳ. 변론주의의 수정

1. 주장책임의 수정

(1) 사실자료와 증거자료의 준별완화

변론주의가 지나치게 경직되어 재판의 구체적 타당성을 해하는 것을 막기 위해 판례는 당사자의 변론을 전체적으로 관찰하여 간접으로 주장하는 것으로 볼 수 있는 경우(대판 1993.3.9 92다54517 등), 증거신청으로서 간접적 주장이 있거나 이익으로 원용한 감정서나 서증의 기재가 있으면 주장이 있는 것으로 해석한다(대판 1994.10.11. 94다42626).

(2) 법규기준설의 수정

신의칙, 정당한 사유 또는 과실 등과 같이 불확정개념에서는 이를 추단하는 개개의 사실이 소송상 중요한 역할을 한다. 따라서 뜻밖의 재판을 막기 위하여 소송의 승패에 중요한 영향을 미치는지 여부 또는 이익형량에 따라 주요사실과 간접사실을 구별해야 한다는 견해가 있다.

하지만 새로운 견해 역시 '… 중요한 …' 또는 '이익형량' 등 모호한 개념을 사용하여 오히려 해석자의 자의를 허용할 염려가 있으므로 법규기준설을 기초로 하되 불확정개념에서는 이를 구성하는 구체적 사실을 주요사실에 준하는 것으로 보는 것이 바람직하다(준주요사실설).

---

91) 불법행위로 인한 손해의 발생 또는 확대에 관하여 피해자에게도 과실이 있는 때에는 가해자의 손해배상의 범위를 정함에 있어 당연히 이를 참작하여야 하고, 배상의무자가 피해자의 과실에 관하여 주장을 하지 아니한 경우에도 소송자료에 의하여 과실이 인정되는 경우에는 이를 법원이 직권으로 심리·판단하여야 한다. 한편 피해자의 부주의를 이용하여 고의로 불법행위를 저지른 자가 바로 그 피해자의 부주의를 이유로 자신의 책임을 감하여 달라고 주장하는 것은 허용될 수 없는 것이나, 이는 그러한 사유가 있는 자에게 과실상계의 주장을 허용하는 것이 신의칙에 반하기 때문이므로, 불법행위자 중의 일부에게 그러한 사유가 있다고 하여 그러한 사유가 없는 다른 불법행위자까지도 과실상계의 주장을 할 수 없다고 해석할 것은 아니다. 그리고 피해자의 부주의를 이용하여 고의로 불법행위를 저지른 자가 바로 그 피해자의 부주의를 이유로 자신의 책임을 감하여 달라고 주장하는 것이 허용되지 아니하는 것은, 그와 같은 고의적 불법행위가 영득행위에 해당하는 경우 과실상계와 같은 책임의 제한을 인정하게 되면 가해자로 하여금 불법행위로 인한 이익을 최종적으로 보유하게 하여 공평의 이념이나 신의칙에 반하는 결과를 가져오기 때문이므로, 고의에 의한 불법행위의 경우에도 위와 같은 결과가 초래되지 않는 경우에는 과실상계와 공평의 원칙에 기한 책임의 제한은 얼마든지 가능하다고 보아야 한다(대판 2016.4.12. 2013다31137).

2. 자백의 구속력의 제한

현저한 사실에 반하는 자백, 경험법칙에 반하는 자백에 대하여 구속력을 인정할 경우 이는 재판의 실추이며 변론주의의 과장이므로 이를 부정함이 통설·판례이다.

3. 증거신청주의의 보완

당사자가 신청한 증거를 조사하여도 심증을 얻을 수 없거나 기타 필요한 경우에는 실질적 당사자평등을 위하여 보충적으로 직권증거조사가 가능하다(제292조). 다만, 소액사건에서는 보충성이 완화되어 필요하다고 인정할 때에는 직권으로 증거조사 할 수 있다(소액사건심판법 제10조 제1항). 조사의 촉탁(제294조), 당사자본인신문(제367조) 및 감정의 촉탁(제341조) 등에서도 직권증거조사가 가능하다.

V. 변론주의의 보완책

> **민사소송법 제136조(석명권·구문권 등)** ① 재판장은 "소송관계를 분명하게 하기 위하여"[92] 당사자에게 "사실상" 또는 "법률상"[93] 사항에 대하여 질문할 수 있고, 증명을 하도록 촉구 "할 수 있다."[94]
> ② 합의부원은 재판장에게 알리고 제1항의 행위를 할 수 있다.
> ③ 당사자는 필요한 경우 재판장에게 상대방에 대하여 설명을 요구하여 줄 것을 요청할 수 있다.
> ④ 법원은 당사자가 간과하였음이 분명[95]하다고 인정되는 "법률상" 사항에 관하여 당사자에게 의견을 진술할 기회를 주어야 한다.

---

92) 소극적 석명의 원칙
93) 제1항의 "법률상"사항과 제4항의 "법률상 사항"과의 관계(동일하다고 보는 견해, 동일하지 않다는 견해의 대립)
94) 규정상으로는 법원의 권한이지만 의무가 될 수 있는지가 문제된다(석명권에 대한 권한과 의무의 상관관계, 구체적인 실익은 석명권의 불행사가 상고이유가 될 수 있는가가 문제되는 것임).
95) 판례는 "반복된 판례에 의하여 너무나 명백한 법리인 경우"가 이에 해당한다고 한다.
   자기 앞으로 소유권을 표상하는 등기가 되어 있지 않았고 법률에 의하여 소유권을 취득하지도 않은 자가 소유권자를 대위하여 현재의 등기명의인을 상대로 그 등기의 말소를 청구할 수 있을 뿐인 경우에는 현재의 등기명의인을 상대로 진정한 등기명의의 회복을 위한 소유권이전등기청구를 할 수 없다는 것은 <u>반복된 판례에 의하여 너무나 명백한 법리이다.</u> 따라서 원고가 이 사건 부동산을 종중원 등 3인에게 명의신탁하여 그 명의로 사정을 받았다고 주장하면서 명의수탁자를 대위하여 피고들 명의의 소유권보존등기의 말소등기절차를 청구하여 제1심에서 승소하고서도, 항소심인 원심에서 자기 앞으로 소유권을 표상하는 등기가 되어 있지 않았고 법률에 의하여 소유권을 취득하지도 않았다는 종전의 주장을 그대로 유지한 채 진정명의회복을 위한 소유권이전등기절차의 이행을 청구하는 새로운 청구를 제기함으로써 원고의 주장 자체에 명백한 모순이 있게 되었는데, <u>이는 원고가 부주의나 법률적인 지식의 부족으로 진정명의회복을 위한 소유권이전등기의 법리를 제대로 이해하지 못하고 있는 데서 비롯된 것으로 보인다.</u> 항소심에서 소를 교환적으로 변경한 경우 구 민사소송법 제240조(현 제267조) 제2항에 의하여 종전의 소와 동일한 소를 제기할 수 없게 되는 중대한 법적 효과가 따르게 된다는 사정까지도 함께 고려하면, <u>이와 같은 경우 원심으로서는 원고의 소변경신청에 법률적 모순이 있음을 지적하고 원고에게 의견을 진술할 기회를 부여함으로써 원고로 하여금 청구와 주장을 법률적으로 합당하게 정정할 수 있는 기회를 부여하여 분쟁을 실질적으로 해결하도록 하였어야 할 것이다</u>(대판 2003.1.10. 2002다41435).

1. 석명권(제136조) 사시 18회, 변리사 13회, 노무사 11회

(1) 서설

1) 의의

석명권이란 소송관계를 분명하게 하기 위하여 당사자에게 질문하고 증명을 촉구할 뿐 아니라, 당사자가 간과한 법률상의 사항을 지적하여 의견진술의 기회를 주는 법원의 권능을 말한다(제136조).

2) 기능

변론주의를 형식적으로 적용하는데서 오는 불합리를 시정하여 적정하고 공정한 재판을 추구하려는 제도로, 사회적 법치국가의 이상실현에 이바지하여 실질적인 당사자평등을 보장하는 기능을 한다. 따라서 변론주의 결함을 시정하는 Magna Charta이다(이시윤).

3) 석명권의 불행사와 상고(석명권에 대한 권한과 의무의 상관관계)

① 문제점

법원이 석명을 태만히 하거나 그릇 행사한 경우에 상고이유(제423조)로 삼을 수 있는지 문제되는데, 이는 제136조 제1항의 규정 내용상 "할 수 있다."는 규정이 법원의 권한임은 분명하지만 의무로도 해석될 수 있는지와 관계가 있다.

② 학설

㉠ 적극설은 석명권의 범위와 석명의무가 일치하는 것을 전제로 석명권의 불행사가 판결결과에 영향을 미칠 수 있는 한 모두 심리미진이고 상고이유가 된다는 견해이다(석명권한 = 석명의무).

㉡ 소극설은 석명권은 법원의 권한일 뿐 의무가 아님을 전제로 그 행사 여부는 법원의 자유재량에 속하므로, 석명권의 행사는 상고이유가 되지 않는다는 견해이다(석명권한 ≠ 석명의무).

㉢ 절충설은 석명의무의 범위가 권한으로서의 범위보다는 좁다는 것을 전제로 석명권의 불행사로 인해 심리가 현저히 조잡해지는 경우, 즉 그 불행사가 법관의 객관적 자의라고 해석될 정도일 경우에 상고이유가 된다는 견해이다(석명권한 > 석명의무).

③ 검토

적극설은 상고심이 사실인정에 지나치게 간섭하고 법률심으로서의 순수성을 상실하게 될 우려가 있다는 문제가 있고, 소극설은 석명권이 법원의 권한인 동시에 의무일 수도 있음을 도외시한 견해이므로 절충설이 타당하다고 본다(다수설).

(2) 석명권의 범위(한계)

1) 소극적 석명

당사자가 밝힌 소송관계의 테두리 안에서 사실적·법률적 측면에서 당사자의 신청·주장·증명에 불명확·모순 있는 점을 제거하는 것으로, 소극적 석명의 경우에는 석명권의 과도한 행사가 문제되지 않는다는 것이 통설이다.

2) 적극적 석명

① 의의

석명권 행사에 의하여 새로운 신청, 주장, 증명을 권유하는 석명을 적극적 석명이라 한다.

② 인정 여부[96]

판례는 "계쟁사실에 대한 증거의 제출을 촉구하는 것(소극적 석명)은 허용되지만 당사자의 주장이 명료한데도 새로운 신청이나 당사자가 주장하지도 않은 요건사실 또는 공격방어방법을 시사하여 그 제출을 권유함은 변론주의에 위반되며 석명권의 범위를 일탈한다(대판 1999.7.9. 98다13754 · 13761 등)."고 하여 원칙적으로는 적극적 석명을 부정하지만, 토지임차인의 지상물매수청구권 행사로 인한 소변경과 법원의 석명의무에 대한 판결에서 "임대인이 종전의 청구를 계속 유지할 것인지 아니면 대금지급과 상환으로 지상물의 명도를 청구할 의사가 있는지를 석명하고 임대인이 그 석명에 의하여 소를 변경한 때에는 지상물명도의 판결을 함으로써 분쟁의 일회적 해결을 꾀해야 한다(대판 1995.7.11. 94다34265 전합)."고 하여 예외적으로 적극적 석명을 인정한 예가 있다.

③ 적극적 석명의무의 기준

판결의 승패개연성, 당사자 신청의 법적 구성의 난이도, 종전 소송자료와의 합리적 관련성, 당사자의 공평한 취급, 일회적인 분쟁의 발본적인 해결 등이 기준이 될 수 있다.

(3) 석명의 대상

1) 청구취지의 석명

① 청구취지가 불명 · 불특정 · 법률적으로 부정확한 경우에는 원고가 소로써 달성하려는 진정한 목적이 무엇인지를 석명하여야 한다. 예를 들어, 청구의 변경에 있어서 그 형태가 교환적인지 추가적인지 불명한 때(대판 1995.5.12. 94다6802), 확인의 소에 있어서 목적물이 특정되지 아니한 때(대판 1971.11.15. 71다1934)에는 이를 바로 잡기 위한 석명을 하여야 한다.

② 전혀 새로운 청구로 청구취지를 변경하도록 석명할 수는 없다. 다만, 종전의 소송자료와의 합리적 관련성, 즉 법률상 또는 논리상 예기되는 것이면 청구원인과 청구취지의 변경도 시사할 수 있다(적극적 석명의 제한적 인정). 토지임차인의 매수청구권 행사로 인한 소변경과 법원의 석명의무에 관한 판결은 이러한 입장으로 보인다.

2) 주장사실의 석명

① 불명료를 바로 잡기 위한 석명

㉠ 주장이 불명료한 경우

청구원인이 매매로 샀다는 것인지 대물변제로 받았다는 것인지 불명한 경우(대판 1952.9.6. 4285민상43)에는 석명을 요한다는 것이 판례이다.

㉡ 주장, 증거자료의 전후모순

청구원인이 청구취지와 모순되는 경우(대판 2003.1.10. 2002다4143), 청구원인에 관해 일관성 없이 주장하는 경우(대판 1976.6.26. 79다669), 주장과 제출증거가 서로 모순되는 때(대판 1995.2.10. 94다16601)에는 이를 지적하여 시정을 촉구할 수 있다.

---

96) 학설은 이를 인정하면 석명권의 범위가 명확하지 않게 되어 변론주의와 충돌의 위험이 있다는 것을 이유로 부정하는 소극설, 사실상의 사항이라도 종전의 소송자료와의 합리적 연관성이 예기되는 경우에 제한적으로 적극적 석명을 인정하는 제한적 적극설이 있다.

ⓒ 법률상 정리되지 않은 주장을 하는 경우

　　피고가 원고로부터 더 받아야 한다는 취지의 진술이면 상계항변인가의 점에 관하여 석명이 필요하다(대판 1967.10.31. 66다1814).

② 소송자료 보충을 위한 석명

어떠한 법률효과를 주장하면서 그 요건사실을 누락했을 때 이의 보충을 위한 석명이 필요하다(대판 1995.2.28. 94누4325). 판례도 "당사자가 어떠한 법률효과를 주장하면서 미처 깨닫지 못하고 그 요건사실 일부를 빠뜨렸을 때에는 법원은 그 누락사실을 지적하고 당사자가 이 점에 관하여 변론을 하지 아니하는 취지가 무엇인가를 밝혀, 당사자에게 그에 대한 변론을 할 기회를 주어야 할 의무가 있다고 할 것이다."라고 하였다.

③ 신소송자료 제출을 위한 석명

ⓐ 종전의 소송자료에 비추어 법률상·이론상 예기되는 주장을 촉구하는 석명은 무방하나, 전혀 예기할 수 없는 새로운 공격방어방법을 권유하는 석명은 변론주의 위반이기 때문에 허용되지 않는다.

ⓑ 판례는 채무의 변제항변을 하지 않는 경우에 변제항변에 대해서(대판 1990.7.10. 90다카6825·6832 등), 시효완성의 항변을 하지 않는 경우에 시효항변에 대해서(대판 1966.9.20. 66다1304), 채권자의 수령지체주장에 상계항변이 포함되어 있는지에 대해서 법원은 석명의무가 없다고 한다.

3) 증명촉구

① 증명이 없는 경우 언제나 증명촉구를 하여야 하는 것이 아니라 소송정도로 보아 증명책임이 있는 당사자의 부주의, 오해로 증명하지 않음이 명백한 경우에 한한다(대판 1998.2.27. 97다38442).

② 판례는 증명촉구의 석명은 증명책임을 지는 당사자의 주의를 환기시키는 것이며, 법원은 구체적으로 증명방법까지 지시하면서 증거신청을 종용할 필요는 없다고 한다(대판 1964.11.10. 64다325).

③ 또한 판례는 당사자가 증명촉구의 석명에 불응하고, 명백히 증명하지 않겠다는 의사표시를 하면 법원은 청구기각의 판결을 할 수 있다(대판 1994.3.11. 93다57100)고 한다.

④ 그리고 판례는 변제의 항변이 있는 경우에 증명촉구를 하지 않고 판결을 선고하는 것은 위법하다고 하였고, 불법행위로 인한 손해배상청구에서 배상액의 증명이 없는 경우 바로 청구기각 할 것이 아니라 적극적으로 석명권을 발동하여 증명을 촉구할 의무[97]가 있다(대판 1993.12.28. 93다30471 등; 채무불이행책임이 인정되는 경우에도 동일)고 하였다.

---

[97] 불법행위로 인하여 손해가 발생한 사실이 인정되는 경우에는 법원은 손해액에 관한 당사자의 주장과 증명이 미흡하더라도 적극적으로 석명권을 행사하여 증명을 촉구하여야 하고 경우에 따라서는 직권으로라도 손해액을 심리 판단하여야 하나, 법원의 증명 촉구에도 불구하고 원고가 이에 응하지 아니하면서 손해액에 관하여 나름의 주장을 펴고 그에 관하여만 증명을 다하고 있는 경우라면, 법원이 굳이 스스로 적정하다고 생각하는 손해액 산정 기준이나 방법을 적극적으로 원고에게 제시할 필요까지는 없다(대판 2010.3.25. 2009다88617). 그리고 개정법은 이를 수용하여 "제202조의2(손해배상 액수의 산정) 손해가 발생한 사실은 인정되나 구체적인 손해의 액수를 증명하는 것이 사안의 성질상 매우 어려운 경우에 법원은 변론 전체의 취지와 증거조사의 결과에 의하여 인정되는 모든 사정을 종합하여 상당하다고 인정되는 금액을 손해배상 액수로 정할 수 있다. [본조신설 2016.3.2.]."는 조문을 신설하였다.

(4) 지적의무[98](시사의무, 법적관점표명의무; 제136조 제4항)

1) 지적의무의 의의 및 취지

① 의의

제136조 제4항에서 규정된 대로 법원이 당사자가 간과하였음이 분명하다고 법률상 사항에 관하여 당사자에게 의견을 진술할 기회를 주어야 하는 의무를 이른다.

② 취지

당사자가 예상치 못한 재판을 방지하여 소위 <u>기습재판의 금지</u>를 달성함으로서 당사자의 <u>절차적 기본권을 보장</u>하려는데 그 취지가 있다.

2) 제도적 의의

① 신소송물이론의 입지 강화

구이론에 의하는 판례는 당사자가 주장하지 않는 법률적 관점을 법원이 직권조사할 수 있는가에 대해 불명하거나 부정적이다. 하지만 이 규정으로 인해 법원의 법률적 관점의 지적이 가능해졌으므로, 법률적 관점선택의 자유를 인정하는 신이론의 입지를 크게 강화시킨 것이다.

② 당사자의 절차권 보장

due process의 내용을 이루는 당사자의 심문청구권을 법률상의 사항까지 확장시켜 그 의견을 듣도록 하여 예상외의 재판을 막으려 했다는 점에서 당사자 절차권 보장의 신장이라 볼 수 있다 (이시윤).

3) 석명권과의 관계

① 석명의무라는 견해

오히려 이 규정으로 석명권이 법률적 측면에서 크게 강화되었으므로 이 의무가 체계상 석명권의 내용을 이루는 이상 이제 석명권이 권한인 동시에 의무임이 입법화된 것이라는 견해이다(이시윤).

② 석명의무와는 다른 별개의 의무라는 견해

법적 관점에 관한 의무는 독일에서 흔히 말하듯 법적 심문권을 보장하기 위한 것이어서 석명권 내지 석명의무와는 비록 그 행사방법이 시사라는 점에서는 공통되지만 그 뿌리를 달리하는 것이므로 종래의 석명의무에 새로운 내용을 추가하였다거나 그 의무를 법적 측면에서 확대하였다고 보는 것은 타당하지 않다는 견해이다(호문혁).

---

98) 지적의무라는 용어에 대해 호문혁 교수는 "우리나라에서는 이 의무를 독일에서 Hinweispflicht라고 한다고 하면서 '지적의무'라고 부르는 것이 보통이다. 그러나 독일법상의 Hinweispflicht는 법률적 사항에 관하여 Hinweisen할 의무만을 가리키는 것이 아니다. 일반적으로 석명의무(Aufklärungspflicht)를 설명하면서 그 내용을 질문 및 시사의무 (Frage-und Hinweispflicht)라고 하므로 Hinweispflicht는 일반적 석명의무의 한 내용이지 법적관점에 관한 석명을 할 의무만을 뜻하는 것이 아니다. 그러므로 유독 법률적 사항에 관한 석명의무를 별도로 아무 수식어 없이 '지적의무'라고 하는 것은 타당하지 않다. 그리고 지적은 그 어감이 본래의 석명의 모습보다 더 구체적이고 직접적이고 단정적인 행사를 뜻하는 것이라고 느껴지기 때문에 약한 어감을 주는 시사가 더 적당하다고 생각한다. 이 의무를 '법적관점표명의무'라고 하는 것이 타당하다는 견해도 있고(장석조), 판례는 '법률사항지적의무'라고 한다(대판 1989.8.8. 88누10251)."고 하여 시사의무라고 하는 것이 타당하다고 한다.

③ 검토

별개의 법원의 의무라고 해도 그 행사는 법원의 석명형태를 취해야 하므로 석명의무와 따로 논할 실익이 없다는 점에 비추어(강현중), 석명의무로 보는 견해가 타당하다.[99]

> (TIP) 정동윤·유병현·김경욱은 종래의 석명의무와 지적의무의 차이는 종래의 석명의무는 사실상과 법률상의 사항에 관한 것이지만 사실문제에 중점이 있었던데 반하여, 지적의무는 법률상의 사항, 즉 법률적 관점에 관한 것이며, 종래의 석명의무를 법적 측면에서 확대한 것이라 말할 수 있다고 한다.

4) 요건

① 당사자가 간과하였음이 분명한 사항일 것[100]

이는 통상인의 주의력을 기준으로 당연히 변론에서 고려 또는 주장되어야 할 사항을 빠뜨린 경우를 이른다고 할 것이다. 다만, 간과하였음이 분명함을 판단하는 기준은 당사자의 법률지식을 고려해야 하므로, 본인소송의 경우는 변호사소송의 경우와 달리 보아야 할 것이다.

② 법률상의 사항일 것

㉠ 사실관계에 대한 법률적용사항인 법률적 관점을 말한다.

㉡ 판례는 제1심과 항소심에서 가등기의 피담보채권의 발생 여부에 대한 쟁점에 관하여만 심리가 되었는데 항소심에서 전혀 논의되지 않은 피고적격 흠결로 소를 각하한 사안에서 "원고가 전혀 예상하지 못한 법률적인 관점에 기한 예상 외의 재판으로 원고에게 불의의 타격을 가하였을 뿐 아니라 석명의무를 다하지 아니하여 심리를 제대로 하지 아니한 것(대판 1994.10.21. 94다17109)"이라 하여 법률상의 사항에 관한 지적의무를 인정하고 있다.

참조판례 | **판례가 지적의무를 인정한 사례**

1. 제1심과 항소심에서 가등기의 피담보채권의 발생 여부에 대한 쟁점에 관하여만 심리가 되었는데 항소심에서 전혀 논의되지 않은 피고적격 흠결로 소를 각하한 사안

   원고가 전혀 예상하지 못한 법률적인 관점에 기한 예상외의 재판으로 원고에게 불의의 타격을 가하였을 뿐 아니라 석명의무를 다하지 아니하여 심리를 제대로 하지 아니한 것이다(대판 1994.10.21. 94다17109).

---

99) 그렇다면 법 제136조 제1항에 해당하는 사항과 제4항에 해당하는 사항의 구별기준은 무엇인가? 판례는 "… 석명 또는 지적의무를 다하지 아니한 것으로서 위법하다 할 것이다."고 하여 기본적으로 제1항과 제4항을 같이 논하고 있다. 하지만 석명의무와는 다른 별개의 의무라고 보면 당연히 이를 구별해야 하고 그 구별기준이 필요하게 된다. 즉, 이 견해는 구별기준에 대하여 "제136조 제1항과 제4항의 법률상 사항은 같은 개념이 아니다. 제136조 제1항의 '법률상의 사항'은 '소유자'의 주장이나 '권리의 소멸'과 같이 당사자의 사실주장의 법률적 근거나 효과, 즉 개개의 법률요건에 관한 것이고, 제4항의 '법률상의 사항'은 원고의 소송상 청구와 피고의 항변 자체의 근거가 되는 법률관점, 즉 그 사건에 적용한 법규범에 관한 것이라고 보는 것이 타당하다(호문혁)."고 한다.

100) 이의 예로 최근의 대법원 2003.1.10. 2002다41435 판결은 명의신탁자가 수탁자를 대위하여 제3자가 한 소유권보존등기의 말소를 구하여 승소한 뒤 항소심에서 진정명의회복을 위한 자신으로의 소유권이전등기청구로 변경한 사안에서 "진정한 등기명의의 회복을 위한 소유권이전등기청구는 ① 이미 자기 앞으로 소유권을 표상하는 등기가 되어 있었거나 ② 법률에 의하여 소유권을 취득한 자가 진정한 등기명의를 회복하기 위한 방법으로 현재의 등기명의인을 상대로 그 등기의 말소를 구하는 것에 갈음하여 허용되는 것이므로, 자기 앞으로 소유권을 표상하는 등기가 되어 있지 않았고 법률에 의하여 소유권을 취득하지도 않은 자가 소유권자를 대위하여 현재의 등기명의인을 상대로 그 등기의 말소를 청구할 수 있을 뿐인 경우에는 현재의 등기명의인을 상대로 진정한 등기명의의 회복을 위한 소유권이전등기청구를 할 수 없다는 것은 반복된 판례에 의하여 너무나 명백한 법리이다."고 판시

2. 소유권에 기한 건물인도의 청구와 채권자대위권에 기한 건물인도의 청구는 법률효과에 관한 요건사실이 다름에도 불구하고, 건물의 소유권을 취득하였음을 전제로 건물의 인도를 구하는 청구에 그 건물을 원시취득한 매도인을 대위하여 건물의 인도를 구하는 취지가 포함되어 있다고 보아 <u>원심 변론종결시까지 주장하지도 아니한 위 채권자대위권에 기한 건물인도 청구에 기초하여 상대방에게 의견진술의 기회조차 부여하지 아니한 채</u> 그 청구를 인용한 원심판결은 변론주의 원칙에 위반하여 판결 결과에 영향을 미친 위법이 있다(대판 2007.7.26. 2007다19006·19013).

3. 사해행위 취소소송에서 그 소의 제척기간의 도과 여부가 당사자 사이에 쟁점이 된 바가 없음에도 <u>당사자에게 의견진술의 기회를 부여하거나 석명권을 행사함이 없이 제척기간의 도과를 이유로</u> 사해행위 취소의 소를 각하한 원심을 파기하였다(대판 2006.1.26. 2005다37185).

4. 변론종결시까지 당사자 사이에서 근로자재해보상책임보험의 부보 범위만이 쟁점이 되어 다투어져 왔을 뿐 원고가 유족으로서 보상금을 수령할 요건을 갖추었는지 여부에 관하여는 명시적인 다툼이 없었던 경우, 설사 원심이 변론종결 당시까지 제출된 증거자료에 의하여 원고가 망인의 수입에 의하여 생계를 유지한 것이 아니므로 유족에 해당하지 않는다는 심증이 들었다고 할지라도 이를 재판의 기초로 삼기에 앞서, 마땅히 당사자들이 간과한 재해보상금을 수령할 수 있는 유족의 요건에 관하여 석명을 구하고 입증을 촉구하여야 함에도 불구하고, 이에 이르지 아니한 채 원고가 이미 제출한 증거만으로는 그러한 요건을 인정할 수 없다는 이유로 청구를 기각한 것은, <u>당사자가 전혀 예상하지 못하였던 법률적인 관점에 기한 예상외의 재판으로 원고에게 불의의 타격을 가하였을 뿐만 아니라</u> 원고가 망인의 유족으로서 그 재해보상금을 수령할 수 있는 지위에 있었는지 여부에 관하여 심리를 다하지 아니한 위법이 있다는 이유로 원심판결을 파기하였다(대판 1998.9.8. 98다19509).

5. 원심의 변론종결시까지 당사자 사이에 결정의 송달 여부만 다투어졌을 뿐 경정결정의 송달 여부에 관하여는 명시적으로 다툼이 없었던 경우, 원심이 경정결정의 송달 여부에 관하여 석명을 구하고 입증을 촉구하여야 함에도 불구하고, 이를 의식하지 못하고 간과한 원고가 제출한 증거만으로 경정결정의 송달 사실이 인정되지 않는다는 이유로 청구를 기각한 것은 <u>당사자가 전혀 예상하지 못하였던 법률적인 관점에 기한 예상외의 재판으로 원고에게 불의의 타격을 가하였을 뿐 아니라,</u> 경정결정이 피고에게 송달되었는지에 관하여 제대로 심리를 하지 아니하여 판결에 영향을 미친 위법이 있다(대판 1994.6.10. 94다8761).

6. 소송과정에서 환경정책기본법 제31조 제1항에 의한 책임 여부에 대하여 당사자 사이에 전혀 쟁점이 된 바가 없었고 원심도 그에 대하여 <u>당사자에게 의견진술의 기회를 주거나 석명권을 행사한 바 없었음에도</u> 원심이 환경정책기본법 제31조 제1항에 의한 손해배상책임을 인정한 것은 법원의 석명의무 위반이 있다(대판 2008.9.11. 2006다50338).

7. 청구취지에서는 자본감소 결의의 무효확인을 구하였으나, 사건명을 "감자무효의 소"라고 표시하였을 뿐 아니라, 당사자들이 변론과정에서 근거조문까지 명시하면서 상법 제445조의 자본감소 무효의 소를 제기한 것임을 전제로 재량기각 여부를 주된 쟁점으로 삼아 변론하였다면, <u>청구취지의 기재에도 불구하고 상법 제445조의 자본감소 무효의 소를 제기한 것으로 볼 여지가 충분한데도, 석명권을 행사하여 이를 분명히 하고 그에 따른 청구취지와 청구원인을 정리하지 아니한 채</u> 자본감소 결의의 무효확인 판결을 선고한 원심판결은 위법하다(대판 2010.2.11. 2009다83599).

8. 부제소 합의는 소송당사자에게 헌법상 보장된 재판청구권의 포기와 같은 중대한 소송법상의 효과를 발생시키는 것으로서 그 합의 시에 예상할 수 있는 상황에 관한 것이어야 유효하고, 그 효력의 유무나 범위를 둘러싸고 이견이 있을 수 있는 경우에는 당사자의 의사를 합리적으로 해석한 후 이를 판단하여야 한다. 따라서 당사자들이 부제소 합의의 효력이나 그 범위에 관하여 쟁점으로 삼아 소의 적법 여부를 <u>다투지 아니하는데도 법원이 직권으로 부제소 합의에 위배되었다는 이유로 소가 부적법하다고 판단하기 위해서는 그와 같은 법률적 관점에 대하여 당사자에게 의견을 진술할 기회를 주어야 하고,</u> 부제소 합의를 하게 된 동기 및 경위, 그 합의에 의하여 달성하려는 목적, 당사자의 진정한 의사 등에 관하여도 충분히 심리할 필요가 있다. 법원이 그와 같이 하지 않고 직권으로 부제소 합의를 인정하여 소를 각하하는 것은 예상외의 재판으로 당사자 일방에게 불의의 타격을 가하는 것으로서 석명의무를 위반하여 필요한 심리를 제대로 하지 아니하는 것이다(대판 2013.11.28. 2011다80449).

③ 재판의 결과에 대해 영향이 있을 것

법에는 규정되어 있지 않으나, 독일민소법 제278조 제3항과 같은 해석을 한 것이다. 따라서 판결 결과에 영향이 없는 방론은 지적의무의 대상이 되지 않는다.

5) 범위

① 소송물의 범위 내일 것

소송물이론에 따라 달라진다. 구이론에 의하면 불법행위에 기해 청구를 하였는데 채무불이행에 기한 청구로의 지적은 소송물의 범위를 벗어나므로 불가하다(다만, 신이론을 전제한다면 이는 공격방어방법에 불과하므로 당사자가 명백히 간과한 사항이면 가능). 다만, 판례는 소송물의 범위를 넘어서도 지적이 가능하다는 입장이다(대판 2009.11.12. 2009다42765).

(TIP) 이시윤 저서에는 불법행위에 기한 청구에 대해 채무불이행에 대한 청구로의 지적이 가능한 예로서 서술되어 있으나, 이는 이시윤 교수님이 신이론의 입장이시므로 신이론을 전제한 설명이라고 보인다. 그리고 최근 정동윤·유병현도 소송법설을 따르는 도이칠란트에서는 당사자가 불법행위를 원인으로 손해배상을 구하는 경우에 지적의무를 이행하고 새로운 법률적 관점인 계약불이행을 원인으로 한 손해배상을 명할 수 있으나, 구실체법설에서는 그것이 불가능하다고 한다(새로운 신청이므로 적극적 석명의 문제로 된다고 함).

(TIP) 다만, 최근 판례는 전화요금 연체해지로 인해 불법행위를 청구한 사안[101]에서 "손해배상청구의 법률적 근거를 계약 책임으로 구성하느냐 아니면 불법행위책임으로 구성하느냐는 소송의 승패가 달라질 수도 있는 중대한 법률적 사항에 해당한다고 할 것이므로, 원심으로서는 원고에게 의견을 진술할 기회를 부여함으로써 원고로 하여금 그 주장을 법률적으로 명쾌하게 정리할 기회를 주었어야 하는데, 단순히 원고의 불법행위 청구를 기각한 것은 석명권을 적절히 행사하지 않은 잘못이 있다(대판 2009.11.12. 2009다42765)."고 하여 구이론에 의할 때 소송물이 다른 경우에도 지적의무(시사의무)위반으로 본 판시가 있다.

---

101) 원고 甲은 피고 乙 주식회사와 일반전화가입계약을 체결하고 051-전화를 각 사용하여 왔는데, 乙은 위 051-전화의 전화요금 출금일인 매달 25일에 甲의 국민은행 자동납부계좌의 잔고가 요금액에 미달하였다는 이유로 2001.8.13. 시내전화이용약관에 따라 위 전화를 직권해지 하면서, 乙은 위 051-전화의 직권해지로 인하여 甲에게 반환하여야 할 설비비 250,000원을 051-전화의 미납사용료와 대등액에서 상계처리 하였다. 이 경우 원심은, 甲의 주장을 "甲은 전화요금을 연체한 바 없는데도 乙들이 아무런 독촉이나 통보절차 없이 위 전화들을 직권으로 해지한 뒤 요금을 상계처리 하였으므로, 乙들은 '불법행위에 기한 손해배상'으로서 연대하여 甲에게 그 손해를 배상할 의무가 있다." 는 것으로 정리한 다음, 乙들이 위 전화를 부당하게 직권 해지하는 등 불법행위를 저질렀다는 점에 대한 甲의 입증이 부족하다는 이유로, 甲의 청구를 기각한 제1심판결을 그대로 유지하였다.

② 부수적 채권의 제외

이자 · 비용 · 가집행선고 등에만 관련된 부수적 채권은 당사자의 관심에서 제외되기 때문에 지적 의무에 포함되지 않는다(정동윤 · 유병현, 331면).

6) 내용

① 불이익을 받을 자에게 의견진술기회 부여

예상하지 못한 법률적 관점에 의한 패소방지가 제도의 취지이므로, 불이익을 받을 당사자가 지적 의무의 상대방이 되는 것은 당연하기 때문이다.

② 변론종결 후에 간과한 법률적 관점이 발견되었을 경우

변론의 재개가 불가피하다(제142조).

7) 의무위반의 효과

① 판결 확정 전

지적의무위반은 상고이유가 된다. 다만, 절대적 상고이유가 아닌 일반적 상고이유가 된다(제423조). 즉, 요건에서 판결에 영향이 있을 것을 전제하기 때문이다.

② 판결 확정 후

재심사유가 아니므로, 다른 재심사유가 없는 한 재심은 불가하다.

(5) 석명권의 행사

1) 주체

소송지휘권의 일종으로서 재판장, 단독판사, 합의부원(제136조 제1항 · 제2항 · 제3항) 등이 주체이다. 특히 석명권은 변론절차에서뿐 아니라 변론준비절차에서 행사할 수 있다(제286조).

2) 행사방법

당사자에게 질문을 하거나 증명을 촉구하는 형식으로 행사하게 되어 있는데(질문권), 필요한 경우에는 미리 당사자에게 석명할 사항을 지시하고 변론기일 전에 준비할 것을 명할 수 있다(석명준비명령, 제137조).

3) 석명권 행사의 한계(석명권행사에 대한 불복)

① 이의(제138조), 법관에 대한 기피신청(제43조)

② 판례는 "석명 · 진술의 법률효과가 석명한 당사자에게 불이익한 경우에 적어도 그 불이익을 배제할 기회를 주어야 하며, 그와 같은 기회를 주지 않고 그 당사자가 예기치 않은 불이익한 판단을 한다면 절차권의 침해이며 석명권의 정당한 한계를 일탈한다(대판 1964.4.28. 63다735)."고 하였다.

4) 석명불응에 대한 조치

① 당사자가 석명에 응할 의무는 없으나 석명에 불응하면 다음과 같이 불이익을 받을 수 있다.

② 주장책임이나 증명책임의 원칙에 따라 주장 · 증명이 없는 것으로 취급되어 불이익한 재판을 받게 된다.

③ 석명에 응하지 않는 사항에 대해서는 진술취지의 불명으로 각하되는 불이익을 받을 수 있다(제144조 제2항 · 제4항).

(6) 석명처분

1) 의의 및 증거조사와의 차이

① 의의

법원은 변론 중에 석명권을 행사하는 이외에도 그 준비 또는 보충으로 소송관계를 분명하게 하기 위하여 적당한 처분을 명할 수 있는데, 이를 석명처분이라고 한다(제140조).

② 증거조사와의 차이

이는 어디까지나 사건의 내용을 이해하기 위한 것이므로 증거자료의 수집을 목적으로 하는 증거조사와는 다르다. 따라서 석명처분에 의하여 얻은 자료는 당연히 증거로서의 효력이 없으며, 단지 변론전체의 취지로서 참작될 수 있을 뿐이다. 그러나 당사자가 이를 증거로 원용하면 증거자료로 될 수 있다(이시윤).

2) 내용

① 당사자 본인의 출석명령

소송대리인이 있어도 직접 본인으로부터 사건을 청취하는 것이 적당한 경우에는 본인 또는 법정대리인의 출석을 명할 수 있다.

② 문서 기타 물건의 제출명령

예를 들어 당사자가 변론에서 계약서를 인용하였을 때 이에 대하여 석명하였지만 계약내용이 불명한 경우에는 법원은 계약내용의 파악을 위하여 당사자에게 그 계약서의 제출, 유치를 명할 수 있다.

③ 문서 기타 물건의 유치명령

④ 검증·감정

당사자의 주장이나 쟁점이 명확하지 아니하여 검증을 하면 분명해질 수 있는 사건에 있어서는 법원이 현장검증을 할 수 있다. 또 전문적인 학식, 경험이 없이는 이해가 곤란한 경우에는 전문가에게 감정을 명하여 그 설명을 들어 볼 수 있다. 여기의 검증·감정에는 증거조사에 관한 규정이 준용된다(제140조 제2항).

⑤ 조사촉탁

법원은 소송관계를 분명하게 하기 위하여 필요한 조사를 공공기관, 학교, 기타의 단체에 촉탁할 수 있다. 여기의 조사촉탁은 증거조사는 아니나 제294조의 규정이 준용된다.

2. 변호사대리의 원칙과 대리인의 선임명령

(1) 변호사대리의 원칙

원칙적으로 타인의 소송에서는 변호사만이 소송대리인의 자격이 있다. 법률전문가가 관여하여 소송절차를 효율적으로 진행하게 함과 동시에 법률문외한인 당사자를 보호하기 위함이다(제87조).

(2) 대리인의 선임명령

당사자 또는 대리인이 소송관계를 명료하게 하기 위해 필요한 진술을 하지 못하는 경우에, 그 진술금지의 재판을 할 수 있으며, 이 때 법원은 변호사의 선임을 명할 수 있다(제144조 제1항, 제2항).

3. 진실의무

진실의무란 진실에 반하는 것으로 알고 있는 사실을 주장해서는 안 되며, 진실에 맞는 것으로 알고 있는 상대방의 주장을 다투어서는 안 되는 의무를 말한다. 이는 신의칙에 근거한 것이다(제1조 제2항). 다만, 진실의무가 있다고 하여 상대방 당사자를 위한 소송자료의 제공의무가 있다고 할 수 없다. 그러나 진실의무위반의 경우에는 소송비용의 부담, 소송사기로 인한 손해배상책임 및 소송사기죄가 성립될 수 있으며 변론전체의 취지로 고려될 수 있다.

4. 현대형 소송의 경우

공해소송, 제조물책임소송 등 현대형 소송에서는 인과관계 및 과실의 증명이 곤란하여 증명책임의 원칙을 엄격히 적용할 경우 당사자의 실질적 공평과 재판의 적정성을 해할 우려가 있다. 따라서 실질적 무기평등의 원칙을 보장하고 증거수집제도의 확충을 위하여 증명의 공평분담을 위하여 일응의 추정과 간접반증이론 이외에 증거개시제도(Discovery)의 도입, 모색적 증명, 증명책임 없는 당사자의 사안해명의무의 제한적 인정 등을 고려할 필요가 있다. 현행법에서는 증거수집제도 확충을 위해 문서제출명령에 따른 제출의무를 일반적 의무로 확장한 바 있다(제344조 제2항).

2019년 공인노무사

甲은 乙에 대하여 지급기일을 2017.2.1.로 하는 1억 원의 공사대금채권을 가지고 있었다. 乙은 2017.10.1.이 채권금액 가운데 3,000만 원을 변제하였다. 甲은 2018.4.1. 乙에 대하여 위 공사대금 1억 원의 지급을 구하는 소를 제기하였다. 법원은 2018.12.1. 변론을 종결하고 甲의 청구대로 1억 원의 지급을 명하는 판결을 선고 하였고, 그 판결은 확정되었다. 다음 물음에 답하시오. (50점)

물음 1) 乙은 위 소송절차에서 2017.10.1.에 일부변제 한 사실을 주장하지 아니하였다. 3,000만 원의 변제사실을 인정하지 않고 1억 원의 지급을 명한 위 법원의 판결이 타당한지를 논하시오. (30점)

I. 문제의 소재

1. 먼저 乙이 3,000만 원을 변제한 사실을 주장하지 아니하였는데, 그 변제 사실이 변론주의에서 사실의 주장책임이 되는 주요사실인지가 문제 된다(민사소송법 제202조).

2. 그리고 주요사실이라고 하여도, 법원이 석명권을 행사하여 乙의 변제 주장을 유도하지 않은 것이 석명의무 위반인지가 법원의 판결의 타당성과 관련하여 문제가 된다(제136조).

II. 변론주의 위반 여부 – 사실의 주장책임

1. 변론주의의 의의 및 규정

재판의 기초가 되는 소송자료, 즉 사실자료와 증거자료의 수집 및 제출을 당사자의 책임 및 권능으로 하고, 당사자가 주장하여 변론에서 제출한 소송자료만을 재판의 기초로 삼아야 하는 입장을 말한다. 이에 반하여 그와 같은 자료의 수집을 법원의 책임과 권능으로 하는 원칙을 직권탐지주의라고 한다. 변론주의는 민사소송을 관류하는 대원칙임에도 불구하고 이에 관한 직접규정을 두고 있지 아니하나, 특수소송에서 이와 대립하는 직권탐지주의(행정소송법 제26조, 가사소송법 제12조, 제17조)를 규정함으로써 간접적으로 추단케 하고 있다. 다만, 민사소송규칙 제69조의2(당사자의 조사의무)[102]에서 사실관계와 증거에 관한 사전조사 의무를 부과한 것은 변론주의를 전제한 것이라 하겠다.

2. 변론주의의 내용

변론주의는 사실의 주장책임, 자백의 구속력, 원칙적 직권증거조사금지 등의 내용이 있는데, 사안에서는 사실의 주장책임이 문제가 되므로, 이를 살펴본다.

3. 사실의 주장책임

변론주의에서 사실의 주장책임의 대상은 주요사실에 한하고, 간접사실, 보조사실은 이에 해당하지 아니한다는 것이 통설·판례이다. 왜냐하면 주요사실의 판단을 추인시키는 간접사실은 증거와 마찬가지의 역할을 하므로(예를 들어, 자금난에 허덕이다가 갑자기 자금사정이 좋아졌다는 간접사실은 대여라는 주요사실의 증거인 차용증과 그 역할이 유사하다는 점을 상기하라), 증거의 평가에 있어 작용하는 자유심증주의가 간접사실의 존부에 대한 판단에 있어서도 타당하기 때문에 법원은 간접사실을 당사자의 주장을 기다리지 않고 자유로이 인정하여도 무방하다고 할 수 있기 때문이다. 특히 사실의 주장책임이 되는 주요사실과 간접사실의 구별기준이 중요한데, 법규기준설이 통설·판례이므로 이를 살펴본다.

---

102) **민사소송규칙 제69조의2(당사자의 조사의무)** 당사자는 주장과 입증을 충실히 할 수 있도록 사전에 사실관계와 증거를 상세히 조사하여야 한다.

4. 법규기준설

민사소송절차에서 권리의 발생·변경·소멸이라는 법률효과를 판단하는 요건이 되는 주요사실에 대한 주장·증명에는 변론주의의 원칙이 적용된다(대판 2021.1.14. 2020다261776). 법규기준설은 법규를 발생시키는 요건사실이 주요사실이고, 그 이외의 사실은 간접사실이라고 본다. 예를 들어, 민법 제598조상의 소비대차계약의 주요사실은 "甲은 乙에게 2022년 5월 10일에 금 1억 원을, 변제기를 동년 10월 10일로 정하여 대여하였다."는 사실이 된다. 왜냐하면 소비대차계약은 낙성계약이고 그 법률효과를 발생시키는 사실은 계약일, 변제기가 될 것이기 때문이다. 즉, 주요사실(직접사실)은 법률효과를 발생시키는 법규의 요건사실에 해당하는 사실을 말하고, 간접사실은 주요사실의 존재를 경험칙에 의하여 추인하는데 쓰이는 사실을 말한다(배경, 교섭의 경과와 동기, 내역, 목적 등에 의한 사실이다).

5. 사안의 경우

乙이 주장하지 않은 3,000만 원 변제사실은 민법 제460조의 요건이 되는 주요사실이다. 따라서 피고 乙은 변론에서 반드시 이를 주장하여야 한다. 그런데 乙은 위 소송절차에서 2017.10.1.에 일부변제 한 사실을 주장하지 아니하였으므로, 법원이 이를 인정하지 않은 것은 일응 타당하다. 다만, 법원이 석명권을 행사하여 乙의 주장을 유도하지 않은 부분이 타당한지가 문제가 된다.

Ⅲ. 법원의 석명의무

1. 석명권의 의의

석명권이란 소송관계를 분명하게 하기 위하여 당사자에게 질문하고 증명을 촉구할 뿐 아니라, 당사자가 간과한 법률상의 사항을 지적하여 의견진술의 기회를 주는 법원의 권능을 말한다(제136조).

2. 석명의무의 인정 여부

소극적 석명은 당사자가 밝힌 소송관계의 테두리 안에서 사실적·법률적 측면에서 당사자의 신청·주장·증명에 불명확·모순 있는 점을 제거하는 것으로, 소극적 석명의 경우에는 석명권의 과도한 행사가 문제되지 않는다는 것이 통설이다. 이에 반하여 석명권 행사에 의하여 새로운 신청, 주장, 증명을 권유하는 석명을 적극적 석명이라 한다. 판례는 "계쟁사실에 대한 증거의 제출을 촉구하는 것(소극적 석명)은 허용되지만 당사자의 주장이 명료한데도 새로운 신청이나 당사자가 주장하지도 않은 요건사실 또는 공격방어방법을 시사하여 그 제출을 권유함은 변론주의에 위반되며 석명권의 범위를 일탈한다(대판 1999.7.9. 98다13754·13761 등)."고 하여 원칙적으로는 적극적 석명을 부정하지만, 토지임차인의 지상물매수청구권 행사로 인한 소변경과 법원의 석명의무에 대한 판결에서 "임대인이 종전의 청구를 계속 유지할 것인지 아니면 대금지급과 상환으로 지상물의 명도를 청구할 의사가 있는지를 석명하고 임대인이 그 석명에 의하여 소를 변경한 때에는 지상물명도의 판결을 함으로써 분쟁의 일회적 해결을 꾀해야 한다(대판 1995.7.11. 94다34265 전합)."고 하여 예외적으로 적극적 석명을 인정한 예가 있다.

3. 乙의 변제 항변에 대한 적극적 석명의무 인정 여부

(1) 종전의 소송자료에 비추어 법률상·이론상 예기되는 주장을 촉구하는 석명은 무방하나, 전혀 예기할 수 없는 새로운 공격방어방법을 권유하는 적극적 석명은 변론주의 위반이기 때문에 허용되지 않는다. 판례도 <u>채무의 변제항변을 하지 않는 경우에 변제항변에 대해서</u>(대판 1990.7.10. 90다카6825 · 6832 등), <u>시효완성의 항변을 하지 않는 경우에 시효항변에 대해서</u>(대판 1966.9.20. 66다1304), 채권자의 수령지체주장에 상계항변이 포함되어 있는지에 대해서 <u>법원은 석명의무가 없다</u>고 한다.

(2) 따라서 乙의 3,000만 원 변제 항변에 대해서 석명의무를 인정하면 원고 甲이 전혀 예상할 수 없는 방어방법을 권유하는 석명이 되므로, 허용되지 않는다고 보아야 한다.

(3) 그러므로 법원이 석명권을 행사하지 않고, 1억 원의 지급을 명한 판결은 타당하다.

Ⅳ. 사안의 해결

1. 乙의 3,000만 원 변제사실은 사실의 주장책임의 대상이 되는 주요사실에 해당한다. 따라서 乙의 변제 주장이 필요하므로, 주장이 없어 법원이 이를 고려하지 않고 판결한 것은 타당하다(제202조).

2. 그리고 乙의 변제 항변에 대한 법원의 석명의무도 인정되지 않으므로, 법원이 석명권을 행사하지 않고 판결한 것은 타당하다(제136조).

연습문제

甲은 乙 소유의 A 토지를 5억 원에 매수하기로 하는 매매계약을 乙의 피용자인 丙과 체결하고 매매대금 전부를 지급하였다. 甲은 乙에게 A 토지에 관하여 소유권이전등기절차의 이행을 요구하였으나, 乙은 丙이 자신의 피용자인 것은 사실이지만 자신이 丙에게 A 토지를 매도할 권한을 수여한 바 없다고 주장하면서 그 이행을 거절하였다. 이 경우 甲은 乙을 피고로 위 매매계약에 근거하여 A 토지에 관한 소유권이전등기 절차의 이행을 구하는 소를 제기하였다. 甲은 위 토지에 관한 매매계약에 있어서 丙이 乙의 대리인이라고 주장하였다. 심리 결과 丙의 대리권은 인정되지 아니하나, 丙의 표현대리를 인정할 증거들이 있었다. 법원은 위와 같은 증거들을 근거로 표현대리를 인정하여 甲의 청구를 인용하는 판결을 할 수 있는가? (30점)

Ⅰ. 문제점(3점)

1. 먼저 법원이 청구를 인용하는 판결을 하기 위해서는 사실자료(협의의 소송자료)와 증거자료를 합하여 확신을 가져야 하는데(자유심증주의, 민사소송법 제202조), 설문에서 표현대리를 인정할 증거는 있다고 하였으므로(증거자료), 사실자료, 즉 표현대리에 대한 사실의 주장이 있었는지가 쟁점이 된다.

2. 이와 관련하여, 먼저 유권대리와 표현대리가 소송물이 동일한지 문제되며, 동일 소송물이라면 사실의 주장책임과 관련하여 유권대리 주장 속에 표현대리 주장이 포함되는지가 문제된다.

3. 그리고 포함되지 않는다고 해도, 표현대리를 인정할 증거들을 이유로 표현대리 주장을 인정할 수 있을지도 간단히 검토해 보기로 한다.

Ⅱ. 소송물이론과 처분권주의(10점)

1. 유권대리와 표현대리의 소송물 동일 여부

(1) 구이론

1) 동일 소송물로 보는 견해

구이론에 의하더라도 설문에서 소송물은 소유권이전등기청구권이므로 소송물은 동일하고, 유권대리나 표현대리는 위 청구규범을 이유 있게 하는 공격방법의 복수에 불과하다는 견해이다.

2) 다른 소송물로 보는 견해

구이론에서는 표현대리를 규정한 민법 제125조, 제126조, 제129조는 별개의 실체법상의 권리발생근거규정이 되므로, 당사자가 이에 따른 법률효과를 주장하기 위해서는 이에 상응한 신청을 해야 한다고 본다. 즉, 유권대리에 관한 주장과 표현대리에 관한 주장은 별개의 소송물을 이루는 것이므로 당사자의 유권대리 주장과 관련하여 법원이 표현대리의 성립 여부를 심리 판단할 필요가 없다고 한다.

(2) 신이론

신이론은 이 경우 청구취지(신청)만으로 소송물을 식별한다는 일지설에 의하면 소유권이전등기청구권으로서 소송물이 동일하고, 이지설에 의한다고 해도 유권대리와 표현대리는 법적·규범적 관점이 유권·무권대리로 다를 뿐, 역사적·경제적·사회적 사실은 동일하므로, 소송물이 동일하다고 본다.

(3) 검토

분쟁의 일회적 해결이라는 측면, 원고의사의 합치라는 측면에서 신소송물이론[103]이 기본적으로 타당하다. 따라서 사안의 유권대리와 표현대리는 소송물이 동일하다고 보아야 한다.

2. 소송물이 다르다고 보는 경우

(1) 처분권주의의 의의

처분권주의란 절차의 개시, 심판의 대상과 범위, 절차의 종료를 법원이 아니고 당사자에게 주도권을 주는 심리방식을 말한다(제202조).

(2) 사안의 경우

다만, 구이론 중 소송물이 다르다고 보는 견해에 의하면 甲은 丙을 乙의 대리인이라고 주장할 뿐 표현대리에 해당된다는 점에 관하여는 명백히 주장하고 있지 않으므로 원고가 피고의 표현대리책임을 신청하였다고 볼 수 없고, 이에 따라 표현대리책임은 소송물을 구성하지 못하므로 법원은 표현대리 성립여부를 판단해서는 안 된다는 결과가 되고, 만일 표현대리책임을 인정하는 판결을 하면 원칙적으로 이 판결은 처분권주의에 위반되는 판결이 된다고 보게 될 것이다.

Ⅲ. 변론주의 위반과 사실의 주장책임(15점)

1. 문제점

이 경우 동일소송물로 보는 경우 사안의 甲은 유권대리주장만 하였을 뿐, 표현대리 주장을 하지 않았으므로, 유권대리 주장 속에 표현대리 주장이 포함 되는지가 문제된다.

---

103) 소송물이론에 관하여 어떠한 견해를 취할 것인가의 문제는 궁극적으로는 법정책적인 평가문제로 귀착되는 것이라고 본다. 즉, 구실체법설은 분쟁을 너무 작게 분단하여 분쟁의 일회적 해결이라는 공익에 반하며, 일지설은 소송물을 너무 넓게 파악하여 기판력의 범위가 넓어지게 되는 결과 원고의 사익에 반할 염려가 있다. 따라서 양 법익을 적절히 조화할 수 있는 이지설의 입장이 타당하다고 보이는데, 이는 소장에 반드시 청구취지와 청구원인을 적도록 한 법 제249조 제1항과 청구의 변경은 청구취지 또는 청구원인의 변경이라고 규정한 제262조가 이러한 해석을 뒷받침한다고 하겠다(정동윤·유병현, 238면 참고). 하지만 수험생의 입장에서는 자신이 보는 교과서의 입장, 가치관에 따라서 어느 입장으로 정리해도 무방하다고 보며, 사실 출제자의 입장에서도 소송물이론을 전면적으로 물어보는 사례가 아니라면 소송물론에 따라 결론이 달라지는 문제는 부담스러워 하므로 자신의 견해를 명확히 정리해서 그에 따라 논리적으로 답안지에 표출할 수 있는 것이 중요하다고 생각된다.

2. 변론주의(주장책임) 위배 여부

(1) 학설

1) 포함설

표현대리의 경우에도 유권대리와 같은 효과를 발생된다는 점을 강조하여 유권대리의 주장은 그 안에 표현대리의 주장을 포함한다는 견해이다. 만일 이를 인정하지 않는 경우 표현대리의 주장을 하였더라면 승소할 사건에서 주장하지 않았다는 사실만으로 패소한 원고는 다시 구제받을 수 없으며, 표현대리를 유권대리와 단절시키는 것은 본인의 진실은폐를 돕는 결과가 되어 부당하다고 한다.

2) 비포함설

유권대리의 주장 속에 표현대리의 주장이 당연히 포함된다고 보게 되면 표현대리는 본질상 무권대리의 일종이라는 통설과 조화되지 않기 때문에 유권대리의 주장 속에 표현대리의 주장이 당연히 포함되어 있는 것은 아니라는 입장이다. 포함설과 같이 해석하게 되면 주요사실의 범위를 넓히는 결과가 되어 심리의 초점을 흐리게 하고 상대방의 방어를 곤란하게 할 염려가 있으므로 부당하다고 한다.

(2) 판례

판례는 "유권대리와 표현대리 양자의 구성요건 해당사실, 즉 주요사실은 서로 다르다고 볼 수밖에 없다."고 하면서, "유권대리에 관한 '주장' 가운데 무권대리에 속하는 표현대리의 '주장'이 포함되어 있다고 볼 수 없으며, 따로이 표현대리에 관한 주장이 없는 한 법원은 나아가 표현대리의 성립 여부를 심리판단할 필요가 없다고 할 것이다(대판 1983.12.13. 83다카1489 전합)."라고 하여 비포함설의 입장이다.

(3) 검토 및 사안의 경우

1) 판례가 판시하듯이 표현대리가 성립된다고 하여, 무권대리의 법적 성질이 유권대리로 전환된다고 볼 수는 없다. 따라서 이는 법적 성질이 다르므로, 유권대리 주장 속에는 표현대리 주장이 포함되지 않는다고 보는 것이 타당하다.

2) 따라서 사안의 경우 甲의 유권대리 주장에는 표현대리 주장이 포함되지 않는다고 본다.

3. 사실자료(= 협의의 소송자료)와 증거자료의 구별 – 간접적 주장

(1) 의의

원칙적으로 증거가 현출되었다고 하여 증거에 의하여 증명되는 주요사실을 주장한 것으로 볼 수는 없으나(사실자료와 증거자료의 구별), 판례는 서증을 제출하며 그 입증취지를 진술하거나 신청한 증인신문사항에 기재된 사실을 주장한 것으로 보는 등 증거의 제출을 통하여 주요사실을 간접적으로 주장한 것으로 보려고 한다(간접적 주장의 인정).

(2) 사안의 경우

그러나 간접적 주장을 인정한다고 해도, 사안에서는 간접적 주장으로 볼 만한 甲의 행위도 없으므로, 표현대리를 간접적으로 주장하였다고 볼 수도 없다.

Ⅳ. 사안의 해결(2점)

1. 따라서 유권대리와 표현대리는 소송물이 동일하므로, 처분권주의 위반의 문제는 없다.

2. 그러나 변론주의의 내용인 사실의 주장책임과 관련하여, 유권대리 주장 속에 표현대리 주장이 포함되어 있지 않고, 사실자료와 증거자료는 구별되므로(설사 이를 완화하여 간접적 주장을 인정한다고 해도, 사안의 경우는 간접적 주장도 인정할 수 없다), 표현대리를 인정할 증거들을 이유로 甲 청구인용판결을 할 수는 없다고 본다.

Ⅴ. 보론(+5점)

1. 다만, 이 경우 乙이 무권대리를 주장하고 있으므로, 소위 주장공통원칙을 충족하여, 표현대리주장이 인정되지 않는지, 긍정한다면 乙에 대해 방어의 기회를 주지 아니한 것이 석명의무 위반이 되지 않는지를 검토하는 견해도 있다. 즉, 이 견해는 "甲은 무권대리를 주장하지 않았지만 반대로 乙은 무권대리라는 점을 주장하였다. 그렇다면 당사자쌍방중의 어느 누구라도 주장하면 그것을 직권으로 인정할 수 있다는 주장공통의 원칙에 의해, 표현대리임을 인정하여도 변론주의의 원칙에 반한다고 할 수 없을 것(김상수, 민사소송법판례백선, 86면)."고 하여 이 경우에 표현대리 주장이 있는 것으로 본다. 다만, 이 경우 乙은 표현대리 주장에 대해 방어할 기회를 갖지 못한 것이므로, 부당한 결과가 될 수 있다.

2. 따라서 이에 대해서는 乙에 대해 법원의 석명의무가 있는지가 문제될 수 있는데, 이 경우 "피고가 이미 무권대리임을 주장하였고, 피고로서는 원고가 표현대리주장을 명백히 하지 아니하여 원고의 악의 · 과실에 관하여 방어할 기회를 갖지 못하여 피고가 부당하게 패소할 위험이 있지 않나 하는 우려가 있을 수 있지만, 이 경우 법원은 피고로 하여금 그 부분에 대한 방어를 행하도록 석명함으로써 양당사자의 보호를 다 할 수 있을 것[김황식, 민사판례연구(Ⅶ), 5면 이하]."라 하여 석명의무(지적의무) 위반을 검토하는 견해가 있다.

3. 다만, 사안의 경우에는 이러한 견해에 의한다고 해도, 법원이 乙에게 표현대리 주장에 대해 석명하였다는 사정이 없어, 甲 청구인용 판결을 하는 것은 석명의무위반이 되므로, 甲 청구인용 판결을 할 수 없다고 본다.

29 적시제출주의

CONTENTS

▌적시제출주의

Ⅰ. 의의 및 연혁

1. 의의

적시제출주의란 당사자가 소송자료, 즉 공격·방어방법을 소송의 정도에 따라 적절한 시기에 제출하여야 한다는 원칙을 말한다(제146조).

2. 연혁

(1) 동시제출주의 및 문제점

소송자료의 종류에 따라 그 제출단계를 정하고, 그 단계가 끝나면 더 이상 소송자료를 제출할 수 없도록 실권시키는 주의를 동시제출주의 또는 법정서열주의(법정순서주의)라고 한다. 원래 동시제출주의는 소송의 지연을 방지하고 심리를 집중시키기 위한 것이었는데, 일정한 단계가 지나면 더 이상 재판자료를 제출할 수 없는 실권의 효과가 따르므로 중요한 자료를 제출하지 못하여 부당한 판결을 받을 수 있고, 당사자로서도 실권의 불이익을 입지 않기 위하여 가정주장과 가정항변을 무수히 제출하고 필요 없는 증거까지 모두 제출하여, 소송심리가 도리어 늦어지고 소송기록이 방대해지는 문제점이 있었다.

(2) 수시제출주의 및 문제점

이를 극복하기 위해 수시제출주의가 채택되었으나, 이 제도 하에서는 변론의 종결까지 언제나 재판자료를 제출할 수 있고, 특히 항소심을 속심으로 운영하는 소송구조 하에서는 당사자가 재판자료의 제출을 서두르지 않는 결과 소송의 지연과 제1심 경시의 풍조를 가져왔다. 여기에서 수시제출주의의 폐해에 대한 대책이 필요하게 되어 2002년 개정법은 적시제출주의를 채택하게 된 것이다(정동윤·유병현, 289면).

Ⅱ. 적절한 시기(적시)의 의미

1. 기준

적절한 시기인가 아닌가는 소송의 정도를 기준으로 판단하게 된다. 소송의 정도란 소송절차의 단계 또는 과정을 뜻한다고 풀이한다.

2. 소송절차별 고찰

소송의 제1단계는 소장·답변서를 제출·교환하는 단계이며, 제2단계는 준비서면을 교환하고 주장과 증거를 정리하는 단계이다. 특히 제2단계까지는 2008년 개정법 전에는 변론준비절차에서 이루어졌으나, 2008년 개정법은 변론준비절차를 필수적 절차에서 임의적 절차로 규정한다. 재판장은 당사자에 대하여 특정한 사항에 관하여 주장을 제출하거나 증거를 신청할 기간(재정기간)을 정할 수 있다(제147조). 변론준비절차를 연다면 변론준비절차가 종료될 때까지 원칙적으로 모든 공격·방어방법이 제출되어야 한다(제285조). 제3단계는 본격적인 변론의 단계이며, 쟁점정리의 결과를 진술하고(제287조), 바로 증거조사가 시작되고, 증인신문 등이 집중적으로 행하여진다(제293조). 이러한 단계는 동시제출주의에서와 같이 엄격한 것은 아니나, 그 단계가 지나면 원칙적으로 공격·방어방법의 제출이 제한을 받는다(제285조, 제279조 제2항).

Ⅲ. 적시제출주의의 실효성 확보수단

1. 실기한 공격·방어방법의 각하(제149조 제1항)

(1) 각하의 요건

1) 시기에 늦게 제출되었을 것

① 이는 변론의 경과로 보아 보다 일찍 제출할 수 있었고 또 제출할 기회가 있었음에도 불구하고 이를 제출하지 아니한 경우를 말한다.

② 항소심에서 제출된 공격·방어방법이 시기에 늦었는가, 아닌가를 판정할 때는 항소심만을 표준으로 할 것이 아니라, 제1심·제2심의 전 과정을 통하여 판정하여야 한다(통설, 판례[104]). 이는 항소심을 속심구조로 하고 있는 우리 민소법의 체계에 맞고, 공격·방어방법의 조기제출을 유도할 수 있기 때문이다.

③ 서면준비절차에서 정하는 준비서면이나 증거의 제출기간(제280조 제1항)도 시기에 늦었는지 여부에 대한 하나의 기준이 된다.

2) 당사자에게 고의 또는 중대한 과실이 있을 것

① 고의 또는 중대한 과실은 본인이나 대리인에게 있으면 되는데, 이의 유무는 본인의 법률적 지식의 정도와 공격·방어방법의 종류를 고려하여 판정해야 한다.

② 예를 들어, 본인소송에서 관련성을 모르고 제출이 늦어진 경우에는 중과실이 있다고 하기 어렵고, 상계의 항변이나 가정항변은 최초에 제출하기를 기대할 수 없으므로 고의·중과실이 있다고 하기 어렵다. 다만, 판례[105]는 파기환송되기 전에 제출할 수 있었던 상계항변을 환송 후에 주장한 경우는 실기한 공격방법으로 본 판시가 있다(대판 2005.10.7. 2003다44387). 또한 제4차에 걸친 제1심 변론기일은 물론 제2심 제1차 변론기일에 주장하지 않다가 마지막 변론기일에 준비서면으로 진술하였으면 실기한 공격방법으로 본다(대판 2014.5.29. 2011두25876). 그리고 적절한 시기에 늦은 경우에는 합리적인 이유가 없는 한 중대한 과실이 추정되므로, 실권효의 배제를 주장하는 당사자가 중대한 과실이 없다는 점에 대한 증명책임을 진다(강현중, 김홍엽).

---

104) 민사소송법 제149조에 정한 실기한 공격·방어방법이란 당사자가 고의 또는 중대한 과실로 소송의 정도에 따른 적절한 시기를 넘겨 뒤늦게 제출하여 소송의 완결을 지연시키는 공격 또는 방어의 방법을 말한다. 여기에서 적절한 시기를 넘겨 뒤늦게 제출하였는지를 판단함에는 새로운 공격·방어방법이 구체적인 소송의 진행정도에 비추어 당사자가 과거에 제출을 기대할 수 있었던 객관적 사정이 있었는데도 이를 하지 않은 것인지, 상대방과 법원에 새로운 공격·방어방법을 제출하지 않을 것이라는 신뢰를 부여하였는지 여부 등을 고려해야 한다. 항소심에서 새로운 공격·방어방법이 제출된 경우에는 특별한 사정이 없는 한 항소심뿐만 아니라 제1심까지 통틀어 시기에 늦었는지를 판단해야 한다. 나아가 당사자의 고의 또는 중대한 과실이 있는지를 판단함에는 당사자의 법률지식과 함께 새로운 공격·방어방법의 종류, 내용과 법률구성의 난이도, 기존의 공격·방어방법과의 관계, 소송의 진행경과 등을 종합적으로 고려해야 한다(대판 2017.5.17. 2017다1097).

105) 제1심에서는 하지 않고 항소심 제4차 기일에 비로소 유치권항변을 제출한 경우 실기한 공격방어방법(대판 1962.4.4. 4294민상1122), 항소심 제4차 변론기일에 피고가 증인신청 하여 제5차 변론기일에 증인신문하기로 하였으나 증인 여비 등을 예납하지 아니하고 피고가 불출석하여 증인채택을 취소하고 변론을 종결하였는데, 그 후 피고의 재개신청에 의하여 제6차 변론기일을 지정고지 하였음에도 피고가 그 기일에도 불출석하였고 제7차 변론기일에 비로소 출석하여 이미 취소된 증인을 재차 신청한 경우 실기한 공격방어방법(대판 1968.1.31. 67다2628) 등을 실기하였다고 보았다.

3) 소송의 완결을 지연시킬 것[106]

① 절대설(Absolute Theorie)

그 공격·방어방법을 심리하면 각하할 때보다 소송의 완결이 지연되는 것, 즉 그것이 없으면 곧 항변을 종결시킬 수 있는 단계에 있을 말한다고 한다. 예를 들어 그 기일에 즉시 조사할 수 있는 증거의 신청(재정증인)이나, 다음 기일에 심리할 사항이 남아 있어서 어차피 다음 기일을 열어야 할 경우의 증거신청 등은 이에 해당하지 않는다고 한다(이시윤, 정동윤·유병현; 대판 2000.4.7. 99다53742 참조).

② 상대설(Relative Theorie)

소송의 완결의 지연이란 적시에 공격·방어방법이 제출되었다고 가정한 경우보다 소송의 완결이 지연되는 경우를 뜻한다고 풀이하는 견해이다. 예를 들어 재정하지 아니한 증인의 신문을 신청하는 경우에도 그 증인이 해외여행중이기 때문에 적시에 신청하였더라도 어차피 조사할 수 없었을 때에는 소송의 완결을 지연시키지 않는 것으로 된다(호문혁).

③ 검토

만일 제때에 제출하였더라면 지연되지 않았을지 여부를 증명하기란 어려운 일이므로, 절대설이 타당하다고 본다.

(2) 각하의 대상

1) 대상

당사자의 공격·방어방법이 대상이므로 당사자의 주장·항변·증거신청이 이에 해당하고, 원고의 청구·피고의 반대청구·청구의 변경 등 본안의 신청은 이에 해당하지 않는다.

2) 유일한 증거방법의 경우

요증사실에 관한 유일한 증거방법도 이에 해당하느냐가 문제[107]되지만, 유일한 증거방법이라고 하여 예외를 인정하면 제1심의 존재를 무의미하게 만들고 소송촉진을 꾀하기 어려우므로, 이것 역시 각하의 대상이 된다고 보는 것이 타당하다(정동윤·유병현 292면). 판례의 주류도 동일하다(대판 1968.1.31. 67다2628[108] 등).

(3) 각하의 절차

1) 직권 또는 신청

직권 또는 당사자의 신청에 따라 한다. 각하를 하는 경우 독립된 결정이나 종국판결의 이유 중에서 판단하면 된다.

---

106) 판례는 "당사자의 공격방어방법을 각하하지 아니한 채 증거조사까지 마친 경우에는 더 이상 소송의 완결을 지연할 염려는 없으므로, 그 공격방어방법을 새삼스럽게 각하할 수는 없다(대판 1994.5.10. 93다47615)"고 한다.

107) 긍정설(이시윤, 김홍규), 부정설(방순원, 송상현, 호문혁)

108) 피고가 증인신청을 하여 채택하고 그 신문기일을 정하였던바 피고는 그 증인들의 소환비용을 예납하지 아니하였을 뿐 아니라 그 기일에 피고는 출석도 하지 아니하였으므로 그 증거채택을 취소하고 변론을 종결하였던바 그 후 피고의 변론재개신청을 채택하여 다음 기일을 지정 고지하였음에도 불구하고 피고는 출석하지 아니하고 다음 기일에 비로소 출석하여 이미 취소된 증인의 환문을 재차 신청한바 이 신청은 시기에 늦은 공격방어방법이라고 볼 수 있을 것이므로 원심이 이를 채택하지 아니하였다 하여 유일한 증거를 조사하지 아니하거나 심리미진의 위법이 있다고 할 수 없다(대판 1968.1.31. 67다2628).

2) 항고 여부

각하 결정에 대해서는 독립하여 항고할 수 없고, 종국판결과 함께 상급심의 판단을 받는다(제392조).

3) 각하 신청

다만, 당사자의 각하신청은 법원의 소송지휘권이라는 직권의 발동을 촉구하는 것이므로, 법원이 각하신청을 배척하더라도 불복신청은 허용되지 않는다.

(4) 각하의 재량성

1) 재량여부

민사소송법 제149조는 소송촉진을 위한 공익적 규정이라는 이유로 이를 기속규정으로 보는 견해(송상현)도 있지만, 통설은 각하 여부는 법원의 재량에 속한다고 본다.

2) 소송비용

시기에 늦은 공격·방어방법이 각하되지 않는 경우라도 그 때문에 소송을 지연시킨 당사자는 승소에도 불구하고 증가된 소송비용을 부담하는 불이익을 입을 수 있다(제100조).

2. 재정기간과 실권적 효력(제147조)

(1) 수시제출주의 아래에서도 법원의 적절한 소송지휘에 당사자가 적극적으로 협조한다면 소송의 진행이 원활하고 신속하게 될 수 있겠지만, 실무상으로는 당사자의 비협조로 소송이 지연되고 일부 당사자는 수시제출주의의 원칙을 근거로 지연을 획책하기도 하는 실정이었다.

(2) 그런데 실기한 공격방어방법의 각하 여부는 법원의 재량에 맡겨져 있는 관계로 실무상 실기한 경우에도 적절하게 각하되지 않고 있으며, 구법상으로는 재판장이나 수명법관이 준비서면의 제출기간을 정할 수 있다는 것 외에는 달리 절차의 신속한 진행을 위한 일반적인 재정기간제도를 가지지 않고 있었다.

(3) 따라서 실무상 잘 활용되지 않고 있는 실기한 공격방어방법의 각하만으로는 부족하므로, 적극적으로 재판장이 일정한 사항을 정하여 공격방어방법의 제출에 관한 기간을 정할 수 있다면 소송절차가 신속하고도 탄력적으로 운영될 수 있으며, 집중심리방식의 도입을 위한 전제로서도 큰 의미가 있을 것이고, 재정기간의 부가와 그 도과로 인한 효과는 당연히 항소심에서도 유지될 것이므로 심리의 제1심 집중효과도 얻을 수 있을 것이어서 재정기간제도를 도입하게 된 것이다(민사소송법 개정내용 해설, 51면).

3. 기타 실효성 확보수단

(1) 석명에 응하지 않는 공격·방어방법의 각하(제149조 제2항)

당사자가 제출한 공격 또는 방어방법의 취지가 분명하지 아니한 경우에, 당사자가 필요한 설명을 하지 아니하거나 설명할 기일에 출석하지 아니한 때에는 법원은 직권으로 또는 상대방의 신청에 따라 결정으로 이를 각하할 수 있다. 이러한 경우 법원은 당사자가 심리에 협력하지 않는 것으로 보고 실기한 공격방어방법의 각하처럼 각하할 수 있다는 것으로, 주로 재판장의 석명준비명령에 불응한 경우에 적용된다. 이는 변론준비절차에도 준용이 된다(제286조, 제149조 제2항).

(2) 변론준비기일을 종결한 뒤의 실권적 효력(제285조)

(3) 중간 판결의 내용과 저촉되는 주장의 제한(제201조)

(4) 소장 기재의 충실화 및 답변서제출의무(제254조 제4항, 제256조, 제257조)

Ⅳ. 적용 범위

1. 직권조사사항의 경우

적시제출주의는 직권조사사항에 관하여는 적용되지 않는다(제285조 제1항 제3호, 제434조 등).

2. 배제이유

이 경우는 당사자의 태만을 이유로 공격·방어방법을 각하하여 소송절차의 신속을 기하기보다는 실체적 진실을 발견하는 것이 더 중요하기 때문이다.

30 직권진행주의와 소송지휘권, 이의권

CONTENTS

▌직권진행주의와 소송지휘권, 이의권

Ⅰ. 의의

소송절차의 진행과 그 정리를 법원의 주도하에 행하는 입장을 직권진행주의라고 하고, 이를 당사자에게 맡기는 입장을 당사자주의라고 한다.

Ⅱ. 소송지휘권

1. 개념 및 내용

소송지휘권이란 소송절차를 원활·신속히 진행시키고 또 심리를 완전하게 하여 분쟁을 신속·적정하게 해결하기 위해 법원에 인정된 소송의 주재권능이다.

2. 소송지휘권의 주체 및 형식

소송지휘권은 원칙적으로 법원에 속한다(제140조 내지 제145조). 그러나 변론이나 증거조사 중의 지휘는 합의체의 심리일 때 재판장이 그 대표기관이 되며, 이러한 재판장의 조치에 대하여 당사자로부터 이의가 있으면 합의체가 이에 대하여 재판한다(제138조). 이를 '재판진행에 대한 이의'라고 한다. 재판장은 합의체로부터 독립하여 소송지휘권을 갖는 경우도 있다(제165조 제1항 본문, 제194조, 제254조, 제282조). 수명법관·수탁판사도 수권된 사항을 처리함에 있어서 소송지휘권을 가진다(제165조 제1항 단서, 제332조).

3. 당사자의 신청권

소송지휘는 원래 법원의 직권에 속하는 것이지만, 법률이 일정한 경우에 당사자에게 소송지휘를 구하는 신청권을 인정하고 있는 경우가 있다. 예를 들어, 소송이송(제34조 제2항·제3항), 구문권(제136조 제3항), 시기에 늦은 공격방어방법의 각하(제149조), 중단절차의 수계(제241조) 등이 그것이다.

Ⅲ. 소송절차에 관한 이의권 변리사 5회

1. 서설

(1) 의의

이의권이란 법원이나 상대방 당사자의 소송행위가 소송법규에 위배되는 경우에 이에 대하여 당사자가 이의신청을 하고 그 무효를 주장할 수 있는 권능을 말한다(제151조). 2002년 개정법 전에는 책문권이라고 하였다(민사소송법 개정내용 해설, 56면).

(2) 취지 − 직권진행주의와의 관계

법원은 절차의 주재자이므로(직권진행주의), 법규의 위배가 있는 경우 이 행위를 전제로 소송절차를 진행시켜서는 안 되겠지만, 법원이 절차위배의 사실을 간과하고 절차를 진행시키는 일도 있으므로, 이 경우 이러한 법규의 준수에 대하여 이해관계를 가지는 당사자에게 절차법 위배를 감시하는 권능을 부여한 것이 바로 소송절차에 관한 이의권이다(정동윤·유병현 341~342면).

2. 적용범위

(1) 이의권의 대상이 되는 행위

1) 절차적 규정

이의의 대상이 되는 것은 '소송절차에 관한 규정'에 위배되는 행위이다. 소송절차에 관한 규정이란 법원과 당사자의 소송행위의 형식·요건·시기·장소 등에 관한 규정을 말한다.

2) 구체적 예

예를 들어 소의 제기, 청구 변경의 방식, 소송참가의 방식, 소송고지의 방식, 증인신문의 장소, 변론기일의 통지, 증거조사의 방식 등을 들 수 있다.

(2) 이의권의 대상이 되지 않는 행위

1) 내용에 관한 규정

소송행위의 내용이나 소송상의 주장에 관한 규정은 이의권의 대상이 아니다. 즉, 석명권, 증거의 평가, 처분권주의 등에 관한 위배는 이의권의 대상이 되지 않는다.

2) 자신의 행위

소송절차에 관한 이의권은 법원과 상대방 당사자의 절차법규 위배행위에 대한 것이므로, 자기 자신의 행위는 소송절차에 관한 이의권의 대상이 되지 않는다.

3. 포기와 상실

(1) 의의 및 문제점

1) 소송법상 의미

이의권은 소송법상 두 가지 의미를 가지는데 ① 하나는 이를 적극적으로 행사하여 절차위배의 소송행위의 효력을 무효로 만드는 것과, ② 소극적으로 이를 행사하지 않고 있으면 절차위배의 흠이 치유되어 그 소송행위가 유효하게 되는 것이 있다.

2) 이의권의 포기·상실

소송법상으로는 ②가 중요한데, 특히 이러한 경우 절차위배로 불이익을 입는 당사자가 불이익을 감수한다면 이를 문제 삼을 필요가 없고(이의권의 포기), 당사자가 절차위배를 알고도 지체 없이 소송절차에 관한 이의권을 행사하지 아니한 경우에는 이를 실권시켜(이의권의 상실) 절차의 안정을 유지할 필요가 있다. 이를 종합하여 이의권의 포기·상실이라고 한다.

(2) 대상

1) 임의규정 위배(사익적 규정)

이의권의 포기·상실의 대상은 소송절차에 관한 규정 중 임의규정 위배, 즉 사익적 사항에 한한다. 예를 들어, 소제기나 청구변경의 방식에 위배한 경우, 기일통지를 하지 않은 경우, 소송서류를 송달하지 아니한 경우[단, 판결정본 송달은 상소제기기간의 기산점이 되므로(제396조), 이는 강행규정이기 때문에 예외가 된다], 증거조사의 방식이 잘못된 경우 등이 이에 해당한다.

2) 강행규정 위배(공익적 규정)

이에 반해 재판의 적정, 소송의 신속 등 공익에 관련이 있는 강행규정에 위반한 경우는 이의권의 포기·상실의 대상이 되지 않는다. 직권조사사항이 대표적인데, 예를 들어, 소송요건, 상소요건, 재심요건, 불변기간의 준수, 판결정본의 송달, 법관의 제척, 법원의 구성 등이 이에 해당한다.

(3) 포기의 방식과 상실의 요건

1) 포기의 방식

이의권의 포기는 변론 또는 준비절차에서 법원에 대한 일방적 진술로 하여야 하므로, 법원 밖에서 상대방에 대해 하는 것은 효력 없다(통설). 그리고 포기는 명시적·묵시적 모두 가능하다. 예를 들어, 기일통지서의 송달이 없었음에도 당사자가 기일에 출석하면 묵시의 포기가 있는 것으로 볼 수 있다. 이의권은 절차위배가 있는 경우에 발생하는 것이므로 사전포기는 있을 수 없고, 또 이를 인정하면 임의소송금지원칙에도 어긋난다.

2) 상실의 요건

이의권의 상실은 당사자가 절차위배를 알았거나 알 수 있었을 경우에 지체 없이 이의하지 아니함으로써 발생한다. 반드시 본인에 한하지 않고 대리인이 알거나 알 수 있었을 경우도 포함한다. 여기서 지체 없이란 절차위배를 알거나 알 수 있었을 때의 직후의 기회(변론기일 또는 변론준비기일)를 가리킨다 (통설). 이 경우 포기의 의사는 필요하지 않고, 단순히 이의하지 아니함으로써 충분하다.

(4) 효과

1) 흠의 치유

이의권의 포기·상실이 있으면 소송절차에 위배된 소송행위의 흠이 치유되어, 그 소송행위는 처음부터 유효한 것이 된다.

2) 당사자 양쪽에 이의권이 있는 경우

다만, 법원의 행위에 대해 당사자 양쪽에 소송절차에 관한 이의권이 발생한 경우 양 쪽이 모두 이를 포기·상실한 때에 흠이 치유된다(정동윤·유병현·김경욱).

31 부인과 항변

CONTENTS

▌ 부인과 항변 사시 19·31·42회, 변리사 31회

Ⅰ. 부인과 항변의 의의

1. 부인의 의의 및 종류

부인이라 함은 상대방의 주장사실을 부정하는 진술을 말한다. 단순히 원고의 주장사실이 진실이 아니라고 부정하는데 그치는 경우 이를 직접부인, 소극부인 또는 단순부인이라 하고, 원고의 주장사실과 양립되지 않는 사실을 적극적으로 진술하며 원고의 주장을 부정하는 경우가 있는데 이를 간접부인, 적극부인, 이유부 부인이라 한다.

2. 항변

(1) 의의

넓은 의미의 항변은 소송절차에 관한 항변인 <u>소송상의 항변</u>과 청구기각을 목적으로 하는 실체법상의 <u>본안의 항변</u>으로 나뉜다.

(2) 소송상 항변 _{노무사 13회}

1) 본안전 항변과 증거항변

소송상의 항변은 실체법상 효과에 관계없는 항변으로 ① 원고의 소에 소송요건의 흠이 있어 소가 부적법하다는 피고의 주장인 본안전(本案前) 항변과, ② 상대방의 증거신청이 부적법하다거나 증거력이 없다고 주장하는 증거항변으로 구분 된다.

2) 본안전 항변의 성질

소송요건은 대부분 직권조사사항에 해당하므로, 피고의 주장을 기다려서 고려할 사항이 아니다. 따라서 이러한 피고의 본안전 항변은 법원의 직권발동을 촉구하는 의미밖에 없으므로 진정한 의미의 항변이라고 할 수 없다. 예를 들어, 무권대리의 항변, 소송계속의 항변(제259조), 기판력 항변(제216조, 제218조) 등이 있다. 다만, 방소항변(妨訴抗辯: 임의관할 위반, 소송비용담보제공, 부제소합의[109], 중재합의 등)은 예외적으로 피고의 주장을 기다려 고려하므로, 진정한 의미의 항변이라 할 수 있다.

3) 증거항변의 성질

증거의 채택 여부는 법원의 직권사항이고 또 증거력의 유무도 법관의 자유심증에 의하여 결정되기 때문에, 이것도 엄밀한 의미의 항변이라고 할 수 없다.

(3) 본안의 항변

1) 의의

본안의 항변은 실체법상 효과에 관계있는 항변으로, 원고의 청구를 배척하기 위하여 원고주장사실이 진실임을 전제로 하여 이와 양립가능 한 별개의 사항에 대하여 진술하는 것을 의미한다.

2) 제한부 자백과 가정적 항변

본안의 항변은 주장의 형태에 의하여 제한부자백과 가정항변으로 나눌 수 있다. 제한부 자백이란 원고의 주장사실을 확정적으로 인정하면서 양립될 수 있는 별개의 사실을 진술하는 것임에 대하여, 가정항변이란 원고의 주장사실을 일응 다투면서 예비적으로 항변하는 경우이다.

3) 권리장애 · 멸각(소멸) · 저지사실

① 권리장애사실

권리근거규정에 기한 권리의 발생을 애당초부터 방해하는 권리장애규정의 요건사실을 주장하는 경우이다. 예를 들어, 선량한 풍속위반(민법 제103조), 불공정한 법률행위(민법 제104조), 통정허위표시(민법 제108조), 강행법규의 위반 등을 말한다.

② 권리멸각(소멸)사실

권리근거규정에 의하여 일단 발생한 권리를 소멸시키는 권리소멸규정의 요건사실을 주장하는 경우이다. 예를 들어, 변제(민법 제460조), 공탁(민법 제487조), 상계(민법 제492조), 소멸시효완성(민법 제162조 이하), 착오(민법 제109조), 사기 · 강박(민법 제110조)에 의한 취소, 계약의 해제 · 해지[110](민법 제543조), 권리의 포기 · 소멸 등을 말한다.

---

109) 판례는 직권조사사항으로 본다(대판 2013.11.28. 2011다80449).

110) 계속적 계약은 당사자 상호 간의 신뢰관계를 기초로 하는 것으로서, 당해 계약의 존속 중에 당사자 일방의 계약상 의무 위반이나 기타 부당한 행위 등으로 인하여 계약의 기초가 되는 신뢰관계가 파괴되어 계약관계를 그대로 유지하기 어려운 정도에 이르렀다면 상대방은 그 계약관계를 해지함으로써 장래에 향하여 그 효력을 소멸시킬 수 있지만, 그와 같이 계약관계를 유지하기 어려운 정도에 이른 사정에 관하여는 계약관계의 소멸을 주장하는 사람이 증명할 책임이 있다(대판 2015.4.23. 2011다19102).

③ 권리저지사실

권리근거규정에 기하여 이미 발생한 권리의 행사를 저지시키는 권리저지규정의 요건사실을 주장하는 경우이다. 권리저지사실은 일반적으로 이행청구에 대하여 일시적·잠정적으로 이행 거절하는 연기적 항변의 모습으로 나타난다. 예를 들어, 기한의 유예, 정지조건의 존재, 동시이행항변이나 유치권의 원인사실, 한정승인사실, 건물매수청구권, 목적물인도청구에 있어 권원에 의한 점유(민법 제213조 단서), 신의칙위반 및 권리남용의 주장 등을 말한다. 다만, 유치권항변이나 동시이행항변이 이유 있을 때에는 청구기각이 아니라 상환급부(동시이행)의 판결을 하여야 한다[111].

4) 피고의 항변에 대한 원고의 태도 – 재항변

재항변이란 피고의 항변에 대하여 원고가 항변사실에 대한 효과의 발생에 장애가 되는 사실을 주장하거나, 일단 발생한 효과를 멸각·저지하는 사실을 주장하는 것[112]을 말한다. 장애가 되는 사실을 주장하는 경우로는 피고가 소멸시효항변을 하였을 때에 원고가 가압류나 채무승인 등에 의한 시효중단을 주장하는 재항변이 있는데, 이 경우 피고가 가압류가 해제되었다는 주장을 하면 이는 재재항변이 된다.

Ⅱ. 구별

1. 부인과 항변의 구별기준[113]

부인과 항변의 구별은 원고주장의 사실과 양립가능성이 있는지의 문제와, 그 증명책임이 누구에게 있는가가 그 기준이 된다.

2. 원고주장사실의 검토와 확정

(1) 항변의 경우

원고의 주장사실이 진실함을 전제로 별개사실을 주장하는 것이 항변이므로 원고의 주장사실은 자백으로 되어 원고는 증명책임이 면제된다.

(2) 부인의 경우

부인은 원고의 주장사실이 진실이 아니라는 주장이므로 원고는 여전히 증명책임을 지게 된다.

---

111) 물건의 인도를 청구하는 소송에 있어서 피고의 유치권 항변이 인용되는 경우에는 그 물건에 관하여 생긴 채권의 변제와 상환으로 그 물건의 인도를 명하여야 한다(대판 1969.11.25. 69다1592).

112) 멸각·저지하는 사실을 주장하는 경우로는 원고의 소유권에 기한 건물인도청구에 대하여 피고가 임차권 항변을 한 경우에 원고가 차임연체로 인한 임대차계약의 해지(민법 제640조)를 주장하는 재항변이 있다.

113) 특히 부인과 항변은 ① 상대방 주장과의 양립가능성, ② 다른 별개사실의 주장 필요성, ③ 상대방 주장에 대해 방어한 사실이 자백과 택일가능성이 있는지에 따라 구별되는데(정동윤·유병현·김경욱), 별개주장의 필요성의 면과 택일성의 면에서 상술하기로 한다. 먼저 별개주장의 필요성의 면에서는 부인의 경우 중 단순부인을 할 때에는 아니다·모른다 등 다투기만 하면 되고 별개의 주장이 필요 없으며, 적극적 부인을 할 때에는 별개의 주장이 필요하다. 이에 반하여 항변의 경우에는 언제나 별개사실에 관한 주장이 필요하게 된다. 그리고 택일성의 면에서 부인의 경우에는 상대방의 주장사실이 있을 때에 이를 부인할 것인가[알지 못한다(= 부지)는 진술도 같다] 또는 인정할 것인가(침묵도 같다)의 둘 중의 하나의 태도를 취하여야 하므로 택일적이다. 그러나 항변의 경우에는 이를 할 것이냐 아니냐는 당사자의 자유에 속한다(정동윤·유병현).

Ⅲ. 구별실익

1. 증명책임[114]

(1) 증명책임의 분배

1) 증명책임이란 소송상 어느 요증사실의 존부가 확정되지 않는 때에 당해 사실이 존재하지 않는 것으로 취급되어 법률판단을 받게 되는 당사자 일방의 위험 또는 불이익을 뜻한다.

2) 이러한 증명책임의 분배에 있어 통설은 법률요건분류설(규범설)에 따라 각 당사자는 자기에게 유리한 법률의 요건사실의 전부에 대해 증명책임을 지는 것으로 분배시키고 있다.

(2) 부인 또는 항변이 존재할 경우의 증명책임의 분배

1) 부인의 경우에는 부인당한 사실에 대한 증명책임이 그 상대방, 즉 원고에게 돌아가나, 항변의 경우에는 그 항변사실의 증명책임이 그 제출자인 피고에게 있다.

2) 예를 들어, 피고의 무상증여의 진술이 있을 때에는 원고 측에서 대여사실의 존재를 입증하여야 할 것이나, 피고 측에서 면제를 주장할 경우 이는 원고의 주장사실이 진실임을 전제로 주장한 것이므로 피고 측에서 원고의 피고에 대한 채무면제의 사실을 입증하여야 할 것이다.

2. 법원이 설시할 판결이유

(간접)부인의 경우에 이를 배척하는 판단은 원고 청구를 인용하는 판단 안에 포함되어 있다고 볼 수 있기 때문에 별도의 판결이유 설시가 필요하지 않으나, 항변의 경우에는 피고의 주장을 배척하는 판단을 판결이유에서 설시해야 하며 이를 하지 아니하면 판단누락의 위법을 면치 못한다(제424조 제1항 제6호, 제451조 제1항 제9호).

3. 증명부담의 여부

원고의 청구원인이 피고로부터 부인당한 경우에는 원고는 청구원인 사실을 구체적으로 밝혀야 할 부담이 따른다. 반면에 피고의 항변제출의 경우에는 원고에게 그와 같은 부담이 없다(이시윤).

Ⅳ. 결어

부인은 답변자의 상대방에게 증명책임이 있는 사실을 답변자가 주장하는 것이며, 항변은 답변자 자신이 증명책임이 있는 사실을 주장하는 것을 말한다.

---

114) 원래 증명책임이란 용어는 Beweislast라는 독일어를 번역한 것으로 흔히 입증책임이라고 쓰고 있고, 형사소송법에서는 거증책임이라고 번역하고 있다. 하지만 기존 같이 입증책임이라고 쓰면 당사자가 입증을 해야할 책임이라고 오해하는 경향이 있으므로 최근에는 증명책임이라는 용어를 많이 쓴다. 왜냐하면 엄밀히는 당사자가 입증을 해야 할 책임은 주관적 증명책임을 이르고 이는 변론주의의 특유한 요소이지만, 우리가 논하고자 하는 객관적 증명책임은 법관의 진위불명상태에서의 패소위험을 뜻하므로 이는 변론주의든, 직권탐지주의든 상관없이 문제되기 때문이다. 이를 정확하게 이해하고 있어야 증명책임 부분에 대해 혼란이 초래되지 않는다는 점을 명심해야 한다.

32 소송행위

CONTENTS

(2) 학설
  1) 하자고려설(유추적용긍정설): 절차를 조성하는 행위 - ×, 절차를 종료시키는 행위(소·상소 취하, 청구의 포기·인낙, 재판상 화해 등) - 소송절차의 안정과 무관하므로 이 경우에는 민법상의 하자규정을 유추하여 취소를 인정 ○(P.Arens, 정동윤, 호문혁, 김상수 등 유력설)
  2) 하자불고려설(유추적용부정설): 소송행위는 외관주의·표시주의가 관철, 특히 청구의 포기·인낙, 재판상 화해 등은 준재심의 소(제461조)이외에는 구제책을 인정하지 않는 것이 우리 법제이므로 민법규정의 유추 ×. but 사기, 강박에 의한 경우에는 민법규정보다 법 제451조 제1항 제5호의 재심규정을 유추하여 취소 가능(재심규정유추설). but 착오의 경우에는 법원에 대한 공적 진술인 점, 소송의 안정성에 비추어 취소 ×(Leo Rosenberg, 이시윤, 강현중 등 다수설)

(3) 판례
  1) 판례는 원고의 소송대리인이 피고의 기망에 의하여 착오로 처분금지가처분신청을 취소하고 집행해제원을 제출한 사안에서 "소송행위에는 민법 제109조, 제110조의 규정이 적용될 여지가 없으므로 위 원고 대리인의 가처분신청의 취소가 사기, 강박 등 형사상 처벌을 받을 타인의 행위로 인한 것이라 하더라도 유효하다(대판 1984.5.29. 82다카963)"고 하여 하자불고려설의 입장.
  2) but 민법규정을 유추할 수는 없다고 하여도 법 제451조 제1항 제5호의 재심규정을 유추하여 소송행위 취소 인정(재심규정유추설)

(4) 검토
  하자불고려설이 타당

(5) 유죄확정판결의 요부 - 재심규정유추설에 의할 경우(재심사유의 소송내적 고려)
  1) 학설 - 확정판결불요설
  2) but 판례는 "형사책임이 수반되는 타인의 강요와 폭행에 의하여 이루어진 소취하의 약정과 소취하서의 제출은 무효이다(대판 1985.9.24. 82다카312·313·314)"라고 하여 유죄의 확정판결을 요하지 않은 것도

있으나, 최근의 주류적 판례는 ① 타인의 사기·강박행위로 인한 형사유죄판결이 확정된 경우일 것, ② 그 소송행위가 사기·강박으로 인하여 외형적으로만 존재하고 그에 부합하는 의사가 없을 것 등의 요건을 요구하여 확정판결을 요함(확정판결필요설)
  3) 검토
  확정판결불요설

6. 소송행위의 하자와 그 치유
(1) 하자 있는 소송행위
  무효
(2) 다음의 사유가 있으면 유효 가능
  1) 하자 없는 새로운 행위
  2) 추인 - 제60조, 제97조
  3) 보정 - 제254조, 제255조
  4) 이의권의 포기·상실(제151조)
  5) 소송행위의 전환
    ① 이는 하자 있는 소송행위가 당사자가 의도하는 목적과 동일한 다른 소송행위의 요건을 갖춘 경우에 그 다른 소송행위의 효력을 갖게 되는 것
    ② 판례는 ㉠ 요건불비의 독립당사자참가에 있어 참가인의 종전 당사자에 대한 청구를 취하한 경우에 당사자 일방의 보조참가신청으로 전환을 인정한 것(대판 1960.5.26. 4292민상524), ㉡ 추후보완항소라는 취지의 문언을 기재하지 않았지만 증거에 의하여 항소기간의 도과가 그 책임질 수 없는 사유로 인한 것으로 인정되는 경우에는 그 항소를 추후보완항소로 본 것(대판 1980.10.14. 80다1795), ㉢ 특별항고의 대상인 결정명령에 대하여 일반항고로 항고법원에 항고를 한 경우 특별항고로 보아 대법원에 기록을 송부한 것(대결 1968.11.8. 68마1303), ㉣ 청구기간 도과의 공동소송참가신청을 보조참가신청으로 보는 것(헌재 2008.2.28. 2005헌마872·918) 등

7. 소송행위의 해석
  소송행위의 해석은 일반 실체법상의 법률행위와는 달리 내심의 의사가 아닌 철저한 표시주의와 외관주의에 따라 그 표시를 기준으로 하여야 하고, 표시된 내용과 저촉되거나 모순되어서는 안 된다(대판 2002.10.11. 2000다17803).

I. 변론에 있어서 당사자의 소송행위

1. 본안의 신청

(1) 본안의 신청

변론은 먼저 원고가 소장에 기재된 청구취지에 따라 특정한 내용의 판결을 구하는 진술을 함으로써 시작된다. 이는 본안재판의 대상과 내용에 관계되는 신청이기 때문에 본안의 신청이라고 한다.

(2) 반대신청

피고는 원고의 본안의 신청에 대응하여 소각하, 청구기각의 판결을 구하는 신청, 즉 반대신청을 하지만 이는 소송상의 신청이다.

2. 공격방어방법

(1) 의의

변론주의 때문에 신청을 뒷받침하기 위하여 제출하는 일체의 소송자료(사실자료 + 증거자료)를 공격방어방법이라고 한다.

(2) 주장

1) 법률상의 주장

① 의의

넓은 의미로는 법규의 존부, 내용 또는 그 해석적용에 관한 의견의 진술을 포함하는데, 이러한 법률상의 주장은 법원을 구속할 수 없으며 단지 법관의 주의를 환기시키는 의미 밖에 없다. 좁은 의미로는 구체적인 권리관계의 존부에 대한 자기의 판단의 보고를 말하며, 원칙적으로 변론주의의 적용을 받지 않고, 법원도 이에 구속되지 않는다.

② 법률상의 주장에 대한 상대방의 태도

법률상의 주장을 상대방이 다투는 경우에는 법률상의 주장을 뒷받침할 사실을 주장하지 않으면 안 된다. 다만, 법률상의 주장을 상대방이 불리함에도 불구하고 이를 시인하는 경우 권리자백이 되지만 이는 원칙적으로 구속력이 없다. 다만, 소송물인 권리관계 자체에 대한 권리자백은 청구의 포기 · 인낙이 되어 이에 대해서는 원칙적으로 구속력이 인정된다(제220조).

2) 사실상의 주장

① 의의

구체적 사실의 존부에 관한 당사자의 지식이나 인식을 법원에 보고하는 것으로 당사자의 주장사실은 주요사실, 간접사실, 보조사실로 구별된다. 변론주의 하에서는 주요사실에 관한 한 변론에서 주장되지 아니하였으면 판결의 기초로 할 수 없다.

② 상대방의 답변태도

    ⊙ 부인은 상대방이 증명책임을 지는 주장사실을 아니라고 하는 진술이다(제150조 제2항).

    ⓛ 부지는 상대방이 주장사실을 알지 못한다는 진술로서, 부지는 부인으로 추정한다(제150조 제2항). 자기가 관여한 것으로 주장된 행위나 서증에 대하여는 인부절차에 있어서 원칙적으로 부지라는 답변은 있을 수 없으며, 부인만이 가능하다.

    ⓒ 자백은 자기에게 불리한 상대방의 주장사실을 시인하는 진술로, 자백한 사실은 증거를 필요로 하지 아니하며 재판의 기초가 된다(제288조).

    ⓔ 침묵은 상대방의 주장사실을 명백히 다투지 아니함을 말하며, 변론 전체의 취지로 보아 다툰 것으로 인정될 경우를 제외하고는 자백한 것으로 간주한다(자백간주, 제150조 제1항). 당사자가 불출석한 경우에도 침묵에 준하여 자백으로 간주한다(제150조 제3항).

3) 증거신청(증명, 입증)

법관으로 하여금 사실상의 주장의 진부에 대한 확신을 얻게 하기 위한 행위로, 다툼이 있는 사실에 대하여 필요하다. 입증에 대한 상대방의 방어를 증거항변이라고 한다.

Ⅱ. 소송행위 일반

1. 소송행위의 의의

(1) 소송행위라 함은 소송주체의 행위를 이르고 이 주체는 법원과 당사자이므로 이는 법원의 소송행위와 당사자의 소송행위로 나눌 수 있다. 특히 처분권주의, 변론주의에 의하는 민사소송에서는 당사자의 소송행위가 중요하고 이는 소송절차를 형성하고 그 요건과 효과가 소송법에 의하여 규율되는 행위를 말한다고 할 것이다(요건 및 효과설).

(2) 다만, 이에 대해서는 소송행위의 주요효과가 소송법의 영역에 발생하는 경우에는 소송행위라고 보아야 한다는 효과설 내지 주요효과설도 유력하다(정동윤·유병현, 김홍규).

2. 종류

(1) 취효적 소송행위는 법원에 일정한 내용의 재판을 구하는 행위 및 재판의 기초가 될 자료제공행위를 이르는데, 신청·주장·입증이 이에 속한다. 따라서 이는 법원의 적법 여부, 이유유무의 두 단계의 평가를 받게 되며, 어느 것이든 법원의 응답이 있게 된다.

(2) 여효적 소송행위는 재판을 통하지 아니하고 직접적으로 소송법상의 효과가 발생하는 행위를 이르는데, 취효적 소송행위를 제외한 행위를 말한다. 특히 이의 특징은 법원이 유·무효를 판단하면 되고, 원칙적으로 철회가 불가능하다는 점에 있다.

3. 소송상의 합의

III. 소송행위의 성질

1. 인적 요건

소송행위를 유효하게 하기 위해서는 당사자능력·소송능력·변론능력을 갖추어야 하고, 법정대리권 및 소송대리권을 필요로 한다. 소송행위에 민법상의 표현대리의 규정은 적용되지 않는다(다수설, 판례).

2. 소송행위의 방식

(1) 소송행위는 변론주의 및 구술주의 요청으로 변론절차에서 말로 행하는 것이 원칙이지만(제134조 제1항, 규칙 제28조, 제72조의 2), 소·상소·재심 및 항고의 제기, 소의 변경, 소의 취하, 소송고지 등은 예외적으로 서면에 의해야 한다.

(2) 소송행위는 원칙적으로 법원에 대한 단독행위이다. 다만, 관할의 합의(제29조) 등은 당사자 간의 합의형식으로 한다.

3. 소송행위의 조건과 기한

(1) 계약자유의 원칙이 적용되는 사법행위와 달리 소송행위에는 원칙적으로 조건이나 기한을 붙일 수 없다.

(2) 기한은 어느 경우에도 붙일 수 없으나, 조건에 있어서 소송내적 조건, 즉 소송진행 중에 판명될 사실을 조건으로 하는 예비적 신청이나 예비적 주장은 절차의 안정을 해칠 염려가 없기 때문에 허용된다.

4. 소송행위의 철회

(1) 의의

소송행위의 철회란 의사를 하자를 이유로 한 경우를 제외하고 소송행위 이후 발생한 후발적 사유에 의하여 일단 생긴 행위의 법적 효과를 제거하는 것을 의미하는데, 처분권주의·변론주의 하에서의 소송행위는 원칙적으로 철회가 자유롭다.

(2) 예외

당해 행위를 한 당사자에게 불리하거나, 상대방에게 일정한 법률적 지위가 형성된 소송행위, 소송절차의 진행상 확정적 효과가 생긴 경우에는 자유롭게 철회할 수 없다.

5. 소송행위의 취소가능성 - 의사하자의 고려

(1) 문제점

소송행위에 사기·강박 등의 하자가 존재할 경우에 이를 민법과 같이 하자를 고려하여 그 소송행위를 취소할 수 있느냐에 대해서는 민사소송법상 명문의 규정이 없기 때문에 그 하자를 고려하여 취소를 인정할 것이냐가 문제된다.

(2) 학설

1) 하자고려설(유추적용긍정설)

절차를 조성하는 행위와 절차를 종료시키는 행위를 구별하여 소·상소 취하, 청구의 포기·인낙, 재판상 화해 등의 절차종료행위는 소송절차의 안정과 무관하므로 이 경우에는 민법상의 하자규정을 유추하여 취소를 인정할 수 있다고 한다(P.Arens, 정동윤, 호문혁, 김상수 등 유력설).

2) 하자불고려설(유추적용부정설)

소송행위는 외관주의·표시주의가 관철되어야 하고, 특히 청구의 포기·인낙, 재판상 화해 등은 준재심의 소 이외에는 구제책을 인정하지 않는 것이 우리 법제이므로 민법규정의 유추를 인정할 수 없다고 한다. 다만, 사기, 강박에 의한 경우에는 민법규정보다 법 제451조 제1항 제5호의 재심규정을 유추하여 취소를 인정할 수는 있다고 한다(재심규정유추설). 그러나 착오의 경우에는 법원에 대한 공적 진술인 점, 소송의 안정성에 비추어 그 취소를 인정할 수는 없다고 한다(Leo Rosenberg, 이시윤, 강현중 등 다수설).

(3) 판례

1)
판례는 원고의 소송대리인이 피고의 기망에 의하여 착오로 처분금지가처분신청을 취소하고 집행해제원을 제출한 사안에서 "소송행위에는 민법 제109조, 제110조의 규정이 적용될 여지가 없으므로 위 원고 대리인의 가처분신청의 취소가 사기, 강박 등 형사상 처벌을 받을 타인의 행위로 인한 것이라 하더라도 유효하다(대판 1984.5.29. 82다카963)."고 하여 하자불고려설[115]의 입장이다.

2)
그러나 민법규정을 유추할 수는 없다고 하여도 법 제451조 제1항 제5호의 재심규정을 유추하여 소송행위를 취소하는 것은 인정한다(재심규정유추설).

(4) 검토

하자고려설은 하자불고려설이 민법규정의 유추를 부정하면서도 재심규정의 유추에 의해 취소할 수 있다고 하는 것은 사실상 민법규정의 유추를 인정하는 것이라고 비판하나, 같은 취소를 인정하는 것이라고 하여도 표시주의·외관주의가 관철되어야하는 소송행위의 특성상, 착오의 경우에는 차이가 있다고 보아 하자불고려설이 타당하다고 본다.

(5) 유죄확정판결의 요부 – 재심규정유추설에 의할 경우(재심사유의 소송내적 고려)

1) 학설

재심규정유추설을 취하는 학설은 ① 확정판결을 요하면 구제의 길이 지나치게 좁아지고, ② 법 제451조 제2항에서 유죄의 확정판결을 요하는 것은 가벌적 재심사유의 성질에 대한 적법요건설에 의할 때 재심의 소의 남용을 방지하기 위한 취지인바, 이 경우에는 재심의 소를 남용하려는 의도와는 관계가 없으므로 확정판결을 요하지 않는다고 보는 것이 타당하다고 한다(확정판결불요설).

---

115) 소의 취하는 원고가 제기한 소를 철회하여 소송계속을 소멸시키는 원고의 법원에 대한 소송행위이고 소송행위는 일반 사법상의 행위와는 달리 내심의 의사보다 그 표시를 기준으로 하여 효력 유무를 판정할 수밖에 없는 것인바, <u>원고 소송대리인으로부터 소송대리인 사임신고서 제출을 지시받은 사무원은 원고 소송대리인의 표시기관에 해당되어 그의 착오는 원고 소송대리인의 착오라고 보아야 하므로, 사무원의 착오로 원고 소송대리인의 의사에 반하여 소를 취하하였다고 하여도 이를 무효라고 볼 수는 없다</u>(대판 1997.10.24. 95다11740).

2) 판례

그러나 판례는 "형사책임이 수반되는 타인의 강요와 폭행에 의하여 이루어진 소취하의 약정과 소취하서의 제출은 무효이다(대판 1985.9.24. 82다카312·313·314)."라고 하여 유죄의 확정판결을 요하지 않은 것도 있으나, 최근의 주류적 판례는 ① 타인의 사기·강박행위로 인한 형사유죄판결이 확정된 경우일 것, ② 그 소송행위가 사기·강박으로 인하여 외형적으로만 존재하고 그에 부합하는 의사가 없을 것 등의 요건을 요구하여 확정판결을 요한다(확정판결필요설)[116].

3) 검토

당사자의 구제의 길을 넓히고, 가벌적 재심사유에 관한 통설·판례인 적법요건설의 취지상 확정판결을 요하지 아니하는 학설의 입장이 타당하다고 본다(확정판결불요설).

6. 소송행위의 하자와 그 치유

(1) 원칙

소송행위의 인적 요건을 갖추지 못하고, 방식과 내용에 있어서 소송법규에 합치하지 않는 소송행위는 하자(欠) 있는 소송행위로서 무효로 된다. 이 경우 법원은 그 행위를 기각·각하하거나 종국판결의 이유 속에서 판단하여야 함이 원칙이다. 예외적으로 법원은 아무런 응답을 하지 않고 무시할 수도 있다.

(2) 예외

무효인 소송행위라도 다음의 사유가 있으면 유효하게 될 수 있다.

1) 하자 없는 새로운 행위

2) 추인(제60조, 제97조)

3) 보정(제254조, 제255조)

4) 이의권의 포기·상실(제151조)

5) 소송행위의 전환

① 이는 하자 있는 소송행위가 당사자가 의도하는 목적과 동일한 다른 소송행위의 요건을 갖춘 경우에 그 다른 소송행위의 효력을 갖게 되는 것을 말한다.

---

116) 다만, 최근에는 유죄의 확정판결을 요구하지 않은 듯한 판시도 있다.

[1] 소송행위의 효력이 외관적 표시행위에 따라 규율되어야 한다는 주된 근거는 소송당사자와 소송계속법원 등 소송관계자의 이해가 걸린 당해 소송절차의 안정을 도모하려는 데서 나오는 것인바, 소송당사자의 기망행위에 의하여 야기된 특별한 사정이 있는 경우에는 기망행위를 한 당사자의 소송절차상의 안정을 보호할 필요는 없는 것이며 그 소송절차 중에서 소취하 행위의 효력을 판단 받는 한 법원에 대한 관계에서도 그 소송절차의 안정을 해칠 우려는 없기 때문이다.

[2] 소의 제기를 당한 피고 측 당사자나 그의 대리인이 제1심에서 패소하자 항소한 후, 재소가 금지된 그 시점에 이르러 소송 진행 과정을 모르고 있던 상대방인 원고 중의 일부를 기망하여 소를 취하하게 하는 것은 형사상 처벌 받을 사기행위로서 그 원고는 그 소취하의 의사표시를 취소하여 그의 효력을 부인할 수 있다 함이 상당하다(대판 2004.4.27. 2003다31619).

② 판례는 요건불비의 독립당사자참가에 있어 참가인의 종전 당사자에 대한 청구를 취하한 경우에 당사자 일방의 보조참가신청으로 전환을 인정한 것(대판 1960.5.26. 4292민상524), 추후보완항소라는 취지의 문언을 기재하지 않았지만 증거에 의하여 항소기간의 도과가 그 책임질 수 없는 사유로 인한 것으로 인정되는 경우에는 그 항소를 추후보완항소로 본 것(대판 1980.10.14. 80다1795), 특별항고의 대상인 결정명령에 대하여 일반항고로 항고법원에 항고를 한 경우 특별항고로 보아 대법원에 기록을 송부한 것(대결 1968.11.8. 68마1303), 청구기간 도과의 공동소송참가신청을 보조참가신청으로 보는 것(헌재 2008.2.28. 2005헌마872·918) 등을 예로 들 수 있다.

7. 소송행위의 해석

소송행위의 해석[117]은 일반 실체법상의 법률행위와는 달리 내심의 의사가 아닌 철저한 표시주의와 외관주의에 따라 그 표시를 기준으로 하여야 하고, 표시된 내용과 저촉되거나 모순되어서는 안 된다(대판 2002.10.11. 2000다17803).

---

117) 일반적으로 소송행위의 해석은 표시주의와 외관주의에 따르도록 되어 있고 표시된 내용과 저촉되거나 모순되는 해석을 할 수 없는 것이지만, 표시된 어구에 지나치게 구애되어 획일적이고 형식적인 해석에만 집착한다면 도리어 당사자의 권리구제를 위한 소송제도의 목적과 소송경제에 반하는 부당한 결과를 초래할 수 있으므로, 그 소송행위에 관한 당사자의 주장 전체를 고찰하고 그 소송행위를 하는 당사자의 의사를 참작하여 객관적이고 합리적으로 소송행위를 해석할 필요가 있다(대판 2008.3.27. 2007다80183).

33 소송계약

CONTENTS

2. 소취하계약
3. 증거계약
   (1) 의의
   (2) 자백계약
   (3) 증거제한계약
   (4) 중재감정계약

(5) 증거력계약
   법관의 자유로운 증거력평가를 제약하는 결과 ⇨ 무효
4. 불항소합의
   민사소송법 제390조 단서

▌소송상의 합의 _{변리사 45회}

Ⅰ. 서설

1. 의의

현재 계속 중 또는 장래에 계속될 특정의 민사소송이나 강제집행에 대하여 직접·간접으로 영향을 미칠 법률효과의 발생을 목적으로 하는 사인 간의 합의를 소송상 합의라고 한다.

2. 실체법상 합의와의 구별

실체법상의 합의는 그 법률효과가 실체법의 영역에서 발생할 뿐이라는 점에서, 소취하에 대한 피고의 동의 또는 소송탈퇴에 대한 상대방의 승낙은 단순한 유효요건이라는 점에서, 직접·간접으로 소송법상 효과의 발생을 목적으로 하는 소송상 합의와는 구별된다.

Ⅱ. 적법성(허용성)

1. 명문규정이 있는 경우

관할의 합의(법 제29조), 불항소합의(법 제390조 제1항 단서) 등은 민사소송법이 직접 그 요건을 정하고 있고 소송법상 효과가 발생하므로 그 합의는 소송행위로서의 성질을 가지고 적법하다.

2. 명문의 규정이 없는 경우

(1) 강행규정

증거력 계약, 소송요건에 관한 합의와 같은 공익에 직결되는 강행법규를 변경하거나 배제하는 때에는 무효이다.

(2) 임의규정

종래 소송법 관계에서는 계약자유의 원칙이 적용되지 않고, 또한 임의소송금지의 원칙상 허용되지 않는다는 부적법설이 원칙이었으나, 처분권주의와 변론주의가 지배하는 범위 내에서는 특정한 소송행위를 하느냐 하지 않느냐는 당사자의 자유에 속하므로 부제소특약, 소취하 또는 상소취하의 합의, 집행계약, 증거계약과 같이 당사자의 의사결정의 자유가 확보된 소송행위에 관한 계약은 허용된다(적법설; 통설·판례).

Ⅲ. 법적 성질과 효과(소송계약 불이행 시 구제수단)

1. 명문의 규정이 있는 경우

직접 소송법상 효과가 발생하므로 소송행위로서의 성질을 가진다.

2. 명문의 규정이 없는 경우

(1) 학설

1) 사법계약설

소송행위는 그 요건, 효과가 소송법에 의해 규율된다는 보는 요건 및 효과설을 전제로 소송상의 합의는 그 요건에 대해 명문의 규정이 없으므로 사법상의 계약이라고 한다. 다만, 사법계약설은 그 소취하의 합의를 위반한 경우의 처리에 대해 ① 그 합의를 위반한 원고에게 피고가 그 의무이행(소취하)을 구하는 별소를 제기하여 판결로서 그 의무이행을 구해야 한다는 의무이행소구설, ② 별소는 우회적인 방법이므로 합의를 위반한 원고의 상대방인 피고가 그 합의의 위반사실을 당해 소송에서 항변으로 주장, 증명하면 법원은 권리보호이익이 없음을 근거로 원고의 소를 각하해야 한다는 항변권발생설이 있다.

2) 소송계약설

소송행위는 그 효과만 소송법에 의해 규율되면 충분하다는 효과설을 전제로 소송상의 합의는 그 명문의 규정이 없더라도 소송법상의 효과가 발생하므로 이는 소송행위의 성질을 가진다고 한다. 따라서 원고와 피고가 소취하의 합의를 하면 바로 소취하의 효과가 발생하여 소는 소급적으로 소멸하는 것(법 제267조 제1항)이며, 설사 당사자가 법원에서 이를 주장, 증명한다고 한다고 해도 법원은 이를 확인하는 의미에서 소송종료선언을 할 뿐이라고 한다.

3) 발전적 소송계약설

소송계약설은 그 합의를 위반한 경우에 손해배상을 인정하기가 곤란하다고 하면서 소송계약에는 처분적 효과뿐만 아니라 의무부과적 효과(작위, 부작위 효과)를 인정해야 한다고 한다.

(2) 판례

판례는 강제집행취하계약에 기해 강제집행취하를 구하는 소송에 대해서 "이는 공법상의 처분을 구하는 것으로 부적법하다."고 하여 의무이행소구설을 배척하였다(대판 1966.5.31. 66다564). 그리고 부제소특약에 반하여 소가 제기된 경우 "이 소는 권리보호이익이 없어 부적법하다."고 하고, 소취하계약의 경우에는 "소송당사자가 소송 외에서 그 소송을 취하하기로 합의한 경우에는 그 합의는 유효하여 원고에게 권리보호의 이익이 없으므로 원고의 소는 각하되어야 한다."고 하여 항변권발생설의 입장을 따르고 있다(대판 1968.11.5. 68다1665; 대판 1982.3.9. 81다1312 등). 그리고 "특정한 권리나 법률관계에 관하여 분쟁이 있어도 제소하지 아니하기로 합의(이하 "부제소 합의"라고 한다)한 경우 이에 위배되어 제기된 소는 권리보호의 이익이 없고, 또한 당사자와 소송관계인은 신의에 따라 성실하게 소송을 수행하여야 한다는 신의성실의 원칙(민사소송법 제1조 제2항)에도 어긋나는 것이므로, 소가 부제소 합의에 위배되어 제기된 경우 법원은 직권으로 소의 적법 여부를 판단할 수 있다(대판 2013.11.28. 2011다80449)."고 하여 직권으로 판단할 수 있다는 판시도 있다.

(3) 검토

의무이행소구설은 구제방법이 너무 우회적이고, 소송계약설은 소송상의 합의를 전형적 소송행위와 같이 보는 문제점이 있으며, 발전적 소송계약설은 소송법상 의무에서 손해배상의무라는 사법상의 의무가 도출될 수 있는지에 대해 의문이 있으므로 항변권발생설이 타당하다고 본다.

Ⅳ. 소송상 합의의 요건

1. 조건 · 기한 등의 부관의 가능 여부

소송상 합의는 명문의 규정이 있어 소송행위로 보는 경우이든, 법률의 규정이 없어 사법행위로 보는 경우이든 단독적 소송행위가 아니므로, 조건 · 기한 등의 부관을 붙일 수 있다.

2. 민법규정의 적용 내지 유추적용 여부

소송 외에서 하는 소송상의 합의는 소송절차와 직접 관련이 없다. 따라서 소송상의 합의는 당사자 사이의 합의에 의하여 해제할 수 있고, 의사표시의 흠이 있을 때 민법규정을 적용 내지 유추적용 하여 취소나 무효를 주장할 수 있다. 즉, 환송판결 전에 소 취하 합의가 있었지만, 환송 후 원심의 변론기일에서 이를 주장하지 않은 채 본안에 관하여 변론하는 등 계속 응소한 피고가 환송 후 판결에 대한 상고심에 이르러서야 위 소 취하 합의 사실을 주장하는 경우에 위 소 취하 합의가 묵시적으로 해제되었다[118] (대판 2007.5.11. 2005후1202). 그리고 소취하합의의 의사표시 역시 민법 제109조에 따라 법률행위의 내용의 중요 부분에 착오가 있는 때에는 취소할 수 있다[119] [대판 2020.10.15. 2020다227523(본소) · 227530(반소)].

3. 직권조사사항과 항변사항

소송상 합의 중 법률상 명문의 규정이 있어 소송행위로 보는 경우, 소송상 합의의 존부는 직권조사사항이다. 소송상 합의 중 법률상 명문의 규정을 두지 아니하여 사법계약으로 보는 경우는 항변사항이다. 다만, 불상소 합의는 명문의 규정은 없으나 법률에 규정이 있는 불항소합의와 같이 소송행위로 보므로, 불상소합의의 존부는 직권조사사항이다.[120]

---

118) 계약의 합의해제는 명시적으로 뿐 아니라 묵시적으로도 이루어질 수 있으므로, 계약의 성립 후에 당사자 쌍방의 계약실현 의사의 결여 또는 포기로 인하여 쌍방 모두 이행의 제공이나 최고에 이름이 없이 장기간 이를 방치하였다면, 그 계약은 당사자 쌍방이 계약을 실현하지 아니할 의사가 일치함으로써 묵시적으로 합의해제 되었다고 해석함이 상당하다.

119) 소취하합의의 의사표시 역시 민법 제109조에 따라 법률행위의 내용의 중요 부분에 착오가 있는 때에는 취소할 수 있을 것이다. 의사표시의 동기에 착오가 있는 경우에는 당사자 사이에 그 동기를 의사표시의 내용으로 삼았을 때에 한하여 의사표시의 내용의 착오가 되어 취소할 수 있는 것이며, 법률행위의 중요 부분의 착오라 함은 표의자가 그러한 착오가 없었더라면 그 의사표시를 하지 않으리라고 생각될 정도로 중요한 것이어야 하고 보통 일반인도 표의자의 처지에 섰더라면 그러한 의사표시를 하지 않았으리라고 생각될 정도로 중요한 것이어야 한다. 이때 착오를 이유로 의사표시를 취소하는 자는 법률행위의 내용에 착오가 있었다는 사실과 함께 착오가 의사표시에 결정적인 영향을 미쳤다는 점, 즉 만일 착오가 없었더라면 의사표시를 하지 않았을 것이라는 점을 증명하여야 한다[대판 2020.10.15. 2020다227523(본소) · 227530(반소)].

120) 불항소 합의의 유무는 항소의 적법요건에 관한 것으로서 법원의 직권조사사항이다(대판 1980.1.29. 79다2066).

V. 구체적 고찰

1. 부제소합의

(1) 의의와 허용 여부

특정의 권리·법률관계에 관한 분쟁에 있어서 당사자 사이에 임의적 해결이 이루어지지 않아도 이에 관하여 법원에 출소하지 않는다는 소송상의 합의로 일정한 범위의 특정된 분쟁을 대상으로 허용된다.

(2) 유효요건

소제기의 자유를 박탈하는 것으로 합의 당사자에게 불측의 손해를 입힐 수 있으므로 ① 특정한 권리관계에 관한 것일 것, ② 당사자가 자유로이 처분할 수 있는 권리관계, 즉 처분권주의에 의하는 경우일 것 ③ 법효과의 의미를 명확히 예견할 수 있을 것, ④ 불공정한 방법으로 이루어진 것이 아닐 것(대판 1979.4.10. 78다2457) 등을 요건으로 한다. 따라서 당사자 간에 앞으로 민사상의 일체의 소송을 제기하지 않는다는 포괄적 합의조항은 헌법상 보장된 재판을 받을 권리를 일률적으로 박탈하는 것이 되어 무효가 된다(대판 2002.2.22. 2000다65086).

(3) 효력

부제소합의에 위반한 소제기의 경우 피고는 ① 계약위반으로 손해배상을 청구할 수 있으며, ② 합의의 존재를 주장·입증하여 권리보호이익이 없다는 이유로 소각하판결을 받을 수 있다(항변권발생설).

2. 소취하계약

(1) 의의

소송 외에서 원고가 피고에 대하여 소를 취하하기로 하는 약정을 말한다.

(2) 소송상의 취급

1) 학설
   ① 사법계약설
      ㉠ 의무이행소구설, ㉡ 항변권발생설
   ② 소송계약설
   ③ 발전적 소송계약설

2) 판례

3) 검토 – 항변권발생설

(3) 효과 – 재소금지의 효력 여부

1) 원칙적으로 그 합의에 부제소합의까지 포함되었다는 특별한 사정이 없는 한 재소가 허용된다. 단, 소취하 합의에 권리포기 등 실체법상 의미가 내포된 경우 재소해도 청구기각판결을 받을 것이다.

2) 본안에 관한 종국판결 선고 후에 소취하계약은 법 제267조 제2항이 준용되어 재소가 금지된다는 견해도 있다.

3. 증거계약

(1) 의의

소송에 있어서 사실확정에 관한 당사자의 합의로, 자유심증주의를 제약하는 요인이다. 법관의 자유심증주의를 침해하지 않는 한 증거계약 자체가 모두 무효라고 볼 수 없으므로 그 한계를 확정하는 것이 문제의 핵심이 된다.

(2) 자백계약

자백계약이란 일정한 사실을 인정하거나 또는 다투지 않기로 약정하는 합의를 말한다. 변론주의의 적용을 받는 통상의 민사소송에 있어서는 당사자의 자백이 허용되므로 원칙적으로 자백계약은 유효한 것으로 인정된다. 다만, 권리자백계약과 간접사실에 관한 자백계약은 법관의 자유심증주의를 제약하므로 명문의 규정이 없는 한 효력이 없다고 보아야 한다.

(3) 증거제한계약

일정한 증거방법을 증거로 제출하지 말자는 계약이 증거제한계약이다. ① 보충적 직권증거조사(법 제292조)를 근거로 무효로 보는 견해가 있으나, ② 증거자료의 제출에 관하여는 변론주의가 적용되어 당사자의 주도권이 인정되고 법관의 직권증거조사는 보충적·예외적인 것이므로 장래에 제출할 증거방법을 당사자들이 그들의 처분권한에 의하여 제한하더라도 이것은 변론주의의 적용결과이므로 적법하다. 증거방법을 제한한다고 하더라도 제한된 증거로부터 법관의 심증형성에 아무런 법적 제한이 없는 한 자유심증주의의 위배가 아니다. 따라서 유효설이 타당하다.

(4) 중재감정계약

사실의 확정을 제3자의 판정에 위임하여 이에 복종키로 하는 계약이 중재감정계약이다. 이러한 계약도 유효하여, 유효한 중재감정계약의 존재가 주장·입증되면 중재가 행해질 때까지 소송절차를 중단할 수 있다고 본다.

(5) 증거력계약

증거력계약은 특정한 증거의 증거력을 정하거나 일정한 사실에서 특정한 사실을 추정하여 그것을 사실인정의 기초로 하자는 합의로서, 이는 증거조사결과에 대한 법관의 자유로운 증거력평가를 제약하는 결과가 되므로 무효이다. 예를 들어, 증명을 소명으로 대체하자는 계약이 있다.

4. 불항소합의

민사소송법 제390조 제1항 단서는 "항소는 제1심 법원이 선고한 종국판결에 대하여 할 수 있다. 다만, 종국판결 뒤에 양쪽 당사자가 상고할 권리를 유보하고 항소를 하지 아니하기로 합의한 때에는 그러하지 아니하다."고 규정하고 있다. 즉, 당사자 쌍방이 항소하지 않기로 합의한 경우 이는 적법하다(통설). 다만, 변론주의가 지배하는 영역에서의 일정한 법률관계에 관한 소송에 대한 합의이어야 한다.

연습문제

물음 1) 서울시 영등포구에 거주하는 근로자 甲은 서울시 관악구에 거주하는 사용자 乙에 대하여 근로를 제공하였음에도 불구하고, 임금을 지급받지 못하고 있다. 그래서 甲은 乙에게 밀린 임금 5천만 원의 지급을 구하는 소를 서울중앙지방법원에 제기하였다. 이 때 乙은 甲에게 법원 근처의 '스타벅스' 카페에서 만나기를 원하여, 甲은 乙을 만났다. 카페에서 乙은 甲에게 합의금 3천5백만 원을 제시하였고, 乙이 甲에게 이 합의금을 지급하면 甲은 위 소를 취하하기로 합의하였다(이 계약은 적법하다고 상정한다). 이 경우 甲이 위 합의에도 불구하고 소를 취하하지 않은 경우의 소송상의 취급에 대해 논하시오. (25점)

물음 2) 위 사안과는 달리, 또 다른 근로자 丙도 乙에게 임금을 지급 받지 못하여 甲과 丙은 함께 사용자 乙을 상대로 임금을 지급을 구하는 소를 제기하였다. 이 때 甲과 丙은 A 변호사를 소송대리인으로 선임하였다. 그 소송의 계속 중에 丙은 그의 소를 취하하겠다는 뜻을 A 변호사에게 전해왔다. A 변호사는 그의 사무원인 B에게 丙의 소 부분을 취하하는 서면을 작성하여 법원에 접수하라고 지시하였다. 그런데, B는 착오로 丙은 물론 甲의 소 부분까지 전부 취하하는 내용으로 취하서를 작성하여 법원에 접수시켰다. A가 위와 같은 사실을 뒤늦게 알고 "甲 부분의 소취하는 사무원의 착오로 인한 것이므로 철회 또는 취소한다."는 의사를 법원에 표시하면서 기일지정신청을 하였다. 이에 대하여 법원은 어떻게 판단하여야 하는지 검토하시오. (25점)

Ⅰ. 물음 1)에 대하여 – 소취하계약 불이행시 소송상의 취급(25점)

1. 문제점

(1) 사안의 甲은 乙에게 3천5백만 원을 지급 받고, 소를 취하하기로 합의를 하였는데, 이에 대한 소송상 취급과 관련하여 소송상 합의의 법적 성질을 살펴보고, 이에 따라 乙의 구제방법과 관련한 소송상 취급을 검토하기로 한다.

(2) 특히 소송상의 합의는 과거에는 임의소송금지의 원칙상 금지된다는 부적법설도 있었으나, 현재는 처분권주의, 변론주의가 적용되는 한도에서는 적법하다는 적법설이 통설·판례이고 사안의 경우도 소취하계약을 적법하다고 상정하고 있으므로, 이를 전제로 논하기로 한다.

2. 법적 성질

(1) 학설

1) 사법계약설

소송행위는 그 요건, 효과가 소송법에 의해 규율된다는 보는 요건 및 효과설을 전제로 소송상의 합의는 그 요건에 대해 명문의 규정이 없으므로 사법상의 계약이라고 한다. 다만, 사법계약설은 그 소취하의 합의를 위반한 경우의 처리에 대해 ① 그 합의를 위반한 원고에게 피고가 그 의무이행(소취하)을 구하는 별소를 제기하여 판결로서 그 의무이행을 구해야 한다는 의무이행소구설, ② 별소는 우회적인 방법이므로 합의를 위반한 원고의 상대방인 피고가 그 합의의 위반사실을 당해 소송에서 항변으로 주장, 증명하면 법원은 권리보호이익이 없음을 근거로 원고의 소를 각하해야 한다는 항변권발생설(항변설[121])이 있다.

2) 소송계약설

소송행위는 그 효과만 소송법에 의해 규율되면 충분하다는 효과설을 전제로 소송상의 합의는 그 명문의 규정이 없더라도 소송법상의 효과가 발생하므로 이는 소송행위의 성질을 가진다고 한다. 따라서 원고와 피고가 소취하의 합의를 하면 바로 소취하의 효과가 발생하여 소는 소급적으로 소멸하는 것(제267조 제1항)이며, 설사 당사자가 법원에서 이를 주장, 증명한다고 한다고 해도 법원은 이를 확인하는 의미에서 소송종료선언을 할 뿐이라고 한다.

3) 발전적 소송계약설

그 합의를 위반한 경우에 손해배상을 인정하기가 곤란하다고 하면서 소송계약에는 처분적 효과뿐만 아니라 의무부과적 효과(작위, 부작위 효과)를 인정해야 한다고 한다.

---

[121] 이 견해를 "항변권발생설"로 종종 지칭한다. 하지만 소송상 항변과 실체법상 항변권은 엄연히 구별되는 개념이므로 이 견해를 항변설(오시영)로 부르는 것이 타당하다. 따라서 이 견해를 앞으로 "항변설"로 명명하기로 한다(이규호).

(2) 판례

1) 판례는 강제집행취하계약에 기해 강제집행취하를 구하는 소송에 대해서 "이는 공법상의 처분을 구하는 것으로 부적법하다."고 하여 의무이행소구설을 배척하였다(대판 1966.5.31. 66다564).

2) 그리고 부제소특약에 반하여 소가 제기된 경우 "이 소는 권리보호이익이 없어 부적법하다(대판 1968.11.5. 68다1665)."고 하고, 소취하계약의 경우에는 "소송당사자가 소송 외에서 그 소송을 취하하기로 합의한 경우에는 그 합의는 유효하여 원고에게 권리보호의 이익이 없으므로 원고의 소는 각하되어야 한다."고 하여 항변권발생설의 입장을 따르고 있다(대판 1968.11.5. 68다1665; 대판 1982.3.9. 81다1312 등). 그리고 최근에는 "특정한 권리나 법률관계에 관하여 분쟁이 있어도 제소하지 아니하기로 합의(이하 "부제소 합의"라고 한다)한 경우 이에 위배되어 제기된 소는 권리보호의 이익이 없고, 또한 당사자와 소송관계인은 신의에 따라 성실하게 소송을 수행하여야 한다는 신의성실의 원칙(민사소송법 제1조 제2항)에도 어긋나는 것이므로, 소가 부제소 합의에 위배되어 제기된 경우 법원은 직권으로 소의 적법 여부를 판단할 수 있다(대판 2013.11.28. 2011다80449)."고 하여 직권으로 판단할 수 있다는 판시도 있다.

(3) 검토

의무이행소구설은 구제방법이 너무 우회적이고, 소송계약설은 소송상의 합의를 전형적 소송행위와 같이 보는 문제점이 있으며, 발전적 소송계약설은 소송법상 의무에서 손해배상의무라는 사법상의 의무가 도출될 수 있는지에 대해 의문이 있으므로 항변권발생설이 타당하다고 본다.

3. 사안의 경우 – 소송상의 취급

(1) 乙이 甲에게 3천5백만 원을 지급하지 않은 경우

이 경우 위 금액의 지급이 정지조건이 되므로, 이 조건이 성취가 되어야 소취하 합의의 효력이 발생한다. 판례도 "당사자 사이에 그 소를 취하하기로 하는 합의가 이루어졌다면 특별한 사정이 없는 한 소송을 계속 유지할 법률상의 이익이 없어 그 소는 각하되어야 하는 것이지만, <u>조건부 소취하의 합의를 한 경우에는 조건의 성취사실이 인정되지 않는 한 그 소송을 계속 유지할 법률상의 이익을 부정할 수 없다</u>(대판 2013.7.12. 2013다19571)."고 하였다. 따라서 이 경우 甲은 소송을 유지할 법률상의 이익이 부정되지 않으므로, 법원은 계속 심리를 하여야 한다.

(2) 乙이 甲에게 3천5백만 원을 지급한 경우

이 경우는 조건이 성취되어 소취하 합의의 효력이 발생한다. 따라서 <u>甲은 소취하 합의를 불이행하고 있는 것이므로 항변권발생설에 따라, 이 불이행사실을 乙이 소송에서 주장, 증명하면</u>(항변권 행사) <u>법원은 甲의 소를 권리보호이익이 없다고 각하하면 된다</u>. 다만, 소송계약설에 의하면 乙이 위 소송상의 합의의 존재를 주장, 증명하면 법원은 소취하가 되었다는 것을 확인하는 의미에서 소송종료선언을 해야 한다. 그리고 발전적 소송계약설은 乙이 甲에게 손해배상책임도 물을 수 있다고 하고, 의무이행소구설은 乙이 甲에게 별소를 제기하여 소취하의무이행을 구할 수 있을 것이다.

Ⅱ. 물음 2)에 대하여 – 소송행위의 하자(25점)

1. 문제점

사안과 같이 소송대리인 및 그 사무원의 착오는 표시기관의 착오로서, 당사자인 甲, 丙의 착오와 동일 시 된다. 따라서 A가 사무원의 착오를 주장하는 것은 당사자인 甲, 丙의 착오를 이유로 취소를 주장하는 것과 같으므로, 소취하 같은 소송행위에 착오를 이유로 취소나 철회를 주장하는 것이 가능한 것인가가 문제된다 (민사소송법 제266조, 민법 제109조, 민사소송규칙 제67조).

2. 소송행위의 의의, 특징

(1) 의의

소송행위라 함은 소송주체의 행위를 이르고 이 주체는 법원과 당사자이므로 이는 법원의 소송행위와 당사자의 소송행위로 나눌 수 있다. 특히 처분권주의, 변론주의에 의하는 민사소송에서는 당사자의 소송행위가 중요하고 이는 소송절차를 형성하고 그 요건과 효과가 소송법에 의하여 규율되는 행위를 말한다고 할 것이다(요건 및 효과설[122]).

(2) 특징 및 문제점

1) 소송행위는 처분권주의, 변론주의의 원칙상 이를 자유롭게 철회할 수 있는 것이 원칙이라고 할 것이다. 그러나 당해 행위를 한 당사자에게 불리한 행위 또는 상대방에 일정한 법률상 지위가 형성된 소송행위, 즉 구속적 소송행위(통상 여효적 소송행위가 이에 속한다)에는 상대방의 이익을 고려하여 철회가 허용될 수 없다고 본다.

2) 따라서 사안의 경우도 소취하행위이고 이는 구속적 · 여효적 소송행위여서 피고 乙에게 법률상 지위가 구축이 된 경우이므로 A의 소취하 철회를 허용할 수는 없다. 그러나 그 행위에 사기 등의 하자가 존재할 경우에 이를 민법과 같이 하자를 고려하여 그 소송행위를 취소할 수 있느냐에 대해서는 민사소송법상 명문의 규정이 없기 때문에 그 하자를 고려하여 취소를 인정할 것이냐가 문제된다.

3. 의사의 하자를 이유로 한 소취하의 취소가능성

(1) 학설

1) 하자고려설(유추적용긍정설)

절차를 조성하는 행위와 절차를 종료시키는 행위를 구별하여 소 · 상소 취하, 청구의 포기 · 인낙, 재판상 화해 등의 절차종료행위는 소송절차의 안정과 무관하므로 이 경우에는 민법상의 하자규정을 유추하여 취소를 인정할 수 있다고 한다(P. Arens, 정동윤, 호문혁, 김상수 등 유력설).

---

[122] 다만, 학설상으로는 요건이 비록 소송법에 규정되어 있지 않다고 하여도, 그 효과나 주요효과가 소송법상 효과를 바라는 것이면 소송행위에 해당한다는 효과설 내지 주요효과설도 유력하다(김홍규, 정동윤 · 유병현).

2) 하자불고려설(유추적용부정설)

소송행위는 외관주의·표시주의가 관철되어야 하고, 특히 청구의 포기·인낙, 재판상 화해 등은 준재심의 소 이외에는 구제책을 인정하지 않는 것이 우리 법제이므로 민법규정의 유추를 인정할 수 없다고 한다. 다만, 사기, 강박에 의한 경우에는 민법규정보다 법 제451조 제1항 제5호의 재심규정을 유추하여 취소를 인정할 수는 있다고 한다(재심규정유추설). 그러나 착오의 경우에는 법원에 대한 공적 진술인 점, 소송의 안정성에 비추어 그 취소를 인정할 수는 없다고 한다(Leo Rosenberg, 이시윤, 강현중 등 다수설).

(2) 판례

1) 판례는 위와 같은 사안에서 "소의 취하는 원고가 제기한 소를 철회하여 소송계속을 소멸시키는 원고의 법원에 대한 소송행위이고 소송행위는 일반 사법상의 행위와는 달리 내심의 의사보다 그 표시를 기준으로 하여 효력 유무를 판정할 수밖에 없는 것인바, 원고 소송대리인으로부터 소송대리인 사임신고서 제출을 지시받은 사무원은 원고 소송대리인의 표시기관에 해당되어 그의 착오는 원고 소송대리인의 착오라고 보아야 하므로, 사무원의 착오로 원고 소송대리인의 의사에 반하여 소를 취하하였다고 하여도 이를 무효라고 볼 수는 없다(대판 1997.10.24. 95다11740)."고 하여 하자불고려설의 입장이다.

2) 그러나 민법규정을 유추할 수는 없다고 하여도 법 제451조 제1항 제5호의 재심규정을 유추하여 소송행위를 취소하는 것은 인정한다(재심규정유추설).

(3) 검토 및 사안의 경우

1) 하자고려설은 하자불고려설이 민법규정의 유추를 부정하면서도 재심규정의 유추에 의해 취소할 수 있다고 하는 것은 사실상 민법규정의 유추를 인정하는 것이라고 비판하나, 같은 취소를 인정하는 것이라고 하여도 표시주의·외관주의가 관철되어야하는 소송행위의 특성상, 착오의 경우에는 차이가 있다고 보아 하자불고려설이 타당하다고 본다. 따라서 사안의 A의 경우도 민법상 착오에 관한 규정인 제109조를 유추하여 소 취하를 취소하는 것은 허용되지 않는다. 다만, 하자고려설에 의한다면 민법규정을 유추하여 A는 소취하행위를 취소, 법원에 기일지정신청이 가능할 것이다.

2) 그러나 하자불고려설에 따른다고 하여도 사기·강박의 경우에는 재심규정(제451조 제1항 제5호)의 유추적용을 인정하여 소송행위의 취소를 인정하지만, 사안의 경우는 착오를 주장하고 있는 경우이므로 재심규정을 유추적용 할 수는 없다.

4. 법원의 판단

(1) 판단

하자불고려설이 타당하므로, 이 경우 소취하는 착오를 이유로 취소할 수 없고, 따라서 법원은 신청이 이유 없다고 인정하여 판결로 소송종료선언을 하여야 한다(규칙 제67조).

(2) 하자고려설에 의하는 경우

다만, 하자고려설에 의하면 착오를 이유로 소취하 취소가 가능하므로, 법원은 신청이 이유 있다고 인정하여, 취하 당시의 소송정도에 따라 필요한 절차를 계속하여 진행하고, 나중에 중간판결 또는 종국판결에 그 판단을 표시하면 된다(규칙 제67조 제3항).

34 당사자의 결석(기일의 해태)

CONTENTS

(3) 효과

1) 한쪽 당사자의 불출석의 경우에 제148조를 반드시 적용하여야 하는 것은 ×. 즉, 이를 적용하여 변론을 진행하느냐 기일을 연기하느냐는 법원의 재량에 속하는 사항이나 출석한 당사자만으로 변론을 진행할 때에는 반드시 불출석한 당사자가 그 때까지 제출한 준비서면에 기재한 사항을 진술한 것으로 보아야 함(대판 2008.5.8. 2008다2890)

2) 서면내용대로의 구술진술이 간주된다는 것 외에 양쪽 당사자가 출석한 경우와 같이 취급. 따라서 진술간주된 서면에서 상대방의 주장사실, 특히 원고의 주장사실을 자백한 때에는 자백간주 아닌 재판상의 자백이 성립되고(이시윤, 정동윤·유병현), 명백히 다투지 아니한 경우에는 자백간주가 되어 증거조사 없이 변론을 종결 可

(4) 확대적용과 한계

1) 개정 전의 상황
   ① 문제점
      서면에 의한 청구인낙 가능한가
   ② 판례는 일관하여 "피고가 원고의 청구를 인낙하는 취지를 기재한 준비서면을 제출하여 그 준비서면이 진술간주되었다고 하더라도 피고가 변론기일에 출석하여 구술로써 인낙하지 아니한 이상 인낙의 효력은 발생하지 않는다(대판 1982.3.23. 81다1336)."고 하여 서면에 의한 청구인낙을 인정 ×
   ③ 학설: 판례찬성견해, 반대견해(통설)

2) 개정법 제148조 제2항의 신설: 서면청구인낙·포기 + 공증사무소인증 = 서면청구인낙·포기 ○ ⇨ 또한 개정법 제148조 제3항은 서면에 의한 화해를 인정

3) 다만, 판례는 "원고가 관할권 없는 법원에 제소한 때에 피고가 본안에 관한 사실을 기재한 답변서만을 제출한 채 불출석한 경우 그것이 진술간주가 되어도 변론관할이 생기지 않는다(대결 1980.9.26. 80마403)."고 하고, "준비서면에 증거를 첨부하여 제출하였을 때 그 서면이 진술 간주되어도 증거

신청의 효과가 생기지 않는다(대판 1991.11.8. 91다15775)."고 함

3. 자백간주

(1) 의의 및 현행법 규정

1) 당사자일방이 답변서·준비서면 등을 제출하지 않은 채 불출석한 경우에 자백으로 간주되는 경우(제150조 제3항, 제1항).

2) 다만, 2002년에 개정된 현행법 하에서는 피고의 답변서제출의무를 부과하여 답변서를 제출하지 아니하면 그것으로 자백간주하고 변론기일의 지정은 물론 출석의 통지 없이 바로 무변론 원고승소판결을 하도록 하였으므로, 피고의 변론기일 불출석에 의한 자백간주의 효과가 생기는 일은 예외

(2) 요건

① 당사자가 변론기일 불출석, ② 불출석한 당사자가 상대방의 주장사실을 다투는 답변서 기타 준비서면을 제출하지 않은 경우, 그리고 ③ 당사자가 "공시송달에 의하지 않은" 기일통지를 받았음에도 불출석한 경우(제150조 제3항 단서). 왜냐하면 공시송달에 의한 통지의 경우에는 당사자가 통지 받았음을 현실적으로 알았다고 할 수 없기 때문

(3) "변론전체의 취지"의 의미

통설은 제150조 제1항 단서의 의미를 제202조의 "변론전체의 취지"와는 달리 "증거원인"으로 풀이하지 않고, "변론의 일체성"의 의미로 풀이

(4) 자백간주의 효력

1) 자백간주는 법원을 구속하지만 당사자에 대한 구속력 ×

2) 즉, 당사자가 명백히 다투지 아니하였는지 여부는 변론의 일체성에 의하여 사실심의 변론을 종결할 때를 기준으로 판단하기 때문임. 따라서 당사자는 사실심의 변론을 종결할 때까지 상대방의 주장사실을 다투어 자백간주의 효력을 배제 가능(대판 1987.12.8. 87다368 등). 파기환송된 뒤에 상대방의 주장을 다투는 경우에도 환송 전의 자백간주의 효력은 없음(대판 1968.9.3. 68다1147 등)

▌당사자의 결석 사시 24 · 27 · 33 · 47회, 변리사 12 · 28 · 35회

Ⅰ. 서설

1. 의의

당사자의 결석은 기일을 게을리 한 당사자가 적법한 기일통지를 받고도 필수적 변론기일에 불출석하거나 출석하여도 변론하지 않은 경우를 말한다. 간단히 말해서 기일해태는 불출석이나 출석무변론을 말한다(이시윤).

2. 문제되는 경우

(1) 필수적 변론기일에 한정

임의적 변론에 있어서는 그 적용이 배제된다. 판결 선고기일은 포함하지 않는다(제207조 제2항 참고). 판례는 법정 외에서 한다는 특별한 사정이 없는 한 증거조사기일은 여기의 변론기일에 포함된다고 하였다(대판 1966.1.31. 65다2296, 제293조 참조). 또 현행법의 변론준비기일에도 효과는 생긴다(제286조, 제148조, 제150조, 제268조).

(2) 적법한 기일통지를 받고 불출석

당사자가 적법한 기일통지를 받고 불출석한 경우이어야 한다. 기일통지서의 송달불능 · 송달무효이면 기일해태가 아니다. 공시송달에 의한 기일통지를 받고 불출석한 경우는 자백간주의 기일해태효과가 생기지 않는 것이 명문(제150조 제3항 단서)이다. 판례는 (적법한) 공시송달로 변론을 진행한 결과 쌍불취하 되었다면(제268조), 당사자의 불귀책사유로 인한 기일해태로 볼 수 없다고 한다(대판 1987.2.24. 86누509).[123] 즉, 기일해태의 효과가 발생한다고 본다. 이에 반하여 (부적법한) 공시송달의 경우에는 송달의 효과는 발생하지만, 적법한 송달이 아니므로 소취하간주의 효과는 발생하지 않는다[124](대판 1997. 7.11.96므1380; 대판 1982.12.28. 82누486[125]).

---

123) 법인인 소송당사자가 법인이나 그 대표자의 주소가 변경되었는데도 이를 법원에 신고하지 아니하여 2차에 걸친 변론기일통지서가 송달불능이 되자 법원이 공시송달의 방법으로 재판을 진행한 결과 쌍방불출석으로 취하 간주되었다면, 이는 그 변론기일에 출석하지 못한 것이 소송당사자의 책임으로 돌릴 수 없는 사유로 인하여 기일을 해태한 경우라고는 볼 수 없다(대판 1987.2.24. 86누509). 이 판례를 이시윤 11판, 413면은 "당사자의 '귀책사유'로 인한 기일해태라고 볼 수 없다."고 서술하고 있는데, 잘못 되었다고 본다.

124) [1] 민사소송법 제268조 제2항 및 제4항에 의하여 소 또는 상소의 취하가 있는 것으로 보는 경우 같은 조 제2항 소정의 1월의 기일지정신청기간은 불변기간이 아니어서 그 추완이 허용되지 않는 점을 고려한다면, 같은 조 제1, 제2항에서 '변론의 기일에 당사자 쌍방이 출석하지 아니한 때'란 당사자 쌍방이 적법한 절차에 의한 송달을 받고도 변론기일에 출석하지 않는 것을 가리키는 것이고, 변론기일의 송달절차가 적법하지 아니한 이상 비록 그 송달이 유효하고 그 변론기일에 당사자 쌍방이 출석하지 아니하였다고 하더라도 쌍방 불출석의 효과는 발생하지 않는다. [2] 당사자의 주소, 거소 기타 송달할 장소를 알 수 없는 경우가 아님이 명백함에도 재판장이 당사자에 대한 변론기일 통지서를 공시송달에 의할 것으로 명함으로써 당사자에 대한 변론기일 통지서가 공시송달된 경우, 그 당사자는 각 변론기일에 적법한 절차에 의한 송달을 받았다고 볼 수 없으므로, 위 공시송달의 효력이 있다 하더라도 각 변론기일에 그 당사자가 출석하지 아니하였다고 하여 쌍방 불출석의 효과가 발생한다고 볼 수 없다(대판 1997.7.11. 96므1380).

125) 원고에 대한 변론기일 통지서가 "이사 간 곳 불명"이라는 이유로 송달불능이 되었는바 이 사유는 우편물에 표시된 송달장소가 불명하다는 것이 아니라 우편물을 송달할 장소를 찾기는 하였으나 이미 송달받을 사람이 다른 곳으로 이사 갔는데 그 이사 간 곳을 알 수 없다는 것으로 풀이되니 이는 원심이 인정한 원고가 본건소제기전부터 원심변론종결 당시까지 광장시장 내 대창직물이란 점포에서 양장지를 판매하여 왔다는 사실에 저촉되므로 우체국 집배원의 송달불능으로 인한 우편물 반려는 경솔하고도 불성실한 업무처리에 기한 것인데 원심이 동 송달불능이 원고의 주소표시 불비로 주소불명으로 인한 것이라 단정하고 변론기일 통지서를 공시송달 한 결과 원고가 이를 알지 못하였다면 동 변론기일에의 불출석은 원고의 책임 없는 사유로 인한 경우에 해당한다(대판 1982.12.28. 82누486).

(3) 사건의 호명을 받고 변론이 끝날 때까지 불출석·무변론

사건의 호명을 받고 변론이 끝난 때까지 당사자가 법정에 나오지 않거나 출석하여 변론에 들어갔으나 변론하지 아니하여야 한다. 판례는 변론에 들어가기 전에 재판장이 기일을 연기하여 변론의 기회를 주지 아니한 경우는 무변론에 포함되지 아니한다고 하였다(대판 1993.10.26. 93다19542).

1) 당사자도 대리인(복대리인이 있다면 그도 불출석한 경우를 말한다)도 모두 법정에 나오지 않은 경우이다. 비록 당사자가 출석하였으나, ① 진술금지의 재판(제144조), 퇴정명령, ② 임의퇴정의 경우에도 불출석으로 된다[판례는 대리인이 다른 사건의 변론 때문에 퇴정한 경우도 포함된다고 했다(대판 1965.3.23. 64다1828)].

2) 출석하여도 변론하지 아니하면 기일의 해태도 된다. 단지 피고가 청구기각의 판결만을 구하고 사실상의 진술을 하지 아니한 경우[판례는 이 경우에 자백간주의 불이익을 입힐 수 있다고 했다(대판 1955.7.21. 4288민상59)], 단순히 기일변경을 구한 데 그친 경우에도 변론하였다고 할 수 없다.

Ⅱ. 양쪽 당사자의 결석 - 소의 취하간주

1. 양쪽 당사자의 결석과 규정

법 제268조에 의하면 양쪽 당사자가 1회 불출석한 경우 다시 변론기일을 지정하여 양쪽 당사자에게 통지해야 하고, 2회 불출석하면 1개월 내에 기일지정신청을 하지 않는 한 소를 취하한 것으로 본다.

2. 취하간주의 요건

(1) 양쪽 당사자의 1회 결석 - 소송기록에 의한 판결가능 여부

법 제268조 제1항은 반드시 당사자에게 통지하도록 하고 있으므로 이 경우 변론을 종결하지 않고 그대로 두느냐, 변론을 종결하고 판결하느냐는 재량이 아니며 판결하기에 성숙하였다고 하여도 변론을 종결하고 소송기록에 의하여 판결할 수 없다(이시윤).[126]

(2) 양쪽 당사자의 2회 결석 - 소송기록에 의한 판결가능 여부

2회 불출석의 경우에는 1회 불출석과는 달리 판결을 하기에 성숙하였다고 인정될 때에 변론을 종결하여 기록에 의한 판결을 할 수 있는지 견해가 엇갈린다. 그러나 당사자가 2회 불출석하였는데도 판결을 하기에 성숙하였다고 볼 수 있는 경우는 흔하지 않을 것이므로, 법원으로서는 변론종결도 하지 않고 새로운 기일을 지정함이 없이 당해 기일을 종료시켜 사실상 휴지(休止)상태에 들어가는 것이 보통일 것[127]이다[법원실무제요, 민사소송(Ⅱ), 198면].

---

126) 다만, 이에 대해서는 단순히 기록의 검토를 위하여 연기되는 경우도 있는 실정에 비추어 소송기록에 의한 재판을 부정할 이유는 없다고 하는 견해도 있다(정동윤·유병현).

127) 다만, 이에 대해서는 소의 의제적 취하는 당사자쌍방이 2회 결석하고, 1월내에 기일지정의 신청을 하지 아니하면 법률상 당연히 발생하며, 당사자의 의사나 법원의 재량으로 좌우할 수 없다고 하여 법원은 변론을 종결하고 소송기록에 의하여 재판할 수 없다고 하는 견해도 유력하다(정동윤·유병현).

(3) 기일지정신청이 없거나 또는 기일지정신청후의 양쪽 결석

이 경우 2회 내지 3회 결석이 반드시 연속적이어야 하는 것은 아니고, 단속적이어도 무방하다. 그리고 같은 심급의 같은 종류의 기일에 2회 내지 3회 불출석일 것을 요한다. 따라서 변론준비기일 1회, 변론기일 1회 불출석하고 기일지정신청을 하지 아니한 경우라도 소취하간주의 효과가 생기지 아니 한다(대판 2006.10.27. 2004다69581).[128] 그리고 환송판결의 전후를 통하여 당사자 쌍방의 불출석이 2회 있었다 하여도 소취하가 있는 것으로 간주할 수 없다(대판 1963.6.20. 63다166). 같은 소가 유지되는 상태에서 2회 내지 3회 불출석이어야 한다. 소의 교환적 변경에 앞서 한 차례, 변경 후 한차례 불출석한 때에는 2회 결석이 아니다. 즉, 소의 교환적 변경에 의해 구청구는 취하되었기 때문이다(결합설). 반소(反訴)가 제기되어 병합된 상태에서 본소에 관하여는 2회 불출석이 되고 반소는 아직 그에 이르지 못한 경우에는 기일지정과 통지는 반소 사건에 관해서만 하여야 한다. 이 경우 당사자의 기일지정신청이 없어도, 법원이 직권으로 새로운 기일을 지정할 수도 있다.[129]

3. 효과

양쪽 당사자가 1회 불출석한 경우 다시 변론기일을 지정하여 양쪽 당사자에게 통지해야 하고, 2회 불출석하면 1개월 내에 기일지정신청을 하지 않는 경우와 또 기일지정신청 후에 양쪽 결석인 경우에 소를 취하한 것으로 보는 규정은 변론준비기일에도 준용된다(제286조, 제268조 제2항·제3항). 상소심에서 기일해태의 경우에는 상소의 취하로 본다(제268조 제4항). 이로써 상소심절차가 종결되고, 원판결이 그대로 확정 된다(제393조 제2항, 제267조 제1항, 제498조). 제1심에서의 취하간주의 경우와 달리 원판결이 확정되어 상소인에게는 가혹한 불이익이 돌아간다. 그리고 민사소송법 제268조 제4항에서 정한 항소취하 간주는 그 규정상 요건의 성취로 법률에 의하여 당연히 발생하는 효과이고 법원의 재판이 아니므로 상고의 대상이 되는 종국판결에 해당하지 아니하므로, 항소취하 간주의 효력을 다투려면 민사소송규칙 제67조, 제68조에서 정한 절차에 따라 항소심 법원에 기일지정신청을 할 수는 있으나 상고를 제기할 수는 없다(대판 2019.8.30. 2018다259541).[130]

---

128) 판례는 배당이의소송에서 취하간주규정인 민사집행법 제158조에서 정한 '첫 변론기일'에 '첫 변론준비기일'을 포함하는 것으로 해석할 수 없다고 한다(대판 2006.11.10. 2005다41856).

129) 판례는 "제268조 제2항의 규정에 의하면, 당사자 쌍방이 2회에 걸쳐 변론기일에 출석하지 아니한 때에는 당사자의 기일지정신청에 의하여 기일을 지정하여야 할 것이나, 법원이 직권으로 신기일을 지정한 때에는 당사자의 기일지정신청에 의한 기일지정이 있는 경우와 마찬가지로 보아야 할 것이고, 그와 같이 직권으로 정한 기일 또는 그 후의 기일에 당사자 쌍방이 출석하지 아니하거나 출석하더라도 변론하지 아니한 때에는 소의 취하가 있는 것으로 보아야 한다(대판 2002.7.26. 2001다60491)."고 한다.

130) 피고가 항소를 제기한 후 원심 제1차 및 제2차 변론기일에 피고 및 그 소송대리인이 각 불출석하였고, 원고들 소송대리인이 위 각 변론기일에 출석하고도 변론을 하지 아니한 사실, 그 후 1개월 내에 피고 소송대리인이 기일지정신청을 하고 그 다음 날 소송대리 사임신고서를 제출한 사실, 위 기일지정신청에 따라 지정된 제3차 변론기일에 원고들 및 그 소송대리인과 피고가 모두 불출석한 사실, 이에 원심은 피고의 항소가 취하된 것으로 간주하여 종결 처리하고 아무런 판단을 하지 아니한 사실을 알 수 있다. 이러한 사실관계를 앞서 본 법리에 비추어 보면, 이 사건 상고는 그 대상인 원심의 종국 판결이 존재하지 아니하므로 부적법하고, 그 흠결을 보정할 수 있는 것도 아니다. 피고는, 원심법원이 피고에게 변론기일통지서를 적법하게 송달하지 아니한 채 제3차 변론기일을 진행하여 항소취하 간주 처리를 하였다고 주장하지만, 이를 이유로 기일지정신청을 하여 항소취하 간주의 효력을 다투는 것은 별론으로 하고, 상고의 대상으로 삼을 수는 없다.

Ⅲ. 한쪽 당사자의 결석

1. 서설 – 입법례

우리 법은 결석판결주의가 소송을 지연시킬 것을 염려하여 이에 따르지 않고, 한쪽 당사자가 불출석하였으되 마치 출석하여 진술하였거나 또는 자백한 것처럼 보아 절차를 진행시키는 대석판결주의를 취하고 있다 (이시윤).

2. 진술간주(진술의제)

(1) 의의

1) 한쪽 당사자가 소장, 답변서, 준비서면 등의 서면을 제출한 채 기일해태한 경우이다(제148조).

2) 이때에 불출석한 당사자가 제출한 서면이 곧 소송자료가 되는 것이 아니고, 서면에 기재한 사항을 구술로 진술한 것으로 간주하는 것이므로 구술주의를 근본적으로 포기한 것이라고는 할 수 없다(이시윤).

(2) 요건

1) 제148조의 '변론기일'은 첫 기일뿐만 아니라 다음 (속행)기일을 포함한다.

2) 진술한 것으로 간주되는 서면은 소장, 답변서 또는 그 밖의 준비서면이다. 다만, 명칭에 불구하고 실질적으로 준비서면인 것으로 인정되면 그 기재사항은 진술한 것으로 간주된다.

(3) 효과

한쪽 당사자의 불출석의 경우에 제148조를 반드시 적용하여야 하는 것은 아니다. 즉, 이를 적용하여 변론을 진행하느냐 기일을 연기하느냐는 법원의 재량에 속하는 사항이나 출석한 당사자만으로 변론을 진행할 때에는 반드시 불출석한 당사자가 그 때까지 제출한 준비서면에 기재한 사항을 진술한 것으로 보아야 한다(대판 2008.5.8. 2008다2890; 진술간주기속설). 서면내용대로의 구술진술이 간주된다는 것 외에 양쪽 당사자가 출석한 경우와 같이 취급한다. 따라서 진술간주 된 서면에서 상대방의 주장사실, 특히 원고의 주장사실을 자백한 때에는 자백간주(자백간주설; 제150조) 아닌 재판상의 자백(재판상 자백설, 제288조)이 성립된다(통설). 판례도 "민사소송법 제288조의 규정에 의하여 구속력을 갖는 자백은 재판상의 자백에 한하는 것이고, 재판상 자백이란 변론기일 또는 변론준비기일에서 당사자가 하는 상대방의 주장과 일치하는 자기에게 불리한 사실의 진술을 말하는 것으로서, 법원에 제출되어 상대방에게 송달된 답변서나 준비서면에 자백에 해당하는 내용이 기재되어 있는 경우라도 그것이 변론기일이나 변론준비기일에서 진술 또는 진술간주 되어야 재판상 자백이 성립한다(대판 2015.2.12. 2014다229870)."고 한다. 명백히 다투지 아니한 경우에는 자백간주가 되어 증거조사 없이 변론을 종결할 수 있다.

(4) 확대적용과 한계

1) 개정 전의 상황

① 개정 전에는 피고가 결석을 하면서 청구인낙을 기재한 서면을 제출하는 것이 구법 제137조(개정법 제148조)상의 진술간주가 되는지 논의가 있었다.

② 판례는 일관하여 "피고가 원고의 청구를 인낙하는 취지를 기재한 준비서면을 제출하여 그 준비서면이 진술간주되었다고 하더라도 피고가 변론기일에 출석하여 구술로써 인낙하지 아니한 이상 인낙의 효력은 발생하지 않는다(대판 1982.3.23. 81다1336)."고 하여 서면에 의한 청구인낙을 인정하지 않았다.

③ 학설은 ㉠ 인낙은 반드시 변론기일 등에서 구술의 진술로 하여야 하고, 서면에 의한 인낙은 인정될 수 없다고 하여 판례에 찬성하는 견해도 유력하였으나, ㉡ 이러한 인낙을 무효로 하여도 결국 피고에게 소송을 무리하게 수행시켜 패소의 결과를 만들뿐이라는 점, 피고는 원고의 주장을 정확히 인식하고 명확한 의사표시를 한 것이므로 인낙의 성립을 인정하여도 특별한 지장은 없다는 점 등을 이유로 하여 판례에 반대하는 견해가 통설이었다.

2) 개정법 제148조 제2항의 신설

개정법은 제148조 제2항에서 "당사자가 진술한 것으로 보는 답변서 그 밖의 준비서면에 청구의 포기 또는 인낙의 의사표시가 적혀 있고 공증사무소의 인증이 있는 때에는 그 취지에 따라 청구의 포기 또는 인낙이 성립된 것으로 본다."고 하여 종래 다툼이 있던 점을 입법적으로 해결하고 있다.

> (TIP) 또한 개정법 제148조 제3항은 서면에 의한 화해를 인정하고 있다. 즉, 종래 화해는 반드시 당사자가 변론기일에 쌍방당사자가 출석하여 구술에 의한 진술로 해야만 하였으나(물론 이를 조서에 기재해야 한다), 출석의 번잡함을 피하고 화해의 성립을 용이하게 하여 화해제도의 활성화를 도모하고자 서면에 의한 화해를 인정한 것이다. 다만, 의사표시가 진의 여부인지 확인하기 위하여 공증사무소의 인증을 받도록 하였음에 주의해야 한다.

3) 진술간주가 되지 않는 경우

판례는 "원고가 관할권 없는 법원에 제소한 때에 피고가 본안에 관한 사실을 기재한 답변서만을 제출한 채 불출석한 경우 그것이 진술간주가 되어도 변론관할이 생기지 않는다(대결 1980.9.26. 80마403)."고 하고, "준비서면에 증거를 첨부하여 제출하였을 때 그 서면이 진술 간주되어도 증거신청의 효과가 생기지 않는다(대판 1991.11.8. 91다15775)."고 한다.

3. 자백간주

(1) 의의

당사자일방이 답변서·준비서면 등을 제출하지 않은 채 불출석한 경우에 자백으로 간주되는 경우를 말한다(제150조 제1항·제3항). 다만, 2002년에 개정된 현행법 하에서는 피고의 답변서제출의무를 부과하여 답변서를 제출하지 아니하면 그것으로 자백간주하고 변론기일의 지정은 물론 출석의 통지 없이 바로 무변론 원고승소판결을 하도록 하였으므로 피고의 변론기일 불출석에 의한 자백간주의 효과가 생기는 일은 예외적인 것이 되었다.

(2) 요건

① 당사자가 변론기일에 출석하지 않아야 하며, ② 불출석한 당사자가 상대방의 주장사실을 다투는 답변서 기타 준비서면을 제출하지 않은 경우이어야 한다. ③ 그리고 당사자가 공시송달에 의하지 않은 기일소환을 받았음에도 불출석한 경우이어야 한다(제150조 제3항 단서). 왜냐하면 공시송달에 의한 소환의 경우에는 당사자가 소환 받았음을 현실적으로 알았다고 할 수 없기 때문이다.

(3) "변론전체의 취지"의 의미

통설[131]은 제150조 제1항 단서의 의미를 제202조의 "변론전체의 취지"와는 달리 "증거원인"으로 풀이하지 않고, "변론의 일체성"의 의미로 풀이한다.

(4) 자백간주의 효력

자백간주는 법원을 구속하지만 당사자에 대한 구속력은 없다. 즉, 당사자가 명백히 다투지 아니하였는지 여부는 변론의 일체성에 의하여 사실심의 변론을 종결할 때를 기준으로 판단하기 때문이다. 따라서 당사자는 사실심의 변론을 종결할 때까지 상대방의 주장사실을 다투어 자백간주의 효력을 배제할 수 있다(대판 1987.12.8. 87다368 등). 파기환송 된 뒤에 상대방의 주장을 다투는 경우에도 환송 전의 자백간주의 효력은 없어진다(대판 1968.9.3. 68다1147 등). 다만, 민사소송법 제150조 소정의 자백간주의 요건이 구비되어 일단 자백간주로서의 효과가 발생한 때에는 그 이후의 기일에 대한 통지서가 송달불능으로 되어 공시송달하게 되었다고 하더라도 이미 발생한 자백간주의 효과가 상실되는 것은 아니라고 할 것이므로 위 규정에 의하여 자백한 것으로 간주하여야 할 사실을 증거판단 하여 자백간주에 배치되는 사실인정을 하는 것은 위법이라고 할 것이다(대판 1988.2.23. 87다카961). 그리고 제1심에서 피고에 대하여 공시송달로 재판이 진행되어 피고에 대한 청구가 기각되었다고 하여도 피고가 원고 청구원인을 다툰 것으로 볼 수 없으므로, 원고가 항소한 항소심에서 피고가 공시송달이 아닌 방법으로 송달받고도 다투지 아니한 경우에는 민사소송법 제150조의 자백간주가 성립된다(대판 2018.7.12. 2015다36167).

---

131) 다만, 이에 대해서는 이렇게 풀이하면 다투었는지 여부는 변론종결시까지 변론에 현출된 자료만으로 판단하여야 하는 것이 되므로, 예를 들어, 다투는 취지의 답변서나 준비서면이 제출되었어도 변론에서 진술간주된 바 없다면, 판례의 입장과는 달리, 다툰 것으로 볼 수 없기 때문에, 자백간주의 효력을 인정하게 된다고 하면서, 동일한 용어를 조문의 위치에 따라 달리 풀이할 합리적인 근거나 필요성은 찾기 어렵다고 보는 견해가 있다(정동윤·유병현, 479면).

35 추후보완제도

CONTENTS

▌추후보완제도

Ⅰ. 서설

1. 의의

기간의 불준수(기간의 해태)라 함은 당사자 기타 소송관계인이 행위기간 중에 소정의 소송행위를 하지 않고 그 기간을 도과시킨 것을 말한다.

2. 취지

행위기간 중 불변기간의 도과는 소권의 상실, 재판확정 등의 불이익이 따른다. 그러나 '당사자가 그 책임을 질 수 없는 사유'로 인한 경우에는 법적 안정성과 당사자의 절차권보장과의 조화라는 차원에서 구제책이 필요한 바, 그에 대한 대책이 추후보완제도(제173조)인 것이다.

Ⅱ. 추후보완의 대상

1. 불변기간

추후보완의 대상이 되는 기간은 법률로 항소기간(제396조), 상고기간(제425조, 제396조) 등 불변기간으로 정해 놓은 것에 한하며, 그 외의 기간에 대해서는 추후보완의 대상이 되지 않음이 원칙이다.

2. 상고이유서제출기간 · 재항고이유서제출기간

법률로 명정된 불변기간은 아니지만, 상고이유서제출기간(제427조) · 재항고이유서제출기간(제443조, 제427조)은 그 해태의 효과가 상고기간의 해태의 효과와 실질적인 차이가 없으므로 유추적용이 필요하다(다수설). 그러나 판례는 "상고이유서 제출기간은 불변기간이 아니므로 제173조의 적용이 없다(대판 1970.1.27. 67다774)."고 하여 반대의 입장이다. 다만, "우체국 집배원의 배달 착오로 상고인인 원고(재심원고)가 소송기록접수통지서를 송달받지 못하여 상고이유서 제출기간 내에 상고이유서를 제출하지 않았다는 이유로 민사소송법 제399조, 상고심절차에관한특례법 제5조에 의하여 원고의 상고가 기각된 경우, 원고는 적법하게 소송에 관여할 수 있는 기회를 부여받지 못하였으므로, 이는 민사소송법 제451조 제1항 제3호에 규정된 '법정대리권, 소송대리권 또는 대리인이 소송행위를 함에 필요한 수권의 흠결이 있는 때'에 준하여 재심사유에 해당한다고 봄이 상당하다(대판 1998.12.11. 97재다445)."고 한 것이 있다.

3. 판결정본 송달이 무효인 경우

판례는 제1심판결정본 송달의 하자로 송달이 당연무효인 경우에는 판결이 확정되지 않아 항소기간이 진행되지 않기 때문에 언제든지 항소를 제기할 수 있다고 한다(항소설).

Ⅲ. 추후보완 사유

1. 당사자의 유책사유가 없는 불변기간

(1) 의의

추후보완이 허용되는 것은 '당사자가 그 책임을 질 수 없는 사유', 즉 불유책사유가 있는 경우이다. 이것은 천재지변 기타 불가항력에만 한정되는 것이 아니고 일반인의 주의와 능력을 다하였음에도 피할 수 없었던 사유를 말한다.

(2) 판례

1) 추후보완 사유 긍정

① 천재지변에 의한 교통 · 통신의 두절로 인한 우편물의 지연[132](일본, 독일의 판례)

② 법원의 잘못이 불변기간의 불준수에 원인이 된 경우(대결 1962.7.30. 62마97)

③ 소송서류 송달의 잘못(대판 2003.6.10. 2002다67628)

④ 공시송달 사실을 과실 없이 알지 못한 경우(대결 2000.9.5. 2000므87)

⑤ 무권대리인이 소송을 수행하고 판결정본을 송달받은 때(대판 1996.5.31. 94다55774)

---

[132] 참고로 판례는 서울 · 수원 간에 4일 정도 항소장 배달이 늦어진 것은 불귀책 사유가 아니라고 한다(대판 1991.12.13. 91다34509).

2) 추후보완사유 부정

① 소송대리인이나 그 보조자에게 고의·과실이 있는 경우(대판 1984.6.14. 84다카744)

② 교도소에 수감된 경우(대판 1992.4.14. 92다3441)

③ 여행, 질병치료를 위한 출타의 경우(대결 1968.7.5. 68마458)

2. 공시송달과 상소추후보완

(1) 문제점

공시송달이란 당사자가 과실 없이 수송달자의 송달장소를 알 수 없는 경우에 수송달자가 송달서류의 내용을 현실적으로 알 수 없다고 하여도 법률상 안 것으로 보아, 송달이 된 것으로 간주하는 제도이다. 실무상 공시송달은 대법원 홈페이지 대국민서비스 공고란의 게시(공시)에 의하므로, 수송달자가 송달 사실과 그 내용을 제대로 알 수 없어 불이익이 예상되므로, 소송행위의 추후보완을 인정할 필요성이 있게 된다.

(2) 부지에 과실이 있는 경우

제대로 소송 진행이 되다가 소송서류의 송달불능이 되어 공시송달에 이른 경우[133], 원고로부터의 소송을 회피할 목적으로 등기부에 허위주소를 등재함으로써 공시송달에 이른 경우 등이 있다.

(3) 부지에 과실이 없는 경우

처음부터 공시송달방법에 의하여 송달된 피고가 고의로 행방을 감춘 특별사정이 없을 때[134], 우편집배원, 집행관, 법원의 부주의로 송달불능이 되어 공시송달에 이른 경우, 피고의 주소를 알면서 허위주소로 하여 소제기함으로써 공시송달에 이른 경우 등이 있다.

그리고 조정이 성립되지 아니한 것으로 사건이 종결된 후 피신청인의 주소가 변경되었음에도 피신청인이 조정법원에 주소변경신고를 하지 않은 상태에서 민사조정법 제36조 제1항 제2호에 따라 조정이 소송으로 이행되었는데, 통상의 방법으로 변론기일통지서 등 소송서류를 송달할 수 없게 되어 발송송달이나 공시송달의 방법으로 송달한 경우에는 처음부터 소장 부본이 적법하게 송달된 경우와 달라서 피신청인에게 소송의 진행상황을 조사할 의무가 있다고 할 수 없다. 따라서 피신청인이 이러한 소송의 진행상황을 조사하지 않아 상소제기의 불변기간을 지키지 못하였다면 이는 당사자가 책임질 수 없는 사유로 말미암은 것에 해당한다(대판 2015.8.13. 2015다213322).

---

133) 민사소송법 제173조 제1항에 규정된 '당사자가 책임질 수 없는 사유'란 당사자가 소송행위를 하기 위하여 일반적으로 하여야 할 주의를 다하였음에도 불구하고 그 기간을 준수할 수 없었던 사유를 가리키는데, 소송의 진행 도중 통상의 방법으로 소송서류를 송달할 수 없게 되어 공시송달의 방법으로 송달한 경우에는 처음 소장부본의 송달부터 공시송달의 방법으로 소송이 진행된 경우와 달라서 당사자에게 소송의 진행상황을 조사할 의무가 있으므로, 당사자가 이러한 소송의 진행상황을 조사하지 않아 불변기간을 지키지 못하였다면 이를 당사자가 책임질 수 없는 사유로 말미암은 것이라고 할 수 없다(대판 2012.10.11. 2012다44730).

134) 소장부본 기타 소송서류가 공시송달 방법에 의하여 송달되고 판결정본 또한 공시송달 방법으로 송달된 경우 피고가 이러한 사실을 그 후에야 알게 되었다면 특별한 사정이 없는 한 피고가 상소제기의 불변기간을 지키지 못한 것은 피고에게 책임을 돌릴 수 없는 사유로 인한 것이고, 이 경우 주민등록상 주소에서의 송달불능을 이유로 공시송달이 행하여졌다고 하여 전출신고를 하지 아니한 피고에게 판결의 공시송달 후의 상소기간 도과에 대한 과실이 있다 할 수 없다(대판 1993.9.28. 93므324).

3. 재심사유와 추후보완

(1) 상대방 주소를 알면서도 허위로 적어 소제기 후 공시송달에 의한 확정판결을 얻은 경우에, 재심사유(제451조 제1항 제11호)와 추후보완의 요건(제173조)을 모두 갖춘 것이 되는데 상대방 당사자는 어느 절차에 의할 것인지에 대해서 임의로 선택할 수 있다.

(2) 재심은 확정판결 후 5년 내에 하여야 하는 제한이 있으며, 상소의 추후보완은 심급의 이익이 상실되나 기간부준수 사유가 아무리 오래되어도 사유종료 후 2주일 내에는 가능하다.

IV. 추후보완절차

1. 추후보완기간

불변기간의 부준수에 의한 소송행위의 추후보완은 장애사유가 종료된 후 2주일 내에 하여야 한다(제173조 제1항). 추후보완기간은 단축할 수 없으며, 불변기간이 아니므로 부가기간을 정할 수 없다(제173조 제2항). 그리고 장애사유가 종료한 때라 함은 천재지변 그 밖의 이와 유사한 사유의 경우에는 그 재난이 없어진 때이고, 판결의 송달사실을 과실 없이 알지 못한 경우에는 당사자나 대리인이 판결이 있을 것을 안 때이다. 그리고 공시송달의 경우에 '사유가 없어진 후'라 함은 당사자나 소송대리인이 단순히 판결이 있었던 사실을 안 때가 아니고 나아가 그 판결이 공시송달의 방법으로 송달된 사실을 안 때를 가리키는 것으로서, 다른 특별한 사정이 없는 한 통상의 경우에는 당사자나 소송대리인이 그 사건기록의 열람을 하거나 새로이 판결정본을 영수한 때에 비로소 그 판결이 공시송달의 방법으로 송달된 사실을 알게 되었다고 보아야 한다(대판 2006.2.24. 2004다8005).

2. 추후보완신청

추후보완 할 수 있는 자는 그 사유가 있는 자에 한하며, 해태된 소송행위를 본래의 방식에 의하면 된다. 예를 들어, 항소제기를 추후보완하려면 항소장을 제출하면 된다(이 경우 반드시 '추후보완'임을 밝혀야할 필요는 없으나, 추후보완임을 밝히는 것이 실무이다).[135] 추후보완사유는 법원의 직권조사사항이지만 그에 관계되는 사실에 대해서는 추후보완 하는 당사자가 주장·입증하여야 한다.

---

135) 당사자가 항소를 제기하면서 추후보완항소라는 취지의 문언을 기재하지 아니하였다 하더라도 그 전체적인 취지에 비추어 그러한 주장이 있는 것으로 볼 수 있는 경우에는 당연히 그 사유에 대하여 심리·판단하여야 하고, 증거에 의하여 그 항소기간의 경과가 그의 책임질 수 없는 사유로 말미암은 것으로 인정되는 이상, 그 항소는 처음부터 소송행위의 추후보완에 의하여 제기된 항소라고 보아야 한다(대판 2008.2.28. 2007다41560).

3. 법원의 조치

추후보완신청은 독립한 신청이 아니기 때문에, 추후보완사유의 유무와 해태된 소송행위의 당부는 하나의 절차에서 심리함이 원칙이다. 따라서 추후보완신청이 이유가 있으면 추후보완 되는 소송행위의 당부에 관하여 실질적 판단을 하여야 하고, 이유가 없으면 그 소송행위에 대하여 부적법각하의 재판을 하게 된다.[136]

Ⅴ. 추후보완신청의 효력[137]

1. 형식적 확정력과의 관계

추후보완행위를 하는 것만으로는 불변기간의 도과에 의한 판결의 형식적 확정력이 소멸되지 않는다. 따라서 추후보완 되는 행위가 상소라고 하더라도 그 불복을 신청한 판결의 집행력·기판력에 아무런 영향이 없다.

2. 판결의 집행정지

상소의 추후보완의 경우에 확정판결의 집행정지를 시키려면 제500조에 의하여 별도의 집행정지결정을 받아야 한다.

---

136) 본건에 있어서 원심이 위와 같은 재항고인의 신청, 즉 상소권 회복신청과 판결정본 송달신청을 법원에게 대한 적법한 독립된 신청으로 오해하고서만 제1심결정을 적법하다는 전제하에 판단하였음은 부당한바 본건 상소권 회복신청은 위해서 말한바와 같이 부적법한 표시로 되어 있기는 하나 그 내용에 의하면 항소의 소송 행위를 추완 한다는 취지의 항소제기로 해석되지 못할바 아니므로 원심으로서는 항소제기로서 적절한 보정을 하게 한 뒤에 판결로서 항소의 각하(추완사유가 이유 없는 경우), 항소의 기각 또는 항소를 인용하는 판결을 하여야 함에도 불구하고 … (대결 1966.3.22. 66마71).

137) 형식적으로 확정된 제1심판결에 대한 피고의 항소추완신청이 적법하여 해당 사건이 항소심에 계속된 경우 그 항소심은 다른 일반적인 항소심과 다를 바 없다. 따라서 원고와 피고는 형식적으로 확정된 제1심판결에도 불구하고 실기한 공격·방어방법에 해당하지 아니하는 한 자유로이 공격 또는 방어방법을 행사할 수 있고, 나아가 피고는 상대방의 심급의 이익을 해할 우려가 없는 경우 또는 상대방의 동의를 받은 경우에는 반소를 제기할 수도 있다. 여기서 '상대방의 심급의 이익을 해할 우려가 없는 경우'라고 함은 반소청구의 기초를 이루는 실질적인 쟁점이 제1심에서 본소의 청구원인 또는 방어방법과 관련하여 충분히 심리되어 상대방에게 제1심에서의 심급의 이익을 잃게 할 염려가 없는 경우를 말한다(대판 2013.1.10. 2010다75044).

2020년 법원행정고시

甲은 2022.1.3. 乙을 상대로, 甲이 乙에게 5,000만 원을 대여하였다고 주장하며 위 대여금의 지급을 구하는 소송을 제기하였다. 그런데, 위 소송의 1심 법원이 乙에 대하여 송달을 실시하였으나 송달이 되지 아니하였고, 이에 위 1심 법원은 乙에 대하여 소장 부본 등을 공시송달의 방법에 의하여 송달하였고, 2022.5.3. 甲의 청구를 전부 인용하는 내용의 판결을 선고하였으며, 해당 판결의 정본도 공시송달의 방법으로 2022.5.20. 乙에게 송달하였다. 이후 乙이 2022.7.1.에서야 위와 같은 판결이 선고된 사실을 알게 되었고, 이에 乙은 2022.7.11. '乙이 甲으로부터 위 5,000만 원을 지급 받은 바는 있으나, 이는 乙이 甲으로부터 위 5,000만 원을 차용한 것이 아니고, 甲과 乙이 음식점을 공동운영하기로 하는 내용의 동업계약을 체결한 바 있어 해당 음식점의 운영자금으로 이를 지급받은 것이므로, 乙이 甲에게 위 5,000만 원을 지급할 의무가 없다'라는 취지로 주장하며 추후보완 항소를 제기하였다. 그러자 甲은 乙과의 동업관계에서 탈퇴하였음을 이유로 정산금 5,000만 원의 지급을 구하는 것으로 청구를 교환적으로 변경하였고, 乙은 이와 같은 청구의 교환적 변경에 대하여 동의하였다. 위와 같은 사실관계를 전제로 아래 문항에 답하시오(각 설문은 상호관련성이 없음. 견해의 대립이 있는 경우 대법원 판례에 의함). (50점)

물음 1) 乙의 추후보완 항소제기가 적법한지 여부를 설명하시오. (15점)

물음 2) 乙은 위와 같이 청구의 교환적 변경에 대하여 동의한 후, 아직 항소심 계속 중이던 상황에서 항소를 취하하겠다는 내용의 항소취하서를 제출하였다. 그러자 甲은 곧바로 乙의 항소취하에 동의할 수 없다고 이의를 제기하였다. 乙의 항소취하가 효력이 있는지 여부에 관하여 설명하시오. (20점)

물음 3) 乙이 위와 같이 청구의 교환적 변경에 대하여 동의한 후, 甲은 별도로 乙을 만나서 이야기를 나누었고, 그 결과 甲이 乙에게 지급하였던 5,000만 원이 대여금이었다는 전제에서 '甲은 위 소를 취하하고, 乙은 甲에게 2022.12.30.까지 차용금 5,000만 원을 변제하며, 소송비용은 각자 부담한다'는 내용의 약정을 체결하였다. 이에 甲은 위 소를 취하하였다. 그런데, 이후 2022.12.30.이 지났음에도 乙은 甲에게 차용금 5,000만 원을 변제하지 아니하였고, 이에 甲은 乙에게 위 약정을 해제한다는 취지의 통지를 하면서 다시 乙을 상대로 대여금 5,000만 원의 지급을 구하는 소를 제기하였는 바, 이와 같은 후소가 적법한지 여부에 관하여 설명하시오. (15점)

I. 물음 1)에 대하여

1. 적법 여부

적법하다.

2. 이유

(1) 소송행위의 추후보완의 의의 및 취지

당사자가 책임질 수 없는 사유로 불변기간을 준수하지 못한 경우에는 그 사유가 종료된 뒤에 소송행위를 추후보완할 수 있다(제173조 제1항). 통상기간과는 달리 불변기간을 준수하지 못하면 원칙적으로 보정이 불가능하여 당사자에게 치명적인 불이익이 발생한다. 그러나 당사자가 책임질 수 없는 사유로 기간을 준수할 수 없었던 경우에도 이를 구제하지 아니하면 당사자에게 가혹한 결과가 되므로 그 사유가 종료된 뒤 2주 이내에 게을리한 소송행위를 하면 본래의 기간 내에 한 것과 같은 효과를 부여하는 것이다.

(2) 적용범위 - 불변기간

불변기간에 적용된다. 즉, 추후보완의 대상이 되는 기간은 법률로 항소기간, 상고기간 등 불변기간으로 정해 놓은 것에 한하며, 그 외의 기간에 대해서는 추후보완의 대상이 되지 않음이 원칙이다. 사안에서도 항소기간은 불변기간에 해당하고, 2022.5.20.에 1심 판결정본이 乙에게 송달이 되어 2022.7.1.에 그 사실을 알게 되어, 2주가 지난 경우이여서 항소기간이 도과되어 1심판결은 확정된 경우이다.

(3) 당사자가 책임질 수 없는 사유

1) 내용

당사자가 해당 소송행위를 하기 위한 일반적 주의를 다하였어도 그 기간을 준수할 수 없는 사유를 말하므로(대결 1991.3.15. 91마1), 천재지변과 같은 불가항력에 한하지 않는다. 따라서 과실 없이 판결의 송달을 몰랐던 경우가 이에 속하고(대판 1976.4.27. 76다170), 공시송달의 방법에 의하여 판결정본이 송달되어 불변기간인 상소기간이 도과된 경우에는 특단의 사정이 없는 한 상소기간을 준수치 못한 것은 그 상대방이 책임질 수 없는 때에 해당한다(대판 1985.10.8. 85므40).

2) 사안의 경우

1심 법원은 乙에 대하여 소장 부본 등을 공시송달의 방법에 의하여 송달하였고, 소장부본부터 공시송달 되어 판결정본이 송달이 된 경우에는 상대방 乙이 책임질 수 없는 사유가 있는 경우에 해당한다.

(4) 추후보완기간

불변기간의 부준수에 의한 소송행위의 추후보완은 장애사유가 종료된 후 2주일 내에 하여야 한다(제173조 제1항). 추후보완기간은 단축할 수 없으며, 불변기간이 아니므로 부가기간을 정할 수 없다(제173조 제2항). 그리고 장애사유가 종료한 때라 함은 천재지변 그 밖의 이와 유사한 사유의 경우에는 그 재난이 없어진 때이고, 판결의 송달사실을 과실 없이 알지 못한 경우에는 당사자나 대리인이 판결이 있을 것을 안 때이다. 그리고 공시송달의 경우에 '사유가 없어진 후'라 함은 당사자나 소송대리인이 단순히 판결이 있었던 사실을 안 때가 아니고 나아가 그 판결이 공시송달의 방법으로 송달된 사실을 안 때를 가리키는 것으로서, 다른 특별한 사정이 없는 한 통상의 경우에는 당사자나 소송대리인이 그 사건기록의 열람을 하거나 새로이 판결정본을 영수한 때에 비로소 그 판결이 공시송달의 방법으로 송달된 사실을 알게 되었다고 보아야 한다(대판 2006.2.24. 2004다8005).

(5) 사안의 경우

乙은 2022.7.1.에서야 위와 같은 판결이 선고된 사실을 알게 되었고, 이에 乙은 2주 이내인 2022.7.11.에 추후보완항소를 제기한 것이므로, 이는 적법하다(제173조).

Ⅱ. 물음 2)에 대하여

1. 乙의 항소취하의 효력

乙의 항소취하의 효력은 무효가 된다.

2. 이유

(1) 문제점

乙의 항소취하가 적법하기 위하여 항소의 대상이 된 1심판결이 현재 항소심에 계속 중인 것인지가 문제가 되고(제393조 제1항), 이는 교환적 변경의 법적 성질과 관련하여 문제가 되므로 이를 살펴보기로 한다(제262조).

(2) 청구의 교환적 변경

1) 교환적 변경의 의의 및 적법 여부

청구의 교환적 변경이라 함은 구청구에 갈음하여 신청구를 제기하는 경우를 이른다(제262조 제1항). 통설(결합설)[138]은 청구의 교환적 변경은 독자적 소변경형태가 아니고 신청구제기·구청구취하의 성질을 가진다고 한다.[139] 판례도 "소의 교환적 변경은 신 청구의 추가적 병합과 구 청구의 취하의 결합형태로 볼 것이므로 본안에 대한 종국판결이 있은 후 구 청구를 신 청구로 교환적 변경을 한 다음다시 본래의 구 청구로 교환적 변경을 한 경우에는 종국판결이 있은 후 소를 취하하였다가 동일한소를 다시 제기한 경우에 해당하여 부적법하다(대판 1981.11.10. 87다카1405 등)."고 하여 결합설의 입장이다.

2) 교환적 변경의 경우에 피고의 동의 여부

판례는 "광업권의 공유지분권의 확인청구나 그 광업권을 처분하므로 생긴 손해배상청구는 같은 광업권의 공유관계에서 발생한 권리관계로서 청구의 기초에 변경이 없으므로 소취하에 준하여 피고의동의를 얻을 필요가 없다(대판 1962.1.31. 4294민상310)."고 하여 동의불요설의 입장이다. 그러나 동의필요설은 제266조 제2항의 규정상 피고의 동의를 요하는 것이 논리적이며, 만약 이를 요하지 않으면 피고의 구청구에 대한 기각판결을 받을 이익을 도외시하는 결과가 된다고 한다. 이에 의하면 동의를얻지 못한 경우는 청구의 추가적 변경이 된다고 한다(이시윤 등). 다만, 사안은 어느 견해에 의하든乙이 동의를 하였으므로, 이 부분은 문제가 없다.

---

138) 행정소송법상 취소소송은 처분 등이 있음을 안 날부터 90일 이내에 제기하여야 하 고, 처분 등이 있은 날부터 1년을 경과하면 제기하지 못한다(행정소송법 제20조 제1항·제2항). 그리고 청구취지를 변경하여 구소가 취하되고 새로운 소가 제기된 것으로 변경되었을 때에 새로운 소에 대한 제소기간의 준수 등은 원칙적으로 소의 변경이 있은 때를 기준으로 하여야 한다(대판 2019.7.4. 2018두58431).

139) 유력설(고유의 소변경설, 독자제도설)은 청구의 교환적 변경은 법 제262조상의 요건과 효과가 규율되는 청구의 변경의 한 형태일 뿐이지, 명문의 규정도 없이 신청구제기·구청구취하의 성질을 가진다고 하는 것은 잘못되었다고 한다(호문혁).

(3) 사안의 경우 – 항소취하가 효력이 있는지 여부

결합설에 의하면 甲은 乙과의 동업관계에서 탈퇴하였음을 이유로 정산금 5,000만 원의 지급을 구하는 신청구가 심판대상이 되는 것이고, 1심판결은 소취하로 인하여 실효된다. 따라서 乙이 항소를 한 것은 구청구인 1심판결에 대하여 한 것이므로, 乙의 항소취하는 대상이 없어 무효가 된다. 판례도 소위 해태제과 사건에서 "사건이 원심에 계류 중 1992.9.25. 원심 제3차 변론기일에서 원고는 이 사건 부동산 거래에 대하여 관할관청인 광주직할시장에 대한 토지거래허가신청절차의 이행을 구하는 원심판결 주문 제1항과 같은 취지의 청구로 소의 교환적 변경을 하였고, 피고는 청구의 기초가 동일한 위 변경에 대하여 별다른 이의 없이 2주 이상을 경과함으로서 위 소의 교환적 변경은 적법하게 이루어졌음을 볼 수 있다. 그렇다면 이 사건 제1심판결은 소의 교환적 변경에 의한 소취하로 실효되고, 원심의 심판대상은 토지거래허가신청절차의 이행을 구하는 새로운 소송으로 바뀌어지고(결합설), 원심은 사실상 제1심으로 재판하는 것이 되므로, 그 뒤에 피고가 항소를 취하한다 하더라도 항소취하는 그 대상이 없어 아무런 효력을 발생할 수 없다 할 것[140]이다. 같은 취지에서 피고 김태종이 1993.3.26. 원심8차 변론기일에서 한 항소취하를 무효라고 한 원심의 판단은 정당하고, 거기에 항소취하의 효력에 관한 거기에 항소취하에 관한 법리를 오해한 위법이 있다고 할 수 없다. 이점에 관한 논지도 이유 없다."고 하였다.

III. 물음 3)에 대하여

1. 적법한지 여부

적법하다.

2. 이유

(1) 재소금지의 의의 및 취지

재소금지란 본안에 관한 종국판결이 있은 뒤에는 이미 취하한 소와 같은 소를 제기하지 못하는 것을 이른다(제267조 제2항). 이는 법원의 종국판결에 대한 농락을 방지하자는 것이 그 취지[141]이다.

---

140) 다만, 이에 대해서는 청구의 교환적 변경의 성질에 대한 독자제도설(고유의 소변경설)을 전제로 비판이 있다. 즉, '90년대 주요민사판례평석(호문혁 교수 집필 부분)', 박영사간 2001년, 477면에서는 "그러나 이 판결도 타당하지 않다. 원고와 피고 사이의 소송은 계속 유지되는 것이고 청구는 일정한 요건을 갖추어 변경되었을 뿐 구청구에 대하여 소가 취하된 적이 없다. 그러므로 항소가 취하되면 일반론에 따라서 원판결이 확정된다고 보면 된다."고 하고 있다.

141) 판결의 농락 방지는 권위적인 표현이고, 정확하게 말하면 소취하권 내지 재소권의 남용방지라고 해야 할 것이라는 견해도 있다(호문혁, 민사소송법 제3판, 2004, 655면).

(2) 요건

재소금지의 요건은 당사자동일, 소송물동일, 본안의 종국판결후의 소취하, 권리보호이익의 동일이 있다. 사안에서는 동일한 甲이 乙에게 동일한 5,000만 원의 대여금청구의 후소를 제기한 경우이므로, 당사자와 소송물이 동일하다. 그리고 甲은 전소의 항소심에서 소를 취하하였으므로, 본안[142]의 종국판결 후의 소취하에 해당한다. 다만, 甲의 후소가 甲의 전소와 권리보호이익이 동일한 것인지가 문제가 된다.

(3) 권리보호이익의 동일

1) 취지

정당한 이유 없이 소를 취하한 경우 재소를 하는 남소는 금지하여야 하지만, 전소와 권리보호이익을 달리하는 경우에는 소권이 부당하게 박탈되지 않게 하기 위하여 재소금지에 해당하지 않는다. 이는 조문상으로는 표현되어 있지 않은 요건이다. 판례도 "민사소송법 제267조 제2항은 "본안에 대한 종국판결이 있은 뒤에 소를 취하한 사람은 같은 소를 제기하지 못한다."라고 규정하고 있는데, 이는 소취하로 인하여 그동안 판결에 들인 법원의 노력이 무용화되고 종국판결이 당사자에 의하여 농락당하는 것을 방지하기 위한 제재적 취지의 규정이므로, 본안에 대한 종국판결이 있은 후 소를 취하한 자라 할지라도 이러한 규정의 취지에 반하지 아니하고 소제기를 필요로 하는 정당한 사정이 있다면 다시 소를 제기할 수 있다(대판 2009.6.25. 2009다22037)."고 한다.

2) 판례

판례는 전소취하의 전제조건인 약정사항을 지키지 아니함으로써 위 약정이 해제 또는 실효되는 사정변경이 발생한 경우(대판 1993.8.24. 93다22074), 소유권이전등기절차이행의 소를 제기하여 승소판결을 받은 뒤, 항소심에서 토지거래허가를 받지 않은 것이 문제되자 소를 취하하였는데, 그 뒤 토지거래허가를 받고 다시 동일한 소를 제기한 경우(대판 1997.12.23. 97다45341), 피고가 소유권침해를 중지하여 소를 취하하였는데 다시 침해하는 경우(대판 1981.7.14. 81다64) 등에는 당사자와 소송물이 서로 동일하다고 하더라도 소의 제기를 필요로 하는 사정이 같지 아니하여, 권리보호의 이익이 다르므로 재소금지의 적용이 없다고 한다.

(4) 사안의 경우

乙은 甲에게 2022.12.30.까지 차용금 5,000만 원을 변제약정을 지키지 아니하였으므로, 전소취하의 전제조건인 약정사항을 지키지 아니함으로써 위 약정이 해제 또는 실효되는 사정변경이 발생한 경우에 해당한다. 따라서 甲이 乙에게 위 약정을 해제한다는 취지의 통지를 하면서 다시 乙을 상대로 대여금 5,000만 원의 지급을 구하는 소는 새로운 권리보호이익이 발생한 경우이고, 이는 재소금지에 해당하지 않아 적법하다(제267조 제2항).

---

[142] 다만, 사안에서 전소인 丙의 추심금청구의 소가 1심에서 본안판결이 난 것인지가 확실하게 표현되어 있지 않아, 출제에 아쉬움이 있다.

36 송달

CONTENTS

▌송달

Ⅰ. 의의

송달이란 당사자, 그 밖의 소송관계인에게 소송상의 서류의 내용을 알 수 있는 기회를 주기 위해 법정의 방식에 따라 하는 통지행위이다. 올바른 송달은 절차권 보장의 전제라고 할 것이다.

Ⅱ. 송달기관

1. 송달담당기관

(1) 원칙

송달사무는 원칙적으로 법원사무관 등이 담당한다(제175조). 즉, 송달서류의 수령·작성, 송달받을 자·송달장소·송달방법의 결정, 송달실시기관에 서류교부, 실시 후의 송달통지서의 수령 및 기록에 편철, 공시송달의 경우에 송달서류의 보관 등이 그 사무에 해당한다. 다른 관내 거주자에 대한 송달의 경우에 당해 지역을 관할하는 법원사무관 등 또는 그 곳의 집행관에게 촉탁할 수 있다.

(2) 고유의 권한

송달사무는 법원사무관 등의 고유의 권한으로서 자기 판단과 책임 하에 행하는 것이며, 유일한 예외였던 공시송달도 2015.7.1.부터 재판장의 명령으로 하지 않고 법원사무관 등이 하는 것이 원칙이 되었다(제194조 제1항 참고).

2. 송달실시기관

(1) 우편집배원 및 집행관

원칙적인 송달실시기관은 우편집배원과 집행관이다(제176조). 우편집배원은 지리에 밝으므로 원칙적으로 이에 의한다. 우편집배원은 전국 어디에서도 우편송달을 실시할 수 있다. 집행관은 소속 지방법원의 관할구역 내에 한하여 송달을 실시할 수 있다(집행관법 제2조, 법원조직법 제55조). 이 경우 우편집배원의 송달 잘못으로 손해가 발생한 경우에는 국가배상책임이 문제될 수 있다(대판 2008.2.28. 2005다4734).

(2) 특별송달

당사자의 신청이 있는 때에는 공휴일 또는 해뜨기 전이나 해진 뒤에 집행관 또는 대법원규칙이 정하는 사람에 의하여 송달할 수 있다(제190조). 이를 특별송달이라고 한다. 예전의 구법은 재판장의 허가를 요구하였으나, 현행법은 이를 삭제하고 '당사자의 신청'이 있으면 가능하도록 하였다.

(3) 법원사무관 등과 법정경위

예외적으로 법원사무관 등은 당해 사건 때문에 출석한 사람에 대해서는 영수증을 받고 서류를 직접 교부하는 교부송달(제177조; 실무상 변호사에 대한 송달은 주로 이 방법에 의한다), 우편송달(제187조), 송달함 송달(제188조), 공시송달(제194조, 제195조), 간이통지에 의한 송달(제167조 제2항, 규칙 제45조), 전자소송의 전자송달을 실시한다. 법정경위에 의한 송달은 집행관에 의한 송달이 어려울 때 직무대행조치이다.

(4) 촉탁송달

촉탁송달은 수소법원의 재판장이 촉탁한다. 전쟁에 나간 군인, 외국에 주재하는 군관계인 등에 대한 소속 사령관에 촉탁하는 송달(제192조), 외국에서 하는 송달(제191조) 등이 있다.

(5) 송달통지서

1) 내용

송달한 기관은 송달에 관한 사유를 대법원 규칙이 정하는 방법으로 법원에 알려야 한다(제193조). 송달을 증명하는 서류로서 실무상 우편집배원은 송달통지서를, 집행관이나 법정경위는 송달보고서를 제출하는데, 송달이 된 때에는 송달일시·장소·수령자를 기재하고 송달불능이 된 때에는 송달이 되지 않은 사유를 기재한다. 법원사무관 등은 송달통지서 등을 수령하면 접수인을 찍고 기록에 편철한다. 법원이 상당하다고 인정하면 전자통신매체를 이용한 통지로 서면통지에 갈음할 수 있다.

2) 송달의 효력 여부

송달통지서의 작성은 송달실시의 필수적 구성부분이며 이의 작성이 없으면 송달이 무효라는 견해(방순원)도 있으나, 송달보고서는 단순히 송달이 있었음을 증명하는 서류에 불과하고 제158조와 같은 명문의 규정이 없는 이상 그 작성을 게을리 하여도 송달의 효력에는 영향이 없다(통설). 송달보고서는 송달이 적법하게 행하여졌는가에 관한 유일한 증거방법은 아니므로, 다른 자료에 의하여도 증명할 수 있다(대판 1952.10.30. 4285민상106).

Ⅲ. 송달서류

특별한 규정이 없으면 송달할 서류의 원본이 아니라, 등본 또는 부본을 교부하여 실시한다(제178조 참고). 원본은 소송기록에 첨부해 두어야 하기 때문이다. 송달할 서류의 제출에 갈음하여 조서를 작성한 때에는, 그 조서의 등본이나 초본을 교부한다. 다만, 기일통지서 또는 출석요구서의 송달은 원본(제167조 제1항), 판결의 송달은 정본(제210조 제2항)의 교부를 필요로 한다. 송달하여야 하는 소송서류를 법원에 제출하는 때에는 송달에 필요한 수의 부본제출의무가 있다(규칙 제48조).

Ⅳ. 송달받을 사람

1. 법정대리인

소송무능력자에게 할 송달은 그의 법정대리인에게 한다(제179조). 법인 그 밖의 단체에 대한 그 대표자 또는 관리인에게 한다(제64조, 제179조).[143] 따라서 그 대표자의 주소·거소·영업소 또는 사무소에서 한다(제183조, 대표자의 주소지에 송달원칙 – 재판예규). 여러 사람이 공동대리를 하는 경우라도 그 중 한 사람에게 송달하면 된다(제180조). 다만, 공동대리인이 송달받을 대리인 1명을 지명·신고한 때에는 그 대리인에게 송달하여야 한다(규칙 제49조). 국가를 당사자로 하는 소송에 있어 국가에 대한 송달은 수소법원에 대응하는 검찰청의 장에게 한다. 다만, 소송수행자 또는 소송대리인이 있는 경우에는 그에게 한다(국가를 당사자로 하는 소송에 관한 법률 제9조). 부재자재산관리인이 선임되어 있으면 재산관리인에게 송달하여야 하고, 부재자 본인을 상대로 한 공시송달은 부적법하다(대판 1968.12.24. 68다2021).

---

143) 법인인 소송당사자에게 효과가 발생할 소송행위는 그 법인을 대표하는 자연인의 행위거나 그 자연인에 대한 행위라야 할 것이므로 소송당사자인 법인에의 소장, 기일통지서 및 판결 등 서류는 그 대표자에게 송달하여야 하는 것이니 그 대표자의 주소, 거소에 하는 것이 원칙이고, 법인의 영업소나 사무소에도 할 수 있으나, 법인의 대표자의 주소지가 아닌 소장에 기재된 법인의 주소지로 발송하였으나 이사불명으로 송달불능 된 경우에는, 원칙으로 되돌아가 원고가 소를 제기하면서 제출한 법인등기부등본 등에 나타나 있는 법인의 대표자의 주소지로 소장 부본 등을 송달하여 보고 그 곳으로도 송달되지 않을 때에 주소 보정을 명하여야 하므로, 법인의 주소지로 소장 부본을 송달하였으나 송달불능되었다는 이유만으로 그 주소 보정을 명한 것은 잘못이므로 그 주소 보정을 하지 아니하였다는 이유로 한 소장각하명령은 위법하다(대결 1997.5.19. 97마600).

2. 소송대리인[144]

소송대리인이 있는 경우에는 소송대리인이 송달을 받을 사람인데, 당사자본인에 대한 송달은 적절하지 않지만, 적법·유효하다고 보는 것이 통설·판례이다(대판 1964.5.12. 63아37).

3. 법규상 송달수령권이 있는 사람

비록 송달받을 사람이 교도소 등에 수감 중인 사실을 법원에 신고하지 아니하였거나 기록에 의하여 법원에서 그 사실을 알 수 없었다고 하여도 수감자의 종전 주소에의 송달은 무효이며, 반드시 교도소장에게 송달하여야 한다(제182조; 대판 1982.12.28. 82다카349 전합). 그리고 교도소 또는 구치소에 구속된 자에 대한 송달은 그 소장에게 송달하면 구속된 자에게 전달된 여부와 관계없이 효력이 생기는 것이다(대판 1995.1.12. 94도2687). 또한 수감된 당사자에 대한 송달을 교도소장 등에게 하지 않고 당사자의 종전 주소나 거소로 한 것은 부적법한 송달로서 무효이고, 이는 법원이 서류를 송달받을 당사자가 수감된 사실을 몰랐거나, 수감된 당사자가 송달의 대상인 서류의 내용을 알았다고 하더라도 마찬가지이다. 따라서 수감된 당사자에 대하여 민사소송법 제185조나 제187조에 따라 종전에 송달받던 장소로 발송송달을 하였더라도 적법한 송달의 효력을 인정할 수 없다(대판 2021.8.19. 2021다53). 그러나 당사자가 소송 계속 중에 수감 된 경우 법원이 판결정본을 민사소송법 제182조에 따라 교도소장 등에게 송달 하지 않고 당사자 주소 등에 공시송달 방법으로 송달하였다면, 공시송달의 요건을 갖추지 못한 하자가 있다고 하더라도 재판장의 명령에 따라 공시송달을 한 이상 송달의 효력은 있다(대판 2022.1.13. 2019다220618).

4. 신고한 송달수령인

현행법은 구법과는 달리 송달장소와 송달영수인의 신고의무제를 폐지하고, 임의적인 것으로 하였다. 송달영수인 제도는 송달받을 사람의 편의를 위한 제도이다(제184조). 신고한 송달영수인은 소송서류의 송달을 영수할 대리권만을 가진 임의대리인이다.

---

144) 민사소송의 당사자는 민사소송법 제396조 제1항에 의하여 판결정본이 송달된 날부터 2주 이내에 항소를 제기하여야 한다. 한편 당사자에게 여러 소송대리인이 있는 때에는 민사소송법 제93조에 의하여 각자가 당사자를 대리하게 되므로, 여러 사람이 공동으로 대리권을 행사하는 경우 그 중 한 사람에게 송달을 하도록 한 민사소송법 제180조가 적용될 여지가 없어 법원으로서는 판결정본을 송달함에 있어 여러 소송대리인에게 각각 송달을 하여야 하지만, 그와 같은 경우에도 소송대리인 모두 당사자 본인을 위하여 소송서류를 송달받을 지위에 있으므로 당사자에 대한 판결정본 송달의 효력은 결국 소송대리인 중 1인에게 최초로 판결정본이 송달되었을 때 발생한다. 따라서 당사자에게 여러 소송대리인이 있는 경우 항소기간은 소송대리인 중 1인에게 최초로 판결정본이 송달되었을 때부터 기산된다(대결 2011.9.29. 2011마335).

V. 송달실시의 방법

1. 교부송달의 원칙

(1) 송달할 장소

1) 주소 등 송달 및 근무장소 송달

송달받을 사람의 주소·거소·영업소 또는 사무소가 원칙이다(제183조 제1항). 다만, 법정대리인에 대한 송달은 무능력자 본인의 영업소 또는 사무소에서도 할 수 있다. 그러나 현행법은 송달받을 사람의 주소 등을 알지 못하거나 그 장소에서 송달할 수 없는 때에는 송달받을 사람이 취업하고 있는 근무장소에서 송달할 수 있게 하였다(제183조 제2항). 소장, 지급명령신청서 등에 기재된 주소 등에 송달을 시도하지도 아니한 채 바로 근무장소로 한 송달은 무효이다(대결 2004.7.21. 2004마535).

2) 출회(出會, 조우)송달

송달받을 사람의 주소 등 또는 근무장소가 국내에 없거나 알 수 없을 때, 주소 등 또는 근무장소가 있는 사람이라도 송달받기를 거부하지 아니할 때에는 그를 만나는 장소에서 송달할 수 있다. 이를 출회(조우)송달이라고 한다. 당사자·법정대리인·소송대리인이 송달장소로 바꿀 때에는 변경의 신고의무가 있으며, 신고하지 아니하면 종전의 송달장소로 우편송달 할 수 있다(제185조). 판례는 "송달은 원칙적으로 민사소송법 제183조 제1항에서 정하는 송달을 받을 자의 주소, 거소, 영업소 또는 사무실 등의 '송달장소'에서 하여야 하는바, 송달장소에서 송달받을 자를 만나지 못할 때에는 그 사무원, 고용인 또는 동거자로서 사리를 변식할 지능이 있는 자에게 서류를 교부하는 보충송달의 방법에 의하여 송달할 수는 있지만, 이러한 보충송달은 위 법 조항에서 정하는 '송달장소'에서 하는 경우에만 허용되고 송달장소가 아닌 곳에서 사무원, 고용인 또는 동거자를 만난 경우에는 그 사무원 등이 송달받기를 거부하지 아니한다 하더라도 그 곳에서 그 사무원 등에게 서류를 교부하는 것은 보충송달의 방법으로서 부적법하다. 따라서 우체국 창구에서 송달받을 자의 동거자에게 송달서류를 교부한 것은 부적법한 보충송달이다(대결 2001.8.31. 2001마3790)."고 한다.

(2) 보충송달

1) 본래의 주소 등에서 보충송달(제186조 제1항)

① 사리를 분별할 지능이 있는 사람[145]

송달의 의의를 이해하고 송달을 받을 사람에게 교부를 기대할 수 있을 정도의 능력을 갖춘 사람을 말하기 때문에, 반드시 성년자임을 요하지 않는다. 판례는 초등학교 3학년 재학의 만 8세 10개월의 학생(대결 1968.5.7. 68마336), 15세 7개월의 가정부(대결 1966.10.25. 66마162)도 포함된다고 했다.

---

145) 송달받을 사람의 동거인에게 송달할 서류가 교부되고 그 동거인이 사리를 분별할 지능이 있는 이상 송달받을 사람이 그 서류의 내용을 실제로 알지 못한 경우에도 송달의 효력은 있다. 이 경우 사리를 분별할 지능이 있다고 하려면, 사법제도 일반이나 소송행위의 효력까지 이해할 수 있는 능력이 있어야 한다고 할 수는 없을 것이지만 적어도 송달의 취지를 이해하고 그가 영수한 서류를 송달받을 사람에게 교부하는 것을 기대할 수 있는 정도의 능력은 있어야 한다(대판 2013.1.16. 2012재다370).

② 동거인

송달받을 자와 동일세대에 속하고 생계를 같이 하는 자를 말한다. 즉, 민사소송법 제186조 제1항에 의하면 근무장소 외의 송달할 장소에서 송달받을 사람을 만나지 못한 때에는 그 동거인 등으로서 사리를 분별할 지능이 있는 사람에게 서류를 교부하는 방법으로 송달할 수 있고, 여기에서 말하는 동거인이란 송달을 받을 사람과 동일한 세대에 속하여 생활을 같이하는 사람이기만 하면 되고 반드시 법률상 친족관계에 있어야 하는 것은 아니므로, 이혼한 배우자라도 사정에 의하여 사실상 동일 세대에 소속되어 생활을 같이하고 있다면 여기에서 말하는 수령대행인으로서의 동거인이 될 수 있다(대판 2013.4.25. 2012다98423). 다만, 여기에서 '동거인'은 송달을 받을 사람과 사실상 동일한 세대에 속하여 생활을 같이하는 사람이기만 하면 되며, 판결의 선고 및 송달 사실을 알지 못하여 자신이 책임질 수 없는 사유로 말미암아 불변기간인 상소기간을 지키지 못하게 되었다는 사정은 상소를 추후보완하고자 하는 당사자 측에서 주장·증명하여야 한다(대판 2021.4.15. 2019다244980·244997). 그리고 법률상 부부는 동거의무가 있고(민법 제826조 제1항), 사회통념상 통상적으로 법률상 배우자라면 '동거인'으로서 송달을 받을 사람과 동일한 세대에 속하여 생활을 같이 하는 사람으로 인정할 수 있다. 그러나 법률상 배우자라고 하더라도 별거와 혼인공동체의 실체 소멸 등으로 소송당사자인 상대방 배우자의 '동거인'으로서 민사소송법 제186조 제1항에 정해진 보충 송달을 받을 수 있는 지위를 인정할 수 없는 특별한 경우에는 송달의 효력에 관하여 심리하여 판단할 필요가 있다(대판 2022.10.14. 2022다229936).[146]

③ 사무원·피용자

민사소송법 제186조 제1항에서 규정한 보충송달에서 수령대행인이 될 수 있는 사무원이란 반드시 송달받을 사람과 고용관계가 있어야 하는 것은 아니고, 평소 본인을 위하여 사무 등을 보조하는 자이면 충분하다(대판 2010.10.14. 2010다48455). 판례는 원칙적으로 빌딩 경비원·수위의 송달수령권을 부정하지만(대판 1976.4.27. 76다192), 예외적으로 빌딩이나 아파트의 경비원·관리인의 경우에 오로지 경비업무나 빌딩 자체의 관리업무만 맡긴 관계가 아니고, 평소에 우편물도 대신 수령하여 왔으면 송달수령권을 인정한다(대판 2000.7.4. 2000두1164).

④ 수령대행인과 이해상반관계

보충송달제도는 본인 아닌 그의 사무원, 피용자 또는 동거인, 즉 수령대행인이 서류를 수령하여도 그의 지능과 객관적인 지위, 본인과의 관계 등에 비추어 사회통념상 본인에게 서류를 전달할 것이라는 합리적인 기대를 전제로 한다. 그런데 본인과 수령대행인 사이에 당해 소송에 관하여 이해의 대립 내지 상반된 이해관계가 있는 때에는 수령대행인이 소송서류를 본인에게 전달할 것이라고 합리적으로 기대하기 어렵고, 이해가 대립하는 수령대행인이 본인을 대신하여 소송서류를 송달받는 것은 쌍방대리금지의 원칙에도 반하므로, 본인과 당해 소송에 관하여 이해의 대립

---

146) 대법원은 위 지급명령 및 압류·추심명령은 피고의 배우자 임○○가 수령하여 보충송달의 방법으로 송달되었지만, 피고는 '임○○와 사이가 나빠 2015년경부터 별거하였고, 당시 자신은 직장 동료의 집에서 거주한 것으로 기억하며, 부부 사이의 불화로 임○○가 피고에게 송달 사실도 전해주지 않은 것으로 보인다'라고 주장하면서 같은 취지의 임○○의 사실확인서 및 2020.10. 경 협의이혼 신고를 마친 내용의 혼인관계증명서를 제출하였고, 혼인공동체로서 실체 없이 상당 기간을 별거하다가 결국 이혼에 이르는 경우가 있는 것이 현실이므로, 법원으로서는 위 지급명령 및 압류·추심명령 송달시 임○○가 피고와의 혼인관계 실질이 소멸하여 피고의 '동거인'으로서 보충송달을 받을 수 있는 지위를 인정하기 어려운 특별한 사정이 존재하는지에 관하여 의심을 갖고 더 심리할 필요가 있었다고 판단한 사례임

내지 상반된 이해관계가 있는 수령대행인에 대하여는 보충송달을 할 수 없다(대판 2016.11.10. 2014다 54366). 그리고 소송당사자의 허락이 있다는 등의 특별한 사정이 없는 한, 동일한 수령대행인이 소송당사자 쌍방의 소송서류를 동시에 송달받을 수 없고, 그러한 보충송달은 무효라고 봄이 타당 하다(대판 2021.3.11. 2020므11658).

2) 근무장소 송달

현행법은 근무장소에서 송달받을 사람을 만나서 송달하려 했으나 만나지 못한 때에는 그의 사용자, 사용자의 법정대리인이나 피용자 그 밖의 종업원으로서 사리를 분별할 지능이 있는 사람이 서류의 수령을 거부하지 아니하면 그에게 서류를 교부하여 송달할 수 있도록 하였다(제186조 제2항). 일반 보충 송달과 다른 점은 이들이 서류의 수령을 거부하지 아니하는 경우에 가능하다는 점이다. 그리고 송달 장소에 해당하는 사무소 또는 영업소라 함은 송달받을 사람 자신이 경영하는 사무소 또는 영업소를 의미하므로, 송달받을 사람이 회사를 경영하고 있다고 하더라도 별도의 법인격을 가지는 회사의 사 무실은 송달받을 사람의 근무장소에 불과하여 송달받을 사람의 사무소나 영업소로 볼 수 없고, 수령 대행권이 있는 사무원·고용인 또는 동거자라 함은 송달받을 사람의 사무원·고용인 또는 동거자를 의미하는 것으로 보아야 한다.

(3) 유치송달

유치송달이란 송달받을 사람이 정당한 이유 없이 송달받기를 거부하는 때, 송달할 장소에 서류를 놓아 두는 것을 말한다(제186조 제3항). 송달받을 본인·대리인의 거부뿐만 아니라, 제186조 제1항에서 말하는 사무원·피용자 또는 동거인의 거부도 포함된다. 근무장소에서 보충송달을 받을 수 있는 사람에게는 유치송달을 할 수 없다.

2. 우편송달 – 발송송달

(1) 의의

교부송달, 보충송달, 유치송달도 불가능한 경우(제187조)나 당사자 등이 송달장소의 변경신고의무를 이행 하지 아니하거나 기록에 현출된 자료만으로 송달장소를 알 수 없는 경우(제185조 제2항) 중 하나의 경우에 행하는 송달을 말한다.

(2) 내용

1) 법원사무관 등이 소송서류를 송달장소 또는 종전에 송달받던 장소에 등기우편의 방식으로 발송하면 되므로, 발신주의에 의하고 있다. 확정일자 있는 우체국의 특수우편물 수령증이 첨부된 송달통지서 가 있어야 한다(대결 2000.1.31. 99마7663). 도달주의에 의하는 다른 송달과는 달리 현실적인 소송서류의 도달 여부나 도달시기 등은 불문하는 점에서 송달받을 사람에게 매우 불이익한 송달방법이다(이시 윤). 제187조 사유에 의한 발송송달은 당해 서류의 송달에 한하지만, 제185조 제2항 사유에 의한 송달 은 이후의 모든 송달을 발송송달 할 수 있다. 즉, 등기우편에 의한 발송송달은 당해 서류에 관하여 교부송달, 또는 보충·유치송달 등이 불가능한 것임을 그 요건으로 하는 것이므로 당해 서류의 송달 에 한하여 할 수 있는 것이지 그에 이은 별개의 서류의 송달은 이 요건이 따로 구비되지 않는 한 당연히 이 방법에 의한 우편송달을 할 수 있는 것이 아니다(대판 1994.11.11. 94다36278).

2) 우편송달은 법원사무관 등이 하고, 우편집배원이 실시하는 다른 송달과는 구별되므로, 특별한 허가가 불필요하다(대결 1992.1.30. 91마728). 의무를 어겨 송달을 어렵게 만든데 대하여 제재적 의미가 있는 것이다. 판례는 "민사소송법 제187조에 따른 등기우편에 의한 발송송달은 송달받을 자의 주소 등 송달하여야 할 장소는 밝혀져 있으나 송달받을 자는 물론이고 그 사무원, 고용인, 동거인 등 보충송달을 받을 사람도 없거나 부재하여서 원칙적 송달방법인 교부송달은 물론이고 민사소송법 제186조에 의한 보충송달과 유치송달도 할 수 없는 경우에 할 수 있고, 여기에서 송달하여야 할 장소란 실제 송달받을 자의 생활근거지가 되는 주소·거소·영업소 또는 사무소 등 송달받을 자가 소송서류를 받아 볼 가능성이 있는 적법한 송달장소를 말한다(대결 2009.10.29. 2009마1029)."고 한다. 따라서 소장과 항소장에 원고의 주소지로 기재되어 있기는 하나 당시 원고의 실제 생활근거지가 아닌 곳으로 변론기일 통지서를 우편송달한 것이 민사소송법 제189조나 제185조 제2항에 의한 우편송달로서의 효력이 없다(대판 2001.9.7. 2001다30025).

3) 수감된 당사자는 민사소송법 제185조에서 정한 송달장소 변경의 신고의무를 부담하지 않고 요건을 갖추지 못한 공시송달로 상소기간을 지키지 못하게 되었으므로 특별한 사정이 없는 한 과실 없이 판결의 송달을 알지 못한 것이고, 이러한 경우 책임을 질 수 없는 사유로 불변기간을 준수할 수 없었던 때에 해당하여 그 사유가 없어진 후 2주일 내에 추완 상소를 할 수 있다. 여기에서 '사유가 없어진 때'란 당사자나 소송대리인이 판결이 있었고 판결이 공시송달 방법으로 송달된 사실을 안 때를 가리킨다. 통상의 경우에는 당사자나 소송대리인이 사건 기록을 열람하거나 새로 판결정본을 영수한 때에 비로소 판결이 공시송달 방법으로 송달된 사실을 알게 되었다고 보아야 한다(대판 2022.1.13. 2019다220618).

(3) 관련문제

화해권고결정·이행권고결정의 송달은 우편송달에 의할 수 없다(제225조, 소액사건심판법 제5조의 3). 우편송달은 특히 외국판결의 승인요건과 관련하여 문제 된다(제217조 제2항 제2호). 특히 현행법은 우편·통신 제도의 발전에 따라 적절한 발송방법을 규칙에 위임하였지만, 아직 규칙은 등기우편에 의한 것만 인정하고 있다(규칙 제51조).

3. 송달함 송달

현행법은 교부송달·보충송달·유치송달·우편송달 등의 송달방법에 불구하고 법원 안에 송달함(mail box)을 설치하여 여기에 송달할 서류를 넣는 방법의 송달을 할 수 있게 하였다(제188조). 변호사나 소송사건이 많은 대기업용의 송달함을 설치하여 여기에 넣을 서류를 찾아가도록 함으로써 사서함 제도의 장점을 이어받게 하였다. 송달함 송달은 법원사무관 등이 한다. 송달받을 사람이 송달함에서 서류를 수령하여 가지 아니한 경우에는 송달함에 서류를 넣은지 3일이 지나면 송달된 것으로 본다(송달의제). 송달함의 이용신청은 법원장 또는 지원장에게 서면으로 신청한다(규칙 제52조).

37 공시송달

CONTENTS

▌ 공시송달제도 노무사 7회

Ⅰ. 의의

당사자의 주소 등 행방을 알기 어려워 송달장소의 불명으로 통상의 송달[147]방법에 의해서는 송달을 실시할 수 없게 되었을 때에 하는 송달이다(제194조 이하).

Ⅱ. 요건

공시송달은 송달받을 사람에게 현실적으로 소송서류가 교부되지 않고 송달이 효력이 발생되는 제도이므로, 엄격한 요건을 요구한다. 즉, ① 당사자의 주소 등 또는 근무장소를 알 수 없는 경우, ② 외국에서 하여야 할 송달에 관하여 제191조에 의한 촉탁송달을 할 수 없거나[148], 효력이 없을 것[149]으로 인정되는 경우에 인정된다.

---

147) 민사소송법상의 송달은 당사자나 그 밖의 소송관계인에게 소송상 서류의 내용을 알 기회를 주기 위하여 법정의 방식에 좇아 행하여지는 통지행위로서, 송달장소와 송달을 받을 사람 등에 관하여 구체적으로 법이 정하는 바에 따라 행하여지지 아니하면 부적법하여 송달로서의 효력이 발생하지 아니한다. 한편 채권양도의 통지는 채무자에게 도달됨으로써 효력이 발생하는 것이고, 여기서 도달이라 함은 사회통념상 상대방이 통지의 내용을 알 수 있는 객관적 상태에 놓여 졌다고 인정되는 상태를 가리킨다. 이와 같이 도달은 보다 탄력적인 개념으로서 송달장소나 수송달자 등의 면에서 위에서 본 송달에서와 같은 엄격함은 요구되지 아니하며, 이에 송달장소 등에 관한 민사소송법의 규정을 유추적용할 것이 아니다. 따라서 채권양도의 통지는 민사소송법상의 송달에 관한 규정에서 송달장소로 정하는 채무자의 주소·거소·영업소 또는 사무소 등에 해당하지 아니하는 장소에서라도 채무자가 사회통념상 그 통지의 내용을 알 수 있는 객관적 상태에 놓여 졌다고 인정됨으로써 족하다고 할 것이다(대판 2010.4.15. 2010다57).
148) 예를 들어, 외국과의 사이에 사법공조조약이 없거나 국제관행이 없기 때문에 촉탁송달이 불능으로 될 사정이 있는 경우를 말한다.
149) 예를 들어, 그 외국에 전쟁이 일어나서 촉탁송달이 불가능한 경우를 말한다.

Ⅲ. 절차 및 방법

1. 현행법의 내용 및 취지

현행법은 구법과는 달리 법원사무관 등이 직권으로 또는 당사자의 신청에 따라 공시송달을 명할 수 있게 하였다. 실무상으로도 실제 공시송달은 법원사무관 등이 처리하고 있으나, 형식만 재판장의 재판(명령)형식을 취하고 있을 뿐이었다. 따라서 이런 실무를 반영하여 일차적으로는 법원사무관 등이 공시송달을 할 수 있게 하였다. 다만, 이차적으로 재판장의 직권송달명령 권한을 유지하여 법원사무관 등의 공시송달 등에 관한 감독이나 사후교정 역할을 수행하게 함으로써 절차적 적정성을 확보함과 동시에, 재판장의 제한된 업무 역량을 실체 판단에 관한 심리에 집중할 수 있는 여건을 조성하려는 것이다.

2. 절차

공시송달신청은 그 사유를 소명하여야 한다. 예를 들어, 송달장소를 알 수 없기 때문에 공시송달을 신청하는 경우에는 읍·면·동장에 의한 전(前) 주소의 불거주확인서 등을 제출한다. 신청이 각하되었을 경우에는 항고할 수 있다(제439조). 직권에 의한 경우에는 소송지연을 방지할 필요가 있는 경우에 인정되는데, ① 소제기 후에 원고가 소재불명으로 된 경우, ② 피고에게 소장부본이 송달되어 소송이 진행되었는데 피고가 소재불명이 된 경우 등을 예로 들 수 있다. 다만, 이 경우에는 우편송달도 가능하다(제185조).

3. 방법

공시송달은 법원사무관 등이 송달할 서류를 보관하고 그 사유를 법원게시판에 게시하거나, 그 밖에 대법원규칙이 정하는 방법에 따라서 하여야 한다(제195조). 특히 민사소송규칙(제54조)은 ① 법원게시판 게시, ② 관보·공보 또는 신문 게재, ③ 전자통신매체를 이용한 공시 등을 규정하고 있는데, 법원은 현재 대법원 홈페이지 게시판을 이용하여 공시송달을 하고 있다.

Ⅳ. 효과

1. 공시송달의 효력발생

첫 공시송달은 제195조의 규정에 따라 실시한 날부터 2주가 지나야 효력이 생긴다. 다만, 같은 당사자에게 하는 그 뒤의 공시송달은 실시한 다음 날부터 효력이 생긴다(제196조 제1항). 외국에서 할 송달에 대한 공시송달의 경우에는 2월이 지나야 효력이 생긴다(동조 제2항). 특히 이들 기간은 줄일 수 없다(동조 제3항). 만일 공시송달의 효력이 발생되기 전에 본인이 찾아와 송달서류를 교부받으면 이를 해당 사건에 관하여 출석한 사람에게 직접 송달한 것으로 되어, 영수증을 받은 때에 그 송달의 효력이 발생하게 된다(민사소송법 177조 제2항). 그러나 이미 공시송달의 효력이 발생한 뒤에는 당사자에게 서류를 교부하였다 하더라도 이는 사실행위임에 불과하여 이미 발생한 송달의 효력을 좌우할 수는 없다. 따라서 이 경우 항소기간 등 불변기간도 공시송달의 효력이 발생한 날부터 진행되는 것이고, 영수증에 기재된 수령일자로부터 기산하는 것이 아님을 유의하여야 한다[법원실무제요 민사소송(Ⅱ), 307면].

2. 시적 범위

상소심에서는 전심의 공시송달절차의 효력이 미치지 아니하지만, 공시송달 사유의 소명으로는 전심의 소명자료를 원용할 수 있다. 즉, 공시송달의 효력은 그 취소가 없는 한 당해 심급에 있어서 지속되는 것이기 때문이다[법원실무제요(Ⅱ), 303면]. 공시송달명령의 효력은 당해 심급에 한해 지속되는 것이므로, 항소심에서 따로 공시송달명령을 취소할 필요가 없다[주석 민사소송법[Ⅲ], 160면].

3. 흠이 있는 공시송달

판례는 흠이 있는 공시송달이라고 해도 재판장의 명령에 의한 송달이므로, 송달의 효력에는 영향이 없다[150]고 한다(대결 1984.3.15. 84마20 전합). 그러므로 판결정본이 공시송달된 경우에는 상소제기기간이 도과되어 확정된 것을 전제로 상소의 추후보완(제173조)이나 재심(제451조 제1항 제11호)을 제기하여 구제받을 수 있을 것이다(대판 1983.6.14. 82다카1912 등). 다만, 법원사무관 등이 한 공시송달에 대하여도 기존 판례가 유지될 것인지는 지켜볼 것이라는 견해가 있다(이시윤).

> (TIP) 그러나 개정법 제194조 제5항에서 법원사무관 등의 공시송달이 흠이 있는 경우 재판장이 '취소'할 수 있게 하였음에 비추어, 법원사무관 등이 한 공시송달도 흠이 있어도 취소되기 전까지는 유효하다고 생각 된다.

그리고 구법과는 달리 공시송달은 법원의 재판이 아닌 법원사무관 등의 처분의 형식으로 하므로, 요건불비 등으로 공시송달에 잘못이 있다면 제223조에 따라 그 소속법원에 이의신청을 할 수 있다(이시윤). 그러나 피고가 변론종결 후에 사망한 상태에서 판결이 선고된 경우, 망인에 대한 판결정본의 공시송달은 무효이고, 상속인이 소송절차를 수계하여 판결정본을 송달받기 전까지는 그에 대한 항소제기기간이 진행될 수도 없다(대판 2007.12.14. 2007다52997).

4. 공시송달이 인정되지 않는 경우

공시송달은 현실적인 송달이 된 경우가 아니어서 송달사실을 알기를 기대할 수 없으므로, 답변서제출의무(제256조)나 당사자결석으로 인한 자백간주의 효과(제150조 제3항, 제1항)가 인정되지 아니한다. 화해권고결정(제225조)·이행권고결정(소액사건심판법 제5조의3)·지급명령[151](제462조 단서)도 공시송달에 의할 수 없다. 그리고 판례는 "환경분쟁조정법에 의한 재정의 경우 재정문서의 송달은 공시송달의 방법으로는 할 수 없다(대판 2016.4.15. 2015다201510).[152]"고 한다.

---

150) 민사소송법 제194조 소정의 공시송달의 요건이 갖추어지지 아니하였다고 하더라도, 재판장의 명에 의하여 공시송달이 된 이상 원칙적으로 공시송달의 효력에는 영향이 없는 것이나, 법인에 대한 송달은 같은 법 제64조 및 제179조에 따라서 그 대표자에게 하여야 되는 것이므로 법인의 대표자가 사망하여 버리고 달리 법인을 대표할 자도 정하여지지 아니하였기 때문에 법인에 대하여 송달을 할 수 없는 때에는 공시송달도 할 여지가 없는 것이라고 보아야 할 것이다(대판 1991.10.22. 91다9985).

151) **소송촉진 등에 관한 특례법 제20조의2(공시송달에 의한 지급명령)** ① 다음 각 호의 어느 하나에 해당하는 자가 그 업무 또는 사업으로 취득하여 행사하는 대여금, 구상금, 보증금 및 그 양수금 채권에 대하여 지급명령을 신청하는 경우에는 민사소송법 제462조 단서 및 같은 법 제466조 제2항 중 공시송달에 관한 규정을 적용하지 아니한다. <개정 2015.12.22.>
1. 은행법에 따른 은행
② 제1항의 채권자는 지급명령을 공시송달에 의하지 아니하고는 송달할 수 없는 경우 청구원인을 소명하여야 한다.

152) 환경분쟁 조정법 제40조 제3항, 제42조 제2항, 제64조 및 민사소송법 제231조, 제225조 제2항의 내용과 재정문서의 정본을 송달받고도 당사자가 60일 이내에 재정의 대상인 환경피해를 원인으로 하는 소송을 제기하지 아니하는 등의 경우 재정문서가 재판상 화해와 동일한 효력이 있으므로 재정의 대상인 환경피해를 원인으로 한 분쟁에서 당사자의 재판청구권을 보장할 필요가 있는 점 등을 종합하면, 환경분쟁조정법에 의한 재정의 경우 재정문서의 송달은 공시송달의 방법으로는 할 수 없다(대판 2016.4.15. 2015다201510).

사례연습 CASE 1 송달의 적법 여부, 추후보완항소

연습문제

근로자 甲은 사용자 乙에게 임금 1억 원을 지급 받지 못하고 있다. 그래서 甲은 乙에게 1억 원 임금지급의 소를 제기하여 1심에서 원고승소판결을 받았다. 이 판결정본은 乙의 주소지로 송달되었으나 乙이 경영하는 삼일상회의 종업원이자 동서인 丙이 乙의 주소지에 일시 방문차 들렀다가 위 판결정본을 수령하였고, 일주일이 지나서 乙에게 전달하였다. 丙으로부터 판결정본을 수령한 乙은 그로부터 일주일이 경과한 후 제1심 판결정본의 송달이 부적법하다고 주장하면서 추후보완항소를 제기하였고, 항소심은 이를 적법하다고 받아들여 본안에 관해 심리를 진행하였다. 이 경우 다음의 설문에 답하시오. (각 설문은 상호 독립적이다) (30점)

물음 1) 丙이 판결정본을 수령한 송달은 유효한가? (15점)

물음 2) 피고 乙이 제1심판결에 대하여 제기한 추후보완항소는 적법한가? (15점)

Ⅰ. 물음1)에 대하여 - 송달의 적법 여부

1. 의의

(1) 송달은 소송상 서류의 내용을 당사자 그 밖의 이해관계인에게 알리기 위하여 법정의 방식에 의하여 서류를 교부하는 행위이다. 이는 재판권의 한 작용으로, 직권으로 하는 것이 원칙이다(제174조).

(2) 송달은 법원의 권한 내지 책임이지만, 송달사무는 법원사무관 등이 처리한다(송달담당기관). 그리고 송달의 실시는 집행관 또는 우편집배원에 의하거나 그 밖에 대법원규칙이 정하는 사람에 의하여 한다(송달실시기관).

2. 송달실시의 방법

(1) 교부송달의 원칙 및 송달할 장소

1) 교부송달의 원칙

송달은 원칙적으로 송달받을 사람에게 교부하는 방법으로 한다(제178조).

2) 송달할 장소

사안의 경우도 원칙적으로 피고 乙에게 교부하는 방법으로 송달함이 원칙이다. 이 경우 교부해서 송달할 장소는 송달받을 사람의 주소·거소·영업소 또는 사무소 등인데, 사안의 경우에는 乙이 아닌 丙이 판결정본을 송달받았으므로, 丙이 송달수령권자인지가 문제된다.

(2) 보충송달

1) 법 규정

근무장소 "외"의 송달할 장소에서 송달받을 사람을 만나지 못한 때에는 그 사무원, 피용자, 동거인으로서 사리를 분별할 지능이 있는 사람에게 서류를 교부할 수 있다(제186조 제1항).

2) 동거인의 의미

판례는 동거인의 의미에 대해 송달받을 사람과 같은 세대에 속하여 생활을 같이 하는 사람을 말한다고 한다. 특히 동거하는 식모는 수령권한이 있으나(대결 1970.6.5. 70마325), 같은 송달장소에 거주하더라도 세대를 달리하는 집주인(대판 1978.2.28. 77다2029)이나 가옥임차인의 식모(대판 1981.4.14. 80다1662)에게는 수령권한이 없다는 것이 판례이다.

3) 사리를 분별할 지능이 있는 사람의 의미

사리를 분별할 지능이 있는 사람이란 송달의 의의를 이해하고 송달을 받을 사람에게 교부를 기대할 수 있을 정도의 능력을 갖춘 사람을 말하기 때문에, 반드시 성년자임을 요하지 않는다. 판례는 초등학교 3학년 재학의 만 8세 10개월의 학생(대결 1968.5.7. 68마336), 15세 7개월의 가정부도 포함된다고 했다.

4) 사안의 경우

사안의 丙은 영업소(삼일상회)에서는 종업원이어서 피용자가 되므로 송달수령권자가 되지만, 乙의 주소에서는 사무원, 피용자에 해당하지 않는다. 다만, 乙의 동서이므로 동거인이 문제되지만 일반적으로 동서는 세대를 같이하고 생계를 같이하는 것으로 볼 수 없으므로 동거인에도 해당하지 않는다. 따라서 일단 판결정본 송달은 부적법한 송달이다.

3. 이의권의 포기 · 상실 여부

(1) 강행규정

사안의 乙은 즉시 이의를 하였다는 사정이 없어 이의권의 포기 · 상실이 문제지만, 다른 소송서류의 송달의 하자와는 달리 판결정본송달의 하자는 항소기간이라는 불변기간의 기산점이 되므로(제396조) 이는 강행규정이 되어, 이의권의 포기 · 상실의 대상이 되지 않는다는 것이 통설 · 판례이다.

(2) 사안의 경우

따라서 사안의 경우도 이의권의 포기 · 상실로 송달의 흠이 치유되지 아니한다(제151조).

4. 소결

丙은 삼일상회의 종업원으로서 영업소에서는 적법하게 송달받을 수 있는 사람이나, 일시 방문한 乙의 주소지에서는 적법하게 송달받을 사람이 아니다. 그리고 이는 이의권의 포기, 상실의 대상이 되지도 않으므로, 위 판결정본의 송달은 무효이다.

Ⅱ. 물음 2)에 대하여 – 추후보완항소의 적법 여부

1. 소송행위의 추후보완의 의의 및 취지

(1) 의의

당사자가 책임질 수 없는 사유로 불변기간을 준수하지 못한 경우에는 그 사유가 종료된 뒤에 소송행위를 추후보완할 수 있다(제173조 제1항).

(2) 취지

통상기간과는 달리 불변기간을 준수하지 못하면 원칙적으로 보정이 불가능하여 당사자에게 치명적인 불이익이 발생한다. 그러나 당사자가 책임질 수 없는 사유로 기간을 준수할 수 없었던 경우에도 이를 구제하지 아니하면 당사자에게 가혹한 결과가 되므로 그 사유가 종료된 뒤 2주 이내에 게을리한 소송행위를 하면 본래의 기간 내에 한 것과 같은 효과를 부여하는 것이다.

2. 적용범위

(1) 불변기간

이는 불변기간에 적용된다. 즉, 추후보완의 대상이 되는 기간은 법률로 항소기간, 상고기간 등 불변기간으로 정해 놓은 것에 한하며, 그 외의 기간에 대해서는 추후보완의 대상이 되지 않음이 원칙이다.

(2) 상고이유서 · 재항고이유서 제출기간

다만, 법률로 명정된 불변기간은 아니지만, 상고이유서 · 재항고이유서제출기간은 그 해태의 효과가 상고기간의 해태의 효과와 실질적인 차이가 없으므로 유추적용이 필요하다(다수설). 그러나 판례는 "상고이유서 제출기간은 불변기간이 아니므로 제173조의 적용이 없다(대판 1970.1.27. 67다774)."고 하여 반대의 입장이다.

(3) 판결정본 송달의 경우

그리고 판결정본 송달이 무효인 경우 판례는 제1심판결정본 송달의 하자로 송달이 당연무효인 경우에는 판결이 확정되지 않아 항소기간이 진행되지 않기 때문에 언제든지 항소를 제기 할 수 있다고 한다(항소설).

3. 당사자가 책임질 수 없는 사유

(1) 귀책사유가 없는 경우

당사자가 해당 소송행위를 하기 위한 일반적 주의를 다하였어도 그 기간을 준수할 수 없는 사유를 말하므로(대결 1991.3.15. 91마1), 천재지변과 같은 불가항력에 한하지 않는다. 따라서 과실 없이 판결의 송달을 몰랐던 경우가 이에 속하고(대판 1976.4.27. 76다170), 공시송달의 방법에 의하여 판결정본이 송달되어 불변기간인 상소기간이 도과된 경우에는 특단의 사정이 없는 한 상소기간을 준수치 못한 것은 그 상대방이 책임질 수 없는 때에 해당한다(대판 1985.10.8. 85므40).

(2) 귀책사유가 있는 경우

그러나 질병치료를 위한 출타(대결 1966.6.24. 66마594), 교도소의 재소 중(대결 1966.11.29. 66마958), 가스중독으로 인한 항고기간의 도과(대판 1967.8.20. 67다1285), 지방출장으로 인하 부재(대결 1968.7.5. 68마458), 소송대리인이 판결정본을 송달받고도 당사자에게 그 사실을 알려주지 아니한 경우(대판 1984.6.14. 84다카744) 등은 당사자가 책임질 수 없는 사유에 해당하지 않는다.

4. 사안의 경우

(1) 사안에서 丙이 송달수령권자가 된다면 그 때부터 2주를 도과하여 乙은 추후보완항소를 한 것이고, 이는 당사자인 乙이 과실 없이 판결의 송달을 몰랐던 경우이므로, 당사자가 책임질 수 없는 사유에 해당하여 乙의 추후보완항소는 적법하다고 할 것이다.

(2) 하지만 사안의 경우 丙은 송달수령권자가 되지 못하므로, 2주간의 항소기간은 진행되지 않는다(제396조 참고). 따라서 <u>丙이 乙에게 판결정본을 전달했을 때 항소기간은 진행하고</u>[153], 그 때부터 1주일 후에 제기한 추후보완항소는 추후보완항소가 아니라 일반항소로서 적법한 것으로 보아야 한다. 그러므로 乙의 항소는 추후보완항소로서는 부적법하지만 일반항소로서는 적법하다.[154]

---

153) 원심판결이유에 의하면 원심은 피고 김태종의 "동서"인 소외 김한웅이 1992.1.25. 위 피고의 주소지인 광주 서구 월산동 27의23에서 이 사건 제1심판결 정본을 수령한 사실, 위 김한웅은 광주 북구 유동 105의14에 거주하면서 위 피고 경영의 광주 서구 양2동 39 소재 철물등 도소매업체인 <u>삼일상회의 "종업원"으로 근무하는데</u>, 위 피고의 주소 지에 일시 방문차 들렀다가 위 판결정본을 수령한 사실을 인정한 다음 소외 김한웅은 위 피고의 영업소인 삼일상 회의 고용인으로서 같은 영업소 소재지에서는 위 피고를 수송달자로 한 판결정본을 적법하게 송달받을 수 있으나, 일시적으로 방문한 위 피고의 주거지에서는 이를 적법하게 송달받을 수 없다고 할 것이므로 위 송달은 무효이고, <u>위 김한웅이 이를 1992.2. 초경 위 판결정본을 위 피고에게 전달하여 그때 송달이 완성되었다고 할 것이므로</u>, 그로 부터 민사소송법 제366조(현 제396조) 제1항 소정의 2주일 내에 제기한 피고의 항소는 적법하다고 판시하였는바, <u>소론이 지적하는 점에 관한 원심의 인정판단은 정당한 것이다</u>(대판 1995.1.24. 93다25875).

154) <u>乙의 항소가 추후보완항소가 아닌 일반항소로서 적법하다고 한다면 乙이 추후보완항소를 한 것은 부적법한 것인 가?</u> 엄밀히 말하면 그러하다. 하지만 乙이 이를 상고심에서 상고이유로 주장한 것이 문제이다. 즉, 상고심은 법률 심이고 판결주문에 영향이 있어야 상고이유가 있는 것(법 제423조, 상대적 상고이유)인 바, <u>일반항소로 적법하든 추후보완항소로 적법하든 원고가 항소기각당한데 대해 판결주문에는 영향이 없는 것이므로 상고는 이유가 없는 것이다</u>. 주의를 요한다. 참고로 추후보완행위를 하는 데 있어서는 추후보완을 하는 사람(당사자, 소송대리인, 보조 참가인 등)이 해태한 소송행위를 그 방식에 쫓아서 하는 것으로 족하고 따로 추후보완의 신청 같은 것은 필요 없 다. 다만, 실무에서는 "추후보완항소장"임을 명기하는 것이 관례이며 또 그렇게 하는 것이 편리하다고 하겠다[법원 실무제요, 민사소송(Ⅱ), 법원행정처, 2005, 219면].

2022년 법원행정고시

甲은 소송대리인을 선임하여 乙을 상대로 소유권이전등기청구의 소를 제기하였는데, 그 소송계속 중 사망하였다. 이에 망인 甲의 공동상속인 A, B 중 A만 소송수계절차를 밟았고, 제1심 법원은 판결문에 원고를 '망인의 소송수계인 A'로 표시하여 원고 전부패소판결을 선고하였다. 이에 위 소송대리인은 상소제기에 관한 특별수권에 따라 제1심판결문의 원고 기재와 같이 '망인의 소송수계인 A'로 기재한 항소장을 제출하여 그 판결에 전부 불복하는 취지의 항소를 제기하였다. 이후 항소심 계속 중 다른 공동상속인 B가 소송수계신청을 한 경우, 항소심법원의 적법한 조치는 무엇인지를 그 근거와 함께 설명하시오. (20점)

Ⅰ. 항소심법원의 적법한 조치

다른 공동상속인 B의 소송수계신청을 받아들여야 한다(제233조 제1항).

Ⅱ. 근거

1. 정지 및 중단의 의의

소송절차의 정지란 소송이 계속된 후에 아직 절차가 종료되기 전에 소송절차가 법률상 진행되지 않는 상태를 말한다. 그리고 중단이란 당사자나 소송행위자에게 소송을 수행할 수 없는 사유가 발생하였을 경우에 새로운 수행자가 나타나 소송에 관여할 수 있을 때까지 법률상 당연히 절차의 진행이 정지되는 것을 말한다.

2. 중단의 요건

소송절차가 중단이 되기 위해서는 ① 소송계속 중 당사자사망, ② 상속인의 존재, ③ 소송물인 권리의무가 상속의 대상이 되어야 한다(제233조). 그리고 피상속인의 사망 전에 선임된 ④ 소송대리인이 없어야 한다(제238조). 다만, 사안에서는 ① 소송계속 중 당사자 甲이 사망하였고, ② 甲의 공동상속인 A, B가 존재하며, ③ 소송물인 소유권이전등기청구권은 상속의 대상이 되지만, ④ 甲의 소송대리인이 존재하고 있으므로, 소송절차는 중단되지 아니한다.

3. 소송대리인이 있는 경우

(1) 내용

소송대리인이 있으면 중단되지 아니한다(제238조, 제233조). 중단사유가 발생해도 소송대리인이 있으면 그 대리권은 소멸되지 않고 존속하므로(제95조, 제96조), 당사자가 대리인이 없는 상태가 되는 것은 아니기 때문이다. 소송대리인은 수계절차를 밟지 않아도 신당사자의 소송대리인이 되며, 판결의 효력은 신당사자에게 미친다(대결 1992.11.5. 91마342).

(2) 심급대리의 원칙

소송대리인이 있다고 하여 소송절차가 무제한하게 속행되는 것이 아니라, 심급대리의 원칙상 그 심급의 판결정본이 당사자에게 송달되면서 소송절차는 중단된다는 것이 판례이다(대판 1996.2.9. 94다61649).

(3) 상소의 특별수권

소송대리인에게 상소에 관한 특별수권이 있으면 판결이 송달되어도 예외적으로 중단되지 않는다. 판례도 "당사자가 사망하였으나 소송대리인이 있는 경우에는 소송절차가 중단되지 아니하고(민사소송법 제238조, 제233조 제1항), 소송대리인은 상속인들 전원을 위하여 소송을 수행하게 되며, 판결은 상속인들 전원에 대하여 효력이 있다. 이 경우 심급대리의 원칙상 판결정본이 소송대리인에게 송달되면 소송절차가 중단되므로 항소는 소송수계절차를 밟은 다음에 제기하는 것이 원칙이다. 다만, 제1심 소송대리인이 상소제기에 관한 특별수권이 있어 상소를 제기하였다면 상소제기시 부터 소송절차가 중단되므로 항소심에서 소송수계절차를 거치면 된다(대판 2016.4.29. 2014다210449)."고 한다.

4. 판례

"당사자 표시가 잘못되었음에도 망인의 소송상 지위를 당연승계한 정당한 상속인들 모두에게 효력이 미치는 판결에 대하여 그 잘못된 당사자 표시를 신뢰한 망인의 소송대리인이나 상대방 당사자가 그 잘못 기재된 당사자 모두를 상소인 또는 피상소인으로 표시하여 상소를 제기한 경우에는, "상소를 제기한 자의 합리적 의사에 비추어" 특별한 사정이 없는 한 "정당한 상속인들 모두에게 효력이 미치는 위 판결 전부에 대하여 상소가 제기된 것"으로 보는 것이 타당하다. … 이 사건 항소 역시 소송수계인으로 표시되지 아니한 나머지 상속인들 모두에게 효력이 미치는 위 제1심판결 전부에 대하여 제기된 것으로 보아야 할 것이다. 그렇다면 이 사건 항소로 인하여 제1심판결 전부에 대하여 확정이 차단되고 항소심절차가 개시되었으며, 다만 제1심에서 이미 수계한 소외 2 외에 망인의 나머지 상속인들 모두의 청구 부분과 관련하여서는 항소제기 이후로 소송대리인의 소송대리권이 소멸함에 따라 민사소송법 제233조에 의하여 그 소송절차는 중단된 상태에 있었다고 보아야 한다. 따라서 원심으로서는 망인의 정당한 상속인인 원고들의 이 사건 소송수계신청을 받아들여 그 부분 청구에 대하여도 심리 판단하였어야 한다(대판 2010.12.23. 2007다22859)."고 하여 누락된 상속인도 상소심으로 이심된다는 견해[155]를 취하고 있다.

5. 사안의 경우

따라서 소송대리인의 합리적 의사에 비추어 정당한 상속인들 A, B 모두에게 효력이 미치는 위 판결 전부에 대하여 항소가 제기된 것으로 보는 것이 타당하다. 그러므로 항소심법원은 B의 소송수계신청을 받아들여 그 부분 청구에 대하여 심리·판단하면 된다.

---

155) 이시윤 교수 평석(제12판, 2018년, 451면)
　[1] 다만, 최근에 확정설의 종전 판례와는 사실관계에 다소 차이가 있어도 다른 취지가 아닌가 하는 판례가 나타났다. 제1심 계속 중 사망한 원고의 공동상속인 중에 A만이 수계절차를 밟았을 뿐이고, A만을 망인의 소송수계인으로 표시하여 한 원고패소판결에 대하여 망인의 소송대리인이 항소인을 A만을 기재하여 항소제기한 사안에서, 제1심 판결의 효력은 수계인 표시가 없는 나머지 B등에게도 미치고 항소의 효력도 미쳐 그들에 대해 확정차단이 된다는 것이다. 중단설은 아니고 효력확장설이라 하겠다.
　[2] 이에 대해 이시윤 교수는 "공동상속인 중 1인의 수계신청이나 항소가 공동상속인 전원에 미치는 결과인데, 공동상속의 소송관계가 필수적 소송관계가 아니라면 문제가 있어 보이고, 소송행위의 표시주의의 원칙에 맞느냐도 있을 것이다(동면 각주 1)."라고 하여 판례에 대해 의문을 제기하고 있다.

제3장
증거

38 재판상 자백

CONTENTS

계에 관하여 법률적 평가를 여러 가지로 바꾸어 주장하는 것에 불과하면 자백한 것의 취소 ×
(3) 주요사실
  1) 자백의 대상이 되는 사실은 '주요사실'에 한하므로, 간접사실과 보조사실에 관하여는 자백 효력 ×(통설·판례)
    ∴ 자유심증주의 제한
  2) ① 자유심증주의와의 관계에서 간접사실에 대해서는 자백을 부정하는 것이 타당(통설)
    ② 문서의 진정성립에 대해 통설·판례는 비록 보조사실에 관한 자백이지만 이에 관한 재판상 자백을 인정 ○
2. 내용 - 상대방의 주장과 일치하는 불리한 진술
(1) 자기에게 '불리한 사실'의 의미
  1) 학설: 증명책임설, 패소가능성설(예 선의취득을 주장하면서 자신의 과실을 자인하는 경우, 자신에게 증명책임이 있는 사실이므로 증명책임설에 의하면 자백이 아니지만, 패소가능성설에 의하면 패소가능성이 있는 경우이므로 자백이 성립)
  2) 판례는 "원고들이 소유권확인을 구하고 있는 사건에서 원고들의 피상속인 명의로 소유권이전등기가 마쳐진 것이라는 점은 원래 원고들이 입증책임을 부담할 사항이지만 위 소유권이전등기를 마치지 않았다는 사실을 원고들 스스로 자인한 바 있고 이를 피고가 원용한 이상 이 점에 관하여는 자백이 성립한 결과가 되었다(대판 1993.9.14. 92다24899)."고 하여 패소가능성설에 의한 판시
  3) 검토
    당사자본인소송현실, 자백이 아님을 전제로 정정기회 부여, 증명책임설 타당(이시윤)

(2) 상대방의 주장과 일치하는 진술
  1) 양 진술의 시간적 선후는 문제 ×. 당사자가 스스로 먼저 (상대방에게 증명책임이 있는) 자기에게 불리한 진술을 하고 뒤에 상대방이 이를 원용하는 경우 ⇨ 선행자백
  2) 상대방 주장과 일치하는 진술이면, 그 범위는 문제 ×, 일부만이 일치 ⇨ 일부자백
  [예] ① 대여금청구소송에서 원고가 주장하는 돈을 받은 사실은 인정하지만, 돈을 빌린 것이 아니라 증여받았다고 진술하는 경우(이유부 부인, 적극부인, 간접부인), ② 원고로부터 돈을 차용한 사실은 인정하지만 이를 변제하였다고 하는 경우(제한부자백, 항변). 어느 경우이든 진술이 일치하는 범위 안에서는 재판상 자백 성립]
3. 형식 - 변론이나 변론준비기일에서의 진술일 것
  (1) 자백은 소송행위
    ∴ 소송능력 ○, 조건 ×, 자백은 법원에 대한 일방적 진술
    ∴ 상대방이 결석한 경우에도 가능
  (2) 자백은 소송 밖에서 ×, 재판외의 자백으로서 간접사실에 불과. 증거조사절차인 당사자신문에서 상대방의 주장사실을 인정하는 진술을 하였더라도 자백 ×(소송자료과 증거자료의 구별)

Ⅲ. 효과

1. 법 규정
   자백한 사실은 증명 ×(불요증사실, 제288조 본문). 자백의 구속력은 상급심에도 미침(제409조)
2. 법원에 대한 구속력
   (1) 원칙
      변론주의 원칙상 자백한 사실은 법원을 구속. 즉, 자백한 사실에 대해서는 법원의 사실인정권이 배제되는 것

(2) 예외
   자백의 구속력은 직권탐지주의 절차와 직권조사사항에서는 미치지 ×. 다만, ① 행정소송에서 판례는 자백인정, 학설은 반대, ② 회사관계소송은 자백인정이 다수견해(반대: 이시윤 제5판, 415면)
3. 당사자에 대한 구속력
   (1) 원칙
      금반언의 원칙, 상대방의 신뢰 내지 이익보호, 소송절차 안정 등을 근거로 자백은 원칙적으로 철회할 수 ×(제288조 단서)
   (2) 예외
      1) 진실에 어긋나는 자백은 그것이 착오로 말미암은 것임을 증명한 때에는 철회 가능(법 제288조 단서, ① 반진실 + ② 착오)
         ① 반진실의 경우 진실에 어긋나는 것에 대한 증명은 그 반대되는 사실을 직접 증거에 의하여 증명함으로써 할 수 있지만, 자백이 진실에 어긋남을 추인할 수 있는 간접사실의 증명에 의해서도 가능
         ② 반진실이 증명되었다고 하여 착오로 말미암은 자백으로 추정되지는 않지만, 착오로 말미암은 것임은 변론 전체의 취지만으로 인정 가능
      2) 상대방의 동의가 있는 경우. 다만, 판례는 자백의 취소에 대하여 상대방이 아무런 이의를 제기하고 있지 않다는 점만으로는 그 취소에 동의하였다고 볼 수는 ×
      3) 상대방 또는 제3자의 형사상 처벌 받을 행위로 말미암아 자백을 한 경우(법 제451조 제1항 제5호)
      4) 당사자의 경정권(제94조)

1 재판상 자백 사시 15·24·35회, 변리사 32회, 노무사 3회

Ⅰ. 의의 및 법적 성질

1. 의의

재판상 자백이라 함은 당사자가 변론기일 또는 변론준비기일에서 상대방 주장사실과 일치하고, 자기에게 불리한 사실을 진정한 것으로 인정하는 진술을 말한다(제288조).

2. 법적 성질

상대방의 증명책임을 면제하고 자신의 방어권을 포기하는 의사표시 또는 상대방의 주장사실을 진실로 확정하려는 의사라고 보는 견해(의사표시설)도 있으나, 자백의 효과는 당사자의 의욕과는 관계없이 발생하므로 이는 소송행위의 일종이고, 상대방의 주장사실이 진실이라는 지식의 보고라고 보는 견해(사실보고설)가 통설이며, 타당하다.

Ⅱ. 요건

1. 대상

(1) 원칙 – 사실

변론주의 원칙상 자백의 대상이 되는 것은 사실[156]에 한하므로, 소송물의 전제가 되는 권리관계나 법률효과를 인정하는 진술은 권리자백이라고 하여 법원과 당사자를 구속하지 못하는 것이 원칙이다(통설·판례). 따라서 직권조사사항은 자백의 대상이 될 수 없다(대판 2002.5.14. 2000다42908). 그리고 법규나 경험법칙의 존재 여부, 법규의 해석 등은 법원이 그 직책상 스스로 판단·해석해야할 전권사항이므로 자백의 대상이 되지 아니한다.[157] 사실에 대한 법적 추론 내지 법률적 평가와 증거의 평가 등은 법원의 전권사항에 속하기 때문에 자백의 대상이 되지 못 한다[158]. 따라서 당사자가 채권계약인 무명혼합계약을 물권

---

156) 재심의 소는 확정판결에 대하여 그 판결의 효력을 인정할 수 없는 흠결이 있는 경우에 구체적 정의를 위하여 법적 안정성을 희생시키면서 확정판결의 취소를 허용하는 비상수단으로서, 소송제도의 기본목적인 분쟁해결의 실효성과 정의실현과의 조화를 도모하여야 하는 것이므로 재심사유의 존부에 관하여는 당사자의 처분권을 인정할 수 없고, 재심법원은 직권으로 당사자가 주장하는 재심사유 해당사실의 존부에 관한 자료를 탐지하여 판단할 필요가 있고, 따라서 재심사유에 대하여는 당사자의 자백이 허용되지 아니하며 자백간주에 관한 민사소송법 제150조 제1항은 적용되지 아니한다고 할 것이다(대판 1992.7.24. 91다45691).

157) 민사집행법 제23조 제1항은 민사집행절차에 관하여 민사집행법에 특별한 규정이 없으면 성질에 반하지 않는 범위 내에서 민사소송법의 규정을 준용한다는 취지인데, 집행절차상 즉시항고 재판에 관하여 변론주의의 적용이 제한됨을 규정한 민사집행법 제15조 제7항 단서 등과 같이 직권주의가 강화되어 있는 민사집행법 하에서 민사집행법 제16조의 집행에 관한 이의의 성질을 가지는 강제경매 개시결정에 대한 이의의 재판절차에서는 민사소송법상 재판상 자백이나 의제자백에 관한 규정은 준용되지 아니하고, 이는 민사집행법 제268조에 의하여 담보권실행을 위한 경매절차에도 준용되므로 경매개시결정에 대한 형식적인 절차상의 하자를 이유로 한 임의경매 개시결정에 대한 이의의 재판절차에서도 민사소송법상 재판상 자백이나 의제자백에 관한 규정은 준용되지 아니한다(대결 2015.9.14. 2015마813).

158) 일반적으로 법원에서 당사자가 자백한 사실은 증명을 필요로 하지 아니하고(민사소송법 제288조), 자백이 성립된 사실은 법원을 기속한다. 그러나 이는 법률 적용의 전제가 되는 주요사실에 한정되고, 사실에 대한 법적 판단이나 평가 또는 적용할 법률이나 법적 효과는 자백의 대상이 되지 아니한다(대판 2016.3.24. 2013다81514).

계약인 담보설정계약으로 인정하였다 하여도 법원은 여기 구속되지 아니하며(대판 1962.4.26. 4294민상1071), 법률상 유언이 아닌 것을 유언이라고 시인하여도 자백이 될 수 없다(대판 2001.9.14. 2000다66430). 그리고 법정변제충당의 순서를 정함에 있어 기준이 되는 이행기나 변제이익에 관한 사항 등은 구체적 사실로서 자백의 대상이 될 수 있으나, 법정변제충당의 순서 자체는 법률 규정의 적용에 의하여 정하여지는 법률상의 효과여서 그에 관한 진술이 비록 그 진술자에게 불리하더라도 이를 자백이라고 볼 수는 없다(대판 1998.7.10. 98다6763). 또한 주요사실에 대한 당사자의 불리한 진술인 자백이 성립하는 대상은 사실에 한하는 것이고 이러한 사실에 대한 법적 판단 내지 평가는 자백의 대상이 되지 않으므로, 이행불능에 관한 주장은 법률적 효과에 관한 진술을 한 것에 불과하고 사실에 관한 진술을 한 것이라고는 볼 수 없으므로 법원은 이에 구속되지 아니한다(대판 2009.4.9. 2008다93384). 그리고 근로관계에 관하여 법률적 평가를 여러 가지로 바꾸어 주장하는 것에 불과하면 자백한 것의 취소로 볼 수 없다(대판 2008.3.27. 2007다87061).[159]

(2) 예외

1) 알려진 법 개념

권리자백이라 하여도 재판상 자백이 인정되는 경우도 있다. 먼저 단순하고 일반적으로 알려진 법 개념은 재판상 자백의 대상이 될 수 있다. 예를 들어, 매매, 증여, 소유권 등의 법적개념에 대한 자백은 그 내용을 이루는 사실에 대한 압축적 진술 내지 법률적으로 윤색된 사실이라고 볼 수 있기 때문이다(Rosenberg, 정동윤·유병현·김경욱). 따라서 법률용어를 사용한 당사자의 진술이 동시에 구체적인 사실관계의 표현으로서 사실상의 진술도 포함하는 경우에는 그 범위 내에서 자백이 성립하는 것이라 할 것이다(대판 1984.5.29. 84다122).[160]

2) 선결적 법률관계

① 학설

㉠ 긍정설

ⓐ 선결적 법률관계는 기본관계에 대한 소전제를 이루고 있어 사실관계와 다를 바 없다는 점, ⓑ 예를 들어, 토지인도청구의 소에서 소유권의 존부에 대해 중간확인의 소가 제기된 경우 피고의 청구인낙이 가능한 것이라면 그보다 유리한 피고의 자백은 응당 긍정해야 한다는 것을 근거로 이를 인정한다(이시윤, 정동윤).

---

159) 원고들은 앞에서 본 바와 같이 피고 법인의 근로자라고 주장하였는바, 피고 법인은 제1심 제1차 변론기일에서 원고들이 피고 법인의 근로자의 지위에 있었다는 점에 다툼이 없다고 진술하였으므로, 원고들이 임금을 목적으로 종속적인 관계에서 피고 법인에 근로를 제공하였다는 점에 대하여는 피고 법인의 재판상의 자백이 성립되었다고 보아야 할 것이고, 그 후 피고 법인이 원고들은 피고 법인의 정규 근로자가 아니라 시간제 근로자라거나 피고 법인의 교직원이 아니라는 등의 주장을 하는 것은 단순히 원고들과 피고 법인 사이의 근로관계에 관한 법률적 평가를 여러 가지로 바꾸어 주장하는 것에 지나지 아니하여 이를 자백의 취소로 볼 것은 아니라고 할 것이다(대판 2008. 3.27. 2007다87061).

160) 원고 소송대리인의 "본건 토지가 1975.12.31 법률 제2848호 토지구획정리사업법부칙 제2항 해당 토지인 사실은 다툼이 없다."란 진술 중에는 위 토지가 공공에 공용되는 하천임을 전제로 하는 사실상의 진술도 포함된 것으로 보이므로 그 취지의 자백이 인정된다.

ⓛ 부정설

ⓐ 법률판단은 법원의 전권사항이므로 그에 대한 재판상 자백은 있을 수 없고, ⓑ 사인의 법률판단에는 오류가 생기기 쉬워 재판상 자백을 인정하면 실체적 진실에 반할 수 있다는 점을 근거로 이를 부정한다.

ⓒ 절충설(일부긍정설)

선결적 법률관계에 관한 주장에는 ⓐ 법적 판단 내지는 법적 추론에 관한 자백과, ⓑ 그러한 판단 내지는 추론에 이르게 된 사실적 요소에 관한 것이 포함된 2중적 성격이 있는데, ⓐ는 법원의 전권사항에 속하는 법판단권에 관련되고 있기 때문에 재판상 자백의 성립을 인정하기 어려운 반면, ⓑ에 대해서는 그 사실적 요소로 인하여 수월하게 재판상 자백을 인정할 수 있으므로, 이 양자를 조화하여 권리자백도 재판상 자백의 하나로 보아 당사자에 대한 구속력을 인정하여 자백자의 임의철회를 금지시키는 한편 법원에 대한 관계에서는 구속력을 부인함으로써 법원의 법판단권을 존중함이 타당하다고 한다(강현중).

② 판례

판례는 "소유권에 기한 이전등기말소청구소송에 있어서 피고가 원고 주장의 소유권을 인정하는 진술은 그 소전제가 되는 소유권의 내용을 이루는 사실에 대한 진술로 볼 수 있으므로 이는 재판상 자백이다(대판 1989.5.9. 87다카749)."라고 하여 긍정하는 입장으로 볼 수 있다.

③ 검토

부정설은 소송경제, 신속에 어긋나며 오히려 실체진실에 반할 수 있고, 절충설은 법원의 판단에 따라 당사자의 지위가 불안할 수 있다. 따라서 긍정설이 타당하며, 이때의 법률관계에 대한 자백은 사실관계에 대한 자백으로 선해할 수 있다고 본다.

(3) 주요사실

자백의 대상이 되는 사실은 '주요사실'에 한하므로[161], 간접사실과 보조사실에 관하여는 자백의 효력이 생기지 않는다(통설·판례). 즉, 간접사실이나 보조사실에 대해 자백을 인정하면 간접사실로부터 주요사실을 추인하거나 증거력을 평가할 때 법관의 자유심증(제202조)을 제약하는 결과로 되어 부당하기 때문이다. 문서의 진정성립은 부정되면 그 내용에 따른 실질적 증거력을 인정할 수 없게 되고, 처분문서의 경우 진정성립이 인정되면 특별한 사정이 없는 한 그 기재내용의 법률행위를 한 사실이 증명되는 효력이 있기 때문에 문서의 진정성립의 문제는 주요사실과 유사한 기능을 가지고 있다. 따라서 통설·판례[162]는 비록 보조사실에 관한 자백이지만 이에 관한 재판상 자백을 인정한다(대판 2001.4.24. 2001다5654).

---

161) 타인의 불법행위로 인하여 피해자가 상해를 입게 되거나 사망하게 된 경우, 피해자가 입게 된 소극적 손해인 일실수입은 피해자의 사고 당시 수입을 기초로 하여 산정하게 되므로 피해자의 사고 당시 수입은 자백의 대상이 된다(대판 1998.5.15. 96다24668). 그리고 특허침해소송에서 상대방이 제조하는 제품이 어떤 구성요소를 가지고 있는지는 침해판단의 전제가 되는 주요사실로서 재판상 자백의 대상이 될 수 있다(대판 2022.1.27. 2019다277751).

162) 문서의 성립에 관한 자백은 보조사실에 관한 자백이기는 하나, 그 취소에 관하여는 다른 간접사실에 관한 자백취소와는 달리, 주요사실의 자백취소와 동일하게 처리하여야 할 것이므로 문서의 진정성립을 인정한 당사자는 자유롭게 이를 철회할 수 없다고 할 것이고, 이는 문서에 찍힌 인영의 진정함을 인정하였다가 나중에 이를 철회하는 경우에도 마찬가지이다.

2. 내용 - 상대방의 주장과 일치하는 불리한 진술

(1) 자기에게 '불리한 사실'을 인정하는 진술

자백은 자기에게 '불리한 사실'을 인정하는 진술이나, 무엇을 기준으로 불리한가, 아닌가를 판단할 것인가에 대해서는 견해가 대립한다. 증명책임설은 상대방에게 증명책임이 있는 사실을 인정하는 경우라고 하고, 패소가능성설은 상대방의 주장사실이 판결의 기초로 채택되면 전부 또는 일부의 패소가능성이 있는 경우라고 한다. 예를 들어, 선의취득을 주장하면서 자신의 과실을 자인하는 경우, 자신에게 증명책임이 있는 사실이므로 증명책임설에 의하면 자백이 아니지만, 패소가능성설에 의하면 패소가능성이 있는 경우이므로 자백이 성립한다. 판례는 "원고들이 소유권확인을 구하고 있는 사건에서 원고들의 피상속인 명의로 소유권이전등기가 마쳐진 것이라는 점은 원래 원고들이 입증책임을 부담할 사항이지만 위 소유권이전등기를 마치지 않았다는 사실을 원고들 스스로 자인한 바 있고 이를 피고가 원용한 이상 이 점에 관하여는 자백이 성립한 결과가 되었다(대판 1993.9.14. 92다24899)."고 하여 패소가능성설에 의한 판시가 있다.

(2) 상대방의 주장과 일치하는 진술

양 진술의 시간적 선후는 문제되지 않는다. 즉, 상대방의 진술이 선행하고 뒤에 이를 인정하는 보통이지만, 당사자가 스스로 먼저 (상대방에게 증명책임이 있는) 자기에게 불리한 진술을 하고 뒤에 상대방이 이를 원용하는 경우도 있다. 이를 선행자백이라고 한다. 판례는 상대방이 원용하여 이미 재판상 자백이 된 것을 선행자백[163]이라고 하나(대판 1986.7.22. 85다카944 등, 김홍엽), 학설은 상대방이 원용하기 전의 상태를 선행자백이라고 하여 재판상 자백과 구분한다(이시윤, 강현중, 송상현 등). 그리고 상대방 주장과 일치하는 진술이면, 그 범위는 문제되지 아니한다. 즉, 일부만이 일치되어도 상관이 없는데, 이를 일부자백이라고 한다. 예를 들어, ① 대여금청구소송에서 원고가 주장하는 돈을 받은 사실은 인정하지만, 돈을 빌린 것이 아니라 증여받았다고 진술하는 경우(이유부 부인, 적극부인, 간접부인), ② 원고로부터 돈을 차용한 사실은 인정하지만 이를 변제하였다고 하는 경우(제한부 자백, 항변)가 있다. 어느 경우이든 진술이 일치하는 범위 안에서는 재판상 자백이 성립한다.

3. 형식 - 변론이나 변론준비기일에서의 진술일 것

(1) 소송행위

자백은 소송의 변론이나 변론준비기일에서 법원에 대한 소송행위로 하여야 하므로, 자백하는 사람은 소송능력이 있어야 하고, 자백에는 조건을 붙일 수 없다. 자백은 법원에 대한 일방적 진술이므로 상대방이 결석한 경우에도 할 수 있다.

---

163) 재판상 자백의 일종인 소위 선행자백은 당사자 일방이 자기에게 불리한 사실상의 진술을 자진하여 한 후 그 상대방이 이를 원용함으로써 그 사실에 관하여 당사자 쌍방의 주장이 일치함을 요하므로 그 일치가 있기 전에는 전자의 진술을 선행자백이라 할 수 없고 따라서 일단 자기에게 불리한 사실을 진술한 당사자도 그 후 그 상대방의 원용이 있기 전에는 그 자인한 진술을 철회하고 이와 모순되는 진술을 자유로이 할 수 있으며 이 경우 앞의 자인진술은 소송자료로부터 제거된다(대판 1986.7.22. 85다카944).

(2) 변론이나 변론준비기일에서 하는 것

자백은 변론이나 변론준비기일에서 하는 진술이므로 소송 밖에서 상대방이나 제3자에 대하여 불리한 진술을 하거나 다른 소송의 변론에서 자백을 하여도, 재판 외의 자백으로서 간접사실에 불과하다. 그리고 증거조사절차인 당사자신문에서 상대방의 주장사실을 인정하는 진술을 하였더라도 자백이 되지 아니한다(사실자료와 증거자료의 구별; 대판 1978.9.12. 78다879).

(3) 청구의 교환적 변경과 자백

피고가 제1심에서 대상 토지의 소유권 일부 이전등기가 아무런 원인 없이 이루어졌다는 원고의 주장사실을 인정함으로써 자백이 성립된 후, 소변경신청서에 의하여 그 등기가 원인 없이 이루어졌다는 기존의 주장사실에 배치되는 명의신탁 사실을 주장하면서 청구취지 및 청구원인을 명의신탁해지를 원인으로 하는 소유권이전등기를 구하는 것으로 교환적으로 변경함으로써 원래의 주장사실을 철회한 경우, 이미 성립되었던 피고의 자백도 그 대상이 없어짐으로써 소멸되었고, 나아가 그 후 그 피고가 위 자백내용과 배치되는 주장을 함으로써 그 진술을 묵시적으로 철회하였다고 보여지는 경우, 원고들이 이를 다시 원용할 수도 없게 되었고, 원고들이 원래의 원인무효 주장을 예비적 청구원인 사실로 다시 추가하였다 하여 자백의 효력이 되살아난다고 볼 수도 없다(대판 1997.4.22. 95다10204).

Ⅲ. 효과

1. 불요증사실

자백한 사실은 증명을 요하지 않는다(불요증사실; 제288조 본문). 자백의 구속력은 상급심에도 미친다(제409조).

2. 법원에 대한 구속력

(1) 원칙

변론주의 원칙상 자백한 사실은 법원을 구속한다. 즉, 자백한 사실에 대해서는 법원의 사실인정권이 배제되는 것이다. 즉, 재판상 자백이 성립하면 법원이 증거조사의 결과 반대의 심증을 얻었다 하여도 자백과 배치되는 사실을 인정할 수 없다.

(2) 예외

자백의 구속력은 직권탐지주의 절차와 직권조사사항에서는 미치지 않는다. 다만, 행정소송에서 판례는 행정소송에도 원칙적으로 변론주의가 적용된다고 하면서, 직권조사사항이 아닌 한, 자백의 구속력을 인정하지만, 학설은 행정소송법 제26조를 직권탐지주의를 규정한 것으로 보아 자백의 구속력을 배제하여야 한다는 견해가 유력하다(이시윤, 정동윤·유병현 등). 회사관계소송에서는 직권탐지주의가 적용되지 않으므로 자백의 구속력을 인정해야 한다는 견해가 다수의 입장이다(반대: 이시윤).

3. 당사자에 대한 구속력

(1) 원칙

금반언의 원칙, 상대방의 신뢰 내지 이익보호, 소송절차 안정 등을 근거로 자백은 원칙적으로 철회할 수 없지만(제288조 단서), 다음과 같은 예외가 인정된다. 다만, 철회가 시기에 늦어서는 안 되고(제149조), 상고심에서는 허용되지 아니한다(대판 1998.1.23. 97다38305).

(2) 예외

예외적으로 다음의 경우에는 자백이 취소(철회)될 수 있다. 특히 자백은 사적 자치의 원칙에 따라 당사자의 처분이 허용되는 사항에 관하여 그 효력이 발생하는 것이므로 일단 자백이 성립되었다고 하여도 그 후 그 자백을 한 당사자가 종전의 자백과 배치되는 내용의 주장을 하고 이에 대하여 상대방이 이의를 제기함이 없이 그 주장내용을 인정한 때에는 종전의 자백은 취소되고 새로운 자백이 성립된 것으로 보아야 한다(대판 1990.11.27. 90다카20548).

1) 상대방 또는 제3자의 형사상 처벌 받을 행위로 말미암아 자백을 한 경우(제451조 제1항 제5호).

2) 상대방의 동의가 있는 경우. 다만, 판례는 자백의 취소에 대하여 상대방이 아무런 이의를 제기하고 있지 않다는 점만으로는 그 취소에 동의하였다고 볼 수는 없다고 한다(대판 1994.9.27. 94다22897).

3) 진실에 어긋나는 자백은 그것이 착오로 말미암은 것임을 증명한 때에는 철회할 수 있다(제288조 단서, 반진실 + 착오). 반진실의 경우 진실에 어긋나는 것에 대한 증명은 그 반대되는 사실을 직접증거에 의하여 증명함으로써 할 수 있지만, 자백이 진실에 어긋남을 추인할 수 있는 간접사실의 증명에 의해서도 가능하다(대판 2000.9.8. 2000다23013). 반진실이 증명되었다고 하여 착오로 말미암은 자백으로 추정되지는 않지만,[164] 착오로 말미암은 것임은 변론 전체의 취지만으로 인정할 수 있다(대판 1997.11.11. 97다30646 등).

4) 당사자의 경정권(제94조)

---

[164] 재판상의 자백은 변론기일 또는 변론준비기일에 행한 상대방 당사자의 주장과 일치하는 자기에게 불리한 사실의 진술로서, 일단 재판상의 자백이 성립하면 그것이 적법하게 취소되지 않는 한 법원도 이에 기속되는 것이므로, 법원은 당사자 사이에 다툼이 없는 사실에 관하여 성립된 자백과 배치되는 사실을 증거에 의하여 인정할 수 없고, 자백을 취소하는 당사자는 그 자백이 진실에 반한다는 것 외에 착오로 인한 것임을 아울러 증명하여야 하고, 진실에 반하는 것임이 증명되었다고 하여 착오로 인한 자백으로 추정되는 것은 아니다(대판 2013.6.27. 2012다86048).

2 자백간주 _{노무사 9회}

Ⅰ. 의의

피고의 답변서 부제출의 경우 또는 당사자가 상대방 주장사실을 자백하지 아니하여도 명백히 다투지 아니하거나 당사자 한쪽의 불출석의 경우에 그 사실을 자백한 것으로 본다(제257조 제1항, 제150조 제1항 · 제3항). 이를 자백간주라고 하는데, 2002년 개정법 전에는 의제자백이라고 하였다. 변론주의 하에서는 당사자의 태도로 보아 다툴 의사가 없다고 인정되는 이상, 증거조사를 생략하는 것이 타당하기 때문이다. 그러므로 자백간주가 인정될 수 있는 것은 변론주의가 적용되는 경우에 한하며, 직권탐지주의가 적용되는 영역(가사소송, 행정소송, 민사집행절차[165])에서는 적용이 없다. 그리고 직권조사사항(대판 1999.2.24. 97다38930), 재심사유(대판 1992.7.24. 91다45691), 법률상의 주장(대판 1973.10.10. 73다907) 등에 대해서도 자백간주는 적용되지 않는다.

Ⅱ. 자백간주가 성립되는 경우

1. 답변서 부제출의 경우

2002년 개정법은 피고가 소장부본을 송달받고 30일 이내에 답변서를 제출하지 아니하는 경우 청구의 원인사실을 자백한 것으로 보고, 변론기일의 지정 없이 원고 무변론승소판결을 할 수 있게 하였다.

2. 상대방의 주장사실을 명백히 다투지 아니한 경우

당사자가 변론기일 또는 변론준비기일에 출석하였으나 상대방의 주장사실을 명백히 다투지 아니하였다면 그 사실에 대해서는 자백한 것으로 본다(제150조 제1항). 그러나 변론전체의 취지로 보아 다투었다고 인정되면 자백간주가 성립되지 않는다(동조 동항 단서). 여기의 변론전체의 취지는 제202조의 증거원인의 의미와는 달리 변론의 일체성을 의미하므로, 변론종결 당시의 상태에서 변론전체를 구체적으로 관찰하여 정하여야 한다.[166]

---

165) 민사집행법 제23조 제1항은 민사집행절차에 관하여 민사집행법에 특별한 규정이 없으면 성질에 반하지 않는 범위 내에서 민사소송법의 규정을 준용한다는 취지인데, 집행절차상 즉시항고 재판에 관하여 변론주의의 적용이 제한됨을 규정한 민사집행법 제15조 제7항 단서 등과 같이 직권주의가 강화되어 있는 민사집행법하에서 민사집행법 제16조의 집행에 관한 이의의 성질을 가지는 강제경매 개시결정에 대한 이의의 재판절차에서는 민사소송법상 재판상 자백이나 의제자백에 관한 규정은 준용되지 아니하고, 이는 민사집행법 제268조에 의하여 담보권실행을 위한 경매절차에도 준용되므로 경매개시결정에 대한 형식적인 절차상의 하자를 이유로 한 임의경매 개시결정에 대한 이의의 재판절차에서도 민사소송법상 재판상 자백이나 의제자백에 관한 규정은 준용되지 아니한다(대결 2015.9.14. 2015마813).

166) 예를 들어, 원고의 청구원인사실에 대한 주장을 부인하는 취지의 답변서가 제출되었다면 그 답변서가 진술 또는 진술간주가 되지 아니 하였어도 제150조 제1항 단서의 변론전체의 취지에 의하여 원고의 청구를 다툰 것으로 보아야 한다(대판 1981.7.7. 80다1424). 그러나 피고가 답변의 취지로 청구기각의 판결만 구하고 원인사실에 대해서는 다음에 답변하겠다는 진술을 한 뒤, 그 뒤의 기일에 불출석한 경우에는 변론전체의 취지에 비추어 사실을 다투는 것으로 해석할 수는 없다. 다만, 구체적 답변서의 제출의무를 부과하고 있는 현행법 하에서는(제256조, 규칙 제65조), 논의의 실익은 크지 않다(이시윤).

3. 한쪽 당사자가 기일에 불출석한 경우

(1) 의의

당사자 한쪽이 불출석한 경우에 답변서 그 밖의 준비서면을 제출하여 이를 다투지 않았다면, 이를 자백한 것으로 본다(제150조 제1항·제3항). 다만, 2002년 개정법은 원칙적으로 소장부본을 송달받고 답변서를 제출하지 아니하면 원고 무변론 승소판결을 할 수 있도록 하고 있으므로, 이 조문이 적용되는 경우는 실무상 드물 것이다.

(2) 적용요건

1) 공시송달에 의하지 아니한 기일통지를 받았을 것

공시송달에 의한 기일통지를 받은 경우에는 당사자가 현실적으로 기일통지를 받았다고 할 수 없으므로, 자백간주가 성립되지 아니한다(제150조 제3항 단서).

2) 답변서 그 밖의 준비서면을 제출하지 아니하였을 것

준비서면을 제출하였다면 진술간주가 되므로(제148조 제1항), 자백간주가 성립할 수 없다. 다만, 불출석한 당사자가 연기신청서를 제출하였으나 허용되지 아니한 경우(대판 1947.10.21. 4280민상114), 기일통지를 받은 대리인의 사임으로 당사자본인이 불출석한 경우(대판 1947.12.30. 4280민상169)에는 자백간주가 성립된다.

Ⅲ. 자백간주의 효과

1. 법원에 대한 구속력

자백간주가 성립되면 재판상 자백과 같이 법원에 대한 구속력은 있다. 따라서 법원이 증거에 기하여 자백간주 된 사실에 배치되는 사실을 인정하면 안 된다(대판 1962.9.27. 62다342). 자백간주의 요건이 갖추어지면 그 뒤 공시송달로 진행되는 등의 사정이 생겨도 자백간주의 효과는 없어지지 않는다(대판 1988.2.23. 87다카961).

2. 당사자에 대한 구속력

자백간주는 재판상 자백과는 달리 당사자에 대한 구속력은 생기지 않는다. 즉, 당사자는 자백간주가 있다고 하여도 그 뒤 사실심에서 그 사실을 다툼으로써 그 효과를 번복할 수 있다. 그러므로 제1심에서 자백간주가 있었다고 하여도 항소심변론종결시까지 이를 다투는 한 그 효과는 배제된다(대판 1987.12.8. 87다368). 다만, 항소심에서는 제149조, 제285조의 제약 하에서만 다툴 수 있다(이시윤). 제1심에서 피고에 대하여 공시송달로 재판이 진행되어 피고에 대한 청구가 기각되었다고 하여도 피고가 원고 청구원인을 다툰 것으로 볼 수 없으므로, 원고가 항소한 항소심에서 피고가 공시송달이 아닌 방법으로 송달받고도 다투지 아니한 경우에는 민사소송법 제150조의 자백간주가 성립된다(대판 2018.7.12. 2015다36167).

2021년 공인노무사

甲은 乙에게 5,000만 원을 대여하였고, 丙은 乙의 대여금 채무를 보증하였다. 乙이 변제하지 않자 甲은 5,000만 원을 반환 받기 위해서 乙과 丙을 공동피고로 하여, 乙에 대해서는 주채무의 이행을 구하고 丙에 대해서는 보증채무의 이행을 구하는 소를 제기하였다. 다음 물음에 답하시오. (단, 아래의 각 물음은 상호 독립적임) (50점)

물음 1) 제1심 제1회 변론기일에 乙은 甲에게 대여금 5,000만 원을 모두 변제했다고 주장하였고, 이에 대해 甲은 그 중 2,000만 원을 반환받은 사실이 있다고 진술하였다. 그러나 제2회 변론기일에 甲은 종전의 진술을 철회하고, 乙로부터 전혀 변제 받은 적이 없다고 주장하였다. 법원은 甲의 乙에 대한 청구 전부를 인용하는 판결을 할 수 있는가? (25점)

I. 문제의 소재

1. 법원이 甲의 乙에 대한 청구 전부를 인용하는 판결을 선고하기 위해서는 원고의 주장사실이 전부 인정되거나 피고가 자백하여 불요증사실이 되면 가능하다. 이 경우 원고 甲의 주장사실이 피고 乙에 의해 자백이 된 것이 아닌지와 관련하여 피고 乙의 변제사실의 주장이 "항변"인지가 증명책임분배와 관련되므로 이를 살펴보기로 한다.

2. 그리고 乙의 변제 주장과 관련하여 甲이 乙의 변제사실을 일부 인정한 것이 재판상 자백에 해당하는지, 해당한다면 일부만 자백하는 것이 가능한지가 문제된다. 그리고 일부자백이 가능하다면, 甲이 종전의 진술을 철회하는 것이 가능한지가 자백의 구속력과 관련하여 문제가 된다(제288조).

II. 증명책임의 분배, 乙의 변제주장의 성격

1. 의의

증명책임이란 소송상 요증사실의 존부가 확정되지 않을 때(진위불명의 상태)에 당해 사실이 존재하지 않는 것으로 취급되어 법률판단을 받게 되는 당사자 일방의 불이익을 이른다. 즉, 패소위험을 누가 지느냐의 문제라고 할 수 있다.

2. 분배기준 – 법률요건분류설

이 경우 분배기준은 법규의 형식과 구조에서 증명책임의 분배를 찾는 법률요건분류설이 현재의 통설·판례이다. 이 경우 권리주장자는 권리근거규범의 요건사실에 대하여 증명책임을 지고, 권리를 다투는 상대방은 반대규정의 요건사실(항변사실: 권리장애사실[167], 권리멸각사실[168], 권리행사저지사실[169])에 대하여 증명책임을 진다.

3. 사안의 경우

따라서 원고 甲은 5,000만 원 대여금 이행청구권을 이유 있게 하는 요건사실인 ① 소비대차사실, ② 금전수수사실, ③ 변제기도래사실에 대해 증명책임을 지고, 피고 乙은 항변사실인 변제사실에 대해 증명책임을 지게 된다.

4. 피고 乙의 항변의 성격 – 제한부 자백

(1) 항변의 법적 성격

피고 乙이 변제사실을 주장하는 것은 원고 甲이 주장하는 사실과 양립이 가능하고, 피고 乙에게 증명책임이 있는 사실이므로, 이는 항변이다. 그리고 항변은 ① 제한부 자백, ② 가정적 항변으로 종류가 나뉘지만, 사안의 변제사실 주장은 제한부 자백에 해당한다.

---

167) 예를 들어, 불공정한 법률행위, 선량한 풍속위반, 통정허위표시, 강행법규의 위반 등을 말한다.
168) 예를 들어, 변제, 공탁, 상계, 소멸시효완성, 사기·강박에 의한 취소, 계약의 해제, 권리의 포기·소멸 등을 말한다.
169) 예를 들어, 기한의 유예, 정지조건의 존재, 동시이행항변이나 유치권의 원인사실, 한정승인사실 등을 말한다.

(2) 사안의 경우 - 제한부 자백의 효과

따라서 피고 乙은 甲이 주장하는 ① 소비대차사실, ② 금전수수사실을 자백한 것이 되고, 이는 불요증 사실이 되어, 법관과 당사자를 구속한다(제288조). 그리고 변제기도래 사실은 피고 乙이 변론에서 다툰 바가 없다고 보여지므로, 자백간주 되어 역시 불요증사실이 된다(제150조 제1항).

III. 일부자백과 자백의 구속력

1. 재판상 자백의 의의 및 요건

(1) 의의, 특징

재판상의 자백이라 함은 소송당사자가 소송의 변론기일 또는 변론준비기일에서 상대방주장사실과 일 치하고 자신에게 불리한 사실을 인정하는 진술을 말한다. 민사소송에 있어서 변론에 나타난 사실의 인 정은 증명을 통해 이루어져야 하는 것이 원칙이지만, 소송당사자 일방이 재판에서 자백한 사실은 소송 상 다툼이 없는 사실로서 법원의 사실인정권이 배제되어 증거에 의한 인정을 요하지 않을 뿐만 아니라 (제288조), 반대심증을 얻었다 해도 자백에 반하는 사실 인정을 하여서는 안 된다는 것으로 변론주의의 한 내용이다.

(2) 요건

재판상 자백이 되려면 ① 주요사실을 대상으로 하고, ② 자신에게 불리하며, ③ 상대방의 주장사실과 일치하여야 하고, ④ 소송의 변론기일이나 변론준비기일에서 소송행위로서 진술하였을 것을 그 요건으 로 한다.

(3) 사안의 경우

甲이 乙이 주장하는 변제사실을 인정한 것은 ① 변제라는 주요사실을 대상으로 하고, ② 甲 자신에게 불리하며, ③ 乙이 주장하는 변제사실과 일치하고, ④ 변론기일에서 소송행위로서 진술하고 있으므로, 이는 재판상 자백에 해당한다.

2. 일부자백의 가능 여부

(1) 자백의 가분성

상대방 주장과 일치하는 진술이면, 그 범위는 문제되지 아니한다. 즉, 일부만이 일치되어도 상관이 없는 데, 이를 일부자백이라고 한다.

(2) 사안의 경우

乙이 5,000만 원 변제사실을 주장함에 대하여, 甲이 2,000만 원을 반환 받은 사실을 인정하고 있으므로, 2천만 원 범위 내에서는 자백이 성립된다.

3. 甲의 진술의 철회 가능 여부 – 자백의 구속력

(1) 법원에 대한 구속력

변론주의 원칙상 자백한 사실은 법원을 구속한다. 즉, 자백한 사실에 대해서는 법원의 사실인정권이 배제되는 것이다. 즉, 재판상 자백이 성립하면 법원이 증거조사의 결과 반대의 심증을 얻었다 하여도 자백과 배치되는 사실을 인정할 수 없다.

(2) 당사자에 대한 구속력

1) 원칙

금반언의 원칙, 상대방의 신뢰 내지 이익보호, 소송절차 안정 등을 근거로 자백은 원칙적으로 철회할 수 없지만(제288조 단서), 다음과 같은 예외가 인정된다. 다만, 철회가 시기에 늦어서는 안 되고(제149조), 상고심에서는 허용되지 아니한다(대판 1998.1.23. 97다38305).

2) 예외

① 상대방 또는 제3자의 형사상 처벌 받을 행위로 말미암아 자백을 한 경우(제451조 제1항 제5호), ② 상대방의 동의가 있는 경우에는 예외가 인정된다. 다만, 판례는 자백의 취소에 대하여 상대방이 아무런 이의를 제기하고 있지 않다는 점만으로는 그 취소에 동의하였다고 볼 수는 없다고 한다(대판 1994.9.27. 94다22897). ③ 진실에 어긋나는 자백은 그것이 착오로 말미암은 것임을 증명한 때에는 철회할 수 있다(제288조 단서, 반진실 + 착오). 반진실의 경우 진실에 어긋나는 것에 대한 증명은 그 반대되는 사실을 직접증거에 의하여 증명함으로써 할 수 있지만, 자백이 진실에 어긋남을 추인할 수 있는 간접사실의 증명에 의해서도 가능하다(대판 2000.9.8. 2000다23013). 반진실이 증명되었다고 하여 착오로 말미암은 자백으로 추정되지는 않지만[170], 착오로 말미암은 것임은 변론 전체의 취지만으로 인정할 수 있다(대판 1997.11.11. 97다30646 등). ④ 당사자의 경정권(제94조) 등이 있다.

(3) 사안의 경우

甲이 종전의 진술을 철회하는 것은 자백을 철회하는 것이다. 따라서 사안에서 자백의 철회가 가능한 예외가 인정되지 않으므로, 자백의 구속력으로 인하여 甲은 자신의 진술을 철회할 수가 없다.

---

170) 재판상의 자백은 변론기일 또는 변론준비기일에 행한 상대방 당사자의 주장과 일치하는 자기에게 불리한 사실의 진술로서, 일단 재판상의 자백이 성립하면 그것이 적법하게 취소되지 않는 한 법원도 이에 기속되는 것이므로, 법원은 당사자 사이에 다툼이 없는 사실에 관하여 성립된 자백과 배치되는 사실을 증거에 의하여 인정할 수 없고, 자백을 취소하는 당사자는 그 자백이 진실에 반한다는 것 외에 착오로 인한 것임을 아울러 증명하여야 하고, 진실에 반하는 것임이 증명되었다고 하여 착오로 인한 자백으로 추정되는 것은 아니다(대판 2013.6.27. 2012다86048).

Ⅳ. 사안의 해결 - 甲의 乙에 대한 청구 전부를 인용하는 판결 가능 여부

따라서 乙이 주장하는 5,000만 원 변제사실 주장에 대하여, 甲이 2,000만 원을 반환받은 사실을 인정하는 진술을 하는 것은 일부 자백이 되어, 甲과 법원을 구속한다. 따라서 2,000만 원 부분은 청구기각에 해당하게 되므로, 甲의 乙에 대한 5,000만 원 대여금청구에 대하여 청구 전부를 인용하는 판결을 할 수는 없다. 즉, 甲의 乙에 대한 5,000만 원 대여금청구 중 2,000만 원 청구 부분은 기각하는 판결을 하여야 한다. 그리고 3,000만 원 청구 부분은 乙에게 변제사실에 대한 증명책임이 있으므로, 乙이 이를 증명하지 못하는 이상 甲의 청구를 인용하는 판결을 하여야 한다(제202조).

39 현저한 사실

CONTENTS

Ⅰ. 서설
1. 의의 및 예
   (1) 의의
   현저한 사실이란 증거에 의하여 그 존재 여부를 인정할 필요 없을 정도로 객관성이 보장되어 있는 사실
   (2) 예
   ① 공지의 사실과 ② 법원에 현저한 사실
2. 주장필요 요부
   (1) 문제점
   현저한 사실은 증명을 요하지 않지만(법 제288조), 주장조차도 필요 없는 것인가가 문제
   (2) 학설
   학설은 ① 의외의 재판을 방지하기 위해 주장을 요한다는 주장필요설(多), ② 진실에 합치하는 재판에 도달하는 것이 민사소송 이상의 하나이므로, 현저한 사실은 당사자의 주장이 없더라도 법원이 직권으로 고려할 수 있다는 주장불요설(Rosenberg, 정동윤·유병현)
   (3) 판례
   판례는 주장필요설(대판 1965.3.2. 64다1761), 주장불요설[171](대판 1963.11.28. 63다493) 모두 있음

Ⅱ. 공지의 사실
1. 의의 및 예
   이는 일반인에게 널리 알려진 사실을 말함. 역사적으로 유명한 사건(8·15 광복), 천재지변 등의 대재해, 전쟁(6·25 전쟁), 신문·방송 등에 의해 일반인에게 알려진 사건(신문에 공표된 주식시세) 등

2. 인정이유
   공지의 사실을 불요증사실로 한 것은 불특정다수인이 진실이라고 믿고 있으므로, 필요가 있으면 언제든지 그 진실 여부를 조사할 수 있는 보장이 있기 때문. 공지의 사실은 법관도 알고 있는 것이어야 하지만, 어떠한 경위로 일반인에게 널리 알려졌는가는 문제 ×
3. 공지의 기준
   어느 정도로 알려졌을 때 공지라고 할 수 있는가는 그 존재가 확실히 보장되고, 사람들이 널리 믿어 의심하지 않을 정도에 이르렀는가를 기준으로 함(정동윤·유병현, 482면). 공지 여부는 때와 장소에 따라 다름. 공지에 이른 경로는 보통 사람이 납득할 수 있어야 하므로 그렇지 아니한 경우에는 그 한도 안에서 상고심의 심사를 받아야 할 것(통설; 대판 1966.10.4. 66다985)

Ⅲ. 법원에 현저한 사실
1. 의의 및 예
   (1) 의의
   이는 법관이 그 직무상의 활동을 통하여 명백히 알고 있는 사실을 말하는데, 직무상 현저한 사실이라고도 함. 특히 법관이 직무활동을 통하여 알고 있는 사실이어야 하므로, 법관이 사적으로 알고 있는 사실은 이에 해당 ×
   (2) 구체적 예
   이의 예로는 법관이 스스로 행한 다른 판결, 간이생명표[172], 농촌일용임금, 건설노임, 소속법원에서 한 파산선고·금치산선고 따위가 이에 해당

---

171) 법원이 그 직무상 어떠한 사실을 알게 되었고 이것이 그 법원에 현저한 사실인 이상 이 사실에 관하여서는 증명을 요하지 아니함은 민사소송법 제288조에 의하여 명백하고 이 법원에서 현저한 사실은 당사자가 이를 변론에서 원용하던가 현출되지 아니하였다 하여서 그 소송법상의 성질이 변경될 리 없고 증명을 요하지 아니하는 효력에 어떠한 영향도 받을 바 아니라 할 것이다.

172) 대판 1984.11.27. 84다카1349 등. 다만, 학설은 경험칙에 속한다고 보는 견해가 유력하다(이시윤, 호문혁).

2. 법관이 명백히 기억하고 있는 사실에 한하는지 여부

(1) 문제점

특히 법원에 현저한 사실이 되기 위해서는 법관이 그 직무상 경험으로 알고 있는 사실이면 충분한가(즉 기록 등을 조사하면 곧바로 알 수 있는 사실인가) 아니면 그 사실의 존재에 관하여 명백한 기억을 하고 있어야 하는가가 문제

(2) 판례

1) 전원합의체 다수의견은 "법관이 직무상 경험으로 알고 있는 사실이기만 하면 그 사실의 존재에 관하여 명확한 기억을 하고 있는 경우는 물론, 기록 등을 조사하여 곧바로 알 수 있는 경우도 법원에 현저한 사실이 된다고 보아, '직종별 임금실태조사보고서(임금구조기본통계보고서)에 기재된 월평균 직종별 통계소득'이 이에 해당한다(대판 1996.7.18. 94다20051 전합)." 고 봄

2) 다만, 반대의견은 "법관이 그에 관하여 명확한 기억을 하고 있는 사실만이 법원에 현저한 사실이 된다."고 하여 반대입장

3) 검토

법원에 현저한 사실을 불요증사실로 한 취지가 기록을 조사하면 그 진실 여부를 확인할 수 있다는 데 있으므로, 다수의견 타당(정동윤·유병현, 483면)

IV. 소송상의 취급

1. 불요증사실

현저한 사실은 증거에 의한 증명이 필요 ×(제288조)

2. 현저한 사실에 반하는 자백

현저한 사실에 반하는 자백에 대해 ① 당사자주의 내지 변론주의를 강조하여 긍정하는 견해가 있으나, ② 이는 변론주의 과장이며 재판의 객관성에도 반하므로 이를 부정하는 견해가 통설

3. 반증

현저한 사실로 인정되면 그 반증이 허용되지 않느냐에 대해서, 통설은 현저한 사실이 진실과 다르다는 반증이 可

4. 상고이유

현저한 사실의 존부 확정은 사실문제에 속하지만, 현저의 개념은 법률문제이므로 그 위반은 상고이유 可(제423조)

▌현저한 사실

I. 서설

1. 의의 및 예

현저한 사실이란 증거에 의하여 그 존재 여부를 인정할 필요가 없을 정도로 객관성이 보장되어 있는 사실을 말하는데, 여기에는 ① 공지의 사실과, ② 법원에 현저한 사실이 있다.

2. 주장필요 요부

(1) 문제점

현저한 사실은 증명을 요하지 않지만(제288조), 주장조차도 필요 없는 것인가가 문제된다.

(2) 학설

① 의외의 재판을 방지하기 위해 주장을 요한다는 주장필요설(이시윤), ② 진실에 합치하는 재판에 도달하는 것이 민사소송 이상의 하나이므로, 현저한 사실은 당사자의 주장이 없더라도 법원이 직권으로 고려할 수 있다는 주장불요설(Rosenberg, 정동윤·유병현·김경욱)이 있다.

(3) 판례

판례는 주장필요설[173](= 변론주의적용설; 대판 1965.3.2. 64다1761), 주장불요설[174](= 변론주의부적용설; 대판 1963.11.28. 63다493) 모두 있다.

(4) 검토

현저한 사실은 불요증사실일 뿐, 그것이 주요사실이면 변론주의의 적용으로 변론 시에 당사자가 진술하여 공격방어의 대상으로 한 바 없으면 판결의 기초로 할 수 없는 것이므로 주장필요설이 타당하다.

Ⅱ. 공지의 사실

1. 의의 및 예

일반인에게 널리 알려진 사실을 말하는데, 역사적으로 유명한 사건(8·15 광복), 천재지변 등의 대재해, 전쟁(6·25 전쟁), 신문·방송 등에 의해 일반인에게 알려진 사건(신문에 공표된 주식시세) 등을 예로 들 수 있다.

2. 인정이유

공지의 사실을 불요증사실로 한 것은 불특정다수인이 진실이라고 믿고 있으므로, 필요가 있으면 언제든지 그 진실 여부를 조사할 수 있는 보장이 있기 때문이다. 공지의 사실은 법관도 알고 있는 것이어야 하지만, 어떠한 경위로 일반인에게 널리 알려졌는가는 문제되지 아니한다.

3. 공지의 기준

어느 정도로 알려졌을 때 공지라고 할 수 있는가는 그 존재가 확실히 보장되고, 사람들이 널리 믿어 의심하지 않을 정도에 이르렀는가를 기준으로 해야 한다. 공지 여부는 때와 장소에 따라 다르다. 공지에 이른 경로는 보통 사람이 납득할 수 있어야 하므로 그렇지 아니한 경우에는 그 한도 안에서 상고심의 심사를 받아야 할 것이다(통설; 대판 1966.10.4. 66다985).

---

[173] 변론주의 하에서는 아무리 현저한 사실이라 할 지라도 당사자가 그 사실에 대한 진술을 하지 않는 한 법원은 그것을 사실인정의 자료로 할 수 없는 것임에도 불구하고 원심이 기록상 당사자가 주장한 흔적이 없는 위 별소에 있어서의 판결내용을 본건의 소송자료로 하였음도 위법이라고 않을 수 없으니 본 논지를 이유 있다 할 것이다.

[174] 법원이 그 직무상 어떠한 사실을 알게 되었고 이것이 그 법원에 현저한 사실인 이상 이 사실에 관하여서는 증명을 요하지 아니함은 민사소송법 제288조에 의하여 명백하고 이 법원에서 현저한 사실은 당사자가 이를 변론에서 원용하던가 현출되지 아니하였다 하여서 그 소송법상의 성질이 변경될 리 없고 증명을 요하지 아니하는 효력에 어떠한 영향도 받을 바 아니라 할 것이다.

4. 증명

특허발명의 신규성 또는 진보성 판단과 관련하여 특허발명의 구성요소가 출원 전에 공지된 것인지는 사실인정의 문제이고, 공지사실에 관한 증명책임은 신규성 또는 진보성이 부정된다고 주장하는 당사자에게 있다. 따라서 권리자가 자백하거나 법원에 현저한 사실로서 증명을 필요로 하지 않는 경우가 아니라면, 공지사실은 증거에 의하여 증명되어야 하는 것이 원칙이다(대판 2017.1.19. 2013후37 전합).

III. 법원에 현저한 사실

1. 의의 및 예

(1) 의의

법관이 그 직무상의 활동을 통하여 명백히 알고 있는 사실을 말하는데, 직무상 현저한 사실이라고도 한다. 특히 법관이 직무활동을 통하여 알고 있는 사실이어야 하므로, 법관이 사적으로 알고 있는 사실은 이에 해당하지 아니한다.

(2) 구체적 예

법관이 스스로 행한 다른 판결, 간이생명표[175], 농촌일용임금, 건설노임(勞賃), 소속법원에서 한 파산선고·성년후견개시심판 등이 이에 해당한다.

2. 법관이 명백히 기억하고 있는 사실에 한하는지 여부

(1) 문제점

법원에 현저한 사실이 되기 위해서는 법관이 그 직무상 경험으로 알고 있는 사실이면 충분한가(즉, 기록 등을 조사하면 곧바로 알 수 있는 사실인가) 아니면 그 사실의 존재에 관하여 명백한 기억을 하고 있어야 하는가가 문제된다.

(2) 판례

전원합의체 다수의견은 "법관이 직무상 경험으로 알고 있는 사실이기만 하면 그 사실의 존재에 관하여 명확한 기억을 하고 있는 경우는 물론, 기록 등을 조사하여 곧바로 알 수 있는 경우도 법원에 현저한 사실이 된다고 보아, '직종별 임금실태조사보고서(임금구조기본통계보고서)에 기재된 월평균 직종별 통계소득'이 이에 해당한다(대판 1996.7.18. 94다20051 전합)."고 본다. 다만, 반대의견은 "법관이 그에 관하여 명확한 기억을 하고 있는 사실만이 법원에 현저한 사실이 된다."고 하여 반대 입장이다.

(3) 검토

법원에 현저한 사실을 불요증사실로 한 취지가 기록을 조사하면 그 진실 여부를 확인할 수 있다는 데 있으므로, 다수의견이 타당하다.

---

175) 대판 1984.11.27. 84다카1349 등. 다만, 학설은 경험칙에 속한다고 보는 견해가 유력하다(이시윤, 호문혁).

3. 판결의 이유를 구성하는 사실관계

피고와 제3자 사이에 있었던 민사소송의 확정판결의 존재를 넘어서 그 판결의 이유를 구성하는 사실관계들까지 법원에 현저한 사실로 볼 수는 없다. 민사재판에 있어서 이미 확정된 관련 민사사건의 판결에서 인정된 사실은 특별한 사정이 없는 한 유력한 증거가 되지만, 당해 민사재판에서 제출된 다른 증거 내용에 비추어 확정된 관련 민사사건 판결의 사실인정을 그대로 채용하기 어려운 경우에는 합리적인 이유를 설시하여 이를 배척할 수 있다는 법리도 그와 같이 확정된 민사판결 이유 중의 사실 관계가 현저한 사실에 해당하지 않음을 전제로 한 것이다(대판 2019.8.9. 2019다222140).[176]

Ⅳ. 소송상의 취급

1. 불요증사실

현저한 사실은 증거에 의한 증명이 필요 없다(제288조).

2. 현저한 사실에 반하는 자백

현저한 사실에 반하는 자백에 대하여 ① 당사자주의 내지 변론주의를 강조하여 긍정하는 견해가 있으나, ② 이는 변론주의 과장이며 재판의 객관성에도 반하므로 이를 부정하는 견해가 통설이다.

3. 반증

현저한 사실로 인정되면 그 반증이 허용되지 않느냐에 대해서, 통설은 현저한 사실이 진실과 다르다는 반증이 가능하다고 한다.

4. 상고이유

현저한 사실의 존부 확정은 사실문제에 속하지만, 현저의 개념은 법률문제이므로 그 위반은 상고이유 가능하다(제423조).

---

176) 원심이 다른 하급심판결의 이유 중 일부 사실관계에 관한 인정 사실을 그대로 인정하면서, 위 사정들이 '이 법원에 현저한 사실'이라고 본 사안에서, 당해 재판의 제1심 및 원심에서 다른 하급심판결의 판결문 등이 증거로 제출된 적이 없고, 당사자들도 이에 관하여 주장한 바가 없음에도 이를 '법원에 현저한 사실'로 본 원심판단에 법리오해의 잘못이 있다고 한 사례

40 유일한 증거

CONTENTS

Ⅰ. 서설

1. 의의
유일한 증거란 당사자로부터 신청된 주요사실에 관한 증거방법이 유일한 것으로서, 그 증거를 조사하지 않으면 증명의 길이 없어 아무런 증명이 없는 것으로 되는 경우의 증거(제290조 단서)

2. 취지
이에 대한 예외적 취급은 과거에 판례법으로 확립된 원칙을 우리 민소법이 명문화한 것으로, 유일한 증거를 조사하지 않고 주장을 배척하면 증명의 길을 막고 증거가 없음을 나무라는 결과가 되어 쌍방심문주의에 반하기 때문

Ⅱ. 판단기준

1. 쟁점단위
사건 전체가 아니라 쟁점단위로 유일한가 아닌가를 판단해야 하므로, 사건 전체로 보아 수개의 증거가 있어도 어느 특정쟁점에 관하여는 하나도 조사하지 않으면 유일의 증거를 각하한 것이 됨

2. 전 심급(全 審級)
유일한가의 여부는 전 심급을 통해 판단

Ⅲ. 적용범위

1. 주요사실일 것
주요사실에 대한 증거, 즉 직접증거라고 하였으므로, 간접사실·보조사실에 대한 증거, 즉 간접증거는 포함 ×

2. 본증일 것 - 반증 포함 여부

(1) 판례
유일한 증거는 자기에게 입증책임이 있는 사항에 대한 증거이기 때문에 본증에 한하는 것이지, 반증은 이에 해당하지 않는다는 것이 판례(대판 1998.6.12. 97다38510 등)

(2) 학설
학설은 법관 앞의 평등이라는 쌍방심문주의와 당사자의 증거제출권의 중요성과의 관계에서 반증을 본증과 달리 취급할 것이 아니라는 견해가 유력(이시윤)

(3) 검토
쌍방심리주의에 기초하고 있는 유일한 증거의 취지에 비추어 반증을 본증과 달리 취급할 것이 아니라는 학설이 타당

3. 당사자신문

(1) 판례
구법하의 판례는 당사자본인신문도 그 보충성에 비추어 유일한 증거가 아니라고 함(대판 2001.11.24. 99두3980 등)

(2) 검토
하지만 보충성이 폐지된 신법하에서는 유일한 증거가 될 수 있다고 할 것(이시윤 등)

4. 감정·검증
판례는 "감정, 검증은 법원의 판단을 보조하는 자료에 불과하므로 유일한 증거가 아니라"고 판시

Ⅳ. 유일한 증거의 조사

1. 원칙
유일한 증거는 반드시 증거조사 해야 함이 원칙(제290조 단서)

2. 예외
다만, ① 증거신청의 부적법이나 재정기간의 경과나 시기에 늦은 경우(제147조, 제149조), ② 증거신청서의 부제출, 비용을 납부하지 않는 등(제116조 제2항) 증거제출자의 고의나 태만의 경우, ③ 증인의 병환, 송달불능 등으로 조사할 수 있을지, 언제 조사할 수 있을지의 장애가 있는 때(제291조), ④ 쟁점판단에 대한 적절하지 아니하거나 불필요한 증거신청, ⑤ 최종변론기일에서 당사자가 증거방법이 없다고 진술한 경우, ⑥ 직권탐지주의에 의하는 소송 등은 예외로서 반드시 증거조사할 필요 ×

V. 위반의 효과
1. 상고이유
유일한 증거를 조사하지 않고 각하한 경우 채증법
칙위반으로 상고이유가 가능(제423조)

2. 판례
판례는 "유일한 증거라 하여도 언제나 이를 증거
조사 하여야 하는 것은 아니고, 합리적 이유가 있
는 경우 이를 조사하지 않아도 위법이 아니라"는
태도

▌유일한 증거

Ⅰ. 서설

1. 의의

유일한 증거란 당사자로부터 신청된 주요사실에 관한 증거방법이 유일한 것으로서, 그 증거를 조사하지 않으면 증명의 길이 없어 아무런 증명이 없는 것으로 되는 경우의 증거를 말한다(제290조 단서).

2. 취지

이에 대한 예외적 취급은 과거에 판례법으로 확립된 원칙을 우리 민소법이 명문화한 것으로, 유일한 증거를 조사하지 않고 주장을 배척하면 증명의 길을 막고 증거가 없음을 나무라는 결과가 되어 쌍방심문주의에 반하기 때문이다.

Ⅱ. 판단기준

1. 쟁점단위

사건 전체가 아니라 쟁점단위로 유일한가 아닌가를 판단해야 하므로, 사건 전체로 보아 수개의 증거가 있어도 어느 특정쟁점에 관하여는 하나도 조사하지 않으면 유일의 증거를 각하한 것이 된다.

2. 전 심급(全 審級)

유일한가의 여부는 전 심급을 통해 판단해야 한다.

Ⅲ. 적용범위

1. 주요사실일 것

주요사실에 대한 증거, 즉 직접증거라고 하였으므로, 간접사실·보조사실에 대한 증거, 즉 간접증거는 포함되지 않는다.

2. 본증일 것 - 반증 포함 여부

(1) 판례

유일한 증거는 자기에게 증명책임이 있는 사항에 대한 증거이기 때문에 본증에 한하는 것이지, 반증은 이에 해당하지 않는다는 것이 판례이다(대판 1998.6.12. 97다38510 등).

(2) 학설

하지만 학설은 법관 앞의 평등이라는 쌍방심문주의와 당사자의 증거제출권의 중요성과의 관계에서 반증을 본증과 달리 취급할 것이 아니라는 견해가 유력하다(이시윤).

(3) 검토

쌍방심리주의에 기초하고 있는 유일한 증거의 취지에 비추어 반증을 본증과 달리 취급할 것이 아니라는 학설이 타당하다.

3. 당사자신문

(1) 판례

구법하의 판례는 당사자본인신문도 그 보충성에 비추어 유일한 증거가 아니라고 하였다(대판 2001.11.24. 99두3980 등).

(2) 검토

하지만 보충성이 폐지된 신법하에서는 유일한 증거가 될 수 있다고 할 것이다(이시윤 등).

4. 감정·검증

판례는 "감정, 검증은 법원의 판단을 보조하는 자료에 불과하므로 유일한 증거가 아니라"고 판시한다.

Ⅳ. 유일한 증거의 조사

1. 원칙

유일한 증거는 반드시 증거조사 해야 함이 원칙이다. 다만, <u>유일한 증거이면 증거조사를 거부할 수 없다는 것뿐이지, 그 내용을 채택해야 하는 것은 아니다</u>(대판 1966.6.28. 66다697).

2. 예외

① 증거신청의 부적법이나 재정기간의 경과나 시기에 늦은 경우(제147조, 제149조), ② 증거신청서의 부제출, 비용을 납부하지 않는 등(제116조 제2항) 증거제출자의 고의나 태만의 경우, ③ 증인의 병환, 송달불능 등으로 조사할 수 있을지, 언제 조사할 수 있을지의 장애가 있는 때(제291조), ④ 쟁점판단에 대한 적절하지 아니하거나 불필요한 증거신청, ⑤ 최종변론기일에서 당사자가 증거방법이 없다고 진술한 경우, ⑥ 직권탐지주의에 의하는 소송 등은 예외로서 반드시 증거조사 할 필요는 없다.

V. 위반의 효과

1. 상고이유

유일한 증거를 조사하지 않고 각하한 경우 채증법칙위반으로 상고이유가 가능하다(제423조).

2. 판례

판례는 "유일한 증거라 하여도 언제나 이를 증거조사 하여야 하는 것은 아니고, 합리적 이유가 있는 경우 이를 조사하지 않아도 위법이 아니라"는 태도이다.

연습문제

甲은 친구인 乙에게 금 100,000,000원을 빌려주면서 1년 후에 돌려받기로 약정하였다. 甲은 5년이 지나도 乙이 돈을 갚지 않자 대여금 반환청구의 소를 제기하였다. 피고 乙은 변론준비기일에서 빌린 돈 모두를 변제하였다고 항변하면서, 다만 변제 후 영수증을 받아 두지 않았으므로 변제사실의 증명을 위해 A를 증인으로 신청하였다. 원고 甲은 피고 乙로부터 한 푼도 변제받지 못했다고 하면서 이러한 사실을 잘 아는 B를 증인으로 신청하였다. 재판장은 원고와 피고에게 다른 증거가 더 있느냐고 묻자 당사자들은 위 증인들이 각기 유일한 증거라고 진술하였다. 이에 재판장은 준비절차를 종결하고 변론기일을 지정하면서 두 증인에 대한 증거조사를 1차 변론기일에 실시하겠다고 고지하였다. 원고와 피고는 1차 변론기일에서 증인 A, B 모두가 외국 여행 중이고 현재는 소재가 파악되지 않아 당장 두 사람에 대한 증인신문이 어렵지만 모두 각자에게 유일한 증거이므로 기일을 추정해 줄 것을 신청하였다. 재판장은 2회, 3회, 4회 변론기일을 추가로 지정하였으나 원고와 피고는 동일한 말만 되풀이할 뿐 증인의 소재조차 파악하지 못하고 있다.

물음 1) 재판장은 증인 A, B에 대한 증거채택을 각기 취소하고 변론을 종결한 후 선고기일을 지정하였는 바, 재판장의 이러한 취소행위가 적법한지 여부를 논하시오. (15점)

물음 2) 재판장이 위 사건에서 원고와 피고의 주장에만 기초하여 원고 전부 승소판결을 선고하였다면 그 근거는 무엇인지 논하시오. (15점)

Ⅰ. 물음 1)에 대하여 - 유일한 증거

1. 문제점(2점)

이 경우 유일한 증거는 증거조사를 반드시 해야 하는 것이 원칙이다(제290조 단서). 따라서 사안의 원고 甲이 신청한 증인 B와 피고 乙이 신청한 증인 A가 유일한 증거인지, 유일한 증거라면 재판장이 증인 A, B에 대한 증거채택을 각기 취소한 것이 적법한지를 그 예외와 관련하여 문제된다.

2. 유일한 증거의 의의, 취지 및 판단기준(3점)

(1) 의의 및 취지

유일한 증거란 당사자로부터 신청된 주요사실에 관한 증거방법이 유일한 것으로서, 그 증거를 조사하지 않으면 증명의 길이 없어 아무런 증명이 없는 것으로 되는 경우의 증거를 말한다(제290조 단서). 이에 대한 예외적 취급은 과거에 판례법으로 확립된 원칙을 우리 민소법이 명문화한 것으로, 유일한 증거를 조사하지 않고 주장을 배척하면 증명의 길을 막고 증거가 없음을 나무라는 결과가 되어 쌍방심문주의에 반하기 때문이다.

(2) 판단기준 - 쟁점단위, 전 심급

1) 기준

유일한 증거는 사건 전체가 아니라 쟁점단위로 유일한가 아닌가를 판단해야 하므로, 사건 전체로 보아 수개의 증거가 있어도 어느 특정쟁점에 관하여는 하나도 조사하지 않으면 유일의 증거를 각하한 것이 된다. 그리고 유일한가의 여부는 전 심급을 통해 판단해야 한다.

2) 사안의 경우

사안의 증인 A, B는 변제사실이라는 피고 乙의 방어방법과 관련된 특정쟁점과 관련한 것이고, 사안은 1심이므로 이에 해당한다고 본다.

3. 유일한 증거의 적용범위(5점)

(1) 주요사실일 것

주요사실에 대한 증거(= 직접증거)라고 하였으므로, 간접사실·보조사실에 대한 증거(= 간접증거)는 포함되지 않는다.

(2) 본증일 것 - 반증 포함 여부

1) 판례

유일한 증거는 자기에게 증명책임이 있는 사항에 대한 증거이기 때문에 본증에 한하는 것이지, 반증은 이에 해당하지 않는다(대판 1998.6.12. 97다38510 등).

2) 학설

학설은 법관 앞의 평등이라는 쌍방심문주의와 당사자의 증거제출권의 중요성과의 관계에서 반증을 본증과 달리 취급할 것이 아니라는 견해가 유력하다(이시윤).

3) 검토

쌍방심리주의에 기초하고 있는 유일한 증거의 취지에 비추어 반증을 본증과 달리 취급할 것이 아니라는 학설이 타당하다.

(3) 사안의 경우

변제사실은 피고 乙이 증명책임을 지는 주요사실이어서 乙이 신청한 증인 A는 본증이므로, 유일한 증거가 된다. 하지만 원고 甲이 신청한 증인 B는 피고 乙에게 증명책임이 있는 변제사실을 부정하는 증거이므로, 이는 반증이다. 따라서 판례에 의하면 유일한 증거가 될 수 없으나, 학설에 의하면 유일한 증거가 될 수 있다 할 것이다.

4. 유일한 증거의 조사 – 원칙 및 예외(5점)

(1) 원칙

유일한 증거는 반드시 증거조사 해야 함이 원칙이다. 다만, 유일한 증거이면 증거조사를 거부할 수 없다는 것뿐이지, 그 내용을 채택해야 하는 것은 아니다(대판 1966.6.28. 66다697).

(2) 예외

다만, ① 증거신청의 부적법이나 재정기간의 경과나 시기에 늦은 경우(제147조, 제149조), ② 증거신청서의 부제출, 비용을 납부하지 않는 등(제116조 제2항) 증거제출자의 고의나 태만의 경우, ③ 증인의 병환, 송달불능 등으로 조사할 수 있을지, 언제 조사할 수 있을지의 장애가 있는 때(제291조), ④ 쟁점판단에 대한 적절하지 아니하거나 불필요한 증거신청, ⑤ 최종변론기일에서 당사자가 증거방법이 없다고 진술한 경우, ⑥ 직권탐지주의에 의하는 소송 등은 예외로서 반드시 증거조사 할 필요는 없다.

(3) 사안의 경우

원칙적으로 증인 A, B는 유일한 증거이므로, 재판장이 이를 조사하지 않고 증거채택을 취소한 것은 위법하다. 하지만 사안의 경우 1차 변론기일에서 증인 A, B 모두가 외국 여행 중이어서 현재 소재가 파악되지 않고 있고, 추정된 2회, 3회, 4회 변론기일에서도 당사자인 甲, 乙이 증인의 소재조차 파악하지 못하고 있으므로, ③ 증인의 병환, 송달불능 등으로 조사할 수 있을지, 언제 조사할 수 있을지의 장애가 있는 때(제291조)에 해당한다. 따라서 사안의 경우는 예외적으로 유일한 증거를 조사할 필요가 없는 경우에 해당하므로, 재판장이 증거조사 하지 않고 증거채택을 취소한 것은 적법하다고 본다.

Ⅱ. 물음 2)에 대하여 - 증명책임의 분배, 항변 및 법원의 판결

1. 문제점(2점)

재판장[177]이 원고 전부 승소판결을 선고하기 위해서는 원고의 주장사실이 전부 인정되거나 피고가 자백하여 불요증사실이 되면 된다. 이 경우 원고 甲의 주장사실이 피고 乙에 의해 자백이 된 것이 아닌지와 관련하여 피고 乙의 변제사실의 주장이 "항변"인지가 증명책임분배와 관련되므로 이를 살펴보기로 한다.

2. 증명책임의 분배(6점)

(1) 의의

증명책임이란 소송상 요증사실의 존부가 확정되지 않을 때(진위불명의 상태)에 당해 사실이 존재하지 않는 것으로 취급되어 법률판단을 받게 되는 당사자 일방의 불이익을 이른다. 즉, 패소위험을 누가 지느냐의 문제라고 할 수 있다.

(2) 분배기준 - 법률요건분류설

이 경우 분배기준은 법규의 형식과 구조에서 증명책임의 분배를 찾는 법률요건분류설이 현재의 통설·판례이다. 이 경우 권리주장자는 권리근거규범의 요건사실에 대하여 증명책임을 지고, 권리를 다투는 상대방은 반대규정의 요건사실(항변사실: 권리장애사실[178], 권리멸각사실[179], 권리행사저지사실[180])에 대하여 증명책임을 진다.

(3) 사안의 경우

따라서 원고 甲은 금 100,000,000원 대여금 이행청구권을 이유 있게 하는 요건사실인 ① 소비대차사실, ② 금전수수사실, ③ 변제기도래사실에 대해 증명책임을 지고, 피고 乙은 항변사실인 변제사실에 대해 증명책임을 지게 된다.

3. 피고 乙의 항변의 성격 - 제한부 자백(4점)

(1) 항변의 법적 성격

피고 乙이 변제사실을 주장하는 것은 원고 甲이 주장하는 사실과 양립이 가능하고, 피고 乙에게 증명책임이 있는 사실이므로, 이는 항변이다. 그리고 항변은 ① 제한부 자백, ② 가정적 항변으로 종류가 나뉘지만, 사안의 변제사실 주장은 제한부 자백에 해당한다.

---

177) 정확히는 판결이므로 그 주체는 법원이 옳다고 할 것이다.
178) 예를 들어, 불공정한 법률행위, 선량한 풍속위반, 통정허위표시, 강행법규의 위반 등을 말한다.
179) 예를 들어, 변제, 공탁, 상계, 소멸시효완성, 사기·강박에 의한 취소, 계약의 해제, 권리의 포기·소멸 등을 말한다.
180) 예를 들어, 기한의 유예, 정지조건의 존재, 동시이행항변이나 유치권의 원인사실, 한정승인사실 등을 말한다.

(2) 사안의 경우 – 제한부 자백의 효과

따라서 피고 乙은 甲이 주장하는 ① 소비대차사실, ② 금전수수사실을 자백한 것이 되고, 이는 불요증사실이 되어, 법관과 당사자를 구속한다(제288조). 그리고 변제기도래 사실은 피고 乙이 변론에서 다툰 바가 없다[181]고 보여지므로, 자백간주 되어 역시 불요증사실이 된다(제150조 제1항).

4. 법원의 판결 – 증명책임(3점)

(1) 그렇다면 원고 甲의 주장사실인 ① 소비대차사실, ② 금전수수사실, ③ 변제기도래사실은 일응 불요증사실이 되어 이는 인정되고, 오히려 피고 乙이 항변사실인 변제사실에 대해 이를 증명하여야 한다.

(2) 하지만 피고 乙이 신청한 증인 A는 증거채택이 취소되어 이에 대해 증명은 없는 것으로 되어 법원은 변제사실에 대해 심증을 형성할 수 없는 상태가 되므로, 증명책임의 분배원칙에 따라 피고 乙이 패소의 불이익을 부담해야 한다.

(3) 따라서 사안의 재판장이 원고 전부 승소판결을 선고한 것은 증명책임 분배 원칙에 따른 적법한 판결이다.

---

181) 다만, 사안의 경우 1년이 변제기한이고, 5년이 지나 변제기한이 도래한 것이 명백하여 피고 乙의 변제사실 주장은 변제기도래사실에 대한 묵시적 자백으로도 볼 수 있다.

41 서면이 이용되는 증인에 대한 증거조사방식

CONTENTS

서면이 이용되는 증인에 대한 증거조사방식 사시 46회

I. 서설

1. 변론주의로 인해 불요증사실 외에는 증거조사가 필요하게 되고, 증거조사는 증거의 종류에 따라 그 방식을 달리한다.

2. 특히 증인의 경우 현행 민사소송법에서는 증인신문 외에도 서면에 의한 증언방식(제310조, 민사소송규칙 제84조), 증인진술서 제출방식(민사소송규칙 제79조), 증인신문사항 제출방식(규칙 제80조) 중 적절하다고 생각되는 방식을 이용할 수 있게 하였다.

II. 서면에 의한 증언방식

1. 의의

법원은 증인과 증명할 사항의 내용 등을 고려하여 상당하다고 인정하는 때에는 출석증언에 갈음하여 증언할 사항을 적은 서면을 제출하게 할 수 있다(제310조).

2. 취지

구 민사소송법상 공정증서에 의한 증언제도의 문제점을 해결하기 위하여 일정한 경우 서면에 의한 증언을 허용하여 절차상의 효율을 도모하고 있다.

3. 법적 성격

선서의무가 면제되므로 위증죄가 성립될 수 없다. 제출하는 서면은 서증이 아니라 증언에 해당한다.

4. 서면에 의한 증언절차

(1) 상대방의 이의 유무에 상관없이 법원이 상당하다고 인정하면 서면에 의한 증언을 할 수 있도록 하고, 그 서면을 공증할 필요가 없으며, 법원이 보내는 신문사항에 답변을 적어 제출하는 방식 외에 증인이 증언할 사항을 바로 적어서 제출할 수도 있게 하였다.

(2) 법원은 상대방의 이의가 있거나 필요하다고 인정할 경우 그 증인을 출석시켜 증언하게 할 수 있다(동조 제2항).

III. 증인진술서 제출방식

1. 의의

법원은 효율적인 증인신문을 위하여 필요하다고 인정할 때에는 증인을 신청한 당사자에게 증인진술서를 제출하게 할 수 있는데(규칙 제79조 제1항), 이 경우 제출되는 서면을 증인진술서라 하고, 이를 증인신문의 한 방식으로 이용하고 있다.

2. 취지

증인신문을 신청한 당사자에게 우호적인 증인일 경우 증인신문 시 답변이 모두 "맞다, 그렇다."는 취지로 일관되므로, 법정에서 형식적인 증인신문절차를 거칠 필요 없이 주신문에 갈음하여 재판의 신속, 증거개시적 기능을 통한 재판의 공평의 도모에 그 취지가 있다.

3. 법적 성격

증인진술서는 서증에 해당한다.

4. 증인진술서의 제출

(1) 증인진술서의 제출명령

법원은 효율적인 증인신문을 위하여 필요하다고 인정하는 때에는 증인을 신청한 당사자에게 증인진술서를 제출하게 할 수 있다(규칙 제67조 제1항).

(2) 증인진술서의 작성 및 제출

증인진술서에는 증언할 내용을 그 시간순서에 따라 적고, 증인이 서명날인 하여야 한다(동조 제2항). 증인진술서의 제출명령을 받은 당사자는 법원이 정한 기한까지 원본과 함께 상대방의 수에 2(다만, 합의부에서는 상대방의 수에 3)를 더한 만큼의 사본을 제출하여야 한다(동조 제3항).

(3) 증인진술서의 송달

법원사무관 등은 증인진술서 사본 1통을 증인신문기일 전에 상대방에게 송달하여야 한다(동조 제4항).

(4) 증인진술서에 의한 증인신문

주신문은 핵심사항에 한정하고 반대신문 위주로 신문절차가 진행된다. 진술서를 보면서 답할 수 없다.

Ⅳ. 증인신문사항 제출방식

1. 의의

증인신문서의 제출을 명함이 상당하지 아니한 사건의 경우 증인진술서 대신 증인신문사항을 제출하게 된다(규칙 제80조).

2. 취지

상대방의 반대신문권 보장을 위한 것이다.

3. 증인신문사항의 제출

증인신문을 신청한 당사자는 법원이 정한 기한까지 상대방의 수에 3(다만, 합의부에서는 상대방의 수에 4)을 더한 수통의 증인신문사항이 적힌 서면을 제출하여야 한다(동조 제1항).

4. 증인신문사항의 송달

법원사무관 등은 증인신문사항을 증인신문기일 전에 상대방에게 송달하여야 한다(동조 제2항).

Plus 보충

1. 현행법은 변론준비절차를 통하여 변론의 준비를 충분히 한 뒤에 변론기일에는 증인신문·당사자신문 위주로 집중적인 증거조사를 하도록 하고 있다. 이때 관련 증인을 한꺼번에 불러서 증거조사를 하여야 하므로, 증인의 출석확보와 효율적인 증인신문이 매우 중요하다. 그리하여 새 법과 새 민사소송규칙은 증인의 출석확보하기 위하여 새로이 감치제도를 도입하고, 효율적인 증인신문을 위하여 증인신문에 서면을 적극적으로 활용하도록 하고 있다.

2. 증인신문은 구술주의, 직접주의, 공개주의의 요청이 만족되는 상태에서 실시되어야 하므로, 원칙적으로 변론절차에서만 증인신문을 할 수 있으며, 특히 구술주의 때문에 서면을 이용한 증인신문은 원칙적으로 금지된다. 그러나 구법하에서도 병원의 치료비영수증의 진정성립과 같은 간단한 사항의 증명을 위한 증인신문의 경우에는 '공정증서에 의한 증언'제도가 이용되었으며, 일반적인 증인신문의 경우에도 조서작성의 편의와 상대방의 반대신문사항 준비의 편의를 위하여 증인신문사항을 미리 적어서 법원에 제출하도록 하였다.

3. 현행법은 공정증서에 의한 증언을 '서면에 의한 증언'으로 바꾸어(제310조), 서면으로 증언하는 경우에 더욱 간편하게 할 수 있도록 함과 아울러, 증인진술서제도를 민사소송규칙에 의하여 도입하여(규칙 제79조), 증인으로 하여금 자술서 형식으로 시간적 순서에 따라 그가 경험한 사실을 기재하여 서명날인한 뒤 제출하게 하여, 증인신문은 주신문은 핵심적인 쟁점사항에 한하고, 반대신문을 위주로 하되, 증인을 탄핵하는 것을 주된 내용으로 하도록 하고 있다. 증인진술서제도는 우호적인 증인을 효율적으로 신문하고 상대방당사자도 미리 증언의 내용을 알고 반대신문을 준비하고 그에 대한 증인을 확보하여 미리 신청하는 등 집중적인 증거조사를 하기 위하여 도입된 것이다. 중립적인 증인이나 적대적인 증인은 증인진술서방식이 적합하지 아니하므로 증인신문사항을 제출하는 방식으로 증인신문을 하게 된다(규칙 제80조).
   그리고 증인신문은 재판장의 허가가 있을 때 한하여 서류에 의하여 할 수 있다(제331조). 서류에 의한다 함은 미리 준비한 메모지나 서류의 숫자·문구 등을 보면서 진술하는 것이다. 증인이 듣거나 말하는데 장애가 있으면 문자로 질문하거나 진술하게 할 수 있다(민사소송법 제143조, 규칙 제99조). 당사자는 문서·도면·사진·모형장치·그 밖의 물건 등을 이용하여 신문할 수 있다(규칙 제96조).

구분	서면증언	증인진술서	증인신문사항을 기재한 서면
법적 성질	증언	서증	서증
제출자	증인	당사자	당사자
증거조사 방식	서면제출 + 변론현출	서면제출 + 변론현출 + 증인의 출석, 증언	서면제출 + 변론현출 + 증인의 출석, 증언

42 문서의 증거력

CONTENTS

▌ **문서의 증거력** 사시 3·15회, 변리사 17·33회, 노무사 9회

Ⅰ. 문서의 증거능력과 증거력의 의의

1. 문서의 증거능력

문서의 증거능력이란 문서가 추상적으로 증거조사의 대상이 될 수 있는, 즉 증거방법으로 이용될 수 있는 자격을 말한다. 특히 민사소송에서는 형사소송과는 달리 전문증거에 대해서도 증거능력에 대한 제한이 없다.

2. 문서의 증거력

문서의 증거력이란 어느 문서가 요증사실에 관한 법원의 심증에 기여하는 정도를 말한다.

3. 문제점

문제는 이 문서의 증거력을 실제로 증명한다는 것은 어려운 경우가 많아 민사소송법은 추정규정을 두고 있고 그에 대해 판례는 추정의 이론을 인정하고 있는바, 이를 형식적 증거력과 실질적 증거력의 경우로 나누어 살펴본다.

II. 형식적 증거력

1. 의의 및 문제점

(1) 의의

문서의 기재내용이 거증자가 그 문서의 작성자라고 주장하는 특정인의 의사에 기하여 실제로 작성된 것을 문서의 진정성립이라고 하고, 그 진정하게 성립된 문서를 형식적 증거력이 있다고 한다. 즉, 위조·변조가 없음을 뜻하고, 문서의 기재내용이 객관적으로 진실하다는 것까지 말하는 것은 아니다(이는 실질적 증거력의 문제). 증거를 제출한 자가 주장하는 특정인의 의사에 의해 이루어진 것이면 되므로, 반드시 그 자신의 자필일 필요는 없으며, 그의 승낙 하에 작성되어도 상관없다. 반드시 문서작성자의 날인이 필요하지는 않다(대판 1994.10.14. 94다11590).[182]

(2) 문제점

문제는 형식적 증거력이 추정되는 경우인데, 이를 공문서와 사문서로 나누어 살펴본다.

2. 성립의 인부

(1) 의의

서증이 제출된 경우 형식적 증거력의 조사를 위하여 법원이 상대방에게 그 문서의 진정성립에 대하여 인정 여부를 물어보고 답변하는 절차이다. 최근에는 서증의 인부절차를 생략하는 예도 있으나, 문서에 대한 위·변조의 항변 등 다툼이 있거나 처분문서의 경우 등 '필수적 인부문서'에 대해서는 인부절차를 거쳐야 한다.

(2) 인부절차

원고가 제출한 甲호증은 피고에게, 피고가 제출한 乙호증은 원고에게, 문서의 작성자로 기재된 사람이 작성한 문서임을 인정하는지의 답변을 구한다. 이 때 상대방의 답변을 '성립의 인부'라고 한다.[183] 그리고 성립의 인부절차에서 상대방의 태도는 ① 성립인정(자백), ② 침묵, ③ 부인, ④ 부지 등이 있다. 성립의 인부는 변론에서 말로 함이 원칙이지만, 변론준비과정(준비서면, 변론준비절차)에서도 가능하다(제274조 제2항, 281조 제3항). 문서의 인부는 신중하여야 하며, 함부로 부지 또는 부인으로 답변하면 아니 된다. 고의나 중과실로 진실에 반하여 문서의 진정을 다툴 때에는 200만 원 이하의 과태료가 부과된다(제363조).

---

182) 처분문서에 기재된 작성명의인인 당사자의 서명이 자기의 자필임을 그 당사자 자신도 다투지 아니하는 경우 설사 날인이 되어 있지 않더라도 그 문서의 진정성립이 추정되므로 납득할 만한 설명 없이 함부로 그 증명력을 배척할 수 없다(대판 1994.10.14. 94다11590).

183) 당사자나 대리인은 상대방이 제출한 중요 서증에 대한 의견을 준비서면 등을 통하여 미리 밝혀야 한다(민사소송법 제274조 제2항). 상대방이 필요한 증인의 신청 등 입증방법을 모색할 수 있고, 이를 통하여 변론(준비)기일이 효율적으로 운영될 수 있기 때문이다. 이 때 서증이 될 문서의 진정성립을 인정하는지 여부를 함께 밝히면 좋은데, 인부가 준비서면 또는 답변서에 기재되어 있는 경우 그것이 변론(준비)기일에서 진술되거나 진술간주 된 때 인부를 한 것이므로(이는 증거의 제출과는 구별된다) 그에 따라 서증목록에 기재한다.

그리고 본인작성의 문서에 있어서 자기 서명이나 날인 있는 문서에 대하여 '부지'라고 하면 아니 되고, 부인 또는 인정을 하여야 한다.[184]

(3) 내용

상대방이 성립인정이나 침묵으로 답변하면 문제가 없으나[이 경우에는 보조사실에 관한 자백이지만 재판상 자백의 법리가 적용된다는 것이 판례이다. 따라서 당사자 사이에 성립에 다툼이 없으면 법원은 자백에 구속되어 그 형식적 증거력을 인정하여야 한다. 그 취소에 있어서는 주요사실의 자백취소와 동일하게 처리하여야 한다(대판 2001.4.24. 2001다5654)], 부인이나 부지로 답변할 경우에는 문제가 있는데, 부인의 경우 단순부인은 금지된다(규칙 제116조[185]). 문서의 진정성립에 대해 상대방이 부인·부지로 답변하면 이에 대한 증명책임이 문서제출자에게 돌아간다(대판 1994.11.8. 94다31549). 입증방법에는 제한이 없으며 변론전체의 취지에 의해 인정해도 무방하다(대판 1982.3.23. 80다1857).

3. 공문서의 경우

(1) 규정 – 원칙

공문서의 경우에는 문서의 작성과 취지에 의하여 공무원이 직무상 작성한 것으로 인정한 때에는 진정한 공문서로 추정되고(제356조 제1항), 외국의 공공기관이 작성한 문서도 이에 준한다(제356조 제3항).[186]

(2) 추정

사실상의 추정을 의미하므로 이를 다투는 상대방이 반증으로 추정을 깨뜨릴 수 있다[187]. 법원은 의심 있는 때에는 직권으로 당해 공공기관에 조회할 수 있다(제356조 제2항). 그리고 추정의 범위는 공문서의 진정성립에 국한된다(대판 2002.2.22. 2001다78768). 다만, 공사병존문서의 경우 공문서 부분의 성립으로 사문서 부분의 진정성립을 추정할 수는 없다. 예를 들어, 등기관이 매매계약서(등기원인증서)에 매매를 원인으로 한 소유권이전등기가 완료되었다는 사실을 기입한 등기필증은 등기관의 기입부분은 공문서이고 매

---

184) 사문서에 본인 또는 그 대리인의 서명이나 날인이 있는 때에는 피고가 부지라고 다투는 것만으로는 그 증거력을 배척할 것이 아니고 사문서중의 피고명의의 기재가 피고 자신의 서명인지 아닌지 또는 그 명하의 인영이 진정한 것인지의 여부를 석명하여 이에 대한 심리를 하여야 한다(대판 1972.6.27. 72다857), 원심이 그 성립을 인정할 자료가 없다고 하여 배척한 서증들이 원고명의로 작성되고 무인이 압날 되어 있는 것이라면, 원심으로서는 작성명의자인 원고가 부지라고 답변하는 것만으로 그 증거능력을 배척할 것이 아니라 좀 더 석명하여 위 문서들에 있는 원고명의의 기재가 원고 자신의 서명인지, 아닌지, 또는 그 명하의 무인이 진정한 것인지의 여부를 심리하여야 할 것이며, 만일 그 서명이나 무인까지도 부인하는 취지라면 피고에게 그 입증을 촉구하는 등의 조치를 취했어야 옳았다고 할 것이다(대판 1990.6.12. 90누356).

185) 민사소송규칙 제116조(문서의 진정성립을 부인하는 이유의 명시) 문서의 진정성립을 부인하는 때에는 그 이유를 구체적으로 밝혀야 한다.

186) 민사소송법 제356조 제1항에 따르면 문서의 작성 방식과 취지에 의하여 공무원이 직무상 작성한 것으로 인정한 때에는 진정한 공문서로 추정하고, 같은 조 제3항에 의하여 위 규정은 외국의 공공기관이 작성한 것으로 인정한 문서에도 준용되므로, 외국의 공문서라고 제출한 문서가 진정성립의 추정을 받기 위해서는 제출한 문서의 방식이 외관상 외국의 공공기관이 직무상 작성하는 방식에 합치되어야 하고, 문서의 취지로부터 외국의 공공기관이 직무상 작성한 것이라고 인정되어야 한다. 현실적으로 공문서의 진정성립을 증명할 만한 증거를 확보하기 곤란한 경우가 많은 난민신청자가 제출한 외국의 공문서의 경우, 반드시 엄격한 방법에 의하여 진정성립이 증명되어야 하는 것은 아니지만, 적어도 문서의 형식과 내용, 취득 경위 등 제반 사정에 비추어 객관적으로 외국의 공문서임을 인정할 만한 상당한 이유가 있어야 한다(대판 2016.3.10. 2013두14269).

187) 민사소송법 제356조 제1항은 문서의 작성방식과 취지에 의하여 공무원이 직무상 작성한 것으로 인정한 때에는 이를 진정한 공문서로 추정한다고 규정하고 있으나, 위조 또는 변조 등 특별한 사정이 있다고 볼 만한 반증이 있는 경우에는 위와 같은 추정은 깨어진다(대판 2018.4.12. 2017다292244).

매계약서 부분은 사문서로서 공문서와 사문서가 병존하는 것이므로, 공문서부분의 성립이 인정된다고 하여 사문서부분의 진정성립을 추정할 수 없다(대판 1989.9.12. 88다카5836). 그러나 공증인 또는 그 직무를 행하는 자[법무법인·법무법인(유한)·법무조합]가 작성한 공정증서(공증인법 제25조 이하)는 성질상 공문서와 같은 추정력을 가지며(대판 1994.6.28. 94누2046), 그들이 작성한 사서증서인증서(공증인법 제57조 이하)의 인증 부분 역시 그러하다. 이들 증서는 공증 부분과 사문서 부분이 그 성립에 깊은 관련이 있어서 전자에 의하여 후자의 진정성립까지 사실상 추정할 수 있다(대판 1992.7.28. 91다35816).

4. 사문서의 경우

(1) 원칙

사문서는 그것이 진정한 것임을 증명해야 하는 것이 원칙이다(제357조).

(2) 추정

하지만 본인 또는 대리인의 서명이나 날인 또는 무인을 문서제출자(원고)가 증명 내지 상대방이 인정하는 경우에는 진정한 것으로 추정된다(제358조). 여기서의 추정도 공문서와 같이 사실상의 추정[188]이다(대판 2014.9.26. 2014다29667).

(3) 상대방의 위조항변의 경우

위조항변은 소송법상 부인에 해당하므로 문서를 제출한 자(원고)에게 그 증명책임이 있다. 다만, 법원으로서는 이 항변의 의미를 명확히 파악하여야 한다.[189]

(4) 상대방의 도용항변의 경우

1) 도용항변의 경우에는 상대방이 그 인영에 대해서는 재판상 자백을 한 것이므로 문제가 있다(따라서 소송실무에서 인장도용의 항변은 신중해야 한다). 즉, 판례는 ① 그 인영에 대해 자백이 있으면 이는 날인행위가 작성명의인의 의사에 의한 것임이 사실상 추정되고, ② 이와 같이 일단 인영의 진정성립이 추정되면 법 제358조에 의해 그 문서전체의 진정성립이 추정(증거법칙적 추정)된다고 한다. 결과적으로 문서의 형식적 증거력을 인정하는 것[190]이다(이를 이단의 추정이라고 한다).

---

188) 처분문서는 진정성립이 인정되면 기재 내용을 부정할 만한 분명하고도 수긍할 수 있는 반증이 없는 이상 문서의 기재 내용에 따른 의사표시의 존재와 내용을 인정하여야 한다는 점을 감안하면 작성명의인의 인영에 의하여 처분문서의 진정성립을 추정함에 있어서는 신중하여야 하고, 특히 처분문서의 소지자가 업무 또는 친족관계 등에 의하여 문서명의자의 위임을 받아 그의 인장을 사용하기도 하였던 사실이 밝혀진 경우라면 더욱 그러하다(대판 2014.9.26. 2014다29667).

189) 서증에 피고의 인장이 날인되어 있고, 이것은 피고의 인감도장으로 보이는데 피고가 그 서증의 인부절차에서 부인으로 다투면서 인장위조된 것이라고 증거항변을 하였다면 ① 그 취지가 피고가 위 서증에 날인된 인영이 자신의 인장에 의하여 현출된 인영임을 전제로 하여 인영부분은 시인하되, 다만 그 인영이 피고의 의사에 의하지 않고 날인된 것이어서 위 문서가 위조된 것이라고 항변하는 것인지, 아니면 ② 인장 그 자체가 위조된 것이므로 위 문서의 성립을 부인하는 것이라는 것인지 분명하지 아니하므로, 법원으로서는 이 점을 분명히 하고 위 인영의 위조 여부에 관하여 심리를 하여 본 후에 그 문서의 진정성립 여부를 판단하여야 한다(대판 1994.1.25. 93다35353).

190) 문서에 날인된 작성명의인의 인영이 작성 명의인의 인장에 의하여 현출된 인영임이 인정되는 경우에는 특단의 사정이 없는 한 그 인영의 성립, 즉 날인행위가 작성명의인의 의사에 기하여 진정하게 이루어진 것으로 추정되고 일단 인영의 진정성립이 추정되면 민사소송법 제358조의 규정에 의하여 그 문서전체의 진정성립까지 추정된다고 할 것이다(대판 2010.7.15. 2009다67276).

2) 다만, 위 ① 부분에 대해서는 이는 사실상의 추정에 불과하므로 상대방이 그 추정을 깨뜨리려면 반증으로 충분하다고 본다(호문혁, 전병서). 판례도 "날인행위가 작성명의인의 의사에 기한 것이라는 추정은 사실상의 추정이므로 인영의 성립을 다투는 자가 반증을 들어 인영의 진정성립에 관하여 법원으로 하여금 의심을 품게 할 수 있는 사정을 입증하면 그 추정은 깨어진다(대판 1997.6.13. 96재다462)."고 하고 있다.

3) 그리고 증거법칙적 추정도 법률상의 추정이 아니라 사실상의 추정에 불과하므로(유사추정) 이는 자유심증주의의 예외에 불과하여 이를 복멸시키려면 반증이면 충분하다(통설).[191]

4) 판례는 "문서에 날인된 작성명의인의 인영이 작성명의인의 인장에 의하여 현출된 것임이 인정되는 경우에는 특단의 사정이 없는 한 그 인영의 진정성립 및 그 문서 전체의 진정성립까지 추정되는 것이기는 하나, 이는 어디까지나 먼저 내용기재가 이루어진 뒤에 인영이 압날된 경우에만 그러한 것이며 작성명의인의 날인만 되어 있고 그 내용이 백지로 된 문서를 교부받아 후일 그 백지 부분을 작성명의자가 아닌 자가 보충한 문서의 경우에 있어서는 문서제출자는 그 기재 내용이 작성명의인으로부터 위임받은 정당한 권원에 의한 것이라는 사실을 입증할 책임이 있으며, 이와 같은 법리는 그 문서가 처분문서라고 하여 달라질 것은 아니다(대판 2000.6.9. 99다3709)."고 하고 있다. 다만, 판례는 "인영 부분 등의 진정성립이 인정되는 경우, 그 당시 그 문서의 전부 또는 일부가 미완성된 상태에서 서명날인만을 먼저 하였다는 등의 사정은 이례에 속한다고 볼 것이므로 완성문서로서의 진정성립의 추정력을 뒤집으려면 그럴 만한 합리적인 이유와 이를 뒷받침할 간접반증 등의 증거가 필요하다고 할 것이고, 만일 그러한 완성문서로서의 진정성립의 추정이 번복되어 백지문서 또는 미완성 부분을 작성명의자가 아닌 자가 보충하였다는 등의 사정이 밝혀진 경우라면, 다시 그 백지문서 또는 미완성 부분이 정당한 권한에 기하여 보충되었다는 점에 관하여는 그 문서의 진정성립을 주장하는 자 또는 문서제출자에게 그 입증책임이 있다(대판 2003.4.11. 2001다11406)."고 한다. 그리고 백지문서의 경우에 위임에 관한 증명책임은 수임인에게 있다.[192]

---

191) 다만, 외국에서는 법률상의 추정이라고 보는 견해도 유력하고 국내에서도 이렇게 보는 것이 실무의 입장이라고 한다[정선주 "문서의 증거력", 민사소송(III), 252면; 정재훈, "법률상의 추정과 사실상의 추정", 재판자료 25집, 332면]. 이를 법률상의 추정이라고 보면 복멸의 정도는 본증이 될 것이다.

192) 일반적으로 문서의 일부가 미완성인 상태로 서명날인을 하여 교부한다는 것은 이례에 속하므로 그 문서의 교부 당시 백지상태인 공란 부분이 있었고 그것이 사후에 보충되었다는 점은 작성명의인이 증명하여야 한다. 그러나 일단 문서의 내용 중 일부가 사후 보충되었다는 사실이 증명이 된 다음에는 그 백지부분이 정당하게 위임받은 권한에 의하여 보충되었다는 사실은 그 백지부분의 기재에 따른 효과를 주장하는 당사자가 이를 증명할 책임이 있다. 이와 관련하여 타인에게 권한을 위임하거나 대리권을 수여하는 내용의 위임장 등이 작성된 경우 그에 의하여 위임한 행위의 내용 및 권한의 범위는 위임장 등 문언의 내용뿐 아니라 그 작성 목적과 작성 경위 등을 두루 살펴, 신중하게 판단하여야 한다. 특히 위임장 등에 기재된 내용 중 일부가 백지인 상태로 교부된 후 수임인이 그 위임사항의 내용을 보충하여 기재한 경우라면 그것이 정당하게 위임받은 권한에 의하여 보충된 것이라는 점 역시 수임인이 증명할 책임이 있다. 따라서 채권자가 본인 겸 채무자의 대리인으로서 금전소비대차계약 공정증서의 작성을 촉탁할 경우 채무자가 그 촉탁에 관하여 대리권을 수여하는 위임장을 교부한 사실이 있다는 것만으로, 그 위임장에 기재된 채무의 금액이나 이율, 변제기 등에 대하여 사전에 그 내용대로 합의한 사실이 있다거나 채권자가 보충할 권한을 위임받았다고 쉽게 인정할 것은 아니고, 특히 백지보충된 부분이 정당한 보충권한에 의하여 기재된 것이라는 점은 채권자가 별도로 증명하여야 한다(대판 2013.8.22. 2011다100923).

(5) 필적 또는 인영의 대조

문서의 진정성립 여부는 필적 또는 인영의 대조에 의하여 증명할 수 있다(제359조). 이것은 검증의 일종인데 이를 위한 대조용 필적, 인영이 있는 문서 그 밖의 물건 제출을 명하거나 문자를 손수 쓰도록 명할 수 있다(제360조, 제361조). 서류의 위·변조 여부는 감정인에 의하여서만 판별할 수 있는 것은 아니고 법원의 육안대조, 즉 검증에 의하여도 가능하다(대판 1997.12.12. 95다38240).

Ⅲ. 실질적 증거력

1. 의의 및 문제점

실질적 증거력이란 어떤 문서의 기재내용이 요증사실을 증명하기에 적합한 가치를 말한다. 즉, 문서의 기재내용이 요증사실의 증명에 기여하는 정도를 말하는데 이는 법관의 자유심증주의에 관계되므로 그에 대한 재판상 자백은 성립하지 않는다. 문제는 실질적 증거력의 추정인데 이는 처분문서의 경우와 보고문서의 경우로 나누어 보아야 한다.

2. 처분문서의 경우

(1) 추정의 성질

처분문서의 경우는 그 진정성립이 인정되면 기재 내용대로 법률행위의 존재를 인정해야 하므로 처분문서의 진정성립을 인정함에는 신중할 필요가 있다(대판 2015.1.27. 2010다81957).[193] 다만, 이는 상대방의 반증에 의해 부정될 수 있는 사실상의 추정[194]이다.

(2) 추정의 범위

판례는 추정의 범위에 대해 "그 법률행위의 해석, 의사의 흠결 등의 여부에는 미치지 않는다[195]고 하고, 처분문서의 계약상의 책임을 공평의 이념 및 신의칙 같은 일반원칙에 의하여 제한할 수도 있다(대판 2015.10.15. 2012다64253)."고 본다. 그리고 그 기재 내용과 다른 명시적, 묵시적 약정이 있는 사실이 인정될 경우에는 그 기재 내용과 다른 사실을 인정할 수 있고, 작성자의 행위를 해석할 때에도 경험칙과 논리칙에 반하지 않는 범위 내에서 자유로운 심증으로 판단할 수 있다. 즉, "동일한 사항에 관하여 내용을

---

193) 처분문서인 차용금증서에 채권자가 '甲'으로, 채무자가 '乙'로, 연대 보증인이 '丙'으로 기재되어 있는 사안에서, 丁이 戊에게 금원을 대여하는 내용의 소비대차약정이 체결되었다고 볼 수 있을지라도, 주채무에 대한 계약과 연대보증계약은 엄연히 별개의 법률행위이므로 위와 같은 내용의 소비대차약정에 대하여 丙이 연대보증을 한 것이라고 볼 수 있으려면 丙이 위 차용금증서의 실제 채무자는 乙이 아니라 戊라는 사실과 그 실제 채권자는 甲이 아니라 丁이라는 사실을 알고 있었다는 점이 전제되어야 하는데, 丙이 그와 같은 사실을 알고 있었다고 단정하기 어려운데도 丙이 戊의 丁에 대한 채무를 연대 보증하였다고 판단한 원심판결에는 처분문서의 증명력과 계약당사자 확정에 관한 법리를 오해한 위법이 있다(대판 2011.1.27. 2010다81957).

194) 처분문서의 진정성립이 인정되면 법원은 그 기재 내용을 부인할 만한 분명하고도 수긍할 수 있는 "반증"이 없는 한 그 처분문서에 기재되어 있는 문언대로의 의사표시의 존재와 내용을 인정하여야 하고, 당사자 사이에 계약의 해석을 둘러싸고 이견이 있어 처분문서에 나타난 당사자의 의사해석이 문제되는 경우에는 문언의 내용, 그와 같은 약정이 이루어진 동기와 경위, 약정에 의하여 달성하려는 목적, 당사자의 진정한 의사 등을 종합적으로 고찰하여 논리와 경험칙에 따라 합리적으로 해석하여야 한다(대판 2005.5.13. 2004다67264·67271).

195) 처분문서라 하더라도 그 기재내용과 다른 특별한 명시적, 묵시적 약정이 있는 사실이 인정될 경우에는 그 기재내용의 일부를 달리 인정할 수 있는 것이고 또 작성자의 법률행위를 해석함에 있어서도 경험법칙과 논리법칙에 어긋나지 않는 범위 내에서 자유로운 심증으로 판단할 수 있는 것이다(대판 1989.9.12. 88다카12506).

달리하는 문서가 중복하여 작성된 경우에는 마지막에 작성된 문서에 작성자의 최종적인 의사가 담겨 있다고 해석하는 것이 일반적이라고 할 수 있지만, 마지막에 작성된 문서에 의한 법률행위가 최종적으로 완성되지 아니하는 등의 사유로 종전에 작성된 문서에 의한 법률행위가 철회되었다고 보기 어려운 사정이 있는 경우에는 그와 같이 해석할 수 없다(대판 2013.1.16. 2011다102776)."고 한다. 그리고 "하나의 법률관계를 둘러싸고 각기 다른 내용을 정한 여러 개의 계약서가 순차로 작성되어 있는 경우 당사자가 그러한 계약서에 따른 법률관계나 우열관계를 명확하게 정하고 있다면 그와 같은 내용대로 효력이 발생한다. 그러나 여러 개의 계약서에 따른 법률관계 등이 명확히 정해져 있지 않다면 각각의 계약서에 정해져 있는 내용 중 서로 양립할 수 없는 부분에 관해서는 원칙적으로 나중에 작성된 계약서에서 정한 대로 계약 내용이 변경되었다고 해석하는 것이 합리적이다(대판 2020.12.30. 2017다17603)."라고 한다.

3. 보고문서의 경우

(1) 자유심증주의

보고문서의 경우는 작성자의 신분, 직업, 성격, 작성의 목적, 시기, 기재사실의 성질, 기재의 방법 등 여러 가지 사정을 참작하여 법관의 자유심증에 의하여 결정해야 한다고 하는 것이 통설·판례이다.

(2) 공문서의 경우

1) 문제점

공문서의 경우에는 위 법리는 적용되지만, 판례는 공문서의 경우 그 기재사항을 진실이라고 추정할 것이라는 경우가 많다(이시윤).

2) 판례

① 등기부에 기재된 권리상태가 진실하고 등기원인과 그 절차가 정당한 것이라는 추정(등기의 추정력), ② 가족관계등록부(구 호적부)의 기재사실이 진실한 것이라는 추정(대판 1994.6.10. 94다883), ③ 토지대장·임야대장·일제 때의 토지조사부의 소유권자등재(= 사정, 査定)는 토지소유권 귀속에 관하여 추정을 받으며(대판 1986.6.10. 84다카1773 전합), ④ 공문서인 사실조회회보·국립과학수사연구소의 감정의뢰회보·공증문서는 반대 자료가 없는 한 그 기재와 어긋나는 사실을 인정할 수 없고(대판 1990.11.23. 90다카21022), ⑤ 확정된 민·형사판결에서 확정된 사실은 특단의 사정이 없는 한 유력한 증거자료가 되므로 합리적 이유의 설시 없이 배척할 수 없다(대판 2000.8.23. 2005다72386·72393)는 것이 그 예이다(이시윤). 그리고 ⑥ 민법상 사단법인 총회 등의 결의와 관련하여 당사자 사이에 의사정족수나 의결정족수 충족 여부가 다투어져 결의의 성립 여부나 절차상 흠의 유무가 문제되는 경우로서 사단법인 측에서 의사의 경과, 요령 및 결과 등을 기재한 의사록을 제출하거나 이러한 의사의 경과 등을 담은 녹음·녹화자료 또는 녹취서 등을 제출한 때에는, 그러한 의사록 등이 사실과 다른 내용으로 작성되었다거나 부당하게 편집, 왜곡되어 증명력을 인정할 수 없다고 볼 만한 특별한 사정이 없는 한 의사정족수 등 절차적 요건의 충족 여부는 의사록 등의 기재에 의하여 판단하여야 한다(대판 2011.10.27. 2010다88682). 또한 ⑦ 주주명부에 주주로 등재되어 있는 자는 그 회사의 주주로 추정되며 이를 번복하기 위하여는 그 주주권을 부인하는 측에 입증책임이 있으므로, 주주명부의 주주 명의가 신탁된 것이고 그 명의차용인으로서 실질상의 주주가 따로 있다고 하려면 그러한 명의신탁관계를 주장하는 측에서 이를 입증하여야 한다(대판 2014.12.11. 2014다218511). 그리고 ⑧ 분배대상 농지를 확인하는 서류나 상환에 필요한 사항을 기재하는 서류뿐 아니라 보상에 관한 서류에도 소유자 기재가 일치되어 있는 경우, 이러한 서류들이 농지분배 당시 그 토지 소유권이 그 명의자에게로 이전되어 있었다는 사실을 인정할 수 있는 유력한 자료가 된다(대판 2022.8.31. 2021다216766).

연습문제

甲은 乙을 상대로, "乙은 甲에게 대여금 3,000만 원을 지급하라."는 내용의 소를 제기하고 증거로 차용증을 제출하였다. 그 차용증에는 "乙이 甲으로부터 3,000만 원을 차용하였다."는 내용이 기재되어 있고, 문서 하단에 날짜와 乙의 이름이 기재되어 있으며 그 이름 옆에 乙 명의로 된 도장이 찍혀 있었다. 아래 각 사안에서 차용증 작성 경위에 관하여 당사자들이 서로 다른 주장을 하고 있다. 당사자들은 그 주장들 외에 그 주장들을 뒷받침할 아무런 증거도 제출하지 않았다. 아래 각 문제에 대하여 답하시오(위 차용증에 기재되어 있는 금액, 내용, 날짜, 乙의 이름은 프린터에 의하여 인쇄되어 있고, 다음 각 설문은 독립적이다).

물음 1) 甲은, "乙이 위와 같은 차용증을 인쇄하여 소지하고 甲에게 찾아와 甲이 보는 앞에서 차용증의 乙 이름 옆에 乙이 도장을 찍었다."고 주장하였다. 이에 대하여 乙은, "위 차용증은 본 적도 없는 문서이며, 차용증에 찍혀 있는 인영도 내 도장에 의한 인영이 아니다."고 주장하였다. 이 차용증의 진정성립이 증명되었는지 설명하시오. (8점)

물음 2) 甲은, "乙이 자신의 동생인 丙을 보내니 돈을 빌려달라고 전화한 후, 丙이 인쇄된 차용증과 乙의 도장을 가지고 와서 甲이 보는 앞에서 차용증의 乙 이름 옆에 도장을 찍었다."고 주장하였다. 乙은, "차용증에 찍혀 있는 인영은 乙의 인감도장에 의하여 현출된 것이 맞지만, 乙은 전화한 적도 없고 丙을 보낸 적도 없으며, 인감도장은 丙이 몰래 훔쳐 가서 사용한 것이다."라고 주장하였다. 이 차용증의 진정성립이 증명되었는지 설명하시오. (12점)

Ⅰ. 물음 1)에 대하여

1. 문제점

사안에서 乙 주장의 성격이 문제되며, 각 주장의 성격에 따라 증명책임의 소재가 어떻게 되는지가, 이 차용증의 진정성립이 증명되었는지와 관련하여 문제가 된다(제357조, 제358조).

2. 사문서의 경우

(1) 원칙

사문서는 그것이 진정한 것임을 증명해야 하는 것이 원칙이다(제357조).

(2) 추정

하지만 본인 또는 대리인의 서명이나 날인 또는 무인을 문서제출자(원고)가 증명 내지 상대방이 인정하는 경우에는 진정한 것으로 추정된다(제358조). 다만, 상대방이 성립인정이나 침묵으로 답변하면 문제가 없으나(이 경우에는 보조사실에 관한 자백이지만 재판상 자백의 법리가 적용된다는 것이 판례이다), 부인[196]이나 부지로 답변할 경우에는 문제가 있다.

(3) 부지의 경우

부지는 부인으로 추정이 된다(제150조 제2항).

(4) 상대방의 위조항변의 경우

위조항변은 소송법상 부인에 해당하므로 문서를 제출한 자(원고)에게 그 증명책임이 있다.

3. 사안의 경우

乙이 "위 차용증은 본 적도 없는 문서이며"라고 한 부분은 부지이고, "차용증에 찍혀 있는 인영도 내 도장에 의한 인영이 아니다."라고 한 부분은 위조항변으로서 소송법상으로 부인에 해당한다. 따라서 문서를 제출한 자, 즉 원고 甲에게 진정성립에 대한 증명책임이 돌아가고, 사안에서 주장만 있을 뿐 그것을 뒷받침할 증거는 없다고 하고 있으므로, 차용증의 진정성립은 부정된다.

---

[196] 민사소송규칙 제116조(문서의 진정성립을 부인하는 이유의 명시) 문서의 진정성립을 부인하는 때에는 그 이유를 구체적으로 밝혀야 한다.

Ⅱ. 물음 2)에 대하여

1. 문제점 – 인장도용의 경우

사안에서 차용증서는 사문서·처분문서에 해당하고, 사문서 진정성립에 대해서는 거증자 측이 그 성립의 진정을 인정해야 한다(제357조). 그런데 제358조에서는 날인사실이 증명된 경우 사문서의 진정성립이 추정됨을 규정하고 있는데, 인영의 동일성만이 인정된 경우에도 사문서의 진정성립이 추정되는지가 문제된다.

2. 인장도용의 항변의 경우

(1) 이단의 추정

도용항변의 경우에는 상대방이 그 인영에 대해서는 재판상 자백을 한 것이므로 문제가 있다(따라서 소송실무에서 인장도용의 항변은 신중해야 한다). 즉, 판례는 ① 그 인영에 대해 자백이 있으면 이는 날인행위가 작성명의인의 의사에 의한 것임이 사실상 추정되고, ② 이와 같이 일단 인영의 진정성립이 추정되면 법 제358조에 의해 그 문서전체의 진정성립이 추정(증거법칙적 추정)된다고 한다. 결과적으로 문서의 형식적 증거력을 인정하는 것이다(이를 이단의 추정이라고 한다).

(2) 사실상의 추정

다만, 위 ①부분에 대해서는 이는 사실상의 추정에 불과하므로 상대방이 그 추정을 깨뜨리려면 반증으로 충분하다고 본다(호문혁, 전병서). 판례도 "날인행위가 작성명의인의 의사에 기한 것이라는 추정은 사실상의 추정이므로 인영의 성립을 다투는 자가 반증을 들어 인영의 진정성립에 관하여 법원으로 하여금 의심을 품게 할 수 있는 사정을 입증하면 그 추정은 깨어진다(대판 1997.6.13. 96재다462)."고 하고 있다.

(3) 증거법칙적 추정

그리고 ②의 증거법칙적 추정도 법률상의 추정이 아니라 사실상의 추정에 불과하므로(유사추정) 이는 자유심증주의의 예외에 불과하여 이를 복멸시키려면 반증이면 충분하다고 본다(전병서). 판례도 공문서 추정에 관한 것이기는 하지만 "민사소송법 제356조 제1항은 문서의 작성방식과 취지에 의하여 공무원이 직무상 작성한 것으로 인정한 때에는 이를 진정한 공문서로 추정한다고 규정하고 있으나, 위조 또는 변조 등 특별한 사정이 있다고 볼 만한 반증이 있는 경우에는 위와 같은 추정은 깨어진다(대판 2018.4.12. 2017다292244)."라고 판시하여 사실상 추정으로 보았다. 다만, 외국에서는 법률상의 추정이라고 보는 견해도 유력하고 국내에서도 이렇게 보는 것이 실무의 입장이라고 한다[정선주, "문서의 증거력"; 민사소송(Ⅲ), 252면; 정재훈, "법률상의 추정과 사실상의 추정"; 재판자료 25집, 332면]. 이를 법률상의 추정이라고 보면 복멸의 정도는 본증이 될 것이다.

(4) 사실상 추정의 복멸

이 경우 판례는 "문서에 날인된 작성명의인의 인영이 그의 인장에 의하여 현출된 것이라면 특별한 사정이 없는 한 그 인영의 진정성립, 즉 날인행위가 작성명의인의 의사에 기한 것임이 사실상 추정되고, 일단 인영의 진정성립이 추정되면 제358조에 의하여 그 문서 전체의 진정성립이 추정되나, <u>위와 같은 사실상 추정은 날인행위가 작성명의인 이외의 자에 의하여 이루어진 것임이 밝혀진 경우에는 깨어지는 것이므로, 문서제출자는 그 날인행위가 작성명의인으로부터 위임받은 정당한 권원에 의한 것이라는 사실까지 입증할 책임이 있다</u>(대판 2003.4.8. 2002다69686)."고 한다.

3. 사안의 경우[197]

乙은 "전화한 적도 없고 丙을 보낸 적도 없으며, 인감도장은 丙이 몰래 훔쳐가서 사용한 것이다."고 주장하고 있고, 차용증의 제출자 甲 자신이 乙의 동생 丙이 乙의 도장을 날인했다는 것을 스스로 인정하여 주장하고 있으므로, 이는 피고 乙의 인장의 날인행위가 피고 乙이 아닌 乙의 동생 丙에 의하여 이루어진 것임이 밝혀졌다 할 것이다. 따라서 인영의 진정성립이 작성명의인의 의사에 기한 것임은 깨어졌다고 할 것이므로, 문서제출자인 甲이 丙의 날인행위가 작성명의인인 乙로부터 위임받은 정당한 권원에 의한 것이라는 사실까지 입증할 책임이 있다. 하지만 설문에서 다른 증거가 없다고 하고 있으므로, 甲의 증거는 진정성립이 인정되지 않는다.

---

197) 다만, 이 경우 사실관계로 보면 甲의 차용증은 乙의 인영에 대한 자백으로 인해, 2단의 추정이 행해지고, 원칙적으로는 문서의 진정성립이 인정되어 불리한 乙이 자신의 의사에 기한 날인행위가 아니라는 점을 반증으로 증명해야 한다. 따라서 乙의 반증행위가 없으므로, 문서의 진정성립이 추정된다고 볼 수도 있다. 하지만 이와 관련된 판례를 살펴보면, 제출자 甲 자신이 乙이 아닌 대리인(동생) 丙에 의해 작성된 것이라는 것을 인정하고 있으므로, 작성명의인 이외의 자에 의해 작성된 것임이 밝혀졌다고 볼 수 있고, 따라서 제출자 甲이 丙의 날인행위가 정당한 권원에 의한 것임을 증명해야 한다고 보는 것이 타당하다고 보인다.

43 문서제출명령(의무)

CONTENTS

문서제출명령(의무) 사시 47회, 노무사 4회

Ⅰ. 문서제출의무의 확대

문서제출의무는 국가에 대한 공법상의 의무임에는 의문이 없으나, 과거에는 구 민사소송법 제316조에 열거된 경우에만 인정하는 제한적인 것이었다. 하지만 입법론상 확장론이 대두됨에 따라, 현행법은 당사자와 문서 사이에 특별한 관계가 없는 일반문서의 경우에도 일정한 예외사유를 제외하고는 문서제출의무를 증인의무와 마찬가지로 일반의무화 한 것이다.

Ⅱ. 문서제출의무의 범위

1. 인용문서(제344조 제1항 제1호)

소송에서 자기를 위한 증거로 또는 주장을 명백히 하기 위하여 또는 끌어 쓴 인용문서라면 상대방에게도 이용시키는 것이 형평에 맞기 때문에 그 대상으로 한다. 따라서 민사소송법 제344조 제1항 제1호에서 정하고 있는 인용문서는 당사자가 소송에서 문서 그 자체를 증거로서 인용한 경우뿐만 아니라 자기주장을 명백히 하기 위하여 적극적으로 문서의 존재와 내용을 언급하여 자기주장의 근거나 보조 자료로 삼은 문서도 포함한다. 또한 위 조항의 인용문서에 해당하면, 그것이 같은 조 제2항에서 정하고 있는 '공무원이 그 직무와 관련하여 보관하거나 가지고 있는 문서'라도 특별한 사정이 없는 한 문서 제출의무를 면할 수 없다. 그리고 인용문서가 공무원이 직무와 관련하여 보관하거나 가지고 있는 문서로서 공공기관의 정보공개에 관한 법률 제9조에서 정하고 있는 비공개대상정보에 해당한다고 하더라도, 특별한 사정이 없는 한 그에 관한 문서 제출의무를 면할 수 없다(대결 2017.12.28. 2015무423).

2. 인도 · 열람문서(제344조 제1항 제2호)

사법상 소지자에 대해 그러한 청구권이 있을 경우인데, 소지자는 제3자라도 관계없고, 계약에 기한 것이든 법률상의 것이든 관계없다(대결 1993.6.18. 93마434). 공법상의 청구권[제162조(소송기록), 부동산등기법 제19조(등기사항증명서)]이 있는 경우에는 그 공법상의 청구권에 근거하여 인도나 열람을 청구할 수 있으므로 문서제출명령을 이용할 필요가 없다.

3. 이익문서·법률관계문서(제344조 제1항 제3호)

(1) 의의

이익문서(예 계약당사자를 위한 계약서, 돈 준 사람을 위한 영수증)는 거증자의 이익을 위하여 작성된 것으로, 직접 거증자를 위하여 작성한 문서만이 아니라 간접적으로 거증자를 위하여 작성된 것도 포함된다고 할 것이다. 또 여기의 이익에는 증거확보라는 소송상의 이익도 포함된다고 할 것이다. 법률관계문서는 거증자와 소지자간의 법률관계에 관하여 작성된 것으로, 여기에는 당해문서만이 아니라, 그 법률관계에 관련된 사항의 기재가 있으면 여기에 포함된다고 할 것이다.

(2) 거부사유

제344조 제1항 제3호의 이익문서와 법률관계문서라도 예외적으로 ① 공무원의 직무상 비밀이 적혀 있어 동의를 받아야 하는데 받지 아니한 문서, ② 문서소지자나 근친자에 관하여 형사소추·치욕이 될 증언거부사유가 적혀 있는 문서, ③ 직무상 비밀이 적혀 있고 비밀유지의무가 면제되지 아니한 문서의 경우에는 소지자가 그 제출을 거부할 수 있다(제344조 제1항 제3호 단서).

4. 문서제출의무의 일반의무화(제344조 제2항)

(1) 원칙

현행법 제344조 제2항에서는 제1항에서 정한 문서에 해당되지 아니하는 문서라도 원칙적으로 문서의 소지자는 이를 모두 제출할 의무가 있는 것으로 규정하여 문서제출의무를 일반적 의무로 확장하였다. 다음의 경우는 예외적으로 제출의무가 면제된다.

(2) 예외

1) 형사소추, 치욕, 직업상 비밀 등 증언거부사유와 같은 것이 적혀 있는 문서(동조 제2항 제1호)

여기에서 '직업의 비밀'은 그 사항이 공개되면 직업에 심각한 영향을 미치고 이후 직업의 수행이 어려운 경우를 가리키는데, 어느 정보가 직업의 비밀에 해당하는 경우에도 문서 소지자는 비밀이 보호 가치 있는 비밀일 경우에만 문서의 제출을 거부할 수 있다. 나아가 어느 정보가 보호 가치 있는 비밀인지를 판단할 때에는 정보의 내용과 성격, 정보가 공개됨으로써 문서소지자에게 미치는 불이익의 내용과 정도, 민사사건의 내용과 성격, 민사사건의 증거로 문서를 필요로 하는 정도 또는 대체할 수 있는 증거의 존부 등 제반 사정을 종합하여 비밀의 공개로 발생하는 불이익과 이로 인하여 달성되는 실체적 진실발견 및 재판의 공정을 비교형량 하여야 한다(대결 2016.7.1. 2014마2239). 금융거래의 비밀은 보장되지만 금융기관은 법원의 제출명령이 있으면 제출거부를 할 수 있다(금융실명거래 및 비밀보장에 관한 법률 제4조 제1항 제1호).

2) 오로지 소지인이 이용하기 위한 문서[동조 제2항 제2호; 자기사용문서(예) 일기, 서신 등)]

어느 문서가 오로지 문서를 가진 사람이 이용할 목적으로 작성되고 외부자에게 개시하는 것이 예정되어 있지 않으며 개시할 경우 문서를 가진 사람에게 심각한 불이익이 생길 염려가 있다면, 문서는 특별한 사정이 없는 한 위 규정의 자기이용문서에 해당한다. 다만, 내부문서라고 하여도 문서에 기재된 '정보'의 외부 개시가 예정되어 있거나 정보가 공익성을 가지는 경우 등에는 내부문서라는 이유로 자기이용문서라고 쉽게 단정할 것은 아니다(대결 2016.7.1. 2014마2239). 따라서 임직원의 급여 및 상여금 내역 등이 개인정보 보호법상 개인정보에 해당하더라도 이를 이유로 문서소지인이 문서의 제출을 거부할 수 있는 것은 아니다(대결 2016.7.1. 2014마2239).[198]

3) 공무원의 직무상 보관문서(동조 제2항 괄호규정)

국가기관이 보유·관리하는 공문서를 뜻하는 공공기관의 보관문서의 공개에 관하여는 공공기관의 정보공개에 관한 법률에 의한 규율을 받기 때문에 그 법에 따라 제출하도록 하고 소송법에서는 제출의무대상에서 제외시켰다. 따라서 당사자가 행정청에 정보공개청구를 하여 이를 교부받아 법원에 제출하는 우회적 방법에 의하여야 한다.

III. 문서제출신청

1. 방식

문서제출신청을 하는 경우에는 문서의 표시·취지·증명할 사실·제출의무자 및 그 의무의 원인 등을 서면으로 명시하여야 한다(제345조).

2. 문서목록제출명령

상대방이 어떠한 문서를 갖고 있는지를 구체적으로 몰라서 신청자가 제345조의 규정에 맞추어 문서의 표시나 취지를 적어서 신청하기 어려운 경우가 있다. 이에 대비하기 위하여 분량이 방대할 경우 신청 대상인 문서의 취지나 증명할 사실을 개괄적으로만 표시하여 신청하면 법원은 상대방 당사자에게 관련 문서에 관하여 그 표시와 취지 등을 명확히 적어내도록 명령할 수 있다. 이것이 현행법 제346조의 문서목록제출명령의 문서정보공개제도이다. 다만, 문서정보공개명령에 따르지 않는 경우 변론전체의 취지로 참작될 수밖에 없어서 실효성에 의문이 있다(이시윤).

---

198) 개인정보 보호법 제18조 제2항 제2호에 따르면 개인정보처리자는 '다른 법률에 특별한 규정이 있는 경우'에는 개인정보를 목적 외의 용도로 이용하거나 이를 제3자에게 제공할 수 있고, 민사소송법 제344조 제2항은 각 호에서 규정하고 있는 문서제출거부사유에 해당하지 아니하는 경우 문서소지인에게 문서제출의무를 부과하고 있기 때문이다.

Ⅳ. 문서제출거부사유에 대한 심리절차와 증명책임

민사소송법 제347조(제출신청의 허가 여부에 대한 재판) ① 법원은 문서제출신청에 정당한 이유가 있다고 인정한 때에는 결정으로 문서를 가진 사람에게 그 제출을 명할 수 있다.
② 문서제출의 신청이 문서의 일부에 대하여만 이유 있다고 인정한 때에는 그 부분만의 제출을 명하여야 한다.
③ 제3자에 대하여 문서의 제출을 명하는 경우에는 제3자 또는 그가 지정하는 자를 심문하여야 한다.
④ 법원은 문서가 제344조에 해당하는지를 판단하기 위하여 필요하다고 인정하는 때에는 문서를 가지고 있는 사람에게 그 문서를 제시하도록 명할 수 있다. 이 경우 법원은 그 문서를 다른 사람이 보도록 하여서는 안 된다.[199]

(TIP) In Camera 절차

1. 제출거부사유 심리를 위한 In camera 절차

영업비밀에 관한 사항이 적혀 있는 문서에 해당하는지 여부에 관하여 심리할 때 다른 당사자가 참여하면 문서가 공개되어 문서제출명령을 한 것과 다를 바 없게 되거나, 문서소지자에게 회복할 수 없는 손해가 발생할 수 있다. 따라서 현행법은 법원이 문서제출의무가 있는지 여부를 판단하기 위하여 필요한 때에는 문서를 가지고 있는 사람에게 문서를 제시하도록 명하여 제시받은 다음, 다른 당사자의 참여를 배제한 채 비공개로 심리하는 절차를 두었다(제347조 제4항). 이 경우 법원은 공개 법정이 아닌 집무실에서 비밀심리절차가 가능하다. 즉, 법원은 문서를 다른 사람이 보도록 하여서는 안 되며(동조 제4항 후단), 필요하다고 인정되는 때에는 제시받은 문서를 일시적으로 맡아둘 수도 있다(규칙 제111조). 특히 <u>문서제출신청 후 이를 상대방에게 송달하는 등 문서제출신청에 대한 의견을 진술할 기회를 부여하는 데 필요한 조치를 취하지 않은 채 문서제출명령의 요건에 관하여 별다른 심리도 없이 문서제출신청 바로 다음 날 한 문서제출명령은 위법하다</u>(대결 2009.4.28. 2009무12).

2. 제3자에 대한 심문

민사소송법 제347조 제3항은 "제3자에 대하여 문서제출명령을 하는 경우에는 제3자 또는 그가 지정하는 자를 심문하여야 한다."라고 규정하고 있는바, 이는 그 제3자가 문서제출명령에 따르지 아니한 때에는 과태료의 제재를 받게 되는 점(민사소송법 제351조, 제318조, 제311조 제1항)을 고려하여 미리 그 진술 기회를 제공하고 이를 통하여 그 제3자의 문서 소지 여부 및 문서제출의무의 존부와 범위 등에 관하여 충실한 심리가 이루어지게 하려는 데에 그 입법 취지가 있다. 따라서 민사소송법 제347조 제3항의 규정에 따른 심문절차를 거쳤는지 여부에 관하여는 그 문서제출명령을 받은 제3자만이 법률상 이해관계를 가진다고 할 것이므로, 제3자에 대한 문서제출명령에 대하여는 그 제3자만이 자기에 대한 심문절차의 누락을 이유로 즉시항고할 수 있을 뿐이고, 본안소송의 당사자가 그 제3자에 대한 심문절차의 누락을 이유로 즉시항고하는 것은 허용되지 아니한다고 할 것이다(대결 2008.9.26. 2007마672).

---

199) 문서소지자의 형사소추 · 치욕, 프라이버시나 직무상 · 직업상 비밀사항이 있는 문서이면 제출의무가 없어 거부할 수 있는데(제344조 제1항 · 제2항 참고), 여기에 해당하는지 여부를 심리하는 과정에서 자칫하면 그와 같은 비밀사항이 누설될 염려가 있다. 이에 대비하여 제347조 제4항 후단은 제344조에서 정한 비밀사항이 포함되어 제출거부사유에 해당되는지 여부를 판단하기 위하여 그 문서소지인에게 문서의 제출명령을 할 수 있되, 제출거부사유를 판단함에 있어서 그 제시문서를 다른 사람이 보지 못하도록 하였다. 미국의 In camera절차의 도입이다(이시윤).

3. 증명책임

(1) 제출대상문서에 대한 증명책임

<u>문서제출의무를 규정하는 제344조의 적용에 있어서도 실체법상 권리관계발생에 관한 요건사실의 증명책임에 관한 법리가 적용</u>[200]되어, 문서제출신청인은 문서소지인에게 문서제출의무를 부담시키기 위해 그 구성요건상의 제출대상문서임을 증명하여야 한다. 즉, 문서의 존재와 소지가 증명되어야 하는데, 그 증명책임은 원칙적으로 신청인에게 있다(대결 2005.7.11. 2005마259). 제출명령이 있어도 그 문서가 법원에 제출되기 전까지는 그 신청을 철회함에 상대방의 동의를 요하지 않는다(대판 1971.3.23. 70다3013). 문서제출의 신청에 관한 결정에 대하여는 즉시항고를 할 수 있다(제348조). 판례는 <u>신청에 대해 아무 판단 없이 변론을 종결하고 판결을 선고하여도 판단누락이 되지 않는다</u>고 하였다(대판 1992.4.24. 91다25444). 그러나 독립의 불복신청권을 법이 인정하고 있으므로 독립의 재판을 요한다는 비판이 있다(이시윤).

(2) 제출거부사유에 관한 증명책임

1) 문제점

제344조 제1항 제3호 단서와 제2항에서 규정하는 문서제출거부사유에 관하여 그 증명책임을 거증자와 문서소지인 어느 쪽에 부담시킬 것인지가 문제된다.

2) 제1설(김용진) - 법률요건분류설을 관철

제344조 제1항 제3호의 경우에는 거증자가 문서제출신청 대상문서가 이익문서 또는 법률관계문서라는 사실을 주장·증명하면 되고, 이에 대하여 문서소지인이 자신이 개인정보(Privacy) 또는 영업비밀임을 주장·증명하여야 한다. 제344조 제2항의 경우에는 거증자가 문서소지인의 문서가 제1항의 경우 외 문서이며, 또한 동 조항에서 열거하는 문서제출거부사유의 부존재에 관하여서도 증명책임이 있다는 것이다.

3) 제2설(이호원) - 개정취지를 강조

문서제출의무를 일반화한 개정취지는, 증인의무, 검증물 제시의무가 일반적 의무로 되어있는 것과 마찬가지의 취지에서 문서제출의무를 일반적 의무로 확대한 이상, 증언거부사유의 경우와 마찬가지로 문서제출거부사유도 제344조 제1항 제3호 단서나 제2항 어느 경우이든 문서소지인이 증명할 책임이 있다고 본다. 이 견해는 거증자가 제출거부사유의 부존재에 관한 증명책임을 진다고 하더라도 실제 이를 어떻게 증명하여야 할 것인지 방법론상으로 어려움이 있으며, 제출거부사유의 증명책임에 관하여 어느 쪽으로 해석하더라도 결과적으로 구체적인 증명부담은 문서소지인에게 돌아갈 수밖에 없다는 것을 내세우고 있다.

4) 검토

문서제출신청의 단계에서는 거부사유에 해당하는 문서인지 여부가 구체적으로 증명될 수 없고, 문서소지인이 이러한 거부사유를 주장하고 문서에 대한 비밀심리가 실시된 뒤에야 비로소 증명될 수 있는 것이므로 제2설이 타당하다.

---

[200] 원래 증명책임은 실체법상의 요건사실, 주요사실에 대한 부적용의 위험, 즉 패소의 위험을 의미하는 것이지만, 최근 학자들이 이 경우에 증명책임을 논의하는 것은 문서제출신청에 대한 '기각'의 위험을 누구에게 입히느냐가 원래의 증명책임의 문제와 유사하므로 이와 관련하여 논하는 것임을 유의하기 바란다.

4. 신청에 대한 결정

법원은 문서제출신청에 정당한 사유가 있다고 인정한 때에는 결정으로 문서를 가진 사람에게 그 제출을 명할 수 있다(제347조 제1항). 제출의무자가 당사자일 경우에는 쟁점정리기일에 결정을 고지하거나 결정서를 작성하여 그 정본을 송달하는 것 중에 한 가지 방법을 택하면 되나, 실무에서는 결정서를 작성·송달하는 방식에 의하고 있고, 제출의무자가 제3자일 경우에는 반드시 문서제출명령(전산양식, A1707)을 작성하여 그 정본을 송달하여야 한다. 각하결정은 쟁점정리기일에 말로 고지하고 그 취지를 증인등목록에 기재하는 것이 보통이다[실무제요 민사소송(Ⅲ), 153면].

5. 불복방법

문서제출의 신청에 관한 결정에 대하여는 즉시항고를 할 수 있다(제348조).

Ⅴ. 문서부제출의 효과

1. 근거규정

당사자가 문서제출명령에 따르지 않거나(제349조), 상대방이 사용을 방해할 목적으로 제출의무 있는 문서를 훼손하여 버리거나 이를 사용할 수 없게 한 때(제350조)에는 법원은 그 문서의 기재에 관한 상대방의 주장을 진실한 것으로 인정할 수 있다. 그러나 제3자가 문서의 제출명령에 따르지 아니한 때에는 법원은 결정으로 이로 말미암은 소송비용을 부담하도록 명하고 500만 원 이하의 과태료에 처한다(제351조).

2. 상대방 주장의 진실인정의 의미

(1) 학설

1) 법정증거설

문서부제출이라는 사실로부터 증명할 사실 자체를 진실한 것으로 인정할 수 있다는 법정증거설은 자유심증주의에 대한 하나의 예외사유로 본다.

2) 증명책임전환설

반대사실의 존재가 증명되지 않는 한 다른 증거와 관계없이 문서부제출이라는 사실만으로 증명책임이 상대방에게 전환된다고 보는 견해는 그 사실의 존부불명시에 상대방에게 불이익한 것으로 된다.

3) 자유심증설

그 문서에 의하여 증명할 사실 그 자체를 진실한 것으로 인정한다는 뜻이 아니라 '문서의 표시(제345조 제1호)'와 문서의 취지에서 나타난 그 문서자체의 성질, 내용, 성립의 진정에 관한 주장을 진실한 것으로 인정하고, 이를 바탕으로 요증사실을 인정할 것인가의 여부는 법관의 자유심증에 의한다는 입장이다.

4) 절충설

원칙적으로 자유심증설에 의하지만, 행정소송, 공해소송, 국가상대손해배상소송이 경우처럼 대상문서가 상대방의 지배영역 내에 있어 증거를 세우려는 사람으로서는 문서의 구체적 내용을 특정할 수 없고, 또한 달리 다른 증거에 의한 증명이 현저히 곤란한 경우에는 제한적으로나마 법정증거설에 의하여야 한다는 신의칙에 의한 법정증거설인 절충설 등이 있다.

(2) 판례

판례는 "제350조의 '문서를 고의로 훼기하거나 사용할 수 없게 한 때에도 진실한 것으로 인정할 수 있다'는 것은 그 문서에 의하여 증명될 사실관계에 관한 주장이 아니라 그 문서의 성질·내용의 주장에 관한 것으로서 그 진실 여부는 법원의 재량에 의하여 판단할 것이다(대판 1979.11.13. 79다1577 등)."라고 하여 자유심증설[201]의 입장이다. 다만, 민사소송에서 당사자 일방이 일부가 훼손된 문서를 증거로 제출하였는데 상대방이 훼손된 부분에 잔존 부분의 기재와 상반된 내용이 기재되어 있다고 주장하는 경우, 문서 제출자가 상대방의 사용을 방해할 목적으로 문서를 훼손하였다면 법원은 훼손된 문서 부분의 기재에 대한 상대방의 주장을 진실한 것으로 인정할 수 있을 것이나(민사소송법 제350조), 그러한 목적 없이 문서가 훼손되었다고 하더라도 문서의 훼손된 부분에 잔존 부분과 상반되는 내용의 기재가 있을 가능성이 인정되어 문서 전체의 취지가 문서를 제출한 당사자의 주장에 부합한다는 확신을 할 수 없게 된다면 이로 인한 불이익은 훼손된 문서를 제출한 당사자에게 돌아가야 한다(대판 2015.11.17. 2014다81542).

(3) 검토

명문의 규정상 법관의 자유심증주의를 제한한다고는 볼 수 없으므로 법정증거설은 타당하지 않다. 따라서 원칙적으로는 자유심증설이 옳지만, 증거의 구조적 편재가 있는 경우에는 예외적으로 요증사실 자체가 증명되었다고 보는 절충설이 증명방해의 인정근거인 신의칙의 사상에 부합하여 타당하다고 본다.

---

201) 판례는 명문의 규정이 없는 증명방해 사안인 의사 측의 진료기록이 가필된 사안에서도 "당사자 일방이 입증을 방해하는 행위를 하였더라도 법원으로서는 이를 하나의 자료로 삼아 자유로운 심증에 따라 방해자 측에게 불리한 평가를 할 수 있음에 그칠 뿐 입증책임이 전환되었다거나 곧바로 상대방의 주장 사실이 증명된 것으로 보아야 하는 것도 아니다(대판 1999.4.13. 98다9915 등)."고 하여 자유심증설의 입장이다.

사례연습 CASE 1 문서제출명령과 문서제출거부사유

2022년 법무사시험

(아래 각 설문은 서로 상호 독립적이고, 견해의 대립이 있으면 대법원 판례에 따름)

물음 1) 甲은 공무원 시험에 응시하였다가 불합격처분을 받게 되자 불합격처분취소소송을 제기하였다. 공무원인 乙은 甲에 대한 불합격처분이 적법하다는 주장을 뒷받침하기 위해 소송에서 위 시험 관련 회의문서의 존재와 내용을 구체적으로 언급하였다. 다만, 회의문서 자체를 증거로서 인용하지는 않았다. 甲은 이 문서에 대해 문서제출명령을 신청하였으나 乙은 이 문서는 민사소송법 제344조 제2항의 '공무원이 그 직무와 관련하여 보관하거나 가지고 있는 문서'이며, 또 공공기관의 정보공개에 관한 법률에서 규정한 비공개정보에 해당하므로 이를 제출할 의무가 없다고 주장하였다. 법원은 이 문서는 위 시험과 관련한 업무의 공정한 수행에 현저한 지장을 초래할만한 특별한 사정이 있는 문서는 아니라는 전제에서 그 제출을 명하였다. 법원의 문서제출명령이 적법한지 여부에 대하여 결론과 그 이유를 설명하시오. (7점)

물음 2) 甲은 乙 회사의 주주인데, 乙 회사가 丙 회사에 흡수합병되는 과정에서 乙 회사의 이사들이 불공정한 합병비율을 적용해 乙 회사의 주식가치가 저평가되었다는 이유로 乙, 丙 회사를 상대로 손해배상을 청구하였다. 甲은 소송 중 자신의 주장을 증명하기 위해 乙 회사의 급여 및 상여금 지급 관련 기안문, 결의서에 대한 문서제출명령을 신청하였다. 乙, 丙 회사는 이 문서들은 통상 회사 내부의 의사결정을 위해 회사 내부의 이용에 쓸 목적으로 작성되고 외부인에게 공개하는 것이 예정되어 있지 않은 자기이용문서에 해당하므로 문서제출신청의 대상이 될 수 없다고 주장하였다. 법원은 심리 후 이 문서 자체는 외부에 공개가 예정되어 있지 않으나 문서에 기재된 정보나 내용은 회계장부 등을 통해 공개가 예정되어 있으며 다른 요건들을 갖추었다고 보아 이 문서들에 대해 제출명령을 하였다. 법원의 문서제출명령이 적법한지 여부에 대하여 결론과 그 이유를 설명하시오. (7점)

물음 3) 당사자가 법원의 문서제출명령을 받고도 제출을 거부하는 경우 법원은 어떻게 해야 하는지에 대해 설명하시오. (6점)

I. 물음 1)에 대하여

1. 결론

법원의 문서제출명령은 적법하다.

2. 이유

(1) 문서제출의무의 의미

문서제출의무는 국가에 대한 공법상의 의무임에는 의문이 없으나, 과거에는 구 민사소송법 제316조에 열거된 경우에만 인정하는 제한적인 것이었다. 하지만 입법론상 확장론이 대두됨에 따라, 현행법은 당사자와 문서 사이에 특별한 관계가 없는 일반문서의 경우에도 일정한 예외사유를 제외하고는 문서제출의무를 증인의무와 마찬가지로 일반의무화 한 것이다.

(2) 문서제출의무의 범위

인용문서란 소송에서 자기를 위한 증거로 또는 주장을 명백히 하기 위하여 또는 끌어 쓴 인용문서라면 상대방에게도 이용시키는 것이 형평에 맞기 때문에 그 대상으로 한다. 따라서 민사소송법 제344조 제1항 제1호에서 정하고 있는 인용문서는 당사자가 소송에서 문서 그 자체를 증거로서 인용한 경우뿐만 아니라 자기주장을 명백히 하기 위하여 적극적으로 문서의 존재와 내용을 언급하여 자기주장의 근거나 보조 자료로 삼은 문서도 포함한다. 또한 위 조항의 인용문서에 해당하면, 그것이 같은 조 제2항에서 정하고 있는 '공무원이 그 직무와 관련하여 보관하거나 가지고 있는 문서'라도 특별한 사정이 없는 한 문서 제출의무를 면할 수 없다. 그리고 인용문서가 공무원이 직무와 관련하여 보관하거나 가지고 있는 문서로서 공공기관의 정보공개에 관한 법률 제9조에서 정하고 있는 비공개대상정보에 해당한다고 하더라도, 특별한 사정이 없는 한 그에 관한 문서 제출의무를 면할 수 없다(대결 2017.12.28. 2015무423).

(3) 사안의 경우

사안에서 회의문서 자체를 증거로서 인용하지는 않았지만, 공무원인 乙은 甲에 대한 불합격처분이 적법하다는 주장을 뒷받침하기 위해 소송에서 위 시험 관련 회의문서의 존재와 내용을 구체적으로 언급하였으므로, 인용문서에 해당한다. 따라서 인용문서는 제344조 제2항에서 정하고 있는 '공무원이 그 직무와 관련하여 보관하거나 가지고 있는 문서'라도 특별한 사정이 없는 한 문서제출의무를 면할 수 없다. 그러므로 법원이 이 문서는 위 시험과 관련한 업무의 공정한 수행에 현저한 지장을 초래할만한 특별한 사정이 있는 문서는 아니라는 전제에서 그 제출을 명한 것은 적법하다.

II. 물음 2)에 대하여

1. 결론

법원의 문서제출명령은 적법하다.

2. 이유

(1) 자기이용문서의 의미

어느 문서가 오로지 문서를 가진 사람이 이용할 목적으로 작성되고 외부자에게 개시하는 것이 예정되어 있지 않으며 개시할 경우 문서를 가진 사람에게 심각한 불이익이 생길 염려가 있다면, 문서는 특별한 사정이 없는 한 위 규정의 자기이용문서에 해당한다. 여기서 어느 문서가 자기이용문서에 해당하는지는 문서의 표제나 명칭만으로 판단하여서는 아니 되고, 문서의 작성 목적, 기재 내용에 해당하는 정보, 당해 유형·종류의 문서가 일반적으로 갖는 성향, 문서의 소지 경위나 그 밖의 사정 등을 종합적으로 고려하여 객관적으로 판단하여야 하는데, 설령 주관적으로 내부 이용을 주된 목적으로 회사 내부에서 결재를 거쳐 작성된 문서일지라도, 신청자가 열람 등을 요구할 수 있는 사법상 권리를 가지는 문서와 동일한 정보 또는 직접적 기초·근거가 되는 정보가 문서의 기재 내용에 포함되어 있는 경우, 객관적으로 외부에서의 이용이 작성 목적에 전혀 포함되어 있지 않다고는 볼 수 없는 경우, 문서 자체를 외부에 개시하는 것은 예정되어 있지 않더라도 문서에 기재된 '정보'의 외부 개시가 예정되어 있거나 정보가 공익성을 가지는 경우 등에는 내부문서라는 이유로 자기이용문서라고 쉽게 단정할 것은 아니다(대결 2016.7.1. 2014마2239).[202] 따라서 임직원의 급여 및 상여금 내역 등이 개인정보 보호법상 개인정보에 해당하더라도 이를 이유로 문서소지인이 문서의 제출을 거부할 수 있는 것은 아니다.[203]

---

[202] 위 법리에 비추어 기록을 살펴보면, 씨제이미디어 주식회사(이하 "씨제이미디어"라 한다)의 급여 및 상여금의 지급 관련 자료 및 씨제이미디어 내지 피신청인 씨제이이앤엠 주식회사(이하 "피신청인 씨제이이앤엠"이라 한다)의 판매비와 관리비의 구체적 항목 명세, 각종 경비 및 고정비의 분류기준과 해당 항목 명세, 임직원에 대한 성과금 지급 규모, 급여 및 인건비 근거자료, 채널별 광고단가, 각종 매출액, 플랫폼별 시장매출규모, 매년 판권 구매·상각 내역 등에 관한 문서들은 각종 회계자료 등을 통해 외부에 공개하는 것이 예정되어 있는 정보 또는 그 직접적 기초가 되는 정보를 포함하고 있다고 볼 수 있고, 소멸회사인 씨제이미디어의 이사들이 합병비율의 적정성을 판단하여 이 사건 흡수합병에 동의할 것인지를 결정하는 근거로 삼은 회계법인의 검토보고서, 제안서 등과 그 검토를 위하여 회계법인에 제공한 서류 등은 합병조건에 대한 실질적인 판단자료로 주주들에게도 공개가 예정되어 있는 정보 또는 그 직접적 기초가 되는 정보를 포함하고 있다고 볼 여지가 있다. 또한 이 사건 합병 추진 및 실행과 관련하여 씨제이미디어가 다른 합병회사와 교신한 공문 등은 오로지 내부자의 이용에 제공할 목적으로 작성된 내부문서라고 단정할 수 없고, 업무수행의 지침이 되는 내부회계기준이나 위 각 정보와 관련한 결의서와 같이 이미 의사결정이 내려진 상태에서 작성되는 문서는 그 문서의 성질상 개시로 인하여 문서소지자에게 심각한 불이익이 생길 염려가 발생한다고 보기 어렵다. 따라서 원심으로서는 위 각 문서의 표제나 명칭에 불구하고 문서의 작성 목적, 기재 내용, 소지 경위 등에 비추어 외부 공개가 예정된 정보나 그에 관련된 정보를 포함하는지, 그 개시에 의하여 문서소지자에게 발생할 불이익의 정도 등에 관하여 심리함으로써 자기이용문서에 해당하는지 여부를 먼저 판단하고, 자기이용문서에 해당하지 않는 문서에 관해서는 소송에 나타난 여러 가지 사정을 고려하여 문서제출의 필요성 및 문서제출신청에 정당한 이유가 있는지 여부를 판단하였어야 한다. 그럼에도 이에 이르지 아니하고 위 각 문서가 피신청인들 내부의 의사결정 목적으로 작성되었다는 점만을 근거로 자기이용문서에 해당한다고 단정하고 이를 이유로 문서제출신청을 기각한 원심결정에는 민사소송법 제344조 제2항 제2호의 자기이용문서 등에 관한 법리를 오해하여 필요한 심리를 다하지 아니한 잘못이 있다. 이 점을 지적하는 재항고이유 주장은 이유 있다.

[203] 개인정보 보호법 제18조 제2항 제2호에 따르면 개인정보처리자는 '다른 법률에 특별한 규정이 있는 경우'에는 개인정보를 목적 외의 용도로 이용하거나 이를 제3자에게 제공할 수 있고, 민사소송법 제344조 제2항은 각 호에서 규정하고 있는 문서제출거부사유에 해당하지 아니하는 경우 문서소지인에게 문서제출의무를 부과하고 있기 때문이다.

(2) 사안의 경우

사안에서 법원은 심리 후 이 문서 자체는 외부에 공개가 예정되어 있지 않으나 문서에 기재된 '정보'나 내용은 회계장부 등을 통해 공개가 예정되어 있으며 다른 요건들을 갖추었다고 보고 있으므로, 내부문서라는 이유로 자기이용문서라고 쉽게 단정하여서는 아니 된다. 따라서 이는 자기이용문서에 해당하지 않으므로, 이에 대한 법원의 문서제출명령은 적법하다.

III. 물음 3)에 대하여

1. 근거규정

당사자가 문서제출명령에 따르지 않거나(제349조), 상대방이 사용을 방해할 목적으로 제출의무 있는 문서를 훼손하여 버리거나 이를 사용할 수 없게 한 때(제350조)에는 법원은 그 문서의 기재에 관한 상대방의 주장을 진실한 것으로 인정할 수 있다. 그러나 제3자가 문서의 제출명령에 따르지 아니한 때에는 법원은 결정으로 이로 말미암은 소송비용을 부담하도록 명하고 500만 원 이하의 과태료에 처한다(제351조).

2. 상대방 주장의 진실인정의 의미

문서의 기재에 대한 상대방의 주장을 진실한 것으로 인정할 수 있다는 것은 문서의 성립과 내용에 관한 상대방의 주장을 진실한 것으로 인정한다는 것을 의미한다. 다만, 그 문서에 의하여 증명하고자 하는 사실(요증사실)이 곧바로 증명되었다고 보는 것[204]은 아니며, 요증사실의 인정 여부는 법관의 자유심증에 의한다(통설, 자유심증설). 판례도 "제350조의 '문서를 고의로 훼기하거나 사용할 수 없게 한 때에도 진실한 것으로 인정할 수 있다'는 것은 그 문서에 의하여 증명될 사실관계에 관한 주장이 아니라 그 문서의 성질·내용의 주장에 관한 것으로서 그 진실 여부는 법원의 재량에 의하여 판단할 것이다(대판 1979.11.13. 79다1577 등)."라고 하여 자유심증설[205]의 입장이다[206].

3. 사안의 경우

당사자가 문서제출명령을 받고도 제출을 거부하는 경우에는 법원은 그 문서의 기재에 관한 상대방의 주장을 진실한 것으로 인정할 수 있고, 이의 의미는 그 문서에 의하여 증명하고자 하는 사실(요증사실)이 곧바로 증명되었다고 보는 것은 아니며, 요증사실의 인정 여부는 법관의 자유심증에 의한다(통설·판례).

---

204) 이를 법정증거설이라고 한다.

205) 판례는 명문의 규정이 없는 증명방해 사안인 의사 측의 진료기록이 가필된 사안에서도 "당사자 일방이 입증을 방해하는 행위를 하였더라도 법원으로서는 이를 하나의 자료로 삼아 자유로운 심증에 따라 방해자 측에게 불리한 평가를 할 수 있음에 그칠 뿐 입증책임이 전환되었다거나 곧바로 상대방의 주장 사실이 증명된 것으로 보아야 하는 것도 아니다(대판 1999.4.13. 98다9915 등)."고 하여 자유심증설의 입장이다.

206) 다만, 민사소송에서 당사자 일방이 일부가 훼손된 문서를 증거로 제출하였는데 상대방이 훼손된 부분에 잔존 부분의 기재와 상반된 내용이 기재되어 있다고 주장하는 경우, 문서제출자가 상대방의 사용을 방해할 목적으로 문서를 훼손하였다면 법원은 훼손된 문서 부분의 기재에 대한 상대방의 주장을 진실한 것으로 인정할 수 있을 것이나(민사소송법 제350조), 그러한 목적 없이 문서가 훼손되었다고 하더라도 문서의 훼손된 부분에 잔존 부분과 상반되는 내용의 기재가 있을 가능성이 인정되어 문서 전체의 취지가 문서를 제출한 당사자의 주장에 부합한다는 확신을 할 수 없게 된다면 이로 인한 불이익은 훼손된 문서를 제출한 당사자에게 돌아가야 한다(대판 2015.11.17. 2014다81542).

44 당사자신문

CONTENTS

▌ 당사자신문

Ⅰ. 서설

1. 의의

당사자본인을 증거방법으로 하여 그가 경험한 사실에 대하여 진술하게 하여 증거자료를 얻는 증거조사를 말한다(제367조).

2. 구별개념

당사자신문을 받는 경우의 당사자는 증거조사의 객체로서 증거방법이기 때문에 여기에서 그의 진술은 증인의 증언과 마찬가지로 증거자료이지 소송자료가 아니다. 따라서 당사자가 소송의 주체로서 하는 진술인 소송자료와 구별되며, 당사자본인신문의 과정에서 상대방주장사실과 일치되는 부분이 있더라도 이는 자백이라고 할 수 없다(대판 1978.9.12. 78다879). 법원의 석명에 대하여 당사자본인이 진술하는 것은 주장의 보충이지, 당사자신문은 아니다. 당사자의 법정대리인, 법인 등이 당사자인 경우에는 그 대표자 등도 이 절차에 의하여 신문한다(제372조).

Ⅱ. 당사자신문의 보충성

1. 보충성의 폐지

(1) 구법하에서의 상황

구법 제339조는 "법원이 증거조사에 의하여 심증을 얻지 못한 때에는 직권 또는 당사자의 신청에 의하여 당사자 본인을 신문할 수 있다."고 하여 증거조사의 보충성[207]을 규정하고 있었다.

(2) 현행법의 입장

현행법 제367조는 당사자신문의 보충성을 폐지하여, 당사자신문은 어느 단계에서나 독자적인 증거조사의 한 방법으로 실시할 수 있도록 하였다.

2. 가사소송사건

가사소송에 있어서는 직권탐지주의를 채택하고 있고, 특히 사건의 성질상 당사자 쌍방을 직접 조사할 필요성이 있으므로, 구민소법 당시에도 당사자신문의 보충성을 배제하여 언제든지 당사자본인을 신문할 수 있게 하고 있다(가사소송법 제17조).

Ⅲ. 절차

1. 당사자 신청의 경우

당사자신문은 직권으로 또는 당사자의 신청에 따라 할 수 있다(제367조). 법원은 효율적인 당사자신문을 위하여 필요하다고 인정할 때에는 당사자신문을 신청한 당사자에게 당사자진술서 또는 당사자신문사항을 제출하게 할 수 있다(규칙 제119조의2).[208]

2. 선서의무

신문기일에 당사자본인이 출석한 경우에는 재판장이 인정신문을 하고, 선서를 하게 하여야 한다. 구법에서는 선서를 시킬 것인지 여부가 법원의 재량이었으나, 신법에서는 선서가 필수적이 되었다. 신법에서 당사자신문의 보충성을 폐지하였으므로, 거짓 진술의 억제를 위한 제도적 보완책으로 신법에서 규정하였다. 선서한 당사자가 거짓 진술을 하는 경우, 법원은 결정으로 500만 원 이하의 과태료에 처할 수 있다. 법원의 결정에 대해서는 즉시항고를 할 수 있다(제370조).

---

[207] 구법하의 판례는 "당사자 본인신문결과는 다른 증거조사에 의하여 심증을 얻지 못한 때에 보충적으로 증거로 삼을 수 있을 뿐이고 독립적인 사실인정의 자료가 될 수 없다(대판 1987.5.26. 86누909 등)."고 하여 구 민소법의 당사자신문의 '증거방법으로의 보충성'을 '증거력의 보충성'으로 확장해석하고 있어, 당사자신문의 증거가치는 극히 미약하고, 실무상 소액사건을 제외하고는 당사자신문이 극히 예외적인 경우에만 이루어지고 있는 실정이었다. 현행법상으로는 증거조사의 보충성이 폐지되었으므로, 당사자신문의 증거가치, 즉 '증거력의 보충성'의 문제는 개정 법률이 직접 언급하지 아니하였지만, 자유심증주의 원칙에 따라 법원이 자유롭게 결정할 수 있다고 할 것이다(이시윤 등).

[208] 종전에는 당사자신문을 신청한 당사자는 원칙적으로 법원이 정한 기한까지 당사자신문사항을 제출할 수 있도록 하였으나, 사실심리의 충실화를 위하여 당사자신문이 활성화될 수 있도록 당사자신문사항의 사전제출의무에 관한 규정을 삭제하였다.

3. 의무불이행의 경우

당사자신문의 결정이 있으면 당사자는 출석·선서·진술의무를 지며, 정당한 사유 없이 그 의무를 이행하지 않으면 법원은 그 재량으로 신문사항에 대한 상대방의 주장사실을 진실한 것으로 인정할 수 있다(제369조). 이는 당사자가 정당한 사유 없이 소환에 응하지 아니하는 경우 등에 법원의 재량에 따라 신문사항에 관한 상대방의 주장을 진실한 것으로 인정할 수 있다는 뜻이다(대판 1973.9.25. 73다1060).

4. 이의권의 포기·상실

당사자본인으로 신문할 자를 증인으로 신문하였다고 해도, 당사자가 즉시 이의하지 않으면 이의권의 포기·상실로 그 흠이 치유된다(제151조). 즉, 당사자 본인신문의 방식에 의하여야 할 종친회 대표자를 증인으로 조사한데 대하여 지체 없이 이의의 진술이 없었다면 그 증언을 채택하여 사실 인정을 하였다 하더라도 위법이라 할 수 없다(대판 1977.10.11. 77다1316).

5. 증인신문의 규정 준용 및 차이점

당사자신문의 절차에는 증인신문의 규정이 대부분 준용된다(제373조). 다만, 당사자신문은 증인처럼 구인·과태료 등으로 출석·선서·진술이 강제되지 않는다. 따라서 선서를 하고 허위진술을 해도 형법상의 범죄가 되지 않고 과태료의 제재만 받는다(제370조).

45 증거보전

CONTENTS

Ⅰ. 서설

1. 의의

증거보전이란 소송절차 안에서 본래의 증거조사의 시기까지 기다리다가는 그 증거방법의 사용이 불능하거나 곤란하게 될 사정이 있는 경우에 본래의 소송절차와는 별도로 미리 증거조사를 하고 그 결과를 보전하여 두는 부수절차(제375조)

2. 구체적 예

예를 들어, 증인의 사망·해외이주, 문서의 소실, 검증할 현상의 변경의 염려가 있을 때 등

3. 종류

이는 소제기 전에 시행하는 것과 소제기 후 증거조사기일 전에 시행하는 것의 두가지

Ⅱ. 기능

1. 증거보전기능
2. 증거개시기능
3. 소송예방기능

Ⅲ. 요건

1. 증거보전의 필요성

(1) 미리 증거조사를 하지 아니하면 그 증거를 사용하기 곤란할 사정(제375조)

(2) 증거보전의 사유는 소명(제377조)

2. 소명의 정도

(1) 학설은 ① 증거보전의 증거개시기능에 대하여 소극적인 입장에서 증거보전의 필요성에 대한 소명을 엄격히 요구하는 견해(엄격설), ② 증거개시기능에 대하여 적극적인 입장에서는 증거보전의 필요성에 대한 소명을 완화하여 해석하는 견해(완화설)

(2) 검토

증거개시제도를 도입하고 있지 않은 현행법 하에서 증거개시제도의 기능을 할 수 있는 증거보전의 사유를 완화해서 해석하는 완화설이 소송의 적정, 공평을 위해 타당. 특히 완화설의 입장에서 보증금의 공탁 등 간이한 방법에 의하여 증거보전의 소명을 갈음하게 하는 방법도 바람직하다는 견해 ○(강현중 584면, 김홍엽, 543면)

3. 증권관련집단소송법

증권관련집단소송에서는 미리 증거조사를 하지 아니하면 그 증거를 사용하기 곤란한 사정이 있지 아니한 경우에도 필요하다고 인정하는 때에는 증거조사 可(동법 제33조). 이는 집단소송의 허가절차 등에서도 증거조사를 할 수 있도록 하기 위해서 임

Ⅳ. 절차

1. 개시

당사자의 신청과 법원의 직권 모두 가능(제375조, 제379조)

2. 상대방을 지정할 수 없는 경우

증거보전의 신청은 상대방을 지정할 수 없는 경우에도 可. 이 경우 법원은 상대방이 될 사람을 위하여 특별대리인을 선임 可(제378조)

3. 관할

(1) 증거보전의 신청은 소를 제기한 뒤에는 그 증거를 사용할 심급의 법원에 하여야 함. 소를 제기하기 전에는 신문을 받을 사람이나 문서를 가진 사람의 거소 또는 검증하고자 하는 목적물이 있는 곳을 관할하는 지방법원에 하여야 함

(2) but 급박한 경우에는 소를 제기한 뒤에도 소를 제기하기 전의 관할 지방법원에 증거보전의 신청 可(제376조)

4. 신청의 방식

증거보전의 신청에는 ① 상대방의 표시, ② 증명할 사실, ③ 보전하고자 하는 증거, ④ 증거보전의 사유 등의 사항을 밝혀야 함(제377조)

5. 불복금지

증거보전의 결정에 대하여는 불복 ×(제380조)

6. 당사자의 참여

증거조사의 기일은 신청인과 상대방에게 통지. 하지만 긴급한 경우에는 통지하지 않아도 됨(제381조)

7. 증거보전의 기록

증거보전에 관한 기록은 본안소송의 기록이 있는 법원에 보내야 함(제382조)

V. 효과

1. 증거자료로서의 효력

증거보전절차에서 실시한 증거조사의 결과는 변론에 현출됨으로써 본안소송에서 실시한 증거자료와 동일한 효력 ○

2. 변론에서의 재신문

증거보전절차에서 신문한 증인을 당사자가 변론에서 다시 신문하고자 신청한 때에는 법원은 그 증인을 신문하여야 함(제384조)

3. 증거보전의 비용

증거보전에 관한 비용은 소송비용의 일부로 함(제383조)

4. 상대방이 문서제출명령에 불응하는 경우의 문제

(1) 소제기 전, 증거보전절차에서 문서제출명령에 불응하거나 검증물을 제출하지 않은 경우에 문제 ○. 즉, 제3자가 이에 불응하면 과태료에 처하면 되지만(제361조, 제366조 제2항), 상대방에 대하여는 아직 소를 제기하기 전이므로 제349조, 제366조에 의한 불이익을 가할 수 없는 것이 아닌가 의문이 들 수 있기 때문

(2) 이에 대해서 소를 제기하기 전의 문서제출명령 등의 증거보전은 당사자의 협력이 없는 한 실효성이 없다는 견해 ○. but 이 경우에도 나중에 소가 제기된 뒤에 불이익을 가할 수 있다고 볼 것(정동윤·유병현, 강현중)

증거보전 변리사 46회

I. 서설

1. 의의

증거보전이란 소송절차 안에서 본래의 증거조사의 시기까지 기다리다가는 그 증거방법의 사용이 불능하거나 곤란하게 될 사정이 있는 경우에 본래의 소송절차와는 별도로 미리 증거조사를 하고 그 결과를 보전하여 두는 부수절차를 말한다(제375조).

2. 구체적 예

예를 들어, 증인의 사망·해외이주, 문서의 소실, 검증할 현상의 변경의 염려가 있을 때 행하여진다.

3. 종류

소제기 전에 시행하는 것과 소제기 후 증거조사기일 전에 시행하는 것의 두 가지가 있다.

Ⅱ. 기능

1. 증거보전기능

증거보전절차는 원래 장래 조사할 증거를 미리 보전하는 기능만을 가졌으나, 최근에는 서증이나 검증의 절차에 의한 증거보전을 통하여 신청인이 상대방이 지배영역 안에 사실과 증거를 미리 입수하기 위하여 이 제도가 이용되는 경우가 있다.

2. 증거개시기능

즉, 증거보전제도가 증거의 보전이라는 기능을 넘어 증거의 사전개시, 획득을 하는 기능을 한다. 따라서 증거의 편재를 시정하는 수단으로서 이를 허용하여야 할 것[209]이다(이시윤, 정동윤·유병현).

3. 소송예방기능

증거보전은 분쟁이 본질적으로 사실관계에 관한 것일 때에는 사실관계의 사전확정을 통하여 소송을 예방하는 기능을 한다.

Ⅲ. 요건

1. 증거보전의 필요성

(1) 법원은 미리 증거조사를 하지 아니하면 그 증거를 사용하기 곤란할 사정이 있다고 인정한 때에는 당사자의 신청에 따라 증거조사를 할 수 있다(제375조).

(2) 이 증거보전의 사유는 소명하여야 한다(제377조).

2. 소명의 정도

(1) 학설

학설은 ① 증거보전의 증거개시기능에 대하여 소극적인 입장에서 증거보전의 필요성에 대한 소명을 엄격히 요구하는 견해(엄격설)도 있으나, ② 증거개시기능에 대하여 적극적인 입장에서는 증거보전의 필요성에 대한 소명을 완화하여 해석하는 견해(완화설)도 있다.

(2) 검토

증거개시제도를 도입하고 있지 않은 현행법하에서 증거개시제도의 기능을 할 수 있는 증거보전의 사유를 완화해서 해석하는 완화설이 소송의 적정, 공평을 위해 타당하다. 특히 완화설의 입장에서 보증금의 공탁 등 간이한 방법에 의하여 증거보전의 소명을 갈음하게 하는 방법도 바람직하다는 견해도 있다(강현중 584면; 김홍엽, 543면).

---

209) 특히 독일은 1991년에 시행된 개정법에서 증거보전절차를 독립적 증거절차로 개편하여, 검증·증인신문 및 감정은 사실관계의 확정에 정당한 이익이 있으면 증거보전의 필요성을 따지지 않고 조사할 수 있도록 하였다(독일법 제485조). 증권관련집단소송법에서 이를 받아들여 규정하고 있다(동법 제33조).

3. 증권관련집단소송법

증권관련집단소송에서는 미리 증거조사를 하지 아니하면 그 증거를 사용하기 곤란한 사정이 있지 아니한 경우에도 필요하다고 인정하는 때에는 증거조사를 할 수 있다(동법 제33조). 이는 집단소송의 허가절차 등에서도 증거조사를 할 수 있도록 하기 위해서이다.

Ⅳ. 절차

1. 개시

당사자의 신청과 법원의 직권 모두 가능하다(제375조, 제379조).

2. 상대방을 지정할 수 없는 경우

증거보전의 신청은 상대방을 지정할 수 없는 경우에도 할 수 있다. 이 경우 법원은 상대방이 될 사람을 위하여 특별대리인을 선임할 수 있다(제378조).

3. 관할

(1) 증거보전의 신청은 소를 제기한 뒤에는 그 증거를 사용할 심급의 법원에 하여야 한다. 그리고 소를 제기하기 전에는 신문을 받을 사람이나 문서를 가진 사람의 거소 또는 검증하고자 하는 목적물이 있는 곳을 관할하는 지방법원에 하여야 한다.

(2) 하지만 급박한 경우에는 소를 제기한 뒤에도 소를 제기하기 전의 관할 지방법원에 증거보전의 신청을 할 수 있다(제376조).

4. 신청의 방식

증거보전의 신청에는 ① 상대방의 표시, ② 증명할 사실, ③ 보전하고자 하는 증거, ④ 증거보전의 사유 등의 사항을 밝혀야 한다.

5. 불복금지

증거보전의 결정에 대하여는 불복할 수 없다(제380조). 다만, 증거보전신청을 받아들이는 결정에 대하여는 불복신청을 못하지만(제380조), 이를 각하 하는 결정에 대하여는 신청인이 항고할 수 있다(제439조). 이론적으로는 증거보전을 허용하는 재판과 증거조사를 실시하는 결정은 별개이나 하나의 결정서를 작성하여도 무방하다. 증거보전을 허용한 결정 자체에 대하여는 불복할 수 없지만, 그에 기하여 증거조사를 실시하는 결정으로서 법원이 문서제출을 명한 경우에 이에 대하여 불복이 있는 이해관계인은 즉시항고를 제기할 수 있다(대결 2012.3.20. 2012그21). 증거보전결정은 원칙적으로 양쪽 당사자와 증거조사를 받게 되는 제3자에게 고지되어야 하지만, 급속을 요하는 경우 등에는 상대방에게 사후에 지체 없이 고지하면 족하다[실무제요(Ⅲ), 1329 ~ 1330면].

6. 당사자의 참여

증거조사의 기일은 신청인과 상대방에게 통지하여야 한다. 하지만 긴급한 경우에는 통지하지 않아도 된다(제381조).

7. 증거보전의 기록

증거보전에 관한 기록은 본안소송의 기록이 있는 법원에 보내야 한다(제382조).

V. 효과

1. 증거자료로서의 효력

증거보전절차에서 실시한 증거조사의 결과는 변론에 현출됨으로써 본안소송에서 실시한 증거자료와 동일한 효력이 있다.

2. 변론에서의 재신문

증거보전절차에서 신문한 증인을 당사자가 변론에서 다시 신문하고자 신청한 때에는 법원은 그 증인을 신문하여야 한다(제384조).

3. 증거보전의 비용

증거보전에 관한 비용은 소송비용의 일부로 한다(제383조).

4. 상대방이 문서제출명령에 불응하는 경우의 문제

(1) 소제기 전, 증거보전절차에서 문서제출명령에 불응하거나 검증물을 제출하지 않은 경우에 문제가 있다. 즉, 제3자가 이에 불응하면 과태료에 처하면 되지만(제361조, 제366조 제2항), 상대방에 대하여는 아직 소를 제기하기 전이므로 제349조, 제366조에 의한 불이익을 가할 수 없는 것이 아닌가하는 의문이 들 수 있기 때문이다.

(2) 이에 대해서 소를 제기하기 전의 문서제출명령 등의 증거보전은 당사자의 협력이 없는 한 실효성이 없다는 견해가 있다. 하지만 이 경우에도 나중에 소가 제기된 뒤에 불이익을 가할 수 있다고 볼 것이다(정동윤·유병현, 강현중).

46 자유심증주의

CONTENTS

Ⅰ. 의의

자유심증주의란 사실주장이 진실인지 아닌지를 판단함에 있어서 법관이 증거법칙의 제약을 받지 않고, 변론 전체의 취지와 증거자료를 참작하여 형성된 자유로운 심증으로 행할 수 있다는 원칙(제202조)

Ⅱ. 증거원인

1. 변론전체의 취지
   (1) 의의
      증거조사결과를 제외한 일체의 소송자료로서 당사자의 주장내용, 태도 기타 변론에서 얻은 인상 등 변론에 나타난 일체의 적극·소극의 사항 ⇨ 당사자의 주장내용, 주장태도, 증거신청시기 등이 이에 해당.
   (2) 기능 및 독립적 증거원인성 인정의 여부
      1) 형사소송법과 비교
      2) 문제점
   (3) 학설
      1) 독립적 증거원인설
      2) 보충적 증거원인설
   (4) 판례
      1) 판례는 주요사실의 인정에 대해서는 원칙적으로 보충적 증거원인설의 입장
      2) but 문서의 진정성립(형식적 증거력), 자백의 철회요건으로서의 착오 ⇨ 예외적 독립적 증거원인성 인정
   (5) 검토
      보충적 증거원인설 타당

2. 증거조사의 결과
   (1) 증거방법의 무제한
      자유심증주의는 증거방법이나 증거능력에 제한 ×, 매매·대여사실의 인정은 반드시 서증에 의할 필요 ×, 서류위조 여부를 반드시 감정에 의할 필요 ×
      판례도 소제기 후 다툼 있는 사실을 증명하기 위하여 작성한 문서라도 증거능력이 있는 것으로 보며, 형사소송과 달리 전문증언이라도 증거능력 ○

   (2) 증거력의 자유평가
      자유심증주의에 의하므로 직접증거와 간접증거 사이에, 서증과 인증 사이에, 그 증거력에 있어서 우열 ×

   (3) 증거공통의 원칙
      1) 의의
      2) 현재 우리 판례는 이를 긍정
         ∴ 실무상 제출자의 상대방이 '원용한다'는 말은 법원의 증거판단에 주의를 환기시키는 이상의 의미는 없다는 것이 통설, but 판례는 "원용이 없는 이상 상대방 제출의 증거에 대해 채택 여부 판단을 하지 아니하여도 증거공통의 원칙에 저촉되지 않는다."고 하여 아직 원용에 의미를 부여

Ⅲ. 자유심증의 정도

1. 사실인정에 필요한 확신의 정도
   (1) 통설·판례는 고도의 개연성 있는 확신, 즉 십중팔구까지는 확신이 서면 ○(고도의 개연성설)
   (2) 다만, 이에 대해서는 증거의 비교우월이면 된다는 견해 ○(우월적 증명설, 정동윤·유병현)
   (3) 손해배상소송에 있어서 증명도의 경감과 통계적 증명
      1) 개연성설
      2) 확률적 심증이론
      3) 역학적 증명이론

2. 자의 금지
   특히 판결문에 심증형성의 경로를 명시해야 하는지가 문제 ○, 학설은 대립[210]하지만 판례는 어떠한 증거를 갖고 어떠한 사실을 인정했는지 증거설명은 필요하나, 채부에 관한 이유를 설시할 필요 ×

Ⅳ. 사실인정의 위법과 상고

1. 사실인정의 위법
법률심인 상고심은 사실심의 자유심증에 의한 사실인정을 그대로 받아들여야 하므로(제432조), 원심의 증거채택과 사실인정이 잘못되었다는 것은 상고심에서 문제 삼을 수 없는 것이 원칙

2. 상고
다만 위법한 변론 및 증거조사의 결과에 의한 사실의 인정, 적법한 증거조사의 결과를 간과한 사실인정, 논리법칙·경험법칙을 현저히 어긴 사실인정 등의 경우에는 자유심증주의의 한계를 일탈한 것이므로 상고이유 ○(제423조)

Ⅴ. 자유심증주의의 예외

1. 증거방법·증거력의 법정(예외 1)
(1) 법으로 증거능력을 제한하거나 증거력을 법정해 놓은 경우
① 대리권의 존재에 대한 서면증명(제58조 제1항, 제89조 제1항), 소명방법에 대해 즉시 조사 할 수 있는 것에 한정(제299조 제1항) 등 증거방법의 제한
② 당사자와 법정대리인에 증인능력의 부정(제367조, 제372조) 등 증거능력의 제한
③ 변론의 방식에 관하여 변론조서의 법정증거력(제158조), 공문서·사문서의 형식적 증거력에 관한 추정규정(제356조, 제358조) 등의 증거력자유평가의 제한
④ 당사자의 일방이 고의로 상대방의 증명방해행위를 한 경우에 그 자에게 불리한 사실을 인정할 수 있도록 한 일련의 규정(제349조, 제350조, 제360조 제1항, 제361조 제2항, 제366조, 제369조)

2. 증명방해
(1) 의의 및 인정취지
1) 의의
증명방해란 일방당사자의 증거의 사용을 곤란하게 만들거나 불가능하게 만드는 행위
2) 인정취지
① 상대방에게 증거보존의무가 있다는 증거보존의무위반설도 있으나, ② 통설적 견해는 신의칙에서 이를 인정
(2) 효과(제재방법)
1) 학설
① 자유심증설(증거평가설)
② 증명책임전환설
③ 법정증거설
2) 판례
판례는 의사 측의 진료기록이 가필된 사안에서 "당사자 일방이 입증을 방해하는 행위를 하였더라도 법원으로서는 이를 하나의 자료로 삼아 자유로운 심증에 따라 방해자 측에게 불리한 평가를 할 수 있음에 그칠 뿐, 입증책임이 전환되었다거나 곧바로 상대방의 주장 사실이 증명된 것으로 보아야 하는 것도 아니다(대판 1999.4.13. 98다9915 등)"고 하여 자유심증설의 입장
3) 검토

3. 증거계약(예외 2)
(1) 증거계약이란 소송에 있어 사실확정에 관한 당사자의 합의
(2) 자백계약
(3) 증거제한계약
(4) 중재감정계약
(5) 증거력계약
법관의 자유심증주의 제약 ⇨ 무효
(6) 증명책임계약

---

210) 명시요구설은 당사자를 보호하고 상고심이 자의적 판단인가의 여부에 대해 재심사 할 수 있도록 하기 위해 증거의 취사선택에 있어서 심증형성의 경로를 명시해야 한다는 견해이고, 명시불요설은 자유심증의 경로의 논리적 설명은 곤란하고 명시를 요구하는 것은 소송촉진을 저해하므로 심증형성의 경로를 명시할 필요가 없다는 견해이다.

▌ 자유심증주의 _{변리사 2·10·25회, 노무사 1회}

Ⅰ. 서설

1. 의의

자유심증주의란 사실주장이 진실인지 아닌지를 판단함에 있어서 법관이 증거법칙의 제약을 받지 않고, 변론 전체의 취지와 증거자료를 참작하여 형성된 자유로운 심증으로 행할 수 있다는 원칙을 이른다(제202조). 특히 민사소송법 제202조가 선언하고 있는 자유심증주의는 형식적·법률적 증거규칙에 얽매일 필요가 없다는 것을 뜻할 뿐 법관의 자의적 판단을 허용하는 것은 아니므로, 사실의 인정은 적법한 증거조사절차를 거친 증거에 의하여 정의와 형평의 이념에 입각하여 논리와 경험의 법칙에 따라 하여야 하고, 사실인정이 사실심의 재량에 속한다고 하더라도 그 한도를 벗어나서는 아니 된다(대판 2017.3.9. 2016두55933).

2. 제202조의2 규정의 성격

민사소송법 제202조의2는 종래의 판례를 반영하여 '손해배상 액수의 산정'이라는 제목으로 "손해가 발생한 사실은 인정되나 구체적인 손해의 액수를 증명하는 것이 사안의 성질상 매우 어려운 경우에 법원은 변론 전체의 취지와 증거조사의 결과에 의하여 인정되는 모든 사정을 종합하여 상당하다고 인정되는 금액을 손해배상 액수로 정할 수 있다."라고 정하고 있다. 이 규정은 특별한 정함이 없는 한 채무불이행이나 불법행위로 인한 손해배상뿐만 아니라 특별법에 의한 손해배상에도 적용되는 일반적 성격의 규정이다. 손해가 발생한 사실이 인정되나 구체적인 손해의 액수를 증명하는 것이 매우 어려운 경우에는 법원은 손해배상청구를 쉽사리 배척해서는 안 되고, 적극적으로 석명권을 행사하여 증명을 촉구하는 등으로 구체적인 손해액에 관하여 심리하여야 한다. 그 후에도 구체적인 손해액을 알 수 없다면 손해액 산정의 근거가 되는 간접사실을 종합하여 손해액을 인정할 수 있다(대판 2020.3.26. 2018다301336).

Ⅱ. 증거원인

1. 변론전체의 취지

(1) 의의

증거조사결과를 제외한 일체의 소송자료로서 당사자의 주장내용, 태도 기타 변론에서 얻은 인상 등 변론에 나타난 일체의 적극·소극의 사항을 말한다. 즉, 당사자의 주장내용, 주장태도, 증거신청시기 등이 이에 해당한다.

(2) 기능 및 독립적 증거원인성 인정의 여부

형사소송법은 엄격한 증거재판주의를 취하여 증거자료만이 증거원인이 되나, 민사소송법은 자유심증주의를 철저히 관철하여 증거자료 뿐 아니라 변론전체의 취지도 증거원인이 된다. 이렇듯 변론 전체의 취지는 다른 증거자료와 함께 증거원인을 구성하는데 이 경우 법관이 변론 전체의 취지만으로 심증을 형성할 수 있느냐, 즉 독립적인 증거원인으로 볼 수 있느냐가 문제 된다.

(3) 학설

독립적 증거원인설은 자유심증주의의 본래의 의미에 충실하여 법원이 변론 전체의 취지만으로 확신을 얻었으면 굳이 그 사실을 인정하는 것을 막을 필요는 없다고 하여 변론전체의 취지만으로 증거원인이 된다고 한다. 보충적 증거원인설은 이는 객관화하기 곤란하다는 점, 사실인정이 안이하게 될 우려가 있다는 점에서 변론 전체의 취지는 다른 증거자료와 함께 증거원인이 될 수 있을 뿐이라고 한다.

(4) 판례

1) 판례는 주요사실의 인정에 대해서는 "변론전체의 취지는 변론의 과정에 현출된 모든 상황과 자료를 말하여 증거원인이 되는 것이기는 하나 이것만으로는 사실인정의 자료로 할 수 없는 것이므로 … (대판 1983.9.13. 83다카971 등)."라고 하여 원칙적으로 보충적 증거원인설의 입장이다.

2) 그러나 문서의 진정성립(형식적 증거력)에 관해서는 "당사자가 부지로서 다툰 서증에 관하여 거증자가 특히 그 성립을 증명하지 아니한 경우라도 법원은 다른 증거에 의하지 않고 변론전체의 취지를 참작하여 자유심증으로써 그 성립을 인정할 수 있다(대판 1982.3.23. 80다1857)."고 하고 있다.

3) 그리고 자백의 철회요건으로서의 착오에 대해서도 "재판상의 자백은 상대방의 동의가 없는 경우에는 자백을 한 당사자가 그 자백이 진실에 부합되지 않는다는 사실과 자백이 착오에 기인한다는 사실을 증명한 경우에만 이를 취소할 수 있는 것이기는 하지만 증거에 의하여 자백이 진실과 부합되지 않는 사실이 증명되고 변론전체의 취지에 의하여 그 자백이 착오에 기인한 것으로 인정되는 경우에는 법원은 자백의 취소를 허용하여야 할 것이다(대판 1991.8.27. 91다15591·15607)."라고 하여 이들 경우에 예외적으로 독립적 증거원인성을 인정하고 있다.

(5) 검토

자유심증주의에 충실한다면 독립적 증거원인설이 일리가 있으나 ① 법관도 인간인 이상 안이한 사실인정의 우려가 있다는 점, ② 변론 전체의 취지 자체도 모호하다는 점에서 보충적 증거원인설이 타당하다고 본다. 다만, 실제로 법원이 변론 전체의 취지만으로 확신을 얻는 경우는 매우 드물 것이므로 어느 학설을 취하나 실제상의 큰 차이는 없다고 본다.

2. 증거조사의 결과

(1) 증거방법의 무제한

자유심증주의는 증거방법이나 증거능력에 제한이 없기 때문에, 매매·대여사실의 인정은 반드시 서증에 의하여야 하는 것은 아니며, 서류위조 여부를 반드시 감정에 의할 필요가 없다. 판례도 소제기 후 다툼 있는 사실을 증명하기 위하여 작성한 문서라도 증거능력이 있는 것으로 보며(대판 1992.4.14. 91다24775), 형사소송과 달리 전문증언이라도 증거능력이 있다고 하였다(대판 1962.1.11. 4294민상386).

(2) 증거력의 자유평가

자유심증주의에 의하므로 직접증거와 간접증거 사이에, 서증과 인증 사이에, 그 증거력에 있어서 우열이 없다.

(3) 증거공통의 원칙

증거조사의 결과는 그 증거제출자에게 유리하게 판단될 수 있지만, 오히려 상대방에게 유리하게 평가될 수 도 있다는 것을 증거공통의 원칙이라고 한다. 현재 우리 판례는 이를 긍정하고 있다(대판 2004.5.14. 2003 다57697). 따라서 실무상 제출자의 상대방이 '원용한다'는 말은 법원의 증거판단에 주의를 환기시키는 이상의 의미는 없다는 것이 통설이나, 판례는 "원용이 없는 이상 상대방 제출의 증거에 대해 채택 여부 판단을 하지 아니하여도 증거공통의 원칙에 저촉되지 않는다(대판 1974.3.26. 73다160)."고 하여 아직 원용에 의미를 부여하고 있다.

Ⅲ. 자유심증의 정도

1. 사실인정에 필요한 확신의 정도

(1) 내용

통설·판례는 고도의 개연성 있는 확신, 즉 십중팔구까지는 확신이 서면된다고 한다(고도의 개연성설). 다만, 이에 대해서는 증거의 비교우월이면 된다는 견해도 있다(우월적 증명설, 정동윤·유병현).

(2) 손해배상소송에 있어서 증명도의 경감과 통계적 증명

1) 개연성설

현대형 소송에 있어서 불법행위의 각 요건사실의 입증에 있어 확신을 뜻하는 '고도의 개연성'을 요구하지 않고, '상당한 정도의 개연성'을 밝히면 입증한 것으로 보자는 입장인데, 대법원 역시 공해소송의 경우 뿐 아니라, 일실이익의 산정에 있어서도 "합리성과 객관성을 잃지 않는 범위 내에서의 상당한 개연성이 있는 소득의 증명으로 족하다(대판 1991.7.23. 89다카1275)."고 판시해 개연성설을 택하고 있다.

2) 확률적 심증이론

확신이 서지 않는 경우에 진위불명이라 하여 입증책임판결을 하기보다는 증명도를 손해배상액에 반영시켜 증명도 만큼 손해액을 인정하자는 이론이다. 이 견해는 일본의 쿠라다 타쿠지(倉田卓次) 판사가 주창하였다(동경지법 쇼와 45.6.29. 판결). 하지만 이 견해는 심증도의 어느 한도까지 이 이론을 적용할 것인가와 중간적 사실의 인정 등 문제가 있어 학설의 외면을 받고 있다.

3) 역학적 증명이론

원고 측에서 원고도 ① 역학적 증명에 의해 원인이라고 할 인자의 영향을 받았다는 것과, ② 원고의 증상도 집단적 질환의 기본적 특징을 갖춘 것을 증명하면 되고, 피고 측에서 원고의 질병은 그 인자와는 무관하다는 것을 추정케 할 특단의 사정을 증명함으로써 역학적 증명으로부터 해방되는 식으로 입증책임을 분배하는 견해이다(통계적 증명방식이다).

2. 자의 금지

(1) 원칙

판결문에 심증형성의 경로를 명시해야 하는지가 문제되는데, 학설은 대립[211]하지만 판례는 어떠한 증거를 갖고 어떠한 사실을 인정했는지 증거설명은 필요하나, 채부에 관한 이유를 설시할 필요는 없다고 한다(대판 1993.11.12. 93다18129). 예를 들어, 법원이 甲이 주장하는 사실을 인정한다고 했을 때, 甲이 신청한 증인 A, B, C 세 명의 증인 중 A증인의 증언에 의해 사실을 인정한다고 설시하면 되는 것이지, 왜 A, B, C 세 명의 증인 중 A증인의 증언을 채택했는지는 이유를 설시할 필요가 없다(대판 1998.12.8. 97므513 · 97스12). 판결서 작성에 들이는 노고로 소송촉진만 저해될 우려가 있기 때문이다.

(2) 예외 - 이유 설시를 요하는 경우

판례는 ① 진정성립이 인정되는 처분문서의 증거력의 배척(대판 2004.3.26. 2003다60549), ② 진정성립이 석연치 않은 서증의 증거력 인정(대판 1993.4.13. 92다12070), ③ 공문서의 진정성립의 부정(대판 1986.6.10. 85다카180. 공문서인 사실조회회보도 마찬가지이다), ④ 확정된 관련민사사건에서 인정한 사실과 달리 인정할 때(대판 2000.4.11. 99다51685; 다만, 달리 인정하는 구체적 이유를 일일이 설시할 필요는 없다는 판례도 있다[대판 2002.6.11. 99다41657]), ⑤ 자기에게 불리한 사실을 시인하고 날인까지 한 서증의 증거력을 배척할 때(대판 1993.5.11. 92다3823), ⑥ 경험칙상 이례에 속하는 판단(대판 1996.10.25. 96다29700) 등은 분명하고 수긍할 만한 이유의 설시를 요한다. 그리고 ⑦ 증명책임이 있는 당사자가 주장사실을 증명할 만한 상당한 증거를 제출하였는데 한 마디로 모두 믿지 않는다는 표현은 잘못이다(대판 1992.5.26. 92다8293).

Ⅳ. 사실인정의 위법과 상고

1. 원칙

법률심인 상고심은 사실심의 자유심증에 의한 사실인정을 그대로 받아들여야 하므로(제432조), 원심의 증거채택과 사실인정이 잘못되었다는 것은 상고심에서 문제삼을 수 없는 것이 원칙이다.

---

211) 명시요구설은 당사자를 보호하고 상고심이 자의적 판단인가의 여부에 대해 재심사할 수 있도록 하기 위해 증거의 취사선택에 있어서 심증형성의 경로를 명시해야 한다는 견해이고, 명시불요설은 자유심증의 경로의 논리적 설명은 곤란하고 명시를 요구하는 것은 소송촉진을 저해하므로 심증형성의 경로를 명시할 필요가 없다는 견해이다.

2. 예외

위법한 변론 및 증거조사의 결과에 의한 사실의 인정, 적법한 증거조사의 결과를 간과한 사실인정, 논리법칙·경험법칙을 현저히 어긴 사실인정 등의 경우에는 자유심증주의의 한계를 일탈한 것이므로 상고이유[212]가 된다고 본다(제423조).

Ⅴ. 자유심증주의의 예외

1. 증거방법·증거력의 법정(예외 1)

(1) 예외적으로 법으로 증거능력을 제한하거나 증거력을 법정해 놓은 경우가 있는데, ① 대리권의 존재에 대한 서면증명(제58조 제1항, 제89조 제1항), 소명방법에 대해 즉시 조사할 수 있는 것에 한정(제299조 제1항) 등 증거방법의 제한, ② 당사자와 법정대리인에 증인능력의 부정(제367조, 제372조)등 증거능력의 제한, ③ 변론의 방식에 관하여 변론조서의 법정증거력(제158조), 공문서·사문서의 형식적 증거력에 관한 추정규정(제356조, 제358조) 등의 증거력자유평가의 제한 등이 있다. 이 밖에 당사자의 일방이 고의로 상대방의 증명방해행위를 한 경우에 그 자에게 불리한 사실을 인정할 수 있도록 한 일련의 규정(제349조, 제350조, 제360조 제1항, 제361조 제2항, 제366조, 제369조)도 법정증거주의의 한 예이다.

(2) 법의 규정이 없는 증명방해가 문제된다.

2. 증명방해

(1) 의의 및 인정 취지

증명방해란 일방당사자의 증거의 사용을 곤란하게 만들거나 불가능하게 만드는 행위를 이른다. 이의 인정 취지는 ① 상대방에게 증거보존의무가 있다는 증거보존의무위반설도 있으나, ② 통설적 견해는 신의칙에서 이를 인정하고 있다.[213]

---

212) 불법행위로 인한 손해배상청구소송에서 재산적 손해의 발생사실은 인정되나 구체적인 손해의 액수를 증명하는 것이 사안의 성질상 곤란한 경우, 법원은 증거조사의 결과와 변론 전체의 취지에 의하여 밝혀진 당사자들 사이의 관계, 불법행위와 그로 인한 재산적 손해가 발생하게 된 경위, 손해의 성격, 손해가 발생한 이후의 여러 정황 등 관련된 모든 간접사실들을 종합하여 손해의 액수를 판단할 수 있는 것이고, 이러한 법리는 자유심증주의하에서 손해의 발생사실은 입증되었으나 사안의 성질상 손해액에 대한 입증이 곤란한 경우 증명도·심증도를 경감함으로써 손해의 공평·타당한 분담을 지도원리로 하는 손해배상제도의 이상과 기능을 실현하고자 함에 그 취지가 있는 것이지, 법관에게 손해액의 산정에 관한 자유재량을 부여한 것은 아니므로, 법원이 위와 같은 방법으로 구체적 손해액을 판단함에 있어서는, 손해액 산정의 근거가 되는 간접사실들의 탐색에 최선의 노력을 다해야 하고, 그와 같이 탐색해 낸 간접사실들을 합리적으로 평가하여 객관적으로 수긍할 수 있는 손해액을 산정해야 할 것이다(대판 2007.11.29. 2006다3561, 군법무관 보수청구 사건).

213) 최근 증명방해의 기능에 대해 정동윤·유병현·김경욱은 "증명방해이론은 한편으로는 상대방의 증거수집활동을 방해하지 못하도록 하는 예방적 기능을 가지고 당사자의 증거수집활동을 적정하게 규율하는 것을 목적으로 하지만, 다른 한편 일단 방해행위가 있는 경우에는 방해자에게 불리한 사실을 의제하는 제재적 기능을 가지고, 증거에 관한 양 당사자의 실질적 평등을 보장하는 목적을 가지고 있다. 따라서 증명방해이론은 어디까지나 소극적으로 증명방해를 예방하거나 교정하는 데 그치고, 미국법상의 디스커버리(discovery)와 같이 상대방으로부터 증거를 취득하거나 상대방에게 증거의 제출을 강제하는 등 적극적 기능은 없다."고 한다.

(2) 효과(제재방법)

1) 학설

① 자유심증설(증거평가설)은 그 증명방해행위를 하나의 자료로 삼아 법관의 자유심증에 따라 방해자에게 불리하게 평가하면 된다고 한다.

② 증명책임전환설은 방해한 상대방에 대해 증명책임을 전환시켜 형평을 도모해야 한다고 한다.

③ 법정증거설은 방해받은 상대방의 주장사실이 바로 증명된 것으로 보아야 한다고 한다.

2) 판례

의사 측의 진료기록이 가필된 사안에서 "당사자 일방이 입증을 방해하는 행위를 하였더라도 법원으로서는 이를 하나의 자료로 삼아 자유로운 심증에 따라 방해자 측에게 불리한 평가를 할 수 있음에 그칠 뿐 입증책임이 전환되었다거나 곧바로 상대방의 주장 사실이 증명된 것으로 보아야 하는 것도 아니다(대판 1999.4.13. 98다9915 등)."고 하여 <u>자유심증설의 입장</u>이다. 다만, 최근에는 "유족의 반대로 시체의 부검이 이루어지지 아니한 때에는 유족 측이 증명책임상의 불이익을 감수하여야 한다(대판 2010.9.30. 2010다12241 · 12258)."고 본 것도 있다.

3) 검토

증명책임전환설은 증명책임전환규정은 실체법의 규정이 있어야 하며, 법정증거설은 증거를 제출한 경우와 비교하여 균형이 맞지 아니하므로, 자유심증설이 타당하다.

3. 증거계약(예외 2)

(1) 의의

증거계약이란 소송에 있어 사실확정에 관한 당사자의 합의를 말한다. 소송상의 효과를 발생케 하는 계약이기 때문에 소송계약의 일종으로 자유심증주의를 당사자의 의사로 제약하는 경우인데, 다음과 같은 것들이 있다.

(2) 자백계약

자백계약이란 일정한 사실을 인정하거나 또는 다투지 않기로 약정하는 합의를 말한다. 변론주의의 적용을 받는 통상의 민사소송에 있어서는 당사자의 자백이 허용되므로 원칙적으로 자백계약은 유효한 것으로 인정된다. 다만, 권리자백계약과 간접사실에 관한 자백계약은 법관의 자유심증주의를 제약하므로 명문의 규정이 없는 한 효력이 없다고 보아야 한다.

(3) 증거제한계약

일정한 증거방법을 증거로 제출하지 말자는 계약이 증거제한계약이다. ① 보충적 직권증거조사(법 제292조)를 근거로 무효로 보는 견해가 있으나, ② 증거자료의 제출에 관하여는 변론주의가 적용되어 당사자의 주도권이 인정되고 법관의 직권증거조사는 보충적 · 예외적인 것이므로 장래에 제출할 증거방법을 당사자들이 그들의 처분권한에 의하여 제한하더라도 이것은 변론주의의 적용결과이므로 적법하다. 증거방법을 제한한다고 하더라도 제한된 증거로부터 법관의 심증형성에 아무런 법적 제한이 없는 한 자유심증주의의 위배가 아니다. 따라서 유효설이 타당하다.

(4) 중재감정계약

사실의 확정을 제3자의 판정에 위임하여 이에 복종키로 하는 계약이 중재감정계약이다. 이러한 계약도 유효하여, 유효한 중재감정계약의 존재가 주장·입증되면 중재가 행해질 때까지 소송절차를 중단할 수 있다고 본다.

(5) 증거력계약

증거력계약은 특정한 증거의 증거력을 정하거나 일정한 사실에서 특정한 사실을 추정하여 그것을 사실인정의 기초로 하자는 합의로서, 이는 증거조사결과에 대한 법관의 자유로운 증거력평가를 제약하는 결과가 되므로 무효이다. 예를 들어, 증명을 소명으로 대체하자는 계약을 들 수 있다.

(6) 증명책임계약

넓은 의미의 증거계약에는 증명책임계약을 포함하지만, 사실확정의 방법에 관한 것이 아니고 사실확정이 되지 않을 때 누구에게 법률상의 불이익을 돌릴 것이냐 하는 문제이기 때문에, 엄밀한 의미의 증거계약이라 할 수 없다. 다만, 처분할 수 있는 권리관계에 관한 것이면 계약으로 책임을 바꿀 수 있다(대판 1997.10.28. 97다33089). 약관의 규제에 관한 법률 제14조는 상당한 이유 없이 고객에게 증명책임을 부담시키는 약관조항은 무효로 하였다(이시윤).

47 증명책임

CONTENTS

I. 서설

1. 의의
   (1) (객관적)증명책임

   소송상 요증사실의 존부가 확정되지 않을 때 (진위불명의 상태)에 당해 사실이 존재하지 않는 것으로 취급되어 법률판단을 받게되는 당사자 일방의 불이익

   (2) 주관적 증명책임

   1) 주관적 증명책임이란 승소를 하기 위하여 증명책임을 지는 사실에 대하여 증거를 대야 하는 한쪽 당사자의 행위책임
   2) 개념의 독자성: "증명책임은 민사소송의 척추이다."

2. 기능

   진위불명시의 재판기술 ⇨ 법규부적용의 문제

3. 주장책임과의 관계
   (1) 주장책임은 증명책임에 선행하여 존재
   (2) 주장책임의 분배는 원칙적으로 증명책임의 분배와 일치, 주장책임이 있는 곳에 반드시 증명책임이 있는 것은 ×(불요증사실의 경우)
   (3) 예외적으로 소극적 확인의 소[214]에서는 부존재로 주장된 권리관계의 주장책임은 원고가, 그 권리관계의 증명책임은 피고가 지며, 민법 제135조의 무권대리인의 책임, 동법 제397조 제2항의 금전채무불이행으로 인한 손해배상의 경우에는 양자가 일치 ×

II. 증명책임의 분배

1. 의의

   요증사실이 진위불명인 경우에 당사자 중 누구에게 불이익을 돌릴 것인가에 따라 소송의 승패가 좌우되므로 그 분배문제는 민사소송법의 핵심문제

2. 법률요건분류설

   법규의 형식과 구조에서 증명책임의 분배를 찾는 견해로 현재의 통설·판례
   (1) 권리주장자는 권리근거규범의 요건사실에 대하여 증명책임 ○
   (2) 권리를 다투는 상대방은 반대규정의 요건사실(항변사실: 권리장애사실[215], 권리멸각사실[216], 권리행사저지사실[217])에 대하여 증명책임 ○
   (3) 권리근거규범과 권리장애규범과의 구별: 권리장애규범은 권리근거규범의 요건이 존재함에도 불구하고, 예외적으로 권리발생을 방해하는 사유에 대하여 규정한 경우로서 권리근거규범과 권리장애규범의 관계는 원칙규정과 예외규정의 모습임

3. 법률요건분류설에 대한 비판 - 위험영역설, 증거거리설

   ① 누구의 지배(위험)영역에서 사건이 발생했느냐는 실질적 근거를 기준으로 증명책임을 분배하는 위험영역설, ② 증거와의 거리, 입증의 난이, 금반언, 실체법의 취지 등을 증명책임의 기준으로 내세우는 증거거리설이 최근에 등장

4. 검토

   위험영역설은 위험영역의 한계가 모호하다는 문제가 있고, 증거거리설은 증거와의 거리가 동등한 경우에는 문제의 해결책이 될 수 없다는 비판 ○

---

214) 그에 준하는 소유권이전등기말소청구소송도 동일하다. 사시 45회
215) 예를 들어, 불공정한 법률행위, 선량한 풍속위반, 통정허위표시, 강행법규의 위반 등을 말한다.
216) 예를 들어, 변제, 공탁, 상계, 소멸시효완성, 사기·강박에 의한 취소, 계약의 해제, 권리의 포기·소멸 등을 말한다.
217) 예를 들어, 기한의 유예, 정지조건의 존재, 동시이행항변이나 유치권의 원인사실, 한정승인사실 등을 말한다.

∴ 증명책임은 사실주장이 진위불명인 경우의 법규적용의 문제이므로 이는 법규의 구조·형식 속에서 분배기준을 구하는 법률요건분류설이 타당. 다만, 공해·환경소송, 제조물소송, 의료과오소송 등의 현대형 소송에는 위 최근의 학설을 참작할 필요가 있다고 할 것(수정법률요건분류설)

III. 증명책임의 전환

1. 입법에 의한 전환
민법 제759조, 환경정책기본법 제31조 등에서 가해자에게 무과실의 증명책임을 지우는 경우 등이 그 예

2. 해석에 의한 전환
증명방해, 제조자책임, 설명의무위반 등의 의료과오소송 등에서 해석에 의하여 증명책임을 전환 시키려는 시도가 전개

IV. 증명책임의 완화

1. 법률상 추정
(1) 의의 및 종류
  1) 법률상의 추정이란 이미 법규화된 경험칙, 즉 추정규정을 적용하여 행하는 추정. 이는 통상의 경험칙을 이용한 사실상의 추정과는 다름
    ∵ 전자는 반대사실의 증명(본증)으로 그 추정이 번복되지만(따라서 법관에게 확신을 주어야 함), 후자는 반증으로 그 추정이 번복되기 때문
  2) 법률상의 추정은 ① "A사실이 존재하는 경우 B사실이 추정된다."는 사실추정(민법 제198조[218]) 등)과, ② "A사실이 있는 경우 B권리가 추정된다."는 권리추정(민법 제200조 등)으로 나뉨
(2) 효과
  1) 증명주제의 선택: 증명책임의 완화
  2) 반대사실의 증명: 증명책임의 전환
(3) 법률상 추정이 문제되는 경우
  1) 등기의 추정력
    ① 판례에 의하면 "부동산이전등기가 경료된 경우 그 등기는 적법하게 된 것으로서 진실한 권리상태를 공시하는 것

이라고 추정되므로, 그 등기가 위법하게 된 것이라고 주장하는 상대방에게 그 추정력을 번복할 만한 반대사실의 입증책임이 있다."고 판시 ⇨ 권리추정 인정
    ② 학설은 ㉠ 등기 특히 이전등기는 공동신청이 원칙이며, 등기제도의 실효성 보장을 위해 판례의 법률상의 추정(권리추정)에 대해 찬성하는 견해, ㉡ 독일민법이나 스위스 민법과 같은 명문의 규정이 없음에도 불구하고 강력한 법률상의 추정을 인정하는데 반대하는 견해(사실상 추정에 불과, 이시윤)도 유력
  2) 유사적 추정
    ① 유사적 추정이란 엄밀한 의미에서 법률상 추정이 아니면서도 법조문에는 추정이라는 말을 사용하고 있는 경우. 이는 ㉠ 전제사실이 없는 무전제의 추정(무조건의 추정)을 하는 잠정적 진실(민법 제197조 제1항), ㉡ 법규가 의사표시의 내용을 추정하는 의사추정(민법 제153조 제1항), ㉢ 실체법과는 무관하게 문서의 진정추정을 이르는 증거법칙적 추정(법 제356조, 제358조)이 판례
    ② 특히 잠정적 진실이란 무조건의 추정규정이므로 이는 기본규정에 대한 반대규정의 성격을 갖는 증명책임규정에 불과
      ∴ 이는 법률상의 추정과는 달리 애초부터 증명책임의 분배가 법규상 되어 있음

2. 일응의 추정 또는 표현증명
(1) 의의
  고도의 개연성 있는 경험칙
(2) 정형적 사상경과
(3) 효용성
  소송에서는 일응의 이론 자체보다는 이를 뒤집기 위한 간접반증의 이론의 전제

---

218) "전후양시에 점유한 사실이 있는 때에는 그 점유는 계속한 것으로 추정한다."

3. 간접반증이론(일응의 추정의 복멸)
  (1) 간접반증이론이란 상대방의 요증사실에 대해
      일응의 추정이 생긴 경우에 직접적으로 그 요
      증사실을 번복하는 것이 아니라 그 추정의 전
      제되는 간접사실과 양립되는 별개의 간접사
      실을 증명하여 일응의 추정을 깨뜨리는 이론
  (2) 예 - 자동차충돌사고
  (3) 증명의 정도
      1) 과실에 대한 부정의 정도는 반증
      2) 중앙선 침범과 양립하는 별개의 간접사실
         인 다른 자동차가 충격하였다는 사실에 대
         해서는 사실상 증명책임이 전환되는 효과
         가 발생하여 그 증명정도는 본증
  (4) 비판
      간접반증이론은 사실상 증명책임 전환의 효
      과를 가져오므로, 이는 결국 피고의 항변사실
      의 증명이나 마찬가지라는 비판 ○. but 이는
      간접사실의 차원에서 원·피고 간에 증명부
      담의 공평화에 그침(이시윤)
4. 특수소송에 있어서의 증명책임
  (1) 공해소송
      판례는 종래에는 개연성설, 현재는 간접반증
      이론에 의한 판시가 주류(진해화학사건)
  (2) 의료소송
      1) 판례는 의료상 과실과 인과관계를 추정(간
         접반증이론)

  2) 판례는 의사가 설명의무를 이행하였다는
     증명책임을 의사에게 돌렸음
  (3) 제조물책임소송
      1) 제조물책임법 제4조 제1항은 제조물책임
         의 면책사유에 대한 증명책임을 제조업자
         에게 부여
      2) 그리고 판례는 내구연한 5년을 1년 초과한
         TV가 폭발한 사건에서, "제조업자 측에서
         제품결함 아닌 다른 원인에 의하여 사고가
         발생한 것임을 증명하지 못하는 한, 사회
         통념상 기대되는 합리적 안정성을 갖추지
         못한 제품의 결함으로 인하여 사고가 발생
         하였다고 추정된다(대판 2000.2.25. 98다
         15934)."고 판시하여 피해자의 증명책임
         을 크게 완화

V. 주장책임
  1. 의의
  2. 주장책임과 증명책임과의 관계
VI. 증명책임 없는 당사자의 이른바 해명의무
구체적인 사건에 있어서 ① 자기의 권리주장이 합리적인
근거가 있음을 명백히 할 실마리를 보여주고, ② 자기가
객관적으로 사안의 해명을 할 수 없는 정황에 있으며,
③ 그와 같이 된데 비난가능성이 없고, ④ 그에 반하여
상대방은 용이하게 해명할 수 있는 입장에 있고 그 기대
가능성이 있는 경우에는 증명책임이 없는 당사자에게도
이른바 해명의무가 인정될 여지 ○(이시윤, 489면)

▌증명책임 변리사 21·31회

Ⅰ. 서설

1. 의의

(1) (객관적)증명책임

소송상 요증사실의 존부가 확정되지 않을 때(진위불명의 상태)에 당해 사실이 존재하지 않는 것으로 취급되어 법률판단을 받게 되는 당사자 일방의 불이익을 이른다. 즉, 패소위험을 누가 지느냐의 문제라고 할 수 있다.[219]

(2) 주관적 증명책임

주관적 증명책임이란 승소를 하기 위하여 증명책임을 지는 사실에 대하여 증거를 대야 하는 한쪽 당사자의 행위책임을 말한다. 특히 "증명책임은 민사소송의 척추이다."라는 말 그대로 증명책임이 민사소송에서 담당하는 역할은 크다. 즉, ① 청구원인과 항변과의 구별, ② 항변과 부인과의 구별, ③ 본증과 반증과의 구별, ④ 자백의 성립 여부의 기준, ⑤ 증거를 대지 못하는 경우에 누구에게 증명촉구를 할 것인가의 석명권 행사의 대상자도 증명책임에 의해 정해지므로, 심리의 최종단계에 이르러 진실 여부 불명의 결과책임으로 문제되는 객관적 증명책임만으로는 민사소송과정에서 증명책임이 담당하는 여러 가지 기능이 도외시 될 수 있다. 따라서 주관적 증명책임이라는 개념의 독자성을 인정할 필요가 있다.

2. 기능

(1) 진위불명시에 재판을 가능케 하는 기능을 수행한다. 즉, 증명책임은 진위불명시 재판을 가능하게 하기 위해 그 사실이 존재하지 않는 것으로 의제하여 그 사실을 요건으로 하는 법률효과의 발생을 인정하지 않게 된다(법규부적용의 문제).

3. 주장책임과의 관계

(1) 변론주의하에서 당사자가 유리한 판결을 얻기 위하여는 자기가 부담하는 주장책임을 다하여야 하고, 그것이 다투어지는 경우 증명을 하여야 한다(주관적 증명책임). 따라서 주장책임은 증명책임에 선행하여 존재한다.

(2) 주장책임의 분배는 원칙적으로 증명책임의 분배와 일치하나, 주장책임이 있는 곳에 반드시 증명책임이 따르는 것이 아니다(불요증사실의 경우). 그리고 예외적으로 소극적 확인의 소[220]에서는 부존재로 주장된 권리관계의 주장책임은 원고가, 그 권리관계의 증명책임은 피고가 진다. 판례도 "소극적 확인소송에서는

---

[219] 원래 증명책임이란 용어는 Beweislast라는 독일어를 번역한 것으로 흔히 입증책임이라고 쓰고 있고, 형사소송법에서는 거증책임이라고 번역하고 있다. 하지만 기존 같이 입증책임이라고 쓰면 당사자가 입증을 해야 할 책임이라고 오해하는 경향이 있으므로 이는 증명책임이라고 하는 것이 맞다고 본다. 왜냐하면 엄밀히는 당사자가 입증을 해야 할 책임은 주관적 증명책임을 이르고 이는 변론주의의 특유한 요소이지만, 우리가 논하고자 하는 객관적 증명책임은 법관의 진위불명상태에서의 패소위험을 뜻하므로 이는 변론주의든, 직권탐지주의든 상관없이 문제되기 때문이다. 이를 정확하게 이해하고 있어야 증명책임 부분에 대해 혼란이 초래되지 않는다는 점을 명심해야 한다.

[220] 그에 준하는 소유권이전등기말소청구소송도 동일하다.

원고가 먼저 청구를 특정하여 채무발생원인 사실을 부정하는 주장을 하면 채권자인 피고는 권리관계의 요건사실에 관하여 주장·증명책임을 부담하므로, 유치권 부존재 확인소송에서 유치권의 요건사실인 유치권의 목적물과 견련관계 있는 채권의 존재에 대해서는 피고가 주장·증명하여야 한다(대판 2016.3.10. 2013다99409).[221]"고 한다. 그리고 민법 제135조의 무권대리인의 책임, 민법 제397조 제2항의 금전채무불이행으로 인한 손해배상의 경우에는 양자가 일치하지 않는다.

Ⅱ. 증명책임의 분배

1. 의의

요증사실이 진위불명인 경우에 당사자 중 누구에게 불이익을 돌릴 것인가에 따라 소송의 승패에 좌우되므로 그 분배문제는 민사소송법의 핵심문제이다.

2. 법률요건분류설

법규의 형식과 구조에서 증명책임의 분배를 찾는 견해로 현재의 통설·판례이다.

(1) 권리주장자는 권리근거규범의 요건사실에 대하여 증명책임을 진다.

(2) 권리를 다투는 상대방은 반대규정의 요건사실(항변사실: 권리장애사실[222], 권리멸각사실[223], 권리행사저지사실[224])에 대하여 증명책임을 진다.

(3) 권리근거규범과 권리장애규범과의 구별

권리장애규범은 권리근거규범의 요건이 존재함에도 불구하고, 예외적으로 권리발생을 방해하는 사유에 대하여 규정한 경우로서 권리근거규범과 권리장애규범의 관계는 원칙규정과 예외규정의 모습으로 나타난다.

3. 법률요건분류설에 대한 비판 – 위험영역설, 증거거리설

① 누구의 지배(위험)영역에서 사건이 발생했느냐는 실질적 근거를 기준으로 증명책임을 분배하는 위험영역설, ② 증거와의 거리, 입증의 난이, 금반언, 실체법의 취지 등을 증명책임의 기준으로 내세우는 증거거리설이 최근에 등장하고 있다.

---

221) 판결에 표시된 채무자의 승계가 법원에 명백한 사실이거나 증명서로 승계를 증명한 때에는 채무자의 승계인에 대한 집행을 위하여 재판장의 명령에 따라 승계집행문을 내어 줄 수 있는데(민사집행법 제31조, 제32조), 승계집행문 부여의 요건은 집행권원에 표시된 당사자에 관하여 실체법적인 승계가 있었는지이다. 채무자가 채무자 지위의 승계를 부인하여 다투는 경우에는 승계집행문 부여에 대한 이의의 소를 제기할 수 있고(민사집행법 제45조), 이때 승계사실에 대한 증명책임은 승계를 주장하는 채권자에게 있다. 따라서 승계집행문 부여에 대한 이의의 소에서 법원은 증거관계를 살펴 과연 집행권원에 표시된 당사자에 관하여 실체법적인 승계가 있었는지의 사실관계를 심리한 후 승계사실이 충분히 증명되지 않거나 오히려 승계의 반대사실이 증명되는 경우에는 승계집행문을 취소하고 승계집행문에 기한 강제집행을 불허하여야 한다(대판 2016.6.23. 2015다52190).
222) 예를 들어, 불공정한 법률행위, 선량한 풍속위반, 통정허위표시, 강행법규의 위반 등을 말한다.
223) 예를 들어, 변제, 공탁, 상계, 소멸시효완성, 사기·강박에 의한 취소, 계약의 해제, 권리의 포기·소멸 등을 말한다.
224) 예를 들어, 기한의 유예, 정지조건의 존재, 동시이행항변이나 유치권의 원인사실, 한정승인사실 등을 말한다.

4. 검토

위험영역설은 위험영역의 한계가 모호하다는 문제가 있고, 증거거리설은 증거와의 거리가 동등한 경우에는 문제의 해결책이 될 수 없다는 비판이 있다. 따라서 증명책임은 사실주장이 진위불명인 경우의 법규적용의 문제이므로 이는 법규의 구조·형식 속에서 분배기준을 구하는 법률요건분류설이 타당하다. 다만, 공해·환경소송, 제조물소송, 의료과오소송 등의 현대형 소송에는 위 최근의 학설을 참작할 필요가 있다고 할 것이다(수정법률요건분류설).

III. 증명책임의 전환

1. 입법에 의한 전환

증명책임의 일반원칙에 대하여 특별한 경우에 입법에 의하여 예외적으로 수정을 가하는 것으로 특별규정(예 민법 제759조, 환경정책기본법 제31조 등)에서 가해자에게 무과실의 증명책임을 지우는 경우 등이 그 예이다.

2. 해석에 의한 전환

증명방해, 제조자책임, 설명의무위반 등의 의료과오소송 등에서 해석에 의하여 증명책임을 전환시키려는 시도가 전개되고 있다.

IV. 증명책임의 완화

법률요건분류설을 엄격히 관철하면 형평에 반하는 결과가 나올 수 있으므로 이를 바로 잡기 위해 증명책임의 원칙을 완화한 입법대책 및 해석론이 있다. 즉, 사실상의 추정, 법률상의 추정, 일응의 추정(표현증명) 등이 그것이다.

1. 법률상 추정

(1) 의의 및 종류

1) 법률상의 추정이란 이미 법규화된 경험칙, 즉 추정규정을 적용하여 행하는 추정을 말한다. 이는 통상의 경험칙을 이용한 사실상의 추정과는 다르다. 왜냐하면 전자는 반대사실의 증명(본증)으로 그 추정이 번복되지만(따라서 법관에게 확신을 주어야 한다) 후자는 반증으로 그 추정이 번복되기 때문이다.

2) 법률상의 추정은 ① "A사실이 존재하는 경우 B사실이 추정된다."는 사실추정(민법 제198조 등)과, ② "A사실이 있는 경우 B권리가 추정된다."는 권리추정(민법 제200조 등)으로 나뉜다.

(2) 효과

1) 증명주제의 선택 – 증명책임의 완화

추정규정이 있는 경우 증명책임 있는 자는 증명이 곤란한 추정사실을 직접 증명할 수 있지만, 보통은 증명이 용이한 전제사실을 증명하여 이에 갈음할 수 있다. 이러한 의미에서 추정규정은 증명책임을 완화한 것이라고 할 수 있다.

2) 반대사실의 증명 – 증명책임의 전환

추정사실이 존재하지 않는다는 증명이 반대사실의 증명인데, 법률상 추정을 뒤집기 위하여 반대사실을 증명할 증명책임은 상대방에게 있고 이것은 반증이 아니라 본증이 된다. 즉, 이런 측면에서 보면 상대방이 추정사실의 부존재에 대하여 증명책임을 진다는 점에서 증명책임이 전환되는 효과를 가져온다.

(3) 법률상 추정이 문제되는 경우

1) 등기의 추정력

① 판례에 의하면 "부동산이전등기가 경료된 경우 그 등기는 적법하게 된 것으로서 진실한 권리상태를 공시하는 것이라고 추정되므로, 그 등기가 위법하게 된 것이라고 주장하는 상대방에게 그 추정력을 번복할 만한 반대사실의 입증책임이 있다(대판 1992.10.27. 92다30047 등)."고 하고 있고, 부동산에 대해서는 점유의 적법한 권리추정보다 등기의 추정을 우선시킨다.

② 학설은 ㉠ 등기 특히 이전등기는 공동신청이 원칙이며, 등기제도의 실효성 보장을 위해 판례의 법률상의 추정(권리 추정)에 대해 찬성하는 견해도 있으나, ㉡ 독일민법이나 스위스 민법과 같은 명문의 규정이 없음에도 불구하고 강력한 법률상의 추정을 인정하는데 반대하는 견해(이시윤)도 유력하다.

③ 검토

현행법상 등기에 공신력이 인정되지 않아 법률상 지위가 불안한 등기명의인을 보호하고 점유에 일정한 법률상 추정력이 있는 것(민법 제200조)과의 균형상 등기에 법률상 추정력을 인정하여야 할 것이다(김용진).

2) 유사적 추정

① 유사적 추정이란 엄밀한 의미에서 법률상 추정이 아니면서도 법조문에는 추정이라는 말을 사용하고 있는 경우를 말한다. 이는 ㉠ 전제사실이 없는 무전제의 추정(무조건의 추정)을 하는 잠정적 진실(민법 제197조 제1항), ㉡ 법규가 의사표시의 내용을 추정하는 의사추정(민법 제153조 제1항), ㉢ 실체법과는 무관하게 문서의 진정추정을 이르는 증거법칙적 추정(법 제356조, 제358조)이 있다.

② 특히 잠정적 진실[225]이란 무조건의 추정규정이므로 이는 기본규정에 대한 반대규정의 성격을 갖는 증명책임규정에 불과하다. 따라서 이는 법률상의 추정과는 달리 애초부터 증명책임의 분배가 법규상 되어 있다.

---

225) 즉, 이는 어느 규정의 요건사실의 부존재의 증명책임을 상대방에게 지우기 위한 입법기술로서 단서로 규정하는 것과 같다. 예를 들어, 민법 제197조 제1항(점유자는 소유의 의사로 선의·평온 및 공연하게 점유한 것으로 추정한다)의 추정은 민법 제245조(20년간 소유의 의사로 평온·공연하게 부동산을 점유하는 자는 등기함으로써 그 소유권을 취득한다)의 요건인 소유의 의사, 평온·공연의 증명책임을 상대방에게 전환하는 것이고, 마치 민법 제245조를 '20년간 부동산을 점유하는 자는 등기함으로써 그 소유권을 취득한다. 그러나 소유의 의사로 평온·공연하게 점유하지 아니한 때에는 그러하지 아니하다'라고 규정하는 것과 마찬가지로 된다. 그 밖에 상법 제47조 제2항, 어음법 제29조 제1항도 잠정적 진실을 규정하고 있다. 법률상의 추정은 별개의 전제사실을 규정하는 것이므로, 잠정적 진실과 같이 단서의 형태로 바꾸어 쓸 수 없다(정동윤·유병현, 509면).

2. 일응의 추정 또는 표현증명

(1) 일응의 추정이론이란 고도의 개연성 있는 경험칙을 이용하여 간접사실로부터 주요사실을 추정하는 이론을 이른다. 특히 추정된 사실을 번복하려면 실제상 그 전제가 되는 간접사실을 깨뜨리는 본증을 해야 하므로 이는 거의 증명된 것이나 마찬가지가 된다. 이런 의미에서 이를 표현증명이라고도 한다.

(2) 특히 일응의 추정의 이론은 불법행위법에서 인과관계와 과실의 인정의 경우에 주로 활용되고, 판례도 대부분 불법행위에 관한 것이다. 즉, 이는 고도의 경험칙을 이용하는 것이므로 정형적인 사상경과가 문제된 경우에만 그 기능을 발휘하기 때문이다.

(3) 실제 소송에서는 일응의 이론 자체보다는 이를 뒤집기 위한 간접반증의 이론의 전제로서 그 의미가 있다.

3. 간접반증이론(일응의 추정의 복멸)

(1) 간접반증이론이란 상대방의 요증사실에 대해 일응의 추정이 생긴 경우에 직접적으로 그 요증사실을 번복하는 것이 아니라 그 추정의 전제되는 간접사실과 양립[226][227]되는 별개의 간접사실을 증명하여 일응의 추정을 깨뜨리는 이론을 이른다.

(2) 예를 들어, 원고가 중앙선침범을 하였다는 사실을 증명하면 일응의 추정에 의해 피고의 과실은 추정되지만(다만, 이는 여전히 증명책임이 전환되지 않는 사실상 추정이라는 점을 명심해야 한다) 피고가 뒤의 자동차에 의한 충격 때문에 중앙선을 침범한 것이라는 사실을 증명하면 이 추정은 깨뜨려지게 된다.

---

226) 왜 양립되는 사실이어야 하는가? 예를 들어, 甲이 乙에게 중앙선 침범으로 인한 교통사고를 당해 손해배상을 청구하는 소송을 가정해 보자. 이 경우 甲은 당연히 乙의 과실을 입증하기 위해 乙이 중앙선을 침범했다는 사실을 증명하여 과실을 일응 추정하게 할 것이다. 그렇다면 乙 측에서 생각할 수 있는 것은 그 전제사실인 중앙선 침범을 부정하든지(양립불가능한 사실) 아니면 그 사실을 인정하면서 중앙선을 침범하는 것이 자기의 잘못이 아니라 丙이 뒤에서 충돌하였기 때문에 할 수 없이 중앙선을 침범할 수밖에 없었다는 사실(양립가능한 사실)을 증명하면 그 추정을 복멸시킬 수 있을 것이다. 하지만 벌써 법관은 乙이 중앙선을 침범했다는 사실에 대해 확신을 가진 경우일 것이므로 이를 부정하는 것은 사실상 가능하지 않다. 따라서 실제 소송에서는 후자의 양립가능한 사실을 입증하게 될 것이고 이것을 이론적으로 만들어 놓은 것이 간접반증이론인 것이다(오석락, 입증책임론, 135면 이하 참고).

227) 예를 들어, 원고 甲이 집 주변의 화학공장에서 배출되는 유독물질에 의해 폐암에 걸렸다는 것을 이유로 손해배상 청구소송을 화학공장을 운영하는 乙회사에게 제기하였다고 가정해보자[진해화학사건(대판 1984.6.12. 81다558)은 김 양식장 사안]. 이 경우 간접반증이론에 의하면 甲은 ① 乙 회사가 유독물질을 배출했다는 사실, ② 甲의 집이 그 유독물질이 배출되는 범위 내에 위치한다는 사실, ③ 甲이 유독물질 배출 전에는 없던 폐암이 발생했다는 사실을 증명하면 일응 인과관계가 증명되었다고 보고, 乙 회사 측에서 ④ 그 배출되는 물질 중에 유독물질이 부존재한다는 사실이나, ⑤ 유독물질이 들어있어도 안전농도 범위 내라는 사실을 증명하여야 인과관계가 부정된다고 할 것이다. 그런데 이 경우 호문혁 교수(2004년 판, 434면 이하)는 '이 판례는 그 표현에도 불구하고 그 내용은 가해사실이 없었음을 입증해야 책임을 면할 수 있다는 것이어서 인과관계의 간접반증과도 관계가 없음을 알 수 있다. 인과관계의 유무는 가해사실의 존재를 전제로 한 것이어서 가해사실이 없으면 인과관계는 처음부터 문제되지 않기 때문이다. 그러므로 이러한 경우는 가해행위가 있었다는 사실을 인정하기 위한 개연성설의 범위를 벗어나는 것이 아니어서 별도의 간접반증이론이란 것을 내세울 필요가 없다.'고 하고 있다. 하지만 이시윤 교수는 "④ 사실은 양립되지 않는 사실이라도, ⑤ 사실은 ①, ②, ③ 사실과 양립되는 사실인 것으로, 피고가 이를 증명하면 원고의 일응의 인과관계의 증명이 부정된다는 것이기 때문에 학술이론처럼 완벽하고 정치한 판결은 아니라도 간접반증이론을 따른데 큰 손색이 없다고 하겠다. 이 판례의 분석에 있어서 다수설도 그러하다."고 하고 있다. 어떤 것이 타당한 학설일까? 사실 이론적으로 보면 호문혁 교수의 평석이 더 타당하다. 간접반증이론은 양립가능한 사실을 주장하는 것이므로 오염물질이 부존재한다는 것은 가해사실이 애초부터 존재하지 않는다는 것이므로 이것은 당연히 양립가능한 사실을 주장하는 것이기 때문이다. 하지만 이시윤 교수의 평석대로 이 판례에 대해 간접반증이론에 따른 설시로 보는 것이 대부분의 견해이므로 이에 따라 검토하는 것이 수험생 입장에서는 무난하다고 본다.

(3) 즉, 일응의 추정은 사실상 추정이어서 요증사실인 과실에 대한 증명책임이 피고에게 전환되는 것은 아니므로 주요사실인 과실이 없다는데 대해서 피고가 증명하고자 한다면 그 증명의 정도는 반증이지만, 중앙선 침범과 양립하는 별개의 간접사실인 다른 자동차가 충격하였다는 사실에 대해서는 사실상 증명책임이 전환되는 효과가 발생하여 그 증명정도는 본증이므로 법관에게 확신을 주어야 한다.

(4) 하지만 실제 소송에서는 과실, 신의성실, 인과관계 같은 일반규정 그 자체를 증명한다는 거의 불가능하고, 중앙선 침범사실, 다른 자동차에 의한 충격사실 등의 간접사실 등에 의해 이를 증명하게 된다. 따라서 일응의 추정이 있으면 이를 번복하는 간접반증이론은 사실상 증명책임의 전환의 효과를 가져오므로 이는 결국 피고의 항변사실의 증명이나 마찬가지라고 비판이 있는 것이다. 그러나 이는 간접사실의 차원에서 원·피고 간에 증명부담의 공평화에 그친다고 본다(이시윤).

4. 특수소송에 있어서의 증명책임

(1) 공해소송

판례는 공해소송에서 가해행위와 손해 사이의 인관관계 증명에 관해 종래에는 개연성설을 취한 것도 있으나, 현재는 간접반증이론에 의한 판시가 주류를 이루고 있다(진해화학사건 참고).

(2) 의료소송

1) 판례는 환자가 치료 중 사망한 경우, 피해자 측에서 의료과정에서 저질러진 일반인의 상식에 바탕을 둔 의료상의 과실 있는 행위를 증명하고, 그 결과와의 사이에 일련의 의료행위 외에 다른 원인이 개재될 수 없다는 점을 증명한 경우, 의료행위를 한 측이 그 결과가 의료상의 과실로 말미암은 것이 아니라 전혀 다른 원인으로 말미암은 것이라는 것을 증명하지 않은 이상, 의료상 과실과 인과관계를 추정한다(대판 1995.2.10. 93다52402 등).

2) 특히 최근 판례는 의사가 설명의무를 이행하였다는 증명책임을 의사에게 돌렸다(대판 2007.5.31. 2005다5867).

(3) 제조물책임소송

1) 제조물책임법 제4조 제1항은 제조물책임의 면책사유에 대한 증명책임을 제조업자에게 부여했다.

2) 그리고 판례는 내구연한 5년을 1년 초과한 TV가 폭발한 사건에서, "제조업자 측에서 제품결함 아닌 다른 원인에 의하여 사고가 발생한 것임을 증명하지 못하는 한, 사회통념상 기대되는 합리적 안정성을 갖추지 못한 제품의 결함으로 인하여 사고가 발생하였다고 추정된다(대판 2000.2.25. 98다15934)."고 판시하여 피해자의 증명책임을 크게 완화하려 하였다.

V. 주장책임

1. 의의

변론주의를 바탕으로 하는 소송절차에서는 재판에 필요한 사실은 당사자의 주장을 통하여 현출되므로 주요 사실을 변론에서 주장하지 아니하면 유리한 법률효과의 발생이 인정되지 않는데 이와 같은 당사자의 불이익 또는 위험부담을 주장책임이라 한다. 변론주의하에서 당사자가 변론기일에 출석하지 않거나 또는 변론하지 않은 경우 어느 쪽 당사자의 진술에도 나타나지 않은 요건사실은 그것이 공지의 사실이라 하더라도 법원은 이를 재판의 기초로 삼을 수 없기 때문이다. 그러나 직권탐지주의 또는 직권조사의 경우에는 법원은 당사자 주장의 유무와 관계없이 법원이 심증을 얻은 사실을 당연히 재판의 기초로 할 수 있으므로 주장책임이 문제되지 않는다.

2. 주장책임과 증명책임과의 관계

주장책임도 증명책임의 분배와 동일한 원칙에 따라 분배된다. 즉, 주장책임의 대상 및 범위는 원칙적으로 증명책임의 그것과 일치한다[이의 예외로 무권대리인의 책임(민법 제135조)과 금전채무불이행의 특칙(민법 제397조)을 들 수 있다]. 다만, 주장책임이 논리적·시간적으로 선행하는 관계에 있으며 또는 주장책임은 변론주의를 전제로 해서만 인정되므로 직권탐지주의에서 인정되는 증명책임과는 다른 측면이 있다.

VI. 증명책임 없는 당사자의 이른바 해명의무

증명책임 없는 당사자에게 포괄적인 해명의무를 인정하면 증명책임을 지는 당사자의 증거제출책임을 부정하는 결과가 될 뿐 아니라 대립 당사자 구조에 반하는 결과가 되어 문제가 있어서 일반적 해명의무를 인정하기는 어렵다. 다만, 구체적인 사건에 있어서 ① 자기의 권리주장이 합리적인 근거가 있음을 명백히 할 실마리를 보여주고, ② 자기가 객관적으로 사안의 해명을 할 수 없는 정황에 있으며, ③ 그와 같이 된데 비난가능성이 없고, ④ 그에 반하여 상대방은 용이하게 해명할 수 있는 입장에 있고 그 기대가능성이 있는 경우에는 증명책임이 없는 당사자에게도 이른바 해명의무가 인정될 여지가 있을 것이다(이시윤).

사례연습 CASE 1 증명책임, 등기의 추정력

연습문제

甲은 해외근무 차 출국하면서 친구인 乙에게 자신의 재산관리를 부탁하였다. 乙은 甲을 위하여 5년간이나 재산관리를 하였음에도 甲이 당초의 약속과는 달리 별다른 보답을 하지 아니하자 재산관리에 대한 보수라고 생각하여 甲의 승낙 없이 甲 소유의 아파트를 乙 명의로 이전등기 하였다. 이에 甲은 乙에게 소유권이전등기말소청구의 소를 제기하였다. 이 경우 乙은 임의로 이전등기를 마친 것이 아니라 甲의 대리인 A로부터 적법하게 아파트를 매수하여 이전등기를 마쳤다고 주장하는데, 법원의 심리 결과 甲의 A에 대한 대리권 수여 여부가 분명하지 않다면, 법원으로서는 어떤 내용의 판결을 하여야 하는지, 결론(소각하, 청구인용, 청구기각 중 선택)과 이유를 제시하시오. (20점)

I. 결론

청구기각을 하여야 한다.

II. 이유

1. 변론주의와 주장책임

(1) 변론주의

변론주의는 주요사실에 대해서만 적용되며 원칙적으로 간접사실이나 보조사실은 자유심증에 의할 것이지 변론주의의 적용대상이 아니다. 그러나 대리인에 대한 계약체결사실(민법 제114조 제1항)은 본인에 대한 법률효과를 발생시키는 요건사실로서 주요사실에 해당한다는 것이 통설·판례이다. 따라서 乙이 甲의 (정당한) 대리인과 계약을 체결하였다는 사실을 주장하여야 한다. 결국 사안의 A의 대리권의 존재와 대리인에 의한 계약체결의 사실은 매매계약의 법률요건에 해당하는 요건사실(주요사실)로 주장책임의 대상이 된다.

(2) 주장책임 분배와 증명책임의 분배

변론주의 하에서 당사자가 유리한 판결을 얻기 위하여 자기가 부담하는 주장책임을 다하여야 하고, 그것이 다투어지는 경우 증명을 하여야 한다(주관적 증명책임). 따라서 주장책임은 증명책임에 선행하여 존재한다. 주장책임의 분배는 원칙적으로 증명책임의 분배와 일치하나, 주장책임이 있는 곳에 반드시 증명책임이 따르는 것이 아니다(불요증사실의 경우). 그리고 예외적으로 소극적 확인의 소, 소유권이전등기말소청구의 소에서는 부존재로 주장된 권리관계의 주장책임은 원고가, 그 권리관계의 증명책임은 피고가 진다.

2. 증명책임의 분배

(1) 법률요건분류설

요증사실이 진위불명인 경우에 당사자 중 누구에게 불이익을 돌릴 것인가에 따라 소송의 승패가 좌우되므로, 그 분배문제는 민사소송법의 핵심문제이다. 이에 대하여 주장하는 자가 증명책임을 진다는 주장자증명책임설이 있었으나, 누가 먼저 주장하느냐에 따라 증명책임의 주체가 변경될 수 있는 문제점이 있다. 현재는 법규의 형식과 구조에서 증명책임의 분배를 찾는 법률요건분류설(규범설)이 현재의 통설·판례이다.

(2) 내용

권리주장자는 권리근거규범의 요건사실에 대하여 증명책임을 진다. 반면에 권리를 다투는 상대방은 반대규정의 요건사실(항변사실: 권리장애사실, 권리멸각사실, 권리행사저지사실)에 대하여 증명책임을 진다.

(3) 사안의 경우

사안의 경우는 말소등기청구이므로, 등기의 원인무효청구의 경우 권리근거규정, 즉 등기원인을 발생시키는 근거(발생)규범은 오히려 상대방 당사자가 주장한다. 즉, 권리발생근거사실이나 반대규범사실에 대한 증명은 당사자의 지위에 따라 변하는 것이 아니다. 사안의 경우와 같은 원인무효청구나 소극적 확인의 청구 등에서는 권리근거적 규범이 오히려 상대방 당사자에게 주어지게 된다. 따라서 주장 당사자가 원고이든 피고이든 그 권리근거규범의 효과를 주장하는 당사자가 그 구성요건적 사실을 증명하여야 한다. 사안에서 乙은 A의 대리행위에 기한 법률효과를 주장하므로 그 대리행위가 적법하다는 사실에 대해서는 乙 자신이 이를 증명하여야 한다.

3. 등기의 추정력

(1) 법률상 추정

판례에 의하면 "부동산이전등기가 경료 된 경우 그 등기는 적법하게 된 것으로서 진실한 권리상태를 공시하는 것이라고 추정되므로, 그 등기가 위법하게 된 것이라고 주장하는 상대방에게 그 추정력을 번복할 만한 반대사실의 입증책임이 있다(대판 1992.10.27. 92다30047 등)."고 하고 있고, 부동산에 대해서는 점유의 적법한 권리추정(민법 제200조)보다 등기의 추정을 우선시킨다. 그러나 학설은 등기 특히 이전등기는 공동신청이 원칙이며, 등기제도의 실효성 보장을 위해 판례의 법률상의 추정(권리 추정)에 대해 찬성하는 견해(법률상 추정설)도 있으나, 독일민법이나 스위스 민법과 같은 명문의 규정이 없음에도 불구하고 강력한 법률상의 추정을 인정하는데 반대하는 견해(사실상 추정설, 이시윤)도 유력하다. 현행법상 등기에 공신력이 인정되지 않아 법률상 지위가 불안한 등기명의인을 보호하고 점유에 일정한 법률상 추정력이 있는 것과의 균형상 등기에 법률상 추정력을 인정하여야 할 것이다(김용진).

(2) 추정력의 범위

판례는 추정의 범위를 넓혀 공시되는 소유권의 귀속의 적법성의 추정뿐만 아니라 그 취득과정의 적법성까지 추정하며, 계약이 대리인에 의하여 체결된 것일 때에는 대리권의 존재에 이르기까지 추정력이 미친다고 본다. 따라서 사안의 경우와 같이 대리인과 계약을 체결하였다는 주장이 제출되는 경우 등기무효를 주장하는 자가 대리권수여의 부존재를 증명하여야 한다.

(3) 법률상 추정의 효과

법률상 추정이 있는 경우 증명책임 있는 자는 증명이 곤란한 추정사실을 직접 증명할 수 있지만, 보통은 증명이 용이한 전제사실을 증명하여 이에 갈음할 수 있다. 이러한 의미에서 추정규정은 증명책임을 완화한 것이라고 할 수 있다. 그리고 추정사실이 존재하지 않는다는 증명이 반대사실의 증명인데, 법률상 추정을 뒤집기 위하여 반대사실을 증명할 증명책임은 상대방에게 있고 이것은 반증이 아니라 본증이 된다. 즉, 이런 측면에서 보면 상대방이 추정사실의 부존재에 대하여 증명책임을 진다는 점에서 증명책임이 전환되는 효과를 가져 온다.

4. 사안의 경우

대리인에 의한 매매계약체결 사실은 주요사실로 乙이 주장책임을 다하였고, 증명이 되지 아니한 상태에서 법률상 추정되므로, 이를 다투는 甲이 대리인에 의한 매매계약이 체결되지 않았음을 증명하여야 한다. 즉, 법률상 추정을 인정하는 판례에 의하면, 甲은 본증으로 반대사실, 즉 대리권의 부존재를 증명하여야 하기 때문에 법원은 결국 청구를 기각하는 판결을 하게 된다. 다만, 사실상 추정으로 보는 견해에 의하면 甲은 반증으로 법관의 심증을 뒤흔들어야 하므로, 청구가 기각되지 않을 수도 있다.

제4편

소송의 종료

제1장
총론

48 소송종료선언

CONTENTS

I. 서설

1. 의의
   소송종료선언이라 함은 소송이 확정적으로 종료되었음을 종국판결로써 선언하는 제도

2. 규정
   일본에는 없는 우리나라의 특유한 제도, 종래 판례법에서 발전되어오던 것을 민사소송규칙에서 이를 명문으로 규정(규칙 제67조)

3. 독일법과 비교
   이는 독일의 본안종료제도(Die Erledigung der Hauptsache)와는 구별되어야 함

II. 소송종료선언의 사유

1. 소송종료효과의 다툼
   (1) 소취하 또는 상소취하의 효력에 관한 다툼
       판례는 소송행위에는 민법 제109조, 제110조의 규정이 적용될 여지가 없으므로 소취하 등의 소송행위가 착오, 사기, 강박에 의하여 행해진 경우에도 이를 이유로 그 소송행위를 부인할 수는 없다는 입장(하자불고려설)
       ∴ 사기, 강박에 의한 소취하의 무효를 주장하며 기일지정신청을 구하는 경우 그 행위가 형사책임이 수반되는 다른 사람의 강요와 폭행에 의하여 이루어진 것이라는 사실이 증명되지 않는 한(제451조 제1항 제5호 유추, 재심규정유추설), 법원은 소송종료선언을 하여야 함
   (2) 청구의 포기·인낙, 화해의 효력에 관한 다툼
       1) 판례: 청구의 포기·인낙, 화해·조정의 무효 등 흠은 재심사유가 있을 때에 재심에 준하는 절차로써만 다툴 수 있을 뿐, 원칙적으로 기일지정신청으로 그 무효를 다툴 수 ×
       2) 다만, 예외적으로 확정판결의 당연무효사유(예를 들어, 당사자가 사망자인 경우)와 같은 중대한 하자가 있는 경우에는 준재심의 소에 의하지 않고 기일지정신청으로 다툴 여지가 있다고 함

2. 소송종료의 간과
   (1) 확정판결, 청구의 포기·인낙, 소송상 화해 및 소 취하에 의하여 소송이 종료되었음에도 이를 간과하고 소송심리를 진행한 사실이 나중에 밝혀진 경우, 법원은 종국판결로 소송종료선언
   (2) 특히 판례는 ① 판결의 확정을 간과한 경우(대판 1974.6.11. 73다373), ② 청구의 인낙을 간과한 경우(대결 1962.6.14. 62마6), ③ 소취하를 간과한 경우(대판 1968.11.5. 68다1773) 등이 그 예

3. 이당사자대립구조의 소멸
   당사자 한쪽이 사망하였으나, 소송물인 권리관계가 일신전속적이어서 이를 승계할 사람이 없는 경우(예 이혼소송 중 당사자 한쪽이 사망한 경우)에는 소송종료선언

III. 주문·효력

1. 주문
   소송종료선언을 할 경우에는 주문에서 소송종료일자와 소송종료사유를 밝히는 것이 실무례(예 '이 사건 소송은 2023.5.10. 자 소취하로 종료되었다')

2. 효력
   (1) 소송종료선언은 소송의 종료를 확인하는 소송판결이며, 종국판결
       ∴ 상소가 허용 ○
   (2) 이 판결에서는 소송비용에 대한 재판 ○. 기일지정신청의 경우에는 신청후의 소송비용에 관하여, 소송종료간과의 경우에는 종료시 후의 소송비용에 관하여 재판하는 것(정동윤·유병현)

▌소송종료선언 사시 43회

Ⅰ. 서설

1. 의의 및 규정

소송종료선언이라 함은 소송이 확정적으로 종료되었음을 종국판결로써 선언하는 제도이다. 일본에는 없는 우리나라의 특유한 제도인데 종래 판례법에서 발전되어 오던 것을 민사소송규칙에서 이를 명문으로 규정하고 있다(규칙 제67조).

2. 독일법과 비교

독일의 본안종료제도(Die Erledigung der Hauptsache)와는 구별되어야 한다. 본안종료제도란 소제기 후에 발생한 사정으로 인하여 청구가 이유 없거나 소가 부적법하게 된 경우(예 소송의 목적인 채권의 변제, 인도청구의 목적물 소멸, 권리보호이익의 소멸 등)에 법원이 원고청구기각 또는 소각하판결을 하거나 원고로 하여금 소취하를 하게 하면서 모든 소송비용을 원고에게 부담시키는 것은 불공평하므로, 이 경우 본안을 종료시키면서 소송비용 부담에 대한 재판을 하는 것을 말한다.

Ⅱ. 소송종료선언의 사유

1. 소송종료효과의 다툼

(1) 소취하 또는 상소취하의 효력에 관한 다툼

판례는 소취하 등의 효력을 다투는 것은 소송법상 무효·부존재의 사유가 있는 경우에 한하고, 단순히 민법상 취소, 무효를 주장 할 수 있는 경우에는 허용되지 않는다고 한다. 즉, 소송행위에는 민법 제109조, 제110조의 규정이 적용될 여지가 없으므로 소취하 등의 소송행위가 착오, 사기, 강박에 의하여 행해진 경우에도 이를 이유로 그 소송행위를 부인할 수는 없다는 입장이다(하자불고려설). 따라서 사기, 강박에 의한 소취하의 무효를 주장하며 기일지정신청을 구하는 경우 그 행위가 형사책임이 수반되는 다른 사람의 강요와 폭행에 의하여 이루어진 것이라는 사실이 증명되지 않는 한(제451조 제1항 제5호 유추; 재심규정유추설), 법원은 소송종료선언을 하여야 한다.

(2) 청구의 포기·인낙, 화해의 효력에 관한 다툼

판례는 청구의 포기·인낙, 화해·조정의 무효 등 흠은 재심사유가 있을 때에 재심에 준하는 절차로써만 다툴 수 있을 뿐, 원칙적으로 기일지정신청으로 그 무효를 다툴 수 없다고 한다. 즉, 당연무효를 주장하며 기일지정신청을 하는 경우에는 법원으로서는 그 무효사유의 존재 여부를 가리기 위해 기일을 지정하여 심리를 한 다음 무효 사유가 존재한다고 인정되지 아니한 때에는 판결로써 소송종료선언을 하여야 하고, 그 밖의 사유를 주장하며 기일지정신청을 한 때에는 그 신청을 각하해야 한다(대판 2000.3.10. 99다67703). 다만, 예외적으로 확정판결의 당연무효사유(예 당사자가 사망자인 경우)와 같은 중대한 하자가 있는 경우에는 준재심의 소에 의하지 않고 기일지정신청으로 다툴 여지가 있다고 한다.

2. 소송종료의 간과

(1) 내용

확정판결, 청구의 포기·인낙, 소송상 화해 및 소 취하에 의하여 소송이 종료되었음에도 이를 간과하고 소송심리를 진행한 사실이 나중에 밝혀진 경우가 이에 해당 한다.

(2) 소 취하(간주) 등의 간과

1심에서 소가 취하되었음에도 이를 간과하고 진행한 끝에 본안판결을 하였으면, 상급법원은 제1심판결을 취소하고 소 취하로 소송이 종료되었다는 취지의 소송종료선언을 한다(대판 1968.11.5. 68다1773). 소의 교환적 변경을 간과하고 구청구를 심판한 경우도 마찬가지이다.

(3) 청구인낙의 간과

청구의 인낙이 변론조서에 기재가 되면 따로 인낙조서의 작성이 없는 경우라도 인정판결과 같은 효력이 생기고 그것으로써 소송은 종료되며 만약 청구의 인낙이 변론조서에 기재되었음에도 불구하고 소송이 진행된 경우 법원은 인낙으로 인한 소송종료를 판결로 선고한다(대결 1962.6.14. 62마6).

(4) 판결 확정의 간과

1) 판결의 일부가 이미 확정된 경우

상급심이 이미 종료한 부분을 하급심이 심판한 것을 발견하였다면 그 부분을 파기(취소)하고 소송종료선언 한다.[1]

2) 판결의 일부가 상고부분에서 배제된 경우

예비적 병합에서 항소심이 주위적 청구 기각, 예비적 청구인용의 판결에 대하여 피고만이 상고하였을 때 상고법원이 상고를 인용 원심판결을 파기환송 하였다면 주위적 청구부분은 상고심의 심판대상이 아니므로, 상고심판결의 선고와 동시에 확정 되었음에도 환송받은 항소심이 주위적 청구 부분을 심판한 경우에 소송종료선언 한다(대판 2007.1.11. 2005다67971).

---

[1] 甲 재단법인 등이 소유한 토지 지상에 국가가 설치한 송전선로가 지나가고 있고 한국수자원공사가 위 송전선로 등 수도권 광역상수도시설에 대한 수도시설관리권을 국가로부터 출자 받아 시설을 유지·관리하고 있는데, 甲 법인 등이 주위적으로 한국수자원공사에 대하여, 예비적으로는 국가에 대하여 위 토지 상공의 점유로 인한 부당이득반환청구의 소를 제기하여 제1심이 공사에 대한 청구는 기각하고 국가에 대한 청구는 인용하자 甲 법인 등이 공사에 대하여 항소를 제기하고 공사와 국가는 항소하지 않은 사안에서, 피고들 사이에는 민사소송법 제70조 제1항에 따라 민사소송법 제67조가 준용되는 진정한 의미의 예비적 공동소송의 관계가 있는 것이 아니므로 상소로 인한 확정차단의 효력도 당사자별로 따로 판단해야 하는데, 甲 법인 등이 제1심판결 중 공사에 대한 부분에 한하여 항소를 제기한 이상 공사에 대한 청구만이 항소심의 심판대상이 되고, 국가에 대한 제1심판결은 항소기간 만료일이 지남으로써 분리 확정되었음에도, 분리 확정된 국가에 대한 청구까지 항소심에 이심된 것으로 본 원심판결을 파기하고 그 부분에 대한 소송종료선언 하였다(대판 2012.9.27. 2011다76747).

3. 이당사자대립구조의 소멸

당사자 한쪽이 사망하였으나, 소송물인 권리관계가 일신 전속적이어서 이를 승계할 사람이 없는 경우(예 이혼소송 중 당사자 한쪽이 사망한 경우)에는 소송종료선언을 하여야 한다. 다만, 당사자가 소송의 종료를 법원에 다투는 경우에 소송종료선언을 하는 것이고, 항상 그러한 것은 아니다. 즉, 소송계속 중 대립당사자구조가 소멸되는 경우에 법원은 항상 소송종료선언을 하여야 한다는 견해도 있으나, 이 경우 바로 소송은 종료되고, 법원사무관 등은 기록표지 뒷면의 기일지정 란에 "2017.○.○. 원고의 사망으로 인하여 종료"와 같이 기재한 후 재판장의 인인(認印)을 받고 민사종국코드에 "기타"로 입력함으로써 족하다. 다만, 소송이 종료되었는지 여부에 대하여 다툼이 있어 기일지정을 신청한 경우에 한하여 법원은 판결로서 소송종료선언을 하는 것이 타당하다[실무제요(Ⅲ), 1567면].

Ⅲ. 주문 · 효력

1. 주문

소송종료선언을 할 경우에는 주문에서 소송종료일자와 소송종료사유를 밝히는 것이 실무례이다(예 '이 사건 소송은 2023.5.10.자 소 취하로 종료되었다').

2. 효력

소송종료선언은 소송의 종료를 확인하는 소송판결이며, 종국판결이다. 따라서 상소가 허용된다. 이 판결에서는 소송비용에 대한 재판을 하여야 한다. 기일지정신청의 경우에는 신청 후의 소송비용에 관하여, 소송종료간과의 경우에는 종료시 후의 소송비용에 관하여 재판하여야 한다.

제2장
당사자의 행위에 의한 종료

49 소의 취하

CONTENTS

4) 검토: 표시주의·외관주의가 관철되어야 하는 소송행위의 특성상, 착오의 경우에는 차이가 있다고 보아 하자불고려설이 타당

5) 유죄확정판결의 요부: 재심규정유추설에 의할 경우(재심사유의 소송내적 고려)
　① 학설: 확정판결불요설
　② 판례: 유죄의 확정판결을 요하지 않은 것도 ○
　③ 최근의 주류적 판례: ㉠ 타인의 사기·강박행위로 인한 형사유죄판결이 확정된 경우일 것, ㉡ 그 소송행위가 사기·강박으로 인하여 외형적으로만 존재하고 그에 부합하는 의사가 없을 것 ⇨ 확정판결 ○(확정판결필요설)
　④ 검토: 확정판결불요설

IV. 소취하의 방법
1. 취하의 방식
(1) 원칙 - 서면, 예외 - 변론 또는 변론준비기일에서는 말 가능(제266조 제3항)
(2) 이 경우 판례는 제3자나 상대방에 의한 소취하서 제출을 허용 ○
(3) 소장을 송달한 뒤에는 취하의 서면을 상대방에게 송달(제266조 제4항). 상대방이 변론 또는 변론준비기일에 출석하지 아니한 때에는 그 기일의 조서등본을 송달(제266조 제5항)

2. 동의의 방식
서면 또는 말. 소취하의 서면이 송달된 날부터 2주 이내에 상대방이 이의를 제기하지 아니한 경우에는 소취하 동의간주(제266조 제6항)

V. 소취하의 효과
1. 소송계속의 소급적 소멸
(1) 제267조 제1항
(2) 소제기와 결부된 사법상의 효과
　1) 문제점
　2) 학설: 병존설(사법행위설), 소송행위설, 신병존설
　3) 검토: 병존설 - 실공방 각하(제149조)와 구별(이시윤)

2. 재소의 금지
(1) 의의 및 취지
　1) 재소금지란 본안에 관한 종국판결이 있은 뒤에는 이미 취하한 소와 같은 소를 제기하지 못하는 것(제267조 제2항).

　2) 법원의 종국판결에 대한 농락방지가 그 취지이나, 최근에는 소취하남용제재, 재소남용방지로 보는 견해도 유력(정·유·호)
(2) 동일한 소
　1) 당사자의 동일
　① 특정승계인 포함 여부
　㉠ 문제점: 전소의 원고만이고, 피고는 제한 ×. 문제는 원고나 그 변론종결 뒤의 일반승계인은 당연 포함, but 원고의 특정승계인도 포함?
　㉡ 학설
　　ⓐ 긍정설: 재소금지가 가지는 제재적 기능을 관철
　　ⓑ 부정설: 기판력과 비교, 전소의 취하를 알면서 승계했다는 특별한 사정이 없는 한 특정승계인에게는 미치지 ×
　㉢ 판례: 공유자 중 1인이 자기지분을 다른 공유자에게 양도하고 소를 취하한 사안 - 특정승계인을 포함하면서도 새로운 권리보호이익을 인정하여 재소금지에 저촉되지는 아니한다고 판시
　㉣ 검토: 부정설 타당 - 재소금지는 기판력과 다름
　② 제3자의 소송담당
　㉠ 문제점
　㉡ 학설
　　ⓐ 긍정설: 법정소송담당 강조. 채무자도 대위소송이 제기된 것을 안 이상 해당
　　ⓑ 부정설: 법정소송담당 부정(호문혁), 채무자에 너무 가혹하여 부당(송상현)
　㉢ 판례: "채권자대위권에 의한 소송이 제기된 사실을 피대위자가 알게 된 이상 그 종국판결선고 후 소가 취하된 때에는 피대위자도 위 대위소송과 동일한 소를 제기할 수 없다."고 하여 적극설
　㉣ 검토: 적극설 타당 - 법정소송담당 인정
　2) 소송물의 동일
　① 소송물 이론
　　구이론, 신이론 차이

② 선결문제와 재소금지
  ㉠ 문제점
  ㉡ 학설
    ⓐ 긍정설: 재소금지에 관한 법 제267조를 확대적용
    ⓑ 부정설: 기판력과 비교, 균형 ×
  ㉢ 판례: 대학교수가 학교법인을 상대로 면직처분무효확인의 소를 제기하였다가 패소판결을 받고 항소심에서 소를 취하한 후, 면직처분이 당연무효임을 전제로 면직 이후의 봉급액지급을 구한 사안 – "재소금지 제도의 목적과 취지에 비추어…." 긍정설 입장
  ㉣ 검토: 부정설 타당 – 재소금지와 기판력은 취지 다름, 기판력의 작용과 비교
3) 권리보호이익의 동일
  ① 부당한 소권박탈을 막기 위한 취지임
  ② 판례는 ㉠ 전소취하의 전제조건인 약정사항을 지키지 아니함으로써 위 약정이 해제 또는 실효되는 사정변경이 발생한 경우, ㉡ 소유권이전등기절차이행의 소를 제기하여 승소판결을 받은 뒤, 항소심에서 토지거래허가를 받지 않은 것이 문제되자 소를 취하하였는데, 그 뒤 토지거래허가를 받고 다시 동일한 소를 제기한 경우, ㉢ 피고가 소유권침해를 중지하여 소를 취하하였는데 다시 침해하는 경우 등 ⇨ 당사자와 소송물이 서로 동일하다고 하더라도 소의 제기를 필요로 하는 사정이 같지 아니하여, 권리보호의 이익이 다르므로 재소금지의 적용 ×

4) 본안에 대한 종국판결 후의 소취하
  ① 문제점: 소송판결 후의 소취하는 해당 ×
  ② 재소금지와 소의 교환적 변경과의 관계
    ㉠ 판례는 항소심에서 교환적 변경 ⇨ 신청구 제기 · 구청구취하 성질 ⇨ 재소금지 해당
    ㉡ 고유의 소변경설(호문혁)은 비판
(3) 재소금지의 효과
  1) 재소금지의 원칙은 소송요건이므로, 직권조사사항이며 발견시에는 소를 각하
  2) 다만, 재소금지의 효과를 받는 권리관계라고 하여 실체법상으로 소멸 ×, 자연채무의 상태 ○

VI. 소취하 간주
1. 소의 취하로 간주되는 경우
2. 양쪽당사자의 결석(제269조)
3. 피고 경정의 경우(제260조 제3항 · 제4항).
4. 법원재난의 경우, 소의 취하간주(민형사사건임시조치법 제2조, 제3조).
5. 증권관련집단소송에서는 소송절차 중단 후 1년 내에 소송수계신청이 없으면, 소취하 간주(동법 제24조)

VII. 소취하에 대한 다툼
1. 소취하무효확인청구와 기일지정신청
  (1) 민사소송규칙 제67조
  (2) 다만, 소취하의 성립 여부 또는 효력에 관한 다툼이 다른 소송의 선결문제로 되었을 때에는 그 소송에서 판단할 수 있다는 것이 판례
2. 기일지정신청
  (1) 민사소송규칙 제67조 제2항 · 제3항.
  (2) 민사소송규칙 제67조 제4항

소의 취하

I. 의의 및 구별개념

1. 의의

소의 취하란 원고가 제기한 소의 전부 또는 일부를 철회하는 법원에 대한 단독적 소송행위를 말한다(제266조).

2. 구별개념

(1) 청구의 포기

청구의 포기는 원고 일방의 행위에 의한 소송종료사유라는 점에서 소의 취하와 공통적이지만, 청구의 포기는 조서에 적히면 확정판결과 동일한 효력이 생긴다(제220조)는 점에서 구별된다. 즉, 소취하는 확정된 소각하판결에 해당하고, 청구포기는 확정된 청구기각판결에 해당한다.

(2) 공격방법의 일부철회

소의 일부취하는 심판신청 자체, 즉 소송물의 일부를 철회하는 것이지만, 공격방법의 일부철회는 심판신청을 이유 있게 하기 위한 소송자료를 일부철회하는 것으로, 이에는 피고의 동의를 요하지 아니하는 차이점이 있다.

(3) 상소의 취하

소의 취하는 이미 행한 판결을 실효하게 하는 것이지만(제267조 제1항), 상소의 취하는 원판결을 유지시켜 원판결을 확정시키므로, 피항소인의 동의를 요하지 않는다는 점(제393조)이 소취하와 차이점이다.

II. 소취하계약

1. 의의

소송 외에서 원고가 피고에 대하여 소를 취하하기로 하는 약정을 말한다.

2. 소송상의 취급

(1) 학설

 1) 사법계약설

  ① 의무이행소구설, ② 항변권발생설

 2) 소송계약설

 3) 발전적 소송계약설

(2) 판례

(3) 검토 – 항변권발생설

3. 효과 - 재소금지의 효력 여부

(1) 원칙적으로 그 합의에 부제소합의까지 포함되었다는 특별한 사정이 없는 한 재소가 허용된다. 단, 소취하 합의에 권리포기 등 실체법상 의미가 내포된 경우 재소해도 청구기각판결을 받을 것이다.

(2) 본안에 관한 종국판결 선고 후에 소취하계약은 법 제267조 제2항이 준용되어 재소가 금지된다는 견해도 있다.

Ⅲ. 소취하의 요건

1. 소송물

원고는 모든 소송물에 대하여 자유롭게 취하할 수 있다. 다만, 주주대표소송과 관련된 증권관련 집단소송에서는 소의 취하에 대해 법원의 허가를 요한다(상법 제403조).

2. 시기 및 피고의 동의

(1) 시기

소취하는 원고의 소제기 후 판결이 확정되기 전까지 할 수 있다(제266조 제1항). 소송요건흠결 등으로 유효한 소가 아니라도 이를 취하할 수 있다(통설). 그리고 상소심에서도 소의 취하는 허용되지만, 재소금지의 제재가 있다(제267조 제2항).

(2) 동의

1) 소취하는 피고가 본안에 관하여 준비서면을 제출하거나 변론준비기일에서 진술하거나 변론을 한 뒤에는 피고의 동의를 받아야 효력을 가진다(제266조 제2항).

2) 일단 동의를 거절하여 놓고 그 뒤에 이를 철회하여 동의한다고 하여도 동의할 대상이 없어졌으므로, 소취하의 효력은 생기지 않는다.

3. 소송행위로서 유효한 요건을 갖출 것

(1) 소를 취하하는 원고에게는 소송능력이 있어야 하며, 대리인에 의하는 경우에는 특별수권을 필요로 한다.

(2) 유사필수적 공동소송에서는 단독으로 소를 취하할 수 있으나, 고유필수적 공동소송에서는 공동소송인 전원이 공동으로 하여야 한다. 그리고 무능력자 또는 무권대리인은 추인이 없는 한 스스로 제기한 소를 취할 할 수 있다.

(3) 소 취하는 소송행위이므로 조건을 붙여서는 안 된다. 소취하가 피고의 동의에 의하여 그 효력이 생긴 뒤에는 원칙적으로 철회가 허용되지 않는다.

(4) 소취하의 의사표시에 하자(흠)이 있을 경우의 취소가능성

1) 문제점

소취하의 의사표시에 사기·강박 등의 하자가 존재할 경우에 이를 민법과 같이 하자를 고려하여 그 소취하 행위를 취소할 수 있느냐에 대해서는 민사소송법상 명문의 규정이 없기 때문에 그 하자를 고려하여 취소를 인정할 것이냐가 문제된다.

2) 학설

① 하자고려설(유추적용긍정설)

절차를 조성하는 행위와 절차를 종료시키는 행위를 구별하여 소·상소 취하, 청구의 포기·인낙, 재판상 화해 등의 절차종료행위는 소송절차의 안정과 무관하므로 이 경우에는 민법상의 하자규정을 유추하여 취소를 인정할 수 있다고 한다(P.Arens, 정동윤, 호문혁, 김상수 등 유력설).

② 하자불고려설(유추적용부정설)

소송행위는 외관주의·표시주의가 관철되어야 하고, 특히 청구의 포기·인낙, 재판상 화해 등은 준재심의 소 이외에는 구제책을 인정하지 않는 것이 우리 법제이므로 민법규정의 유추를 인정할 수 없다고 한다. 다만, 사기, 강박에 의한 경우에는 민법규정보다 법 제451조 제1항 제5호의 재심규정을 유추하여 취소를 인정할 수는 있다고 한다(재심규정유추설). 그러나 착오의 경우에는 법원에 대한 공적 진술인 점, 소송의 안정성에 비추어 그 취소를 인정할 수는 없다고 한다(Leo Rosenberg, 이시윤, 강현중 등 다수설).

3) 판례

① 판례는 원고의 소송대리인이 피고의 기망에 의하여 착오로 처분금지가처분신청을 취소하고 집행해제원을 제출한 사안에서 "소송행위에는 민법 제109조, 제110조의 규정이 적용될 여지가 없으므로 위 원고 대리인의 가처분신청의 취소가 사기, 강박 등 형사상 처벌을 받을 타인의 행위로 인한 하더라도 유효하다(대판 1984.5.29. 82다카963)."고 하여 하자불고려설의 입장이다.

② 그러나 민법규정을 유추할 수는 없다고 하여도 법 제451조 제1항 제5호의 재심규정을 유추하여 소송행위를 취소하는 것은 인정한다(재심규정유추설).

4) 검토

하자고려설은 하자불고려설이 민법규정의 유추를 부정하면서도 재심규정의 유추에 의해 취소할 수 있다고 하는 것은 사실상 민법규정의 유추를 인정하는 것이라고 비판하나, 같은 취소를 인정하는 것이라고 하여도 표시주의·외관주의가 관철되어야하는 소송행위의 특성상, 착오의 경우에는 차이가 있다고 보아 하자불고려설이 타당하다고 본다.

5) 유죄확정판결의 요부 - 재심규정유추설에 의할 경우(재심사유의 소송내적 고려)

① 학설

재심규정유추설을 취하는 학설은 ㉠ 확정판결을 요하면 구제의 길이 지나치게 좁아지고, ㉡ 법 제451조 제2항에서 유죄의 확정판결을 요하는 것은 가벌적 재심사유의 성질에 대한 적법요건설에 의할 때 재심의 소의 남용을 방지하기 위한 취지인바, 이 경우에는 재심의 소를 남용하려는 의도와는 관계가 없으므로 확정판결을 요하지 않는다고 보는 것이 타당하다고 한다(확정판결불요설).

② 판례

판례는 "형사책임이 수반되는 타인의 강요와 폭행에 의하여 이루어진 소취하의 약정과 소취하서의 제출은 무효이다(대판 1985.9.24. 82다카312 · 313 · 314)."라고 하여 유죄의 확정판결을 요하지 않은 것도 있으나, 최근의 주류적 판례는 ㉠ 타인의 사기 · 강박행위로 인한 형사유죄판결이 확정된 경우일 것, ㉡ 그 소송행위가 사기 · 강박으로 인하여 외형적으로만 존재하고 그에 부합하는 의사가 없을 것 등의 요건을 요구하여 확정판결을 요한다(확정판결필요설).[2]

③ 검토

당사자의 구제의 길을 넓히고, 가벌적 재심사유에 관한 통설 · 판례인 적법요건설의 취지상 확정판결을 요하지 아니하는 학설의 입장이 타당하다고 본다(확정판결불요설).

Ⅳ. 소취하의 방법

1. 취하의 방식

(1) 원칙적으로 소취하는 소송이 계속된 법원에 서면으로 하여야 한다. 다만, 변론 또는 변론준비기일에서는 말로 할 수 있다(제266조 제3항). 이 경우 판례는 제3자나 상대방에 의한 소취하서 제출이 허용된다고 한다(대판 2001.10.26. 2001다37514).

(2) 소장을 송달한 뒤에는 취하의 서면을 상대방에게 송달하여야 한다(제266조 제4항). 상대방이 변론 또는 변론준비기일에 출석하지 아니한 때에는 그 기일의 조서등본을 송달하여야 한다(제266조 제5항).

2. 동의의 방식

취하에 대한 피고의 동의는 서면 또는 말로 한다. 소취하의 서면이 송달된 날부터 2주 이내에 상대방이 이의를 제기하지 아니한 경우에는 소취하에 동의한 것으로 본다(제266조 제6항).

---

2) 다만, 최근에는 유죄의 확정판결을 요구하지 않은 듯한 판시도 있다.

[1] 소송행위의 효력이 외관적 표시행위에 따라 규율되어야 한다는 주된 근거는 소송당사자와 소송계속법원 등 소송관계자의 이해가 걸린 당해 소송절차의 안정을 도모하려는 데서 나오는 것인바, 소송당사자의 기망행위에 의하여 야기된 특별한 사정이 있는 경우에는 기망행위를 한 당사자의 소송절차상의 안정을 보호할 필요는 없는 것이며 그 소송절차 중에서 소취하 행위의 효력을 판단 받는 한 법원에 대한 관계에서도 그 소송절차의 안정을 해칠 우려는 없기 때문이다.

[2] 소의 제기를 당한 피고 측 당사자나 그의 대리인이 제1심에서 패소하자 항소한 후, 재소가 금지된 그 시점에 이르러 소송 진행 과정을 모르고 있던 상대방인 원고 중의 일부를 기망하여 소를 취하하게 하는 것은 형사상 처벌받을 사기행위로서 그 원고는 그 소취하의 의사표시를 취소하여 그의 효력을 부인할 수 있다 함이 상당하다(대판 2004.4.27. 2003다31619).

V. 소취하의 효과

1. 소송계속의 소급적 소멸

법원의 소송행위 특히 이미 행한 종국판결도 당연히 실효하고, 당사자의 소송행위도 실효한다(제267조 제1항). 다만, 반소(피고의 독립된 소이기 때문이다), 독립당사자참가 신청, 관련재판적[한번 생긴 관할은 소멸되지 않기 때문이다(관할의 항정)]은 본소의 취하에 불구하고 원칙적으로 아무런 영향을 받지 않는다.

2. 소제기와 결부된 사법상의 효과

(1) 문제의 소재

소장의 기재에 의하거나 소송 중에 공격방어방법의 전제로서 행해진 사법행위 특히 상계 등의 형성권의 의사표시가 소의 취하에 의하여 소멸되는지 여부가 문제된다.

(2) 학설

학설은 사법행위는 소의 취하에 불구하고 그 효과가 유지되며, 아무 영향이 없다는 병존설, 사법행위도 소취하와 함께 전부 소멸된다는 소송행위설, 일반적으로 사법행위의 효과는 유지되지만, 상계의 의사표시에 관한한 소취하와 함께 소멸된다는 신병존설 등의 대립이 있다.

(3) 검토

재판상 상계권의 행사는 수동채권의 존재 확정을 전제로 하여 행해지는 예비적 항변이 되는 특수성에 비추어, 소의 취하에 의하여 상계의 효력이 없어진다고 할 것이나, 그 밖의 사법행위는 아무 영향이 없다는 신병존설을 따른다.

3. 소송비용부담과 인지

소 취하에 의해 소송계속이 소급적으로 소멸하지만, 소송계속 중에 생긴 소송비용의 부담과 비용을 정하는 절차는 남게 된다. 이 경우 소송비용재판은 당사자의 신청으로 법원이 정하지만(제114조), 현재는 사법보좌관이 담당하고 있다(법원조직법 제54조 제2항 제1호). 그리고 소를 취하하면 인지 2분의 1을 원고에게 반환한다(민사소송등인지법 제14조). 다만, 어느 청구가 취하된 것이 아니라 단순히 하나의 청구 중 일부를 감축한 데 그친 경우는 인지액의 환급사유에 해당하지 않는다(대결 2012.4.13. 2012마249).

4. 재소의 금지

(1) 의의 및 취지

재소금지란 본안에 관한 종국판결이 있은 뒤에는 이미 취하한 소와 같은 소를 제기하지 못하는 것을 이른다(법 제267조 제2항). 특히 법원의 종국판결에 대한 농락을 방지하자는 것이 그 취지[3]이다. 다만, 재소를 금지하는 취지에 대하여 종래의 통설·판례는 법원이 종국판결을 선고한 뒤에 이를 실효시킴으로써 법원의 노력을 헛되이 하는 것에 대한 제재, 즉 소취하권의 남용에 대한 제재로 보았다(소취하남용제재설). 이에 대해 처분권주의를 기초로 하여 당사자가 판결에 의하지 않고 소취하에 의하여 소송을 처리하는 것은 소송경제에 맞고 이를 제재할 근거도 없으며, 재소금지의 취지는 원고가 소를 취하하면서 후소를 제기하는 경우의 소권의 남용을 방지하는데 있다고 보는 견해가 있다(재소남용방지설). 하지만 재소금지의 취지는 소취하권의 남용방지와 재소의 남용방지의 두 가지 취지를 아울러 가지고 있다고 보는 것이 옳다고 생각된다(이원설; 정동윤·유병현, 호문혁). 재소금지는 소취하 간주의 경우에는 적용되지 아니한다(헌재 2012.11.29. 2012헌바180).[4]

(2) 동일한 소

1) 당사자의 동일

① 특정승계인 포함 여부

㉠ 재소를 제기할 수 없는 것은 전소의 원고만이고, 피고는 제한되지 않는다. 문제는 원고나 그 변론종결 뒤의 일반승계인은 이에 포함되는데 의문이 없는데, 원고의 특정승계인도 포함하느냐에 대해 견해 대립이 있다.

㉡ 학설[5]은 ⓐ 재소금지가 가지는 제재적 기능을 관철하기 위하여 특정승계인의 경우도 동일한 당사자라고 하는 긍정설(정동윤, 강현중), ⓑ 재소금지는 종국판결의 농락방지를 위한 것이지 기판력처럼 법적 안정성을 위한 것이 아니므로, 전소의 취하를 알면서 승계했다는 특별한 사정이 없는 한 특정승계인에게는 미치지 않는다고 하는 부정설(이시윤, 호문혁)이 있다.

---

3) 그 밖에 무용의 소송심리의 반복으로 소송경제상 좋지 않다는 점과 전후 판결의 모순을 초래할 염려가 있다는 점을 열거하는 견해도 있다(김홍규, 민사소송법 제5판, 2002, 502면). 그리고 판결의 농락 방지는 권위적인 표현이고, 정확하게 말하면 소취하권 내지 재소권의 남용방지라고 해야 할 것이라는 견해도 있다(호문혁, 민사소송법 제3판, 2004, 655면).

4) 민사소송법 제268조 제2항에 따라 소취하 간주라는 법적 효과가 발생한다고 하더라도 민사소송법은 이에 대한 재소금지 규정을 두고 있지 않으므로, 당사자가 부득이한 사유로 기일을 해태하고 기일지정신청도 하지 못하였더라도 후일 다시 소를 제기할 수 있다. 더욱이 불출석 상태에서 본안 판단을 받을 경우 발생하게 되는 기판력으로 인한 당사자의 불이익과 비교해 보더라도, 소취하 간주의 효과가 당사자의 재판청구권을 형해화시킬 정도의 불이익이라고 볼 수는 없다(헌재 2012.11.29. 2012헌바180).

5) 최근에는 재소의 금지는 소권행사의 장애가 되는 것이므로 확장해석을 삼가야 한다고 하면서 '재소금지는 원래 원고의 자유의사에 의한 소취하의 효과로서 인정된 것이므로 취하한 소의 권리의 내용이 채권과 같이 당사자 간에 자유로이 정할 수 있는 성질의 것일 경우에는 그 취하의 효과가 그 소송물과 일체화되어 특정승계인에게 넘어간다고 보아도 무방하지만 그 소송물이 물권과 같이 정형화 된 경우에는 그 효과를 소송물인 권리와 일체화시키는 것은 부당하다'고 하여 권리의 내용이 당사자의 의사에 의하여 자유로 정할 수 있는 성질의 것인 경우에 한하여 적극적으로 해석할 것이라는 제한적 긍정설도 주장된다(이재성, "소취하로 인한 재소금지", 이재성판례평석집(VI), 70면 이하 참고).

ⓒ 판례는 공유자 중 1인이 자기지분을 다른 공유자에게 양도하고 소를 취하한 사안에서 "원고 甲(양수인)으로서는 자신의 권리를 보호하기 위하여 양도받은 공유지분에 기하여 다시 소를 제기할 필요도 있어 원고 甲의 추가된 점포명도청구는 반소피고 乙(양도인)이 취하한 전소와는 권리보호의 이익을 달리하여 재소금지의 원칙에 위배되지 아니하는 것으로 보아야 할 것이다 (대판 1998.3.13. 95다48599·48605)."고 하여 특정승계인을 포함하면서도 새로운 권리보호이익을 인정하여 재소금지에 저촉되지는 아니한다고 한다.

ⓔ 검토

재소금지가 어디까지나 소취하권 내지 재소권의 남용 방지에 있다면 특정승계인이 재소하는 것이 원고의 남용행위에 가담했다는 특별한 사정이 없는 한 재소를 막을 이유는 없다는 면에서 부정설이 타당하다고 본다.

② 제3자의 소송담당

㉠ 소를 취하한 자가 선정당사자일 때 선정자도 재소금지의 효력을 받는데, 채권자대위소송의 경우도 재소금지의 효력을 받는 동일한 당사자인지가 문제된다.

㉡ 학설은 ⓐ 채권자와 채무자는 기판력을 받는 관계상 동일한 당사자이고, 대위소송을 제기한 채권자가 소를 취하하면 채무자도 대위소송이 제기된 것을 안 이상 그 대위소송에 참가의 기회가 있었으므로 재소금지의 효력을 받는다는 적극설, ⓑ 법정소송담당을 부정하는 전제에서 당사자, 청구가 동일하지 아니하므로 채무자의 소는 재소금지에 걸리지 않는다든지(호문혁), 법정소송담당을 긍정하면서도 채권자의 경솔한 소취하의 효과를 채무자가 그대로 받는 것은 채무자에 너무 가혹하여 부당하므로 재소금지에 걸리지 않는다(송상현)고 하는 소극설이 있다.

ⓒ 판례는 "채권자대위권에 의한 소송이 제기된 사실을 피대위자가 알게 된 이상 그 종국판결선고후 소가 취하된 때에는 피대위자도 위 대위소송과 동일한 소를 제기할 수 없다(대판 1981.1.27. 79다1618·1619)."고 하여 적극설의 입장이다.

ⓔ 검토

대위소송의 계속을 채무자가 안 이상 그 대위소송이 확정되면 채무자는 기판력을 받게 되므로, 대위소송의 계속을 안 채무자는 채권자가 대위소송을 취하한 경우에도 동일한 소를 제기할 수 없다는 적극설이 타당하다고 본다.

2) 소송물의 동일

① 소송물 이론

구이론에 의하면 같은 목적의 소송이라도 실체법상의 권리를 달리 주장하면 동일한 소라고 할 수 없다. 그러나 실체법상의 권리를 소송물의 요소라기보다는 공격방법 내지 법률적 관점으로 보는 신이론은 그 경우에 동일한 소로서 재소금지의 효과를 받는다고 본다. 판례에 의하면 소유권에 기해 농경방해금지청구를 하였다가 1심 판결이 있은 후 원고가 소를 취하하였다가 다시 점유권에 기해서 같은 취지의 청구를 하는 것을 재소금지에 해당되지 않는다(대판 1965.6.29. 65다434). 그리고 제1심에서 부정경쟁행위를 원인으로 청구하였던 손해배상청구 등을 항소심에서 철회한 후 같은 행위를 원인으로 제1심에서 청구하지 아니하였던 기간에 해당하는 손해배상청구 등을 하는 것은 재소금지에 해당하지 않는다[6](대판 2009.6.25. 2009다22037). 그러나 먼저 제기된 소송의 제1심에서 상계 항변을 제출하여 제1심판결로 본안에 관한 판단을 받았다가 항소심에서 상계항변을 철회하였더라도 이는 소송상 방어방법의 철회에 불과하여 민사소송법 제267조 제2항의 재소금지 원칙이 적용되지 않으므로, 그 자동채권과 동일한 채권에 기한 소송을 별도로 제기할 수 있다(대판 2022.2.17. 2021다275741).

② 확인의 소와 재소금지

㉠ 판례는 증여를 이유로 소유권확인의 소를 제기했다가 1심 본안판결 후 소를 취하한 후 상속을 이유로 소유권확인의 소를 제기한 사안에서 "이 사건 소와 원고가 소를 취하한 전소가 민사소송법 제267조 제2항 소정의 '동일한 소'라고는 볼 수 없을 것"이라고 하여 재소금지에 저촉되지 않는다고 하였다(대판 1991.5.28. 91다5730).

㉡ 이에 대해서는 재소금지의 범위를 기판력의 범위보다 좁히고 있는 것으로서 기판력에 관한 판례의 취지에 반한다는 견해(이시윤)가 있는 반면, 이 판례를 근거로 확인의 소의 소송물식별기준은 청구취지 뿐 아니라 청구원인의 사실관계까지 고려해야 한다는 견해가 유력하다(호문혁).

③ 선결문제와 재소금지

㉠ 문재의 소재

소송물은 달라도 후소의 소송물이 전소의 소송물을 선결적 법률관계 내지 전제로 할 때에도 재소가 금지되는지가 문제된다.

---

6) 제1심에서 부정경쟁방지 및 영업비밀보호에 관한 법률 제4조, 제5조에 기하여 침해금지청구와 2004.1.1.부터 2007.6.30.까지의 부정경쟁행위로 인한 손해배상청구를 하였다가 패소한 후 항소심에서 위 청구를 철회하고 상표법 제65조, 제67조에 기한 침해금지청구 및 손해배상청구를 하는 것으로 청구원인을 변경하는 준비서면을 제출한 자가, 다시 부정경쟁방지 및 영업비밀보호에 관한 법률 제4조, 제5조에 기하여 2007.7.1.부터 2008.3.3.까지의 부정경쟁행위로 인한 침해금지청구 및 손해배상청구를 추가하는 준비서면을 제출한 사안에서, 항소심에서 추가한 청구는 제1심 변론종결 이후에도 계속하여 부정경쟁행위를 하고 있음을 전제로 그 침해행위의 금지를 청구함과 아울러 제1심에서 청구하지 않았던 기간에 해당하는 손해배상청구를 한 것이므로 제1심에서 청구하였던 침해금지청구 및 손해배상청구와 소송물이 동일하다고 보기 어렵고 다시 청구할 필요도 있어, 그 청구의 추가가 재소금지의 원칙에 저촉되지 않는다(대판 2009.6.25. 2009다22037).

ⓛ 학설

ⓐ 재소금지에 관한 법 제267조를 확대적용하여 동일한 소는 아니나 전소의 목적이었던 권리 내지 목적이었던 권리관계에 대해서는 다시 법원의 판단을 구하지 못한다는 재소금지 제도의 취지상 전소가 후소의 선결관계인 경우에도 재소금지에 저촉된다고 하는 긍정설, ⓑ 이 경우에는 청구취지가 다르므로 소송물이 동일하다고 보기 힘들고, 전소가 확정판결인 경우에도 후소의 판단에서 전소의 기판력 있는 판단에 구속될 뿐이어서 적어도 소각하판결을 해야 하는 것은 아닌데, 이 경우에 재소를 금지시켜 소각하하는 것은 기판력의 효과보다 더 가혹한 것이 되어 균형이 맞지 않다는 점을 들어 재소금지에 저촉되지 않는다고 하는 부정설이 있다.

ⓒ 판례

대학교수가 학교법인을 상대로 면직처분무효확인의 소를 제기하였다가 패소판결을 당하고 항소심에서 소를 취하한 후 면직처분이 당연무효임을 전제로 면직 이후의 봉급액지급을 구한 사안에서 "당사자와 소송물이 동일하더라도 재소의 이익이 다른 경우에는 동일한 소라고 할 수 없는 반면, 후소가 전소의 소송물을 선결적 법률관계 내지 전제로 하는 것일 때에는 비록 소송물은 다르지만 본안의 종국판결 후에 전소를 취하한 자는 전소의 목적이었던 권리 내지 법률관계의 존부에 대하여는 다시 법원의 판단을 구할 수 없는 관계상 위 제도의 취지와 목적에 비추어 후소에 대하여도 동일한 소로서 판결을 구할 수는 없다고 풀이함이 상당하다(대판 1989.10.10. 88다카18023)."고 하여 긍정설의 입장이다.

ⓔ 검토

ⓐ 기판력은 법적 안정성에 그 근거가 있으나, 재소금지는 그와는 무관하게 법원의 종국판결을 농락하는 것을 방지하기 위한 것이므로 그 취지가 다르다는 점, ⓑ 기판력의 경우 선결관계에 있어서 전소의 판단에 구속되어 이유가 있는 경우에도 청구기각을 할 수 있을 뿐인데, 재소금지의 경우에는 소각하판결을 해야 한다는 것은 기판력의 경우와 균형이 맞지 않다는 점에 비추어 부정설이 타당하다.

3) 본안에 대한 종국판결 후의 소취하

① 소송판결은 해당하지 않음

본안판결이어야 하므로 소각하판결, 즉 소송판결 후의 소취하는 이에 해당하지 않는다.

② 재소금지와 소의 교환적 변경과의 관계

판례는 청구의 교환적 변경에 대한 결합설의 입장에서 "소의 교환적 변경은 신 청구의 추가적 병합과 구 청구의 취하의 결합형태로 볼 것이므로 본안에 대한 종국판결이 있은 후 구 청구를 신 청구로 교환적 변경을 한 다음 다시 본래의 구 청구로 교환적 변경을 한 경우에는 종국판결이 있은 후 소를 취하하였다가 동일한 소를 다시 제기한 경우에 해당하여 부적법하다(대판 1969.5.27. 68다1798 등)."고 한다.

③ 2중의 소가 제기된 경우 1심 종국판결후에 취하한 후소와 전소와의 관계

중복소송의 경우 본안에 대한 종국판결이 있은 후 소를 취하한 자는 동일한 소를 제기할 수 없다는 법리에 의하여 후소의 본안에 대한 판결이 있은 후 그 후소를 취하한 자는 전소를 유지할 수 없다 할 것이다(대판 1967.7.18. 67다1042).

④ 화해권고결정과 재소금지

항소심에서의 화해권고결정에 "원고는 소를 취하하고, 피고는 이에 동의한다."는 화해조항이 있고, 이러한 화해권고결정에 대하여 양 당사자가 이의하지 않아 확정되었다면, 화해권고결정의 확정으로 당사자 사이에 소를 취하한다는 내용의 소송상 합의를 하였다고 볼 수 있다. 따라서 본안에 대한 종국판결이 있은 뒤에 이러한 화해권고결정이 확정되어 소송이 종결된 경우에는 소취하한 경우와 마찬가지로 민사소송법 제267조 제2항의 규정에 따라 같은 소를 제기하지 못한다(대판 2021.7.29. 2018다230229).

4) 권리보호이익의 동일 – 부당한 소권박탈을 막기 위한 취지임

판례는 ① 전소취하의 전제조건인 약정사항을 지키지 아니함으로써 위 약정이 해제 또는 실효되는 사정변경이 발생한 경우(대판 1993.8.24. 93다22074), ② 소유권이전등기절차이행의 소를 제기하여 승소판결을 받은 뒤, 항소심에서 토지거래허가를 받지 않은 것이 문제되자 소를 취하하였는데, 그 뒤 토지거래허가를 받고 다시 동일한 소를 제기한 경우(대판 1997.12.23. 97다45341), ③ 피고가 소유권침해를 중지하여 소를 취하하였는데 다시 침해하는 경우(대판 1981.7.14. 81다64) 등에는 당사자와 소송물이 서로 동일하다고 하더라도 소의 제기를 필요로 하는 사정이 같지 아니하여, 권리보호의 이익이 다르므로 재소금지의 적용이 없다고 한다. 그리고 甲 주식회사가 乙 등에 대하여 가지는 정산금 채권에 대하여 甲 회사의 채권자 丙이 채권압류 및 추심명령을 받아 乙 등을 상대로 추심금 청구의 소를 제기하였다가 항소심에서 소를 취하하였는데, 그 후 甲 회사의 다른 채권자 丁 등이 위 정산금 채권에 대하여 다시 채권압류 및 추심명령을 받아 乙 등을 상대로 추심금 청구의 소를 제기하면, 새로운 권리보호이익이 발생한 것으로 볼 수 있어 재소금지 규정에 반하지 않는다(대판 2021.5.7. 2018다259213). 또한 원고들이 영업정지처분에 대하여 제기한 취소소송 항소심 계속 중 영업정지처분이 과징금 부과처분으로 직권 변경되자, 원고들이 위 과징금 부과처분에 대한 취소소송을 별도로 제기한 뒤 기존의 영업정지처분 취소소송을 취하한 경우, 과징금 부과처분 취소청구의 소는 재소금지의 원칙에 위반되지 아니하여 적법하다[7](대판 2023.3.16. 2022두58599).

(3) 재소금지의 효과

1) 재소금지의 원칙은 소송요건이므로, 직권조사사항이며 발견 시에는 소를 각하해야 한다.

2) 다만, 재소금지의 효과를 받는 권리관계라고 하여 실체법상으로 소멸되는 것은 아니고, 자연채무의 상태로 남게 된다.

---

[7] 민사소송법 제267조 제2항은 "본안에 대한 종국판결이 있은 뒤에 소를 취하한 사람은 같은 소를 제기하지 못한다."라고 규정하고 있다. 이는 임의의 소취하로 그때까지 국가의 노력을 헛수고로 돌아가게 한 사람에 대한 제재의 취지에서 그가 다시 동일한 분쟁을 문제 삼아 소송제도를 남용하는 부당한 사태의 발생을 방지하고자 하는 규정이다. 따라서 후소가 전소의 소송물을 전제로 하거나 선결적 법률관계에 해당하는 것일 때에는 비록 소송물은 다르지만 위 제도의 취지와 목적에 비추어 전소와 '같은 소'로 보아 판결을 구할 수 없다고 풀이함이 상당하다. 그러나 여기에서 '같은 소'는 반드시 기판력의 범위나 중복제소금지의 경우와 같이 풀이할 것은 아니므로, 재소의 이익이 다른 경우에는 '같은 소'라 할 수 없다. 또한 본안에 대한 종국판결이 있은 후 소를 취하한 사람이라 하더라도 민사소송법 제267조 제2항의 취지에 반하지 아니하고 소를 제기할 필요가 있는 정당한 사정이 있다면 다시 소를 제기할 수 있다(대판 2023.3.16. 2022두58599).

VI. 소취하 간주

1. 소의 취하로 간주되는 경우가 있다.

2. 기일에 당사자쌍방이 2회 출석하지 않고 또는 출석하여도 무변론인 경우에, 1월 내에 기일지정신청을 하지 않은 때 또는 기일지정신청에 의하여 정한 기일에 당사자쌍방이 다시 결석한 때에는 소가 취하된 것으로 본다(제269조).

3. 피고 경정의 경우에도 구피고에 대한 소는 취하된 것으로 본다(제260조 제3항·제4항).

4. 법원재난의 경우에도 소의 취하가 간주된다. 즉, 법원이 화재·재난 등으로 인하여 소송기록이 멸실한 경우에는 원고가 6월내에 소장을 제출하지 않으면 소의 취하가 있는 것으로 본다(민형사사건임시조치법 제2조, 제3조).

5. 최근의 증권관련집단소송에서는 소송절차 중단 후 1년 내에 소송수계신청이 없으면 소가 취하된 것으로 본다(동법 제24조).

VII. 소취하에 대한 다툼

1. 소취하무효확인청구와 기일지정신청

(1) 소취하의 존부 또는 유·무효에 대하여 당사자 간에 다툼이 있는 경우 당해 소송의 절차내에서 해결하여야 하므로 당사자는 별소로서 소취하무효확인을 구할 수는 없고, 당해 소송내에서 기일지정신청을 하여야 한다(민사소송규칙 제67조).

(2) 다만, 소취하의 성립 여부 또는 효력에 관한 다툼이 다른 소송의 선결문제로 되었을 때에는 그 소송에서 판단할 수 있다는 것이 판례이다(대판 1962.4.26. 4294민상809).

2. 기일지정신청

(1) 기일지정신청이 있는 때에는 법원은 반드시 변론을 열어 신청사유에 관하여 심리하여야 한다. 그 결과 법원이 신청이 이유 없다고 인정하는 경우에는 판결로 소송의 종료를 선언하여야 하고, 신청이 이유 있다고 인정하는 경우에는 취하 당시의 소송정도에 따라 필요한 절차를 계속하여 진행하고 중간판결 또는 종국판결에 그 판단을 표시하면 된다(민사소송규칙 제67조 제2항·제3항).

(2) 종국판결이 선고된 후 상소기록을 보내기 전에 이루어진 소의 취하에 관하여 기일지정신청이 있는 때에는 상소의 이익 있는 당사자 모두가 상소를 한 경우에는 판결법원의 법원사무관 등은 소송기록을 상소법원으로 보내야 하고, 상소법원은 통상의 기일지정신청의 경우와 같이 심리하면 된다. 그리고 그 밖의 경우 판결법원이 이의 당부를 심판하는데 신청이 이유 없다고 인정하는 때에는 판결로 소송의 종료를, 신청이 이유 있다고 인정하는 때에는 판결로 소의 취하가 무효임을 각 선언하여야 한다(민사소송규칙 제67조 제4항).

50 청구의 포기·인낙

CONTENTS

③ 검토: 청구의 포기·인낙은 본안의 확정판결과 동일한 효력을 가지므로 소각하판결을 해야 한다는 부정설이 타당(통설)

Ⅳ. 시기와 방법

1. 시기
   소송계속중이면 가능
   ∴ 상고심도 가능

2. 방법
   (1) 원칙
       1) 변론기일, 변론준비기일에 출석, 구술(말)
       2) 원·피고의 승낙 ×
   (2) 예외
       상대방이 결석해도 가능

3. 서면에 의한 청구의 포기·인낙의 가부
   (1) 판례는 과거에 당사자가 기일에 출석하여 변론에서 구술할 것을 요한다고 하여, 진술간주에 의한 청구인낙을 부정
   (2) 하지만 학설은 판례에 찬성하는 견해도 있었으나, 진술간주제도의 취지와 소송경제의 요청, 피고의 의사를 고려하여 판례에 반대하는 견해가 다수의 입장
   (3) 현행법 제148조 제2항은 공증사무소의 인증을 요건으로 하여 서면에 의한 청구의 포기·인낙을 긍정하여 입법으로 해결

Ⅴ. 효과

1. 확정판결과 동일한 효력
   제220조
2. 소송종료효
3. 기판력·집행력·형성력

4. 하자를 다투는 방법
   (1) 조서작성 전
       조서작성 전이면 반대견해가 있으나, 자백의 철회에 준하여 상대방의 동의를 얻거나 착오를 이유로 철회 가능
   (2) 조서작성 후
       1) 하자불고려설(통설·판례)
       2) 하자고려설
       3) 검토: 소송절차의 명확성과 안정성을 기하기 위해 표시주의와 외관주의가 관철되어야 하므로 제461조의 '준재심의 소'에 의해 취소되지 않는 한 취소 ×(하자불고려설). 다만, 이에 대해서는 소송종료행위는 소송절차의 안정과 무관하다는 점, 제461조는 위헌적 규정이라는 반론(정동윤·유병현, 641면)

5. 청구의 인낙
   (1) 청구의 인낙은 소송행위이므로 인낙 자체에 계약 해제의 법리가 적용될 여지 ×
       ∴ 인낙조서상의 채무불이행을 원인으로 하여 인낙 자체를 실효시켜 구소송 부활 ×
       다만, 인낙조서에 기재된 의무가 진실이면 그 뒤 의무불이행을 이유로 법정해제권을 행사하여 그 의무발생의 원인되는 계약의 해제는 가능
   (2) 판례도 인낙은 소송행위이고 법률행위가 아니므로 인낙의 불행사 또는 이행불능을 이유로 손해배상청구를 할 수 없고, 다만 인낙조서에 기재된 기본사실이 진실이라면 그 사실을 원인으로 채무불이행 또는 이행불능을 이유로 손해배상청구를 할 수는 있을 것

▌청구의 포기 · 인낙 변리사 26회, 법무사 14회

Ⅰ. 의의 및 구별개념

1. 의의

청구의 포기는 변론 또는 변론준비절차에서 원고가 자기의 소송상의 청구가 이유 없음을 자인하는 법원에 대한 일방적 의사표시이고, 청구의 인낙은 피고가 원고의 소송상의 청구가 이유 있음을 자인하는 법원에 대한 일방적 의사표시이다.

2. 구별개념

(1) 청구의 인낙과 자백

자백은 상대방의 주장에 대한 것이므로 자백이 있더라도 법원에 그에 기하여 법률적 판단을 하여야 하지만, 인낙은 청구에 관한 법원의 판단이 전면적으로 배제된다는 점에서 구별된다.

(2) 청구의 포기와 소취하

양자는 원고의 행위에 의하여 소송을 종료시킨다는 점에서는 공통적이지만, 청구의 포기는 소송상의 청구에 대한 불이익한 진술임에 대하여(청구기각판결에 해당), 소의 취하는 단순한 심판신청의 철회라는 점에서(소각하판결에 해당) 차이가 있다.

(3) 청구의 포기 · 인낙과 소송상 화해

청구의 포기 · 인낙은 당사자 일방이 전면적으로 양보하는 단독행위이지만, 소송상 화해는 당사자 쌍방이 서로 양보하는 합동행위에 해당한다.

Ⅱ. 법적 성질

1. 문제점

청구의 포기 · 인낙에 사법상의 취소 · 무효사유 등의 하자(예 착오나 하자 있는 의사표시, 강행법규 위반, 공서양속 위반)가 있는 경우에 그 효과에 어떠한 영향을 받는가와 관련하여 견해가 대립하고 있다.

2. 학설

(1) 사법행위설

청구의 포기 · 인낙을 실체법상의 권리의 포기 · 채무의 승인 혹은 하자 있는 행위의 추인 따위로 보는 입장이다.

(2) 양성설

직접 소송상의 효과를 목적으로 한다는 점에서 소송행위라고 보아야 할 것이나, 원고 또는 피고의 의사에 의해 소송물인 권리관계를 실체법상 처분한 것과 같은 결과를 가져오기 때문에 사법상의 법률행위와 같은 작용도 겸유한다는 견해이다.

(3) 소송행위설

법원에 대한 일방적 소송행위라는 입장이다. 소송물에 대한 자기주장이 이유 없음을 인정하는 단순한 관념의 표시로 보는 견해이다.

3. 판례

청구의 포기 · 인낙의 성질에 대해서 관념의 표시에 불과한 소송행위라고 보고 있다(대판 1957.3.14. 4289민상439).

4. 검토

(1) 청구의 포기 · 인낙에 사법상의 취소사유나 무효사유 따위의 하자가 있는 경우 그 효과가 어떻게 되느냐에 관해 사법행위설과 양성설은 포기 · 인낙은 무효이며, 소송종료효과도 발생하지 않기 때문에 당사자는 종전 소송의 기일지정신청이 가능하다고 하나, 소송행위설은 청구의 포기 · 인낙이 확정판결과 동일한 효력이 있음에 비추어 재심의 소에 준하는 사유와 방식으로만 다툴 수 있다고 한다.

(2) 제461조는 청구의 포기 · 인낙조서의 효력의 취소는 준재심에 의하도록 규정함으로써 입법적으로 소송행위설을 따랐다. 소송행위로 보되, 청구의 포기 · 인낙을 하는 당사자가 그 법률효과를 의식할 필요가 없기 때문에 단순히 자기의 소송상의 주장이 이유 없다는 관념의 표시로 해석해야 함이 타당하다.

Ⅲ. 요건

1. 당사자에 대한 요건

(1) 소송행위의 유효요건인 당사자능력, 소송능력을 갖추어야 하며 대리인에 의한 경우 특별수권이 필요하다(제56조 제2항, 제90조 제2항).

(2) 필수적 공동소송의 경우에는 전원이 일치하여 청구의 포기나 인낙을 하여야 하고, 독립당사자참가의 경우 원고나 피고가 청구의 포기나 인낙을 하여도 참가인이 다투는 한 효력이 없다.

(3) 청구의 포기 · 인낙은 상대방 또는 제3자의 형사상 처벌할 행위에 의하여 이루어져서는 안 된다.

2. 소송물에 관한 요건

(1) 당사자가 자유로이 처분할 수 있는 소송물이어야 한다. 따라서 직권탐지주의에 의하는 절차에 있어서는 청구의 포기 · 인낙이 불가능하다. 단, 가사소송사건 중 이혼소송, 파양소송은 협의이혼, 협의파양이 인정되고 있으므로 가능하다. 회사관계소송은 직권탐지주의를 따르지 않으나 청구인용판결에 대한 대세효와의 관계에서 청구의 인낙이 허용되지 않는다.

(2) 인낙의 대상이 되는 법률효과 자체가 특정되어야 하고, 현행법상 인정되지 않는 것이거나 또는 선량한 풍속 기타 사회질서에 반하는 것이 아닐 것을 요한다.

1) 청구취지 자체는 허용되나 청구원인이 불법인 경우

① 학설

㉠ 청구이유유무에 대한 법원의 법률판단권 배제가 청구인낙의 취지이며, 이러한 청구에 대해 인낙하여도 그 효력은 당사자 간에만 미치므로 제3자에게 영향을 줄 염려가 없으므로 청구의 인낙을 긍정해야 한다는 견해(이시윤), ㉡ 당사자가 이를 인정하여도 국가가 그 권리의 행사 및 실현에 협력할 수 없기 때문에 인낙의 효력을 부정해야 한다는 견해(정동윤·유병현)가 있다.

② 판례

소재지관서의 증명이 없더라도 농지이전등기청구의 인낙조서는 무효가 아니라고 하였는데(대판 1969.3.25. 68다2024), 이를 일반적으로 긍정설의 입장으로 평가한다(이시윤).

③ 검토

제3자에게 영향을 미치는지 여부와는 관계없이 이러한 내용의 인낙은 사해소송의 수단으로 악용될 우려가 있으므로 허용하지 않는 것이 타당하다(호문혁).

2) 원고의 주장 자체로 보아 이유 없는 청구는 인낙의 대상이 될 수 없고, 법원은 청구기각의 판결을 하여야 한다.

(3) 소송요건의 흠결이 있는 경우 청구의 포기·인낙이 허용되는지 여부

1) 부정설

소송요건이 구비되지 않으면, 청구의 포기·인낙에 불구하고 법원은 소를 각하하여야 한다는 견해이다.

2) 제한적 긍정설

관할위반, 중복소제기의 금지, 소의 이익 흠결 등 무익한 소송의 배제 또는 피고의 이익보호를 목적으로 하는 소송요건은 피고가 그 존부를 다투지 않았다면 포기·인낙이 가능하다는 견해이다.

3) 검토

청구의 포기·인낙은 본안의 확정판결과 동일한 효력을 가지므로 소각하판결을 해야 한다는 부정설이 타당하다(통설).

Ⅳ. 시기와 방법

1. 시기

청구의 포기·인낙은 소송계속 중이면 어느 때나 할 수 있다. 상고심에서도 허용된다. 청구의 포기는 피고의 청구기각신청을 원고가 전면적으로 받아들이는 것이므로 피고로부터 그러한 신청이 있기를 기다려야 한다. 다만, 종국판결선고 후라도 아직 확정 전이면 청구의 포기나 인낙을 위한 기일지정신청을 허용하여야 할 것이다[실무제요, 민사소송(Ⅲ), 법원행정처, 2017, 1627면].

2. 방법

(1) 청구의 포기·인낙의 의사표시는 당해 소송의 기일에 출석하여 구술에 의한다.

(2) 변론준비기일에서도 할 수 있으며, 법원에 대한 일방적 진술이기 때문에 상대방이 재정하지 아니하여도 할 수 있다. 또한 일방적 의사표시이므로 원고의 승낙을 요하지도 않는다.

3. 서면에 의한 청구의 포기·인낙의 가부

(1) 판례는 당사자가 기일에 출석하여 변론에서 구술할 것을 요한다고 하여, 진술간주에 의한 청구인낙을 부정하였다.

(2) 하지만 학설은 판례에 찬성하는 견해도 있었으나, 진술간주제도의 취지와 소송경제의 요청, 피고의 의사를 고려하여 판례에 반대하는 견해가 다수의 입장이었다.

(3) 2002년 개정법은 공증사무소의 인증을 요건으로 하여 서면에 의한 청구의 포기·인낙을 긍정하여 입법으로 해결하였다.

V. 효과

1. 확정판결과 동일한 효력

포기나 인낙을 기재한 조서가 성립되면, 포기조서는 청구기각, 인낙조서는 청구인용의 확정판결과 동일한 효력이 있다(제220조).

2. 소송종료효

청구의 포기·인낙을 간과한 채 심리가 속행된 때에는 당사자의 이의나 법원의 직권에 의하여 판결로써 소송종료선언을 하여야 한다.

3. 기판력·집행력·형성력

(1) 당연무효 사유가 없는 한 기판력이 생긴다는 것이 통설·판례이다.

(2) 인낙조서의 경우에는 이행청구에 관한 것이면 집행력, 형성청구에 관한 것이면 형성력을 낳는다.

(3) 상소심에서 청구의 포기·인낙이 있을 때에는 그 한도 내에서 전심의 판결은 당연히 실효한다.

4. 하자를 다투는 방법

(1) 조서작성 전

조서작성 전이면 반대견해가 있으나, 자백의 철회에 준하여 상대방의 동의를 얻거나 착오를 이유로 철회할 수 있다.

(2) 조서작성 후

1) 하자불고려설(통설·판례)

소송절차의 명확성·안정성을 위해 표시주의·외관주의가 관철되어야 하므로 사기·강박 또는 착오 등의 하자가 있어도 이를 이유로 민법 규정상의 하자를 고려할 없다는 입장으로 통설·판례의 태도 이다.

2) 하자고려설

소송절차를 종료시키는 행위는 절차의 안정과 무관하므로 의사의 하자에 관한 민법의 규정을 유추 적용하여야 한다는 견해이다(정동윤·유병현).

3) 검토

소송절차의 명확성과 안정성을 기하기 위해 표시주의와 외관주의가 관철되어야 하므로 제461조의 '준재심의 소'에 의해 취소되지 않는 한 취소할 수 없다. 따라서 하자불고려설이 타당하다. 다만, 이에 대해서는 소송종료행위는 소송절차의 안정과 무관하다는 점, 제461조는 위헌적 규정이라는 반론(정동윤·유병현, 641면)이 있다.

5. 청구의 인낙

(1) 청구의 인낙은 소송행위이므로 인낙 자체에 계약 해제의 법리가 적용될 여지는 없다. 따라서 인낙조서 상의 채무불이행을 원인으로 하여 인낙 자체를 실효시켜 구소송을 부활시킬 수는 없다. 다만, 인낙조서 에 기재된 의무가 진실이면 그 뒤 의무불이행을 이유로 법정해제권을 행사하여 그 의무발생의 원인되 는 계약의 해제는 가능하다.

(2) 판례도 인낙은 소송행위이고 법률행위가 아니므로 인낙의 불행사 또는 이행불능을 이유로 손해배상청 구를 할 수 없고, 다만 인낙조서에 기재된 기본사실이 진실이라면 그 사실을 원인으로 채무불이행 또는 이행불능을 이유로 손해배상청구를 할 수는 있을 것이라고 한다(대판 1957.3.14. 4289민상439).

51 재판상 화해

CONTENTS

---

8) 예를 들어, 피고가 언제까지 금 ○○원을 지급하지 못하면 피고는 원고 앞으로 가등기에 기한 본등기 절차를 이행한다는 등

9) 제3자의 이의가 있으면 화해의 효력이 실효된다는 조건 등

(2) 화해조서의 효력
제220조
1) 소송종료효
2) 기속력: 제211조
3) 기판력
① 문제점
㉠ 다수설 ⇨ 법적 성질과 기판력 인정 여부 연결
㉡ 호문혁 ⇨ 연결 ×
② 학설
㉠ 기판력부정설 - 기판력 ×
㉡ 무제한기판력설 - 소송행위설, 제461조 + 제220조, 실체법상 하자 ⇨ 기판력 ○
㉢ 제한적 기판력설 - 양성설. 실체법상 하자 ⇨ 기판력 ×
③ 판례: 판례는 "재판상의 화해를 조서에 기재한 때에는 그 조서는 확정판결과 같은 효력이 있고 당사자 간에 기판력이 생기는 것…"고 하여 무제한기판력설의 입장.
④ 검토
㉠ 기판력부정설: 제220조 명문규정
㉡ 무제한기판력설: 당사자절차보장, 헌법 제27조 재판청구권
∴ 제한적기판력설 타당
4) 집행력
민사집행법 제56조 제5호. 집행력이 미치는 인적 범위와 집행력의 배제방법은 집행력 있는 판결에 준함
5) 소송상 화해의 효력을 다투는 방법
① 판결의 경정
화해조서에 명확한 오류가 있을 경우 판결에 준하여 경정(제211조)이 허용된다는 것이 판례
② 화해의 하자
㉠ 무제한기판력설: only 준재심의 소
㉡ 제한적기판력설: ⓐ 실체법상의 하자 × - 제461조(준재심의 소), ⓑ 실체법상의 하자 ○ - 기일지정신청 or 화해무효확인청구
③ 화해의 해제 가능 여부: 판례는 ㉠ 소송상 화해의 해제 자체는 허용 ×. ㉡ 제1화해가 성립된 후, 그와 모순되는 제2화해가 성립 ⇨ 그에 의하여 제1화해가

당연 실효·변경 ×. but 제2화해가 준재심사유가 될 것(제461조, 제451조 제1항 제10호)

Ⅲ. 제소 전 화해
1. 서설
(1) 의의
소제기 전에 지방법원 단독판사 앞에서 화해신청을 하여 해결하는 절차(제385조)
(2) 취지 및 성격
재판상 화해
(3) 문제점
금전소비대차의 채권자가 폭리행위에 해당하는 집행권원을 얻는 수단으로 악용. 판례가 무제한기판력설을 취함을 기화로 강행법규의 탈법을 합리화시키고 뒤에 재판상 다투는 길을 봉쇄하는 방법으로 이용되는 것이 현실(이시윤)
2. 화해신청
(1) 신청법원
상대방 보통재판적의 지방법원(제385조 제1항). 시·군법원 관할은 시·군법원
(2) 화해의 요건
1) 임의로 처분할 수 있는 권리관계
2) 민사상의 "다툼"의 의미(제385조 제1항)
① 학설은 ㉠ 현실의 분쟁이 있을 때에 한할 것이라는 현실분쟁설(이시윤), ㉡ 분쟁발생의 가능성이 있는 경우까지 신청할 수 있다는 장래분쟁설(정동윤·유병현)
② 검토: 현실분쟁설 타당. 하급심 판례이지만 현실분쟁설에 따라 화해절차 이전에 현실의 다툼이 있어야 한다고 전제, 이러한 다툼이 없이 이미 성립된 토지거래계약에 기하여 오로지 거래허가제의 적용을 면탈하기 위한 화해신청은 부적법하다고 한 것이 있음을 주의할 필요 ○
3) 신청은 서면 또는 말로(제161조), 청구취지 및 원인 이외에 다투는 사정을 표시하여야 한다(제385조 제1항).
3. 화해의 절차
(1) 화해신청의 요건 및 방식에 흠이 있을 때에는 결정으로 이를 각하. 이에 대해 신청인은 항고 가능(제439조)

(2) 제385조 제2항·제3항 - 쌍방대리금지

(3) 제387조 제2항

(4) 화해가 성립한 때에는 조서를 작성(제386조)

4. 제소 전 화해조서의 효력

(1) 제소 전 화해조서는 확정판결과 동일한 효력 (제220조), 집행력 ○

(2) 기판력

1) 판례는 소송상의 화해의 법리와 다를 바 없다고 하여 기판력을 전면적 긍정(무제한 기판력설)

∴ 제소 전 화해의 하자는 재심사유에 해 당하는 경우에 한하여 준재심의 소에 의한 구제 이외에는 그 무효를 주장할 수 ×

2) but 학설은 양성설을 취하여 실체법상 하 자가 있는 경우에는 기판력 발생 ×(제한 적기판력설)

3) and 제소 전 화해가 이루어진 이후에 새로 발생한 사실을 주장하여 제소 전 화해에 반하는 청구를 하여도 이는 제소 전 화해 의 기판력에 저촉되는 것 ×

(3) 창설적 효력

1) 판례는 특히 제소 전 화해에 있어서는 당 사자의 화해계약이 그 내용을 이루어 그 창설적 효력 때문에 종전의 권리·의무관 계를 소멸시키고 새로운 권리관계를 창설 하는 것으로 일관

2) 이에 대해서는 화해의 법적 성질에 관하여 소송행위로 파악하는 판례의 입장과 모순 된다는 견해가 유력(이시윤)

(4) 화해조서 취소의 효과

소송상 화해와는 달리, 제소 전 화해의 경우에 는 부활할 소송이 없으므로 화해절차는 불성 립으로 귀착되는 것이 특징

Ⅳ. 화해간주와 형사피고사건의 민사화해

1. 재판상 화해 자체는 아니지만, 그 효력에 관하여 법률에 의하여 재판상 화해의 효력과 동일한 것으 로 간주되는 경우

2. 형사사건의 민사화해

1 재판상 화해 사시 39회, 변리사 13회

Ⅰ. 의의 및 제도적 취지

1. 의의

(1) 재판상 화해는 제소전의 화해와 소송상의 화해가 있다. 제소 전의 화해는 소송계속 전에 지방법원 단독 판사 앞에서 하는 화해를 말하며, 소송상의 화해는 소송계속 후 수소법원 앞에서 하는 화해를 말한다.

(2) 제소 전 화해는 소송계속을 전제로 하지 않기 때문에 소송종료의 효과가 발생하지 않는다는 점 이외에 는 양자는 그 성질 및 효과가 동일하다는 것이 다수의 견해이다.

2. 제도적 취지

재판상 화해 제도는 처분권주의에 의해 당사자의 자유의사에 따른 분쟁해결 방법의 하나로서 인정되는 것 이다. 특히 이는 당사자 간의 감정대립을 중화시킴과 동시에 간이, 신속하면서도 경제적으로 이행을 확보할 수 있다는 데에 그 제도적 취지가 있다.

Ⅱ. 소송상 화해

1. 의의

소송상 화해란 소송계속 중 양쪽 당사자가 소송물인 권리관계의 주장을 서로 양보하여 소송을 종료시키기로 하는 기일에 있어서의 합의를 이른다.

2. 법적 성질

(1) 학설

1) 사법행위설

소송상 화해는 법관의 면전에서 행해지고, 법원사무관 등의 서면기입에 의한 확인·공증이 있다는 점이 다를 뿐 본질은 민법상의 화해와 동일하다고 본다.

2) 소송행위설

소송상 화해는 민법상의 화해와는 본질적으로 다른 소송행위로서, 그 요건·효과는 소송법의 원칙에 따라 규율된다고 한다. 다만, 이의 성질에 대해서는 ① 소송계약으로 보는 견해, ② 합동행위로 보는 견해가 있다.

3) 양행위병존설

소송상의 화해는 민법상의 화해와 소송종료목적의 행위 등 2개가 병존하며 각각 독립적으로 실체법과 소송법의 원칙의 지배를 받는다고 한다.

4) 양행위경합설(양성설)

소송상의 화해는 민법상의 화해계약임과 동시에 소송행위인 성질을 갖는 경합된 행위라고 한다. 즉, 이에 따르면 실체법상의 흠이 있으면 전체로서 소송상 화해가 무효가 된다고 한다.

(2) 판례

1) 판례는 "소송상 화해는 재판의 대용으로서 소송물인 법률관계를 확정하는 효력이 있으므로 순연한 소송행위로 볼 것이고, 소송상 화해에 의하여 확정된 법률관계에 상반되는 주장을 하려면 준재심의 소에 의하여야 한다(대결 1962.5.31, 4293민재항6)."라고 하여 소송행위설의 입장이다.

2) 하지만 "하자 없는 재판상 화해의 경우에는 재판상 화해의 내용을 판단함에 있어서 실체법률관계를 따져야 한다(대판 1966.2.28. 62다251)."고 한 것도 있고, 실효조건부화해를 인정한 것이 있어 완전한 소송행위설로 이해할 수는 없다는 입장도 있다(이시윤, 강현중).

(3) 검토

소송상의 화해는 소송을 종료시키는 등 소송상의 효과를 가지므로 소송행위의 성질도 있지만, 엄연히 당사자가 실체법상의 법률관계를 합의·양보하는 것이므로 사법행위의 성질도 있어 그 법적 성질은 두 가지 성질을 모두 가진다는 양행위경합설(양성설)의 입장이 타당하다고 본다.

3. 요건

(1) 당사자에 관한 요건

당사자가 실재하여야 하고 소송능력을 갖추어야 한다. 대리인에 의한 화해에 있어서는 특별수권이 있어야 하고, 필수적 공동소송에 있어서 화해는 공동소송인 전원이 일치하여야 한다. 그리고 화해는 상대방이나 제3장의 형사상 처벌받을 행위로 이루어져서는 안 된다(제451조 제1항 제5호).

(2) 소송물에 관한 요건

1) 화해의 대상인 권리관계는 사적이익에 관한 것이고, 당사자가 자유로이 처분할 수 있는 것이어야 한다. 직권탐지주의에 의하는 절차에서는 이혼사건, 파양사건을 제외하고는 화해를 할 수 없다. 그리고 회사관계소송에서는 비록 직권탐지주의에 의하는 것은 아니나 판결의 대세효에 비추어 화해가 허용되지 않는다는 것이 통설이다.

2) <u>제소 전 화해가 허용되므로 소송요건 흠결의 소송물이라도 원칙적으로 화해가 허용된다는 것이 통</u>설이다. 이 점이 청구의 포기·인낙과는 다르다(이시윤, 제5판, 521면).

3) 화해의 내용이 강행법규에 반하거나 사회질서에 위반한 경우의 효력에 대해서 판례는 소송행위설을 관철하여 화해의 내용이 강행법규에 반하거나 또는 화해에 이른 동기나 경위에 반윤리적·반사회적 요소가 내재되어 있다 하여도 화해가 무효가 아닌 것으로 본다.

4) **조건부 화해의 허용 여부**(실효조건부 화해)

① 소송상의 화해에 있어서 이행의무의 발생에 조건을 붙이는 것[10]은 무방하다.

② 소송상의 화해 자체의 성립이나 그 효력발생에 조건을 붙일 수 있는가[11]에 대해서는 견해가 대립된다.

  ㉠ 학설은 사법행위설이나 양성설에 의하는 한 조건부화해는 사적 자치의 원칙상 당연히 허용되며, 나아가 기한부화해나 해제권유보부화해도 가능하다는 긍정설, 소송행위설을 전제로 소송행위의 확정성·안정성을 내세워 조건부화해를 허용하지 않는 부정설이 있다.

  ㉡ 판례는 화해의 성질에 기본적으로 소송행위설을 따르면서도 실효조건부 화해의 효력을 긍정하고 있다. 즉, 재판상 화해가 실효조건의 성취로 실효된 경우에는 화해가 없었던 상태로 돌아가며(대판 1993.6.29. 92다56056), 준재심의 소에 의하여 화해가 취소된 경우와 같이 취급한다는 것이다.

  ㉢ 위 판례에 대해서는 이는 사법행위설 내지 양성설과 같은 결론인 것으로 법적 안정성을 강조하는 입장에서 소송행위설을 따르는 대법원 판례의 기본입장과는 맞지 아니하며, 소송행위가 소송외적 조건의 적임을 도외시한 것이라는 견해가 유력하다(이시윤, 제5판, 522면).

---

10) 예를 들어, 피고가 언제까지 금 ○○원을 지급하지 못하면 피고는 원고 앞으로 가등기에 기한 본등기 절차를 이행한다는 등

11) 제3자의 이의가 있으면 화해의 효력이 실효된다는 조건 등

(3) 시기와 방식에 관한 요건

1) 화해는 소송계속 중 어느 때나 할 수 있다. 상고심에서도 화해가 가능하다.

2) 화해는 기일에 당사자 쌍방이 출석하여 구술에 의한 진술에 의하는 것이 원칙이다(구술화해). 다만, 현행법은 서면인낙과 마찬가지로 공증사무소의 인증을 요건으로 서면화해제도를 채택하고 있음을 주의해야 한다(제148조 제3항).

4. 효과

(1) 화해조서의 작성

화해진술시 법원 또는 법관이 요건을 심사하여 유효하다고 인정하면 법원사무관 등에게 그 내용을 조서에 기재시킨다(제154조 제1항).

(2) 화해조서의 효력

화해조서는 확정판결과 동일한 효력이 있다(제220조). 따라서 다음과 같은 효력이 인정된다.

1) 소송종료효

소송상의 화해조서가 작성되면 그 범위 내에서 소송은 당연히 종료된다. 상급심에서 화해가 된 때에는 하급심의 미확정판결은 당연히 실효된다.

2) 기속력

화해조서가 작성되면 당해 법원을 기속하며, 그 화해조서에 부당 또는 오류가 있다고 하여도 제211조에 의한 경정결정 이외에는 함부로 취소·변경할 수 없다.

3) 기판력

① 문제점

확정판결의 효력이 있다는 법 제220조와 그 구제수단인 법 제461조(준재심)의 규정의 해석과 관련해 소송상 화해의 기판력을 인정할 수 있는지, 있다면 어느 범위에서 인정할 수 있는지가 그 법적 성질과 관련해 문제된다.

> (TIP) 이와 같이 법적 성질의 문제와 기판력의 인정문제를 연결해서 보는 견해가 다수의 입장이나, 최근에는 소송상 화해의 기판력의 인정·범위문제가 법적 성질론과 직접 연관되는 것이 아니며 이는 합목적적 고려에 의해 다르게 판단할 수 있는 문제라는 견해(호문혁)가 유력하다. 특히 이 견해는 법적 성질에서는 양성설에 의하면서도 현행법의 해석론으로는 무제한기판력설이 타당하다고 한다.

② 학설

㉠ 기판력부정설

법 제220조의 화해조서가 확정판결과 같은 효력을 가진다는 것은 소송종료효와 집행력만을 의미할 뿐이고, 기판력까지 의미하는 것은 아니라고 한다. 즉, 화해는 당사자의 자치적 분쟁해결이고, 판결은 법원에 의한 공권적 분쟁해결로 양자는 전혀 이질적인 것이므로 소송상 화해에 있어서는 당연히 당사자의 의사가 보다 중시되어야 한다고 하여 기판력을 부정한다(정동윤·유병현).

ⓛ 무제한기판력설

주로 소송행위설을 전제로, 법 제220조, 제461조 명문의 규정상 기판력은 제한없이 생기는 것이라고 한다. 즉, 당사자가 자주적으로 합의한 이상 이는 가혹한 결과가 아니라고 한다(실무).

ⓒ 제한적 기판력설

법 제220조, 제461조의 규정상 기판력이 있는 것은 사실이나, 이는 소송상 화해가 실체법상 하자 없이 성립한 경우에만 인정되는 것이라고 한다. 즉, 소송상 화해는 법원의 적극적인 관여가 있는 것이 아니라 당사자 사이에서의 합의를 법원에 진술하여 조서화하는 것에 불과하므로 법원의 심사에는 한계가 있어 탈법행위가 있을 수 있으므로 실체법상 하자가 있는 경우에는 기판력을 인정할 수 없다고 한다(이시윤 등 다수설).

③ 판례

판례는 "재판상의 화해를 조서에 기재한 때에는 그 조서는 확정판결과 같은 효력이 있고 당사자 간에 기판력이 생기는 것이므로 재심의 소에 의하여 취소 또는 변경이 없는 한 당사자는 그 화해를 사법상의 화해계약임을 전제로 하여 그 화해의 해제를 주장하는 것과 같은 그 화해의 취지에 반하는 주장을 할 수 없다(대판 1962.2.15. 4294민상914 전합 등)."고 하여 무제한기판력설의 입장이다.

④ 검토

ⓐ 법 제220조의 명문의 규정상 확정판결의 효력에 기판력을 제외할 수는 없다고 보여 기판력부정설은 타당하다고 할 수 없고, ⓑ 무제한기판력설은 소송절차의 초기에는 법원이 사건의 내용을 충분히 파악하고 있다고 할 수 없어 당사자의 착오, 사기, 강박 등의 실체법상 하자 유무를 적절히 지적 할 수 없는데도 무조건 기판력을 인정하는 것은 당사자의 절차보장을 해치고, 헌법 제27조상의 재판청구권을 침해하는 결과를 가져올 수 있다고 본다. 따라서 다수설인 제한적기판력설이 타당하다.

4) 집행력

화해조서의 기재가 구체적인 이행의무를 내용으로 할 때에는 집행력을 갖는다(민사집행법 제56조 제5호). 집행력이 미치는 인적 범위와 집행력의 배제방법은 집행력 있는 판결에 준한다.[12]

5) 소송상 화해의 효력을 다투는 방법

① 화해조서에 명확한 오류가 있을 경우 판결에 준하여 경정(제211조)이 허용된다는 것이 판례(대판 1960.8.12. 4293민재항200)이다.

② 화해의 하자

ⓐ 무제한기판력설

화해의 하자는 재심사유에 해당할 때 준재심의 소에 의하여 다투는 방법 이외에는 그 무효를 주장할 수 없다고 한다.

---

12) 따라서 재판상 화해에 의하여 소유권이전등기를 말소할 물권적 의무를 부담하는 자로부터 그 화해성립 후에 근저당권설정등기를 받은 자는 제218조 제1항에서 말하는 변론종결 뒤의 승계인에 해당한다(대판 1976.6.8. 72다1842).

ⓛ 제한적기판력설

실체법상의 하자가 없을 때에 한하여 제461조의 준재심의 소에 의하여 다툴 수 있고, 실체법상의 하자가 있을 때에는 기일지정신청이나 화해무효확인청구 등으로 무효를 주장할 수 있다고 한다.

③ 화해의 해제 가능 여부

판례는 소송상의 화해가 사법상의 화해계약이 아님을 들어 해제 자체가 허용되지 않는다는 입장이다. 그리고 제1화해가 성립된 후에 그와 모순되는 제2화해가 성립되어도 그에 의하여 제1화해가 당연 실효되거나 변경될 수 없다고 한다(대판 1995.12.5. 94다59028). 다만, 제2화해가 준재심사유가 될 것이다(제461조, 제451조 제1항 제10호).

Ⅲ. 제소 전 화해

1. 서설

(1) 의의

일반민사분쟁이 소송으로 발전하는 것을 방지하기 위하여 소제기 전에 지방법원 단독판사 앞에서 화해신청을 하여 해결하는 절차를 말한다(제385조).

(2) 취지 및 성격

소송계속 전에 소송을 예방하기 위하여 이용되며, 다툼이 있는 당사자가 법원의 면전에서 서로 주장을 양보하여 분쟁을 종료시킨다는 점에서 재판상 화해에 속한다.

(3) 문제점

금전소비대차의 채권자가 폭리행위에 해당하는 집행권원을 얻는 수단으로 악용되고 있다. 더구나 판례가 무제한기판력설을 취함을 기화로 강행법규의 탈법을 합리화시키고 뒤에 재판상 다투는 길을 봉쇄하는 방법으로 이용되는 것이 현실이다(이시윤, 제5판, 527면).

2. 화해신청

(1) 제소 전 화해를 신청할 법원은 상대방의 보통재판적 소재지의 지방법원이다(제385조 제1항). 다만, 시·군법원관할구역 내의 사건은 시·군법원판사의 배타적 사물관할이다(법원조직법 제33조, 동법 제34조 제1항 제2호).

(2) 화해의 요건

1) 당사자가 임의로 처분할 수 있는 권리관계여야 한다.

2) 민사상의 "다툼"의 의미(제385조 제1항)

① 학설

㉠ 현실의 분쟁이 있을 때에 한할 것이라는 현실분쟁설(이시윤), ㉡ 분쟁발생의 가능성이 있는 경우까지 신청할 수 있다는 장래분쟁설(정동윤·유병현)이 있다.

② 검토

장래분쟁설에 의하면 분쟁 없는 곳에 화해가 있게 되며, 공정증서의 대용화, 강행법규의 탈법, 재판상 다투는 길의 봉쇄 등 제도외적으로 남용되는 폐단을 시정할 수 없게 되므로 현실분쟁설이 타당하다. 하급심판례이기는 하지만 현실분쟁설에 따라 화해절차 이전에 현실의 다툼이 있어야 한다고 전제하고, 이러한 다툼이 없이 이미 성립된 토지거래계약에 기하여 오로지 거래허가제의 적용을 면탈하기 위한 화해신청은 부적법하다고 한 것이 있음을 주의할 필요가 있다(광주지법 1990.4.10. 90자129).

3) 방식

신청은 서면 또는 말로(제161조), 청구취지 및 원인 이외에 다투는 사정을 표시하여야 한다(제385조 제1항).

3. 화해의 절차

(1) 화해신청의 요건 및 방식에 흠이 있을 때에는 결정으로 이를 각하한다. 이에 대해 신청인은 항고할 수 있다(제439조).

(2) 법은 쌍방대리금지의 정신을 존중하여 화해를 위하여 자기 대리인의 선임권을 상대방에게 위임하는 것을 금지시켰다. 더 나아가 법원은 필요한 경우 대리권의 유무를 조사하기 위하여 당사자 또는 법정대리인의 출석을 명할 수 있다(제385조 제2항·제3항).

(3) 화해신청이 적법하면 화해기일을 정하여 신청인 및 상대방의 출석을 요구한다. 화해기일은 공개할 필요가 없는데, 기일에 신청인 또는 상대방이 출석하지 아니한 때에는 법원은 화해가 성립하지 않은 것으로 볼 수 있다(제387조 제2항).

(4) 화해가 성립한 때에는 조서를 작성한다(제386조).

4. 제소 전 화해조서의 효력

(1) 제소 전 화해조서는 확정판결과 동일한 효력을 가지며(제220조), 또 집행력을 갖는다.

(2) 기판력

1) 판례는 소송상의 화해의 법리와 다를 바 없다고 하여 기판력을 전면적으로 긍정하고 있으며(무제한기판력설), 따라서 제소 전 화해의 하자는 재심사유에 해당하는 경우에 한하여 준재심의 소에 의한 구제 이외에는 그 무효를 주장할 수 없다고 한다.

2) 다만, 학설은 양성설을 취하여 실체법상 하자가 있는 경우에는 기판력이 발생하지 않는다고 한다(제한적기판력설).

3) 그리고 제소 전 화해가 이루어진 이후에 새로 발생한 사실을 주장하여 제소 전 화해에 반하는 청구를 하여도 이는 제소 전 화해의 기판력에 저촉되는 것은 아니다(대판 1994.12.9. 94다17680).

(3) 창설적 효력

1) 판례는 특히 제소 전 화해에 있어서는 당사자의 화해계약이 그 내용을 이루어 그 창설적 효력 때문에 종전의 권리·의무관계를 소멸시키고 새로운 권리관계를 창설하는 것으로 일관한다(대판 1992.5.26. 91다28528).

2) 이에 대해서는 화해의 법적 성질에 관하여 소송행위로 파악하는 판례의 입장과 모순된다는 견해가 유력하다(이시윤, 제5판, 530면).

(4) 화해조서 취소의 효과

준재심의 소에 의하여 화해조서가 취소되었을 때에는 종전의 소송이 부활하는 소송상 화해와는 달리, 제소 전 화해의 경우에는 부활할 소송이 없으므로 화해절차는 불성립으로 귀착되는 것이 특징이다.

Ⅳ. 화해간주와 형사피고사건의 민사화해

1. 재판상 화해 자체는 아니지만, 그 효력에 관하여 법률에 의하여 재판상 화해의 효력과 동일한 것으로 간주되는 경우[13]가 있다.

2. 그리고 형사피고사건에서 피고인과 피해자 사이에 민사상의 다툼에 관하여 합의가 이루어지면, 양자가 공동으로 합의를 공판조서에 기재하여 줄 것을 신청할 수 있다(소송촉진등에 관한 특례법 제36조 제1항). 이는 합의가 공판조서에 기재된 때에는 민소법 제220조의 규정을 준용하므로(동법 제5항), 재판상 화해처럼 확정판결과 동일한 효력이 생긴다. 이를 형사사건의 민사화해라고 한다.

2 화해권고결정

Ⅰ. 서설

1. 의의

민사소송법 제225조 이하에서는 법원, 수명법관 또는 수탁판사는 소송에 계속 중인 사건에 대하여 언제라도 별도의 조정기일 회부 없이 변론절차에서 직권으로 당사자의 이익, 그 밖의 모든 사정을 참작하여 청구의 취지에 어긋나지 아니하는 범위 안에서 사건의 공정한 해결을 위한 화해권고결정을 할 수 있고, 그 조서 또는 결정서의 정본을 송달받은 날부터 2주일 내에 이의신청이 없는 때에는 그와 같은 화해가 성립한 것으로 보는 규정을 신설하였다.

---

13) 가사조정조서(가사소송법 제59조 제2항), 조정조서(민사조정법 제29조), 그 밖의 분쟁조정조서(소비자기본법 제59조 제2항), 조정에 갈음하는 결정(민사조정법 제34조 제4항, 제30조, 제32조) 등이 그 예이다.

2. 입법취지

구민사소송법 제135조 제1항(현 제145조 제1항)에도 법원은 소송의 정도여하에 불구하고 화해를 권고하거나 수명법관 또는 수탁판사로 하여금 권고하게 할 수 있었지만, 이보다도 법원의 명시적이고 공개적인 판단에 따라 화해권고결정을 하고, 불복이 있으면 법정절차에 따르도록 함으로써 그 권고안의 권위와 공정성에 믿음을 주고, 따라서 화해를 성공으로 이끌 수 있도록 하기 위함이 그 취지이다.[14)15)]

Ⅱ. 내용 및 절차

1. 결정에 의한 화해권고

법원, 수명법관 또는 수탁판사는 소송에 계속 중인 사건에 대하여 언제라도 별도의 조정기일 회부 없이 변론절차에서 직권으로 당사자의 이익, 그 밖의 모든 사정을 참작하여 청구의 취지에 어긋나지 아니하는 범위 안에서 사건의 공정한 해결을 위한 화해권고결정을 할 수 있다(제225조 제1항). 직권결정이므로 당사자는 권고결정에 대한 신청권이 없으나, 그럼에도 당사자가 권고결정신청을 한다면 법원의 직권발동을 촉구하는 의미를 가질 것이다. 화해권고결정서에는 원칙적으로 청구의 취지와 원인을 적어야 한다(민사소송규칙 제57조 제1항 본문).

2. 당사자에게 결정서 송달

법원사무관 등은 결정서 정본을 당사자에게 송달하여야 한다(제225조 제2항). 결정서를 따로 작성하지 않고 법원이 화해결정 내용을 조서에만 적었을 경우에는 그 조서 정본을 송달하여야 한다. 결정서 또는 조서를 송달하는 때에는 송달받고 2주 안에 이의신청을 하지 아니하면 화해권고결정이 재판상 화해와 동일한 효력을 가지게 된다는 것을 당사자에게 고지해야 한다(규칙 제58조). 특히 송달을 함에 있어서는 우편송달, 공시송달의 방법으로는 할 수 없다(법 제225조 제2항 단서). 우편송달, 공시송달 이외의 방법으로 송달할 수 없는 때에는 법원은 화해권고결정을 취소하여야 한다(규칙 제59조).

---

14) 전병서, 개정민사소송법 해설, 중앙대학교 법대, 2002, 189면
15) 화해권고결정제도는 화해가 성립되지 않은 상태에서 변론 중에 재판부가 적정한 선에 의한 강제조정을 화해권고결정의 형식으로 하는 것인데 비해, 수소법원조정제도는 화해의 성립가능성이 있는 사건을 별도의 조정기일을 통해 당사자 사이의 임의조정(화해)을 시도하는 것으로서 그 제도의 취지가 동일하지 아니하다.

3. 당사자의 이의신청

당사자는 화해권고결정에 대하여 결정서 등의 정본을 송달받은 날부터 2주 이내에 이의신청을 할 수 있다. 정본을 송달받기 전에도 할 수 있다. 2주의 기간은 불변기간이다(제226조). 이의신청은 신청서[16]를 화해권고결정을 한 법원에 제출함으로써 한다(제227조 제1항). 이의신청을 한 당사자는 그 심급의 판결이 선고될 때까지 상대방의 동의를 얻어 취하할 수 있으며(제228조 제1항), 이의신청권은 그 신청 전까지 서면에 의해 사전포기를 할 수 있다(제229조). 이의신청이 적법한 때에는 소송은 화해권고결정 이전의 상태로 돌아가며, 소송절차를 속행할 것이다(제232조 제1항). 이 경우에 화해권고결정은 그 심급의 판결 선고로써 그 효력을 잃는다(제232조 제2항). 이의신청은 한쪽 당사자의 신청으로도 적법하다고 할 것이다.

Ⅲ. 효력

당사자가 위 기간 내에 이의신청이 없는 때, 이의신청에 대한 각하결정이 확정된 때, 당사자가 이의신청을 취하하거나 이의신청권을 포기한 때 중 어느 하나에 해당하면 재판상 화해와 동일한 효력을 가진다(제231조). 따라서 확정판결과 동일한 효력이 있는 것이므로(제220조), 화해권고결정은 기판력 · 집행력 · 형성력이 생긴다고 할 것이며, 집행권원도 된다(민사집행법 제56조 제5호). 그러므로 소송에서 다투어지고 있는 권리 또는 법률관계의 존부에 관하여 동일한 당사자 사이의 전소에서 확정된 화해권고결정이 있는 경우 당사자는 이에 반하는 주장을 할 수 없고 법원도 이에 저촉되는 판단을 할 수 없다. 그리고 소송절차 진행 중에 사건이 화해권고결정에 의하여 종결된 경우 소송물 이외의 권리관계에도 그 화해권고결정의 효력이 미치려면, 그 권리관계가 화해권고결정사항에 특정되거나 그 결정문 중 청구의 표시 다음에 부가적으로 기재됨으로써 화해권고결정의 기재내용에 의하여 소송물인 권리관계가 되었다고 인정할 수 있어야 한다.[17]

---

16) 민사소송법 제227조 제2항 제2호가 화해권고결정에 대한 이의신청서에 기재하도록 요구하고 있는 화해권고결정의 표시와 그에 대한 이의신청의 취지는 제출된 서면을 전체적으로 보아 어떠한 화해권고결정에 대하여 이의를 한다는 취지가 나타나면 족하고, 그 서면의 표제가 준비서면 등 다른 명칭을 사용하고 있다고 하여 달리 볼 것은 아니다(대판 2011.4.14. 2010다5694). 즉, 화해권고결정을 송달받은 항소인이 화해권고결정에 대한 이의신청기간 내에 '제1심 판결 중 패소 부분은 받아들일 수 없다'는 취지의 준비서면과 종래 제출한 적 있던 항소장을 제출하고, '위 준비서면 자체가 화해권고 이의신청'이라는 내용의 화해권고결정에 대한 이의신청서를 우편으로 발송하여 그것이 이의신청기간 종료일 다음날 법원에 도착한 사안에서, 위 준비서면과 항소장은 전체적인 취지에서 화해권고결정에 대한 이의신청에 해당한다고 보아야 하므로, 소송종료선언을 하지 않고 소송에 복귀하여 심리에 나아간 원심판단은 정당하다(대판 2011.4.14. 2010다5694).

17) 화해권고결정에 대하여 소정의 기간 내에 이의신청이 없으면 그 화해권고결정은 재판상 화해와 같은 효력을 가지는데(민사소송법 제231조), 재판상 화해는 확정판결과 동일한 효력이 있으며 당사자 간의 사법상의 화해계약이 그 내용을 이루는 것이면 화해는 창설적 효력을 가져 화해가 이루어지면 종전의 법률관계를 바탕으로 한 권리의무관계는 소멸하나, 재판상 화해의 창설적 효력이 미치는 범위는 당사자가 서로 양보를 하여 확정하기로 합의한 사항에 한하며, 당사자가 다툰 사실이 없었던 사항은 물론 화해의 전제로서 서로 양해하고 있는 데 지나지 않은 사항에 관하여는 그러한 효력이 생기지 않는다. 화해권고결정에 인정되는 확정판결과 동일한 효력은 소송물인 권리관계의 존부에 관한 판단에만 미친다고 할 것이므로, 소송절차 진행 중에 사건이 화해권고결정에 의하여 종결된 경우 소송물 이외의 권리관계에도 그 화해권고결정의 효력이 미치려면 특별한 사정이 없는 한 그 권리관계가 화해권고결정 사항에 특정되거나 그 결정문 중 청구의 표시 다음에 부가적으로 기재됨으로써 화해권고결정의 기재내용에 의하여 소송물인 권리관계가 되었다고 인정할 수 있어야 한다(대판 2017.4.13. 2016다274966).

또한 화해권고결정의 기판력은 그 확정시를 기준으로 하여 발생한다고 해석함이 상당하다(대판 2012.5.10. 2010다 2558).[18] 그리고 보전처분 자체와 달리, 보전처분 절차에서 이루어진 화해권고결정에 기초한 강제집행에는 집행문을 받아야 한다(대결 2022.9.29. 2022마5873).[19]

---

18) 민사소송법 제231조는 "화해권고결정은 결정에 대한 이의신청 기간 이내에 이의신청이 없는 때, 이의신청에 대한 각하결정이 확정된 때, 당사자가 이의신청을 취하하거나 이의신청권을 포기한 때에 재판상 화해와 같은 효력을 가진다."라고 정하고 있으므로, 확정된 화해권고결정은 당사자 사이에 기판력을 가진다. 그리고 화해권고결정에 대한 이의신청이 적법한 때에는 소송은 화해권고결정 이전의 상태로 돌아가므로(민사소송법 제232조 제1항), 당사자는 화해권고결정이 송달된 후에 생긴 사유에 대하여도 이의신청을 하여 새로운 주장을 할 수 있고, 화해권고결정이 송달된 후의 승계인도 이의신청과 동시에 승계참가신청을 할 수 있다고 할 것이다. 이러한 점 등에 비추어 보면, 화해권고결정의 기판력은 그 확정시를 기준으로 하여 발생한다고 해석함이 상당하다(대판 2012.5.10. 2010다2558).

19) 민사집행법 제28조, 제56조 제5호, 제57조에 의하면 재판상 화해 등 확정판결과 같은 효력을 가진 집행권원에 기초한 강제집행은 집행문이 있는 정본이 있어야 할 수 있다. 한편 가압류·가처분에 대한 재판은 발령과 동시에 집행력이 생기므로 당사자의 승계가 없는 한 집행문 없이 집행할 수 있다(민사집행법 제292조 제1항, 제301조). 보전처분 절차에서 이루어진 화해권고결정은, 당사자 쌍방의 양보를 전제로 당사자에게 화해를 권고하는 것으로서 당사자가 자유로이 처분할 수 있는 권리를 대상으로 할 수 있을 뿐 보전처분 신청과 보전처분에 대한 법원의 권한을 대상으로 삼을 수 없으므로 그 결정을 가압류·가처분에 대한 법원의 재판이라고 할 수 없고, 민사집행법 제23조 제1항, 민사소송법 제231조, 제220조에 따라 확정판결과 같은 효력을 가지므로 가압류·가처분에 대한 재판과 달리 민사집행법 제57조, 제28조에 따라 화해권고결정 정본에 집행문을 받아야 집행할 수 있고, 민사집행법 제292조 제2항, 제301조가 정하는 집행기간의 제한을 받지 않는다(대결 2022.9.29. 2022마5873).

사례연습 CASE 1 재소금지, 제소 전 화해, 기판력의 주관적 범위

```
┌─────────────────────────┐
│        연습문제          │
└─────────────────────────┘
```

甲은 丙의 소개로 그 소유인 X토지를 乙에게 매도하였는데, 그 소유권이전등기를 해 주지 아니하고 있는 사이에 땅값이 폭등하자, 甲과 丙은 공모하여 X토지를 다른 사람에게 처분하여 이익을 반분하기로 하였다. 그리하여 우선 乙의 소유권이전등기청구에 대비하여 X토지를 처분할 때까지 일단 매매를 가장하여 丙 앞으로 소유권이전등기를 해놓기로 하고 서울중앙지방법원에서 제소 전 화해를 한 후 이를 원인으로 丙 앞으로 소유권이전등기를 경료 하였다. 그 후 위 사실을 알게 된 乙이 위 제소 전 화해는 무효라며 甲을 대위하여 丙을 상대로 丙 앞으로 경료된 이전등기의 말소를 구하는 소를 제기하였고, 그 소송의 계속 중 丙은 甲에 대하여 소송고지를 하였다. 그러나 위 소송에서의 심리결과 甲과 乙 사이의 위 매매계약이 적법하게 해제된 사실이 밝혀져서 乙에게 당사자적격이 없다는 이유로 소 각하 판결이 선고되었고 乙은 위 판결에 대하여 항소하였다가 항소심 계속 중 위 소를 취하하였다. 그러자 이번에는 甲이 위 제소 전 화해의 효력을 다투어 丙을 상대로 그 소유권이전등기의 말소를 청구하는 소를 제기하였다. (각 설문은 서로 독립적이다) (50점)

물음 1) 甲의 소는 적법한지 논하시오. (15점)

물음 2) 적법하다면, 甲의 청구는 인용될 수 있는지 논하시오. (20점)

물음 3) 甲은 자신의 소유인 A토지 위에 乙이 불법점유를 하고 있다고 주장하면서 A토지를 인도할 때까지 부당이득으로 매월 임대료 상당의 50,000원의 금액을 지급하라는 소를 제기하였다. 이에 대하여 甲의 승소판결이 선고되었고, 이 판결은 그대로 확정되었다. 이 승소판결이 확정된 뒤에 甲은 A토지를 丙에게 매도하였다. A토지 매도 후에 갑작스러운 경제사정의 변동으로 인근토지의 월 임대료가 대폭 상승하여 A토지의 임대료도 400,000원 상당에 이르렀다. 이 경우 현격한 임대료 상승에 대하여 丙은 乙을 상대로 정기금판결에 대한 변경의 소를 제기하였다. 이 경우 丙의 소에 대하여 어떠한 판결을 해야 하는지 논하시오. (15점)

Ⅰ. 물음 1)에 대하여

1. 문제점

乙이 대위소송의 항소심에서 소취하한 후에 甲이 소를 제기한 것이어서, 재소금지에 해당하는지가 문제되므로, 이를 살펴보기로 한다(제267조 제2항).

2. 재소금지의 의의 및 취지

재소금지란 본안에 관한 종국판결이 있은 뒤에는 이미 취하한 소와 같은 소를 제기하지 못하는 것을 이른다(제267조 제2항). 법원의 종국판결에 대한 농락을 방지하자는 것이 그 취지[20][21]이다.

3. 재소금지의 요건

(1) 요건

① 당사자의 동일, ② 소송물의 동일, ③ 본안에 관한 종국판결 후의 소취하, ④ 새로운 권리보호이익이 없을 것이 요건이 된다.

(2) 사안의 경우

사안은 채권자 乙의 대위소송이 항소심에서 소 취하 된 이후이므로 '① 당사자의 동일'과 '③ 본안에 관한 종국판결 후의 소취하'와 관련하여 문제가 있으므로, 이를 살펴보기로 한다.

4. 당사자의 동일

(1) 학설

① 대위소송이 법정소송담당이 아니라거나, 법정소송담당을 인정하면서도 재소금지에 걸리게 하면 채권자가 불성실한 소송수행을 하여 소취하한 경우 채무자에 너무 가혹하다고 하여 당사자가 동일하지 않다는 소극설도 유력하나, ② 기판력이 미치는 관계이므로 채무자가 소송계속임을 안 이상 기판력의 경우와 같이 당사자 동일의 요건을 충족한다고 보는 적극설이 타당하다고 본다.

---

20) 재소를 금지하는 취지에 대하여 종래의 통설·판례는 법원이 종국판결을 선고한 뒤에 이를 실효시킴으로써 법원의 노력을 헛되이 하는 것에 대한 제재, 즉 소취하권의 남용에 대한 제재로 보았다(소취하남용제재설). 이에 대해 처분권주의를 기초로 하여 당사자가 판결에 의하지 않고 소취하에 의하여 소송을 처리하는 것은 소송경제에 맞고 이를 제재할 근거도 없으며, 재소금지의 취지는 원고가 소를 취하하면서 후소를 제기하는 경우의 소권의 남용을 방지하는데 있다고 보는 견해가 있다(재소남용방지설). 하지만 재소금지의 취지는 소취하권의 남용방지와 재소의 남용방지의 두 가지 취지를 아울러 가지고 있다고 보는 것이 옳다고 생각된다(이원설; 정동윤·유병현, 호문혁).

21) 그 밖에 무용의 소송심리의 반복으로 소송경제상 좋지 않다는 점과 전후 판결의 모순을 초래할 염려가 있다는 점을 열거하는 견해도 있다(김홍규, 민사소송법 제5판, 2002, 502면). 그리고 판결의 농락 방지는 권위적인 표현이고, 정확하게 말하면 소취하권 내지 재소권의 남용방지라고 해야 할 것이라는 견해도 있다(호문혁, 민사소송법 제3판, 2004, 655면).

(2) 판례

"채권자대위권에 의한 소송이 제기된 사실을 피대위자가 알게 된 이상 그 종국판결 선고 후 소가 취하된 때에는 피대위자도 위 대위소송과 동일한 소를 제기할 수 없다(대판 1981.1.27. 79다1618 · 1619)."고 하여 적극설의 입장이다.

(3) 사안의 경우

따라서 甲은 소송고지를 받아 소송계속을 안다고 보이므로, 甲의 소는 당사자동일의 요건을 충족한다.

5. 본안에 관한 종국판결 후의 소취하

(1) 법 규정

재소금지는 '본안'판결 이후에 소취하한 자를 제재하기 위한 규정이다(제267조 제2항). 따라서 '소송'판결 이후에 소를 취하한 자는 이에 해당하지 아니한다.

(2) 사안의 경우

乙은 전소에서 당사자적격 흠결로 소각하의 소송판결 이후에 소를 취하한 것이므로, 甲은 당사자동일의 요건을 충족해도, 본안판결 이후의 소 취하를 한 것이 아니어서, 甲의 소는 재소금지에는 해당하지 않아 적법하다고 본다.

II. 물음 2)에 대하여

1. 문제점

(1) 청구의 인용 여부와 관련해서는 甲과 丙 사이의 제소 전 화해에 기판력이 인정될 수 있는지, 인정된다면 그 범위는 어떠한지가 문제된다. 즉, 사안 같이 가장매매(민법 제108조)라는 통정허위표시의 흠이 있는 경우, 제소 전 화해의 기판력이 인정되지 않는다면 甲의 청구는 인용이 가능하기 때문이다.

(2) 특히 확정판결의 효력이 있다는 제220조와 그 구제수단인 제461조(준재심)의 규정의 해석과 관련해 문제된다. 이에 대해서는 제461조가 위헌규정임을 근거로 제220조의 확정판결의 효력에는 기판력이 포함되지 않는다는 견해(정동윤 · 유병현)도 있으나, 헌법재판소의 위헌결정 이전에는 유효한 규정으로 보아야 하므로, 기판력이 포함된다는 것을 전제로 이를 논하기로 한다.

2. 제소 전 화해의 기판력 인정 여부

(1) 학설

1) 무제한기판력설

주로 소송행위설을 전제로, 제220조, 제461조 명문의 규정상 기판력은 제한 없이 생기는 것이라고 한다. 즉, 당사자가 자주적으로 합의한 이상 이는 가혹한 결과가 아니라고 한다(실무).

2) 제한적기판력설

제220조, 제461조의 규정상 기판력이 있는 것은 사실이나, 이는 소송상 화해가 실체법상 하자 없이 성립한 경우에만 인정되는 것이라고 한다. 즉, 소송상 화해는 법원의 적극적인 관여가 있는 것이 아니라 당사자 사이에서의 합의를 법원에 진술하여 조서화하는 것에 불과하므로 법원의 심사에는 한계가 있어 탈법행위가 있을 수 있으므로 실체법상 하자가 있는 경우에는 기판력을 인정할 수 없다고 한다(이시윤 등 다수설).

(2) 판례

판례는 "재판상의 화해를 조서에 기재한 때에는 그 조서는 확정판결과 같은 효력이 있고 당사자 간에 기판력이 생기는 것이므로 재심의 소에 의하여 취소 또는 변경이 없는 한 당사자는 그 화해를 사법상의 화해계약임을 전제로 하여 그 화해의 해제를 주장하는 것과 같은 그 화해의 취지에 반하는 주장을 할 수 없다(대판 1962.2.15. 4294민상914 전합 등)."고 하여 무제한기판력설의 입장이다.

(3) 검토 및 사안의 경우

제220조에서 화해조서는 확정판결과 동일한 효력이 있다고 하고, 이 조서는 제461조에서 준재심의 소의 대상이 되고, 재심의 소는 기판력 있는 판결을 전제로 하므로, 화해조서는 기판력이 무제한하게 발생한다고 해석할 수밖에 없다. 특히 제220조의 조문 상 확정판결의 효력 발생에는 어떠한 제한도 없다. 따라서 사안의 甲과 丙 사이의 제소 전 화해의 기판력은 발생하고, 이 경우 甲의 丙에 대한 이전등기말소청구의 소에 기판력이 작용하는지가 문제된다.

3. 법원의 인용판결 여부 – 기판력의 모순관계

(1) 기판력의 작용 여부

1) 주관적 범위

甲은 제소 전 화해를 하였으므로, 전소의 패소피고가 후소의 원고가 된 경우와 동일하므로 주관적 범위는 충족한다.

2) 객관적 범위

甲은 丙에게 제소 전 화해를 하여 이전등기를 경료 해 주었는데 그 이전등기가 무효라고 하면서 이전등기말소청구를 하는 것이므로 모순관계에 해당한다(객관적 범위, 기판력의 작용)

3) 시적 범위

甲이 주장하는 통정허위표시는 기판력의 표준시 전(조서 작성 시)에 존재하였던 사유이므로, 실권효가 적용된다(시적 범위).

4) 작용

따라서 甲과 丙 사이의 화해조서의 기판력은 甲의 丙에 대한 이전등기말소청구의 소에 모순관계로 작용하게 되는바, 모순관계에 대한 법원의 판결이 문제된다.

(2) 기판력의 모순관계에 대한 취급

모순관계의 경우에는 모순된 반대관계로서 소송물 동일과 같이 취급하여, 기판력의 본질론이 적용된다는 견해가 통설이다(정동윤·유병현, 강현중).

(3) 법원의 판결 – 기판력의 본질론

1) 견해의 대립

전소승소확정판결의 경우에는 권리보호이익이 없어 소를 각하하고, 패소확정판결을 받은 경우는 전소법원의 판단과 모순되는 판단을 할 수 없으므로 청구기각을 해야 한다는 모순금지설(판례), 전소확정판결의 승·패소를 불문하고 소극적 소송요건 흠결로 소를 각하해야 한다는 반복금지설이 있다.

2) 사안의 경우

따라서 반복금지설에 의하면 후소법원은 甲의 丙에 대한 이전등기말소청구의 소를 각하해야 한다. 하지만 판례의 모순금지설에 의하면 사안의 甲의 丙에 대한 이전등기말소청구에 대해 후소법원은 전소판결(화해조서 작성)과 모순되는 판단을 하지 못하므로(전소가 패소확정판결에 준함), 후소법원은 청구를 기각하는 판결을 해야 한다. 그러므로 甲의 丙에 대한 이전등기말소청구는 인용될 수 없을 것이다.

Ⅲ. 물음 3)에 대하여

1. 문제점

사안의 丙이 정기금판결에 대한 변경의 소를 제기할 수 있는 원고적격자인지 문제 된다. 따라서 사안과 같은 부당이득반환청구권이 소송물인 경우, 그 계쟁물에 관한 승계인이 기판력의 주관적 범위 중 변론종결 뒤의 승계인에 포함되는지를 살펴보아야 한다(제252조, 제218조 제1항).

2. 정기금판결에 대한 변경의 소의 당사자(원고적격자)

(1) 판례

정기금판결에 대한 변경의 소는 정기금판결의 확정 뒤에 발생한 현저한 사정변경을 이유로 확정된 정기금판결의 기판력을 예외적으로 배제하는 것을 목적으로 하므로, 확정된 정기금판결의 당사자 또는 민사소송법 제218조 제1항에 의하여 그 확정판결의 기판력이 미치는 제3자만이 정기금판결에 대한 변경의 소를 제기할 수 있다(대판 2016.6.28. 2014다31721).

(2) 사안의 경우

따라서 甲으로부터 토지를 승계한 丙이 민소법 제218조 제1항에 의하여 기판력이 미치는 변론종결 뒤의 승계인에 해당하는지가 문제되므로, 이를 살펴보기로 한다.

3. 변론종결 뒤의 승계인의 범위

(1) 계쟁물에 관한 승계인

소송물인 권리의무 자체를 승계한 것은 아니나, 당사자적격을 승계한 자도 승계인이 된다(적격승계설). 다만, 당사자적격은 소송법적으로 추상화된 개념으로서 지나치게 확장될 가능성이 있으므로 그 범위의 합리적 조절이 문제된다.

(2) 승계인의 범위와 소송물이론과의 관계

판례는 구이론의 입장에서 "소송물인 청구가 물권적 청구권 등과 같이 대세적인 효력을 가진 것이라면 몰라도 대인적인 효력밖에 없는 채권적 청구 만에 그친 때에는 기판력이나 집행력은 미치지 아니한다 (대판 1991.1.15. 90다9964 등)."고 하여 물권적 청구권의 경우에만 승계인의 범위에 포함시킨다. 반면에 신이론은 소송물이 채권적 청구권이든 물권적 청구권이든 모두 승계인에 포함된다고 한다(이시윤).[22]

(3) 구이론의 경우

구이론에 의하면 소송물이 부당이득반환청구에 해당하여 채권적 청구권이므로, 그 승계인인 丙은 기판력이 미치는 자가 아니다. 판례도 "토지의 소유자가 소유권에 기하여 그 토지의 무단 점유자를 상대로 차임 상당의 부당이득반환을 구하는 소송을 제기하여 무단 점유자가 그 점유 토지의 인도 시까지 매월 일정 금액의 차임 상당 부당이득을 반환하라는 판결이 확정된 경우, 이러한 소송의 소송물은 채권적 청구권인 부당이득반환청구권이므로, 위 소송의 변론종결 후에 위 토지의 소유권을 취득한 사람은 민사소송법 제218조 제1항에 의하여 위 확정판결의 기판력이 미치는 변론을 종결한 뒤의 승계인에 해당한다고 볼 수 없다."고 하였다(대판 2016.6.28. 2014다31721).

(4) 신이론의 경우

그러나 신이론의 경우에는 그 소송물의 성질이 물권적 청구권이든 채권적이든 승계인에 해당한다고 하므로, 사안의 丙도 승계인에 해당하게 된다.

4. 검토 및 사안의 경우

당사자본인소송이 대부분인 현실에서 기판력의 범위를 좁히는 구이론이 기본적으로 타당하다. 따라서 판례에 따라 丙은 정기금판결에 대한 변경의 소의 원고적격이 없다고 보아야 하므로, 丙의 소는 부적법하다. 그러나 신이론에 의하면, 丙은 승계인에 해당하므로 원고적격이 있어 적법하다고 할 것이다.

---

22) 기본적으로는 신소송물이론을 취하지만 채권적 청구권의 경우를 나누어 환수청구권(배후에 물권적 뒷받침이 있는 것)의 경우에는 승계인에 포함되지만 교부청구권(배후에 물권적 뒷받침이 없는 것)의 경우에는 승계인의 범위에 포함되지 않는다는 견해(강현중)도 주장된다.

제3장
종국판결에 의한 종료

52 재판의 의의 및 종류

CONTENTS

Ⅰ. 재판의 의의 및 구별개념

1. 의의

재판이란 재판기관이 소송에 관하여 판단한 의사표시로서 이에 의하여 소송법상 일정한 효과가 발생하는 법원의 소송행위

2. 구별개념

재판은 관념적 판단 또는 의사의 표시로서 효력을 갖는 점에서 재판기관이 하는 사실상의 행위(변론의 청취, 증거조사, 판결의 선고 등)와는 구별

Ⅱ. 재판의 종류

1. 판결·결정·명령

(1) 구별기준

재판의 주체와 성립절차의 차이에 의한 구별. 법률은 판결을 중심으로 규정, 결정·명령은 그 성질에 반하지 않는 한 판결의 규정을 준용(제224조)

(2) 주체

판결과 결정은 법원의 재판, 명령은 재판장·수명법관·수탁판사 등 법관의 재판. 다만, 성질은 결정이나 명칭은 명령 ⇨ 문서제출명령, 지급명령, 압류명령, 전부명령 등

(3) 심리방식

1) 판결: 필수적 변론 원칙(제134조 제1항 본문)

2) 결정·명령: 임의적 변론 원칙(제134조 제1항 단서)

(4) 이유기재

판결서와는 달리, 결정서에는 이유기재 생략 가능(제224조 단서)

(5) 고지방법

1) 판결: 판결서 작성

2) 선고, 결정·명령: 상당한 방법에 의한 고지(제221조), 재판서 × ⇨ 조서의 기재로 가능(제154조 제5호)

(6) 불복방법

1) 판결: 항소·상고

2) 결정·명령: 이의 또는 항고·재항고

(7) 비용부담자

판례는 결정·명령으로 종결되는 재판은 대립적 구조가 아니므로 비용부담자를 정할 필요 ×

(8) 대상

1) 판결: 중요사항 특히 소송에 대한 종국적·중간적 판단

2) 결정·명령: 소송절차의 부수적·파생적 사항, 강제집행사항, 비송사건 판단

(9) 기속력

1) 판결: 기속력 ○(제205조, 제211조)

2) 결정·명령: 기속력 ×(제88조, 제141조, 제222조, 제446조)

2. 종국적 재판·중간적 재판

(1) 구별기준

사건처리의 관계에 의한 분류

(2) 종국적 재판

1) 의의

2) 구체적 예

① 판결: 종국판결(제198조)

② 결정: 소·상소각하결정(제144조 제4항), 화해권고결정(제225조), 이행권고결정, 소송비용액확정결정(제110조)

③ 명령: 소장각하명령(제254조)

(3) 중간적 재판

1) 의의

2) 구체적 예

① 판결: 중간판결(제201조)

② 결정: 공격방어방법은 각하결정(제149조), 소변경 허부의 결정(제263조) 등

3) 불복방법

중간적 재판은 별도의 규정이 없는 한 독립하여 불복 ×, 종국적 재판과 함께 불복(제392조)

3. 명령적 재판 · 확인적 재판 · 형성적 재판
   (1) 구별기준
      재판의 내용 및 효력의 차이에 의한 분류
   (2) 명령적 재판
      이행판결, 문서제출명령, 증인출석명령 등

   (3) 확인적 재판
      확인판결, 제척의 재판, 소송비용확정결정 등
   (4) 형성적 재판
      형성판결, 기피의 재판, 전부명령, 매각허가결정

1 재판의 의의 및 종류 사시 5 · 17회, 변리사 7 · 16 · 18 · 23 · 31회

Ⅰ. 재판의 의의

1. 재판이란 재판기관이 소송에 관하여 판단한 의사표시로서 이에 의하여 소송법상 일정한 효과가 발생하는 법원의 소송행위를 말한다.

2. 재판은 관념적 판단 또는 의사의 표시로서 효력을 갖는 점에서 재판기관이 하는 사실상의 행위(변론의 청취, 증거조사, 판결의 선고 등)와는 구별된다.

Ⅱ. 재판의 종류

1. 판결 · 결정 · 명령

(1) 재판의 주체와 성립절차의 차이에 의한 구별이다. 법률은 판결을 중심으로 규정하고 있으며, 결정 · 명령은 그 성질에 반하지 않는 한 판결의 규정을 준용하고 있다(제224조).

(2) 주체

판결과 결정은 법원의 재판이고, 명령은 재판장 · 수명법관 · 수탁판사 등 법관의 재판이다. 다만, 법원의 재판이기 때문에 성질은 결정이지만, 재판내용을 고려하여 명령이라고 명칭이 붙여진 경우가 있다. 문서제출명령, 지급명령, 압류명령, 전부명령 등이다.

(3) 심리방식

판결은 신중을 기하기 위하여 원칙적으로 필수적 변론에 의하지만(제134조 제1항 본문), 결정 · 명령은 간이 · 신속을 요하기 때문에 원칙적으로 임의적 변론, 즉 변론을 거칠 것이냐의 여부는 법원의 재량에 일임되어 있다(제134조 제1항 단서).

(4) 이유기재

제224조 제1항 단서는 판결서와는 달리 결정서에는 이유기재를 생략할 수 있게 하였다.

(5) 고지방법

판결의 경우에는 판결서를 작성하여 그에 기하여 선고할 것을 요함에 대하여, 결정·명령의 경우에는 상당한 방법에 의하여 고지하면 되고(제221조), 재판서를 작성하지 않고 조서의 기재로 대응할 수도 있다 (제154조 제5호).

(6) 불복방법

불복방법은 판결에 대해서는 항소·상고이고, 결정·명령에 대해서는 이의 또는 항고·재항고이다.

(7) 비용부담자

결정·명령으로 종결되는 재판은 대립적 구조가 아니므로 비용부담자를 정할 필요가 없다는 것이 판례 (대결 1985.7.9. 84카55)이다.

(8) 대상

판결은 중요사항 특히 소송에 대한 종국적·중간적 판단을 할 때임에 대하여, 결정·명령은 소송절차의 부수적·파생적 사항, 강제집행사항, 비송사건을 판단할 때 한다.

(9) 기속력

판결의 경우에 법원은 자기의 판결에 기속됨에 대하여(제205조), 결정·명령의 경우에는 원칙적으로 기속 되지 않는다(제88조, 제141조, 제222조, 제446조).

2. 종국적 판결·중간적 판결

(1) 이는 사건처리의 관계에 의한 분류이다.

(2) 종국적 재판

종국적 재판이라 함은 사건에 대하여 종국적 판단을 하고 그 심급을 이탈시키는 재판이다. 판결의 예로 는 종국판결(제198조), 결정의 예로는 소·상소각하결정(제144조 제4항), 화해권고결정(제225조), 이행권고결정, 소송비용액확정결정(제110조), 명령으로 하는 예로는 소장각하명령(제254조)이 있다.

(3) 중간적 재판

중간적 재판이라 함은 심리 중에 문제가 된 사항에 대하여 판단하여 종국적 재판의 준비로 하는 재판을 말한다. 판결로 하는 경우가 중간판결이고(제201조), 결정으로 하는 경우가 공격방어방법은 각하결정(제149 조), 소변경 허부의 결정(제263조) 등이 있다. 중간적 재판은 별도의 규정이 없는 한 독립하여 불복할 수 없으며, 종국적 재판과 함께 불복할 수 있을 뿐이다(제392조).

3. 명령적 재판·확인적 재판·형성적 재판

(1) 이는 재판의 내용 및 효력의 차이 면에서 본 분류이다.

(2) 명령적 재판

특정인에게 의무를 과하거나 또는 부작위를 요구하는 내용의 재판으로, 강제력이 따르는 점에 그 특색 이 있다. 이행판결, 문서제출명령, 증인출석명령 등이 이에 해당한다.

(3) 확인적 재판

현재의 권리 또는 법률관계의 확정 또는 증서의 진정 여부의 확인을 내용으로 하는 재판으로, 확인판결, 제척의 재판, 소송비용확정결정 등이 이에 해당한다.

(4) 형성적 재판

기존의 권리관계의 변경, 새로운 권리관계의 창설을 내용으로 하는 재판으로, 형성판결, 기피의 재판, 전부명령, 매각허가결정 등이 이에 해당한다.

2 일부판결, 재판누락

Ⅰ. 일부판결

1. 의의 및 문제점

일부판결은 같은 소송절차에서 심판되는 사건의 일부를 다른 부분으로부터 분리하여 먼저 완결시키는 종국 판결이다(제200조). 복잡한 소송의 심리를 간략화 하는 동시에 당사자에게 일부분이나마 조속한 확정판결을 얻게 해 주는 장점이 있는 반면 독립하여 상소의 대상이 되므로 사건의 일부는 상소심에 나머지는 원심에 계속하는 결과로 되어 도리어 불편하고 비경제적인 단점도 있다. 따라서 일부판결을 할 수 있는 경우에도 이를 할 것인지 여부는 법원의 재량에 맡겨져 있고, 실무상 잘 활용되지 않는다.

2. 일부판결을 할 수 있는 경우

일부판결은 그것과 나머지 부분의 판결(잔부판결)이 서로 관계가 없고 두 개의 판결이 별개의 운명을 가져도 상관이 없는 것(소송물의 가분성)을 전제로 한다. 따라서 이의 예로는 하나의 청구 중의 일부[23], 변론을 병합한 경우에 병합된 뒤의 여러 개의 청구 가운데 1개의 심리를 마친 경우(제200조 제2항 전단), 소의 객관적 병합(단순 병합), 통상공동소송의 경우 본소와 반소 가운데 한쪽의 심리를 마친 경우(제200조 제2항 후단) 등을 들 수 있다.

3. 일부판결을 할 수 없는 경우

(1) 소의 객관적 병합

선택적·예비적 병합은 복수의 청구가 불가분적으로 결합되었기 때문에 일부판결을 할 수 없다는 견해가 통설이다. 판례도 "먼저 주위적 청구를 먼저 판단하지 않고 예비적 청구만을 인용하거나 주위적 청구만을 배척하고 예비적 청구에 대하여 판단하지 않는 등의 일부판결은 예비적 병합의 성질에 반하는 것으로 법률상 허용되지 않는다(대판 2000.11.26. 98다22253)."고 판시하여 통설의 입장이다.

---

23) 예를 들어, 토지인도청구 중의 특정부분의 인도, 금전·대체물인도청구 중의 법률상 특정할 수 있는 일부의 지급 등을 말한다.

(2) 다수당사자소송

필수적 공동소송(제67조)이나 독립당사자참가(제79조)의 경우에는 합일확정을 요구하므로 일부판결이 허용되지 않는다.

(3) 본소와 반소

동일한 부동산에 대하여 원고의 소유권확인의 본소와 피고의 소유권확인의 반소와 같이 동일한 권리관계를 기초로 하고 있는 경우나 이혼의 본소와 반소와 같이 동일한 목적의 형성청구의 경우에 일부판결은 기판력의 저촉의 위험을 가져오므로 허용되지 않는다.

4. 일부판결의 절차

일부판결을 하려면 그 부분에 관한 심리가 완료되어야 하므로 당사자에게 그 뜻을 알려야 한다. 그리고 일부판결에 대하여 상소가 된 때에는 기록을 상급심에 보내기 위하여 정본을 작성하여야 한다.

5. 일부판결의 효과

일부판결도 소송의 그 부분에 관하여는 종국판결이므로 독립하여 상소의 대상이 된다. 일부판결을 할 수 없는데도 일부판결을 한 경우에는 위법하고 또 잔부판결을 할 수 없으므로, 이 경우 흠 있는 전부판결로 취급하여 상소·재심에 의해 다투어야 한다(제424조 제1항 제6호, 제451조 제1항 제9호; 즉, 재판누락이 아니라 판단누락에 준한다).

6. 잔부판결

일부판결을 한 후 나머지 부분에 대하여 심리를 행하고 내리는 판결을 잔부판결이라고 한다. 특히 잔부판결은 최초의 분쟁 전체를 기준으로 하면 일부판결이지만, 일부판결 후의 잔부판결에서 보면 전부판결이다. 소송비용의 재판은 사건을 완결하는 잔부판결에서 하는 것이 원칙이다(제104조). 잔부판결은 일부판결의 주문판단을 토대로 하여야 한다(이시윤). 다만, 이에 대해서 일부판결은 잔부에 대한 판단에 의하여 영향을 받지 않는 경우, 일부판결과 잔부판결 사이에 모순이 생길 염려가 없는 경우에만 허용되므로 의문이라는 견해가 있다(정동윤·유병현·김경욱).

Ⅱ. 재판의 누락과 추가판결

1. 재판의 누락과 추가판결

추가판결은 법원이 청구의 전부를 완결할 의사로 재판을 하였으나, 청구의 일부에 관한 재판을 빠뜨린 경우(재판의 누락), 후에 빠뜨려진 일부에 대해 하는 판결을 말한다(제212조).
즉 법원이 전부판결을 할 생각으로 재판하였으나 실은 일부판결을 한 경우, 나머지 청구는 아직 법원에 계속되고 있으므로, 그 부분에 대한 추가판결이 필요한 것이다.

2. 재판의 누락이 있는 경우

재판의 누락은 종국판결의 주문에서 판단하여야 할 청구에 대한 판단을 빠뜨린 경우이므로, 판결이유 중에서 판단하는 청구의 당부를 뒷받침하는 공격·방어방법에 대한 판단을 빠뜨린 경우인 판단의 누락과는 구별하여야 한다. 판단누락의 경우에는 상소, 재심사유가 된다(제424조 제1항 제6호, 제451조 제1항 제9호). 재판의 누락은 청구의 일부에 대한 판단을 빠뜨린 때[24], 청구가 병합된 경우에 일부청구에 관한 판단을 빠뜨린 때[25], 본소와 반소에서 반소에 관한 판단을 빠뜨린 때, 청구의 확장부분을 판단하지 아니한 때 등에 발생한다. 판례는 <u>판결주문에 아무런 표시가 없는 경우에 판결이유에서 판단이 되어 있어도 재판의 누락으로 보고 있다</u>(대판 1981.4.14. 80다1881 등). 그러나 이 경우 학설은 판결에 오류가 있는 것으로 보아 판결의 경정을 허용할 것이라는 입장이다(이시윤, 정동윤·유병현 등). 다만, <u>반대로 판결주문에는 표시가 있으나 판결이유에 아무런 판단이 없는 경우는 재판의 누락이 아니라고 하는 것</u>이 판례(대판 2003.5.30. 2003다13604), 통설이다.

3. 소송상의 취급

재판누락이 있는 부분은 계속하여 그 법원에 계속되어 있으므로, 법원은 직권 또는 당사자의 신청에 따라 추가판결을 하여야 한다. 이 경우 당사자가 신소를 제기하여 시정을 구할 수는 없다(대판 1996.2.9. 94다50274 등). <u>추가판결은 전의 판결과는 별개의 독립된 판결이므로 상소기간도 별개로 진행된다.</u> 다만, 전의 판결의 기속력 때문에 그 결과를 토대로 삼아야 한다는 견해(이시윤)가 있으나, 이것은 이전의 판결을 마치 중간판결과 같이 취급하는 것이므로 의문이라는 견해(정동윤·유병현·김경욱)가 유력하다.

4. 일부판결이 허용되지 않는 경우의 누락

일부판결이 허용되지 않는 경우에 재판을 누락하였을 때에는 잔부판결과 같은 성질을 가지는 추가판결을 할 수 없으므로, 이러한 판결은 판단누락이 있는 경우에 준하여 상소 또는 재심으로 취소를 구하여야 한다(대판 1981.12.8. 80다577; 대판 1998.7.24. 96다99; 대판 2000.11.16. 98다22253). 이 경우 판단하지 아니한 청구는 기판력이 생기지 않는데(대판 2002.9.4. 98다17145), 다시 소를 제기할 수 있는지가 문제된다. 판례는 일부판결의 위법을 상소로 다툴 수 있음에도 불구하고 다투지 아니하고 다시 소를 제기하는 것은 소의 이익(권리보호요건)의 흠으로 부적법하다고 한다(대판 2002.9.4. 98다17145).[26] 이 때 상소로 다투지 아니한 경우에는 재심의 소도 허용되지 아니한다(재심의 소 보충성; 제451조 제1항 단서). 다만, 당사자가 상소하여 일부판결의 위법을 지적하였는데도 법원이 이에 대하여 판단하지 아니하였다면 재심으로 다툴 수 있다(제451조 제1항 제9호).

5. 소송비용의 재판의 누락

추가판결이 가능한 것은 판결주문에서 판단할 사항 가운데 청구에 대한 판단을 빠뜨린 경우이므로, 소송비용에 대한 재판을 누락한 경우에는 결정으로 재판을 보충하는 것이 인정된다(제212조 제2항). 다만, 종국판결에 대하여 적법한 항소가 있는 때에는 그 결정은 효력을 잃고, 항소심이 소송의 총비용에 대하여 재판을 한다(제212조 제3항).

---

24) 예를 들어, 토지인도청구에서 일부를 빠뜨린 때, 소의 일부취하를 전부취하로 오인한 때 등을 들 수 있다.

25) 예를 들면 원본채권과 이자채권의 지급을 구한 소송에서 이자채권에 관한 판단을 빠뜨린 때, 주채무자와 보증인을 상대로 소를 제기한 경우에 보증인에 대한 청구에 관한 판단을 빠뜨린 때 등을 들 수 있다.

26) 이에 대해 학설은 ① 판례는 권리보호이익의 부당한 확대적용이므로 별소가 가능하다고 견해(호문혁)도 있으나, ② 당사자에게 간편하게 이용할 수 있는 상소심절차가 있음에도 불구하고 별소의 제기를 허용할 수는 없다고 보는 견해(정동윤·유병현)가 타당하다.

53 판결의 경정

CONTENTS

▌기속력(판결의 경정)

Ⅰ. 판결의 기속력의 의의 및 취지

1. 의의

판결의 기속력이란 판결은 일단 선고되어 성립하면, 판결을 선고한 법원도 자신의 판결에 구속되어, 그 판결을 스스로 변경하거나 철회할 수 없는 효력[27]을 말한다. 판결의 구속력, 자기구속력, 자박력이라고도 한다.

2. 취지

일단 판결이 외부에 표시된 다음에는 이를 함부로 변경할 수 없도록 하는 것이 법적 안정성을 기하고, 재판의 신용을 높일 수 있기 때문이다.

---

[27] 원래의 기속력은 이와 같이 판결법원에 대한 구속력을 의미하지만(소송내적 구속력) 다른 법원에 대한 구속력을 뜻하는 때도 있다(소송외적 구속력). 이의 예로는 ① 상고법원이 법률심이기 때문에 원심판결의 사실판단에 구속되거나(제432조), ② 상급법원의 판단이 하급심을 기속하거나(제436조 제2항, 법원조직법 제8조), ③ 이송재판은 이송받은 법원을 기속하거나(제38조), ④ 헌법재판소의 위헌결정이 법원을 기속하는 것(헌법재판소법 제47조 제1항)을 들 수 있다.

Ⅱ. 기속력의 배제(재도의 고안) 및 완화(판결의 경정)

1. 기속력의 배제

기속력이 법률에 의해 배제되는 경우가 있는데 ① 결정·명령은 주로 소송절차의 파생적·부수적 사항에 관한 재판이므로 항고 시에 원심법원이 재도의 고안에 의하여 취소·변경할 수 있고(제446조), 특히 ② 소송지휘에 관한 결정·명령은 편의적이기 때문에 어느 때나 취소·변경을 할 수 있어 기속력이 배제된다(제222조).

2. 기속력의 완화

우리 법에서는 미국법이나 일본법에서처럼 판결 선고 후 일정한 기간 내에 판단내용의 정정변경을 뜻하는 이른바 변경판결제도는 인정하고 있지 않으나, 일정한 경우 판결의 경정을 인정하여 판결에 대해서도 기속력을 완화시키고 있다(이시윤).

Ⅲ. 판결의 경정

1. 의의 및 취지

판결의 경정이란 판결내용을 실질적으로 변경하지 않는 범위 내에서, 판결서에 표현상의 잘못이 생겼을 때에 판결법원 스스로 이를 고치는 것을 말한다(제211조). 판결에 잘못된 계산이나 기재 그 밖에 이와 비슷한 잘못이 있음이 분명한 경우에 하는 판결의 경정은, 일단 선고된 판결에 대하여 그 내용을 실질적으로 변경하지 않는 범위 내에서 판결의 표현상의 기재 잘못이나 계산의 착오 또는 이와 유사한 오류를 법원 스스로가 결정으로써 정정 또는 보충하여 강제집행이나 가족관계등록부의 정정 또는 등기의 기재 등 이른바 광의의 집행에 지장이 없도록 하자는 데 그 취지가 있다(대결 1996.1.9. 95그13; 대결 2022.12.1. 2022그18).

2. 요건

(1) 판결에 잘못된 계산이나 기재, 그 밖에 이와 비슷한 표현상의 잘못이 있을 것

표현상의 분명한 잘못이 아닌 판단내용의 잘못이나 판단누락은 경정사유로 되지 않는다. 잘못이 법원의 과실 때문이든 당사자의 청구의 잘못 때문이든 가리지 않는다(대결 1992.3.4. 92그1). 또한 이혼 등 사건의 항소심판결에서 항소인의 나머지 항소를 기각한다는 내용의 주문과 이유가 누락 되고, 이유 부분에 친권자 및 양육자지정, 양육비청구에 관한 언급이 누락된 경우, 누락 부분을 추가하는 판결 경정은 판결내용을 실질적으로 변경하지 않는 범위 내에서 표현상의 기재 잘못이나 이와 유사한 오류를 결정으로써 정정 또는 보충한 것에 불과하므로 허용된다(대결 2014.10.30. 2014스123). 그리고 화해조서상의 피고와 경정을 구하는 상대방이 동일인일 상당한 개연성이 있는 경우, 동일인인지 여부를 심리하여 만일 양자가 동일인이라면 화해조서경정을 허용함으로써 무익한 소송을 방지하고 강제집행에 지장이 없도록 하였어야 함에도 불구하고, 이에 이르지 아니한 원심의 조치에 화해조서경정에 관한 법리를 오해하고 심리를 다하지 아니한 위법이 있다(대결 2001.12.4. 2001그112). 그러나 청구취지에서 지급을 구하는 금원 중 원금 부분의 표시를 누락하여 그대로 판결된 경우에는 비록 그 청구원인에서는 원금의 지급을 구하고 있더라 하더라도 판결경정으로 원금 부분의 표시를 추가하는 것은 주문의 내용을 실질적으로 변경하는 경우에 해당하여 허용될 수 없다(대결 1995.4.26. 94그26). 또한 강제집행절차의 지장을 이유로 판결서에 주민등록번호를 추가하고 주민등록상 주소지로 정정하여 달라는 판결경정 신청은 허용되지 아니한다(대결 2022.9.29. 2022그637). 따라서 강제집행절차의 지장을 이유로 이행권고결정에 주민등록번호를 추가하여 달라는 경정신청이 기각되었다면 특별항고가 허용되지 아니한다(대결 2022.12.1. 2022그18).

(2) 그 잘못이 분명한(명백한) 경우일 것

분명한 잘못인가의 여부는 판결서의 기재 뿐 아니라 소송기록과 대비하여 판단하여야 한다. 이 경우 판례는 분명한 잘못의 판단자료에 관하여 과거의 자료 외에 경정대상인 판결 이후에 제출된 자료나 집행과정에서 밝혀진 사실도 포함하고 있다(대결 2000.5.24. 98마1839). 그리고 판례는 소유권이전등기이행을 명하는 판결에서 피고의 등기부상 주소를 기재하지 않은 것이 경정사유가 아니라는 입장이다. 왜냐하면 소유권이전등기의 이행을 명하는 판결을 함에 있어 그 의무자인 피고의 주소를 표시하면서 이와 다른 등기부상의 주소를 명시하지 아니하였다 하여 그 판결에 명백한 오류가 있다고 할 수는 없기 때문이다 (대결 1990.1.11. 89그18). 그리고 당사자의 신청에 따라 판결의 경정을 하는 경우에는 우선 신청당사자가 판결에 위와 같은 잘못이 있음이 분명하다는 점을 소명하여야 한다(대결 2018.11.21. 2018그636). 또한 토지에 관한 소유권이전등기절차의 이행을 구하는 소송 중 사실심 변론종결 전에 토지가 분할되었는데도 그 내용이 변론에 드러나지 않은 채 토지에 관한 원고 청구가 인용된 경우에 판결에 표시된 토지에 관한 표시를 분할된 토지에 관한 표시로 경정해 달라는 신청은 특별한 사정이 없는 한 받아들여야 한다(대결 2020.3.16. 2020그507). 그리고 ㎡ 미만의 단수 표시로 인하여 판결이 집행이 곤란하게 되는 경우 당사자 일방이 ㎡ 미만의 단수를 포기하고 그 포기한 부분을 상대방의 소유로 될 토지의 단수와 합산하여 단수 이하를 없애는 방식의 판결경정은 허용된다고 보아야 한다(대판 2023.6.20. 2023그574; 현물분할을 명한 공유물분할 판결의 경정을 신청한 사건).

3. 절차

(1) 시기

경정은 직권 또는 당사자의 신청에 의하여 어느 때에도 할 수 있으므로, 상소제기 후는 물론 판결확정 후에도 할 수 있다. 다만, 판결을 한 법원은 물론 상급법원도 경정할 수 있다고 하였으나, 하급심에서 확정된 판결부분에 대해서는 그 부분에 관한 기록이 상급법원에 와 있다고 하여도 상급법원이 그 부분에 대한 심판권이 없으므로 경정할 수 없다(대결 1992.1.29. 91마748).

(2) 형식

경정은 결정으로 함이 원칙이나 판결로써 경정하였다 하여도 위법이라 할 수 없다. 법은 경정결정은 판결의 원본과 정본에 덧붙여 적도록 하고 있으나(제211조 제2항), 실제로는 경정결정을 덧붙일 만한 여백이 있는 경우가 거의 없으므로 그러한 예는 실무상 거의 없고, 판결정본에 덧붙여 적을 여백이 없거나 이미 송달하여 덧붙여 적을 수 없는 때에는 따로 경정결정서를 작성하여 그 결정정본을 송달할 수밖에 없다[동항 단서; 법원실무제요, 민사소송(Ⅲ), 261면].

(3) 불복방법

경정결정에 대해서는 즉시항고 할 수 있으나, 판결에 대해 적법한 항소가 있는 때에는, 항소심의 판단을 받으면 되기 때문에 항고는 허용되지 않는다(동조 제3항). 경정신청기각결정에 대해서는 불복할 수 없다는 것이 통설·판례이다. 특히 판례는 직접 판결을 한 법원이 분명한 오류가 없다고 본 것을 심판에 직접 관여도 하지 아니한 다른 법원이 그러한 오류가 분명하다 하여 경정을 명하는 것은 조리에 반하며, 경정결정에 대해서만 즉시항고 할 수 있게 한 제211조 제3항 본문의 반대해석으로도 그렇다고 한다(대결 1971.7.21. 71마382). 기각결정에 대해서는 오로지 특별항고(제449조)가 허용될 뿐이다. 헌법 위반을 이유로 특별항고를 하려면 신청인이 그 재판에 필요자료의 제출기회를 전혀 부여받지 못하였거나, 판결과 그 소송의 전 과정에 나타난 자료 및 판결 선고 후 제출한 자료상으로 판결오류가 분명한 경우에 해당되어야 한다(대결 2004.6.25. 2003그136).

4. 효력

(1) 소급효

경정결정은 원판결과 일체가 되어 판결 선고 시에 소급하여 그 효력이 발생 한다(대판 1999.12.10. 99다42346). 채권압류 및 추심명령은 제3채무자를 심문하지 않은 채 이루어지고 제3채무자에게 송달함으로써 효력이 생긴다. 그 후 채권압류 및 추심명령의 경정결정이 확정되는 경우 당초의 채권압류 및 추심명령은 경정결정과 일체가 되어 처음부터 경정된 내용의 채권압류 및 추심명령이 있었던 것과 같은 효력이 있으므로, 원칙적으로 당초의 결정이 제3채무자에게 송달된 때에 소급하여 경정된 내용으로 결정의 효력이 있다(대판 2017.1.12. 2016다38658). 그리고 판결의 경정은 시기적으로 제한이 없고, 상소에 의하여 사건이 상소심에 이심된 경우에는 상소심도 원판결을 경정할 수 있으며, 판결이 경정되면 당초의 원판결과 일체가 되어 처음부터 경정된 내용의 판결이 있었던 것과 같은 효력이 있으므로 민사소송법 제415조의 불이익변경금지의 원칙은 경정된 판결을 기준으로 하여 적용된다(대판 2011.9.29. 2011다41796).

(2) 상소

판결에 대한 상소기간은 경정에 의해 영향을 받지 않고 판결이 송달된 날로부터 진행한다. 그리고 경정한 결과 상소이유가 발생한 경우에는 상소의 추후보완을 할 수 있다(제173조, 통설). 다만, 판례는 "상소기간 경과 후에 이루어진 판결경정 내용이 경정 이전에 비하여 불리하다는 사정만으로는 추완상소가 적법한 것으로 볼 수 없다(대판 1997.1.24. 95므1413·1420)."는 판시가 있다.

54 형식적 확정력

CONTENTS

▌형식적 확정력

Ⅰ. 의의

법원이 한 종국판결에 대하여 당사자가 통상의 불복방법으로 불복할 수 없는 상태를 형식적 확정력이라 한다(제498조). 판결의 형식적 확정력은 판결정본이 적법하게 송달되었을 것을 전제로 한다. 형식적 확정력은 비상의 불복방법인 상소의 추후보완(제173조), 재심의 소(제451조)에 의해 배제될 수 있다.

Ⅱ. 판결의 확정시기

1. 판결 선고와 동시에 확정되는 경우

상소할 수 없는 판결, 예를 들어, 상고심판결·제권판결(제490조 제1항) 등이다. 특히 송달과 동시에 확정되는 것으로는 심리불속행·상고이유서 제출시 부제출시의 상고기각판결이 있다(상고심절차에 관한 특례법 제5조 제2항). 판결 선고 전에 불상소의 합의가 있는 경우에도 판결 선고와 동시에 확정되지만, 판결 선고 후 불항소의 합의를 한 경우에는 이미 발생한 항소권 및 부대항소권의 포기를 합의한 것이므로 그 성립과 동시에 판결이 확정된다[실무제요(Ⅲ), 1588면]. 다만, 비약상고의 합의(제390조 제1항 단서)가 있는 경우에는 상고기간의 만료 시에 확정된다.

2. 상소기간의 만료 시에 확정되는 경우

① 상소기간 내에 상소를 제기하지 않고 도과시킨 때, ② 상소를 제기하였으나 상소를 취하한 때[28], ③ 상소를 제기하였으나 상소각하판결이 나거나 상소장각하명령이 있는 경우(이들 재판이 확정되었을 것을 전제로 한다) 등에는 상소기간 만료 시에 판결이 확정된다.

3. 상소기간 경과 전에 상소권을 가진 당사자가 이를 포기한 때

상소기간 경과 전에 상소권을 가진 당사자가 이를 포기한 때(제394조, 제425조)에는 포기 시에 확정된다.

4. 상소기각판결

상소기각판결은 그 판결이 확정된 때 원판결이 확정된다.

5. 청구가 단순병합 된 소송에 있어 일부청구부분에 대하여만 항소 및 상고가 된 경우 항소심에서 불복하지 아니한 청구부분의 확정시기

(1) 문제점

제1심에서 패소한 청구부분에 대하여 당사자가 항소심에서 항소 또는 부대항소로 불복하지 아니함으로써 항소심의 심판대상이 되지 아니하였고 따라서 상고심에서도 이를 심판의 대상으로 삼을 수 없으므로 항소심의 심판대상이 된 다른 청구부분에 대하여 상고가 제기되더라도 상고심에 이심이 되지 아니하고 확정된다. 다만, 그 부분에 구체적으로 언제 확정되는가에 대하여 견해가 대립된다.

(2) 학설

항소심변론종결시설은 당사자가 패소부분에 대하여 항소범위의 확장 또는 부대항소를 통하여 불복할 수 있는 최후의 시점이 항소심의 변론종결시라는 점을 근거로 한다(제403조). 항소심판결선고시설은 항소심변론종결시설에 의하면 항소심에서 변론이 종결되었다가 재개된 경우 확정된 판결이 다시 확정되지 않은 것으로 되는 것인지에 관하여 의문이 있을 수 있으므로, 항소심판결선고시에 확정된다고 보아야 한다고 본다(제142조).

---

28) 항소의 취하가 있으면 소송은 처음부터 항소심에 계속되지 아니한 것으로 보게 되나(민사소송법 제393조 제2항, 제267조 제1항), 항소취하는 소의 취하나 항소권의 포기와 달리 제1심 종국판결이 유효하게 존재하므로, 항소기간 경과 후에 항소취하가 있는 경우에는 항소기간 만료 시로 소급하여 제1심판결이 확정되나, 항소기간 경과 전에 항소취하가 있는 경우에는 판결은 확정되지 아니하고 항소기간 내라면 항소인은 다시 항소의 제기가 가능하다(대판 2016.1.14. 2015므3455).

(3) 판례

원고의 청구를 일부 인용한 제1심판결에 대하여 원고만이 그 패소 부분에 대한 항소를 제기하고 피고는 항소나 부대항소를 제기하지 않은 경우, 제1심판결 중 원고 승소 부분은 항소심의 심판대상에서 제외됨으로써 항소심판결의 "선고"와 동시에 "확정"되는 것이고, 원고가 위와 같이 승소 확정된 부분에 대하여 상고를 제기하였다면 상고의 이익이 없어 부적법하다[29](대판 2008.3.14. 2006다2940). 이전등기말소청구와 금원청구를 모두 기각한 제1심판결에 대하여 원고가 말소청구 부분에 관하여만 항소하였을 뿐 그 변론 종결시까지 항소취지를 확장한 바 없어 항소심의 심판범위는 말소청구 부분에 한하고 나머지 부분에 관하여는 '환송 전 원심판결의 선고와 동시에 확정'되어(항소심판결선고시설) 소송이 종료되었다 할 것임에도 환송 후 원심이 금원청구 부분까지 심리판단 한 것은 잘못이라고 하여 원심판결 중 금원청구 부분을 파기하고 민사소송법 제437조 제1호에 의하여 대법원이 직접 그 부분에 관한 소송이 종료되었음을 선언한다(대판 1994.12.23. 94다44644). 그리고 피고가 수개의 청구를 인용한 제1심판결 중 일부에 대하여만 항소를 제기한 경우, 항소되지 않은 나머지 부분도 확정이 차단되고 항소심에 이심은 되나, 피고가 변론종결시까지 항소취지를 확장하지 않는 한 나머지 부분에 관하여는 불복한 적이 없어 항소심의 심판대상이 되지 않고 항소심의 판결 선고와 동시에 확정되어 소송이 종료된다(대판 2011.7.28. 2009다35842).

(4) 검토

항소심변론종결시설에 의하면 법원이 변론을 재개한 경우 판결이 확정되었다가 확정이 되지 아니하는 문제가 생길 수 있으므로, 항소심판결선고시설이 타당하다.

Ⅲ. 판결의 확정증명

판결이 확정되면 소송당사자는 그 판결에 기하여 기판력을 주장하거나, 가족관계등록신고·등기신청 등을 할 수 있으므로, 이를 위해 판결이 확정되었음을 증명할 필요가 있다. 따라서 당사자는 소송기록을 보관하고 있는 법원사무관 등에게 신청하여 판결확정증명서를 교부받게 된다. 상급심에서 소송이 완결된 경우라도 소송기록은 제1심법원에서 보전하게 되므로(제421조, 제425조), 확정증명서의 교부는 제1심법원의 법원사무관 등으로부터 받음이 원칙이다(제499조 제1항). 다만, 소송이 상급심에 계속 중이라도 그 사건의 판결 일부가 확정된 경우에는 소송기록은 상급심에 있기 때문에, 확정부분에 대한 증명서는 상급법원의 법원사무관 등으로부터 교부받게 된다(제499조 제2항).

Ⅳ. 소송의 종료

판결이 확정되면 무효판결이 아닌 한, 판결의 내용에 따른 효력인 기판력·집행력·형성력 등이 생기게 된다.

---

29) [1] 항소심에서 심판의 대상이 되지 아니한 부분은 항소심판결의 선고와 동시에 확정된다는 취지이다(유병현, 고시계 2009/2, 37면).
　　[2] 확정된 부분의 소송종료선언 함이 옳을 것이다(이시윤, 제5판, 746면, 각주 3).

55 기판력

CONTENTS

▌기판력

Ⅰ. 의의 및 근거(법적안정성설, 절차보장설, 이원설)

1. 의의

기판력이란 확정된 종국판결에 있어서 청구에 대한 판결내용은, 당사자와 법원을 규율하는 새로운 규준으로서의 구속력을 가지며, 뒤에 동일사항이 문제되면 당사자는 그에 반하여 되풀이하여 다투는 소송이 허용되지 아니하며(불가쟁), 어느 법원도 다시 재심사하여 그와 모순, 저촉되는 판단을 해서는 안 된다(불가반)는 구속력을 이른다.

2. 근거

판결의 법적 안정성을 유지하고, 당사자의 절차권을 보장한다는데 있다(이원설).

Ⅱ. 본질론[모순금지설(판례 입장), 반복금지설(다수설)]

1. 문제점

확정판결의 기판력은 어디에서 유래하는 효력인지에 대해서 견해가 대립하고 있다. 이는 특히 실체법상 권리관계와 판결의 판단에 있어서의 불일치나 기판력이 당사자 사이에서만 한정되는 상대성을 어떻게 설명할 것인지의 기초가 된다. 특히 이에 대해 과거에는 기판력은 실체법상 권리관계를 변동하는 효력이라는 실체법설도 있었으나, 오늘날에는 주장되지 않으므로 기판력은 단지 소송법상 법원을 구속하는 효력이라고 보는 소송법설을 중심으로 살펴본다.

2. 학설

모순금지설(구소송법설)은 기판력은 어느 법원이 행한 판결이 확정되면 다른 법원도 이와 모순되는 재판을 하는 것이 허용되지 않는다는 국가적 판단의 통일로부터 요청되는 효력이라고 한다. 즉, 전소가 승소확정판결인 경우에 원고가 동일한 소를 제기하는 것은 원고가 권리보호를 받았음에도 다시 소를 제기하는 것이므로 이는 권리보호이익 흠결로 소를 각하해야 하고, 전소가 패소확정판결인 경우에는 전소의 판결내용과 모순되는 판단을 해서는 안 되므로 청구기각의 판결을 하여야 하고 소각하의 판결을 해서는 안 된다고 한다. 반복금지설(신소송법설)은 기판력의 근거를 일사부재리에 내재하는 분쟁해결의 일회성의 요청에서 구하여 법원이 이미 판결이 확정된 소송물에 대하여 다시 변론, 증거조사 및 판결을 구하는 것은 기판력에 의해 일체 저지된다고 한다. 즉, 이에 의하면 기판력은 그 자체로 독자적인 소송요건흠결이 되므로 전소확정판결이 승소이든 패소이든 상관없이 후소는 부적법 각하된다고 한다.

3. 판례

판례는 원고가 전소에서 일부승소의 확정판결을 받아 놓고 다시 동일한 피고에게 보관금반환청구의 소를 제기한 사안에서 "원고의 이 사건 소 중 그 승소부분에 해당하는 2분의1 부분은 권리보호의 요건을 갖추지 못한 부적법한 것이라 하여 이를 각하하여야 하고 패소부분에 해당하는 나머지 2분의 1 부분은 그와 모순되는 판단을 할 수 없는 것이라 하여 형식적으로 이를 기각하여야 한다(대판 1979.9.11. 79다1275)."고 하고, "확정된 승소판결에는 기판력이 있으므로 승소 확정판결을 받은 당사자가 전소의 상대방을 상대로 다시 승소 확정판결의 전소와 동일한 청구의 소를 제기하는 경우, 특별한 사정이 없는 한 후소는 권리보호의 이익이 없어 부적법하다(대판 2017.11.14. 2017다23066)."고 하여 모순금지설의 입장이다. 특히 제1심판결이 당사자 및 소송물이 동일한 전소송의 판결의 기판력에 저촉된다는 이유로 원고의 청구를 부당하다고 하여 기각하였다면 제1심판결의 취지는 전소송에서 한 원고 청구기각판결의 기판력에 의하여 그 내용과 모순되는 판단을 하여서는 안 되는 구속력 때문에 전소판결의 판단을 채용하여 원고청구기각의 판결을 한다는 것으로서 이는 소송물의 존부에 대한 실체적 판단을 한 본안판결이다(대판 1989.6.27. 87다카2478).

> Ⓣⓘⓟ 최근의 견해는 원래의 모순금지설은 전소와 후소의 소송물이 같으면 법원은 어차피 전소 확정판결과 같은 판결을 할 수밖에 없는데, 그럼에도 불구하고 다시 소송을 하는 것은 소의 이익이 없으므로 후소는 소송요건 불비가 되어 부적법 각하를 면치 못한다는 것을 내용으로 한다고 하면서, 판례와 같이 모순금지설을 승소와 패소로 경우를 나누어 설명하는 것은 본래의 모순금지설과 관계가 없는 출처불명의 독자적인 견해일 뿐이라고 한다. 즉, 이 견해에 의하면 모순금지설은 기판력의 존재를 독자적인 소송요건으로 파악하지 않고 권리보호요건에 의지하여 설명한다는 점에 특징이 있다고 한다(호문혁).

4. 검토

기판력의 근거가 법적 안정성에 있다면, 이론구성이 간명한 반복금지설을 따른다(이시윤).[30]

📖 시험에 이렇게 나온다!

甲은 乙의 강박에 의해 자신의 토지에 대해서 증여계약을 체결하고 이를 양도하였다. 乙은 이 토지를 丙에게 매도하였고, 丙은 다시 이를 丁에게 매도하여 현재 등기명의는 丁 명의로 되어 있다. 그래서 甲은 자신은 乙의 강박에 의해 계약을 체결한 것이라고 계약을 취소하면서, 현재 명의자인 丁에 대해서 소유권이전등기말소청구를 하였다. 하지만 甲은 취소권의 제척기간이 도과되었다고 하여 청구기각판결이 확정(전소)되었다. 이 경우 甲은 다시 丁에 대해 자신이 진정한 소유자라고 하면서 진정명의회복을 원인으로 한 소유권이전등기를 청구한 경우(후소), 법원은 어떻게 판단해야 하는가?

해설
대법원 전원합의체 판결(대판 2001.9.20. 99다37894 전합)의 사실관계를 쉽게 재구성한 것이다. 이 경우에 과거의 판례는 소유권이전등기말소청구와 진정명의회복을 원인으로 한 소유권이전등기청구를 중첩적으로 인정하여 이는 소송물이 다르므로 서로의 청구에 확정판결의 기판력이 미치지 않는다고 하였다. 하지만 전원합의체판결은 "말소등기에 갈음하여 허용되는 진정명의회복을 원인으로 한 소유권이전등기청구권과 무효등기의 말소청구권은 어느 것이나 진정한 소유자의 등기명의를 회복하기 위한 것으로서 실질적으로 그 목적이 동일하고, 두 청구권 모두 소유권에 기한 방해배제청구권으로서 그 법적 근거와 성질이 동일하므로, 비록 전자는 이전등기, 후자는 말소등기의 형식을 취하고 있다고 하더라도 그 소송물은 '실질상' 동일한 것으로 보아야 하고, 따라서 소유권이전등기말소청구소송에서 패소확정판결을 받았다면 그 기판력은 그 후 제기된 진정명의회복을 원인으로 한 소유권이전등기청구소송에도 미친다."고 하고 있다(다수의견). 따라서 甲은 전소에서 패소확정판결을 받았는데 다시 실질상 동일한 소를 제기한 것이므로 법원은 이를 소극적 소송요건 흠결로 각하해야 한다(반복금지설). 하지만 판례의 입장인 모순금지설에 따르면 본안에서 전소와 모순되는 판단을 할 수 없으므로 청구기각판결을 하여야 한다.

TIP 다만, 위 전원합의체 판례의 별개의견은 "이는 소송물이 다르지만 이미 전소에 관하여 확정판결이 있고 후소가 실질적으로 전소를 반복하는 것에 불과한 것이라면 후소는 신의칙에 반하는 소로 허용되지 않는다."고 보았고, 반대의견은 종래 판례의 견해대로 "양자의 청구는 기판력이 미치지 않으므로 이를 중첩적으로 인정하여야 한다."고 하였다.

TIP 특히 위 다수의견은 종래의 판례를 이와 저촉되는 한도 내에서 변경하기로 하였다. 따라서 결과적으로 판례에 의하면 당사자는 양자를 선택해서 청구할 수는 있지만, 하나의 청구가 확정되면 기판력이 후소에 미치므로 중첩적으로 청구할 수는 없게 되었다.

Ⅲ. 기판력의 작용

1. 의의

기판력은 전소에서 확정된 법률관계가 후소에서 다시 문제되는 때 작용한다. 즉, 기판력은 기판력 있는 전소 판결과 후소의 소송물이 동일한 경우 또는 후소의 소송물이 전소의 소송물과 동일하지는 않다고 하더라도 전소의 소송물에 관한 판단이 후소의 선결문제가 되거나 모순관계에 있을 때에는 후소에서 전소 판결의 판단과 다른 주장을 하는 것을 허용하지 않는 작용을 하는 것이므로, 이와 같이 소송물이 동일하거나 선결 문제 또는 모순관계에 의하여 기판력이 미치는 객관적 범위에 해당하지 않는 경우에는 그 후소에 전소 판결의 기판력이 미치지 않는다(대판 2014.10.30. 2013다53939). 그 구체적인 모습은 다음과 같다.

---

30) **모순금지설에 따른 검토**: 반복금지설은 본안판단에 나아가야 하는 기판력의 선결문제를 제대로 설명하지 못하므로, 이를 잘 설명할 수 있는 모순금지설이 타당하다.

2. 소송물 동일관계

반복금지설에 의하면 전소의 승소·패소를 불문하고 소극적 소송요건 흠결로 소를 각하하여야 한다. 그러나 판례에 의하면 전소가 승소확정판결인 경우 권리보호이익이 없어 소각하 판결을, 전소가 패소확정판결인 경우에는 전소법원의 판단과 모순되는 판단을 하지 못하므로 청구기각 판결을 해야 할 것이다(모순금지설). 다만, 기판력 있는 판결이 있어도 ① 판결원본의 멸실, ② 판결내용의 불특정, ③ 시효중단을 위해 다른 적절한 방법이 없을 때, 예외적으로 신소가 허용된다.

3. 선결관계

(1) 의의

선결관계란 전소와 후소의 소송물이 같지는 않지만, 전소의 소송물이 후소의 선결문제로 되는 경우를 말한다. 예를 들어, 소유권확인청구소송에서 패소확정판결을 받은 원고가 같은 피고를 상대로 소유권에 기해 피고 명의의 소유권이전등기의 말소청구나 토지인도청구를 하는 경우, 임차권확인의 확정판결 후에 후소로 임료를 청구하는 경우, 원금채권의 존재나 부존재가 확정된 뒤에 변론종결 뒤의 이자청구를 하는 경우가 이에 해당한다. 그리고 전소의 주문에서 확정된 부분을 후소의 방어방법(항변사유)으로 주장하는 것도 선결관계에 해당되어 금지된다.

(2) 소송상 취급

선결관계의 경우 전소판결의 내용을 전제로 하여 전소 기준시 이후의 새로운 사유와 후소 청구의 고유한 사항을 심리하여 본안판결을 한다(이는 반복금지설, 모순금지설 모두 동일하다). 예를 들어, 토지소유권확인청구에서 패소확정된 원고가 같은 피고를 상대로 소유권에 기해 토지인도청구를 하는 경우 후소법원은 원고에게 소유권이 없다는 전소 판결의 결과를 전제로 하고, 전소 표준시 이후에 새로운 소유권을 취득하였다는 사유가 없는 한 후소 청구를 이유 없다고 "기각"하여야 한다. 즉, 확정된 전소의 기판력 있는 법률관계가 후소의 소송물 자체가 되지 아니하여도 후소의 선결문제가 되는 때에는 전소의 확정판결의 판단은 후소의 선결문제로서 기판력이 작용한다고 할 것이므로, 소유권확인청구에 대한 판결이 확정된 후 다시 동일 피고를 상대로 소유권에 기한 물권적 청구권을 청구원인으로 하는 소송을 제기한 경우에는 전소의 확정판결에서의 소유권의 존부에 관한 판단에 구속되어 당사자로서는 이와 다른 주장을 할 수 없을 뿐만 아니라, 법원으로서도 이와 다른 판단을 할 수 없는 것이다(대판 1994.12.27. 94다4684).[31]

---

31) [1] 채권자가 제기한 배당이의의 소의 본안판결이 확정된 때에는 이의가 있었던 배당액에 관한 실체적 배당수령권의 존부의 판단에 기판력이 생긴다.
[2] 배당이의의 소에서 패소의 본안판결을 받은 당사자가 그 판결이 확정된 후 상대방에 대하여 위 본안판결에 의하여 확정된 배당액이 부당이득이라는 이유로 그 반환을 구하는 소송을 제기한 경우에는, 전소인 배당이의의 소의 본안판결에서 판단된 배당수령권의 존부가 부당이득반환청구권의 성립 여부를 판단하는 데에 있어서 선결문제가 된다고 할 것이므로, 당사자는 그 배당수령권의 존부에 관하여 위 배당이의의 소의 본안판결의 판단과 다른 주장을 할 수 없고, 법원도 이와 다른 판단을 할 수 없다(대판 2000.1.21. 99다3501).

4. 모순관계

(1) 의의

모순관계란 후소청구가 전소판결과 모순된 반대관계(Kontradiktorische Gegenteil)에 서는 경우이다. 전소의 패소 피고가 전소 원고에 대하여 이전의 청구와 정반대의 주장을 청구내용으로 하는 경우가 이에 해당한다. 예를 들어, 전소에서 원고가 피고를 상대로 하여 특정 토지에 관하여 소유권확인청구를 하여 승소판결이 확정된 뒤에 이번에는 피고가 원고를 상대로 하여 같은 토지에 관하여 피고의 소유권확인청구를 하는 경우, 전소의 이행판결에 대하여 금전을 지급한 피고가 원고를 상대로 하여 위 지급금이 부당이득이라고 주장하면서 그 반환청구를 하는 경우(대판 2001.11.13. 99다32905), 매매를 원인으로 소유권이전등기를 하여준 피고가 매매가 무효임을 이유로 위 등기의 말소를 구하는 경우[32][33](대판 1995.3.24. 93다52488), 제소 전 화해에 의하여 소유권이전등기가 마쳐진 뒤에 원인무효를 이유로 그 말소등기절차의 이행을 구하거나 진정명의회복을 위하여 소유권이전등기를 구하는 경우(대판 2002.12.6. 2002다44014) 등이 이에 해당한다. 그러나 채권자가 사해행위의 취소와 함께 수익자 또는 전득자로부터 책임재산의 회복을 명하는 사해행위취소의 판결을 받은 경우 수익자 또는 전득자가 채권자에 대하여 사해행위의 취소로 인한 원상회복 의무를 부담하게 될 뿐, 채권자와 채무자 사이에서 취소로 인한 법률관계가 형성되는 것은 아니다. 따라서 위와 같이 채무자와 수익자 사이의 소송절차에서 확정판결 등을 통해 마쳐진 소유권이전등기가 사해행위취소로 인한 원상회복으로써 말소된다고 하더라도, 그것이 확정판결 등의 효력에 반하거나 모순되는 것이라고는 할 수 없다(대판 2017.4.7. 2016다204783). 또한 매매계약의 무효 또는 해제를 원인으로 한 매매대금반환청구에 대한 인낙조서의 기판력은 그 매매대금반환청구권의 존부에 관하여만 발생할 뿐, 그 전제가 되는 선결적 법률관계인 매매계약의 무효 또는 해제에까지 발생하는 것은 아니므로 소유권이전등기청구권의 존부를 소송물로 하는 후소는 전소에서 확정된 법률관계와 정반대의 모순되는 사항을 소송물로 하는 것이라 할 수 없으며, 기판력이 발생하지 않는 전소와 후소의 소송물의 각 전제가 되는 법률관계가 매매계약의 유효 또는 무효로 서로 모순된다고 하여 전소에서의 인낙조서의 기판력이 후소에 미친다고 할 수 없다(대판 2005.12.23. 2004다55698).

---

32) 확정판결의 기판력은 소송물로 주장된 법률관계의 존부에 관한 판단의 결론 자체에만 미치고 그 전제가 되는 법률관계의 존부에까지 미치는 것은 아니어서, 가등기에 기한 소유권이전등기절차의 이행을 명한 전소 판결의 기판력은 소송물인 소유권이전등기청구권의 존부에만 미치고 그 등기청구권의 원인이 되는 채권계약의 존부나 판결이유 중에 설시되었을 뿐인 가등기의 효력 유무에 관한 판단에는 미치지 아니하고, 따라서 만일 후소로써 위 가등기에 기한 소유권이전등기의 말소를 청구한다면 이는 1물1권주의의 원칙에 비추어 볼 때 전소에서 확정된 소유권이전등기청구권을 부인하고 그와 모순되는 정반대의 사항을 소송물로 삼은 경우에 해당하여 전소 판결의 기판력에 저촉된다고 할 것이지만, 이와 달리 위 가등기만의 말소를 청구하는 것은, 전소에서 판단의 전제가 되었을 뿐이고 그로써 아직 확정되지는 아니한 법률관계를 다투는 것에 불과하여 전소 판결의 기판력에 저촉된다고 볼 수 없다(대판 1995.3.24. 93다52488).

33) 판결이 형식적으로 확정되면 그 내용에 따른 기판력이 생기므로 소유권이전등기 절차를 명하는 확정판결에 의하여 소유권이전등기가 마쳐진 경우에 다시 원인무효임을 내세워 그 말소등기절차의 이행을 청구함은 확정된 이전등기청구권을 부인하는 것이어서 기판력에 저촉된다(대판 1987.3.24. 86다카1958).

(2) 소송상 취급

모순관계의 경우에도 기판력의 본질론에 대한 대립과 관계없이 본안판단에 들어가야 한다는 것이 기존 학설의 입장이다(다만, 모순관계에 대한 판례의 태도에 대해서는 평석 나뉨). 다만, 모순관계의 경우에는 모순된 반대관계로서 소송물 동일과 같이 취급하여 부적법각하 해야 한다는 견해가 유력하다(반복금지설). 그러나 전소확정판결의 패소 피고가 후소의 원고가 되어 소를 제기하는 경우에는 판례의 모순금지설에 의한다면 청구기각판결을 하게 될 것이다(정동윤·유병현·김경욱, 강현중).

📖 시험에 이렇게 나온다!

甲은 乙을 상대로 A대지에 관한 소유권 확인 및 乙 명의의 소유권이전등기의 말소등기절차의 이행을 구하는 소를 제기하여 甲 승소의 확정판결을 받고 이에 기하여 위 대지에 관한 乙 명의의 소유권이전등기를 말소한 다음 새로이 甲 앞으로 등기를 마쳤다. 그런데 그 후 乙이 甲을 상대로 이 사건 소를 제기하여 위 확정판결 전에 위 대지에 관한 취득시효기간이 완성되었음을 이유로 위 대지에 대한 소유권이전등기절차의 이행을 구하고 있다. 법원은 이 사건에 대하여 어떠한 판결을 하여야 하는가?

해설
전소 피고 乙이 후소에서 주장하는 취득시효완성사실은 전소 변론종결 전에 주장할 수 있는 항변이지만 전소의 기판력에 의하여 차단되지 않고, 전소와 후소는 모순관계도 선결관계도 아니다. 따라서 후소법원은 전소판결의 기판력을 받음이 없이 취득시효완성에 기한 소유권이전등기청구의 당부를 심판하여야 한다. 판례도 기판력긍정설을 취한 것도 있고 부정설을 취한 것도 있었으나, "확정판결의 기판력은 소송물로 주장된 법률관계의 존부에 관한 판단 그 자체에만 미치는 것이고 전소와 후소가 그 소송물이 동일한 경우에 작용하는 것이므로, 부동산에 관한 소유권이전등기가 원인무효라는 이유로 그 등기의 말소를 명하는 판결이 확정되었다고 하더라도 그 확정판결의 기판력은 그 소송물이었던 말소등기청구권의 존부에만 미치는 것이므로, 그 소송에서 패소한 당사자도 전소에서 문제된 것과는 전혀 다른 청구원인에 기하여 상대방에 대하여 소유권이전등기청구를 할 수 있다."고 하여 기판력을 부정하고 있다(대판 1995.6.13. 93다43491).

Ⅳ. 기판력 있는 재판

1. 확정된 종국판결

(1) 본안판결

이행판결, 확인판결은 당연히 청구권의 존부에 기판력이 인정된다. 다만, 형성판결의 경우 기판력을 부정하는 견해가 있으나, 형성력에 의한 권리변동이 적법·유효하게 발생하였음을 다툴 수 없는 것은 형성권의 확정에 기판력이 생기기 때문인 것으로 기판력을 긍정하는 견해가 통설이다.

(2) 소송판결

소송판결도 소송요건의 흠결에 기판력이 생기고, 소송물인 권리관계의 존부에는 생기지 않는다. 예를 들어, 당사자능력 흠결을 이유로 소각하판결을 받은 경우, 그 흠결에 기판력이 생기지만, 그 흠결을 보완하여 재소하는 경우에는 기판력에 저촉되지 아니한다(대판 2003.4.8. 2002다70181).

2. 결정 · 명령

결정 · 명령이라도 소송비용에 관한 결정(제110조, 제114조), 간접강제의 수단으로 하는 배상금의 지급결정(민사집행법 제261조) 등은 실체관계를 종국적으로 해결하기 때문에 기판력이 생긴다. 즉, 확정된 종국판결뿐만 아니라 결정 · 명령재판에도 실체관계를 종국적으로 판단하는 내용의 것인 경우에는 기판력이 있다. 그러나 민사소송법은 소송비용액확정결정 등 실체관계의 종국적 판단을 내용으로 하는 결정에 대해서는 준재심을 허용함으로써 그 소송절차 등에 중대한 흠이 있는 것이 판명된 경우 예외적으로 기판력으로부터 해방시켜 그 재판을 시정할 기회를 부여하고 있다(대판 2017.6.19. 2017다204131). 다만, 소송지휘에 관한 결정 · 명령(제222조)이나 집행정지결정(제500조, 제501조)은 기판력이 없다(대결 1987.2.11. 86그154). 비송사건에 관한 결정도 기판력이 없기 때문에 후에 변경이 가능하다.

3. 확정판결과 같은 효력이 있는 것

청구의 포기 · 인낙조서(제220조), 조정에 갈음한 결정(민사조정법 제34조), 중재판정(중재법 제35조)에는 기판력이 있다. 화해조서와 각종 조서(가사소송법 제59조 등)에도 기판력을 무제한 인정하는 것이 판례이다(다수설은 반대). 다만, 확정된 지급명령(제474조)은 기판력을 배제시켰다(민사집행법 제58조 제3항, 대판 2009.7.9. 2006다73966).

4. 외국법원의 확정판결

(1) 국제재판관할권(제217조 제1항 제1호)

1) 의의

민사소송법 제217조 제1호의 규정취지는 우리나라에서 외국판결을 승인하기 위하여는 그 판결을 한 외국법원이 당해 사건에 관하여 우리나라의 법률 또는 조약 등에 의한 국제재판관할 원칙에 따라 국제재판관할권을 가지고 있음이 인정되어야 한다는 것으로 풀이된다(대판 1988.4.12. 85므71).

2) 2002년 개정법

구체적인 국제재판관할의 기준이 무엇인가를 찾기가 다소 어려운 것이 현실이나, 단순히 "법령 또는 조약"으로 재판권을 정한다고 할 것이 아니라 추상적인 기준으로서 "법령 또는 조약에서 도출되는 국제재판관할의 원칙"에 따른다는 점을 명시하는 것이 바람직하다 할 것이다. 이에 따라 제1호의 승인요건을 "대한민국의 법령 또는 조약에 따른 국제재판관할의 원칙상 그 외국법원의 국제재판관할권이 인정될 것"으로 고치게 된 것이다.[34]

---

34) 다만, "대한민국의 법령 등에 따른 국제재판관할의 원칙"이 무엇을 의미하는가에 관하여는 개정 국제사법 제2조를 참고로 할 필요가 있다. 즉, 이 조항은 국제재판관할의 특수성을 지적하면서, 법원이 재판관할권을 행사하는 것을 정당화할 수 있을 정도로 당사자 또는 분쟁대상이 법정지와 "실질적 관련"을 갖는 것을 국제재판관할권 인정의 요건으로 삼고 있다. 특히 이 조항은 직접재판관할의 원칙에 관한 규정이기는 하나, 직접재판관할에 관한 원칙은 외국판결의 승인집행 요건으로서의 국제재판관할권의 존부를 판단하는 간접재판관할의 원칙과도 동일하므로, 국제사법 제2조의 취지는 제21조 제1호의 승인요건인 "대한민국의 법령 등에 따른 국제재판관할의 원칙"의 의미를 발견하는 데 참고가 될 수 있을 것이다(민사소송법 개정내용 해설, 법원행정처, 113면).

(2) 송달의 적법성과 적시성(제217조 제1항 제2호[35])

1) 의의

승인요건으로서 송달의 적법성과 적시성을 명시하는 것은 독일 민사소송법 제328조 제2호, 브뤼셀 협약 제27조가 취하는 입장이다. 판례도 외국판결의 승인요건으로서의 송달에 관하여 "이 때의 송달이란 보충송달이나 우편송달이 아닌 통상의 송달방법에 의한 송달을 의미하며, 그 송달은 적법한 것이라야 한다(대판 1992.7.14. 92다2585)."고 판시하였으나, "보충송달은 민사소송법 제217조 제1항 제2호에서 외국법원의 확정재판 등을 승인·집행하기 위한 송달 요건에서 제외하고 있는 공시송달과 비슷한 송달에 의한 경우로 볼 수 없고, 외국재판 과정에서 보충송달 방식으로 송달이 이루어졌더라도 그 송달이 방어에 필요한 시간 여유를 두고 적법하게 이루어졌다면 위 규정에 따른 적법한 송달로 보아야 한다(대판 2021.12.23. 2017다257746 전합)."고 하여 판례를 변경하였다.

2) 송달의 적법성 및 적시성

패소한 피고가 방어에 필요한 시간 여유를 두고 소장 등을 송달받을 것을 요구하는 것으로서 당해 재판에서 방어권을 행사할 수 있는 적절한 기회를 가진 경우에만 재판의 효력을 인정하려는 취지이다. 송달의 적법성과 적시성은 별개의 독립된 승인요건이므로 병렬적으로 규정하되, 송달의 적법성은 송달이 이루어진 국가의 국내법에 따라 판단되어야 하는 사항이므로 그 순서에 있어서 송달의 적시성보다 먼저 규정하는 것이 논리적이다.

3) 적용 제외

공시송달에 의해 통지를 받은 경우를 승인배제사유로 정하고 있는 이유는 공시송달에 의해서는 현실적으로 방어의 기회가 부여될 가능성이 거의 없기 때문에 이에 의하여 소송이 개시된 경우에는 피고가 응소하지 않는 한 그 판결을 승인하지 않는다는 취지인데, 이 경우 각국의 송달제도가 서로 상이하여 공시송달은 아니지만 그것과 유사한 의제송달제도를 가지고 있는 나라도 있으므로 이러한 경우도 공시송달과 비슷한 경우로 보아 외국판결의 효력을 부인하는 사유로 규정하게 된 것이다.

(3) 공서양속(제217조 제1항 제3호)

1) 의의

외국판결을 우리나라에서 승인, 집행하는 것이 우리의 공익이나 도덕관념에 반하는 결과로 되는 때에는 이를 거부하여 우리의 법질서를 보호하기 위한 것이다.

---

35) 민사소송법 제217조 제1항 제2호는 외국법원의 확정판결 또는 이와 동일한 효력이 인정되는 재판의 승인요건으로 '패소한 피고가 소장 또는 이에 준하는 서면 및 기일통지서나 명령을 적법한 방식에 따라 방어에 필요한 시간여유를 두고 송달받았거나(공시송달이나 이와 비슷한 송달에 의한 경우를 제외한다) 송달받지 아니하였더라도 소송에 응하였을 것'을 규정하고 있다. 여기서 패소한 피고가 소장 등을 적법한 방식에 따라 송달받았을 것 또는 적법한 방식에 따라 송달받지 아니하였더라도 소송에 응하였을 것을 요구하는 것은 소송에서 방어의 기회를 얻지 못하고 패소한 피고를 보호하려는 데 목적이 있다. 따라서 법정지인 재판국에서 피고에게 방어할 기회를 부여하기 위하여 규정한 송달에 관한 방식과 절차를 따르지 아니한 경우에도, 패소한 피고가 외국법원의 소송절차에서 실제로 자신의 이익을 방어할 기회를 가졌다고 볼 수 있는 때는 민사소송법 제217조 제1항 제2호에서 말하는 피고의 응소가 있는 것으로 봄이 타당하다(대판 2016.1.28. 2015다207747).

2) 판단기준

민사소송법 제217조 제1항 제3호는 외국법원의 확정판결 또는 이와 동일한 효력이 인정되는 재판(이하 "확정재판 등"이라 한다)의 승인이 대한민국의 선량한 풍속이나 그 밖의 사회질서에 어긋나지 아니할 것을 외국재판 승인요건의 하나로 규정하고 있다. 여기서 확정재판 등을 승인한 결과가 대한민국의 선량한 풍속이나 그 밖의 사회질서에 어긋나는지는 승인 여부를 판단하는 시점에서 확정재판 등의 승인이 우리나라의 국내법 질서가 보호하려는 기본적인 도덕적 신념과 사회질서에 미치는 영향을 확정재판 등이 다룬 사안과 우리나라와의 관련성의 정도에 비추어 판단하여야 한다(대판 2016.1.28. 2015다207747).

(4) 상호보증이 있을 것(제217조 제1항 제4호)

1) 의의

상호보증이란 외국이 우리나라의 확정판결의 효력을 인정하는 조건과 우리나라가 외국의 확정판결의 효력을 인정하는 조건을 비교형량 했을 때, 대등하거나 적어도 외국이 인정하는 요건이 우리나라가 인정하는 요건보다 관대한 경우를 말한다.

2) 판례

우리나라와 외국 사이에 동종 판결의 승인요건이 현저히 균형을 상실하지 아니하고 외국에서 정한 요건이 우리나라에서 정한 그것보다 전체로서 과중하지 아니하며 중요한 점에서 실질적으로 거의 차이가 없는 정도라면 민사소송법 제217조 제4호에서 정하는 상호보증의 요건을 구비하였다고 봄이 상당하고, 또한 이와 같은 상호의 보증은 외국의 법령, 판례 및 관례 등에 의하여 승인요건을 비교하여 인정되면 충분하고 반드시 당사국과의 조약이 체결되어 있을 필요는 없으며, 당해 외국에서 구체적으로 우리나라의 동종 판결을 승인한 사례가 없더라도 실제로 승인할 것이라고 기대할 수 있는 상태이면 충분하다 할 것이고, 이와 같은 상호의 보증이 있다는 사실은 법원이 직권으로 조사하여야 하는 사항이라 할 것이다(대판 2004.10.28. 2002다74213; 대판 2016.1.28. 2015다207747).

(5) 손해배상에 관한 확정재판 등의 승인

민사소송법 제217조의2 제1항은 "법원은 손해배상에 관한 확정재판 등이 대한민국의 법률 또는 대한민국이 체결한 국제조약의 기본질서에 현저히 반하는 결과를 초래할 경우에는 해당 확정재판 등의 전부 또는 일부를 승인할 수 없다."라고 규정하고 있는데, 이는 징벌적 손해배상과 같이 손해전보의 범위를 초과하는 배상액의 지급을 명한 외국법원의 확정재판 등의 승인을 적정범위로 제한하기 위하여 마련된 규정이다. 따라서 외국법원의 확정재판 등이 당사자가 실제로 입은 손해를 전보하는 손해배상을 명하는 경우에는 민사소송법 제217조의2 제1항을 근거로 승인을 제한할 수 없다(대판 2016.1.28. 2015다207747; 대판 2015.10.15. 2015다1284). 그리고 미국 하와이주 판결이 인정한 성문법상 3배의 배상 부분을 승인하는 것이 대한민국의 법률이나 사회질서 또는 대한민국이 체결한 국제조약의 기본질서에 현저히 반하는 결과를 초래한다고 볼 수 없다(대판 2022.3.11. 2018다231550).

(6) 외국판결의 취소

민사집행법 제26조, 제27조에서 규정하는 집행판결은 외국판결의 옳고 그름을 조사하지 않은 채 민사소송법에서 정하는 승인·집행의 요건을 갖추고 있는지 여부만을 심사하여 집행력을 부여하는 것으로서, 그 소송물은 외국판결을 근거로 우리나라에서 집행력의 부여를 구하는 청구권이고, 외국판결의 기초가 되는 실체적 청구권이 아니다. 미합중국 캘리포니아주 법원에서 2009.7.30. 선고된 외국판결에 대한 확정된 집행판결의 기판력은 위 외국판결을 국내에서 강제집행할 수 있다는 판단에 관하여만 발생하므로, 위 외국판결 중 재산분할 부분이 취소되었음을 이유로 하여 이 사건 부동산에 관한 소유권이전등기의 말소를 구하는 이 사건 청구가 위 집행판결의 기판력에 저촉되지 않는다(대판 2020.7.23. 2017다224906).

56 기판력의 주관적 범위

CONTENTS

3) 판례: "원고가 매매에 기한 소유권이전등
기청구소송에서 승소의 확정판결을 받았
다 하여도 자기 앞으로 등기를 마치기 전
이면 제3자에게 자기 소유권을 대항할 수
없다."고 판시 ⇨ 이 경우 제3자는 승계인
이 아니라고 하여 실질설의 입장

4) 검토
① 양설은 집행관계소송을 누가 제기할
것인가에 차이 ○
② 제218조 제2항의 취지는 변론종결 뒤
승계가 있는 것으로 추정하여 기판력
을 미치게 한 다음 승계인으로 하여금
뒤에 그 추정을 깨뜨리게 하는데 있으
므로, 형식설이 타당
∴ 승계사실만 명백하면 재판장의 명
령에 의하여 승계집행문을 부여받
을 수 있으며, 승계인의 고유한 권리
주장은 승계인이 집행문부여에 대
한 이의의 소나 청구에 관한 이의의
소를 제기하여야 함
③ but 실질설은 이 경우 제3자는 승계인
에 해당하지 아니하므로 채권자(즉 전
소의 원고)가 제3자가 승계인이라는
점을 증명하여 승계집행문부여의 소를
제기해야 함

(6) 추정승계인
1) 의의 및 취지
① 제216조 제2항
② 취지: 소송승계주의의 약점 보완
2) 승계를 진술할 자
① 승계인설
② 피승계인설
③ 검토: 승계인설은 당사자도 아닌 승계
인이 어떤 자격에서 변론에 관여하여
진술할 것인가 문제이고 재판 외에서
진술한다고 할 경우에도 재판기록에
반영되지 아니하므로, 소송기록으로
진술의 여부를 가려 승계집행문을 부
여하려는 제도의 취지에 반함
∴ 피승계인설이 타당
3) 진술의 복멸
제218조 제2항에 의해 원고는 승계사실만
입증하면 승계집행문을 부여받을 수 있음.
이때 승계인은 승계집행문부여 이의의 소

를 제기하여 변론종결 전에 승계하였다는
사실을 증명하여 집행력을 다툴 수 있음

2. 청구의 목적물을 소지한 사람
(1) 소지자
1) 수치인·창고업자·관리인·운송인 등이
이에 해당.
2) but 자기의 고유한 이익을 위하여 목적물을
소지하는 자(例 임차인·질권자·전세권자·
지상권자 등)는 여기의 소지자에 해당 ×
3) 당사자본인의 소지기관의 소지, 점유보조
자의 소지는 본인 자신이 직접 소지하는
것과 같기 때문에 해당 ×
(2) 청구의 목적물
특정물인도청구의 대상이 되는 특정물. 청구
가 물권적이거나 채권적이거나, 목적물이 동
산이든 부동산이든 상관 ×
(3) 소지의 시기
변론종결 전후 불문, 변론종결 전부터 소지하
고 있는 자도 포함된다는 것이 통설
(4) 확장해석
강제집행을 면탈할 목적으로 패소피고로부터
목적물을 가장양수 받은 자, 소유권이전등기
를 받은 자도 여기의 목적물의 소지자에 준하
여 기판력이나 집행력을 확장하여야 한다는
해석 ○
∵ 가장양수자라면 소지자로서 기판력을 확
장시켜도 절차권의 침해가 문제되지 않기
때문

3. 소송담당의 경우의 권리귀속주체
(1) 제3자의 소송담당
제218조 제3항(例 선정당사자가 받은 판결은
선정자에게, 유언집행자가 받은 판결은 상속
인에게 각각 그 효력이 미침)
(2) 채권자대위소송의 기판력
1) 채권자대위소송의 기판력이 채무자에게
도 미치는가에 관하여는 견해의 대립 ○
2) 학설
① 소극설: 법정소송담당 ×
② 적극설: 법정소송담당, 제218조 제3항
③ 절충설(다수의견): 절차보장
3) 판례
① 과거: 소극설
② 현재: 절충설(절차보장설, 다수의견),
적극설(반대의견)

4) 검토: 채무자가 대위소송의 계속사실을 알게 되어 소송참가 등으로 절차보장의 기회가 있었는가의 여부에 따라 기판력의 확장을 고려하는 판례의 태도가 타당

4. 소송탈퇴자
제80조, 제82조 제3항

Ⅳ. 일반 제3자에의 확장

1. 문제점

신분관계, 단체관계 또는 공법상의 법률관계 - 예외적으로 판결의 효력을 일정한 범위의 제3자 또는 제3자 일반에게까지 확장시켜 법률관계의 획일적 해결을 도모

2. 제한적 확장

파산채권확정소송, 회사정리채권판결, 추심의 소의 판결, 증권관련집단소송의 판결 등

3. 일반적 확장

(1) 가사소송
가사소송에 있어서 일정한 사건(가·나류)의 청구인용판결의 효력은 어느 때나 일반 제3자에게 미치지만, 청구기각판결은 제3자의 절차보장을 위하여 참가하지 못한 데에 정당한 이유가 있으면 미치지 ×(가사소송법 제21조)

(2) 회사관계소송
회사관계소송에 있어서 청구인용의 판결은 일반 제3자에게 미치지만, 청구기각의 판결의 경우에는 일반적인 원칙에 의하여 당사자에게만 기판력 ○

(3) 행정소송사건
행정소송에 있어서 청구인용의 판결은 대세적 효력이 있지만, 청구기각의 판결은 당사자에게만 효력 ○(행정소송법 제29조 제1항, 제38조 제1항)

4. 일반 제3자에의 확장과 절차보장

(1) 일반 제3자에게 확장하는 경우에는 이해관계인의 절차보장을 고려
① 처분권주의·변론주의를 배제하고, 직권탐지주의를 가미
② 제소권자의 한정
③ 제3자의 소송참가도 인정
④ 제3자에게 사해재심의 인정 등은 제3자의 절차보장을 위한 제도 등

(2) 입법론으로는 제3자에 대한 소송고지의 의무화, 법원에 의한 직권소환제도 등

▌기판력의 주관적 범위 사시 7회, 변리사 26·38회

Ⅰ. 서설

1. 기판력의 의의

일단 판결이 형식적으로 확정되면 그 판결의 내용인 특정한 소송물에 관한 법률적 판단이 당사자 및 법원을 구속하고 후에 동일한 사항이 문제되면 당사자는 이에 저촉되는 주장을 할 수 없게 되고(불가쟁), 법원도 이에 반하는 판단을 할 수 없게 되는 효력(불가반)을 말한다. 기판력은 판결에 종국성을 부여하여 법적 안정성을 확보하기 위해서 인정되는 제도이다.

2. 기판력의 주관적 범위의 의의

기판력의 주관적 범위라 함은 기판력이 누구와 누구 사이에 작용하는가의 문제이다. 즉, 소송에 어느 정도 관련이 있는 자가 기판력의 효력을 받는가의 문제이다.

Ⅱ. 원칙 - 당사자(제218조 제1항)

1. 당사자

기판력은 당사자 사이에만 미치고 제3자에게는 미치지 않는 것이 원칙이다. 이를 기판력의 상대성 원칙이라고 한다. 이것은 원래 판결은 당사자 간의 분쟁의 상대적·개별적 해결을 위한 것이므로 그 해결의 결과도 양 당사자를 상대적으로 구속시키는 것이 당연하기 때문이다.

2. 실질적 당사자

근래에 실질적으로 스스로 당사자가 된 경우와 다를 바 없는 자는 신의칙상 당사자에 준하는 자(실질적 당사자)로 취급하여 당사자와 같은 지위에서 판결의 효력을 미치게 하려는 시도가 나타나고 있다. 법인격부인의 법리에 의하여 그 요건을 구비한 경우에는 판결의 효력을 배후자에게 확장하려는 것과 소권의 남용법리에 의하여 기판력을 사실상 확장하려는 것이 그것이다.

Ⅲ. 예외 - 당사자와 동일시 할 제3자

1. 변론종결 뒤의 승계인

(1) 의의 및 취지

1) 의의
변론종결 뒤의 승계인이란 기판력의 표준시인 사실심의 변론종결시 이후에 소송물인 권리관계에 관한 지위를 당사자로부터 승계한 자를 말한다.

2) 제218조 제1항의 취지
변론종결 뒤의 승계인에게 기판력이 미치지 않는다면 패소 당사자가 소송물인 권리관계를 제3자에게 처분함으로써 기판력 있는 판결을 무력화시킬 것이기 때문에 변론종결 뒤의 승계인에게는 기판력이 미친다.

(2) 승계인에게 미치는 근거

1) 승계인의 근거에 대한 학설은 ① 변론종결 후에 당사자로부터 소송물인 실체법상의 권리의무 자체를 승계한 자를 변론종결 뒤의 승계인으로 보는 실체적 의존관계설, ② 승계인 개념을 소송물인 권리의무 자체뿐 아니라 계쟁물에 대한 당사자적격(분쟁주체인 지위)을 전래적으로 옮겨 받은 자도 승계인에 해당한다는 적격승계설(이시윤 등), ③ 당사자적격은 특정한 소송물에 관한 소송수행권의 결정기준으로서 소송물과 밀접한 관련이 있어 소송물이 다른 경우에 소송당사자의 지위를 승계한 자를 당사자적격의 승계인이라고 하는 것은 타당하지 않으므로, 여기서 말하는 승계인은 분쟁주체인 지위의 승계인이라고 하는 것이 타당하다고 하는 분쟁주체지위이전설[신도(新堂), 정동윤, 전병서]이 있다.

2) 검토
실체적 의존관계설은 그 범위가 너무 좁고, 분쟁주체지위이전설도 적격승계설과 사실상 차이가 없다고 본다. 따라서 승계인의 범위에 대해 소송물 자체뿐 아니라 그 계쟁물에 대한 당사자적격(분쟁주체인 지위)의 승계를 포함하는 적격승계설이 타당하다.

(3) 소송물인 권리의무의 승계인

1) 권리승계의 경우

소유권확인판결이 난 소유권의 양수인, 이행판결을 받은 채권의 양수인 등이 여기에 속한다. 매매 등 원인행위가 변론종결 이전이더라도 등기를 뒤에 갖추었으면 변론종결 후의 승계인으로 보아야 한다.

2) 의무승계의 경우

채무의 면책적 인수인, 채무상속인 등이 여기에 해당한다.

(4) 적격승계인 – 청구의 목적물(계쟁물)의 승계

1) 문제점

소송물인 권리의무 자체를 승계한 것은 아니나 당사자적격을 승계한 자도 승계인이 된다. 다만, 당사자적격은 소송법적으로 추상화된 개념으로서 지나치게 확장된 가능성이 있으므로 그 범위의 합리적 조절이 문제된다.

2) 승계인의 범위와 소송물이론과의 관계

① 학설

㉠ 실체법상의 청구권의 성질을 소송에도 반영하여 대세적 효력을 가지는 물권적 청구권의 경우는 승계인이 되지만 대인적 효력밖에 없는 채권적 청구권일 경우에는 승계인이 되지 않는다는 구소송물이론, ㉡ 소송물이 채권적 청구권이든 물권적 청구권이든 모두 승계인에 포함된다는 신소송물이론, ㉢ 기본적으로는 신소송물이론을 취하지만 채권적 청구권의 경우를 나누어 환수청구권(배후에 물권적 뒷받침이 있는 것)의 경우에는 승계인에 포함되지만 교부청구권(배후에 물권적 뒷받침이 없는 것)의 경우에는 승계인의 범위에 포함되지 않는다는 설(강현중)도 주장된다.

② 판례

"소송물인 청구가 물권적 청구권 등과 같이 대세적인 효력을 가진 것이라면 몰라도 대인적인 효력밖에 없는 채권적 청구만에 그친 때에는 기판력이나 집행력은 미치지 아니한다(대판 1991.1.15. 90다9964 등)."고 하여 구이론의 입장에서 물권적 청구권의 경우에만 승계인의 범위에 포함시킨다.

③ 검토

신소송물이론의 승계인의 개념은 지나치게 광범위하고 형식적이며 실체법과 조화가 되지 않는다는 비판이 있지만, 이는 뒤에 보는 승계인에 대한 기판력의 작용에서 형식설을 취한다면 부당한 결과가 배제될 수 있으므로 신소송물이론의 입장이 타당하다고 본다.

(5) 승계인에 대한 기판력의 작용 – 승계인에게 고유한 방어방법이 있는 경우

1) 문제점

승계인이 전주와 다른 자기 고유의 방어방법이 있는 경우 절차보장의 기회를 주지 않고 기판력을 확장하는 것은 헌법 제27조가 보장하는 재판청구권의 침해가 되므로 자기고유의 이익을 주장할 기회를 주는 것이 필요한데 그 방법이 문제된다.

2) 학설

학설은 ① 변론종결 뒤에 당사자로부터 점유나 등기를 취득했다는 형식에 치중하여 고유의 방어방법(선의취득자, 선의의 제3자, 등기자 등)이 있는 제3자도 승계인에 포함되지만 후소에서 그 공격방어방법을 제출하는 것이 허용된다는 형식설, ② 고유한 방어방법이 있다면 실질적으로 당사자의 지위를 승계했다고 볼 수 없어 애초부터 승계인에 포함되지 않는다는 실질설이 있다.

3) 판례

판례는 "원고가 매매에 기한 소유권이전등기청구소송에서 승소의 확정판결을 받았다 하여도 자기 앞으로 등기를 마치기 전이면 제3자에게 자기 소유권을 대항할 수 없다(대판 1980.11.25. 80다2217)."고 하여 이 경우 제3자는 승계인이 아니라고 하여 실질설의 입장이다.

4) 검토

양설은 집행관계소송을 누가 제기할 것인가에 차이가 있다. 제218조 제2항의 취지는 변론종결 뒤 승계가 있는 것으로 추정하여 기판력을 미치게 한 다음 승계인으로 하여금 뒤에 그 추정을 깨뜨리게 하는데 있으므로, 형식설이 타당하다. 따라서 승계사실만 명백하면 재판장의 명령에 의하여 승계집행문을 부여받을 수 있으며(민사집행법 제31조), 승계인의 고유한 권리주장은 승계인이 집행문부여에 대한 이의의 소(동법 제45조)나 청구에 관한 이의의 소(동법 제44조)를 제기하여야 한다고 본다. 다만, 실질설은 이 경우 제3자는 승계인에 해당하지 아니하므로 채권자(즉, 전소의 원고)가 제3자가 승계인이라는 점을 증명하여 승계집행문부여의 소(동법 제33조)를 제기해야 한다고 본다.

(6) 추정승계인

1) 의의 및 취지

① 변론종결 전에 승계되었더라도 당사자가 변론종결시까지 그 승계의 사실을 진술하지 아니한 때에는 변론종결 뒤에 승계한 것으로 추정한다(제216조 제2항).

② 이는 승계사실을 상대방이 알게 함으로써 상대방에게 피고를 바꿀 기회를 제공하고 이러한 기회를 제공한 바 없다면 반증이 없는 한 변론종결 뒤의 승계인으로 보아 기판력을 미치게 함으로써 승소원고를 보호하려는 취지이다.

2) 승계를 진술할 자

① 승계인설

피승계인이 진술하지 않은 이유로 승계인에게 추정의 불이익을 입게 함을 불합리하다는 점을 근거로 한다.

② 피승계인설

법문상 당사자라고 되어 있음을 근거로 한다.

③ 검토

승계인설은 당사자도 아닌 승계인이 어떤 자격에서 변론에 관여하여 진술할 것인가 문제이고 재판외에서 진술한다고 할 경우에도 재판기록에 반영되지 아니하므로 소송기록으로 진술의 여부를 가려 승계집행문을 부여하려는 제도의 취지에 반하므로 피승계인설이 타당하다.

3) 승계사실에 대한 증명책임

제218조 제2항에 의해 원고는 승계사실만 입증하면 승계집행문을 부여받을 수 있다. 이 때 승계인은 승계집행문부여 이의의 소를 제기하여 변론종결 전에 승계하였다는 사실을 증명하여 집행력을 다툴 수 있다. 제218조 제2항에 의해 원고는 승계사실만 입증하면 승계집행문을 부여받을 수 있다. 이 때 승계인은 변론종결 전에 승계하였다는 사실을 증명하여 기판력·집행력을 다툴 수 있다. 따라서 종전의 확정판결의 기판력의 배제를 원하는 당사자 일방이 변론종결 전에 당사자 지위의 승계가 이루어진 사실을 입증한다면, 종전소송에서 당사자가 그 승계에 관한 진술을 하였는지 여부와 상관없이, 그 승계인이 종전의 확정판결의 기판력이 미치는 변론종결 후의 승계인이라는 민사소송법 제218조 제2항의 추정은 깨어진다고 보아야 한다(대판 2005.11.10. 2005다34667·34674).

(7) 승계집행문

승계집행문은 판결에 표시된 채무자의 포괄승계인이나, 그 판결에 기한 채무를 특정하여 승계한 자에 대한 집행을 위하여 부여하는 것인바, 이와 같은 강제집행절차에 있어서는 권리관계의 공권적인 확정 및 그 신속·확실한 실현을 도모하기 위하여 절차의 명확·안정을 중시하여야 하므로, 그 기초되는 채무가 판결에 표시된 채무자 이외의 자가 실질적으로 부담하여야 하는 채무라거나 그 채무가 발생하는 기초적인 권리관계가 판결에 표시된 채무자 이외의 자에게 승계되었다고 하더라도, 판결에 표시된 채무자 이외의 자가 판결에 표시된 채무자의 포괄승계인이거나 그 판결상의 채무 자체를 특정하여 승계하지 아니한 한, 판결에 표시된 채무자 이외의 그 자에 대하여 새로이 그 채무의 이행을 소구하는 것은 별론으로 하고, 판결에 표시된 채무자에 대한 판결의 기판력 및 집행력의 범위를 그 채무자 이외의 자에게 확장하여 승계집행문을 부여할 수는 없다(대판 2002.10.11. 2002다43851).

2. 청구의 목적물을 소지한 사람

(1) 소지자라 함은 오로지 당사자 또는 그 승계인을 위하여 소지하는 자로서, 예를 들어, 수치인·창고업자·관리인·운송인 등이 이에 해당한다. 그러나 자기의 고유한 이익을 위하여 목적물을 소지하는 자(예 임차인·질권자·전세권자·지상권자 등)는 여기의 소지자에 해당하지 않는다. 그리고 당사자본인의 소지기관의 소지, 점유보조자의 소지는 본인 자신이 직접 소지하는 것과 같기 때문에 이에 해당하지 않는다(대판 2001.4.27. 2001다1398).

(2) 청구의 목적물이라 함은 특정물인도청구의 대상이 되는 특정물을 말한다. 청구가 물권적이거나 채권적이거나, 목적물이 동산이든 부동산이든 상관없다.

(3) 소지의 시기에 관하여는 변론종결 전후를 불문하므로, 변론종결 전부터 소지하고 있는 자도 포함된다는 것이 통설이다.

(4) 강제집행을 면탈할 목적으로 패소피고로부터 목적물을 가장양수 받은 자, 소유권이전등기를 받은 자도 여기의 목적물의 소지자에 준하여 기판력이나 집행력을 확장하여야 한다는 해석이 있다. 왜냐하면 가장양수자라면 소지자로서 기판력을 확장시켜도 절차권의 침해가 문제되지 않기 때문이라고 한다.

3. 소송담당의 경우의 권리귀속주체

(1) 제3자의 소송담당

타인의 권리이익에 관하여 당사자로서 소송수행권을 가진 자, 즉 소송담당자가 받은 판결은 그 권리이익의 귀속주체인 본인에게 기판력이 미친다(제218조 제3항). 예를 들어, 선정당사자가 받은 판결은 선정자에게, 유언집행자가 받은 판결은 상속인에게 각각 그 효력이 미친다.

(2) 채권자대위소송과 기판력

1) 채권자대위소송의 기판력이 채무자에게도 미치는지 여부

민사소송법 제218조 제3항은 "다른 사람을 위하여 원고나 피고가 된 사람에 대한 확정판결은 그 다른 사람에 대하여도 효력이 미친다."고 규정하고 있으므로, 채권자가 채권자대위권을 행사하는 방법으로 제3채무자를 상대로 소송을 제기하고 판결을 받은 경우 채권자가 채무자에 대하여 민법 제405조 제1항에 의한 보존행위 이외의 권리행사의 통지, 또는 민사소송법 제84조에 의한 소송고지 혹은 비송사건절차법 제49조 제1항에 의한 법원에 의한 재판상 대위의 허가를 고지하는 방법 등 어떠한 사유로 인하였든 적어도 채권자대위권에 의한 소송이 제기된 사실을 채무자가 알았을 때에는 그 판결의 효력이 채무자에게 미친다고 보아야 한다. 이때 채무자에게도 기판력이 미친다는 의미는 채권자대위소송의 소송물인 피대위채권의 존부에 관하여 채무자에게도 기판력이 인정된다는 것이고, 채권자대위소송의 소송요건인 피보전채권의 존부에 관하여 당해 소송의 당사자가 아닌 채무자에게 기판력이 인정된다는 것은 아니다. 따라서 채권자가 채권자대위권을 행사하는 방법으로 제3채무자를 상대로 소송을 제기하였다가 채무자를 대위할 피보전채권이 인정되지 않는다는 이유로 소각하 판결을 받아 확정된 경우 그 판결의 기판력이 채권자가 채무자를 상대로 피보전채권의 이행을 구하는 소송에 미치는 것은 아니다(대판 2014.1.23. 2011다108095).

2) 채무자의 제3채무자 상대의 확정판결의 기판력이 채권자대위소송에 미치는지 여부

제3자가 채권자를 대위하여 채무자를 상대로 제기한 소송과 이미 확정판결이 되어 있는 채권자와 채무자 간의 기존소송이 실질적으로 동일내용의 소송이라면 위 확정판결의 효력은 채권자대위권행사에 의한 소송에도 미친다(대판 1991.12.27. 91다23486).

3) 채권자대위소송의 기판력이 다른 채권자의 채권자대위소송에 미치는지 여부

어느 채권자가 채권자대위권을 행사하는 방법으로 제3채무자를 상대로 소송을 제기하여 판결을 받은 경우, 어떠한 사유로든 채무자가 채권자대위소송이 제기된 사실을 알았을 경우에 한하여 그 판결의 효력이 채무자에게 미치므로, 이러한 경우에는 그 후 다른 채권자가 동일한 소송물에 대하여 채권자대위권에 기한 소를 제기하면 전소의 기판력을 받게 된다고 할 것이지만, 채무자가 전소인 채권자대위소송이 제기된 사실을 알지 못하였을 경우에는 전소의 기판력이 다른 채권자가 제기한 후소인 채권자대위소송에 미치지 않는다(대판 1994.8.12. 93다52808).

4) 채권자의 채무자에 대한 대위채권에 기한 판결 확정 후 제3채무자가 이를 다툴 수 있는지 여부

채권자대위권을 행사하는 경우 채권자가 채무자를 상대로 하여 그 보전되는 청구권에 기한 이행청구의 소를 제기하여 승소판결을 선고받고 그 판결이 확정되면 제3채무자는 그 청구권의 존재를 다툴 수 없다(대판 2014.7.10. 2013다74769). 즉, 채권자대위권을 행사하는 경우, 채권자가 채무자를 상대로 그 보전되는 청구권에 기한 이행청구의 소를 제기하여 승소판결을 선고받고 그 판결이 확정되었다면, 특별한 사정이 없는 한 그 청구권의 발생 원인이 되는 사실관계가 제3채무자에 대한 관계에서도 증명되었다고 볼 수 있다. 그러나 그 청구권의 취득이, 채권자로 하여금 채무자를 대신하여 소송행위를 하게 하는 것을 주목적으로 이루어진 경우와 같이, 강행법규에 위반되어 무효라고 볼 수 있는 경우 등에는 위 확정판결에도 불구하고 채권자대위소송의 제3채무자에 대한 관계에서는 피보전권리가 존재하지 아니한다고 보아야 한다. 이는 위 확정판결 또는 그와 같은 효력이 있는 재판상 화해조서 등이 재심이나 준재심으로 취소되지 아니하여 채권자와 채무자 사이에서는 그 판결이나 화해가 무효라는 주장을 할 수 없는 경우라 하더라도 마찬가지이다(대판 2019.1.31. 2017다228618).

(3) 채권자취소소송

사해행위취소판결의 기판력은 그 취소권을 행사한 채권자와 그 상대방인 수익자 또는 전득자와의 상대적인 관계에서만 미칠 뿐 그 소송에 참가하지 아니한 채무자 또는 채무자와 수익자 사이의 법률관계에는 미치지 아니 한다(대판 1988.2.23. 87다카1989).

(4) 소송탈퇴자

제3자가 독립당사자참가, 참가승계, 소송인수에 의하여 당사자로서 소송에 개입한 경우에 종전 당사자는 그 소송에서 탈퇴할 수 있는데, 그 뒤의 제3자와 상대방당사자 간의 판결은 탈퇴자에게도 미친다(제80조, 제82조 제3항).

(5) 추심금청구소송

동일한 채권에 대해 복수의 채권자들이 압류 및 추심명령을 받은 경우 어느 한 채권자가 제기한 추심금소송에서 확정된 판결의 기판력은 그 소송의 변론종결일 이전에 압류 및 추심명령을 받았던 다른 추심채권자에게 미치지 않는다(대판 2020.10.29. 2016다35390). 그리고 확정된 화해권고결정에는 재판상 화해와 같은 효력이 있다(민사소송법 제231조). 위에서 본 추심금소송의 확정판결에 관한 법리는 추심채권자가 제3채무자를 상대로 제기한 추심금소송에서 화해권고결정이 확정된 경우에도 마찬가지로 적용된다. 따라서 어느 한 채권자가 제기한 추심금소송에서 화해권고결정이 확정되었더라도 그 화해권고결정의 기판력은 화해권고결정 확정일 전에 압류 및 추심명령을 받았던 다른 추심채권자에게 미치지 않는다.

4. 소송탈퇴자

제3자가 독립당사자참가, 참가승계, 소송인수에 의하여 당사자로서 소송에 개입한 경우에 종전 당사사는 그 소송에서 탈퇴할 수 있는데, 그 뒤의 제3자와 상대방당사자 간의 판결은 탈퇴자에게도 미친다(제80조, 제82조 제3항).

Ⅳ. 일반 제3자에의 확장

1. 문제점

기판력은 당사자에게만 미치는 것이 원칙이지만, 신분관계, 단체관계 또는 공법상의 법률관계에서도 이를 관철하면 이해관계인의 법률생활을 혼란시킬 우려가 있으므로, 예외적으로 판결의 효력을 일정한 범위의 제3자 또는 제3자 일반에게까지 확장시켜 법률관계의 획일적 해결을 도모하고 있다.

2. 제한적 확장

파산채권확정소송의 판결이 파산채권자 전원에게(채무자회생법 제468조), 회생채권의 판결이 회생채권자 전원에게(채무자회생법 제176조), 추심의 소의 판결이 그 소에 참가하도록 명령을 받은 채권자에게 미치는 경우(민사집행법 제249조), 증권관련집단소송의 판결이 제외신고를 하지 아니한 구성원에게 미치는 경우(증권관련집단소송법 제37조) 등이다.

3. 일반적 확장

(1) 가사소송

가사소송에 있어서 일정한 사건(가·나류)의 청구인용판결의 효력은 어느 때나 일반 제3자에게 미치지만, 청구기각판결은 제3자의 절차보장을 위하여 참가하지 못한 데에 정당한 이유가 있으면 미치지 아니하도록 하고 있다(가사소송법 제21조).

(2) 회사관계소송

회사관계소송에 있어서 청구인용의 판결은 일반 제3자에게 미치지만(상법 제190조), 청구기각의 판결의 경우에는 일반적인 원칙에 의하여 당사자에게만 기판력이 미칠 뿐이다.

(3) 행정소송사건

행정소송에 있어서 청구인용의 판결은 대세적 효력이 있지만, 청구기각의 판결은 당사자에게만 그 효력이 미친다(행정소송법 제29조 제1항, 제38조 제1항).

4. 일반 제3자에의 확장과 절차보장

일반 제3자에게 확장하는 경우에는 이해관계인의 절차보장을 고려하여야 한다. ① 처분권주의·변론주의를 배제하고 직권탐지주의를 가미, ② 제소권자의 한정, ③ 제3자의 소송참가도 인정, ④ 제3자에게 사해재심의 인정 등은 제3자의 절차보장을 위한 제도들이다. 입법론으로는 제3자에 대한 소송고지의 의무화, 법원에 의한 직권소환제도 등이 요청된다.

연습문제

甲은 자기의 노트북컴퓨터를 乙에게 팔면서 매매대금은 3개월 후에 받기로 하였다. 그런데 乙이 3개월이 지나도 매매대금을 지급하지 않자 매매계약을 해제하고 노트북 컴퓨터의 반환을 구하는 소를 제기하였다. 그런데 乙은 위 소송의 사실심 변론종결 후에 위 노트북컴퓨터를 이와 같은 사정을 전혀 모르는 丙에게 팔아 현재 노트북컴퓨터는 丙이 사용하고 있다. 甲이 乙을 상대로 한 위 소송에서 甲이 승소하였고, 그 판결은 확정되었다. 이 경우 甲의 乙에 대한 소송의 확정판결의 기판력이 丙에게 미치는가? (30점)

Ⅰ. 문제의 소재(3점)

설문은 변론종결 뒤의 승계인에 관한 문제 중 기판력의 작용에 대한 문제이다. 즉, 丙은 노트북 컴퓨터를 선의취득 한 것(민법 제249조)으로 보이는데, 이와 같이 고유한 공격방어방법이 있는 경우 기판력이 미치는지가 丙이 승계인의 범위에 포함되는지와 관련하여 문제 된다(민사소송법 제218조 제1항).

Ⅱ. 민사소송법상 승계인의 개념에 대하여(5점)

1. 민사소송법상 승계인의 개념

민사소송법에서는 변론종결 전·후를 기준으로 변론종결 전의 승계인과 변론종결 뒤의 승계인으로 나누어 볼 수 있고 이의 범위에 대해 같이 볼 것인지, 다르게 볼 것인지 견해대립이 있다. 특히 승계인의 개념이 이렇게 나뉘는 이유는 변론종결 전의 승계인은 당해 소송에서 소송승계 등에 의해 자신의 절차보장을 받을 수 있는 반면, 변론종결 뒤의 승계인은 심리가 종료된 상태이므로 법원이 변론을 재개하지 않는 한(제142조) 소송에 참여할 수 없어 절차보장이 미약하기 때문에 이를 달리 보아야 하지 않는가라는 문제의식이 있기 때문이다.

2. 변론종결 전·후의 승계인[36]의 범위에 대한 견해

(1) 학설

1) 제1설은 기본적으로 뒤에 보는 판례의 입장에 찬성하는 견해로서 <u>변론종결 전·후와 관계없이 소송물로서 물권적 청구권을 승계한 자가 승계인이 된다고 한다</u>(김홍규, 호문혁).

2) 제2설은 <u>변론종결 전·후와 관계없이 소송물로서 물권적 청구권뿐만 아니라 채권적 청구권을 승계한 자도 승계인이 된다</u>고 한다(이시윤 등 다수설).

3) 제3설은 <u>변론종결 전의 승계인은 소송승계 등으로 절차보장의 기회가 있으므로 변론종결 뒤의 승계인보다 넓게 보아야 한다</u>고 한다(강현중, 정동윤).

(2) 판례

판례는 기본적으로 제1설과 같이 변론종결 전·후에 관계없이 소송물로서 물권적 청구권을 승계한 자가 승계인이 된다고 한다. 변론종결 뒤의 승계인에 대해서는 "건물명도소송에서의 소송물인 청구가 <u>물권적 청구 등과 같이 대세적인 효력을 가진 경우에는 그 판결의 기판력이나 집행력 변론종결 후에 그 재판의 피고로부터 그 건물의 점유를 취득한 자에게도 미치나 그 청구가 대인적인 효력밖에 없는 채권적 청구만에 그친 때에는 위와 같은 점유승계인에게 위의 효력이 미치지 아니한다.</u>"고 하여 소송물이 물권적 청구권인 경우에만 승계인이 된다고 한다.

---

36) 정확히는 순수한 소송물 승계의 경우에는 당연히 승계인에 해당하고, 이하의 견해 대립은 계쟁물에 관한 승계인의 경우에 문제 되는 것임을 유의해야 한다.

(3) 검토

소송물에 대해 신이론을 유지하는 한 물권적 청구권이든 채권적 청구권이든 모두 승계인이 된다고 보아야 한다고 본다. 다만, 변론종결 전·후의 승계인의 범위를 같이 볼 것인가, 달리 볼 것인가에 대해서는 변론 종결 전은 '생성 중의 기판력'이라 볼 수 있으므로 이를 같이 보는 제2설의 입장이 타당하다고 본다.

> (TIP) 다만, 이에 대해서는 우리 판례가 구실체법설(구소송물이론)에 따라 권리, 의무의 법적 성질에 따라 달리 취급한다고 소개하는 견해(이시윤)를 비판하면서 이는 소송물이론과 관계가 없다고 하는 견해가 있고, 변론종결 전의 승계인에 대한 판례의 태도를 설명하는데 있어서는 이 견해가 타당하다고 본다(호문혁).

Ⅲ. 변론종결 뒤의 승계인(20점)

1. 승계인의 근거

(1) 학설

① 변론종결 후에 당사자로부터 소송물인 실체법상의 권리 의무 자체를 승계한 자를 변론종결 뒤의 승계인으로 보는 실체적 의존관계설, ② 승계인 개념을 소송물인 권리의무 자체뿐 아니라 계쟁물에 대한 당사자적격(분쟁주체인 지위)을 전래적으로 옮겨 받은 자도 승계인에 해당한다는 적격승계설(이시윤 등), ③ 당사자적격은 특정한 소송물에 관한 소송수행권의 결정기준으로서 소송물과 밀접한 관련이 있어 소송물이 다른 경우에 소송당사자의 지위를 승계한 자를 당사자적격의 승계인이라고 하는 것은 타당하지 않으므로, 여기서 말하는 승계인은 분쟁주체인 지위의 승계인이라고 하는 것이 타당하다고 하는 분쟁주체지위이전설[신도(新堂), 정동윤, 전병서]이 있다.

(2) 검토

실체적 의존관계설은 그 범위가 너무 좁고, 분쟁주체지위이전설도 적격승계설과 사실상 차이가 없다고 본다. 따라서 승계인의 범위에 대해 소송물 자체뿐 아니라 그 계쟁물에 대한 당사자 적격(분쟁주체인 지위)의 승계를 포함하는 적격승계설이 타당하다.

> (TIP) 일부교과서와 수험서에서는 분쟁주체지위이전설의 입장에서 승계의 판단기준에 대한 적격승계설과 분쟁주체지위이전설을 구별하는 견해가 있다[신도(新堂), 정동윤, 전병서 등]. 그러나 이 견해들은 적격승계설의 당사자적격이 소송물에 관한 것이라고 보시는 듯하나(특히, 전병서), 우리나라에서 적격승계설을 주장하는 견해들(이시윤 등)은 이를 계쟁물에 관한 당사자적격으로 보아 분쟁주체지위와 동일하게 보고 있는 듯 하고, 분쟁주체지위이전설이 인정하는 예도 적격승계설과 사실상 차이가 없다고 보여 상당히 의문이 있다. 다만, 수험생들은 이렇게 교수님들이 변론종결 뒤의 승계인에 대해 학설의 의미를 다소 달리 보시기 때문에 어느 입장에서 서술해도 상관은 없다고 보이고, 오히려 시험에서는 이런 일반론보다는 사안의 경우가 승계인의 범위에 포함되는지를 잘 포섭하는 것이 중요하다고 본다.

2. 승계인의 범위와 소송물이론과의 관계

(1) 학설

① 실체법상의 청구권의 성질을 소송에도 반영하여 대세적 효력을 가지는 물권적 청구권의 경우는 승계인이 되지만 대인적 효력밖에 없는 채권적 청구권일 경우에는 승계인이 되지 않는다는 구소송물이론, ② 소송물이 채권적 청구권이든 물권적 청구권이든 모두 승계인에 포함된다는 신소송물이론, ③ 기본적으로는 신소송물이론을 취하지만 채권적 청구권의 경우를 나누어 환수청구권(배후에 물권적 뒷받침이 있는 것)의 경우에는 승계인에 포함되지만 교부청구권(배후에 물권적 뒷받침이 없는 것)의 경우에는 승계인의 범위에 포함되지 않는다는 설(강현중)도 주장된다.

(2) 판례

"소송물인 청구가 물권적 청구권 등과 같이 대세적인 효력을 가진 것이라면 몰라도 대인적인 효력밖에 없는 채권적 청구만에 그친 때에는 기판력이나 집행력은 미치지 아니한다(대판 1991.1.15. 90다9964 등)."고 하여 구이론의 입장에서 물권적 청구권의 경우에만 승계인의 범위에 포함시킨다.

(3) 검토

신소송물이론의 승계인의 개념은 지나치게 광범위하고 형식적이며 실체법과 조화가 되지 않는다는 비판이 있지만, 이는 뒤에 보는 승계인에 대한 기판력의 작용에서 형식설을 취한다면 부당한 결과가 배제될 수 있으므로 신소송물이론의 입장이 타당하다고 본다.

3. 승계인에 대한 기판력의 작용

(1) 학설

① 변론종결 뒤에 당사자로부터 점유나 등기를 취득했다는 형식에 치중하여 고유의 공격방어방법(선의 취득자, 선의의 제3자 등)이 있는 제3자도 승계인에 포함되지만 후소에서 그 공격방어방법을 제출하는 것이 허용된다는 형식설, ② 고유한 공격방어방법이 있다면 실질적으로 당사자의 지위를 승계했다고 볼 수 없어 애초부터 승계인에 포함되지 않는다는 실질설이 있다.

(2) 판례

판례는 "원고가 매매에 기한 소유권이전등기청구소송에서 승소의 확정판결을 받았다 하여도 자기 앞으로 등기를 마치기 전이면 제3자에게 자기 소유권을 대항할 수 없다(대판 1980.11.25. 80다2217)."고 하여 이 경우 제3자는 승계인이 아니라고 하여 실질설의 입장이다.

(3) 검토

소송 중에 승계가 있다고 하더라도 변론종결시까지 승계사실을 진술하지 않으면 일단 승계인으로 추정하되 승계인으로 하여금 그 추정을 깨뜨리도록 하는 추정승계인제도(법 제218조 제2항)의 취지상 형식설이 타당하다고 본다.

> (TIP) 다만, 어느 견해에 의하든 자기 고유의 방법을 갖고 있는 제3자는 결국 강제집행에서 보호를 받게 된다는 점에서 차이는 없다. 즉, 형식설은 일응 제3자는 승계인에 해당하지만 승계인은 승계집행문부여이의의 소(민사집행법 제45조)나 청구에 관한 이의의 소(민사집행법 제44조)를 제기하여 집행을 물리칠 수 있다고 하고, 실질설은 제3자는 승계인에 해당하지 아니하므로 채권자(즉, 전소의 원고)가 제3자가 승계인이라는 점을 증명하여 승계집행문부여의 소(민사집행법 제33조)를 제기해야 한다고 하기 때문이다.

그러나 위와 같이 형식설, 실질설과 집행관계를 연결시켜 설명하는 다수설에 대해 강제집행의 문제는 이를 달리 보아야 한다는 견해가 유력하다. 즉, 이 설은 제소책임전환설(형식설에 해당)과 권리확인설(실질설에 해당)으로 나누어 이를 설명하고 있다(강현중, 김상수).

Ⅳ. 사안의 해결(2점)

사안의 丙은 乙이 판 노트북 컴퓨터가 甲의 소유인지 전혀 알지 못하였으므로, 선의취득(민법 제249조) 하였다고 보인다. 따라서 丙은 실체법상 고유의 항변을 가지고 있으므로 실질설에 의할 때에는 애초부터 승계인의 범위에 포함되지 아니하여 기판력도 미치지 않는다고 보게 될 것이다. 그러나 형식설이 타당하므로 丙은 승계인의 범위에 포함되어 일응 기판력이 미치고, 자신의 고유의 항변은 집행절차에서 이를 제출하여 보호받게 될 것이다.

A는 甲에 대하여 1년치 임금을 체불하고 있었다. A는 자신의 명의로 되어 있는 재산이 거의 없고, 다만 乙에 대하여 매매대금채권을 가지고 있을 뿐이었는데, 이 채권의 변제기가 도래하지 않았는데도 그 지급을 청구하지 않았다. 이에 甲은 A가 乙에 대하여 갖고 있는 위 채권을 대위행사하여 乙을 피고로 하는 소를 제기하였다. 그러나 甲의 청구를 기각하는 판결이 선고되었다. 승소가능성이 적다고 생각한 甲은 항소를 제기하지 않았고, 결국 판결이 확정되었다. 이 판결의 기판력이 A에게도 미치는지 논하시오. (50점)

Ⅰ. 문제의 소재

1. 기판력은 동일한 당사자에게(주관적 범위; 민사소송법 제218조), 동일한 소송물에 대해(객관적 범위; 민사소송법 제216조), 변론종결 전의 사유에(시적 범위; 민사소송법 제208조 제1항 제5호, 제218조 제1항, 민사집행법 제44조 제2항) 생기고, 이것은 후소에 미친다(= 작용한다).

2. 사안에서 甲의 채권자대위소송의 확정판결의 기판력이 A에게 미치는지 논하려면, 甲과 A가 동일한 당사자인지가 기판력의 주관적 범위, 즉 제218조 제3항(제3자 소송담당과 기판력)에 해당하는지가 문제된다.

3. 특히 이의 전제로 채권자 대위소송의 법적 성질과 그 구조는 어떠한지가 문제되므로, 이를 살펴보고, 사안을 논하기로 한다.

Ⅱ. 기판력의 의의, 채권자대위소송의 법적 성질, 피보전채권의 성격

1. 기판력의 의의 및 근거

(1) 기판력이라 함은 확정된 종국판결에 있어서 청구에 대한 판결내용은, 당사자와 법원을 규율하는 새로운 규준으로서의 구속력을 가지며, 뒤에 동일사항이 문제되면 당사자는 그에 반하여 되풀이하여 다투는 소송이 허용되지 아니하며(불가쟁), 어느 법원도 다시 재심사하여 그와 모순, 저촉되는 판단을 해서는 안 된다(불가반)는 구속력을 이른다.

(2) 이의 근거는 판결의 법적 안정성을 유지하고, 당사자의 절차권을 보장한다는데 있다(이원설).

2. 채권자대위소송의 성질

(1) 학설

1) 고유의 대위권설

이를 민법 제404조에 규정된 자신의 실체법상 권리를 재판상 행사한다고 보아 이는 법정소송담당이 아니라 고유의 독자적 소송이라는 견해(호문혁)로 유력설이다.

2) 법정소송담당설

이는 엄연히 동법 제404조가 채권자가 자기 채권을 보전할 수 있도록 채무자인 타인의 권리에 관하여 소송수행권을 부여한 전형적인 법정소송담당으로 보아야 한다고 보는 법정소송담당설이 타당하다고 보며 통설의 태도이기도 하다.

(2) 판례

원래 판례는 채권자대위소송이 법정소송담당임을 부정[37]하다가, 1975년 전원합의체로 "채권자가 채권자 대위권을 행사하는 방법으로 제3채무자를 상대로 소송을 제기하여 판결을 받은 경우에 어떠한 사유로 인하였던 간에 채무자가 채권자 대위권에 의한 소송이 제기된 사실을 알았을 경우에는 그 확정판결의 효력은 채무자에게도 미친다(대판 1975.5.13. 74다1664 전합)."고 하여 법정소송담당설로 입장을 변경하였다.

(3) 검토

만일 유력설과 같은 입장에 선다면 1회적 채무를 질뿐인 제3채무자가 여러 채권자들이 있을 때에 그들에 의하여 두 번, 세 번 소제기를 당하게 되는 등 파상공격의 시달림을 피할 수 없게 되므로 긍정하는 통설·판례가 타당하다.

3. 법원의 판결

(1) 피보전채권(대위채권)의 성질 – 당사자적격

법정소송담당을 긍정하는 통설·판례에 의할 때 ① 대위채권의 존재, ② 채권자가 권리를 행사하지 않을 것, ③ 채권보전의 필요성은 당사자적격, ④ 피대위채권은 소송물이 된다. 하지만 유력설에 의하면 ①, ②, ③, ④ 모두 본안판단사항이 된다.

(2) 판결의 형식

따라서 사안과 같이 甲과 A 사이의 피보전채권(대위채권)은 당사자적격이 되므로, 이의 흠결시 법원은 당사자적격 흠결로 소를 각하해야 한다(통설·판례). 다만, 유력설에 의하면 청구기각판결을 하게 될 것이다.

---

37) 과거 판례는 채권자가 대위권 행사로 제3자에게 제기한 소송은 "채권자가 자기의 채권을 보전하기 위하여 자기의 이름으로, 또한 자기의 권리로 행사한 것"이라 하면서, "채권자가 채권자대위권을 행사하는 방법으로 제3채무자게 대하여 소송을 제기하고 판결을 받은 경우에 그 확정판결의 효력은 당사자 아닌 채무자에게 미치지 않는다(대판 1967.3.28. 67다212)."라고 하였다. 또한 1975년 대법원 전원합의체 판결이유에서 그 이전의 채권자대위소송의 법적 성격에 관하여 "종전의 판례나 통설이 채권자대위소송에 있어서 법이론적인 면에서 채권자가 자기 이름으로 당사자가 되는 점에 착안하여 판결의 효력은 당사자 간에 국한된다."며, 채권자대위소송이 법정소송담당이라는 것을 부인하였다(이동률, 민사소송의 당사자론, 삼우사, 156면 이하).

Ⅲ. 채권자대위소송과 기판력

1. 병행형의 법정소송담당과 제218조 제3항의 적용

(1) 제3자 소송담당과 기판력에 관한 제218조 제3항은 임의적 소송담당이나 법정소송담당 중 갈음형의 경우에는 전면적으로 적용된다.

(2) 하지만 병행형의 법정소송담당의 경우에도 제218조 제3항을 전면적으로 적용하면, 담당자의 불성실한 소송수행으로 피담당자의 후소가 기판력에 저촉되게 되어 피담당자에게 지나치게 가혹한 측면이 있으므로, 이를 제한할 필요가 생기게 된다.

2. 채권자대위소송과 기판력

(1) 학설

    1) 소극설은 대위소송이 법정소송담당임을 부정하는 전제에서 채무자와 채권자는 동일한 당사자가 아니고, 소송물도 다르다고 하여 기판력이 미치지 않는다고 한다(호문혁).

    2) 적극설은 대위소송을 한 채권자를 법 제218조 제3항의 다른 사람을 위하여 원고로 된 자로 보아 채무자에게 기판력이 무조건 미친다고 한다(곽윤직).

    3) 절충설은 채무자가 고지 등을 받아서 대위소송이 제기된 사실을 알아 참가 등을 통한 절차보장이 되었을 때 채무자에게 기판력이 미친다고 본다(이시윤 등 다수설).

(2) 판례

    1) 과거 판례는 채권자 대위소송의 법적 성격을 법정소송담당으로 보지 않아 피담당자에게 기판력이 미치는 것을 부정하는 소극설의 입장(대판 1967.3.28. 67다212)이었다.

    2) 하지만 현재 1975년 전원합의체로 입장을 변경하여 법정소송담당으로 보고 있다. 즉, 다수의견은 "채권자가 채권자 대위권을 행사하는 방법으로 제3채무자를 상대로 소송을 제기하여 판결을 받은 경우에 어떠한 사유로 인하였던 간에 채무자가 채권자 대위권에 의한 소송이 제기된 사실을 알았을 경우에는 그 확정판결의 효력은 채무자에게도 미친다(대판 1975.5.13. 74다1664 전합)."고 하여 절차보장설의 입장이다.

    3) 다만, 이 전원합의체판결의 반대의견은 기판력의 주관적 범위를 규정한 민사소송법 제218조 제3항의 규정에 의하면 타인을 위하여 원고가 된 자에 대한 확정판결은 그 타인에 대하여도 효력이 있다고 되어 있다는 것을 근거로 "이 채권자가 한 대위소송을 채무자가 알든 모르든(지·부지 간에) 이에 대하여 모든 경우에 그 기판력이 있다고 해석하여야 한다."고 하여 적극설의 입장이다.

(3) 검토

먼저 소극설은 법정소송담당을 부정하는 입장이므로 타당하지 않고, 적극설도 대위소송이 확정판결이 나서 기판력이 생긴 경우에는 소송계속중인 경우와는 달리 채무자의 참가기회가 없으므로 일률적으로 기판력이 미친다는 것은 채무자에게 너무 가혹하다. 따라서 채무자가 대위소송이 계속 중임을 알게 되어 절차보장이 되었을 때 기판력이 미친다는 절충설(절차보장설)이 타당하다고 본다.

(4) 사안의 경우

따라서 절차보장설에 따라 甲의 채권자대위소송의 확정판결의 기판력이 피담당자 A에게 미치려면 소송고지 등으로 A가 甲의 채권자대위소송이 제기된 사실을 알았을 때에 한해, 기판력이 A에게 미친다고 보아야 한다. 다만, 적극설에 의하면 제218조 제3항의 전면적용으로 A가 알든 모르든 기판력이 미치게 될 것이고, 소극설에 의하면 甲과 A는 동일한 당사자가 아니므로, 기판력이 미치지 않게 될 것이다.

3. 기판력이 작용할 경우 A의 후소에 대한 법원의 판결[38]

이 경우 기판력이 미친다고 했을 때, 모순금지설(판례)에 의하면 전소가 패소확정판결의 경우이므로, 청구를 기각하게 되지만(따라서 A의 소가 부적법한 것은 아니다), 법적 안정성을 근거로 하는 기판력 제도의 취지상 이론구성이 간결한 반복금지설이 타당하므로, A의 소는 부적법하여 소를 각하해야 한다.

IV. 사안의 해결

1. 채권자대위소송의 법적 성격은 법정소송담당 중 병행형이다. 따라서 甲의 A에 대한 피보전채권(대위채권)은 당사자적격, A의 乙에 대한 피대위채권은 소송물이 된다. 다만, 고유의 대위권설에 의하면 모두 본안 판단사항, 즉 소송물이 된다(민사소송법 제218조 제3항).

2. 따라서 甲의 채권자대위소송의 확정판결의 기판력은 제218조 제3항에 따라 A에게 미치게 된다. 하지만 무조건 미친다고 하면 A에게 지나치게 가혹한 측면이 있으므로, 소송고지 등으로 A가 甲의 채권자대위소송이 제기된 사실을 알았을 때 기판력이 미친다고 보아야 한다(절차보장설). 다만, 적극설에 의하면 A가 알든 모르든 기판력이 미치고, 소극설에 의하면 기판력이 미치지 않게 된다.

---

38) 사안의 질문은 甲의 채권자대위소송의 확정판결이 A에게 미치는지 여부를 묻고 있으므로, 사실 A가 후소를 제기한 경우의 법원의 판결형식은 논점이 아니다. 하지만 50점 배점이고, 자신의 실력을 보여줄 필요가 있다고 생각되므로, 보론 등의 형식으로 실전에서 모순금지설, 반복금지설도 논했다면 충분히 가점이 가능하다고 본다.

A토지의 전 소유자 甲이 소유권에 기하여 위 토지의 무단 점유자 乙을 상대로 차임 상당의 부당이득반환을 구하는 소를 제기하였고 '乙은 甲에게 A토지의 인도 완료일까지 매월 일정 금액의 차임 상당 부당이득을 반환하라'는 판결이 선고되어 확정되었다. 그 이후에 A토지의 소유권을 취득한 丙이 무단 점유자 乙을 상대로 앞서 전 소유자 甲이 제기한 부당이득반환청구소송에서 내려진 정기금판결에 대하여 변경의 소를 제기하였다. 丙의 이와 같은 소제기가 적법한지 여부를 그 근거와 함께 설명하시오. (15점)

I. 적법 여부

부적법하다.

II. 근거

1. 문제점

사안의 丙이 정기금판결에 대한 변경의 소를 제기할 수 있는 원고적격자인지 문제 된다. 따라서 사안과 같은 부당이득반환청구권이 소송물인 경우, 그 계쟁물에 관한 승계인이 기판력의 주관적 범위 중 변론종결 뒤의 승계인에 포함되는지를 살펴보아야 한다(제252조, 제218조 제1항).

2. 정기금판결에 대한 변경의 소의 당사자(원고적격자)

(1) 판례

정기금판결에 대한 변경의 소는 정기금판결의 확정 뒤에 발생한 현저한 사정변경을 이유로 확정된 정기금판결의 기판력을 예외적으로 배제하는 것을 목적으로 하므로, 확정된 정기금판결의 당사자 또는 민사소송법 제218조 제1항에 의하여 그 확정판결의 기판력이 미치는 제3자만이 정기금판결에 대한 변경의 소를 제기할 수 있다(대판 2016.6.28. 2014다31721).

(2) 사안의 경우

따라서 甲으로부터 토지를 승계한 丙이 민사소송법 제218조 제1항에 의하여 기판력이 미치는 변론종결 뒤의 승계인에 해당하는지가 문제되므로, 이를 살펴보기로 한다.

3. 변론종결 뒤의 승계인의 범위

(1) 계쟁물에 관한 승계인

소송물인 권리의무 자체를 승계한 것은 아니나, 당사자적격을 승계한 자도 승계인이 된다(적격승계설). 다만, 당사자적격은 소송법적으로 추상화된 개념으로서 지나치게 확장될 가능성이 있으므로 그 범위의 합리적 조절이 문제된다.

(2) 승계인의 범위와 소송물이론과의 관계

판례는 구이론의 입장에서 "소송물인 청구가 물권적 청구권 등과 같이 대세적인 효력을 가진 것이라면 몰라도 대인적인 효력밖에 없는 채권적 청구 만에 그친 때에는 기판력이나 집행력은 미치지 아니한다(대판 1991.1.15. 90다9964 등)."고 하여 물권적 청구권의 경우에만 승계인의 범위에 포함시킨다. 반면에 신이론은 소송물이 채권적 청구권이든 물권적 청구권이든 모두 승계인에 포함된다고 한다(이시윤).[39]

---

39) 기본적으로는 신소송물이론을 취하지만 채권적 청구권의 경우를 나누어 환수청구권(배후에 물권적 뒷받침이 있는 것)의 경우에는 승계인에 포함되지만 교부청구권(배후에 물권적 뒷받침이 없는 것)의 경우에는 승계인의 범위에 포함되지 않는다는 견해(강현중)도 주장된다.

(3) 구이론의 경우

구이론에 의하면 소송물이 부당이득반환청구에 해당하여 채권적 청구권이므로, 그 승계인인 丙은 기판력이 미치는 자가 아니다. 판례도 "토지의 소유자가 소유권에 기하여 그 토지의 무단 점유자를 상대로 차임 상당의 부당이득반환을 구하는 소송을 제기하여 무단 점유자가 그 점유 토지의 인도 시까지 매월 일정 금액의 차임 상당 부당이득을 반환하라는 판결이 확정된 경우, 이러한 소송의 소송물은 채권적 청구권인 부당이득반환청구권이므로, 위 소송의 변론종결 후에 위 토지의 소유권을 취득한 사람은 민사소송법 제218조 제1항에 의하여 위 확정판결의 기판력이 미치는 변론을 종결한 뒤의 승계인에 해당한다고 볼 수 없다."고 하였다(대판 2016.6.28. 2014다31721).

(4) 신이론의 경우

그러나 신이론의 경우에는 그 소송물의 성질이 물권적 청구권이든 채권적이든 승계인에 해당한다고 하므로, 사안의 丙도 승계인에 해당하게 된다.

4. 검토 및 사안의 경우

당사자본인소송이 대부분인 현실에서 기판력의 범위를 좁히는 구이론이 기본적으로 타당하다. 따라서 판례에 따라 丙은 정기금판결에 대한 변경의 소의 원고적격이 없다고 보아야 하므로, 丙의 소는 부적법하다. 그러나 신이론에 의하면, 丙은 승계인에 해당하므로 원고적격이 있어 적법하다고 할 것이다.

57 기판력의 객관적 범위

CONTENTS

2) 기판력이 생기는 범위
① 상계항변을 인용한 경우: 기판력의 범위는 ㉠ 현재의 법률관계로서 자동채권이 존재하지 않는다는 점에 기판력이 생긴다는 견해. but ㉡ 수동채권과 자동채권이 다 함께 존재하다가 상계에 의해 소멸된 점에 기판력이 생긴다는 견해가 제216조 제2항의 조문에 충실한 해석
② 상계항변을 배척한 경우: 대항한 수액에 관하여 자동채권의 존재 · 부존재에 기판력이 생긴다.
3) 상계항변의 특별한 취급
① 증거조사설
② 상계항변에 의하여 전부 승소한 피고라도 상소의 이익 ○
③ 상계의 항변은 기판력이 생기므로 자동채권을 별소로 구하는 것이 중복소송에 해당하는지 여부가 문제
㉠ 학설은 ⓐ 기판력이 생김을 이유로 이를 중복소송으로 보는 견해(중복소송긍정설), ⓑ 상계항변이 공격방어방법에 불과하다는 점을 근거로 중복소송이 아니라는 견해(중복소송부정설) 등이 있으나, ⓒ 원칙적으로 중복소송은 아니나, 반소제기를 유도하여야 한다는 견해가 타당(반소유도설)
㉡ 판례는 중복소송 ×(중복소송부정설, 적극설)
4) 기판력이 생기지 않는 경우:
① 상계항변에 대한 기판력은 자동채권의 존부에 관하여 실질적으로 판단을 한 경우 인정
∴ ㉠ 상계항변이 각하된 경우, ㉡ 성질상 상계가 허용되지 않거나, ㉢ 상계 부적상을 이유로 배척된 경우는 포함 ×
② 상계항변을 한 경우 주위적인 다른 항변이 인용되었다면 상계항변에는 기판력 ×

5) 동시이행항변에 대한 상계항변의 기판력 인정 여부: 최근 판례는 "상계 주장에 관한 판단에 기판력이 인정되는 경우는, 상계 주장의 대상이 된 수동채권이 '소송물'로서 심판되는 소구채권이거나 그와 실질적으로 '동일'하다고 보이는 경우(가령 원고가 상계를 주장하면서 청구이의의 소송을 제기하는 경우 등)로서 상계를 주장한 반대채권과 그 수동채권을 기판력의 관점에서 동일하게 취급하여야 할 필요성이 인정되는 경우를 말한다고 봄이 상당하므로, 만일 상계 주장의 대상이 된 수동채권이 동시이행항변에 행사된 채권일 경우에는 그러한 상계 주장에 대한 판단에는 기판력이 발생하지 않는다(대판 2005.7.22. 2004다17207)."고 한다.
5. 판결이유 중의 판단에 대한 구속력 인정 여부
(1) 문제점
1) 확정판결의 기판력은 주문에 생기는 것이지 이유에는 생기지 않는 것이 원칙(법 제216조 제1항)
2) but 전소에서 당사자들이 주요쟁점으로 다툰 사항이고, 법원도 심혈을 기울여 심리한 사항인 경우에 주문에서 판단되지 않고 이유에서 판단된다는 이유만으로 기판력이 생기지 않아 후소에서 다시 다툴 수 있다면, 이는 실질적으로 전소확정판결을 무시하는 결과가 될 수 있기 때문에 이유 부분에 대해서도 어떤 구속력을 인정하려는 논의 ○
(2) 학설
1) 쟁점효이론
2) 신의칙설
3) 증명력설(증거효설)
※ 이외에도 독일에서는 전소의 판결이 그 목적에 비추어 후소에서 확정하려는 법률효과와 의미관련이 성립되면 전소의 이유중의 판단에 기판력을 인정할 것이라는 Zeuner의 의미관련론, 전소와 후소의 경제적 가치가 동일한 경우에는 전소 판결이유 중의 판단에 기판력이 인정된다는 Henckel의 경제적 가치동일성설

(3) 판례

1) 판례는 "다른 사건의 재판에서 인정된 사실에 관하여는 다른 민사소송에서 구속을 받는 것은 아니지만 이미 확정된 관련 있는 민사나 형사판결에서 인정된 사실은 이를 채용할 수 없는 특별한 사정이 나타나 있지 아니한 이상 유력한 증거자료가 되는 것인바…"고 증명력설의 입장

2) 그리고 최근 판례는 "신의칙에 기하여 소송의 반복을 금지하기 위하여는 ① 적어도 그 판단이 전소에서 주요한 쟁점으로 되어 양당사자가 공격방어를 다한 사항에 대하여 내려졌고 따라서 ② 상대방에게 그 사항에 대한 다툼은 이미 결말이 났다고 하는 정당한 신뢰가 생겼을 것이 요구된다(대판 2002.9.24. 2002다11847)."고 하여 신의칙의 적용에 관하여 여운을 남기고 있음 (정동윤·유병현)

(4) 검토

1) 쟁점효이론: 의미가 불명확, 제264조에 반함

2) 신의칙설: 실제상 별다른 기여 못함

∴ 증명력설 타당(호문혁)

▌기판력의 객관적 범위 <small>사시 20회, 변리사 37회</small>

Ⅰ. 서설

1. 기판력의 의의

기판력이라 함은 일단 판결이 형식적으로 확정되면 그 판결의 내용인 특정한 소송물에 관한 법률적 판단이 당사자 및 법원을 구속하고, 후에 동일한 사항이 문제 되면, 당사자는 이에 저촉되는 주장을 할 수 없게 되고(불가쟁), 법원도 이에 반하는 판단을 할 수 없게 되는 효력(불가반)을 말한다. 기판력은 판결에 종국성을 부여하여 법적 안정성을 확보하기 위하여 인정되는 제도이다.

2. 기판력의 객관적 범위의 의의

제216조 제1항은 "확정판결은 주문에 포함된 것에 한하여 기판력을 가진다."고 규정하고 있는바, 기판력이 판결에서 판단된 어느 사항의, 어느 범위에까지 생기는지의 문제가 기판력의 객관적 범위에 관한 문제이다.

Ⅱ. 판결주문 중의 판단

1. 판결주문 중의 판단에만 기판력을 생기게 하는 이유

(1) 판결주문이 곧 당사자의 소송목적에 대한 해결이고 당사자 간의 주된 관심사이므로 이 점의 판단에 기판력을 인정하는 것이 당사자의 의도에 맞기 때문이다.

(2) 다만, 주문은 간결하기에 기판력이 생기는 사항을 파악하기 위하여 판결이유를 어느 정도 참작하는 것은 불가피하나 이 경우에도 판결이유는 주문에서 판단되는 소송을 특정하기 위하여 참작하는 것일 뿐이고, 이유 중의 판단자체에 기판력이 생기는 것은 아니다.

2. 소송판결과 본안판결

소송판결의 경우 소송요건의 흠결에 대한 판단에만 기판력이 생기며, 본안판결의 경우에는 소송물인 권리관계의 존재 · 부존재에 대한 판단에 기판력이 생긴다.

3. 동일소송물의 범위

기판력은 소송물인 권리관계의 존재 · 부존재에 대한 판단에 생기므로, 기판력의 저촉 여부를 판단하기 위해서는 전소와 후소가 동일한 소송물인지가 문제된다.

(1) 청구취지가 다른 경우

청구취지가 다르면 소송물이 같다고 할 수 없다. 다만, 전소의 소송물이 후소의 선결관계이거나 모순관계일 경우에는 소송물은 다르지만 기판력은 작용한다. 그리고 청구취지가 다른 경우이지만 <u>소유권이전등기말소청구와 진정명의회복을 위한 소유권이전등기청구는 실질상 소송물이 동일하다</u>는 것이 판례이다 (대판 2001.9.20. 99다37894 전합). 그러나 <u>1필지 토지 전부에 대한 소유권이전등기 청구소송에서 토지 일부의 매수사실은 인정되나 그 부분을 특정할 수 없다는 이유로 전부패소판결을 받아 확정된 후 매수 부분을 특정하여 소유권이전등기를 구하는 경우 위 특정된 부분의 매수 여부와 관련하여서는 전소의 기판력이 미치지 아니 한다</u>(대판 1995.4.25. 94다17956 전합).[40] 물건을 점유하는 자를 상대로 하여 물건의 인도를 명하는 판결이 확정되더라도 그 판결의 효력은 이들 물건에 대한 인도청구권의 존부에만 미치고, 인도판결의 기판력이 이들 물건에 대한 불법점유를 원인으로 한 손해배상청구 소송에 미치지 않는다(대판 2019.10.17. 2014다46778).[41]

(2) 청구취지는 동일한데 법률적 관점만 달리 청구하는 경우(청구권경합의 경우, 채무불이행청구와 불법행위청구)

구이론은 법률적 관점을 소송물의 요소로 보기 때문에 이 경우는 소송물이 다르다 하여 전소의 기판력을 받지 않는다고 본다. 그러나 신이론에 의하면 법률적 관점은 공격방어방법에 지나지 않아 이 경우는 소송물이 동일하므로, 전소의 기판력이 후소에 미치는 것으로 본다.

---

40) 甲이 乙로부터 1필의 토지의 일부를 특정하여 매수하였다고 주장하면서 乙을 상대로 그 부분에 대한 소유권이전등기청구소송을 제기하였으나, 목적물이 甲의 주장과 같은 부분으로 특정되었다고 볼 증거가 없다는 이유로 청구가 기각되었고, 이에 대한 甲의 항소 · 상고가 모두 기각됨으로써 판결이 확정되자, 다시 乙을 상대로 그 전체 토지 중 일정 지분을 매수하였다고 주장하면서 그 지분에 대한 소유권이전등기를 구하는 소를 제기한 경우, 전소와 후소는 그 각 청구취지를 달리하여 소송물이 동일하다고 볼 수 없으므로, 전소의 기판력은 후소에 미칠 수 없다.

41) 물건 점유자를 상대로 한 물건의 인도판결이 확정되면 점유자는 인도판결 상대방에 대하여 소송에서 더 이상 물건에 대한 인도청구권의 존부를 다툴 수 없고 인도소송의 사실심 변론종결시까지 주장할 수 있었던 정당한 점유권원을 내세워 물건의 인도를 거절할 수 없다. 그러나 의무 이행을 명하는 판결의 효력이 실체적 법률관계에 영향을 미치는 것은 아니므로, 점유자가 그 인도판결의 효력으로 판결 상대방에게 물건을 인도해야 할 실체적 의무가 생긴다거나 정당한 점유권원이 소멸하여 그때부터 그 물건에 대한 점유가 위법하게 되는 것은 아니다. 나아가 물건을 점유하는 자를 상대로 하여 물건의 인도를 명하는 판결이 확정되더라도 그 판결의 효력은 이들 물건에 대한 인도청구권의 존부에만 미치고, 인도판결의 기판력이 이들 물건에 대한 불법점유를 원인으로 한 손해배상청구 소송에 미치지 않는다.

(3) 청구취지는 동일한데 사실관계를 달리하여 청구하는 경우

1) 원인채권에 기한 청구와 어음채권에 기한 청구

구이론이나 신이론 중 이지설에 의하면 소송물이 다르므로 기판력에 저촉되지 않는다. 신이론 중 일지설은 소송물이 동일하므로 기판력이 미친다고 본다. 다만, 이에 의할 때 당사자의 예측을 넘어 기판력을 미치게 하는 것이 되어 가혹한 결과가 되므로, 석명권 행사로(일본) 또는 시적 범위에서 실권효의 한계를 넘어서는 것(독일, 이시윤)이어서 신소의 제기가 허용된다는 이론구성을 통해 합리성을 도모한다.

2) 다른 사실관계에 기한 이전등기청구

이전등기청구에서 등기원인을 전소에서는 매매(또는 대물변제)를 후소에서는 취득시효완성을 주장하면서 청구하는 경우, 공격방어방법의 차이가 아니라 등기청구권의 발생원인의 차이라 하여 소송물이 별개라는 전제[42]에서 전소의 기판력은 후소에 미치지 않는다(대판 1996.8.23. 94다49922). 이에 반해 말소등기소송의 소송물은 등기원인무효를 주장하는 것이면 어느 경우나 막론하고 하나의 소송물로 보아야 하고, 그 원인을 달리 구성한다고 해도 공격방법의 차이에 지나지 않는다(대판 1993.6.29. 93다11050).[43]

4. 일부청구

(1) 학설

1) 일부청구 긍정설

기판력은 그 일부에만 생기고, 잔부에 대해서는 생기지 않기 때문에 새로 잔부청구가 가능하다는 견해이다.

2) 일부청구 부정설

그 일부가 일정한 표준으로 특정되지 않는 한, 채권액의 일부만 청구하여도 채권 전체가 소송물로 된 것으로 보므로 잔부청구는 기판력에 의해 차단된다는 견해이다.

---

42) 소유권이전등기청구사건에 있어서 등기원인을 달리하는 경우에는 그것이 단순히 공격·방어방법의 차이에 불과한 것이 아니고 등기원인별로 별개의 소송물로 인정된다(대판 1996.8.23. 94다49922).

43) 말소등기청구사건의 소송물은 당해 등기의 말소등기청구권이고 그 동일성 식별의 표준이 되는 청구원인, 즉 말소등기청구권의 발생원인은 당해 등기원인의 무효라 할 것으로서 등기원인의 무효를 뒷받침하는 개개의 사유는 독립된 공격방어방법에 불과하여 별개의 청구원인을 구성하는 것이 아니라 할 것이므로 전소에서 원고가 주장한 사유나 후소에서 주장하는 사유들은 모두 등기의 원인무효를 뒷받침하는 공격방법에 불과할 것일 뿐 그 주장들이 자체로서 별개의 청구원인을 구성한다고 볼 수 없고 모두 전소의 변론종결 전에 발생한 사유라면 전소와 후소는 그 소송물이 동일하여 후소에서의 주장사유들은 전소의 확정판결의 기판력에 저촉되어 허용될 수 없는 것이다(대판 1993.6.29. 93다11050). 다만, 최근에는 "원고의 피상속인이 후행 보존등기가 중복등기에 해당하여 무효임을 주장하지 않고, 자신이 진정한 상속인이고 후행 보존등기로부터 상속을 원인으로 이루어진 소유권이전등기의 명의인은 진정한 상속인이 아니므로 그 소유권이전등기는 무효이고 그에 이어 이루어진 소유권이전등기도 무효라고 주장하여 소유권말소등기의 소를 제기하였다가 그 소가 상속회복청구의 소에 해당하고 제척기간이 경과하였다는 이유로 패소 판결이 확정되었다고 하더라도, 후행 보존등기가 중복등기에 해당하여 무효라는 이유로 말소등기를 구하는 원고의 후소는 패소 판결이 확정된 전소와 청구원인을 달리하는 것이어서 전소의 기판력에 저촉되지 않는다(대판 2011.7.14. 2010다107064)."고 한 판시도 있다.

3) 명시적 일부청구설

명시적 일부청구는 명시한 부분만 소송물이 되므로 잔부에는 기판력이 미치지 않으나, 묵시적 일부
청구는 소송물이 전부이므로 기판력이 전부에 미친다는 견해이다.

(2) 판례

불법행위의 피해자가 일부청구임을 명시하여 손해의 일부만을 청구하는 경우 그 명시방법으로는 반드
시 전체 손해액을 특정하여 그 중 일부만을 청구하고 나머지 손해액에 대한 청구를 유보하는 취지임을
밝혀야 할 필요는 없고 일부청구 하는 손해의 범위를 잔부청구와 구별하여 그 심리의 범위를 특정할
수 있는 정도의 표시를 하여 전체 손해의 일부로서 우선 청구하고 있는 것임을 밝히는 것으로 족하다(대
판 1989.6.27. 87다카2478).

(3) 검토

처분권주의 내지 원고의 분할청구의 자유와 분쟁의 일회적 해결의 요청을 조화시킬 필요가 있으므로,
명시적 일부청구설이 타당하다고 생각된다.

5. 장래이행의 소와 기판력

확정판결은 주문에 포함한 것에 대하여 기판력이 있고, 변론종결시를 기준으로 이행기가 장래에 도래하는
청구권이더라도 미리 청구할 필요가 있는 경우에는 장래이행의 소를 제기할 수 있다. 따라서 이행판결의
주문에서 변론종결 이후 기간까지의 급부의무의 이행을 명한 이상 그 확정판결의 기판력은 주문에 포함된
기간까지의 청구권의 존부에 대하여 미친다(대판 2019.8.29. 2019다215272).

Ⅲ. 판결이유 중의 판단

1. 원칙

결론인 주문의 판단을 끌어내는데 필요한 전제문제인 공격방어방법은 재판의 최종목표가 아니라 수단으로
주장되는 것에 불과하고, 이를 다툴 것인지 여부는 당사자의 자유에 속하고, 법원도 주문을 끌어내기 쉬운
것부터 자유로이 선택할 수 있으므로, 원칙적으로 판결이유 중의 판단에는 생기지 않는다(제216조 제1항).[44]
또한 판결이유 중의 판단에까지 기판력을 인정한다면 이는 당사자에게 예상치 못한 타격을 가하게 되어
부당하기 때문이다.

---

[44] 확정판결의 기판력은 소송물로 주장된 법률관계의 존부에 관한 판단의 결론에만 미치고 그 전제가 되는 법률관계
의 존부에까지 미치는 것은 아니므로, 계쟁 부동산에 관한 피고 명의의 소유권이전등기가 원인무효라는 이유로 원
고가 피고를 상대로 그 등기의 말소를 구하는 소송을 제기하였다가 청구기각의 판결을 선고받아 확정되었다고 하
더라도, 그 확정판결의 기판력은 소송물로 주장된 말소등기청구권이나 이전등기청구권의 존부에만 미치는 것이지
그 기본이 된 소유권 자체의 존부에는 미치지 아니하고, 따라서 원고가 비록 위 확정판결의 기판력으로 인하여 계쟁
부동산에 관한 등기부상의 소유 명의를 회복할 방법은 없게 되었다고 하더라도 그 소유권이 원고에게 없음이 확정
된 것은 아닐 뿐만 아니라, 등기부상 소유자로 등기되어 있지 않다고 하여 소유권을 행사하는 것이 전혀 불가능한
것도 아닌 이상, 원고로서는 그의 소유권을 부인하는 피고에 대하여 계쟁 부동산이 원고의 소유라는 확인을 구할
법률상 이익이 있으며, 이러한 법률상의 이익이 있는 이상에는 특별한 사정이 없는 한 소유권확인 청구의 소제기
자체가 신의칙에 반하는 것이라고 단정할 수 없는 것이다(대판 2002.9.24. 2002다11847).

즉, 확정판결의 기판력은 소송물로 주장된 법률관계의 존부에 관한 판단의 결론에만 미치고 그 전제가 되는 법률관계의 존부에까지 미치는 것이 아니므로, 위 확정판결의 기판력이 미치는 법률관계는 망인들의 피고에 대한 소유권이전등기청구권의 존부에 한정되고 이 사건에서 문제 되는 농지분배처분 무효 내지 망인들의 이 사건 각 분배토지에 관한 수분배권 존부는 그 전제가 되는 법률관계에 불과하여 위 확정판결의 기판력이 미치지 아니한다(대판 2021.4.8. 2020다219690).

2. 사실과 선결적 법률관계

판결이유 중 판결의 기초로 한 사실과 선결적 법률관계에 관한 판단에 대하여는 기판력이 생기지 않는다.

3. 법률판단

판결이유 속에 표시된 법률판단에는 기판력이 생기지 않는다. 다만, 판결이유 속의 법률판단은 환송판결을 한 경우에 하급심법원을 기속할 뿐이다(제436조 제2항).

4. 항변

(1) 원칙

판결이유 속에서 판단되는 피고의 항변에 대해서는 그것이 판결의 기초가 되었다 하여도 기판력이 생기지 않는다.

(2) 상계항변의 예외적 취급

1) 예외적 취급의 이유

제216조 제2항은 판결이유 중에서 상계를 주장한 청구가 성립되는지 아닌지의 판단은 상계하자고 대항한 액수에 한하여 기판력을 가진다고 규정하고 있다. 이는 상계에 쓰인 자동채권에 대해 별소로 다시 그 존부를 다투게 된다면 전소의 효과가 유명무실하게 되기에 분쟁의 일회적 해결을 추구하는 데 그 취지가 있다.

2) 기판력이 생기는 범위

① 상계를 주장하면 그것이 받아들여지든 아니하든 상계하자고 대항한 액수에 대하여 기판력이 생긴다(대판 2013.11.14. 2013다46023).

② 상계항변을 인용한 경우에는 상계로 대항한 수액에 관하여 원고의 수동채권이 상계에 의하여 소멸하였다는 판단에 기판력이 생긴다. 다만, 기판력이 생기는 범위에 관하여 현재의 법률관계로서 자동채권이 존재하지 않는다는 점에 기판력이 생긴다는 견해가 있지만, 수동채권과 자동채권이 다 함께 존재하다가 상계에 의해 소멸된 점에 기판력이 생긴다는 견해가 제216조 제2항의 조문에 충실한 해석이라고 본다.

③ 상계항변을 배척한 경우에는 대항한 수액에 관하여 자동채권의 부존재에 기판력이 생긴다.

3) 증거조사설

상계항변은 수동채권의 존재에 관하여 증거조사 하여 확정하고 나서 판단을 하여야 하며, 그 존재를 가정하여 상계항변으로 곧바로 청구기각을 하여서는 안 된다(증거조사설).[45][46]

4) 상계항변과 상소의 이익

상계항변에 의하여 전부 승소한 피고라도 이 점을 다툴 상소의 이익이 있다(예외를 인정하는 형식적 불복설). 즉, 소송상 방어방법으로서의 상계항변은 통상 수동채권의 존재가 확정되는 것을 전제로 하여 행하여지는 일종의 예비적 항변으로서, 소송상 상계의 의사표시에 의해 확정적으로 그 효과가 발생하는 것이 아니라 당해 소송에서 수동채권의 존재 등 상계에 관한 법원의 실질적 판단이 이루어지는 경우에 비로소 실체법상 상계의 효과가 발생한다. 따라서 원고의 소구채권 자체가 인정되지 않는 경우 더 나아가 피고의 상계항변의 당부를 따져볼 필요도 없이 원고 청구가 배척될 것이므로, '원고의 소구채권 그 자체를 부정하여 원고의 청구를 기각한 판결'과 '소구채권의 존재를 인정하면서도 상계항변을 받아들인 결과 원고의 청구를 기각한 판결'은 민사소송법 제216조에 따라 기판력의 범위를 서로 달리하고, 후자의 판결에 대하여 피고는 상소의 이익이 있다(대판 2018.8.30. 2016다46338·46345).

5) 2개 이상의 반대채권으로 상계항변한 경우

피고가 상계항변으로 2개 이상의 반대채권(또는 자동채권, 이하 "반대채권"이라고만 한다)을 주장하였는데 법원이 그중 어느 하나의 반대채권의 존재를 인정하여 수동채권의 일부와 대등액에서 상계하는 판단을 하고, 나머지 반대채권들은 모두 부존재한다고 판단하여 그 부분 상계항변은 배척한 경우에, 수동채권 중 위와 같이 상계로 소멸하는 것으로 판단된 부분은 피고가 주장하는 반대채권들 중 그 존재가 인정되지 않은 채권들에 관한 분쟁이나 그에 관한 법원의 판단과는 관련이 없어 기판력의 관점에서 동일하게 취급할 수 없으므로, 그와 같이 반대채권들이 부존재한다는 판단에 대하여 기판력이 발생하는 전체 범위는 위와 같이 상계를 마친 후의 수동채권의 잔액을 초과할 수 없다고 보아야 한다.

---

[45] 소송상 방어방법으로서의 상계항변은 수동채권의 존재가 확정되는 것을 전제로 하여 행하여지는 일종의 예비적 항변으로서 당사자가 소송상 상계항변으로 달성하려는 목적, 상호양해에 의한 자주적 분쟁해결수단인 조정의 성격 등에 비추어 볼 때, 당해 소송절차 진행 중 당사자 사이에 조정이 성립됨으로써 수동채권의 존재에 관한 법원의 실질적인 판단이 이루어지지 아니한 경우에는 그 소송절차에서 행하여진 소송상 상계항변의 사법상 효과도 발생하지 않는다고 봄이 타당하다(대판 2013.3.28. 2011다3329).

[46] 소송상 방어방법으로서의 상계항변은 통상 수동채권의 존재가 확정되는 것을 전제로 하여 행하여지는 일종의 예비적 항변으로서 소송상 상계의 의사표시에 의해 확정적으로 효과가 발생하는 것이 아니라 당해 소송에서 수동채권의 존재 등 상계에 관한 법원의 실질적 판단이 이루어지는 경우에 비로소 실체법상 상계의 효과가 발생한다. 이러한 피고의 소송상 상계항변에 대하여 원고가 다시 피고의 자동채권을 소멸시키기 위하여 소송상 상계의 재항변을 하는 경우, 법원이 원고의 소송상 상계의 재항변과 무관한 사유로 피고의 소송상 상계항변을 배척하는 경우에는 소송상 상계의 재항변을 판단할 필요가 없고, 피고의 소송상 상계항변이 이유 있다고 판단하는 경우에는 원고의 청구채권인 수동채권과 피고의 자동채권이 상계적상 당시에 대등액에서 소멸한 것으로 보게 될 것이므로 원고가 소송상 상계의 재항변으로써 상계할 대상인 피고의 자동채권이 그 범위에서 존재하지 아니하는 것이 되어 이때에도 역시 원고의 소송상 상계의 재항변에 관하여 판단할 필요가 없게 된다. 또한, 원고가 소송물인 청구채권 외에 피고에 대하여 다른 채권을 가지고 있다면 소의 추가적 변경에 의하여 그 채권을 당해 소송에서 청구하거나 별소를 제기할 수 있다. 그렇다면 원고의 소송상 상계의 재항변은 일반적으로 이를 허용할 이익이 없다. 따라서 피고의 소송상 상계항변에 대하여 원고가 소송상 상계의 재항변을 하는 것은 다른 특별한 사정이 없는 한 허용되지 않는다고 보는 것이 타당하다(대판 2014.6.12. 2013다95964).

그리고 이러한 법리는 피고가 주장하는 2개 이상의 반대채권의 원리금 액수의 합계가 법원이 인정하는 수동채권의 원리금 액수를 초과하는 경우에도 마찬가지로 적용된다(대판 2018.8.30. 2016다46338·46345).[47]

6) 상계항변과 중복소송

상계의 항변은 기판력이 생기므로 자동채권을 별소로 구하는 것이 중복소송에 해당하는지 여부가 문제되지만, 상계항변이 공격방어방법에 불과하므로 중복소송이 아니다(대판 2001.4.27. 2000다4050).

7) 기판력이 생기지 않는 경우

상계항변에 대한 기판력은 자동채권의 존부에 관하여 실질적으로 판단을 한 경우에 한하며, 상계항변의 각하(민사소송법 제149조), 성질상 상계가 허용되지 않거나(민법 제496조, 제492조 제1항 단서), 상계부적상(민법 제492조 제1항 본문)을 이유로 배척된 경우에는 기판력이 발생하지 않는다.[48]

8) 동시이행항변에 대한 상계항변의 기판력 인정 여부

판례는 "상계 주장에 관한 판단에 기판력이 인정되는 경우는, 상계 주장의 대상이 된 수동채권이 '소송물'로서 심판되는 소구채권이거나 그와 실질적으로 '동일'하다고 보이는 경우(가령 원고가 상계를 주장하면서 청구이의의 소송을 제기하는 경우 등)로서 상계를 주장한 반대채권과 그 수동채권을 기판력의 관점에서 동일하게 취급하여야 할 필요성이 인정되는 경우를 말한다고 봄이 상당하므로, 만일 상계 주장의 대상이 된 수동채권이 동시이행항변에 행사된 채권일 경우에는 그러한 상계 주장에 대한 판단에는 기판력이 발생하지 않는다(대판 2005.7.22. 2004다17207)."고 한다.

9) 상계의 항변의 의미 – 단독행위

이 경우의 상계의 항변은 민법 제492조 이하의 단독행위로서 상계권의 행사를 말하는 것이므로, 상계정산의 합의[49]는 제외된다(대판 2014.4.10. 2013다54390).

---

47) 이때 '부존재한다고 판단된 반대채권'에 관하여 법원이 그 존재를 인정하여 수동채권 중 일부와 상계하는 것으로 판단하였을 경우를 가정하더라도, 그러한 상계에 의한 수동채권과 당해 반대채권의 차액 계산 또는 상계충당은 수동채권과 당해 반대채권의 상계적상의 시점을 기준으로 하였을 것이고, 그 이후에 발생하는 이자, 지연손해금 채권은 어차피 그 상계의 대상이 되지 않았을 것이므로, 위와 같은 가정적인 상계적상 시점이 '실제 법원이 상계항변을 받아들인 반대채권'에 관한 상계적상 시점보다 더 뒤라는 등의 특별한 사정이 없는 한, 앞에서 본 기판력의 범위의 상한이 되는 '상계를 마친 후의 수동채권의 잔액'은 수동채권의 '원금'의 잔액만을 의미한다고 보아야 한다.

48) 항변권이 부착되어 있는 채권을 자동채권으로 하여 타의 채무와의 상계는 일방의 의사표시에 의하여 상대방의 항변권 행사의 기회를 상실케 하는 결과가 되므로 성질상 허용할 수 없는 것이나 상계항변에서 들고 나온 자동채권을 부정하여 그 항변을 배척하는 것과 자동채권의 성립은 인정되나 성질상 상계를 허용할 수 없다 하여 상계항변을 배척하는 것과는 그 형식면에서는 같을지라도 전자의 경우엔 기판력이 있다 할 것이므로 양자는 판결의 효력이 다른 것이다(대판 1975.10.21. 75다48).

49) 원칙적으로 확정판결의 기판력은 주문에 포함된 것에 한하여 인정되지만, 이유에 포함된 것이라도 상계항변으로 주장된 자동채권에 관해서는 상계로서 대항한 액수에 한하여 기판력이 미친다(민사소송법 제216조). 그러나 여기서 말하는 상계는 민법 제492조 이하에 규정된 단독행위로서의 상계를 의미하는데, 원심판결 이유와 기록에 의하면 위 피고는 상계항변을 한 것이 아니라 위 피고와 소외인과의 사이에 원고의 위 피고에 대한 임대수익금 채권과 위 피고의 ○○농산에 대한 농산물대금 채권을 상계하여 정산하기로 하는 내용의 합의를 하였다는 취지의 항변을 한 것에 지나지 않음을 알 수 있고, 이는 부대상고이유의 주장 자체로 보아도 분명하다. 결국 위 피고의 항변은 본래 의미의 상계를 주장하는 것이 아니므로 원심의 이 부분 판단에 관하여는 기판력이 미치지 않는다(대판 2014.4.10. 2013다54390).

5. 판결이유 중의 판단에 대한 구속력 인정 여부

(1) 문제점

1) 확정판결의 기판력은 주문에 생기는 것이지 이유에는 생기지 않는 것이 원칙이다(제216조).

2) 하지만 전소에서 당사자들이 주요쟁점으로 다툰 사항이고, 법원도 심혈을 기울여 심리한 사항인 경우에 주문에서 판단되지 않고 이유에서 판단된다는 이유만으로 기판력이 생기지 않아 후소에서 다시 다툴 수 있다면, 이는 실질적으로 전소확정판결을 무시하는 결과가 될 수 있기 때문에 이유부분에 대해서도 어떤 구속력을 인정하려는 논의가 있다.

(2) 학설

1) 쟁점효이론은 판결이유 중의 판단이라고 하여도 그것이 소송에 있어서 중요한 쟁점이 되어 당사자가 다투고 법원도 이에 대해 실질적으로 심리를 하였으면 그 쟁점에 대해서 내린 법원의 판단에 쟁점효라는 구속력을 인정해야 한다고 한다[신도(新堂)].

2) 신의칙설은 전소에서 주장·항변한 사항은 판결이유에서 긍정적 판단까지 받았다면, 전소와 소송물을 달리하는 후소에서라도 그와 정반대의 주장·항변을 하는 것은 신의칙상 허용되지 않는다고 한다(이시윤).

3) 증명력설(증거효설)은 당사자가 같고 분쟁의 기초사실이 같은 경우 전소의 판단이 후소에서 유력한 증거자료로서의 효력, 즉 증거효가 생긴다고 한다(호문혁).

> (TIP) 이외에도 독일에서는 전소의 판결이 그 목적에 비추어 후소에서 확정하려는 법률효과와 의미관련이 성립되면 전소의 이유중의 판단에 기판력을 인정할 것이라는 Zeuner의 의미관련론, 전소와 후소의 경제적 가치가 동일한 경우에는 전소 판결이유 중의 판단에 기판력이 인정된다는 Henckel의 경제적 가치동일성설이 있다.

(3) 판례

1) 증명력설

판례는 "다른 사건의 재판에서 인정된 사실에 관하여는 다른 민사소송에서 구속을 받는 것은 아니지만 이미 확정된 관련 있는 민사나 형사판결에서 인정된 사실은 이를 채용할 수 없는 특별한 사정이 나타나 있지 아니한 이상 유력한 증거자료가 되는 것인바, 전후 두개의 민사소송이 당사자가 같고 분쟁의 기초가 된 사실도 같으나, 다만 소송물이 달라 기판력에 저촉되지 아니한 결과 새로운 청구를 할 수 있는 경우에 있어서는 더욱 그러하다(대판 1990.12.11. 90다카7545 등)."고 증명력설의 입장이다.

2) 신의칙설

판례는 "신의칙에 기하여 소송의 반복을 금지하기 위하여는 ① 적어도 그 판단이 전소에서 주요한 쟁점으로 되어 양당사자가 공격방어를 다한 사항에 대하여 내려졌고, 따라서 ② 상대방에게 그 사항에 대한 다툼은 이미 결말이 났다고 하는 정당한 신뢰가 생겼을 것이 요구된다(대판 2002.9.24. 2002다11847)."고 하여 신의칙의 적용에 관하여 여운을 남기고 있다(정동윤·유병현).

(4) 검토

쟁점효이론은 무엇이 주요쟁점으로 다투어진 것에 포함되느냐를 판단할 기준이 명확하지 않기 때문에 이는 소송경제에 어긋날 수 있어 타당하지 않고, 판결이유의 구속력이 일반적으로 문제되는 것은 당사자가 전후 양 소송에서 모순되는 진술을 하는 것이 아니라 확정판결이 있음에도 불구하고 계속 자기주장을 관철시키려고 하는 데에 있는 것이므로 신의칙설은 이 경우에 별다른 기여를 하지 못한다. 따라서 전소확정판결의 판단이 후소에서 유력한 증명력을 가진다는 증명력설이 타당하다고 본다(호문혁).

甲은 乙을 피고로 매매대금채권 5천만 원의 지급을 구하는 소(이하 "A소"라 한다)를 제기하였다. 이 소송에서 乙은 甲에 대하여 갖고 있는 대여금채권 6천만 원(이하 "이 사건 대여금채권"이라 한다)을 자동채권으로 하는 상계의 항변을 주장하였다. 다음 물음에 답하시오. (다만, 아래의 각 물음은 독립적임) (50점)

물음 2) 甲이 제기한 A소에서 乙이 이 사건 대여금채권을 자동채권으로 하는 상계의 항변을 주장하였고, 법원은 甲의 채권과 乙의 채권이 모두 인정된다고 판단하여 甲의 청구를 기각하는 판결을 선고하였다. 이 판결이 확정된 후 乙은 甲을 피고로 상계의 항변으로 주장한 이 사건 대여금채권의 반환을 구하는 소를 제기할 수 있는가? (30점)

Ⅰ. 문제의 소재

1. 甲은 乙을 피고로 매매대금채권 5천만 원의 지급을 구하는 소를 제기한 데 대하여, 乙은 甲에 대한 대여금 6천만 원 채권으로 상계의 항변을 한 경우, 기판력이 생기는 범위가 어떠한지가 문제가 된다(제216조 제2항).

2. 기판력이 생겼음에도 乙이 甲에게 상계항변으로 주장한 6천만 원 대여금 반환을 구하는 소를 제기할 수 있는지가 기판력의 본질론, 범위와 관련하여 문제가 되므로, 이를 살펴보기로 한다.

Ⅱ. 乙의 상계의 항변과 기판력

1. 기판력의 의의

기판력이라 함은 일단 판결이 형식적으로 확정되면 그 판결의 내용인 특정한 소송물에 관한 법률적 판단이 당사자 및 법원을 구속하고, 후에 동일한 사항이 문제되면, 당사자는 이에 저촉되는 주장을 할 수 없게 되고(불가쟁), 법원도 이에 반하는 판단을 할 수 없게 되는 효력(불가반)을 말한다. 기판력은 판결에 종국성을 부여하여 법적 안정성을 확보하기 위하여 인정되는 제도이다.

2. 상계의 항변의 예외적 취급의 이유

판결이유 속에서 판단되는 피고의 항변에 대해서는 그것이 판결의 기초가 되었다 하여도 기판력이 생기지 않는다. 그러나 제216조 제2항은 판결이유 중에서 상계를 주장한 청구가 성립되는지 아닌지의 판단은 상계하자고 대항한 액수에 한하여 기판력을 가진다고 규정하고 있다. 이는 상계에 쓰인 자동채권에 대해 별소로 다시 그 존부를 다투게 된다면 전소의 효과가 유명무실하게 되기에 분쟁의 일회적 해결을 추구하는데 그 취지가 있다.

3. 상계의 항변과 기판력이 생기는 범위

(1) 상계를 주장하면 그것이 받아들여지든 아니하든 상계하자고 대항한 액수에 대하여 기판력이 생긴다(대판 2013.11.14. 2013다46023). 그리고 상계항변을 인용한 경우에는 상계로 대항한 수액에 관하여 원고의 수동채권이 상계에 의하여 소멸하였다는 판단에 기판력이 생긴다.

(2) 다만, 기판력이 생기는 범위에 관하여 현재의 법률관계로서 자동채권이 존재하지 않는다는 점에 기판력이 생긴다는 견해가 있지만, 수동채권과 자동채권이 다 함께 존재하다가 상계에 의해 소멸된 점에 기판력이 생긴다는 견해가 제216조 제2항의 조문에 충실한 해석이라고 본다.

(3) 상계항변을 배척한 경우에는 대항한 수액에 관하여 자동채권의 부존재에 기판력이 생긴다.

4. 사안의 경우

甲은 乙을 피고로 매매대금채권 5천만 원의 지급을 구하는 소를 제기하였고, 이 소송에서 乙은 甲에 대하여 갖고 있는 대여금채권 6천만 원을 자동채권으로 하는 상계의 항변을 주장하였다. 따라서 乙은 甲에게 상계하자고 대항한 액수는 수동채권인 5천만 원에 해당하는 부분에 한정되므로, 수동채권인 매매대금채권 5천만 원과 자동채권인 대여금채권 5천만 원이 다 함께 존재하다가 상계에 의해 소멸되었다는 점에 기판력이 생긴다고 보아야 한다. 그리고 나머지 자동채권인 대여금채권 1천만 원 부분은 상계로 대항한 액수가 아니므로, 기판력이 생기지 아니한다.

Ⅲ. 乙의 甲에 대한 대여금채권의 반환을 구하는 소의 적법 여부

1. 기판력의 본질론

(1) 문제점

확정판결의 기판력은 어디에서 유래하는 효력인지에 대해서 견해가 대립하고 있다. 이는 특히 실체법상 권리관계와 판결의 판단에 있어서의 불일치나 기판력이 당사자 사이에서만 한정되는 상대성을 어떻게 설명할 것인지의 기초가 된다. 특히 이에 대해 과거에는 기판력은 실체법상 권리관계를 변동하는 효력이라는 실체법설도 있었으나, 오늘날에는 주장되지 않으므로 기판력은 단지 소송법상 법원을 구속하는 효력이라고 보는 소송법설을 중심으로 살펴본다.

(2) 학설

모순금지설(구소송법설)은 기판력은 어느 법원이 행한 판결이 확정되면 다른 법원도 이와 모순되는 재판을 하는 것이 허용되지 않는다는 국가적 판단의 통일로부터 요청되는 효력이라고 한다. 즉, 전소가 승소확정판결인 경우에 원고가 동일한 소를 제기하는 것은 원고가 권리보호를 받았음에도 다시 소를 제기하는 것이므로 이는 권리보호이익 흠결로 소를 각하해야 하고, 전소가 패소확정판결인 경우에는 전소의 판결내용과 모순되는 판단을 해서는 안 되므로 청구기각의 판결을 하여야 하고 소각하의 판결을 해서는 안 된다고 한다. 반복금지설(신소송법설)은 기판력의 근거를 일사부재리에 내재하는 분쟁해결의 일회성의 요청에서 구하여 법원이 이미 판결이 확정된 소송물에 대하여 다시 변론, 증거조사 및 판결을 구하는 것은 기판력에 의해 일체 저지된다고 한다. 즉, 이에 의하면 기판력은 그 자체로 독자적인 소송요건흠결이 되므로 전소확정판결이 승소이든 패소이든 상관없이 후소는 부적법 각하된다고 한다.

(3) 판례

판례는 원고가 전소에서 일부승소의 확정판결을 받아 놓고 다시 동일한 피고에게 보관금반환청구의 소를 제기한 사안에서 "원고의 이 사건 소 중 그 승소부분에 해당하는 2분의 1 부분은 권리보호의 요건을 갖추지 못한 부적법한 것이라 하여 이를 각하하여야 하고 패소부분에 해당하는 나머지 2분의 1 부분은 그와 모순되는 판단을 할 수 없는 것이라 하여 형식적으로 이를 기각하여야 한다(대판 1979.9.11. 79다1275)."고 하고, "확정된 승소판결에는 기판력이 있으므로 승소 확정판결을 받은 당사자가 전소의 상대방을 상대로 다시 승소 확정판결의 전소와 동일한 청구의 소를 제기하는 경우, 특별한 사정이 없는 한 후소는 권리보호의 이익이 없어 부적법하다(대판 2017.11.14. 2017다23066)."고 하여 모순금지설의 입장이다. 특히 제1심판결이 당사자 및 소송물이 동일한 전소송의 판결의 기판력에 저촉된다는 이유로 원고의 청구를 부당하다고 하여 기각하였다면 제1심판결의 취지는 전소송에서 한 원고 청구기각판결의 기판력에 의하여 그 내용과 모순되는 판단을 하여서는 안 되는 구속력 때문에 전소판결의 판단을 채용하여 원고청구기각의 판결을 한다는 것으로서 이는 소송물의 존부에 대한 실체적 판단을 한 본안판결이다(대판 1989.6.27. 87다카2478).

(4) 검토

기판력의 근거가 법적 안정성에 있다면, 이론구성이 간명한 반복금지설을 따른다(이시윤).[50]

2. 기판력의 범위

기판력은 주관적 범위, 객관적 범위, 시적 범위가 문제가 되는데, 사안에서는 전소에서 상계의 항변을 한 乙이 甲에게 다시 동일한 채권에 대한 소를 제기한 것이므로, 주관적 범위는 충족한다(제218조 제1항). 그리고 변론종결 뒤에 새로운 사유는 보이지 않으므로 시적 범위도 문제는 없다고 보인다. 다만, 객관적 범위와 관련하여 기판력이 어느 범위에서 생겼는지가 후소의 적법 여부와 관련된다.

---

50) **모순금지설에 따른 검토:** 반복금지설은 본안판단에 나아가야 하는 기판력의 선결문제를 제대로 설명하지 못하므로, 이를 잘 설명할 수 있는 모순금지설이 타당하다.

3. 乙의 甲에 대한 대여금채권의 반환을 구하는 소의 적법 여부

(1) 기판력이 생긴 5천만 원 대여금채권 부분

6천만 원의 대여금채권 중 5천만 원 부분은 기판력이 발생하였다(제216조 제2항). 따라서 이 부분은 소극적 소송요건 흠결로서 乙의 甲에 대한 소를 각하하여야 한다(반복금지설). 다만, 모순금지설에 의하면 乙은 소의 이익이 없어(승소판결 받은 경우에 해당), 乙의 甲에 대한 소를 각하하여야 한다.

(2) 기판력이 생기지 않은 1천만 원 대여금채권 부분

1천만 원 부분은 상계로 대항한 액수가 아니므로 기판력이 생기지 않아 이는 후소에 미치지 않으므로, 乙의 甲에 대한 1천만 원 대여금청구는 적법하다.

Ⅳ. 사안의 해결

1. 甲은 乙을 피고로 매매대금채권 5천만 원의 지급을 구하는 소를 제기한 데 대하여, 乙은 甲에 대한 대여금 6천만 원 채권으로 상계의 항변을 한 경우, 기판력이 생기는 범위는 상계로 대항한 액수인 대여금 6천만 원에 한정된다.

2. 따라서 乙의 甲에 대한 대여금청구소송 중 5천만 원은 기판력에 저촉되어 부적법하여 소를 제기할 수 없지만, 나머지 1천만 원은 기판력에 저촉되지 아니하므로, 소를 제기할 수 있다.

58 기판력의 시적 범위

CONTENTS

소송법 제505조(현 민사집행법 제44조) 제2항이 규정하는 '이의원인이 변론종결 후에 생긴 때'에 해당하는 것으로서, 당사자가 채무명의(현 집행권원)인 확정판결의 변론종결 전에 자동채권의 존재를 알았는가 몰랐는가에 관계없이 적법한 청구이의 사유로 된다(대판 1966.6.28. 66다780)."고 하여 상계권비실권설의 입장

3) 검토

비실권설은 무효사유도 차단되는 것과 균형이 맞지 아니하며, 실권설은 일반적으로 타당하지만 상계권의 경우에도 실권된다는 것은 상계권이 소구채권과는 관계없는, 즉 본소송과는 관련없는 반대채권에 기초하고 있다는 것을 간과하고 있으며, 절충설은 원래 공격방어방법은 지·부지와 관계없이 차단된다는 기판력의 사상에 반함

∴ 상계권비실권설이 타당

3. 표준시 전(前)의 법률관계

(1) 기판력 ×

(2) 판례도 "원본채권이 변론종결당시에 부존재하였음을 이유로 청구기각되었을 경우라도, 변론종결 전에는 그 원본채권이 존재하였음을 전제로 그 때까지 생긴 이자청구가 가능하며 기판력을 받지 않는다(대판 1976.12.14. 76다1488)."고 함. 다만, 변론종결 이후의 이자청구는 전소확정판결이 후소의 선결관계로 작용하므로, 이에 대해서는 청구기각판결

4. 정기금판결에 대한 변경의 소

(1) 문제점

현저한 사정변경이 가능한지 여부

(2) 종래의 논의

1) 종전 판례는 이를 부정, 대판 1993.12.21. 92다46226 전합의 다수의견 - 유보된 일부청구의제이론. but 별개의견 - 기판력의 시적한계론. and 학설은 별개의 소송물론도 ○(정영환)

2) 검토: 다수의견은 임대료가 현저히 하락한 경우에는 별다른 기여를 하지 못하며, 별개의견도 장래이행의 소 자체가 장래 변동

의 가능성을 어느 정도는 염두에 둔다는 면에서 완벽한 이론구성은 아님

3) 이런 문제점을 인식하여 2002년 개정 민사소송법은 변경의 소를 도입

(3) 변경의 소 신설

1) 적법요건

① 현행법 제252조: 정기금의 지급을 명한 판결이 확정된 뒤에 그 액수 산정의 기초가 된 사정이 현저하게 바뀜으로써 당사자 사이의 형평을 크게 침해할 특별한 사정이 생긴 때에는 그 판결의 당사자는 장차 지급할 정기금 액수를 바꾸어 달라고 하는 소를 제기할 수 있다고 규정

② 대상적격 - 정기금 지급을 명한 판결: 정기금배상판결만이 아니라 정기금 방식의 연금·임금·이자지급판결 등도 그 소송의 대상 ○. and 변론종결 전에 발생한 손해에 대한 정기금판결에서만 변경의 소를 한정한 일본과는 달리, 장래 발생할 손해에 대한 정기금지급을 명한 판결[51]도 변경의 소의 대상 ○

③ 소송물: 변경의 소는 전의 소송물에 대한 판결에서 정기금 산정의 기초가 된 사정이 현저히 바뀐 것을 반영시키는 것이므로 전소의 소송물과 동일(소송물동일설, 통설). 다만, 이에 대해서는 변경판결청구권이라는 다른 소송물로 보는 견해도 유력(호문혁)

④ 확정판결: 확정판결에 대해 제기. 미확정판결이라면 상소로 취소하면 충분하기 때문. and 확정판결과 동일한 효력을 가지는 청구인낙조서, 화해, 조정조서 나아가 화해권고결정도 변경의 소가 유추됨(이시윤)

2) 이유구비요건

① 정기금지급의 확정판결의 표준시 이후에 액수산정의 기초가 된 사정이 현저히 바뀌어, 당사자 사이의 형평을 침해할 특별한 사정이 발생

---

51) 건물명도에 이르기까지 매월 100만 원의 임대료상당 손해금이나 부당이득금을 지급하라는 판결이 그 예.

② 정기금액수 산정의 기초가 된 사정: 주로 사실적 상황이나 법률개정과 같은 법률적 상황도 포함(이호원)

③ 당사자 사이의 형평을 침해할 특별한 사정: 산정시에 예상했던 후유장애가 크게 호전되는 변화, 임금·생필품가격 등 물가의 폭등, 공과금 부담의 증감, 한화의 큰 평가절차 등 경제사정의 변동 등을 들 수 있는데, 그와 같은 사실을 참작했다면 당초의 법원이 다른 판결에 이르렀을 사정이 이에 해당(이시윤)

④ 증명책임: 사정변경을 주장하는 원고에게 ○

3) 관할법원: 제1심 판결법원의 전속관할(동법 동조 제2항).

4) 집행정지: 재심 또는 상소의 추후보완으로 인한 집행정지 규정을 준용하여 집행정지 가능(제501조, 제500조)

(4) 변경의 소와 다른 절차와의 관계

1) 잔부청구 및 추가청구

① 장래의 예상치 못한 후유증이 발생한 사안에서 종래 판례는 별개의 소송물설을 취하여 소송물이 다르므로 후유증에 대한 손해배상청구가 가능하다고 함. 이 경우가 신법상의 변경의 소 사안인가에 대해 견해가 대립

② 학설[52]은 ⊙ 변경의 소에 의한 추가청구도 어차피 소송물이 다르므로(변경판결청구권) 이들을 구별할 필요가 없어 변경의 소가 가능하다는 견해도(호문혁), ⓒ 변경의 소는 전소확정판결의 기판력이 후소에 미치는 것을 전제로 한 것인데, 이 경우에는 전소와 후소의 소송물이 별개여서 기판력이 미치지 않으므로 변경의 소가 아니라 일반적인 추가청구를 해야 한다는 견해가 타당(소송물동일설, 이시윤, 전병서)

2) 청구에 관한 이의의 소

① 개념: 변경의 소는 사후에 청구원인이 되는 사실관계가 변경된 경우에, 청구에 관한 이의의 소는 사후에 발생한 권리소멸항변이나 권리불발생항변을 할 상황이 생긴 경우에 이용하는 것이므로 개념상으로는 명백히 구분

② 변경의 소와 구별: 예를 들어 정기금채무자의 채무액을 예기치 않게 반으로 감액할 필요가 생긴 경우, 사실관계의 변경과 채무의 일부소멸을 동시에 주장할 수 있기 때문에 그 구별이 어려움
∴ 독일 판례는 공통된 관할 법원이 있으면 이들을 예비적으로 병합하는 것을 인정. 두 원인이 각기 인정될 때는 단순병합도 인정(호문혁)

▌기판력의 시적 범위 사시 31회, 변리사 30회

Ⅰ. 서설

1. 기판력의 의의

기판력이라 함은 일단 판결이 형식적으로 확정되면 그 판결의 내용인 특정한 소송물에 관한 법률적 판단이 당사자 및 법원을 구속하고, 후에 동일한 사항이 문제되면, 당사자는 이에 저촉되는 주장을 할 수 없게 되고 (불가쟁), 법원도 이에 반하는 판단을 할 수 없게 되는 효력(불가반)을 말한다. 기판력은 판결에 종국성을 부여하여 법적 안정성을 확보하기 위하여 인정되는 제도이다.

---

52) 변경의 소의 소송물에 대해 통설·판례는 변경의 소의 대상이 된 정기금판결의 소송물과 동일하다고 보지만(소송물동일설), 유력설은 변경판결청구권이라는 다른 소송물로 본다(호문혁).

2. 기판력의 시적 범위의 의의 - 기판력의 표준시

기판력이 어느 시점에서 확정된 권리관계에 관하여 발생하는가의 문제이다. 판결은 변론종결시까지 현출된 자료를 기초로 행하고, 당사자도 변론종결시까지 소송자료를 제출할 수 있으므로, 기판력은 사실심의 변론 종결시를 표준시로 하여 이때의 권리관계의 존부의 판단에 생긴다는 것을 기판력의 시적 범위라 한다.

Ⅱ. 실권효(차단효) - 표준시 전에 존재하는 사유

1. 의의

당사자는 표준시의 권리관계의 존재 여부 판단을 다투기 위하여 표준시 이전에 존재하였던 사실에 대한 공격·방어방법을 제출 할 수 없다는 기판력의 작용을 실권효(차단효)라고 한다.

2. 실권효의 근거

특히 전소에서 이를 제출하지 못한 것이 과실에 의한 것인가를 불문하는데 이를 판결효설(판단효설, 통설·판례) 이라고 한다. 다만, 이에 대해서는 전소에서 과실 없이 주장하지 못한 공격방어방법은 실권되지 않는다는 제출책임효설(강현중)이 있다.

3. 이행판결

채무의 존재를 긍정하여 이행판결이 확정되었으면 피고가 후소에서 표준시 전에 있었던 변제, 면제, 소멸시 효의 항변 등을 하는 것은 허용되지 않는다.

4. 확인판결

소유권확인소송에서 소유권취득원인으로 매매를 주장하였다가 패소한 원고가 후소에서 표준시 전에 완성 된 취득시효의 사실을 주장할 수 없다(통설). 다만, 확인소송의 소송물에 대해 청구원인의 사실관계까지 고려 해야 한다는 견해에 의하면 이는 기판력의 객관적 범위를 일탈하므로 후소가 가능하다고 한다(호문혁).

5. 소송물이론과의 관계

(1) 구이론(판례)

구이론에 의하는 판례는 전소에서 제출하지 않은 사실 중에서 공격방어방법인 사실은 차단되지만, 청구 원인을 구성하는 사실관계는 변론종결 전에 발생한 것이라도 기판력에 저촉되지 않는다는 태도이다.

(2) 신이론(특히 일지설에 의하는 경우)

반대견해도 있지만, 전소의 사실관계와 무관하고 모순되지 않는 사실관계이면 기판력이 차단되지 않는 다고 할 것이다(이시윤).

Ⅲ. 표준시 후에 발생한 새로운 사유

1. 표준시 이후에 생긴 사유

(1) 변론종결 후에 발생한 새로운 변경사유는 실권효의 제재를 받지 않으므로, 변론종결 후에 발생한 새로운 사유에 의하여서도 기판력에 의하여 확정된 법률효과를 다툴 수 있다. 이 때 새로운 사유는 변론종결 후에 발생한 사실자료에 한하며 법률의 변경, 판례의 변경, 기초가 되었던 행정처분의 변경 등은 포함하지 않는다.

(2) 특히, 장래의 손해배상청구에 대한 판결이 난 경우에 전소표준시에 예측한 바와 달리 그 뒤에 액수산정의 기초에 현저한 사정변경이 생겨 판결 내용이 크게 형평을 잃게 된 경우가 문제된다.

(3) 이런 경우로는 피해자가 표준시에는 노동능력상실자였으나 뒤에 능력이 회복되어 손해가 줄어든 경우, 반대로 표준시의 임대료가 뒤에 대폭 폭등하여 손해가 늘어난 경우가 있다. 특히 판례는 뒤의 사안인 표준시 임대료보다 9배 상승한 사안에서 다수의견은 정의와 형평의 이념상 전소를 명시적 일부청구로 의제할 수 있다고 하여 후소로 원고가 그 차액청구를 새로 하여도 기판력에 저촉되지 아니한다고 하였다.

(4) 다만, 이에 대해서는 정기금판결에 대한 변경의 소가 신설된 이래 위와 같은 판례가 유지될 수 있는지 검토할 사항이라는 견해가 유력하다(이시윤).

2. 표준시 후의 형성권의 행사

(1) 기판력의 시적 한계와 형성권의 특수성

1) 기판력의 시적한계(실권효, 차단효)란 기판력은 변론종결시(표준시)에 있어서 권리관계의 존부판단에 생기기 때문에, 당사자는 전소의 표준시 전(변론종결시 전)에 존재하였으나 제출하지 않은 공격방어방법의 제출권을 잃는다는 것을 이른다.

2) 문제는 상계권·해제권·취소권 등의 형성권도 공격방어방법이므로 차단효·실권효가 적용되어야 하는 반면, 이런 형성권들은 실체법 독자적으로 행사기간(민법 제145조 등)이 정해져 있어 차단효가 적용될 경우 소송법이 실체법상의 행사기간을 단축하는 결과가 될 수 있으므로 이의 충돌을 어떻게 조화할 것이냐가 쟁점이 된다.

(2) 표준시 후의 형성권 행사의 가능 여부

1) **학설**

① **비실권설**

실권효를 인정하면 형성권의 행사기간이 정하여져 있는 실체법의 취지를 몰각하는 것이 되므로 실권되지 않아 변론종결 뒤에도 행사가 가능하다고 한다(호문혁).

② **실권설**

㉠ 흠이 중대한 무효사유도 차단되는 것과의 균형상 취소, 해제 사유는 실권되는 것이 타당하며, ㉡ 특히 상계권의 경우에 원고로서는 승소판결에 의하여 강제집행을 할 수 있는 지위를 획득하였으므로 피고의 상계권의 행사 및 그에 기한 청구이의의 소에 의하여 원고의 이러한 지위 내지는 기대가 무너지게 되는 것은 부당하다고 하여 상계권의 경우도 실효된다고 한다(독일의 판례, 통설, 김용진).

③ **상계권비실권설**

㉠ 상계권은 소구채권의 흠에 부착된 권리가 아니라 이와 별개의 독립한 반대채권을 함께 소멸시키는 출혈적 방어방법이므로 표준시 뒤의 행사를 일체 허용하지 않는 것은 피고에게 너무 가혹하다는 점, ㉡ 상계권은 자동채권의 실현수단이 되기 때문에 자동채권의 행사시기를 표준시 전으로 강제할 성질이 아니라는 점을 들어 일반적으로 형성권은 실효되지만 상계권(이에 준하는 건물매수청구권도 포함)만은 실효되지 않는다고 한다(정동윤·유병현, 전병서, 김상수, 김상영 등 다수설).

④ **절충설**(제한적 상계실권설)

일반적으로는 실권설이 타당하지만, 상계권의 경우에는 상계권이 있음을 몰랐을 경우에는 실권되지 아니하나, 알고 행사하지 않은 경우에는 실권된다는 입장이다. 특히 상계권이 있음을 안 경우에도 실권되지 않는다는 것은 절차의 집중·안정, 신의칙의 관점에서 바람직하지 않으며, 실기한 공격방어방법의 각하규정(제149조)과도 균형이 맞지 않다고 한다(이시윤).

2) 판례

① 판례는 취소권에 대해서는 "구두변론종결 전의 이미 발생하였던 취소권을 그 당시에 행사하지 않음으로 인하여 취소권자에게 불리하게 확정되었다 할지라도 확정 후 취소권을 뒤늦게 행사함으로써 동 확정의 효력을 부인할 수는 없게 되는 것이다(대판 1979.8.14. 79다105)."라고 하고, 해제권에 대해서는 "해제의 주장이 전소의 변론종결 후라고 하더라도 매매계약상의 잔금지급기일이 변론종결 전인 이상, 전소의 변론종결 전에 주장할 수 있었던 방어방법이라 할 것이어서 기판력이 미치는 효력에 대하여는 소장이 없다(대판 1981.7.7. 80다2751)."고 하여 차단효를 인정한다.

② 그러나 상계권에 대해서는 "당사자 쌍방의 채무가 서로 상계적상에 있다 하더라도 그 자체만으로 상계로 인한 채무소멸의 효력이 생기는 것은 아니고, 상계의 의사표시를 기다려 비로소 상계로 인한 채무소멸의 효력이 생기는 것이므로, 채무자가 채무명의인 확정판결의 변론종결 전에 상대방에 대하여 상계적상에 있는 채권을 가지고 있었다 하더라도 <u>집행권원인 확정판결의 변론종결 후에 이르러 비로소 상계의 의사표시를 한 때에는 민사집행법 제44조 제2항이 규정하는 '이의원인이 변론종결 후에 생긴 때'에 해당하는 것</u>으로서, 당사자가 집행권원인 확정판결의 변론종결 전에 자동채권의 존재를 알았는가 몰랐는가에 관계없이 적법한 청구이의 사유로 된다(대판 1966.6.28. 66다780)."고 하여 <u>상계권비실권설</u>의 입장이다.

③ 그리고 건물매수청구권에 대해서는 "건물의 소유를 목적으로 하는 토지 임대차에 있어서, 임대차가 종료함에 따라 토지의 임차인(乙)이 임대인(甲)에 대하여 건물매수청구권을 행사할 수 있음에도 불구하고 이를 행사하지 아니한 채, 토지의 임대인이 임차인에 대하여 제기한 토지인도 및 건물철거 청구소송에서 패소하여 그 패소판결이 확정되었다고 하더라도, 그 확정판결에 의하여 건물철거가 집행되지 아니한 이상, 토지의 임차인으로서는 건물매수청구권을 행사하여 별소로써 임대인에 대하여 건물 매매대금의 지급을 구할 수 있다고 할 것이다(대판 1995.12.26. 95다42195)."고 하여 <u>건물매수청구권비실권설</u>의 입장이다.

3) 검토

비실권설은 무효사유도 차단되는 것과 균형이 맞지 아니하며, 실권설은 일반적으로 타당하지만 상계권의 경우에도 실권된다는 것은 상계권이 소구채권과는 관계없는, 즉 본소송과는 관련없는 반대채권에 기초하고 있다는 것을 간과하고 있으며, 절충설은 원래 공격방어방법은 지·부지와 관계없이 차단된다는 기판력의 사상에 반한다. 따라서 상계권비실권설(건물매수청구권비실권설)이 타당하다.

> **시험에 이렇게 나온다!**
>
> 甲은 乙에 대하여 지급기일을 2017.2.1.로 하는 1억 원의 공사대금채권을 가지고 있었다. 乙은 2017.10.1.이 채권금액 가운데 3,000만 원을 변제하였다. 甲은 2018.4.1. 乙에 대하여 위 공사대금 1억 원의 지급을 구하는 소를 제기하였다. 법원은 2018.12.1. 변론을 종결하고 甲의 청구대로 1억 원의 지급을 명하는 판결을 선고 하였고, 그 판결은 확정되었다. 다음 물음에 답하시오. (50점)
>
> 물음 2) 乙은 甲에 대하여 2018.5.1.을 지급기일로 하는 대여금 2,000만 원의 채권을 가지고 있었으나 상계항변을 하지 않았다. 乙이 2019.7.1.에 이 채권을 가지고 상계할 수 있는지를 논하시오. (20점)

3. 표준 전의 법률관계

(1) 기판력이 확정하는 것은 변론종결 당시(표준시)의 권리관계의 존부이기 때문에, 표준시 전의 과거의 권리관계에 관하여는 기판력이 생기지 않는다.

(2) 판례도 원본채권이 변론종결 당시에 부존재하였음을 이유로 청구기각되었을 경우라도, 변론종결 전에는 그 원본채권이 존재하였음을 전제로 그때까지 생긴 이자청구가 가능하며 기판력을 받지 않는다고 하였다(대판 1976.12.14. 76다1488). 다만, 변론종결 이후의 이자청구는 전소확정판결이 후소의 선결관계로 작용하므로, 이에 대해서는 청구기각판결을 하여야 한다.

4. 정기금판결에 대한 변경의 소

(1) 문제점

장래이행의 소를 인용하는 판결은 애초에 장래 변동의 가능성을 어느 정도 염두에 두고 하게 되는데, 장래이행판결 당시 판단의 기초가 된 사정이 현저히 변경된 경우 구체적 타당성을 고려하여 변동분에 대한 새로운 이행소송이 가능한지가 문제된다.

(2) 종래의 논의

1) 종전 판례는 이를 부정하였으나, 전원합의체 판결(대판 1993.12.21. 92다46226 전합)의 다수의견은 전소의 청구를 명시적 일부청구로 보아 차액부분을 추가청구할 수 있다고 판시하였다(유보된 일부청구의제이론). 다만, 별개의견은 이러한 사정은 전소의 변론종결 이후의 사유로 보아 추가청구가 가능하다고 한다(기판력의 시적한계론). 그리고 학설 중에는 후유증에 관한 판례의 태도와 같이 후소를 전소와는 별개의 소송물로 보아 허용된다고 하는 견해(별개의 소송물론)도 있다.

2) 하지만 다수의견은 임대료가 현저히 하락한 경우에는 별다른 기여를 하지 못하며, 별개의견도 장래이행의 소 자체가 장래 변동의 가능성을 어느 정도는 염두에 둔다는 면에서 완벽한 이론구성은 아니라고 본다.

3) 이런 문제점을 인식하여 2002년 개정 민사소송법은 변경의 소를 도입하였다.

(3) 변경의 소 신설

1) 적법요건

① 현행법 제252조는 <u>정기금의 지급을 명한 판결이 확정된 뒤에 그 액수 산정의 기초가 된 사정이 현저하게 바뀜으로써 당사자 사이의 형평을 크게 침해할 특별한 사정</u>이 생긴 때에는 그 판결의 당사자는 장차 지급할 정기금 액수를 바꾸어 달라고 하는 소를 제기할 수 있다고 규정하고 있다.

② 이 경우 정기금의 지급을 명한 판결이면 되므로, 정기금배상판결만이 아니라 정기금 방식의 연금·임금·이자지급판결 등도 그 소송의 대상이 된다. 그리고 변론종결 전에 발생한 손해에 대한 정기금판결에서만 변경의 소를 한정한 일본과는 달리, 장래 발생할 손해에 대한 정기금지급을 명한 판결[53]도 변경의 소의 대상이 된다.

③ 변경의 소는 전의 소송물에 대한 판결에서 정기금 산정의 기초가 된 사정이 현저히 바뀐 것을 반영시키는 것이므로 전소의 소송물과 동일하다(소송물동일설; 통설). 다만, 이에 대해서는 변경판결청구권이라는 다른 소송물로 보는 견해도 유력하다(호문혁).

④ 확정판결에 대해 제기하여야 한다. 미확정판결이라면 상소로 취소하면 충분하기 때문이다. 그리고 확정판결과 동일한 효력을 가지는 청구인낙조서, 화해, 조정조서 나아가 화해권고결정도 변경의 소가 유추된다(이시윤).

2) 이유구비요건

① 정기금지급의 확정판결의 표준시 이후에 액수산정의 기초가 된 사정이 현저히 바뀌어, 당사자 사이의 형평을 침해할 특별한 사정이 있어야 한다. 이 사정은 전소판결시에 예상할 수 없던 사정이어야 한다.

② 특히 정기금액수 산정의 기초가 된 사정은 주로 사실적 상황일 것이나 법률개정과 같은 법률적 상황도 포함된다(이호원).

③ 그리고 당사자 사이의 형평을 침해할 특별한 사정이란 산정시에 예상했던 후유장애가 크게 호전되는 변화, 임금·생필품가격 등 물가의 폭등, 공과금 부담의 증감, 한화의 큰 평가절차 등 경제사정의 변동 등을 들 수 있는데, 그와 같은 사실을 참작했다면 당초의 법원이 다른 판결에 이르렀을 사정이 이에 해당한다(이시윤).

④ 이에 대한 증명책임은 사정변경을 주장하는 원고에게 있다.

3) 관할법원

제1심 판결법원의 전속관할로 한다(동법 동조 제2항).

4) 집행정지

재심 또는 상소의 추후보완으로 인한 집행정지 규정을 준용하여 집행정지를 할 수 있다(제501조, 제500조).

---

53) 건물명도에 이르기까지 매월 100만 원의 임대료상당 손해금이나 부당이득금을 지급하라는 판결이 그 예이다.

(4) 변경의 소와 다른 절차와의 관계

1) 잔부청구 및 추가청구

① 장래의 예상치 못한 후유증이 발생한 사안에서 종래 판례는 별개의 소송물설을 취하여 소송물이 다르므로 후유증에 대한 손해배상청구가 가능하다고 하고 있다. 그런데 이 경우가 신법상의 변경의 소 사안인가에 대해 견해가 대립되고 있다.

② 학설[54]은 ㉠ 변경의 소에 의한 추가청구도 어차피 소송물이 다르므로(변경판결청구권) 이들을 구별할 필요가 없어 변경의 소가 가능하다는 견해도 있으나(호문혁), ㉡ 변경의 소는 전소확정판결의 기판력이 후소에 미치는 것을 전제로 한 것인데, 이 경우에는 전소와 후소의 소송물이 별개여서 기판력이 미치지 않으므로 변경의 소가 아니라 일반적인 추가청구를 해야 한다는 견해가 타당하다고 본다(이시윤, 전병서).

2) 청구에 관한 이의의 소

① 변경의 소는 사후에 청구원인이 되는 사실관계가 변경된 경우에, 청구에 관한 이의의 소는 사후에 발생한 권리소멸항변이나 권리불발생항변을 할 상황이 생긴 경우에 이용하는 것이므로 개념상으로는 명백히 구분된다.

② 하지만 예를 들어, 정기금채무자의 채무액을 예기치 않게 반으로 감액할 필요가 생긴 경우, 사실관계의 변경과 채무의 일부소멸을 동시에 주장할 수 있기 때문에 그 구별이 반드시 쉽지는 않다. 그렇기 때문에 독일 판례는 공통된 관할 법원이 있으면 이들을 예비적으로 병합하는 것을 인정한다. 두 원인이 각기 인정될 때는 단순병합도 인정된다(호문혁).

---

54) 변경의 소의 소송물에 대해 통설·판례는 변경의 소의 대상이 된 정기금판결의 소송물과 동일하다고 보지만(소송물동일설), 유력설은 변경판결청구권이라는 다른 소송물로 본다(호문혁).

사례연습 CASE 1 기판력의 시적 범위 – 이자청구의 가부

연습문제

甲은 乙에게 대여금 청구의 소를 제기하였으나 대여금채권의 부존재를 이유로 패소확정판결을 받았다(변론종결일은 2018.5.1). 이에 甲은 대여일인 2016.1.1부터 현재인 2023.5.10까지 대여금채권이 존재함을 전제로 그에 대한 이자를 지급하라는 청구를 하는 경우 법원의 조치를 간단히 논하라. (20점)[55]

---

55) 본 설문은 대법원 판결(대판 1976.12.14. 76다1488)의 사실관계를 재구성한 것이다. 기판력의 시적범위에 대한 이해는 언제든지 출제될 수 있는 만큼 정리해 두어야 한다. 특히 기판력의 시적 범위에 관한 문제는 쉬운 듯 보이지만 실제 채점을 해보면 의외로 많은 답안들이 이자청구의 가부에 대해 틀린 결론을 많이 내고 있음을 주의해야 한다.

Ⅰ. 문제의 소재(3점)

甲은 전소인 대여금청구소송에서 패소확정판결을 받았는데, 이 전소확정판결의 기판력이 후소인 이자청구에 대해 작용하는지가 기판력의 객관적 범위에서 선결관계, 시적 범위와 관련하여 문제된다(제216조, 제208조 제1항 제5호, 제218조 제1항). 그리고 후소에 기판력이 작용한다고 했을 경우 기판력의 본질론과 관련하여 법원의 판결이 문제 된다.

Ⅱ. 전소의 확정판결의 기판력이 후소인 이자청구에 미치는지 여부와 법원의 조치(15점)

1. 기판력의 의의, 근거

기판력이라 함은 확정된 종국판결에 있어서 청구에 대한 판결내용은, 당사자와 법원을 규율하는 새로운 규준으로서의 구속력을 가지며, 뒤에 동일사항이 문제되면 당사자는 그에 반하여 되풀이하여 다투는 소송이 허용되지 아니하며(불가쟁), 어느 법원도 다시 재심사하여 그와 모순, 저촉되는 판단을 해서는 안 된다(불가반)는 구속력을 이른다. 이의 근거는 판결의 법적 안정성을 유지하고, 당사자의 절차권을 보장한다는데 있다(이원설).

2. 범위

(1) 주관적 범위

확정판결은 당사자, 변론을 종결한 뒤의 승계인 또는 그를 위하여 청구의 목적물을 소지한 사람에 대하여 효력이 미친다(민사소송법 제218조 제1항). 다만, 사안의 경우는 동일한 甲이 乙에게 제기한 경우이므로 문제가 없다.

(2) 객관적 범위

1) 주문

확정판결은 주문에 포함된 것에 한하여 기판력을 가진다(제216조 제1항).

2) 작용

따라서 소송물동일의 관계는 당연히 작용하고, 그 밖에 선결문제(관계), 모순관계에 대해서도 기판력은 작용한다.

3) 사안의 경우

사안에서는 변론종결시 이후인 2018.5.1.부터 2021.5.10.까지의 이자채권과 전소에서 판단된 대여금채권의 부존재의 관계가 선결관계가 된다. 왜냐하면 변론종결시인 2018.5.1.에 기판력이 생기고 그 때 확정된 사실관계가 대여금채권(원본채권)이 부존재하는 것이라면 대여금채권을 전제로 하는 이자채권은 있을 수가 없기 때문이다. 따라서 이는 선결관계가 되어 기판력이 작용하는 것이다.

> (TIP) 이렇듯 기판력이란 변론종결시(표준시) 바로 그 때의 권리관계만을 판단하는 것이므로 표준시 후인 1998.5.1. 이후에 기판력이 생기는 것이 아니다. 즉, 기판력이 소송물동일관계, 선결관계, 모순관계 등으로 작용할 수 있을 뿐이다. 기판력이 생기는 것과 단지 작용한다(미친다)는 것은 사안의 예와 같이 구별되고, 또한 구별할 수 있어야 한다.

(3) 시적 범위

1) 의의

기판력은 변론종결시점, 즉 표준시에 있어서의 권리관계의 존재·부존재를 확정하는 것이다. 기판력의 표준시에 대해 민사소송법상 명문의 규정은 없으나, 제218조 제1항과 민사집행법 제44조 제2항의 규정상 사실심변론종결시가 표준시가 된다는 것은 명백하다. 이렇듯 기판력의 표준시가 사실심의 변론종결시가 되는 이유는 법원은 그 때까지 판단될 수 있었던 사실과 증거에 의해 권리관계를 판단할 수 있기 때문이다. 따라서 변론종결시 전·후의 법률관계에 대해서는 법원이 판단한 바도 없었고, 판단할 수도 없기 때문에 당연히 기판력이 생기지 않는다. 다만, 표준시 뒤의 법률관계에 대해서는 기판력이 소송물동일·선결·모순관계 등으로 작용할 수는 있다.

2) 사안의 경우

따라서 변론종결 전인 2016.1.1.부터 2018.4.30.까지의 이자청구는 기판력이 생기지 않고, 작용하지도 않으므로 다시 甲이 다툴 수 있고, 증명 여하에 따라 승소할 수도 있다(다만, 대여금청구를 다시 하는 것은 당연히 기판력에 저촉된다. 소송물이 동일하고, 실권효에 의해 차단되기 때문이다). 그러나 변론종결 뒤인 2018.5.1.부터 현재인 2023.5.10.까지의 이자청구는 변론종결시인 2018.5.1.에 대여금채권이 부존재하였다는 전소법원의 판단이 기판력의 선결관계로서 작용하므로 이는 기판력에 저촉되게 된다.

3. 법원의 조치 – 기판력의 본질론

(1) 기판력의 본질

① 전소에서 승소확정판결을 받은 경우에는 권리보호이익이 없으므로 소를 각하하고 전소에서 패소확정판결을 받은 경우에는 전소와 모순되는 판단을 할 수 없으므로 청구를 기각해야 한다는 모순금지설, ② 기판력의 부존재를 소극적 소송요건으로 보아 전소의 승·패소를 불문하고 소를 각하해야 한다는 반복금지설의 대립이 있고, 판례는 모순금지설의 입장이다.

(2) 선결문제(관계)의 소송상 취급

전소판결의 내용을 전제로 하여 전소 기준시 이후의 새로운 사유와 후소 청구의 고유한 사항을 심리하여 본안판결을 한다(반복금지설, 모순금지설 모두 동일하다).

Ⅲ. 사안의 해결(2점)

이 경우 甲은 변론종결 전인 2016.1.1.부터 2018.4.30.까지의 이자청구는 기판력이 생기지 않고 작용하지도 않으므로 다시 다툴 수 있으나, 변론종결 뒤인 2018.5.1.부터 현재인 2023.5.10.까지의 이자청구는 변론종결시인 2018.5.1.에 대여금채권이 부존재하였다는 전소법원의 판단이 기판력의 선결관계로서 작용하므로 이는 기판력에 저촉되어 청구기각의 판결을 하여야 한다.

59 편취판결

CONTENTS

Ⅰ. 서설

1. 판결의 편취의 의의 및 예

(1) 당사자가 상대방이나 법원을 기망하여 부당한 내용의 판결을 받은 경우

(2) ① 타인의 성명모용판결의 경우, ② 소취하 합의를 하여 피고가 불출석하게 하여놓고 소를 계속 유지하여 승소판결을 받은 경우, ③ 원고가 피고주소를 알고 있음에도 소재불명으로 법원을 속여 공시송달명령에 기해 승소판결을 받은 경우, ④ 피고의 주소를 허위로 적어 실제 피고가 아닌 자가 송달받게 하여 피고의 불출석으로 인한 자백간주로 인해 승소판결을 받은 경우

Ⅱ. 판결의 편취의 소송법상 구제책

1. 문제점

(1) ①, ②의 경우에는 피고는 대리권 흠결에 준하여 재심의 소를 제기하면 되고, ③ 공시송달의 경우에는 송달이 유효함을 전제로 하여, 피고에게 책임 없는 사유로 상소기간이 도과 되었음을 이유로 상소의 추후보완을 하거나 법 제451조 제1항 제11호의 재심사유에 해당함을 이유로 재심을 청구하면 된다는 것이 통설·판례

(2) 문제는 판결정본의 허위주소 송달로 인한 자백간주로 승소판결을 받은 경우는 송달이 제대로 되지 않았다고 볼 수 있기 때문에 확정을 전제로 한 재심이 아닌 다른 방법으로 구제가능?

2. 학설

(1) 항소설(송달무효설)

(2) 상소추후보완·재심설(송달유효설)

(3) 재심·항소 병용설(정동윤·유병현)

3. 판례

(1) 판례는 "종국판결의 효력은 판결의 형식적 확정을 전제로 하여 발생하는 것이므로 공시송

달의 방법에 의하여 송달된 것이 아니고 허위로 표시한 주소로 송달하여 상대방 아닌 다른 사람이 그 소송서류를 받아 자백간주의 형식[56]으로 판결이 선고되고 다른 사람이 판결정본을 수령하였을 때에는 상대방은 아직도 판결정본을 받지 않은 상태에 있는 것으로서 위 사위판결은 확정판결이 아니어서 기판력이 없고 따라서 그 상대방은 항소를 제기할 수 있다(대판 1978.5.9. 75다634 전합 등)."고 하여 일관해서 항소설의 입장

(2) 다만, 종중의 참칭대표자가 소송서류 등을 송달받은 사안에서는 "법원이 참칭대표자에게 적법한 대표권이 있는 것으로 알고 그를 송달받을 자로 지정하여 소송서류 등을 송달하고 그 송달받을 자로 지정된 참칭대표자가 송달받은 경우에는 그 송달이 무효라고 할 수는 없는 것이므로 판결이 판결에서 종중의 대표자로 표시된 자를 송달받을 자로 하여 송달되었고 실제로 그가 보충송달의 방법에 의하여 송달을 받았다면 그때로부터 항소기간이 진행되고 그 판결은 항소기간이 만료된 때에 확정된다(대판 1994.1.11. 92다47632)."고 하여 상소추후보완·재심설의 입장

4. 검토

제451조 제1항 제11호의 명문규정상 상소추후보완·재심설이 타당(이시윤)

Ⅲ. 집행종료전의 구제책과 실체법상 구제책

1. 집행종료 전의 구제책

(1) 문제점

부당한 편취판결에 기해 집행이 실시될 경우 이를 청구이의사유로 삼아 민사집행법 제44조상의 청구에 관한 이의의 소를 제기하여 집행을 막을 수 있느냐가 문제

---

56) 현행법상으로는 변론기일 지정 전에 피고 답변서부제출에 의한 자백간주가 되어 원고 무변론승소판결이 선고될 것이다(제257조).

(2) 학설
　① 긍정설
　② 부정설
　③ 절충설
(3) 판례
　판례는 "확정판결에 의한 권리라 하더라도 신의에 좇아 성실히 행사되어야 하고 그 판결에 기한 집행이 권리남용이 되는 경우에는 허용되지 않으므로 집행채무자는 청구이의의 소에 의하여 그 집행의 배제를 구할 수 있다(대판 1997.9.12. 96다4862)."고 하여 긍정설의 입장
(4) 검토
　절충설 타당
2. 집행종료 후의 손해배상청구시 재심청구의 필요여부
(1) 문제점
　상소추후보완·재심설에 의하는 한 편취판결은 기판력이 있으므로 이에 의한 집행종료로 인해 부당이득·불법행위에 기한 손해배상청구시 그 기판력을 배제하는 재심청구가 필요한가가 문제
(2) 학설
　① 재심불요설
　② 재심필요설
　③ 제한적 불요설
(3) 판례
　① 부당이득반환 청구를 한 사안에서 "그 변제주장은 대여금반환청구 소송의 확정판결 전의 사유로서 그 판결이 재심의 소 등으로 취소되지 아니하는 한 그 판결의 기판력에 저촉되어 이를 주장할 수 없으므로, 그 확정판결의 강제집행으로 교부받은 금원을 법률상 원인없는 이득이라고 할 수 없다(대판 1995.6.29. 94다41430)."고 하여 재심필요설의 입장
　② 그러나 불법행위를 청구하는 사안에서는 "판결이 확정되면 기판력에 의하여 대상이 된 청구권의 존재가 확정되고 그 내용에 따라 집행력이 발생하는 것이므로, 그에 따른 집행이 불법행위를 구성하기 위하여는 소송당사자가 상대방의 권리를 해할 의사로 상대방의 소송 관여를 방해하거나 허위의 주장으로 법원을 기망하는 등 부정한 방법으로 실제의 권리관계와 다른 내용의 확정판결을 취득하여 집행을 하는 것과 같은 특별한 사정이 있어야 하고, 그와 같은 사정이 없이 확정판결의 내용이 단순히 실체적 권리관계에 배치되어 부당하고 또한 확정판결에 기한 집행채권자가 이를 알고 있었다는 것만으로는 집행행위에 대하여 불법행위가 성립한다고 할 수 없다(대판 1992.12.11. 92다18627)."고 하여 그런 특별한 사정이 있다면 불법행위를 긍정하고 있으므로 제한적 불요설의 입장
(4) 검토
　소송법상 구제책에서 상소추후보완·재심설을 따른다면 편취판결은 일단 유효하므로 재심으로 그 기판력을 배제시킬 필요 ○(재심필요설). but 재심필요설에 의할 경우 두 번의 소송을 제기해야 하는 불편이 따르는데 이는 재심청구에 손해배상청구를 병합시키는 것을 허용함으로써 극복할 수 있음(이시윤). 다만, 판례는 재심청구에 손해배상청구를 병합하는 것을 허용하지 않기 때문에 여전히 문제 ○

▌ 판결의 편취(사위판결, 부당판결) 노무사 13회

Ⅰ. 판결의 편취의 의의 및 예

(1) 판결의 편취란 당사자가 상대방이나 법원을 기망하여 부당한 내용의 판결을 받은 경우를 이른다.

(2) 구체적 예로는 ① 타인의 성명모용판결의 경우, ② 소취하 합의를 하여 피고가 불출석하게 하여놓고 소를 계속 유지하여 승소판결을 받은 경우, ③ 원고가 피고주소를 알고 있음에도 소재불명으로 법원을 속여 공시송달명령에 기해 승소판결을 받은 경우, ④ 피고의 주소를 허위로 적어 실제 피고가 아닌 자가 송달받게 하여 피고의 불출석으로 인한 자백간주로 인해 승소판결을 받은 경우를 들 수 있다.

Ⅱ. 판결의 편취의 소송법상 구제책

1. 문제점

(1) ①, ②의 경우에는 피고는 대리권 흠결에 준하여 재심의 소를 제기하면 되고, ③ 공시송달의 경우에는 송달이 유효함을 전제로 하여, 피고에게 책임 없는 사유로 상소기간이 도과되었음을 이유로 상소의 추후보완을 하거나 법 제451조 제1항 제11호의 재심사유에 해당함을 이유로 재심을 청구하면 된다는 것이 통설·판례이다.

(2) 문제는 판결정본의 허위주소 송달로 인한 자백간주로 승소판결을 받은 경우는 송달이 제대로 되지 않았다고 볼 수 있기 때문에 확정을 전제로 한 재심이 아닌 다른 방법으로 구제를 받아야 하지 않느냐에 대해서 견해대립이 있다.

2. 학설

(1) 항소설

송달은 교부송달이 원칙이고 송달을 받을 사람에게 소송서류가 송달되어야 송달의 효력이 생기는 것이므로, 자백간주로 인한 경우에는 전혀 송달을 받을 사람에게 송달된 것이 아니어서 그 송달은 무효이고 따라서 유효한 송달을 전제로 하는 상소의 추완이나 재심은 논리적으로 타당하지 않다고 한다. 그러므로 항소기간이 진행하지 않고 있어 피고는 항소에 의해 구제받을 수 있다고 한다.

(2) 상소추후보완·재심설

① 법 제451조 제1항 제11호 명문으로 '상대방의 주소나 거소를 거짓으로 하여 소를 제기한 때'를 재심사유로 규정하고 있고, ② 항소설에 의하면 재심기간의 제약을 피할 수 있어 피고의 구제에 도움이 될지 모르나 어느 때라도 항소를 제기 할 수 있게 하여 불안정한 법률상태를 방치하게 되고, ③ 제1심의 심리를 생략하게 되어 심급의 이익을 박탈하게 되는 문제가 있으므로 상소의 추후보완이나 재심청구에 의해 구제되어야 한다고 본다.

(3) 재심·항소 병용설

기록상으로는 판결이 확정된 듯한 외관이 있으므로 재심이 가능하고, 이 경우 실질적으로 피고에 대하여 판결정본 송달이 없어 판결이 확정되지 않았으므로 재심 외에도 항소가 가능하다고 본다(정동윤·유병현).

3. 판례

(1) 허위주소송달

판례는 "종국판결의 효력은 판결의 형식적 확정을 전제로 하여 발생하는 것이므로 공시송달의 방법에 의하여 송달된 것이 아니고 <u>허위로 표시한 주소로 송달하여 상대방 아닌 다른 사람이 그 소송서류를 받아 자백간주의 형식[57]으로</u> 판결이 선고되고 다른 사람이 판결정본을 수령하였을 때에는 상대방은 아직도 판결정본을 받지 않은 상태에 있는 것으로서 위 사위판결은 확정판결이 아니어서 기판력이 없고 따라서 그 상대방은 항소를 제기할 수 있다(대판 1978.5.9. 75다634 전합 등)."고 하여 일관해서 <u>항소설의 입장</u>이다.

(2) 참칭대표자

다만, <u>종중의 참칭대표자가 소송서류 등을 송달받은 사안</u>에서는 "법원이 참칭대표자에게 적법한 대표권이 있는 것으로 알고 그를 송달받을 자로 지정하여 소송서류 등을 송달하고 그 송달받을 자로 지정된 참칭대표자가 송달받은 경우에는 그 송달이 무효라고 할 수는 없는 것이므로 판결이 판결에서 종중의 대표자로 표시된 자를 송달받을 자로 하여 송달되었고 실제로 그가 보충송달의 방법에 의하여 송달을 받았다면 그때로부터 항소기간이 진행되고 그 판결은 항소기간이 만료된 때에 확정된다(대판 1994.1.11. 92다47632)."고 하여 <u>상소추후보완·재심설의 입장</u>이다.

4. 검토

항소설은 항소권도 소권의 실효가 적용되므로 법률상태를 불안정하게 방치하는 것이 아니라고 하나, 소권의 실효에 대해 판례는 엄격한 입장을 취하고 있으므로 법률상 불안정한 상태를 형성한다는 점은 부인할 수 없다고 본다. 그리고 항소설에 의하면 乙의 심급을 이익을 해하게 되는 문제점이 있고, 상소추후보완·재심설에 의하면 재심사유로 제451조 제1항 제3호를 문제 삼을 수 있는데 이는 재심기간의 제한이 없어(제457조) 당사자에게 유리하다. 따라서 제451조 제1항 제11호의 명문규정상 상소추후보완·재심설이 타당하다(이시윤).

> (TIP) 사실 이에 대해 판례의 입장인 항소설도 논리적이지 못한 것은 아니다. 즉, 항소설은 상소추후보완·재심설이 비판하는 ① 법률관계의 불안정에 대해서는 항소권도 실효의 대상이 되므로 타당하지 못하고, ② 심급의 이익을 해한다는데 대해서는 판례에 의한다면 사위판결에 기해 소유권이전등기까지 된 경우 상소에 의한 판결취소 없이 바로 별소로써 그 말소등기청구를 구할 수 있다고 하므로 심급의 이익을 해한다는 비판도 타당하지 않다고 한다(강현중). 그러므로 어떤 견해를 취할지는 수험생들의 가치판단의 문제라고 보이므로 각자가 옳다고 생각하는 입장에 따라 정리하면 된다고 본다.

III. 집행종료전의 구제책과 실체법상 구제책

1. 집행종료 전의 구제책

(1) 문제점

부당한 편취판결에 기해 집행이 실시될 경우 이를 청구이의사유로 삼아 민사집행법 제44조상의 청구에 관한 이의의 소를 제기하여 집행을 막을 수 있느냐가 문제된다.

---

57) 현행법상으로는 변론기일 지정 전에 피고 답변서부제출에 의한 자백간주가 되어 원고 무변론승소판결이 선고될 것이다(제257조).

(2) 학설

1) 긍정설

편취된 확정판결을 집행하는 것이 권리남용에 해당하는 때에는 청구에 관한 이의의 소를 제기하여 집행을 막을 수 있다고 한다.

2) 부정설

청구에 관한 이의의 소는 동법 동조 제2항의 규정상 변론종결 뒤의 사유여야 하는데, 판결의 편취사유는 변론종결 전의 사유여서 이에 해당하지 않으므로 청구에 관한 이의의 소를 제기할 수 없고, 그 편취판결에 대해 재심을 청구하고 동시에 집행정지를 구하는 것이 타당하다고 한다(제500조).

3) 절충설

원칙적으로 판결편취는 변론종결 전의 사유이므로 부정설이 타당하지만 묵과할 수 없는 하자가 있어 기판력의 보호가 필요 없는 경우에는 청구에 관한 이의의 소가 가능하다고 한다.

(3) 판례

"확정판결에 의한 권리라 하더라도 신의에 좇아 성실히 행사되어야 하고 그 판결에 기한 집행이 권리남용이 되는 경우에는 허용되지 않으므로 집행채무자는 청구이의의 소에 의하여 그 집행의 배제를 구할 수 있다(대판 1997.9.12. 96다4862)."고 하여 긍정설의 입장이다.

(4) 검토

원칙적으로 청구에 관한 이의의 소는 변론종결 뒤의 사유를 그 사유로 하므로 편취판결 자체는 변론종결 전의 사유이므로 부정설이 일견 타당하다고 보이나, 그것이 묵과할 수 없는 하자여서 기판력의 보호가 필요 없는 경우라면 청구에 관한 이의의 소가 가능하다고 보아 절충설이 옳다고 본다.

2. 집행종료 후의 손해배상청구 시 재심청구의 필요 여부

(1) 문제점

상소추후보완·재심설에 의하는 한 편취판결은 기판력이 있으므로 이에 의한 집행종료로 인해 부당이득·불법행위에 기한 손해배상청구 시 그 기판력을 배제하는 재심청구가 필요한가가 문제된다(이는 법적 안정성과 구체적 정의 중 어느 것을 우선할 것인가의 문제라고 할 수 있다). 즉, 이에 대해 독일 판례는 재심에 의해 판결을 취소하지 아니하여도 공서양속위반의 불법행위 규정에 의해 손해배상책임을 인정하고 있으나 그와 같은 조문이 없는 우리나라에서는 특히 재심의 필요 여부가 문제된다.

(2) 학설

1) 재심불요설

판결의 편취에 기해 손해가 일어난 경우 중대한 하자가 있으므로, 재심청구를 할 필요 없이 손해배상청구가 가능하다고 한다.

2) 재심필요설

재심을 거치지 않고 직접 부당이득·불법행위청구가 가능하다고 보려면 편취된 판결이 당연무효여야 하는데, 법 제451조 제1항 제11호의 규정상 이는 일단 유효한 판결이므로(재심설) 재심을 제기하여 기판력을 배제해야 한다고 한다.

3) 제한적 불요설

절차적 기본권보장 여부에 따라 ① 공시송달·허위주소의 경우처럼 절차보장이 안 된 경우에는 바로 손해배상청구가 가능하고, ② 허위진술·위증의 경우 같이 상대방의 소송관여가 있는 경우에는 절차보장이 되었으므로 재심에 의한 취소 후 손해배상청구가 가능하고, ③ 재심요건을 충족하나 재심에 의한 판결취소가 무의미한 경우(예 이미 대여금을 지급한 경우)에는 바로 손해배상청구가 가능하다고 한다(강현중).

(3) 판례

1) 판례는 대여금 중 일부를 변제 받고도 이를 속이고 대여금 전액에 대하여 소송을 제기하여 승소확정판결을 받은 후 강제집행에 의하여 위 금원을 수령한 채권자에 대하여, 채무자가 그 일부 변제금 상당액은 법률상 원인 없는 이득으로서 반환되어야 한다고 주장하면서 <u>부당이득반환 청구를 한 사안</u>에서 "그 변제주장은 대여금반환청구 소송의 확정판결 전의 사유로서 그 판결이 재심의 소 등으로 취소되지 아니하는 한 그 판결의 기판력에 저촉되어 이를 주장할 수 없으므로, 그 확정판결의 강제집행으로 교부받은 금원을 법률상 원인 없는 이득이라고 할 수 없다(대판 1995.6.29. 94다41430)."고 하여 <u>재심필요설의 입장</u>이다.

2) 그러나 <u>불법행위를 청구하는 사안</u>에서는 "판결이 확정되면 기판력에 의하여 대상이 된 청구권의 존재가 확정되고 그 내용에 따라 집행력이 발생하는 것이므로, 그에 따른 집행이 불법행위를 구성하기 위하여는 소송당사자가 상대방의 권리를 해할 의사로 상대방의 소송 관여를 방해하거나 허위의 주장으로 법원을 기망하는 등 부정한 방법으로 실제의 권리관계와 다른 내용의 확정판결을 취득하여 집행을 하는 것과 같은 특별한 사정이 있어야 하고, 그와 같은 사정이 없이 확정판결의 내용이 단순히 실체적 권리관계에 배치되어 부당하고 또한 확정판결에 기한 집행채권자가 이를 알고 있었다는 것만으로는 집행행위에 대하여 불법행위가 성립한다고 할 수 없다(대판 1992.12.11. 92다18627)."고 하여 그런 특별한 사정이 있다면 불법행위를 긍정하고 있으므로 <u>제한적 불요설의 입장</u>에 가깝다.

(4) 검토

소송법상 구제책에서 상소추후보완·재심설을 따른다면 편취판결은 일단 유효하므로 재심으로 그 기판력을 배제시킬 필요가 있다고 본다(재심필요설). 다만, 재심필요설에 의할 경우 두 번의 소송을 제기해야 하는 불편이 따르는데 이는 재심청구에 손해배상청구를 병합시키는 것을 허용함으로써 극복할 수 있다고 본다(이시윤).

(TIP) 다만, 판례는 재심청구에 손해배상청구를 병합하는 것을 허용하지 않기 때문에 여전히 문제는 있다고 본다.

연습문제

물음 1) 근로자 甲은 사용자 乙에게 임금을 지급 받지 못하고 있다고 주장하면서, 乙을 상대로 임금의 지급을 구하는 소를 제기하였다. 甲은 소장에 乙의 주소지를 허위로 기재하였고 법원은 그 허위주소지에 소장부본 등 소송서류를 송달하였다. 한편, 甲과 공모한 丙이 위 주소지에서 자신이 乙인 것처럼 가장하여 위 소장부본을 송달받았다. 그 후 법원은 피고 乙로부터 답변서가 제출되지 않았음을 이유로 乙의 자백간주로 원고무변론의 승소판결을 선고하였고, 그 판결정본이 위와 같은 방법으로 송달되었다. 이 판결에 대한 乙의 민사소송법상 구제방법을 설명하시오. (33점)

물음 2) 위 사안과는 달리 甲이 乙의 주소를 알고 있었음에도 불구하고 乙의 주소를 소재불명으로 속여 공시송달명령을 받아 피고인 乙이 모르게 甲의 승소판결을 받아 그 판결이 확정되었다고 가정하여 보자. 그리고 나머지 사실관계는 위와 동일하다고 가정하여 보자. 이 경우 이 판결에 대한 乙의 민사소송법상 구제방법을 설명하시오. (17점)

I. 물음 1)에 대하여 - 허위주소 송달

1. 문제점(3점)

먼저 사안의 소장부본 송달과 판결정본 송달이 유효한지가 문제되며, 판결정본 송달의 유효와 관련하여 乙이 소송법상 어떤 구제책을 취할 수 있는지를 살펴보기로 한다(제396조, 제451조, 제498조).

2. 교부송달의 원칙, 송달할 장소(5점)

(1) 원칙

송달은 특별한 규정이 없으면 송달받을 사람에게 서류의 등본 또는 부본을 교부하여야 한다(제178조). 따라서 이 경우 송달할 장소는 송달받을 사람의 주소·거소·영업소 또는 사무소에서 한다(제183조).

(2) 사안의 경우

제183조에서 말하는 주소는 乙의 정당한 주소를 말하는 것이므로, 소장부본과 판결서는 허위주소로 송달된 것이어서 하자(흠)가 있어 송달은 무효라고 보아야 한다.

3. 이의권의 포기·상실의 여부 및 송달의 유효 여부(8점)

(1) 내용

1) 당사자는 소송절차에 관한 규정에 어긋난 것임을 알았거나, 알 수 있었을 경우에 바로 이의를 제기하지 아니하면 그 권리를 잃는다(제151조).

2) 이를 이의권의 포기·상실[58]이라고 하는데, 이에 해당하면 당해 소송절차 하자는 치유가 되어 유효하게 된다.

3) 이 경우 이의권의 포기·상실의 대상이 되려면 ① 절차적 사항, ② 사익적 사항에 관련된 규정에 관한 것이어야 한다(통설·판례).

(2) 사안의 경우

1) 이 경우 소송서류 송달은 원칙적으로 절차적, 사익적 사항과 관련된 규정이므로 이는 이의권의 포기·상실의 대상이 되는 것이 원칙이다. 따라서 사안의 소장부본 송달의 경우는 이에 해당되고, 피고 乙은 이의권을 행사하지 않았으므로, 이의권의 포기·상실에 해당하여 소장부본 송달은 유효하게 된다.

---

58) **훈시규정과 효력규정**: 당사자는 법원 또는 상대방의 소송행위가 소송절차에 관한 규정을 위반한 경우 민사소송법 제151조에 의하여 그 소송행위의 무효를 주장하는 이의신청을 할 수 있고 법원이 당사자의 이의를 이유 있다고 인정할 때에는 그 소송행위를 무효로 하고 이에 상응하는 조치를 취하여야 하지만, 소송절차에 관한 규정 중 단순한 훈시적 규정을 위반한 경우에는 무효를 주장할 수 없다. 민사소송법 제199조, 제207조 등은 모두 훈시규정이므로 법원이 종국판결 선고기간 5월을 도과하거나 변론종결일로부터 2주 이내 선고하지 아니하였다 하더라도 이를 이유로 무효를 주장할 수는 없다(대판 2008.2.1. 2007다9009).

2) 하지만 소송서류 송달 중 판결정본 송달의 경우는 항소기간이라는 불변기간의 기산점이 되고(제396조 제1항·제2항), 불변기간은 강행규정이므로 이의권의 포기·상실의 대상이 될 수 없다. 그러므로 논리적으로는 사안의 판결정본 송달은 이의권의 포기·상실의 대상이 될 수 없어 판결정본 송달은 무효가 된다.

3) 그러나 제451조 제1항 제11호의 명문상 허위주소 송달은 재심사유로 규정되어 있고, 재심이 가능하려면 판결이 확정되어야 하고(제451조 제1항), 판결이 확정되려면 항소기간이 기산되어야 한다(제498조). 따라서 항소기간이 기산되기 위해서는 판결정본 송달이 유효이어야 하므로(제396조 제1항), 판결정본 송달은 유효라고 볼 수 있다.

4. 판결정본 송달의 유효 여부와 乙의 소송법상 구제책(15점)

(1) 학설[59]

1) 항소설(송달무효설)

송달은 교부송달이 원칙이고 송달을 받을 사람에게 소송서류가 송달되어야 송달의 효력이 생기는 것이므로, 이 경우에는 판결정본은 송달을 받을 사람 乙이 아닌 丙에게 송달된 것이어서 그 송달은 무효이고, 따라서 유효한 송달을 전제로 하는 상소의 추후보완이나 재심은 논리적으로 타당하지 않다고 한다. 그러므로 항소기간이 진행하지 않고 있어 피고 乙은 실제로 판결정본을 송달받은 후 항소에 의해 구제 받을 수 있다는 견해이다.

2) 상소추후보완·재심설(송달유효설)

① 제451조 제1항 제11호 명문으로 '상대방의 주소나 거소를 거짓으로 하여 소를 제기한 때'를 재심사유로 규정하고 있고, 재심의 대상적격은 확정판결이고(제451조 제1항), 판결이 확정되려면 항소기간이 진행되어야 하고(제498조), 항소기간이 진행되기 위해서는 판결정본 송달이 유효하다고 해석해야 한다고 본다. 그리고 ② 항소설에 의하면 재심기간의 제약을 피할 수 있어 피고의 구제에 도움이 될지 모르나 어느 때라도 항소를 제기 할 수 있게 하여 불안정한 법률상태를 방치하게 되고, ③ 제1심의 심리를 생략하게 되어 심급의 이익을 박탈하게 되는 문제가 있으므로 상소의 추후보완이나 재심청구에 의해 구제되어야 한다는 견해이다.

---

59) 이와는 달리 편취판결 자체의 효력이 무효라는 견해[신도(新堂)]가 있으나, 명문으로 재심사유로 규정하고 있는 우리 민소법 체계에서는 일단 판결 자체는 유효라고 보는 것이 타당하다(통설).

(2) 판례

1) 판례는 "종국판결의 효력은 판결의 형식적 확정을 전제로 하여 발생하는 것이므로 공시송달의 방법에 의하여 송달된 것이 아니고 허위로 표시한 주소로 송달하여 상대방 아닌 다른 사람이 그 소송서류를 받아 자백간주의 형식[60]으로 판결이 선고되고 다른 사람이 판결정본을 수령하였을 때에는 상대방은 아직도 판결정본을 받지 않은 상태에 있는 것으로서 위 사위판결은 확정판결이 아니어서 기판력이 없고 따라서 그 상대방은 항소를 제기할 수 있다(대판 1978.5.9. 75다634 전합 등)."고 하여 일관해서 항소설의 입장이다.

2) 다만, 종중의 참칭대표자가 소송서류 등을 송달받은 사안에서는 "법원이 참칭대표자에게 적법한 대표권이 있는 것으로 알고 그를 송달받을 자로 지정하여 소송서류 등을 송달하고 그 송달받을 자로 지정된 참칭대표자가 송달받은 경우에는 그 송달이 무효라고 할 수는 없는 것이므로 판결이 판결에서 종중의 대표자로 표시된 자를 송달받을 자로 하여 송달되었고 실제로 그가 보충송달의 방법에 의하여 송달을 받았다면 그때로부터 항소기간이 진행되고 그 판결은 항소기간이 만료된 때에 확정된다(대판 1994.1.11. 92다47632)."고 하여 상소추후보완·재심설의 입장이다.

(3) 검토

항소설은 항소권도 소권의 실효가 적용되므로 법률상태를 불안정하게 방치하는 것이 아니라고 하나, 소권의 실효에 대해 판례는 엄격한 입장을 취하고 있으므로 법률상 불안정한 상태를 형성한다는 점은 부인할 수 없다고 본다. 그리고 항소설에 의하면 乙의 심급을 이익을 해하게 되는 문제점이 있고, 상소추후보완·재심설에 의하면 재심사유로 제451조 제1항 제3호를 문제 삼을 수 있는데 이는 재심기간의 제한이 없어(제457조) 乙에게 유리하다. 따라서 제451조 제1항 제11호의 명문규정상 상소추후보완·재심설이 타당하다고 본다(이시윤).

5. 사안의 경우(2점)

따라서 乙은 추후보완항소나 재심을 제기하여 구제를 받을 수 있다(제173조, 제451조 제1항 제3호, 11호). 다만, 판례에 의하면 위 판결에 항소를 제기하여 구제받을 수 있을 것이다(제396조 제1항 단서).

---

60) 현행법상으로는 변론기일 지정 전에 피고 답변서부제출에 의한 자백간주가 되어 원고 무변론승소판결이 선고될 것이다(제257조).

II. 물음 2)에 대하여 - 공시송달의 남용

1. 의의 및 허위주소 송달과의 차이점(5점)

증명책임과 관련하여 공시송달에 의한 판결의 편취는 '물음 1)'에서 검토한 자백간주에 의한 판결의 편취 (= 허위주소 송달)와는 본질적으로 구별된다. 공시송달 남용의 경우에는 공시송달을 받은 상대방당사자는 출석 요구사실을 알 수 없어서 통상적으로 출석하지 못할 것으로 예상된다. 하지만 불출석한 당사자가 공시송달 의 방법으로 기일통지를 송달받은 경우에는 자백간주가 성립되지 아니하기 때문에 원고는 자신의 주장을 증명하여야 한다(민사소송법 제150조 제3항 단서). 반면에 '물음 1)'에서 검토한 자백간주에 의한 판결의 편취에서 는 흔히 원고와 공모한 자가 수령하여 기일에 불출석함으로써 피고가 원고의 주장을 자백한 것으로 간주[61] 하게 되므로 이 경우에 원고는 자신의 주장을 증명할 필요가 없다. 따라서 <u>공시송달에 의한 판결의 편취의 경우에 그 효력 및 소송법상 구제책에 대한 논의는 자백간주에 의한 판결편취와는 달리 전개된다.</u>

2. 효력(3점)

피고의 주소를 알면서도 송달불능상태를 조성하여 공시송달이 되도록 하여 취득한 승소판결은 유효하다.[62] 왜냐하면 피고가 모르게 피고의 명의로 소송이 수행되었고 소송수행 및 결과가 법률상 적법한 송달방식의 하나인 공시송달에 의하여 송달된 이상 당연무효라고 볼 수 없고 그 위법에 대하여 구제할 수 있는 기회를 부여하면 될 것이기 때문이다. 그러므로 공시송달에 의한 판결의 편취의 경우에 편취된 확정판결의 효력으 로서 형식적 확정력뿐만 아니라 기판력도 발생한다.[63]

3. 소송법상 구제책(7점)

(1) 학설

공시송달에 의한 판결의 편취는 민사소송법 제451조 제1항 제11호의 "당사자가 상대방의 주소 또는 거소 를 알고 있었음에도 불구하고 있는 곳을 잘 모른다고 …으로 하여 소를 제기한 때"에 해당하여 재심의 대상이 된다는 점에 관해 학설상 이론이 없다.

---

61) 현행법상으로는 피고 답변서 부제출로 인한 원고 무변론승소판결이 원칙(제256조, 제257조)이다.

62) 대판 1985.7.9. 85므12

63) 대판 1987.2.24. 86다카2397

(2) 판례

판례도 "당사자가 상대방의 주소 또는 거소를 알고 있었음에도 불구하고 소재불명이라 하여 공시송달로 소송을 진행하여 그 판결이 확정되고 그 상대방 당사자가 책임질 수 없는 사유로 상소를 제기하지 못한 경우에는 선택에 따라 상소의 추완보완신청을 하거나 민사소송법 제451조 제1항 제11호의 재심사유가 있음을 이유로 재심의 소를 제기할 수 있다(대판 1999.2.9. 98다43533)."고 하여 상소추후보완 · 재심설의 입장이다. 다만, 추후보완상소의 기산점에 대해서는 "여기에서 '사유가 없어진 후'라 함은 당사자나 소송대리인이 단순히 판결이 있었던 사실을 안 때가 아니고 나아가 그 판결이 공시송달의 방법으로 송달된 사실을 안 때를 가리키는 것으로서, 다른 특별한 사정이 없는 한 통상의 경우에는 당사자나 소송대리인이 그 사건기록의 열람을 하거나 새로이 판결정본을 영수한 때에 비로소 그 판결이 공시송달의 방법으로 송달된 사실을 알게 되었다고 보아야 한다(대판 2006.2.24. 2004다8005)."고 판시한다.

(3) 검토

자백간주에 의한 판결편취와는 달리 공시송달에 의한 판결편취의 경우에는 그 사위판결은 유효하다. 왜냐하면 피고가 모르게 피고의 명의로 소송이 수행되었고 소송수행 및 결과가 법률상 적법한 송달방식의 하나인 공시송달에 의하여 송달된 이상 당연무효라고 볼 수 없고 그 위법에 대하여 구제할 수 있는 기회를 부여하면 될 것이기 때문이다. 그러므로 공시송달에 의한 판결의 편취의 경우에 편취된 확정판결의 효력으로서 형식적 확정력뿐만 아니라 기판력도 발생한다. 그리고 이 사위판결에 기판력이 발생하기 때문에 이 판결에 대한 소송법상 구제책은 재심의 소나 상소추후보완의 신청이다. 다만, 상소추후보완신청의 경우에는 단순히 판결이 있었던 사실을 안 때가 아니고 그 판결이 공시송달의 방법으로 송달된 사실을 안 때로부터 2주 이내에 하여야 할 것이다.

4. 사안의 경우(2점)

甲의 공시송달에 의한 판결편취의 경우에 제1심의 편취판결은 무효가 아니라 위법 · 유효하고 확정된다. 따라서 乙은 위법한 제1심의 편취판결에 대해서 甲을 상대로 상소의 추후보완이나 재심의 소를 제기할 수 있다.

연습문제

甲이 乙을 피고로 하여 1억 원의 대여금지급청구의 소를 제기하여 원고(甲)의 청구를 전부인용하는 가집행선고부 1심판결이 있었고, 乙은 위 가집행선고부 1심판결에 대하여 항소를하면서 위 가집행선고부 1심판결에 기한 판결인용금액 1억 원을 피공탁자를 甲으로 하여 변제공탁하였다. 그 후 항소심법원은 乙의 항소가 일부 이유가 있다고 판단하여 위 가집행선고부 1심판결 중 4,000만 원 부분에 대해서는 1심판결을 취소하고 甲의 청구를 기각하는 내용의 판결을 선고하였다. (아래의 각 추가된 사실관계는 상호 무관하고, 견해의 대립이 있으면 대법원 판례에 따름)

물음 1) 乙은 항소심 계속 중 항소심법원이 甲의 청구를 인용하는 금액을 초과하는 부분을 지급하라는 가지급물반환신청을 하였고, 현재까지 甲은 위 변제공탁금을 수령하지 않은 상태이다. 항소심법원이 甲의 청구를 인용하는 금액을 초과하는 부분(= 甲의 청구를 기각한 부분 = 4,000만 원)에 관한 위 가지급물반환신청이 인용될 수 있는지에 관한 결론과 그 이유를 기재하시오. (10점)

Ⅰ. 결론

인용될 수 없다.

Ⅱ. 이유

1. 가지급물반환신청의 의의 및 성질

피고가 원상회복 및 손해배상을 구하려면 두 가지 방법이 있는데, 먼저 가집행선고의 실효로 인한 지급물건 반환신청을 상소심에서 본안판결의 변경을 구하면서 이에 부수하여 하는 것을 들 수 있다(제215조 제2항). 이를 실무상 가지급물 반환신청이라 하는데, 일종의 소송중의 소이고, 제1심판결의 변경을 조건으로 하므로 예비적 반소의 성질을 가진다. 따라서 소송에 준하여 변론을 요하지만, 이 때의 반환신청은 상소심에서 하는 것이라도 원고의 동의를 요하지 아니하는 특수한 반소이다(제412조 제1항 참고). 그리고 나머지는 위와 같은 청구를 별소로 구하는 것이다(대판 1976.3.23. 75다2209).

2. 乙의 甲에 대한 가지급물반환신청의 인용 여부

(1) 판례

민사소송법 제215조 제2항은 가집행선고 있는 본안판결을 변경하는 경우에는 법원은 피고의 신청에 의하여 그 판결에서 가집행선고로 인한 지급물의 반환을 원고에게 명하도록 규정하고 있는데, 여기에서 반환의 대상이 되는 가집행선고로 인한 지급물은 가집행의 결과 피고가 원고에게 이행한 물건 또는 그와 동일시할 수 있는 것을 의미하는 것으로 볼 수 있다. 그런데 가집행선고부 판결에 기한 공탁은 채무를 확정적으로 소멸시키는 원래의 변제공탁이 아니고 상소심에서 가집행선고 또는 본안판결이 취소되는 것을 해제조건으로 하는 것이므로 가집행선고부 판결이 선고된 후 피고가 판결인용금액을 변제공탁 하였다 하더라도 원고가 이를 수령하지 아니한 이상, 그와 같이 공탁된 돈 자체를 가집행선고로 인한 지급물이라고 할 수 없다. 따라서 피고가 가집행선고부 제1심판결에 기한 판결인용금액을 변제공탁한 후 항소심에서 제1심판결의 채무액이 일부 취소되었다 하더라도 그 차액이 가집행선고의 실효에 따른 반환대상이 되는 가지급물이라고 할 수 없다. 다만, 그 차액에 대해서는 공탁원인이 소멸된 것이므로 공탁자인 피고로서는 공탁원인의 소멸을 이유로 그에 해당하는 공탁금을 회수할 수 있다. 그리고 이러한 법리는 판결금채권에 대하여 채권가압류가 있어 제3채무자인 피고가 민사집행법 제291조에 의해 준용되는 같은 법 제248조 제1항에 근거하여 가압류를 원인으로 한 공탁을 한 경우에도 마찬가지로 적용 된다(대판 2011.9.29. 2011다17847).

(2) 사안의 경우

甲은 변제공탁금을 수령하지 않고 있으므로, 공탁된 돈 1억 원 자체를 가집행선고로 인한 지급물이라고 할 수 없다. 따라서 피고 乙이 가집행선고부 제1심판결에 기한 판결인용금액 1억 원을 변제공탁한 후 항소심에서 제1심판결의 채무액 중 4천만 원이 일부 취소되었다고 하더라도, 그 차액인 4천만 원 부분은 가집행선고의 실효에 따른 반환대상이 되는 가지급물이라고 할 수 없다. 다만, 그 차액인 4천만 원에 대해서는 공탁원인이 소멸된 것이므로 공탁자인 피고 乙로서는 공탁원인의 소멸을 이유로 그에 해당하는 공탁금을 회수할 수 있다.

연습문제

甲은 乙에게 1억 대여금이행청구의 소를 제기하였다. 이에 대해 1심법원은 乙의 변제 항변이 이유 있다고 판단하여 甲의 청구를 기각하였다. 이에 대해 甲은 항소하였다. 다음 물음에 결론과 이유를 제시하시오.

물음 1) 항소심에서 甲은 항소기각판결을 받았고, 상고하지 않아 판결은 확정되었다. 이 경우 소송비용액 확정 신청을 어느 법원에 하여야 하는가?

물음 2) 항소심에서 甲은 소를 취하하였다. 이 경우 소송비용액확정 신청을 어느 법원에 하여야 하는가?

물음 3) 항소심에서 甲은 항소를 취하하였다. 이 경우 소송비용액확정 신청을 어느 법원에 하여야 하는가?

Ⅰ. 결론

1. 소송비용의 부담을 정하는 재판에서 그 액수가 정하여지지 아니한 경우에는 그 재판이 확정되거나, 소송비용부담의 재판이 집행력을 갖게 된 후에 전속관할인 제1심법원은 당사자의 신청을 받아 결정으로 그 소송비용액을 확정한다(제110조 제1항). 따라서 제1심 법원에 하여야 한다.

2. 소송이 판결에 의하지 아니하고 완결된 경우에는 소송비용확정절차에 의하여 부담자, 부담비율 및 부담액을 정하지 않으면 안 되며(제114조), 이때에 관할법원은 제1심 수소법원이 아니라 소송이 완결된 당시의 소송계속법원이므로 그곳에 신청하여야 한다(대결 1992.11.30. 90마1003). 따라서 甲은 항소심에서 소를 취하하였으므로, 항소심에서 신청하여야 한다.

3. 항소심에서 항소취하로 소송이 종료된 경우에 항소심 소송비용에 관하여는 항소취하 당시 소송계속법원인 항소심 법원이 그 비용부담의 재판과 아울러 그 비용액을 확정하는 재판을 하여야 한다. 그리고 항소취하로 제1심판결이 그대로 확정된 것이므로 제1심 소송비용의 확정은 민사소송법 제110조 제1항의 규정에 의하여 제1심법원이 관할법원이다.

Ⅱ. 이유

1. 소송비용확정결정의 의의 및 성격

판결 중의 소송비용의 재판에서 이론상으로는 부담할 액수까지 정할 수 있으나, 부담자와 부담비율을 정하는데 그치는 것이 현재의 실무례[64]이다. 따라서 소송비용의 부담을 정하는 재판에서 그 액수가 정하여지지 아니한 경우에는 그 재판이 확정되거나, 소송비용부담의 재판이 집행력을 갖게 된 후에 전속관할인 제1심법원은 당사자의 신청을 받아 결정으로 그 소송비용액을 확정한다. 이를 소송비용확정절차라고 한다. 상소심 판결에서 그 액수를 정하지 아니한 경우에도 확정결정은 제1심법원이 하여야 한다(대결 2008.3.31. 2006마1488). 소송비용액확정절차는 권리의무의 존부를 확정하는 것이 아니라는 점에서 비송적 성격을 가지므로 개개의 비용항목이나 금액에 관하여는 처분권주의가 적용되지 않고, 법원은 당사자가 신청한 총 금액을 한도로 부당한 비용항목을 삭제·감액하고 정당한 비용항목을 추가하거나 당사자가 주장한 항목의 금액보다 액수를 증액할 수 있는바, 이미 확정된 소송비용액확정사건의 기판력은 그 성격상 개별비용항목과 액수에만 미치는 것이 아니라 신청인의 소송총비용에 미친다고 봄이 상당하다(대결 2011.9.8. 2009마1689).

---

64) 예를 들어, "소송비용은 3분하여 그 1은 원고의, 나머지는 피고의 부담으로 한다."라는 식으로 적시한다.

2. 소송비용액확정 신청

(1) 소송비용부담재판의 신청 또는 집행력을 갖게 된 경우

제110조 제1항은 그 재판이 확정된 뒤에 한하던 구법과 달리 확정되기 전이라도 주문 중에 소송비용부담 부분에 가집행선고가 붙어 소송비용부담의 재판이 집행력을 갖게 된 경우에는 확정 신청을 할 수 있도록 하였다. 소송비용으로 지출한 금액은 이와 같이 소송비용확정절차를 거쳐 상환 받을 수 있으므로, 별도로 부당제소·부당응소를 이유로 별도의 소송을 할 수 없다(대판 2000.5.12. 99다68557).

(2) 비용부담 의무자의 승계가 있는 경우

소송비용부담의 재판 이후에 비용부담 의무자의 승계가 있는 경우, 그 승계인을 상대로 소송비용액확정 신청을 하기 위해서는 승계집행문을 부여받아야 한다(대결 2009.8.6. 2009마897).

3. 소송비용액확정신청에 대한 재판

(1) 상환할 소송비용의 수액에 대한 심리·판단

소송비용 상환의무가 재판에 의하여 확정된 경우에, 소송비용액 확정절차에서는 상환할 소송비용의 수액을 정할 수 있을 뿐이고, 그 상환의무 자체의 존부를 심리·판단할 수는 없다. 따라서 상대방은 신청인이 제출한 비용계산서의 비용항목이 소송비용에 속하는지 여부 및 그 수액에 대하여 의견을 진술하고 소명자료를 제출할 수 있을 뿐이고, 소송비용액 확정절차 외에서 이루어진 변제, 상계, 화해 등에 의하여 소송비용부담에 관한 실체상의 권리가 소멸되었다고 하더라도 이러한 사유는 소송비용액 확정결정의 집행단계에서 청구에 관한 이의의 소를 제기할 사유가 됨은 별론으로 하고, 소송비용액 확정절차에서 심리·판단할 대상은 될 수 없다고 할 것이다(대결 2008.5.7. 2008마482).[65]

(2) 공동피고 별로 소송비용의 각 부담을 명한 경우

본안판결에서 패소한 공동피고별로 소송비용의 각 부담을 명한 경우, 소송비용액확정 신청사건의 법원은 본소에 관하여 신청인이 상환받을 소송비용액을 신청인이 위 공동피고들에 대하여 각각 구한 본소의 소송목적의 값의 비율에 따라 안분한 후, 당해 피신청인에 대하여 해당 안분금액을 상환하도록 하여야 한다(대결 2010.2.16. 2009마2224).

---

[65] 소송비용액확절차의 목적은 부담할 액수를 확정함에 있고 상환의무 내지 권리의 존재를 확정하는 것이 아니므로, 이 절차에는 변제·상계·화해 등 권리소멸의 항변이 허용되지 않는다(대결 2002.9.23. 2000마5257).

(3) 사법보좌관의 재판

예전에는 법관의 업무였으나, 2005년 법원조직법 개정으로 사법보좌관이 소송비용액확정절차에서 법원의 업무를 맡게 되었다(법원조직법 제54조 제2항 제1호, 사법보좌관규칙 제2조 제1항 제1호). 이 결정에 대해서는 즉시항고 할 수 있으나, 항고 전에 먼저 판사에게 사법보좌관의 처분에 대해 이의신청을 내야하고, 여기의 판사는 제1심 수소법원을 말한다.[66] 따라서 단독사건이 아닌 합의사건의 소송비용확정신청에 대한 사법보좌관의 처분에 대해서 합의부가 아닌 단독판사가 인가한 것은 전속관할 위반이 된다(대결 2008.6.23. 2007마634). 그리고 소송비용액에 관하여 구법은 법원사무관 등에게 계산하게 하는 것이 재량사항이었으나, 2002년 개정법은 그로 하여금 계산하게 하여야 하는 기속사항으로 변경하였다.

4. 소송이 판결에 의하지 아니하고 완결된 경우

소송이 판결에 의하지 아니하고 완결된 경우(소취하, 청구의 포기·인낙 등)에는 소송비용확정절차에 의하여 부담자, 부담비율 및 부담액을 정하지 않으면 안 되며(제114조), 이때에 관할법원은 제1심수소법원이 아니라 소송이 완결된 당시의 소송계속법원이므로 그곳에 신청하여야 한다(대결 1992.11.30. 90마1003). 다만, 항소심에서 항소취하로 소송이 종료된 경우에 항소심 소송비용에 관하여는 항소취하 당시 소송계속법원인 항소심 법원이 그 비용부담의 재판과 아울러 그 비용액을 확정하는 재판을 하여야 한다. 그리고 항소취하로 제1심판결이 그대로 확정된 것이므로 제1심 소송비용의 확정은 민사소송법 제110조 제1항의 규정에 의하여 제1심법원이 관할법원이다(대결 1992.11.30. 90마1003).

---

66) 신청인이 그 소송비용액의 확정을 구하는 것으로서, 그에 대한 사법보좌관의 처분은 제1심법원의 사무를 행한 것이라고 볼 것이므로, 이에 대한 피신청인의 이의신청에 대하여 울산지방법원 소속 단독판사가 사법보좌관의 처분을 인가한 경우 그 이의신청에 의한 즉시항고 사건은 항고법원인 울산지방법원 합의부가 관할법원이 된다고 할 것이다(대결 2008.3.31. 2006마488).

제5편

병합소송

제1장
병합청구소송(청구의 복수)

60 청구의 객관적 병합

CONTENTS

2) 양립할 수 있는 관계: 양립할 수 없는 수개의 청구에 대한 선택을 법원에 맡긴다는 것은 처분권주의에 반하고, 서로 성질을 달리하는 수개의 청구 중 어느 것도 좋다는 신청이 되어 신청자체가 불특정하게 되므로 선택적 병합 ×(대판 1982.7.13. 81다카1120)

3) 법조경합관계: 법조경합관계에 있는 수개의 법규에 기한 청구나 선택채권에 기한 청구는 1개의 실체법상 권리를 바탕으로 하므로, 선택적 병합 ×

4) 어음채권, 원인채권 관계: 동일금원을 어음채권과 원인채권에 기하여 청구하는 경우 양립이 가능하므로 선택적 병합으로 보는 것이 학설이지만, 실무는 예비적 병합

5) 동일부동산에 대한 이전등기청구: 동일부동산에 관한 이전등기를 매매를 원인으로 청구하면서 동시에 취득시효를 원인으로 청구하는 경우에 양립이 가능하므로 선택적 병합으로 보는 것이 학설이나, 실무는 예비적 병합으로 취급

3. 예비적 병합
(1) 의의와 특징
주위적 청구인용을 해제조건으로 예비적 청구를 하는 것

(2) 요건
1) 모순관계 - 양립할 수 없는 관계
① 판례도 "같은 청구원인을 내용으로 하면서 1차청구의 수량만을 감축하여 하는 예비적 청구는 소송상의 예비적 청구라고 할 수 없으므로, 따로 나누어 판단할 필요가 없다."고 함
② 최근에는 모순되는 관계, 즉 양립이 불가능한 관계를 요구하느냐에 대해, 판례는 긍정입장, 부정입장 모두 있음
2) 기초되는 사실관계가 관련되어 있을 것: 즉, 법률적·경제적으로 동일목적을 추구할 것을 요함(일체성, 밀착성이 필요함)

IV. 병합청구의 절차와 심판

1. 소송목적의 값의 산정
단순병합의 경우에는 병합된 청구의 가액을 합산, 선택적·예비적 병합의 경우에는 합산하지 않고 중복청구 흡수의 법리(제27조)

2. 병합요건의 조사
(1) 직권조사사항
병합요건의 흠결시 변론을 분리하여 별소로 심판하는 것이 원칙, 병합된 청구 중 어느 하나가 다른 법원의 전속관할에 속하는 때에는 결정으로 이송(제34조)

(2) 소송요건의 조사
병합요건이 충족되었다면 각 청구에 대한 소송요건을 조사, 그 흠결시 당해 청구에 관한 소를 판결로 각하

3. 심리의 공통
(1) 병합된 수 개의 청구는 동일절차에서 심판
∴ 변론이나 증거조사는 동일기일에 수 개에 대하여 공통으로 행하며, 여기에서 나타난 증거조사나 소송자료는 모든 청구에 대한 판단자료가 됨

(2) 변론의 제한과 변론의 분리
1) 어느 하나의 청구에 대한 변론의 제한은 허용, 변론의 분리는 단순병합에 한함. but 특히 선택적 병합의 경우 불가분적 결합이므로 이를 허용하지 않는 것이 통설·판례의 태도이나, 변론의 분리가 가능하다는 견해(강현중) ○. 예비적 병합도 변론의 분리 허용 ×
2) 쟁점을 공통으로 하는 병합청구의 경우(관련적 병합)에는 중복심판과 재판의 모순저촉을 피하기 위해 단순병합의 경우에도 변론의 분리를 삼가는 것이 바람직

4. 종국판결과 상소
(1) 단순병합
1) 전부판결(제198조)하는 것이 원칙이므로 재판의 누락시 추가판결의 대상(제212조). 병합된 청구 중 어느 하나의 청구가 판결하기에 성숙하였으면 일부판결이 가능(제200조). but 관련적 병합의 경우에는 변론의 분리·일부판결이 부적합
2) 통설·판례는 전부판결의 일부에 대하여 상소하면 모든 청구에 대해 확정차단·이심의 효력이 생긴다고 함. but 단순병합의 경우 상소 및 확정시기와의 관계에서는 각각 별개의 전부판결이 있다고 보아 상소 및 확정차단의 효력은 각별로 발생한다는 견해 ○(김홍규·강태원, 초판, 581면)

(2) 선택적 · 예비적 병합의 경우

1) 변론의 분리 가부: 선택적 · 예비적 병합의 경우에는 여러 개의 청구가 하나의 소송절차에 불가분적으로 결합되기 때문에 변론의 분리 · 일부판결을 할 수 없다는 견해가 통설 · 판례

2) 판단방법: 1개의 전부판결을 요함. 즉, ① 선택적 병합의 경우에는 원고승소판결의 경우에는 이유 있는 청구 중 어느 하나를 선택하여 판단하면 되며 나머지 청구에 대해서는 심판을 요하지 않지만, 원고패소판결의 경우에는 병합된 청구 전부에 대하여 배척하는 판단을 요함. ② 예비적 병합의 경우에는 주위적 청구가 인용되면 예비적 청구에 대해서는 심판할 필요가 없고, 주위적 청구를 기각하면 예비적 청구를 심판해야 함

3) 판단누락

① 문제점: 선택적 병합에서 원고패소판결을 하면서 병합된 청구 중 어느 하나를 판단하지 않거나, 예비적 병합에서 주위적 청구를 먼저 판단하지 아니하거나 주위적 청구만을 배척하고 예비적 청구는 판단하지 않는 경우가 문제 ○

② 학설: ㉠ 재판누락설, ㉡ 판단누락설 (통설, 제424조 제1항 제6호, 제451조 제1항 제9호)

③ 판례: ㉠ 선택적 병합의 경우는 판단누락을 전제로 원고가 이와 같은 판결에 대해 항소하면 청구 전부가 확정이 차단되고 항소심으로 이심되고 재판누락은 아니라고 보며, ㉡ 예비적 병합의 경우 판단누락설, 재판누락설 입장이 모두 있었으나, 최근에는 "그 판결에 대한 상소가 제기되면 판단이 누락된 예비적 청구 부분도 상소심으로 이심이 되고 그 부분이 재판의 누락에 해당하여 원심에 계속 중이라고 볼 것은 아니다."라고 하여 판단누락설로 입장을 정리

4) 주위적 청구가 확정된 경우에 누락한 예비적 청구에 대한 별소제기의 가부

① 판례: "판결이 확정되면 판단하지 아니한 청구부분에 관하여는 기판력은 생기지 아니하나, 그 흠을 상소심절차를 이용하여 시정할 수 있었으므로, 그렇지 아니하고 별소를 제기하는 것은 권리보호의 이익이 없어 부적법하다."고 함

② 학설: ㉠ 이는 권리보호이익을 부당하게 확대적용하는 것이므로 별소를 허용해야 한다는 견해(호문혁)도 있으나, ㉡ 예비적 병합청구의 경우에 일부에 대한 판단을 누락한 것을 판단누락에 준하는 것으로 보아 그 흠을 상소로써만 고칠 수 있다고 본다면, 판례의 입장이 논리일관된 것으로 보인다는 견해(정동윤 · 유병현)가 타당

5) 항소심의 심판대상

① 선택적 병합의 경우

㉠ 어느 하나의 청구를 인용한 판결에 대해 항소한 경우에도 모든 청구가 확정 · 차단되고 이심

㉡ 이 경우 항소심이 제1심이 인용한 청구는 이유가 없고 다른 청구가 이유 있다고 판단하였다 하여도 항소를 기각하고 제1심판결을 유지해야 한다는 것이 학설의 일반적인 입장

㉢ 판례는 이 경우 "심리한 결과 다른 청구가 이유 있다고 인정되고 그 결론이 제1심판결의 주문과 동일한 경우에도 피고의 항소를 기각하여서는 안 되며 제1심판결을 취소한 다음 새로이 청구를 인용하는 주문을 선고하여야 할 것이다."고 하여 학설과 반대의 입장

② 예비적 병합의 경우

㉠ 주위적 청구기각 · 예비적 청구인용의 원판결에 대하여 피고만이 그 패소부분에 상소할 때에, 불복하지 않은 주위적 청구에 관한 부분도 항소불가분의 원칙상 이심은 되는데, 심판대상이 되는지가 문제

㉡ 통설 · 판례는 불이익변경금지의 원칙상 상소심의 대상이 되지 않는다는 주위적청구비심판설이나, 유력설은 원고의 부대항소의사를 의제하여 심판대상으로 하자는 주위적청구심판설의 대립 ○

㉢ but 이는 석명권행사로 부당한 결과를 방지할 수 있으므로 통설 · 판례가 타당. 단 적극적 석명이 될 수 있으나 피고가 논리상 예견 가능한 경우이므로 허용되는 경우임

▌소의 객관적 병합 _{사시 9·38회, 변리사 35회, 노무사 7·13회}

Ⅰ. 의의, 취지 및 구별개념

1. 의의 및 취지

(1) 의의

청구의 병합이라 함은 원고가 하나의 소송절차에서 여러 개의 청구를 하는 경우를 말한다(제253조). 처음부터 여러 개의 청구를 하는 경우를 소의 고유의 객관적 병합 또는 원시적인 소송물의 복수라고 말한다. 이는 처음부터 3인 이상의 당사자가 개입하는 소의 고유의 주관적 병합인 공동소송에 대응한다.

(2) 취지

청구의 병합을 인정하는 것은 소송경제를 도모하고 서로 관련 있는 사건끼리 판결의 모순저촉을 피하자는 데 있다.

2. 공격방법의 복수(경합)와의 구별

(1) 의의

청구의 병합은 하나의 소송절차에서 소송물이 복수로 묶인 경우를 뜻함에 비하여, 공격방법의 복수는 1개의 청구를 이유 있게 하는 공격방법이 복수로 묶인 경우를 말한다.

(2) 소송물이론

구이론은 청구취지, 청구원인에서 판단되는 실체법상의 권리관계로 청구의 병합 여부를 판단하지만, 신이론은 청구취지와 청구원인에서 판단되는 사실관계나 청구취지만으로 청구의 병합 여부를 판단한다(금전·대체물청구는 예외이다).

(3) 심리순서

원고가 공격방법을 여러 개 주장할 때 순위를 붙여 주장하더라도 (예비적 주장)법원은 어느 하나를 선택하여 원고청구를 인용하면 되고, 다른 주장에 관하여는 판단할 필요가 없다(대판 1989.2.28. 87다카823·824). 그러나 원고청구를 기각하는 경우에는 모든 주장을 배척하지 않으면 안 된다(이시윤).

Ⅱ. 병합요건

1. 같은 종류의 소송절차에 의하여 심판될 수 있을 것(소송절차의 공통; 제253조)

(1) 민사본안사건과 가압류·가처분 사건(대판 2003.8.22. 2001다23225), 민사사건과 비송사건은 절차의 종류를 달리하는 것이므로 서로 병합이 허용되지 않는다.[1] 또 가사소송사건(가·나류 사건)은 변론주의에 의하지 아니하므로(가사소송법 제12조, 제17조) 여기에 통상의 민사사건의 병합은 원칙적으로 부적법하다. 그리고 행정소송의 경우에도 민사사건의 병합은 원칙적으로 부적법하지만, 행정소송에서 민사상의 관련청구(손해배상·부당이득)를 병합하는 것은 예외적으로 허용된다(행정소송법 제10조). 정정보도 등 청구의 소에 강제집행절차인 간접강제신청의 병합제기가 인정되는 경우도 있다(언론중재 및 피해구제 등에 관한 법률 제26조 제3항). 판례도 부작위채무이행의 소송절차에 간접강제신청의 병합을 인정하였다(대판 1996.4.12. 93다40614·40621).[2]

(2) 재심의 소에 통상의 민사상 청구를 병합할 수 있는가에 대해, 판례는 "원고가 피고의 주소를 알면서 허위주소로 제소하여 공시송달의 방법으로 승소확정판결을 받았다는 이유로 피고가 제기한 재심의 소에서는 피고는 확정판결의 취소를 구함과 동시에 본소 청구기각을 구하는 외에 원고에 대한 새로운 청구를 병합하는 것은 부적법하다(대판 1971.3.31. 71다8; 대판 1997.5.28. 96다41649)."고 하여 부정하였다. 다만, 상소심판결에 대한 재심의 소가 아닌 한 통상의 민사상 청구를 병합시키는 것을 막을 이유가 없다는 것이 통설이다.

(3) 제권판결에 대한 불복의 소(제490조 제2항), 중재판정취소의 소(중재법 제36조)는 특수한 소가 아니라 통상의 소송절차와 같은 종류의 것이기 때문에 여기에 다른 민사상 청구의 병합을 인정한다(통설·판례[3]). 다만, 최근 판례는 제권판결불복의 소와 같은 형성의 소는 그 판결이 확정됨으로써 비로소 권리변동의 효력이 발생하게 되므로 이에 의하여 형성되는 법률관계를 전제로 하는 이행소송(수표금청구) 등의 병합을 부정하고 있다(대판 2013.9.13. 2012다36661).[4]

---

1) 다만, 가사소송과 가사비송의 병합인 이혼소송과 재산분할청구의 병합은 가능하다(가사소송법 제14조 제1항).

2) 부대체적 채무인 부작위채무에 대한 강제집행은 간접강제만 가능하고, 간접강제결정은 판결절차에서 먼저 집행권원이 성립한 후에 채권자의 별도의 신청에 따라 채무자에 대한 필요적 심문을 거쳐 채무를 불이행하는 때에 일정한 배상을 하도록 명하는 것이 원칙이다. 따라서 부작위채무에 관한 집행권원 성립을 위한 판결절차에서 장차 채무자가 채무를 불이행할 경우에 대비하여 간접강제를 하는 것은 부작위채무에 관한 소송절차의 변론종결 당시에서 보아 부작위채무를 명하는 집행권원이 성립하더라도 채무자가 이를 단기간 내에 위반할 개연성이 있고, 또한 판결절차에서 민사집행법 제261조에 의하여 명할 적정한 배상액을 산정할 수 있는 경우라야 한다(대판 2014.5.29. 2011다31225).

3) 제권판결에 대한 불복의 소는 확정판결의 취소를 구하는 형성의 소로서 제소사유가 법정되어 있고 제소기간의 제한이 있는 등 재심의 소와 유사한 점이 있으나 통상의 판결절차로서 성립한 판결에 대한 것이 아니라 증권상실자의 일방적 관여로 이루어지는 판결에 대한 것이고 반대의 이해관계자에게 판결을 송달하지 않으므로 그에 대하여 통상의 상소절차를 이용하게 하는 것이 불합리하기 때문에 별도로 불복방법을 마련하고 있는 것인 점에서 재심의 소와는 성질상 차이가 있을 뿐만 아니라 소송경제를 도모하고 서로 관련있는 사건에 대한 판결의 모순 저촉을 피하기 위하여서도 다른 민사상의 청구를 병합하여 심리판단하게 하는 것이 타당하다(대판 1989.6.13. 88다카7962).

4) 제권판결 불복의 소와 같은 형성의 소는 그 판결이 확정됨으로써 비로소 권리변동의 효력이 발생하게 되므로 이에 의하여 형성되는 법률관계를 전제로 하는 이행소송 등을 병합하여 제기할 수 없는 것이 원칙이다. 또한 제권판결에 대한 취소판결의 확정 여부가 불확실한 상황에서 그 확정을 조건으로 한 수표금 청구는 장래이행의 소의 요건을 갖추었다고 보기 어려울 뿐만 아니라, 제권판결 불복의 소의 결과에 따라서는 수표금 청구소송의 심리가 무위에 그칠 우려가 있고, 제권판결 불복의 소가 인용될 경우를 대비하여 방어하여야 하는 수표금 청구소송의 피고에게도 지나친 부담을 지우게 된다는 점에서 이를 쉽사리 허용할 수 없다(대판 2013.9.13. 2012다36661).

2. 수소법원에 공통의 재판권이 있을 것

전속관할에 속하는 청구가 없는 한, 수소법원이 병합된 청구 가운데 하나의 청구에 대하여 토지관할권을 갖고 있으면 다른 청구에 대하여도 제25조의 관련재판적에 의하여 관할권을 갖게 되므로 관할의 공통이 이루어지므로, 문제는 되지 않는다.

3. 원칙적으로 관련성이 필요 없음

아무런 관련성이 없는 청구끼리 병합되어도 무방하다. 다만, 선택적·예비적 병합의 경우는 병합된 청구 사이에 관련성이 있을 것을 요한다.

Ⅲ. 병합의 형태

1. 단순병합

(1) 의의 및 특징

원고가 수 개의 청구에 대해 병렬적으로 심판을 구하는 형태의 병합으로, 병합된 모든 청구에 대해 법원의 심판을 요한다.

(2) 단순병합의 예

매매대금과 대여금을 같이 청구하는 경우, 불법행위로 인한 손해배상청구에서 적극적 손해, 소극적 손해, 정신적 손해를 같이 청구하는 경우 판례의 손해3분설에 의하면 단순병합으로 된다.

(3) 부진정예비적 병합

학설은 부진정예비적 병합은 매매계약무효확인청구와 인도목적물의 반환을 함께 구하는 경우로서 단순병합이고, 두 개의 승소판결을 구하는 경우라고 한다. 이는 1차청구가 인용될 것을 조건으로 2차 청구에 대해 심판을 구하는 점에서, 1차 청구가 배척될 것을 대비하여 2차 청구에 대해 심판을 구하는 진정예비적 병합과 구별된다고 한다. 다만, 판례는 "성질상 선택적 관계에 있는 양 청구를 당사자가 주위적, 예비적 청구 병합의 형태로 제소함에 의하여 그 소송심판의 순위와 범위를 한정하여 청구하는 이른바, 부진정예비적 병합 청구의 소도 허용되는 것이다(대판 2002.9.4. 98다17145)."라고 판시한다.

(4) 대상청구

목적물의 반환청구와 함께 장차 집행불능이 될 때를 대비한 목적물 값어치의 대상청구는 현재의 이행의 소와 장래의 이행의 소의 단순병합이다(대판 1975.7.22. 75다450).[5] 이에 반해, 특정물의 인도청구를 하면서 변론종결시 현재에 이행불능이 될 것을 염려하여 대상청구를 하는 것은 단순병합이 아니라 예비적 병합이 된다.

---

5) 채권자가 본래적 급부청구에다가 이에 대신할 전보배상을 부가하여 대장청구를 병합하여 소구한 경우의 대상청구는 본래적 급부청구의 현존함을 전제로 하여 이것이 판결확정 후에 이행불능 또는 집행불능이 된 경우에 대비하여 전보배상을 미리 청구하는 경우로서 양자의 경합은 현재의 급부청구와 장래의 급부청구와의 단순병합에 속한다 할 것이고 이 경우의 대상금액의 산정시기는 사실심 변론의 종결당시의 본래적 급부의 가격을 기준으로 산정하여야 한다(대판 1975.7.22. 75다450).

2. 선택적 병합

(1) 의의

원고로서는 병합된 수개의 청구 가운데 어느 하나가 인용되면 소의 목적을 달성할 수 있으므로, 다른 청구에 대해서는 심판을 바라지 않는 형태를 말한다. 따라서 법원은 이유 있는 청구 어느 하나를 선택하여 원고 청구를 인용하면 된다.

(2) 선택적 병합인지 문제되는 경우

양립하는 복수의 청구가 택일적 관계에 있을 경우는 선택적 병합이 인정된다. 따라서 동일목적의 청구를 경합하는 수개의 청구권·형성권에 기하여 청구하는 때에 한하여 선택적 병합이 인정되는 것이다. 양립할 수 없는 수개의 청구에 대한 선택을 법원에 맡긴다는 것은 처분권주의에 반하고, 서로 성질을 달리하는 수개의 청구 중 어느 것도 좋다는 신청이 되어 신청자체가 불특정하게 되므로 선택적 병합을 할 수 없다(대판 1982.7.13. 81다카1120). 법조경합관계에 있는 수개의 법규에 기한 청구나 선택채권에 기한 청구는 1개의 실체법상 권리를 바탕으로 하므로, 선택적 병합으로 인정되지 않는다. 동일금원을 어음채권과 원인채권에 기하여 청구하는 경우 양립이 가능하므로 선택적 병합으로 보는 것이 학설이지만, 실무는 (부진정)예비적 병합이라고 한다. 동일부동산에 관한 이전등기를 매매를 원인으로 청구하면서 동시에 취득시효를 원인으로 청구하는 경우에 양립이 가능하므로 선택적 병합으로 보는 것이 학설이나, 실무는 (부진정)예비적 병합으로 취급한다.

3. 예비적 병합

(1) 의의

논리적으로 양립되지 않는 수개의 청구를 하면서 1차 청구(주위적 청구)가 기각·각하될 때를 대비하여 2차 청구에 대하여 심판을 구하는 경우이다. 따라서 1차 청구를 먼저 심리하여 보고 인용되면 2차 청구에 대해서는 심판할 필요가 없고, 1차 청구를 기각하면 2차 청구를 심판하여야 한다.

(2) 요건

1) 양립될 수 없는 관계

① 예비적 청구는 주위적 청구와 모순되는 관계에 있고 심판순위에 있어 후순위일 것을 요한다. 판례도 같은 청구원인을 내용으로 하면서 1차청구의 수량만을 감축하여 하는 예비적 청구는 소송상의 예비적 청구라고 할 수 없으므로, 따로 나누어 판단할 필요가 없다(대판 1972.2.29. 71다3131)고 하였고, 주위적으로 무조건의 소유권이전등기청구, 예비적 청구로 금전지급을 받음과 상환으로 소유권이전등기청구를 하는 것은 후자가 전자를 질적으로 일부 감축한 것에 불과하므로 예비적 청구라고 할 수 없다고 하였다(대판 1999.4.23. 98다61463). 따로 예비적 청구를 하지 않아도 주위적 청구에 포함되기 때문이다. 즉, 예비적 청구는 주위적 청구와 서로 양립할 수 없는 관계에 있어야 하므로, 주위적 청구와 동일한 목적물에 관하여 동일한 청구원인을 내용으로 하면서 주위적 청구를 양적이나 질적으로 일부 감축하여 하는 청구는 주위적 청구에 흡수되는 것일 뿐 소송상의 예비적 청구라고 할 수 없다(대판 2017.2.21. 2016다225353).

② 다만, 최근에는 모순되는 관계, 즉 양립이 불가능한 관계냐에 대해, 판례는 "행정처분에 대한 무효확인과 취소청구는 서로 양립할 수 없는 청구로서 주위적·예비적 청구로서만 병합이 가능하고 선택적 청구로서의 병합이나 단순 병합은 허용되지 아니한다(대판 1999.8.20. 97누6889 등)."고 하여 긍정하는 것도 있으나, 판례는 "성질상 선택적 관계에 있는 양 청구를 당사자가 주위적·예비적 청구 병합의 형태로 제소함에 의하여 그 소송심판의 순위와 범위를 한정하여 청구하는 이른바, 부진정 예비적 병합 청구의 소도 허용되는 것이다(대판 2002.9.4. 98다17145)."고 하였으나, 또 다른 판례는 "병합의 형태가 선택적 병합인지 예비적 병합인지는 당사자의 의사가 아닌 병합청구의 성질을 기준으로 판단하여야 하고, 항소심에서의 심판 범위도 그러한 병합청구의 성질을 기준으로 결정하여야 한다. 따라서 실질적으로 선택적 병합 관계에 있는 두 청구에 관하여 당사자가 주위적·예비적으로 순위를 붙여 청구하였고, 그에 대하여 제1심법원이 주위적 청구를 기각하고 예비적 청구만을 인용하는 판결을 선고하여 피고만이 항소를 제기한 경우에도, 항소심으로서는 두 청구 모두를 심판의 대상으로 삼아 판단하여야 한다(대판 2014.5.29. 2013다96868).[6]"고 하여 상반된 입장이 있다. 그러나 최근의 판례는 "논리적으로 양립할 수 있는 수 개의 청구라고 하더라도, 주위적으로 재산상 손해배상을 청구하면서 그 손해가 인정되지 않을 경우에 예비적으로 같은 액수의 정신적 손해배상을 청구하는 것과 같이 수 개의 청구 사이에 논리적 관계가 밀접하고, 심판의 순위를 붙여 청구를 할 합리적 필요성이 있다고 인정되는 경우에는, 당사자가 붙인 순위에 따라서 당사자가 먼저 구하는 청구를 심리하여 이유가 없으면 다음 청구를 심리하는 이른바 부진정 예비적 병합 청구의 소도 허용된다(대판 2021.5.7. 2020다292411)."고 하고 있다.

2) 논리적 관련성

기초되는 사실관계가 관련되어 있어야 한다. 즉, 법률적·경제적으로 동일목적을 추구할 것을 요한다(일체성, 밀착성이 필요함). 따라서 주위적 청구와 전혀 관련성이 없는 예비적 청구는 부적법하다. 예를 들어, 주위적 청구로 건축물 명도를 구하고 예비적 청구로 그와 관계없는 대여금 청구를 구하는 경우를 들 수 있다. 이 경우 주위적 청구가 인용된 뒤에 원고는 다시 예비적 청구를 제기할 수 있으므로, 피고로서는 계속 분쟁을 해야 하는 불편함이 있다. 따라서 피고의 동의가 있는 경우는 별론으로 하고, 이러한 병합은 석명권을 행사하여 단순병합으로 보정하게 하는 조치가 필요하다. 판례도 "논리적으로 전혀 관계가 없어 순수하게 단순병합으로 구하여야 할 수개의 청구를 선택적 또는 예비적 청구로 병합하여 청구하는 것은 부적법하여 허용되지 않는다.[7] 따라서 원고가 그와 같은 형태로 소를 제기한 경우 제1심법원이 본안에 관하여 심리·판단하기 위해서는 소송지휘권을 적절히 행사하여 이를 단순병합 청구로 보정하게 하는 등의 조치를 취하여야 하는바, 법원이 이러한 조치를 취함이 없이 본안판결을 하면서 그 중 하나의 청구에 대하여만 심리·판단하여 이를 인용하고 나머지

---

6) 병합의 형태가 선택적 병합인지 예비적 병합인지 여부는 당사자의 의사가 아닌 병합청구의 성질을 기준으로 판단하여야 한다. 원심판결 이유 및 기록에 의하면, 원고는 원심에서 손해배상에 관한 청구를 교환적으로 변경하면서 채무불이행을 원인으로 한 청구를 주위적으로, 불법행위를 원인으로 한 청구를 예비적으로 각각 구하였고, 원심도 원고가 붙인 심판의 순위에 따라 판단하였다. 그러나 위 두 청구는 그 청구 모두가 동일한 목적을 달성하기 위한 것으로서 어느 하나의 채권이 변제로 소멸한다면 나머지 채권도 그 목적 달성을 이유로 동시에 소멸하는 관계에 있으므로 선택적 병합 관계에 있음을 지적하여 둔다(대판 2018.2.28. 2013다26425).

7) 지식재산권 침해를 원인으로 한 손해배상청구에 대해 지식인격권 침해를 원인으로 한 손해배상청구를 예비적으로 추가한 사안이다.

청구에 대한 심리·판단을 모두 생략하는 내용의 판결을 하였다 하더라도 그로 인하여 청구의 병합 형태가 선택적 또는 예비적 병합 관계로 바뀔 수는 없으므로, 이러한 판결에 대하여 피고만이 항소한 경우 제1심법원이 심리·판단하여 인용한 청구만이 항소심으로 이심될 뿐, 나머지 심리·판단하지 않은 청구는 여전히 제1심에 남아 있게 된다(대판 2008.12.11. 2005다51495)."고 하였다.

Ⅳ. 병합청구의 절차와 심판

1. 소송목적의 값의 산정

단순병합의 경우에는 병합된 청구의 가액을 합산하나, 선택적·예비적 병합의 경우에는 합산하지 않고 중복청구 흡수의 법리에 따른다(제27조).

2. 병합요건의 조사

(1) 직권조사사항

병합요건의 흠결 시 변론을 분리하여 별소로 심판하여야 하는 것이 원칙이나, 병합된 청구 중 어느 하나가 다른 법원의 전속관할에 속하는 때에는 결정으로 이송하여야 한다(제34조).

(2) 소송요건의 조사

병합요건이 충족되었다면 각 청구에 대한 소송요건을 조사하여야 하며, 그 흠결 시 당해 청구에 관한 소를 판결로 각하하여야 한다.

3. 심리의 공통

(1) 동일절차 심판

병합된 수 개의 청구는 동일절차에서 심판된다. 따라서 변론이나 증거조사는 동일기일에 수 개에 대하여 공통으로 행하며, 여기에서 나타난 증거조사나 소송자료는 모든 청구에 대한 판단자료가 된다.

(2) 변론의 제한과 변론의 분리

어느 하나의 청구에 대한 변론의 제한은 허용되나 변론의 분리는 단순병합에 한한다. 다만, 선택적 병합의 경우 불가분적 결합이므로 이를 허용하지 않는 것이 통설·판례의 태도이고, 예비적 병합[8]도 변론의 분리가 허용되지 않는다. 쟁점을 공통으로 하는 병합청구의 경우(관련적 병합)에는 중복심판과 재판의 모순저촉을 피하기 위해 단순병합의 경우에도 변론의 분리를 삼가야 한다.

---

8) 판례는 예비적 청구만을 분리하여 심판할 수 없으며, 피고로서도 예비적 청구에 관하여만 인낙을 할 수도 없고, 가사 인낙을 한 취지가 조서에 기재되었다 하더라도 그 인낙의 효력이 발생하지 아니한다고 본다(대판 1995.7.25. 94다62017).

4. 종국판결과 상소

(1) 단순병합

전부판결(제198조)하는 것이 원칙이므로 재판의 누락 시 추가판결의 대상이 된다(제212조). 병합된 청구 중 어느 하나의 청구가 판결하기에 성숙하였으면 일부판결이 가능하다(제200조). 다만, 관련적 병합의 경우에는 변론의 분리·일부판결이 부적합하다. 통설·판례는 전부판결의 일부에 대하여 상소하면 모든 청구에 대해 확정차단·이심의 효력이 생긴다고 한다(대판 1956.4.16. 4288민상377; 상소불가분의 원칙).[9]

(2) 선택적·예비적 병합의 경우

1) 변론의 분리, 일부판결의 가부

선택적·예비적 병합의 경우에는 여러 개의 청구가 하나의 소송절차에 불가분적으로 결합되기 때문에 변론의 분리·일부판결을 할 수 없다는 견해가 통설·판례이다(대판 1998.7.24. 96다99).

2) 판단방법

1개의 전부판결을 요한다. 즉, 선택적 병합의 경우에는 원고승소판결의 경우에는 이유 있는 청구 중 어느 하나를 선택하여 판단하면 되며 나머지 청구에 대해서는 심판을 요하지 않지만, 원고패소판결의 경우에는 병합된 청구 전부에 대하여 배척하는 판단을 요한다.[10] 예비적 병합의 경우에는 주위적 청구가 인용되면 예비적 청구에 대해서는 심판할 필요가 없고, 주위적 청구를 기각하면 예비적 청구를 심판하여야 한다. 따라서 부동산실명법 시행 전·후의 계약명의신탁에 의하여 각 부동산의 소유권을 취득한 피고(명의수탁자)를 상대로, 원고(명의신탁자)가 주위적으로 '명의신탁 이후에 이루어진 원고와 피고 사이의 반환약정'을 원인으로 한 소유권이전등기를, 예비적으로 '원고에게 피고의 직접점유를 매개로 한 간접점유가 인정되고, 그 간접점유에 기한 점유취득시효가 완성되었음'을 원인으로 한 소유권이전등기를 각 구하는 경우, '원고와 피고 사이에 이루어진 반환약정은 무효인 명의신탁약정이 유효함을 전제로 부동산 자체의 반환을 구하는 범주여서 위 반환약정도 무효'라고 보고, "각 부동산을 직접점유한 피고(명의수탁자)와 원고(명의신탁자) 사이에 점유매개관계를 인정할 수 없어 원고의 간접점유도 인정할 수 없다."고 보아 원고(명의신탁자)의 주위적 청구 및 예비적 청구를 모두 기각하여야 한다(대판 2022.6.9. 2021다244617).

---

9) 다만, 이에 대해서는 단순병합의 경우 상소 및 확정시기와의 관계에서는 각각 별개의 전부판결이 있다고 보아 상소 및 확정차단의 효력은 각별로 발생한다는 견해가 있다(김홍규·강태원).

10) 청구의 선택적 병합은, 양립할 수 있는 여러 개의 청구권에 의하여 동일한 취지의 급부를 구하거나 양립할 수 있는 여러 개의 형성권에 기하여 동일한 형성적 효과를 구하는 경우에, 그 어느 한 청구가 인용될 것을 해제조건으로 하여 여러 개의 청구에 관한 심판을 구하는 병합 형태이다. 이와 같은 선택적 병합의 경우에는 여러 개의 청구가 하나의 소송절차에 불가분적으로 결합되어 있기 때문에, 선택적 청구 중 하나만을 기각하고 다른 선택적 청구에 대하여 아무런 판단을 하지 아니한 것은 위법하다. 선택적으로 병합된 수개의 청구를 모두 기각한 항소심판결에 대하여 원고가 상고한 경우에 상고법원이 선택적 청구 중 어느 하나의 청구에 관한 상고가 이유 있다고 인정할 때에는 원심판결을 전부 파기하여야 한다(대판 2017.10.26. 2015다42599).

3) 판단누락

① 문제점

선택적 병합에서 원고패소판결을 하면서 병합된 청구 중 어느 하나를 판단하지 않거나, 예비적 병합에서 주위적 청구를 먼저 판단하지 아니하거나 주위적 청구만을 배척하고 예비적 청구는 판단하지 않는 경우가 문제된다.

② 학설

학설은 예비적 병합의 경우 주위적 청구에 대한 기각판결로 이미 해제조건불성취로 확정되었으므로 법원이 추가판결을 하는 데에 아무런 지장이 없다는 점에서 일부판결로 보아 추가판결 해야 한다는 재판누락설도 있으나, 청구가 불가분적으로 연관되고 판결모순방지를 위해 일부판결이 불허된다는 점에서 재판누락이 있을 수 없으므로 추가판결로 해결할 수 없고 판단누락의 일종 즉, 하자있는 판결로 보아 상소(제424조 제1항 제6호) 또는 재심(제451조 제1항 제9호)으로 그 취소를 구하여야 한다는 판단누락설이 통설이다.

③ 판례

<u>선택적 병합의 경우는 판단누락을 전제로 원고가 이와 같은 판결에 대해 항소하면 청구 전부가 확정이 차단되고 항소심으로 이심되고 재판누락은 아니라고 보며</u>(대판 1998.7.24. 96다99), 예비적 병합의 경우 판단누락설(대판 2000.1.21. 99다50422), 재판누락설(대판 1992.10.13. 92다18283) 입장이 모두 있었으나, "<u>그 판결에 대한 상소가 제기되면 판단이 누락된 예비적 청구 부분도 상소심으로 이심이 되고 그 부분이 재판의 누락에 해당하여 원심에 계속 중이라고 볼 것은 아니다</u>(대판 2000.11.16. 98다22253 전합)."라고 하여 판단누락설로 입장을 정리하였다. 최근에도 "예비적 병합의 경우에는 수 개의 청구가 하나의 소송절차에 불가분적으로 결합되어 있기 때문에 주위적 청구를 먼저 판단하지 않고 예비적 청구만을 인용하거나 주위적 청구만을 배척하고 예비적 청구에 대하여 판단하지 않는 등의 일부판결은 예비적 병합의 성질에 반하는 것으로서 법률상 허용되지 않는다. 그런데도 주위적 청구를 배척하면서 예비적 청구에 대하여 판단하지 않은 판결을 한 경우에는 그 판결에 대한 상소가 제기되면 판단이 누락된 예비적 청구 부분도 상소심으로 이심이 되고 그 부분이 재판의 누락에 해당하여 원심에 계속 중이라고 볼 것은 아니다. 이러한 법리는 부진정 예비적 병합의 경우에도 달리 볼 이유가 없다(대판 2021.5.7. 2020다292411)."고 하여 판단누락설의 입장이다.

④ 검토

㉠ 복수의 청구에 대하여 개별적으로 취급하는 것을 전제로 하는 재판누락과 같은 용어는 이 사안과 같이 하나의 소송절차 내에서 해결할 수 있을 뿐이고 서로 분리하여 별소로 판단하는 것이 허용되지 않는 청구의 예비적 병합에 있어서 사용하는 것은 부적절하므로, 재판누락설은 타당하지 못하다.

㉡ 그리고 판단누락설도 판단누락이란 법원이 공격방어방법에 대해서 그 판단을 빠뜨린 것을 의미하고, 사안과 같이 소송상 청구, 즉 소송물에 대한 판단을 빠뜨린 경우와는 다른 것이라는 비판이 있다.

㉢ 그러나 사안 같은 경우를 재판누락으로 보는 것은 청구의 예비적 병합의 제도적 취지 및 본질에 반한다는 점에서 하나의 전부판결이 있었던 것으로 보고, 판단누락에 준하여 판단누락에 의한 상소와 재심조항을 유추하여 해결하는 것이 타당하다고 본다.

4) 항소심의 판결

하나의 전부판결로 보고 이를 항소에 의해 해결한다고 하더라도, 예비적 청구에 대해서는 원심의 판단이 없었다는 점에서 원고의 심급의 이익을 해치게 되고 따라서 원심에서 사건 전체를 다시 심판할 수 있도록 원심에 환송하여야 한다는 <u>임의적 환송설</u>이 있다. 하지만, 예비적 청구에 대하여 판단하지 않은 판결도 전부판결로 보아 판단하지 아니한 예비적 청구부분에 대해서도 당연히 이심의 효력이 생기므로 항소심에서 원심판결을 취소하고 청구의 전부에 대하여 판단하여야 한다는 <u>취소자판설</u>의 태도가 통설·판례이다. 민사소송의 항소심은 속심구조이어서 취소자판이 원칙이고, 민사소송법은 소송요건을 흠결하여 부적법각하한 제1심 판결을 취소하는 경우에만 심급의 이익을 위해 필수적으로 환송(제418조)하도록 하고 있어 임의적 환송제도를 인정할 여지가 없고, 소송경제의 측면에서도 취소자판설이 타당하다.

5) 주위적 청구가 확정된 경우에 누락한 예비적 청구에 대한 별소제기의 가부

판례는 "<u>판결이 확정되면 판단하지 아니한 청구부분에 관하여는 기판력은 생기지 아니하나, 그 흠을 상소심절차를 이용하여 시정할 수 있었으므로, 그렇지 아니하고 별소를 제기하는 것은 권리보호의 이익이 없어 부적법하다</u>(대판 2002.9.4. 98다17145)."고 하였다. 학설은 ① 이는 권리보호이익을 부당하게 확대적용 하는 것이므로 별소를 허용해야 한다는 견해(호문혁)도 있으나, ② 예비적 병합청구의 경우에 일부에 대한 판단을 누락한 것을 판단누락에 준하는 것으로 보아 그 흠을 상소로써만 고칠 수 있다고 본다면, 판례의 입장이 논리일관된 것으로 보인다는 견해(유병현, 고시계 2004/4, 272면; 정동윤·유병현, 857면)가 타당하다고 본다.

(3) 항소심의 심판대상

1) 선택적 병합의 경우

① 하나의 청구가 인용된 경우

어느 하나의 청구를 인용한 판결에 대해 항소한 경우에도 모든 청구가 확정차단 되고 이심된다. 이 경우 항소심이 제1심이 인용한 청구는 이유가 없고 다른 청구가 이유 있다고 판단하였다 하여도 항소를 기각하고 제1심판결을 유지해야 한다는 것이 학설의 일반적인 입장이다(항소기각설; 제414조 제2항). 그러나 판례는 이 경우 "<u>심리한 결과 다른 청구가 이유 있다고 인정되고 그 결론이 제1심판결의 주문과 동일한 경우에도 피고의 항소를 기각하여서는 안 되며 제1심판결을 취소한 다음 새로이 청구를 인용하는 주문을 선고하여야 할 것이다.</u>"고 하여 학설과 반대의 입장이다(대판 1992.9.14. 92다7023; 항소인용설; 제416조). 소송물이론에서 구이론의 입장을 취한다면 소송물이 다른 경우에 해당하므로, 항소인용설이 타당하다고 보인다.

② 양 청구가 모두 기각된 경우

제1심에서 원고의 청구가 기각되어 원고가 항소한 다음 항소심에서 청구를 선택적으로 병합한 경우에는 <u>제1심에서 수개의 청구가 선택적으로 병합되었다가 그 청구가 모두 이유 없다고 인정되어 청구기각 판결이 선고되고 이에 원고가 항소한 경우와 마찬가지로 법원은 병합된 수개의 청구 중 어느 하나의 청구를 선택하여 심리할 수 있고,</u> 제1심에서 기각된 청구를 먼저 심리할 필요는 없으며, 어느 한 개의 청구를 심리한 결과 그 청구가 이유 있다고 인정될 경우에는 원고의 청구를 기각한 제1심 판결을 취소하고 이유 있다고 인정되는 청구를 인용하는 주문을 선고하여야한다(대판 1993.10.26. 93다6669).

2) 예비적 병합의 경우

① 주위적 청구기각, 예비적 청구기각의 경우

이 경우 항소의 이익이 있는 것은 원고만이므로 항소심 법원은 원고가 불복신청 한 청구만을 심판할 수 있다(대판 1967.9.5. 67다1323 등).

② 주위적청구인용판결의 경우

피고가 주위적 청구에 대해 항소하면 상소불가분의 원칙상 주위적 청구, 예비적 청구 모두 항소심으로 이심이 된다. 이 경우 예비적 청구는 주위적 청구의 인용을 해제조건으로 하여 소급적으로 소멸할 뿐이므로, 처분권주의, 즉 불이익변경금지원칙상 피고의 불복대상은 어디까지나 주위적 청구부분이므로 항소심이 주위적 청구에 대해 이유 없다는 판단을 하여 주위적 청구에 대한 판결을 취소, 청구를 기각하는 경우, 예비적 청구에 대해서는 판단을 할 수 없다고 생각할 수 있다. 하지만 이 경우 원고로서는 주위적 청구가 인정되지 않는 경우에 대비하여 예비적 청구를 하는 것이고, 주위적 청구가 인정되지 않는 경우에 예비적 청구에 대하여 심판받기를 바라는 것이므로 당연히(즉, 피항소인의 부대항소를 요하지 않고) 예비적 청구가 현실적인 심판의 대상이 될 수 있다는 것이 통설·판례의 태도이다(대판 2000.11.16. 98다22253 전합 등).

③ 주위적 청구기각·예비적 청구인용의 판결에 피고만이 그 패소부분에 상소하는 경우

제1심에서 주위적 청구를 기각하고 예비적 청구를 인용한 판결에 대하여 피고만이 항소한 때에는, 이심의 효력은 사건 전체에 미치더라도 원고로부터 부대항소가 없는 한 항소심의 심판대상으로 되는 것은 예비적 청구에 국한 된다(주위적청구비심판설[11][12]). 다만, 원고의 부대항소의사를 의제하여 심판대상으로 하자는 주위적청구심판설도 있다. 불이익변경금지원칙은 처분권주의에 바탕을 원칙이므로, 이를 관철하는 주위적청구비심판설이 기본적으로 타당하다. 다만, 부당한 결과는 석명권을 행사하여 시정할 수 있다고 본다.

---

[11] 이 경우 통설은 원고의 부대항소가 없는 이상, 불이익변경금지의 원칙으로 인해 주위적 청구는 항소심의 심판대상이 되지 않는다고 본다. 따라서 이에 의한다면 원고의 부대항소가 없는 이상 제1심판결 중 예비적 청구 부분만을 취소하고, 그 부분을 기각하는 판결을 하여야 한다고 본다(즉, 이 경우 주문은 '원판결 가운데 피고 패소 부분을 취소한다. 위 취소부분에 해당하는 원고의 청구를 기각한다'는 것이 된다). 따라서 주위적 청구, 예비적 청구 모두 기각되게 된다.

[12] 원고의 주위적 청구를 기각하면서 예비적 청구를 일부 인용한 환송 전 항소심판결에 대하여 피고만이 상고하고 원고는 상고도 부대상고도 하지 않은 경우에, 주위적 청구에 대한 항소심판단의 적부는 상고심의 조사대상으로 되지 아니하고 환송 전 항소심판결의 예비적 청구 중 피고 패소 부분만이 상고심의 심판대상이 되는 것이므로, 피고의 상고에 이유가 있는 때에는 상고심은 환송 전 항소심판결 중 예비적 청구에 관한 피고 패소 부분만 파기하여야 하고, 파기환송의 대상이 되지 아니한 주위적 청구부분은 예비적 청구에 관한 파기환송판결의 선고와 동시에 확정되며 그 결과 환송 후 원심에서의 심판범위는 예비적 청구 중 피고 패소 부분에 한정된다(대판 2001.12.24. 2001다62213).

2022년 공인노무사

동업관계에 있는 乙, 丙, 丁, 戊는 자신들의 사업장 앞에 있는 X토지를 甲으로부터 임차하여 주차장으로 사용하고 있었다. 위 4인을 대표한다고 주장하는 乙은 X토지를 甲으로부터 매수하기로 하고 甲과 X토지에 대한 매매계약을 체결하였다. 사업자금 대출을 위해 X토지의 등기가 필요하다는 사정을 들은 甲은 매매대금의 전액을 지급받지 못하였음에도 불구하고 X토지의 등기를 위 4인에게 이전하여 주었으나 위 4인은 매매잔대금을 지급하지 않고 있다. 이에 甲은 乙, 丙, 丁, 戊를 상대로 주위적으로는 매매계약이 유효하다면 X토지의 매매대금 전액 지급을 구하고, 예비적으로는 매매계약이 무효라면 X토지의 소유권이전등기의 말소를 구하는 소를 제기하였다. (단, 아래의 각 물음은 독립적임) (50점)

물음 1) 제1심 법원은 乙에게 적법한 대리권이 없었다는 것을 이유로 원고의 주위적 청구를 배척하면서도 예비적 청구에 대하여는 아무런 판단을 하지 않았다. 이러한 제1심 법원의 판결에 대해 적법 여부와 불복방법에 관하여 쓰시오. (25점)

목차

Ⅰ. 문제의 소재

甲은 乙, 丙, 丁, 戊를 상대로 주위적으로는 매매계약이 유효하다면 X토지의 매매대금 전액 지급을 구하고, 예비적으로는 매매계약이 무효라면 X토지의 소유권이전등기의 말소를 구하는 소를 제기한 것은 예비적 병합에 해당한다(제253조). 이 경우 제1심 법원이 주위적 청구는 배척하면서도 예비적 청구에 대하여 아무런 판단을 하지 않은 것이 적법한지가 예비적 병합에서 변론의 분리와 일부판결이 허용되는지, 허용되지 않는다면 그 불복방법은 어떠한지가 문제가 되므로, 이를 논해 보기로 한다(제141조, 제200조, 제212조, 제424조 제1항 제6호, 제451조 제1항 제9호).

Ⅱ. 제1심 판결의 적법 여부

1. 예비적 병합의 의의

예비적 병합이란 논리적으로 양립되지 않는 수개의 청구를 하면서 1차 청구(주위적 청구)가 기각·각하될 때를 대비하여 2차 청구에 대하여 심판을 구하는 경우이다. 따라서 1차 청구를 먼저 심리하여 보고 인용되면 2차 청구에 대해서는 심판할 필요가 없고, 1차 청구를 기각하면 2차 청구를 심판하여야 한다.

2. 요건 및 심리 - 일부판결 불가

주위적 청구와 예비적 청구가 서로 양립이 불가능하여야 한다. 그리고 선택적·예비적 병합의 경우에는 여러 개의 청구가 하나의 소송절차에 불가분적으로 결합되기 때문에 변론의 분리·일부판결을 할 수 없다는 견해가 통설·판례이다(대판 1998.7.24. 96다99).

3. 사안의 경우

따라서 제1심법원은 주위적 청구인 X토지의 매매대금 전액 지급을 구하는 청구는 배척하면서도, 예비적 청구인 X토지의 소유권이전등기의 말소를 구하는 청구에 대해서는 아무런 판단을 하지 않은 것은 일부판결이 허용되지 않으므로, 위법한 판결이 된다.

Ⅲ. 甲의 불복방법 – 판단누락인지 재판누락인지 여부

1. 문제점

사안과 같이 예비적 병합에서 주위적 청구를 먼저 판단하지 아니하거나, 주위적 청구만을 배척하고 예비적 청구는 판단하지 않는 경우가 문제된다.

2. 학설

학설은 예비적 병합의 경우 주위적 청구에 대한 기각판결로 이미 해제조건불성취로 확정되었으므로 법원이 추가판결을 하는 데에 아무런 지장이 없다는 점에서 일부판결로 보아 추가판결 해야 한다는 재판누락설(제212조)도 있으나, 청구가 불가분적으로 연관되고 판결모순방지를 위해 일부판결이 불허된다는 점에서 재판누락이 있을 수 없으므로 추가판결로 해결할 수 없고 판단누락의 일종 즉, 하자있는 판결로 보아 상소(제424조 제1항 제6호) 또는 재심(제451조 제1항 제9호)으로 그 취소를 구하여야 한다는 판단누락설이 통설이다.

3. 판례

<u>선택적 병합의 경우는 판단누락을 전제로 원고가 이와 같은 판결에 대해 항소하면 청구 전부가 확정이 차단되고 항소심으로 이심되고 재판누락은 아니라고 보며</u>(대판 1998.7.24. 96다99), 예비적 병합의 경우 판단누락설(대판 2000.1.21. 99다50422), 재판누락설(대판 1992.10.13. 92다18283) 입장이 모두 있었으나, "<u>그 판결에 대한 상소가 제기되면 판단이 누락된 예비적 청구 부분도 상소심으로 이심이 되고 그 부분이 재판의 누락에 해당하여 원심에 계속 중이라고 볼 것은 아니다</u>(대판 2000.11.16. 98다22253 전합)."라고 하여 판단누락설로 입장을 정리하였다.

4. 검토 및 사안의 경우

(1) 복수의 청구에 대하여 개별적으로 취급하는 것을 전제로 하는 재판누락과 같은 용어는 이 사안과 같이 하나의 소송절차 내에서 해결할 수 있을 뿐이고 서로 분리하여 별소로 판단하는 것이 허용되지 않는 청구의 예비적 병합에 있어서 사용하는 것은 부적절하므로, 재판누락설은 타당하지 못하다. 그리고 판단누락설도 판단누락이란 법원이 공격방어방법에 대해서 그 판단을 빠뜨린 것을 의미하고, 사안과 같이 소송상 청구, 즉 소송물에 대한 판단을 빠뜨린 경우와는 다른 것이라는 비판이 있다.

(2) 그러나 사안 같은 경우를 재판누락으로 보는 것은 청구의 예비적 병합의 제도적 취지 및 본질에 반한다는 점에서 하나의 전부판결이 있었던 것으로 보고, 판단누락에 준하여 판단누락에 의한 상소(제424조 제1항 제6호)와 재심조항(제451조 제1항 제9호)을 유추하여 해결하는 것이 타당하다고 본다.

(3) 따라서 사안에서 제1심법원은 주위적 청구인 X토지의 매매대금 전액 지급을 구하는 청구는 배척하면서도, 예비적 청구인 X토지의 소유권이전등기의 말소를 구하는 청구에 대해서는 아무런 판단을 하지 않은 것은 위법한 판결이 된다. 따라서 판단누락에 준하여 甲은 주위적 청구에 대하여 항소하면 판단 받지 못한 예비적 청구부분은 항소심으로 이심이 된다. 다만, 재판누락설에 의하면 누락한 예비적 청구는 재판누락에 해당하므로, 甲이 항소할 수는 없고 제1심의 추가판결 대상이 될 것이다(제212조).

5. 항소심의 판결

(1) 임의적 환송설, 취소자판설

하나의 전부판결로 보고 이를 항소에 의해 해결한다고 하더라도, 예비적 청구에 대해서는 원심의 판단이 없었다는 점에서 원고의 심급의 이익을 해치게 되고 따라서 원심에서 사건 전체를 다시 심판할 수 있도록 원심에 환송하여야 한다는 <u>임의적 환송설</u>이 있다. 하지만, 예비적 청구에 대하여 판단하지 않은 판결도 전부판결로 보아 판단하지 아니한 예비적 청구부분에 대해서도 당연히 이심의 효력이 생기므로 항소심에서 원심판결을 취소하고 청구의 전부에 대하여 판단하여야 한다는 <u>취소자판설</u>의 태도가 통설·판례이다. 민사소송의 항소심은 속심구조이어서 취소자판이 원칙이고, 민사소송법은 소송요건을 흠결하여 부적법각하한 제1심 판결을 취소하는 경우에만 심급의 이익을 위해 필수적으로 환송(민사소송법 제418조)하도록 하고 있어 임의적 환송제도를 인정할 여지가 없고, 소송경제의 측면에서도 취소자판설이 타당하다.

(2) 사안의 경우

취소자판설에 의하여 항소심법원은 제1심법원이 판단누락에 준하는 위법한 판결을 하였으므로, 甲의 항소를 인용하고(제416조), 스스로 판결하면 된다. 다만, 임의적 환송설에 의하면 제1심판결을 취소하고, 제1심으로 환송하게 될 것이다.

Ⅳ. 사안의 해결

1. 제1심판결이 주위적 청구는 배척하면서도 예비적 청구에 대해 아무런 판단을 하지 아니한 것은 위법한 판결이다(제424조 제1항 제6호, 제451조 제1항 제9호).

2. 甲은 판단누락에 준하여 제1심 판결에 대해 항소를 제기하면 판단 받지 못한 예비적 청구도 이심이 되고, 항소심은 제1심으로 환송할 필요 없이 스스로 제1심판결을 취소하고 판결하면 된다(제416조).

61 청구의 변경

CONTENTS

III. 요건

1. 사실심에 계속되고 변론종결 전일 것
2. 청구의 기초가 바뀌지 아니할 것(청구기초의 동일성)
   (1) 문제점
   (2) 학설
      1) 이익설
      2) 사실설: ① 사실관계설, ② 사실자료동일설
      3) 병용설: 이익설 + 사실설
   (3) 판례
      "동일한 경제적 이익에 관한 분쟁에 있어서 해결방법을 달리하고 있을 뿐이어서 청구의 기초에 변경이 있다고 볼 수 없다."고 하여 이익설에 접근하고 있으나, "약속어음금청구와 전화가입명의변경신청은 그 급부의 목적물이 전혀 다를 뿐만 아니라 두 청구를 심판할 사실자료도 아무 공통성이 없는 것이어서 청구의 기초에 변경이 있는 것이라고 아니할 수 없다."고 하여 사실자료동일설에 가까운 예도 발견
   (4) 검토
3. 소송절차를 현저히 지연시키지 않을 것
   (1) 공익적 요건. 다만, 청구에 관한 이의의 소와 같이 별도의 소를 금하는 경우(민사집행법 제44조 제3항)에는 절차를 지연시킬 경우에도 예외적으로 청구의 변경을 허용할 것
   (2) 특히 판례는 새로운 청구를 위해 종전의 소송자료를 대부분 이용할 수 있는 경우는 절차지연에 해당하지 않는다고 함
4. 소의 병합의 일반요건을 갖출 것
   절차공통, 관할공통

IV. 절차

1. 원고의 신청
2. 방식
   (1) 청구취지 변경 - 서면. but 청구원인의 변경의 경우에는 판례와 학설은 구술로 변경 가능(제262조 제2항의 반대해석). 다만, 구이론을 전제로 청구원인의 변경도 서면으로 함이 타당하다는 견해(방순원)
   (2) 서면요구의 취지는 주로 피고의 방어의 범위를 명확히 하려는데 있으므로, 구술로 한 경우라도 피고의 이의권의 상실로 그 하자는 치유

(3) 청구변경의 서면은 신청구의 소장에 해당하므로, 상대방에게 송달(제262조 제3항)

V. 심판

1. 청구변경의 부적법
   직권으로 또는 상대방의 신청에 따라 변경을 허가하지 아니하는 결정(제263조)
2. 청구변경의 적법과 신청구의 심판
   (1) 청구의 변경이 적법하다 인정 - 명시적재판 ×, 상대방이 다툴 때에는 제263조를 준용하여 결정으로 변경의 적법성을 중간적 재판이나 종국판결의 이유 속에서 판단 가능
   (2) 적법한 청구의 변경이 인정되면 신청구에 대해 심판. 구청구의 소송자료는 당연히 신청구의 자료로 됨
   (3) 교환적 변경의 경우는 구청구의 소송계속이 소멸하므로 신청구만이 심판의 대상이 되고, 추가적 변경의 경우는 구청구와 함께 신청구가 그 대상이 됨
3. 청구변경의 간과
   (1) 교환적 변경의 경우
      1) 교환적 변경을 간과하여 구청구를 심판한 경우, 통설·판례는 구청구는 취하가 되었음에도(결합설을 전제) 이를 판단한 것이므로 처분권주의 위배로 취소·파기하면 되고, 신청구는 여전히 원심에 계속 중이므로 원심법원이 추가판결
      2) 유력설은 원심법원이 굳이 추가판결을 할 필요없이 항소심법원이 원판결을 취소하고 변경된 청구에 대해 재판하면 된다고 함(호문혁)
   (2) 추가적 변경의 경우 - 단순병합 전제
      1) 추가적 변경을 간과하여 구청구만 심판한 경우, 통설은 원칙적으로 이를 이유로 원판결을 취소·환송할 여지는 없고, 누락된 신청구는 원심에 계속 중이므로 원심법원 자신이 추가판결로서 정리(이시윤, 호문혁)
      2) 유력설은 항소심 스스로 변경을 허용하여 원판결을 취소·변경할 필요 없이 구청구와 병합해서 신청구에 대하여도 추가판결을 할 것(김홍규)

▌청구의 변경 사시 2·20회, 변리사 18·19회

Ⅰ. 서설

1. 의의 및 취지

(1) 청구의 변경이란 소의 변경, 즉 소송물의 변경을 말한다(제262조).

(2) 청구의 변경을 인정하는 이유는 소송경제의 도모, 원고 측의 편의, 피고 측의 방어권보장의 조화를 위한 것이 그 취지이다.

2. 청구취지의 변경

(1) 원칙

청구취지의 변경은 원칙적으로 청구의 변경이 된다.

(2) 심판범위를 변경하는 경우에는 문제가 있음

1) 청구취지 확장의 경우

청구의 원인에 변경이 없음을 근거로 또는 이행명령의 상한의 변동에 지나지 않음을 이유로 소의 변경이 아니라는 견해(일부청구부인설)도 있으나, 일부청구에서 전부청구로 확장될 때에는 소송물의 변동이 생기므로, 소의 추가적 변경으로 볼 것이다(통설).

2) 청구취지 감축의 경우

금전청구에서 양적으로 일부 줄이는 경우나, 단순이행청구에서 상환이행청구로 질적으로 축소하는 경우까지 포함한다. 특히 이 경우 감축된 한도에서 일부취하로 볼 것인지, 일부포기로 볼 것인지 문제되지만, 원고의 의사가 불분명한 경우 원고에게 유리하게 소의 일부취하로 볼 것이다(대판 1983.8.23. 83다카450).

3) 청구취지의 보충, 정정

소장에서 심판을 구하는 대상이 불분명한 경우 이를 명확하게 하기 위하여 청구취지를 보충, 정정하는 것은 청구의 변경에 해당하지 않는다. 판례도 "청구취지기재 자체만으로 보아서는 당사자가 주장하는 소송물인지 분명하지 아니하나 청구원인으로써 당사자가 소송물인 점을 주장하고 있다면, 법원은 청구취지가 청구원인 사실에서 주장하는 것과 같은지를 해명하여야 할 것이고, 뒤에 청구취지를 청구원인 사실대로 변경하여 명확히 한때에는 새로운 청구라고 볼 수는 없다(대판 1982.9.28. 81누106)."고 한다.

3. 청구원인의 변경

구소송물이론에 의할 때 소의 변경이 되지만, 신소송물이론에 의할 때는 공격방어방법의 변경에 불과하다고 할 것이다.

4. 공격방어방법의 변경

원고가 동일한 청구를 유지하면서 그 청구를 이유 있게 하는 공격방법을 바꾸는 것은 청구의 변경이 아니다. 이러한 공격방법의 변경에는 청구의 변경에서와 같은 제약이 없다. 따라서 가등기에 기한 본등기청구를 하면서 그 등기원인을 매매예약완결이라고 주장하는 한편 위 가등기의 피담보채권을 처음에는 대여금채권이라고 주장하였다가 나중에는 손해배상채권이라고 주장한 경우 가등기에 기한 본등기청구의 등기원인은 위 주장의 변경에 관계없이 매매예약완결이므로 등기원인에 변경이 없어 청구의 변경에 해당하지 아니하고, 위 가등기로 담보되는 채권이 무엇인지는 공격방어방법에 불과하다(대판 1992.6.12. 92다11848).

II. 모습

1. 교환적 변경

(1) 의의

청구의 교환적 변경이라 함은 구청구에 갈음하여 신청구를 제기하는 경우를 이른다(제262조 제1항).

(2) 법적 성질

1) 학설

① 통설(결합설)은 청구의 교환적 변경은 독자적 소변경형태가 아니고 신청구제기·구청구취하의 성질을 가진다고 한다.

② 유력설(독자제도설)은 청구의 교환적 변경은 법 제262조상의 요건과 효과가 규율되는 청구의 변경의 한 형태일 뿐이지, 명문의 규정도 없이 신청구제기·구청구취하의 성질을 가진다고 하는 것은 잘못되었다고 한다(호문혁).

2) 판례

판례는 "소의 교환적 변경은 신청구의 추가적 병합과 구청구의 취하의 결합형태로 볼 것이므로 본안에 대한 종국판결이 있은 후 구청구를 신청구로 교환적 변경을 한 다음 다시 본래의 구청구로 교환적 변경을 한 경우에는 종국판결이 있은 후 소를 취하하였다가 동일한 소를 다시 제기한 경우에 해당하여 부적법하다(대판 1981.11.10. 87다카1405 등)."고 하여 결합설의 입장이다.

3) 검토

① 법 제262조 제1항에서 청구원인 또는 취지를 바꿀 수 있다고 한 것에서 구청구는 취하를 전제로 한다고 보이고, ② 제2항에서 청구취지의 변경은 서면으로 한 것으로 미루어 이는 신청구제기의 실질을 지닌다고 보이므로 신청구제기·구청구취하의 실질을 가진다는 결합설이 타당하다고 본다.

(3) 교환적 변경의 경우에 피고의 동의 여부

1) 학설

① **다수설**(동의필요설)

㉠ 교환적 변경의 성질을 결합설로 보는 한 법 제266조 제2항의 규정상 피고의 동의를 요하는 것이 논리적이며, ㉡ 만약 이를 요하지 않으면 피고의 구청구에 대한 기각판결을 받을 이익을 도외시하는 결과가 된다고 한다. 이에 의하면 동의를 얻지 못한 경우는 청구의 추가적 변경이 된다고 한다(이시윤 등).

② **유력설**(동의불요설)

이는 청구기초의 동일성이라는 요건으로 피고의 이익은 어느 정도 보호됨으로 굳이 피고의 동의를 요구할 필요가 없다고 한다(정동윤).

2) 판례

판례는 "광업권의 공유지분권의 확인청구나 그 광업권을 처분하므로 생긴 손해배상청구는 같은 광업권의 공유관계에서 발생한 권리관계로서 청구의 기초에 변경이 없으므로 소취하에 준하여 피고의 동의를 얻을 필요가 없다(대판 1962.1.31. 4294민상310)."고 하여 동의불요설의 입장이다.

3) 검토

청구의 교환적 변경의 성질을 결합설로 보는 한, 소취하에 대해 피고의 동의를 요구하듯이 교환적 변경의 경우에도 동의를 요구하는 것이 타당하다고 본다(동의필요설).

2. 추가적 변경

구청구를 유지하면서 신청구를 추가제기하는 것을 말한다. 단순병합, 선택적 병합, 예비적 병합의 형태로 추가적 병합이 행해진다. 추가적 변경에 의하여 소송목적의 값이 단독판사의 사물관할을 초과하는 때에는 이를 합의부로 이송하여야 한다.

3. 변경형태가 불분명한 경우

청구의 변경이 교환적 변경인가 추가적 변경인가는 당사자의 의사해석에 의하여 정하여야 하는바, 당사자가 종전 청구를 취하한다는 명백한 표시 없이 새로운 청구취지를 항소장 등에 기재하는 등으로 변경의 형태가 불분명할 경우에는 법원으로서는 그 변경의 의사가 교환적인가 추가적인가 또 후자 중에서도 예비적인가 선택적인가의 점에 대하여 석명할 의무가 있으므로(대판 2003.1.10. 2002다41435), 이를 하지 않은 채 교환적 변경이라고 단정함은 위법이다(대판 1995.5.12. 94다6802).

Ⅲ. 요건

1. 사실심에 계속되고 변론종결 전일 것

(1) 내용

소장부본이 피고에게 송달되기 전이면 소송계속전이기 때문에 원고는 자유롭게 소장의 기재를 보충·정정할 수 있다. 변론종결한 뒤의 청구의 변경은 원칙적으로 허용되지 아니하며, 이 경우에 법원이 변론을 재개할 필요가 없다(대판 1970.11.24. 70다1501).

(2) 상고심과 항소심

상고심에서는 청구의 변경이 허용되지 않지만(대판 1992.2.11. 91누4126), 항소심에서는 상대방의 동의 없이 청구의 변경을 할 수 있다(대판 1963.12.12. 63다689).

(3) 항소심에서의 사물관할 변경

지방법원 본원 합의부가 지방법원 단독판사의 판결에 대한 항소사건을 제2심(항소심)으로 심판하는 도중에 지방법원 합의부의 관할에 속하는 소송이 새로 추가되거나 그러한 소송으로 청구가 변경되었다고 하더라도, 심급관할은 제1심 법원의 존재에 의하여 결정되는 전속관할이어서 이미 정하여진 항소심의 관할에는 영향이 없는 것이므로, 추가되거나 변경된 청구에 대하여도 그대로 심판할 수 있다(대판 1992.5.12. 92다2066).

(4) 항소심에서 청구의 교환적 변경

제1심에서 본안판결이 난 후에 항소심에서 구청구를 신청구로 교환적 변경을 하고 나서 다시 구청구로 교환적 변경을 하면 재소금지에 해당되어 부적법하다(대판 1967.10.10. 67다1548; 결합설). 항소심에서 교환적 변경이 있으면 변경된 신청구에 대하여 사실상 제1심으로 심판한다(대판 2009.2.26. 2007다83908). 따라서 변경된 신청구에 대하여 '청구인용 · 기각'을 하여야 하지, '항소인용 · 기각'을 하면 아니 된다. 그리고 제1심에서 적법하게 반소를 제기하였던 당사자가 항소심에서 반소를 교환적으로 변경하는 경우에 변경된 청구와 종전 청구가 실질적인 쟁점이 동일하여 청구의 기초에 변경이 없으면 그와 같은 청구의 변경도 허용된다(대판 2012.3.29. 2010다28338 · 28345).

2. 청구의 기초가 바뀌지 아니할 것(청구기초의 동일성)

(1) 판단기준

현행법은 이를 청구의 기초가 바뀌지 아니하는 한도라고 규정하고 있는 바, 그 동일성의 의미가 무엇인지 문제 된다. 판례는 "동일한 경제적 이익에 관한 분쟁에 있어서 해결방법을 달리하고 있을 뿐이어서 청구의 기초에 변경이 있다고 볼 수 없다(대판 1990.1.12, 88다카24622)."고 하여 이익설에 접근하고 있으나, "약속어음금청구와 전화가입명의변경신청은 그 급부의 목적물이 전혀 다를 뿐만 아니라 두 청구를 심판할 사실자료도 아무 공통성이 없는 것이어서 청구의 기초에 변경이 있는 것이라고 아니할 수 없다(대판 1964.9.22. 64다480)."고 하여 사실자료동일설에 가까운 예도 발견된다.

(2) 청구기초 동일성의 유형화(이시윤)

1) 청구의 원인은 동일한데 청구의 취지만을 변경한 경우

같은 지상의 방해물철거를 구하면서 대상만을 달리하는 경우(대판 1962.4.18. 4294민상1145), 이전등기말소청구에 명도청구의 추가(대판 1992.10.23. 92다29662), 동일 원인에 기한 청구취지의 확장(대판 1984.2.14. 83다카514) 등.

2) 동일한 목적의 청구인데, 법률적 구성을 달리하는 경우(불법행위청구에서 채무불이행청구로 변경하는 경우)

이 경우 구이론은 청구의 변경이 되지만, 신이론은 공격방법의 변경에 그친다.

3) 신·구청구 중 한쪽이 다른 쪽의 변형물·부수물인 경우

목적물인도(또는 이전등기)를 구하다가 이행불능을 원인으로 전보배상청구를 하는 경우(대판 1965.1.26. 64다1391), 가옥명도청구에다 임대료 상당의 손해배상금을 추가하는 경우(대판 1964.5.26. 63다973) 등이 있다.

4) 같은 생활사실·경제이익에 관한 것인데 분쟁의 해결방법을 달리하는 경우

매매계약에 기한 이전등기청구에서 계약해제로 인한 계약금반환청구로(대판 1972.6.27. 72다546), 원인무효로 인한 말소등기청구에서 명의신탁해지로 인한 이전등기청구나 그 반대의 경우(대판 2001.3.13. 99다11328), 어음·수표금 청구에서 그 어음·수표의 위조작성을 들어 손해배상청구로(대판 1966.10.21. 64다1102), 이전등기청구를 원고의 매수를 원인으로 구하다가 채권자대위권에 기한 대위청구로 바꾸거나 그 반대의 경우(대판 1971.10.11. 71다1805) 등이 있다.

(3) 사익적 요건

피고의 방어목표가 예상 밖으로 변경되어 입는 불이익을 보호하기 위한 것으로 보아 사익적 요건이다. 따라서 피고가 소의 변경에 동의하거나 이의 없이 본안 변론을 하는 경우에는 이 요건을 갖추지 아니하여도 소의 변경을 허용해야 한다(대판 2011.2.24. 2009다33655).

3. 소송절차를 현저히 지연시키지 않을 것

(1) 공익적 요건

청구의 기초에 변경이 없어도 구청구에 대한 심리를 마치고 신청구에 대하여 새로운 사실관계의 심리와 새로이 특단의 소송자료의 제출을 필요로 하는 경우는 청구의 변경보다도 별도의 소에 의하게 하려는 취지이다. 이 요건은 청구의 기초의 동일성과 달리 공익적 요건에 해당하기 때문에 피고의 이의가 없어도 직권조사를 요한다. 다만, 청구에 관한 이의의 소와 같이 별도의 소를 금하는 경우(민사집행법 제44조 제3항)에는 절차를 지연시킬 경우에도 예외적으로 청구의 변경을 허용할 것이다.

(2) 판례

새로운 청구를 위해 종전의 소송자료를 대부분 이용할 수 있는 경우는 절차지연에 해당하지 않는다(대판 1998.4.28. 97다44416).

4. 소의 병합의 일반요건을 갖출 것

신·구청구가 같은 종류의 소송절차에 의하여 심판될 수 있어야 한다(제253조). 따라서 가압류·가처분사건에서 본안소송으로의 변경은 허용될 수 없다. 재심의 소를 통상의 소로 변경하거나 그 반대의 경우도 다른 종류의 절차이므로 허용되지 않는다[13](대판 1959.9.24. 4291민상318).

---

13) 통상적 소와 재심의 소를 비교하건대 재심의 소의 방식이 통상적 소의 방식과 다를 뿐 아니라 재심의 소는 확정된 종국판결이 있음을 전제로 하고 법률의 정하는 재심사유가 있는 경우에 한하여 법정기간 내에 제소됨을 요하는 것으로서 통상적 소와는 그 성질을 달리하므로 재심의 소를 통상적 소로 변경하거나 반대로 통상적 소를 재심의 소로 변경할 수는 없다고 해석함이 타당하다(대판 1959.9.24. 4291민상318).

Ⅳ. 절차

1. 원고의 신청

청구의 변경은 처분권주의의 원칙상 원고의 신청에 의하여야 한다. 다만, 최근에는 관련분쟁의 일회적 해결이라는 관점에서 청구의 변경을 시사하는 적극적 석명을 강조하는 견해가 유력하다.

2. 방식

청구의 변경은 소송중의 소의 하나이므로 서면(청구변경신청서)에 의하여야 한다. 민사소송법 제262조 제2항은 청구취지의 변경에 한해서만 서면에 의하도록 규정하고 있으므로 그 반대해석으로 청구원인은 말로 변경할 수 있는지가 문제되나, 판례는 말로 해도 무방하다고 판시한다(대판 1961.10.19. 4293민상531; 구술설). 그러나 내용이 복잡한 경우에는 서면에 의하도록 권유하는 것이 바람직할 것이다. 말로 청구원인을 변경함에 있어서 상대방이 반드시 출석해 있어야 하는지는 문제이나 반드시 출석을 필요로 한다고 보아야 할 것이다(법원실무제요(Ⅱ), 739면). 따라서 피고가 불출석 상태에서 원고가 말로 청구원인을 변경한 다음 법원이 피고에게 이에 대한 방어의 기회를 주지 않고 변론을 종결하는 것은 위법하다고 보아야 한다(대판 1989.6.13. 88다카19231). 서면요구의 취지는 주로 피고의 방어의 범위를 명확히 하려는데 있으므로, 구술로 한 경우라도 피고의 이의권의 상실로 그 하자는 치유 된다(대판 1982.7.13. 82다카262). 청구변경의 서면은 신청구의 소장에 해당하므로, 상대방에게 송달하여야 한다(제262조 제3항). 새로운 소장에 해당하는 변경서를 상대방에게 송달하거나 변론기일에 이를 교부한 때에 신청구에 대해 소송계속의 효력이 발생한다(대판 1992.5.22. 91다41187). 소 변경에 의한 시효중단·기간준수의 효과는 소변경서를 법원에 제출하였을 때 발생한다(제265조). 원고의 청구원인 변경에 대해서는 피고에게 방어의 기회를 주어야 하며, 그렇지 않으면 절차권 침해로 위법이 된다(대판 1989.6.13. 88다카19231).

3. 인지액 산정

청구의 확장이나 추가적 변경을 내용으로 하는 신청서에는 확장 이후의 총소송목적의 값에 의한 인지액과 종전 인지액과의 차액에 해당하는 인지를 추가로 붙여야한다(민사소송등인지법 제5조). 이와 같이 인지액을 상호 비교하여 차액을 계산하여야지 소송목적의 값을 비교한 차액을 기준으로 인지액을 계산하면 안 된다.

Ⅴ. 심판

1. 청구변경의 부적법

법원이 청구의 취지 또는 원인의 변경이 옳지 아니하다고 인정한 때에는 직권으로 또는 상대방의 신청에 따라 변경을 허가하지 아니하는 결정을 하여야 한다(제263조). 다만, 청구취지변경을 불허한 결정에 대하여는 독립하여 항고할 수 없고 종국판결에 대한 상소로써만 다툴 수 있다(대판 1992.9.25. 92누5096). 항소심이 제1심의 청구변경불허결정을 부당하다고 보면 원결정을 명시적·묵시적으로 취소하고 변경을 허용하여 신청구에 대하여 심리를 개시할 수 있다. 경우에 따라 제1심으로 임의적 환송을 할 수 있다는 견해가 있으나(이영섭, 방순원), 현행법은 임의적 환송을 인정하지 않으므로 자판(自判)을 해야 한다(통설).

2. 청구변경의 적법과 신청구의 심판

(1) 청구의 변경이 적법하다고 인정할 때에는 법원은 따로 청구변경을 허가한다는 뜻의 명시적 재판은 요하지 않으나, 상대방이 다툴 때에는 제263조를 준용하여 결정으로 변경의 적법성을 중간적 재판이나 종국판결의 이유 속에서 판단 할 수 있다. 변경에 대하여 피고 측이 지체 없이 이의하지 않고 변론하면 더 이상 이를 다툴 수 없다(대판 2011.2.24. 2009다33655). 청구 변경허가 조치에 대하여는 다툼은 있으나, 소송 경제상 불복할 수 없다(통설; 서울고법 1963.2.11. 62다180).

(2) 적법한 청구의 변경이 인정되면 신청구에 대해 심판한다. 구청구의 소송자료는 당연히 신청구의 자료로 된다. 교환적 변경의 경우는 구청구의 소송계속이 소멸하므로 신청구만이 심판의 대상이 되고, 추가적 변경의 경우는 구청구와 함께 신청구가 그 대상이 된다. 그리고 항소심에서 청구가 교환적으로 변경된 경우, 항소심 법원은 구청구가 취하된 것으로 보아 교환된 신청구에 대하여만 사실상 제1심으로 재판한다.

3. 청구변경의 간과

(1) 교환적 변경의 경우

교환적 변경을 간과하여 구청구를 심판한 경우, 통설[14]·판례는 구청구는 취하가 되었음에도(결합설을 전제) 이를 판단한 것이므로 처분권주의 위배로 취소·파기하고 소송종료선언을 하면 되고, 신청구는 여전히 원심에 계속 중이므로 원심법원이 추가판결을 하면 된다고 한다(대판 2003.1.24. 2002다56987; 이시윤).

(2) 추가적 변경의 경우

추가적 변경을 간과하여 구청구만 심판한 경우, 통설[15]은 원칙적으로 이를 이유로 원판결을 취소·환송할 여지는 없고, 누락된 신청구는 원심에 계속 중이므로 원심법원 자신이 추가판결로서 정리해야 한다고 한다(이시윤, 호문혁). 그러나 추가적 변경에 의하여 신청구를 선택적으로 병합시킨 경우에 원심법원이 신청구에 대하여 간과하였다면 원판결의 파기사유가 된다(대판 1989.9.12. 88다카6270). 이 때 원심법원의 재판누락으로 보아 추가판결의 대상이라고 할 것이 아니라, 판단누락으로 보아 상급심이 재판할 것이다(판단누락설). 예비적으로 병합시킨 경우에도 마찬가지로 보아야 한다.

---

14) 다만, 이 경우 유력설은 구청구와 신청구의 별도의 취급은 교환적 변경의 성질에 대해 결합설을 전제하고 있어 타당하지 않고(독자제도설의 입장), 이는 원심법원이 변경된 신청구에 대해 재판을 누락한 것이 아니라 청구하지 아니한 소송물에 대하여 재판을 한 것으로 보아 원심법원이 굳이 추가판결을 할 필요없이 항소심법원이 원판결을 취소하고 변경된 청구에 대해 재판하면 된다고 한다. 특히 이는 제1심법원이 처분권주의에 위반하여 원고가 신청하지 않은 청구에 대해 재판했을 때 원고가 신청한 청구가 추가판결의 대상이 된다고 보지 않는 것과 같은 이치라고 한다(호문혁).

15) 이 경우 유력설은 항소심 스스로 변경을 허용하여 원판결을 취소·변경할 필요 없이 구청구와 병합해서 신청구에 대하여도 추가판결을 할 것이라 한다. 이 경우에도 청구의 기초의 변경이 없는 한 신청구에 대한 사실의 심리는 대체적으로 다 되어 있으므로 피고의 심급의 이익을 크게 침해하지 않을 것이기 때문이라고 한다(김홍규).

연습문제

근로자 甲은 고용주 乙과 근로계약을 체결하여, 근로를 제공하고 있는 상태이다. 그런데 2023.5.10. 乙은 甲에 대한 안전배려의무를 위반하여, 甲은 乙에게 1억 원에 상당하는 치료비 채권을 가지게 되었다. 2023.6.10.에 만기(변제기)를 2023.9.10.하여 乙은 이의 지급을 위하여 액면가 1억 원의 약속어음을 甲에게 발행하였다. 甲은 그 지급기일(만기)에 약속어음을 지급 제시하였으나 지급거절 당하여, 2023.10.10. 乙에게 치료비 1억 원의 지급을 구하는 소를 제기하였다. 그러나 甲은 제1심에서 청구기각판결을 받았고, 이에 甲은 불복하여 항소를 제기하여 항소심에 소송계속 중이다. 이 때 甲은 乙에 대하여 치료비를 구하는 청구를 위 약속어음금의 지급을 구하는 소로 교환적으로 변경하는 신청을 하였다(이 교환적 변경은 적법하다고 가정한다). 약속어음금지급청구를 심리한 항소심법원은 제2심의 변론을 종결한 뒤 甲의 약속어음금청구를 기각하는 판결을 선고하였고 이 판결이 확정되었다. 이후에 甲이 乙을 상대로 치료비 1억 원에 대한 '지연이자'를 구하는 소를 다시 제기한 경우, 이 소에 대해서 법원은 어떻게 판단하여야 하는지 결론(소각하, 청구기각, 청구인용, 일부인용 중 하나를 선택)과 이유를 서술하시오. (문제되는 학설과 판례 모두를 검토하시오) (20점)

Ⅰ. 결론

소각하를 해야 한다.

Ⅱ. 이유

1. 문제점

원고인 甲이 제2심 계속 중에 교환적 변경을 한 경우에 구청구가 취하된 것으로 보는지 여부 및 만약 구청구의 취하로 본다면 구청구를 선결관계로 하는 후소의 제기가 재소금지에 해당하는지 여부가 문제된다. 항소심에서 교환적 변경을 할 경우에 이것이 구청구의 취하로 보는지 여부와 관련하여 학설 및 판례가 대립되어 있다.

2. 항소심에서 소의 교환적 변경의 경우 구소취하 여부

(1) 학설 및 판례

1) 결합설

이 학설에 의하면, 소의 교환적 변경은 신청구의 추가적 병합과 구청구의 취하를 결합한 형태로 본다. 이 견해에 따를 때, 소의 교환적 변경은 구청구의 취하가 되어서 항소심에서 이 형태의 변경은 본안에 대한 제1심 종국판결 선고 후의 소취하가 된다. 따라서 이 경우에 재소금지가 적용된다. 판례도 "소의 교환적 변경은 신청구의 추가적 병합과 구청구의 취하의 결합 형태로 볼 것이므로 본안에 대한 종국판결이 있은 후 구청구를 신청구로 교환적 변경을 한 다음 다시 본래의 구청구로 교환적 변경을 한 경우에는 종국판결이 있은 후 소를 취하하였다가 동일한 소를 다시 제기한 경우에 해당하여 부적법하다."고 판시하였다.

2) 고유의 소변경설

이 학설은 ① 교환적 변경에 구소취하의 실질이 없으므로 재소금지에 위반되지 않고, ② 이러한 원고의 소송수행은 승소하기 위한 최선의 노력을 하는 것일 뿐이고 법원이 판결을 농락하려거나 소취하 내지 재소를 남용할 의도가 전혀 없다고 주장한다. 이 견해에 따를 때, 재소금지를 적용하는 것은 실제로 소취하를 하고 난 뒤에 재소한 경우에 한해야 할 것이라고 한다.

(2) 사안의 경우

결합설이 타당하므로, 사안의 1억 원 치료비청구 부분은 항소심에서 소가 취하 되었다고 보아야 하고, 후소가 제기된다면 재소금지가 문제될 수 있다(제267조 제2항). 다만, 고유의 소변경설을 취하는 경우 甲이 乙을 상대로 제기한 치료비지급청구를 약속어음금지급청구로 교환적 변경을 한 경우에 구청구인 치료비지급청구의 취하의 실질이 존재하지 아니하므로 재소금지가 문제되지 아니한다.

3. 재소금지 해당 여부

(1) 의의

소의 취하는 소송계속을 소급적으로 소멸시키므로 소취하시에 다시 동일한 소를 제기하더라도 상관없는 것이 원칙이지만 본안에 관하여 종국판결이 있은 뒤에 소를 취하하는 경우에는 동일한 소를 제기할 수 없다. 이를 재소의 금지라고 한다(민사소송법 제267조 제2항). 이는 법원의 종국판결에 대한 농락을 방지하자는 것이 그 취지[16][17]이다.

(2) 재소금지의 요건

1) 내용

재소가 금지되는 요건으로서, 첫째 전소와 동일하고, 둘째 본안의 종국판결이 있은 후 소를 취하하였어야 한다. 재소금지요건으로서 언급되는 전소와 동일한 소라 함은 당사자 및 소송물이 동일할 뿐만 아니라 권리보호의 이익이 동일한 소를 의미한다.

2) 사안의 경우

후소가 제기가 된 것은 1억 원 치료비 청구가 아니라, 그에 대한 지연이자 청구이다. 이는 이른바 선결관계 내지 선결문제에 해당하는 청구가 후소로 제기된 경우인데, 이 경우 소송물이 동일한 경우에 해당하여 재소금지에 해당하는지 논의가 있다.

(3) 선결문제와 재소금지

1) 문제점

소송물은 달라도 후소의 소송물이 전소의 소송물을 선결적 법률관계 내지 전제로 할 때[18]에도 재소가 금지되는지가 문제된다.

---

16) 재소를 금지하는 취지에 대하여 종래의 통설·판례는 법원이 종국판결을 선고한 뒤에 이를 실효시킴으로써 법원의 노력을 헛되이 하는 것에 대한 제재, 즉 소취하남용제재로 보았다(소취하남용제재설). 이에 대해 처분권주의를 기초로 하여 당사자가 판결에 의하지 않고 소취하에 의하여 소송을 처리하는 것은 소송경제에 맞고 이를 제재할 근거도 없으며, 재소금지의 취지는 원고가 소를 취하하면서 후소를 제기하는 경우의 소권의 남용을 방지하는데 있다고 보는 견해가 있다(재소남용방지설). 하지만 재소금지의 취지는 소취하권의 남용방지와 재소의 남용방지의 두 가지 취지를 아울러 가지고 있다고 보는 것이 옳다고 생각된다(이원설; 정동윤·유병현, 호문혁).

17) 그 밖에 무용의 소송심리의 반복으로 소송경제상 좋지 않다는 점과 전후 판결의 모순을 초래할 염려가 있다는 점을 열거하는 견해도 있다(김홍규, 민사소송법 제5판, 2002, 502면). 그리고 판결의 농락 방지는 권위적인 표현이고, 정확하게 말하면 소취하권 내지 재소권의 남용방지라고 해야 할 것이라는 견해도 있다(호문혁, 민사소송법 제3판, 2004, 655면).

18) 원본채권에 대한 이행의 소를 제기한 후 제1심에서 청구기각판결을 받고 항소한 후 항소심에서 소를 취하 하고, 이자채권에 대한 소를 제기하는 경우.

2) 학설

재소금지에 관한 법 제267조를 확대 적용하여 동일한 소는 아니나 전소의 목적이었던 권리 내지 목적이었던 권리관계에 대해서는 다시 법원의 판단을 구하지 못한다는 재소금지 제도의 취지상 전소가 후소의 선결관계인 경우에도 재소금지에 저촉된다고 하는 긍정설, 이 경우에는 청구취지가 다르므로 소송물이 동일하다고 보기 힘들고, 전소가 확정판결인 경우에도 후소의 판단에서 전소의 기판력 있는 판단에 구속될 뿐이어서 적어도 소각하판결을 해야 하는 것은 아닌데, 이 경우에 재소를 금지시켜 소각하하는 것은 기판력의 효과보다 더 가혹한 것이 되어 균형이 맞지 않는다는 점을 들어 재소금지에 저촉되지 않는다고 하는 부정설이 있다.

3) 판례

대학교수가 학교법인을 상대로 면직처분무효확인의 소를 제기하였다가 패소판결을 당하고 항소심에서 소를 취하한 후 면직처분이 당연무효임을 전제로 면직 이후의 봉급액지급을 구한 사안에서 "당사자와 소송물이 동일하더라도 재소의 이익이 다른 경우에는 동일한 소라고 할 수 없는 반면, 후소가 전소의 소송물을 선결적 법률관계 내지 전제로 하는 것일 때에는 비록 소송물은 다르지만 본안의 종국판결 후에 전소를 취하한 자는 전소의 목적이었던 권리 내지 법률관계의 존부에 대하여는 다시 법원의 판단을 구할 수 없는 관계상 위 제도의 취지와 목적에 비추어 후소에 대하여도 동일한 소로서 판결을 구할 수는 없다고 풀이함이 상당하다(대판 1989.10.10. 88다카18023)."고 하여 긍정설의 입장이다.

4) 검토

후소가 전소의 소송물을 선결적 법률관계 내지 전제로 하는 것일 때에는 비록 소송물은 다르지만, 전소와 후소는 권리보호이익이 동일하다고 보아, 재소금지에 해당한다고 보아야 한다.

4. 사안의 해결

따라서 소송물은 다르지만 재소금지의 취지상 이에 해당하므로, 지연이자청구의 소를 각하하는 판결을 하여야 한다. 다만, 부정설에 의하면 1억 원 치료비청구와 그에 대한 지연이자청구는 동일한 소송물이라고 할 수 없으므로, 이는 재소금지에 해당하지 않아 법원은 이를 심리하여야 한다.

62 중간확인의 소

▌ 중간확인의 소 노무사 12회

Ⅰ. 서설

1. 의의

중간확인의 소란 소송계속 중 본래의 청구의 판단에 관하여 전제문제를 이루는 선결적 법률관계의 존재 여부에 관하여 소송절차를 병합하여 제기하는 확인의 소를 말한다(제264조).

2. 취지

기판력은 소송물의 존재 여부에 관한 주문 중의 판단에만 생기고, 판결이유에서 판단되는 선결적 법률관계에는 발생하지 않는다(제216조 제1항). 따라서 선결적 법률관계에 대해 기판력 있는 판단을 받으려면 이를 직접 소송물로 하는 새로운 소를 제기하여야 한다. 이 경우에 당사자로서는 별소를 제기할 수도 있으나 이미 계속되어 있는 소송절차를 이용할 수 있다면 소송경제, 재판의 통일도 이룰 수 있는데, 이런 취지에서 인정되는 것이 중간확인의 소이다. 따라서 이 제도가 있으므로 판결이유 중의 판단에 구속력을 인정하려고 하는 쟁점효이론을 우리 법제에서는 인정할 필요성이 적다.

3. 특징

중간확인의 소는 제264조 제1항의 문언 및 무기평등의 원칙에 비추어 원고, 피고 모두가 가능하다. 이 경우 원고가 제기하는 경우는 청구의 추가적 변경에 해당하고, 피고가 제기하는 경우에는 반소의 성질을 가진다. 청구기초의 동일성, 반소의 관련성 등은 당연히 충족되어 있으므로, 항소심에서 피고가 제기할 때에도 상대방의 동의는 불필요하다. 중간확인의 소를 제기하면 본소와 합쳐 청구의 병합상태가 발생한다. 선결적 법률관계에 대해 원고가 중간확인의 소를 제기할 것인가, 별소에 의할 것인가는 원고의 자유에 속한다.[19]

Ⅱ. 요건

1. 본래의 소가 사실심에 계속되고 변론종결 전일 것

상고심에서는 중간확인의 소를 제기할 수 없다. 항소심에서는 중간확인의 소를 제기할 수 있으나, 피고가 제기하는 경우에도 상대방의 동의를 요하지 아니한다. 이는 항소심에서 반소를 제기하는 경우에 원칙적으로 상대방의 동의를 얻도록 한 것과 다르다. 중간확인의 소의 대상인 법률관계에 관하여는 이미 제1심에서의 판단을 받은 것이므로 심급의 이익을 해할 염려가 없고(제412조 제1항), 또 원고가 항소심에서 자유로이 중간확인의 소를 제기할 수 있는 것과 균형을 맞추기 위한 것이다.

2. 선결관계 있는 법률관계일 것

본래의 청구의 판단에 대하여 선결관계 있는 법률관계를 소송물로 삼아야 한다. 다만, 본래의 청구를 판단하는데 선결적 법률관계이면 되기 때문에 피고가 항변으로서 주장한 법률관계라도 무방한데 예를 들어, 건물인도청구에 대하여 피고가 임차권 항변을 하면서 임차권에 관한 중간확인의 소를 제기하는 경우가 이에 해당한다. 선결관계는 이론상 선결관계이면 족한가, 현실적으로 성립된 선결관계이어야 하는가 문제되지만, 본래의 청구에 대한 선결관계는 중간확인의 소에 대한 판결 시까지 현실적으로 존재하여야 한다(현실설). 따라서 본래의 소가 각하·취하되거나, 확인하려고 하는 법률관계와 관계없이 본래의 청구가 기각될 때에는 중간확인의 소를 부적법 각하하여야 한다. 다만, 확인의 소로서의 요건을 구비하고 있으면 독립된 소로 심리할 수 있다(통설). 선결관계는 권리관계 이어야 한다. 따라서 선결적인 사실관계나 증서의 진정 여부는 중간확인의 소의 대상이 되지 않는다. 또 현재의 권리관계이어야 하므로 과거의 권리관계는 중간확인의 대상이 될 수 없다.

3. 그 법률관계에 관하여 다툼이 있을 것

본래의 소송의 진행 중에 당사자 사이에 다툼이 있는 법률관계이어야 한다. 중간확인의 소의 제기 당시 다툼이 있으면 충분하다. 선결적 법률관계에 관하여 다툼만 있으면 중간확인의 소의 이익은 긍정되고, 별도의 확인의 이익을 요하지 아니한다.

---

19) 이 경우 중복소제기의 금지의 법리를 확대적용하여 중간확인의 소가 가능함에도 불구하고 별소에 의하는 것은 중복소제기의 금지에 저촉되므로 허용될 수 없다는 견해[신도(新堂)]와 용이하게 중간확인의 소를 제기할 수 있는데도 별소에 의하는 것은 소권의 남용에 해당하여 허용되지 않는다는 견해가 있으나, 현행법의 해석론으로서는 무리라 할 것이다(통설).

4. 중간확인의 청구가 다른 법원의 전속관할에 속하지 않을 것

본래의 소의 관할법원은 중간확인의 소에 관하여 당연히 관할권을 가진다(제264조 제1항 본문). 본래의 소가 지방법원 합의부의 관할에 속하면 중간확인의 청구가 단독판사의 관할에 속할지라도 합의부가 관할권을 가진다. 본래의 소가 지방법원 단독판사에 계속 중에 중간확인의 소를 제기하였을 때에 양자의 소송목적의 값을 합산하여 합의부의 관할에 속할 때는 본래의 소와 함께 합의부로 이송하여야 한다. 중간확인의 소가 다른 법원의 전속관할에 속할 때에는 그것이 독립된 소의 요건을 갖추었으면 이를 분리하여 전속관할이 있는 법원으로 이송하여야 한다(제264조 제1항 단서).

Ⅲ. 절차와 심판

1. 중간확인의 소의 제기

중간확인의 소는 소송중의 소이므로, 이를 제기할 경우에는 소장에 준하는 서면을 제출하는 것이 원칙이다(제264조 제2항). 여기에는 중간확인의 소임을 나타내어야 한다. 이 서면은 지체 없이 상대방에게 송달하여야 한다(제264조 제3항). 다만, 소액사건인 경우에는 말로도 중간확인의 소를 제기할 수 있다(소액사건심판법 제4조). 위 서면의 송달에 의하여 소송계속이 생기며, 그 제출 시에 시효중단이나 법률상 기간준수의 효력이 발생한다(제265조). 피고의 소송대리인이 중간확인의 소를 제기함에는 반소의 제기에 준하여 특별한 권한수여(제90조 제2항 제1호)를 요하나, 원고의 소송대리인은 이를 요하지 않는다(청구의 추가적 변경에 해당하기 때문이다). 다만, 이에 대해서는 피고의 소송대리인이 중간확인의 소를 제기할 때에도 원고 소송대리인과의 균형상 특별한 권한수여를 요하지 않는다는 견해도 있다(호문혁).

2. 심판

중간확인의 소에 대한 조치나 심판은 청구의 추가적 변경이 있거나 반소가 제기된 경우에 준한다. 먼저 병합요건을 심리하여, 그 요건에 흠이 있으면 독립된 소로 취급할 수 있는가를 검토하고, 독립된 소로 취급될 수 없으면 이를 부적법 각하하여야 한다. 병합요건을 구비하고 있으면 본래의 청구와 병합하여 심리한다. 이때의 병합형태는 단순병합이다. 그러나 1개의 전부판결에 의하여 동시에 재판하여야 한다(통설). 중간확인의 소에 관하여 먼저 일부판결을 한다면 본소에 관한 잔부판결과 각각 별도로 확정이 되어 판단의 통일을 꾀할 수 없기 때문이다. 이론상 변론의 분리나 일부판결을 하는 것이 불가능하지는 않지만 부적당한 경우이다(통설).

3. 재심의 소와 중간확인의 소

재심의 소송절차에서 중간확인의 소를 제기하는 것은 재심청구가 인용될 것을 전제로 하여 재심대상소송의 본안청구에 대하여 선결관계에 있는 법률관계의 존부의 확인을 구하는 것이므로, 재심사유가 인정되지 않아서 재심청구를 기각하는 경우에는 중간확인의 소의 심판대상인 선결적 법률관계의 존부에 관하여 나아가 심리할 필요가 없으나, 한편 중간확인의 소는 단순한 공격방어방법이 아니라 독립된 소이므로 이에 대한 판단은 판결의 이유에 기재할 것이 아니라 "종국판결의 주문에 기재하여야 할 것"이므로 재심사유가 인정되지 않아서 재심청구를 기각하는 경우에는 중간확인의 소를 각하하고 이를 판결 주문에 기재하여야 한다(대판 2008.11.27. 2007다69834 · 69841).

Ⅳ. 결어

중간확인의 소는 선결적 법률관계를 소송물로 하여 기판력을 생기게 하는 객관적 · 후발적 병합의 한 형태이다.

63 반소

CONTENTS

---

20) 예를 들어, 소유권존재확인의 본소청구에 대하여 그 부존재확인의 반소청구는 허용 ×

21) 다만, 이에 대해서는 본소가 판결하기에 성숙할 단계까지 갔는데 이제 피고가 그 채무이행의 반소를 제기하면 본소가 적법하지만, 그렇지 아니한 경우 채무부존재의 본소는 확인의 이익이 없다고 보는 견해도 유력(독일의 통설·판례; 일본 大阪高判; 이시윤).

(2) 본소의 방어방법과 상호관련성

1) 반소청구가 본소청구의 항변사유와 대상이나 발생원인에 있어서 사실상 또는 법률상 공통성이 있어야 함(예 상계항변하면서 상계초과채권의 이행을 구하는 반소, 가옥명도청구에 대해 유치권의 항변을 하면서 피담보채권의 지급을 구하는 반소 등)

2) 본소의 방어방법과 관련된 반소는 그 방어방법이 반소제기 당시에 현실적으로 제출되어야 하며 또 적법해야 함(상계금지채권[22]을 청구원인으로 한 본소에 대한 상계항변처럼 법률상 허용되지 않는 항변에 바탕을 둔 반소나, 소송상 실기한 방어방법으로 각하된 항변에 바탕을 둔 반소는 부적법)

3) 점유회복의 본소에 대하여 피고가 본권에 대한 기한 반소를 제기할 수 있는지 문제 - 민법 제208조 제2항은 점유의 소에 대하여 피고가 본권의 방어방법으로 내세울 수 없다는 것이지 본권에 기하여 반소를 제기하는 것까지 막는 것은 아니므로 반소를 제기할 수 있다는 것이 판례

(3) 사익적 요건

직권조사사항이라 할 수 없고, 원고가 동의하거나 이의 없이 변론한 경우에는 상호관련성이 없어도 반소는 적법

2. 본소절차를 현저히 지연시키지 않을 것[23]

(1) 반소청구의 상호 관련성이 인정된다 하더라도 반소청구의 심리를 위하여 본소절차가 지연되게 되어 별소에 의하는 것이 오히려 적절한 경우에는 반소 허용 ×

(2) 위 요건은 상호 관련성과는 달리 피고의 이익을 위한 사익적 요건이 아니고 소송촉진을 위한 공익적 요건으로서 직권조사사항이므로, 이의권의 포기나 상실의 대상 ×

3. 사실심에 계속되고 변론종결 전일 것

(1) 본소의 계속 이전에 반소를 제기하거나 변론종결 이후에 반소제기 가능. 변론을 종결할 때까지라 함은 사실심 변론종결시를 말하므로, 법률심인 상고심에 제기된 반소는 부적법[24]

(2) but 본소의 소송계속은 반소제기의 요건일 뿐 그 존속요건은 아니므로 반소제기 후에 본소가 각하·취하되어 소멸되어도 예비적 반소가 아닌 한, 반소에는 영향 ×

(3) 본소가 취하되면 피고는 원고의 응소 후라도 그의 동의 없이 반소를 취하할 수 있다(제271조).

(4) 항소심에서의 반소제기

1) 항소심에서 반소를 제기함에는 원고의 심급의 이익 때문에 상대방의 동의[25]나 상대방의 심급의 이익을 해할 우려가 없는 경우에 가능(제412조 제1항)

2) 특히 상대방의 심급의 이익을 해할 우려가 없는 경우는 2002년 개정법에서 종래의 통설·판례를 받아들여 신설된 것

3) 구체적 예로는 ① 중간확인의 반소, ② 본소와 청구원인을 같이하는 반소, ③ 제1심에서 이미 충분히 심리한 쟁점과 관련된 반소, ④ 항소심에서 추가된 예비적 반소를 말함. 특히 ③의 경우 판례는 관습법상 법정지상권에 기한 항변과 관련한 지상권설정등기이행청구의 반소를 제기한 사안에서 "반소청구의 기초를 이루는 실질적 쟁점에 대하여 제1심에서 본소의 청구원인 또는 방어방법과 관련하여 충분히 심리되었다면, 항소심에서의 반소제기를 상대방의 동의 없이 허용하더라도 상대방에게 제1심의 심급의 이익을 잃게 하거나 소송절차를 현저하게 지연시킬 염려가 있다고 할 수 없을 것이므로, 이러한 경우에는 상대방의 동의 여부와 관계없이 항소심에서의 반소제기를 허용하여야 할 것이다."고 함

---

22) 민법 제496조 내지 제498조, 제715조

23) 특히 임의적 변론준비절차를 거쳤다고 했을 때, 변론준비기일까지 마치고 쟁점정리가 끝나 변론에 상정된 뒤에 새삼 피고가 반소를 제기하는 것은 그 때까지의 쟁점정리를 무의미하게 할 수 있고 또 1회의 변론기일 집중심리의 원칙에도 반하므로, 현행법상 위와 같은 경우에는 특별의 사정이 없는 한 반소의 제기는 본소 절차를 현저히 지연시키는 경우로 보아 불허하여야 할 경우가 많을 것

24) 대판 2004.3.25. 2003다70010

25) 상대방이 이의를 제기하지 아니하고 반소의 본안에 관하여 변론을 한 때에는 <u>반소제기에 동의한 것으로 본다</u>(동조 제2항).

        4. 본소와 동종의 절차에 의할 것(제253조)
        5. 반소가 다른 법원의 전속관할에 속하지 않을 것
           (제269조 제1항 단서 전단)
    IV. 절차와 심판
        1. 반소의 제기
           반소는 본소의 규정에 의함(제270조)
           ∴ 반소를 제기함에는 본소의 경우에 있어서 소장
             처럼 원칙적으로 반소장을 제출하는 것이 원칙
        2. 반소요건 흠결의 경우
           (1) 학설은 ① 각하설 ② 분리심판설 대립
           (2) 판례는 "항소심에서 상대방의 동의없이 제기
              한 반소는 그 자체가 부적법한 것이므로 이를
              각하한 것이 부당하다고 할 수 없다(대판
              1965.12.7. 65다2034 · 2035 등)"고 하여 각
              하설의 입장
           (3) 검토 - 분리심판설 타당

        3. 본안심판
           반소가 적법하면 병합심리를 하여 1개의 전부판
           결로써 판결하는 것이 원칙. but, 병합심리로 인
           하여 오히려 소송이 번잡하게 되거나 지연이 초래
           된다고 인정될 때에는 분리심리를 하여 따로 본소
           와 반소에 대하여 각각 일부판결 가능(제200조
           제2항)
    V. 결어
        1. 우리의 현실
           본소절차내에서 관련된 청구의 심리가 가능하여
           분쟁의 일회적 해결, 재판의 모순 · 저촉을 방지할
           수 있는 반소제도는 그 형태적 측면에서 아직 단
           순한 활용에 그침이 우리나라의 현실
        2. 입법론적 검토
           미국의 공동소송인간에 인정되는 교호소송제도
           (cross claim)등의 검토 등을 통한 다양한 제도적
           접근이 요구된다고 할 것

▎**반소** 변리사 28회, 노무사 3회

I. 서설

1. 의의

소송계속 중에 피고가 그 소송절차를 이용하여 원고에 대하여 제기하는 소를 반소라고 한다(제269조). 이는
소송중의 소로서 이에 의하여 청구의 추가적 병합으로 된다.

2. 취지

피고에게도 원고의 청구변경에 대응하여 원고에 대한 청구의 심판을 위하여 본소의 절차를 이용할 수 있도
록 하는 것이 공평하고, 서로 관련된 청구를 동일한 소송절차에서 심판하는 것이 소송경제에 맞고 재판의
불통일을 피할 수 있기 때문이다.

3. 성질

(1) 독립의 소

1) 본소의 방어방법 이상의 적극적 내용이 포함되어야 한다. 반소청구의 내용이 실질적으로 본소청구 기각을 구하는 것과 다를 바 없다면, 반소청구로서의 이익이 없다.[26] 다만, 최근 판례는 甲이 乙에게 손해배상채무부존재확인의 본소(本訴)를 제기한데 대하여, 乙이 甲에게 손해배상채무이행의 반소(反訴)를 제기한 사안에서 "적법하게 제기된 본소가 그 뒤 피고의 반소로 인하여 소송요건의 흠결이 생겨 부적법하게 되는 것은 아니다(대판 1999.6.8. 99다17401·17418)."고 하여 적법한 본소[27]로 보았다.

2) 반소는 방어방법이 아니므로 공격방어방법에 관한 제149조의 실권규정이 적용되지 아니한다. 따라서 반소가 시기에 늦게 제출되어도 이를 이유로 각하할 수 없다.

(2) 반소의 당사자

반소는 본소의 당사자인 피고가 원고를 상대로 하는 소이므로, 독립당사자참가(제79조)나 참가승계(제81조)의 경우에 참가인과의 관계에서 피고의 지위에 있는 종전의 원·피고도 참가인 상대의 반소를 제기할 수 있다. 그러나 피고가 원고 이외의 제3자를 추가하여 반소피고로 하는 반소는 원칙적으로 허용되지 아니하고, 다만 피고가 제기하려는 반소가 필수적 공동소송이 될 때에는 민사소송법 제68조의 필수적 공동소송인 추가의 요건을 갖추면 허용될 수 있다(대판 2015.5.29. 2014다235042). 그리고 보조참가인은 당사자가 아니므로 보조참가인에 의한 또는 보조참가인에 대한 반소는 허용되지 않는다.

Ⅱ. 반소의 모습

1. 단순반소와 예비적 반소

단순반소는 본소청구의 운명과 관계없이 반소청구에 대하여 심판을 구하는 경우이다. 예비적 반소란 본소청구가 인용될 때를 대비하여 조건부로 반소청구에 대하여 심판을 구하는 경우[28]로 본소청구가 각하·취하되면 반소청구는 소멸되며, 본소청구가 기각되면 반소청구에 아무런 판단을 요하지 않는다. 이 경우 반소청구에 대해 판단하면 효력이 없다. 예비적 반소에서 본소·반소 모두 각하한 경우에 피고는 항소하지 아니하고 원고만이 항소하였다 하여도 반소청구도 심판대상이 된다는 것이 판례이다(대판 2006.6.29. 2006다19061·19078).[29]

---

26) 예를 들어, 소유권존재확인의 본소청구에 대하여 그 부존재확인의 반소청구는 허용되지 않는다.

27) 다만, 이에 대해서는 본소가 판결하기에 성숙할 단계까지 갔는데 이제 피고가 그 채무이행의 반소를 제기하면 본소가 적법하지만, 그렇지 아니한 경우 채무부존재의 본소는 확인의 이익이 없다고 보는 견해도 유력하다(독일의 통설·판례; 일본 大阪高判; 이시윤).

28) 예를 들면 원고가 매매에 기한 소유권이전등기청구를 한 경우에 원고 청구가 인용될 것을 조건으로 피고가 잔대금의 지급을 구하는 반소를 제기하는 것을 들 수 있다. 실무상으로는 원고청구가 기각되어 가집행선고부 제1심판결이 취소될 것을 조건으로 한 피고의 가지급물반환신청 정도를 제외하고는 거의가 본소청구가 인용될 것을 조건으로 하는 예비적 반소이다.

29) 이에 대해서는 피고가 재판결과에 승복하여 항소·부대항소를 하지 아니하는 마당에 항소심이 심판을 하는 것이므로 처분권주의(불이익변경금지원칙)에 반한다는 문제가 생긴다고 하여 판례에 의문을 제기하는 견해가 있다(이시윤, 676면).

2. 재반소

반소에 반소로서 반대견해가 있으나, 상호관련관계에 있는 소송을 한꺼번에 해결하려는 취지상 이를 허용할 것이다(통설).[30] 판례는 "원고가 본소의 이혼청구에 병합하여 재산분할청구를 제기한 후 피고가 반소로서 이혼청구를 한 경우, 원고가 반대의 의사를 표시하였다는 등의 특별한 사정이 없는 한, 원고의 재산분할청구 중에는 본소의 이혼청구가 받아들여지지 않고 피고의 반소청구에 의하여 이혼이 명하여지는 경우에도 재산을 분할해 달라는 취지의 청구가 포함된 것으로 봄이 상당하고, 이때 원고의 재산분할청구는 피고의 반소청구에 대한 재반소로서의 실질을 가지게 된다(대판 2001.6.15. 2001므626)."고 한다.

Ⅲ. 요건

1. 상호관련성

(1) 본소청구와 상호관련성

1) 반소청구가 본소청구와 동일한 법률관계의 형성을 목적으로 하는 경우(예 쌍방의 이혼청구)

2) 청구원인이 동일한 경우(예 원고가 어떤 교통사고에 기한 손해배상청구를 한 데 대하여 피고도 원고에 대하여 그 교통사고로 인한 손해의 배상을 반소로 청구하는 경우)

3) 양자의 청구원인이 일치하지 아니하여도 그 대상이나 발생원인에 있어서 주된 공통부분이 있는 경우(예 원고가 토지 소유권의 확인을 청구한 데 대하여 피고가 반소로 그 부동산에 대한 임차권의 확인을 구하는 경우)

(2) 본소의 방어방법과 상호관련성

1) 반소청구가 본소청구의 항변사유와 대상이나 발생원인에 있어서 사실상 또는 법률상 공통성이 있는 경우여야 한다(예 상계항변하면서 상계초과채권의 이행을 구하는 반소, 가옥명도청구에 대해 유치권의 항변을 하면서 피담보채권의 지급을 구하는 반소 등).

2) 본소의 방어방법과 관련된 반소는 그 방어방법이 반소제기 당시에 현실적으로 제출되어야 하며 또 적법하여야 한다(상계금지채권[31]을 청구원인으로 한 본소에 대한 상계항변처럼 법률상 허용되지 않는 항변에 바탕을 둔 반소나, 소송상 실기한 방어방법으로 각하된 항변에 바탕을 둔 반소는 부적법하다).

---

30) 판례는 "원고가 본소의 이혼청구에 병합하여 재산분할청구를 제기한 후 피고가 반소로서 이혼청구를 한 경우, 원고가 반대의 의사를 표시하였다는 등의 특별한 사정이 없는 한, 원고의 재산분할청구 중에는 본소의 이혼청구가 받아들여지지 않고 피고의 반소청구에 의하여 이혼이 명하여지는 경우에도 재산을 분할해 달라는 취지의 청구가 포함된 것으로 봄이 상당하다고 할 것이므로(이때 원고의 재산분할청구는 피고의 반소청구에 대한 재반소로서의 실질을 가지게 된다), 이러한 경우 사실심으로서는 원고의 본소 이혼청구를 기각하고 피고의 반소청구를 받아들여 원·피고의 이혼을 명하게 되었다고 하더라도, 마땅히 원고의 재산분할청구에 대한 심리에 들어가 원·피고가 협력하여 이룩한 재산의 액수와 당사자 쌍방이 그 재산의 형성에 기여한 정도 등 일체의 사정을 참작하여 원고에게 재산분할을 할 액수와 방법을 정하여야 한다(대판 2001.6.15. 2001므626)."고 한다.

31) 민법 제496조 내지 제498조, 제715조

3) 점유회복의 본소에 대하여 피고가 본권에 대한 기한 반소를 제기할 수 있는지 문제되지만, 민법 제 208조 제2항은 점유의 소에 대하여 피고가 본권의 방어방법으로 내세울 수 없다는 것이지 본권에 기하여 반소를 제기하는 것까지 막는 것은 아니므로 반소를 제기할 수 있다(통설). 따라서 점유권에 기한 본소와 소유권에 기한 반소를 모두 인용하여야 한다(대판 1957.11.14. 4290민상454 · 455).[32]

(3) 사익적 요건

직권조사사항이라 할 수 없고, 원고가 동의하거나 이의 없이 변론한 경우에는 상호관련성이 없어도 반소는 적법한 것으로 보아야 한다.

2. 본소절차를 현저히 지연시키지 않을 것[33]

(1) 반소청구의 상호 관련성이 인정된다 하더라도 반소청구의 심리를 위하여 본소절차가 지연되게 되어 별소에 의하는 것이 오히려 적절한 경우에는 반소를 허용하지 않을 수 있다.

(2) 위 요건은 상호 관련성과는 달리 피고의 이익을 위한 사익적 요건이 아니고 소송촉진을 위한 공익적 요건으로서 직권조사사항이므로, 이의권의 포기나 상실의 대상이 될 수 없다.

---

32) 1. 점유권에 기인한 소와 본권에 기인한 소는 서로 영향을 미치지 아니하고, 점유권에 기인한 소는 본권에 관한 이유로 재판하지 못하므로 점유회수의 청구에 대하여 점유침탈자가 점유물에 대한 본권이 있다는 주장으로 점유회수를 배척할 수 없다(민법 제208조, 대판 1967.6.20. 67다479. 대판 2010.7.15. 2010다18294 등 참조). 그러므로 점유권에 기한 본소에 대하여 본권자가 본소청구 인용에 대비하여 본권에 기한 예비적 반소를 제기하고 양 청구가 모두 이유 있는 경우, 법원은 점유권에 기한 본소와 본권에 기한 예비적 반소를 모두 인용해야하고 점유권에 기한 본소를 본권에 관한 이유로 배척할 수 없다.2.그리하여 이 사건과 같이 점유회수의 본소에 대하여 본권자가 소유권에 기한 인도를 구하는 반소를 제기하여 본소청구와 예비적 반소청구가 모두 인용되어 확정되면, 점유자가 본소 확정판결에 의하여 집행문을 부여받아 강제집행으로 물건의 점유를 회복할 수 있다. 본권자의 소유권에 기한 반소청구는 본소의 의무 실현을 정지조건으로 하므로, 본권자는 위 본소 집행 후 집행문을 부여받아 비로소 반소 확정판결에 따른 강제집행으로 물건의 점유를 회복할 수 있다. 이러한 과정은 애당초 본권자가 허용되지 않는 자력구제로 점유를 회복한 데 따른 것으로 그 과정에서 본권자가 점유 침탈 중 설치한 장애물 등이 제거될 수 있다. 다만, 점유자의 점유 회수의 집행이 무의미한 점유상태의 변경을 반복하는 것에 불과할 뿐 아무런 실익이 없거나 본권자로 하여금 점유 회수의 집행을 수인하도록 하는 것이 명백히 정의에 반하여 사회생활상 용인할 수 없다고 인정되는 경우, 또는 점유자가 점유권에 기한 본소 승소 확정판결을 장기간 강제집행하지 않음으로써 본권자의 예비적 반소 승소 확정판결까지 조건불성취로 강제집행에 나아갈 수 없게 되는 등 특별한 사정이 있다면 본권자는 점유자가 제기하여 승소한 본소 확정판결에 대한 청구이의의 소를 통해서 점유권에 기한 강제집행을 저지할 수 있다[대판 2021.2.4. 2019다202795(본소) · 202801(반소)].

33) 특히 임의적 변론준비절차를 거쳤다고 했을 때, 변론준비기일까지 마치고 쟁점정리가 끝나 변론에 상정된 뒤에 새삼 피고가 반소를 제기하는 것은 그 때까지의 쟁점정리를 무의미하게 할 수 있고 또 1회의 변론기일 집중심리의 원칙에도 반하므로, 현행법상 위와 같은 경우에는 특별의 사정이 없는 한 반소의 제기는 본소 절차를 현저히 지연시키는 경우로 보아 불허하여야 할 경우가 많을 것이다.

3. 사실심에 계속되고 변론종결 전일 것

(1) 본소의 계속 이전에 반소를 제기하거나 변론종결 이후에 반소를 제기할 수는 없다. 변론을 종결할 때까지라 함은 사실심 변론종결시를 말하므로, 법률심인 상고심에 제기된 반소는 부적법하다.[34]

(2) 그러나 본소의 소송계속은 반소제기의 요건일 뿐 그 존속요건은 아니므로 반소제기 후에 본소가 각하·취하되어 소멸되어도 예비적 반소가 아닌 한 반소에는 영향이 없다. 그러나 본소가 취하되면 피고는 원고의 변론 후라도 그의 동의 없이 반소를 취하할 수 있다(제271조).

(3) 항소심에서의 반소제기

1) 항소심에서 반소를 제기함에는 원고의 심급의 이익 때문에 상대방의 동의[35]나 상대방의 심급의 이익을 해할 우려가 없는 경우에 가능하다(제412조 제1항).

2) 특히 상대방의 심급의 이익을 해할 우려가 없는 경우는 2002년 개정법에서 종래의 통설·판례를 받아들여 신설된 것이다. 이의 예로는 ① 중간확인의 반소, ② 본소와 청구원인을 같이하는 반소, ③ 제1심에서 이미 충분히 심리한 쟁점과 관련된 반소, ④ 항소심에서 추가된 예비적 반소[36]를 말한다. 특히 ③의 경우 판례는 관습법상 법정지상권에 기한 항변과 관련한 지상권설정등기이행청구의 반소를 제기한 사안에서 "반소청구의 기초를 이루는 실질적 쟁점에 대하여 제1심에서 본소의 청구원인 또는 방어방법과 관련하여 충분히 심리되었다면, 항소심에서의 반소제기를 상대방의 동의 없이 허용하더라도 상대방에게 제1심의 심급의 이익을 잃게 하거나 소송절차를 현저하게 지연시킬 염려가 있다고 할 수 없을 것이므로, 이러한 경우에는 상대방의 동의 여부와 관계없이 항소심에서의 반소제기를 허용하여야 할 것이다(대판 1996.3.26. 95다45545)."고 하였다.

4. 본소와 동종의 절차에 의할 것(제253조)

반소는 본소 계속 중에 그 소송절차를 이용하여 신소를 제기하는 것이기 때문에, 청구의 병합요건을 갖추어야 한다.

---

34) 대판 2004.3.25. 2003다70010

35) 상대방이 이의를 제기하지 아니하고 반소의 본안에 관하여 변론을 한 때에는 반소제기에 동의한 것으로 본다(동조 제2항).

36) 실무상으로는 원고청구가 기각되어 가집행선고부 제1심판결이 취소될 것을 조건으로 한 피고의 가지급물반환신청 정도를 제외하고는 거의가 본소청구가 인용될 것을 조건으로 하는 예비적 반소이다. 이에 대해 학설은 반소청구는 본소청구와 견련되어 있는 것을 전제로 하므로 원고의 심급의 이익을 해할 염려가 없다고 본다. 판례도 "항소심에서의 예비적 반소청구는 새로운 반소의 변경으로서 항소심에 있어서도 반소원고는 반소청구의 기초에 변경이 없고 소송절차를 지연케 함이 현저하지 아니한 경우에는 반소피고의 동의가 없다 하여도 적법하게 예비적 반소청구를 할 수 있다."고 하여 같은 입장이다(대판 1969.3.25. 68다1094·1095). 다만, 예비적 반소라고 하여도 원고가 반소제기에 부동의 하고 있고 본소와 반소의 청구원인이 상이한 경우에는 원고의 심급의 이익을 해할 우려가 없다고 할 수 없어 부적법하다고 보아야 한다(대판 1994.5.10. 93므1051·1068).

5. 반소가 다른 법원의 전속관할에 속하지 않을 것(제269조 제1항 단서 전단)

반소 청구가 본소청구와는 다른 법원의 전속관할에 속하는 경우 본소계속법원에 제기할 수 없다. 전속관할에는 전속적 합의관할까지 포함되지 않는다. 지법 단독판사는 본소심리 중에 피고가 합의사건에 속하는 청구를 반소로 제기한 경우에는 반소와 반소를 모두 합의부로 이송하여야 한다(제269조 제2항 본문). 다만, 항소심에서 합의사건에 속하는 반소청구를 하는 경우에는 이 규정이 배제 된다(대결 2011.7.14. 2011그65).[37] 이 경우 원고가 반소에 대해 본안변론 하면 변론관할이 생기므로 이송할 필요가 없다(제269조 제2항 단서).

IV. 절차와 심판

1. 반소의 제기

반소는 본소의 규정에 의한다(제270조). 따라서 반소를 제기함에는 본소의 경우에 있어서 소장처럼 원칙적으로 반소장을 제출하는 것이 원칙이다.

2. 반소요건 흠결의 경우

(1) 학설은 ① 반소요건의 흠결이 있는 부적법한 반소에 대해서는 판결로서 소를 각하해야 한다고 하는 각하설과, ② 요건흠결의 반소라도 그것이 독립의 소로서의 요건을 갖춘 것이면 본소와 분리하여 심판할 것이라고 하는 분리심판설의 대립이 있다.

(2) 판례는 "항소심에서 상대방의 동의 없이 제기한 반소는 그 자체가 부적법한 것이므로 이를 각하한 것이 부당하다고 할 수 없다(대판 1965.12.7. 65다2034 · 2035 등)."고 하여 각하설의 입장이다.

3. 본안심판

반소가 적법하면 병합심리를 하여 1개의 전부판결로써 판결하는 것이 원칙이다. 다만, 병합심리로 인하여 오히려 소송이 번잡하게 되거나 지연이 초래된다고 인정될 때에는 분리심리를 하여 따로 본소와 반소에 대하여 각각 일부판결을 할 수도 있다(제200조 제2항).

V. 결어

본소절차 내에서 관련된 청구의 심리가 가능하여 분쟁의 일회적 해결, 재판의 모순 · 저촉을 방지할 수 있는 반소제도는 그 형태적 측면에서 아직 단순한 활용에 그침이 우리나라의 현실이다. 미국의 공동소송인간에 인정되는 교호소송제도(Cross Claim)등의 검토 등을 통한 다양한 제도적 접근이 요구된다고 할 것이다.

---

37) 본소 피고가 항소 후 지방법원 합의부의 관할에 속하는 반소를 제기하면서 이송신청을 하였는데, 원심이 민사소송법 제34조, 제35조를 들어 이송결정을 한 사안에서, 본소에 대하여 제1심법원의 토지관할 및 변론관할이 인정되어 위 소송의 항소심은 제1심법원의 항소사건을 담당하는 원심법원의 관할에 속하며, <u>지방법원 합의부가 지방법원 단독판사의 판결에 대한 항소사건을 제2심으로 심판하는 도중에 지방법원 합의부의 관할에 속하는 반소가 제기되었더라도 이미 정하여진 항소심 관할에는 영향이 없고, 민사소송법 제35조는 전속관할인 심급관할에는 적용되지 않아</u> 손해나 지연을 피하기 위한 이송의 여지도 없다(대결 2011.7.14. 2011그65).

제2장
다수 당사자소송
(당사자의 복수)

64 공동소송인 독립의 원칙

CONTENTS

▌공동소송인 독립의 원칙 사시 42회, 노무사 1회

Ⅰ. 통상공동소송과 공동소송인 독립의 원칙

1. 통상공동소송

통상공동소송이란 각 공동소송인과 상대방 사이의 청구가 각기 개별, 독립의 것이어서 공동소송인 사이에 합일확정의 필요가 없는 공동소송의 형태를 말한다(제65조).

2. 공동소송인 독립의 원칙

이러한 통상공동소송에 있어서는 각 공동소송인이 다른 공동소송인에 의한 제한이나 간섭을 받지 않고, 각자 독립하여 소송수행을 할 수 있는 권리를 갖고, 상호 간에 연합관계나 협력관계가 없는 것이 특징인데, 이를 공동소송인 독립의 원칙이라고 한다(제66조).

Ⅱ. 내용

1. 소송요건의 개별적 조사

소송요건의 존부는 각 공동소송인 별로 심사하여야 한다. 따라서 흠결이 있는 공동소송인에 한하여만 소를 각하 또는 이송하여야 한다.

2. 소송자료의 불통일(독립)

각 공동소송인은 공격방어방법을 개별적으로 제출할 수 있으며, 그 주장을 달리 하여도 상관없다.

3. 소송진행의 불통일(독립)

(1) 공동소송인의 1인의 행위는 원칙적으로 다른 공동소송인에게 영향을 미치지 않는다. 따라서 공동소송인은 각자 청구의 포기·인낙, 자백, 화해, 소 또는 상소의 취하, 상소의 제기 등의 소송행위를 할 수 있으며, 그 행위를 한 자에 대해서만 효력이 생긴다.

(2) 1인에 대해 생긴 중단·중지의 사유도 그 자의 소송관계에 대해서만 절차를 정지하게 하고, 기일이나 기간의 해태도 다른 공동소송인에게 그 효과가 미치지 않는다.

(3) 공동소송인에 대한 판결의 상소기간도 개별적으로 진행된다.

4. 당사자지위의 독립

각 공동소송인은 자신의 소송관계에 있어서만 당사자이다. 그러므로 다른 공동소송인의 대리인, 보조참가인이 될 수 있고(제71조), 증인능력이 있다.

5. 재판의 불통일(독립)

공동소송인의 1인에 대해 판결하기에 성숙한 때에는 변론의 분리, 일부판결을 할 수 있다(제200조). 공동소송인간에 합일확정의 필요가 없으며, 판결내용이 구구하게 되어도 상관없다. 다만, 공동소송인간의 소송비용 부담에 관해서는 특칙이 있다(제102조).

Ⅲ. 공동소송인 독립의 원칙의 수정

1. 수정의 필요성

(1) 공동소송인 독립의 원칙을 형식적, 기계적으로 관철하면 병합심리를 함으로서 어느 정도 재판의 통일을 해보려는 공동소송의 이점이 무의미할 수 있으므로, 통상공동소송에서 재판의 모순·저촉을 피하기 위해 그 수정이론이 등장하고 있다. 특히 증거공통, 주장공통의 원칙의 인정 여부가 문제된다.

(2) 즉, 원래 증거공통의 원칙, 주장공통의 원칙은 이당사자대립구조, 즉 대립하는 양당사자를 전제로 서로에게 인정되는 것인데, 이를 확대적용하여 대립하는 당사자가 아닌 공동소송인들 사이에도 이를 인정할 수 있는지가 문제되는 것이다.

2. 증거공통의 원칙의 인정 여부

(1) 의의

증거공통의 원칙이란 통상공동소송에서 공동소송인 가운데 한사람이 제출한 증거는 다른 공동소송인과 공통 또는 관련하는 다툼이 있는 사실에 대하여 특히 원용이 없더라도 전체로서 평가되어 사실인정의 통일적인 자료로 할 수 있다는 원칙을 말한다.

(2) 학설

학설은 ① 이를 부정하면 해당 증거에 대해 법관의 심증이 형성되었음에도 동일한 사실을 전제하는 다른 공동소송인에게 심증을 형성할 수 없으므로 자유심증주의에 위배될 수 있고, ② 증거조사에서는 변론주의가 완화되어 보충적인 직권조사가 인정되므로 증거공통의 원칙을 인정하는 것이 타당하다는 견해가 통설이다.

(3) 판례

판례는 "필수적 공동소송이 아닌 경우 공동피고가 한 자백은 다른 피고의 소송관계에 직접적으로 무슨 효력을 발생할 수 없고, 다만 변론전체의 취지로서의 증거자료가 된다고 할 것이다(대판 1976.8.24. 75다2152)."고 하여 이를 부정하는 입장으로 보인다.

(4) 검토

법관의 자유심증주의(제202조), 증거의 보충적 직권조사(제292조)를 고려할 때 이를 인정하는 학설의 입장이 타당하다.

3. 주장공통의 원칙의 인정 여부

(1) 의의

주장공통의 원칙이란 공동소송인 중의 1인이 상대방의 주장사실을 다투며 항변하는 등 다른 공동소송인에게 유리한 행위를 할 때 다른 공동소송인의 원용이 없어도 그에 대한 효력이 미친다는 원칙을 이르는데, 이의 인정 여부가 문제된다.

(2) 학설

1) (한정적) 긍정설은 공동소송인 가운데 한사람의 주장은 다른 공동소송인이 그것과 저촉되는 주장을 적극적으로 하지 않는 한, 그 주장이 다른 공동소송인에게 이익이 있다고 생각되는 범위에서 한정적으로 다른 공동소송인의 주장이 될 수 있다고 한다.

2) 부정설은 긍정설이 변론주의를 무시한 주장일 뿐만 아니라, 당사자가 명백히 주장하거나 원용하지도 않았는데, 이를 주장한 것으로 보자는 것은 소송법률관계를 불투명하게 만들어 상대방 당사자가 대응할 기회를 박탈할 위험이 있다고 하면서 이를 부정한다.

(3) 판례

판례는 "민사소송법 제66조의 명문의 규정과 우리 민사소송법이 취하고 있는 변론주의 소송구조 등에 비추어 볼 때, 통상의 공동소송에 있어서 이른바 주장공통의 원칙은 적용되지 아니한다(대판 1994.5.10. 93다47196)."고 하여 부정설의 입장이다.

(4) 검토

부정설이 주장하듯이 원칙적으로 주장공통의 원칙이 대립당사자 사이에서 인정되는 것은 사실이지만, ① 일단 공동심판절차에 붙여진 이상 가능하면 통일적인 해결을 도모하는 것이 바람직하며, ② 공동소송인 독립의 원칙은 각자가 다른 공동소송인으로부터 제약을 받지 않고 적극적인 소송수행행위를 할 수 있다는 데에 그 목적, 의의가 있고, 각 공동소송인이 주어진 독립한 소송수행권을 행사하지 않은 경우의 취급은 이미 공동소송인 독립의 원칙과는 직접적인 관계가 없다고 볼 수 있다(전병서). 따라서 (한정적) 긍정설이 타당하다.

4. 기타의 수정이론

(1) 위의 주장공통, 증거공통의 원칙 이론 외에도 ① 공동소송인간에는 당연히 보조참가의 성립을 인정해야 한다는 당연의 보조참가이론, ② 이론적·실천적으로 합일확정이 요청되는 경우 필수적 공동소송의 범위를 넓히는 이론상 합일확정소송이론, ③ 석명권을 적절히 행사하여 재판의 통일을 도모하자는 석명권행사론(정동윤·유병현)이 있다.

(2) 검토

하지만 명시적 보조참가신청이 없는데도 공동소송인이라는 이유만으로 보조참가관계를 인정하는 것은 부당하고, 이론상·실천상 합일확정이 요청되는 것만으로는 실체법상·소송법상 합일확정 요청이 있는 것은 아니므로 필수적 공동소송으로 볼 수는 없다는 면에서 위 ①, ②는 부당하다. 다만, 석명권행사론은 변론주의 아래서 올바른 해결책이 될 수도 있으나 적극적 석명권행사의 경우 여전히 한계가 있으므로 문제는 있다.

사례연습 CASE 1 공동소송인 독립의 원칙

2021년 공인노무사

甲은 乙에게 5,000만 원을 대여하였고, 丙은 乙의 대여금 채무를 보증하였다. 乙이 변제하지 않자 甲은 5,000만 원을 반환 받기 위해서 乙과 丙을 공동피고로 하여, 乙에 대해서는 주채무의 이행을 구하고 丙에 대해서는 보증채무의 이행을 구하는 소를 제기하였다. 다음 물음에 답하시오. (단, 아래의 각 물음은 상호 독립적임) (50점)

물음 2) 제1심 제1회 변론기일에 乙은 甲에게 대여금 5,000만 원을 모두 변제했다고 주장하고 그에 관한 증거를 제출하였다. 그러나 丙은 답변서도 제출하지 않았고 변론기일에도 불출석하였다. 법원이 증거조사 한 결과 乙의 주장이 타당하다는 심증을 형성하였다면, 甲의 乙과 丙에 대한 각 청구를 기각하는 판결을 할 수 있는가? (25점)

목차

Ⅰ. 문제의 소재

甲이 5,000만 원을 반환 받기 위해서 乙과 丙을 공동피고로 하여, 乙에 대해서는 주채무의 이행을 구하고 丙에 대해서는 보증채무의 이행을 구하는 소를 제기한 것이 어떤 공동소송의 형태인지가 문제되고, 통상공동소송이라면 그 심리와 관련하여 공동소송인 독립의 원칙과 그 수정이 문제가 된다(제66조, 제65조).

Ⅱ. 공동소송의 형태

1. 필수적 공동소송

(1) 의의

필수적 공동소송은 공동소송인 사이에 합일확정을 필요로 하는 공동소송으로, 공동소송이 강제되느냐에 따라 고유필수적 공동소송과 유사필수적 공동소송으로 나누어진다.

(2) 고유필수적 공동소송에 해당하는지 여부

실체법상의 관리처분권이 공동으로 귀속하느냐에 따라 고유필수적 공동소송 여부를 판단해야 한다는 관리처분권설이 통설이다. 사안에서 주채무자 乙과 보증채무자 丙의 관계는 형성권의 공동귀속이나 총유·합유·공유에 해당하지 않으므로, 고유필수적 공동소송에 해당하지 아니한다.

(3) 유사필수적 공동소송에 해당하는지 여부

유사필수적 공동소송은 수인이 공동으로 원고 또는 피고가 되어야 하는 것은 아니고, 개별적으로 소송을 할 수 있지만, 일단 공동소송인으로 된 이상 합일확정이 요청되어 승패를 일률적으로 하여야 할 공동소송을 말한다. 따라서 사안의 주채무자와 보증채무자에 대한 소송은 합일확정이 요청되는 소송에 해당하지 않으므로, 유사필수적 공동소송에도 해당하지 않는다.

2. 통상공동소송

(1) 의의

통상공동소송이란 각 공동소송인과 상대방 사이의 청구가 각기 개별, 독립의 것이어서 공동소송인 사이에 합일확정의 필요가 없는 공동소송의 형태를 말한다(제66조, 제65조).

(2) 사안의 경우

따라서 甲의 주채무자 乙과 보증채무자 丙에 대한 소송은 통상공동소송에 해당한다(제66조).

III. 공동소송인 독립의 원칙과 그 수정

1. 공동소송인 독립의 원칙

(1) 의의

통상공동소송에 있어서는 각 공동소송인이 다른 공동소송인에 의한 제한이나 간섭을 받지 않고, 각자
독립하여 소송수행을 할 수 있는 권리를 갖고, 상호 간에 연합관계나 협력관계가 없는 것이 특징인데,
이를 공동소송인 독립의 원칙이라고 한다(제66조).

(2) 내용

1) 소송요건의 개별적 조사

소송요건의 존부는 각 공동소송인 별로 심사하여야 한다. 따라서 흠결이 있는 공동소송인에 한하여
만 소를 각하 또는 이송하여야 한다.

2) 소송자료의 불통일(독립)

각 공동소송인은 공격방어방법을 개별적으로 제출할 수 있으며, 그 주장을 달리 하여도 상관없다.

3) 소송진행의 불통일(독립)

① 공동소송인의 1인의 행위는 원칙적으로 다른 공동소송인에게 영향을 미치지 않는다. 따라서 공동
　소송인은 각자 청구의 포기·인낙, 자백, 화해, 소 또는 상소의 취하, 상소의 제기 등의 소송행위
　를 할 수 있으며, 그 행위를 한 자에 대해서만 효력이 생긴다.

② 1인에 대해 생긴 중단·중지의 사유도 그 자의 소송관계에 대해서만 절차를 정지하게 하고, 기일
　이나 기간의 해태도 다른 공동소송인에게 그 효과가 미치지 않는다.

③ 공동소송인에 대한 판결의 상소기간도 개별적으로 진행된다.

4) 당사자지위의 독립

각 공동소송인은 자신의 소송관계에 있어서만 당사자이다. 그러므로 다른 공동소송인의 대리인, 보
조참가인이 될 수 있고(제71조), 증인능력이 있다.

5) 재판의 불통일(독립)

공동소송인의 1인에 대해 판결하기에 성숙한 때에는 변론의 분리, 일부판결을 할 수 있다(제200조).
공동소송인간에 합일확정의 필요가 없으며, 판결내용이 구구하게 되어도 상관없다. 다만, 공동소송
인 간의 소송비용부담에 관해서는 특칙이 있다(제102조).

(3) 사안의 경우

주채무자 乙의 주장은 타당하다고 하였으므로, 甲의 乙에 대한 청구는 기각된다. 그리고 공동소송인 독
립의 원칙으로 인하여 乙의 주장은 丙에게 영향이 없으므로, 甲의 丙에 대한 청구는 자백간주가 되어
청구인용판결을 하여야 한다(제66조, 제150조 제1항).

2. 공동소송인 독립의 원칙의 수정

(1) 수정의 필요성

공동소송인 독립의 원칙을 형식적, 기계적으로 관철하면 병합심리를 함으로서 어느 정도 재판의 통일을 해보려는 공동소송의 이점이 무의미할 수 있으므로, 통상공동소송에서 재판의 모순·저촉을 피하기 위해 그 수정이론이 등장하고 있다. 특히 증거공통, 주장공통의 원칙의 인정 여부가 문제된다. 즉, 원래 증거공통의 원칙, 주장공통의 원칙은 이당사자대립구조, 즉 대립하는 양당사자를 전제로 서로에게 인정되는 것인데, 이를 확대 적용하여 대립하는 당사자가 아닌 공동소송인들 사이에도 이를 인정할 수 있는지가 문제되는 것이다.

(2) 증거공통의 원칙의 인정 여부

1) 의의

증거공통의 원칙이란 통상공동소송에서 공동소송인 가운데 한사람이 제출한 증거는 다른 공동소송인과 공통 또는 관련하는 다툼이 있는 사실에 대하여 특히 원용이 없더라도 전체로서 평가되어 사실인정의 통일적인 자료로 할 수 있다는 원칙을 말한다.

2) 인정 여부

학설은 ① 이를 부정하면 해당 증거에 대해 법관의 심증이 형성되었음에도 동일한 사실을 전제하는 다른 공동소송인에게 심증을 형성할 수 없으므로 자유심증주의에 위배될 수 있고, ② 증거조사에서는 변론주의가 완화되어 보충적인 직권조사가 인정되므로 증거공통의 원칙을 인정하는 것이 타당하다는 견해가 통설이다. 판례는 "공동소송에 있어서 입증 기타 행위가 행위자를 구속할 뿐 다른 당사자에게는 영향을 주지 않는 것이 원칙이다(대판 1959.2.19. 4291민항231).", "필수적 공동소송이 아닌 경우 공동피고가 한 자백은 다른 피고의 소송관계에 직접적으로 무슨 효력을 발생할 수 없고, 다만 변론 전체의 취지로서의 증거자료가 된다고 할 것이다(대판 1976.8.24. 75다2152)."라고 하여 이를 부정하는 입장으로 보인다.

3) 검토

법관의 자유심증주의(제202조), 증거의 보충적 직권조사(제292조)를 고려할 때 이를 인정하는 학설의 입장이 타당하다.

(3) 주장공통의 원칙의 인정 여부

1) 의의

주장공통의 원칙이란 공동소송인 중의 1인이 상대방의 주장사실을 다투며 항변하는 등 다른 공동소송인에게 유리한 행위를 할 때 다른 공동소송인의 원용이 없어도 그에 대한 효력이 미친다는 원칙을 이르는데, 이의 인정 여부가 문제된다.

2) 학설

① (한정적) 긍정설은 공동소송인 가운데 한사람의 주장은 다른 공동소송인이 그것과 저촉되는 주장을 적극적으로 하지 않는 한, 그 주장이 다른 공동소송인에게 이익이 있다고 생각되는 범위에서 한정적으로 다른 공동소송인의 주장이 될 수 있다고 한다.

② 부정설은 긍정설이 변론주의를 무시한 주장일 뿐만 아니라, 당사자가 명백히 주장하거나 원용하지도 않았는데, 이를 주장한 것으로 보자는 것은 소송법률관계를 불투명하게 만들어 상대방 당사자가 대응할 기회를 박탈할 위험이 있다고 하면서 이를 부정한다.

3) 판례

판례는 "민사소송법 제66조의 명문의 규정과 우리 민사소송법이 취하고 있는 변론주의 소송구조 등에 비추어 볼 때, 통상의 공동소송에 있어서 이른바 주장공통의 원칙은 적용되지 아니한다(대판 1994.5.10. 93다47196)."고 하여 부정설의 입장이다.

4) 검토

부정설이 주장하듯이 원칙적으로 주장공통의 원칙이 대립당사자 사이에서 인정되는 것은 사실이지만, 일단 공동심판절차에 붙여진 이상 가능하면 통일적인 해결을 도모하는 것이 바람직하며, 공동소송인 독립의 원칙은 각자가 다른 공동소송인으로부터 제약을 받지 않고 적극적인 소송수행행위를 할 수 있다는 데에 그 목적, 의의가 있고, 각 공동소송인이 주어진 독립한 소송수행권을 행사하지 않은 경우의 취급은 이미 공동소송인 독립의 원칙과는 직접적인 관계가 없다고 볼 수 있다(전병서). 따라서 (한정적) 긍정설이 타당하다.

(4) 기타의 수정이론

1) 내용

위의 주장공통, 증거공통의 원칙 이론 외에도 ① 공동소송인 간에는 당연히 보조참가의 성립을 인정해야 한다는 당연의 보조참가이론, ② 이론적·실천적으로 합일확정이 요청되는 경우 필수적 공동소송의 범위를 넓히는 이론상 합일확정소송이론, ③ 석명권을 적절히 행사하여 재판의 통일을 도모하자는 석명권행사론(정동윤·유병현)이 있다.

2) 검토

하지만 명시적 보조참가신청이 없는데도 공동소송인이라는 이유만으로 보조참가관계를 인정하는 것은 부당하고, 이론상·실천상 합일확정이 요청되는 것만으로는 실체법상·소송법상 합일확정 요청이 있는 것은 아니므로 필수적 공동소송으로 볼 수는 없다는 면에서 위 ①, ②는 부당하다. 다만, 석명권행사론은 변론주의 아래서 올바른 해결책이 될 수도 있으나 적극적 석명권행사의 경우 여전히 한계가 있으므로 문제는 있다.

Ⅳ. 사안의 해결

증거공통의 원칙과 주장공통의 원칙을 인정할 수 있으므로, 乙의 변제 주장에 대한 증거와 변제의 주장은 丙에게 영향을 미친다. 甲의 乙과 丙에 대한 각 청구를 기각하는 판결을 할 수 있다(공동소송인 독립의 원칙의 수정). 그러나 주장공통의 원칙을 부정하는 판례에 의하면 甲의 乙에 대한 청구는 기각하는 판결을 하고, 甲의 丙에 대한 청구는 인용하는 판결을 해야 한다(제66조).

65 필수적 공동소송

CONTENTS

2) 이에 대해서는 학설 중에는 공유물 자체의 처분, 변경에 해당하는 소송의 경우, 즉 공유자에 대한 공유건물의 철거청구, 소유권 이전등기청구 등은 고유필수적 공동소송으로 보아야 한다는 견해(이시윤)가 유력

III. 유사필수적 공동소송

1. 의의
2. 인정되는 경우
   (1) 소송법상 판결의 효력이 제3자에게 확장되는 관계
       이 경우 판결의 반사효가 제3자에게 미치는 경우도 포함되는지가 문제. 이 경우 포함된다는 것이 다수설이나, 포함되지 않는다는 견해가 타당(강현중, 전병서)
   (2) 판결의 효력이 직접 제3자에게 미치는 관계
       수인이 제기하는 회사합병무효의 소, 회사설립무효의 소, 주주총회결의 취소의 소, 수인이 제기하는 혼인무효·취소의 소 등은 유사필수적 공동소송

IV. 필수적 공동소송의 심판

1. 연합관계
2. 소송요건의 심사와 누락된 필수적 공동소송인의 보정
   (1) 소송요건의 개별적 조사
       1) 고유필수적 공동소송: 전체 소 각하
       2) 유사필수적 공동소송: 해당 부분만 각하
   (2) 고유필수적 공동소송에서 누락된 자의 보정방법
       이에는 ① 별소제기와 법원의 변론병합(제141조), ② 필수적 공동소송인의 추가(소의 주관적·추가적 병합, 제68조), ③ 공동소송참가(제83조)
3. 소송자료의 통일
   (1) 능동적 소송행위(제67조 제1항)
       1) 출석한 자의 유리한 행위만이 그 효력이 미친다고 볼 것(다수설)
       2) 다만, 유사필수적 공동소송에서는 일부 취하가 허용됨에 비추어 소취하간주의 규정(제268조)이 적용되어 제67조 제1항의 규정이 배제된다는 견해 ○(이시윤; 반대는 호문혁)

2) 불리한 소송행위는 전원이 함께 하지 않으면 효력 ×, but 공동소송인 1인만의 불리한 소송행위는 변론전체의 취지로 공동소송인 측에 불리하게 작용. 자백. 청구의 포기·인낙, 화해 등이 이에 해당 ○

3) 고유필수적 공동소송인 중 일부에 대한 소의 취하는 허용 ×, 유사필수적 공동소송에서는 일부취하가 허용 ○

(2) 수동적 소송행위(제67조 제2항)
   공동소송인 중 1인에 대한 상대방의 소송행위는 유리·불리를 불문하고 다른 공동소송인 전원에 대해 효력 발생(제67조 제2항). 공동소송인 중 일부가 불출석해도 상대방이 소송행위를 하는 데 지장이 없게 하려는 취지
   ∴ 공동소송인 중 한 사람이라도 기일에 출석했으면 상대방은 비록 그 자에 대하여 준비서면으로 예고하지 않은 사실이라도 주장 가능(제276조)

4. 소송진행의 통일
   (1) 변론분리 ×, 일부판결 ×, 재판누락 ×
   (2) 공동소송인 중 1인에 대하여 중단·중지의 원인이 발생한 경우 전원에 대하여 중단·중지의 효과가 생겨 전 소송절차의 진행이 정지(제67조 제3항)
   (3) 1인의 상소제기(확정차단, 이심의 효력)
       1) 상소제기 하지 않은 부분의 분리·확정 여부 확정차단, 이심
       2) 상소하지 않은 다른 공동소송인의 지위: 학설 ① 상소인설, ② 선정자설, ③ 단순한 상소심당사자설이 통설·판례[38]
          ∴ 실제 상소를 제기한 공동소송인만이 상소인지를 붙혀야 하고, 패소한 경우에 상소비용을 부담하게 되고, 상소심의 심판범위는 그에 의하여 특정·변경되게 되며, 상소취하 여부도 그에 의하여 결정

5. 본안재판의 통일
   (1) 판결결과 - 합일되어야
   (2) 필수적 공동소송인 측이 패소할 경우 소송비용은 공동소송인의 연대부담(제102조 제1항 단서)

---

38) 판례는 필수적 공동소송에서 상고하지 아니한 피고를 '피고, 상고인'으로 표시하지 아니하고 단순히 '피고'라고만 표시하고, 상고비용을 상고한 피고에게만 부담시켜 단순한 상소심당사자설(대판 1995.1.12. 94다33002).

┃ 필수적 공동소송 사시 16회, 변리사 4 · 19회

Ⅰ. 의의 및 구별개념

1. 의의

공동소송인 사이에 합일확정을 필요로 하는 공동소송으로, 공동소송이 강제되느냐에 따라 공유필수적 공동소송과 유사필수적 공동소송으로 나누어진다.

2. 구별개념

합일확정이 필요하다는 점에서 이러한 합일확정의 필요가 없는 통상공동소송과 구별되고, 법률상 합일확정이 강제되는 점에서 이것이 강제되지 않는 성질상의 통상공동소송인 이론상 합일확정소송과 구별된다.

Ⅱ. 고유필수적 공동소송

1. 의의 및 판단기준

(1) 의의

소송공동이 법률상 강제되고, 합일확정의 필요가 있는 공동소송이다. 즉, 수인에게 소송수행권이 공동으로 귀속되어 수인이 공동으로 원고 또는 피고가 되지 않으면 당사자적격을 잃어 부적법해지는 소송이다.

(2) 고유필수적 공동소송의 판단기준

1) 학설

① 실체법상의 관리처분권이 공동으로 귀속하느냐에 따라 고유필수적 공동소송 여부를 판단해야 한다는 관리처분권설(통설), ② 분쟁의 통일적 해결의 관점에서 분쟁해결의 필요성 · 판결의 모순회피의 이익 등의 소송법상 요소를 중시하는 소송정책설, ③ 관리처분권설을 기본으로 하면서도 분쟁해결의 필요성 · 관계자 사이의 이해조절 등 소송법적 관점도 아울러 중시하여 판단해야 한다는 절충설이 있다.

2) 검토

소송법적 관점은 객관적 기준이 불명확하여 불안정하며, 잘못하면 실체법상 관리처분권을 가진 자의 지위가 무시될 수 있는 문제점이 있으므로 관리처분권설이 타당하다고 본다.

2. 형성권의 공동귀속

공유물분할청구, 공유자 측이 제기하는 경계확정의 소는 고유필수적 공동소송이다. 제3자가 제기하는 친자관계부존재확인의 소나 혼인무효 · 취소의 소와 같은 가사소송도 고유필수적 공동소송이다.

3. 총유관계소송

(1) 총유물의 관리처분권은 구성원 전체에게 귀속되므로(민법 제276조) 고유필수적 공동소송이다. 최근 판례는 "총유재산에 관한 소송은 ① 법인 아닌 사단이 그 명의로 사원총회의 결의를 거쳐 하거나 또는, ② 그 구성원 전원이 당사자가 되어 필수적 공동소송의 형태로 할 수 있을 뿐 그 사단의 구성원은 설령 그가 사단의 대표자라거나 사원총회의 결의를 거쳤다 하더라도 그 소송의 당사자가 될 수 없고, 이러한 법리는 총유재산의 보존행위로서 소를 제기하는 경우에도 마찬가지라 할 것이다(대판 2005.9.15. 2004다44971 전합)."라고 한다.

(2) 다만, 비법인사단은 당사자능력이 있으므로, 직접 그 명의로 소송을 할 수 있다(제52조).

4. 합유관계소송

(1) 원칙

합유물의 처분·변경과 지분처분에는 합유자 전원의 동의를 요하므로(민법 제272조, 제273조), 소송수행권도 공동행사하여야 하는 고유필수적 공동소송이다.

(2) 예외(통상공동소송이 되는 경우)

1) 보존행위에 관한 소송, 즉 합유물에 관한 불법이전등기의 말소청구소송은 통상공동소송이 된다.

2) 조합채무는 조합을 상대로 또는 조합원 개인을 상대로 제기해야 한다. 특히 조합원을 상대로 하는 경우 조합채권자가 채권발생 당시의 조합원의 손실분담비율을 알지 못한 때에는 조합원 개인은 지분의 비율로 무한책임을 지는 분할채무관계에 있으므로, 통상의 공동소송형태에 속한다(대판 1991.11.22. 91다30705). 다만, 피고들의 합유로 등기된 부동산에 대한 이전등기소송은 고유필수적 공동소송이라고 하였다(대판 1983.10.25. 83다카850).

5. 공유관계소송

(1) 능동소송

1) 판례는 공유물 자체에 관한 소송, 즉 ① 공유물 전체에 대한 소유권확인청구(대판 1953.2.19. 4285민상134), ② 공유자 측이 제기하는 소유권이전등기청구, ③ 수인의 가등기채권자가 매매예약완결권을 행사하고 이에 기하여 소유권이전등기를 청구하는 소송 등은 필수적 공동소송으로 본다

2) 단독처분이 허용되는 경우, 즉 공유지분권확인청구 등은 통상공동소송이다.

3) 보존행위, 즉 ① 공유물방해배제청구(건물철거청구, 등기말소청구 등), ② 공유물인도·명도청구의 소, ③ 공유물의 불법점유로 인한 손해배상청구의 소 등은 통상공동소송이다.

(2) 수동소송

1) 판례는 공유건물의 인도·철거청구도 각자에 대하여 그 지분권의 한도 내에서 인도·철거를 구하는 것이므로 통상공동소송이라고 한다. 특히 "이를 필수적 공동소송으로 보지 않으면 서로 상반·모순된 판결이 나올 수 있게 되어 사실상 소송목적을 달성할 수 없게 되지만, 이러한 사실상의 필요성 때문에 필수적 공동소송이라고 볼 수 없다(대판 1966.3.15. 65다2455)."고 한다. 수동소송의 경우 필수적 공동소송으로 본 예가 없다(이시윤).

2) 이에 대해서는 학설 중에는 공유물 자체의 처분, 변경에 해당하는 소송의 경우, 즉 공유자에 대한 공유건물의 철거청구, 소유권이전등기청구 등은 고유필수적 공동소송으로 보아야 한다는 견해(이시윤)가 유력하다.

III. 유사필수적 공동소송 노무사 11회

1. 의의

수인이 공동으로 원고 또는 피고가 되어야 하는 것은 아니고, 개별적으로 소송을 할 수 있지만, 일단 공동소송인으로 된 이상 합일확정이 요청되어 승패를 일률적으로 하여야 할 공동소송을 말한다.

2. 인정되는 경우

(1) 소송법상 판결의 효력이 제3자에게 확장되는 관계

1) 이처럼 합일확정의 필요성이 한 당사자에 대한 판결의 효력이 다른 사람에게도 미쳐 판결의 모순·저촉이 생기는 것을 방지한다는 소송법상의 요구 때문에 생기는 것이어서 이를 소송법상의 근거에 의한 필수적 공동소송이라고도 한다.

2) 이 경우 판결의 반사효가 제3자에게 미치는 경우도 포함되는지가 문제된다. 이 경우 포함된다는 것이 다수설이나, 포함되지 않는다는 견해[39]가 타당하다(강현중, 전병서).

(2) 판결의 효력이 직접 제3자에게 미치는 관계

수인이 제기하는 회사합병무효의 소, 회사설립무효의 소, 주주총회결의 취소의 소, 수인이 제기하는 혼인무효·취소의 소 등은 유사필수적 공동소송이 된다.

IV. 필수적 공동소송의 심판

1. 연합관계

본안에 있어 판결의 통일을 위한 한도 내에서 상호연합관계적 소송이다.

2. 소송요건의 심사와 누락된 필수적 공동소송인의 보정

(1) 소송요건의 개별적 조사

고유필수적 공동소송에서는 공동소송인 중 1인에 소송요건의 흠결이 있으면 전소송을 부적법각하하여야 하지만, 유사필수적 공동소송에 있어서는 당해 공동소송인의 부분만 각하하면 된다.

---

39) 즉, 이 견해는 반사적 효력을 포함하면 주채무자와 보증인을 공동피고로 하는 소송을 유사필수적 공동소송이라고 볼 수 있고 이는 판결의 불통일을 막을 수 있어 편리하나, 주채무자가 패소하는 경우에는 보증인에게 패소판결을 확장할 수 없어 반사적 효력이 미치지 않는다고 보는데(이는 반사적 효력 자체를 인정하는 한 이설이 없다), 이와 같이 소송의 승패에 의해 주채무자 승소의 경우에만 유사필수적 공동소송으로 취급하는 것은 소송실무상 부적법, 불가능하므로 반사적 효력이 제3자에게 미친다하여 그 제3자가 공동소송인이 된 경우를 모두 유사필수적 공동소송으로 풀이할 수는 없기 때문이다(강현중, 전병서).

(2) 고유필수적 공동소송에서 누락된 자의 보정방법

① 별소제기와 법원의 변론병합(제141조), ② 필수적 공동소송인의 추가(소의 주관적·추가적 병합; 제68조), ③ 공동소송참가(제83조) 등이 있다.

3. 소송자료의 통일

(1) 능동적 소송행위(제67조 제1항)

1) 공동소송인 1인의 소송행위 중 유리한 것은 전원에 대하여 효력이 생긴다. 이 경우 공동소송인 중 일부만이 출석하고 그 출석자의 소송행위가 결석자에게 불리한 경우 소송의 지연을 방지할 필요성에 비추어 결석한 공동소송인에게 효력이 미친다는 견해가 있으나(방순원, 송상현), 독일법과 같은 규정이 없는 우리 법제에서는 출석한 자의 유리한 행위만이 그 효력이 미친다고 볼 것이다(이시윤, 정동윤·유병현). 다만, 유사필수적 공동소송에서는 일부 취하가 허용됨에 비추어 소취하간주의 규정(제268조)이 적용되어 제67조 제1항의 규정이 배제된다는 견해가 있다(이시윤; 반대는 호문혁).

2) 불리한 소송행위는 전원이 함께 하지 않으면 효력이 없고, 다만 공동소송인 1인만의 불리한 소송행위는 변론전체의 취지로 공동소송인 측에 불리하게 작용할 수 있다. 자백, 청구의 포기·인낙, 화해 등이 이에 해당된다. 고유필수적 공동소송 중 일부에 대한 소의 취하는 허용되지 아니하나, 유사필수적 공동소송에서는 일부취하가 허용된다. 즉, 공동상속인이 다른 공동상속인을 상대로 어떤 재산이 상속재산임의 확인을 구하는 소는 이른바 고유필수적 공동소송이라고 할 것이고, 고유필수적 공동소송에서는 원고들 일부의 소 취하 또는 피고들 일부에 대한 소취하는 특별한 사정이 없는 한 그 효력이 생기지 않는다(대판 2007.8.24. 2006다40980).

(2) 수동적 소송행위(제67조 제2항)

공동소송인 중 1인에 대한 상대방의 소송행위는 유리·불리를 불문하고 다른 공동소송인 전원에 대해 효력이 발생한다(제67조 제2항). 공동소송인 중 일부가 불출석해도 상대방이 소송행위를 하는 데 지장이 없게 하려는 취지이다. 그러므로 공동소송인 중 한 사람이라도 기일에 출석했으면 상대방은 비록 그 자에 대하여 준비서면으로 예고하지 않은 사실이라도 주장할 수 있다(제276조).

4. 소송진행의 통일

(1) 변론, 증거조사, 판결은 같은 기일에 함께 하여야 하므로 변론을 분리하거나 일부판결을 할 수 없다. 착오로 일부에 대해서만 판결한 경우 추가판결을 할 수 없고, 전부판결로 보아 상소로써 시정해야 한다.

(2) 공동소송인 중 1인에 대하여 중단·중지의 원인이 발생한 경우 전원에 대하여 중단·중지의 효과가 생겨 전 소송절차의 진행이 정지된다(제67조 제3항).

(3) 1인의 상소제기(확정차단의 이심의 효력)

1) 상소제기 하지 않은 부분의 분리·확정 여부

처분권주의를 근거로 분리확정설도 있으나, 합일확정이 필요한 소송에서는 모순 없는 판결이 요구되므로 전원에 대하여 판결확정이 차단되고 전소송이 이심되는 이심설이 타당하다(통설·판례).

2) 상소하지 않은 다른 공동소송인의 지위

① 학설은 상소인설, 실제 상소한 자를 그의 선정당사자로 의제할 것이라는 선정자설도 있으나, 그 지위를 상소인이라기 보다는 합일확정의 요청 때문에 소송관계가 상소심으로 이심되는 특수지위 라고 보는 단순한 상소심당사자설이 통설 · 판례[40]이다.

② 따라서 실제 상소를 제기한 공동소송인만이 상소인지를 붙여야 하고, 패소한 경우에 상소비용을 부담하게 되고, 상소심의 심판범위는 그에 의하여 특정 · 변경되게 되며, 상소취하 여부도 그에 의하여 결정된다.

5. 본안재판의 통일

필수적 공동소송인 사이에 본안에 관한 판결결과가 구구하게 되어서는 안 된다. 필수적 공동소송인 측이 패소할 경우 소송비용은 공동소송인의 연대부담으로 한다(제102조 제1항 단서).

---

40) 판례는 필수적 공동소송에서 상고하지 아니한 피고를 '피고, 상고인'으로 표시하지 아니하고 단순히 '피고'라고만 표시하고, 상고비용을 상고한 피고에게만 부담시켜 단순한 상소심당사자설을 취하고 있다(대판 1995.1.12. 94다33002).

66 예비적·선택적 공동소송

CONTENTS

---

41) 예를 들어, 채무자가 택일적이어서 원고 甲이 피고 乙, 丙 중 진정한 채무자를 가려달라고 하거나, 乙을 주위적 피고 丙을 예비적 피고로 소를 제기하는 경우를 말한다.

42) 예를 들어, 채권자가 택일적인 경우로서 먼저 채권의 양수인이 주위적 원고로서 채무자에게 이행청구를 하고, 기각될 때를 대비하여 양도인이 예비적 원고가 되어 채무자에게 이행을 구하는 경우를 말한다.

43) 예를 들어, 처음에는 피고 乙의 대리인이라 칭하는 丙과 매매계약을 한 원고 甲이 본인 피고 乙을 상대로 소유권이전등기청구를 진행하다가, 乙이 丙은 무권대리인이라고 주장하자 甲이 丙을 예비적 피고로 추가하여 그에게 이전등기청구를 하는 경우를 말한다.

甲(아파트대표자회의의 구성원 개인)인지 乙
(아파트대표자회의)인지 누가 피고적격을 가
지는가에 따라 어느 일방에 대한 청구는 부적
법해지고 다른 일방에 대한 청구는 적법해질
수 있는 경우, 甲을 먼저 피고로 제기한 소송
중에 乙을 예비적 피고로 추가하는 것은 적법
하다."고 판시

2. 공동소송의 일반요건을 갖출 것
   공동소송의 주관적(제65조)·객관적(제253조)요
   건을 갖출 것을 요함

III. 심판

1. 심리의 면
   (1) 소송자료의 통일
       1) 소송자료의 통일로서 공동소송인 한사람
          의 소송행위는 전원의 이익을 위해서만 다
          른 공동소송인에게 효력 ○
       2) but 예비적·선택적 공동소송은 기본적으
          로 통상공동소송이므로 필수적 공동소송
          의 준용 범위를 좁혀야 한다고 하면서 소
          송자료의 통일의 법리를 제외하고 소송진
          행의 통일, 본안재판의 통일의 법리만 준
          용된다는 견해도 ○(호문혁)
       3) 그리고 "자백" 같은 불리한 소송행위의 경
          우 준용규정상 전원이 함께 해야 한다고
          해석되나(이시윤), 두 청구가 양립불가능
          하므로 피고들의 동시자백은 무의미하다
          고 하는 견해도 ○(강현중)
   (2) 소송진행의 통일
       1) 소송진행의 통일로서 공동소송인 가운데
          1인의 중단·중지 사유는 모든 공동소송인
          에게 효력이 미치고 그 결과 변론의 분리·
          일부판결 ×(제67조 제3항 준용)
       2) 다만, 청구의 포기·인낙, 화해 및 소의 취
          하 등은 당사자의 처분권을 존중하여 단독
          으로 가능(제70조 제1항 단서)
       3) 특히 청구인낙의 경우가 문제. 예를 들어,
          채무자 A, B가 택일적 관계에 있을 때 원고

甲이 A를 주위적 피고로, B를 예비적 피고
로 소제기한 경우에 B가 자신에 대한 청구
에 대해 인낙을 한 경우, 법원이 A에 대한
청구가 이유 있다고 하여도 B의 청구인낙
을 인정해야 하는지가 문제. 만약 인낙이
가능하고 주위적 청구에 대해서는 기각하
여야 한다면 당사자의 의사를 무시하는 결
과가 되기 때문(이시윤). 이에 대해서는 처
분권주의가 적용된 부득이한 결과이므로
주위 피고에 대한 청구가 이유 있으면 인
낙에도 불구하고 주위청구를 인용하고 예
비적 청구는 기각하여야 한다는 견해도 ○
(강현중)

2. 판결의 면
   (1) 판결의 면에서는 주위적 청구를 인용하는 때
       에는 예비적 청구에 대하여 사실상 예비적 피
       고의 승소로 되는 것인데, 이러한 취지의 기각
       판결이 행해지지 않으면 예비적 피고의 지위
       가 불안정해지므로 모든 공동소송인에 관한
       청구에 대해 판결해야 함(제70조 제2항)
   (2) and 선택적 공동소송의 경우도 마찬가지로
       한 청구에 대해 인용을 하는 때에는 다른 청구
       를 기각하는 판결을 반드시 해야 함

3. 상소의 면
   판결의 합일확정이 요구되므로 1인이라도 상소를
   제기하면 상소를 제기하지 않은 자의 부분도 확정
   차단·이심이 되고, 불이익변경금지의 원칙(제
   415조)이 적용되지 않아 모든 청구가 상소심의 심
   판대상

IV. 결어

1. 현행법상의 예비적·선택적 공동소송은 2002년
   개정법 전에는 인정 여부에 대해 논란이 있었고,
   입법은 긍정설을 채택함
2. 특히 예비적·선택적 공동소송은 당사자의 처분
   권주의와 법원의 심판과의 관계에서 여러 가지 문
   제점이 있고, 이에 대해서는 학설, 판례의 상황을
   지켜봐야 할 것으로 생각됨

▌ 예비적 · 선택적 공동소송 사시 46 · 50회

Ⅰ. 서설

1. 의의, 문제점

(1) 예비적 공동소송이란 수인의 또는 수인에 대한 청구가 논리상 양립할 수 없는 관계에 있고 어느 것이 인용될 것인가를 쉽게 판정할 수 없는 경우에 공동소송의 형태로 각 청구에 순서를 정하여 심판을 청구하는 경우를 이르고, 선택적 공동소송이란 위 관계에 있는 경우에 순위를 붙이지 않고 공동소송의 형태로 어느 한쪽이 택일적으로 인용될 것을 해제조건으로 다른 한쪽의 심판을 구하는 소송을 이른다.

(2) 2002년 개정 전에는 이 소송의 인정 여부에 대하여, 특히 예비적 공동소송(소의 주관적 · 예비적 병합)을 중심으로 대립이 있었다.

2. 개정 전의 견해대립

(1) 학설

1) 부정설

① 예비적 피고의 당부에 대한 심판이 제1차적 피고에 대한 판단의 당부에 의존하는 결과 예비적 피고의 지위가 현저히 불안하고, ② 이러한 병합을 인정해도 공동소송인 독립의 원칙 때문에 재판의 통일이 보장되지도 않고, ③ 소송고지제도를 활용하면 재판의 불통일을 막을 수 있으므로 구태여 이런 병합의 형태를 인정할 필요가 없다고 했다(소송고지활용론).

2) 긍정설

① 실체법상의 택일적 관계를 소송법에도 그대로 반영시킬 수 있고, ② 재판의 모순저촉을 막을 수 있으며, ③ 분쟁의 일회적 해결을 도모함으로서 소송경제를 이룰 수 있다고 하여 찬성하였다.

(2) 판례

"예비적 피고에 대한 청구의 당부에 대한 판단은 제1차적 피고에 대한 청구의 판단결과에 따라 결정되므로, 예비적 피고의 소송상 지위가 현저하게 불안정하고 또 불이익하게 되어 이를 허용할 수 없으므로 예비적 피고에 대한 청구는 이를 바로 '각하'하여야 한다(대판 1984.6.26. 83누554 · 555; 대판 1997.8.26. 96다31079 등)."고 하여 일관하여 부정설의 입장을 취하고 있었다.

(3) 검토 및 현행법 입장

개정 전에는 부정설과 같은 비판이 강했으나 개정법은 입법으로 긍정설을 채택하였다. 특히 부정설의 소송고지활용론은 독일법과 같이 소송고지에 시효중단효가 없는 우리 법제에서는 여전히 문제가 있었다는 점, 분쟁의 일회적 해결의 도모라는 점에서 개정법의 입장이 타당하다고 본다.

3. 소송의 형태

(1) 능동형·수동형

당사자 중 피고 측이 수동적으로 공동소송인이 되는 경우를 수동형[44]이라고 하고, 원고 측이 능동적으로 공동소송인이 되는 경우를 능동형[45]이라 한다.

(2) 예비형·선택형

예비형이란 주위적 피고에 대한 청구가 기각될 것을 대비하여 예비적 피고에 대해 심판을 바라는 형태를 말하며, 선택형이란 순서에 구애없이 무작위로 이유 있는 청구를 선택하여 청구를 인용해 주기를 바라는 심판 형태이다.

(3) 원시형·후발형

1) 원시형은 애초부터 공동소송의 형태로 된 것을 말하며, 후발형[46]이란 당초에는 단일소송이었다가 뒤에 소송계속 중 예비적 당사자나 선택적 당사자를 추가하는 형태를 말한다.

2) 특히 후발형의 경우 ① 항소심에서도 상대방이 동의하면 그를 당사자로 추가하는 형태의 예비적·선택적 공동소송이 가능하다는 견해(강현중)가 있으나, ② 1심 변론종결시까지만 가능하게 한 제68조 명문의 규정 때문에 문제가 있다는 견해가 다수의 입장이다(이시윤, 정동윤).

Ⅱ. 요건

1. 법률상 양립할 수 없는 관계일 것

(1) 의미

민사소송법 제70조 제1항에서 '법률상 양립할 수 없다'는 것은, 동일한 사실관계에 대한 법률적인 평가를 달리하여 두 청구 중 어느 한쪽에 대한 법률효과가 인정되면 다른 쪽에 대한 법률효과가 부정됨으로써 두 청구가 모두 인용될 수는 없는 관계에 있는 경우나, 당사자들 사이의 사실관계 여하에 의하여 또는 청구원인을 구성하는 택일적 사실인정에 의하여 어느 일방의 법률효과를 긍정하거나 부정하고 이로써 다른 일방의 법률효과를 부정하거나 긍정하는 반대의 결과가 되는 경우로서, 두 청구들 사이에서 한쪽 청구에 대한 판단 이유가 다른 쪽 청구에 대한 판단 이유에 영향을 주어 각 청구에 대한 판단 과정이 필연적으로 상호 결합되어 있는 관계를 의미하며, 실체법적으로 서로 양립할 수 없는 경우뿐

---

44) 예를 들어, 채무자가 택일적이서 원고 甲이 피고 乙, 丙 중 진정한 채무자를 가려달라고 하거나, 乙을 주위적 피고 丙을 예비적 피고로 소를 제기하는 경우를 말한다.

45) 예를 들어, 채권자가 택일적인 경우로서 먼저 채권의 양수인이 주위적 원고로서 채무자에게 이행청구를 하고, 기각될 때를 대비하여 양도인이 예비적 원고가 되어 채무자에게 이행을 구하는 경우를 말한다.

46) 예를 들어, 처음에는 피고 乙의 대리인이라 칭하는 丙과 매매계약을 한 원고 甲이 본인 피고 乙을 상대로 소유권이전등기청구를 진행하다가, 乙이 丙이 무권대리인이라고 주장하자 甲이 丙을 예비적 피고로 추가하여 그에게 이전등기청구를 하는 경우를 말한다.

아니라 소송법상으로 서로 양립할 수 없는 경우를 포함한다(대판 2011.9.29. 2009다7076). 따라서 부진정연대 채무자의 관계에 있는 경우 예비적 공동소송은 부적법하다(대판 2012.9.27. 2011다76747).[47]

(2) 법률의 의미

판례는 "법률상 양립할 수 없으면 실체법상 양립할 수 없는 물론 소송법상 양립할 수 없는 경우도 포함한다."고 하면서 "피고적격자가 乙(아파트대표자회의 구성원 개인)인지 丙(아파트대표자회의)인지 누가 피고적격을 가지는가에 따라 어느 일방에 대한 청구는 부적법해지고 다른 일방에 대한 청구는 적법해질 수 있는 경우, 乙을 먼저 피고로 제기한 소송 중에 丙을 예비적 피고로 추가하는 것은 적법하다(대결 2007.6.26. 2007마515)."고 판시하였다.

2. 공동소송의 일반요건을 갖출 것

공동소송의 주관적(제65조)·객관적(제253조) 요건을 갖출 것을 요한다.

Ⅲ. 심판

1. 심리의 면

(1) 소송자료의 통일

소송자료의 통일로서 공동소송인 한사람의 소송행위는 전원의 이익을 위해서만 다른 공동소송인에게 효력이 있게 된다. 다만, 예비적·선택적 공동소송은 기본적으로 통상공동소송이므로 필수적 공동소송의 준용범위를 좁혀야 한다고 하면서 소송자료의 통일의 법리를 제외하고 소송진행의 통일, 본안재판의 통일의 법리만 준용된다는 견해도 있다(호문혁). 그리고 "자백" 같은 불리한 소송행위의 경우 준용규정상 전원이 함께 해야 한다고 해석되나(이시윤), 두 청구가 양립불가능하므로 피고들의 동시자백은 무의미하다고 하는 견해도 있다(강현중). 즉, 이 견해는 ① 주위적·예비적 당사자 전원의 동시자백의 경우 "먼저 주위적 당사자에 대한 자백을 인정하여 주위적 당사자에 대하여 판결을 하는데 만약 주위적 당사자에

---

47) 어떤 물건에 대하여 직접점유자와 간접점유자가 있는 경우, 그에 대한 점유·사용으로 인한 부당이득의 반환의무는 동일한 경제적 목적을 가진 채무로서 서로 중첩되는 부분에 관하여는 일방의 채무가 변제 등으로 소멸하면 타방의 채무도 소멸하는 이른바 "부진정연대채무"의 관계에 있다. 부진정연대채무의 관계에 있는 채무자들을 공동피고로 하여 이행의 소가 제기된 경우 공동피고에 대한 각 청구는 법률상 양립할 수 없는 것이 아니므로 그 소송은 민사소송법 제70조 제1항에 규정한 본래 의미의 예비적·선택적 공동소송이라고 할 수 없고, 따라서 거기에 필수적 공동소송에 관한 민사소송법 제67조는 준용되지 않는다고 할 것이어서 상소로 인한 확정차단의 효력도 상소인과 그 상대방에 대해서만 생기고 다른 공동소송인에 대한 관계에는 미치지 않는다. 甲 재단법인 등이 소유한 토지 지상에 국가가 설치한 송전선로가 지나가고 있고 한국수자원공사가 위 송전선로 등 수도권 광역상수도시설에 대한 수도시설관리권을 국가로부터 출자받아 시설을 유지·관리하고 있는데, 甲 법인 등이 주위적으로 한국수자원공사에 대하여, 예비적으로는 국가에 대하여 위 토지 상공의 점유로 인한 부당이득반환청구의 소를 제기하여 제1심이 공사에 대한 청구는 기각하고 국가에 대한 청구는 인용하자 甲 법인 등이 공사에 대하여 항소를 제기하고 공사와 국가는 항소하지 않은 사안에서, 피고들 사이에는 민사소송법 제70조 제1항에 따라 민사소송법 제67조가 준용되는 진정한 의미의 예비적 공동소송의 관계가 있는 것이 아니므로 상소로 인한 확정차단의 효력도 당사자별로 따로 판단해야 하는데, 甲 법인 등이 제1심판결 중 공사에 대한 부분에 한하여 항소를 제기한 이상 공사에 대한 청구만이 항소심의 심판대상이 되고, 국가에 대한 제1심판결은 항소기간 만료일이 지남으로써 분리 확정되었음에도, 분리 확정된 국가에 대한 청구까지 항소심에 이심된 것으로 본 원심판결을 파기하고 그 부분에 대한 소송종료선언을 한 사례(대판 2012.9.27. 2011다76747).

대한 소송이 승소가 되면 예비적 당사자에 대한 소송은 자백에 불구하고 기각하여야 하지만, 주위적 당사자에 대한 소송이 기각되어 예비적 당사자에 대한 심판이 필요한 경우에는 예비적 당사자에 대한 자백도 인정하여 예비적 당사자에 대한 판결을 하여야 한다."고 보고, ② 선택적 관계에 있는 예비적·선택적 공동소송에서는 "동시자백은 무의미한 자백이므로 자백의 효력을 부정하고 심판하여야 한다."고 본다(강현중).

(2) 소송 진행의 통일

소송 진행의 통일로서 공동소송인 가운데 1인의 중단·중지 사유는 모든 공동소송인에게 효력이 미치고 그 결과 변론의 분리·일부판결도 할 수 없다(제67조 제3항 준용). 다만, 청구의 포기·인낙, 화해 및 소의 취하 등은 당사자의 처분권을 존중하여 단독으로 할 수 있도록 하고 있다(제70조 제1항 단서). 청구인낙의 경우가 문제되는데, 예를 들어, 채무자 A, B가 택일적 관계에 있을 때 원고 甲이 A를 주위적 피고로, B를 예비적 피고로 소제기한 경우에 B가 자신에 대한 청구에 대해 인낙을 한 경우, 법원이 A에 대한 청구가 이유 있다고 하여도 B의 청구인낙을 인정해야 하는지가 문제된다. 만약 인낙이 가능하고 주위적 청구에 대해서는 기각하여야 한다면 당사자의 의사를 무시하는 결과가 되기 때문이다(이시윤). 이에 대해서는 처분권주의가 적용된 부득이한 결과이므로 주위 피고에 대한 청구가 이유 있으면 인낙에도 불구하고 주위청구를 인용하고 예비적 청구는 기각하여야 한다는 견해도 있다(강현중). 즉, 이 견해는 "예를 들어 주위적 피고(乙)에 대한 계약상 청구와 무권대리인(丙)을 예비적 피고로 하는 소송에서 주위적 피고 본인과의 관계에서 예비적 피고가 원고의 청구를 인낙한 경우, 예비적 피고가 원고의 청구를 인낙한 경우라도 주위적 피고 본인과의 관계에서 예비적 피고가 유권대리인인 경우에는 주위적 피고에 대한 청구는 인용되고 예비적 피고에 대한 청구는 기각된다."고 한다(강현중).

(3) 제68조의 준용

공동소송인 가운데 일부에 대한 청구가 다른 공동소송인에 대한 청구와 법률상 양립할 수 없는 경우에는 필수적 공동소송에 관한 민사소송법 제67조 내지 제69조의 규정이 준용되는 결과(민사소송법 제70조 제1항), 주위적·예비적 공동소송인 가운데 일부가 누락된 경우에는 제1심의 변론을 종결할 때까지 원고의 신청에 따라 결정으로 피고를 추가하도록 허가할 수 있고(같은 법 제68조 제1항 본문), 그 허가결정을 한 때에는 그 허가결정의 정본을 당사자 모두에게 송달하여야 하고, 추가될 당사자에게는 소장 부본도 송달하여야 하며(같은 조 제2항), 추가된 당사자에 대한 관계에서는 처음의 소가 제기된 때에 소가 제기된 것으로 간주된다(같은 조 제3항). 한편, 위와 같은 주위적·예비적 공동소송에 있어서는 모든 공동소송인에 관한 청구에 대하여 판결을 하여야 한다(같은 법 제70조 제2항). 따라서 원고가 어느 한 사람을 피고로 지정하여 소를 제기하였다가 다른 사람이 주위적 또는 예비적 피고의 지위에 있다고 주장하면서 그에 대한 청구를 아울러 하는 경우에, 그것이 주위적 또는 예비적 피고를 추가하는 취지라면 법원은 위에서 적시한 바와 같은 조치를 취하여야 할 것이다(대판 2008.4.10. 2007다86860).[48]

---

48) 피고 국민은행의 부서로서의 '리스크관리본부' 또는 그 부서의 장인 '리스크관리본부장'을 피고 국민은행과 별개, 독립의 당사자능력이 있는 법인이나 법인 아닌 사단 또는 재단이라고 볼 근거는 없으므로 원고가 당초에 피고의 표시에 '국민은행 리스크관리본부장'이라고 기재한 것은 단순히 피고 1의 지위 내지 신분을 표시하여 특정하는 의미를 가질 뿐이라고 할 것이므로 당사자인 피고로 되는 것은 피고 1 개인이라고 볼 수밖에 없다고 할 것이다. 한편, 원고의 이 사건 청구는 하나의 고용계약이 기한 청구로서 피고들에 대한 청구가 양립할 수 없는 경우에 해당한다고 할 것이므로 제1심으로서는 원고의 2007.3.13.자 준비서면에서의 주장이 국민은행을 예비적 피고로 추가하는 취지인지 여부를 밝혀서 그에 따른 조치를 취하고 국민은행에 대한 청구에 대하여도 판단하였어야 할 것인바, 그에 이르지 아니한 제1심판결은 위법하다고 할 것이다.

2. 판결의 면

(1) 모든 공동소송인에 대해 판결

판결의 면에서는 주위적 청구를 인용하는 때에는 예비적 청구에 대하여 사실상 예비적 피고의 승소로 되는 것인데, 이러한 취지의 기각판결이 행해지지 않으면 예비적 피고의 지위가 불안정해지므로 모든 공동소송인에 관한 청구에 대해 판결을 하여야 한다(제70조 제2항). 판례도 "예비적·선택적 공동소송에서 일부 공동소송인에 대한 청구에 관하여만 이루어진 판결의 소송상 성격은 흠 있는 전부판결이며, 이때 누락된 공동소송인은 상소를 제기할 이익을 가진다(대판 2008.3.27. 2005다49430)."고 하였고, "주관적·예비적 공동소송은 동일한 법률관계에 관하여 모든 공동소송인이 서로 간의 다툼을 하나의 소송절차로 한꺼번에 모순 없이 해결하는 소송형태로서 모든 공동소송인에 대한 청구에 관하여 판결을 하여야 하고(민사소송법 제70조 제2항), 그 중 일부 공동소송인에 대해서만 판결을 하거나 남겨진 당사자를 위하여 추가판결을 하는 것은 허용되지 않는다. 그리고 주관적·예비적 공동소송에서 주위적 공동소송인과 예비적 공동소송인 중 어느 한 사람이 상소를 제기하면 다른 공동소송인에 관한 청구 부분도 확정이 차단되고 상소심에 이심되어 심판대상이 된다(대판 2018.2.13. 2015다242429)."고 하였다. 그리고 선택적 공동소송의 경우도 마찬가지로 한 청구에 대해 인용을 하는 때에는 다른 청구를 기각하는 판결을 반드시 해야 한다.

(2) 소취하의 경우와 심판 대상

민사소송법은 주관적·예비적 공동소송에 대하여 필수적 공동소송에 관한 규정인 제67조 내지 제69조를 준용하도록 하면서도 소의 취하의 경우에는 예외를 인정하고 있다(제70조 제1항 단서). 따라서 공동소송인 중 일부가 소를 취하하거나 일부 공동소송인에 대한 소를 취하할 수 있고, 이 경우 소를 취하하지 않은 나머지 공동소송인에 관한 청구 부분은 여전히 심판의 대상이 된다(대판 2018.2.13. 2015다242429).

(3) 예비적 피고에 대한 누락과 항소심의 판결

甲이 주위적 피고 乙과 예비적 피고 丙에 대하여 예비적 공동소송을 제기하였고, 1심에서 주위적 피고에 대한 청구는 기각하면서, 예비적 피고에 대한 청구를 누락한 경우에 이는 부적법하므로, 그에 대한 항소심은 진정한 피고가 예비적 피고라고 판단하였다면 예비적 피고에 대한 청구에 관한 판단을 누락한 위법이 있는 제1심판결을 직권으로 취소하고, 주위적 피고에 대한 청구를 기각하며, 예비적 피고에 대한 청구를 인용하는 판단을 하여야 한다(대판 2022.4.14. 2020다224975).

3. 상소의 면

판결의 합일확정이 요구되므로 1인이라도 상소를 제기하면 상소를 제기하지 않은 자의 부분도 확정차단·이심이 되고, 불이익변경금지의 원칙(제415조)이 적용되지 않아 모든 청구가 상소심의 심판대상이 된다. 판례도 "주관적·예비적 공동소송에서 주위적 공동소송인과 예비적 공동소송인 중 어느 한 사람이 상소를 제기하면 다른 공동소송인에 관한 청구 부분도 확정이 차단되고 상소심에 이심되어 심판대상이 되고, 이러한 경우 상소심의 심판대상은 주위적·예비적 공동소송인들 및 그 상대방 당사자 사이의 결론의 합일확정의 필요성을 고려하여 그 심판의 범위를 판단하여야 한다(대판 2015.3.20. 2014다75202)."고 한다.

즉, 주관적·예비적 공동소송은 동일한 법률관계에 관하여 모든 공동소송인이 서로 간의 다툼을 하나의 소송절차로 한꺼번에 모순 없이 해결하는 소송형태로서 모든 공동소송인에 대한 청구에 관하여 판결을 하여야 하고(민사소송법 제70조 제2항), 그 중 일부 공동소송인에 대해서만 판결을 하거나 남겨진 당사자를 위하여 추가판결을 하는 것은 허용되지 않는다. 그리고 주관적·예비적 공동소송에서 주위적 공동소송인과 예비적 공동소송인 중 어느 한 사람이 상소를 제기하면 다른 공동소송인에 관한 청구 부분도 확정이 차단되고 상소심에 이심되어 심판대상이 된다(대판 2018.2.13. 2015다242429).

IV. 결어

1. 현행법상의 예비적·선택적 공동소송은 2002년 개정법 전에는 인정 여부에 대해 논란이 있었고, 입법은 긍정설을 채택하였다.

2. 특히 예비적·선택적 공동소송은 당사자의 처분권주의와 법원의 심판과의 관계에서 여러 가지 문제점이 있고, 이에 대해서는 학설, 판례의 상황을 지켜봐야 할 것으로 생각된다.

2015년 공인노무사

甲은 A은행과의 고용계약서상의 퇴직금 조항 등이 무효라는 확인과 함께 퇴직금의 지급을 구하는 내용의 소를 A은행 리스크관리본부장인 乙을 상대로 제기하였다. 당초에 甲이 피고로 삼은 사람은 개인으로서의 乙이 아니라 A은행 부서장인 리스크관리본부장을 피고로 특정한 것인데, 법률적으로 확신이 서지 않자, 甲은 예비적으로 A은행도 피고로 추가하였다. (50점)

물음 1)   위와 같은 소송형태의 적법 여부와 이에 대한 법원의 조치 및 판단에 대하여 논하시오.[49] (30점)

물음 2)   이 때 피고 A은행에 대한 소장부본을 A은행 사무원인 丙에게 우체국 창구에서 교부하였다면, 이러한 송달은 적법한가? (20점)

---

49) 甲은 乙의 대리인이라고 주장하는 丙에게 골동품을 매도하고 그 골동품을 丙에게 인도하였으나 매매대금을 지급받지 못하였다. 이에 甲은 乙을 상대로 매매대금청구의 소를 제기하였다. 甲은 丙이 乙과 무관하다는 乙의 주장이 받아들여질 경우에 대비하여, 위 소송절차에서 丙에게 손해배상을 구하는 내용의 예비적 청구를 추가하고자 한다. (다음 설문은 상호독립적임)
[사시 46회 유사] 물음 1) 이와 같이 예비적으로 丙을 피고로 추가하는 것이 가능한가? (13점)
[사시 53회 유사] 물음 2) (가능하다는 것을 전제로 한다) 제1심 법원은 乙에 대한 청구를 인용하면서 丙에 대한 청구에 대하여는 아무런 판단도 하지 않았다. 이에 대하여 乙이 항소하였는데, 제2심 법원도 제1심 법원과 동일한 심증을 얻은 경우 제2심 법원은 어떠한 판결을 하여야 하는가? (12점)

Ⅰ. 물음 1)에 대하여 - 예비적 공동소송

1. 문제점

乙과 A은행 사이에 소송목적이 된 권리·의무의 승계가 있는 것은 아니므로 甲이 A은행을 피고로 추가하는 것은 임의적 당사자변경이며, 그 중 추가적 변경에 해당하고 또한 소의 주관적·추가적 병합에 해당한다. 명문의 규정이 없는 경우에 임의적 당사자변경의 허용 여부에 관해서는 학설과 판례의 견해가 대립되나, 명문규정이 있는 경우에는 당연히 인정된다. 즉, 제70조는 필수적 공동소송인의 추가에 관한 제68조를 준용해 예비적 공동소송인의 추가를 인정하고 있으므로, 乙과 A은행이 예비적 공동소송의 요건을 갖추고 있는지 살펴보아야 한다.

2. 소송형태의 적법 여부

(1) 의의 및 연혁

예비적 공동소송이란 수인의 또는 수인에 대한 청구가 논리상 양립할 수 없는 관계에 있고 어느 것이 인용될 것인가를 쉽게 판정할 수 없는 경우에 공동소송의 형태로 각 청구에 순서를 정하여 심판을 청구하는 경우를 이르고, 선택적 공동소송이란 위 관계에 있는 경우에 순위를 붙이지 않고 공동소송의 형태로 어느 한쪽이 택일적으로 인용될 것을 해제조건으로 다른 한쪽의 심판을 구하는 소송을 이른다. 2002년 개정 전에는 이 소송의 인정 여부에 대해 특히 예비적 공동소송(소의 주관적·예비적 병합)을 중심으로 대립이 있었다.

(2) 개정 전의 견해대립

학설은 부정설과 긍정설이 있었다. 판례는 "예비적 피고에 대한 청구의 당부에 대한 판단은 제1차적 피고에 대한 청구의 판단결과에 따라 결정되므로, 예비적 피고의 소송상 지위가 현저하게 불안정하고 또 불이익하게 되어 이를 허용할 수 없으므로 예비적 피고에 대한 청구는 이를 바로 '각하'하여야 한다(대판 1984.6.26. 83누554·555; 대판 1997.8.26. 96다31079 등)."고 하여 일관하여 부정설의 입장을 취하고 있었다. 개정 전에는 부정설과 같은 비판이 강했으나 개정법은 입법으로 긍정설을 채택하였다. 부정설의 소송고지활용론은 독일법과 같이 소송고지에 시효중단효가 없는 우리 법제에서는 여전히 문제가 있었다는 점, 분쟁의 일회적 해결의 도모라는 점에서 개정법의 입장이 타당하다.

3. 요건

(1) 법률상 양립할 수 없는 관계일 것

1) 의미

민사소송법 제70조 제1항에서 '법률상 양립할 수 없다'는 것은, 동일한 사실관계에 대한 법률적인 평가를 달리하여 두 청구 중 어느 한쪽에 대한 법률효과가 인정되면 다른 쪽에 대한 법률효과가 부정됨으로써 두 청구가 모두 인용될 수는 없는 관계에 있는 경우나, 당사자들 사이의 사실관계 여하에 의하여 또는 청구원인을 구성하는 택일적 사실인정에 의하여 어느 일방의 법률효과를 긍정하거나 부정하고 이로써 다른 일방의 법률효과를 부정하거나 긍정하는 반대의 결과가 되는 경우로서, 두 청구들 사이에서 한쪽 청구에 대한 판단 이유가 다른 쪽 청구에 대한 판단 이유에 영향을 주어 각 청구에 대한 판단 과정이 필연적으로 상호 결합되어 있는 관계를 의미하며, 실체법적으로 서로 양립할 수 없는 경우뿐 아니라 소송법상으로 서로 양립할 수 없는 경우를 포함한다(대판 2011.9.29. 2009다7076). 따라서 부진정연대채무자의 관계에 있는 경우 예비적 공동소송은 부적법하다(대판 2012.9.27. 2011다76747).

2) 법률의 의미

판례는 "법률상 양립할 수 없으면 실체법상 양립할 수 없는 물론 소송법상 양립할 수 없는 경우도 포함한다."고 하면서 "피고적격자가 乙(아파트대표자회의의 구성원 개인)인지 丙(아파트대표자회의)인지 누가 피고적격을 가지는가에 따라 어느 일방에 대한 청구는 부적법해지고 다른 일방에 대한 청구는 적법해질 수 있는 경우, 乙을 먼저 피고로 제기한 소송 중에 丙을 예비적 피고로 추가하는 것은 적법하다(대결 2007.6.26. 2007마515)."고 판시하였다. 또한 사안과 같이 "피고 국민은행의 부서로서의 '리스크관리본부' 또는 그 부서의 장인 '리스크관리본부장'을 피고 국민은행과 별개, 독립의 당사자능력이 있는 법인이나 법인 아닌 사단 또는 재단이라고 볼 근거는 없으므로, 제1심으로서는 원고의 2007.3.13.자 준비서면에서의 주장이 국민은행을 예비적 피고로 추가하는 취지인지 여부를 밝혀서 그에 따른 조치를 취하고 국민은행에 대한 청구에 대하여도 판단하였어야 할 것인바, 그에 이르지 아니한 제1심 판결은 위법하다고 할 것이다(대판 2008.4.10. 2007다86860)."고 하였다.

(2) 공동소송의 일반요건을 갖출 것

공동소송의 주관적(제65조)·객관적(제253조, 제25조 제2항) 요건을 갖출 것을 요한다.

(3) 사안의 경우

우선 乙에 대한 청구와 A에 대한 청구는 모두 민사본안사건으로서 동종절차에 의해 심판 할 수 있다. 그리고 甲은 乙과 A에 대해 각 청구를 하고 있으므로 양 청구는 권리·의무의 발 생 원인이 법률상 공통된 경우에 해당하며, 따라서 법 제25조 제2항의 관련재판적 규정에 의해 수소법원에 관할권도 인정된다. 또한 피고적격자가 乙(리스크관리본부장)인지 A(은행)인지 누가 피고적격을 가지는가에 따라 어느 일방에 대한 청구는 부적법해지고 다른 일방에 대한 청구는 적법해질 수 있는 경우에 해당하고 이는 소송법상 양립할 수 없는 경우에 해당한다.

4. 법원의 조치

(1) 필수적 공동소송인의 추가 준용

제70조 제1항이 제68조를 준용하므로, 甲은 A은행을 예비적 피고로 추가할 수 있다. 그 내용은 ① 신소의 제기여서 신청은 서면에 의하여야 하며, ② 법원은 신청에 대해 허부결정을 할 수 있으며(제68조 제2항) 허가결정이 있는 때에는 종전당사자에게는 허가결정서정본을, 추가당사자에게는 그 외에 소장부본도 송달하여야한다(동조 제2항). ③ 허가결정에 대하여는 추가될 원고의 부동의를 이유로 이해관계인의 즉시항고가 허용된다(동조 제4항). 기각결정에 대하여는 피고경정신청 의 기각결정과 달리 즉시항고 할 수 있다(동조 제5항). 따라서 원고가 어느 한 사람을 피고로 지정하여 소를 제기하였다가 다른 사람이 주위적 또는 예비적 피고의 지위에 있다고 주장하면서 그에 대한 청구를 아울러 하는 경우에, 그것이 주위적 또는 예비적 피고를 추가하는 취지라면 법원은 위에서 적시한 바와 같은 조치를 취하여야 할 것이다(대판 2008.4.10. 2007다86860).

(2) 사안의 경우

甲이 A은행을 예비적 피고로 추가하는 것은 적법하므로, 법원은 허가결정을 하여야 한다. 그리고 종전 당사자인 乙에게는 허가결정서 정본을, 추가당사자인 A은행에게는 그 외에 소장부본을 송달하여야 한다. 만약 甲의 추가 신청에 대해 법원이 기각결정을 한다면 甲은 즉시항고 할 수 있다.

5. 법원의 판단

(1) 심리의 면

1) 소송자료의 통일

소송자료의 통일로서 공동소송인 한사람의 소송행위는 전원의 이익을 위해서만 다른 공동 소송인에게 효력이 있게 된다(제67조 제1항 준용). 다만, 예비적·선택적 공동소송은 기본적으로 통상공동소송이므로 필수적 공동소송의 준용 범위를 좁혀야 한다고 하면서 소송자료의 통일의 법리를 제외하고 소송진행의 통일, 본안재판 의 통일의 법리만 준용된다는 견해도 있다(호문혁).

2) 소송진행의 통일

소송진행의 통일로서 공동소송인 가운데 1인의 중단·중지 사유는 모든 공동소송인에게 효 력이 미치고 그 결과 변론의 분리·일부판결도 할 수 없다(제67조 제3항 준용). 따라서 사안에서 甲의 乙에 대한 청구와 甲의 A은행에 대한 청구는 변론의 분리·일부판결이 허용되지 않는다. 다만, 청구의 포기·인낙, 화해 및 소의 취하 등은 당사자의 처분권을 존중하여 단독으로 할 수 있도록 하고 있다(제70조 제1항 단서).

(2) 판결의 면

판결의 면에서는 주위적 청구를 인용하는 때에는 예비적 청구에 대하여 사실상 예비적 피고의 승소로 되는 것인데, 이러한 취지의 기각판결이 행해지지 않으면 예비적 피고의 지위가 불안정해지므로 모든 공동소송인에 관한 청구에 대해 판결을 하여야 한다(제70조 제2항, 청구기각판결에 의한 조정설이 입법된 것임). 판례도 "민사소송법 제70조 제2항은 같은 조 제1항의 예비적·선택적 공동소송에서는 모든 공동소송인에 관한 청구에 대하여 판결을 하도록 규정하고 있으므로, 이러한 공동소송에서 일부 공동소송인에 관한 청구에 대하여만 판결을 하는 경우 이는 일부판결이 아닌 흠이 있는 전부판결에 해당하여 상소로써 이를 다투어야 하고, 그 판결에서 누락된 공동소송인은 이러한 판단유탈(누락)을 시정하기 위하여 상소를 제기할 이익이 있다(대판 2008.3.27. 2005다49430)."고 했다. 그리고 선택적 공동소송의 경우도 마찬가지로 한 청구에 대해 인용을 하는 때에는 다른 청구를 기각하는 판결을 반드시 해야 한다.

(3) 상소의 면

판결의 합일확정이 요구되므로 1인이라도 상소를 제기하면 상소를 제기하지 않은 자의 부분도 확정차단·이심이 되고, 불이익변경금지의 원칙(제415조)이 적용되지 않아 모든 청구가 상소심의 심판대상이 된다. 사안에서도 만약 甲의 乙에 대한 소가 각하되고, 甲의 A에 대한 청구가 인용되었다고 가정할 경우 A만 항소해도 상소를 제기하지 않은 甲의 乙에 대한 부분도 모두 확정차단·이심이 된다.

6. 사안의 해결

甲의 A은행을 예비적 피고로 추가하는 것은 적법하므로, 법원은 허가결정을 하여야 한다. 그리고 법원은 종전 당사자인 乙에게는 허가결정서 정본을, 추가당사자인 A은행에게는 그 외에 소장부본을 송달하여야 한다. 그리고 甲의 乙에 대한 청구와 甲의 A은행에 대한 청구는 소송 자료의 통일, 소송진행의 통일, 판결의 통일, 상소의 통일 등의 법리가 적용된다.

Ⅱ. 물음 2)에 대하여 - 송달의 적법 여부

1. 문제점

원래 소장부본은 A은행의 대표자가 송달받아야 한다(제179조, 제64조). 다만, 사안과 같이 A은행의 사무원 丙에게 한 송달이 과연 적법한지가 보충송달, 조우송달과 관련하여 문제가 된다.

2. 교부송달의 원칙

(1) 의의

송달은 특별한 규정이 없으면 송달받을 사람에게 서류의 등본 또는 부본을 교부하여야 한다(제178조).

(2) 송달할 장소

1) 내용
송달받을 사람의 주소 · 거소 · 영업소 또는 사무소가 원칙이다(제183조 제1항). 다만, 법정대리인에 대한 송달은 무능력자 본인의 영업소 또는 사무소에서도 할 수 있다(제183조 제1항 단서). 그러나 현행법은 송달받을 사람의 주소 등을 알지 못하거나 그 장소에서 송달할 수 없는 때에는 송달받을 사람이 취업하고 있는 근무장소에서 송달할 수 있게 하였다(제183조 제2항).

2) 사안의 경우
A은행에 대한 송달은 법정대리인에 해당하는 은행의 대표자의 주소지에 하는 것이 원칙이지만(제6조, 제179조), 본인인 A은행의 영업소, 즉 본점 소재지에 할 수 있다. 다만, A은행이 대 표자에 대한 관계에서 영업소인지 근무장소인지가 문제가 된다.

(3) 근무장소와 영업소의 구별
판례는 "송달장소에 해당하는 사무소 또는 영업소라 함은 송달받을 사람 자신이 경영하는 사무소 또는 영업소를 의미하므로, 송달받을 사람이 회사를 경영하고 있다고 하더라도 별도의 법인격을 가지는 회사의 사무실은 송달받을 사람의 근무장소에 불과하여 송달받을 사람의 사무소나 영업소로 볼 수 없고, 수령대행권이 있는 사무원 · 고용인 또는 동거자라 함은 송달받을 사람의 사무원 · 고용인 또는 동거자를 의미하는 것으로 보아야 한다(대판 2004.11.26. 2003다58959)."고 본다. 따라서 A은행은 경험칙상 회사이므로, 은행의 사무실은 영업소가 아닌 근무장소가 된다.

3. 보충송달로서의 적법 여부

(1) 내용
현행법은 근무장소에서 송달받을 사람을 만나서 송달하려 했으나 만나지 못한 때에는 그의 사용자, 사용자의 법정대리인이나 피용자 그 밖의 종업원으로서 사리를 분별할 지능이 있는 사람이 서류의 수령을 거부하지 아니하면 그에게 서류를 교부하여 송달할 수 있도록 하였다(제186조 제2항). 일반 보충송달과 다른 점은 이들이 서류의 수령을 거부하지 아니하는 경우에 가능하다는 점이다.

(2) 사안의 경우
A은행의 대표자가 아닌 사무원 丙에게 송달하는 것은 근무장소인 A은행의 사무실에서 한다면 丙이 송달을 거부하지 않는 한 적법하지만, 사안과 같이 근무장소가 아닌 우체국 창구에서 사무원 丙에게 송달하는 것은 부적법하다. 판례도 "송달은 원칙적으로 민사소송법 제183조 제1항에서 정하는 송달을 받을 자의 주소, 거소, 영업소 또는 사무실 등의 '송달장소'에서 하여야 하는바, 송달장소에서 송달받을 자를 만나지 못할 때에는 그 사무원, 고용인 또는 동거자로서 사리를 변식할 지능이 있는 자에게 서류를 교부하는 보충송달의 방법에 의하여 송달할 수는 있지만, 이러한 보충송달은 위 법 조항에서 정하는 '송달장소'에서 하는 경우에만 허용되고 송달장소가 아닌 곳에서 사무원, 고용인 또는 동거자를 만난 경우에는 그 사무원 등이 송달받기를 거부하지 아니한다 하더라도 그 곳에서 그 사무원 등에게 서류를 교부하는 것은 보충송달의 방법으로서 부적법하다. 따라서 우체국 창구에서 송달받을 자의 동거자에게 송달서류를 교부한 것은 부적법한 보충송달이다(대결 2001.8.31. 2001마3790)."고 하여 같은 취지이다.

4. 출회(出會, 조우)송달로서의 적법 여부

(1) 내용

송달받을 사람의 주소 등 또는 근무장소가 국내에 없거나 알 수 없을 때, 주소 등 또는 근무장소가 있는 사람이라도 송달받기를 거부하지 아니할 때에는 그를 만나는 장소에서 송달할 수 있다(제183조 제3항·제4항). 이를 출회(조우)송달이라고 한다. 당사자·법정대리인·소송대리인이 송달 장소로 바꿀 때에는 변경의 신고의무가 있으며, 신고하지 아니하면 종전의 송달장소로 우편송달 할 수 있다(제185조).

(2) 사안의 경우

사안은 일단 A은행의 대표자의 주소나 근무장소가 국내에 없거나 알 수 없을 때에는 해당하지 않는다. 다만, 주소 등 또는 근무장소가 있는 사람이라도 송달받기를 거부하지 아니할 때에는 "그"를 만나는 장소에서 송달할 수는 있으나, 사안은 A은행의 대표자가 아니라 사무원 丙을 만난 장소인 우체국 창구에서 송달을 하였으므로 이는 출회(조우)송달로서도 부적법하다.

5. 사안의 해결

A은행의 대표자가 아닌 사무원 丙에게 우체국 창구에서 한 보충송달은 근무장소가 아니므로 부적법하고, A은행의 대표자가 아니라 사무원 丙을 만나는 장소인 우체국 창구에서 한 송달도 출회(조우)송달의 요건을 갖추지 못했으므로 부적법하다.

67 선정당사자

CONTENTS

므로, 그 임차인들은 상호 간에 공동소송인이 될 관계가 있을 뿐 아니라 주요한 공격방어 방법을 공통으로 하는 경우에 해당함이 분명하다고 할 것이어서, 민사소송법 제53조 소정의 공동의 이해관계가 있어 선정당사자를 선정할 수 있다."고 판시
3) 이에 대해 학설 중에는 이 판례는 제65조 전문의 경우라고 하기보다는 후문의 경우에도 공동의 이해관계를 인정한 것이라는 견해(전병서) ○

(3) 검토
비록 제65조 후문의 경우라고 하더라도 주요한 공격방어방법이 공통되는 경우도 있을 수 있으므로 이를 일률적으로 판단해서는 안 됨
∴ 유력설 타당(전병서, 160~161면)
3. 공동의 이해관계 있는 자 중에서 선정할 것
변호사대리의 원칙 잠탈 방지 위한 요건.

III. 선정의 방법
1. 선정의 법적 성질
대리권 수여에 유사한 단독소송행위
2. '심급을 한정'한 선정의 인정 여부(소송행위조건 불허의 원칙의 적용 여부)
(1) 문제점
(2) 학설
1) 부정설(유력설): 소송종료설
2) 긍정설(통설): ① 어차피 선정을 한정하는 것을 부정해도 선정의 취소, 변경이 가능한 이상 별 실익 ×, ② 선정당사자의 권한 남용을 방지할 필요가 있다는 면에서 심급을 한정해서 선정하는 것도 가능
(3) 판례
1) 판례는 "당사자 선정은 총원의 합의로써 장래를 향하여 이를 취소, 변경할 수 있는 만큼 당초부터 특히 어떠한 심급을 한정하여 당사자인 자격을 보유하게끔 할 목적으로 선정을 하는 것도 역시 허용된다."고 함

2) but 계속된 설시에서 "선정당사자의 제도
가 당사자 다수의 소송에 있어서 소송절차
를 간소화, 단순화하여 소송의 효율적인
진행을 도모하는 것을 목적으로 하고, 선
정된 자가 당사자로서 소송의 종료에 이르
기까지 소송을 수행하는 것이 그 본래의
취지임에 비추어 보면, 제1심에서 제출된
선정서에 사건명을 기재한 다음에 '제1심
소송절차에 관하여' 또는 '제1심 소송절차
를 수행하게 한다'라는 문언이 기재되어
있는 경우라 하더라도, 특단의 사정이 없
는 한, 그 기재는 사건명 등과 더불어 선정
당사자를 선정하는 사건을 특정하기 위한
것으로 보아야 하고, 따라서 그 선정의 효
력은 제1심의 소송에 한정하는 것이 아니
라 소송의 종료에 이르기까지 계속하는 것
으로 해석함이 상당하다."고 판시

   (4) 검토
      통설인 긍정설 타당
3. 선정의 시기
   (1) 소송계속 전·후를 불문
   (2) 소송계속 후 선정하면 선정자는 당연히 소송
      에서 탈퇴하게 되고(제53조 제2항), 선정당사
      자가 그 지위를 수계

IV. 선정의 효과
1. 선정당사자의 지위
   (1) 원칙
     1) 선정당사자는 선정자의 소송대리인이 아
       니고 당사자본인이므로, 소송수행에 있어
       서 제90조 제2항과 같은 제한을 받지 아니
       하고, 일체의 소송행위를 할 수 있으며, 소
       송행위에 필요한 사법행위도 가능
     2) and 선정자와의 사이에 권한행사에 관한
       제한계약을 맺었다고 하더라도 그와 같은
       제한으로서 법원 또는 상대방에게 대항 ×
       ∴ 선정당사자를 견제하기 위하여 입법론
       상 화해, 소취하, 청구의 포기·인낙 등
       의 소송행위에는 법원의 허가를 얻게
       해야 한다는 견해(이시윤)도 ○
   (2) 복수의 당사자가 선정된 경우
     1) 동일 선정자단: 고유필수적 공동소송
     2) 별개의 선정자단: 통상공동소송
     3) 일단의 선정자들에 의해 선출된 선정당사
       자와 스스로 당사자가 된 자와의 관계: 통
       상공동소송

2. 선정자의 지위
   (1) 문제점
      제53조 제2항
   (2) 소송계속 전 선정당사자 선정시에 선정자의
      적격상실 여부
     1) 학설: ① 적격유지설, ② 적격상실설
     2) 검토: 적격상실설
   (3) 판결의 효력
     1) 선정당사자가 받은 판결은 선정자에게 그
       효력 ○(제218조 제3항). 선정당사자가 청
       구를 포기·인낙하거나 재판상의 화해를
       한 경우도 동일(제220조)
     2) 선정당사자가 이행판결을 받았으면 이에
       의하여 선정자를 위해 또는 선정자에 대해
       강제집행 가능. 이 경우 선정자에 대한 관계
       에서는 승계집행문 ○(민사집행법 제31조)
3. 선정당사자의 자격상실
   (1) 상실원인
     1) 선정당사자의 자격은 선정당사자의 사
       망·선정의 취소에 의하여 상실. and 선정
       당사자 본인에 대한 부분의 소취하·판결
       의 확정 등으로 공동의 이해관계가 소멸되
       어도 자격을 상실. 선정자는 어느 때나 취
       소 가능
     2) 선정당사자자격의 상실은 대리권의 소멸
       의 경우처럼 상대방에게 통지 ○, 그렇지
       않으면 그 효력 발생 ×(제63조 제2항). 통
       지자는 통지 후에 그 취지를 법원에 신고
       해야(규칙 제13조 제2항)
     3) 선정자의 사망, 공동의 이해관계의 소멸
       등은 선정당사자의 자격에 영향 ×(제95
       조 유추)
   (2) 소송절차의 중단
     1) 여러 명의 선정당사자 중 일부가 자격을
       상실하는 경우라도 소송절차는 중단되지
       않으며, 다른 선정당사자가 소송을 속행
       (제54조)
     2) 선정당사자 전원이 자격을 상실한 경우에
       는, 선정자 전원 또는 신선정당사자가 소
       송을 수계할 때까지 소송절차는 중단(제
       237조 제2항). but 소송대리인이 있으면
       중단 ×(제238조)

V. 선정당사자 자격 없을 때의 효과

1. 소송요건

직권조사사항

2. 자격 없을 때 법원의 조치

(1) 보정, 추인 가능(제61조, 제59조)

(2) 만일 보정이나 추인을 얻지 못하면 판결로써 소를 각하

3. 흠을 간과한 본안판결

확정전에는 상소로 취소할 수 있으나, 확정 후에는 재심사유로는 되지 아니하며, 원래 정당한 당사자로 될 자인 선정자에게 그 효력이 미치지 아니한다는 점에서 이러한 판결은 무효

VI. 여론 - 집단소송제도

1. 소액 · 다수의 피해자가 양산되는 환경소송, 공해소송, 소비자소송 등의 현대형 소송의 경우 피해자의 권리구제수단으로서 현재의 선정당사자제도만으로는 직접 선정을 해야 하는 등의 불편

2. 이에 대해 최근 입법은 증권관련집단소송, 소비자단체소송 등에 대표당사자소송(영 · 미법상의 Class Action), 단체소송(독일법상의 Verbandsklage) 등을 도입

▌선정당사자 사시 14회

I. 서설

1. 의의

선정당사자란 공동의 이해관계에 있는 다수의 사람이 공동소송인이 되어 소송을 하여야 할 경우에, 총원을 위하여 소송을 수행할 당사자로 선출된 자를 말한다(제53조).

2. 취지

다수당사자소송을 단순화하여 소송촉진과 소송경제를 도모하고자 마련된 제도이나, 선정절차가 번거롭고 이 제도의 이용 여부에 대해 법원이 강제할 수 없기 때문에 실효성이 반감될 우려가 있다.

3. 법률상의 지위

선정당사자와 선정자의 관계는 대리관계가 아니라, 선정자의 소송수행권을 선정당사자에게 신탁시킨 신탁관계로서 임의적 소송담당의 일종이다.

II. 요건

1. 공동소송을 할 다수자가 있을 것

다수자는 원고 측이거나 피고 측이거나 2인 이상이면 될 것이다. 다수자가 사단을 구성하고 있을 때에는 사단 자체가 당사자가 되므로 선정의 여지가 없다. 그러나 판례는 권리능력 없는 사단도 구성원 전원이 공동소송인으로서 당사자가 될 수 있다고 하였으므로(대판 2005.9.15. 2004다44971 전합), 선정당사자를 인정할 수 있다. 즉, 여러 사람이 비법인사단으로 인정받을 수 있는 단체를 구성하고 있고, 그 단체가 당사자인 때에는 제53조를 적용할 여지가 없으나, 그 단체의 구성원 중의 일부 또는 전부를 당사자로 할 때에는 제53조가 적용될 수 있을 것이다[주석 민사소송법(I), 제7판, 376면].

2. 공동의 이해관계가 있을 것

(1) 학설

1) 통설

공동의 이해관계의 의미는 다수자 상호 간에 공동소송인이 될 관계에 있고 또 주요한 공격방어방법을 공통으로 하는 경우를 말한다고 하면서, 법 제65조 전문의 '소송목적이 되는 권리나 의무가 여러 사람에게 공통되거나 사실상 또는 법률상 같은 원인으로 말미암아 생긴 경우'가 이에 해당하고, 동조 후문의 '소송의 목적이 되는 권리나 의무가 같은 종류의 것이고, 사실상 또는 법률상 같은 종류의 원인으로 말미암은 것'인 경우는 이에 해당하지 않는다고 한다(이시윤 등).

2) 유력설

기본적으로는 통설의 입장을 수긍하면서도 이를 일률적으로 판단할 수는 없다고 하면서, 법 제65조 후문의 경우에도 구체적으로 보아 주요한 공격방어방법이 공통으로 되는 것이 예상된다고 한다면, 제65조 후문의 경우에도 선정당사자제도를 이용할 수 있는 여지를 남기는 것이 타당하다고 한다(전병서).

(2) 판례

1) "공동의 이해관계가 있는 다수자는 선정당사자를 선정할 수 있는 것인바, 이 경우 공동의 이해관계란 다수자 상호 간에 공동소송인이 될 관계에 있고, 또 주요한 공격방어방법을 공통으로 하는 것을 의미한다고 할 것이므로 다수자의 권리·의무가 동종이며 그 발생원인이 동종인 관계에 있는 것만으로는 공동의 이해관계가 있는 경우라고 할 수 없을 것이어서 선정당사자의 선정을 허용할 것은 아니다(대판 1997.7.25. 97다362)."고 하여 기본적으로는 통설적 입장에 있다.

2) 하지만 최근의 판결(대판 1999.8.24. 99다15474)은 위 판례를 인용하면서도 "임차인들이 甲을 임대차계약 상의 임대인이라고 주장하면서 甲에게 그 각 보증금의 전부 내지 일부의 반환을 청구하는 경우, 그 사건의 쟁점은 甲이 임대차계약상의 임대인으로서 계약당사자인지 여부에 있으므로, 그 임차인들은 상호 간에 공동소송인이 될 관계가 있을 뿐 아니라 주요한 공격방어 방법을 공통으로 하는 경우에 해당함이 분명하다고 할 것이어서, 민사소송법 제53조 소정의 공동의 이해관계가 있어 선정당사자를 선정할 수 있다."고 하였다. 이에 대해 학설 중에는 이 판례는 제65조 전문의 경우라고 하기보다는 후문의 경우에도 공동의 이해관계를 인정한 것이라는 견해(전병서)가 있다.

(3) 검토

비록 제65조 후문의 경우라고 하더라도 주요한 공격방어방법이 공통되는 경우도 있을 수 있으므로 이를 일률적으로 판단해서는 안 된다고 본다. 즉, 이 경우에도 공동의 이해관계를 인정하면 선정당사자 제도에 의하여 소송절차의 단순화가 도모될 것이고 한편 그 소송의 승패에 의하여 받을 이해가 어느 정도 공통하고 있는 사람 가운데에서 당사자가 선정되므로 변호사대리의 원칙의 잠탈을 강조할 필요도 없을 것이다. 따라서 유력설의 입장이 타당하다(전병서, 160 ~ 161면).

3. 공동의 이해관계 있는 자 중에서 선정할 것

만일 공동의 이해관계를 가지지 않는 제3자도 선정당사자가 될 수 있다면 변호사대리의 원칙이 잠탈될 우려가 있으므로, 공동관계인 이외의 자를 당사자로 선임하는 행위는 무효로 된다.

III. 선정의 방법

1. 선정의 법적 성질

선정은 선정자가 자기의 권리이익에 대해 소송수행권을 수여하는 대리권 수여에 유사한 단독소송행위이다.

2. '심급을 한정'한 선정의 인정 여부(소송행위조건불허의 원칙의 적용 여부)

(1) 문제점

선정당사자를 뽑는 선정은 소송수행권을 수여하는 대리권수여에 유사한 단독소송행위이므로 선정에 조건을 붙이는 것은 허용되지 않는다(소송행위조건금지의 원칙). 문제는 이 선정은 무조건이어야 한다는 것과 관련해 심급을 한정해서 선정하는 것이 허용되는지에 대해 견해가 대립된다.

(2) 학설

1) 부정설(유력설)

소송의 단순화 · 간소화에 의한 효율적 소송의 진행을 꾀하는 것이 선정당사자제도의 입법목적이고 선정당사자로 하여금 소송종료시까지 소송을 수행하는 것이 본래의 취지라면, 선정서에 제1심 소송절차만을 수행하게 하는 내용이 조건으로 붙어 있어도 그 선정의 효력은 제1심에 한정할 것이 아니라 소송의 종료까지 계속 된다는 것으로 보아야 한다고 한다(이시윤).

2) 긍정설(통설)

① 어차피 선정을 한정하는 것을 부정해도 선정의 취소, 변경이 가능한 이상 별 실익이 없으며, ② 선정당사자의 권한남용을 방지할 필요가 있다는 면에서 심급을 한정해서 선정하는 것도 가능하다고 한다.

(3) 판례

1) 판례는 "당사자 선정은 총원의 합의로써 장래를 향하여 이를 취소, 변경할 수 있는 만큼 당초부터 특히 어떠한 심급을 한정하여 당사자인 자격을 보유하게끔 할 목적으로 선정을 하는 것도 역시 허용된다."고 하였다.

2) 하지만 계속된 설시에서 "선정당사자의 제도가 당사자 다수의 소송에 있어서 소송절차를 간소화, 단순화하여 소송의 효율적인 진행을 도모하는 것을 목적으로 하고, 선정된 자가 당사자로서 소송의 종료에 이르기까지 소송을 수행하는 것이 그 본래의 취지임에 비추어 보면, 제1심에서 제출된 선정서에 사건명을 기재한 다음에 '제1심 소송절차에 관하여' 또는 '제1심 소송절차를 수행하게 한다'라는 문언이 기재되어 있는 경우라 하더라도, 특단의 사정이 없는 한, 그 기재는 사건명 등과 더불어 선정당사자를 선정하는 사건을 특정하기 위한 것으로 보아야 하고, 따라서 그 선정의 효력은 제1심의 소송에 한정하는 것이 아니라 소송의 종료에 이르기까지 계속하는 것으로 해석함이 상당하다(대결 1995.10.5. 94마2452)."고 한다.

(4) 검토

어차피 항소심에서 비로소 선정하는 것도 가능하고 선정의 취소도 가능하므로 굳이 한 심급으로 제한해서 선정하는 것을 막을 이유는 없다고 본다. 따라서 통설인 긍정설이 타당하다.

3. 선정의 시기

소송계속 전·후를 불문한다. 소송계속 후 선정하면 선정자는 당연히 소송에서 탈퇴하게 되고(제53조 제2항), 선정당사자가 그 지위를 수계하게 된다.

4. 개별적인 선정

선정은 선정자가 개별적으로 하여야 하며, 다수결로 정할 수는 없다. 다만, 전원이 공동으로 같은 자를 선정할 필요는 없다. 즉, 선정자 5명은 A를, 다른 선정자 3명은 B를 별도로 선정하거나 스스로 당사자가 되어도 무방하다. 이 경우 일단의 선정자들에 의하여 선출된 선정당사자와 스스로 당사자가 된 자의 관계는 원래의 소송관계가 필수적 공동소송이 아닌 한 통상공동소송이 된다. 관리처분권이 공동으로 귀속하는 관계는 아니기 때문이다.

5. 선정서의 작성·제출

선정당사자의 자격은 대리인의 경우와 같이 서면증명이 필요하기 때문에 선정서를 작성·제출하며, 이를 소송기록에 붙여야 한다(제58조).

Ⅳ. 선정의 효과

1. 선정당사자의 지위

(1) 원칙

1) 선정당사자는 선정자의 소송대리인이 아니고 당사자본인이므로, 소송수행에 있어서 제90조 제2항과 같은 제한을 받지 아니하고, 일체의 소송행위를 할 수 있으며, 소송행위에 필요한 사법행위도 할 수 있다.

2) 그리고 선정자와의 사이에 권한행사에 관한 제한계약을 맺었다고 하더라도 그와 같은 제한으로서 법원 또는 상대방에게 대항할 수 없다. 따라서 선정당사자를 견제하기 위하여 입법론상 화해, 소취하, 청구의 포기·인낙 등의 소송행위에는 법원의 허가를 얻게 해야 한다는 견해(이시윤)도 있다.

(2) 복수의 당사자가 선정된 경우

1) 동일 선정자단에서 수인의 선정당사자가 선정되었을 때에는 그 수인이 소송수행권을 합유하는 관계에 있기 때문에 그 소송은 고유필수적 공동소송이 된다.

2) 별개의 선정자단에서 각 선정된 수인의 선정당사자의 소송관계는 원래의 소송관계가 필수적 공동소송관계가 아닌 한 통상공동소송관계라고 할 것이다.

3) 일단의 선정자들에 의해 선출된 선정당사자와 스스로 당사자가 된 자와의 관계는 원래의 소송이 필수적 공동소송의 성질이 아닌 한 통상공동소송으로 보아야 한다.

2. 선정자의 지위

(1) 문제점

소송계속 후에 당사자들이 선정당사자를 선정하면 선정자들은 소송에서 당연히 탈퇴[50]하고(법 제53조 제2항) 선정당사자만이 당사자로서 소송수행권을 갖는다. 문제는 소송계속 전에 선정당사자를 선정한 경우는 명문의 규정이 없으므로 여전히 선정자들이 소송수행권을 갖는지가 쟁점이 된다.

(2) 소송계속 전 선정당사자 선정시에 선정자의 적격상실 여부

1) 학설

① 적격유지설

선정당사자의 독주를 막을 수 있도록 선정자가 소송수행권을 유지한다고 보는 것이 타당하다고 한다. 특히 그렇게 보는 것이 선정당사자 독주견제를 위해 법 제94조의 경정권의 유추적용 등을 가능하게 하는 방편이 된다고 한다(이시윤).

② 적격상실설

㉠ 선정당사자 제도가 소송의 간소화를 위해 마련된 제도이고, ㉡ 선정자가 스스로 소송을 수행할 필요가 있다고 느끼면 선정을 취소하면 되므로 선정자는 소송수행권을 상실한다고 한다(호문혁).

2) 검토

적격유지설은 적격상실설이 적격을 상실한다고 하면서도 중복소송이 된다고 하는 것은 모순된다고 비판하나, 여기서의 적격유지 여부는 선정당사자가 수행하는 소송에서 적격을 유지하는가에 관한 것이므로 중복소송을 인정하는 데에는 지장이 없다(호문혁, 843면 각주15). 그리고 적격유지설이 선정당사자의 독주방지를 위해 법 제94조의 경정권을 유추하자는 것은 선정당사자가 엄연히 당사자라는 점을 간과했다고 본다(이는 선정의 취소, 변경으로 충분하다). 따라서 소송의 간소화라는 선정당사자제도의 취지를 강조하는 적격상실설이 타당하다.

(3) 판결의 효력

1) 선정당사자가 받은 판결은 선정자에게 그 효력을 미친다(제218조 제3항). 선정당사자가 청구를 포기 · 인낙하거나 재판상의 화해를 한 경우도 같다(제220조).

2) 선정당사자가 이행판결을 받았으면 이에 의하여 선정자를 위해 또는 선정자에 대해 강제집행을 할 수 있다. 이 경우 선정자에 대한 관계에서는 승계집행문을 부여받아야 한다(민사집행법 제31조).

---

50) 학설은 ① 소송계속 전후를 구별하지 않고 선정 후에 선정자가 적격을 유지하는지에 대해 설명하는 견해(이시윤, 정동윤), ② 선정 후 선정자의 적격유지 여부에 대해 소송계속 전후를 구별해서 설명하는 견해(호문혁, 전병서)가 있는데, 후자의 입장이 좀 더 정확한 입장으로 보인다. 즉, 정확히 말하면 소송계속 후에는 선정자들은 탈퇴한다는 명문의 규정이 있으므로 적격을 상실하는 것이 옳고, 위 논의는 소송계속 전에 한정된다고 할 것이다.

3. 선정당사자의 자격상실

(1) 상실원인

1) 선정당사자의 자격은 선정당사자의 사망·선정의 취소에 의하여 상실된다. 그리고 선정당사자 본인에 대한 부분의 소취하·판결의 확정 등으로 공동의 이해관계가 소멸되어도 자격을 상실하게 된다 (대판 2006.9.28. 2006다28775). 선정자는 어느 때나 취소할 수 있다.

2) 선정당사자자격의 상실은 대리권의 소멸의 경우처럼 상대방에게 통지를 요하며, 그렇지 않으면 그 효력이 발생하지 않는다(제63조 제2항). 통지자는 통지 후에 그 취지를 법원에 신고해야 한다(규칙 제13조 제2항).

3) 선정자의 사망, 공동의 이해관계의 소멸 등은 선정당사자의 자격에 영향이 없다(제95조 유추).

(2) 소송절차의 중단

1) 여러 명의 선정당사자 중 일부가 자격을 상실하는 경우라도 소송절차는 중단되지 않으며, 다른 선정당사자가 소송을 속행한다(제54조).

2) 선정당사자 전원이 자격을 상실한 경우에는, 선정자 전원 또는 신선정당사자가 소송을 수계할 때까지 소송절차는 중단된다(제237조 제2항). 그러나 소송대리인이 있으면 그러하지 아니하다(제238조).

Ⅴ. 선정당사자 자격 없을 때의 효과

1. 소송요건

선정당사자 자격의 유무는 당사자적격의 문제로서 소송요건이고 직권조사사항이다.

2. 자격 없을 때 법원의 조치

(1) 선정행위에 흠이 있거나 서면에 의한 자격증명이 없을 때에는 보정을 명할 수 있고, 무자격의 선정당사자나 자격증명이 없는 자의 소송행위일지라도 선정자가 그 당사자를 선정하여 그 소송행위를 추인하거나 뒤에 자격증명을 하면 유효하게 될 수 있다(제61조, 제59조).

(2) 만일 보정이나 추인을 얻지 못하면 판결로써 소를 각하해야 한다.

3. 흠을 간과한 본안판결

확정 전에는 상소로 취소할 수 있으나, 확정 후에는 재심사유로는 되지 아니하며, 원래 정당한 당사자로 될 자인 선정자에게 그 효력이 미치지 아니한다는 점에서 이러한 판결은 무효가 된다.

Ⅵ. 여론 - 집단소송제도

1. 소액·다수의 피해자가 양산되는 환경소송, 공해소송, 소비자소송 등의 현대형 소송의 경우 피해자의 권리구제수단으로서 현재의 선정당사자 제도만으로는 직접 선정을 해야 하는 등의 불편이 있다.

2. 이에 대해 최근 입법은 증권관련집단소송, 소비자단체소송 등에 대표당사자소송(영·미법상의 Class Action), 단체소송(독일법상의 Verbandsklage) 등을 도입하였다.

$$\boxed{\text{2022년 공인노무사}}$$

동업관계에 있는 乙, 丙, 丁, 戊는 자신들의 사업장 앞에 있는 X토지를 甲으로부터 임차하여 주차장으로 사용하고 있었다. 위 4인을 대표한다고 주장하는 乙은 X토지를 甲으로부터 매수하기로 하고 甲과 X토지에 대한 매매계약을 체결하였다. 사업자금 대출을 위해 X토지의 등기가 필요하다는 사정을 들은 甲은 매매대금의 전액을 지급받지 못하였음에도 불구하고 X토지의 등기를 위 4인에게 이전하여 주었으나 위 4인은 매매잔대금을 지급하지 않고 있다. 이에 甲은 乙, 丙, 丁, 戊를 상대로 주위적으로는 매매계약이 유효하다면 X토지의 매매대금 전액 지급을 구하고, 예비적으로는 매매계약이 무효라면 X토지의 소유권이전등기의 말소를 구하는 소를 제기하였다. (단, 아래의 각 물음은 독립적임) (50점)

물음 1)　소송계속 중 乙, 丙, 丁, 戊는 乙과 丙을 선정당사자로 선정하였다. 심리 도중 丙은 매매대금의 일부가 甲에게 이미 지급되었다고 주장하고 있으나, 乙은 甲이 주장하는 바와 같이 매매대금의 전액이 미지급상태에 있다고 진술하였다. 이러한 乙의 진술은 소송상 어떠한 효력을 가지는지 설명하시오. (25점)

목차

Ⅰ. 문제의 소재

1. 소송계속 중 乙, 丙, 丁, 戊는 乙과 丙을 선정당사자로 선정한 것이 적법한지가 문제 되며, 적법하다면 공동소송의 형태가 어떠한지가 문제가 된다(제53조, 제67조).

2. 그리고 乙의 진술은 소송법상 어떤 의미를 가지는지, 재판상 자백에 해당한다면 필수적 공동소송의 심리와 관련하여 소송상 어떠한 효력이 있는지가 문제된다(제288조, 제67조, 제202조).

Ⅱ. 선정당사자 선정의 적법과 공동소송의 형태

1. 선정당사자의 의의, 취지, 법률상의 지위

(1) 의의

선정당사자란 공동의 이해관계에 있는 다수의 사람이 공동소송인이 되어 소송을 하여야 할 경우에, 총원을 위하여 소송을 수행할 당사자로 선출된 자를 말한다(제53조).

(2) 취지

다수당사자소송을 단순화하여 소송촉진과 소송경제를 도모하고자 마련된 제도이나, 선정절차가 번거롭고 이 제도의 이용 여부에 대해 법원이 강제할 수 없기 때문에 실효성이 반감될 우려가 있다.

(3) 법률상의 지위

선정당사자와 선정자의 관계는 대리관계가 아니라, 선정자의 소송수행권을 선정당사자에게 신탁시킨 신탁관계로서 임의적 소송담당의 일종이다.

2. 乙과 丙을 선정당사자로 선정할 수 있는지 여부 – 선정의 적법 여부

(1) 공동소송을 할 다수자가 있을 것

1) 다수자는 원고 측이거나 피고 측이거나 2인 이상이면 될 것이다. 다수자가 사단을 구성하고 있을 때에는 사단 자체가 당사자가 되므로 선정의 여지가 없다. 그러나 판례는 권리능력 없는 사단도 구성원 전원이 공동소송인으로서 당사자가 될 수 있다고 함으로써 선정당사자를 인정한 바 있다.

2) 사안의 경우

乙, 丙, 丁, 戊는 공동피고로서 공동소송을 하고 있는 다수자이므로, 이의 요건을 충족한다.

(2) 공동의 이해관계가 있을 것

1) 학설

① 통설은 공동의 이해관계의 의미는 다수자 상호 간에 공동소송인이 될 관계에 있고 또 주요한 공격방어방법을 공통으로 하는 경우를 말한다고 하면서, 법 제65조 전문의 '소송목적이 되는 권리나 의무가 여러 사람에게 공통되거나 사실상 또는 법률상 같은 원인으로 말미암아 생긴 경우'가 이에 해당하고, 동조 후문의 '소송의 목적이 되는 권리나 의무가 같은 종류의 것이고, 사실상 또는 법률상 같은 종류의 원인으로 말미암은 것'인 경우는 이에 해당하지 않는다고 한다(이시윤 등).

② 유력설은 기본적으로는 통설의 입장을 수긍하면서도 이를 일률적으로 판단할 수는 없다고 하면서, 법 제65조 후문의 경우에도 구체적으로 보아 주요한 공격방어방법이 공통으로 되는 것이 예상된다고 한다면, 제65조 후문의 경우에도 선정당사자제도를 이용할 수 있는 여지를 남기는 것이 타당하다고 한다(전병서).

2) 판례

① "공동의 이해관계가 있는 다수자는 선정당사자를 선정할 수 있는 것인바, 이 경우 공동의 이해관계란 다수자 상호 간에 공동소송인이 될 관계에 있고, 또 주요한 공격방어방법을 공통으로 하는 것을 의미한다고 할 것이므로 다수자의 권리·의무가 동종이며 그 발생원인이 동종인 관계에 있는 것만으로는 공동의 이해관계가 있는 경우라고 할 수 없을 것이어서 선정당사자의 선정을 허용할 것은 아니다(대판 1997.7.25. 97다362)."고 하여 기본적으로는 통설적 입장에 있다.

② 하지만 최근의 판결(대판 1999.8.24. 99다15474)은 위 판례를 인용하면서도 "임차인들이 甲을 임대차계약상의 임대인이라고 주장하면서 甲에게 그 각 보증금의 전부 내지 일부의 반환을 청구하는 경우, 그 사건의 쟁점은 甲이 임대차계약상의 임대인으로서 계약당사자인지 여부에 있으므로, 그 임차인들은 상호 간에 공동소송인이 될 관계가 있을 뿐 아니라 주요한 공격방어 방법을 공통으로 하는 경우에 해당함이 분명하다고 할 것이어서, 민사소송법 제49조 소정의 공동의 이해관계가 있어 선정당사자를 선정할 수 있다."고 하였다. 이에 대해 학설 중에는 이 판례는 제65조 전문의 경우라고 하기보다는 후문의 경우에도 공동의 이해관계를 인정한 것이라는 견해(전병서)가 있다.

3) 검토

비록 제65조 후문의 경우라고 하더라도 주요한 공격방어방법이 공통되는 경우도 있을 수 있으므로 이를 일률적으로 판단해서는 안 된다고 본다. 즉, 이 경우에도 공동의 이해관계를 인정하면 선정당사자 제도에 의하여 소송절차의 단순화가 도모될 것이고 한편 그 소송의 승패에 의하여 받을 이해가 어느 정도 공통하고 있는 사람 가운데에서 당사자가 선정되므로 변호사대리의 원칙의 잠탈을 강조할 필요도 없을 것이다. 따라서 유력설의 입장이 타당하다(전병서).

4) 사안의 경우

乙, 丙, 丁, 戊는 동업관계에 해당하여 매매대금채무를 준합유하는 관계에 있다(민법 제703조, 제271조). 따라서 이는 민사소송법 제65조 전문의 발생원인 공통에 해당하여 공동의 이해관계에 있다고 본다.

(3) 공동의 이해관계 있는 자 중에서 선정할 것

1) 내용

만일 공동의 이해관계를 가지지 않는 제3자도 선정당사자가 될 수 있다면 변호사대리의 원칙이 잠탈 될 수 있는 우려가 있으므로, 공동관계인 이외의 자를 당사자로 선임하는 행위는 무효로 된다.

2) 사안의 경우

乙, 丙, 丁, 戊는 공동의 이해관계가 있고, 乙, 丙을 선정당사자로 선정하였으므로, 乙과 丙을 선정당사자로 선정한 것은 적법하다.

(4) 기타 요건

선정의 시기는 소송계속 전·후를 불문한다. 소송계속 후 선정하면 선정자는 당연히 소송에서 탈퇴하게 되고(제53조 제2항), 선정당사자가 그 지위를 수계하게 된다. 그리고 선정은 선정자가 개별적으로 하여야 하며, 다수결로 정할 수는 없다. 또한 선정당사자의 자격은 대리인의 경우와 같이 서면증명이 필요하기 때문에 선정서를 작성·제출하며, 이를 소송기록에 붙여야 한다(제58조).

(5) 사안의 경우

乙, 丙, 丁, 戊는 공동의 이해관계가 있고, 乙, 丙을 선정당사자로 선정하였고, 법원에 선정서가 제출되었다면, 乙과 丙을 선정당사자로 선정한 것은 적법하다.

3. 공동소송의 형태

(1) 복수의 당사자가 선정된 경우

동일 선정자단에서 수인의 선정당사자가 선정되었을 때에는 그 수인이 소송수행권을 합유하는 관계에 있기 때문에 그 소송은 고유필수적 공동소송이 된다. 별개의 선정자단에서 각 선정된 수인의 선정당사자의 소송관계는 원래의 소송관계가 필수적 공동소송관계가 아닌 한 통상공동소송관계라고 할 것이다. 일단의 선정자들에 의해 선출된 선정당사자와 스스로 당사자가 된 자와의 관계는 원래의 소송이 필수적 공동소송의 성질이 아닌 한 통상공동소송으로 보아야 한다.

(2) 사안의 경우

乙, 丙, 丁, 戊이라는 동일한 선정자단에서 乙, 丙이 선정되었으므로, 소송수행권을 합유하는 관계에 있어 고유필수적공동소송인이 된다.

Ⅲ. 乙의 진술의 성격, 필수적 공동소송의 심리

1. 乙의 진술의 성격

재판상 자백이란 변론 또는 변론준비기일에서 상대방주장사실과 일치하고, 자신에게 불리한 진술을 말한다(제288조). 사안에서 乙은 변론에서 상대방 갑의 주장사실과 일치하고, 을 자신에게 불리한 진술을 하고 있으므로, 재판상 자백을 하고 있다. 이때 자백의 소송상 효력이 어떠한 지가 필수적 공동소송인의 심리방식와 관련하여 문제되므로, 이를 살펴본다.

2. 소송자료의 통일

(1) 능동적 소송행위(제67조 제1항)

1) 공동소송인 1인의 소송행위 중 유리한 것은 전원에 대하여 효력이 생긴다. 이 경우 공동소송인 중 일부만이 출석하고 그 출석자의 소송행위가 결석자에게 불리한 경우 소송의 지연을 방지할 필요성에 비추어 결석한 공동소송인에게 효력이 미친다는 견해가 있으나(방순원, 송상현), 독일법과 같은 규정이 없는 우리 법제에서는 출석한 자의 유리한 행위만이 그 효력이 미친다고 볼 것이다(이시윤, 정동윤 ᆞ 유병현). 다만, 유사필수적 공동소송에서는 일부 취하가 허용됨에 비추어 소취하간주의 규정(제268조)이 적용되어 제67조 제1항의 규정이 배제된다는 견해가 있다(이시윤; 반대는 호문혁).

2) 불리한 소송행위는 전원이 함께 하지 않으면 효력이 없고, 다만 공동소송인 1인만의 불리한 소송행위는 변론전체의 취지로 공동소송인 측에 불리하게 작용할 수 있다. 자백. 청구의 포기 ᆞ 인낙, 화해 등이 이에 해당된다. 고유필수적 공동소송인 중 일부에 대한 소의 취하는 허용되지 아니하나, 유사필수적 공동소송에서는 일부취하가 허용된다.

(2) 수동적 소송행위(제67조 제2항)

공동소송인 중 1인에 대한 상대방의 소송행위는 유리 ᆞ 불리를 불문하고 다른 공동소송인 전원에 대해 효력이 발생한다(제67조 제2항). 공동소송인 중 일부가 불출석해도 상대방이 소송행위를 하는 데 지장이 없게 하려는 취지이다. 그러므로 공동소송인 중 한 사람이라도 기일에 출석했으면 상대방은 비록 그 자에 대하여 준비서면으로 예고하지 않은 사실이라도 주장할 수 있다(제276조).

3. 사안의 경우

乙이 한 재판상 자백은 불리한 소송행위이므로, 乙과 丙 전원이 함께 하지 않으면 효력이 없다. 따라서 乙이 한 진술은 소송상 효력이 생기지 아니한다(제67조 제1항). 다만, 변론전체의 취지로서 피고 측에 불리하게 평가될 수는 있다(제202조).

Ⅳ. 사안의 해결

1. 乙과 丙이 선정당사자로 선정된 것은 적법하며, 그 형태는 고유필수적 공동소송에 해당한다.

2. 그리고 乙이 한 진술은 재판상 자백에 해당하고, 이는 피고 측에 불리한 소송행위이므로 소송상 효력이 생기지 아니한다.

68 보조참가

CONTENTS

---

51) 예를 들어, 채권자가 연대보증인을 상대로 보증채무이행청구의 소를 제기한 경우 주채무자는 연대보증인이 소송에서 패소하면 구상금청구소송을 당하게 되므로, 이러한 경우 주채무자는 연대보증인의 보조참가인이 될 수 있다.

52) 예를 들어, 이웃 사립대학이 등록금환불청구소송에서 패소하면 같은 사립대학으로서 간접적으로 영향을 받아 등록금제도 운영에 차질이 생긴다는 이유, 즉 사실상의 파급효만으로는 법률상 이해관계가 있다고 할 수 없다(대판 1997. 12.26. 96다51714).

(3) 제72조 제2항

2. 참가의 허가 여부
    (1) 제74조, 제73조 제1항. 이 결정에 대하여는 즉시항고 가능(제73조 제3항)
    (2) 제75조 제1항. 참가불허의 결정이 확정되면 그 때까지 참가인이 한 소송행위는 효력을 잃게 되지만, 피참가인이 원용하면 그 효력이 유지(제75조 제2항)
    (3) 보조참가의 요건에 대해서는 당사자의 이의신청 유무에 관계없이 법원이 직권으로 조사(제73조 제2항)
    (4) 조사결과 보조참가신청이 적법하고 참가의 이유도 인정되는 경우 별도의 허가결정을 할 필요 ×

3. 참가의 종료
    (1) 참가인은 언제나 신청을 취하 가능. but 신청을 취하해도 제77조의 참가적 효력 ○
    (2) 이 경우 참가인이 한 소송행위는 취하에도 불구하고 효력을 상실하지 않으며 당사자의 원용이 없어도 판결자료로 할 수 있다는 견해(이시윤)와 참가적 효력이 직권조사사항이 아님에 비추어 원용을 요한다고 보는 견해 ○(송상현, 호문혁)

IV. 보조참가인의 지위
1. 보조참가인의 종속성
    (1) 제3자 - 증인, 감정인능력 ○, 소송절차중단 ×, and 참가인의 상소는 피참가인의 상소기간 내
    (2) 판례도 "피고 보조참가인이 상고장을 제출한 경우에 피고 보조참가인에 대하여 판결정본이 송달된 때로부터 기산한다면 상고기간 내의 상고라 하더라도 이미 피참가인인 피고에 대한 관계에 있어서 상고기간이 경과한 것이라면 피고 보조참가인의 상고 역시 상고기간 경과 후의 것이 되어 피고 보조참가인의 상고는 부적법하다."고 판시

2. 보조참가인의 독립성
    판례는 "보조참가인의 소송수행권능은 피참가인으로부터 유래된 것이 아니라 독립의 권능이라고 할 것이므로 피참가인과는 별도로 보조참가인에 대하여도 기일의 통지, 소송서류의 송달 등을 행하여야 하고, 보조참가인에게 기일통지서 또는 출석요구서를 송달하지 아니함으로써 변론의 기회

를 부여하지 아니한 채 행하여진 기일의 진행은 적법한 것으로 볼 수 없다(대결 1968.6.8. 68마 384)."고 판시
    ∴ 참가인이 기일에 출석하여 변론하면 피참가인은 결석하더라도 기일해태의 불이익 ×

V. 보조참가인이 할 수 있는 행위
1. 피참가인의 승소를 위한 일체의 소송행위
    보조참가인은 원칙적으로 모든 소송행위를 가능. 사실을 주장하거나 다툴 수 있고 증거신청, 상소제기, 이의신청 등에 제한이 없는 것이 원칙(제76조 제1항 본문)

2. 참가인이 할 수 없는 행위
    (1) 소송행위
        ① 소송진행의 정도에 따라 피참가인도 할 수 없는 행위(제76조 제1항 단서), ② 피참가인의 행위와 어긋나는 행위(제76조 제2항), ③ 피참가인에게 불이익한 행위, ④ 소의 변경이나 반소, 중간확인의 소 등의 제기 등은 불가
    (2) 사법행위
        1) 문제점
            소송대리인은 제90조 제1항의 규정상 본인의 사법상 권리를 행사할 수 있으나, 보조참가인은 제76조 규정상 명문의 규정이 없으므로 피참가인의 사법상 권리를 행사할 수 있는지가 문제 ○
        2) 학설
            ① 긍정설, ② 절충설도 있으나, ③ 부정설이 통설
        3) but 사법상 피참가인에게 그 행사의 권능이 인정되는 경우나 이미 피참가인이 재판 외에서 사법상의 의사표시를 한 경우에는 그렇지 ×(다수설)

VI. 판결의 보조참가인에 대한 효력
1. 본질
    (1) 문제점
        법 제218조 제1항에 의하면 기판력은 당사자에게만 미치는 것이 원칙, 이와 관련해 법 제77조가 규정하고 있는 '재판의 효력'의 의미가 무엇인지가 문제
    (2) 학설
        1) 기판력설
        2) 참가적 효력설
        3) 신기판력설

(3) 판례

　　판례는 "보조참가인이 피참가인을 보조하여 공동으로 소송을 수행하였으나 피참가인이 그 소송에서 패소한 경우에는 형평의 원칙상 보조참가인이 피참가인에게 그 패소판결이 부당하다고 주장할 수 없도록 구속력을 미치게 하는 이른바 참가적 효력이 있음에 불과하므로 피참가인과 그 소송상대방간의 판결의 기판력이 참가인과 피참가인의 상대방과의 사이에까지는 미치지 아니한다."고 하여 참가적 효력설의 입장

(4) 검토

　　1) 민사집행법 제25조 제1항 단서에서 참가인에게 집행력을 인정하지 않는 점, 법 제77조가 참가인에 대한 재판효력의 배제예를 참가인과 피참가인 사이에 발생한 사유에 한정한 점을 고려 - 기판력 ×

　　2) 신기판력설: 보조참가인의 지위가 공동소송적 보조참가인의 지위에 가까워지고 보조참가와 독립당사자참가에 있어 판결의 효력이 사실상 차이가 없게 되어 부당

　　∴ 참가적 효력설이 타당

2. 참가적 효력의 범위

(1) 주관적 범위

　　피참가인과 참가인

(2) 객관적 범위

　　주문 + 이유

3. 기판력과의 차이

(1) 기판력은 승패 불문하고 생기지만 참가적 효력은 패소시에만 문제 ○

(2) 기판력에 저촉되는지는 직권조사사항, 참가적 효력은 당사자의 주장이 있어야 고려하는 항변사항

(3) 기판력은 판결주문에만 미치나, 참가적 효력은 판결이유 중의 판단에도 미침

(4) 기판력은 주관적 책임과 무관하게 발생하지만 참가적 효력은 주관적 사유로 배제 가능 (제77조)

4. 참가적 효력의 배제

(1) ① 참가당시의 소송정도로 보아 필요한 행위를 유효하게 할 수 없었을 경우(제76조 제1항), ② 피참가인의 행위와 저촉되어 효력을 잃은 경우(제76조 제2항), ③ 피참가인이 참가인의 행위를 방해한 경우(제77조), ④ 참가인이 할 수 없는 행위를 피참가인이 고의나 과실로 하지 아니한 경우(제77조) 등에는 참가적 효력이 배제 ○

(2) 다만, 이런 경우에 해당하지 않았더라면 전소송의 판결결과가 달라졌을 것이라는 것이 주장, 증명되어야 할 것

▌ 보조참가 사시 6 · 11 · 21회, 변리사 15회, 법무사 9회

Ⅰ. 서설

1. 보조참가의 의의

보조참가라 함은 타인 간의 소송계속 중 소송결과에 이해관계가 있는 제3자가 한쪽 당사자의 승소를 돕기 위하여 그 소송에 참가하는 것을 말한다(제71조).

2. 비교개념

(1) 보조참가인은 자기의 이름으로 판결을 구하는 것이 아니고 한쪽 당사자의 승소를 보조하는 자이므로 소송당사자와 다르며, 자기의 이익 옹호를 위해 자기의 이름과 계산으로 소송을 수행하므로 대리인과도 다르다. 따라서 보조참가인은 자기를 위한 대리인을 선임할 수 있다.

(2) 보조하는 제3자를 보조참가인 또는 부수하는 당사자라 부르고, 보조받는 당사자는 피참가인 또는 주된 당사자라 부른다. 보조참가인은 판결의 효력을 받는 것이 아닌 점에서 공동소송참가나 독립당사자참가와는 다르다.

Ⅱ. 요건

1. 타인 간에 소송이 계속 중일 것

(1) 보조참가는 다른 사람 사이의 소송에 한하여 허용되며, 한쪽 당사자는 자기소송의 상대방에는 참가할 수 없다. 그러나 통상공동소송의 경우 공동소송인 독립의 원칙으로 인해 자기의 공동소송인이나 그 공동소송인의 상대방을 위해 보조참가하는 것은 가능하다(통설·판례).

(2) 다만, 대립하는 당사자구조를 갖지 못하는 결정절차에 있어서는 보조참가를 할 수 없다(대결 1994.1.20. 93마1701).

2. 소송결과에 대해 이해관계가 있을 것[53]

(1) 의미

  1) 학설

   ① 통설은 본 소송의 판결의 효력이 직접 참가인에게 미치는 경우(이때는 공동소송적 보조참가가 된다)는 물론 참가인의 법률상 지위가 본 소송물인 권리관계의 존부와 논리적인 의존관계에 있는 경우에 이해관계가 있다고 한다. 구체적으로는 피참가인이 패소할 경우 참가인이 구상을 당하거나 손해배상을 청구 당할 가능성이 있는 경우[54]이다.

   ② 유력설은 소송결과에 대한 이해관계는 보조참가인의 법률상 지위가 판결주문에서 판단되는 소송물인 권리관계의 존부에 직접 영향을 받는 관계에 있는 경우뿐만 아니라 판결이유 중의 판단에 영향을 받는 경우도 포함된다고 한다. 즉, '소송결과'의 의미, 내용을 소송물에 한정하지 않는다(전병서, 김상수).

---

53) 특히 개정법은 제71조에서 보조참가의 요건으로서 소송절차를 현저히 지연시키지 아니하는 경우를 추가하고, 제73조 제2항에서 참가이유에 대한 소명을 법원이 직권으로 할 수 있도록 하였음을 주의할 필요가 있다. 구법상으로는 참가이유는 사익적 사항으로서 당사자의 이의가 있는 경우에만 가능하였기 때문에 실무상 정당한 참가이유도 없이 사실상 소송대리의 목적으로 보조참가신청을 하여 변호사대리의 원칙을 잠탈하거나, 참가이유는 인정되지만 재판을 지연하거나 심리를 방해할 목적으로 통상의 법정에서는 재판을 진행할 수 없을 정도의 다수인이 보조참가신청을 함으로써, 보조참가가 새로운 재판지연의 수단으로 이용되기도 하였다. 그래서 개정법은 이런 문제점 때문에 위 요건을 신설한 것임을 주의해야 한다.

54) 예를 들어, 채권자가 연대보증인을 상대로 보증채무이행청구의 소를 제기한 경우 주채무자는 연대보증인이 소송에서 패소하면 구상금청구소송을 당하게 되므로, 이러한 경우 주채무자는 연대보증인의 보조참가인이 될 수 있다.

2) 판례

① 최근 판례는 "불법행위로 인한 손해배상책임을 지는 자는 피해자가 다른 공동불법행위자들을 상대로 제기한 손해배상 청구소송의 결과에 대하여 법률상의 이해관계를 갖는다고 할 것이므로, 위 소송에 원고를 위하여 보조참가를 할 수가 있고, 피해자인 원고가 패소판결에 대하여 상소를 하지 않더라도 원고의 상소기간 내라면 보조참가와 동시에 상소를 제기할 수도 있다(대판 1999.7.9. 99다12796)."고 한다.

② 이에 대해서는 보조참가의 이익을 확대한 사례로 보여진다는 견해가 있다(이시윤).

3) 검토

보조참가인이 당사자가 되는 후소의 심리의 내용을 보면 불리한 영향이 생기는 것은 대체로 판결이유 중의 판단이며, 판결이유 중의 판단에 대하여 소위 참가적 효력이 미친다는 것과의 균형상 보조참가의 이익을 소송물인 권리관계의 존부에 대한 이해관계에 한정하는 것은 논리적이지 못하다. 따라서 공통한 쟁점을 가진 제3자에게도 보조참가를 인정하여 분쟁의 일회적 해결을 도모할 수 있는 유력설의 입장이 타당하다. 특히 위 판례도 유력설의 입장에서 보다 유기적 설명이 가능하다고 본다.

(2) 소송결과에 의하여 영향을 받을 제3자의 법률상 지위는 재산법상의 지위나 신분법상의 지위나 상관없으며 또 사법상의 지위나 공법상의 지위라도 관계없다. 다만, 법률상 이해관계 아닌 사실상·경제상 또는 감정상 이해관계만으로는 참가할 수 없다(대판 2000.9.8. 99다26924 등).[55]

(3) 다른 법률상 구제수단이 있더라도 보조참가를 하는데 장애가 되지 않는다.

3. 소송절차를 현저하게 지연시키지 아니할 것

(1) 보조참가로 인하여 소송절차를 현저히 지연시키지 아니하는 경우에는 보조참가가 허용되지 아니한다(제71조 단서).

(2) 참가이유는 인정되지만 재판을 지연하거나 심리를 방해할 목적으로 통상의 법정에서는 재판을 진행할 수 없을 정도의 다수인이 보조참가 신청을 하는 경우, 피고와의 통모 하에 소송절차를 지연시킬 의도로 뒤늦게 보조참가신청을 하는 경우 등이 여기에 해당 될 수 있다. 보조참가가 재판지연의 수단으로 악용되는 것을 막기 위하여 2002년 신법에서 추가된 요건이다.

---

55) 예를 들어, 이웃 사립대학이 등록금환불청구소송에서 패소하면 같은 사립대학으로서 간접적으로 영향을 받아 등록금제도 운영에 차질이 생긴다는 이유, 즉 사실상의 파급효만로는 법률상 이해관계가 있다고 할 수 없다(대판 1997. 12.26. 96다51714).

III. 절차

1. 참가신청

(1) 보조참가에는 소에 관한 규정이 적용되지 않으므로 참가신청은 서면 또는 말로 할 수 있다(제161조). 보조참가신청에는 참가의 취지(누구를 위하여 보조참가하는지)와 이유(소송결과에 대한 이해관계의 내용)를 명시하여야 한다(제72조 제1항). 다만, 당사자의 이의신청이나 법원의 소명요구가 없는 한 참가이유를 소명할 필요는 없다.

(2) 참가신청은 참가인으로서 할 수 있는 소송행위와 동시에 할 수 있다(제72조 제3항). 특히 최근 판례도 "피해자인 원고가 패소판결에 대하여 상소를 하지 않더라도 원고의 상소기간 내라면 보조참가와 동시에 상소를 제기할 수도 있다(대판 1999.7.9. 99다12796)."고 한다.

(3) 참가신청서는 양쪽 당사자에게 송달하여야 한다(제72조 제2항).

2. 참가의 허가 여부

(1) 참가신청에 대하여는 피참가인의 상대방은 물론 피참가인 자신도 이의신청을 할 수 있다. 다만, 이의신청 없이 변론하거나 변론준비기일에서 진술한 때에는 이의신청권을 상실한다(제74조). 이의신청이 있으면 참가인은 참가의 이유를 소명하여야 하며, 법원은 참가를 허가하거나 허가하지 않는 결정을 하여야 한다(제73조 제1항). 이 결정에 대하여는 즉시항고를 할 수 있다(제73조 제3항). 이의신청이 있더라도 본 소송의 절차는 정지되지 않으며, 불허결정이 있어도 그 확정시까지는 참가인으로서의 소송행위를 제한 없이 할 수 있다(제75조 제1항). 참가불허의 결정이 확정되면 그 때까지 참가인이 한 소송행위는 효력을 잃게 되지만, 피참가인이 원용하면 그 효력이 유지된다(제75조 제2항).

(2) 보조참가의 요건에 대해서는 당사자의 이의신청 유무에 관계없이 <u>법원이 직권으로 조사</u>한다. 법원은 참가인은 당사자능력·소송능력이나 대리권의 유무(대리인에 의한 참가의 경우)와 같은 인적 요건뿐만 아니라 참가 이유나 방식과 같은 요건에 관하여도 직권으로 조사하여야 한다. 조사한 결과 참가이유에 대하여 소명이 필요하다고 인정되면 직권으로 참가인에게 참가의 이유를 소명하도록 명할 수 있으며, 참가의 이유가 있다고 인정되지 아니하는 때에는 참가를 허가하지 아니하는 결정을 하여야 한다(제73조 제2항). 참가의 요건 중 인적 요건이나 방식에 흠이 있으면 참가신청을 각하하여야 하고, 참가의 이유가 있다고 인정되지 아니하는 때에는 참가신청을 결정으로 기각한다. 이 결정에 대하여는 즉시항고를 할 수 있다(제73조 제3항).

(3) 조사결과 보조참가신청이 적법하고 참가의 이유도 인정되는 경우 별도의 허가결정을 할 필요는 없다.

3. 참가의 종료

(1) 참가인은 언제나 신청을 취하할 수 있다. 그러나 신청을 취하해도 제77조의 참가적 효력을 면치 못한다.

(2) 이 경우 참가인이 한 소송행위는 취하에도 불구하고 효력을 상실하지 않으며 당사자의 원용이 없어도 판결자료로 할 수 있다는 견해(이시윤)와 참가적 효력이 직권조사사항이 아님에 비추어 원용을 요한다고 보는 견해도 있다(송상현, 호문혁).

IV. 보조참가인의 지위

1. 보조참가인의 종속성

(1) 보조참가인은 당사자의 승소보조자일 뿐 당사자가 아니므로 제3로서 증인, 감정인능력을 가지며, 참가인의 사망 등으로 소송절차중단이 생기지도 아니한다. 그리고 참가인의 상소는 피참가인의 상소기간 내에 한한다.

(2) 판례도 "피고 보조참가인이 상고장을 제출한 경우에 피고 보조참가인에 대하여 판결정본이 송달된 때로부터 기산한다면 상고기간 내의 상고라 하더라도 이미 피참가인인 피고에 대한 관계에 있어서 상고기간이 경과한 것이라면 피고 보조참가인의 상고 역시 상고기간 경과 후의 것이 되어 피고 보조참가인의 상고는 부적법하다(대판 2007.9.6. 2007다41966)."고 한다.

2. 보조참가인의 독립성

(1) 보조참가인은 대리인이 아니라 독자적인 소송관여권이 있으므로 기일통지나 송달도 피참가인과 별도로 참가인에게 빠짐없이 행하여야 한다. 특히 판례도 "보조참가인의 소송수행권능은 피참가인으로부터 유래된 것이 아니라 독립의 권능이라고 할 것이므로 피참가인과는 별도로 보조참가인에 대하여도 기일의 통지, 소송서류의 송달 등을 행하여야 하고, 보조참가인에게 기일통지서 또는 출석요구서를 송달하지 아니함으로써 변론의 기회를 부여하지 아니한 채 행하여진 기일의 진행은 적법한 것으로 볼 수 없다(대결 1968.6.8. 68마384)."고 한다.

(2) 따라서 참가인이 기일에 출석하여 변론하면 피참가인은 결석하더라도 기일해태의 불이익을 입지 않는다.

V. 보조참가인이 할 수 있는 행위

1. 피참가인의 승소를 위한 일체의 소송행위

보조참가인은 원칙적으로 모든 소송행위를 할 수 있다. 사실을 주장하거나 다툴 수 있고 증거신청, 상소제기, 이의신청 등에 제한이 없는 것이 원칙이다(제76조 제1항 본문).

2. 참가인이 할 수 없는 행위

(1) 소송행위

① 소송진행의 정도에 따라 피참가인도 할 수 없는 행위(제76조 제1항 단서), ② 피참가인의 행위와 어긋나는 행위(제76조 제2항), ③ 피참가인에게 불이익한 행위, ④ 소의 변경이나 반소, 중간확인의 소 등의 제기 등은 할 수 없다.

(2) 사법행위

1) 소송대리인은 제90조 제1항의 규정상 본인의 사법상 권리를 행사할 수 있으나, 보조참가인은 제76조 규정상 명문의 규정이 없으므로 피참가인의 사법상 권리를 행사할 수 있는지가 문제된다.

2) 학설은 ① 보조참가인은 피참가인의 승소보조자 임을 강조하는 긍정설, ② 이의하지 아니하는 경우 묵시의 추인으로 보는 절충설도 있으나, ③ 소송수행상 필요하다 하더라도 엄연히 참가인은 소송대리인과는 다르고, 당사자의 승소를 보조하는 자에 불과하므로 피참가인의 사법상의 권리를 행사하는 것은 불가하다고 하는 부정설이 통설이다.

3) 다만, 사법상 피참가인에게 그 행사의 권능이 인정되는 경우나 이미 피참가인이 재판 외에서 사법상의 의사표시를 한 경우에는 그렇지 않다고 한다(다수설).

VI. 판결의 보조참가인에 대한 효력

1. 본질

(1) 문제점

법 제218조 제1항에 의하면 기판력은 당사자에게만 미치는 것이 원칙인데, 이와 관련해 법 제77조가 규정하고 있는 '재판의 효력'의 의미가 무엇인지가 문제된다.

(2) 학설

1) **기판력설**

이를 당사자에게 뿐만 아니라 참가인에게도 기판력이 확장된다고 본다.

2) **참가적 효력설**

이는 참가인이 피참가인과 협력하여 소송을 수행한 이상, 패소의 경우에는 그 책임을 공평하게 분배해야 한다는 공평의 관념에 근거한 효력이고, 참가인이 뒤에 피참가인에 대한 관계에서 판결의 내용이 부당하다고 주장할 수 없는 금반언의 구속력으로서 기판력과는 달리 보조참가에 특수한 효력, 즉 참가적 효력을 의미한다고 한다(통설).

3) **신기판력설**

법 제77조의 규정이 참가적 효력을 인정하고 있다는 것에서 반드시 참가인과 상대방 당사자 사이에 판결효를 확장하여서는 안 된다는 것이 도출되는 것은 아니고, 오히려 참가인과 상대방 사이에 분쟁의 반복을 막기 위하여 요건이 충족되는 한 구속력을 인정하여도 무방하고, 그렇게 하는 것이 분쟁의 일회적 해결에 기여한다고 한다(강현중).

(3) 판례

판례는 "보조참가인이 피참가인을 보조하여 공동으로 소송을 수행하였으나 피참가인이 그 소송에서 패소한 경우에는 형평의 원칙상 보조참가인이 피참가인에게 그 패소판결이 부당하다고 주장할 수 없도록 구속력을 미치게 하는 이른바 참가적 효력이 있음에 불과하므로 피참가인과 그 소송상대방 간의 판결의 기판력이 참가인과 피참가인의 상대방과의 사이에까지는 미치지 아니한다(대판 1988.12.13. 86다카2289 등)."고 하여 참가적 효력설의 입장이다.

(4) 검토

민사집행법 제25조 제1항 단서에서 참가인에게 집행력을 인정하지 않는 점, 법 제77조가 참가인에 대한 재판효력의 배제예를 참가인과 피참가인 사이에 발생한 사유에 한정한 점을 고려할 때 기판력으로 보기는 힘들고, 신기판력설도 보조참가인의 지위가 공동소송적 보조참가인의 지위에 가까워지고 보조참가와 독립당사자참가에 있어 판결의 효력이 사실상 차이가 없게 되어 부당하다. 따라서 참가적 효력설이 타당하다.

2. 참가적 효력의 범위

(1) 주관적 범위

참가적 효력은 피참가인과 참가인 사이에만 미치고 피참가인의 상대방과 참가인 사이에는 미치지 않는다(참가적 효력설).

(2) 객관적 범위

참가적 효력은 판결주문에 대해서 뿐만 아니라 판결이유 중의 패소이유가 되었던 사실인정이나 법률판단에도 미친다. 즉, 기판력과는 달리 참가적 효력을 넓히지 않으면 참가인에게 판결의 효력이 미치는 실익이 없기 때문이다.

3. 기판력과의 차이

(1) 기판력은 승패 불문하고 생기지만 참가적 효력은 패소 시에만 문제가 된다.

(2) 기판력에 저촉되는지는 직권조사사항이지만 참가적 효력은 당사자의 주장이 있어야 고려하는 항변사항이다.

(3) 기판력은 판결주문에만 미치나 참가적 효력은 판결이유 중의 판단에도 미친다.

(4) 기판력은 주관적 책임과 무관하게 발생하지만 참가적 효력은 주관적 사유로 배제할 수 있다(제77조).

4. 참가적 효력의 배제

(1) ① 참가당시의 소송정도로 보아 필요한 행위를 유효하게 할 수 없었을 경우(제76조 제1항), ② 피참가인의 행위와 저촉되어 효력을 잃은 경우(제76조 제2항), ③ 피참가인이 참가인의 행위를 방해한 경우(제77조), ④ 참가인이 할 수 없는 행위를 피참가인이 고의나 과실로 하지 아니한 경우(제77조) 등에는 참가적 효력이 배제된다.

(2) 다만, 이런 경우에 해당하지 않았더라면 전 소송의 판결결과가 달라졌을 것이라는 것이 주장, 증명되어야 할 것이다.

2017년 공인노무사

乙 회사의 근로자 丙이 업무상 운전하던 차량이 보행자 甲을 충격하여 부상을 입혔다. 甲이 乙 회사를 피고로 하여 제기한 교통사고로 인한 손해배상청구의 소(전소)에서 丙이 乙 회사 측에 보조참가하여 소송이 진행되었고, 법원은 丙의 운전상의 과실을 인정하여 甲 청구인용판결을 선고하여 이 판결이 확정되었다. 그 후 乙 회사가 丙을 피고로 위 손해배상에 대한 구상금을 청구하는 소(후소)를 제기하였다. 다음 물음에 답하시오. (아래 각 설문은 상호 무관함) (50점)

물음 1) 丙이 보조참가한 전소의 甲 청구인용의 확정판결이 후소에 효력을 미치는지 설명하시오. (35점)

목차

Ⅰ. 문제의 소재

먼저 甲의 乙에 대한 소송에 丙이 乙 측에 보조참가를 한 것이 적법한지 간단히 논하여 보고(민사소송법 제71조), 적법하다면 甲 청구인용의 확정판결의 효력이 乙의 丙에 대한 후소에 미치는지, 미친다면 그 내용은 어떠한지가 소위 참가적 효력과 관련하여 문제가 된다(제77조).

Ⅱ. 丙의 보조참가의 적법 여부

1. 보조참가의 의의 및 비교개념

(1) 의의

보조참가라 함은 타인 간의 소송계속 중 소송결과에 이해관계가 있는 제3자가 한쪽 당사자의 승소를 돕기 위하여 그 소송에 참가하는 것을 말한다(제71조).

(2) 비교개념

보조참가인은 자기의 이름으로 판결을 구하는 것이 아니고 한쪽 당사자의 승소를 보조하는 자이므로 소송당사자와 다르며, 자기의 이익 옹호를 위해 자기의 이름과 계산으로 소송을 수행하므로 대리인과도 다르다. 따라서 보조참가인은 자기를 위한 대리인을 선임할 수 있다. 보조하는 제3자를 보조참가인 또는 부수하는 당사자라 부르고, 보조받는 당사자는 피참가인 또는 주된 당사자라 부른다. 보조참가인은 판결의 효력을 받는 것이 아닌 점에서 공동소송참가나 독립당사자참가와는 다르다.

2. 참가요건

(1) 내용

보조참가가 적법하려면 ① 다른 사람 간에 소송이 계속 중이어야 하고, ② 소송결과에 대해 이해관계가 있어야 하고, ③ 기존의 소송절차를 현저하게 지연시키지 아니하여야 한다.

(2) 사안의 경우

참가인 丙의 입장에서 甲의 乙에 대한 소송은 다른 사람 사이의 소송에 해당하고, 이 소송은 사실심에 계속 중이므로, ①의 요건을 충족하며, 甲의 乙에 대한 소송결과에 따라 丙이 乙에 대하여 구상채무를 지는 관계에 해당하므로, ②의 요건도 충족한다. 그리고 甲의 乙에 대한 소송은 丙이 일으킨 교통사고에 의하여 청구하는 소송이어서, 기존의 소송자료를 그대로 이용할 수 있는 경우에 해당하므로, 소송절차를 현저히 지연시키지 않아, ③의 요건도 충족한다. 따라서 <u>참가인 丙의 피참가인 乙에 대한 보조참가는 적법</u>하다.

Ⅲ. 丙이 보조참가한 전소의 甲 청구인용의 확정판결의 효력이 후소에 미치는지 여부

1. 제77조의 해석

(1) 문제점

제218조 제1항에 의하면 기판력은 당사자에게만 미치는 것이 원칙인데, 이와 관련하여 제77조가 규정하고 있는 '재판의 효력'의 의미가 무엇인지가 문제된다.

(2) 학설

1) 기판력설

이를 당사자에게 뿐만 아니라 참가인에게도 기판력이 확장된다고 본다.

2) 참가적 효력설

참가인이 피참가인과 협력하여 소송을 수행한 이상, 패소의 경우에는 그 책임을 공평하게 분배해야 한다는 공평의 관념에 근거한 효력이고, 참가인이 뒤에 피참가인에 대한 관계에서 판결의 내용이 부당하다고 주장할 수 없는 금반언의 구속력으로서 기판력과는 달리 보조참가에 특수한 효력, 즉 참가적 효력을 의미한다고 한다(통설).

3) 신기판력설

법 제77조의 규정이 참가적 효력을 인정하고 있다는 것에서 반드시 참가인과 상대방 당사자 사이에 판결효를 확장하여서는 안 된다는 것이 도출되는 것은 아니고, 오히려 참가인과 상대방 사이에 분쟁의 반복을 막기 위하여 요건이 충족되는 한 구속력을 인정하여도 무방하고, 그렇게 하는 것이 분쟁의 일회적 해결에 기여한다고 한다(강현중).

(3) 판례

판례는 "보조참가인이 피참가인을 보조하여 공동으로 소송을 수행하였으나 피참가인이 그 소송에서 패소한 경우에는 형평의 원칙상 보조참가인이 피참가인에게 그 패소판결이 부당하다고 주장할 수 없도록 구속력을 미치게 하는 이른바 <u>참가적 효력이 있음에 불과하므로 피참가인과 그 소송상대방 간의 판결의 기판력이 참가인과 피참가인의 상대방과의 사이에까지는 미치지 아니한다</u>(대판 1988.12.13. 86다카2289 등)."고 하여 <u>참가적 효력설의 입장</u>이다.

(4) 검토

민사집행법 제25조 제1항 단서에서 참가인에게 집행력을 인정하지 않는 점, 제77조가 참가인에 대한 재판효력의 배제례를 참가인과 피참가인 사이에 발생한 사유에 한정한 점을 고려할 때 기판력으로 보기는 힘들고, 신기판력설도 보조참가인의 지위가 공동소송적 보조참가인의 지위에 가까워지고 보조참가와 독립당사자참가에 있어 판결의 효력이 사실상 차이가 없게 되어 부당하다. 따라서 참가적 효력설이 타당하다.

(5) 사안의 경우

참가적 효력설이 타당하므로, 甲 청구인용의 확정판결의 효력은 乙의 丙에 대한 후소에 참가적 효력으로 미친다. 따라서 참가적 효력의 구체적인 내용이 무엇인지가 문제가 된다.

2. 참가적 효력의 범위

(1) 주관적 범위

참가적 효력은 피참가인과 참가인 사이에만 미치고 피참가인의 상대방과 참가인 사이에는 미치지 않는다(참가적 효력설).

(2) 객관적 범위

참가적 효력은 판결주문에 대해서 뿐만 아니라 판결이유 중의 패소이유가 되었던 사실인정이나 법률판단에도 미친다. 즉, 기판력과는 달리 참가적 효력을 넓히지 않으면 참가인에게 판결의 효력이 미치는 실익이 없기 때문이다.

(3) 사안의 경우

사안에서 참가적 효력은 乙의 丙에 대한 관계에서 미치고, 甲과 丙 사이에는 미치지 아니한다. 그리고 판결이유 중의 판단에도 참가적 효력이 미치므로, 전소 확정판결 이유에 판단이 되었던 丙의 과실은 乙의 丙에 대한 후소에 미친다. 따라서 후소에서 丙은 교통사고에서 자신의 과실이 없었음을 후소에서 주장할 수 없다.

3. 기판력과의 차이

(1) 내용

기판력은 승패 불문하고 생기지만 참가적 효력은 패소 시에만 문제가 된다. 기판력에 저촉되는지는 직권조사사항이지만 참가적 효력은 당사자의 주장이 있어야 고려하는 항변사항이다. 기판력은 판결주문에만 미치나 참가적 효력은 판결이유 중의 판단에도 미친다. 기판력은 주관적 책임과 무관하게 발생하지만 참가적 효력은 주관적 사유로 배제할 수 있다(제77조).

(2) 사안의 경우

甲 청구인용 판결은 乙의 입장에서 보면 패소 확정 판결이므로, 문제가 된다. 그리고 참가적 효력은 항변사항이므로, 후소에서 乙은 丙에게 참가적 효력이 미침을 주장하여야 한다.

4. 참가적 효력의 배제

(1) 내용

① 참가당시의 소송정도로 보아 필요한 행위를 유효하게 할 수 없었을 경우(제76조 제1항), ② 피참가인의 행위와 저촉되어 효력을 잃은 경우(제76조 제2항), ③ 피참가인이 참가인의 행위를 방해한 경우(제77조), ④ 참가인이 할 수 없는 행위를 피참가인이 고의나 과실로 하지 아니한 경우(제77조) 등에는 참가적 효력이 배제된다. 다만, 이런 경우에 해당하지 않았더라면 전 소송의 판결결과가 달라졌을 것이라는 것이 주장, 증명되어야 할 것이다.

(2) 사안의 경우

위 사안에서 참가적 효력을 배제할 만한 사유는 보이지 않으므로, 참가적 효력이 후소에 미친다.

Ⅳ. 사안의 해결

1. 피해자 甲의 회사 乙에 대한 전소에 근로자 丙이 보조참가 한 것은 적법하다(제71조).

2. 甲 청구인용의 확정판결의 효력은 乙의 丙에 대한 후소에 미치며, 그 내용은 참가적 효력이다. 따라서 참가적 효력은 乙의 丙에 대한 관계에서 미치고, 甲과 丙 사이에는 미치지 아니하고, 판결 이유에서 판단된 丙의 과실도 후소에 미치며, 후소에서 乙은 丙에 대한 참가적 효력을 주장하여야 한다(제77조).

69 공동소송적 보조참가

CONTENTS

▌ 공동소송적 보조참가

Ⅰ. 의의

단순한 법률상 이해관계가 아니라 재판의 효력이 미치는 제3자(참가인)가 보조참가 하는 경우를 말한다. 공동소송적 보조참가로서 취급할 것인가는 당사자의 신청방식에 구애됨이 없이, 법원이 법령의 해석에 의하여 결정해야 할 것이다(대판 1962.5.17. 4294행상172).

Ⅱ. 인정례

1. 제3자의 소송담당의 경우

제3자의 소송담당의 경우에 소송담당자가 받은 판결의 기판력은 권리귀속주체에게 미치므로(제218조 제3항), 권리귀속주체가 보조참가하면 공동소송적 보조참가가 된다. 예를 들어, 파산재단에 관한 소송에서 파산관재인은 소송담당자이고, 파산관재인이 받은 판결의 기판력은 파산자에게 미치므로 당사자적격이 없는 파산자가 참가하는 경우를 들 수 있다. 이런 예로 회사정리법상의 관리인에 의한 소송에서 정리회사의 참가, 유언집행자의 소송에 있어서 상속인의 참가, 선정당사자에 의한 소송에 있어서 선정자의 참가 등을 든다. 다만, 병행형의 소송담당인 채권자대위소송의 경우에 학설은 공동소송참가를 중복소송에 해당한다고 하여 부정하고, 공동소송적 보조참가만 가능하다는 견해(이시윤), 채권자대위소송은 채권자가 자기의 대위권을 행사하는 것으로 소송담당이 아니며 채무자는 통상의 보조참가를 할 수 있다는 견해(호문혁)가 있다. 판례는 공동소송참가에 해당한다고 본다(대판 2002.3.15. 2000다9086).

2. 회사관계소송, 가사소송, 행정소송 등 재판의 효력이 일반 제3자에게도 미치는 경우

예를 들어, 乙사가 주주총회를 개최하여 A를 이사로 선임하였는데, 乙사의 주주 甲이 乙사를 상대로 주주총회결의취소의 소를 제기한 경우, A가 자신의 지위를 보전하기 위해 회사 측에 보조참가 하는 경우를 들 수 있다. 즉, 이 경우 판례는 "주주총회결의 취소와 결의무효확인 판결은 대세적 효력이 있으므로, 피고가 될 수 있는 자는 그 성질상 회사로 한정 된다(대판 1982.9.14. 80다2425 등)."고 하여 A의 피고적격을 인정하고 있지 않기 때문이다.

Ⅲ. 공동소송적 보조참가인의 지위

1. 필수적 공동소송인과 동일한 지위

공동소송인적 보조참가인은 당사자로서의 적격을 가지지 아니하는 점에서 형식적으로는 보조참가인이지만, 본소송의 판결의 기판력을 받는다는 점에서 실질적으로는 필수적 공동소송인에 가까운 지위를 가지고 있다. 따라서 필수적 공동소송인에 특별규정이 준용된다(제78조).

2. 통상의 보조참가인과 동일한 지위

공동소송적 보조참가인은 청구의 변경, 반소제기 등을 할 수 없으며, 참가 이전에 이미 피참가인이 한 자백을 철회하거나 시기에 늦은 공격방어방법을 제출할 수 없다. 공동소송적 보조참가인은 본소송의 소송계속에 의존하는 것이므로 본소가 부적법 각하되면 공동소송적 보조참가도 소멸한다. 증거조사를 할 때 증인신문의 방식을 취할 것인가, 당사자신문의 방식을 취할 것인가가 문제된다. 독일의 통설은 당사자신문을 해야 한다는 입장이다.

Ⅳ. 결어

독일 민소법 제69조는 공동소송적 보조참가를 명문으로 인정하고 있으나, 우리 민소법은 제83조에서 독일 민사소송법에는 규정이 없는 공동소송참가를 별도로 인정하고 있기 때문에 독일법에 비한다면 공동소송적 보조참가의 존재의의는 크지 않다. 그러나 제3자가 무엇인가의 이유 때문에 독립하여 원고 또는 피고가 될 자격을 가지지 아니하여 공동소송참가를 할 수 없고, 보조참가를 할 수밖에 없는 경우에는 그 제3자의 권리보호를 위하여 보조참가의 종속적 성격을 철폐하고, 보조참가인에게 필수적 공동소송인에 준한 소송수행권능을 부여할 필요가 있다는 점에서 공동소송적 보조참가는 중요한 의의를 가지게 된다(전병서).

1. 공동소송적 보조참가와 소의 취하

민사소송법 제78조의 공동소송적 보조참가에는 필수적 공동소송에 관한 민사소송법 제67조 제1항, 즉 "소송목적이 공동소송인 모두에게 합일적으로 확정되어야 할 공동소송의 경우에 공동소송인 가운데 한 사람의 소송행위는 모두의 이익을 위하여서만 효력을 가진다."고 한 규정이 준용되므로, 피참가인의 소송행위는 모두의 이익을 위하여서만 효력을 가지고, 그 반대로 공동소송적 보조참가인에게 불이익이 되는 것은 효력이 없다고 할 것이다. 그런데 공동소송적 보조참가는 그 성질상 필수적 공동소송 중에서는 이른바 유사필수적 공동소송에 준한다 할 것인데 유사필수적 공동소송의 경우에는 원고들 중 일부가 소를 취하하는 데 다른 공동소송인의 동의를 받을 필요가 없다. 또한 소취하는 판결이 확정될 때까지 할 수 있고 취하된 부분에 대해서는 소가 처음부터 계속되지 아니한 것으로 간주되며(민사소송법 제267조) 본안에 관한 종국판결이 선고된 경우에도 그 판결 역시 처음부터 존재하지 아니한 것으로 간주되므로, 이는 재판의 효력과는 직접적인 관련이 없는 소송행위로서 공동소송적 보조참가인에게 불이익이 된다고 할 것도 아니다. 따라서 피참가인이 공동소송적 보조참가인의 동의 없이 소를 취하하였다 하더라도 이는 유효하다. 그리고 이러한 법리는 피참가인이 제기한 행정소송에 민사소송법의 준용에 의한 공동소송적 보조참가를 한 경우에도 마찬가지로 적용된다(대결 2013.3.28. 2012아43).

2. 공동소송적 보조참가와 재심의 소 취하

[1] 재심의 소를 취하하는 것은 통상의 소를 취하하는 것과는 달리 확정된 종국판결에 대한 불복의 기회를 상실하게 하여 더 이상 확정판결의 효력을 배제할 수 없게 하는 행위이므로, 이는 재판의 효력과 직접적인 관련이 있는 소송행위로서 확정판결의 효력이 미치는 공동소송적 보조참가인에 대하여는 불리한 행위이다. 따라서 재심의 소에 공동소송적 보조참가인이 참가한 후에는 피참가인이 재심의 소를 취하하더라도 공동소송적 보조참가인의 동의가 없는 한 효력이 없다. 이는 재심의 소를 피참가인이 제기한 경우나 통상의 보조참가인이 제기한 경우에도 마찬가지이다. 특히 통상의 보조참가인이 재심의 소를 제기한 경우에는 피참가인이 통상의 보조참가인에 대한 관계에서 재심의 소를 취하할 권능이 있더라도 이를 통하여 공동소송적 보조참가인에게 불리한 영향을 미칠 수는 없으므로 피참가인의 재심의 소 취하로 재심의 소제기가 무효로 된다거나 부적법하게 된다고 볼 것도 아니다.

[2] 통상의 보조참가인은 참가 당시의 소송 상태를 전제로 하여 피참가인을 보조하기 위하여 참가하는 것이므로 참가할 때의 소송의 진행 정도에 따라 피참가인이 할 수 없는 행위를 할 수 없다(민사소송법 제76조 제1항 단서 참조). 공동소송적 보조참가인 또한 판결의 효력을 받는 점에서 민사소송법 제78조, 제67조에 따라 필수적 공동소송인에 준하는 지위를 부여받기는 하였지만 원래 당사자가 아니라 보조참가인의 성질을 가지므로 위와 같은 점에서는 통상의 보조참가인과 마찬가지이다(대판 2015.10.29. 2014다13044).

3. 공동소송적 보조참가와 상소의 취하

행정소송 사건에서 참가인이 한 보조참가가 행정소송법 제16조가 규정한 제3자의 소송참가에 해당하지 않는 경우에도, 판결의 효력이 참가인에게까지 미치는 점 등 행정소송의 성질에 비추어 보면 그 참가는 민사소송법 제78조에 규정된 공동소송적 보조참가라고 볼 수 있다. 민사소송법 제78조의 공동소송적 보조참가에는 필수적 공동소송에 관한 민사소송법 제67조 제1항, 즉 "소송목적이 공동소송인 모두에게 합일적으로 확정되어야 할 공동소송의 경우에 공동소송인 가운데 한 사람의 소송행위는 모두의 이익을 위하여서만 효력을 가진다."라고 한 규정이 준용되므로, 피참가인의 소송행위는 모두의 이익을 위하여서만 효력을 가지고, 공동소송적 보조참가인에게 불이익이 되는 것은 효력이 없으므로, 참가인이 상소를 할 경우에 피참가인이 상소취하나 상소포기를 할 수는 없다(대판 2017.10.12. 2015두36836).

70 소송고지

CONTENTS

    1) 피고지자가 고지자에게 보조참가 할 이해관계가 있는 한 고지자가 패소시 소송고지에 의해 참가할 수 있는 때[56]에 참가한 것과 마찬가지로 제77조의 참가효 ○(제86조). 이와 같은 효력은 소송고지서가 피고지자에게 송달되었을 것을 전제

    2) 참가적 효력이 미치는 범위는 피고지자가 참가하였다면 고지자와 공동이익으로 주장할 수 있었던 사항에 한함(판례). 피고지자가 참가하지 아니한 경우에도 참가적 효력이 미침(판례)

(3) 기판력의 확장

    1) 가사소송에 있어서 피고가 다른 제소권자에게 소송고지를 하였는데 피고가 승소했다면 고지받은 다른 제소권자에게도 기판력을 확장시킬 수 있으며 그가 뒤에 고지자인 피고를 상대로 제소하는 것을 막을 수 있음(가사소송법 제21조)

    2) 채권자대위소송에 있어서 제3채무자인 피고가 채무자에게 고지한 경우도 같은 해석을 할 것

2. 실체법상의 효과

(1) 일반적으로 소송고지에 시효중단의 효력을 인정하는 입법례(독일) ○

(2) 우리법은 단지 어음 · 수표법상의 상환청구권에 대해서만 시효중단의 효력을 인정

(3) but 소송고지는 민법상의 최고(민법 제174조)로서의 효과는 인정하여야 한다는 것이 판례 · 통설

▌ **소송고지** 사시 1 · 51회, 노무사 9회

Ⅰ. 서설

1. 의의

소송계속 중에 당사자가 소송참가를 할 이해관계 있는 제3자에 대하여 일정한 방식에 따라서 소송계속의 사실을 통지하는 것을 소송고지라고 한다(제84조).

2. 취지

피고지자에게 소송에 참가하여 그 이익을 옹호할 기회를 제공함과 동시에 고지에 의하여 피고지자에게 그 소송의 판결의 참가적 효력을 미치게 할 수 있는 점에 그 주된 취지가 있다.

3. 법적 성질

소송고지는 소송이 계속되어 있다는 사실의 통지에 불과하고, 상대방 당사자에 대한 권리의 주장이나 방어가 아니다.

---

56) 이 경우 보통 피고지자가 소송고지를 받으면 고지자에게 소송참가를 하는 것인데, 오히려 고지자의 상대방에게 소송참가를 하는 경우에도 법 제86조상 참가적 효력이 미치는지가 문제. 통설은 피고지자에게 참가적 효력이 미치는 것은 고지자가 피고지자에게 참가의 기회를 주어 원조를 기대할 수 있었는데 이를 저버린 신의칙위반의 효과 때문이라고 하거나 공동하여 소송수행을 한 일이 없다는 것을 이유로 피참가인의 상대방에게 보조참가를 한 참가인에게는 참가적 효력이 미치지 않는다고 봄(이시윤, 정동윤).

Ⅱ. 요건

1. 소송계속 중일 것

소송계속이란 판결절차·독촉절차·재심절차를 의미하고, 상고심계속 중이라도 상관없다. 결정절차에서 보조참가를 허용하지 않는 판례의 입장에 따르면 소극적으로 해석할 것이지만(이시윤), 판례는 결정절차 가운데 대립당사자 구조를 가지지 아니하는 결정절차에서만 보조참가를 허용하고 있지 않으므로(대결 1973.11.15. 73마849), 대립당사자 구조를 가지는 결정절차에서는 소송고지가 가능하다(김홍엽).

2. 고지자

(1) 고지할 수 있는 자

고지할 수 있는 자는 계속 중인 소송의 당사자인 원·피고, 보조참가인 및 이들로부터 고지 받은 피고지자이다(제84조 제2항).

(2) 예외적으로 소송고지가 의무인 경우(피고지자를 위한 고지)

1) 구체적 예

재판상 대위, 추심의 소, 주주의 대표소송(상법 제404조 제2항), 채권자대위권행사의 통지의무(민법 제405조), 회사관계소송에서 공고의무(상법 제187조) 등이 그 예로서, 이해관계인의 절차보장에 주된 목적이 있다.

2) 고지의무위반의 효과

학설은 손해배상의무를 부담할 뿐 소송에는 영향이 없다는 견해, 소를 각하해야 한다는 견해, 판결의 효력이 피고지자에게 미치지 않는다는 견해 등이 대립한다. 판례는 "채권자대위소송에 있어서 민법 제405조에 의한 통지, 비송사건절차법 제84조에 의한 고지(재판상의 대위) 등에 의하여 채무자에게 소송계속의 사실을 알게 하여 채무자의 고유의 권리를 보호할 기회가 주어지지 않는 한 기판력은 채무자에게 미치지 않는다(대판 1975.5.73. 74다1664 전합)."고 한다.

(3) 피고지자

당사자 이외에 그 소송에 참가할 제3자이다. 보조참가를 비롯하여 당사자참가, 소송승계를 할 수 있는 제3자라도 상관이 없으나, 참가적 효력을 미치게 하려는 제도의 취지상 주로 보조참가 할 이해관계인이 될 것이다. 동일인이 당사자 쌍방으로부터 이중으로 소송고지를 받은 경우에는 패소자와의 사이에 참가적 효력이 생긴다.

Ⅲ. 방식

1. 신청

소송고지신청서에는 사건의 표시(사건번호와 당사자의 성명)와 함께 "별첨 소송고지서와 같은 소송고지를 신청한다."는 내용의 문구를 기재하고 신청인이 기명날인 또는 서명한다. 말로 하는 신청도 물론 가능하나 이때도 소송고지서는 제출하여야 한다. 신청에는 인지를 붙이지 아니한다[실무제요(Ⅰ), 2017, 414면].

2. 소송고지서

소송고지를 하려는 당사자는 고지서라는 서면을 법원에 제출할 것을 요하는데(서면주의) 고지서에는 고지이유 및 소송정도를 기재하여야 한다(제85조 제1항). 고지이유에는 청구의 취지와 원인을 기재하여 계속 중인 소송의 내용을 명시하고, 이 소송에 피고지자가 참가의 이익을 갖는 사유를 밝혀야 한다. 소송정도에는 소송의 현재의 진행단계를 명시하여야 한다. 고지방식의 하자는 피고지자가 소송참가한 후나 고지자와의 차후의 소송에서 지체 없이 이의를 진술하지 아니하면 이의권의 상실로 치유된다(제151조).

3. 고지서의 송달

법원은 소송고지서를 피고지자와 상대방 당사자에게 송달하여야 한다(제85조 제2항). 소송고지의 효력은 피고지자에게 적법하게 송달이 되었을 때에 생긴다(대판 1975.4.22. 74다1519). 고지비용은 그 소송의 비용에는 산입하지 않는다.

IV. 효과

1. 소송법상의 효과

(1) 피고지자의 지위

소송참가 여부는 피고지자의 자유이다. 피고지자가 참가하는 경우 고지자는 이의 할 수 없으나, 상대방은 이의를 진술할 수 있다. 또 소송고지의 신청이 있었다고 하여 본 소송의 진행에는 영향이 없다(대판 1970.6.30. 70다881). 그러나 피고지자가 고지를 받고도 소송에 참가하지 아니한 이상, 당사자가 아님은 물론 보조참가인도 아니므로 피고지자에게 변론기일을 통지하거나 판결문에 피고지자의 이름을 표시할 필요는 없다(대판 1962.4.18. 4294민상1195).

(2) 참가적 효력

피고지자가 고지자에게 보조참가 할 이해관계가 있는 한 고지자가 패소 시 소송고지에 의해 참가할 수 있는 때[57]에 참가한 것과 마찬가지로 제77조의 참가효를 받는다(제86조). 이와 같은 효력은 소송고지서가 피고지자에게 송달되었을 것을 전제로 한다. 참가적 효력이 미치는 범위는 피고지자가 참가하였다면 고지자와 공동이익으로 주장할 수 있었던 사항에 한한다(대판 1986.2.25. 85다카2091). 피고지자가 참가하지 아니한 경우에도 참가적 효력이 미친다(제86조).

---

57) 이 경우 보통 피고지자가 소송고지를 받으면 고지자에게 소송참가를 하는 것인데, 오히려 고지자의 상대방에게 소송참가를 하는 경우에도 법 제86조상 참가적 효력이 미치는지가 문제된다. 통설은 피고지자에게 참가적 효력이 미치는 것은 고지자가 피고지자에게 참가의 기회를 주어 원조를 기대할 수 있었는데 이를 저버린 신의칙위반의 효과 때문이라고 하거나 공동하여 소송수행을 한 일이 없다는 것을 이유로 고지자의 상대방에게 보조참가를 한 참가인에게는 참가적 효력이 미치지 않는다고 한다(이시윤, 정동윤). 다만, 유력설은 제86조의 조문상 보조참가인에 대한 판결의 효력과 피고지자에 대한 판결의 효력은 구별되지 않고 있다는 것을 근거로 피고지자에 대하여 소송고지의 효력이 미치고, 피고지자는 고지자에 대하여 당해 소송의 판결이유중의 판단에 대하여 다툴 수 없다고 하여 참가적 효력이 미친다고 한다(일본 최고재판소 1980.1.28.; 전병서).

(3) 기판력의 확장

가사소송에 있어서 피고가 다른 제소권자에게 소송고지를 하였는데 피고가 승소했다면 고지 받은 다른 제소권자에게도 기판력을 확장시킬 수 있으며 그가 뒤에 고지자인 피고를 상대로 제소하는 것을 막을 수 있다(가사소송법 제21조). 채권자대위소송에 있어서 제3채무자인 피고가 채무자에게 고지한 경우도 같은 해석을 할 것이다.

2. 실체법상의 효과

(1) 시효중단

일반적으로 소송고지에 시효중단의 효력을 인정하는 입법례(독일)도 있으나, 우리 법은 단지 어음·수표 법상의 상환청구권에 대해서만 시효중단의 효력을 인정하는데 그친다(어음법 제80조, 수표법 제64조).

(2) 민법의 최고

소송고지는 민법상의 최고(민법 제174조)로서의 효과는 인정하여야 한다는 것이 판례·통설이다. 소송고지에 의한 최고의 경우에는 민사소송법 제265조를 유추 적용하여 당사자가 소송고지서를 법원에 제출한 때에 시효중단의 효력이 발생한다(대판 2015.5.14. 2014다16494).[58] 그리고 당해 소송이 계속되는 동안은 최고에 의한 권리행사의 상태가 지속되는 것으로 보아 민법 제174조의 규정의 적용에 있어서 6월의 기산점은 소송고지 된 때가 아닌 당해 소송이 종료된 때[59]이다(대판 2009.7.9. 2009다14340).

---

[58] 소송고지의 요건이 갖추어진 경우에 소송고지서에 고지자가 피고지자에 대하여 채무의 이행을 청구하는 의사가 표명되어 있으면 민법 제174조에 정한 시효중단사유로서의 최고의 효력이 인정된다. 나아가 시효중단제도는 제도의 취지에 비추어 볼 때 기산점이나 만료점을 원권리자를 위하여 너그럽게 해석하는 것이 바람직하고, 소송고지에 의한 최고는 보통의 최고와는 달리 법원의 행위를 통하여 이루어지는 것이므로 만일 법원이 소송고지서의 송달사무를 우연한 사정으로 지체하는 바람에 소송고지서의 송달 전에 시효가 완성된다면 고지자가 예상치 못한 불이익을 입게 된다는 점 등을 고려하면, 소송고지에 의한 최고의 경우에는 민사소송법 제265조를 유추 적용하여 당사자가 소송고지서를 법원에 제출한 때에 시효중단의 효력이 발생한다(대판 2015.5.14. 2014다16494).

[59] 소송고지의 요건이 갖추어진 경우에 그 소송고지서에 고지자가 피고지자에 대하여 채무의 이행을 청구하는 의사가 표명되어 있으면 민법 제174조에 정한 시효중단사유로서의 최고의 효력이 인정된다. 시효중단제도는 그 제도의 취지에 비추어 볼 때 이에 관한 기산점이나 만료점은 원권리자를 위하여 너그럽게 해석하는 것이 상당한데, 소송고지로 인한 최고의 경우 보통의 최고와는 달리 법원의 행위를 통하여 이루어지는 것으로서, 그 소송에 참가할 수 있는 제3자를 상대로 소송고지를 한 경우에 그 피고지자는 그가 실제로 그 소송에 참가하였는지 여부와 관계없이 후일 고지자와의 소송에서 전소 확정판결에서의 결론의 기초가 된 사실상·법률상의 판단에 반하는 것을 주장할 수 없어 그 소송의 결과에 따라서는 피고지자에 대한 참가적 효력이라는 일정한 소송법상의 효력까지 발생함에 비추어 볼 때, 고지자로서는 소송고지를 통하여 당해 소송의 결과에 따라 피고지자에게 권리를 행사하겠다는 취지의 의사를 표명한 것으로 볼 것이므로, 당해 소송이 계속중인 동안은 최고에 의하여 권리를 행사하고 있는 상태가 지속되는 것으로 보아 민법 제174조에 규정된 6월의 기간은 당해 소송이 종료된 때로부터 기산되는 것으로 해석하여야 한다(대판 2009.7.9. 2009다14340).

71 독립당사자참가

CONTENTS

독립당사자참가

I. 서설

1. 의의

다른 사람 사이의 소송 계속 중에 원, 피고의 한쪽 또는 양쪽을 상대방으로 하여 원·피고 사이의 청구와 관련된 자기 청구에 대하여 함께 심판을 구하기 위하여 그 소송절차에 참가함을 말한다(제79조).

2. 취지

서로 이해관계가 대립되는 원고·피고·참가인 사이의 삼파분쟁을 일거에 모순 없이 해결함으로써 소송경제를 도모하고 판결의 모순저촉을 방지할 수 있다.

3. 구조

(1) 학설

제3자가 당사자로 참가함으로써 전통적인 이당사자대립구조의 예외로 보는 3면소송설, 같은 권리관계를 둘러싼 3개의 소송, 즉 원·피고 간, 참가인·원고 간, 참가인·피고 간에 각 1개씩 3개의 소송관계가 병합된 것으로 된다는 3개소송병합설이 있다.

(2) 검토

통설은 제67조 준용을 근거로 3면소송설을 취하고 있고, 판례도 같다(대판 1991.12.24. 91다21145·21152 등). 다만, 이에 대해서는 독립당사자참가소송도 원고의 본소 또는 참가인의 참가신청을 가분적으로 취하·각하할 수 있고, 중복소송이 성립할 수 있음을 근거로 3개소송병합설에 대한 재검토가 요청된다는 견해도 있다(이시윤).

4. 구별개념

독립당사자참가는 '당사자'참가이므로 보조참가와는 구별되고, '독립'한 지위에서 참가하는 것이기 때문에 종전 당사자의 일방과 연합관계인 공동소송참가(제83조)와 구별된다.

II. 참가요건

1. 다른 사람 사이의 소송이 계속 중일 것

소송이 계속 중이면 참가할 수 있으며, 항소심에서도 할 수 있다(대판 1966.3.29. 65다2407·2408). 다만, 상고심에서도 독립당사자참가가 가능한지가 문제된다. 판례는 독립당사자참가는 그 실질에 있어서 신소제기의 실질을 가지므로 법률심인 상고심에서는 참가할 수 없는 것으로 본다(대판 1977.7.12. 76다2251·77다218 등). 하지만 다수설은 상고심에서도 원판결이 파기되어 사실심으로 환송되면 그 때 사실심리를 받을 기회가 생기기 때문에 참가신청도 일응 허용해야 할 것이고, 다만 상고가 각하·기각될 때에는 참가신청을 부적법 처리할 것이라고 본다. 당사자 가운데 누구도 상고하지 않아 사해판결이 확정되는 것을 방지하기 위해서도 상고심에서의 참가를 허용해야 한다고 본다.

2. 참가이유

(1) 권리주장참가

1) 의미

제3자가 '소송목적의 전부 또는 일부'가 자기의 권리임을 주장하는 경우이다. 참가인이 원고의 본소청구와 양립되지 않는 권리 또는 그에 우선할 수 있는 권리를 주장할 것을 요한다. 예를 들어, 甲이 乙에 대하여 A물건에 대한 소유권확인청구를 하는 소송에 대하여 丙이 그 물건에 대한 소유권자는 자신이라는 丙소유권확인청구를 甲과 乙에게 청구하는 경우[60]를 말한다. 경합권리자가 참가하여 진정한 권리자를 가리자는 권리자합일확정의 참가이다(이시윤).

2) 주장 자체에서 양립하지 않는 관계[61]

① 문제점

본소청구와 참가인의 주장 자체에서 양립하지 않는 관계에 있으면 그것만으로 참가가 허용된다(주장설[62]). 다만, 주장 자체에서 양립하지 않는 관계의 의미를 어떻게 볼 것인지가 '이중매매'의 경우와 관련하여 문제가 된다.

② 학설

긍정설(주장자체로 양립불가능이면 충분하므로 적법)은 참가요건으로 참가인이 소송목적의 전부나 일부가 자기의 권리라고 주장하면 되므로 주장자체에 의하여 참가인적격을 판단하면 되고 본안심리의 결과 본소청구와 참가인의 청구가 실제로 양립한다 하더라도 그것 때문에 참가가 부적법하게 되는 것은 아니므로, 이중매매의 경우 제1매수인에게는 물론 제2매수인에게도 이전등기청구권이 성립할 수 있는 경우이지만 주장자체로서 양립할 수 없는 경우여서 참가가 허용된다고 한다(이영섭, 방순원, 이시윤 구판). 부정설(주장자체로 양립가능한 경우이므로 부적법)은 권리주장참가는 참가인의 청구와 기존 당사자의 청구가 논리상 양립할 수 없는 경우를 이르는 것이므로, 이중매매의 경우는 실체법상 제1매수인의 권리와 제2매수인의 권리는 양립이 가능하여(채권자평등의 원칙) 이는 논리상 양립할 수 없는 경우에 해당하지 않으므로 권리주장참가는 부적법하다고 한다(정동윤·유병현, 강현중, 호문혁 등).

---

[60] 소유권확인을 구하는 원고들의 본소청구에 대하여 참가인은 피고에 대하여 토지에 대한 피고 명의의 소유권보존등기말소 및 그 토지가 참가인 및 선정자들의 소유권임의 확인을 구하고 원고들에 대하여도 위와 같은 소유권 확인을 구하고 있으므로, 참가인은 피고에 대하여 일정한 청구를 하고 있음은 물론이고 원고들에 대하여도 일정한 청구를 하고 있으며, 원고들의 청구와 참가인의 청구는 서로 양립할 수 없는 관계에 있으므로 독립당사자참가는 적법하다 (대판 1998.7.10. 98다5708).

[61] 독립당사자참가 중 권리주장참가는 소송의 목적의 전부나 일부가 자기의 권리임을 주장하면 되는 것이므로 참가하려는 소송에 수개의 청구가 병합된 경우 그 중 어느 하나의 청구라도 독립당사자참가인의 주장과 양립하지 않는 관계에 있으면 그 본소청구에 대한 참가가 허용된다고 할 것이고, 양립할 수 없는 본소청구에 관하여 본안에 들어가 심리한 결과 이유가 없는 것으로 판단된다고 하더라도 참가신청이 부적법하게 되는 것은 아니다(대판 2007.6.15. 2006다80322).

[62] 독립당사자참가 중 권리주장참가는 원고의 본소청구와 참가인의 청구가 그 주장 자체에서 양립할 수 없는 관계라고 볼 수 있는 경우에 허용될 수 있는 것이고, 사해방지참가도 본소의 원고와 피고가 당해 소송을 통하여 참가인을 해할 의사를 갖고 있다고 객관적으로 인정되고 그 소송의 결과 참가인의 권리 또는 법률상 지위가 침해될 우려가 있다고 인정되는 경우에 허용될 수 있다(대결 2005.10.17. 2005마814).

② 판례

판례는 "당사자참가는 타인 간의 소송목적의 전부 또는 일부가 자기의 권리임을 주장하거나 소송의 결과에 의하여 자기 권리의 침해를 받을 우려가 있는 경우로서 종전 당사자 간 또는 종전의 당사자와 참가인간의 3면적 소송관계를 하나의 판결로서 모순 없이 일시에 해결할 수 있는 경우에 인정되는 것이므로 참가인의 주장 자체로 보아 참가인이 피고에 대하여는 승소할 수 있다고 하더라도 원고에게 대하여는 승소할 수 없는 경우에는 당사자참가로서의 참가요건을 구비하지 못한 것이다(대판 1966.7.19. 66다869)."라고 하여 전형적인 이중매매사안에서는 일관해서 권리주장참가를 부정하고 있다. 다만, 원고와 참가인이 서로 자기가 피고에 대한 진정한 명의신탁자라고 주장하여 명의신탁 해지를 이유로 소유권이전등기를 청구한 사안(대판 1991.12.24. 91다21145 · 21152)과 원고와 참가인이 같은 점유사실에 기해서 시효취득을 주장하면서 참가인이 원고에게 단지 관리를 위탁했을 뿐이라고 주장한 사안(대판 1995.6.16. 95다5905 · 5912) 등에서는 "비록 채권적 청구권을 주장하는 것이지만 어느 한쪽의 청구권이 인정되면 다른 한쪽의 청구권은 인정될 수 없는 것으로서 각 청구가 서로 양립할 수 없는 관계에 있어 독립당사자참가신청은 적법하다."고 하였다.

③ 검토

기존의 긍정설과 부정설의 대립은 권리주장참가의 요건인 논리상 양립불가능한 경우를 어떻게 이해할 것이냐의 문제에 있다고 본다. 긍정설은 이를 주장자체로서 양립이 불가능하면 되고 그것이 실체법상 양립이 불가능한지는 본안에서 판단할 문제라고 한다. 그러나 본안에서 양청구가 양립하는 권리라고 한다면 굳이 서로 대립하면서 소를 수행하고 합일확정으로 판결을 해야 하는 이유를 찾기 힘들다고 보인다. 그리고 긍정설과 같이 부동산의 이중매매에서 독립당사자참가를 인정하면 법원은 어떤 판결을 내려야 하는지가 문제된다. 왜냐하면 채권자평등의 원칙상 법원은 피고(매도인)에게 누구에게 먼저 이전등기를 하라고 정하는 것은 불가능하기 때문이다. 그리고 만약 굳이 판결을 내린다 하여도 본안에서 원고(제2매수인)와 참가인(제1매수인)의 이전등기청구권을 모두 승소시켜야 하는데(이중매매가 적법하다면) 그렇다면 굳이 합일확정을 요구하면서 소송을 진행할 필요는 없다고 보이기 때문이다. 따라서 이중매매에 대해서는 판례, 부정설의 견해가 타당하다고 본다.

(2) 사해방지참가[63] – 사해방지참가의 "권리침해"의 의미

1) 문제점

사해방지참가란 제3자가 '소송의 결과에 따라 권리를 침해받을 것을 주장'하는 독립당사자참가의 참가이유 중의 하나이다.

---

63) 공동저당과 물상보증의 경우: 甲 소유의 부동산과 채무자인 乙 소유의 부동산을 공동저당의 목적으로 하여 丙 은행 앞으로 선순위근저당권이 설정된 후 甲 소유의 부동산에 관하여 丁 앞으로 후순위근저당권이 설정되었는데, 甲 소유의 부동산에 관하여 먼저 경매절차가 진행되어 丙 은행이 채권 전액을 회수하였고, 이에 丁이 甲 소유의 부동산에 대한 후순위저당권자로서 물상보증인에게 이전된 근저당권으로부터 우선하여 변제를 받을 수 있다고 주장하며 丙 은행 등을 상대로 근저당권설정등기의 이전을 구하자, 甲이 乙에 대해 취득한 구상금 채권이 상계로 소멸하였다고 주장하며 乙이 丙 은행을 상대로 근저당권설정등기의 말소를 구하는 독립당사자 참가신청을 한 사안에서, 乙의 말소등기청구는 등기의 이전을 구하는 丁의 청구와 동일한 권리관계에 관하여 주장 자체로 양립되지 않는 관계에 있지 않으므로 민사소송법 제79조 제1항 전단에 따른 권리주장참가의 요건을 갖추지 못하였고, 丁과 丙 은행이 소송을 통하여 乙의 권리를 침해할 의사가 있다고 객관적으로 인정하기도 어려우므로 민사소송법 제79조 제1항 후단에 따른 사해방지참가의 요건을 갖추었다고 볼 수도 없다는 이유로 乙의 독립당사자 참가신청을 각하한다(대판 2017.4.26. 2014다221777).

2) 권리주장참가와의 비교

판례는 이를 권리주장참가와는 구별하여 이는 소송물이 달라 권리주장참가에 패소해도 사해방지참가를 할 수 있으며(즉, 기판력이 미치지 않음; 대판 1992.5.26. 91다4669·4679), 청구가 본소청구와 양립이 가능해도 된다(대판 2001.9.28. 99다35331·35348)고 한다.

3) 권리침해의 의미

① 학설

판결효설은 기판력과 반사효를 포함하여 넓은 의미의 판결의 효력에 의하여 제3자의 권리가 침해될 경우에 한한다고 본다. 이해관계설은 제3자의 권리 또는 법률상의 지위가 본소의 소송물인 권리관계의 존부를 논리적 전제로 하고 있어서, 본소송의 판결에 의하여 사실상 권리침해를 받는 경우에도 참가를 인정하는 견해이다. 사해의사설은 본조의 연혁인 프랑스의 사해재심제도의 연혁에 충실하게 본소의 당사자가 그 소송을 통하여 참가인을 해할 의사를 가지고 있다고 객관적으로 인정되는 경우가 이에 해당한다고 풀이하는 견해이다.

② 판례

판례는 "민사소송법 제79조 제1항 후단의 사해방지참가의 경우는 원고와 피고가 당해소송을 통하여 제3자를 해할 의사, 즉 사해의사를 갖고 있다고 객관적으로 인정되고, 그 소송의 결과 제3자의 권리 또는 법률상의 지위가 침해될 염려가 있다고 인정되는 경우라야만 할 것이다(대판 1991.12.27. 91다4409 등)."고 하여 사해의사설의 입장이다.

③ 검토

판결효설은 판결의 효력이 미치는 제3자만이 참가할 수 있으므로 참가할 수 있는 제3자의 범위가 매우 좁다는 난점이 있다. 반면에 이해관계설은 참가를 허용하는 범위는 넓지만 보조참가와의 관계가 분명하지 못한 흠이 있다. 따라서 사해의사설이 타당하다. 다만, 그 자체만으로는 당사자가 참가인을 해할 의사가 객관적으로 명백한 경우의 기준이 분명하지 못한 점이 있으므로 이는 소송의 당사자가 통모할 염려가 있는 경우, 당사자의 소극적 소송수행이 명백할 염려가 경우를 기준으로 삼는 것이 타당하다고 본다.

4) 사해행위취소소송과의 관계

채권자가 사해행위의 취소와 함께 수익자 또는 전득자로부터 책임재산의 회복을 명하는 사해행위취소의 판결을 받은 경우 취소의 효과는 채권자와 수익자 또는 전득자 사이에만 미치므로, 수익자 또는 전득자가 채권자에 대하여 사해행위의 취소로 인한 원상회복 의무를 부담하게 될 뿐, 채권자와 채무자 사이에서 취소로 인한 법률관계가 형성되거나 취소의 효력이 소급하여 채무자의 책임재산으로 복구되는 것은 아니다. 이러한 사해행위취소의 상대적 효력에 의하면, 원고의 피고에 대한 청구의 원인행위가 사해행위라는 이유로 원고에 대하여 사해행위취소를 청구하면서 독립당사자참가신청을 하는 경우, 독립당사자참가인의 청구가 그대로 받아들여진다 하더라도 원고와 피고 사이의 법률관계에는 아무런 영향이 없고, 따라서 그러한 참가신청은 사해방지참가의 목적을 달성할 수 없으므로 부적법하다(대판 2014.6.12. 2012다47548).[64]

---

64) 사해행위 취소의 판결의 효과는 채권자와 수익자·전득자 사이에만 미칠 뿐, 채권자와 채무자 사이에서 취소의 효력이 소급하여 채무자의 책임재산으로 복구하는 것이 아니라고 보기 때문이다(상대적 효력). 이 판례 때문에 이 제도의 사해방지기능은 더 떨어지게 되었다. 독립당사자참가에서 사해행위취소판결이 나면 참가인(채권자), 원고(수익자), 피고(채무자) 사이에 합일확정의 효력 때문에 참가인과 피고 사이에 판결의 효력이 미치지 않는다고 할 수 있을까 의문이 있다(이시윤).

3. 참가취지

(1) 쌍면참가

참가신청의 참가취지에서 참가인은 원 · 피고 양쪽에 대하여 각자 자기청구를 하는 것을 말한다. 이 점이 자신의 청구가 없는 보조참가와의 차이점이다. 원 · 피고 양쪽에 대한 청구가 같은 취지[65]일수도 있고, 다른 취지[66]일수도 있다.

(2) 편면참가

참가취지에서 참가인이 원 · 피고 양쪽 아닌 한쪽에 대해서만 청구하는 경우를 말한다. 2002년 개정법 전에는 엄격한 쌍면참가만을 인정했으나, 2002년 개정법은 입법으로 편면참가를 인정하고 있다. 이에 따라 종전 폐쇄적으로 운영하던 독립당사자참가 제도가 크게 활성화 될 것이다(이시윤).

4. 소의 병합요건을 갖출 것(제253조) − 절차공통, 관할공통

신소제기의 실질을 가지므로 소병합의 일반요건을 갖추어야 한다.

5. 소송요건

참가신청은 실질적 신소제기이므로 일반소송요건을 갖추어야 한다. 즉, 중복소송 등에 해당하지 않아야 한다(제259조).

Ⅲ. 참가절차

1. 참가신청

참가신청은 보조참가의 경우에 준한다(제72조). 따라서 참가신청에는 참가취지와 이유를 명시하여 본소가 계속된 법원에 신청하여야 한다. 참가신청은 보조참가와는 달리 본질이 신소제기이므로 소액사건의 경우(소액사건심판법 제4조)를 제외하고는, 반드시 서면에 의할 것을 필요로 한다(제248조). 그리고 참가신청에서는 참가취지 · 이유와 함께 자기 청구에 대하여 청구의 취지와 원인을 밝히지 않으면 안 된다. 이 점이 보조참가와는 다르다. 참가신청을 대리인에 의하여 할 수 있으나, 종전당사자의 대리인은 참가인의 대리인을 겸할 수 없다(대판 1965.3.16. 64다1691 · 1692). 참가신청서에는 소장에 준하는 인지를 붙여야 한다(민사소송 등 인지법 제6조). 당사자가 상소하지 않을 때에는 당사자는 상소제기와 동시에 참가신청을 할 수 있다(제79조, 제72조 제3항). 판례는 독립당사자참가를 하면서 예비적으로 보조참가를 하는 것은 부적법하다고 하였다(대판 1994.12.27. 92다22473 · 22480). 참가신청서 부본을 본소의 양쪽 당사자에게 바로 송달하여야 한다(규칙 제64조 제2항 · 제1항). 참가신청은 보조참가와는 달리 실질적인 소의 제기이므로 종전의 당사자는 참가에 이의할 수 없으며, 소제기의 효과인 시효중단 · 기간준수의 효력이 있다(제265조). 참가에 의하여 종전 당사자는 참가인에 대한 관계에서 피고의 지위에 서게 되며, 종전 당사자는 참가인을 상대로 반소를 제기할 수 있다(대판 1969.5.13. 68다656 · 657 · 658).

---

65) 참가인이 원 · 피고 모두에게 소유권확인청구를 하는 경우를 들 수 있다.
66) 참가인이 원고에 대해서는 채권확인청구, 피고에 대해서는 소유권이전등기청구를 하는 경우를 들 수 있다.

2. 중첩적 참가

판례는 "권리참가가 복수인 경우에는 권리참가자 상호 간에는 소송관계가 성립하지 아니하므로 법원은 이에 대하여 판결할 수 없다(대판 1958.11.20. 4290민상308·309·310·311)."고 하여 부정하지만, 다파분쟁의 일회적 해결이라는 독립당사자참가제도의 취지에 비추어 이러한 참가도 긍정해야 한다(통설).

Ⅳ. 참가소송의 심판

1. 참가요건과 소송요건의 조사

참가요건은 직권조사사항으로서 흠결 시 소를 각하해야한다는 것이 통설·판례이다. 다만, 당사자 어느 일방의 보조참가로의 전환은 가능하다고 한다.

2. 본안심판

독립당사자참가는 분쟁을 일거에 모순 없이 하려는 소송형태이므로 필수적 공동소송에 관한 제67조[67]의 규정을 준용한다.

3. 판결에 대한 상소

(1) 상소의 이심범위[68]

판례는 "독립당사자 참가신청이 있으면 반드시 각 그 청구전부에 대하여 1개의 판결로써 동시에 재판하지 않으면 아니 되고, 일부판결이나 추가판결은 허용되지 않으며, 독립당사자 참가인의 청구와 원고의 청구가 모두 기각되고 원고만이 항소한 경우에 제1심판결 전체의 확정이 차단되고 사건 전부에 관하여 이심의 효력이 생기는 것이므로 독립당사자참가인도 항소심에서의 당사자라고 할 것이다(대판 1981.12.8. 80다577 등)."고 하여 이심설의 입장이다.

---

[67] [1] 민사소송법 제79조에 의한 소송은 동일한 권리관계에 관하여 원고, 피고 및 참가인 상호 간의 다툼을 하나의 소송절차로 한꺼번에 모순 없이 해결하려는 소송형태로서 두 당사자 사이의 소송행위는 나머지 1인에게 불이익이 되는 한 두 당사자 간에도 효력이 발생하지 않는다고 할 것이므로, 원·피고 사이에만 재판상 화해를 하는 것은 3자간의 합일확정의 목적에 반하기 때문에 허용되지 않는다.
[2] 독립당사자참가인이 화해권고결정에 대하여 이의한 경우, 이의의 효력이 원·피고 사이에도 미친다고 한 사례 (대판 2005.5.26. 2004다25901·25918).

[68] 제1심 판결에서 참가인의 독립당사자참가신청을 각하하고 원고의 청구를 기각한 데 대하여 참가인은 항소기간 내에 항소를 제기하지 아니하였고, 원고만이 항소한 경우 위 독립당사자참가신청을 각하한 부분은 원고의 항소에도 불구하고 피고에 대한 본소청구와는 별도로 이미 확정되었다 할 것이다(대판 1992.5.26. 91다4669).

(2) 상소하지 않은 자의 상소심에서의 지위[69]

판례는 "…독립당사자참가인도 항소심에서의 당사자라고 할 것이다(대판 1981.12.8. 80다577)."고 하여 상소심 당사자설을 취하고 있다.

> (TIP) 견해 대립의 실익은 상소하지 않은 당사자의 상소취하 여부, 상소비용의 부담 여부 등을 들 수 있다. 즉, 상소인설을 취한다면 상소하지 않은 당사자도 상소인이 되므로 상소취하가 가능하게 되고 상소가 기각, 각하 할 경우 상소비용을 부담하게 될 것이다. 하지만 피상소인설에 따를 경우 당연히 상소를 취하할 수 없고 상소가 기각, 각하될 경우 상소비용을 부담하지도 않게 된다. 그러나 상소심당사자설에 의하면 단순한 상소심에서의 당사자에 불과하므로 상소취하도 불가하고 상소비용을 부담하는 일도 없게 될 것이다.

(3) 상소심의 심판범위

상소한 자의 불복범위에 한정해서 상소심의 심판범위를 한정한다면(즉, 불이익변경금지의 원칙을 인정한다면) 모순 대립하는 삼면관계를 일거에 해결한다는 독립당사자참가의 취지에 어긋나므로, 이 경우 상소심은 불복하지 않은 자에 대해서 유리한 청구가 가능하다. 이는 항소인에게 불리한 결과가 되는 것이지만 합일확정의 요청이 상소심에서 처분권주의의 발현인 불이익변경금지의 원칙[70](제415조)을 제한하는 것이므로 부득이하다(불이익변경금지의 원칙 예외 참조).

---

69) 상소인설은 패소한 두 당사자는 당사자에 대한 필수적공동소송인과 유사한 지위에 선다고 보아 법 제67조 제1항을 준용해서 한 당사자의 상소로 다른 당사자도 상소한 것이 된다고 본다. 피상소인설은 세 당사자가 상호 대립, 견제의 관계에 있으므로 패소 당사자 중 한 사람이 상소하는 것은 나머지 두 당사자 모두를 상대방으로 하는 것으로 보아, 제67조 제2항을 준용하여 그들이 모두 피상소인이 된다고 한다. 상대적이중지위설은 독립당사자참가소송의 특수성을 감안하여 상소인과 피상소인의 지위를 겸한 특수한 지위에 선다고 한다. 상소심당사자설은 합일확정의 요청상 패소하고 상소하지 않은 당사자에 대하여는 판결의 확정이 차단되고 상소심에 이심되는 것에 그칠 뿐이므로 상소인도 피상소인도 아닌 상소심당사자의 지위에 설 뿐이라고 한다.

70) [1] 민사소송법 제79조 제1항에 따라 원·피고, 독립당사자참가인(이하 "참가인"이라고만 한다)간의 소송에 대하여 본안판결을 할 때에는 위 3당사자를 판결의 명의인으로 하는 하나의 종국판결만을 내려야 하는 것이지 위 당사자의 일부에 관해서만 판결을 하는 것은 허용되지 않고, 같은 조 제2항에 의하여 제67조가 준용되는 결과 독립당사자참가소송에서 원고승소의 판결이 내려지자 이에 대하여 참가인만이 상소를 한 경우에도 판결 전체의 확정이 차단되고 사건 전부에 관하여 이심의 효력이 생기는 것이지만, 원고승소의 판결에 대하여 참가인만이 상소를 했음에도 상소심에서 원고의 피고에 대한 청구인용 부분을 원고에게 불리하게 변경할 수 있는 것은 참가인의 참가신청이 "적법"하고 나아가 "합일확정의 요청상" 필요한 경우에 한한다고 할 것이다.
[2] 원고의 피고에 대한 청구를 인용하고 참가인의 참가신청을 각하한 제1심판결에 대하여 참가인만이 항소한 이 사건에서, 참가인의 참가신청이 부적법하다는 이유로 참가인의 항소를 기각하면서도, 제1심판결 중 피고가 항소하지도 않은 본소 부분을 취소하고 원고의 피고에 대한 청구를 기각한 원심의 판단에는 독립당사자참가소송에서 패소한 당사자 중 일부만이 항소한 경우의 항소심의 심판대상에 관한 법리를 오해하여 판결에 영향을 미친 위법이 있다(대판 2007.12.14. 2007다37776·37783).
해설: 실무상 참가인의 참가신청의 적법 여부는 원·피고 사이의 본소청구에 대한 판결과 함께 하나의 판결로 행하여진다. 그런데 원고승소, 참가신청각하의 판결에 대하여 참가인만이 항소를 한 경우에는 사건 전체의 확정이 차단되고 항소심으로 이심하지만, 항소심에서 참가신청을 부적법하다고 판단하여 항소를 기각하는 경우에는 본소청구의 당부에 대하여는 심리할 수 없다는 것이다. 즉, 상소심에서 불이익변경금지의 원칙의 적용이 배제될 수 있는 경우는 참가신청이 적법하고 합일확정의 요청상 필요한 경우에 한한다는 것이다(유병현, 고시계 2009/2, 42면).

V. 단일소송 또는 공동소송으로 환원(독립당사자참가소송의 붕괴)

1. 본소의 취하 · 각하

원고는 참가 후에도 본소를 취하할 수 있고, 법원은 본소가 부적법하면 각하할 수 있다. 이 경우 독립당사자참가소송의 운명에 대해 독립당사자참가의 애초 목적을 상실하게 되므로 3면소송은 끝이 난다는 견해도 있었으나(전소송종료설, 이영섭), 현재는 참가인이 원 · 피고를 양쪽을 상대로 한 공동소송으로 변한다고 하는 견해(공동소송잔존설)이 통설이며 판례이다(대판 1991.1.25. 90다4723).

2. 참가의 취하 · 각하

참가인은 소의 취하에 준하여 참가신청을 취하할 수 있다. 따라서 본소 원고나 피고가 본안에 관하여 응소한 경우에는 양쪽의 동의를 필요로 한다(대판 1981.12.8. 80다577). 취하한 뒤에는 원고 · 피고간의 본소만이 남는다. 다만, 참가인이 쌍면참가를 하였다가 당사자 한쪽에 대해서만 참가신청을 취하하면 그로 인하여 편면참가가 된다. 참가가 각하된 경우에도 본소만이 남는다. 참가가 취하 · 각하되어 본소로 환원된 경우, 참가인이 제출한 증거방법은 당사자가 원용하지 않는 한 그 효력이 없다. 참가신청을 판결로 각하한 경우에 그 각하판결이 상소심에서 확정될 때까지 본소에 관한 판결을 미루는 것이 원 · 피고 · 참가인 상호 간의 합일확정을 위하여 당연히 요구된다고 할 것이나, 판례는 반대의 입장[71]이다(대판 1976.12.28. 76다797). 다만, 제1심 판결에서 참가인의 독립당사자참가신청을 각하하고 원고의 청구를 기각한 데 대하여 참가인은 항소기간 내에 항소를 제기하지 아니하였고, 원고만이 항소한 경우 위 독립당사자참가신청을 각하한 부분은 원고의 항소에도 불구하고 피고에 대한 본소청구와는 별도로 이미 확정되었다 할 것이다(대판 1992.5.26. 91다4669).

3. 소송탈퇴(제80조)

(1) 소송탈퇴의 법적 성질

1) 조건부 포기 · 인낙설

소송탈퇴라는 제도를 탈퇴자의 의사를 기준으로 하여, 탈퇴자가 자기의 입장을 전면적으로 참가인과 상대방 사이의 승패의 결과에 맡기고, 이를 조건으로 참가인 및 상대방과 자기 사이의 청구에 대하여 포기 또는 인낙을 하는 성질을 갖는 행위라고 보고, 판결의 효력도 청구의 포기 · 인낙에 기한 것으로 본다(김홍규, 송상현).

2) 소송담당설

탈퇴자가 자기의 또는 자기에 대한 청구에 대하여 소송수행권을 참가인과 잔존당사자에게 부여한 결과로 보아, 소송담당인 잔존 당사자와 참가인 사이의 판결의 효력이 탈퇴자에게 미치는 것은 당연하다고 한다(이시윤, 정동윤 · 유병현 · 김경욱).

---

71) 참가소가 있는 경우에 참가소를 각하하는 판결을 할 때는 원, 피고간의 본안 재판을 참가소의 귀결이 날 때까지 기다려야 한다 함은 독자적 견해로 취할 바 못되며 참가인의 독립당사자 참가소를 보조참가로 보지 아니하였다 하여 허물할 바 아니므로 이점에 관한 소론의 논지 이유 없다(대판 1976.12.28. 76다797). 다만, 실무상으로는 참가의 적법 여부에 대한 판결을 본소에 대한 판결과 함께 하는 것이 실무운영이므로 본소절차 정지의 문제는 생기지 않는다(이시윤).

3) 검토

조건부 포기 · 인낙설은 판결결과가 탈퇴당사자에게 불리하게 된 때는 별론, 오히려 유리하게 된 때에는 설명이 궁해진다. 따라서 남은 당사자에게 일종의 소송담당을 시키고 물러선 것이기 때문에 그 소송담당관계의 반영으로 판결의 효력도 탈퇴당사자에게 미치는 것으로 보는 소송담당설이 타당하다(이시윤).

(2) 사해방지참가의 포함 여부

법문은 '자기의 권리를 주장하기 위하여 소송에 참가한 사람이 있는 경우'라고 하고 있는데, 이 경우 사해방지참가의 경우도 포함되는지가 문제된다. 학설은 사해방지참가의 경우에도 피고가 소송수행의 의욕이 없고 전혀 소극적 태도로 일관해 온 때에는 제3자가 소송참가함을 계기로 소송에서 탈퇴해 나갈 경우가 있을 것이므로, 사해방지참가도 포함된다는 견해가 통설이나, 전형적인 통모 내지 공모소송의 경우 종전 당사자의 어느 쪽이 소송탈퇴한다는 것은 상당히 드문 경우일 것이므로 포함되지 않는다는 견해(송상현, 호문혁)도 있다. 제82조의 소송인수의 경우에 소송탈퇴를 인정하는 것으로 보아 제한적으로 해석할 필요 없으므로, 통설이 타당하다(이시윤).

(3) 상대방 승낙의 요부

먼저 법문이 상대방의 승낙만을 요구하고 있으므로, 참가인의 승낙은 필요 없는데, 나아가 상대방의 승낙조차 필요 없는 것인지 문제가 있다. 학설은 이를 자의적으로 축소해석 하여서는 안 된다는 견해(호문혁)도 있으나, 통설은 판결의 효력은 탈퇴자에게도 미치므로 탈퇴한 경우와 탈퇴하지 않고 소송을 수행한 경우의 사이에 아무런 차이가 없고, 탈퇴한다고 하여 상대방에게 특히 불이익을 주는 일도 없으므로 명문의 규정에 불구하고, 탈퇴에 관하여 상대방의 승낙을 받을 필요가 없다고 한다. 그러나 실무는 "피승계참가인과 상대방의 소송관계는 피승계참가인이 상대방의 승낙을 얻어 소송에서 탈퇴함으로써 종료된다고 보아야 하므로, 법원은 탈퇴한 피승계참가인의 청구에 관하여 심리 · 판단할 수 없다(대판 2014.10.27. 2013다 67105 · 67112)."고 하여 상대방의 승낙을 요구한다.

(4) 판결의 효력의 내용

법문은 잔존 당사자에 대한 판결의 효력이 탈퇴당사자에 대하여도 미친다고 규정하고 있을 뿐이어서, 그 내용이 문제된다. 학설은 참가적 효력설, 기판력설도 있으나, 탈퇴를 인정한 실익을 확보하고, 민사 집행법 제25조 제1항의 문언에 충실하게 판결의 효력에는 기판력 및 집행력이 모두 포함된다고 하는 기판력 및 집행력 포함설이 통설이다.

VI. 결어

독립당사자참가는 참가이유와 참가취지를 갖추어야 하고, 신소제기의 실질도 있으므로 일반적인 소송요건도 갖추어야 한다(제79조).

연습문제

甲은 乙에 대하여 2020.1.1. 변제기가 도래한 2억 원의 대여금 채권(이하 "이 사건 대여금채권")을 가지고 있다. 채무초과 상태에 있던 乙은 2020.4.1. 그 소유의 유일한 재산인 A토지를 丙에게 1억 원에 매도하는 내용의 매매계약(이하 "이 사건 매매계약")을 체결하였다. 한편, 丁은 乙에 대하여 2020.2.1. 변제기가 도래한 3억 원의 약정금 채권(이하 "이 사건 약정금 채권")을 가지고 있다. (각 설문은 상호 독립적이고, 견해의 대립이 있으면 대법원 판례에 따름)

물음 1) 이 사건 매매계약 체결 이후 乙이 丙에게 A토지의 소유권을 이전하지 않자 丙은 乙을 상대로 이 사건 매매계약에 기하여 A토지에 관한 소유권이전등기절차의 이행을 구하는 소를 제기하였다. 이에 甲이 丙을 상대로 하여 이 사건 매매계약이 사해행위에 해당한다는 이유로 사해행위취소를 구하는 취지의 독립당사자참가신청을 하였다면 이는 적법한지 밝히고 그 근거를 설명하시오. (20점)

I. 결론

부적법하다.

II. 근거

1. 독립당사자참가의 의의, 취지

타인 간의 소송계속 중에 원·피고의 한쪽 또는 양쪽을 상대방으로 하여 원·피고 간의 청구와 관련된 자기 청구에 대하여 함께 심판을 구하기 위하여 그 소송절차에 참가함을 말한다(제79조). 이는 소송대상의 전부나 일부가 자기의 권리임을 주장하거나, 소송의 결과에 의하여 권리침해를 받을 것을 주장하는 제3자가 당사자로서 소송에 참가하여 세 당사자 사이에 서로 대립하는 권리 또는 법률관계를 하나의 판결로써 서로 모순 없이 일시에 해결하려는 것이다(대판 2014.6.12. 2012다47548·47555).

2. 참가요건

(1) 다른 사람 사이의 소송이 계속 중일 것

소송이 계속 중이면 여하에 관계없이 참가할 수 있으며, 항소심에서도 할 수 있다(대판 1966.3.29. 65다2407·2408). 다만, 상고심에서도 독립당사자참가가 가능한지가 문제된다. 판례와 유력설은 독립당사자참가는 그 실질에 있어서 신소제기의 실질을 가지므로 법률심인 상고심에서는 참가할 수 없는 것으로 본다(대판 1977.7.12. 76다2251·77다218 등; 호문혁). 다만, 사안의 경우는 제1심에서 참가를 한 것이므로 문제가 없다.

(2) 참가이유 - 권리주장참가, 사해방지참가

권리주장참가는 참가인의 청구와 기존 당사자의 청구가 논리상 양립할 수 없는 경우를 이른다. 다만, 사안에서는 丙의 乙에 대한 소유권이전등기청구권과 甲이 丙에게 주장하는 채권자취소권은 양립이 가능하고, 특히 丙과 乙의 매매계약이 사해행위라고 주장하는 것은 사해방지참가를 청구하는 것으로 보이므로, 사해방지참가로서 적법한 것인지를 살펴보기로 한다.

3. 사해방지참가

(1) 의의

사해방지참가란 제3자가 '소송의 결과에 따라 권리를 침해받을 것을 주장'하는 독립당사자참가의 참가이유 중의 하나이다.

(2) 권리주장참가와의 비교

판례는 이를 권리주장참가와는 구별하여 이는 소송물이 달라 권리주장참가에 패소해도 사해방지참가를 할 수 있으며(즉, 기판력이 미치지 않음; 대판 1992.5.26. 91다4669·4679), 청구가 본소청구와 양립이 가능해도 된다(대판 2001.9.28. 99다35331·35348)고 한다.

(3) 권리침해[72]의 의미

판례는 "민사소송법 제79조 제1항 후단의 사해방지참가의 경우는 원고와 피고가 당해소송을 통하여 제3자를 해할 의사, 즉 사해의사를 갖고 있다고 객관적으로 인정되고, 그 소송의 결과 제3자의 권리 또는 법률상의 지위가 침해될 염려가 있다고 인정되는 경우라야만 할 것이다(대판 1991.12.27. 91다4409 등)."고 하여 사해의사설의 입장이다.

(4) 사해행위취소소송과의 관계

채권자가 사해행위의 취소와 함께 수익자 또는 전득자로부터 책임재산의 회복을 명하는 사해행위취소의 판결을 받은 경우 취소의 효과는 채권자와 수익자 또는 전득자 사이에만 미치므로, 수익자 또는 전득자가 채권자에 대하여 사해행위의 취소로 인한 원상회복 의무를 부담하게 될 뿐, 채권자와 채무자 사이에서 취소로 인한 법률관계가 형성되거나 취소의 효력이 소급하여 채무자의 책임재산으로 복구되는 것은 아니다. 이러한 사해행위취소의 상대적 효력에 의하면, 원고의 피고에 대한 청구의 원인행위가 사해행위라는 이유로 원고에 대하여 사해행위취소를 청구하면서 독립당사자참가신청을 하는 경우, 독립당사자참가인의 청구가 그대로 받아들여진다 하더라도 원고와 피고 사이의 법률관계에는 아무런 영향이 없고, 따라서 그러한 참가신청은 사해방지참가의 목적을 달성할 수 없으므로 부적법하다[73](대판 2014.6.12. 2012다47548).

4. 사안의 경우

채권자 甲이 수익자 丙에게 채권자취소소송을 제기하여 승소한다고 하더라도, 취소의 효과는 甲과 丙 사이에만 미칠 뿐, 채권자 甲과 채무자 乙 사이에서 취소로 인한 법률관계가 형성되거나 취소의 효력이 소급하여 채무자의 책임재산으로 복구되는 것은 아니다. 따라서 丙의 乙에 대한 소유권이전등기청구소송에 그 원인행위인 매매가 사해행위라는 이유로 甲이 원고 丙에 대하여 사해행위취소를 청구하면서 독립당사자신청을 하는 경우, 甲의 청구가 그대로 받아들여진다고 하더라도 丙과 乙 사이의 법률관계에는 아무런 영향이 없다. 따라서 甲의 참가신청은 사해방지참가의 목적을 달성할 수 없으므로, 부적법하다.

---

72) **학설:** ① 판결효설은 기판력과 반사효를 포함하여 넓은 의미의 판결의 효력에 의하여 제3자의 권리가 침해될 경우에 한한다고 본다. ② 이해관계설은 제3자의 권리 또는 법률상의 지위가 본소의 소송물인 권리관계의 존부를 논리적 전제로 하고 있어서, 본소송의 판결에 의하여 사실상 권리침해를 받는 경우에도 참가를 인정하는 견해이다. ③ 사해의사설은 본조의 연혁인 프랑스의 사해재심제도의 연혁에 충실하게 본소의 당사자가 그 소송을 통하여 참가인을 해할 의사를 가지고 있다고 객관적으로 인정되는 경우가 이에 해당한다고 풀이하는 견해이다.

73) 사해행위 취소의 판결의 효과는 채권자와 수익자 / 전득자 사이에만 미칠 뿐, 채권자와 채무자 사이에서 취소의 효력이 소급하여 채무자의 책임재산으로 복구하는 것이 아니라고 보기 때문이다(상대적 효력). 이 판례 때문에 이 제도의 사해방지기능은 더 떨어지게 되었다. 독립당사자참가에서 사해행위취소판결이 나면 참가인(채권자), 원고(수익자), 피고(채무자) 사이에 합일확정의 효력 때문에 참가인과 피고 사이에 판결의 효력이 미치지 않는다고 할 수 있을까 의문이 있다(이시윤).

72 공동소송참가

▌공동소송참가 노무사 10회

Ⅰ. 의의 및 취지

1. 의의

공동소송참가란 소송이 계속되는 가운데 제3자가 원고 또는 피고의 공동소송인으로 가입하고, 그 결과 필수적 공동소송으로 되는 경우를 말한다(제83조). 예를 들어, 주주 甲이 회사 A를 상대로 주주총회결의취소의 소를 제기한 경우에 판결의 효력을 받는 다른 주주 乙이 공동원고로서 그 소송에 참가하는 경우를 말한다.

2. 취지

다른 사람 사이의 소송의 판결의 효력을 받는 제3자로서는 별소를 제기하는 것보다 그 소송에 참가하는 것이 그 자의 이익을 옹호할 수 있고, 소송불경제를 방지할 수 있으므로 이런 필요에서 공동소송참가가 인정된다.

---

74) 선정당사자를 선정한 선정자가 공동소송참가하는 경우는 중복소송에 해당한다는 것이 통설이다. 따라서 공동소송적 보조참가만 가능할 뿐이다.

Ⅱ. 참가요건

1. 소송계속

(1) 항소심에서도 가능

소의 종류와 소송절차의 종류를 불문한다. 항소심에서도 참가할 수 있다.

(2) 상고심에서의 가능 여부

판례는 이 경우 공동소송참가가 새로운 소제기의 실질을 가진다는 이유로 부정하나(대판 1961.5.4. 4292민상 853), 통설은 참가하지 않더라도 기판력이 미치므로 상고심에서도 참가를 허용한다.

2. 합일확정

(1) 의의

제3자와 당사자가 함께 소를 제기하거나 제기 당하였을 때에 필수적 공동소송으로 될 경우를 말한다.

(2) 고유필수적 공동소송의 포함 여부

유사필수적 공동소송의 경우가 이 경우에 해당함은 문제가 없으나, 참가의 결과가 고유필수적 공동소송이 되는 경우에도 가능한가에 대하여 다툼이 있다.

(3) 검토

고유필수적 공동소송에서 공동소송인 가운데 일부가 누락된 경우에도 그 사람의 공동소송참가를 인정하여 그 공동소송이 적법하게 되면 소송경제에도 도움이 되고, 특히 필수적 공동소송인의 추가(제68조)는 제1심에서만 허용되므로 이를 긍정하는 것이 타당하다(통설).

3. 당사자적격

(1) 신소제기의 실질

공동소송참가는 신소제기의 실질을 가지므로 당사자적격을 구비하여야 한다. 따라서 당사자적격이 없는 자는 공동소송적 보조참가를 할 수밖에 없다.

(2) 병행형의 제3자 소송담당[75]의 경우

1) 학설

채무자는 채권자와 동일한 당사자이므로 중복소송에 해당한다든지, 민법 제405조 제2항에 따라 채무자의 관리처분권이 제한된다고 하여 공동소송참가를 부정하는 견해가 종래 다수설이나, 최근에는 중복소제기의 금지는 판결의 모순·저촉을 방지하자는 취지인데 이 경우는 오히려 분쟁이 일회적으로 해결되어 중복제소의 취지에 반하지 않으므로 중복소송이 아니며 또 민법 제405조 제2항의 처분제한의 취지는 채권자의 권리행사를 방해하지 말라는 취지일 뿐 채권자를 도와 대위소송에 참가하는 것까지 제한하는 것은 아니므로 공동소송참가가 가능하다는 견해도 유력[76]하다.

---

75) 선정당사자를 선정한 선정자가 공동소송참가하는 경우는 중복소송에 해당한다는 것이 통설이다. 따라서 공동소송적 보조참가만 가능할 뿐이다.

76) 다만, 공동소송참가가 가능하다는 견해도 '채무자가 대위행사되는 권리의 소구를 위해 제3채무자를 상대로 별소를 제기하는 경우에는 당연히 중복소송에 해당하며, 채권자대위소송 확정 후에는 채무자는 기판력의 저촉을 받게 되고, 다른 채권자의 경우도 기존 대위소송에 공동소송참가를 할 수 있으나 별소를 제기한다면 중복소송에 해당함은 채무자의 경우와 다를 바 없다'고 한다(한충수 등).

2) 판례

판례는 "상법 제404조 제1항에서 규정하고 있는 회사의 참가는 공동소송참가를 의미하는 것으로 해석함이 타당하고, 나아가 이러한 해석이 중복제소를 금지하고 있는 민사소송법 제259조에 반하는 것도 아니다(대판 2002.3.15. 2000다9086)."고 하였다. 그리고 최근에는 "채권자대위소송이 계속 중인 상황에서 다른 채권자가 동일한 채무자를 대위하여 채권자대위권을 행사하면서 공동소송참가신청을 할 경우, 양 청구의 소송물이 동일하다면 민사소송법 제83조 제1항이 요구하는 '소송목적이 한쪽 당사자와 제3자에게 합일적으로 확정되어야 할 경우'에 해당하므로 참가신청은 적법하다(대판 2015.7.23. 2013다30301)."고 하였다.

3) 검토

같은 법원에 참가하는 공동소송참가의 경우에는 판결의 모순·저촉이 일어날 여지가 없으므로, 중복소송에 해당한다고 할 수 없다. 따라서 공동소송참가가 된다는 견해가 타당하다.

Ⅲ. 참가절차 및 심리

1. 보조참가 규정의 준용 및 신소제기의 실질

참가신청의 방식은 보조참가의 경우에 준한다(제83조 제2항, 제72조). 그러나 참가신청은 소의 제기(원고 측 참가) 또는 청구기각의 판결을 구하는 것(피고 측 참가)이기 때문에 소액사건을 제외하고는, 소장 또는 답변서에 준하여 서면으로 하여야 한다. 즉, 공동소송적 보조참가와는 달리 원고 측에 참가하는 신청서에는 소장 또는 상소장에 준하는 인지를 붙여야 하며(인지법 제6조), 참가의 취지와 이유를 기재하여야 한다.

2. 소송행위의 전환

참가의 신청은 일종의 신소제기이므로, 당사자는 이에 대해 이의할 수 없다. 법원은 직권으로 참가요건을 심리하고, 그 흠결 시에는 판결로 각하해야 한다. 다만, 그것이 다른 참가(공동소송적 보조참가, 보조참가)의 요건을 갖춘 경우에는 소송행위의 전환 법리에 의해 그러한 참가로 인정하는 것은 가능하다.[77]

3. 공동소송의 형태

참가가 적법한 경우 피참가인과 참가인은 필수적 공동소송이 되므로, 제67조가 준용된다.

Ⅳ. 결어

공동소송참가가 적법한 경우 유사필수적공동소송이 되는 것이 원칙이지만, 고유필수적공동소송도 될 수 있다.

---

77) 청구기간이 경과한 후에 이루어진 "공동심판참가" 신청은 부적법하나, 국민의 기본권 보호를 목적으로 하는 헌법소원제도의 취지에 비추어 위헌결정의 효력이 미치는 범위에 있는 자들은 이 사건 헌법소원심판의 결과에 법률상 이해관계를 가지므로 "보조참가인"으로 보기로 한다(헌재 2008.5.29. 2005헌마1173).

연습문제

물음 1) 甲은 乙에 대한 대여금 채권자이고, 乙은 丙에 대한 매매대금 채권자이다. 甲은 乙을 대위하여 丙을 상대로 채권자대위소송을 제기하였다. 1심 법원이 甲의 丙에 대한 채권자대위소송에 대해 청구인용 판결을 선고하자 丙은 항소를 제기하였다. 항소심 계속 중 乙에 대한 손해배상 채권자인 丁이 위 매매대금채권을 대위행사하면서 원고 측에 공동소송참가를 하는 것이 허용되는가? (20점)

물음 2) 위 사안과는 달리 甲이 乙을 상대로 X토지에 대한 소유권이 甲에게 있다는 확인을 청구하는 소를 제기하여 심리 중 X토지의 소유자임을 주장하는 丙이 甲과 乙을 상대로 독립당사자참가를 하였다. 심리결과 법원은 이 토지의 소유권이 丙에게 있다고 확인하는 판결을 선고하였다. 위 판결에 대해 乙은 항소를 제기하였으나, 甲은 항소를 제기하지 아니하였다. 항소심 법원이 위 X토지의 소유권이 甲에게 있음을 인정한 경우 X토지의 소유권이 甲에게 있다고 확인하는 판결을 선고할 수 있는가? (30점)

Ⅰ. 물음 1)에 대하여 - 공동소송참가

1. 문제점

甲의 채권자대위소송 계속 중 다른 채권자 丁이 공동소송참가 할 수 있는지가 문제된다(제83조).

2. 의의 및 취지

(1) 의의

공동소송참가란 소송이 계속되는 가운데 제3자가 원고 또는 피고의 공동소송인으로 가입하고, 그 결과 필수적 공동소송으로 되는 경우를 말한다(제83조). 예를 들어, 주주 甲이 회사 A를 상대로 주주총회결의 취소의 소를 제기한 경우에 판결의 효력을 받는 다른 주주 乙이 공동원고로서 그 소송에 참가하는 경우를 말한다.

(2) 취지

다른 사람사이의 소송의 판결의 효력을 받는 제3자로서는 별소를 제기하는 것 보다 그 소송에 참가하는 것이 그 자의 이익을 옹호할 수 있고, 소송불경제를 방지할 수 있으므로 이런 필요에서 공동소송참가가 인정된다.

2. 참가요건

(1) 소송계속

1) 상급심에서도 가능

소의 종류와 소송절차의 종류를 불문하고, 항소심에서도 참가할 수 있다.

2) 상고심에서의 가능 여부

판례는 이 경우 공동소송참가가 새로운 소제기의 실질을 가진다는 이유로 부정하나(대판 1961.5.4. 4292 민상853), 통설은 참가하지 않더라도 기판력이 미치므로 상고심에서도 참가를 허용한다.

(2) 합일확정

1) 의의

이는 제3자와 당사자가 함께 소를 제기하거나 제기 당하였을 때에 필수적 공동소송으로 될 경우를 말한다.

2) 고유필수적 공동소송의 포함 여부

유사필수적 공동소송의 경우가 이 경우에 해당함은 문제가 없으나, 참가의 결과 고유필수적 공동소송이 되는 경우에도 가능한가에 대하여 다툼이 있다.

3) 검토

고유필수적 공동소송에서 공동소송인 가운데 일부가 누락된 경우에도 그 사람의 공동소송참가를 인정하여 그 공동소송이 적법하게 되면 소송경제에도 도움이 되고, 특히 필수적 공동소송인의 추가(제68조)는 제1심에서만 허용되므로 이를 긍정하는 것이 타당하다(통설).

(3) 당사자적격

1) 신소제기의 실질

공동소송참가는 신소제기의 실질을 가지므로 당사자적격을 구비하여야 한다. 따라서 당사자적격이 없는 자는 공동소송적 보조참가를 할 수밖에 없다.

2) 채권자대위소송의 경우 같은 제3자 소송담당[78]의 경우

① 학설

채무자는 채권자와 동일한 당사자이므로 중복소송에 해당한다든지, 민법 제405조 제2항에 따라 채무자의 관리처분권이 제한된다고 하여 공동소송참가를 부정하는 견해가 종래 다수설이나, 최근에는 중복소제기의 금지는 판결의 모순·저촉을 방지하자는 취지인데 이 경우는 오히려 분쟁이 일회적으로 해결되어 중복제소의 취지에 반하지 않으므로 중복소송이 아니며 또 민법 제405조 제2항의 처분제한의 취지는 채권자의 권리행사를 방해하지 말라는 취지일 뿐 채권자를 도와 대위소송에 참가하는 것까지 제한하는 것은 아니므로 공동소송참가가 가능하다는 견해도 유력[79]하다.

② 판례

판례는 "주주의 대표소송에 있어서 원고 주주가 원고로서 제대로 소송수행을 하지 못하거나 혹은 상대방이 된 이사와 결탁함으로써 회사의 권리보호에 미흡하여 회사의 이익이 침해될 염려가 있는 경우 그 판결의 효력을 받는 권리귀속주체인 회사가 이를 막거나 자신의 권리를 보호하기 위하여 소송수행권한을 가진 정당한 당사자로서 그 소송에 참가할 필요가 있으며, 회사가 대표소송에 당사자로서 참가하는 경우 소송경제가 도모될 뿐만 아니라 판결의 모순·저촉을 유발할 가능성도 없다는 사정과, 상법 제404조 제1항에서 특별히 참가에 관한 규정을 두어 주주의 대표소송의 특성을 살려 회사의 권익을 보호하려는 입법취지를 함께 고려할 때, <u>상법 제404조 제1항에서 규정하고 있는 회사의 참가는 공동소송참가를 의미하는 것으로 해석함이 타당하고</u>, 나아가 이러한 해석이 중복제소를 금지하고 있는 민사소송법 제259조에 반하는 것도 아니다."고 하였다. 그리고 최근에는 "<u>채권자대위소송이 계속 중인 상황에서 다른 채권자가 동일한 채무자를 대위하여 채권자대위권을 행사하면서 공동소송참가신청을 할 경우, 양 청구의 소송물이 동일하다면 민사소송법 제83조 제1항이 요구하는 '소송목적이 한쪽 당사자와 제3자에게 합일적으로 확정되어야 할 경우'에 해당하므로 참가신청은 적법하다</u>(대판 2015.7.23. 2013다30301)."고 했다.

---

[78] 선정당사자를 선정한 선정자가 공동소송참가하는 경우는 중복소송에 해당한다는 것이 통설이다. 따라서 공동소송적 보조참가만 가능할 뿐이다.

[79] 다만, 공동소송참가가 가능하다는 견해도 '채무자가 대위행사되는 권리의 소구를 위해 제3채무자를 상대로 별소를 제기하는 경우에는 당연히 중복소송에 해당하며, 채권자대위소송 확정 후에는 채무자는 기판력의 저촉을 받게 되고, 다른 채권자의 경우도 기존 대위소송에 공동소송참가를 할 수 있으나 별소를 제기한다면 중복소송에 해당함은 채무자의 경우와 다를 바 없다'고 한다(한충수 등).

③ 검토

공동소송참가는 별소를 제기하는 것과는 달리 당해 수소법원에 참가를 하는 것이므로, 법원의 판단이 모순·저촉되지 않는다. 따라서 중복소제기금지의 취지상 이에 해당하지 않으므로 공동소송참가로 보는 것이 타당하다.

3. 사안의 경우

사안은 항소심 계속 중이며, 乙의 다른 채권자 丁이 甲의 대위소송에 공동소송참가 하는 것이지만, 이는 당해 수소법원에 참가하는 것이므로 법원의 판단이 모순·저촉될 이유가 없어 중복소송에 해당하지 않는다. 그리고 양 청구는 동일하여 민사소송법 제83조 제1항이 요구하는 '소송목적이 한쪽 당사자와 제3자에게 합일적으로 확정되어야 할 경우'에 해당하므로 참가신청은 적법하다고 보아야 한다. 따라서 <u>丁은 甲의 채권자대위소송에 공동소송참가 할 수 있다.</u> 이 경우 甲과 丁의 공동소송의 형태는 유사필수적 공동소송이 된다.

Ⅱ. 물음 2)에 대하여 – 독립당사자참가

1. 문제점

사안의 丙의 독립당사자참가가 적법한지, 적법하다면 항소하지 않은 甲이 항소심으로 이심이 되는지, 이심이 된다면 항소하지 않은 甲의 지위는 어떠한지가 문제되며, 항소하지 않은 甲에게 유리한 판결을 할 수 있는지가 불이익변경금지의 원칙(제415조) 적용과 관련하여 문제가 된다.

2. 독립당사자참가

(1) 의의

타인 간의 소송계속 중에 원, 피고의 한쪽 또는 양쪽을 상대방으로 하여 원·피고간의 청구와 관련된 자기청구에 대하여 함께 심판을 구하기 위하여 그 소송절차에 참가함을 말한다(제79조).

(2) 취지

서로 이행관계가 대립되는 원고·피고·참가인 간의 삼파분쟁을 일거에 모순 없이 해결함으로써 소송경제를 도모하고 판결의 모순저촉을 방지할 수 있다.

(3) 구조

1) 학설

학설은 종래 크게 ① 같은 권리관계를 둘러싼 3개의 소송, 즉 원·피고 간, 참가인·원고 간, 참가인·피고 간에 각 1개씩 3개의 소송관계가 병합된 것으로 된다는 3개소송병합설, ② 제3자가 당사자로 참가함으로써 전통적인 이당사자대립구조의 예외로 보는 3면소송설로 나뉘어 있다.

2) 검토

통설은 제67조 준용을 근거로 3면소송설을 취하고 있고, 판례도 같다(대판 1991.12.24. 91다21145 · 21152 등). 다만, 이에 대해서는 독립당사자참가소송도 원고의 본소 또는 참가인의 참가신청을 가분적으로 취하 · 각하할 수 있고, 중복소송이 성립할 수 있음을 근거로 3개소송병합설에 대한 재검토가 요청된다는 견해도 있다(이시윤, 701면).

(4) 구별개념

독립당사자참가는 '당사자'참가이므로 보조참가와는 구별되고, '독립'한 지위에서 참가하는 것이기 때문에 종전 당사자의 일방과 연합관계인 공동소송참가(제83조)와 구별된다.

3. 참가요건

(1) 타인 간의 소송이 계속 중일 것

1) 소송이 계속 중이면 여하에 관계없이 참가할 수 있으며, 항소심에서도 할 수 있다(대판 1966.3.29. 65다 2407 · 2408). 다만, 상고심에서도 독립당사자참가가 가능한지가 문제된다. 판례와 유력설은 독립당사자참가는 그 실질에 있어서 신소제기의 실질을 가지므로 법률심인 상고심에서는 참가할 수 없는 것으로 본다(대판 1977.7.12. 76다2251 · 77다218 등; 호문혁).

2) <u>사안의 경우는 제1심에서 참가를 한 것이므로 문제가 없다.</u>

(2) 참가이유

권리주장참가는 참가인의 청구와 기존 당사자의 청구가 논리상 양립할 수 없는 경우를 이른다. <u>사안의 경우 甲의 乙에 대한 소유권확인청구에 丙이 자신의 소유권을 주장하며 참가하는 경우이므로 이는 참가인의 청구와 기존 당사자의 청구가 논리상 양립할 수 없는 경우이므로 이를 충족한다.</u>

(3) 참가취지

1) 쌍면참가

참가신청의 참가취지에서 참가인은 원 · 피고 양쪽에 대하여 각자 자기청구를 하는 것을 말한다. 이 점이 자신의 청구가 없는 보조참가와의 차이점이다. 원 · 피고 양쪽에 대한 청구가 같은 취지[80]일수도 있고, 다른 취지[81]일 수도 있다.

2) 편면참가

참가취지에서 참가인이 원 · 피고 양쪽 아닌 한쪽에 대해서만 청구하는 경우를 말한다. 2002년 개정법 전에는 엄격한 쌍면참가만을 인정했으나, 2002년 개정법은 입법으로 편면참가를 인정하고 있다. 이에 따라 종전 폐쇄적으로 운영하던 독립당사자참가 제도가 크게 활성화 될 것이다(이시윤).

---

80) 참가인이 원 · 피고 모두에게 소유권확인청구를 하는 경우를 들 수 있다.

81) 참가인이 원고에 대해서는 채권확인청구, 피고에 대해서는 소유권이전등기청구를 하는 경우를 들 수 있다.

3) 사안의 경우

사안의 丙은 甲과 乙에게 각각 소유권확인청구를 하는 경우이므로, 쌍면참가가 되어 이의 요건을 충족한다.

(4) 소의 병합요건을 갖출 것(제253조) – 절차공통, 관할공통

신소제기의 실질을 가지므로 소병합의 일반요건을 갖추어야 한다. 사안의 경우 별다른 전제가 없으므로 이를 충족한다.

(5) 소송요건

참가신청은 실질적 신소제기이므로 일반소송요건을 갖추어야 한다. 즉, 중복소송 등에 해당하지 않아야 한다(제259조). 사안에서 중복소송 등에 해당하는 말은 없으므로 이를 충족한다고 보아야 한다.

(6) 소결

따라서 丙의 독립당사자참가는 적법하다.

4. 판결에 대한 상소

(1) 상소의 이심범위

1) 학설

① 이심설

참가각하의 판결은 별문제이나 본안판결을 받은 경우는 상소하지 않은 당사자에게도 이심의 효력이 미쳐 상급심으로 이심이 된다고 한다(통설).

② 분리확정설

불복하지 않은 당사자의 소송관계는 끝나고 이심의 효력이나 확정차단의 효력이 생기지 않는다고 한다.

③ 제한적 이심설

패소하고서도 상소하지 아니한 자의 청구부분이 그대로 확정되면 상소인에게 불이익이 될 염려가 있는 경우에 한하여 제한적으로 이심이 된다고 한다.

2) 판례

판례는 "독립당사자 참가신청이 있으면 반드시 각 그 청구전부에 대하여 1개의 판결로써 동시에 재판하지 않으면 아니 되고, 일부판결이나 추가판결은 허용되지 않으며, 독립당사자 참가인의 청구와 원고의 청구가 모두 기각되고 원고만이 항소한 경우에 제1심판결 전체의 확정이 차단되고 사건 전부에 관하여 이심의 효력이 생기는 것이므로 독립당사자참가인도 항소심에서의 당사자라고 할 것이다(대판 1981.12.8. 80다577 등)."고 하여 이심설의 입장이다.

3) 검토 및 사안의 경우

독립당사자참가는 합일확정이 요구되어 일부판결, 추가판결이 허용되지 않으므로 비록 상소하지 않은 자의 부분도 합일확정의 요청상 상소심에 이심된다고 하는 이심설이 타당하다. 따라서 <u>사안에서도 乙이 항소하고, 甲은 항소하지 않았지만 항소심으로 이심된다</u>고 보아야 한다.

(2) 상소하지 않은 자의 상소심에서의 지위

1) 학설

① 상소인설은 패소한 두 당사자는 당사자에 대한 필수적공동소송인과 유사한 지위에 선다고 보아 법 제67조 제1항을 준용해서 한 당사자의 상소로 다른 당사자도 상소한 것이 된다고 본다.

② 피상소인설은 세 당사자가 상호 대립, 견제의 관계에 있으므로 패소 당사자 중 한 사람이 상소하는 것은 나머지 두 당사자 모두를 상대방으로 하는 것으로 보아, 제67조 제2항을 준용하여 그들이 모두 피상소인이 된다고 한다.

③ 상대적이중지위설은 독립당사자참가소송의 특수성을 감안하여 상소인과 피상소인의 지위를 겸한 특수한 지위에 선다고 한다.

④ 상소심당사자설은 합일확정의 요청상 패소하고 상소하지 않은 당사자에 대하여는 판결의 확정이 차단되고 상소심에 이심 되는 것에 그칠 뿐이므로 상소인도 피상소인도 아닌 상소심당사자의 지위에 설뿐이라고 한다.

2) 판례

"… 독립당사자참가인도 항소심에서의 당사자라고 할 것이다(대판 1981.12.8. 80다577)."고 하여 상소심당사자설을 취하고 있다.

3) 검토

상소인설이 상소한 바 없는 당사자를 상소인으로 보는 것은 지나친 의제이고, 피상소인설은 상소인이 다른 패소 당사자에게는 아무런 상소의 이익이 없음에도 그를 상소의 상대방으로 삼게 된다는 문제점이 있다. 그리고 상대적이중지위설도 설명이 지나치게 기교적이며 상소인설과 피상소인설이 가지고 있는 난점을 모두 가지고 있어 문제이다. 따라서 상소심에서의 단순한 당사자로 보는 상소심당사자설이 타당하므로, <u>사안의 甲은 단순한 항소심의 당사자에 해당</u>한다.

> (TIP) 이에 대한 견해 대립의 실익은 상소하지 않은 당사자의 상소취하 여부, 상소비용의 부담 여부 등을 들 수 있다. 즉, 상소인설을 취한다면 상소하지 않은 당사자도 상소인이 되므로 상소취하가 가능하게 되고 상소가 기각, 각하 당할 경우 상소비용을 부담하게 될 것이다. 하지만 피상소인설에 따를 경우 당연히 상소를 취하할 수 없고 상소가 기각, 각하될 경우 상소비용을 부담하지도 않게 된다. 그러나 상소심당사자설에 의하면 단순한 상소심에서의 당사자에 불과하므로 상소취하도 불가하고 상소비용을 부담하는 일도 없게 될 것이다.

(3) 상소심의 심판범위

1) 불이익변경금지원칙의 예외

만약 상소한 자의 불복범위에 한정해서 상소심의 심판범위를 한정한다면(즉, 불이익변경금지의 원칙을 인정한다면) 모순 대립하는 삼면관계를 일거에 해결한다는 독립당사자참가의 취지에 어긋나므로, 이 경우 상소심은 불복하지 않은 자에 대해서 유리한 청구가 가능하다. 이는 항소인에게 불리한 결과가 되는 것이지만 합일확정의 요청이 상소심에서 처분권주의의 발현인 불이익변경금지의 원칙[82](제415조)을 제한하는 것이므로 부득이하다(불이익변경금지의 원칙 예외).

2) 사안의 경우

독립당사자참가의 경우는 불이익변경금지원칙의 예외에 해당하므로, 항소심 법원은 甲이 비록 항소하지 않았지만, 甲에게 유리하게 X토지의 소유권이 甲에게 있다고 확인하는 판결을 선고할 수 있다.

---

82) [1] 민사소송법 제79조 제1항에 따라 원·피고, 독립당사자참가인(이하 "참가인"이라고만 한다)간의 소송에 대하여 본안판결을 할 때에는 위 3당사자를 판결의 명의인으로 하는 하나의 종국판결만을 내려야 하는 것이지 위 당사자의 일부에 관해서만 판결을 하는 것은 허용되지 않고, 같은 조 제2항에 의하여 제67조가 준용되는 결과 독립당사자참가소송에서 원고승소의 판결이 내려지자 이에 대하여 참가인만이 상소를 한 경우에도 판결 전체의 확정이 차단되고 사건 전부에 관하여 이심의 효력이 생기는 것이지만, 원고승소의 판결에 대하여 참가인만이 상소를 했음에도 상소심에서 원고의 피고에 대한 청구인용 부분을 원고에게 불리하게 변경할 수 있는 것은 참가인의 참가신청이 "적법"하고 나아가 "합일확정의 요청상" 필요한 경우에 한한다고 할 것이다.
[2] 원고의 피고에 대한 청구를 인용하고 참가인의 참가신청을 각하한 제1심판결에 대하여 참가인만이 항소한 이 사건에서, 참가인의 참가신청이 부적법하다는 이유로 참가인의 항소를 기각하면서도, 제1심판결 중 피고가 항소하지도 않은 본소 부분을 취소하고 원고의 피고에 대한 청구를 기각한 원심의 판단에는 독립당사자참가소송에서 패소한 당사자 중 일부만이 항소한 경우의 항소심의 심판대상에 관한 법리를 오해하여 판결에 영향을 미친 위법이 있다(대판 2007.12.14. 2007다37776·37783).
해설: 실무상 참가인의 참가신청의 적법 여부는 원·피고 사이의 본소청구에 대한 판결과 함께 하나의 판결로 행하여진다. 그런데 원고승소, 참가신청기각의 판결에 대하여 참가인만이 항소를 한 경우에는 사건 전체의 확정이 차단되고 항소심으로 이심하지만, 항소심에서 참가신청을 부적법하다고 판단하여 항소를 기각하는 경우에는 본소청구의 당부에 대하여는 심리할 수 없다는 것이다. 즉, 상소심에서 불이익변경금지의 원칙의 적용이 배제될 수 있는 경우는 참가신청이 적법하고 합일확정의 요청상 필요한 경우에 한한다는 것이다(유병현, 고시계 2009/2, 42면).

73 임의적 당사자변경

CONTENTS

3) 법원은 신청에 대해 허부결정을 할 수 있
으며(제261조 제1항), 허가한 경우에는 새
로운 피고에게 결정서정본과 함께 소장부
본의 송달을 요함(제261조 제2항)
4) 기각결정에는 통상항고만 할 수 있으나,
허가결정에 대해서 종전 피고는 부동의를
이유로 즉시항고 가능(제261조 제3항)
(4) 효과
1) 경정허가결정이 있으면 구피고에 대한 소
는 취하간주(제261조 제4항)
2) 신피고에 대하여는 소의 제기이므로 이에
의한 시효중단·기간준수의 효과는 경정신
청서의 제출시에 발생(제265조). 이에 대하
여는 필수적 공동소송인의 추가와의 균형
상 구소제기의 시점으로 그 효과를 소급시
키는 것이 타당하다는 입법론 ○(이시윤)
3) 신당사자가 경정에 동의하거나 구당사자
의 소송수행이 신당사자의 그것과 동일시
될 때를 제외하고는 신당사자의 원용이 없
는 한, 종전의 피고가 행한 소송수행의 결
과는 신당사자에게 효력 ×

2. 필수적 공동소송인의 추가
(1) 의의
제68조
(2) 요건
1) 고유필수적 공동소송에서 제소시 당사자
일부가 누락된 경우일 것
이 경우 법률상 소송공동이 강제되는 경우
가 아닌 유사필수적 공동소송인의 경우를
포함시킬 것인지에 관하여 ① 긍정설, ②
유사필수적 공동소송인을 일부 빠뜨려도
당사자적격의 흠결이 문제되지 않으므로
입법취지상 이 경우는 추가의 대상이 아니
라는 부정설(이시윤, 정동윤, 호문혁)과 판
례가 타당

2) 제1심 변론종결 전까지 신청할 것
3) 공동소송의 요건을 갖출 것
4) 원고 측 추가의 경우에는 추가될 원고의
동의가 있을 것
(3) 절차
1) 신소의 제기이므로 신청은 서면으로 함
2) 법원은 신청에 대해 허부결정을 할 수 있
으며(제68조 제2항) 허가결정이 있는 때에
는 종전당사자에게는 허가결정서정본을,
추가당사자에게는 그 외에 소장부본도 송
달(동조 제2항)
3) 허가결정에 대하여는 추가될 원고의 부동
의를 이유로 이해관계인의 즉시항고가 허
용(동조 제4항). 기각결정에 대하여는 피
고경정신청의 기각결정과 달리 즉시항고
가능(동조 제5항)
(4) 효과
필수적 공동소송이므로 종전당사자의 소송수
행결과는 유리한 범위 내에서 신당사자에게
효력이 미치며(제67조 제1항), 처음 소가 제
기된 때에 추가된 당사자와의 사이에 소가 제
기된 것으로 보기 때문에 시효중단, 기간준수
의 효과는 처음 제소시로 소급(제68조 제3항)

3. 예비적·선택적 공동소송인의 추가에 준용
(1) 현행법 제70조
제68조 준용
(2) 평가
소송진행중에 밝혀진 상황에 맞춘 탄력성 있
는 소송수행과 분쟁의 일회적 해결에 도움이
되는 매우 전진적인 입법이며, 활용가치가 크
다 할 것(이시윤)(예) 피고적격자가 불확실하
여 乙을 피고로 한 소송계속 중에 丙을 예비적
피고로 추가하여 예비적 공동소송으로 된 경
우에 적법)

▌임의적 당사자변경 사시 29·33회, 법무사 10회

Ⅰ. 의의 및 구별개념

1. 의의

임의적 당자자의 변경이란 소송계속 중 당사자의 의사에 의하여 종전의 원고나 피고에 갈음하여 제3자를 가입시키거나, 종전의 원고나 피고에 추가하여 제3자를 가입시키는 것을 말한다.

2. 구별개념

임의적 당사자의 변경은 신당사자가 탈퇴한 종전당사자의 지위를 승계하지 않는다는 점에서, 포괄적 또는 특정적으로 종전당사자의 지위가 승계되는 소송승계와는 구별된다. 그리고 당사자의 동일성이 상실된다는 점에서 당사자의 동일성을 유지하는 당사자표시정정과 구별된다.

Ⅱ. 임의적 당사자변경의 허용성 및 법적 성질

1. 일반적 인정 여부

(1) 학설

통설은 이를 인정하지 않으면 소를 취하하거나 각하하여 별소를 제기해야 하는 불편함이 있다는 것을 이유로 임의적 당사자 변경을 지위의 승계가 없는 당사자의 변경으로 보아 이를 인정하고 있다.

(2) 판례

일관해서 법의 명문 규정이 있는 피고경정(제260조), 필수적 공동소소인의 추가(제68조) 등을 제외하고는 이를 인정하지 않는다. 예를 들어, 대법원 판결(대판 1996.11.26. 96다32850)은 "종중이 당사자인 소송에 있어서 공동선조의 변경은 단순한 당사자 표시의 변경으로 볼 수 없고, 이는 당사자를 임의로 변경하는 것에 해당하므로, 원고인 종중의 공동선조를 변경하는 것은 허용될 수 없다."고 하여 이를 불허하고 있다.

(3) 검토

물론 소송은 절차의 안정이 대단히 중요한 것이므로 판례의 태도도 일리가 없는 것은 아니다. 하지만 명문의 규정이 없다고 이를 허용하지 않기 보다는 당사자 동의의 요구 등을 통하여 심급의 이익 등을 보장해주면 오히려 별소를 제기하는 소송불경제가 해소되어 당사자나 법원의 입장에서도 이익이라고 보아 학설의 입장이 타당하다고 보인다.

2. 법적 성질

(1) 학설

1) 소변경설은 소를 제기할 때 당사자도 특정해야 하므로 당사자를 변경하는 것도 소변경이 된다는 견해이다. 특히 이 설에 의하면 당사자변경을 소변경으로 보게 되면 종래의 소송이 새 당사자에 의하여 계속 수행되고 절차를 반복할 필요가 없다는 장점이 있다고 한다.

2) 복합설(신소제기·구소취하설)은 임의적 당사자 변경은 새 당사자에게는 신소의 제기이고 소송에서 탈퇴하는 당사자에게는 구소를 취하하는 행위가 복합되었다고 본다. 특히 이 설에 의하면 이는 신소의 제기이므로 임의적 당사자의 변경은 제1심에 국한되어야 한다고 한다(통설).

3) 독자제도설(소송속행설)은 임의적 당사자변경은 다른 제도에 의존하여 설명할 필요 없이 그 나름대로의 독자적인 요건과 효과를 가진 제도로, 기존 당사자의 의사에 따라 당사자를 변경시키는 단일한 행위라고 본다. 특히 이 견해에 의하면 종전의 소송과 변경 후의 소송에 연속성이 유지된다는 장점이 있다고 한다(호문혁).

(2) 검토

1) ① 소변경설은 청구의 변경은 당사자는 그대로 두고 청구만 변경하는 것이므로 타당하지 않고 새로 당사자가 되는 자의 이익을 도외시하는 문제점이 있다. 반면 ② 독자제도설은 이를 하나의 소송현상으로 보면서 종래의 소송수행의 결과를 이용할 수 있게 하는 반면 관계인의 이익을 보호할 수 있는 점에서 이론적, 실제적으로 가장 우수하다고 할 수 있다. 그러나 법 제260조가 종전의 피고가 본안에 응소한 때에는 그의 동의를 얻게 하는 한편 경정허가가 결정된 때에는 종전의 피고에 대한 소는 취하된 것으로 보고 있고, 법 제68조 제3항에서는 공동소송인의 추가는 신소의 제기로 되어 그 효과를 최초에 소를 제기한 때로 소급시키고 있다는 점을 고려할 때 이는 복합설이 입법화 된 것이라고 설명하는 것이 다수의 견해이다(이시윤 등).

2) 이에 대해서는 입법의 실마리를 어디서 찾았든지, 일단 제도로서 설치된 이상 고유한 성질을 규명하는 것이 타당하다는 견해가 있다(정동윤·유병현, 981면).

3) 그리고 독자제도설의 입장에서 임의적 당사적 변경을 규율할 법규정(제260조, 제68조)이 있음에도 불구하고 소변경, 소취하 및 제소 등의 다른 제도를 끌어다가 설명할 이유가 없다는 점, 어떤 규정을 신설하고 그것이 다른 제도의 성질을 가진 것이라고 설명할 일은 아니라고 하면서 복합설을 비판하는 입장도 유력하다(호문혁, 810면).

Ⅲ. 현행법상의 임의적 당사자변경제도

1. 피고의 경정

(1) 의의

소송계속 중 피고적격자를 오인하여 소제기 하였음이 명백한 경우 원고의 경정신청과 법원의 허가결정으로 피고를 교체하는 것을 말한다(제260조). 따라서 일반적으로 당사자표시정정신청을 하는 경우에도 실질적으로 당사자가 변경되는 것은 허용할 수 없고 필수적 공동소송이 아닌 사건에서 소송 도중에 당사자를 추가하는 것 역시 허용될 수 없으므로, 회사의 대표이사가 개인 명의로 소를 제기한 후 회사를 당사자로 추가하고 그 개인 명의의 소를 취하함으로써 당사자의 변경을 가져오는 당사자추가신청은 부적법한 것이다(대판 1998.1.23. 96다41496).

(2) 요건

1) 원고가 피고를 잘못 지정한 것이 명백할 것

판례는 원고가 공사도급계약상의 수급인은 그 계약 명의인인 피고라고 하여 피고를 상대로 소송을 제기하였다가 심리 도중 변론에서 피고 측 답변이나 증거에 따라 이를 번복하여 수급인이 피고보조참가인이라고 하면서 피고경정을 구한 사안에서 "<u>원고가 법률을 잘 알지 못하여 피고가 잘못된 것이 분명하거나 법인격 유무에 관하여 착오를 일으킨 것이 분명한 때를 말하는 것이고, 뒤에 증거조사결과 판명된 사실관계로 미루어 피고의 지정이 잘못된 경우는 포함되지 않는다</u>(대결 1997.10.17. 97마1632)."고 한다. 실무상 피고경정이 허용되는 예로는, 주식회사를 피고로 하여야 하는데 대표이사 개인을 피고로 한 경우, 지역농업협동조합을 상대로 해야 할 것인데 농업협동조합중앙회를 상대로 한 경우 등을 들 수 있다(실무제요(Ⅰ), 345면). 하지만 학설은 판례처럼 피고경정의 요건을 좁히는 것은 소송경제라는 제도의 취지를 몰각시키고, 피고 경정의 이용의 폭을 지나치게 좁히는 것이라고 하여 판례에 반대하는 견해가 유력하다(이시윤, 정동윤·유병현).

2) 제1심에 계속 중이고 변론종결 전일 것

새로 가입하는 당사자의 심급의 이익을 위한 것이다. 다만, 이에 대해서는 신·구 양 당사자의 동의를 얻으면 항소심에서도 변경을 허용할 것이라는 견해[83]가 유력하다(이시윤).

3) 교체 전후 소송물이 동일할 것

교체 전후의 소송물은 동일하여야 한다. 따라서 경정신청할 때에 인지를 따로 붙일 필요는 없으며, 구소장의 인지를 유용하여도 무방하다.

4) 피고의 동의

<u>피고가 본안에 관하여 변론한 때에는 피고의 동의가 있을 것</u>을 요하며, 피고가 경정신청서를 송달받은 날로부터 2주일 내에 이의하지 않으면 동의한 것으로 본다(제260조 제4항).

(3) 절차

1) 원고가 서면으로 신청하여야 하며(제260조 제2항), 피고에게 소장부본이 송달된 후에는 경정신청서도 송달하여야 한다(제260조 제3항).

2) 경정 전후를 통해 소송물이 동일할 것을 요하므로 구소장의 인지를 유용해도 무방하다.

3) 법원은 신청에 대해 허부결정을 할 수 있으며(제261조 제1항) 허가한 경우에는 새로운 피고에게 결정서 정본과 함께 소장부본의 송달을 요한다(제261조 제2항).

4) 기각결정에는 통상항고만 할 수 있으나, 허가결정에 대해서 종전 피고는 부동의를 이유로 즉시항고할 수 있다(제261조 제3항).

---

83) 특히 이 견해는 가사소송법 제15조 제1항이 '사실심의 변론종결시'까지 필수적 공동소송인의 추가 또는 피고의 경정이 가능하다록 하고 있고, 행정소송에서도 판례가 사실심의 변론종결시까지 피고의 경정이 된다고 하고 있으므로(대판 1996.1.13. 95누1378), 민사소송에서만 제1심에 한정하는 것은 균형이 맞지 아니한다고 한다.

(4) 효과

1) 경정허가결정이 있으면 구피고에 대한 소는 취하된 것으로 본다(제261조 제4항).

2) 신피고에 대하여는 소의 제기이므로 이에 의한 시효중단·기간준수의 효과는 경정신청서의 제출시에 발생한다(제265조). 이에 대하여는 필수적 공동소송인의 추가와의 균형상 구소제기의 시점으로 그 효과를 소급시키는 것이 타당하다는 입법론이 있다(이시윤, 722면).

3) 신당사자가 경정에 동의하거나 구당사자의 소송수행이 신당사자의 그것과 동일시될 때를 제외하고는 신당사자의 원용이 없는 한, 종전의 피고가 행한 소송수행의 결과는 신당사자에게 효력이 없다.

2. 필수적 공동소송인의 추가

(1) 의의

고유필수적 공동소송에서 소제기 시 당사자 일부가 누락된 경우 원고의 신청에 의해 법원의 결정으로 원고 또는 피고를 추가하는 것을 말한다(제68조).

(2) 요건

1) 고유필수적 공동소송에서 소제기시 당사자 일부가 누락된 경우일 것

이 경우 법률상 소송공동이 강제되는 경우가 아닌 유사필수적 공동소송인의 경우를 포함시킬 것인지에 관하여 ① 판결의 효력을 받는 제3자도 소송계속 중 언제나 공동소송참가의 방식에 의하여 당사자가 될 수 있는 것과의 균형상 유사필수적 공동소송인도 포함시켜야 한다는 견해도 있으나(강현중), ② 유사필수적 공동소송인을 일부 빠뜨려도 당사자적격의 흠결이 문제되지 않으므로 입법취지상 이 경우는 추가의 대상이 아니라는 다수설(이시윤, 정동윤, 호문혁)과 판례(대판 1993.9.28. 93다32095 등)가 타당하다. 즉, 판례는 "이른바 고유필수적 공동소송이 아닌 사건에서 소송 도중에 당사자를 추가하는 것은 허용될 수 없고, 동일한 특허권에 관하여 2인 이상의 자가 공동으로 특허의 무효심판을 청구하여 승소한 경우에 그 특허권자가 제기할 심결취소소송은 심판청구인 전원을 상대로 제기하여야만 하는 고유필수적 공동소송이라고 할 수 없으므로, 위 소송에서 당사자의 변경을 가져오는 당사자추가신청은 명목이 어떻든 간에 부적법하여 허용될 수 없다. 특허를 무효로 한다는 심결이 확정된 때에는 당해 특허는 제3자와의 관계에서도 무효로 되므로, 동일한 특허권에 관하여 2인 이상의 자가 공동으로 특허의 무효심판을 청구하는 경우 그 심판은 심판청구인들 사이에 합일확정을 필요로 하는 이른바 유사필수적 공동심판에 해당한다(대판 2009.5.28. 2007후1510).[84]"고 본다.

2) 제1심 변론종결 전까지 신청할 것

이것은 당사자의 심급의 이익을 보호하기 위함이다.

3) 공동소송의 요건을 갖출 것

추가되는 쪽은 공동소송이 되므로, 공동소송의 요건을 갖추어야 한다.

---

84) 위 법리에 비추어 보면, 당초 청구인들이 공동으로 특허발명의 무효심판을 청구한 이상 청구인들은 유사필수적 공동심판관계에 있으므로, 비록 위 심판사건에서 패소한 특허권자가 공동심판청구인 중 일부만을 상대로 심결취소소송을 제기하였다 하더라도 그 심결은 청구인 전부에 대하여 모두 확정이 차단되며, 이 경우 심결취소소송이 제기되지 않은 나머지 청구인에 대한 제소기간의 도과로 심결 중 그 나머지 청구인의 심판청구에 대한 부분만이 그대로 분리·확정되었다고 할 수 없다.

4) 원고 측 추가의 경우에는 추가될 원고의 동의가 있을 것

이는 처분권주의 원칙상 당연하며, 이를 통하여 신당사자의 절차보장이 이루어진다. 다만, 피고는 자기의 의사와 무관하게 소제기당하는 사람이므로 그의 동의는 불필요하다.

(3) 절차

① 신소의 제기이므로 신청은 서면에 의하여야 하며, ② 법원은 신청에 대해 허부결정을 할 수 있으며(제68조 제2항) 허가결정이 있는 때에는 종전당사자에게는 허가결정서정본을, 추가당사자에게는 그 외에 소장부본도 송달하여야한다(동조 제2항). ③ 허가결정에 대하여는 추가될 원고의 부동의를 이유로 이해관계인의 즉시항고가 허용된다(동조 제4항). 기각결정에 대하여는 피고경정신청의 기각결정과 달리 즉시항고 할 수 있다(동조 제5항).

(4) 효과

필수적 공동소송이므로 종전당사자의 소송수행결과는 유리한 범위 내에서 신당사자에게 효력이 미치며(제67조 제1항), 처음 소가 제기된 때에 추가된 당사자와의 사이에 소가 제기된 것으로 보기 때문에 시효중단, 기간준수의 효과는 처음 소제기 시로 소급한다(제68조 제3항).

3. 예비적 · 선택적 공동소송인의 추가에 준용

(1) 현행법 제70조

현행법은 예비적 · 선택적 공동소송을 신설하였는데, 여기에 제68조의 필수적 공동소송인의 추가규정을 준용하였다. 원 · 피고 간의 단일소송이 계속 중에 제68조의 규정에 맞추어 새로운 당사자(원고 · 피고)를 예비적 또는 선택적 당사자로 추가병합함으로써, 소송형태를 예비적 · 선택적 공동소송으로 바꿀 수 있도록 길을 열어 놓은 것이다(이시윤).

(2) 평가

소송진행 중에 밝혀진 상황에 맞춘 탄력성 있는 소송수행과 분쟁의 일회적 해결에 도움이 되는 매우 전진적인 입법이며, 활용 가치가 크다 할 것이다(이시윤). 예를 들어, 피고적격자가 불확실하여 乙을 피고로 한 소송계속 중에 丙을 예비적 피고로 추가하여 예비적 공동소송으로 된 경우에 적법하다 할 것이다.

74 소송물의 양도(특정승계)

CONTENTS

2) 판례는 변론종결 전의 승계인, 즉 소송승계(인수승계)에 대해서는 "부동산소유권이전등기청구 소송계속 중 그 소송 목적이 된 부동산에 대한 이전등기이행채무 자체를 승계함이 없이 단순히 같은 부동산에 대한 소유권이전등기(또는 근저당설정등기)가 제3자 앞으로 경료되었다 하여도 이는 민사소송법 제82조 제1항 소정의 '그 소송의 목적이 된 채무를 승계한 때'에 해당한다고 할 수 없으므로 위 제3자에 대하여 등기말소를 구하기 위한 소송의 인수는 허용되지 않는다."고 하여 소송승계(인수승계)에 대해서는 조문에 충실하게 그 소송의 목적이 된 채무, 즉 소송물을 승계한 때에 승계인을 인정

3. 절차
   (1) 신청권자
      1) 전주(前主)를 상대로 제기하고 있는 상대방이 신청권자라는 점에는 이론 ×
      2) 전주의 포함 여부
         학설은 부정설(김홍규), 제82조가 '당사자'라고 규정하고 있고, 전주가 자기의 지위를 승계인에게 인수시켜 그 부분의 채무를 면하고자 할 수 있으므로 긍정설이 타당(다수설)
   (2) 채무승계인의 포함 여부
      소송승계제도의 통일적 운영을 위하여 긍정하는 견해(송상현), 채무승계인은 차라리 제81조에 의한 참가신청을 하여야 할 것

(3) 법원은 인수결정을 할 때에는 당사자와 제3자를 심문

4. 효과
   (1) 교환적 승계의 경우에는 전주의 소송상의 지위를 그대로 물려받게 되어, 유·불리를 불문하고 그에 구속(소송상태승인의무)
   (2) 추가적 승계의 경우에는 소송의 목적인 권리의무를 그대로 승계한 것이 아니라 소송물의 추가, 분쟁의 확대이므로 승계인의 절차보장이 필요
      ∴ 전주의 행위와 모순되는 승계인 독자의 소송행위를 넓게 인정할 필요 ○
   (3) 소제기에 의한 시효중단, 기간준수의 효력은 신당사자에게 소급적으로 미침(제82조 제3항)
   (4) 소송탈퇴
      1) 소송물의 양도에 의한 참가·인수승계의 경우 종전당사자는 당사자적격을 상실하므로 상대방의 동의를 얻어 소송탈퇴 가능. but 판결의 효력은 탈퇴한 당사자에게 미침(제82조 제3항, 제80조). 소송형태는 승계인과 상대방과의 대립당사자구조가 됨
      2) but 승계의 효력을 다투거나, 권리·의무의 일부승계, 추가적 인수의 경우에는 종전당사자는 당사자적격을 잃지 않으며, 승계의 효력을 다투는 경우는 독립당사자참가의 형태가 되고, 그렇지 않은 경우에는 새로 가입한 신당사자가 종전당사자와 공동소송인의 관계가 됨

▌소송물의 양도(특정승계) 사시 22회, 법무사 11회

Ⅰ. 서설

1. 의의

소송계속 중에 소송물인 권리관계에 관한 당사자적격이 특정적으로 제3자에게 이전된 경우로 소송물인 권리관계의 양적·질적 일부양도의 경우와 계쟁물의 양도를 포함한다.

2. 입법례와 현행법의 입장

(1) 로마법과 독일보통법 시대에서는 소송계속중의 혼란을 피하기 위해 소송물의 양도를 무효로 보는 양도금지주의를 취하였으나, 현행법제는 거의 다 양도허용주의를 전제로 하고 있다. 이를 전제로 여러 가지 입법례가 있다.

(2) 입법례

① 소송물의 양도가 있어도 종전의 당사자적격에 영향이 없게 하여, 종전의 당사자가 승계인을 위하여 소송수행권을 가지며, 그 판결의 효력을 승계인에게도 미치게 하는 당사자항정주의(독일 민사소송법의 태도), ② 소송의 목적인 실체적인 권리관계의 변동을 소송에 반영시켜 승계인을 당사자로서 소송에 가입시키고 전주의 소송상의 지위를 승계시키는 입장인 소송승계주의가 있다.

(3) 현행법의 입장과 문제점

현행법 제81조, 제82조는 소송승계주의를 채택하고 있다. 소송승계주의는 상대방의 실체관계변동을 알지 못해 소송승계절차를 밟지 못한 경우 지금까지의 소송수행의 결과 받은 판결은 무용지물이 되며, 승계인을 상대로 다시 신소를 제기하여야 하는 소송불경제의 문제점이 있다.

(4) 입법론

소송승계주의는 승계인의 보호라는 점에서 당사자항정주의가 미치지 못하는 장점이 있으나, 상대방의 보호라는 점에서 그 결함이 크기 때문에, 입법론으로는 소송승계주의와 당사자항정주의를 병용하자는 견해가 있다. 다만, 현행법은 소송승계주의의 결점을 시정하는 방법으로 몇 가지를 마련해 놓고 있다.

(5) 소송승계주의의 시정방법(보완제도)

가처분제도(민사집행법 제300조)와 추정승계인제도(제218조 제2항) 등이 있다.

Ⅱ. 참가승계

1. 의의

소송계속 중 소송물인 권리·의무의 전부나 일부의 승계인이 독립당사자참가신청의 형식으로 스스로 참가하여 새로운 당사자가 되는 것을 참가승계라고 한다(제81조). 이 경우 소송물의 양도에는 매매·증여·채권양도 등 임의처분은 물론 민사집행법상 매각, 채권전부명령 등 법률상의 이전도 포함되고 승계취득이든 원시취득이든 관계없다[실무제요(Ⅰ), 400면].

2. 요건

(1) 소송계속 중의 의미

참가승계는 다른 사람 사이의 소송계속 중에 소송목적인 권리·의무의 승계가 있다고 주장하는 경우에 인정된다. 이 경우 '소송계속 중'이 상고심도 포함하는지 문제가 있는데, 상고심은 법률심이므로 포함되지 않는다(대판 2001.3.9. 98다51169).[85] 그리고 소송계속 중이어야 하므로, 청구이의의 소의 계속 중 그 소송에서 집행력 배제를 구하고 있는 채무명의에 표시된 청구권을 양수한 자는 소송의 목적이 된 채무를 승계한 것이므로 승계집행문을 부여받은 여부에 관계없이 위 청구이의의 소에 민사소송법 제81조에 의한 승계참가를 할 수 있으나, 청구이의의 소가 제기되기 전에 그 채무명의에 표시된 청구권을 양수한 자의 권리승계 참가신청은 부적법한 것이다(대판 1983.9.27. 83다카1027).

(2) 소송물인 권리·의무의 전부나 일부의 승계

소송물인 권리·의무의 전부나 일부의 승계가 있어야 한다. 따라서 채무자나 소유자가 배당이의 소를 제기한 경우의 소송목적물은 피고로 된 채권자가 경매절차에서 배당받을 권리의 존부·범위·순위에 한정되는 것이지, 원고인 채무자나 소유자가 경매절차에서 배당받을 권리까지 포함하는 것은 아니므로, 제3자가 채무자나 소유자로부터 위와 같이 배당받을 권리를 양수하였더라도 그 배당이의 소송이 계속되어 있는 동안에 소송목적인 권리 또는 의무의 전부 또는 일부를 승계한 경우에 해당된다고 볼 수는 없다(대판 2023.2.23. 2022다285288).

3. 절차

(1) 참가승계신청

참가승계신청은 소의 제기에 해당한다. 원고 측 참가승계에서 피승계인이 신청인의 승계주장사실을 다투는 경우에는 참가승계신청서에 소장의 경우와 같은 금액의 인지를 붙여야 한다(민사소송등인지법 제6조 제2항). 참가승계신청은 독립당사자참가신청의 방식에 의하고, 독립당사자참가방식은 보조참가신청의 방식에 의하므로, 참가승계신청을 하면서 승계인으로서 할 수 있는 소송행위를 동시에 할 수 있다(제81조, 제79조 제2항, 제72조). 따라서 화해권고결정이 송달된 후의 승계인도 이의신청과 동시에 승계참가신청을 할 수 있다(대판 2012.5.10. 2010다2558).

(2) 신청에 대한 재판

1) 참가요건은 소송요건에 준하므로, 직권조사사항이다. 승계인에 해당하는지 여부는 본소청구와 참가인의 신청이유에 따라 판단한다. 그리고 승계참가신청은 일종의 소의 제기에 해당하고 참가요건은 소송요건에 해당하므로, 이 신청에 대하여는 피참가인과 그 상대방은 이의를 제기하지 못하며, 참가요건에 흠이 있는 때에는 변론을 거쳐 판결로 참가신청을 각하하여야 하고(대결 2007.8.23. 2006마171), 이때 승계참가인의 부적법한 참가신청을 각하하는 판결을 반드시 원래의 당사자 사이의 소송에 대한 판결과 함께 하여야 하는 것은 아니다[대판 2012.4.26. 2011다85789; 실무제요(Ⅰ), 402면].

---

85) 승계참가인이 소송당사자로부터 계쟁 부동산에 대한 지분 중 일부를 양도받은 권리승계인이라 하여 상고심에 이르러 승계참가신청을 한 경우, 이러한 참가신청은 법률심인 상고심에서는 허용되지 아니한다(대판 2001.3.9. 98다51169).

2) 승계참가인의 참가신청이 부적법함에도 불구하고 법원이 이를 간과하여 승계참가인의 참가신청과 피참가인의 소송 탈퇴가 적법함을 전제로 승계참가인과 상대방 사이의 소송에 대해서만 판결을 하였는데 상소심에서 승계참가인의 참가신청이 부적법하다고 밝혀진 경우, 피참가인과 상대방 사이의 소송은 여전히 탈퇴 당시의 심급에 계속되어 있으므로 상소심법원은 탈퇴한 피참가인의 청구에 관하여 심리·판단할 수 없다(대판 2012.4.26. 2011다85789). 또한 참가신청의 이유로 주장하는 사실관계 자체에서 승계적격의 흠이 명백하지 않는 한 승계인에 해당하는지 여부는 승계참가인의 청구의 당부와 관련하여 판단할 사항이므로, 심리 결과 승계사실이 인정되지 않으면 승계참가인의 청구를 기각하는 판결을 하여야지 승계참가신청을 각하하는 판결을 할 것은 아니다(대판 2014.10.27. 2013다67105·67112).

4. 효과

(1) 소급효

제81조는 "소송이 법원에 처음 계속된 때에 소급하여"라고 하고 있으나, 참가승계신청을 하면 참가의 시기에 관계없이 당초의 소제기 시에 소급하여 시효중단·기간준수의 효력이 생긴다. 따라서 승계참가가 인정되는 경우에는 그 참가시기에 불구하고 소가 제기된 당초에 소급하여 법률상의 기간준수의 효력이 발생하는 것이므로, 신주발행무효의 소에 승계참가 하는 경우에 그 제소기간의 준수 여부는 승계참가시가 아닌 원래의 소제기시를 기준으로 판단하여야 한다(대판 2003.2.26. 2000다42786). 승계인은 피승계인의 소송상 지위를 승계하므로, 독립당사자참가의 경우와는 다르게, 참가 시까지 피승계인이 한 소송수행결과에 구속된다.

(2) 참가방식

참가방식은 독립당사자참가의 경우와 동일하나, 기본적으로 피승계인과 참가인 사이에 이해가 대립되는 관계가 아니므로, 소송구조는 독립당사자참가와 차이가 있다. 먼저 피승계인이 승계사실을 다투지 않는 경우에는 독립당사자참가의 경우와 같은 대립·견제의 소송관계가 성립하지 않는다. 참가인이 피승계인에 대하여 어떤 청구를 하지 아니하여도 된다(편면참가). 이 경우 피승계인의 대리인이 참가인의 대리인이 되어도 쌍방대리는 문제되지 아니 한다(대판 1969.12.9. 69다1578).[86] 그리고 피승계인이 승계사실을 다투는 경우에는 독립당사자참가의 경우와 같이 피승계인·승계인, 피승계인의 상대방 사이의 대립·견제의 삼면소송관계가 성립한다. 이 경우 승계인은 피승계인에 대해서도 일정한 청구를 하여야 한다(쌍면참가). 그러므로 독립당사자참가와 같은 액수의 인지를 붙여야 한다(민사소송등인지법 제6조 제2항).

5. 종전 당사자의 소송탈퇴와 승계 후의 소송형태

(1) 소송탈퇴

소송물의 양도에 의한 참가·인수승계의 경우 종전당사자는 당사자적격을 상실하므로 상대방의 동의를 얻어 소송탈퇴 할 수 있다. 그러나 판결의 효력은 탈퇴한 당사자에게 미친다(제82조 제3항, 제80조).

---

86) 원고와 참가인이 서로 이해 대립되는 관계에 있다할 수 없으므로, 원고 소송대리인인 변호사가 참가인의 소송행위를 대리하였다하여 쌍방대리금지에 관한 법조에 저촉된다고 할 수 없다. 그리고 민사소송법 제79조의 독립당사자참가의 소송형태와 같은 법 제81조의 승계참가의 소송형태는 그 소송구조에 있어 차이가 있으며 본건과 같이 권리양도인 원고가 권리 양도를 인정하는 경우는 권리승계 참가인이 원고에 대하여 아무런 청구를 필요하지 않으므로, 고유의 독립당사자 참가의 경우와 같은 3면 소송관계가 성립될 여지가 없으므로 본건 승계참가에 참가인의 원고에 대한 청구가 없으므로, 참가요건에 흠결이 있다는 상고논지는 이유 없다(대판 1969.12.9. 69다1578).

(2) 소송형태

소송형태는 승계인과 상대방과의 대립당사자구조이다. 다만, 승계의 효력을 다투거나, 권리·의무의 일부승계, 추가적 인수의 경우에는 종전당사자는 당사자적격을 잃지 않으며, 승계의 효력을 다투는 경우는 독립당사자 참가의 형태가, 그렇지 않은 경우에는 새로 가입한 신당사자가 종전당사자와 공동소송인의 관계에 선다. 특히 공동소송의 형태에 대하여 과거에는 통상공동소송으로 보다가, 2019년 전원합의체는 필수적 공동소송으로 입장을 변경하였다. 즉, 판례는 "승계참가에 관한 민사소송법 규정과 2002년 민사소송법 개정에 따른 다른 다수당사자 소송제도와의 정합성, 원고승계참가인(이하 "승계참가인"이라 한다)과 피참가인인 원고의 중첩된 청구를 모순 없이 합일적으로 확정할 필요성 등을 종합적으로 고려하면, 소송이 법원에 계속되어 있는 동안에 제3자가 소송목적인 권리의 전부나 일부를 승계하였다고 주장하며 민사소송법 제81조에 따라 소송에 참가한 경우, 원고가 승계참가인의 승계 여부에 대해 다투지 않으면서도 소송탈퇴, 소 취하 등을 하지 않거나 이에 대하여 피고가 부동의하여 원고가 소송에 남아있다면 승계로 인해 중첩된 원고와 승계참가인의 청구 사이에는 필수적 공동소송에 관한 민사소송법 제67조가 적용된다고 할 것이다. 그러므로 2002년 민사소송법 개정 후 피참가인인 원고가 승계참가인의 승계 여부에 대하여 다투지 않고 그 소송절차에서 탈퇴하지도 않은 채 남아있는 경우 원고의 청구와 승계참가인의 청구가 통상공동소송 관계에 있다는 취지로 판단한 판결(대판 2004.7.9. 2002다16729)[87] 및 여러 판결들(대판 2009.12.24. 2009다65850; 대판 2014.10.30. 2011다113455·113462)을 비롯하여 그와 같은 취지의 판결들은 이 판결의 견해에 배치되는 범위 내에서 이를 모두 변경하기로 한다(대판 2019.10.23. 2012다46170 전합)."고 하였다.

Ⅲ. 인수승계

1. 인수승계의 의의 및 취지

(1) 의의

인수승계라 함은 소송계속중 소송의 목적인 권리, 의무의 전부나 일부의 승계가 있는 때에 종전당사자의 인수신청에 의하여 승계인인 제3자를 새로운 당사자로 소송에 강제로 끌어들이는 것을 말한다(제82조).

(2) 취지

분쟁이 제3자에게 확대되는 경우 그 제3자를 소송에 참가시킴으로서 분쟁의 일회적 해결, 즉 소송경제를 달성하고 제3자가 소송참가 함으로써 자신 고유의 절차보장을 받게 하려는데 그 취지가 있다.

2. 요건

(1) 다른 사람 사이의 소송이 계속 중일 것

인수신청은 사실심의 변론종결 전에 한하며, 상고심에서는 허용되지 않는다.

---

87) 원고는 이 사건 손해배상채권을 승계참가인에게 양도하고 원심 소송 계속중인 1999.11.16.경 피고들에게 채권양도의 통지를 한 다음 승계참가인이 승계참가신청을 하자 탈퇴를 신청하였으나 피고들의 부동의로 탈퇴하지 못한 사실을 알 수 있는바, 이와 같은 경우 원고의 청구와 승계참가인의 청구는 통상의 공동소송으로서 모두 유효하게 존속하는 것이므로 … (대판 2004.7.9. 2002다16729).

(2) 소송의 목적인 권리, 의무의 승계

1) 학설

통설은 소송물의 양도는 당사자적격의 이전이므로 제81조, 제82조의 소송승계인은 제218조의 변론종결후의 승계인에 준하여 취급하여야 한다고 한다(적격승계설). 그러나 소송승계의 원인으로는 소송물인 권리관계 자체가 양도된 경우만이 아니라, 권리관계가 귀속되는 물건(계쟁물)이 양도되어 당사자적격이 이전된 경우에도 포함되므로, 이를 분쟁주체지위의 이전이라고 표현해야 한다는 견해도 유력하다(분쟁주체지위이전설).

2) 판례

① 판례는 변론종결 전의 승계인, 즉 소송승계(인수승계)에 대해서는 "부동산소유권이전등기청구 소송계속 중 그 소송 목적이 된 부동산에 대한 이전등기이행채무 자체를 승계함이 없이 단순히 같은 부동산에 대한 소유권이전등기(또는 근저당설정등기)가 제3자 앞으로 경료 되었다 하여도 이는 민사소송법 제82조 제1항 소정의 '그 소송의 목적이 된 채무를 승계한 때'에 해당한다고 할 수 없으므로 위 제3자에 대하여 등기말소를 구하기 위한 소송의 인수는 허용되지 않는다(대결 1983.3.22. 80다283)."고 하여 소송승계(인수승계)에 대해서는 조문에 충실하게 그 소송의 목적이 된 채무, 즉 소송물을 승계한 때에 승계인을 인정한다. 따라서 사업시행자가 조합 설립에 동의하지 않은 토지 또는 건축물 소유자를 상대로 매도청구의 소를 제기하여 매도청구권을 행사한 이후에 제3자가 매도청구 대상인 토지 또는 건축물을 특정승계하였다고 하더라도, 특별한 사정이 없는 한 사업시행자는 민사소송법 제82조 제1항에 따라 제3자로 하여금 매도청구소송을 인수하도록 신청할 수 없다(대판 2019.2.28. 2016다255613).

② 건물철거청구 중에 피고가 제3자 앞으로 그 건물에 대한 소유권이전등기를 넘길 경우에 제3자 명의의 등기말소의무의 이행을 구하기 위한 소송인수신청도 허용될 수 없다(대판 1971.7.6. 71다726). '소송의 목적인 채무를 승계'한 경우가 아니라는 이유이다(이시윤). 그리고 판례는 "공유물분할청구의 소는 분할을 청구하는 공유자가 원고가 되어 다른 공유자 전부를 공동피고로 하여야 하는 고유필수적 공동소송이다. 공유물분할에 관한 소송계속 중 변론종결일 전에 공유자 중 1인인 甲의 공유지분의 일부가 乙 및 丙 주식회사 등에게 이전된 사안에서, 변론종결시까지 민사소송법 제81조에서 정한 승계참가나 민사소송법 제82조에서 정한 소송인수 등의 방식으로 일부 지분권을 이전받은 자가 소송의 당사자가 되었어야 함에도 그렇지 못하였으므로 위 소송 전부가 부적법하게 되었다(대판 2014.1.29. 2013다78556)."고 한다.

3. 절차

(1) 신청권자

전주(前主)를 상대로 제기하고 있는 상대방이 신청권자라는 점에는 이론이 없다. 전주가 포함되는지가 문제가 되지만, 학설은 부정설도 있으나(김홍규), 제82조가 '당사자'라고 규정하고 있고, 전주가 자기의 지위를 승계인에게 인수시켜 그 부분의 채무를 면하고자 할 수 있으므로 긍정설이 타당하다(다수설). 그리고 채무승계인이 포함되는지에 대하여 소송승계제도의 통일적 운영을 위하여 긍정하는 견해도 있으나(송상현), 채무승계인은 차라리 제81조에 의한 참가신청을 하여야 할 것이다.

(2) 심문

인수신청이 있으면 법원은 양쪽 당사자와 제3자를 심문하여 신청의 허부에 대한 결정을 하여야 한다(제82조 제2항). 인수를 명하는 결정에 대하여는 독립하여 항고할 수 없고(대결 1990.9.26. 90그30), 종국판결에 대한 상소로 다툴 수 있을 뿐이다(제392조). 다만, 인수신청을 기각하는 결정에 대하여는 민사소송법 제439조에 의하여 통상의 항고를 할 수 있다[법원실무제요(Ⅰ), 324면].

(3) 승계인이 참칭승계인에 해당하는 경우의 법원의 재판

소송 계속 중에 소송목적인 의무의 승계가 있다는 이유로 하는 소송인수신청이 있는 경우 신청의 이유로서 주장하는 사실관계 자체에서 그 승계적격의 흠결이 명백하지 않는 한 결정으로 그 신청을 인용하여야 하는 것이고, 그 승계인에 해당하는가의 여부는 피인수신청인에 대한 청구의 당부와 관련하여 판단할 사항으로 심리한 결과 승계사실이 인정되지 않으면 청구기각의 본안판결을 하면 되는 것이지 인수참가신청 자체가 부적법하게 되는 것은 아니다(대판 2005.10.27. 2003다66691).

4. 효과

(1) 교환적 승계의 경우

전주의 소송상의 지위를 그대로 물려받게 되어, 유·불리를 불문하고 그에 구속된다(소송상태승인의무). 따라서 인수참가인이 인수참가요건인 채무승계 사실에 관한 상대방당사자의 주장을 모두 인정하여 이를 자백하고 소송을 인수하여 이를 수행하였다면, 위 자백이 진실에 반한 것으로서 착오에 의한 것이 아닌 한 인수참가인은 위 자백에 반하여 인수참가의 전제가 된 채무승계사실을 다툴 수는 없다(대판 1987.11.10. 87다카473).

(2) 추가적 승계의 경우

소송의 목적인 권리의무를 그대로 승계한 것이 아니라 소송물의 추가, 분쟁의 확대이므로 승계인의 절차보장이 필요하다. 따라서 전주의 행위와 모순되는 승계인 독자의 소송행위를 넓게 인정할 필요가 있다.

(3) 시효중단 등의 효력

소제기에 의한 시효중단, 기간준수의 효력은 신당사자에게 소급적으로 미친다(제82조 제3항). 따라서 인수참가인의 소송목적 양수 효력이 부정되어 인수참가인에 대한 청구기각 또는 소각하 판결이 확정된 날부터 6개월 내에 탈퇴한 원고가 다시 탈퇴 전과 같은 재판상의 청구 등을 한 때에는, 탈퇴 전에 원고가 제기한 재판상의 청구로 인하여 발생한 시효중단의 효력은 그대로 유지된다고 봄이 타당하다(대판 2017.7.18. 2016다35789).

(4) 소송탈퇴

소송물의 양도에 의한 참가·인수승계의 경우 종전당사자는 당사자적격을 상실하므로 상대방의 동의를 얻어 소송탈퇴 할 수 있다. 그러나 판결의 효력은 탈퇴한 당사자에게 미친다(제82조 제3항, 제80조). 소송형태는 승계인과 상대방과의 대립당사자구조가 된다. 다만, 승계의 효력을 다투거나, 권리·의무의 일부 승계, 추가적 인수의 경우에는 종전당사자는 당사자적격을 잃지 않으며, 승계의 효력을 다투는 경우는 독립당사자참가의 형태가 되고, 그렇지 않은 경우에는 새로 가입한 신당사자가 종전당사자와 공동소송인의 관계에 선다.

연습문제

근로자 원고 甲은 사용자인 피고 乙을 상대로 근로계약에 따른 1억 원 임금지급을 구하는 소를 제기하였다. 원고 승계참가인 丙은 甲의 乙에 대한 1억 원 임금 채권에 대하여 채권양도를 받은 뒤, 제1심 소송 계속 중 채무자인 乙에 대하여 임금의 지급을 구하면서 승계참가신청을 하였다. 甲은 승계참가인의 승계 여부에 대해 다투지 않았고, 소를 취하하지도 않았다. 제1심은 1억 원 임금 채권이 채권양도로 인하여 승계참가인 丙에게 이전되었음을 이유로, 甲의 청구를 기각하고 승계참가인 丙의 乙에 대한 청구를 인용하였다. 乙은 제1심판결에 대해 항소하였고, 甲은 항소하지 않았다. 항소심에서 피고 乙이 甲과 丙 사이의 채권양도가 무효라고 다투자, 원고 甲은 부대항소를 제기하였다. (50점)

물음 1) 丙의 승계참가 신청은 적법한지 논하시오. (10점)

물음 2) 甲의 부대항소는 적법한지 논하시오. (20점)

물음 3) 위 사안과는 달리, 乙은 회사(법인, 대표자 A)이다. 甲은 밀린 임금 1억 원에 대한 임금지급청구의 소를 제기하였다. 甲은 乙회사의 대표자인 A를 피고로 표시하여 소를 제기하였다가, 제1심에 소송계속 중이다. 甲은 이 소송의 피고를 A에서 乙회사로 변경해야 하는지와 변경해야 한다면 그 방법은 무엇인지 논하시오. (20점)

I. 물음 1)에 대하여

1. 문제점

먼저 丙의 승계참가가 적법한지와 관련하여 민사소송법 제81조의 요건을 검토하고, 사안의 丙의 승계참가가 적법한지 여부를 살펴보기로 한다.

2. 소송승계의 의의

소송계속 중에 소송물인 권리관계에 관한 당사자적격이 특정적으로 제3자에게 이전된 경우로 소송물인 권리관계의 양적·질적 일부양도의 경우와 계쟁물의 양도를 포함한다.

3. 입법례와 현행법의 입장

(1) 양도금지주의와 양도허용주의

로마법과 독일보통법 시대에서는 소송계속중의 혼란을 피하기 위해 소송물의 양도를 무효로 보는 양도금지주의를 취하였으나, 현행법제는 거의 다 양도허용주의를 전제로 하고 있다. 이를 전제로 여러 가지 입법례가 있다.

(2) 입법례

입법례로는 ① 소송물의 양도가 있어도 종전의 당사자적격에 영향이 없게 하여, 종전의 당사자가 승계인을 위하여 소송수행권을 가지며, 그 판결의 효력을 승계인에게도 미치게 하는 당사자항정주의(독일 민사소송법의 태도), ② 소송의 목적인 실체적인 권리관계의 변동을 소송에 반영시켜 승계인을 당사자로서 소송에 가입시키고 전주의 소송상의 지위를 승계시키는 입장인 소송승계주의가 있다.

(3) 현행법의 입장 및 문제점, 시정방법

현행법 제81조, 제82조는 소송승계주의를 채택하고 있다. 소송승계주의는 상대방의 실체관계변동을 알지 못해 소송승계절차를 밟지 못한 경우 지금까지의 소송수행의 결과 받은 판결은 무용지물이 되며, 승계인을 상대로 다시 신소를 제기하여야 하는 소송불경제의 문제점이 있다. 현행법은 소송승계주의의 결점을 시정하는 방법으로 몇 가지를 마련해 놓고 있다. 이런 방법으로는 가처분제도(민사집행법 제300조)와 추정승계인제도(제218조 제2항)가 있고, 예전에는 예고등기[88]제도가 있었다.

---

[88] 부동산에 관한 등기말소 등의 소가 제기된 경우에 제3자에게 이를 경고하여 당해 부동산의 거래를 삼가토록 하기 위한 제도를 말한다. 다만, 2012.6. 부동산등기법 개정으로 폐지되었다.

4. 참가승계

(1) 의의

소송계속 중 소송물인 권리·의무의 전부나 일부의 승계인이 독립당사자참가신청의 형식으로 스스로 참가하여 새로운 당사자가 되는 것을 참가승계라고 한다(제81조). 이 경우 소송물의 양도에는 매매·증여·채권양도 등 임의처분은 물론 민사집행법상 매각, 채권전부명령 등 법률상의 이전도 포함되고 승계취득이든 원시취득이든 관계없다[실무제요(Ⅰ), 400면].

(2) 요건

참가승계는 다른 사람 사이의 소송계속 중에 소송목적인 권리·의무의 승계가 있다고 주장하는 경우에 인정된다. 이 경우 '소송계속 중'이 상고심도 포함하는지 문제가 있는데, 상고심은 법률심이므로 포함되지 않는다(대판 2001.3.9. 98다51169).[89]

(3) 효과 - 소급효

제81조는 "소송이 법원에 처음 계속된 때에 소급하여"라고 하고 있으나, 참가승계신청을 하면 참가의 시기에 관계없이 당초의 소제기시에 소급하여 시효중단·기간준수의 효력이 생긴다. 따라서 승계참가가 인정되는 경우에는 그 참가시기에 불구하고 소가 제기된 당초에 소급하여 법률상의 기간준수의 효력이 발생하는 것이므로, 신주발행무효의 소에 승계참가 하는 경우에 그 제소기간의 준수 여부는 승계참가시가 아닌 원래의 소제기시를 기준으로 판단하여야 한다(대판 2003.2.26. 2000다42786). 승계인은 피승계인의 소송상 지위를 승계하므로, 독립당사자참가의 경우와는 다르게, 참가 시까지 피승계인이 한 소송수행결과에 구속된다.

5. 사안의 경우

사안의 丙은 甲의 乙에 대한 임금채권을 양도받았다고 주장하고 있고 현재 제1심에 소송계속 중이므로, 이는 소송목적인 권리, 의무, 즉 소송물을 승계한 때에 해당한다. 따라서 丙이 甲 측에 승계참가를 신청하는 것은 적법하다.

Ⅱ. 물음 2)에 대하여

1. 문제점

甲의 부대항소가 적법하려면, 먼저 甲이 항소심에 이심되어 있어야 하는데, 甲과 丙의 공동소송이 통상공동소송이라면 공동소송인 독립의 원칙으로 인하여 甲은 변론이 분리되어 제1심에서 확정된다. 따라서 甲이 항소심에 이심이 되어있는지가 문제 되며, 이심되어 있다면 부대항소의 요건을 갖추었는지가 문제 된다.

---

[89] 승계참가인이 소송당사자로부터 계쟁 부동산에 대한 지분 중 일부를 양도받은 권리승계인이라 하여 상고심에 이르러 승계참가신청을 한 경우, 이러한 참가신청은 법률심인 상고심에서는 허용되지 아니한다(대판 2001.3.9. 98다51169).

2. 소송의 형태

(1) 내용

소송물의 양도에 의한 참가·인수승계의 경우 종전당사자는 당사자적격을 상실하므로 상대방의 동의를 얻어 소송탈퇴 할 수 있다. 그러나 판결의 효력은 탈퇴한 당사자에게 미친다(제82조 제3항, 제80조). 소송형태는 승계인과 상대방과의 대립당사자구조가 된다. 다만, 승계의 효력을 다투거나, 권리·의무의 일부 승계, 추가적 인수의 경우에는 종전당사자는 당사자적격을 잃지 않으며, 승계의 효력을 다투는 경우는 독립당사자참가의 형태가 되고, 그렇지 않은 경우에는 새로 가입한 신당사자가 종전당사자와 공동소송인의 관계에 선다. 문제는 어떤 공동소송인지가 문제가 된다.

(2) 공동소송의 형태

과거의 판례는 "피참가인인 원고가 승계참가인의 승계 여부에 대하여 다투지 않고 그 소송절차에서 탈퇴하지도 않은 채 남아있는 경우 원고의 청구와 승계참가인의 청구가 통상공동소송 관계에 있다."고 하여 통상공동소송이라고 보았다. 그러나 최근의 전원합의체 판결은 "승계참가에 관한 민사소송법 규정과 2002년 민사소송법 개정에 따른 다른 다수당사자 소송제도와의 정합성, 원고승계참가인(이하 "승계참가인"이라 한다)과 피참가인인 원고의 중첩된 청구를 모순 없이 합일적으로 확정할 필요성 등을 종합적으로 고려하면, 소송이 법원에 계속되어 있는 동안에 제3자가 소송목적인 권리의 전부나 일부를 승계하였다고 주장하며 민사소송법 제81조에 따라 소송에 참가한 경우, 원고가 승계참가인의 승계 여부에 대해 다투지 않으면서도 소송탈퇴, 소 취하 등을 하지 않거나 이에 대하여 피고가 부동의하여 원고가 소송에 남아있다면 승계로 인해 중첩된 원고와 승계참가인의 청구 사이에는 필수적 공동소송에 관한 민사소송법 제67조가 적용된다고 할 것이다(대판 2019.10.23. 2012다46170 전합)."라고 하여 판례를 변경하였다.

(3) 사안의 경우

따라서 과거의 판례에 의하면 甲과 丙은 통상공동소송관계가 되겠으나, 변경된 판례에 의하면 필수적 공동소송관계가 된다. 피참가인인 원고의 중첩된 청구를 모순 없이 합일적으로 확정할 필요성을 고려하면 필수적 공동소송관계가 된다고 보는 것이 타당하다. 따라서 乙의 丙에 대한 항소는 甲에게도 영향을 미치므로, 甲은 항소심에 이심되어 있다.

3. 부대항소의 적법 여부

(1) 의의 및 취지

부대항소란 피항소인이 상대방의 항소에 의하여 개시된 항소심절차에 편승해서, 원판결에 대한 불복을 주장하여 항소심의 심판범위를 자기에게 유리하게 확장시키는 신청을 말한다(제403조). 항소인의 항소심에서의 항소범위 확장에 대응하여 항소권이 소멸된 피항소인에게도 부대항소를 허용함이 공평의 원칙에 부합하고, 독립하여 항소의 이익이 인정될 수 없는 것까지도 항소심의 심판범위에 포함시킴으로써 소송경제를 도모함에 있다.

(2) 부대항소의 성질

통설·판례는 "원고가 전부승소하였기 때문에 원고는 항소하지 아니하고 피고만 항소한 사건에서 청구취지를 확장 변경함으로서 그것이 피고에게 불리하게 된 경우에는 그 한도에서 부대항소를 한 취지로 볼 것이다(대판 1967.9.19. 67다1709)."고 하여 비항소설(불복이익불요설)의 입장이다.

(3) 요건

① 부대항소의 대상은 상대방이 주된 항소에 대하여 불복을 신청한 종국판결에 한한다. ② 부대항소의 당사자는 주된 항소의 피항소인 또는 보조참가인이 항소인을 상대로 제기하여야 한다(제403조). ③ 주된 항소가 적법하게 계속 중이어야 하며, ④ 부대항소가 제기되기 위해서는 상대방과의 사이에 주된 항소가 적법하게 계속되어 있어야 한다. ⑤ 부대항소는 항소기간의 제한을 받지 않으며 주된 항소의 변론종결 전이면 제기가 가능하다. 그리고 ⑥ 부대항소권 자체의 포기가 없어야 한다.

(4) 사안의 경우

사안에서 피항소인 甲의 부대항소는 자신의 청구기각판결 부분에 대하여, 항소인 乙을 상대로 하여 주된 항소 계속 중에, 항소심 변론이 종결되기 전에 제기된 것이고, 부대항소권 자체의 포기는 없다고 보이므로, 위 요건을 충족하여 적법하다고 본다.

Ⅲ. 물음 3)에 대하여

1. 변경해야 하는지 여부

사안의 임금채권의 채무자는 회사 乙이지, 대표자 A가 아니다. 따라서 대표자 A를 상대로 제기한 소는 당사자적격이 없다. 따라서 A에 대한 청구는 기각될 것이므로(이행의 소의 당사자적격), 당사자를 A에서 乙로 변경하여야 한다.

2. 당사자표시정정의 가능 여부

(1) 의의

당사자표시정정[90]은 동일성이 있는 한도[91]에서 소장의 당사자란을 변경하는 것을 말한다. 이는 동일성이 없는 경우 당사자를 변경하는 임의적 당사자변경(피고경정)과는 다르다.

---

[90] 원고가 당사자를 정확히 표시하지 못하고 당사자능력이나 당사자적격이 없는 자를 당사자로 잘못 표시하였다면 법원은 당사자를 소장의 표시만에 의할 것이 아니고 청구의 내용과 원인사실을 종합하여 확정한 후 확정된 당사자가 소장의 표시와 다르거나 소장의 표시만으로 분명하지 아니한 때에는 당사자의 표시를 정정보충시키는 조치를 취하여야 하고 이러한 조치를 취함이 없이 단지 원고에게 막연히 보정명령만을 명한 후 소를 각하하는 것은 위법하다(대판 2013.8.22. 2012다68279).

[91] 소송당사자인 종중의 법적 성격에 관한 당사자의 법적 주장이 무엇이든 실체에 관하여 당사자가 주장하는 사실관계의 기본적 동일성이 유지되고 있다면 법적 주장의 추이를 가지고 당사자변경에 해당한다고 할 것은 아니다. 그 경우에 법원은 직권으로 조사한 사실관계에 기초하여 당사자가 주장하는 단체의 실질이 고유한 의미의 종중인지 혹은 종중 유사의 단체인지, 공동선조는 누구인지 등을 확정한 다음 법적 성격을 달리 평가할 수 있고, 이를 기초로 당사자능력 등 소의 적법 여부를 판단하여야 한다(대판 2016.7.7. 2013다76871).

(2) 판례

당사자표시정정은 원칙적으로 당사자의 동일성이 인정되는 범위에서만 허용되는 것이므로 회사의 대표이사였던 사람이 개인 명의로 제기한 소송에서 그 개인을 회사로 당사자표시정정을 하는 것은 부적법하다(대판 2008.6.12. 2008다11276).[92]

(3) 사안의 경우

위 판례 사안은 원고 측이 잘못된 경우이기는 하지만, 피고 측이 잘못된 경우에도 동일하다고 보아야 한다. 따라서 사안의 대표자 A를 乙회사로 바꾸는 것은 동일성이 인정되지 않으므로, 당사자표시정정의 한계를 일탈한다고 보아야 한다.

3. 임의적 당사자변경(피고경정)의 허용 여부

(1) 의의

피고의 경정이란 소송계속 중 피고적격자를 오인하여 소제기 하였음이 명백한 경우 원고의 경정신청과 법원의 허가결정으로 피고를 교체하는 것을 말한다(제260조).

(2) 요건

1) 원고가 피고를 잘못 지정한 것이 명백할 것

판례는 원고가 공사도급계약상의 수급인은 그 계약 명의인인 피고라고 하여 피고를 상대로 소송을 제기하였다가 심리 도중 변론에서 피고 측 답변이나 증거에 따라 이를 번복하여 수급인이 피고 보조참가인이라고 하면서 피고경정을 구한 사안에서 "원고가 법률을 잘 알지 못하여 피고가 잘못된 것이 분명하거나 법인격 유무에 관하여 착오를 일으킨 것이 분명한 때를 말하는 것이고, 뒤에 증거조사결과 판명된 사실관계로 미루어 피고의 지정이 잘못된 경우는 포함되지 않는다(대결 1997.10.17. 97마1632)."고 한다. 예를 들어, 회사를 피고로 하여야 하는데 대표이사 개인을 피고로 한 경우[93] 등을 말한다고 한다. 하지만 학설은 판례처럼 피고경정의 요건을 좁히는 것은 소송경제라는 제도의 취지를 몰각시키고, 피고 경정의 이용의 폭을 지나치게 좁히는 것이라고 하여 판례에 반대하는 견해가 유력하다(이시윤, 정동윤).

---

92) 제1심법원이 제1차 변론준비기일에서 부적법한 당사자표시정정신청을 받아들이고 피고도 이에 명시적으로 동의하여 제1심 제1차 변론기일부터 정정된 원고인 회사와 피고 사이에 본안에 관한 변론이 진행된 다음 제1심 및 원심에서 본안판결이 선고되었다면, 당사자표시정정신청이 부적법하다고 하여 그 후에 진행된 변론과 그에 터잡은 판결을 모두 부적법하거나 무효라고 하는 것은 소송절차의 안정을 해칠 뿐만 아니라 그 후에 새삼스럽게 이를 문제삼는 것은 소송경제나 신의칙 등에 비추어 허용될 수 없다.

93) 학설 중에는 상속인을 피고로 하여야 하는데 사망자를 피고로 한 경우, 단체 또는 학교법인 등을 피고로 하여야 하는데 단체의 내부기관 또는 학교 등과 같이 당사자능력이 없는 사람을 피고로 한 경우를 예로 들고 있는 견해도 있다(정동윤 · 유병현). 하지만 판례는 이 경우는 당사자표시정정으로 처리할 것이라고 한다.

2) 제1심에 계속 중이고 변론종결 전일 것

이는 새로 가입하는 당사자의 심급의 이익을 위한 것이다. 다만, 이에 대해서는 신·구 양 당사자의 동의를 얻으면 항소심에서도 변경을 허용할 것이라는 견해[94]가 유력하다(이시윤).

3) 교체 전후 소송물이 동일할 것

4) 피고가 본안에 관하여 변론한 때에는 피고의 동의가 있을 것을 요하며, 피고가 경정신청서를 송달받은 날로부터 2주일 내에 이의하지 않으면 동의한 것으로 본다(제260조 제4항).

(3) 절차

1) 원고가 서면으로 신청하여야 하며(제260조 제2항), 피고에게 소장부본이 송달된 후에는 경정신청서도 송달하여야 한다(제260조 제3항).

2) 경정 전후를 통해 소송물이 동일할 것을 요하므로 구소장의 인지를 유용해도 무방하다.

3) 법원은 신청에 대해 허부결정을 할 수 있으며(제261조 제1항) 허가한 경우에는 새로운 피고에게 결정서 정본과 함께 소장부본의 송달을 요한다(제261조 제2항).

4) 기각결정에는 통상항고만 할 수 있으나, 허가결정에 대해서 종전 피고는 부동의를 이유로 즉시항고 할 수 있다(제261조 제3항).

(4) 효과

경정허가결정이 있으면 구피고에 대한 소는 취하된 것으로 본다. 신피고에 대하여는 소의 제기이므로 이에 의한 시효중단·기간준수의 효과는 경정신청서의 제출 시에 발생한다(제265조). 이에 대하여는 필수적 공동소송인의 추가와의 균형상 구소제기의 시점으로 그 효과를 소급시키는 것이 타당하다는 입법론이 있다(이시윤). 신당사자가 경정에 동의하거나 구당사자의 소송수행이 신당사자의 그것과 동일시될 때를 제외하고는 신당사자의 원용이 없는 한, 종전의 피고가 행한 소송수행의 결과는 신당사자에게 효력이 없다.

4. 사안의 경우

甲은 회사 乙을 상대로 하여 소를 제기하여야 하는데, 대표자 A를 상대로 한 것은 피고가 잘못 지정된 것이 명백하고, 제1심에 소송이 계속 중이고, 소송물이 동일하며, A가 본안 변론한 경우 원래 피고 A의 동의가 있다면, 피고 경정의 요건을 충족한다. 따라서 甲은 A를 회사 乙로 변경하는 것은 피고 경정의 방법으로 변경할 수 있다.

---

94) 이 견해는 가사소송법 제15조 제1항이 '사실심의 변론종결시'까지 필수적 공동소송인의 추가 또는 피고의 경정이 가능하다록 하고 있고, 행정소송에서도 판례가 사실심의 변론종결시까지 피고의 경정이 된다고 하고 있으므로(대판 1996.1.13. 95누1378), 민사소송에서만 제1심에 한정하는 것은 균형이 맞지 아니한다고 한다.

제6편

상소심 절차

75 상소

CONTENTS

I. 상소의 의의 및 3심제

1. 의의

재판의 확정 전에 당사자가 상급법원에 대하여 그 취소·변경을 구하는 불복신청방법 - 현행법은 상소로서 항소, 상고, 항고의 3가지를 인정

2. 3심제

(1) 상소는 오판으로부터 당사자의 구제를 보장함과 동시에 하급심에서의 법운영의 혼선방지 및 법령해석 적용의 통일을 위해 마련된 것 ∴ 이러한 목적을 위해 현재는 두 차례의 상소를 허용하는 3심제를 채택. but 첫 번째의 상소(항소)는 제1심법원의 재판에 대하여 '사실인정'과 '법률의 적용'의 양 측면에서 보충적으로 심사, 두 번째의 상소(상고)는 제2심까지의 사실인정(제432조)을 기초로 법률의 적용측면에서만 심리

(2) 즉, 항소심은 사실심이 되고, 상고심은 법률심이 되는 것

II. 상소의 종류

1. 세 가지 종류

(1) 의의

항소·상고·항고 세 가지 종류, 항소와 상고는 모두 판결에 대한 상소이고, 항고는 결정·명령에 대한 상소.

(2) 항소와 상고

1) 항소는 제1심판결의 종국판결에 대한 불복신청(제390조), 상고는 원칙적으로 제2심 항소법원의 종국판결에 대한 불복신청(제422조).

2) but 제1심의 판결에 대해 직접 상고심 법원에 불복신청을 할 수 있는 경우 - 비약상고(제390조 제1항 단서, 제422조 제2항)

3) and 항소는 사실심에의 상소, 상고는 법률심에의 상소 ○

(3) 항고

1) 결정·명령에 대해 행하는 불복신청(제439조). 항고법원의 결정에 대해 다시 항고하는 것을 재항고(제442조)

2) 항고에 대해서는 항소의, 재항고에 대해서는 상고의 규정이 준용(제443조). but 항고는 소송법에서 명확하게 정한 경우에 한하여 허용

2. 불복신청방법의 선택

(1) 상소이외에도 재판에 대한 불복신청방법이 있고, 상소에도 원재판의 종류에 따라 여러 가지가 있기 때문에 신청인은 원재판의 종류에 맞는 불복신청방법을 선택하여야 함

(2) 그 선택을 잘못하면 부적법하게 되지만, 법원은 그 신청서의 표제에 관계없이 신청취지를 좋게 선해하여 되도록 적법한 것으로 취급하여야 한다는 것이 통설·판례

3. 형식에 어긋나는 재판(위식의 재판)

(1) 의의

(2) 불복방법

1) 이와 같이 형식에 어긋나는 재판은 무효는 아니지만, 당사자로서는 어떠한 불복방법에 의할 것인가에 대해 견해 대립 ○

2) ① 재판의 현재 취한 형식에 따라 불복방법의 종류를 정할 것이라는 주관설[1](판례), ② 본래 하여야 할 재판의 형식에 따라 불복방법의 종류를 정할 것이라는 객관설, ③ 당사자에게 법관보다 더 자세한 법률지식을 요구할 수 없음을 고려할 때 선택설(절충설)이 타당(이시윤, 738면)

---

[1] 제440조에서 "결정이나 명령으로 재판할 수 없는 사항에 대하여 결정 또는 명령을 한 때에는 항고할 수 있다."고 규정하여 주관설을 부분적으로 따랐다(이시윤, 738면).

III. 상소요건

1. 상소의 대상적격

상소의 대상이 되는 재판은 종국재판이다. 판례는 항소심에서의 환송판결·이송판결에 대해 종국판결로 보아 독립한 상고대상 인정

2. 적식의 상소제기와 상소기간의 준수

(1) 원심법원제출주의(제397조, 제425조)

(2) 상소기간은 항소·상고의 경우에는 판결이 송달된 날로부터 2주일(제396조, 제425조), 즉시항고·특별항고의 경우에는 재판의 고지가 있은 날로부터 1주일로서(제444조, 제449조) 이 기간이 경과되면 상소권은 소멸

3. 상소권의 포기 - 상소권의 판결선고 전의 포기 가능 여부

(1) 학설은 판결선고 후에야 포기할 수 있다는 견해가 통설

(2) 다만, 판례는 "채무자가 항고권포기서를 매각허가결정의 선고가 있는 바로 그날에 채권자를 통하여 법원에 제출한 사안에서 항고권은 유효하게 포기된 것." 판시

(3) 상소권 포기계약은 소송계약의 일종으로, 직권조사사항이 아닌 항변사항

(4) 판례는 "포기계약이 있어도 포기서를 법원에 제출하기 전에 계약을 해지하기로 다시 합의하고 상소를 제기하였으면 상소는 적법하다(대판 1987.6.23. 86다카2728)."고 함

4. 불상소의 합의 - 불상소의 합의의 직권조사사항 여부

(1) 학설은 직권조사사항이라는 견해(이시윤)와 항변사항이라는 견해(정동윤·유병현)

(2) 판례는 불항소의 합의에 관한 것이기는 하지만 "불항소 합의의 유무는 항소의 적법요건에 관한 것으로서 법원의 직권조사사항이다(대판 1980.1.29. 79다2066)."고 하여 직권조사사항으로 봄

(3) 검토

불상소의 합의가 소송상의 합의라고 본다면 그 성질은 사법상의 계약이므로(항변권발생설) 이는 당사자의 처분을 존중하여 항변사항이라고 보는 것이 타당

(4) 특히 최근 판례는 "불상소의 합의처럼 그 합의의 존부 판단에 따라 당사자들 사이에 이해관계가 극명하게 갈리게 되는 소송행위에 관한 당사자의 의사해석에 있어서는, 표시된 문언의 내용이 불분명하여 당사자의 의사해석에 관한 주장이 대립할 소지가 있고 나아가 당사자의 의사를 참작한 객관적·합리적 의사해석과 외부로 표시된 행위에 의하여 추단되는 당사자의 의사조차도 불분명하다면, 가급적 "소극적 입장"에서 그러한 합의의 존재를 "부정"할 수밖에는 없을 것이다."라고 판시

5. 상소의 이익 - 상소의 이익의 판단기준

(1) 학설

1) 형식적 불복설: 신청과 주문을 비교

2) 실질적 불복설: 실체법상 유리한 판결을 받을 가능성

3) 절충설: 원고에 대해서는 형식적 불복설, 피고에 대해서는 실질적 불복설

4) 신실질적 불복설: 기판력을 포함한 판결의 효력인 집행력, 부수적 효력이 미치는지 여부를 기준으로 하여 불이익 여부를 판단

(2) 판례

1) 판례는 "상소는 자기에게 불이익한 재판에 대하여서만 제기할 수 있는 것이고, 재판이 상소인에게 불이익한 것인지의 여부는 재판의 주문을 표준으로 하여 상소제기 당시를 기준으로 판단" - 기본적으로 형식적 불복설

2) 하지만 최근에는 "더욱이 불법행위로 인한 손해배상에 있어 재산상 손해나 위자료는 단일한 원인에 근거한 것인데 편의상 이를 별개의 소송물로 분류하고 있는 것에 지나지 아니한 것이므로 이를 실질적으로 파악하여, 항소심에서 위자료는 물론이고 재산상 손해(소극적 손해)에 관하여도 청구의 확장을 허용하는 것이 상당하다."고 하여 실질적 불복설의 입장도 ○

(3) 검토: 실질적 불복설 - 기준이 불명확, 절충설은 당사자평등주의에 反함. and 신실질적 불복설은 종래 형식적 불복설이 예외적으로 상소의 이익을 인정해 오던 경우를 통일적으로 설명한데 지나지 않음

∴ 형식적 불복설이 타당. but 이는 너무 엄격할 수 있으므로 판결의 기판력 등의 효력에 의해 별소가 금지되는 예외적인 경우에는 실질적 불복설에 따라 상소의 이익을 긍정하는 것이 적정, 공평이라는 민사소송의 이상에 부합할 것

VI. 상소의 효력

1. 확정차단의 효력

제498조. but 통상항고에 있어서만은 확정차단의 효력이 없으므로, 통상항고가 된 결정·명령에 대해 집행력을 저지하기 위해서는 별도의 집행정지의 조치 필요(제448조)

2. 이심의 효력

상소가 제기되면 그 소송사건 전체가 원법원을 떠나 상소심에 계속되게 되며, 하급심에서 재판한 부분에 한하여 이심의 효력 ○

3. 상소불가분의 원칙

(1) 상소불가분의 원칙의 의의

(2) 요건

① 1개나 수개의 청구(다만, 단순병합의 경우에는 상소불가분의 원칙이 적용되지 않는다는 소수설이 있다), ② 현실적으로 판결한 전부판결(즉, 주문이 하나)을 들 수 있는바, 상소불가분의 원칙은 이 판결의 일부에 대해 불복한다고 해도 확정차단·이심의 효력은 그 전부에 미친다는 것. 다만, 그 심판범위는 불이익변경금지원칙에 의해 불복당사자가 불복한 범위에 제한된다는 점을 주의

(3) 상소불가분의 원칙의 예외

1) 청구의 일부에 대해서 불항소의 합의나 항소권·부대항소권의 포기의 경우: 청구의 일부에 대해서 불항소의 합의나 항소권·부대항소권의 포기의 경우에는 그 부분만이 가분적으로 확정

2) 통상공동소송의 경우: 통상공동소송에 있어서도 공동소송인 독립의 원칙(제66조) 때문에 공동소송인 1인의 또는 1인에 대한 상소는 다른 공동소송인에 관한 청구에 상소의 효력이 미치지 않으므로 그 상소하지 않은 자에 대한 부분은 그대로 확정

(4) 상소의 범위와 심판의 범위

1) 내용

2) 주위적 청구 인용판결의 경우: 이 경우 피고가 주위적 청구에 대해 항소하면 상소불가분의 원칙상 주위적 청구, 예비적 청구 모두 항소심으로 이심이 되고, 모두 심판 대상

(5) 심판 범위의 확장

일부만 상소한 경우에도 상소불가분의 원칙에서 의하여 상소의 효력은 원판결에 전부에 대하여 미치므로 항소인은 항소심의 변론종결시까지 어느 때나 항소취지의 확장으로 심판의 범위를 확장할 수 있음

▌상소 사시 21회, 변리사 36회

Ⅰ. 상소의 의의 및 3심제

1. 의의

재판의 확정 전에 당사자가 상급법원에 대하여 그 취소·변경을 구하는 불복신청방법을 말한다. 현행법은 상소로서 항소, 상고, 항고의 3가지를 인정하고 있다.

2. 3심제

(1) 상소는 오판으로부터 당사자의 구제를 보장함과 동시에 하급심에서의 법운영의 혼선방지 및 법령해석 적용의 통일을 위해 마련된 것이다.

(2) 따라서 이러한 목적을 위해 현재는 두 차례의 상소를 허용하는 3심제를 채택하고 있다. 다만, 첫 번째의 상소(항소)는 제1심법원의 재판에 대하여 '사실인정'과 '법률의 적용'의 양 측면에서 보충적으로 심사하지만, 두 번째의 상소(상고)는 제2심까지의 사실인정(제432조)을 기초로 법률의 적용측면에서만 심리를 한다.

(3) 즉, 항소심은 사실심이 되고, 상고심은 법률심이 되는 것이다.

Ⅱ. 상소의 종류

1. 세 가지 종류

(1) 의의

항소·상고·항고 세 가지 종류의 상소가 있는데, 항소와 상고는 모두 판결에 대한 상소이고, 항고는 결정·명령에 대한 상소이다.

(2) 항소와 상고

1) 항소는 제1심판결의 종국판결에 대한 불복신청(제390조)이고, 상고는 원칙적으로 제2심 항소법원의 종국판결에 대한 불복신청(제422조)이다.

2) 다만, 제1심의 판결에 대해 직접 상고심 법원에 불복신청을 할 수 있는 경우가 있는데, 이를 비약상고라고 한다(제390조 제1항 단서, 제422조 제2항).

3) 그리고 항소는 사실심에의 상소이며, 상고는 법률심에의 상소가 된다.

(3) 항고

1) 결정·명령에 대해 행하는 불복신청을 말한다(제439조). 특히 항고법원의 결정에 대해 다시 항고하는 것을 재항고라고 한다(제442조).

2) 항고에 대해서는 항소의, 재항고에 대해서는 상고의 규정이 준용된다(제443조). 다만, 항고는 소송법에서 명확하게 정한 경우에 한하여 허용된다.

2. 불복신청방법의 선택

상소 이외에도 재판에 대한 불복신청방법이 있고, 상소에도 원재판의 종류에 따라 여러 가지가 있기 때문에 신청인은 원재판의 종류에 맞는 불복신청방법을 선택하여야 한다. 그 선택을 잘못하면 부적법하게 되지만, 법원은 그 신청서의 표제에 관계 없이 신청취지를 좋게 선해하여 되도록 적법한 것으로 취급하여야 한다는 것이 통설·판례이다(이시윤 737면; 대판 1980.10.14. 80다1795).

3. 형식에 어긋나는 재판(위식의 재판)

(1) 의의

형식에 어긋나는 재판이란 판결로 하여야 할 경우에 결정으로 재판하거나, 그 반대로 결정으로 하여야 할 경우에 판결로 재판하는 등 민사소송법에서 본래 기대되는 방식의 재판과는 다른 방식에 의한 재판을 말한다. 구법에서는 위식의 재판이라고 했다.

(2) 불복방법

1) 이와 같이 형식에 어긋나는 재판은 무효는 아니지만, 당사자로서는 어떠한 불복방법에 의할 것인가에 대해 견해 대립이 있다.

2) 이에 대해서는 ① 재판의 현재 취한 형식에 따라 불복방법의 종류를 정할 것이라는 주관설[2](판례), ② 본래 하여야 할 재판의 형식에 따라 불복방법의 종류를 정할 것이라는 객관설이 있으나, ③ 당사자에게 법관보다 더 자세한 법률지식을 요구할 수 없음을 고려할 때 선택설(절충설)이 타당하다고 본다(이시윤, 738면).

III. 상소요건

1. 상소의 대상적격

상소의 대상이 되는 재판은 종국재판이다. 판례는 항소심에서의 환송판결·이송판결에 대해 종국판결로 보아 독립한 상고대상이 되는 것으로 보았다.

2. 적식의 상소제기와 상소기간의 준수

상소의 제기는 상소장을 원법원에 제출하여야 한다. 통상항고 이외의 상소는 법정의 상소기간 내에 상소를 제기할 것을 요한다. 상소기간은 항소·상고의 경우에는 판결이 송달된 날로부터 2주일(제396조, 제425조), 즉시항고·특별항고의 경우에는 재판의 고지가 있은 날로부터 1주일로서(제444조, 제449조) 이 기간이 경과되면 상소권은 소멸된다.

3. 상소권의 포기 – 상소권의 판결선고 전의 포기 가능 여부

(1) 학설은 ① 법 제395조 제1항에서 아무런 시기적 제한이 없음을 들어 판결선고 전이라도 포기할 수 있다는 견해도 있으나, ② 상소권은 판결의 선고에 의하여 구체적으로 발생하는 것이고 또 상소의 이익의 존부나 그 범위도 판결의 선고가 있고 나서 알 수 있으므로 판결선고 후에야 포기할 수 있다는 견해가 통설이다.

(2) 다만, 판례는 "채무자가 항고권포기서를 매각허가결정의 선고가 있는 바로 그날에 채권자를 통하여 법원에 제출한 사안에서 항고권은 유효하게 포기된 것(대결 1966.1.19. 65마1007)."이라고 한다.

(3) 상소권 포기계약은 소송계약의 일종으로, 직권조사사항이 아닌 항변사항이다.

---

2) 제440조에서 "결정이나 명령으로 재판할 수 없는 사항에 대하여 결정 또는 명령을 한 때에는 항고할 수 있다."고 규정하여 주관설을 부분적으로 따랐다(이시윤, 738면).

(4) 판례는 "포기계약이 있어도 포기서를 법원에 제출하기 전에 계약을 해지하기로 다시 합의하고 상소를 제기하였으면 상소는 적법하다(대판 1987.6.23. 86다카2728)."고 한다.

4. 불상소의 합의 – 불상소의 합의의 직권조사사항 여부

(1) 학설은 직권조사사항이라는 견해(이시윤)와 항변사항이라는 견해(정동윤·유병현)가 있다.

(2) 판례는 불항소의 합의에 관한 것이기는 하지만 "불항소 합의의 유무는 항소의 적법요건에 관한 것으로서 법원의 직권조사사항이다(대판 1980.1.29. 79다2066)."고 하여 직권조사사항이라고 본다.

(3) 검토

불상소의 합의가 소송상의 합의라고 본다면 그 성질은 사법상의 계약이므로(항변권발생설) 이는 당사자의 처분을 존중하여 항변사항이라고 보는 것이 타당하다(호문혁, 제7판, 2009, 588면).

> (TIP) 이시윤은 이를 소송상의 합의라고 보면서도 법 제390조 제1항 단서에서 전제하고 있다고 하여 소송법상의 합의라고 본다. 이렇게 보면 명문의 규정이 있는 경우에 준하게 되므로 일반적인 소송상의 합의와는 달리, 직권조사사항이라고 보시는 듯하다. 그러나 엄연히 불상소의 합의는 비약상고의 합의(불항소의 합의)와는 다르며, 명문의 규정은 없다고 할 것이므로 항변권 발생설에 따라 당사자의 의사를 존중하여 항변사항이라고 보는 것이 타당하다고 본다(정동윤·유병현, 호문혁).

(4) 특히 판례는 "불상소의 합의처럼 그 합의의 존부 판단에 따라 당사자들 사이에 이해관계가 극명하게 갈리게 되는 소송행위에 관한 당사자의 의사해석에 있어서는, 표시된 문언의 내용이 불분명하여 당사자의 의사해석에 관한 주장이 대립할 소지가 있고 나아가 당사자의 의사를 참작한 객관적·합리적 의사해석과 외부로 표시된 행위에 의하여 추단되는 당사자의 의사조차도 불분명하다면, 가급적 '소극적 입장'에서 그러한 합의의 존재를 '부정'할 수밖에는 없을 것이다(대판 2002.10.11. 2000다17803)."라고 하였다

5. 상소의 이익 – 상소의 이익의 판단기준

(1) 학설

1) 형식적 불복설

원심에 있어 당사자의 신청과 그 신청에 대해 행한 판결결과(주문)를 형식적으로 비교하여 후자가 전자보다 질적·양적으로 불리한 경우에는 상소의 이익을 인정하는 견해이다.

2) 실질적 불복설

당사자가 상소심에서 원판결보다 실체법상 유리한 판결을 받을 가능성이 있으면 상소의 이익을 인정하는 견해이다.

3) 절충설

원고에 대해서는 형식적 불복설에 의하되, 피고에 대해서는 실질적 불복설에 따라 상소의 이익을 판단하자는 견해이다.

4) 신실질적 불복설

실체법상 유리한 판결가능성을 기준으로 할 것이 아니라, 기판력을 포함한 판결의 효력인 집행력, 부수적 효력이 미치는지 여부를 기준으로 하여 불이익 여부를 판단해야 한다는 견해이다.

(2) 판례

판례는 "상소는 자기에게 불이익한 재판에 대하여서만 제기할 수 있는 것이고, 재판이 상소인에게 불이익한 것인지의 여부는 재판의 주문을 표준으로 하여 상소제기 당시를 기준으로 판단되어야 한다(대판 2002.6.14. 99다61378 등)."고 하여 기본적으로 형식적 불복설을 따르고 있다.

(3) 검토

실질적 불복설은 그 기준이 불명확한 난점이 있고, 절충설은 당사자평등주의에 반한다. 그리고 신실질적 불복설은 종래 형식적 불복설이 예외적으로 상소의 이익을 인정해 오던 경우를 통일적으로 설명한데 지나지 않는다. 따라서 형식적 불복설이 타당하나, 이는 너무 엄격할 수 있으므로 판결의 기판력 등의 효력에 의해 별소가 금지되는 예외적인 경우에는 실질적 불복설에 따라 상소의 이익을 긍정하는 것이 적정, 공평이라는 민사소송의 이상에 부합할 것이다.

(4) 구체적 예

1) 전부승소한 당사자는 원칙적으로 상소의 이익이 없다(대판 2002.6.14. 99다61378).

2) 전부승소한 원고가 청구의 변경 또는 청구취지의 확장을 위하여 상소하거나 전부승소한 피고가 반소를 위하여 상소하는 것도 허용되지 않는다(부대항소는 가능). 그러나 예외적으로 ① 기판력을 받게 되므로 후소가 금지되는 경우에는 청구의 변경 또는 청구취지의 확장을 위하여 상소하는 것이 허용된다. 예를 들어, 잔부를 유보하지 않은 묵시적 일부청구의 경우[3]가 이에 해당한다. 뒤에서 별소가 금지되는 청구에 관한 이의의 소에서 전부승소한 원고가 다른 이의사유를 추가하기 위한 경우도 같다. 그리고 ② 손해3분설에 대한 완화의 경우[4]이다. 하나의 소송물에 대하여 형식상 전부승소한 당사자의 상소이익의 부정은 절대적인 것이라 할 수 없다는 것이 그 이유이다.

---

[3] 상소는 자기에게 불이익한 재판에 대하여 유리하게 취소 변경을 구하는 것이므로 전부 승소한 판결에 대하여는 항소를 허용하지 아니하는 것이 원칙이고, 재판이 항소인에게 불이익한 것인지 여부는 원칙적으로 재판의 주문을 표준으로 하여 판단해야 하며, 다만 가분채권에 대한 이행청구의 소를 제기하면서 그것이 나머지 부분을 유보하고 일부만 청구하는 것이라는 취지를 명시하지 아니한 경우에는 그 확정판결의 기판력은 나머지 부분에까지 미치는 것이어서 별소로써 나머지 부분에 관하여 다시 청구할 수는 없는 것이므로, 일부 청구에 관하여 전부 승소한 채권자는 나머지 부분에 관하여 청구를 확장하기 위한 항소가 허용되지 아니한다면 나머지 부분을 소구할 기회를 상실하는 불이익을 입게 된다 할 것이고, 따라서 이러한 경우에는 예외적으로 전부 승소한 판결에 대해서도 나머지 부분에 관하여 청구를 확장하기 위한 항소의 이익을 인정함이 상당하다고 할 것이다(대판 1997.10.24. 96다12276; 대판 2010.11.11. 2010두14534).

[4] 상소는 자기에게 불이익한 재판에 대하여 유리하게 취소변경을 구하기 위하여 하는 것이므로 전부 승소한 판결에 대하여는 항소가 허용되지 않는 것이 원칙이나, 하나의 소송물에 관하여 형식상 전부 승소한 당사자의 상소이익의 부정은 절대적인 것이라고 할 수도 없는바, 원고가 재산상 손해(소극적 손해)에 대하여는 형식상 전부 승소하였으나 위자료에 대하여는 일부 패소하였고, 이에 대하여 원고가 원고 패소부분에 불복하는 형식으로 항소를 제기하여 사건 전부가 확정이 차단되고 소송물 전부가 항소심에 계속되게 된 경우에는, 더욱이 불법행위로 인한 손해배상에 있어 재산상 손해나 위자료는 단일한 원인에 근거한 것인데 편의상 이를 별개의 소송물로 분류하고 있는 것에 지나지 아니한 것이므로 이를 실질적으로 파악하여, 항소심에서 위자료는 물론이고 재산상 손해(소극적 손해)에 관하여도 청구의 확장을 허용하는 것이 상당하다(대판 1994.6.28. 94다3063).

3) 승소한 당사자는 판결 이유의 판단에 불만이 있어도 상소의 이익이 없다.[5] 기판력은 주문의 판단에만 생기기 때문에(제216조 제1항) 어떠한 이유로 승소하여도 승소의 법률효과에는 차이가 없기 때문이다. 예를 들어, 불법행위로 인한 손해배상청구소송에서 원고가 피고의 고의에 의한 불법행위를 주장하였지만, 피고의 과실로 인한 불법행위를 인용하는 판결이 난 경우가 이에 해당한다. 다만, 예외적으로 상계항변으로 승소한 피고의 경우는 상소의 이익이 있다. 이 경우 원고의 소구채권(= 수동채권) 자체의 부존재를 이유로 이유변경이 되어 승소하는 것이 피고에게 더 이익이 되기 때문에 상소의 이익이 있다. 다만, 이 경우의 상계의 항변은 단독행위로 상계권의 행사를 말하는 것이므로, 상계정산의 합의[6]는 제외 된다.

VI. 상소의 효력

1. 확정차단의 효력

상소가 제기되면 그에 의하여 재판의 확정을 막아 차단하게 되고, 상소기간이 경과되어도 원재판은 확정되지 않는다(제498조). 이를 확정차단의 효력이라고 한다(이시윤, 746면). 다만, 통상항고에 있어서만은 확정차단의 효력이 없으므로, 통상항고가 된 결정·명령에 대해 집행력을 저지하기 위해서는 별도의 집행정지의 조치를 요한다(제448조).

2. 이심의 효력

상소가 제기되면 그 소송사건 전체가 원법원을 떠나 상소심에 계속되게 되며, 하급심에서 재판한 부분에 한하여 이심의 효력이 생긴다.

3. 상소불가분의 원칙

(1) 상소불가분의 원칙의 의의

상소불가분의 원칙이란 상소의 제기에 의한 확정차단의 효력과 이심의 효력은 원칙적으로 상소인의 불복신청의 범위에 관계없이 원판결의 전부에 대해 불가분으로 발생한다는 원칙을 이른다.

---

5) 상고는 자기에게 불이익한 재판에 대하여 자기에게 유리하게 취소변경을 구하기 위하여 하는 것이고, 이와 같은 상소제도의 본질에 비추어 승소판결에 대한 불복상고는 허용되지 않는다. 재판이 상소인에게 불이익한 것인지 여부는 원칙적으로 재판의 주문을 표준으로 하여 판단하여야 한다. 상소인의 주장이 받아들여져 승소하였다면 그 판결이유에 불만이 있더라도 상소의 이익이 없다(대판 2014.4.10. 2013다54390).

6) 원칙적으로 확정판결의 기판력은 주문에 포함된 것에 한하여 인정되지만, 이유에 포함된 것이라도 상계항변으로 주장된 자동채권에 관해서는 상계로써 대항한 액수에 한하여 기판력이 미친다(민사소송법 제216조). 그러나 여기서 말하는 상계는 민법 제492조 이하에 규정된 단독행위로서의 상계를 의미하는데, 원심판결 이유와 기록에 의하면 위 피고는 상계항변을 한 것이 아니라 위 피고와 소외인과의 사이에 원고의 위 피고에 대한 임대수익금 채권과 위 피고의 ○○농산에 대한 농산물대금 채권을 상계하여 정산하기로 하는 내용의 합의를 하였다는 취지의 항변을 한 것에 지나지 않음을 알 수 있고, 이는 부대상고이유의 주장 자체로 보아도 분명하다. 결국 위 피고의 항변은 본래 의미의 상계를 주장하는 것이 아니므로 원심의 이 부분 판단에 관하여는 기판력이 미치지 않는다(대판 2014.4.10. 2013다54390).

(2) 요건

1) 1개나 수개의 청구(다만, 단순병합의 경우에는 상소불가분의 원칙이 적용되지 않는다는 소수설이 있다), 2) 현실적으로 판결한 전부판결(즉, 주문이 하나)을 들 수 있는 바, 상소불가분의 원칙은 이 판결의 일부에 대해 불복한다고 해도 확정차단·이심의 효력은 그 전부에 미친다는 것이다. 다만, 그 심판범위는 불이익변경금지원칙에 의해 불복당사자가 불복한 범위에 제한된다는 점을 주의해야 한다.[7]

(3) 상소불가분의 원칙의 예외

1) 청구의 일부에 대해서 불항소의 합의나 항소권·부대항소권의 포기의 경우

청구의 일부에 대해서 불항소의 합의나 항소권·부대항소권의 포기의 경우에는 그 부분만이 가분적으로 확정된다. 예를 들어, 대여금청구와 매매대금청구를 병합하여 소를 제기하여 하나의 전부판결이 나온 경우에, 대여금청구부분에 대해서만 당사자가 불항소의 합의를 하였거나 항소권·부대항소권포기를 한 때에는 패소당사자가 매매대금청구에 대해 항소를 한다고 하여도, 대여금청구부분은 상소불가분의 원칙이 작용하지 않고 그대로 확정된다.[8]

2) 통상공동소송의 경우

통상공동소송에 있어서도 공동소송인 독립의 원칙(제66조) 때문에 공동소송인 1인의 또는 1인에 대한 상소는 다른 공동소송인에 관한 청구에 상소의 효력이 미치지 않으므로 그 상소하지 않은 자에 대한 부분은 그대로 확정된다. 예를 들어, 甲이 乙, 丙을 공동피고로 하여 통상공동소송을 제기하여 전부 승소하였을 때, 패소한 乙만이 항소했다면 공동소송독립의 원칙에 의해 甲과 乙 간의 부분만 가분적으로 확정차단 및 이심의 효력이 생기고, 甲과 丙간의 부분은 동일한 효력이 생기지 않고 그대로 확정된다.[9]

---

7) 심판범위가 불복당사자의 불복범위에 제한되면 확정차단·이심의 효력이 전부에 대해 작용한다는 상소불가분의 원칙은 별 의미가 없는 것이 아닌가 생각할 수 있으나, 이는 청구확장을 하는 경우[예] 5천만 원 중 2천만 원만 인용판결이 나서 항소한 경우에 원고가 다시 5천만 원이 아닌 1억 원으로 청구확장을 할 수 있는 것(다만, 상소의 이익은 인정되어야 한다. 5천만 원이 일부청구라고 생각하면 될 것이다)은 5천만 원 전부에 대해 확정이 차단되고 항소심에 이심이 되어 있기 때문이다], 상대방이 부대항소를 하는 경우(먼저 위 사례에서 피고는 패소한 2천만 원 부분에 대해 부대항소를 할 수 있다)는 바로 상소불가분의 원칙 때문에 가능한 것이므로 의미가 있다고 생각해야 할 것이다.

8) 주의할 것은 만약 1심법원이 매매대금청구에 대해서만 일부판결한 경우에는 비록 대여금청구에 대해 불항소의 합의 등이 없다고 해도, 패소당사자가 매매대금청구에 항소하면 매매대금청구부분만 확정, 차단되고 항소심에 이심이 된다는 점이다. 즉, 상소불가분의 원칙의 전제인 양 청구에 하나의 전부판결이 행해진 것이 아니기 때문에 상소불가분의 원칙과는 관계가 없다.

9) 다만, 필수적 공동소송·독립당사자참가에 있어서는 소송결과의 합일확정의 요청이 당사자의 상소권보장의 요청보다 우선하므로 패소한 당사자 중 1인이 상소하면 다른 당사자에 대해서도 상소의 효력이 생긴다는 점을 주의해야 한다.

(4) 상소의 범위와 심판의 범위

1) 내용

상소불가분의 원칙이 작동하여도, 그 심판범위는 불이익변경금지원칙(제415조, 제407조)에 의해 불복당사자가 불복한 범위에 제한된다는 점을 주의해야 한다.[10]

2) 주위적 청구 인용판결의 경우

이 경우 피고가 주위적 청구에 대해 항소하면 상소불가분의 원칙상 주위적 청구, 예비적 청구 모두 항소심으로 이심이 된다. 다만, 예비적 청구는 주위적 청구의 인용을 해제조건으로 하여 소급적으로 소멸할 뿐이다. 다만, 처분권주의, 즉 불이익변경금지원칙상 피고의 불복대상은 어디까지나 주위적 청구부분이므로 항소심이 주위적 청구에 대해 이유 없다는 판단을 하여 주위적 청구에 대한 판결을 취소, 청구를 기각하는 경우, 예비적 청구에 대해서는 판단을 할 수 없다고 생각할 수 있다. 하지만 이 경우 원고로서는 주위적 청구가 인정되지 않는 경우에 대비하여 예비적 청구를 하는 것이고, 주위적 청구가 인정되지 않는 경우에 예비적 청구에 대하여 심판받기를 바라는 것이므로 당연히(즉, 피항소인의 부대항소를 요하지 않고) 예비적 청구가 현실적인 심판의 대상이 될 수 있다는 것이 통설·판례의 태도이다(대판 2000.11.16. 98다22253 전합 등).

(5) 심판 범위의 확장

일부만 상소한 경우에도 상소불가분의 원칙에서 의하여 상소의 효력은 원판결에 전부에 대하여 미치므로 항소인은 항소심의 변론종결시까지 어느 때나 항소취지의 확장으로 심판의 범위를 확장할 수 있다. 예를 들어, 이혼 및 위자료 청구소송에서 패소한 피고가 위자료 청구 부분만 항소하였다가, 이혼청구 부분도 항소취지를 확장하여 불복이 가능한 것은 이혼 청구도 이심이 되어있기 때문이다. 그리고 피항소인도 부대항소를 할 수 있다. 이런 이유에서 항소의 일부취하는 인정되지 아니한다.

---

10) 심판범위가 불복당사자의 불복범위에 제한되면 확정차단·이심의 효력이 전부에 대해 작용한다는 상소불가분의 원칙은 별 의미가 없는 것이 아닌가 생각할 수 있으나, 이는 청구확장을 하는 경우[예) 5천만 원 중 2천만 원만 인용판결이 나서 항소한 경우에 원고가 다시 5천만 원이 아닌 1억 원으로 청구확장을 할 수 있는 것(다만, 상소의 이익은 인정되어야 한다, 5천만 원이 일부청구라고 생각하면 될 것이다)은 5천만 원 전부에 대해 확정이 차단되고 항소심에 이심이 되어 있기 때문이다], 상대방이 부대항소를 하는 경우(먼저 위 사례에서 피고는 패소한 2천만 원 부분에 대해 부대항소를 할 수 있다)는 바로 이 상소불가분의 원칙 때문에 가능한 것이므로 의미가 있다고 생각해야 할 것이다.

연습문제

甲은 乙을 상대로 대여금채권 1억 원 중 4천만 원만을 청구하는 소를 제기하였다. 그런데 甲이 그 청구가 일부청구임을 명시하지 않은 채 변론이 종결되었고, 이어서 甲의 청구 전부를 인용하는 판결이 선고되었다. (30점)

물음 1) 제1심 판결이 확정된 후, 甲은 나머지 부분인 6천만 원을 청구하는 소를 제기하였다. 이 소는 적법한가?

물음 2) 甲은 청구취지 확장을 위하여 항소하였다. 이 항소는 항소의 이익이 있는가?

I. 문제의 소재

1. 甲이 대여금 채권 1억 원 중 4천만 원만을 청구한 것은 채권의 일부에 대해 청구한 것이므로 일부청구에 해당한다. 특히 甲은 4천만 원의 지급을 청구하면서 1억 원 대여금 채권의 일부로서 청구함을 명시하지 않았으므로 甲의 청구는 묵시적 일부청구에 해당한다.

2. 이 경우 일부청구에 대해 확정판결이 있은 후에 잔부청구를 하는 것이 기판력이 작용하여 허용되는지가 문제되고(제216조), 묵시적 일부청구에서 전부 승소한 당사자가 청구확장을 위해 항소할 수 있는가 하는 것이 문제된다.

II. 일부청구의 가능 여부

1. 문제점

일부청구에 관한 본안판결이 확정된 후에 잔부에 관한 추가청구를 할 수 있는가가 문제된다. 이는 잔부청구가 일부청구의 기판력에 의해 차단되는지 여부, 즉 기판력의 객관적 범위와 그 작용에 관한 문제이다(제216조).

2. 학설

(1) 일부청구 긍정설

일부청구를 잔부청구와의 관계에서 독립된 소송물로 보아야 하므로, 일부청구가 소권의 남용에 해당하는 경우를 제외하고는, 기판력은 그 일부에 대해서만 생기고, 새로운 잔부청구가 가능하다는 입장이다. 그 근거로는 처분권주의의 원칙상 소송물의 특정은 원고의 권능이라는 점, 기판력은 주문에만 미치기 때문에 잔부채권의 존부에는 기판력이 미치지 않는다는 점 등을 들고 있다.

(2) 일부청구 부정설

일부가 이행기의 차이, 담보권의 유무 등으로 특정되지 않는 한, 전부를 소송물로 보아야 하므로 기판력은 채권전부에 미치고, 잔부청구의 후소는 기판력에 의해 차단된다고 보는 견해이다. 그 근거는 일부청구 후 잔부청구를 허용하게 되면 원고의 남소로 인해 피고의 응소 번잡과 법원의 부담을 가중시키고, 재판의 모순저촉의 우려가 있으며, 소송경제와 분쟁의 1회적 해결에 반할 우려가 있기 때문이라고 한다.

(3) 명시설

원고의 분할청구의 자유도 피고나 법원과의 관계에서 어느 정도 제한을 받을 수밖에 없으므로 잔부청구의 허용 여부는 전소제기 시 원고가 일부청구임을 명시했는지 여부에 따라 결정해야 한다고 한다. 즉, 원고가 일부청구임을 명시한 경우에는 그 소송물은 청구된 일부에 한정되고 기판력도 그 일부에만 미치나, 묵시적 일부청구의 경우에는 전부청구로 보아 기판력이 전체에 미친다고 보는 입장이다.

3. 판례

(1) 판례는 불법행위의 피해자가 일부청구임을 명시하여 그 손해의 일부만을 청구한 경우 그 일부청구에 대한 판결의 기판력은 청구의 인용 여부에 관계없이 청구의 범위에 한하여 미치는 것이고 잔부청구에는 미치지 아니하는 것이라고 하여 명시설의 입장이다.

(2) 그리고 일부청구를 명시하는 방법으로는 심리의 범위를 특정할 수 있는 정도의 표시를 하여 전체 손해의 일부로서 우선 청구하고 있는 것임을 밝히는 것으로 족하다고 한다.

4. 검토 및 사안의 경우(법원의 판결)

(1) 일부청구에 대한 확정판결 후의 잔부청구의 문제는 원고의 분할청구의 자유, 처분권주의와 분쟁의 일회적 해결의 필요성, 남소의 제한 등의 조화가 필요하므로 양자를 절충한 명시설이 타당하다.

(2) 사안에서 甲은 일부청구임을 명시하지 않았으므로 甲이 일부청구의 확정판결 이후 잔부채권에 대해 청구하는 것은 전소의 기판력에 저촉되어 부적법하다.

(3) 따라서 기판력 본질론 중 반복금지설에 의하면 소극적 소송요건 흠결로 甲의 소를 각하해야 한다. 다만, 판례의 모순금지설에 의하면 전소가 승소확정판결의 경우이므로, 권리보호이익이 없어 甲의 소를 각하해야 한다.

Ⅲ. 일부청구와 항소의 이익

1. 항소이익의 판단기준

(1) 문제점

항소가 적법하려면 상소이익이 있어야 하는데 이는 권리보호이익의 특수한 형태로서 무익한 상소권행사를 견제하려는 것이다. 어떤 경우에 상소이익을 인정해야 하는가에 관해서는 견해의 대립이 있다.

(2) 학설

1) 형식적 불복설

원심에 있어 당사자의 신청과 그 신청에 대해 행한 판결결과를 형식적으로 비교하여 후자가 전자보다 질적·양적으로 불리한 경우에는 상소의 이익을 인정하는 견해이다.

2) 실질적 불복설

당사자가 상소심에서 원판결보다 실체법상 유리한 판결을 받을 가능성이 있으면 상소의 이익을 인정하는 견해이다.

3) 절충설

원고에 대해서는 형식적 불복설에 의하되, 피고에 대해서는 실질적 불복설에 따라 상소의 이익을 판단하자는 견해이다.

4) 신실질적 불복설

실체법상 유리한 판결가능성을 기준으로 할 것이 아니라, 기판력을 포함한 판결의 효력인 집행력, 부수적 효력이 미치는지 여부를 기준으로 하여 불이익 여부를 판단해야 한다는 견해이다.

(3) 판례

1) 판례는 "상소는 자기에게 불이익한 재판에 대하여서만 제기할 수 있는 것이고, <u>재판이 상소인에게 불이익한 것인지의 여부는 재판의 주문을 표준으로 하여 상소제기 당시를 기준으로 판단되어야 한다</u>(대판 2002.6.14. 99다61378 등)."고 하여 기본적으로 형식적 불복설을 따르고 있다.

2) 하지만 이 사안에서는 "상소는 자기에게 불이익한 재판에 대하여 유리하게 취소 변경을 구하는 것이므로 전부 승소한 판결에 대하여는 항소를 허용하지 아니하는 것이 원칙이고, 재판이 항소인에게 불이익한 것인지 여부는 원칙적으로 재판의 주문을 표준으로 하여 판단해야 하며, 다만 <u>가분채권에 대한 이행청구의 소를 제기하면서 그것이 나머지 부분을 유보하고 일부만 청구하는 것이라는 취지를 명시하지 아니한 경우에는 그 확정판결의 기판력은 나머지 부분에까지 미치는 것이어서 별소로써 나머지 부분에 관하여 다시 청구할 수는 없는 것이므로, 일부 청구에 관하여 전부 승소한 채권자는 나머지 부분에 관하여 청구를 확장하기 위한 항소가 허용되지 아니한다면 나머지 부분을 소구할 기회를 상실하는 불이익을 입게 된다 할 것이고, 따라서 <u>이러한 경우에는 예외적으로 전부 승소한 판결에 대해서도 나머지 부분에 관하여 청구를 확장하기 위한 항소의 이익을 인정함이 상당하다고 할 것이다</u>(대판 1997.10.24. 96다12276; 대판 2010.11.11. 2010두14534)."고 하여 상소의 이익을 인정한다.

(4) 검토

실질적 불복설에 의하면 상소의 이익을 판단하는 기준이 불명확해지고 항소심을 복심화할 우려가 있다. 또한 절충설은 당사자 평등주의에 반한다. 신실질적 불복설은 예외를 인정하는 형식적 불복설과 같아 새로운 학설로 평가하기 어려운 면이 있다. 따라서 원칙적으로는 형식적 불복설이 타당하되 예외적으로 기판력 기타 판결의 효력 때문에 별소의 제기가 허용될 수 없는 경우에는 실질적 불복설에 의해야 할 것이다.

2. 일부청구에서 전부승소한 자의 항소의 이익

甲은 일부청구에서 전부승소한 자로서 이 경우 형식적 불복설을 일관하면 甲에게는 항소의 이익이 없다. 그러나 이는 예외를 인정하는 형식적 불복설에 따라 일부청구에 대한 기판력에 의해 별소로 잔부청구를 하는 것이 불가능한 경우이므로, 甲에게는 예외적으로 항소의 이익이 인정된다고 할 것이다.

Ⅳ. 사안의 해결

1. 甲은 1억 원 대여금채권의 일부로서 4천만 원의 지급을 청구하는 것임을 명시하지 않고 묵시적 일부청구를 한 것이므로 전소의 승소판결이 확정된 경우 잔부청구에 대해서도 기판력이 미쳐 후소에서 잔부청구를 할 수 없다.

2. 그리고 甲에게는 상소이익에 대한 형식적 불복설에 관한 예외로서 항소의 이익이 인정되어 항소를 통해 청구를 확장할 수 있을 것이다.

> (TIP) 출제자는 의도하지 않은 논점으로 보이지만, 먼저 청구취지의 확장의 성질을 간단히 지적해 주는 것도 좋은 답안이 될 것이다. 왜냐하면, 청구의 확장의 성질을 ① 피고에게 예기하지 않은 판결을 받을 가능성이 생겼기 때문에 청구의 추가적 변경으로 해석하는 것이 통설·판례이지만, ② 청구의 원인에 변경이 없음을 근거로 또는 이행명령의 상한의 변동에 그침을 들어 청구의 변경이 아니라는 견해(이영섭)가 있기 때문이다. 따라서 통설·판례에 따른다면 청구의 추가적 변경을 하기 위해 항소하는 것이 되므로 항소의 이익 여부가 문제되지만[청구의 추가적 변경의 실질은 소(訴)라는 점을 생각하라!], 소수설에 의할 경우 청구의 추가적 변경이 아니므로 항소의 이익이 필요 없게 될 수 있기 때문이다.

76 항소의 취하

CONTENTS

III. 주관적 병합에 있어 항소취하의 특징

통상공동소송에 있어서는 공동소송인 독립의 원칙에 의해 당연히 1인만이 항소를 취하하여 소송에서 탈퇴할 수 있으나, 필수적 공동소송에 있어서는 소송의 합일확정의 요구 때문에 전원으로부터 또는 전원에 대해 항소를 취하해야 함(제67조). 독립당사자참가에 있어 항소의 취하가 문제되는데, 원고와 참가인 모두가 패소하여 항소를 제기하였다가 원고만 항소를 취하한 경우, 참가인의 항소는 여전히 유효하므로 합일확정의 요청 때문에 원고가 비록 항소취하를 했어도 원고, 피고, 참가인의 청구는 모두 항소심의 심판대상이 됨. 다만, 원고만이 항소하여 항소를 취하한 경우 그 항소취하로 인해 항소심은 소급적으로 끝나고, 제1심판결이 확정

▌항소의 취하

Ⅰ. 항소취하의 의의

항소의 취하란 항소의 신청을 철회하는 소송행위이다. 항소를 제기하지 않았던 것으로 될 뿐이라는 면에서 소 자체를 철회하는 소취하나 항소할 권리를 소멸시키는 항소권의 포기와 비교된다. 판례는 "항소의 취하가 있으면 소송은 처음부터 항소심에 계속되지 아니한 것으로 보게 되나(민사소송법 제393조 제2항, 제267조 제1항), 항소취하는 소의 취하나 항소권의 포기와 달리 제1심 종국판결이 유효하게 존재하므로, 항소기간 경과 후에 항소취하가 있는 경우에는 항소기간 만료 시로 소급하여 제1심판결이 확정되나, 항소기간 경과 전에 항소취하가 있는 경우에는 판결은 확정되지 아니하고 항소기간 내라면 항소인은 다시 항소의 제기가 가능하다(대판 2016.1.14. 2015므3455)."고 한다. 그리고 항소의 취하는 항소의 전부에 대하여 하여야 하고 항소의 일부 취하는 효력이 없으므로 병합된 수개의 청구 전부에 대하여 불복한 항소에서 그중 일부 청구에 대한 불복신청을 철회하였더라도 그것은 단지 불복의 범위를 감축하여 심판의 대상을 변경하는 효과를 가져오는 것에 지나지 아니하고, 항소인이 항소심의 변론종결시까지 언제든지 서면 또는 구두진술에 의하여 불복의 범위를 다시 확장할 수 있는 이상 항소 자체의 효력에 아무런 영향이 없다(대판 2017.1.12. 2016다241249).

Ⅱ. 항소취하와 소취하와의 비교

1. 시기

항소취하는 항소심판결선고 시까지 할 수 있으나(제393조 제1항), 소취하는 판결의 확정시까지 가능하다(제266조 제1항).

2. 동의

항소취하는 전 판결이 확정되는 것이므로 오히려 피항소인에게 유리하여 피항소인의 동의를 요하지 아니하나(제393조 제2항), 소취하는 상대방이 본안에 응소한 경우 상대방의 승소의 이익 때문에 그 동의를 필요로 한다(제266조 제2항).

3. 효력

항소취하는 항소심이 소급적으로 소멸되므로 제1심판결이 확정되지만(제393조 제2항, 제267조 제1항, 제498조), 소취하는 소송이 소급적으로 소멸된다(제267조 제1항).

4. 효력의 발생 시기

항소취하는 항소취하서 제출시에 효력이 발생함에 대해, 소취하는 동의가 필요한 경우에는 소취하서가 상대방에게 도달할 때에 그리고 동의를 요하지 아니하는 경우에는 제출시에 효력이 발생한다.

5. 일부취하

항소취하는 항소불가분의 원칙, 상대방의 부대항소권의 보장 등을 이유로 허용되지 않지만, 소취하는 당사자처분권주의의 원칙상 당연히 허용된다(제266조 제1항).

Ⅲ. 주관적 병합에 있어 항소취하의 특징

통상공동소송에 있어서는 공동소송인 독립의 원칙에 의해 당연히 1인만이 항소를 취하하여 소송에서 탈퇴할 수 있으나, 필수적 공동소송에 있어서는 소송의 합일확정의 요구 때문에 전원으로부터 또는 전원에 대해 항소를 취하해야 한다(제67조). 독립당사자참가에 있어 항소의 취하가 문제되는데, 원고와 참가인 모두가 패소하여 항소를 제기하였다가 원고만 항소를 취하한 경우, 참가인의 항소는 여전히 유효하므로 합일확정의 요청 때문에 원고가 비록 항소취하를 했어도 원고, 피고, 참가인의 청구는 모두 항소심의 심판대상이 된다. 다만, 원고만이 항소하여 항소를 취하한 경우 그 항소취하로 인해 항소심은 소급적으로 끝나고 제1심판결이 확정된다.

Ⅳ. 항소취하의 합의

당사자 사이에 항소취하의 합의가 있는데도 항소취하서가 제출되지 않는 경우 상대방은 이를 항변으로 주장할 수 있고, 이 경우 항소심법원은 항소의 이익이 없다고 보아 그 항소를 각하함이 원칙이다. 청구의 교환적 변경은 기존 청구의 소송계속을 소멸시키고 새로운 청구에 대하여 법원의 판단을 받고자 하는 소송법상 행위이다. 항소심의 소송절차에는 특별한 규정이 없으면 제1심의 소송절차에 관한 규정이 준용되므로(제408조), 항소심에서도 청구의 교환적 변경을 할 수 있다. 청구의 변경 신청이나 항소취하는 법원에 대한 소송행위로서, 청구취지의 변경은 서면으로 신청하여야 하고(제262조 제2항), 항소취하는 서면으로 하는 것이 원칙이나 변론 또는 변론준비기일에서 말로 할 수도 있다(제393조 제2항, 제266조 제3항). 항소심에서 청구의 교환적 변경 신청이 있는 경우 그 시점에 항소취하서가 법원에 제출되지 않은 이상 법원은 특별한 사정이 없는 한 민사소송법 제262조에서 정한 청구변경의 요건을 갖추었는지에 따라 허가 여부를 결정하면 된다. 항소심에서 청구의 교환적 변경이 적법하게 이루어지면, 청구의 교환적 변경에 따라 항소심의 심판 대상이었던 제1심판결이 실효되고 항소심의 심판대상은 새로운 청구로 바뀐다. 이러한 경우 항소심은 제1심판결이 있음을 전제로 한 항소각하 판결을 할 수 없고, 사실상 제1심으로서 새로운 청구의 당부를 판단하여야 한다(대판 2018.5.30. 2017다21411).

77 부대항소

CONTENTS

▌ 부대항소 사시 32회, 법무사 12회

Ⅰ. 부대항소의 의의 및 취지

1. 의의

부대항소란 피항소인이 상대방의 항소에 의하여 개시된 항소심절차에 편승해서, 원판결에 대한 불복을 주장하여 항소심의 심판범위를 자기에게 유리하게 확장시키는 신청을 말한다(제403조).

2. 취지

항소인의 항소심에서의 항소범위 확장에 대응하여 항소권이 소멸된 피항소인에게도 부대항소를 허용함이 공평의 원칙에 부합하고, 독립하여 항소의 이익이 인정될 수 없는 것까지도 항소심의 심판범위에 포함시킴으로써 소송경제를 도모함에 있다.

Ⅱ. 부대항소의 성질

1. 학설

(1) 항소설(항소이익필요설)

부대항소도 엄연히 항소이므로 항소의 이익이 필요하다고 하고, 이에 의하면 제1심에서 전부승소한 피항소인은 청구의 확장·변경 또는 반소의 제기를 위해 부대항소를 할 수 없다고 한다.

(2) 비항소설(항소이익불요설)

부대항소는 공격적 신청 내지 특수한 구제방법이고 항소가 아니므로 항소의 이익이 필요없다고 한다. 이에 의하면 제1심에서 전부승소한 피항소인도 청구의 확장·변경 또는 반소의 제기를 위해 부대항소를 할 수 있게 된다. 통설의 입장이다.

2. 판례

판례는 "원고가 전부승소하였기 때문에 원고는 항소하지 아니하고 피고만 항소한 사건에서 청구취지를 확장 변경함으로서 그것이 피고에게 불리하게 된 경우에는 그 한도에서 부대항소를 한 취지로 볼 것이다(대판 1967.9.19. 67다1709)."고 하여 비항소설(불복이익불요설)의 입장이다.

3. 검토

항소설의 입장에서 법 제403조 규정은 "피항소인은 항소권이 소멸된 뒤에도"라고 표현하여 항소의 이익을 전제하고 있다고 볼 수도 있으나(김상수), 부대항소는 소송에서 항소인의 항소에 편승하여 하는 공격적 신청이므로 이는 항소가 아니라고 보는 비항소설(불복이익불요설)이 소송의 공평, 신속이라는 부대항소의 취지에 부합한다고 본다.

III. 요건

1. 부대항소의 대상

부대항소의 대상은 상대방이 주된 항소에 대하여 불복을 신청한 종국판결에 한한다. 따라서 제1심판결이 당사자일방에 대하여 일부패소의 판결을 선고할 때에 그 부분에 대한 주된 항소가 있으면 사건 전부에 대하여 이심의 효력이 발생하므로 그 항소인의 승소부분에 대하여 부대항소를 할 수도 있다.

2. 부대항소의 당사자

주된 항소의 피항소인 또는 보조참가인이 항소인을 상대로 제기하여야 한다(제403조). 그러므로 당사자쌍방이 모두 주된 항소를 제기한 경우에는 그 일방은 상대방의 항소에 부대항소를 할 수 없다.

3. 주된 항소가 적법하게 계속 중일 것

부대항소가 제기되기 위해서는 상대방과의 사이에 주된 항소가 적법하게 계속되어 있어야 한다. 이에 대해서는 제1심판결선고 후 그 판결의 송달 전에도 항소가 가능한 점에 비추어 피항소인에게 항소장부본이 송달되기 전이라도 부대항소의 제기가 가능하다는 견해가 있다.

4. 부대항소를 할 수 있는 시기

부대항소는 항소기간의 제한을 받지 않으며 주된 항소의 변론종결 전이면 제기가 가능하다.

5. 부대항소권의 포기가 없을 것

피항소인은 부대항소권 자체를 포기한 것이 아닌 한, 자기의 항소권을 포기하거나 항소기간의 도과로 소멸된 경우에도 부대항소를 제기할 수 있다. 그리고 소취하도 원칙적으로 재소가 허용되고, 항소도 취하 후 항소기간 경과 전에는 다시 제기할 수 있는 것과 비교할 때 부대항소를 취하했다 하여도 변론종결 전이라면 다시 부대항소를 제기할 수 있다.

IV. 부대항소의 방식

1. 항소에 준함

부대항소의 방식은 항소의 경우에 준한다(제405조). 하지만 부대항소장을 제출하지 않고 청구취지확장서·반소장을 제출해도 상대방에게 불리하게 되는 한도에서는 부대항소를 한 것으로 의제된다. 판례도 위 67다1709에서 같은 입장을 취하고 있다. 그리고 항소의 취하는 상대방의 동의 없이 일방적으로 할 수 있으며(제393조 제2항이 소취하에 관한 제266조 제2항을 준용하지 아니함), 상대방이 부대항소를 하였더라도 상관없이 취하할 수 있다. 그러므로 부대항소 자체도 상대방의 동의 없이 취하할 수 있다. 그리고 부대항소란 피항소인이 제기한 불복신청으로 항소심의 심판 범위가 항소인의 불복 범위에 한정되지 않도록 함으로써 자기에게 유리하게 제1심판결을 변경하기 위한 것이므로, 피항소인은 항소권이 소멸된 뒤에도 변론이 종결될 때까지 부대항소를 제기할 수 있으나(제403조), 항소에 관한 규정이 준용됨에 따라 민사소송법 제397조 제2항에서 정한대로 부대항소 취지가 기재된 '부대항소장'을 제출하는 방식으로 하여야 함이 원칙이다(제405조). 그러나 피항소인이 항소기간이 지난 뒤에 단순히 항소기각을 구하는 방어적 신청에 그치지 아니하고 제1심 판결보다 자신에게 유리한 판결을 구하는 적극적·공격적 신청의 의미가 객관적으로 명백히 기재된 서면을 제출하고, 이에 대하여 상대방인 항소인에게 공격방어의 기회 등 절차적 권리가 보장된 경우에는 비록 그 서면에 '부대항소장'이나 '부대항소취지'라는 표현이 사용되지 않았더라도 이를 부대항소로 볼 수 있다. 이는 피항소인이 항소기간이 지난 뒤에 실질적으로 제1심 판결 중 자신이 패소한 부분에 대하여 불복하는 취지의 내용이 담긴 항소장을 제출한 경우라고 하여 달리 볼 것은 아니다(대판 2022.10.14. 2022다252387).

2. 부대항소로 간주

예를 들어, 제1심에서 전부승소한 피항소인이 구청구인 토지인도청구에서 신청구인 토지거래허가절차이행의 청구로 청구의 교환적변경을 한 경우에도 항소인에게 불리한 한도 내에서는 부대항소가 되는 것이므로 비록 전부승소한 피항소인이라 해도 청구의 변경을 할 수 있는 것이다(청구의 교환적 변경의 실질이 신청구 제기·구청구 취하의 실질을 가진다는 결합설에 의하면 항소심에서는 항소의 이익이 필요하기 때문이다). 그리고 원고 일부 패소의 제1심판결에 대하여 원고만 항소한 사건에서 피고의 답변서를 부대항소장으로 취급하기 위해서는, 원고 일부 패소의 제1심판결에 대하여 원고만 항소한 이 사건에서 원심으로서는 석명권을 행사하여 피고에게 제1심판결 중 원고 승소부분에 대하여 부대항소제기 의사가 있는지를 확인하고, 부대항소를 제기하는 취지라면 불복신청의 범위를 특정하게 하고 법령에 따른 인지를 붙이도록 한 후 소송절차에서 '부대항소인'으로 취급함으로써 항소심의 심판범위를 명확히 하였어야 한다(대판 2022.12.29. 2022다263462).

Ⅴ. 부대항소의 효력

1. 항소심 심판범위의 확장

부대항소는 그 한도 내에서 심판범위가 확장되어 항소인에게 불리한 판결도 가능하게 된다(불이익변경금지원칙의 배제). 판례도 "부대항소란 피항소인의 항소권이 소멸하여 독립하여 항소를 할 수 없게 된 후에도 상대방이 제기한 항소의 존재를 전제로 이에 부대하여 원판결을 자기에게 유리하게 변경을 구하는 제도로서, 피항소인이 부대항소를 할 수 있는 범위는 항소인이 주된 항소에 의하여 불복을 제기한 범위에 의하여 제한을 받지 아니한다(대판 2003.9.26. 2001다68914)."고 한다.

2. 부대항소의 종속성

법 제404조에 의하면 부대항소는 항소가 취하되거나 부적법하여 각하된 때에는 그 효력을 잃는다(부대항소의 종속성). 다만, 항소기간 내에 한 부대항소는 독립한 항소로 본다(독립부대항소). 즉, 독립부대항소는 부대항소가 독립항소로서 요건을 갖춘 때 독립의 항소로 간주되어 부대항소를 실효케 하지 않도록 한 것이다. 부대항소가 항소의 적법요건을 갖추었다는 것은 구체적으로 자기의 항소제기기간 내에 부대항소를 제출한 경우를 생각하면 된다. 이에 반하여 항소의 적법요건이 흠결된 경우에는 독립의 항소로 간주되지 아니한다[주석 민사소송법(Ⅵ), 146면].

연습문제

매수인 甲은 매도인 乙을 피고로 주위적으로 A 토지에 관한 매매를 원인으로 한 소유권이전등기절차의 이행을 구하고, 예비적으로 위 매매계약이 무효일 경우에 대비하여 매매대금 5억 원의 반환(부당이득 반환)을 구하는 소를 제기하였다. 이 경우 제1심 법원은 甲의 주위적 청구를 기각하고 예비적 청구를 인용하는 판결을 선고하였다. 제1심 판결에 대해서 乙이 항소한 후 甲이 주위적 청구부분에 대하여 부대항소를 제기하였다. 乙이 항소를 취하하였다면 항소심 법원은 주위적 청구를 인용하는 판결을 할 수 있는가? (20점)

I. 문제의 소재

乙이 항소를 취하하였다면 여전히 부대항소가 존속하여 항소심이 주위적 청구를 심리할 수 있는지 문제되는데, ① 甲의 부대항소의 적법성, ② 乙의 항소취하의 적법성, ③ 乙의 항소취하에 의하여 甲의 부대항소가 소멸되는지 여부를 순차로 검토하여야 한다(제403조 이하).

II. 甲의 부대항소의 적법성

1. 의의 및 취지

(1) 의의

부대항소란 피항소인이 상대방의 항소에 의하여 개시된 항소심절차에 편승해서, 원판결에 대한 불복을 주장하여 항소심의 심판범위를 자기에게 유리하게 확장시키는 신청을 말한다(제403조).

(2) 취지

이는 항소인의 항소심에서의 항소범위 확장에 대응하여 항소권이 소멸된 피항소인에게도 부대항소를 허용함이 공평의 원칙에 부합하고, 독립하여 항소의 이익이 인정될 수 없는 것까지도 항소심의 심판범위에 포함시킴으로써 소송경제를 도모함에 있다.

2. 부대항소의 성질

(1) 학설

1) 항소설(항소이익필요설)

부대항소도 엄연히 항소이므로 항소의 이익이 필요하다고 하고, 이에 의하면 제1심에서 전부승소한 피항소인은 청구의 확장·변경 또는 반소의 제기를 위해 부대항소를 할 수 없다고 한다.

2) 비항소설(항소이익불요설)

부대항소는 공격적 신청 내지 특수한 구제방법이고 항소가 아니므로 항소의 이익이 필요 없다고 한다. 이에 의하면 제1심에서 전부승소한 피항소인도 청구의 확장·변경 또는 반소의 제기를 위해 부대항소를 할 수 있게 된다. 통설의 입장이다.

(2) 판례

판례는 "원고가 전부승소하였기 때문에 원고는 항소하지 아니하고 피고만 항소한 사건에서 청구취지를 확장 변경함으로서 그것이 피고에게 불리하게 된 경우에는 그 한도에서 부대항소를 한 취지로 볼 것이다(대판 1967.9.19. 67다1709)."고 하여 비항소설(불복이익불요설)의 입장이다.

(3) 검토

항소설의 입장에서 제403조 규정은 "피항소인은 항소권이 소멸된 뒤에도"라고 표현하여 항소의 이익을 전제하고 있다고 볼 수도 있으나(김상수, 371면 참고), 부대항소는 소송에서 항소인의 항소에 편승하여 하는 공격적 신청이므로 이는 항소가 아니라고 보는 비항소설(불복이익불요설)이 소송의 공평, 신속이라는 부대항소의 취지에 부합한다고 본다.

3. 요건

(1) 부대항소의 대상

부대항소의 대상은 상대방이 주된 항소에 대하여 불복을 신청한 종국판결에 한한다. 따라서 제1심판결이 당사자일방에 대하여 일부패소의 판결을 선고할 때에 그 부분에 대한 주된 항소가 있으면 사건 전부에 대하여 이심의 효력이 발생하므로 그 항소인의 승소부분에 대하여 부대항소를 할 수도 있다.

(2) 부대항소의 당사자

주된 항소의 피항소인 또는 보조참가인이 항소인을 상대로 제기하여야 한다(제403조). 그러므로 당사자 쌍방이 모두 주된 항소를 제기한 경우에는 그 일방은 상대방의 항소에 부대항소를 할 수 없다.

(3) 주된 항소가 적법하게 계속 중일 것

부대항소가 제기되기 위해서는 상대방과의 사이에 주된 항소가 적법하게 계속되어 있어야 한다. 이에 대해서는 제1심판결선고 후 그 판결의 송달 전에도 항소가 가능한 점에 비추어 피항소인에게 항소장부본이 송달되기 전이라도 부대항소의 제기가 가능하다는 견해가 있다.

(4) 부대항소를 할 수 있는 시기

부대항소는 항소기간의 제한을 받지 않으며 주된 항소의 변론종결 전이면 제기가 가능하다.

(5) 부대항소권의 포기가 없을 것

피항소인은 부대항소권 자체를 포기한 것이 아닌 한, 자기의 항소권을 포기하거나 항소기간의 도과로 소멸된 경우에도 부대항소를 제기할 수 있다. 그리고 소취하도 원칙적으로 재소가 허용되고, 항소도 취하 후 항소기간 경과 전에는 다시 제기할 수 있는 것과 비교할 때 부대항소를 취하했다 하여도 변론종결 전이라면 다시 부대항소를 제기할 수 있다.

4. 사안의 경우

사안에서 피항소인 甲의 부대항소는 항소인 乙을 상대로 하여 주된 항소 계속 중에 그리고 변론이 종결되기 전에 제기된 것이므로 위 요건을 모두 충족하여 적법하다.

Ⅲ. 乙의 항소취하의 적법성

1. 의의

항소의 취하는 항소의 신청을 철회하는 소송행위이다(제393조).

2. 요건

항소의 취하는 ① 항소심의 종국판결선고 전까지, ② 소송행위 일반의 유효요건을 갖추어서 하되, ③ 상대방의 동의는 요하지 않으나, ④ 항소불가분의 원칙에 따라 일부취하는 허용되지 않는다.

3. 사안의 경우

사안에서 乙의 항소취하는 항소심의 종국판결선고 전에 행하여진 것으로서 특별히 유효요건을 결하였다는 사정이 보이지 않아 적법하다.

Ⅳ. 乙의 항소취하가 甲의 부대항소에 미치는 영향

1. 부대항소의 종속성

부대항소는 항소에 의하여 개시된 절차에 편승하여 이용하는 행위이므로 항소가 취하되거나 부적법하여 각하되어 항소심절차가 종료되면 부대항소도 따라서 소멸한다(제404조 본문). 그러나 부대항소인의 항소기간 내에 부대항소가 제기되면 이는 독립한 항소로 간주되는데(동조 단서) 이는 독립부대항소라고 하여 항소의 실효 여부에 영향을 받지 않는다. 다만, 주된 항소가 소멸되면 부대항소는 독립한 항소로서 항소의 이익을 갖추어야 한다.

2. 사안의 경우

甲이 자신의 항소기간 내에 부대항소를 제기한 것인지 명백하지 않으므로, 경우를 나누어 항소기간 내에 제기된 것이라면 부대항소는 패소한 주위적 청구에 대한 것으로서 항소의 이익을 갖추고 있으므로 독립한 항소로서 존속하나, 항소기간 도과 후에 제기된 것이라면 종속성에 따라 부대항소 역시 소멸하게 된다.

Ⅴ. 사안의 해결

甲의 항소기간 내에 부대항소를 제기한 것이라면 법원은 주위적 청구를 인용하는 판결을 할 수 있으나, 항소기간 도과 후에 제기한 것이라면 부대항소는 乙의 항소취하에 따라 소멸하므로, 소송은 종료되어 법원은 주위적 청구를 판단할 수 없다.

78 불이익변경금지의 원칙

CONTENTS

---

[11] 예를 들어, 채무부존재를 이유로 하여 원고의 청구를 기각한 판결에 대하여 원고가 항소를 제기한 경우에 변제를 이유로 항소기각판결을 하는 것을 들 수 있다.

∴ 이 경우는 이유를 바꿀 수 없어 제1심판결과 똑같은 이유를 달아 항소기각(이시윤, 774면). and 이때에 피고만이 항소한 경우에 피고주장의 반대채권이 부존재한다고 하여 피고의 상계항변을 배척하면서 항소기각하는 것도 제1심판결보다 더 불리해져서 허용 ×(대판 1995.9.29. 94다18911)

Ⅲ. 예외

1. 직권조사사항

불이익변경금지의 원칙은 처분권주의에 바탕을 두고 있으므로, 법원이 직권으로 조사할 사항에 대하여는 적용 ×(예 소송요건의 흠이 인정되는 경우에는 일부 패소의 원고에 의하여 항소가 된 때라도 제1심판결의 전부를 취소하여 소각하나 이송 등의 조치를 취할 수 있다[12])

2. 소송비용재판과 가집행선고의 변경

소송비용의 재판과 가집행선고의 변경도 당사자의 신청유무에 관계없음(제104조, 제105조, 제213조)

3. 형식적 형성의 소

성질상 비송사건에 속하는 형식적 형성의 소(경계확정소송, 공유물분할소송)도 이 원칙이 적용 ×

4. 합일확정소송

독립당사자참가와 예비적·선택적 공동소송의 경우에도 합일확정의 필요를 위하여 상소하지 아니한 당사자에게 유리하게 원심판결이 변경 ○

5. 상계의 항변

항소심에서 상계의 항변이 받아들여진 경우에도 불이익변경금지의 원칙이 적용 ×(제415조 단서; 예 원고가 1억 원을 청구한 경우에 제1심이 피고가 1억 원 전부를 상계한다는 상계의 항변을 3,000만 원만 인정하여 원고의 청구중 7,000만 원을 인용한 경우 원고만이 항소 ⇨ 이 때 항소심은 이 경우에 불이익변경금지의 원칙이 인정된다면 원고의 불복부분인 3,000만 원부분만 판단을 해야 할 것이나, 이 경우 피고의 상계의 항변을 인정하여 원고의 승소부분인 7,000만 원 부분까지도 취소하여 청구를 전부 기각 가능)

∵ 만일 원고의 항소를 기각만 한다면 부당한 제1심판결이 유지되고, 피고는 항소심에서 상계로 주장한 반대채권까지 상실하게 되어 부당하기 때문

∴ 항소심은 상계의 항변의 경우에는 원고의 불복부분에 한하지 않고 판단을 할 수 있는 것

▮ 불이익변경금지원칙 사시 30회

Ⅰ. 의의 및 취지

1. 의의

항소를 받아들여 제1심판결을 변경할 때에는 불복신청의 한도를 넘을 수 없다는 원칙을 불이익변경금지의 원칙이라고 한다(제415조, 제407조).

2. 취지

① 당사자의 상소권을 보장하고, ② 처분권주의(제203조)가 항소심에서 발현된 것이라는데 그 취지가 있다.

---

12) 판례는 A, B 토지에 대한 소유권확인의 소에서 A토지 청구인용, B토지 청구기각의 제1심판결에 대하여 원고만이 항소한 항소심에서 A, B 두 청구 모두 확인의 이익이 없다고 소각하판결한 사안이 있다(대판 1995.7.25. 95다14817).

Ⅱ. 원칙

1. 이익변경의 금지

항소인이 불복을 신청하지 아니한 패소부분은 설사 부당하다고 인정될 지라도 항소인에게 유리하게 변경할 수 없다(이익변경의 금지). 따라서 본소와 반소에 관하여 모두 패소한 피고가 반소의 판결에 대하여만 항소한 때에는 설사 본소의 판결이 부당하다고 하더라도 이를 심판할 수 없고, 재산상 손해배상청구에 대하여만 항소하고 위자료청구에 대하여는 불복하지 아니한 경우에 제1심판결보다 더 많은 위자료지급을 명할 수는 없다(손해3개설에 의할 경우; 대판 1980.7.8. 80다1192 등).

2. 불이익변경의 금지

(1) 내용

상대방으로부터 항소나 부대항소가 없는 한 항소인에게 더 불리하게 원심판결을 변경할 수 없다(불이익변경의 금지[13]). 즉, 항소인은 상대방의 불복신청이 없는 한 최악의 경우에도 불복신청이 배척되어 원심판결이 유지되는데 그치고, 그 이상의 위험을 부담하지 않는 결과 당사자의 상소권이 보장되는 것이다.[14] 소송물 별로 판단하여야 한다. 판례도 "금전채무불이행의 경우에 발생하는 원본채권과 지연손해금채권은 별개의 소송물이므로, 불이익변경에 해당하는지 여부는 원금과 지연손해금 부분을 각각 따로 비교하여 판단하여야 하는 것이고, 별개의 소송물을 합산한 전체 금액을 기준으로 판단하여서는 아니 된다(대판 2009.6.11. 2009다12399)."고 하였다.

(2) 동시이행판결의 경우

항소심은 당사자의 불복신청범위 내에서 제1심판결의 당부를 판단할 수 있을 뿐이므로, 설사 제1심판결이 부당하다고 인정되는 경우라 하더라도 그 판결을 불복당사자의 불이익으로 변경하는 것은 당사자가 신청한 불복의 한도를 넘어 제1심판결의 당부를 판단하는 것이 되어 허용될 수 없다 할 것인바, 원고만이 항소한 경우에 항소심으로서는 제1심보다 원고에게 불리한 판결을 할 수는 없고, 한편 불이익하게 변경된 것인지 여부는 기판력의 범위를 기준으로 하나 공동소송의 경우 원·피고별로 각각 판단하여야 하고, 동시이행의 판결에 있어서는 원고가 그 반대급부를 제공하지 아니하고는 판결에 따른 집행을 할 수 없어 비록 피고의 반대급부이행청구에 관하여 기판력이 생기지 아니하더라도 반대급부의 내용이 원고에게 불리하게 변경된 경우에는 불이익변경금지 원칙에 반하게 된다(대판 2005.8.19. 2004다8197).

---

13) 제1심이 원고들의 본소 중 주위적 청구를 전부 인용하고, 피고의 반소 중 주위적 청구에 대한 소를 각하하고 예비적 청구를 일부 인용한 데 대하여, 피고는 반소의 예비적 청구를 일부 기각한 부분에 대하여만 항소를 제기하였을 뿐 본소에 대하여는 항소를 제기하지 아니하였으므로, 원고들의 본소는 주위적 청구뿐만 아니라 예비적 청구 역시 원심의 심판범위에서 제외되는 것이고, 따라서 원고들이 원심에서 청구취지 및 청구원인변경신청서를 제출하여 예비적 청구에 불법행위에 의한 손해배상청구를 선택적으로 추가하였다고 하더라도 추가된 예비적 청구가 원심의 심판범위에 포함된다고 할 수 없다(대판 2008.3.13. 2006다53733·53740).

14) 예를 들어, 청구를 일부인용 한 판결에 대하여 피고만이 항소한 경우에는 항소법원이 피고에게 제1심 패소부분 이상의 지급의무가 있다고 판단하더라도 그것을 넘어 지급을 명할 수 없고, 반대로 원고만이 항소한 경우에 항소법원이 청구의 전부가 이유 없는 것으로 판단하더라도 원심판결 중 원고 승소부분을 취소하여 청구전부를 기각할 수는 없는 것이다.

(3) 소각하의 원심판결에 대하여 원고만이 상소한 경우에 소가 적법하고 청구가 이유 없다고 판단되는 경우

1) 학설

학설은 ① 항소법원이 원심판결을 취소하고 청구를 기각하는 것은 원고에게 불이익하므로 불이익변경금지의 원칙상 항소를 기각하여 원심판결을 확정할 수 있을 뿐이라는 <u>항소기각설</u>, ② 이 경우 항소기각을 하면 잘못된 소각하판결을 확정시키게 되고, 뒤에 소송요건을 구비하여 재소하는 것을 막을 수 없다는 점, 당사자의 심급의 이익을 고려해야 한다는 점을 이유로 원심판결을 취소하고 원심으로 환송해야 한다는 <u>환송설</u>, ③ 이를 나누어서 사안으로 보아 원심에서 본안심리가 이루어졌거나 당사자의 동의가 있으면 제418조 단서에 따라 원심판결을 취소하고 청구기각을 할 것이고, 그렇지 않으면 동조 본문에 따라 환송하는 것이 옳다는 <u>절충설</u>, ④ 소각하판결로는 원고에게 이익이 생긴 것이 아니므로 이 경우는 불이익변경금지의 원칙에 저촉되지 아니하여 원심판결을 취소하고 청구기각을 할 수 있다는 <u>청구기각설</u> 등이 있다.

2) 판례

판례는 "원심이 이와 달리 이 사건 본소를 부적법한 것으로 보아 이를 각하한 것은 소의 이익에 관한 법리를 오해한 것이다. 다만, 위에서 본 바와 같이 <u>위 교통사고와 관련하여 원고에게 손해배상채무가 있는 이상 그 부존재확인을 구하는 원고의 본소청구는 이유 없고</u>(청구기각의 심증), <u>원고만이 상고한 이 사건에서 소를 각하한 원심판결을 파기하여 원고에게 더 불리한 청구기각의 판결을 할 수는 없으므로, 원심판결을 그대로 유지하지 않을 수 없다</u>(대판 1999.6.8. 99다17401·17418)."고 하여 <u>상소기각설의 입장</u>이다.

3) 검토

① 항소기각설은 잘못된 원심판결을 확정하는 문제가 있다는 점, 항소심법원의 판단과 기판력간에 괴리가 생긴다는 점에서 부당하고, ② 환송설은 소송경제에 반한다. 그리고 절충설도 사실상 환송설과 다를 바 없다. 따라서 불이익변경금지의 원칙은 원판결이 상소인에게 인정한 '실체법상의 지위'를 빼앗지 못하도록 하는 원칙으로 이해하여, 원판결이 소송판결인 경우에는 이 원칙이 적용되지 않아 청구기각판결이 가능하다고 하는 청구기각설이 타당하다고 본다(정동윤·유병현[15]).

---

15) 원고가 제1심의 소각하판결이 부당하다고 항소한 때에, 항소법원이 소송요건의 구비를 인정하고 또 제418조 단서에 해당하는 경우에는 직권으로 본안판결을 하여야 한다. 이 때에 청구인용판결은 할 수 있으나 청구기각판결은 할 수 없다고 하는 것은 균형이 맞지 않는다. 또 항소기각을 하면 소각하판결이 유지되어 실제에 맞지 않는 결론이 되고, 분쟁의 실질적 해결을 꾀할 수 없다. 뿐만 아니라 항소기각판결은 그 판결이유에서 소송요건이 존재하지만 부득이 항소기각을 하여 소송판결인 원심판결을 유지한다고 설시하기 때문에, 소송요건의 존재를 확인하는 중간판결적 종국판결이 되어버린다. 이상의 이유로 항소기각설은 문제가 있고, 또 언제나 제1심으로 환송하는 것은 소송경제가 반한다. 따라서 불이익변경금지의 원칙은 원심판결이 상소인에게 인정한 '실체법상의 법적 지위'를 빼앗지 못하도록 하는 원칙으로 이해하여, 제1심판결이 소송판결인 경우에는 이 원칙이 적용되지 않는다고 보아야 할 것이다(정동윤·유병현, 777면).

3. 이유의 변경

이유를 변경하는 것은 판결주문에 영향이 없는 한 당사자에게 불리하게 변경하여도 상관이 없다.[16)]

4. 상계의 항변

상계의 항변을 인정하여 청구를 기각한 판결에 대하여 원고가 항소한 경우에 상계 이외의 이유(채권의 부존재를 이유로)로 항소를 기각하는 것은 불이익변경이 된다. 상계에 제공된 반대채권(자동채권)이 소멸하는 이익을 잃게 되기 때문이다. 따라서 이 경우는 이유를 바꿀 수 없어 제1심판결과 똑같은 이유를 달아 항소기각 하여야 한다(대판 2010.12.23. 2010다67258). 그리고 이 때에 피고만이 항소한 경우에 피고주장의 반대채권이 부존재한다고 하여 피고의 상계항변을 배척하면서 항소기각 하는 것도 제1심판결보다 더 불리해져서 허용되지 않는다(대판 1995.9.29. 94다18911).

5. 재심의 경우

재심은 상소와 유사한 성질을 갖는 것으로서 부대재심이 제기되지 않는 한 재심원고에 대하여 원래의 확정판결보다 불이익한 판결을 할 수 없다(대판 2003.7.22. 2001다76298).

Ⅲ. 예외

1. 직권조사사항

불이익변경금지의 원칙은 처분권주의에 바탕을 두고 있으므로, 법원이 직권으로 조사할 사항에 대하여는 적용되지 않는다. 예를 들어, 소송요건의 흠이 인정되는 경우에는 일부 패소의 원고에 의하여 항소가 된 때라도 제1심판결의 전부를 취소하여 소각하나 이송 등의 조치를 취할 수 있다.[17)]

2. 소송비용재판과 가집행선고의 변경

소송비용의 재판과 가집행선고의 변경도 당사자의 신청유무에 관계없이 할 수 있다(제104조, 제105조, 제213조). 즉, 가집행선고는 당사자의 신청 유무에 관계없이 법원이 직권으로 판단할 사항으로 처분권주의를 근거로 하는 민사소송법 제415조의 적용을 받지 아니하므로, 가집행선고가 붙지 아니한 제1심판결에 대하여 피고만이 항소한 항소심에서 항소를 기각하면서 가집행선고를 붙였어도 불이익변경금지의 원칙에 위배되지 아니한다(대판 1998.11.10. 98다42141).

3. 형식적 형성의 소

성질상 비송사건에 속하는 형식적 형성의 소(경계확정소송, 공유물분할소송)도 이 원칙이 적용되지 않는다.

---

16) 예를 들어, 채무부존재를 이유로 하여 원고의 청구를 기각한 판결에 대하여 원고가 항소를 제기한 경우에 변제를 이유로 항소기각판결을 하는 것을 들 수 있다.

17) 판례는 A, B 토지에 대한 소유권확인의 소에서 A토지 청구인용, B토지 청구기각의 제1심판결에 대하여 원고만이 항소한 항소심에서 A, B 두 청구 모두 확인의 이익이 없다고 소각하판결한 사안이 있다(대판 1995.7.25. 95다14817).

4. 합일확정소송

필수적 공동소송, 독립당사자참가와 예비적·선택적 공동소송의 경우에도 합일확정의 필요를 위하여 상소하지 아니한 당사자에게 유리하게 원심판결이 변경되는 수가 있다.

5. 상계의 항변

항소심에서 상계의 항변이 받아들여진 경우에도 불이익변경금지의 원칙이 적용되지 아니한다(제415조 단서). 제415조 단서가 적용되는 경우는 원고가 제1심에서 전부 또는 일부패소하여 원고만이 항소한 때 항소심에서 비로소 피고가 상계의 항변을 제출하고 그것이 시인되는 때이다. 예를 들면 원고의 대여금청구소송에서 피고는 변제항변을 하였으나 제1심에서 일부패소하자 피고가 불복하지 아니하고 원고만이 항소하였는데 항소심에서 피고가 가정적 항변으로 제출한 상계항변을 인용할 때에는 비록 원고만이 항소하였다 할지라도 제1심판결을 취소하고 원고의 청구를 기각하여야 할 것이다. 만일 제415조 단서 규정이 없다면 위의 경우에 원고만이 항소하였으므로, 제1심에서 인용된 일부청구를 취소할 수 없고 항소를 기각할 수밖에 없는데 그렇게 되면 피고는 항소심에서 상계를 주장한 반대채권까지 상실하는 셈이 되는 것이다[주석 민사소송법(VI), 209면, 제7판]. 따라서 사안에서 甲은 패소부분인 4천만 원 부분에 대하여 항소하여도, 항소불가분의 원칙에 따라 나머지 6천만 원 부분도 확정이 차단되고 이심이 된다. 다만, 불이익변경금지원칙에 따라 甲이 불복한 4천만 원 부분에 한정하여 심판대상이 되는 것이 원칙이지만, 상계의 항변의 경우에는 그 예외가 된다. 따라서 乙이 제출한 6천만 원의 매매대금채권을 자동채권으로 한 상계항변을 고려하여, 1심에서 甲이 승소한 6천만 원 대여금 부분도 그 심판대상이 되어, 甲의 청구 중 4천만 원을 인용하는 판결을 하여야 한다. 그러므로 항소심법원의 판단에는 잘못이 없다.

> ### 📖 시험에 이렇게 나온다! 2023년 변리사
>
> 甲은 乙을 상대로 1억 원의 대여금의 지급을 구하는 소를 제기하였다. 이에 대하여 제1심법원은 乙의 변제항변을 일부 받아들여 甲의 청구 중 6천만 원을 인용하였다. 이에 甲만 항소하였는데, 乙이 甲에 대하여 가지고 있는 6천만 원의 매매대금채권을 자동채권으로 하여 상계항변을 하였다. 이에 대하여 항소심법원은 乙의 변제항변은 전부 이유 없고 오히려 乙이 제출한 상계항변이 전부 이유 있는 것으로 인정하여 甲의 청구 중 4천만 원을 인용하였다. 이와 같은 항소심법원의 판단에 잘못이 없는지를 그 논거와 함께 설명하시오. (10점)

79 환송판결의 기속력

CONTENTS

Ⅰ. 환송판결의 기속력 일반

1. 의의

환송 또는 이송을 받은 법원이 다시 심판을 하는 경우에는 상고법원이 파기의 이유로 한 법률상 및 사실상의 판단에 기속되는 것(제436조 제2항 후문, 법원조직법 제8조)

2. 법적 성질

(1) 학설

학설은 ① 중간판결에 인정되는 기속력과 동일시하는 중간판결설, ② 확정판결의 기판력으로 보는 기판력설, ③ 심급제도의 유지를 위해 상급심의 판결이 하급심을 구속하는 특수한 효력으로 보는 특수효력설이 통설

(2) 판례

판례는 "대법원의 환송판결은 원심의 재판을 파기하여 다시 심리판단 하여 보라는 종국적 판단을 유보한 재판의 성질상, 직접적으로 기판력이나 실체법상 형성력, 집행력이 생기지 아니한다고 하겠으므로 이는 중간판결의 특성을 갖는 판결로서 실질적으로 확정된 종국판결이라 할 수 없다(대판 1995.2.14. 93재다27·34 전합)."고 판시

(3) 검토

① 상고심에 의한 법령해석의 통일, ② 심급제도의 본질 유지라는 환송판결의 기속력의 취지상 이 견해가 타당

3. 내용

(1) 사실상의 판단이라 함은 소송요건 등의 직권조사사항과 재심사유에 해당하는 사실을 지칭하고, 본안에 관한 사실은 상고심이 법률심이기 때문에 포함 ×

∴ 환송받은 법원은 본안에 관해서는 새로운 자료에 기하여 새로운 사실인정이 가능

(2) 법률상의 판단이라 함은 법령의 해석, 적용에 관한 판단으로 파기의 전제가 된 것을 의미. but 이는 파기이유와 논리적, 필연적 관계가 없는 부분, 즉 부수적으로 지적한 사항에까지 미치는 것은 ×

(3) and 환송받은 법원은 상고법원이 파기이유로 삼은 잘못된 견해만 피하면 다른 가능한 견해에 의하여 환송전의 판결과 동일한 결론을 내려도 기속력에 반하지 ×

4. 기속력의 소멸

① 환송판결에 나타난 법률상의 견해가 뒤에 판례 변경으로 바뀌었을 때, ② 새로운 주장·입증이나 이의 보강으로 전제된 사실관계의 변동이 생긴 때, ③ 법령의 변경이 생겼을 때는 기속력 소멸(이시윤, 800면)

Ⅱ. 환송판결의 기속력의 재상고심에 대한 인정 여부

1. 문제점

원칙적으로 환송판결의 기속력은 환송을 받은 법원뿐만 아니라 환송판결에 대하여 다시 상고가 행해진 때 재상고심도 기속하는데, 이 경우 법률상 판단을 변경할 필요가 있어 재상고심이 전원합의체를 구성할 경우에는 기속력이 미치지 않아 환송판결과 다른 판단을 할 수 있는지 문제

2. 학설

(1) 부정설 - 당해 사건에 있어서 대법원이 한 환송판결의 기속력은 재상고심인 대법원의 전원합의체에서도 배제할 수 없음(박준서)

(2) 긍정설은 재상고심인 대법원이 전원합의체로 구성되는 한 환송판결의 기속력이 미치지 않는다고 주장(이규호)

(3) 제한적 긍정설은 원칙적으로 부정설의 입장을 두둔하면서 환송판결에 재심사유가 있는 경우에는 긍정설의 입장을 채택(박우동, 안병국, 유병현)

3. 판례

(1) 이에 대해 과거 판례는 "환송판결의 기속력이 재상고심의 전원합의체까지도 예외 없이 미친다."고 함

(2) but 최근의 판례는 원고가 손실보상금재결처분취소를 구한 사안에서 "대법원의 전원합의체가 종전의 환송판결의 법률상 판단을 변경할 필요가 있다고 인정하는 경우에는, 그에 기속되지 아니하고 통상적인 법령의 해석적용에 관한 의견의 변경절차에 따라 이를 변경할 수 있다고 보아야 할 것이다(대판 2001.3.15. 98두15597 전합)."고 하여 재상고심의 전원합의체에는 환송판결의 기속력을 부정하여 과거 견해들을 변경

4. 검토

만약 대법원의 전원합의체에도 환송판결의 기속력이 미친다면 위 변경된 판례가 지적하듯이, 전원합의체의 권능 행사를 통하여 법령의 올바른 해석적용과 그 통일을 기하고 무엇이 정당한 법인가를 선언함으로써 사법적 정의를 실현하여야 할 임무가 있는 대법원이 자신의 책무를 스스로 포기하는 셈이 될 것이고, 그로 인하여 하급심법원을 비롯한 사법전체가 심각한 혼란과 불안정에 빠질 수도 있을 것이며, 소송경제에도 반하게 될 것임이 분명. and 환송판결은 확정된 종국판결이 아니므로 재심사유에 국한하여 환송판결의 기속력을 배제하는 제한적 긍정설을 취하기는 어렵다고 생각

∴ 환송판결의 기속력은 원칙적으로 상고심 자신도 기속하는 것이지만 법률상 견해 변경을 위한 전원합의체에는 미치지 않는다고 할 것(긍정설; 이규호, 고시계 2006/5, 127면)

▌환송판결의 기속력 사시 42회

Ⅰ. 환송판결의 기속력 일반

1. 의의

환송판결의 기속력이란 환송 또는 이송을 받은 법원이 다시 심판을 하는 경우에는 상고법원이 파기의 이유로 한 법률상 및 사실상의 판단에 기속되는 것을 이른다(제436조 제2항 후문, 법원조직법 제8조).

2. 법적 성질

(1) 학설

학설은 ① 중간판결에 인정되는 기속력과 동일시하는 중간판결설, ② 확정판결의 기판력으로 보는 기판력설도 있으나, ③ 심급제도의 유지를 위해 상급심의 판결이 하급심을 구속하는 특수한 효력으로 보는 특수효력설이 통설이다.

(2) 판례

다만, 판례는 "대법원의 환송판결은 원심의 재판을 파기하여 다시 심리판단 하여 보라는 종국적 판단을 유보한 재판의 성질상, 직접적으로 기판력이나 실체법상 형성력, 집행력이 생기지 아니한다고 하겠으므로 이는 중간판결의 특성을 갖는 판결로서 실질적으로 확정된 종국판결이라 할 수 없다(대판 1995.2.14. 93재다27·34 전합)."고 하고 한다.

(3) 검토

상고심에 의한 법령해석의 통일, 심급제도의 본질 유지라는 환송판결의 기속력의 취지상 이 견해가 타당하다고 본다.

3. 내용

(1) <u>사실상의 판단</u>이라 함은 소송요건 등의 직권조사사항과 재심사유에 해당하는 사실을 지칭하고, 본안에 관한 사실은 상고심이 법률심이기 때문에 포함되지 않는다. 따라서 환송받은 법원은 본안에 관해서는 새로운 자료에 기하여 새로운 사실인정이 가능하다.

(2) <u>법률상의 판단</u>이라 함은 법령의 해석, 적용에 관한 판단으로 파기의 전제가 된 것을 의미한다. 다만, 이는 파기이유와 논리적, 필연적 관계가 없는 부분, 즉 부수적으로 지적한 사항에까지 미치는 것은 아니다.

(3) 그리고 환송받은 법원은 상고법원이 파기이유로 삼은 잘못된 견해만 피하면 다른 가능한 견해에 의하여 환송 전의 판결과 동일한 결론을 내려도 기속력에 반하지 않는다(대판 1995.10.13. 95다33047).

4. 기속력의 소멸

① 환송판결에 나타난 법률상의 견해가 뒤에 판례변경으로 바뀌었을 때, ② 새로운 주장·입증이나 이의 보강으로 전제된 사실관계의 변동이 생긴 때(대판 1992.9.14. 92다4192 등), ③ 법령의 변경이 생겼을 때는 기속력을 잃는다(이시윤).

Ⅱ. 환송판결의 기속력의 재상고심에 대한 인정 여부

1. 문제점

원칙적으로 환송판결의 기속력은 환송을 받은 법원뿐만 아니라 환송판결에 대하여 다시 상고가 행해진 때 재상고심도 기속하는데, <u>이 경우 법률상 판단을 변경할 필요가 있어 재상고심이 전원합의체를 구성할 경우에는 기속력이 미치지 않아 환송판결과 다른 판단을 할 수 있는지</u> 문제된다.

2. 학설

(1) 부정설

대법원 전원합의체에서의 판례변경기능은 당해 사건이 아닌 다른 사건에 관한 법적 판단을 변경하는 것이므로 <u>당해 사건에 있어서 대법원이 한 환송판결의 기속력은 재상고심인 대법원의 전원합의체에서도 배제할 수 없다</u>고 주장하거나 또는 상고심법원은 동일 사건에 대하여 그의 소부판결에도 구속되므로 전원합의체에 의한 판례변경의 방법으로 환송판결과 다른 판단을 할 수 없다고 한다(박준서).

(2) 긍정설

<u>재상고심인 대법원이 전원합의체로 구성되는 한 환송판결의 기속력이 미치지 않는다</u>고 주장한다.

(3) 제한적 긍정설

원칙적으로 부정설의 입장을 두둔하면서 환송판결에 재심사유가 있는 경우에는 긍정설의 입장을 채택하고 있다. 즉, 대법원의 소부도 헌법 제102조 제1항과 법원조직법 제8조에 의하여 보장된 심판기구이며, 소부에 의한 재판이든지 전원합의체에 의한 재판이든지 간에 양자 사이에 대법원판결로서의 효력에 관하여 차별받을 이유가 없으므로 소부에 의한 환송판결의 견해에 기속되어 판결한 항소심재판의 재상고심에서 전원합의체에 돌려 환송판결의 견해를 변경할 수 없다는 점 및 긍정설을 채택하면 하급심에서는 대법원에서 전원합의체에 의하여 기속력이 배제될 것을 기대하면서 환송판결에 따르지 아니하는 판단을 할 가능성이 있어 환송판결의 기속력이 심히 약화될 우려가 있다는 점에 관하여는 부정설과 견해를 같이 하지만, 환송판결의 기속력이 기도하는 법적 안정성과 대법원의 법령해석 통일 기능의 조화를 위하여 예외적으로 환송판결에 재심사유가 있는 경우에는 기속력을 배제하여야 한다고 주장한다 (박우동, 안병국, 유병현).

3. 판례

(1) 이에 대해 과거 판례는 "환송판결의 기속력이 재상고심의 전원합의체까지도 예외 없이 미친다."고 하였다(대판 1981.2.24. 80다2029 등).

(2) 그러나 최근의 판례는 원고가 손실보상금재결처분취소를 구한 사안에서 "대법원의 전원합의체가 종전의 환송판결의 법률상 판단을 변경할 필요가 있다고 인정하는 경우에는, 그에 기속되지 아니하고 통상적인 법령의 해석적용에 관한 의견의 변경절차에 따라 이를 변경할 수 있다고 보아야 할 것이다(대판 2001.3.15. 98두15597 전합)."고 하여 재상고심의 전원합의체에는 환송판결의 기속력을 부정하여 과거 견해들을 변경하였다.

4. 검토

만약 대법원의 전원합의체에도 환송판결의 기속력이 미친다면 위 변경된 판례가 지적하듯이, 전원합의체의 권능 행사를 통하여 법령의 올바른 해석적용과 그 통일을 기하고 무엇이 정당한 법인가를 선언함으로써 사법적 정의를 실현하여야 할 임무가 있는 대법원이 자신의 책무를 스스로 포기하는 셈이 될 것이고, 그로 인하여 하급심법원을 비롯한 사법전체가 심각한 혼란과 불안정에 빠질 수도 있을 것이며, 소송경제에도 반하게 될 것임이 분명하다. 그리고 환송판결은 확정된 종국판결이 아니므로 재심사유에 국한하여 환송판결의 기속력을 배제하는 제한적 긍정설을 취하기는 어렵다고 생각한다. 따라서 환송판결의 기속력은 원칙적으로 상고심 자신도 기속하는 것이지만 법률상 견해 변경을 위한 전원합의체에는 미치지 않는다고 할 것이다(긍정설; 이규호, 고시계 2006/5, 127면).

2022년 법무사시험

甲은 乙 회사를 상대로 부당이득을 원인으로 하여 부당이득금 15억 원의 지급을 청구하였는데 항소심에서 10억 원의 지급을 명하는 일부승소판결을 받았다. 이에 대하여 乙 회사만이 그 패소 부분에 대하여 상고하였는데, 상고심은 乙 회사의 상고를 받아들여 乙 회사의 패소 부분을 파기환송 하였다. 환송 후 항소심은 환송 후의 심리과정에서 甲이나 乙 회사로부터 새로운 주장이나 입증이 제출되지 아니하여 기속적 판단의 기초가 된 사실관계에 변동이 생기지 아니하였으므로 상고법원이 파기이유로 한 사실상 및 법률상의 판단에 따라 판결하였다. 이에 대하여 甲이 재상고하였을 경우 재상고심도 환송판결의 법률상 판단에 기속되는지 여부에 대하여 결론과 그 이유를 설명하시오. (10점)

I. 결론

원칙적으로 환송판결의 기속력은 환송을 받은 법원뿐만 아니라 환송판결에 대하여 다시 상고가 행해진 때 재상고심도 기속하지만, 재삼고심이 전원합의체를 구성하는 경우에는 기속력이 미치지 않는다.

II. 이유

1. 환송판결의 기속력의 의의, 법적 성질

환송판결의 기속력이란 환송 또는 이송을 받은 법원이 다시 심판을 하는 경우에는 상고법원이 파기의 이유로 한 법률상 및 사실상의 판단에 기속되는 것을 이른다(제436조 제2항 후문, 법원조직법 제8조). 이의 법적 성질에 대하여 학설은 ① 중간판결에 인정되는 기속력과 동일시하는 중간판결설, ② 확정판결의 기판력으로 보는 기판력설도 있으나, ③ 심급제도의 유지를 위해 상급심의 판결이 하급심을 구속하는 특수한 효력으로 보는 특수효력설이 통설이다. 판례도 "환송판결도 동일절차 내에서는 철회, 취소될 수 없다는 의미에서 기속력이 인정됨은 물론 법원조직법 제8조, 민사소송법 제436조 제2항 후문의 규정에 의하여 하급심에 대한 특수한 기속력은 인정된다(대판 1995.2.14. 93재다27·34 전합)."고 하여 특수효력설의 입장이다.

2. 문제점

원칙적으로 환송판결의 기속력은 환송을 받은 법원뿐만 아니라 환송판결에 대하여 다시 상고가 행해진 때 재상고심도 기속하는데, 이 경우 법률상 판단을 변경할 필요가 있어 재상고심이 전원합의체를 구성할 경우에는 기속력이 미치지 않아 환송판결과 다른 판단을 할 수 있는지 문제 된다.

3. 판례

과거 판례는 "환송판결의 기속력이 재상고심의 전원합의체까지도 예외 없이 미친다(대판 1995.5.23. 94재누18 등)."고 하였다. 그러나 현재 판례는 원고가 손실보상금재결처분취소를 구한 사안에서 "대법원의 전원합의체가 종전의 환송판결의 법률상 판단을 변경할 필요가 있다고 인정하는 경우에는, 그에 기속되지 아니하고 통상적인 법령의 해석적용에 관한 의견의 변경절차에 따라 이를 변경할 수 있다고 보아야 할 것이다(대판 2001.3.15. 98두15597 전합)."고 하여 재상고심의 전원합의체에는 환송판결의 기속력을 부정하여 과거 견해들을 변경[18]하였다.

---

18) 만약 대법원의 전원합의체에도 환송판결의 기속력이 미친다면 위 변경된 판례가 지적하듯이, 전원합의체의 권능 행사를 통하여 법령의 올바른 해석적용과 그 통일을 기하고 무엇이 정당한 법인가를 선언함으로써 사법적 정의를 실현하여야 할 임무가 있는 대법원이 자신의 책무를 스스로 포기하는 셈이 될 것이고, 그로 인하여 하급심법원을 비롯한 사법전체가 심각한 혼란과 불안정에 빠질 수도 있을 것이며, 소송경제에도 반하게 될 것임이 분명하다. 그리고 환송판결은 확정된 종국판결이 아니므로 재심사유에 국한하여 환송판결의 기속력을 배제하는 제한적 긍정설을 취하기는 어렵다고 생각한다. 따라서 환송판결의 기속력은 원칙적으로 상급심 자신도 기속하는 것이지만 법률상 견해 변경을 위한 전원합의체에는 미치지 않는다고 할 것이다(긍정설; 이규호, 고시계 2006/5, 127면).

80 특별항고

CONTENTS

▌ **특별항고** 법무사 15회

Ⅰ. 의의 및 취지

1. 의의

특별항고란 불복을 신청할 수 없는 결정이나 명령에 대하여 대법원에 하는 항고이다(제449조). 형식적으로 확정된 결정·명령에 대한 불복신청이므로 본래의 상소는 아니다.

2. 취지

헌법에서 명령·규칙 또는 처분이 헌법이나 법률에 위반되는 여부가 재판의 전제가 되는 경우에 대법원이 이를 최종적으로 심사할 권한을 가진다고 하고 있기 때문에(헌법 제107조 제2항), 불복을 신청할 수 없는 결정이나 명령에 대하여도 예외적으로 대법원에 불복할 수 있도록 하고 있다.

Ⅱ. 요건

1. 대상

(1) 대상이 되는 경우

불복을 신청할 수 없는 결정·명령이다. 명문의 규정에 의하여 불복이 금지되는 결정·명령(제500조 제3항 후단, 제28조의 관할지정결정 등)뿐만 아니라, 해석상 불복이 금지되는 결정·명령(판결경정신청에 대한 기각결정 등)도 포함된다.

즉, 강제집행정지신청 기각결정에 대한 특별항고는 민사집행법 제15조가 규정한 집행법원의 재판에 대한 불복에 해당하지 아니하고, 특별항고장을 각하한 원심재판장의 명령에 대한 즉시항고는 민사소송법상 즉시항고에 불과하므로(민사소송법 제450조, 제425조, 제399조 제3항 참조) 거기에 민사집행법 제15조가 적용될 여지는 없다. 나아가 민사소송법상 항고법원의 소송절차에는 항소에 관한 규정이 준용되는데, 민사소송법은 항소이유서의 제출기한에 관한 규정을 두고 있지 아니하므로 즉시항고이유서를 제출하지 않았다는 이유로 즉시항고를 각하할 수는 없다(대결 2016.9.30. 2016그99).

(2) 대상이 되지 않는 경우

대법원의 결정·명령에 대하여는 다시 대법원에 특별항고를 할 수 없다(대결 1984.2.7. 84그6). 그리고 경락허가결정이나 그에 대한 즉시항고를 각하한 결정(대결 1983.11.25. 83그37), 관할위반에 의한 이송신청각하 또는 기각결정(대결 1993.12.6. 93마524 전합), 가처분결정(대결 1992.8.29. 92그19), 강제집행취소결정(대결 1994.5.9. 94그4), 대법원 재판장의 재항고장각하명령(대결 1994.8.11. 94그25) 등은 특별항고의 대상이 될 수 없다는 것이 판례이다. 또한 위헌제청신청기각결정(대결 2009.1.19. 2008부4)[19], 인지보정명령(대결 2015.3.3. 2014그352)[20], 변론재개결정(대결 2008.5.26. 2008마368)[21]도 특별항고의 대상이 될 수 없다.

---

19) 특별항고인의 위헌 여부심판의 제청 신청을 기각한 원심의 결정에 대하여 특별항고인은 "항고장"이란 서면을 제출하여 불복하였으나, 헌법재판소법 제41조 제4항은 위헌 여부심판의 제청에 관한 결정에 대하여는 항고할 수 없다고 규정하고 있으므로 위헌제청신청을 기각하는 결정에 대하여는 민사소송에 의한 항고나 재항고를 할 수 없다고 할 것이고, 한편 재판의 전제가 되는 어떤 법률이 위헌인지의 여부는 재판을 담당한 법원이 직권으로 심리하여야 하는 것이어서 당사자가 그 본안사건에 대하여 상소를 제기한 때에는 위 법률이 위헌인지 여부는 상소심이 독자적으로 심리·판단하여야 하는 것이므로 위헌제청신청기각결정은 본안에 대한 종국재판과 함께 상소심의 심판을 받는 중간적 재판의 성질을 갖는 것으로서 특별항고의 대상이 되는 불복을 신청할 수 없는 결정에는 해당되지 않는다(대결 1993.8.25. 93그34; 대결 1999.6.14. 99그18 참조). 따라서 이 사건 특별항고는 특별항고의 대상이 될 수 없는 재판에 대한 것으로서 부적법하다(대결 2009.1.19. 2008부4).

20) 소장 또는 상소장에 관한 재판장의 인지보정명령은 민사소송법에서 일반적으로 항고의 대상으로 삼고 있는 같은 법 제439조 소정의 '소송절차에 관한 신청을 기각한 결정이나 명령'에 해당하지 아니하고, 또 이에 대하여 불복할 수 있음을 정하는 별도의 규정도 없으므로, 그 명령에 대하여는 이의신청이나 항고를 할 수 없다. 뿐만 아니라 인지보정명령에 따른 인지를 보정하지 아니하여 소장이나 상소장이 각하되면 이 각하명령에 대하여 즉시항고로 다툴 수 있으므로, 인지보정명령은 소장 또는 상소장의 각하명령과 함께 상소심의 심판을 받는 중간적 재판의 성질을 가지는 것으로서 민사소송법 제449조에서 특별항고의 대상으로 정하고 있는 '불복할 수 없는 명령'에도 해당하지 않는다. 따라서 이 사건 특별항고는 특별항고의 대상이 될 수 없는 재판에 대한 것으로서 부적법하다(대결 2015.3.3. 2014그352).

21) 재판부의 변론재개결정이나 재판장의 기일지정명령은 민사소송법이 일반적으로 항고의 대상으로 삼고 있는 같은 법 제439조 소정의 '소송절차에 관한 신청을 기각한 결정이나 명령'에 해당하지 아니하고 또 이에 대하여 불복할 수 있는 특별규정도 없으므로 이에 대하여는 항고를 할 수 없고(대결 1995.6.30. 94다39086·39093), 또한 이는 상소가 있는 경우에 종국판결과 함께 상소심의 심판을 받는 중간적 재판의 성질을 갖는 것으로서 특별항고의 대상이 되는 불복할 수 없는 결정이나 명령에도 해당되지 않아(대결 2007.6.8. 2007그47), 결국 그에 대한 항고는 부적법하다 하겠다(대결 2008.5.26. 2008마368).

2. 사유

재판에 영향을 미친 '헌법'위반[22])이 있거나 재판의 전제가 된 명령·규칙·처분의 헌법 또는 법률위반에 대한 판단이 부당한 것을 이유로 하는 때이다(민사소송법 제449조 제1항). 구법에서는 재판에 영향을 미친 헌법위반뿐만 아니라 '법률위반'도 특별항고의 이유가 되었으나, 현행법[23])은 특별항고의 남용을 막기 위하여 후자를 삭제하였다. 민사소송법에 우선하여 적용되는 상고심절차에 관한 특례법에 의하면, 원심결정이나 명령이 ① 헌법에 위반되거나 헌법을 부당하게 해석한 때, ② 명령·규칙 또는 처분의 법률위반 여부에 대하여 부당하게 판단한 때 및 ③ 법률·명령·규칙 또는 처분에 대하여 대법원판례와 상반되게 해석한 때에 한하여 그것이 원심결정이나 명령에 영향을 미쳤을 때에만 특별항고를 할 수 있다(동법 제7조, 제4조 제2항). 판례도 "특별항고는 법률상 불복할 수 없는 결정·명령에 재판에 영향을 미친 헌법 위반이 있거나, 재판의 전제가 된 명령·규칙·처분의 헌법 또는 법률의 위반 여부에 대한 판단이 부당하다는 것을 이유로 하는 때에 한하여 허용되므로(민사소송법 제449조 제1항), 결정이 법률을 위반하였다는 사유만으로는 재판에 영향을 미친 헌법 위반이 있다고 할 수 없어 특별항고 사유가 되지 못 한다(대결 2008.1.24. 2007그18)."고 한다.

3. 항고기간

결정 또는 명령이 고지된 날부터 1주의 불변기간이다(제449조 제2항·제3항).

Ⅲ. 심판절차

1. 상고심 절차의 준용

특별항고에는 그 성질에 반하지 않는 한 상고에 관한 규정을 준용하지만(제450조), 상고심 절차에 관한 특례법 제7조, 제5조, 제6조의 특례가 있다. 따라서 특별항고에는 그 성질에 반하지 않는 한 상고에 관한 규정을 준용하므로, 상고장에 상고이유를 적지 아니한 때에 상고인은 제426조의 통지를 받은 날부터 20일 이내에 상고이유서를 제출하여야 한다(제427조). 상고인이 제427조의 규정을 어기어 상고이유서를 제출하지 아니한 때에는 상고법원은 변론 없이 판결로 상고를 기각하여야 한다. 다만, 직권으로 조사하여야 할 사유가 있는 때에는 그러하지 아니하다(제429조).

---

22) 특별항고는 법률상 불복할 수 없는 결정·명령에 재판에 영향을 미친 헌법 위반이 있거나, 재판의 전제가 된 명령·규칙·처분의 헌법 또는 법률의 위반 여부에 대한 판단이 부당하다는 것을 이유로 하는 때에 한하여 허용되므로(민사소송법 제449조 제1항), 결정이 법률을 위반하였다는 사유만으로는 재판에 영향을 미친 헌법 위반이 있다고 할 수 없어 특별항고 사유가 되지 못 한다(대결 2008.1.24. 2007그18).

23) 특별항고제도는 원래 대법원의 명령·규칙·처분에 관한 위헌심사권과 관련하여 마련된 제도이다. 즉, 헌법의 규정에 따라서 비록 통상의 불복방법이 없어 확정된 결정 또는 명령이라고 하여도 위헌성 여부의 판단을 위해 필요한 경우에는 예외적으로 대법원에 불복할 수 있도록 하려는 것이 특별항고 제도의 취지인데, 구 민소법은 특별항고의 이유를 위 헌법조항의 범위를 넘어, 널리 '재판에 영향을 미친 헌법 또는 법률의 위반이 있는 때'로 확장하고 있었다. 그런데 잘못된 재판이라면 법률위반이 아닌 경우가 없으므로, 위 규정은 결국 모든 결정 또는 명령에 대하여 특별항고 할 수 있는 길을 열어준 것이 되어 불복할 수 없는 결정·명령이 마치 불복할 수 있는 결정·명령처럼 되었고, 실무상으로도 재판의 지연을 위하여 특별항고가 남용되는 경향이 있었다. 이에 2002년 개정법은 특별항고의 이유를 제한하여 "재판에 영향을 미친 '헌법'위반이 있거나 재판의 전제가 된 명령·규칙·처분의 헌법 또는 법률위반에 대한 판단이 부당한 것을 이유로 하는 때"에만 대법원에 특별항고를 할 수 있도록 하겠다(법원행정처, 민사소송법 개정내용 해설, 243~244면).

2. 재도의 고안 – 부정

특별항고의 경우에는 재도의 고안이 허용되지 아니한다(대결 2001.2.28. 2001그4). 즉, 통상의 절차에 의하여 불복을 신청할 수 없는 결정이나 명령에 대하여 특별히 대법원에 위헌이나 위법의 심사권을 부여하고 있는 특별항고의 경우에 원심법원에 반성의 기회를 부여하는 재도의 고안을 허용하는 것은 특별항고를 인정한 취지에 맞지 않으므로 특별항고가 있는 경우 원심법원은 경정결정을 할 수 없고 기록을 그대로 대법원에 송부하여야 한다(대결 2001.2.28. 2001그4).

3. 특별항고를 일반항고로 제기한 경우

특별항고의 대상밖에 되지 않는 재판을 일반항고의 대상이 되는 것으로 오해하여 일반항고를 제기하는 경우가 적지 않다. 판례는 "특별항고만이 허용되는 재판에 대한 불복으로서 당사자가 특히 특별항고라는 표시와 항고법원을 대법원으로 표시하지 아니하였다고 하더라도 그 항고장을 접수한 법원으로서는 이를 특별항고로 보아 소송기록을 대법원에 송부함이 마땅하다(대결 1999.7.26. 99마2081)."고 한다.

IV. 효과

특별항고는 집행정지의 효력이 없으므로, 원심법원 또는 대법원은 집행정지, 그 밖의 필요한 처분을 할 수 있다(제450조, 제448조).

참조판례

결정·명령의 원본이 법원사무관 등에게 교부되어 성립한 경우, 결정·명령이 당사자에게 고지되어 효력이 발생하기 전에 결정·명령에 불복하여 항고할 수 있는지 여부 [적극]

[다수의견] 판결과 달리 선고가 필요하지 않은 결정이나 명령(이하 "결정"이라고만 한다)과 같은 재판은 원본이 법원사무관 등에게 교부되었을 때 성립한 것으로 보아야 하고, 일단 성립한 결정은 취소 또는 변경을 허용하는 별도의 규정이 있는 등의 특별한 사정이 없는 한 결정법원이라도 이를 취소·변경할 수 없다. 또한 결정법원은 즉시항고가 제기되었는지 여부와 관계없이 일단 성립한 결정을 당사자에게 고지하여야 하고 고지는 상당한 방법으로 가능하며(민사소송법 제221조 제1항), 재판기록이 항고심으로 송부된 이후에는 항고심에서의 고지도 가능하므로 결정의 고지에 의한 효력 발생이 당연히 예정되어 있다. 일단 결정이 성립하면 당사자가 법원으로부터 결정서를 송달받는 등의 방법으로 결정을 직접 고지 받지 못한 경우라도 결정을 고지 받은 다른 당사자로부터 전해 듣거나 기타 방법에 의하여 결론을 아는 것이 가능하여 본인에 대해 결정이 고지되기 전에 불복 여부를 결정할 수 있다. 그럼에도 이미 성립한 결정에 불복하여 제기한 즉시항고가 항고인에 대한 결정의 고지 전에 이루어졌다는 이유만으로 부적법하다고 한다면, 항고인에게 결정의 고지 후에 동일한 즉시항고를 다시 제기하도록 하는 부담을 지우는 것이 될 뿐만 아니라 이미 즉시항고를 한 당사자는 그 후 법원으로부터 결정서를 송달받아도 다시 항고할 필요가 없다고 생각하는 것이 통상의 경우이므로 다시 즉시항고를 제기하여야 한다는 것을 알게 되는 시점에서는 이미 즉시항고기간이 경과하여 회복할 수 없는 불이익을 입게 된다. 이와 같은 사정을 종합적으로 고려하면, 이미 성립한 결정에 대하여는 결정이 고지되어 효력을 발생하기 전에도 결정에 불복하여 항고할 수 있다.

[대법관 조희대의 반대의견] 판결의 경우와는 달리 즉시항고에 관하여는 재판 고지 전의 즉시항고를 허용하는 규정이 없을 뿐만 아니라, 결정과 명령은 원칙적으로 고지되어야 효력이 발생하므로 민사소송법 제226조 제1항 단서와 같은 특별한 규정이 없는 한 아직 고지되기 전이어서 효력이 발생하지도 않은 결정과 명령을 다투어 즉시항고를 제기할 수 있다고 해석할 여지 자체가 없다고 보아야 하는 이상, 민사소송법 제444조 제1항과 민사집행법 제15조 제2항은 즉시항고기간에 관하여 종기뿐만 아니라 시기도 규정한 것으로 새겨야 마땅하다. 효력이 없는 재판에 대하여 불복을 허용해야 할 논리적 근거는 있을 수 없고, 곧 재판이 고지되어 효력이 발생할 것이라는 점은 그야말로 비법률적인 사실 추측에 불과한 것으로서, 법적 안정성을 위하여 획일성이 요구되는 민사소송법 규정의 해석에서 그와 같은 사정이 고려되어야 하는 성질의 것이라고 보아서는 안 된다. 상소기간 등 민사소송상의 여러 제도는 당사자의 이익뿐만 아니라 획일적 운용이 가져올 공익적 장점에 기초하여 마련된 것이므로, 단순히 규정에 따를 때 초래되는 다소의 불합리가 있다 하여 함부로 문언과 다른 해석을 하는 것은 허용될 수 없다. 따라서 아직 효력이 발생하지 않은 결정에 대하여는 항고권이 발생하지 않고 항고권 발생 전에 한 항고는 부적법한 것으로 각하하여야 한다(대결 2014.10.8. 2014마667 전합).

甲은 乙 종중이 Y 부동산에 관한 소유권이전등기를 이전하여 주지 아니하자, 법원에 소유권이전등기 청구의 소를 제기하였다. 청구취지는 乙 종중이 甲에게 Y 부동산에 관하여 매매를 원인으로 하는 소유권이전등기절차를 이행하라는 것이다. Y 부동산은 소송계속 중 Y-1 부동산과 Y-2 부동산으로 분할되었다. 그런데 甲은 청구취지 기재를 변경하거나 법원에 새로운 토지대장을 제출하지 않았다. 이에 따라 법원은 甲의 청구취지 그대로 甲의 청구를 인용하는 판결(이하 "경정대상판결")을 선고하였고, 위 판결은 그 무렵 그대로 확정되었다. 甲은 이후 법원에 경정대상판결 주문 중 부동산 표시를 분할된 토지로 경정하여 달라는 경정신청을 하면서, 분할된 내용이 기재된 토지대장을 제출하였다. 그런데 법원은 위 경정신청을 기각하였다. 이 경우 甲이 판결경정신청을 기각한 위 결정에 대하여 민사소송법 제449조 제1항에 의한 특별항고를 할 수 있는지에 관하여 논하시오. (20점)

I. 문제점

먼저 판결의 경정에 대하여 살펴보고, 판결경정신청에 대한 기각결정에 대하여 특별항고의 대상이 되는지가 제211조 제3항, 제449조 제1항의 해석과 관련하여 문제가 된다.

II. 판결의 경정

1. 의의, 취지

판결의 경정이란 판결내용을 실질적으로 변경하지 않는 범위 내에서, 판결서에 표현상의 잘못이 생겼을 때에 판결법원 스스로 이를 고치는 것을 말한다(제211조). 강제집행, 가족관계등록부·등기부의 기재 등 넓은 의미의 집행에 지장이 없도록 해 주자는 것이 그 취지이다(대결 1996.1.9. 95그13).

2. 경정의 요건

① 판결에 잘못된 계산이나 기재, 그 밖에 이와 비슷한 표현상의 잘못이 있어야 하고, ② 그 잘못이 분명한 경우이어야 한다.

3. 불복방법

경정결정에 대해서는 즉시항고 할 수 있으나, 판결에 대해 적법한 항소가 있는 때에는, 항소심의 판단을 받으면 되기 때문에 항고는 허용되지 않는다(동조 제3항). 경정신청기각결정에 대해서는 불복할 수 없다는 것이 통설·판례이다. 특히 판례는 직접 판결을 한 법원이 분명한 오류가 없다고 본 것을 심판에 직접 관여도 하지 아니한 다른 법원이 그러한 오류가 분명하다 하여 경정을 명하는 것은 조리에 반하며, 경정결정에 대해서만 즉시항고 할 수 있게 한 제211조 제3항 본문의 반대해석으로도 그렇다고 한다(대결 1971.7.21. 71마382). 기각결정에 대해서는 오로지 특별항고(제449조)가 허용될 뿐이다. 헌법위반을 이유로 특별항고를 하려면 신청인이 그 재판에 필요자료의 제출기회를 전혀 부여받지 못하였거나, 판결과 그 소송의 전 과정에 나타난 자료 및 판결 선고 후 제출한 자료상으로 판결오류가 분명한 경우에 해당되어야 한다(대결 2004.6.25. 2003그136).

III. 판결경정신청을 기각한 결정에 대한 특별항고 가능 여부

1. 특별항고의 의의, 취지

특별항고란 불복을 신청할 수 없는 결정이나 명령에 대하여 대법원에 하는 항고이다(제449조). 형식적으로 확정된 결정·명령에 대한 불복신청이므로 본래의 상소는 아니다. 헌법에서 명령·규칙 또는 처분이 헌법이나 법률에 위반되는 여부가 재판의 전제가 되는 경우에 대법원이 이를 최종적으로 심사할 권한을 가진다고 하고 있기 때문에(헌법 제107조 제2항), 불복을 신청할 수 없는 결정이나 명령에 대하여도 예외적으로 대법원에 불복할 수 있도록 하고 있다.

2. 대상 여부

(1) 대상이 되는 경우

불복을 신청할 수 없는 결정·명령이다. 명문의 규정에 의하여 불복이 금지되는 결정·명령(제500조 제3항 후단, 제28조의 관할지정결정 등)뿐만 아니라, 해석상 불복이 금지되는 결정·명령(판결경정신청에 대한 기각결정 등) 도 포함된다.

(2) 대상이 되지 않는 경우

대법원의 결정·명령에 대하여는 다시 대법원에 특별항고를 할 수 없다(대결 1984.2.7. 84그6). 그리고 경락 허가결정이나 그에 대한 즉시항고를 각하한 결정(대결 1983.11.25. 83그37), 관할위반에 의한 이송신청각하 또 는 기각결정(대결 1993.12.6. 93마524 전합), 가처분결정(대결 1992.8.29. 92그19), 강제집행취소결정(대결 1994.5.9. 94그 4), 대법원 재판장의 재항고장각하명령(대결 1994.8.11. 94그25) 등은 특별항고의 대상이 될 수 없다는 것이 판례이다.

3. 요건

민사소송법 제449조 제1항은 불복할 수 없는 결정이나 명령에 대하여는 재판에 영향을 미친 헌법 위반이 있거나, 재판의 전제가 된 명령·규칙·처분의 헌법 또는 법률의 위반 여부에 대한 판단이 부당하다는 것을 이유로 하는 때에만 대법원에 특별항고를 할 수 있다. 특히 여기서 결정이나 명령에 대하여 재판에 영향을 미친 헌법 위반이 있다고 함은 결정이나 명령의 절차에서 헌법 제27조 등이 정하고 있는 적법한 절차에 따라 공정한 재판을 받을 권리가 침해된 경우를 포함한다.

4. 판결경정신청을 기각한 결정에 대한 특별항고

판결경정신청을 기각한 결정에 이러한 헌법 위반이 있다고 하려면 신청인이 그 재판에 필요한 자료를 제출 할 기회를 전혀 부여받지 못한 상태에서 그러한 결정이 있었다든지, 판결과 그 소송의 모든 과정에 나타난 자료와 판결 선고 후에 제출된 자료에 의하여 판결에 잘못이 있음이 분명하여 판결을 경정해야 하는 사안임 이 명백한데도 법원이 이를 간과함으로써 기각결정을 하였다는 등의 사정이 있어야 한다. 따라서 <u>토지에 관한 소유권이전등기절차의 이행을 구하는 소송 중 사실심 변론종결 전에 토지가 분할되었는데도 그 내용 이 변론에 드러나지 않은 채 토지에 관한 원고 청구가 인용된 경우에 판결에 표시된 토지에 관한 표시를 분할된 토지에 관한 표시로 경정해 달라는 신청은 특별한 사정이 없는 한 받아들여야 한다</u>(대결 2020.3.16. 2020 그507).

Ⅳ. 사안의 해결

甲이 판결경정신청을 기각한 위 결정에 대하여 민사소송법 제449조 제1항에 의한 특별항고를 할 수 있다.

Memo

해커스 법아카데미
law.Hackers.com

제7편

재심절차

81 재심의 소의 심리와 중간판결제도

CONTENTS

재심의 소의 심리와 중간판결제도

Ⅰ. 서설

1. 절차의 3분

(1) 재심에는 확정판결의 취소와 본안사건에 대하여 이에 갈음한 판결을 구하는 복합적 목적이 있으므로, 재심소장의 적식 여부를 재판장이 심사한 뒤에는 ① 소의 적법요건 심리, ② 재심사유에 관한 심판, ③ 본안심판의 3단계로 심리해 나간다.

(2) 구법 하에서는 단계의 구분 없이 하다 보니 재심사유가 없는데도 본안심리에 들어가는 비효율, 비경제가 있었다.

2. 중간판결제도의 신설

(1) 현행법 제454조는 재심의 소의 적법요건 및 재심사유의 유무에 관한 심판과 본안심판을 분리하여 앞의 것만 선행심리할 수 있도록 하되, 이 경우에 재심사유 등이 있다고 인정할 때에는 그에 관한 쟁점을 먼저 정리하는 의미에서 그 취지의 중간판결을 할 수 있도록 하였다.

(2) 그러나 이러한 중간판결제도의 이용 여부는 법원의 재량에 맡겨져 있다. 기존의 중간판결제도(제201조)가 사문화되어 있어 소송경제를 위해 주의적으로 규정한 것이라는 견해가 있다(법원행정처, 민사소송법 개정내용과 해설, 247면).

Ⅱ. 재심의 소의 심리 단계

1. 소의 적법요건 심리

법원은 우선 일반의 소송요건과 함께 재심의 적법요건을 심리하여야 하며, 이는 직권조사사항이다. 흠결이 있는 경우에 보정이 되지 않으면 판결로 재심의 소를 각하하여야 한다(제219조, 제413조).

2. 재심사유에 관한 심판

(1) 재심의 소가 적법하면 다음 단계로 재심사유가 있는지 여부를 조사하여야 한다. 그 입증책임은 재심원고의 몫이지만, 기판력 있는 확정판결의 취소는 법적 안정성과 관계있으므로 직권탐지사항이다. 따라서 청구의 포기·인락이나 자백에 구속되지 않으며, 자백간주의 규정(제150조 제1항)이 배제된다(통설). 이 한도에서 처분권주의가 배제된다.

(2) 심리결과 재심사유가 없다고 인정되면 종국판결로 재심청구를 기각하여야 하고, 재심사유가 있다고 인정될 경우 그 존부에 관하여 당사자 간에 다툼이 없으면 그에 관한 쟁점을 정리하기 위해 중간판결을 할 수도 있고, 종국판결의 이유 속에서 판단할 수도 있다.

3. 본안심판

(1) 본안심리

1) 재심사유가 인정되면 그 다음 단계인 본안심리로 들어가게 된다. 원판결에 의하여 완결된 전소송에 대해 다시 심판하여야 하는 바, 본안에 대한 변론은 전소송의 변론속행으로 그것과 일체를 이루므로 재심사유인 하자가 존재하는 절차부분을 빼고 종전의 절차는 그대로 효력이 지속된다. 따라서 변론의 갱신절차를 밟아야 하고(제455조, 제204조), 사실심이면 새로운 공격방어방법을 제출할 수 있다. 전소송의 변론종결 후에 발생한 새로운 공격방어방법이라도 당연히 제출할 수 있으며, 만일 이를 제출하지 않고 패소하면 그 뒤에는 기판력에 의하여 실권된다.

2) 본안의 변론과 재판은 재심청구이유의 범위, 즉 원판결에 대한 불복신청의 범위 내에서 행하여야 한다(제459조 제1항). 재심피고에 의하여 부대재심이 제기되지 않는 이상 재심원고에 대하여 원래의 확정판결보다 불이익한 판결을 할 수 없다. 가벌적 행위에 관한 유죄의 확정판결이 재심사유로 된 경우 재심법원의 본안심판에 있어서 형사법원의 판결은 구속력이 없다.

(2) 종국판결

1) 심리결과 원판결이 부당하다고 인정되면 불복신청의 범위 내에서 이를 취소하고, 이에 갈음하는 판결을 한다. 이는 원판결을 소급적으로 취소하는 형성판결이다.

2) 원판결이 정당하다고 인정되면 재심청구를 기각하여야 한다(제460조). 원판결이 비록 부당하지만 그 표준시 이후에 발생한 새로운 사유 때문에 원판결의 결론이 정당하게 된 경우에 ① 재심청구의 기각이 아니라 원판결을 취소하고 동일 내용의 판결을 하여야 한다는 견해가 있으나, ② 재심청구를 기각하되, 다만 기판력의 표준시만이 재심대상판결의 변론종결시가 아니라 재심의 소의 변론종결시로 이동되는 것으로 보는 것이 타당하다.

3) 그리고 이 종국판결에 대하여는 다시 그 재심에 맞추어 항소나 상고가 가능하다. 재심의 상고심에 있어서는 사실심의 변론종결 후에 생긴 재심사유인 사실을 주장할 수 없다.

III. 결어

민사소송법상의 재심은 형사소송법과는 달리 실무상 잘 활용되지 못하는 면이 있다. 하지만 법원은 개정법의 취지를 살려 민사소송법상의 재심도 심리의 효율성을 달성하게 하여, 재심제도가 추구하는 구체적 정의를 실현하고 당사자의 진정한 절차권을 보호하는데 노력해야 한다고 본다.

甲은 乙 회사를 상대로 부당이득을 원인으로 하여 부당이득금 15억 원의 지급을 청구하였는데 항소심에서 10억 원의 지급을 명하는 일부승소판결을 받았다. 이에 대하여 乙 회사만이 그 패소 부분에 대하여 상고하였는데, 상고심은 乙 회사의 상고를 받아들여 乙 회사의 패소 부분을 파기환송 하였다. (아래 각 설문은 서로 상호 독립적이고, 견해의 대립이 있으면 대법원 판례에 따름)

물음 1)   甲은 상고심의 환송판결은 종전 대법원판례와 상반되어 실질적으로 판례를 변경한 것임에도 불구하고 대법관 전원의 3분의 2 이상의 전원합의체에서 재판하지 않고 대법관 4인으로 구성된 부에서 재판하였으니 이는 민사소송법 제451조 제1항 제1호 소정의 "법률에 따라 판결법원을 구성하지 아니한 때"에 해당한다고 주장하면서 환송판결에 대하여 재심의 소를 제기하였다. 甲의 재심의 소가 적법한지 여부에 대하여 결론과 그 이유를 설명하시오. (10점)

Ⅰ. 결론

甲의 재심의 소는 부적법하다.

Ⅱ. 이유

1. 문제점

재심의 소의 대상이 되기 위해서는 확정이 된 종국판결이어야 한다(제451조 제1항). 따라서 대법원의 파기환송 판결이 '확정'된 '종국' 판결인지가 문제 된다.

2. 대법원의 환송판결이 종국판결인지 여부(대판 1995.2.14. 93재다27 · 34 전합)

원래 종국판결이라 함은 소 또는 상소에 의하여 계속 중인 사건의 전부 또는 일부에 대하여 심판을 마치고 그 심급을 이탈시키는 판결이라고 이해하여야 할 것이다. 대법원의 환송판결도 당해 사건에 대하여 재판을 마치고 그 심급을 이탈시키는 판결인 점에서 당연히 제2심의 환송판결과 같이 종국판결로 보아야 할 것이다. 따라서 위의 견해와는 달리 대법원의 환송판결을 중간판결이라고 판시한 종전의 대법원판결은 이를 변경하기로 하는바, 이 점에 관하여는 관여 대법관 전원의 의견이 일치되었다.

3. 대법원의 환송판결이 재심대상을 규정한 민사소송법 제451조 제1항 소정의 "확정된 종국판결"인지 여부(대판 1995.2.14. 93재다27 · 34 전합)

재심제도의 본래의 목적에 비추어 볼 때 재심의 대상이 되는 "확정된 종국판결"이란 당해 사건에 대한 소송절차를 최종적으로 종결시켜 그것에 하자가 있다고 하더라도 다시 통상의 절차로는 더 이상 다툴 수 없는 기판력이나 형성력, 집행력을 갖는 판결을 뜻하는 것이라고 이해하여야 할 것이다. 대법원의 환송판결은 형식적으로 보면 "확정된 종국판결"에 해당하지만, 여기서 종국판결이라고 하는 의미는 당해 심급의 심리를 완결하여 사건을 당해 심급에서 이탈시킨다는 것을 의미하는 것일 뿐이고 실제로는 환송받은 하급심에서 다시 심리를 계속하게 되므로 소송절차를 최종적으로 종료시키는 판결은 아니며, 또한 환송판결도 동일절차 내에서는 철회, 취소될 수 없다는 의미에서 기속력이 인정됨은 물론 법원조직법 제8조, 민사소송법 제436조 제2항 후문의 규정에 의하여 하급심에 대한 특수한 기속력은 인정되지만 소송물에 관하여 직접적으로 재판하지 아니하고 원심의 재판을 파기하여 다시 심리판단 하여 보라는 종국적 판단을 유보한 재판의 성질상 직접적으로 기판력이나 실체법상 형성력, 집행력이 생기지 아니한다고 하겠으므로 이는 중간판결의 특성을 갖는 판결로서 "실질적으로 확정된 종국판결"이라 할 수 없다. 종국판결은 당해 심급의 심리를 완결하여 심급을 이탈시킨다는 측면에서 상소의 대상이 되는 판결인지 여부를 결정하는 기준이 됨은 분명하지만 종국판결에 해당하는 모든 판결이 바로 재심의 대상이 된다고 이해할 아무런 이유가 없다. 통상의 불복방법인 상소제도와 비상의 불복방법인 재심제도의 본래의 목적상 차이에 비추어 보더라도 당연하다. 따라서 환송판결은 재심의 대상을 규정한 민사소송법 제451조 제1항 소정의 "확정된 종국판결"에는 해당하지 아니하는 것으로 보아야 할 것이어서, 환송판결을 대상으로 하여 제기한 이 사건 재심의 소는 부적법하므로 이를 각하하여야 한다.

4. 소결

따라서 대법원의 파기환송판결은 종국판결이기는 하지만, 확정된 종국판결에는 해당하지 않아, 甲의 재심의 소는 부적법하다.

참조판례 **파기환송판결의 성질과 재심의 대상적격**

1. 대판 1995.2.14. 93재다27 · 34(반소) 전합

[1] 대법원의 환송판결이 종국판결인지 여부

원래 종국판결이라 함은 소 또는 상소에 의하여 계속 중인 사건의 전부 또는 일부에 대하여 심판을 마치고 그 심급을 이탈시키는 판결이라고 이해하여야 할 것이다. 대법원의 환송판결도 당해 사건에 대하여 재판을 마치고 그 심급을 이탈시키는 판결인 점에서 당연히 제2심의 환송판결과 같이 종국판결로 보아야 할 것이다. 따라서 위의 견해와는 달리 대법원의 환송판결을 중간판결이라고 판시한 종전의 대법원판결은 이를 변경하기로 하는바, 이 점에 관하여는 관여 대법관 전원의 의견이 일치되었다.

[2] 대법원의 환송판결이 재심대상을 규정한 민사소송법 제451조 제1항 소정의 "확정된 종국판결"인지 여부

[다수의견] 재심제도의 본래의 목적에 비추어 볼 때 재심의 대상이 되는 "확정된 종국판결"이란 당해 사건에 대한 소송절차를 최종적으로 종결시켜 그것에 하자가 있다고 하더라도 다시 통상의 절차로는 더 이상 다툴 수 없는 기판력이나 형성력, 집행력을 갖는 판결을 뜻하는 것이라고 이해하여야 할 것이다. 대법원의 환송판결은 형식적으로 보면 "확정된 종국판결"에 해당하지만, 여기서 종국판결이라고 하는 의미는 당해 심급의 심리를 완결하여 사건을 당해 심급에서 이탈시킨다는 것을 의미하는 것일 뿐이고 실제로는 환송받은 하급심에서 다시 심리를 계속하게 되므로 소송절차를 최종적으로 종료시키는 판결은 아니며, 또한 환송판결도 동일절차 내에서는 철회, 취소될 수 없다는 의미에서 기속력이 인정됨은 물론 법원조직법 제8조, 민사소송법 제406조 제2항 후문의 규정에 의하여 하급심에 대한 특수한 기속력은 인정되지만 소송물에 관하여 직접적으로 재판하지 아니하고 원심의 재판을 파기하여 다시 심리판단하여 보라는 종국적 판단을 유보한 재판의 성질상 직접적으로 기판력이나 실체법상 형성력, 집행력이 생기지 아니한다고 하겠으므로 이는 중간판결의 특성을 갖는 판결로서 "실질적으로 확정된 종국판결"이라 할 수 없다. 종국판결은 당해 심급의 심리를 완결하여 심급을 이탈시킨다는 측면에서 상소의 대상이 되는 판결인지 여부를 결정하는 기준이 됨은 분명하지만 종국판결에 해당하는 모든 판결이 바로 재심의 대상이 된다고 이해할 아무런 이유가 없다. 통상의 불복방법인 상소제도와 비상의 불복방법인 재심제도의 본래의 목적상의 차이에 비추어 보더라도 당연하다. 따라서 환송판결은 재심의 대상을 규정한 민사소송법 제422조(현 제451조) 제1항 소정의 "확정된 종국판결"에는 해당하지 아니하는 것으로 보아야 할 것이어서, 환송판결을 대상으로 하여 제기한 이 사건 재심의 소는 부적법하므로 이를 각하하여야 한다.

[별개의견] 대법원의 소부에서 종전의 대법원의 법령해석과 배치되는 재판을 하였다 하여 그것이 법원조직법 제7조 제1항 제3호 소정의 "종전에 대법원에서 판시한 헌법 · 법률 · 명령 또는 규칙의 해석적용에 관한 의견을 변경할 필요가 있음을 인정한 경우"에 해당한다고 볼 수 없고, 나아가 그것이 민사소송법 제451조 제1항 제1호 소정의 "법률에 의하여 판결법원을 구성하지 아니한 때"에 해당한다고 보아서도 아니 된다. 그렇다면 재심대상판결의 판시가 종전의 대법원판례와 상반되어 실질적으로 판례를 변경하는 것인데도 전원합의체가 아닌 소부에서 재판하였다는 것은 적법한 재심사유가 될 수 없으므로 결국 이 사건 재심의 소는 부적법하여 각하될 수밖에 없다.

[반대의견] 환송판결의 기속력은 민사소송법 제436조 제2항 후문과 법원조직법 제8조에 의하여 하급심은 물론 이를 탓할 수 없는 환송법원 자신에게도 미쳐 결국 대법원 환송판결은 그 사건의 재상고심에서 대법원의 전원합의체에까지 기속력이 미친다는 것이 당원의 견해인바, 환송판결은 소송종료를 저지시킬 뿐만 아니라 이와 같이 기속력이 있어 파기당한 당사자에게 그 법률상 이해관계가 막대하므로 이를 실효시키려는 재심이 특별히 부정될 이유가 없는 것이다. 전원합의체 판결(대판 1981.9.8. 80다3271 전합)로 대법원의 환송판결이 확정된 종국판결에 해당함에는 이론이 있을 수 없게 된 마당에 환송판결의 기속력의 성질에 관하여 당원이 이미 중간판결설을 배척하였음에도 불구하고 다시 환송판결에는 기판력, 집행력, 형성력이 없고 실질적으로 중간판결의 특성을 갖는다는 이유로 여전히 그 재심을 허용하지 않으려는 것은 위 전원합의체판결의 근본취지에 배치될 뿐만 아니라 이론적으로도 일관성을 잃고 있다는 것을 지적하지 않을 수 없다. 대법원의 환송판결은 확정된 종국판결로서 재심대상이 되므로 이 사건 재심사유의 존부 및 당부 판단에 나아가 그 결론에 따라 재심의 소의 각하, 기각 또는 인용의 판결을 하여야 할 것이다.

2. 위 판결에 대한 평석

[1] 다수의견에 찬성하는 견해

① 재심의 소의 대상은 확정된 종국판결이다. 따라서 대법원의 파기환송판결은 종국판결이나 확정되지 아니하였으므로 재심의 소의 청구적격이 없다.[1]

② 환송판결에 재심을 인정하면 환송 후의 항소심절차를 어떻게 진행시킬 것인지가 문제된다. 그리고 법령이나 판례위반의 대법원환송판결에 기속력을 부정하면 굳이 재심대상으로 삼을 필요가 없다. 이런 의미에서 다수의견이 타당하다고 본다.[2]

[2] 반대의견에 찬성하는 견해

① 종국판결이면 가능하므로 본안판결이 아니라 소송판결의 경우를 포함한다고 해석해야 하고, 기판력 또는 실체법상의 집행력이나 형성력이 없어도 가능하다. 따라서 파기판결도 어차피 확정된 종국판결이라고 보아야 하고, 반대의견처럼 재심의 소의 제기를 인정하는 것이 타당하다. 또한 이러한 해석이 논리적이고 명확하며, 단순명료한 해석이 되기 때문이다.

② 확정된 종국판결의 내용에 관해 다수의견에서와 같은 예외를 인정한다면, 기본적으로 그러한 재판은 처음부터 종국판결이 아니라고 인정하는 것이 타당하다. 이것은 한편에서는 종국판결이라 하면서, 다른 한편에서는 원래의 종국판결과는 다르다는 것을 인정하는 것으로, 원래의 종국판결과 다르다면 애당초 종국판결이라고 해석할 필요가 하나도 없다는 것을 반증하는 것이 되기 때문이다.

③ 더 나아가 파기환송판결에 대해서는 재심의 소가 봉쇄되어, 파기환송판결의 기속력은 결국 모든 법원을 구속하고, 전원합의체가 판례변경의 방법을 통해서 그것을 바꿀 수 있다고 하지만, 해석상 매우 예외적인 경우(판결내용의 공서양속위반)에만 가능하다고 풀이해야 하고, 결국 당사자에게는 그 타당성에 관해 별다른 불복수단이 인정되지 않게 되어 매우 부당하다.[3]

---

[1] 강현중, 민사소송법 제6판, 2004, 780면

[2] 호문혁, 503 ~ 504면

[3] 김상수, 민사소송법판례백선, 2007, 법우사, 237면

甲이 乙을 피고로 하여 1억 원의 대여금지급청구의 소를 제기하여 원고(甲)의 청구를 전부인용하는 가집행선고부 1심판결이 있었고, 乙은 위 가집행선고부 1심판결에 대하여 항소를 하면서 위 가집행선고부 1심판결에 기한 판결인용금액 1억 원을 피공탁자를 甲으로 하여 변제공탁하였다. 그 후 항소심법원은 乙의 항소가 일부 이유가 있다고 판단하여 위 가집행선고부 1심판결 중 4,000만 원 부분에 대해서는 1심판결을 취소하고 甲의 청구를 기각하는 내용의 판결을 선고하였다(아래의 각 추가된 사실관계는 상호 무관하고, 견해의 대립이 있으면 대법원 판례에 따름).

물음 1) 乙은 위 항소심판결에 대하여 상고를 제기하였으나 상고심법원은 상고기각판결을 선고 하였다. 그 후 乙은 위 항소심판결의 사실인정자료가 된 차용증이 위조되었음을 이유로 상고기각판결을 재심대상판결로 기재하여 대법원에 재심의 소를 제기하였다. 이 경우 재심관할법원이 적법한지에 관한 결론과 그 이유를 기재하시오. (10점)

Ⅰ. 결론

부적법하다.

Ⅱ. 이유

1. 재심의 의의 및 소송물

재심이란 확정된 종국판결에 재심사유에 해당하는 중대한 하자가 있는 경우에 그 판결의 취소와 이미 종결되었던 사건의 심판을 구하는 비상의 불복신청방법을 이른다(제451조). 재심의 소송물에 대해서는 ① 재심의 소는 원판결의 취소·변경을 구하는 상소와 유사한 면이 있다는 것을 근거로 재심의 소의 소송물은 구소송의 소송물 하나로 구성된다는 일원설(본안소송설)이 있으나, ② 재심의 소의 소송물은 확정판결의 취소와 구소송의 소송물 두 가지로 구성된다고 보는 이원설이 통설·판례이며, 재심의 소는 확정판결을 취소하는 형성소송의 성질이 있으므로 이원설이 타당하다고 본다.

2. 적법요건

재심의 소의 적법요건으로는 재심의 당사자일 것, 재심의 대상적격, 재심기간을 준수할 것, 재심관할법원일 것 등이 있는데, 사안에서는 재심관할법원인지가 문제가 된다.

3. 재심관할법원

재심은 재심을 제기할 판결을 한 법원의 전속관할로 한다(제453조 제1항). 판례는 "위조나 변조된 문서 기타 물건이 항소심판결의 사실인정에 자료가 되고 상고심이 항소심의 증거취사선택에 위법이 없다는 이유로 상고를 기각한 경우에 그 문서 기타 물건의 위조나 변조에 대하여 유죄의 판결이나 과태료의 재판이 확정되었거나 또는 증거흠결 이외의 이유로 유죄의 확정판결이나 과태료의 재판을 받을 수 없다는 것을 이유로 하는 재심은 본안판결을 한 항소심의 전속관할에 속한다(대판 1984.4.16. 84사4)."고 한다. 즉, 비록 상고심법원이 채증법칙위반이 없다고 하여 상고를 기각하였더라도 사실심인 항소심법원의 판결에 대하여 재심의 소를 제기하여야 한다(대판 1967.11.21. 67사45 등). 왜냐하면, 상고심법원은 직접 사실인정을 한 것이 아니기 때문이다.

4. 사안의 경우

乙은 차용증이 위조되었음을 이유로 재심의 소를 제기하고 있는 경우이므로(제451조 제1항 제6호), 항소심판결이 아닌 대법원의 상고기각판결에 대해서 재심의 소를 제기한 것은 부적법하다. 그리고 전속관할 위반에 해당하므로, 대법원은 재심관할 법원인 항소심법원으로 소송을 이송함이 타당하다(제34조 제1항). 판례도 "원고가 항소심판결에서 증거로 원용된 소유권증명이 위조된 것이라고 주장하면서 상소기각판결을 재심대상판결로 기재하여 재심의 소를 제기한 경우에는 그 재심사유가 항소심판결에 관한 것임이 그 주장자체나 소송자료에 의하여 분명하니 재심원고의 의사는 항소심판결을 대상으로 한 것으로서, 다만 재심소장에 재심을 할 판결의 표시를 잘못 기재하여 제출하였다 할 것이므로 재심관할 법원인 항소심법원에 이송함이 상당하다(대판 1984.4.16. 84사4)."고 하였다.

김춘환 |

약력

부산대학교 법과대학 사법학과 졸업(법학사)
부산대학교 일반대학원 법학과 석사과정(민사법 전공) 수료
중앙대학교 일반대학원 법학과 박사과정(민사법 전공, Ph.D.) 수료

현 | 해커스노무사 민법, 민사소송법 강의
현 | 한국법제연구원 법령번역센터 전문가 과정 강사(민법, 민사소송법)
현 | 차세대콘텐츠재산학회 이사(회장 이규호 중앙대학교 법학전문대학원 교수)
현 | 중앙법학회 이사
현 | 단국대학교 법과대학, 인천대학교 법학과 공무원 특강 강사
현 | ㈜ 윌비스 나무경영아카데미 민법 전임교수
현 | ㈜ 변리사스쿨 민법, 민사소송법 전문교수
현 | 공단기 법원직 민사소송법 대표 강사
전 | 月刊 考試界 기획위원
전 | 국가평생교육진흥원 학점은행 교강사(민법, 민사소송법)
전 | 중앙대학교 법학전문대학원 민사소송법 특강 강사
전 | 광운대학교 법과대학, 성신여대 법학과, 덕성여대 법학과 공무원 특강 강사
전 | ㈜ 윌비스 한림법학원 공인노무사 민법, 민사소송법 전임교수

저서

해커스노무사 김춘환 민사소송법 단문·사례연습
해커스노무사 김춘환 민법 기본서
해커스노무사 김춘환 민법 객관식 기출문제집
FORTUNE 민사소송법 암기장, 학연
FORTUNE 김춘환 민사소송법, ACL
FORTUNE 김춘환 민사소송법의 종결, ACL
FORTUNE 김춘환 민사소송법 중요지문 OX, ACL
FORTUNE 슬림한 민사소송법 조문집, 학연
THEME 민사소송법 핵심암기장, 윌비스
FORTUNE 민법, 학연
FORTUNE 객관식 민법의 종결, 학연
FORTUNE 민법 중요지문 OX, 학연
FORTUNE 공인노무사 민법, 학연
세무사 민법, 윌비스
세무사 객관식 민법, 윌비스

2024 공인노무사 2차 시험 대비

해커스노무사

김춘환 민사소송법 단문·사례연습

초판 1쇄 발행 2024년 3월 28일

지은이	김춘환 편저
펴낸곳	해커스패스
펴낸이	해커스노무사 출판팀

주소	서울특별시 강남구 강남대로 428 해커스노무사
고객센터	1588-4055
교재 관련 문의	publishing@hackers.com
	해커스 법아카데미 사이트(law.Hackers.com) 1:1 고객센터
학원 강의 및 동영상강의	law.Hackers.com

ISBN	979-11-6999-975-5 (13360)
Serial Number	01-01-01

노무사시험 한 번에 합격!
해커스 법아카데미 law.Hackers.com

ɪɪ 해커스 공인노무사

· 김춘환 교수님의 **본 교재 인강**(교재 내 할인쿠폰 수록)
· 해커스 스타강사의 **노무사 무료 특강**